LES 1 001 EXPRESSIONS PRÉFÉRÉES DES FRANÇAIS

Georges Planelles

LES 1 001 EXPRESSIONS PRÉFÉRÉES DES FRANÇAIS

Éditeur : Stéphane Chabenat
Marketing éditorial : Sylvie Pina
Conception graphique : Emmanuelle Noël
Couverture : olo.éditions/Marion Alfano

Les éditions de l'Opportun
16 rue Dupetit-Thouars
75003 PARIS

www.editionsopportun.com

AVANT-PROPOS

Vous connaissez et employez régulièrement la plupart des expressions présentées dans cet ouvrage. Mais êtes-vous certain de les employer toujours à bon escient[1] et en connaissez-vous l'origine ?

Le but de cet ouvrage, qui n'est pas exhaustif car notre belle langue en comporte plusieurs milliers, est de vous proposer la signification commune de quelques-unes de nos expressions et, lorsqu'elle est connue avec certitude ou lorsque des hypothèses acceptables ont été formulées par des linguistes anciens ou contemporains, de vous en donner l'origine ou l'histoire.

Je ne suis nullement linguiste, mais informaticien de formation et de métier. Et si j'aime évidemment la logique et les petits bits qui se promènent au cœur des circuits électroniques, cela ne m'empêche nullement d'aimer aussi avec passion notre langue, les mots qui peuplent nos livres, leur musique et leurs mystères. C'est ce qui m'a poussé, au début de l'année 2005, à imaginer le site web Expressio (http://www.expressio.fr) dédié à l'origine de ces très nombreuses expressions que nous employons tous les jours dans nos conversations, souvent sans nous en rendre compte, parfois à

1. Oui, cette expression est présente dans le livre que vous tenez en main !

mauvais escient et, très généralement, sans même en connaître l'étymologie.

Ouvert le 1er août de la même année, ce site a vu son nombre de visiteurs journaliers et d'abonnés au courriel de l'expression quotidienne croître régulièrement, preuve que le sujet intéresse. Au moment où j'écris ces lignes, le site, qui propose environ mille cinq cents expressions, est visité chaque jour par près de quinze mille personnes différentes venues du monde entier (avec, bien entendu, une très forte dominante issue de France et des pays à communautés francophones importantes que sont le Canada, la Belgique et la Suisse) et j'envoie chaque vendredi plus de trente-cinq mille courriels à destination des abonnés à la lettre quotidienne ou hebdomadaire.

C'est volontairement que les textes proposés sur mon site et repris dans cet ouvrage après quelques adaptations et corrections ne sont généralement ni concis, ni purement factuels, ni d'un style très académique, tout en étant parfois parsemés d'un humour allant d'une certaine tenue au calembour que certains considèreront comme très douteux.

Si j'ai fait ce choix, c'est parce qu'il n'est écrit nulle part que la culture doit impérativement être triste ou austère et que c'est en écrivant comme je l'ai fait que je me fais plaisir, condition indispensable pour mener à bien cette tâche.

C'est tout aussi volontairement que les chemins de traverse parfois pris sont là pour inciter à orienter sa curiosité vers des sujets annexes. Quand, par exemple, pour l'expression *en grande pompe*, j'évoque tout à la fois Berthe au Grand Pied, les Shadoks ou la pompe à huile provençale, qui n'ont pourtant rien à voir avec l'origine de l'expression, c'est pour les plaisanteries possibles, bien sûr, mais aussi pour donner l'envie d'en savoir un peu plus sur ces sujets, tous intéressants à leur manière.

Mais si la forme n'est généralement pas aussi concise et sans âme qu'elle pourrait l'être dans un ouvrage austère (qui a aussi ses mérites, selon ce qu'on y cherche), le fond, dans la mesure du possible et des connaissances, reprend et reformule les informations sérieuses qu'on peut trouver dans des dictionnaires variés et des ouvrages écrits par des linguistes et autres lexicographes réputés.

Cela dit, les informations ainsi fournies sur l'origine des expressions sont parfois sujettes à caution. En effet, le manque régulier d'écrits anciens expliquant avec précision ces origines conduit parfois les auteurs des ouvrages de ma bibliographie à de simples formulations d'hypothèses qui tiennent la route mais qui ne sont pas obligatoirement la réalité.

Certains pourront se demander pourquoi reprendre sur papier le contenu d'un site qui est en libre accès. Eh bien, c'est simplement parce que, pour les générations actuelles (mais ça ne durera peut-être pas avec la généralisation des liseuses électroniques), la lecture d'un livre reste tout de même bien plus agréable que celle sur écran ; le fait de toucher le papier, de tourner les pages, de refermer l'ouvrage procure des sensations qu'un livre électronique ne peut pas fournir. En revanche, le site, en plus d'un nombre plus conséquent d'expressions, propose également des informations comme des équivalents régionaux ou étrangers, des synonymes ou des variations humoristiques et il permet, *via* le forum qui suit chaque expression, des échanges plus ou moins sérieux entre les participants. Autant dire qu'il peut tout à fait servir de complément à cet ouvrage.

J'espère, si vous êtes sensible à mon style d'écriture et à mon humour, que vous prendrez autant de plaisir à parcourir cet ouvrage que j'en ai eu à écrire les textes, après avoir fait les recherches nécessaires.

REMERCIEMENTS

J'adresse un grand merci aux piliers de mon site expressio.fr, ceux qui participent très régulièrement au forum qui suit chaque expression. Sans leurs délires, leurs plus rares apports sérieux et, pour certains, leur art de sodomiser les diptères, le contenu de ce livre ne serait pas ce qu'il est puisque je me suis permis de piocher dans certaines de leurs contributions pour améliorer ou étoffer mes textes initiaux tels que parus sur le site.

Et, honneur aux absents, j'adresse un petit coucou ému aux deux habitués de mon site qui, au cours de ces dernières années, sont, très involontairement, allés voir là-haut ce qu'il s'y passe. Lorsqu'on les rejoindra, ce sera avec un grand plaisir qu'on fera la fête, car ils nous manquent.

Et, cela peut paraître banal, mais elle le mérite pourtant amplement, j'adresse d'énormes remerciements à mon épouse pour la patience qu'elle a eue lorsque, pendant de nombreuses semaines, je l'ai abandonnée et me suis enfermé le soir face à mon ordinateur pour faire avancer le manuscrit de ce livre.

1. NUMÉROTER SES ABATTIS

1. Se préparer à combattre.
2. Vérifier l'état des ses membres à la suite d'une bagarre, d'une chute ou d'un accident.

L'image bizarre que véhicule cette expression est en fait celle de la personne qui, se préparant à une lutte, doit compter (ou numéroter) ses bras et ses jambes, afin de pouvoir les retrouver à l'issue de la bataille une fois que ses membres auront été éparpillés sur le lieu du combat.

L'expression, qui date du XIXe siècle, est souvent employée sous forme de menace : « Ne me cherche pas, ou alors, numérote tes abattis ! »

Mais le mot *abattis*, qui a eu plusieurs sens au fil du temps, nous vient du XIIe siècle où il signifiait « massacre » (en liaison avec le verbe *abattre* dont il est issu) avant, au XVIIe, de prendre le sens de « abattoir ».

Parallèlement, puisqu'on parle d'abattoir, endroit où on prépare aussi les volailles dont on découpe le cou et les pattes (qui font partie des *abats*), il a pris le sens argotique de « bras et jambes » (on le trouve chez Balzac, entre autres).

Et c'est avec cette dernière acception qu'il est utilisé dans notre expression, indiquant la personne qui fait le compte de ses membres, que ce soit avant la bataille (premier sens indiqué) ou après la bagarre (second sens, toutefois nettement moins utilisé).

> À l'époque [1925], les secteurs pavés ne sont pas comptés par l'organisateur, car il y en a beaucoup, et il faut y numéroter ses abattis.
>
> *L'Équipe* – Paris-Roubaix – 2006

2. L'ABBAYE DE MONTE-À-REGRET

La potence, puis la guillotine.

Cette appellation date du XVIIe siècle. Au début, selon Oudin, elle a servi à désigner « l'échelle qui sert à pendre » avant de désigner de manière plus générale l'échafaud, quel que soit l'instrument utilisé pour y trucider le coupable.

S'il est certain que le condamné monte sur l'échafaud avec beaucoup de regrets (pas forcément pour les actes qu'il a commis, mais à l'idée qu'il va perdre quelque chose de très important), le terme vient plus probablement d'une déformation de *à regrès* qui voulait dire « à reculons ». Non pas que le futur principal acteur du spectacle monte à l'envers là où il va perdre la vie, mais simplement parce qu'il y va *à reculons* avec le sens contraire de *volontiers*.

D'ailleurs, une autre appellation de la chose était *l'abbaye de Monte-à-Rebours*.

Quant au terme *abbaye*, s'il a été choisi, c'est parce que c'était un symbole de l'endroit où on quittait le monde normal, comme lorsqu'un moine s'y enfermait. Sauf que le moine, lui, peut garder l'espoir de quitter un jour l'endroit s'il ne lui convient pas…

Et puisqu'il est ici question de guillotine, on va en profiter pour évoquer quelques-uns des autres verbes évocateurs de ce charmant instrument :

– se faire décoller le cigare ;
– mettre une cravate rouge ;
– rafraîchir le colback ;
– éternuer dans la sciure ;
– diminuer d'un pied du côté de la tête.

Deux jours après, le 8 janvier, les condamnés dormaient profondément lorsqu'on vint notifier à chacun d'eux son départ pour Bicêtre. Avril comprit, et se résignant :
– Allons, dit-il, sans être sorcier, je vois que demain matin, à huit heures, Lacenaire et moi nous battrons

un quatre à l'Abbaye de Monte à Regret. Je voudrais entrer en danse le plus tôt possible.

Armand Fouquier – *Causes célèbres de tous les peuples*, volume 1 – 1858

3. FAIRE SES ABLUTIONS

Faire sa toilette.

Les *ablutions*, cette appellation familière de la toilette est dérivée de pratiques religieuses, mais elle va permettre à quelques-uns d'apprendre une chose intéressante sur un objet à usage quotidien (enfin pour certains…).

Ablution vient du latin *ablutio* issu du verbe *abluere* qui voulait dire « laver[1] ».

Dans de nombreuses religions, les ablutions sont un acte rituel de purification par l'eau.

Chez les musulmans, par exemple, l'ablution avant la prière est obligatoire. Elle doit être faite avec de l'eau (ou de la terre propre si l'on est en voyage). Dans chaque mosquée, il doit y avoir une salle des ablutions qui isole la salle de prière du monde profane.

Chez les catholiques, les ablutions se pratiquent au cours d'une messe, avant la communion, lorsque le prêtre fait verser un peu d'eau sur ses doigts pour les laver.

À l'époque des messes en latin, le prêtre récitait un psaume commençant par : « Lavabo inter innocentes manus meas » (« Je laverai mes mains parmi les innocents »).

Vous avez reconnu là un mot familier qui a fini par désigner le lavage des mains lui-même.

Lavabo a ensuite été transposé aux ablutions profanes où il a d'abord été utilisé pour nommer le

1. Et de *abluere* nous vient le verbe *abluer* qui existe toujours en français avec le sens de « laver », même s'il est tombé en désuétude. Mais l'histoire ne dit pas si c'est parce que le prêtre se lave les mains un moment avant de boire le vin dans le calice qu'est né le fameux proverbe *qui ablue boira*.

meuble de toilette portant la cuvette et le pot à eau (à l'époque où l'eau courante n'existait pas encore) puis, avec la modernisation, la cuvette en faïence que vous connaissez bien et dans laquelle vous faites vos ablutions.

> Il lava aussi ses oreilles, ensuite ses mains ; et, quand il eut fait ses ablutions, il teignit en noir sa moustache, ses sourcils et ses cheveux. Il fut plus longtemps à sa toilette qu'une vieille douairière qui s'étudie à cacher l'outrage des années.
>
> Alain-René Lesage – *L'Histoire de Gil Blas de Santillane* – 1735

4. ÊTRE AUX ABONNÉS ABSENTS

1. Ne pas donner signe de vie, ne pas répondre.
2. Ne pas se manifester lorsqu'il le faudrait.

Lorsqu'on sait que cette expression est apparue à cause du téléphone, on se demande comment, sur le plateau de Gizeh, le Sphinx a un beau nez absent alors que les Égyptiens ne connaissaient pas cet objet moderne.

En effet, aujourd'hui, la magie des technologies modernes nous fait souvent oublier qu'autrefois le fonctionnement de certains services était loin d'être simple.

Et le téléphone fixe en a été un bon exemple puisque si, maintenant, la mise en relation de l'appelant et de l'appelé se fait automatiquement *via* des circuits électroniques dans les autocommutateurs placés dans les centraux téléphoniques, elle était auparavant faite de façon manuelle : une opératrice (qui ne s'appelait pas obligatoirement Manuelle) recevait un appel de M. Dupont qui lui disait vouloir joindre M. Durand au numéro 22 à Asnières ; cette charmante dame, en utilisant un système de câbles terminés par des fiches à enquiller dans un panneau mural plein de trous, se chargeait d'établir la connexion filaire et physique entre les deux personnes.

À cette époque, pas si lointaine que ça, puisqu'on trouvait encore en France des opératrices téléphoniques au moins jusque dans les années 1960, lorsqu'un abonné au téléphone s'absentait de chez lui un bon moment, il ne disposait pas encore de répondeur chargé de prendre les messages, mais il avait la possibilité de signaler son absence au service des abonnés absents, créé en 1913. Ceci permettait à l'opératrice chargée d'établir la communication avec le numéro de l'absent d'informer l'appelant que son interlocuteur n'était pas joignable.

Pratique pour l'époque, ce service a maintenant disparu, mais par une image plaisante et depuis le milieu du XXe siècle, on pouvait dire de toute personne qui ne donnait pas signe de vie ou qui ne répondait pas, quelle qu'en soit la cause (personne réellement absente ou bien inconsciente), qu'elle était « aux abonnés absents ».

Par extension, avec un sous-entendu négatif, l'expression s'applique aussi à celui dont on attendait fermement la présence, une action ou une intervention, et qui ne se manifeste absolument pas.

> Pour surmonter ces difficultés, le gouvernement a besoin du soutien des banques et, plus généralement, de la bourgeoisie capitaliste. Mais tous sont aux abonnés absents.
>
> Michel Dumoulin – *Nouvelle histoire de Belgique : 1905-1950* – 2006

5. ACCUSER RÉCEPTION

Signaler avoir reçu (un message, un courrier…).

Bien sûr, dans un hôtel, si elle ne fait pas correctement son travail, il est toujours possible d'accuser la réception de négligence ou d'incompétence, puis de réclamer réparation en lui envoyant une lettre recommandée avec accusé de réception.

Mais ce n'est pas cette première accusation (au sens de « mise en cause ») que nous allons évoquer ici, mais une seule parmi les quelques autres significations du verbe *accuser*.

C'est en effet au début du XVIIe siècle qu'on trouve pour la première fois trace d'une autre accusation, celle qui consiste à « reconnaître » ou « signaler », acception qu'on va trouver entre autres dans la locution *accuser la réception* qui se raccourcira deux siècles plus tard en un *accuser réception*.

Et si, en France au moins, vous pouvez envoyer à votre hôtel négligent ou à un débiteur, par exemple, une lettre *avec accusé de réception*, c'est parce que le bout de papier qui vous est retourné signé par le destinataire accuse la bonne réception de votre courrier par icelui.

> Tout fonctionnaire doit accuser réception avec une exactitude rigoureuse à l'autorité supérieure des circulaires et instructions qui lui sont adressées. Il importe que l'accusé de réception relate la date et l'objet de la lettre, et qu'il rappelle le service ou bureau d'où émane la dépêche. Quelquefois l'accusé de réception se fait par émargement sur une feuille, dans les arrondissements où se trouvent des porteurs de correspondance.
>
> Maurice BLOCK – *Dictionnaire de l'administration française* – 1856

6. PAR ACQUIT DE CONSCIENCE

Pour être sûr de n'avoir rien à se reprocher.
Pour éliminer d'éventuels scrupules.

Le nom *acquit* est le déverbal de *acquitter*. Et si depuis le début du XIXe siècle, on est familier de l'utilisation de ce verbe à la suite d'un procès lorsque l'accusé est *acquitté*, il est aussi, depuis bien plus longtemps, puisque cela remonte au XIe siècle, utilisé dans d'autres circonstances : lorsqu'on acquitte quelqu'un d'une dette ou d'une obligation, par exemple, on l'en libère (d'ailleurs, l'accusé acquitté est lui-même libéré de l'accusation qui pesait sur lui).

Mais on peut aussi acquitter quelque chose.

Ainsi, acquitter une dette, c'est la payer, acquitter sa parole, c'est la respecter, acquitter une promesse, c'est la remplir, et, c'est ce qui nous intéresse ici, acquitter sa conscience, c'est effectuer ce qu'on croit devoir faire, selon ce que dicte sa conscience ; ce faisant, on la libère du poids qui aurait pu peser dessus si on n'avait pas fait le nécessaire.

Si l'expression *par acquit de conscience* est apparue au milieu du XVIe siècle, elle a été peu utilisée jusqu'au XIXe siècle, puisqu'on lui préférait la variante *à/pour l'acquit de sa conscience* qui a aujourd'hui disparu.

On peut noter que l'utilisation de cette expression sous-entend le plus souvent un manque de conviction : « Je l'ai fait par acquit de conscience, pour m'éviter d'éventuels scrupules, mais sans être vraiment convaincu que c'était indispensable. »

> Villon n'a ni faste, ni endurcissement. Il meurt, comme il a vécu, sans réflexion et sans souci, chantant son supplice et sa potence avec une sorte d'oubli et de distraction poétiques, et ne se plaignant ni de la loi, ni des juges. Il demande seulement par acquit de conscience, à ses frères humains qui vivent après lui, qu'ils prient Dieu qu'il le veuille absoudre.
>
> Jean-François DE LA HARPE – *Cours de littérature ancienne et moderne* – 1840

7. CHERCHER UNE AIGUILLE DANS UNE BOTTE / MEULE DE FOIN

Chercher une chose presque introuvable.
Vouloir réaliser une chose extrêmement difficile.

La date d'apparition de cette expression n'est pas connue. Mme de Sévigné l'emploie en 1652, mais il est probable qu'elle soit antérieure.

Quant au sens, l'expression contient une image suffisamment limpide.

Quiconque a déjà tenté de :

– retrouver une personne perdue dans une foule,
– chercher une information pertinente sur Internet,

– trouver l'origine de l'expression *chercher une aiguille dans une meule de foin* pour l'ajouter à son ouvrage,

s'est vite rendu compte qu'il a entrepris une tâche aussi difficile que de tenter de retrouver une véritable aiguille de couture tombée au milieu d'une véritable botte de vrai foin (sans être muni d'un détecteur de métaux très sensible, bien sûr).

Notez qu'il est tout aussi difficile de trouver un brin de paille dans une botte d'aiguilles.

> Quant à passer au crible la masse des correspondances privées qui nous ont été conservées pour la période, autant chercher une aiguille dans une meule de foin.
>
> Sylvia Murr – *Gassendi et l'Europe, 1592-1792* – 1997

8. SE FOUTRE EN L'AIR

Se tuer.

Si *foutre* a généralement une connotation sexuelle (« va te faire foutre ! »), puisqu'il vient du latin *futuere* (« avoir des rapports avec une femme »), ici, sous sa forme pronominale, il a le sens moderne (début du XXe siècle) de « se mettre » ou « se jeter avec violence ou rapidité », tel qu'on le trouve dans des locutions comme *se foutre dans le pétrin*, *se foutre par terre* ou *se foutre à chialer comme un môme*, locutions dans lesquelles on peut souvent remplacer *foutre* par *ficher*, *se ficher* (également pour « se mettre » ou « se jeter ») existant déjà en ancien français.

Même si l'aspect sexuel du mot n'est plus présent (c'est au XVIIe siècle qu'on commence à trouver des *foutre* neutres), on lui associe toujours un côté violent relié à l'image agressive de la pénétration sexuelle non désirée.

Maintenant, pourquoi le fait de se foutre *en l'air* est-il synonyme de *se tuer* ?

L'explication est plutôt facile à trouver : celui qui *se fout à l'eau* sera certes mouillé, mais il est peu probable qu'il y perde la vie, s'il sait nager ; par contre celui qui *se fout (se jette) en l'air* depuis le sommet de la tour Montparnasse a peu de chances de se retrouver au sol encore vivant quelques secondes plus tard.

C'est donc une image similaire à celui qui se suicide en se jetant « en l'air » d'une hauteur suffisante pour ne pas se rater ou à celui qui glisse malencontreusement sur l'herbe mouillée au bord d'une falaise du pays de Caux, qu'on retrouve dans notre locution ; l'expression s'utilise en effet aussi bien pour le suicide que pour le fait de se tuer involontairement.

> Le besoin de rencontrer psychiatres, neurologues, médecins ne peut être satisfait dans le système libéral hors de leurs moyens. Il reste le système hospitalier avec des TS (tentatives de suicide) quasiment programmées : appels au médecin, aux pompiers, à la famille pour avertir qu'on a pris ou qu'on va prendre des cachets pour « se foutre en l'air ».
>
> Jean Peneff – *Les Malades des urgences : une forme de consommation médicale* – 2000

9. LA PERFIDE ALBION

L'Angleterre.

Il y a toujours eu une certaine rivalité, sinon une rivalité certaine, entre la France et l'Angleterre ; au point que des qualificatifs divers et peu gentils ont été fréquemment utilisés par l'un et l'autre pour désigner le voisin.

Le *Dictionnaire des expressions et locutions figurées* signale que l'adjectif *perfide* semble être employé en premier par Mme de Sévigné (« Le roi et la reine d'Angleterre sont bien mieux à Saint-Germain que dans leur perfide royaume ») et Bossuet (« L'Angleterre, ah ! la perfide Angleterre que le rempart de ses mers rendait inaccessible… ») au XVIIe siècle.

Il traduisait le jugement que portait la France à l'égard du gouvernement anglais auquel on reprochait sa mauvaise foi.

Si c'est juste après la Révolution française, en 1793, qu'elle est apparue, c'est surtout au XIXe siècle que l'expression *perfide Albion* s'est répandue.

Mais pourquoi *Albion* ? Cette appellation provient de deux sources.

La première est un rappel de ces falaises blanches, caractéristiques de la côte sud de l'Angleterre, que découvre en premier celui qui, venant de France, arrive en Angleterre. Or il se trouve que *blanc*, en latin, se dit *albus* d'où est issu *Albion*.

Mais cela n'aurait probablement pas suffi, si le géant Albion n'avait pas existé, au moins dans la mythologie. Ce personnage, fils de Neptune, fut tué par Hercule auquel il chercha à s'opposer lorsque ce dernier passa en Gaule. Le lien entre ce géant et l'Angleterre nous est donné par le poète de la Renaissance Edmund Spenser qui a évoqué « le puissant Albion, père du peuple vaillant et guerrier qui occupe les îles de la Bretagne » où la Bretagne n'est pas cette région française peuplée de Bretons aux chapeaux ronds, mais la Grande-Bretagne. Et, effectivement, dans la mythologie, Albion est considéré comme le père du peuple britannique qui, chez Pline, s'appelait les Albiones.

> En fait, l'opinion se montrait très irritée de la mauvaise foi de l'Angleterre : celle-ci redevenait « la perfide Albion ».
>
> Louis MADELIN – *Histoire du Consulat et de l'Empire – Avènement de l'Empire* – 1937 (in *Grand Robert*)

> Je crois, pour ma part, que l'expérience ferait justice de l'argument des jésuites, en matière de liberté d'enseignement, comme elle a déjà fait justice de celui de la perfide Albion, en matière de liberté du commerce.
>
> *Annales de l'Association internationale pour le progrès des sciences* – 1864

10. *ALEA JACTA EST* / LE DÉ EN EST JETÉ

Le sort en est jeté.
La décision est prise, l'action est lancée, advienne que pourra.

Pourquoi alea l'est plutôt qu'à l'ouest, me direz-vous ?

Eh bien, cette question, Jules César ne se l'est absolument pas posée lorsque, selon l'historien Caius Tranquillus Silentius Suetone, il a prononcé cette phrase au moment où, à la tête de son armée venant de Gaule, il a franchi le Rubicon*, prêt à affronter le consul Pompée qui dirigeait Rome, alors que la loi romaine imposait pourtant à tout général de se séparer de ses troupes avant de passer cette rivière.

Ce jour-là, au début de l'an 49 avant J.-C., César a joué, a pris un double risque, celui de transgresser une loi et de perdre sa guerre contre Pompée, et il a gagné puisque le consul ayant d'abord fui Rome, puis ayant perdu la bataille décisive de Pharsale, en Thessalie, César est arrivé au pouvoir peu après.

Il a pourtant dû ressentir le frisson du joueur qui jette ses dés et qui, sur un seul coup, peut tout perdre. D'où ces mots devenus célèbres[1] qui viennent du fait qu'une fois que les dés sont jetés (que l'action est lancée), il n'y a plus qu'à attendre qu'ils tombent et s'arrêtent pour constater ce que le sort aura bien voulu décider. Ils marquent aussi une décision prise irrévocablement, quelles qu'en soient les conséquences.

Alea, en latin, signifiait « jeu de dés » ou « dé » et, par extension, il a désigné le sort ou le hasard.

> Belle princesse, vous vous exagérez la rigidité de nos principes. Brisons là-dessus. Ce qui est fait est fait, le sort en est jeté, *alea jacta est*, a dit M. de Lamartine, ce qui veut dire, traduction libre, que

1. Il aurait en réalité dit « ἀνερρίφθω κύβος » (« que soit jeté le dé ! ») en grec, la langue des élites romaines de l'époque.

lorsque deux beaux yeux vous attirent, il faut s'y laisser prendre.

L'Écho des feuilletons – 1856

11. T'AS LE BONJOUR D'ALFRED

Formule familière utilisée dans différentes occasions pour :
- dire au revoir ;
- se débarrasser d'un importun ;
- ne pas répondre à une question embarrassante ;
- etc.

Si le sens et la familiarité de la formule sont généralement bien compris, on ne peut s'empêcher de se demander pourquoi *Alfred* au lieu de *Alphonse, Gédéon* ou *Siegfried.*

L'expression n'est pas attestée avant 1930, mais c'est à partir de 1925 que le dessinateur Alain Saint-Ogan fait apparaître le pingouin Alfred dans sa bande dessinée *Zig et Puce*[1], cet animal étant adopté par les deux héros.

Ce personnage va avoir un grand succès, au point même que des produits dérivés seront créés autour de cet alcidé. Or, il se trouve que, lorsque Zig et Puce réussissaient à se débarrasser d'un adversaire ou à lui donner une leçon, ils ponctuaient généralement la victoire par un « t'as le bonjour d'Alfred ! »

C'est donc grâce à l'engouement de l'époque pour ces histoires illustrées et leurs personnages que l'expression s'est rapidement répandue dans le langage courant. Il va de soi que si le pingouin s'était appelé Gontrand, la face du monde en eût été changée…

Le *Dictionnaire du français non conventionnel* de Cellard et Rey indique que, pour un chauffeur de taxi ou un serveur, « avoir le bonjour d'Alfred », c'était avoir affaire à un client avare ou mécontent qui ne laisse pas de pourboire.

1. Zig et Puce seront les premiers héros français de bande dessinée à s'exprimer dans des phylactères, ces fameuses bulles contenant ce que disent les personnages.

> Des mecs comme ça, ça mérite qu'une chose : que ça barde un jour, et que dans le feu de l'action on lui flanque un pruneau par derrière, comme de juste, et ni vu ni connu, salut Wasselet, t'as le bonjour d'Alfred !
>
> Yves GIBEAU – *La guerre, c'est la guerre* – 1961

12. ALLÔ

Appel initiant une conversation téléphonique.

Ceci est bien plus une interjection qu'une expression, mais comme son histoire est intéressante…

Officiellement[1], c'est en mars 1876 qu'Alexander Graham Bell fait réellement fonctionner son téléphone dans lequel sa première phrase a été d'une intensité insoutenable et vraiment digne d'une telle première : « Monsieur Watson, veuillez venir dans mon bureau, je vous prie[2]. »

Le premier central téléphonique à Paris est installé en 1879.

Dès 1880, la mise en relation entre personnes se fait par des « hallo » venus de *halloo*, salutation prononcée au début des conversations dans le pays d'origine du téléphone. Ce *hallo* perdit ensuite son *h* pour devenir *allô* ou *allo*.

Quant au *halloo* anglais, il remonterait à très loin, aux bergers normands installés en Angleterre après l'invasion de Guillaume le Conquérant au XIe siècle, bergers qui s'appelaient ou rassemblaient leurs troupeaux par des « halloo » (l'anglo-normand *halloer* signifiait « poursuivre en criant »).

Plus tard, cette même interjection a été utilisée dans différentes situations : pour exciter les chiens

1. Mais plus officiellement encore, depuis 2002, il est reconnu que c'est Antonio Meucci, un Italo-Américain, qui, entre 1850 et 1862, a conçu les prototypes des premiers appareils téléphoniques, mais qui, faute de moyens, n'a pas pu déposer les brevets nécessaires pour protéger son invention.

2. Le « C'est un petit pas pour un homme… » de Neil Armstrong le 21 juillet 1969 sur la Lune avait tout de même un peu plus de tenue pour un événement également très important.

à la chasse, pour exprimer la surprise et, celle qui nous intéresse, pour attirer l'attention à distance. Ce dernier emploi explique que ce *halloo* ait été utilisé au téléphone puis ait traversé l'Atlantique avec l'invention.

> Allô, fit-elle en arrachant le téléphone des mains de sa tante. Allô, oui, c'est Léa… Je l'ai rencontré par hasard, il y a quelques jours, il était dans la Résistance depuis un an avec les communistes.
>
> Régine DEFORGES – *La Bicyclette bleue* – 1984

13. DE BON / MAUVAIS ALOI

1. De bonne / mauvaise qualité.
2. Que l'on peut / ne peut pas apprécier.
3. D'un usage conforme / non conforme au bon goût.

Voilà une expression qui nous vient de loin dans le passé puisqu'elle date du XIIIe siècle. Il ne nous en reste d'ailleurs presque plus que la version avec *bon*, la mauvaise étant tombée en désuétude. Mais quel lien peut-il y avoir entre l'*aloi* (pas celle que fait respecter la maréchaussée !) et la qualité ?

Il est très simple à comprendre, pour peu qu'on sache qu'à cette lointaine époque il existait le verbe *aloier* qui était une forme ancienne du verbe *allier*. Le mot *aloi*, issu de *aloier*, désignait donc un alliage de métaux précieux. Et qui dit alliage, dit truandage possible !

En effet, pour prendre un simple exemple ancien, mais réel, lorsqu'un roi voulait frapper des quantités de pièces de monnaie tout en n'y mettant pas une fortune en métaux précieux, il lui était facile de fausser les proportions et ainsi, de mettre en circulation des pièces « de mauvais aloi » (ou mauvais alliage) ne respectant pas la teneur en or ou en argent normalement prévue. Et comme ces pièces étaient de qualité moindre, *aloi* et *qualité* sont des mots vite devenus synonymes dans certains usages.

Le second sens proposé est une extension du premier ; par exemple, on apprécie ou on estime un spectacle de bonne qualité.

Et, par un élargissement de sens supplémentaire, s'il mérite l'estime, c'est qu'il est de bon goût, d'où la variante indiquée qu'employait volontiers Maître Capello.

Depuis le XXe siècle, le sens initial de *aloi* étant complètement oublié, *de bon aloi* s'emploie aussi parfois pour dire quelque chose comme « favorable » ou bien « qui annonce de bonnes choses » (par confusion avec *bon augure**).

> Indépendamment de la monnaie de bon aloi qui servait dans les relations avec les étrangers, la plupart des villes grecques employaient des monnaies de convention pour les relations intérieures : telles étaient celles de cuivre et de fer…
>
> Hermann SCHERER – *Histoire du commerce de toutes les nations : depuis les temps anciens jusqu'à nos jours* – traduction Henri Richelot et Charles Vogel – Volume 1 – 1857

> Écoutez, mon ami, un bon conseil vaut un œil dans la main, n'usez pas votre âme, elle me paraît de bon aloi, vivez pour les autres si ce n'est pas pour vous, et n'imitez pas cette jeune personne qui meurt de chagrin.
>
> Honoré DE BALZAC – *Le Vicaire des Ardennes* – 1822

14. L'ALPHA ET L'OMÉGA

1. La totalité de quelque chose.
2. Le début et la fin de quelque chose.

Voilà une nouvelle expression d'origine biblique.

À l'école, il est extrêmement difficile d'être à la fois le premier et le dernier de la classe, sauf si elle ne comporte qu'un seul élève, ce qui est plutôt rare.

Cela n'a pas empêché Yahveh parlant par la bouche d'Ésaïe, de dire : « Je suis le premier et je suis le dernier. » Sauf qu'il ne s'agissait pas d'évoquer un classement, mais de dire qu'il était là au tout début (de l'humanité) et serait encore là à la fin, ce qui était une manière pour lui de signifier sa supériorité sur les autres dieux que les hommes pouvaient adorer.

Et c'est parce que saint Jean, dans L'Apocalypse, a exprimé cette idée en ayant recours aux deux lettres extrêmes de l'alphabet grec dont la totalité symbolise Dieu (« Je suis l'alpha et l'oméga, le premier et le dernier, le principe et la fin ») que notre expression est apparue.

> En faisant du Conseil européen l'alpha et l'oméga de la coordination des politiques économiques, les États ne s'engagent en réalité pas à grand-chose.
>
> *Libération* – Article du 18 juin 2010

15. TIRER SUR L'AMBULANCE

S'acharner sur quelqu'un qui est dans une situation pénible.

L'image de cette expression est très explicite : une ambulance transporte généralement un malade ou un blessé. Alors, vouloir tirer sur l'ambulance, ce n'est certainement pas pour accélérer la guérison du passager, mais plutôt avec l'intention de l'achever complètement[1].

Cette métaphore, très employée dans les milieux politiques, date du XXe siècle puisqu'elle est due à Françoise Giroud, écrivaine et femme politique.

En effet, au cours de la campagne présidentielle de 1974, elle avait écrit un article assassin à propos de Jacques Chaban-Delmas, un des candidats, article qu'elle terminait ainsi :

> « Voilà. Il faut lui donner une ambassade. Il sera parfait. L'Élysée ? Mais en voilà assez à ce sujet. Si M. Chaban-Delmas retrouve soudain la faveur du sort, il sera bien temps d'en parler sérieusement. En attendant, on ne tire pas sur une ambulance. »

1. D'aucuns diront que cela peut partir d'un sentiment de miséricorde : vouloir achever les souffrances du blessé. Mais c'est très rarement le cas.

Où l'on constate que cette expression s'emploie aussi sous une forme négative pour dire quelque chose comme « vous voyez bien qu'il est déjà dans une situation difficile, ce n'est pas la peine de l'enfoncer encore plus ».

> D'abord, le Premier ministre était déjà usé politiquement quand *Le Canard enchaîné* révéla le scandale. Comme Françoise Giroud l'a appris à la gent journalistique, on ne tire pas sur une ambulance. La presse ne tira pas.
>
> Franz-Olivier GIESBERT – *François Mitterrand : une vie* – 1996

16. VENDRE / DONNER SON ÂME AU DIABLE

1. Promettre son âme au diable en échange d'avantages terrestres.
2. Perdre sa dignité, sa liberté en cédant à des tentations.

C'est des croyances du Moyen Âge que nous vient cette expression avec son premier sens, la version avec *vendre* datant du XVIIe siècle, celle avec *donner* du XIXe.

À cette époque où la religion jouait un rôle très important, les hommes croyaient qu'il était possible de faire un pacte avec le diable et de lui abandonner son âme en échange d'avantages terrestres divers (alors que, normalement, elle est destinée à rejoindre le paradis, pour tous ceux qui, comme vous et moi, n'ont que des péchés véniels à se reprocher).

C'est ainsi qu'on accusait les sorciers et sorcières d'avoir *vendu leur âme au diable* en échange de leurs pouvoirs surnaturels.

Au figuré, cette expression s'applique maintenant à toute personne qui n'hésite pas à se renier, à perdre sa dignité ou sa liberté d'action, de réflexion ou de décision, en échange de choses qui, au moins temporairement, vont lui paraître extrêmement désirables ou avantageuses.

> On vend toujours son âme au diable. Depuis que la philosophie a chassé les ténèbres, on s'imagine que

le diable n'est plus là. On ne voit plus le preneur d'âmes, comme dans les visions du Moyen Âge, mais le diable est toujours là. Aussi Achille fut-il encouragé dans cette belle idée de vendre son âme. Il devait y avoir à Paris des marchands d'or qui prenaient hypothèque sur la jeunesse.
– Oui, s'écria Achille de plus en plus exalté, vivre seulement six mois dans ce carnaval parisien, c'est vivre de toutes les forces de son cœur et de son esprit.

Arsène HOUSSAYE – *Les Parisiennes* – 1769

17. FAIRE AMENDE HONORABLE

Reconnaître qu'on a tort.
Demander publiquement pardon.

Devoir de philosophie : lorsque vous prenez une prune pour cause de stationnement non payé, cette amende est-elle honorable ? Les copies seront ramassées dans trois heures.

C'est au XVIe siècle que cette expression apparaît, d'abord avec la seconde signification proposée, avec un sens bien plus fort qu'aujourd'hui puisqu'il est carrément question de pénitence publique alors que, depuis le XVIIIe, on l'utilise pour de simples excuses.

Le mot *amende* vient du verbe *amender*. Dès le XIIIe siècle, il désignait une peine, une punition correspondant à la réparation d'un tort, souvent grave, avant, bien plus tard, de se spécialiser dans la réparation pécuniaire, comme l'amende que nous versons aujourd'hui à l'État pour peu qu'un radar bien dissimulé nous ait pris en faute ou qu'un pandore mal placé ait constaté un léger chevauchement de ligne blanche continue.

L'*amende honorable*, qui imposait une demande de pardon en public, était une peine infamante qui se traduisait entre autres par une privation d'honneur (honorable = relative à l'honneur) et était opposée à l'*amende profitable*, celle-ci consistant en un paiement de sommes d'argent, la seule qui nous est restée.

Haider, qui n'a jamais fait amende honorable pour ses dérapages passés ni abjuré ses anciennes sympathies pour le nazisme, s'était encore fait admonester la semaine dernière par le Haut commissariat aux réfugiés (HCR) pour avoir exilé des demandeurs d'asile dans un centre isolé au milieu des alpages.

Libération – Article du 11 octobre 2008
sur le décès de Jörg Haider

18. AMIS JUSQU'AUX AUTELS / JUSQU'À LA BOURSE

Très amis, tant qu'il n'y a rien de contraire à la religion / qu'il n'est pas question de prêt d'argent.

Ces expressions anciennes sont peu utilisées de nos jours, mais elles pourraient parfaitement être toujours d'actualité.

Elles montrent simplement les limites que certains mettent à l'amitié, lorsque des divergences d'opinions religieuses existent ou lorsqu'un des deux amis est soudain dans le besoin.

La version avec *autel* remonte à l'Antiquité à une époque où l'on avait l'habitude de jurer la main posée sur un autel. Elle aurait été utilisée par Périclès en réponse à un de ses amis qui lui demandait de faire un faux serment en sa faveur.

Plus tard, alors qu'Henri VIII avait demandé à François Ier de rompre avec l'Église romaine, ce dernier lui répondit : « je suis votre ami, mais jusqu'aux autels ».

Quant à la version avec *bourse*, elle est souvent confirmée lorsque deux anciens amis se déchirent à partir du moment où il y a entre eux des problèmes d'argent.

D'ailleurs, deux autres proverbes viennent corroborer cette version :

– Ami au prêter, ennemi au rendu ;
– Mieux vaut donner à un ennemi qu'emprunter (prêter) à un ami.

Il y a des gens qui ne mettent que les choses saintes pour bornes à leur amitié et qui feroient tout pour leurs amis à la réserve d'offenser Dieu ; ces gens-là s'appellent amis jusqu'aux autels. L'amitié de Madame de Sévigné a d'autres limites. Cette belle n'est amie que jusqu'à la bourse.

Le comte Roger DE BUSSY-RABUTIN, à propos de Mme de Sévigné

19. BON AN, MAL AN

1. Selon les années (ou d'autres périodes de temps, maintenant).
2. En moyenne (avec une notion de durée).

Employée au moins depuis le XVIIe siècle, cette expression se comprend aisément. Elle a d'abord été associée à des activités répétitives sur une longue durée ; la « moyenne » tient compte des bonnes et des mauvaises années qui se succèdent.

Ainsi en est-il dans un vignoble, par exemple, de la production de vin dont la qualité et le volume varient au fil des ans, mais qui, « bon an, mal an », restent sans grandes surprises, si les techniques n'évoluent pas, ni les surfaces cultivées, les bonnes années compensant les mauvaises.

Elle s'utilise maintenant beaucoup plus largement, même si la durée n'est plus un multiple d'années.

Il ne faut pas oublier que *an* vient du latin *annus* qui désignait l'année, mais aussi la récolte. La variabilité de la qualité et de la quantité des récoltes dans le temps a un très probable lien avec la naissance de l'expression.

Il faisait des prospectus, traduisait des journaux, annotait des éditions, compilait des biographies, etc., produit net, bon an mal an, sept cents francs. Il en vivait.

Victor HUGO – *Les Misérables* – 1862

20. ÊTRE COMME L'ÂNE DE BURIDAN

Hésiter indéfiniment.
Ne pas savoir quel parti prendre.

Jean Buridan, né à la fin du XIIIe siècle et ayant vécu la majeure partie de ses 60 et quelques années dans la société du XIVᵉ, était un philosophe, élu deux fois recteur de l'université de Paris. Il était, paraît-il, le disciple de Guillaume d'Occam, un personnage qu'on disait un peu rasoir[1].

Si son œuvre écrite n'évoque pas cet âne devenu célèbre, on dit que, dans ses cours, pour discuter de certaines thèses philosophiques, et en particulier pour opposer les tenants du déterminisme et ceux du libre arbitre (dont il faisait partie), il évoquait l'histoire de cet âne mort stupidement.

Pour la reproduire, c'est extrêmement simple. Prenez un âne (vivant, donc pas encore tué à coups de figues* molles) et placez-le au centre d'un enclos. L'animal doit être à la fois assoiffé et affamé.

À deux mètres ou plus de lui, sur un côté, placez un seau d'eau. De l'autre côté, à la même distance, placez une botte de foin ou un seau d'avoine.

Si cet âne se comporte comme celui de Buridan, alors il va finir par mourir à la fois de faim et de soif, car il n'aura jamais su décider s'il devait commencer par se rassasier ou se désaltérer.

Ceci est la thèse classique sur l'origine de cette expression.

Cela dit, selon Furetière, cette expression n'est attestée qu'au XVIIᵉ siècle, soit trois siècles après la disparition de Buridan, et Aristote, bien avant Buridan, évoquait déjà le dilemme du chien en se demandant comment un tel animal fait son choix entre deux nourritures également attirantes.

> En quittant Mérindol, une incertitude travaillait Jacquemin Lampourde, et lorsqu'il fut arrivé au bout du Pont-Neuf, il s'arrêta et demeura quelque

1. Selon Wikipedia (à consulter pour en savoir plus), le rasoir d'Occam ou rasoir d'Ockham est un principe de raisonnement que l'on attribue au frère franciscain et philosophe Guillaume d'Ockham (XIVᵉ siècle), principe formulé ainsi « Les multiples ne doivent pas être utilisés sans nécessité » et appelé aussi « principe de simplicité », « principe de parcimonie », ou encore « principe d'économie ».

temps perplexe comme l'âne de Buridan entre ses deux mesures d'avoine.

Théophile GAUTIER – *Le Capitaine Fracasse* – 1864

21. POUR UN POINT, MARTIN PERDIT SON ÂNE

Se dit lorsque quelqu'un :
- rate une affaire pour peu de choses ;
- perd quelque chose d'important pour une raison idiote, par négligence, faute de précautions très simples ;
- abandonne quelque chose d'important pour lui en croyant récupérer en échange quelque chose de plus important mais finalement de peu d'intérêt.

Selon Eugène Boutmy, dans son *Dictionnaire de l'argot des typographes* paru en 1883, il existe deux explications à cette expression.

La première viendrait de deux ecclésiastiques, dont l'un s'appelait Martin, qui se disputaient l'abbaye de Sonane (« son âne », bien sûr !). Martin perdit le procès parce que le mauvais emplacement d'un point dans une phrase de l'acte de vente qu'il présentait en modifiait complètement le sens et invalidait ainsi l'acte.

La seconde, que Pierre-Marie Quitard présente comme étant la bonne dans son *Dictionnaire étymologique, historique et anecdotique des proverbes* paru en 1842, vient de l'histoire suivante :

L'abbé d'Asello, en Italie, fit inscrire sur la porte de l'abbaye :

« Porta, patens esto. Nulli claudaris honesto. »
(Porte, reste ouverte. Ne sois fermée à aucun honnête homme.)

Mais par erreur ou ignorance, le graveur se trompa et écrivit :

« Porta, patens esto nulli. Claudaris honesto. »
(Porte, ne reste ouverte pour personne. Sois fermée à l'honnête homme.)

Le pape, apprenant la teneur de cette inscription, retira l'abbaye d'Asello à Martin et la donna à un autre abbé qui, non seulement corrigea la faute, mais ajouta :

« Uno pro, puncto caruit Martinus Asello. »
(Pour un seul point, Martin perdit Asello.)

Et comme *Asello* est très proche du latin *asellus* qui signifie « petit âne », le proverbe serait né de cette dernière inscription.

Mais Leroux de Lincy, dans son *Livre des proverbes français*, paru en 1859, affirme avoir trouvé les versions suivantes :

– au XIIIe siècle, « Pour un point perdit Gibert son âne » ;

– au XVe, « Pour un seul point, Gaubert perdit son église » ;

– à la fin du XVe, « Pour un point perdit Martin son âne » ;

– au XVIe, « Pour un point, Baudet perdit son âne ».

Autant dire que l'expression existe depuis très longtemps et que sa réelle origine, vu les formes variées qui en existent, reste en fait très mystérieuse.

Pour conclure, on peut signaler qu'il existe aussi la version « Pour un poil, Martin perdit son âne » qui est expliquée de la manière suivante : alors qu'il était dans une foire, Martin perdit son âne qui fut bientôt revendiqué par quelqu'un d'autre ; et comme Martin fut incapable de dire quelle était la couleur de son poil, le juge l'adjugea à celui qui l'avait trouvé et revendiqué.

À l'Institut s'ouvre la lutte
Autour du fauteuil de Dupin,
Que monsieur Cuvillier dispute
Bravement à monsieur Martin.
Attention ! car, Dieu me damne !
Si Cuvillier passe, chacun dira :
Que pour un point Martin perdit son âne,
Bons immortels, on en rira !

Revue du Monde Catholique – Volume 15 – 1806

22. ÊTRE AUX ANGES

Être très heureux, être ravi.
Être dans l'extase.

En voilà une facile à comprendre.

Dans beaucoup de religions, s'il y a un endroit où on ne peut qu'être extrêmement heureux, c'est bien le Paradis, cet endroit merveilleux où nous allons tous nous retrouver après notre mort (enfin moi, parce que pour ce qui est de vous, j'en suis moins sûr).

Et que trouve-t-on dans cet endroit de béatitude éternelle, virevoltant autour de nous ou assis sur les nuages ? Des anges en pagaille !

De là, il est facile de comprendre qu'être parmi les anges ou *être aux anges* est une image de bonheur incommensurable.

Maintenant, messieurs, pour demander à votre épouse si elle est ravie au lit, il ne faudra plus lui dire « alors, heureuse ? » mais « alors, aux anges ? ».

> [La soubrette] plongea le regard dans la salle et découvrit le marquis de Bruyères tout rouge de satisfaction et dont les yeux pétillants de désir flambaient comme des escarboucles. Il avait retrouvé la Lisette, la Marton, la Sméraldine de son rêve ! Il était aux anges.
>
> Théophile Gautier – *Le Capitaine Fracasse* – 1863

23. UN ANGE PASSE !

S'utilise lorsqu'il y a un silence prolongé dans une assemblée.

Si traditionnellement le silence est d'or, il est plutôt parfois de plomb lorsqu'un silence pesant et un peu trop long s'établit soudain dans un groupe de personnes plus ou moins volubiles quelques secondes auparavant.

Dans ces cas-là, et à condition qu'on ne soit pas au sein d'une assemblée un peu trop guindée, certains ne se privent pas de dire : « un ange passe ! », histoire de détendre un peu l'atmosphère[1].

1. Je n'évoquerai pas ici les sévices que certains proposent alors immédiatement de faire subir à l'ange.

Pour quelle raison ?

Eh bien malheureusement, il semble qu'il n'existe aucune certitude sur l'origine de cette expression. Alors je vous propose ici l'explication qu'évoque Alain Rey dans son *Dictionnaire des expressions et locutions figurées*, et que son auteur, M. Vilmos Bárdosi, linguiste spécialiste de la phraséologie française à l'université de Budapest, a bien voulu me fournir avec l'autorisation de la reproduire :

« Selon la mythologie gréco-latine, il était interdit de parler en la présence d'Hermès et de Mercure (son équivalent latin), dieux de la parole et de l'éloquence. Quand, dans une société, quelqu'un se tait, il se fait donc le silence qui était demandé autrefois par les habitudes religieuses de l'Antiquité au moment de l'apparition supposée d'Hermès parmi les humains. Mais Hermès était aussi le messager des dieux. Comme, dans la religion chrétienne, les messagers de Dieu sont les anges, il est logique que, dans la locution, le nom d'Hermès ait été remplacé dans les langues européennes par le mot *ange* qui, lui-même d'ailleurs, signifiait en grec “messager” (*angelos*). »

Qu'ajouter de plus à cette explication qui tient parfaitement la route, parue en 1989 dans un article intitulé « Un ange passe. Contribution à l'étymologie d'une locution » dans les actes d'un colloque international tenu à Strasbourg en 1988 ?

> L'ange plane, l'ange attend que nous cessions de bavarder pour dire l'essentiel. Et au moment où il se dit : « ça y est, je peux parler, moi, l'ange », eh bien on s'empresse de lui clouer le bec en disant « Tiens, un ange passe », avant que de tenter de relancer la conversation en faisant mine de s'intéresser à ce qui n'intéresse pas : « Et il va mieux, votre beau-frère ? » ; et c'est reparti…
>
> François Pommier – *Figures ordinaires de l'extrême* – 2009

24. LES ANGLAIS ONT DÉBARQUÉ

Avoir ses règles.

Cette expression ne date pas de juin 1944, mais de bien avant. Rappelez-vous ! En 1815, alors que Bonaparte a pris une dernière pâtée à Waterloo, les Anglais débarquent en France et vont l'occuper jusqu'en 1820. À cette époque, ils étaient habillés d'uniformes rouges.

Le lien entre ce flot d'Anglais rouges envahissant le pays et la capitale et le flux rouge du sang menstruel a été facile à faire dès 1820 dans le parler populaire parisien, en (mauvais) souvenir de l'occupant, alors qu'il rentrait chez lui.

Compte tenu du sujet traité, il est de règles et pas super flux de rappeler quelques autres appellations très poétiques de la chose : *avoir ses ours**, *avoir ses ragnagnas, écraser des tomates, être empêchée / gênée, faire relâche, jouer à cache-tampon, recevoir sa famille, repeindre sa grille au minium,* etc.

Il est aussi très intéressant de montrer l'avis qu'avait Pline l'Ancien d'une femme menstruée en 78 après J.-C. En voici un extrait représentatif :

> « Dans toute autre époque les règles coulant, si la femme fait nue le tour d'un champ de blé, on voit tomber les chenilles, les vers, les scarabées, et les autres insectes nuisibles. [...] L'attouchement d'une femme en cet état gâte sans ressource les jeunes vignes, et fait mourir incontinent la rue et le lierre, plantes douées de vertus très puissantes. [...] Cependant il est encore certain que les abeilles désertent leur ruche touchée par une femme en cet état ; que les lins noircissent dans la chaudière ; que le fil du rasoir s'émousse dans la main du barbier ; que les vases de cuivre touchés contractent une odeur fétide et se rouillent. »

Étiez-vous au courant de tout cela, mesdames ?

– Les Anglais ont débarqué ? demandait-il.

– Non, répondait-elle, mais mes règles devraient venir ces jours-ci. Et, je ne sais pourquoi, chaque fois dans les jours qui précèdent, je ne me sens pas dans mon assiette.

Henri Lopes – *Le Lys et le Flamboyant* – 1997

25. IL Y A ANGUILLE SOUS ROCHE

1. Il y a quelque chose de caché, une perfidie qui se prépare.
2. L'affaire n'est pas claire.

Que les Guillaume qui sont dans la salle lèvent le doigt ! Ah, il y en a quand même pas mal.

Eh bien, savez-vous que votre prénom a été un temps symbole de ruse et de tromperie ?

Si vous vous demandez pourquoi votre principal défaut est ainsi connu, peut-être aurez-vous perspicacement remarqué que dans *anguille* tout comme dans *Guillaume*, on trouve *guille*.

L'anguille est un charognard qui vit surtout la nuit, car elle n'aime pas la lumière. Dans la journée, elle a donc plutôt tendance à se cacher et le dessous des rochers est incontestablement une bonne adresse.

C'est pourquoi, à l'époque où ces animaux pullulaient et faisaient le bonheur des gastronomes (ah, le fameux pâté d'anguilles du Moyen Âge !), il n'était pas rare, en soulevant une pierre sous l'eau, de déloger une anguille.

Notre expression correspond donc bien à une réalité.

Mais c'est aussi une métaphore qui s'explique par d'autres voies, nettement plus pénétrables que celles du Seigneur. Et c'est là que les Guillaume vont comprendre.

Selon Pierre Guiraud, lexicographe du XXe siècle, dans *Les Locutions françaises*, le sens de « tromperie cachée » viendrait du lien établi plus ou moins consciemment ou d'un jeu de mots entre *anguille* et deux verbes *guiller* de l'ancien français.

Le premier, venu du hollandais et signifiant normalement « fermenter » (à propos de la bière), avait aussi le sens de « éviter le combat, se faufiler », un peu comme l'anguille qui tente de s'échapper lorsque quelqu'un cherche à l'attraper (mais n'est-ce pas le cas de tout animal non domestique ?).

Le second *guiller* vient du francique *wigila* (« ruse, astuce ») et signifiait « tromper », d'où également la dénomination de *Guillaume* pour suggérer la tromperie.

Enfin, l'anguille était souvent assimilée à un serpent, animal fourbe s'il en est (comme preuve absolument incontestable, il suffit de se rappeler du « Aie confiance ! » de Kaa dans le dessin animé *Le Livre de la jungle*).

Voilà donc suffisamment d'ingrédients pour que notre pauvre anguille qui ne demandait rien à personne devienne ainsi le symbole de la perfidie, la tromperie, la fourberie.

Cette expression est attestée chez Rabelais en 1532, mais elle est probablement plus ancienne.

> Mais n'y auroit-il pas encore ici anguille sous roche, c'est-à-dire quelque allégorie cachée, quelque allusion maligne à un tournoi de la cour de François Ier ou de Henri II ?
>
> François *Rabelais* – *Pantagruel* – 1532

> Faites tant de miracles qu'il vous plaira, pourvu que je vive libre et heureux. Je crains toujours ce prêtre papiste qui est ici ; il cabale sûrement contre notre liberté, et il y a là anguille sous roche.
>
> Voltaire – *Questions sur les miracles* – 1765

26. UN COMPTE D'APOTHICAIRE

1. Une facture exagérée.
2. Un calcul compliqué dont les résultats n'ont aucun intérêt ou sont difficilement vérifiables.

Ce n'est qu'au début du XIXe siècle que le terme *pharmacien* a remplacé *apothicaire* et, bizarrement, c'est au moment où ce dernier a commencé à tomber en désuétude que notre expression est apparue.

À partir du milieu du XIVe siècle, le mot *apothicaire* désignait un commerçant qui vendait des produits médicamenteux, mais aussi des produits rares, des épices ou des ingrédients comme le sucre[1].

L'apothicaire était un personnage qui préparait, vendait et administrait des médications. Il devait donc avoir des connaissances avancées aussi bien en médecine qu'en ingrédients susceptibles d'entrer dans la composition des drogues qu'il fabriquait ; c'est pourquoi le savoir de cet homme érudit impressionnait très souvent ses clients.

Profitant de l'admiration qu'il suscitait, il se permettait de vendre ses remèdes par petites quantités et très cher, n'hésitant pas à gruger plus ou moins les petites gens (d'où le premier sens) dont certains, devenus méfiants, n'hésitaient pas à négocier le compte de l'apothicaire ou le calcul du prix à payer, avant de le régler.

> Les étrangers se plaignent amèrement du manque de probité qui les rend dupes de tous les marchés qu'ils font. Les marchands surfont indignement, et même, après marché fait, rabattent encore. L'on rabat cinquante pour cent sur un compte d'apothicaire, c'est une chose reçue ; mais les Anglais prennent tous les comptes pour des comptes d'apothicaires, vont trop loin et se font appeler ladri, par ceux mêmes qui sont fort aises d'avoir leur pratique.
>
> Louis Simond – *Voyage en Italie et en Sicile* – 1828

> Cependant, l'apothicaire ayant présenté un compte de 800 livres sterling (19,200 fr.), le malade a trouvé cette somme exorbitante, et l'affaire a été portée devant les tribunaux. […] Les médecins et les juges n'ont pu s'empêcher de rire en écoutant les détails de ce singulier régime ; cependant justice a été faite et le compte d'apothicaire fut réduit à moitié.
>
> Adolphe Biquet – *Histoire des fous célèbres, extravagants, originaux…* – 1830

1. Preuve que l'apothicaire ne vendait pas que des remèdes, la locution du XVIe siècle maintenant disparue *un apothicaire sans sucre* s'employait à propos d'une personne ne disposant même pas du minimum pour pouvoir exercer correctement sa profession.

27. DANS LE PLUS SIMPLE APPAREIL

Nu (ou très peu vêtu).

Aujourd'hui, quand vous entendez *appareil*, vous pensez tout de suite au mixeur qui trône dans la cuisine, à la perceuse qui vous a permis de faire connaissance avec vos ronchons voisins, à l'avion qui vous a emmené aux Seychelles ou, encore, au dentier qui va bientôt remplacer les quelques dents qui vous restent. En bref, un machin technique un peu complexe fabriqué par la main de l'homme[1].

Mais le sens initial du mot est bien différent.

Pour nous en approcher, nous allons passer par le verbe *appareiller* dont, de nos jours, le sens évident pour presque tout le monde correspond au navire qui quitte le port. Or, au XVIe siècle, l'appareillage d'un navire, c'était sa préparation au départ, pas le départ lui-même.

Bien sûr, *appareiller* et *appareil* ont la même origine.

Cela a commencé au XIe siècle avec le verbe, venu du latin *apparere* qui voulait dire « préparer ». Le mot qui en est dérivé avait, à la fin du XIIe, le sens initial de « préparatif ». C'est pourquoi, par extension, au XVIe siècle, il a également eu la signification de « déroulement d'un cérémonial » ou de « magnificence », comme dans le mot *apparat* dérivé également du latin *apparere*.

Et qui dit « apparat » dit « costume d'apparat ». C'est ainsi que *appareil* a désigné l'apparence, souvent fastueuse, des personnes se rendant « en grand appareil » à une cérémonie importante.

Tout cela pour nous amener à comprendre que notre expression est un bel oxymore[2]. Car qui disait

---

1. Un appareil, c'est aussi un ensemble de rouages destinés à faire fonctionner une machine. D'où le sens figuré qu'on retrouve dans *appareil de l'État*.

2. Non, il ne s'agit pas d'un mot grossier, ni d'un occis maure dont la décomposition aurait laissé de mauvais relents à Roncevaux. C'est une figure de rhétorique qui consiste à accoler deux mots

appareil, pour désigner l'apparence, supposait une longue préparation en habillement, maquillage et autres bricoles destinées à tenter de se faire plus beau que les autres invités.

Alors quand Racine, dans *Britannicus*, écrit « Belle, sans ornement, dans le simple appareil d'une beauté qu'on vient d'arracher au sommeil », il pratique joyeusement l'oxymore (ou oxymoron) puisqu'un appareil était à l'opposé de la simplicité et de la nudité qu'évoque le simple appareil. Sauf que dans ce texte, bien entendu, il voulait signifier que la nudité de la personne lui donnait une apparence au moins tout aussi belle que si elle avait porté une superbe tenue.

> C'est ainsi qu'il peut être donné à voir des débordements conduisant à l'envahissement du terrain, les supporters s'appropriant alors le territoire réservé aux joueurs en signe de protestation. Envahissement qui n'a rien à voir avec le « streaking » qui concerne quelques hurluberlus descendant en général sur le terrain pour y courir dans le plus simple appareil.
>
> Loïc Cadiou – *Guide d'intervention du sauveteur* – 2005

28. LE LIBRE ARBITRE

1. La pleine liberté de décider, de faire selon sa volonté.
2. L'absence de contrainte.

Quand on parle d'arbitre, de nos jours on pense souvent en premier à ce gusse en noir muni d'un sifflet (non, pas un agent de police, ni un curé sportif !) qui, sur un terrain rectangulaire d'environ 0,7 hectare, surveille vingt-deux autres gusses qui essayent pendant une heure et demie de se chiper un ballon rond.

Mais ici, il n'est point question du noir siffleur. Merle alors !

---

normalement incompatibles pour en accentuer le sens. Pensez par exemple au « silence assourdissant » ou bien à « l'obscure clarté » citée par Corneille dans *Le Cid*.

En fait, il existe deux versions du mot *arbitre*, d'étymologies différentes.

La personne qui a pour rôle de juger, trancher ou régler un litige, ou de faire respecter des décisions ou des règles vient au XIIIe siècle du latin *arbiter*. Alors que l'autre version est venue au même siècle du latin *arbitrium* et a eu le sens de « volonté », ce dernier mot l'ayant rapidement supplanté, permettant d'éviter une homonymie pénible.

C'est bien entendu dans ce dernier sens que le mot *arbitre* doit être compris dans notre locution, sachant qu'on a d'abord parlé de *franc arbitre* au XIIIe siècle, puis de *libéral arbitre* au XVIe avant que la forme *libre arbitre* répandue par Pascal au XVIIe ne devienne la formule usuelle.

> Si, pour ne prendre qu'un seul exemple, nous considérons chez l'homme sa tendance au crime, nous remarquerons d'abord que cette tendance dépend de son organisation particulière, de l'éducation qu'il a reçue, des circonstances dans lesquelles il s'est trouvé, ainsi que de son libre arbitre, auquel j'accorde volontiers l'influence la plus grande pour modifier tous ses penchants.
>
> Charles Coquelin – *Dictionnaire de l'économie politique* – 1834

29. L'ARBRE QUI CACHE LA FORÊT

Le détail qui empêche de voir l'ensemble.

Voilà une belle métaphore sylvestre dont l'apparition semble dater du XXe siècle.

Pour la comprendre, il vous suffit de vous livrer chez vous à une expérience très simple : prenez un étui de trombone à coulisse et posez-le à une extrémité de votre table de salle à manger ; prenez ensuite un éléphant et placez-le à l'autre extrémité[1] ; maintenant, approchez-vous très près de l'étui et ouvrez

1. Notez que si vous avez des difficultés à trouver les ingrédients nécessaires à cette expérience, vous pouvez remplacer l'étui par une boîte de biscottes et l'éléphant par un baobab ou bien une grue. Le résultat sera identique.

grand les yeux ; vous ne verrez que la surface de l'étui, et pas l'éléphant situé derrière malgré sa nettement plus grande taille.

Dans la forêt, l'expérience est la même : mettez-vous trop près d'un arbre quelconque (le détail) et vous ne verrez plus les autres arbres de la forêt (l'ensemble).

Notre expression est donc une métaphore qui rappelle que, dans la vie, il arrive parfois qu'un détail capte notre attention et nous empêche de voir quelque chose de plus ample, de plus global (ce détail ayant pu être volontairement mis en avant par quelqu'un ayant intérêt à ce qu'on n'en perçoive pas plus).

> Et souvent la créatine est l'arbre qui cache la forêt. Car derrière la créatine, on se charge en testostérone ou autre hormone de croissance.
>
> Jean-Pierre DE MONDENARD – *Dictionnaire du dopage* – 2004

30. L'ARGENT N'A PAS D'ODEUR

1. L'argent malhonnêtement gagné ne trahit pas son origine.
2. Peu importe d'où provient l'argent, l'essentiel est d'en avoir.

Il suffit de faire tomber un billet de banque dans une fosse à purin puis de le récupérer pour comprendre que la véracité de cette expression est discutable, au moins au sens propre (si l'on peut dire, vu l'état du billet).

Cette expression s'emploie en général pour un bien mal acquis dont on préfère oublier l'origine douteuse.

C'est de l'empereur Vespasien qui régna sur Rome de 69 à 79 après J.-C. qu'elle viendrait.

En effet, les caisses de l'empire étant vides, son contenu ayant été dilapidé par Néron, Vespasien institua nombre de taxes diverses afin de renflouer le trésor de l'État.

L'une d'entre elles marqua plus particulièrement les esprits, celle sur les urines destinées à être collectées pour servir aux teinturiers (elles servaient à dégraisser les peaux). Elle était payable tous les quatre ans par tous les chefs de famille, en fonction du nombre de personnes (et d'animaux) vivant sous leur toit.

Bien entendu, le peuple se moqua de cette taxe et Titus, le fils de Vespasien, lui en fit la remarque. L'empereur lui mit alors une pièce de monnaie sous le nez et lui dit, en lui demandant de la sentir : « l'argent n'a pas d'odeur » (« pecunia non olet »), sous-entendant ainsi que peu importait la provenance de l'argent tant qu'il remplissait les caisses.

Et si les urinoirs publics installés à Paris à partir de 1834 s'appelaient des vespasiennes, c'est en mémoire de Vespasien, resté célèbre en raison de sa taxe sur les urines.

Notez que l'argent malhonnêtement gagné est ce qu'on appelle maintenant « de l'argent sale ». Et pour « le laver », il n'y a qu'à le blanchir*.

> Autrefois, quand un sauveteur ramenait à terre un homme vivant, il recevait une prime de douze francs cinquante centimes. La prime était de vingt-cinq francs quand l'homme était mort. Il en résultait que les gens pour qui l'argent n'a pas d'odeur, au lieu de faire leurs efforts pour sauver les malheureux qui se noyaient, leur plongeaient au contraire la tête dans l'eau jusqu'à pleine et entière asphyxie, de façon à toucher les vingt-cinq francs, récompense de cette belle action.
>
> Victor Henri ROCHEFORT-LUÇAY – *La Lanterne* – 1869

31. UNE ARLÉSIENNE

Une personne ou une action qu'on attend et qui ne vient jamais.

Une chose dont on parle, mais qui n'arrive ou ne se produit jamais.

On sait qu'une Arlésienne est une habitante de la ville d'Arles, dans les Bouches-du-Rhône, en Provence. Mais les Arlésiennes ont-elles l'habitude de poser des lapins* à ceux qui les attendent, au point que c'en est devenu une expression ?

Eh bien, on ne peut pas vraiment généraliser, car ici c'est d'une Arlésienne bien particulière qu'il est question.

On la doit à Alphonse Daudet qui la fait apparaître dans un conte en 1866, lequel conte est mis en musique six ans plus tard par Georges Bizet dans un opéra où le personnage qui lui donne son titre n'apparaît jamais sur scène.

Dans cette histoire, un jeune homme, Jan, veut épouser une jeune Arlésienne dont il est tombé amoureux après l'avoir rencontrée une seule fois. Une grande fête pour les fiançailles est même organisée, mais en l'absence de la « fiancée ».

Au cours de la soirée, un homme arrive et annonce à Jan ainsi qu'à son père que c'est à lui que la fille était promise et qu'elle n'était qu'une « coquine ».

Désespéré, Jan devient longtemps taciturne puis, pour donner le change à sa famille, fait la fête, mais sans oublier pour autant sa belle. Il finit par se suicider sous les yeux de sa mère.

C'est de cette personne attendue sans cesse et qui ne vient pas que, par extension, *une arlésienne* a fini par désigner toute personne ou chose qu'on attend et qui ne se présente ou n'arrive jamais.

> Un ministre qui joue l'Arlésienne en banlieue. Attendu à Argenteuil, Sarkozy s'inquiète des conditions de son retour sur la dalle.
>
> *Libération* – Article du 26 février 2007

32. PASSER L'ARME À GAUCHE

Mourir.

Cette expression du début du XIXe siècle est d'origine militaire, le milieu militaire étant un milieu où la « mort professionnelle » est très pratiquée.

Mais son origine exacte est tellement discutée qu'on n'a aucune certitude.

Toutefois, la plupart des commentateurs s'accordent sur les connotations de maladresse, de valeur maléfique qu'on attribuait à cette époque à la gauche (mot qui a remplacé le mot *senestre* de même racine que *sinistre*).

Une explication lie l'origine de l'expression à la pratique de l'escrime.

La main qui tient le fleuret étant en général la droite, passer l'arme à gauche à l'adversaire, c'était la lui arracher de la main droite donc pouvoir ensuite aisément le tuer.

Une autre explication vient de la position du repos (par opposition à celle du garde-à-vous) qui est celle où le soldat pose son fusil au pied gauche.

Et du repos au repos éternel, il n'y a parfois qu'un petit pas…

Une troisième vient des soldats de l'époque napoléonienne qui, lorsqu'ils devaient recharger leur fusil, devaient déchirer une cartouche (cylindre de carton contenant la charge de poudre et la balle du fusil), ce qui leur imposait de placer leur arme à gauche et de se redresser en partie, les rendant ainsi plus vulnérables aux tirs ennemis.

Celui qui mourait d'une balle ennemie bien placée venait donc probablement de passer son arme à gauche.

La dernière proposée ici (mais il en existe encore quelques autres) date du Moyen Âge où, après une union, les écus des deux familles pouvaient être accolés pour former un nouveau blason. Les armes (au sens de « armoiries ») de l'époux étaient à droite, ceux de l'épouse à gauche. En cas de mort de l'époux, ses armes étaient transférées à gauche du blason.

Passer l'arme (ou les armes) à gauche signifiait donc qu'on venait de rendre l'âme.

> Ces gens-là sont comme les chiens qui abandonnent la maison quand ils sentent que quelqu'un va passer l'arme à gauche.
>
> Jean Prieur – *Les Visiteurs de l'autre monde* – 1994

33. D'ARRACHE-PIED

1. Sans relâche, sans interruption.
2. En fournissant un effort intense.

Il est vrai que certains travaux dangereux peuvent, en cas de maladresse d'un des intervenants, aboutir à un arrachage de pied. Et dans ce cas, il est rare que la victime prenne son pied*…

Mais cette histoire de pied arraché ne doit pas être prise au pied de la lettre* : il ne s'agit que d'une image.

Voilà une expression, ou plutôt une locution adverbiale, qui nous vient de 1515[1] et qui a changé trois fois de sens depuis son apparition.

À cette époque, elle signifiait « tout de suite » et elle vient probablement du fait que la personne à qui on demandait d'agir immédiatement devait quitter son immobilité et très vite bouger et « arracher » ses pieds du sol (l'un après l'autre, bien sûr, sinon elle se cassait la figure), comme si la position immobile correspondait à des pieds plantés en terre.

Ensuite (chez Rabelais, par exemple), elle a signifié « sans interruption » ou « sans relâche », sans explication claire sur le glissement du sens.

La seconde signification proposée apparaît et vit parallèlement à la précédente à partir du XVIIIe siècle, probablement parce que celui qui travaille sans relâche est tenu de fournir un effort intense.

> Les négociations se poursuivent et il n'y a pas à vrai dire grand-chose de neuf, même si je ne peux pas entrer dans tous les détails. Nous travaillons d'arrache-pied pour sa libération, ici à Paris, comme dans notre ambassade de Manille.
>
> *Le Parisien* – Article du 9 juillet 2000

> Malade depuis plusieurs mois, il [André Frossard] travaillait d'arrache-pied sur une traduction de

---

1. Mais sans aucun lien avec la bataille de Marignan, même si, au cours de cette bataille, certains qui étaient au départ bon pied* bon œil ont dû y perdre un pied, voire deux (mais rarement plus).

> la Bible, tout en continuant de caracoler dans ses « cavalier seul », sus aux païens qui le chatouillaient.
>
> *Libération* – Article du 3 février 1995

34. SIGNER SON ARRÊT DE MORT

Faire ou dire quelque chose, commettre un acte qui va conduire inéluctablement à la mort.

Comprise de manière un peu simpliste, cette expression peut laisser perplexe. En effet, si on signe de quoi « arrêter » sa mort, c'est qu'on va l'empêcher et donc ne pas mourir. Dans ce cas, le sens paraît complètement opposé à ce qu'il est réellement.

Mais c'est oublier qu'un « arrêt » ou un « arrêté », c'est une décision prise par une autorité administrative ou judiciaire. Un « arrêt de mort » entraîne alors la peine capitale. *Signer son arrêt de mort*, c'est donc signer l'arrêt qui va nous être fatal, celui qui décide qu'on va mourir.

Autrement dit, au figuré, c'est faire de son propre chef ce qu'il faut pour provoquer sa propre disparition (comme prendre un bain dans une rivière infestée de crocodiles ou bien traverser lentement une autoroute un jour de grande circulation).

> La LCR vient de dévoiler son vrai visage : derrière une formation en apparence ouverte pointe un vieux courant trotskiste. Quant au Parti communiste, s'il est absent de la compétition présidentielle, il signe son arrêt de mort. La gauche mouvementiste, elle, veut faire de la course à l'Élysée une simple tribune pour ses idées.
>
> *Libération* – Article du 12 décembre 2006

35. UN HOMME DE L'ART – C'EST DU GRAND ART – L'ENFANCE DE L'ART

Un expert dans son métier. – C'est superbement réalisé. – Quelque chose de simple à faire.

Savez-vous qu'un charcutier, s'il est un homme de lard, et de cochon, peut aussi parfaitement être « un homme de l'art », même si la fabrication du saucisson ou de l'andouillette ne s'apparente pas, de près ou de loin, à de la peinture ou de la sculpture, pour ne prendre que ces deux formes très connues d'art ?

Ces trois locutions au sens bien différent sont toutes liées par le mot *art*. Lorsqu'on entend ce dernier, on pense la plupart du temps à des activités créatrices où le talent et l'imagination permettent à l'artiste de produire des œuvres dont il espère qu'elles seront admirées, qu'il s'agisse de toiles, de sculptures, de symphonies, de films ou de bandes dessinées…

Cet art-là est indissociable de la notion de beauté, quelle que soit sa forme, même si celle-là est extrêmement subjective.

Mais plus généralement, un « art », c'est un ensemble de connaissances et de techniques permettant d'élaborer quelque chose.

Le charcutier qui fabrique son andouillette dans son arrière-boutique (dissertera-t-on longtemps sur la beauté ineffable de l'andouillette ?) utilise pour cela des techniques patiemment apprises, qu'il maîtrise suffisamment pour fabriquer un produit de qualité (du moins on l'espère quand on en est l'acheteur puis le consommateur).

« Un homme de l'art », c'est donc celui qui connaît très bien son métier et ses procédés, et qui est capable de parfaitement réussir ce qu'il entreprend dans son domaine.

Contrairement à la suivante, à l'usage beaucoup plus ouvert, cette locution s'applique à quelqu'un qui produit réellement un travail utile et de qualité. D'abord utilisée pour les médecins ou les architectes, on l'applique aujourd'hui à toutes les activités.

« C'est du grand art » est généralement une expression d'étonnement ou de satisfaction devant la manière, parfaite, dont quelque chose a été réalisé, montrant, de la part de celui qui l'a fait, une réelle habileté.

Oui, mais un homme peut être très habile dans bien des domaines, y compris illégaux. Lorsqu'un cambriolage, le casse de Nice, par exemple, a nécessité une organisation judicieuse et sans faille, on peut tout de même dire que « c'est du grand art ».

Autant dire que la maîtrise de ce genre d'art n'est pas toujours enviable.

Enfin, « l'enfance de l'art », c'est le tout début de la virtuosité nécessaire pour accomplir quelque chose. Or, si on n'en est qu'au début de son apprentissage, avec cet art encore balbutiant, on ne peut réaliser que des choses simples. D'où le sens de la locution.

> Telle est l'extrême variété des questions médico-légales, qu'un homme de l'art, quelque instruit qu'on le suppose, ne peut les résoudre toutes avec une égale sagacité.
>
> J. Briand, J. X. Brosson, J.S. Chaudé – *Manuel complet de médecine légale* – 1828

> Quand le marlin se manifeste, le skipper évalue son poids et indique la canne et la ligne à utiliser, celles qui, au vu de la taille du marlin, permettront peut-être d'établir un record. Les teasers sont alors rentrés et le vif mis à l'eau. C'est du grand art, réservé à des capitaines d'exception, dans des lieux de pêche privilégiés.
>
> Michel Margouliès – *Grande pêche sportive : espadon, thons, marlins* – 2001

> On est loin des années 1960-1970 où ce genre [le court-métrage] était considéré comme un exercice de style nombriliste ou comme l'enfance de l'art cinématographique.
>
> Macha Séry – *Le Monde* – Article du 18 janvier 2011

36. FIER COMME ARTABAN

Très fier, parfois même arrogant.

Cette expression est d'origine littéraire. Elle est attestée en 1688 dans l'ouvrage intitulé *L'Esprit de la France et les maximes de Louis XIV* d'auteur inconnu.

Artaban est ici un personnage important d'un énorme roman, une épopée historique (12 volumes, plus de 4 000 pages), intitulé *Cléopâtre* et écrit par Gautier de Costes de La Calprenède entre 1647 et 1658.

Du succès de ce roman à l'époque ne sont restées que la fierté et l'arrogance de son personnage, la sonorité de son nom ayant probablement aidé à la conservation de l'expression.

Contrairement à ce que certains croient, cet Artaban-là n'a donc rien à voir avec des actes de bravoure de certains des fameux rois parthes de la dynastie des Arsacides, Artaban Ier ayant commencé son règne au IIIe siècle av. J.-C. et Artaban V l'ayant terminé au IIIe après J.-C.

Leur règne est beaucoup trop ancien, pour justifier que notre expression ne soit apparue qu'au XVIIe siècle.

> Et puis, ma toilette faite, mon petit chapeau de gros feutre en arrière, avec ma belle blouse bleue, mes braies de futaine et mes petits sabots neufs, je descendis fier comme Artaban dans la cuisine.
>
> Batisto Bonnet – *Vie d'enfant* – 1981

37. SE FAIRE APPELER ARTHUR

Se faire gronder, réprimander.

Il existe deux hypothèses pour expliquer l'origine de cette expression, une amusante et répandue, mais assez probablement fausse, une autre incomplète.

La première daterait de la Seconde Guerre mondiale.

Dans la France occupée, à certaines périodes de l'année, le couvre-feu commençait à vingt heures[1], soit huit heures du soir.

---

1. Mais l'heure était en réalité dépendante de celle de la tombée de la nuit, un des buts étant que les lumières nocturnes ne soient pas repérables par l'aviation. Par conséquent le fameux « huit heures » ou « acht Uhr » ne pouvait donc être prononcé que de temps en temps.

Les patrouilles allemandes chargées de son application avaient pour habitude de prévenir les retardataires en leur indiquant leur montre et en leur disant « acht Uhr ! », ce qui, dans la langue de Goethe, veut dire « Huit heures ! » et se prononce à peu près comme *artour*.

Comme, de l'entente de « artour » à l'écoute de « Arthur », il n'y a qu'un pas quand on ne comprend rien à l'allemand, on imagine bien le pauvre gamin qui rentrait chez lui après s'être fait sermonner par le chef de patrouille, se plaindre non seulement de s'être fait gronder, mais en plus de s'être fait appeler Arthur alors qu'il s'appelait Julien.

Mais on peut sans trop d'hésitation éliminer cette première explication, car les premières attestations de l'expression sont antérieures au début de la guerre.

En effet, selon Cellard et Rey, dans leur *Dictionnaire du français non conventionnel*, la seconde explication, elle, daterait des environs de 1920 et serait liée à l'argot où un *arthur* désignait un gigolo mondain ou un proxénète, sans qu'on sache vraiment pourquoi aujourd'hui.

On disait aussi *se faire appeler Jules* (qui avait la même signification, en argot).

Malheureusement, rien n'indique avec précision pour quelle raison ces deux prénoms ont été utilisés de manière ironique dans ces deux expressions similaires.

> Quand la nuit tombe, Julien s'écrie invariablement en regardant sa montre :
> « Merde ! Je vais encore me faire appeler Arthur ! »
> Jean-Michel Olivier – *L'Enfant secret* – 20033

38. À L'ARTICLE DE LA MORT

À l'agonie, près de mourir.

En général, on ne trouve dans le journal un article sur un mort que postérieurement à son décès. Or, « l'article de la mort » se situe en général juste avant le décès. Comment se fait-ce ?

Eh bien parce que cet *article*-là ne désigne ni celui d'un journal, ni celui qui précède un nom.

Cette expression qui date du XVe siècle vient du latin *in articulo mortis* où *articulo* vient de *articulus* qui, dans cette locution, désigne une division du temps, donc un « moment ». *In articulo mortis* peut ainsi se traduire par « au moment de la mort ».

Pour ceux qui aiment le latin (moi je préfère les Latines, mais c'est chacun selon ses goûts), il est intéressant de savoir que *in extremis* voulait dire littéralement « dans les derniers moments » ce qui peut aussi se dire « à l'article de la mort ».

Son utilisation a depuis été détournée pour devenir quelque chose comme *au tout dernier moment* mais avec le sens « de justesse ». Ainsi, on peut dire « il a pris le train in extremis » ; sauf que s'il a pris le train en pleine face, sur la voie, on retrouve plutôt le sens d'origine...

> Certains journaux laissent entendre, vers le 10 juillet, que Marat est à l'article de la mort. L'Ami du peuple se sait condamné à court terme. Mais l'histoire devait interrompre le cours de sa vie de manière beaucoup plus spectaculaire.
>
> Jacques GUILHAUMOU – *La Mort de Marat, 1793* – 1989

39. ÊTRE UN AS

Être le meilleur dans son genre, dans l'activité qu'on exerce.

Au XIIe siècle, le mot *as* a initialement désigné la face d'un dé qui ne comporte qu'un point. De cette faible valeur, le mot a d'abord été associé à des choses de peu de valeur (*ne valoir un as* voulait dire « ne rien valoir du tout »).

Puis sont arrivés les jeux de cartes où l'as avait au contraire le rang le plus élevé, au-dessus des rois, sans que ce revirement de position soit expliqué.

Selon le *Dictionnaire historique de la langue française*, c'est dès 1868 que le terme *as*, sorti des jeux, désigne le premier aviron d'une yole (canot de compétition contenant 2, 4 ou 8 rameurs). Dans les courses hippiques également et un peu plus tard, c'est le premier cavalier du peloton de tête qui se voit affublé de cette appellation argotique. Dans les deux cas, c'est le premier qui est un « as ».

Pendant la guerre de 14-18, les aviateurs, entre deux missions, jouaient à la manille, jeu de cartes inventé à la fin du XVIIIe siècle, où, une fois n'est pas coutume*, ce n'est pas l'as qui est la plus forte carte, mais le dix, juste avant l'as. Et, du coup, lorsque le pilote approchait du dixième ennemi abattu, il devenait un « as », par assimilation à son jeu préféré.

C'est de ces utilisations que le terme *as*, servant à désigner des premiers ou très forts dans leur spécialité, s'est ensuite répandu dans tous les domaines.

« L'as des as » est un champion d'exception dans son domaine, comme Georges Guynemer avec ses 54 victoires. Mais attention, un « as du volant » n'est pas celui qui réussit à envoyer dix autres automobilistes dans le décor !

> Le Grec là-haut, c'est un as, dit un gars s'adressant à Sucus. Il est capable avec sa putain de grue, qui soulève quarante tonnes, d'enlever le bouchon d'une bouteille !
>
> John Berger, Marianne Servouze Karmel – *Flamme et Lilas* – 1992

40. UN AS DE PIQUE

Une personne mal habillée ou à l'apparence bizarre…

On dit d'ailleurs principalement de quelqu'un qu'il est « habillé (ou attifé, fringué, ficelé…) comme l'as de pique ».

Allez donc vite chercher un jeu de cartes, sortez-en l'as de pique et regardez sa tenue vestimentaire ! Si vous y arrivez, c'est soit que vous avez une très mauvaise vue, soit que vous ne jouez jamais aux cartes et avez sorti au hasard le valet de carreau, soit que votre jeu n'est pas très ordinaire puisque comme tous les autres as, celui de pique, contrairement aux figures comme le valet, la reine et le roi, ne contient au milieu que son signe, donc ici un gros pique.

Alors pourquoi cette expression ?

Malheureusement, on ne le sait pas réellement !

Au XVIIe siècle, elle était très péjorative : « On dit aussi par injure à un homme stupide, que c'est un bon as de *pique* » (Furetière) mais sans qu'on sache vraiment pourquoi, c'est l'as de pique qui a été retenu pour cette désignation.

Au XIXe siècle, la ressemblance approximative entre le pique dessiné sur les cartes et le croupion de poulet a provoqué la naissance de l'argot *as de pique* pour désigner l'anus. Quelqu'un qui se faisait alors traiter d'*as de pique* était donc simplement un « trou du cul » avec l'acception moderne.

Aujourd'hui, on utilise cette expression surtout en rapport avec l'habillement, pour quelqu'un qui manque de goût, sans qu'on sache vraiment ce qui motive cette comparaison, ni qu'on sache qui, du jugé ou du juge, s'habille vraiment avec mauvais goût…

Littré donne aussi la signification « mauvaise langue ».

Cela viendrait de la contraction de *as de pique* en « aspic », serpent qui est forcément une mauvaise langue, mais apparemment, d'après Alain Rey, sans qu'aucun texte ne vienne réellement étayer cette interprétation.

Pour en revenir à l'expression argotique, il est amusant de voir que, après l'invasion de l'Irak, dans le jeu de cartes qu'avaient créé les Américains avec les têtes de tous les Irakiens recherchés, l'as de pique était Saddam Hussein.

> La seconde suivante, son bras droit entra dans la pièce : Bobby Manier. Un gros bonhomme habillé comme l'as de pique. Sale, mauvais, malodorant et très moche…
>
> Sébastien BOUCHERY – *Le Voyage spirituel d'Henry Ludil* – 2009

41. L'ASSIETTE AU BEURRE

Une situation source de profits et faveurs pas toujours licites.

Je profite du fait qu'on parle ici du beurre pour rappeler (voir les détails à l'expression *mettre du beurre* dans les épinards*) que l'usage du beurre a évolué au fil des siècles. D'utilisation courante au Moyen Âge, chez les pauvres, il deviendra un complément alimentaire surtout réservé à l'aristocratie à partir de la fin du XVe siècle.

Dans plusieurs métaphores nées à partir de cette époque, le beurre est un symbole de richesse, un emblème de luxe.

On imagine bien alors, autour d'un banquet ou d'une réception chez les gens de la haute société, que les convives qui avaient les postes les plus enviables ou donnant le plus de pouvoir, étaient choyés par la maîtresse de maison et qu'on mettait dans leur assiette les plats les plus beurrés (ce qui, soit dit en passant, n'était pas forcément un cadeau si l'on en croit les médecins d'aujourd'hui qui bannissent le beurre pourvoyeur de mauvais cholestérol).

C'est de ces petites faveurs offertes aux puissants qu'aurait pu naître notre métaphore, le beurre étant le symbole des diverses choses dont ils peuvent profiter de par leur statut, que ce soit sous la forme de cadeaux offerts plus ou moins spontanément, ou de profits obtenus de manière plus ou moins licite (avantages en nature, commissions, pots-de-vin, etc.).

Mais on ne peut pour autant ignorer l'influence possible d'un jeu de mots sur une autre acception du mot *assiette*, celle liée à l'impôt. Or, à partir du moment où la collecte de cette taxe impôt-pulaire était confiée à des exécutants d'une probité pas toujours exemplaire, il était facile pour certains d'entre eux de trafiquer les chiffres et de s'approprier une partie de ce qu'ils récoltaient, ces sommes partiellement détournées leur donnant la richesse nécessaire pour prétendre faire partie de la caste des consommateurs de beurre.

Cette ancienne expression aurait pu disparaître s'il n'y avait pas eu, au début du XXe siècle, la naissance d'un journal satirique intitulé *L'Assiette au beurre*, en quelque sorte un ancêtre de notre *Charlie Hebdo* contemporain, journal qui s'attaquait entre autres aux excès des gens de pouvoir, politiques ou entrepreneurs, qui profitaient largement de leur situation pour gruger les autres et s'approprier un maximum de choses au détriment des gens peu aisés.

Aujourd'hui, on l'utilise plutôt rarement. Et lorsqu'elle l'est, c'est souvent pour évoquer la corruption dans le monde politique (si tant est qu'une telle déviance puisse exister, bien sûr).

> Elle sent, au fond, que c'est fini ; qu'elle ne gardera pas indéfiniment l'assiette au beurre.
>
> Roger MARTIN DU GARD – *Les Thibault VII* – 1930

> Et surtout, essayons de sauvegarder notre folklore. Il faut l'imposer, l'enseigner, le seriner aux autres, pour encourager le tourisme si cher à notre « assiette au beurre ». Quand est-ce que la population, sa misère, son ignorance cesseront de représenter des objets de curiosité ? Visons-nous à transformer notre pays en un vaste jardin zoologique ?
>
> Antoine A. RAPHAEL – *Le Drame haïtien, 1988* – troisième édition – 2007

42. NE PAS ÊTRE DANS SON ASSIETTE

Ne pas être dans son état normal, physiquement et/ou moralement.

De nos jours, à moins de faire du cheval ou de l'aviation, par exemple, quand on pense *assiette*, on pense généralement au plat individuel dans lequel on mange. Alors il semble assez normal de « ne pas être dans son assiette », car qui aurait l'idée saugrenue de s'y vautrer ?

Mais c'est oublier que l'assiette individuelle n'est entrée dans les mœurs du peuple qu'après le XVIe siècle, l'habitude étant auparavant de manger avec les doigts dans le plat commun placé au centre de la table[1].

En effet, le mot *assiette* a son origine liée au verbe *asseoir*. De ce fait, un des sens du mot est, depuis 1580 chez Montaigne, « la manière d'être assis » et, pour les amoureux des équidés, la « position du cavalier sur sa monture ».

Cette association du mot à une position a donné, au figuré et chez le même auteur, le sens de « état de l'esprit » ou « façon d'être ».

C'est cette dernière signification qu'on retrouve dans notre expression.

Certains esprits curieux se demanderont pourquoi le mot *assiette* a ensuite désigné ce plat individuel. À ceux-là (les autres, vous pouvez tourner la page), je répondrais que c'est parce que, toujours en restant avec le sens de « position » et dès la fin du XIVe siècle, le mot a désigné la situation d'un convive à une table. Par extension, le service posé à chaque place a également été appelé *assiette* avant que le mot ne désigne finalement plus que le petit plat individuel.

En tout cas, ce qu'on peut constater, c'est que lorsqu'on n'est pas dans son assiette on s'intéresse généralement peu à ce qu'il y a dedans.

> Des signes avant-coureurs. Déjà, sur la rampe de lancement, Christophe Moreau ne paraissait pas dans son assiette. Le visage inexpressif, le regard dans le vague, l'absence de lunettes, aussi bénigne soit-elle, témoignaient d'une motivation sur le déclin.
>
> *Le Figaro* – « Moreau a fait son deuil » – Article du 27 avril 2009

43. NE PAS ÊTRE SORTI DE L'AUBERGE

Ne pas en avoir fini avec les difficultés ou les ennuis.

Voilà une expression du XIXe siècle en apparence étrange, car il semble difficile d'associer les ennuis

1. La fourchette n'apparaîtra en France qu'au XIVe siècle, à la Cour. Elle sera progressivement utilisée chez les riches et ne se généralisera dans le peuple que beaucoup plus tard.

avec une auberge, généralement destinée à être accueillante.

Et, à part dans l'auberge de Peyrebeille, dite *L'Auberge rouge*, quand on décide de sortir du lieu, rien ne nous empêche de le faire, pour peu qu'on ait payé notre dû.

Il nous faut donc nous tourner vers l'argot et plus précisément celui des voleurs pour comprendre le sens de cette expression.

En effet, dans ce monde-là, le terme *auberge* désigne la prison, ce lieu où le voleur trouve gîte et couvert, comme dans une auberge, une fois qu'il a été capturé et condamné.

Autant dire qu'une fois qu'il y est enfermé, non seulement il est loin d'en avoir fini avec les ennuis de la captivité, promiscuité et sévices divers, entre autres, mais il aura beaucoup de mal à en sortir de son propre chef.

Cette expression en a donné une complémentaire qui est *sortir de l'auberge* pour « se tirer d'un mauvais pas », donc des ennuis dus à la situation pénible dans laquelle on se trouvait.

> – J'ai bien compris votre allusion, lieutenant, mais qu'est-ce que ça change ?
> – Ça change, ça change que… ça change que si le Klan local est vraiment dans le coup et (sic) bien nous ne sommes pas sortis de l'auberge !
>
> John Toland – *No man's land* – 1980

44. UNE AUBERGE ESPAGNOLE

1. Un lieu / une situation où on ne trouve que ce qu'on y a apporté.
2. Un endroit où on trouve de tout, où on rencontre n'importe qui.

Le premier sens indiqué est l'original. Il vient de la mauvaise réputation qui, dès le XVIIIe siècle, était faite par les voyageurs étrangers aux auberges espagnoles où il était conseillé aux visiteurs, s'ils voulaient manger à leur faim, d'apporter eux-mêmes de quoi se sustenter et se désaltérer, soit parce que l'auberge offrait le gîte, mais pas le couvert, soit parce que la qualité et la quantité de ce qui leur y était servi étaient très critiquables.

Mais un nouveau sens de cette expression est apparu assez récemment, et on lui donne trois explications possibles, éventuellement complémentaires :

– une simple méconnaissance du véritable sens ;

– chacun apportant son repas, on trouvait forcément dans l'auberge une grande variété de nourritures ;

– une faune très variée fréquentait les auberges placées sur le chemin du pèlerinage à Saint-Jacques-de-Compostelle, puisqu'on était susceptible d'y croiser des gens venus de très nombreux pays différents.

Par extension, on désigne par *auberge espagnole* toute idée ou situation où chacun trouve ce qui l'intéresse, ce qu'il comprend, en fonction de ses goûts, sa culture, ses convictions…

> Si la Neuvième Symphonie était présentée aujourd'hui comme le morceau de concours d'un prix de Rome, on y prendrait très peu d'intérêt et de plaisir. Mais il y a deux cents ans que l'on tartine sur elle ; on y arrive extasié d'avance, y apportant, comme dans les auberges espagnoles, tout ce qu'on souhaite d'y trouver.
>
> Henry de Montherlant – *Notes de théâtre* – 1943

> Quant aux éventuelles alliances pour le second tour des municipales à Paris, Pierre-Yves Bournazel a déclaré : « C'est une auberge espagnole que M. Delanoë nous prépare. »
>
> *Le Nouvel Observateur* – Article du 20 février 2008

45. DE BON / MAUVAIS AUGURE

Qui annonce quelque chose de positif / de négatif.

Le mot *augure*, attesté au XIIe siècle, vient du latin où on trouvait aussi bien *augur* qui désignait un devin que *augurium* qui était un présage.

Pour le premier sens, dans l'Antiquité, un augure était une sorte de prêtre considéré comme l'interprète de la volonté des dieux : il observait des signes naturels comme l'évolution du ciel, le tonnerre ou le vol des oiseaux pour deviner ce qui allait se passer[1].

Seul le second sens de « présage » a survécu dans nos locutions d'aujourd'hui. Et c'est ainsi que, pour certains, un chat noir qui passe devant eux sous une échelle et fait tomber et se casser un miroir est considéré comme un signe très très défavorable.

> Tout de suite il passa chez la Marquise de Breil sa belle-fille, & me présenta à elle, puis à l'Abbé de Gouvon son fils. Ce début me parut de bon augure. J'en savois assez déjà pour juger qu'on ne fait pas tant de façon à la réception d'un laquais. En effet on ne me traita pas comme tel.
>
> Jean-Jacques ROUSSEAU – *Les Confessions* – 1782-1789

46. MESURER À L'AUNE DE…

Juger, estimer par comparaison avec…

Ce dont on est sûr, c'est que l'*aune* a été une unité de mesure jusqu'en 1834, date à laquelle elle a été abolie en France.

Mais si l'on se plaint aujourd'hui d'avoir à rencontrer à la fois des unités décimales et des unités anglo-saxonnes (comme le pouce, le pied, le mile ou les degrés Fahrenheit, par exemple), avant 1834, c'était bien pire.

Car, outre les autres mesures (perches, lieues, toises…), il n'y avait pas qu'une aune.

Si l'aune de Paris, comme chacun le sait, avait une longueur de 3 pieds 7 pouces et 10 lignes et 5/6, soit très exactement 1,188 m[2], l'aune pouvait mesurer de

1. Quand on relit un peu plus tard les prédictions faites par la plupart des cabinets de prospective, des économistes et des grands gourous ou experts divers, et qu'on compare à ce qui s'est réellement passé, on se dit que, finalement, l'étude des signes naturels ne devait pas être beaucoup moins fiable (et elle était en tout cas beaucoup moins coûteuse que ce que se font payer ces augures modernes).

2. Mais le lecteur curieux pourra, selon les sources, trouver d'autres valeurs proches.

0,513 m[1] à 2,322 m, selon le métier, la région ou le pays (en France, François Ier a tenté de généraliser une aune commune au pays en 1540).

Autant dire que la mesure d'un même objet pouvait donner des nombres d'unités très différents, selon l'aune qu'on avait l'habitude d'utiliser.

C'est ainsi que, par extension, on a vu apparaître l'expression cousine de la nôtre, *mesurer à son aune*, qui voulait dire « juger par rapport à soi-même » (par rapport à l'aune qu'on connaît, qu'on a l'habitude d'utiliser).

Par extension toujours, notre locution indique, plus généralement, que le jugement est fait d'après les éléments ou les informations dont on dispose.

> L'histoire de l'ordre ne saurait s'apprécier seulement à l'aune de celle de l'abbaye-mère.
>
> Denyse Riche – *L'Ordre de Cluny à la fin du Moyen Âge* – 2000

> Le succès de la loi sur la RTT, jugée à l'aune de la création de nouveaux emplois.
>
> Colette Bernier – *Formation, relations professionnelles et syndicalisme à l'heure de la société-monde* – 2002

47. L'AVOCAT DU DIABLE

1. Celui qui défend une personne ou une cause difficile à défendre.
2. Celui qui attaque volontairement les arguments d'un autre pour le forcer à les renforcer.

Si un avocat est chargé de défendre des accusés, il y a parfois des supposés coupables ou des causes qu'il semble très difficile de défendre tellement la culpabilité est certaine, l'atrocité des crimes choquante ou la cause amorale.

---

1. La longueur approximative d'un avant-bras, l'aune (comme la coudée) étant aussi utilisée chez les drapiers qui se servaient de leur avant-bras comme unité de mesure, avant que l'aune proche de 1,20 m la supplante en représentant très approximativement un tour complet de l'avant-bras, soit deux longueurs initiales plus les quelques centimètres d'épaisseur du bras (voir à ce sujet l'expression *le petit juif**).

Et pourtant, tout le monde doit pouvoir être défendu, même ce satané diable, considéré par certains comme responsable de tant d'infâmes vilenies.

De nos jours, et depuis le début du XIXe siècle, celui qui se fait « l'avocat du diable » est celui qui défend une cause choquante ou perdue d'avance, que ce soit par jeu (le plaisir de choquer ceux qui n'admettent pas qu'on puisse aller dans ce sens) ou, de manière plus sournoise ou rusée, pour obtenir quelque chose qui n'aurait pas été accordé sans la belle démonstration qu'impose une défense efficace.

De manière plus générale, un « avocat du diable » est aussi celui qui, volontairement, dénonce la thèse de celui avec lequel il discute dans le but de lui faire renforcer ses arguments pour, au final, faire sienne cette thèse si elle a résisté aux attaques ainsi formulées.

Mais cette locution nous vient à la fois du milieu ecclésiastique et de celui du XVIIIe siècle.

En effet, l'« advocatus diaboli » était un religieux qui, au cours de l'étude préalable à la canonisation d'une personne, devait rechercher tout ce qui, dans le comportement de la personne, pouvait montrer l'influence du diable, sachant que, bien entendu, tout individu destiné à devenir un saint doit au moins avoir mené une vie irréprochable (et accessoirement avoir accompli quelques miracles par-ci par-là).

Si ce religieux avait donc vis-à-vis du possible futur saint un rôle d'accusateur et s'il devait retrouver tous les éléments permettant de s'opposer à la canonisation, il était bien le défenseur des éventuelles actions du diable, en opposition avec le défenseur du saint ou « avocat de Dieu ».

Ce rôle a été supprimé par le pape Jean-Paul II en 1983.

> Nous causions de tout, parfois âprement, si nous n'étions pas du même avis… Je me faisais souvent l'avocat du diable…
>
> Juliette LALONDE-RÉMILLARD – *Lionel Groulx, l'homme que j'ai connu* – 2000

48. DANS TOUS LES AZIMUTS – TOUS AZIMUTS

Dans toutes les directions, de tous les côtés, par tous les moyens.

Évacuons tout de suite une éventuelle interrogation : la seconde expression proposée n'est jamais qu'une version abrégée de la première, apparue au début du XXe siècle.

Maintenant, penchons-nous sur l'élément principal : l'*azimut*, qui s'écrivait aussi avec un *h* à la fin, mais il a tellement été aspiré qu'il a maintenant quasiment disparu.

Le mot *azimut*, attesté au XVe siècle, vient de l'arabe *az-samt* qui signifie aussi bien « chemin » que « point de l'horizon », après être passé par l'espagnol *acimut*.

À l'origine terme d'astronomie, il désigne, selon la famille Robert (Petit et Grand), l'« angle formé par le plan vertical d'un astre et le plan méridien du point d'observation ».

Sorti du contexte astronomique, et plus généralement, l'azimut est l'angle horizontal entre la direction d'un objet et une direction de référence.

Partant de cette définition, une « arme tous azimuts » (terme employé dans le milieu militaire) est une arme qui tire dans toutes les directions[1], et une « défense tous azimuts » peut intervenir contre les attaques venues de tous les côtés.

Par extension et au figuré, les azimuts désignent aussi les moyens dans des expressions comme « répression tous azimuts » ou bien « vendre tous azimuts ».

Non satisfaits de faire du bon pain, les deux frères qui mènent la maison s'attaquent maintenant au

1. Bien sûr, on n'évoque pas ici une arme qui tirerait au même instant dans toutes les directions, y compris vers le pauvre tireur, mais d'une arme montée sur une tourelle lui permettant de balayer toutes les directions.

rayon pâtisserie qu'ils développent tous azimuts. Avis aux gourmands…

Guide Michelin –
Idées de promenades à Paris – 2008

49. ÊTRE / RESTER BABA

Être stupéfait.

Ce *baba*-là n'a rien à voir avec le succulent gâteau, généralement imprégné de rhum, venu de Pologne. Il n'est pas directement lié non plus à ce *baba* situé sous la ceinture qu'on trouve dans l'expression *l'avoir dans le baba**.

Il vient du bas latin, latin médiéval, issu lui-même du latin des environs du Palatin, soit du côté de rhum Rome. En bas latin, donc, *batare* voulait dire « ouvrir la bouche ». C'est ce mot qui a d'ailleurs donné nos verbes *ébahir*, *bâiller* ou *béer*, entre autres.

Et c'est justement d'*ébahir* que vient notre expression, *baba* étant d'abord une onomatopée obtenue par redoublement du radical *ba-* de ce verbe et créée à la fin du XVIIIe siècle (imaginez quelqu'un de complètement stupéfait qui ne saurait que dire d'un air forcément étonné « ba… ba… ! »).

À cette époque, on l'utilisait aussi comme un nom propre dans l'expression *rester comme Baba* ou *rester comme Baba, la bouche ouverte*. Ce n'est qu'un siècle plus tard que notre version raccourcie a commencé à prendre le dessus.

J'ai envie de me rincer la bouche, non pas de chai le soir, mais il me propose un masala milk. Une saveur à en rester baba, un nectar ! Les deux serveurs et le préparateur sont là à guetter mon expression : « Good ? » « Good, excellent ! » Vingt-quatre roupies le tout, environ cinquante centimes d'euros, pourquoi se priver ?

Isabelle SOUCHER-FRAPPIER – *Au fil des jours en Inde du Sud, sac au dos* – 2008

50. L'AVOIR DANS LE BABA

1. Se faire avoir.
2. Rater quelque chose.
   Subir un échec.

L'utilisation de cette expression se fait souvent lorsqu'on y associe une idée de déception et lorsque l'échec est dû à l'intervention maligne d'un tiers.

Deux autres formes nettement plus triviales, également très employées et bien représentatives des sens proposés, sont *l'avoir dans le cul* et *s'être fait mettre* généralement utilisées lorsqu'on s'est fait duper ou lorsqu'on a complètement raté quelque chose.

En entendant *baba*, beaucoup pensent à cette excellente pâtisserie imbibée de rhum, éventuellement parsemée de raisins secs et accompagnée de crème pâtissière, le tout constituant un dessert à s'en lécher les babines.

Mais notre baba du jour n'a pas le même goût (dommage !) et on le trouve rarement posé sur une assiette, sauf en cas de jeux très particuliers, car il s'agit tout simplement du sexe féminin.

La désignation de cet endroit intime par le nom d'une friandise ou d'un gâteau est quelque chose d'ancien. Au XVIIIe siècle, dans les vaudevilles, les allusions grivoises à cette pâtisserie particulière étaient courantes.

Mais c'est à la fin du XIXe qu'est apparue l'expression avec ses sens actuels.

Et si l'on se réfère à l'histoire de l'humanité selon la Bible, on remarquera qu'Adam est le premier rhum à avoir imbibé un baba.

> J'crois bien que c'est foutu Pierrot ! On va l'avoir dans le baba ! Les fridolins sont trop rapides pour nous. Trop bien armés. Trop bien organisés. On va pas pouvoir les renvoyer jusqu'à Berlin.
>
> Jean-Claude ESTAMPE – *Le Peintre écarlate* – 2007

51. UNE TOUR DE BABEL

Un lieu, une réunion où règne la confusion, où les gens ont des difficultés pour s'entendre, se comprendre.

Nous sommes aux environs de l'an 2200 av. J.-C. Le Déluge est terminé depuis une centaine d'années et toutes les terres sont à nouveau accessibles.

Les rescapés (toute la famille de Noé et sa descendance), qui copulent à tout-va car Dieu leur a demandé de se multiplier et de se répartir sur la Terre, se retrouvent non pas à Larche, mais en Babylonie.

Là, ils décident de bâtir une très haute tour ronde, en forme de ziggourat, constituée de briques et de bitume.

Leurs raisons sont différemment interprétées : pour certains, ce serait pour se protéger d'un nouveau déluge ; pour d'autres, ce serait par orgueil, dans le but d'atteindre le ciel ; enfin, pour d'autres encore, ce serait pour rester ensemble, une ville à plat les ayant conduits à s'éloigner progressivement les uns des autres.

Dieu, voyant cela, est agacé pour deux raisons :

– il se dit d'abord « voici qu'à eux tous, ils sont un seul peuple et ont un seul langage. S'ils ont fait cela pour leur début, rien désormais pour eux ne sera irréalisable de tout ce qu'ils décideront de faire » ;

– ensuite, sachant très bien que de la diversité naît la richesse, que c'est la confrontation des cultures et des idées qui fait avancer, il considère que si les hommes restent ainsi ensemble en un seul endroit, ils vont vite se scléroser.

Il décide donc, peut-être aussi avec l'idée de diviser pour mieux régner (faites-moi penser à lui poser la question un de ces jours), de brouiller leurs langages, et ainsi de les empêcher de se comprendre et de continuer ensemble leur ouvrage qu'ils abandonnent finalement alors que Dieu les disperse progressivement sur toute la planète.

C'est de cette tour de Babel (qui signifie « confusion ») où plus personne ne se comprend qu'est née notre expression.

> Le stratège de la Squadra Azzurra a ainsi largement remanié sa formation de départ, en changeant six des huit avants, avec notamment l'arrivée en seconde ligne du natif d'Afrique du Sud Quintin Geldenhuys, et titularisant le Néo-Zélandais d'origine Kaine Robertson et Mirco Bergamasco aux ailes. Et pour compléter cette tour de Babel à l'italienne, l'Australien Craig Gower enchaînera une troisième titularisation à l'ouverture.
>
> *L'Équipe* – Article du 6 juin 2009

52. UNE VIEILLE BADERNE

1. Un militaire âgé et borné.
2. Un homme usé, gâteux.

Dans la marine, au cours de la seconde moitié du XVIIIe siècle, *baderne* désignait une tresse épaisse fabriquée à l'aide de vieux cordages, tresse qui était appliquée autour des mâts, des vergues, du cabestan…, pour les protéger de l'humidité et du frottement avec d'autres objets.

On s'en servait aussi comme paillasson sur le pont des navires transportant des animaux pour protéger le bois.

C'est à partir du milieu du XIXe siècle que le mot, venu de l'argot des marins, a désigné péjorativement un individu bon à rien ou hors d'état de faire quoi que ce soit (« hors d'usage », comme les cordages servant à tresser une *baderne*).

D'abord utilisé chez les matelots pour désigner un vieux marin plus capable de grand-chose, il s'est généralisé dans toutes les armes, à l'intention de vieux militaires bornés.

> Repose-toi, mais ne t'encroûte pas. Tu n'as pas encore l'âge de devenir une vieille baderne aigrie.
>
> Vladimir VOLKOFF – *Les Humeurs de la mer* – 1980

53. À PLEIN BADIN

À toute vitesse.

Il faut avoir fréquenté le milieu de l'aviation pour comprendre l'origine de cette expression dont l'explication sera simple et courte.

C'est en 1879 que naît Raoul-Édouard Badin, officier français passé parSupApéro SupAéro (promotion 1910). L'histoire ne nous dit pas si ce monsieur avait un tempérament badin, mais il avait au moins quelques neurones opérationnels, puisqu'en 1914, il a inventé cet anémomètre qui, dans les avions, permet de mesurer la vitesse de l'aéronef par rapport à l'air et qui depuis s'appelle, je vous le donne en mille*, un badin.

De là, il est facile d'imaginer que, lorsque l'aiguille du badin tutoie le taquet de blocage de droite[1], c'est que l'avion est « à plein badin », donc fonce à toute vitesse.

Cette expression est depuis sortie du milieu aéronautique, mais elle n'est généralement employée que par des personnes qui ont côtoyé des aviateurs.

> Lui qu'on dit discipliné et prudent n'hésite pas à déboîter sans clignotant sous le pare-chocs de la Renault qui déboule à plein badin. Sur autoroute, la petite manette de gauche est paradoxalement moins utilisée qu'en France.
>
> *Action Auto Moto* – Numéro 12 – 1995

54. PLIER BAGAGE

1. Partir, décamper.
2. S'enfuir hâtivement.
3. Mourir.

Si, maintenant, un bagage désigne bien plus le contenant (la valise ou le sac) que le contenu, autrefois le bagage ne désignait que ce qu'on emportait avec soi lorsqu'on partait, les objets et vêtements

1. C'est une image : il n'y a en général pas de taquet bloqueur d'aiguille sur un badin et la vitesse maximum n'est pas forcément affichée à droite.

qu'on mettait dans quelque chose destiné à les transporter, roulé derrière la selle du cheval, dans une sacoche ou dans une malle.

Alors si on imagine mal, de nos jours, plier une valise bien rigide, plier autrefois les vêtements qu'on emportait avec soi ne posait aucun problème.

Au XVIe siècle, on a commencé par dire *trousser bagage*, non pas parce que la bonne faisait partie du voyage histoire de la trousser chemin faisant, mais simplement parce que le sens initial de *trousser* était « charger », « attacher » ou « mettre en paquet ».

On comprend bien alors que le fait de *plier bagage* corresponde à un départ, d'où découle logiquement le premier sens de l'expression.

Dans le second sens, l'ajout de la notion de rapidité ou de fuite n'est pas vraiment explicité, mais la signification « abandonner un lieu en hâte et sans bruit » a bien été signalée.

Le dernier sens, « mourir », n'est qu'un euphémisme familier, la mort étant bien une forme de départ (sans que, hors convictions personnelles, on sache s'il existe vraiment une arrivée au bout de la route).

> « Rabobank a toujours su où j'étais », a aussi souligné le coureur, qui avait été prié de plier bagage sous la pression de son équipe.
>
> *L'Équipe* – Article du 8 novembre 2007

> Aimez-vous, ma chère Cousine, les plaisanteries qu'on fait aux mourants, ou que font les gens qui meurent ? Pour moi, je ne les saurais souffrir. « Tirez le rideau, la farce est jouée ; adieu paniers, vendanges sont faites ; il faut plier bagage. »
>
> Marie DE RABUTIN, Chantal SÉVIGNÉ (marquise de) – *Lettres de Madame de Sévigné à sa fille et à ses amis* – Volume 4 – 1806

55. ÇA FAIT UN BAIL !

Ça fait très longtemps !

Ceux qui louent un logement ou un garage, par exemple, savent parfaitement ce qu'est un bail.

Le *Grand Robert* nous dit : « Contrat par lequel l'une des parties, le bailleur, s'oblige à faire jouir (nda : au sens de "profiter", bien sûr !) l'autre, le locataire, d'une chose pendant un certain temps, moyennant un certain prix, le loyer, que celle-ci s'oblige de lui payer. »

C'est le *certain temps* qui nous intéresse ici.

Si les baux de logement sont de relativement courte durée, certains peuvent être très longs, comme les baux emphytéotiques qui peuvent durer entre 18 et 99 ans.

Autant dire qu'ils durent *un bail* !

C'est simplement de cette notion de durée parfois très longue que vient notre expression (qui semble dater d'après la Seconde Guerre mondiale) dans laquelle *bail* peut être parfois précédé de *sacré*, lorsqu'on veut encore amplifier l'importance du temps écoulé.

À notre époque, où on ne laisse plus de temps au temps, où tout s'accélère, on dit aussi *ça fait une paye !* Sauf que le temps qui s'écoule d'une paye à l'autre n'est que d'un mois, ce qui est une durée largement inférieure à celle du bail.

> Ce matin, c'est le réveil qui m'a sorti du sommeil. Ça me ressemble pas, ça, mais ça fait un bail que ça m'était pas arrivé… j'ai oublié depuis quand ! Et toi tu dormais. C'est la première fois que ça m'arrive depuis longtemps.
>
> Douglas Harper – *Les Vagabonds du nord-ouest américain* – 1998

56. LA BAILLER BELLE / BONNE

Chercher à tromper, à faire croire quelque chose de faux.

À moins que vous ne soyez vraiment très fatigué, les explications qui vont suivre ne devraient pas vous faire bâiller. Et pour peu que vous soyez un tantinet perspicace, vous aurez remarqué l'accent circonflexe sur le dernier verbe de la phrase précédente, alors qu'il n'y en a pas sur le *bailler* de l'expression. Et ce n'est pas une faute, puisque cela fait un bail* que ce *bailler*-là n'a rien à voir avec le bâillement d'ennui, de sommeil ou d'empathie[1].

Ce verbe existe depuis le XIIe siècle avec plusieurs sens, puisqu'il a signifié aussi bien « porter » (jusqu'au XIIIe), que « recevoir », « saisir », « accepter », « gouverner » ou « donner », dernière acception qui nous intéresse aujourd'hui.

L'expression, elle, date du XVe siècle.

Si le *la* désigne une chose (ce qui vient d'être dit, en général), le *belle* ou *bonne* est une antiphrase ironique qui, comme le précise Alain Rey, doit faire comprendre *vous me la baillez belle*, forme d'emploi traditionnelle, comme « vous m'en donnez une qui ne me plaît pas du tout » ou, plus précisément, en accord avec le sens de l'expression, « vous me dites quelque chose que je ne peux pas croire » ou, en un peu moins mondain, « mais mon cher, chercheriez-vous à m'entuber ? ».

> C'est pourquoi je me défie de ces romans tout d'observation qu'on nous prêche ; ils nous la baillent belle, l'observation ! Avouez donc franchement que c'est l'imagination qui manque, et que cette disette réduit chaque homme à se renfermer en lui-même et à n'observer que lui.
>
> *Revue contemporaine* – Volume 55 – 1861

57. UN BAISER DE JUDAS

1. Une traîtrise, une félonie.
2. Un geste d'affection cachant une intention sournoise.

Qui ne connaît pas Judas ? Pas la petite ouverture au travers d'une porte qui permet discrètement de voir qui a sonné, mais l'homme qui a trahi Jésus et l'a désigné aux soldats qui l'ont capturé.

Petit rappel des faits.

---

1. Car, comme vous avez déjà certainement participé à une partie de petits bâillements entre amis, vous savez certainement qu'un bon bâilleur est censé en faire bâiller sept.

Nous sommes à l'est de Jérusalem, au pied du mont des Oliviers, dans un jardin d'oliviers qui s'appelle Gethsémani.

Jésus, qui vient de faire un triomphe à Jérusalem au grand dam* de la hiérarchie religieuse, vient s'y reposer accompagné de ses disciples.

Judas, un de ses douze apôtres, le trésorier de la bande, présenté parfois comme avare, propose aux religieux de leur dénoncer ce trublion qui vient semer la pagaille (les raisons de cette trahison sont controversées).

En échange de trente pièces d'argent (les fameux « trente deniers »), il leur propose d'amener les soldats là où se trouve Jésus et de le leur désigner en l'embrassant, ce qu'il fait effectivement.

En fait, il est même dit que pour Judas, son acte était écrit d'avance, puisque non seulement Jésus lui aurait dit avant : « va, fais ce que tu as à faire », mais, juste avant l'embrassade, il lui aurait également dit : « Judas, c'est par un baiser que tu livres le Fils de l'homme ! »

La suite de l'histoire est connue : Jésus est capturé, condamné et crucifié. Pris de remords, Judas rapporte l'argent à ses commanditaires qui le refusent, le jette puis se pend.

C'est depuis cette triste histoire qu'un judas est un traître et qu'un baiser de Judas est une traîtrise.

> L'idée lancée par Yves Leterme de donner de l'argent à l'enseignement de la Communauté française pour inciter les francophones à avancer dans la réforme de l'État est qualifiée de « baiser de Judas » par la ministre-présidente de la Communauté française Marie Arena.
>
> lalibre.be – Article du 12 septembre 2007

58. RIRE / RIGOLER/ SE MARRER COMME UNE BALEINE

Rire très fort, sans retenue, à gorge déployée.

En général, lorsqu'elle se trouve à côté d'un baleinier japonais, islandais ou norvégien, une baleine n'est pas vraiment d'humeur à rire, à supposer qu'elle soit encore en vie.

Mais même loin d'un tel navire, est-ce qu'une baleine rit ?

Voilà une grave question existentielle à laquelle personne ne semble avoir répondu pour l'instant. On sait qu'il existe au moins une vache qui rit, mais la question reste posée pour la baleine.

On imagine bien que, si elle rit vraiment et lorsqu'elle le fait, les secousses d'une baleine font forcément plus de vagues qu'une vache qui rit. Et cela pour trois raisons très simples :

– une baleine bleue adulte étant autrement plus grosse qu'une vache, le volume d'eau déplacé est nettement plus important ;

– une vache qui broute dans l'océan, c'est plutôt rare ;

– les vagues dans les prés, ce n'est pas très fréquent (si je ne m'abouse).

Alors, en l'absence de toute étude scientifique avancée sur le rire de la baleine (et de la vache), pourquoi cette expression qui date de la fin du XIXe siècle ?

Quand quelqu'un rit comme une baleine, il le fait en ouvrant très grand la bouche (au grand plaisir des mouches, en cas d'haleine qui fouette).

Or, à quelle bouche immense pourrait faire penser celle de cette personne qui se marre comme un bossu* ? Certainement pas à celle d'une petite bestiole comme une mite, un termite ou un bernard-l'ermite. Non, ceux qui ont imaginé cette expression ont (logiquement ?) pensé à la gueule béante du plus grand de nos mammifères, la baleine, cétacé pouvant atteindre 30 mètres de long, avec une bouche de taille proportionnelle, et dont les fanons, lorsque sa bouche est ouverte, peuvent, avec un peu d'imagination, faire penser aux dents d'un homme visibles sur un grand sourire.

> Ensuite, on noue les lacets de la chaussure droite avec ceux de la chaussure gauche. À partir de ce moment, tout le monde attend fébrilement, en se marrant comme une baleine, que la personne se réveille et fasse le premier pas.
>
> Association Orchidées – *Un vent du Sud : terres d'espoir* – 1992

59. LA BALLE EST DANS VOTRE CAMP !

Pour faire avancer les choses, c'est à vous d'intervenir maintenant.

Il y a longtemps que la balle[1] est, au figuré, un mot désignant la parole, une action ou une occasion. En effet, ce mot se retrouve avec cette acception dans plusieurs expressions comme *renvoyer la balle* ou *rattraper la balle*, par exemple.

Car dans beaucoup de jeux où on utilise une balle, le but est de l'envoyer dans le camp (la zone de jeu) de l'adversaire, à charge pour lui de nous la renvoyer, tout comme dans un dialogue chacun prend *la balle* à son tour.

Notre expression est une autre forme, moderne et usuelle, de celle du XVIIe siècle qui était *à vous la balle*, avec le sens de « à vous de parler ». On y retrouve bien le contexte du jeu où l'on vient d'envoyer la balle (on vient de parler) à l'interlocuteur et où il doit nous la renvoyer (nous répondre).

Son sens initial s'est étendu au-delà de la simple parole, puisqu'elle peut aussi inciter à agir.

> Il faut savoir que l'UCI [Union Cycliste Internationale] est adepte du « poncepilatisme », qui

1. Pas l'argotique *pruneau*, celui qu'on tente, au cours d'une guerre, de faire entrer entre les deux yeux de l'ennemi, avant qu'il ne fasse de même pour nous, mais cette petite chose ronde et plus ou moins rebondissante qu'on s'échange au tennis, au squash ou au tennis de table, par exemple.

consiste à fermer les yeux dans les virages tout en s'en lavant les mains. L'UCI, sur ce coup, se dégage de sa responsabilité : on a fait ce qu'il fallait, on ne peut pas aller plus loin, la balle est dans votre camp, etc.

Libération – Article du 16 juin 2009

60. CONVOQUER LE BAN ET L'ARRIÈRE-BAN

Convoquer / réunir toutes ses connaissances, ses amis, sa famille.

Convoquer / réunir toutes les personnes impliquées dans une action.

Les organisations pyramidales existent depuis longtemps. Ainsi, à l'époque féodale, si le roi trônait au sommet, les ducs et les comtes étaient ses vassaux qui, eux-mêmes, avaient d'autres vassaux, et ainsi de suite.

Lorsque, au XIIe siècle, un seigneur faisait « crier le ban » (*ban* pris dans son ancien sens de « proclamation ») pour enjoindre à tous les nobles qui lui devaient obéissance de prendre les armes et de se regrouper avec lui, il convoquait alors le *ban* (ainsi nommé par métonymie entre la convocation / proclamation et les personnes convoquées), c'est-à-dire les vassaux directs, et l'*arrière-ban* (les vassaux des vassaux, ou les arrière-vassaux).

Le mot *arrière-ban* viendrait d'une déformation du francique *hariban* (la convocation à l'armée des hommes libres en état de porter les armes) qui aurait ensuite été altéré.

À l'origine, cette expression était un appel au rassemblement de toutes les forces disponibles. Au milieu du XIXe siècle, elle a pris le sens figuré de « s'adresser à tous ceux dont on peut espérer du secours » (Littré).

De nos jours, les convocations guerrières ou les appels au secours généralisés n'étant plus tellement d'actualité (même si, parfois, des catastrophes naturelles peuvent demander l'envoi de nombreux secours), l'usage de l'expression s'applique plus aujourd'hui à la réunion d'un cercle le plus large possible de ses connaissances ou à la convocation de toutes les personnes liées de près ou de loin à une action ou un projet particulier.

> Jamais on n'avait vu une armée française ni si grande ni si belle. Le ban et l'arrière-ban avaient été convoqués.
>
> Prosper BRUGIÈRE, baron DE BARANTE – *Histoire des ducs de Bourgogne de la Maison de Valois* – 1826

61. OUVRIR / FERMER LE BAN

1. Produire un roulement de tambour ou une sonnerie de clairon qui marque le commencement ou la fin d'une proclamation, d'une cérémonie…
2. Ouvrir ou clore une manifestation comme un séminaire, un salon ou une exposition.
3. Être le premier à déclencher une série d'actions.

Ceux qui sont nés il y a bien longtemps se souviennent peut-être des annonces officielles faites par le garde champêtre qui, avant de lire son message devant les personnes rassemblées, « ouvrait le ban » en jouant du tambour (dans le but, justement, d'attirer l'attention des badauds et des habitants voisins), puis, après avoir fait son annonce, « fermait le ban », toujours avec son tambour.

À l'origine, *ban* (mot qui date du XIIe siècle) désigne une proclamation ou une publication officielle ou publique, comme dans *les bans du mariage* qu'il faut publier avant de passer à l'acte. Par extension, et surtout dans le milieu militaire, *ban* désigne ce morceau musical au tambour ou au clairon qui marque le début et la fin d'une proclamation ou d'une cérémonie. C'est ce même morceau musical qui, dans les campagnes, et depuis le Moyen Âge, était destiné à provoquer un attroupement autour de celui qui allait faire une annonce publique.

Cette expression s'utilise aussi de nos jours pour ce qui ouvre ou ferme une manifestation (un discours, une démonstration – cas d'un meeting aérien, par exemple –, une projection – cas d'un festival cinématographique –, etc.).

Enfin, lorsqu'une série d'actions est menée par plusieurs personnes (une suite de buts dans un match sportif, les signatures d'une pétition…), on dit souvent de la première qu'*elle ouvre le ban.*

> Le général de Gaulle descend de la Tribune ; les troupes présentent les armes ; la clique ouvre le ban. La cérémonie de remise des décorations dure une demi-heure.
>
> Gérard NAMER – *La Commémoration en France, 1944-1982* – 1983

> Gobineau ouvre le ban de ces aristocrates de la décadence. Son Essai sur l'inégalité des races humaines apparaît souvent, à tort, comme le brouillon de *Mein Kampf.*
>
> Michel CHARZAT – *La France et le Déclin* – 1988

62. UNE RÉPUBLIQUE BANANIÈRE

État, gouvernement corrompu, où le réel pouvoir est aux mains de firmes multinationales et de puissances étrangères.

D'aucuns prétendent que, sur certains points, la France s'approche d'une « république bananière ». C'est fou le nombre de mauvaises langues qu'on peut rencontrer de nos jours…

Ceux qui ont vu les *Guignols de l'Info* sur Canal+® connaissent bien la World Company, celle qui veut dominer le monde en y exploitant aussi bien les hommes que les richesses.

Eh bien là, nous avons un exemple type d'une World Company en pleine action.

Elle s'appelait la United Fruit Company (devenue depuis la Chiquita Brands International, ce « Chiquita » que vous voyez sur les étiquettes de certaines bananes vendues chez nous).

Pendant 50 ans, elle a financé et manipulé la majorité des dictatures d'Amérique latine (dans des pays producteurs de bananes), pour le compte des

États-Unis, et elle a tenté de tuer dans l'œuf toutes les réformes tentant de redistribuer les terres aux paysans pauvres pour pouvoir continuer à exploiter librement les plantations de bananes et sous-payer les ouvriers qui y travaillaient.

C'est de cet exemple représentatif de la corruption à grande échelle de gouvernements par des intérêts privés qu'est née notre expression.

> Face à certaines pratiques scandaleuses, on se demande aujourd'hui si le terme « république bananière » ne s'applique pas aussi à certains États développés où des lois sont votées spécialement pour défendre des intérêts partisans.
>
> Mokhtar Lakehal – *Dictionnaire de science politique* – 3e édition – 2007

63. UN BAROUD D'HONNEUR

Un combat désespéré, perdu d'avance, livré pour sauver l'honneur.

Baroud est un mot qui vient du chleuh, dialecte berbère du sud du Maroc[1] où *barud* signifiait « poudre explosive ».

Passé dans l'argot militaire dès 1924, il désigne un combat, une bataille.

De nos jours, le combat n'est plus forcément militaire (il peut être politique, par exemple), mais le *baroud d'honneur*, c'est bien celui qu'on sait perdu d'avance, qu'on livre toutefois par principe, pour défendre une cause à laquelle on croit fermement.

> Tête d'or est parti, avec une dernière armée, pour un baroud d'honneur. On n'attend plus que la nouvelle de sa défaite avant l'invasion et le massacre.
>
> Pierre Gripari – *Notes d'une hirondelle* – 1989

---

1. Il s'agit d'ailleurs d'un endroit où on fait un excellent fromage, le Camemberbère… (journée fatigante, il est 23 heures 30 ; merci d'être coulant à propos de cette navrante plaisanterie).

64. AVOIR BARRE SUR QUELQU'UN

Prendre l'avantage sur quelqu'un, dominer un adversaire.

Maintenant que les PC, les Playstation® et autres Xbox® ont détrôné les jeux d'autrefois, le jeu des barres est encore plus tombé dans l'oubli que le colin-maillard, par exemple, ce qui n'est pas peu dire.

Cette expression qui date du XVIe siècle vient en effet de ce jeu très ancien, puisque, à l'époque de Platon, les Grecs jouaient déjà à l'ostrakinda, aux règles très proches. Au Moyen Âge, le jeu de barres se pratiquait après dîner, comme moyen de digestion, et même Napoléon se délassait en jouant aux barres.

À ce jeu, un joueur avait barre sur un autre lorsqu'il suffisait, sous certaines conditions, qu'il le touche pour le faire prisonnier (voir les règles ci-dessous).

Cette expression devrait normalement s'écrire « avoir barres sur quelqu'un », mais c'est la forme au singulier qui est la plus couramment utilisée.

Voici maintenant la règle du jeu de barres telle qu'elle est décrite par Claude Aveline dans son *Code des jeux* paru en 1961.

Deux camps de force équivalente se font face sur les petits côtés d'un rectangle, deux fois plus long que large. Le numéro 1 du camp désigné par le sort pour débuter s'avance vers l'autre camp et dit : « Je demande barres contre Jean – ou Jacques, ou Gontrand, ou Hildegarde. »

Le joueur provoqué tend la main que le numéro 1 frappe trois fois. Aussitôt le troisième coup donné, le numéro 1 s'enfuit vers son camp, poursuivi par Jean, Jacques, Gontrand ou Hildegarde, qui a « barre » sur lui. Mais n'importe quel joueur de son propre camp, sorti de la ligne une fois la poursuite commencée, a « barre » sur le poursuivant.

L'autre camp lance à son tour un coureur qui a également « barre » sur le dernier adversaire. Et ainsi de suite.

Le coureur attrapé devient prisonnier et, à trois pas en dehors du camp ennemi, tend le bras vers son camp pour être délivré. Il le sera dès que l'un de ses coéquipiers lui aura touché la main.

Les prisonniers d'un même camp se placent en chaîne. Plus la chaîne est longue, plus leur libération est facile, car elle les rapproche de leur équipe. Il faut donc décider avant l'entrée en jeu s'ils devront être libérés un à un, ou si le premier prisonnier libéré entraîne la libération de tous les autres. Cette dernière solution risque de favoriser le camp le moins adroit.

Afin d'échapper à une poursuite, un joueur peut se réfugier chez ses adversaires, qui auront « barre » sur lui dès qu'il s'échappera de leur camp. Il en sortira au contraire librement si le jeu s'interrompt, c'est-à-dire lorsqu'un joueur fait ou délivre un prisonnier. Ce joueur va alors demander « barres » au camp ennemi.

La partie est gagnée quand un nombre convenu de prisonniers a été atteint par l'un ou l'autre camp.

Voilà. Et si jamais vous ne trouvez pas ça très clair, je vous rassure, c'est aussi mon cas.

> Elle était la reine de la maison. Elle avait barre sur nous tous. Ses ordres devaient être exécutés par les filles sans discussion.
>
> Maurice Roth – *Un nuage sans ciel* – 2004

65. ÊTRE MAL BARRÉ

Être mal engagée (à propos d'une action ou d'une affaire).

Aller à l'échec, au-devant de gros ennuis (à propos d'une personne).

Il fait nuit. Vous êtes à bord d'un petit bateau pris dans la tempête, à proximité immédiate de la côte rocheuse battue par les vagues. Le drame commence. Votre compagnon d'infortune, le propriétaire et pilote de votre coquille de noix, tombe dans l'eau glaciale et coule immédiatement.

Vous restez seul à bord en n'ayant aucune expérience de la conduite de ce machin qui flotte encore (pour l'instant !), mais qui est si fortement ballotté par de méchantes houles que vous vous demandez s'il ne va pas se retourner d'un instant à l'autre, avant même que vous ne vous fracassiez sur les rochers.

N'écoutant que votre instinct de survie, vous prenez la barre (oui, vous savez, ce truc qui permet de diriger le bateau) et tentez de mener votre embarcation dans la passe qui mène à la crique abritée que vous avez aperçue à la lueur d'un éclair (qui par chance, ne s'est pas abattu sur votre frêle esquif).

Considérant que, barrer un navire, c'est « en tenir la barre » pour le diriger, il apparaît évident que si, dans une telle situation, vous pilotez ou barrez mal votre bateau, vous « êtes mal barré » !

Vous en faut-il vraiment plus pour comprendre l'origine de cette expression, métaphore argotique qui vient incontestablement de la marine (et ce, depuis le milieu du XXe siècle) ?

> Jeanne ignorait si les malades sélectionnés étaient ceux qui avaient le plus de chances de s'en sortir ou, au contraire, les plus mal barrés, ceux sur qui les autres traitements avaient échoué.
>
> Ania Francos – *Sauve-toi, Lola* – 1993

66. LÂCHER LES BASKETS / LA GRAPPE

Arrêter d'importuner.
Laisser tranquille.

On sait que coller aux basques* de quelqu'un, c'est le suivre de très près, ne pas le lâcher d'une semelle, la plupart du temps au point de l'importuner parfois fortement.

Mais, les temps ont passé et les basques ont disparu. En revanche, les importuns se manifestent toujours.

C'est depuis les années 1970 que, dans la langue populaire, *coller aux basques* a assez logiquement été remplacé par *coller aux baskets* de même sonorité, mais se rapportant à des éléments d'habillement portés de nos jours.

Or, lorsque quelqu'un nous importune, nous « colle » de trop près, comme s'il était férocement agrippé à nos baskets, quoi de plus naturel, quand on veut s'en débarrasser, que de lui dire : « Lâche-moi les baskets ! »

Maintenant, pourquoi lâche-t-on aussi la « grappe » avec le même sens de l'expression ?

En y regardant de près, mais à condition d'avoir la vue un peu trouble, on peut facilement assimiler le service trois-pièces, ce que l'homme a entre les jambes, à un magnifique cep sous lequel est accrochée une superbe grappe. Certes, elle ne comporte que deux raisins, mais ce ne sont généralement pas ceux de la colère et, de plus, ils sont sans pépins.

C'est bien de ce *grappe* argotique qu'il s'agit ici, avec un probable jeu de mots sur *grappin*, évoquant cet objet qui fait que l'emmerdeur reste collé à vous, ne vous lâche plus.

> Souriez ! La bête du Gévaudan est de retour… Et gare où vous mettez les pieds car elle n'est pas près de vous lâcher les baskets !
>
> *L'Express* – Article du 29 août 2005

> Je ferai le tour du monde
> Pour voir à chaque étape
> Si tous les gars du monde
> Veulent bien m' lâcher la grappe
>
> Renaud – *Dès que le vent soufflera* – 1983

67. COLLER AUX BASQUES

Suivre quelqu'un de très près, ne pas le lâcher d'une semelle.

Cette expression date du XVIIIe siècle, époque où les *basques* étaient des morceaux d'étoffe en partie basse d'un pourpoint et qui descendaient en dessous de la taille.

Bien entendu, la métaphore indique bien que celui qui « collait aux basques » de quelqu'un le suivait de très près.

Comme quoi une expression peut survivre dans le langage bien après la disparition des éléments ayant provoqué sa naissance et son sens véritable ne plus être compris par la majorité des gens.

Pour tuer une légende tenace, je dois dire que, contrairement à ce que croient certains supporters de football (de ceux qui ne sont pas des lumières – si, si, il en existe !), cette expression ne vient pas des joueurs de l'équipe adverse qui étaient chargés de marquer Bixente Lizarazu, donc de « coller au Basque ».

> Redoutant qu'il engageât la conversation (il avait tendance à me coller aux basques, ces derniers temps), je gagnai en hâte la chambre n° 32.
>
> Friedrich Gorenstein – *La Place : roman politique tiré de la vie d'un jeune homme* – 1991

68. BASSINER QUELQU'UN

Importuner quelqu'un.

Il y a longtemps que la bouillotte (y compris celle à gel à chauffer au four micro-ondes) a remplacé l'ancienne bassinoire pour réchauffer un lit glacial.

C'est pourtant bien ce récipient qui a donné naissance au milieu du XIXe siècle à notre expression et ce, pour deux raisons, selon Lorédan Larchey.

La première vient de la bassinoire qu'on chauffe et qui est comparée à l'esprit qui s'échauffe lorsqu'un importun devient vraiment difficile à supporter.

Mais la plus réaliste vient du charivari traditionnellement fait sous les fenêtres des jeunes mariés – bruit fortement dérangeant pour les personnes non concernées – et fait entre autres avec des récipients de cuisine, dont la bassinoire.

Ce lien est d'autant plus justifié qu'au début du XVe siècle, le verbe *baciner*[1] voulait dire « frapper sur un bassin de cuivre pour faire une annonce » (comme les roulements de tambour des anciens gardes champêtres) et que ce verbe a finalement simplement signifié « tambouriner ».

Ce serait ensuite une confusion entre ce *baciner* et la *bassinoire* qui, au XIXe siècle, aurait donné l'orthographe de notre expression.

> Gustavin continuait à nous bassiner avec la politique. Elle devenait plus importante que le foot.
>
> André VARENNE – *Nous vivrons ensemble* – 2005

69. CRACHER AU BASSINET

Payer, donner de l'argent (en général à contrecœur).

Le mot *bassinet* a plusieurs sens.

C'était « Dans l'armement féodal, [une] calotte de fer qui se mettait sous le casque » (Littré). L'intérêt d'y cracher ne semble pas évident.

Ce pouvait aussi être une « Pièce creuse de la batterie d'une arme à feu à silex, dans laquelle on met l'amorce » (Littré toujours).

C'est également une fleur ou encore, en anatomie, une voie excrétrice entre le rein et l'uretère.

Mais, bien entendu, ce qui vient en premier à l'esprit pour qui n'est pas féru d'histoire ancienne, de botanique ou d'anatomie, c'est que le *bassinet* est probablement un petit bassin, ce que confirmera n'importe quel dictionnaire digne de ce nom.

Ce n'est qu'au XIXe siècle que notre expression est apparue. Mais elle a été précédée de *cracher au bassin* dès le XVIe. À cette époque, et depuis le XIVe, le bassin était entre autres, au cours des cérémonies religieuses, le récipient à aumône (le panier de la quête, quoi !).

Mettre de l'argent dans le bassin ne se faisait pas forcément de gaieté de cœur, mais comme le voisin

1. Au XIIIe siècle, le bacin était une sorte de gong en cuivre.

n'hésitait pas à vous surveiller pour pouvoir médire sur vous si vous faisiez le pingre, il vous fallait bien en passer par là.

Mais pourquoi *cracher*, me direz-vous ?

Au XIXe, Pierre-Marie Quitard a supposé que ce n'était qu'une image liée au fait que celui qui « crache au bassinet » a autant de mal à sortir l'argent de sa bourse que le catarrheux à expectorer ses mucosités.

Mais Alain Rey, pas d'accord, indique que, depuis le XVe siècle, les verbes liés aux expectorations avaient aussi le sens figuré de « parler » ou « émettre ». Et il ajoute « or, par l'intermédiaire de la parole ou selon une symbolique plus profonde, ce qui sort du corps de l'homme est assimilé à l'or, à la richesse. *Cracher* serait donc métaphoriquement "émettre, donner de l'argent" ».

> La femelle d'à côté s'est enhardie : elle se soûle, maintenant, et amène des hommes qui boivent avec elle. Un jour, un de ces pochards a refusé de cracher au bassinet et a voulu la battre ; elle a appelé les secours.
>
> Jules VALLÈS – *L'Insurgé* – 1886

70. SAVOIR OÙ LE BÂT BLESSE

Connaître les peines cachées, les ennuis secrets de quelqu'un.

Sur une femme, il est très rare que le bas blesse, mais sur un âne ?

D'abord, il bas de soie qu'il ne faut pas confondre le bas qui, de nos jours, est un vêtement féminin destiné à protéger du froid les jambes de la femme ou bien à exciter le mâle en rut, et le bât qui, sur une bête de somme (qu'elle soit de Somme ou d'ailleurs) est, selon le *Grand Robert*, un « dispositif, généralement en bois, que l'on place sur le dos des bêtes de somme pour le transport de leur charge ».

Les gens du XVe siècle, ceux qui ont fait et vu naître cette expression, n'étaient pas plus des ânes bâtés que nous. Ils s'étaient bien rendu compte que le bât, s'il est mal placé ou si la charge est trop importante, laisse des blessures à l'animal, qui sont généralement cachées car elles ne deviennent visibles qu'une fois que le dispositif est enlevé, et qui peuvent rendre la bête mélancolique ou irritable, exactement comme l'est l'homme qui a des peines ou des ennuis secrets.

Notre expression est donc une simple métaphore sur les blessures de l'âme d'un individu.

> En cas d'erreur, on peut alors prendre des mesures immédiates ; on sait où le bât blesse, on peut agir dans une direction donnée, on peut réparer, améliorer.
>
> Victor Serwy – *Manuel pratique de la coopération* – 1903

71. EN BATAILLE

En désordre.

Avez-vous déjà vu quelqu'un portant un bicorne ? Non, ne pensez pas à un cocu ! Je veux parler de ce couvre-chef ayant deux extrémités ressemblant à des cornes, chapeau que l'on voit régulièrement au sommet des bustes de Napoléon, par exemple (mais les militaires le portaient déjà pendant la Révolution française). Car ces choses-là sont encore portées de nos jours ! Et pas par n'importe qui, puisque aussi bien les membres de l'Académie française que les élèves de Polytechnique en portent.

Bien sûr, vous-même pouvez en porter dans la rue, pour peu que vous ne craigniez pas le ridicule.

Toujours est-il qu'un tel couvre-chef pouvait se porter de deux manières : les cornes vers l'avant et l'arrière, port qu'on disait *en colonne*, ou bien les cornes au-dessus des épaules, port qu'on disait *en bataille*.

Pourquoi cette seconde appellation, me direz-vous ? Eh bien, il semblerait que ce soit par comparaison avec le fait que les troupes se mettaient en bataille lorsqu'elles se positionnaient en largeur face à l'ennemi au moment de se battre, alors qu'elles venaient de l'ordre en colonne (comme le bicorne) ou en carré.

Tout cela est bel et bon, me direz-vous derechef, mais quel rapport avec le désordre de notre expression ?

Eh bien, il semble que le fait que le chapeau ne soit pas mis dans le bon sens[1] a fini par faire utiliser *en bataille* pour désigner tout chapeau placé « de travers » ou de manière négligente sur la tête.

De là, le *de travers*, symbole de désordre, a donné le sens actuel de notre expression.

Alain Rey indique aussi le calembour *en mêlée* (donc « en désordre ») pour *emmêlé*, puisque l'expression s'applique aujourd'hui principalement au système pileux, cheveux, sourcils ou barbe.

> Elle s'agite frénétiquement sur moi, s'agrippe à mes épaules en me griffant. Je la regarde faire, elle est belle, esthétique, hystérique, presque animale. Elle transpire, crie encore, toujours. Je caresse ses cheveux en bataille pour la recoiffer un peu, ce qui a pour effet de ralentir ses mouvements. Elle me regarde et me sourit.
>
> Hervé Buschard – *Bailar* – 2007

72. C'EST BATH !

C'est beau (ou bon, joli, bien, remarquable, agréable…) !

Cette expression date du XIXe siècle.

Ce *bath*-là n'a pas de liens avec la monnaie thaïlandaise ou avec la Bath Mitzvah, cérémonie juive destinée aux jeunes filles de douze ans, équivalent de la Bar Mitzvah pour les garçons de treize ans.

Ici, *bath* (ou *bat*) est un adjectif venu de l'argot, mais dont l'origine est discutée.

Il viendrait soit de l'argot *batif* qui voulait dire « joli » ou « neuf », et utilisé par Vidocq, soit de

---

1. Mais quel est réellement le bon sens quand on sait qu'Alphonse Daudet indiquait que les hommes mariés et les gendarmes portaient le bicorne en bataille alors que les célibataires ou veufs le portaient en colonne ?

la station balnéaire britannique Bath très prisée des gens de la haute société anglaise au XVIIIe siècle.

Il n'y a encore pas si longtemps, on disait de quelqu'un qu'il (ou elle) était *bath au pieu* ou *bath au plumard* lorsqu'on voulait désigner une personne dont on dirait maintenant que c'est *un bon coup*.

> Il y glissa une pièce et tapota sur des boutons. Aussitôt, un flot de notes déferla sur les tables avec les 24 000 baisers de la chanson.
> – C'est bath ce truc-là ! reconnut Petiou.
>
> Jean Duc – *1962, l'année des copains* – 2005

73. MENER UNE VIE DE BÂTON DE CHAISE

Avoir une vie désordonnée, agitée, une vie de plaisirs et de débauche.

S'il est vrai que les chaises en bois sont en partie un assemblage de « bâtons », pourquoi auraient-ils une vie trépidante à l'origine de l'expression ?

En réalité, il faut remonter dans le temps, à l'époque des chaises à porteurs comportant deux grands bâtons latéraux servant à porter la chaise et son contenu humain.

Après, comme les avis divergent sur l'origine de l'expression, je vous propose ici les deux les plus usuelles.

Alain Rey explique que les bâtons étaient constamment manipulés, soulevés, posés, tirés pour dégager la porte de la chaise, remis en place…

Ils avaient donc une existence très peu reposante, ce qui serait à l'origine de l'expression dans laquelle l'idée d'« activité excessive » a peu à peu fait place à l'idée de « vie désordonnée ».

La seconde est liée à la vie que menaient les porteurs, toujours en déplacement puis à attendre le retour du propriétaire de la chaise, de préférence dans les lieux de débauche (tripots, bordels…) dans lesquels ils transportaient leurs bâtons avec eux pour ne pas se les faire voler, la vie des bâtons étant alors assimilée à celle des porteurs.

> Elle dit qu'elle se serait bien vue aubergiste, repue et abondante, mais elle est insomniaque et se sent trop seule, partout. Il lui arrive même de regretter la vie de bâton de chaise qu'elle menait naguère avec Jarlot.
>
> Michel David – *Le Ravissement de Marguerite Duras* – 2005

74. LA BAVE DU CRAPAUD N'ATTEINT PAS LA BLANCHE COLOMBE

La calomnie la plus vile ne peut ternir une réputation sans tache.

Ce proverbe s'emploie généralement par ironie pour rejeter une calomnie ou une insulte par le mépris.

À la droite du ring, en le regardant depuis les tribunes sud, nous avons le crapaud, pataud, pustuleux et laid, dégoulinant de bave, qui ne sait que se traîner à terre.

À la gauche du ring, nous trouvons la colombe, symbole biblique du Saint-Esprit, donc pure et gracieuse, parfaitement capable de s'élancer dans les airs pour passer très loin de la portée du crapaud.

Comment voulez-vous que la bave du crapaud, symbole du vice et de la laideur, puisse atteindre la blanche colombe (même si toutes les colombes ne sont pas blanches), symbole de la pureté et de la beauté puisque, même s'il est capable de sauter, jamais l'horrible animal ne pourra s'approcher suffisamment de l'oiseau pour l'atteindre de ses postillons verts et gluants ?

Depuis 1840, *bave du crapaud* est une métaphore désignant des propos médisants. Autrement dit, de tels propos ne peuvent atteindre celui qui n'a rien à se reprocher (la colombe).

Cela dit, de nos jours, il n'est pas certain que ce proverbe soit toujours vérifié. En effet, les rumeurs calomnieuses peuvent quand même faire beaucoup de mal et tout de même ternir la réputation du plus pur des individus, dans la mesure où il ne dispose pas d'assez de preuves pour se disculper aux yeux de tous ceux qui considèrent qu'il n'y a pas de fumée sans feu.

> Maintenant que je le savais hors de danger, une colère rétrospective s'emparait de moi :
> – Mais pourquoi avoir répliqué ? C'est le genre de provocation qu'il vaut mieux ignorer. Ma mère dit toujours en français : la bave du crapaud n'atteint pas la blanche colombe.
> – Ta mère a tort, car lorsqu'une tache souille le plumage de la colombe, on ne l'enlève pas avec de l'eau et du savon. Il fallait leur ôter l'envie de cracher sur ton passage.
>
> Eyet-Chékib DJAZIRI – *Un poisson sur la balançoire* – 1997

75. TAILLER UNE BAVETTE

Bavarder.

Les lecteurs de ces lignes ne sont probablement pas bouchés. Ils sont également très peu à être bouchers. Et pourtant, comment se fait-il que tous soient susceptibles de tailler une bavette, alors que ce sont surtout les bouchers qui taillent de la bavette ?

Peut-être simplement parce qu'il n'y a aucun lien entre la pièce de boucherie et la bavette qui nous intéresse cette fois !

Cette expression date de la seconde moitié du XVIIe siècle. Elle est issue d'un mélange entre deux choses.

Aux XVe et XVIe siècles, le mot *bave*, d'où vient *bavette*, désigne d'abord le babil des petits enfants avant de s'étendre au bavardage des adultes. Ce n'est que plus tard que l'autre sens, celui de « salive », pourtant également connu à l'époque, viendra supplanter complètement celui de paroles, souvent futiles. Cependant les deux sens étaient bien liés, puisqu'il arrive fréquemment à celui qui parle, parfois à tort et à travers, d'asperger de gouttes de salive son heureux interlocuteur.

Parallèlement, depuis le XIIIe siècle, on disait *tailler bien la parole à quelqu'un* pour dire « parler à quelqu'un avec éloquence », comme si une parole éloquente était une parole « taillée », sculptée avec art.

C'est de ces deux choses qu'est née l'expression *tailler des bavettes* (notez le pluriel), expression plutôt péjorative, probablement avec une certaine ironie, puisque cette fois, *taille* évoquait le débit des futilités, le « caquetage », activité nécessitant certainement beaucoup moins de savoir-faire que la vraie « taille » d'une belle parole.

Furetière indique d'ailleurs que « les femmes vont tailler des bavettes, bassement, quand elles s'assemblent pour caqueter ».

C'est ensuite au début du XIXe siècle que, du pluriel, on passe au singulier (en 1828, Vidocq utilise *tailler une bavette*) et que, progressivement, le sens péjoratif s'atténue.

> Maintenant que son dos était remis, il ne s'arrêtait de travailler que pour le plaisir de tailler une bavette par-dessus les haies.
>
> Dilan Ravec – *Une veste en glaise* – 2007

76. JOUER / FAIRE LA BELLE

Jouer la manche supplémentaire qui permet de désigner le vainqueur d'une partie lorsqu'il y a égalité.

Si, à l'issue d'une partie de pétanque ou de belote, chaque camp a remporté une manche, il n'y a pas de désigné volontaire pour payer la tournée, ce qui est totalement inacceptable.

Pour départager, il faut donc jouer une manche supplémentaire, la belle.

Mais pourquoi est-elle si belle ? Deux réponses sont proposées.

Pour la première, qui est probablement la bonne, il faut se rattacher à l'expression *avoir la partie belle* qui est prononcée lorsque quelqu'un a eu la tâche facilitée pour obtenir ce qu'il voulait, ou lorsqu'il est dans une position lui permettant un succès facile.

Si on décide de jouer la partie impaire qui permet d'assurer la victoire à l'un ou l'autre camp, celui qui gagne aura eu « la partie belle ».

L'expression en serait donc une ellipse.

La seconde explication nous fait remonter aux tournois du Moyen Âge, ou plutôt aux joutes qui succèdent aux tournois violents et auxquelles participent les chevaliers de l'époque.

Les femmes y occupent une place importante puisque les chevaliers arborent les couleurs d'une dame sous la forme d'une manche délacée de sa robe.

Celui qui combat bravement emporte la deuxième manche.

À la victoire d'après, il gagne la gente dame (la belle) qui le récompense d'un baiser.

C'est donc peut-être bien pour cela qu'on joue maintenant une manche, puis une deuxième manche, puis la belle.

Il ne faut pas confondre l'expression du jour avec *se faire la belle*.

Quelqu'un qui se dit « demain, je me fais la belle », c'est un prisonnier qui projette de s'évader, et non pas, comme certains esprits mal tournés ont pu le penser (mais y en a-t-il parmi mes lecteurs ?), le chevalier tout émoustillé d'avoir eu un baiser de la belle dont il a défendu les couleurs et qui imagine « conclure » dès le lendemain.

> Comme je te disais, mon vieux, nous sommes manche à manche, jouons la belle. Veux-tu jouer la belle, voyons ? au plus fin !
>
> Honoré DE BALZAC – *La Cousine Bette* – 1846

77. JETER LE BÉBÉ AVEC L'EAU DU BAIN

1. Perdre de vue l'essentiel.
2. Se débarrasser d'une chose pourtant importante dans le but d'éliminer en même temps les ennuis ou contraintes qu'elle implique.

Une personne trop absorbée par le fait d'avoir à se débarrasser de l'eau sale du bain et qui en oublierait que bébé patauge encore dedans aurait effectivement perdu de vue quelque chose de très important.

Cette expression est une traduction littérale relativement récente (milieu du XXe siècle) de l'anglais *to throw the baby out with the bath water*.

Mais en réalité, les Anglais l'ont eux-mêmes empruntée à l'allemand où elle apparaît dans la littérature en 1512 dans l'ouvrage intitulé *Narrenbeschwörung* d'un certain Thomas Murner sous la forme « Das Kind mit dem Bad ausschütten ».

Ce n'est qu'à la fin du XIXe siècle qu'un historien anglais germanophile, Thomas Carlyle, l'utilise dans un de ses écrits après en avoir souvent entendu la version allemande.

De là, elle se répand chez nos amis d'outre-Manche avant que quelqu'un ayant apprécié l'image du pauvre bébé jeté aux égouts ne la transpose chez nous.

On peut maintenant se demander ce qui a amené les Allemands à imaginer cette expression imagée. Malheureusement, les ouvrages évoquant l'expression ne le précisent pas. Certains font le rapprochement avec les pratiques hygiéniques d'autrefois qui voulaient que, en raison de difficultés d'approvisionnement en eau (absence d'eau courante) et de chauffage de cette eau pour le lavage, toute la famille passe dans le même bain, le père d'abord, puis les autres hommes de la maisonnée, puis les femmes, les enfants et enfin les bébés en dernier. Autant dire qu'à la fin, l'eau était tout sauf limpide et qu'il était donc facile d'oublier que bébé y pataugeait.

Si l'origine est bien là, alors elle est construite sur une plaisanterie, car il va de soi que bébé ne pouvait être abandonné comme ça dans la baignoire dans laquelle il se serait noyé.

Le second sens indiqué, apparu plus tard au cours du XXe siècle, change l'image initiale. Cette fois, on n'hésite pas à jeter le bébé volontairement. Tant pis s'il patauge dans la baignoire, à partir du moment où l'on préfère se débarrasser vite fait de l'eau maintenant considérée comme encombrante sans perdre le temps nécessaire à en ôter le bébé.

> Représentatif. Bien avant le séisme, plaident-ils, leurs instituts avaient déjà réfléchi à une réforme de leurs méthodes d'enquête. « Nos techniques d'échantillonnage datent des années 60. Nous avons donc la photographie d'une France d'il y a trente ans. La méthode scientifique a perdu de son sens », explique Gaël Sliman. Confirmation de François Miquet-Marty : « L'outil est toujours valable, même s'il donne une représentation d'une France d'il y a plusieurs années. Il ne faut pas jeter le bébé avec l'eau du bain. »
>
> *Libération* – Article du 29 avril 2003

78. SE DÉFENDRE BEC ET ONGLES

Se défendre de façon énergique, avec tous les moyens à sa disposition.

En latin, on disait *unguibus et rostro* qui voulait dire « à griffes et bec » ou « par les griffes et le bec », locution qui sert d'ailleurs de devise à la ville de Valence, dans la Drôme, et qu'on trouve sur son blason.

L'origine et la compréhension de cette expression sont toutes simples : lorsqu'un oiseau doit se défendre, il le fait avec les moyens à sa disposition, son bec et ses griffes (ou ongles).

Elle a d'abord été utilisée avec le verbe *avoir* en signifiant « être de taille à se défendre » ou également « répondre vivement à une attaque », mais cette forme a maintenant été oubliée, alors que l'actuelle reste très vivace.

> Depuis fin 1993, elle défend bec et ongles son père, accusé, à tort selon elle, du meurtre de sa mère.
>
> *Libération* – Article du 1er avril 1999

79. TOMBER SUR UN BEC

Tomber sur une difficulté ou un obstacle imprévu, sur une fin de non-recevoir.

Il fut un temps où l'éclairage municipal était assuré par des lampadaires qu'on appelait des *becs de gaz*, terme qui venait du fait que l'énergie qui leur permettait de produire de la lumière n'était pas l'électricité, mais le gaz.

D'accord pour le *gaz*, me direz-vous, mais pourquoi le *bec* ? Nous allons donc nous tourner vers le *Dictionnaire de l'Académie française* de 1835 qui nous donne la définition suivante pour *bec de gaz* :

> « Espèce de robinet en forme de bec de lampe, par lequel on donne issue au gaz distribué dans les conduits, lorsqu'on veut l'allumer pour qu'il éclaire. »

Donc, par métonymie, le lampadaire a pris le nom du robinet qui permettait son allumage ou son extinction.

Il fut un temps également (et celui-là dure encore) où les lampadaires avaient la fâcheuse habitude de venir brutalement et de manière plutôt inattendue à la rencontre des gens distraits ou des ivrognes.

C'est simplement de cette époque où des individus pouvaient malencontreusement se cogner contre l'obstacle qu'était un bec de gaz que nous vient notre expression dont la version originale était *tomber sur un bec de gaz*.

> Dès que je la vis, j'en suis tombé éperdument amoureux et, bien entendu, j'ai essayé d'en faire ma maîtresse. Bien que j'eusse employé à l'époque

toutes les ruses que l'on peut imaginer dans ce domaine, je suis tombé sur un bec.

Guy Baartsmans – *Béatrice interdite* – 1998

80. AVOIR LE BÉGUIN

Être amoureux.

Si elle est juste, voilà une bien étrange histoire que celle de cette expression qui, dans sa forme actuelle, date du XVIe siècle.

Elle commence au XIIe siècle, à Liège, dans le premier couvent de béguines, sœurs de l'ordre de Saint-François, appelées ainsi, paraît-il, parce que le fondateur du couvent s'appelait Lambert le Bègue. Ces religieuses portaient une coiffure faite d'une toile fine qui s'appelait *béguin*.

Mais ce n'est pas parce que certaines béguines avaient, en cachette, le béguin du bedeau que notre expression est apparue.

De coiffe de bonne sœur, le béguin est devenu une coiffe de femme et d'enfant. Furetière cite d'ailleurs un proverbe qui dit que « si les ânes ont les oreilles bien longues, c'est parce que leur mère ne leur avait point mis de béguin ».

Parallèlement, *être coiffé (de quelqu'un)* était une expression qui voulait dire « être à la merci* » de cette personne, mais au sens d'être impuissant ou d'être aveuglé par elle.

Prenez maintenant une femme qui est coiffée d'un béguin et, surtout, qui est amoureuse folle de quelqu'un. N'est-elle pas aveuglée par l'autre au point de se livrer entièrement à lui, comme étant à sa merci ?

Par croisement avec l'autre expression citée, il n'en a pas fallu beaucoup plus pour qu'on dise de cette femme qu'elle s'est « embéguinée », c'est-à-dire qu'elle est tombée amoureuse ou, comme le disait Antoine Oudin, qu'elle « [prend] sottement de l'amour ».

Car si, dans son sens initial, *s'embéguiner*, c'était se coiffer d'un béguin, au figuré, il voulait aussi dire « devenir amoureux » avec la connotation excessive ou ridicule que cela peut avoir dans certains cas.

Au XVIe siècle, également et selon Gaston Esnault, *avoir le béguin à l'envers* voulait dire « avoir la tête troublée ». Ce qui se comprend bien, puisque celle qui mettait son béguin dans le mauvais sens devait penser à tout autre chose. Et si rien ne dit d'où venait le trouble, l'amour faisait certainement partie des causes possibles.

Claude Duneton indique que l'expression n'est largement attestée qu'à partir du XIXe siècle et, pour expliquer le trou de trois siècles entre l'apparition initiale et l'usage large, il écrit que la locution est réapparue dans les maisons closes, endroits connus comme étant très propices à la naissance d'expressions, probablement à cause des filles de la campagne qui y étaient « employées » et qui avaient amené avec elles ce sens de *béguin* qui, avant, ne s'était pas encore vraiment répandu dans la capitale et chez les bourgeois, clients assidus de ces établissements.

Ensuite, des bourgeois et par imitation des gens de la haute, l'expression se serait répandue dans le grand public.

> – Tu crois qu'il a le béguin ?
> – Il doit en pincer pour elle. J'en mettrais ma main à couper ! confirma Rose, le sourire aux lèvres.
> – C'est de son âge.
>
> Cyril Comtat – *L'Héritier* – 2007

81. UN TRAVAIL DE BÉNÉDICTIN

Un travail intellectuel de longue haleine.
Un travail qui demande beaucoup de patience et d'application.

Avec une telle expression, on pourrait vite imaginer que nous allons évoquer une certaine Bénédicte, hein ?

Mais il n'en est rien. C'est plutôt de Benoît que nous allons parler, car il ne faut pas oublier que ce prénom français se dit *Benedict* en anglais et a d'autres variantes proches de *Benedict* dans d'autres langues (*Benedictus* en latin, *Benedikt* en allemand…).

Le Benoît qui nous intéresse est plus précisément saint Benoît de Nursie ; né à la fin du Ve siècle, il est le fondateur de l'ordre des moines bénédictins, vers 529.

Il est célèbre, entre autres, pour avoir défini la Règle de saint Benoît, ensemble de règles de vie d'une communauté monastique, principes adoptés par de très nombreux monastères en Occident.

Mais au fil des siècles, les bénédictins vont avoir plusieurs interprétations de ces règles, ce qui conduira à la création de plusieurs ordres (Cîteaux, Cluny…), chacun insistant sur telle ou telle activité (travail manuel, liturgie…).

Parmi ces ordres, il y eut la congrégation de saint Maur, créée au XVIIe siècle, qui, elle, mettait en avant le travail intellectuel. Très érudits, et avec une formation humaniste, les moines de cette congrégation participaient à des travaux littéraires collectifs de très longue haleine (236 volumes pour le *Trésor généalogique* ou 50 volumes pour une géographie de la Gaule et de la France, par exemple).

C'est de l'ampleur dans le temps de ces travaux qui nécessitaient une très grande patience qu'est née notre expression.

> On pouvait par exemple trouver dans un laboratoire (encore en 1929) d'admirables documents récoltés année par année sur les mêmes écoliers et fournissant un tableau longitudinal très riche de leurs performances selon tous les tests connus, sans que les auteurs de ce travail de bénédictin sachent ce qu'ils allaient en tirer.
>
> Jean PIAGET – *Épistémologie des sciences de l'homme* – 1970

> Cet organisme, composé de personnalités du monde des arts, recrutées pour leurs compétences et leur notoriété, avait mené un travail de bénédictin, croisant des données, fusionnant des fichiers, comparant des listes, faisant en plusieurs années le travail qu'un ordinateur accomplissait aujourd'hui en quelques secondes.
>
> Jean-Michel LECOCQ – *Le Christ jaune* – 2010

82. LE BENJAMIN (DE LA FAMILLE, DE L'ÉQUIPE…)

La personne la plus jeune (d'un groupe).

Si *Benjamin* est un prénom assez courant, on est en droit de se demander comment ce prénom a pu devenir un mot désignant la personne la plus jeune d'un groupe, par opposition au doyen.

D'abord, il faut savoir que si, aujourd'hui, c'est bien une personne d'un âge quelconque qui peut être le benjamin (dans une maison de retraite, le benjamin n'est plus vraiment très jeune), c'est par extension du sens « enfant le plus jeune » en usage auparavant, mais toujours actuel parallèlement à son sens étendu.

Et, en remontant encore plus loin dans le temps, au XVIIIe siècle, lorsque le mot apparaît, *benjamin* désignait avant tout l'enfant préféré de ses parents.

Pourquoi cela ?

Eh bien, il nous faut nous pencher sur la Bible pour tout comprendre.

En effet, la Genèse nous apprend que, dans le pays de Canaan, Jacob a eu douze fils, dont le dernier se nommait Benjamin. Lorsque Jacob apprend qu'il peut acheter du blé en Égypte, il y envoie ses fils, sauf Benjamin, de crainte qu'il ne lui arrive quelque malheur.

> À vingt-huit ans, le nouveau benjamin de l'Assemblée nationale ne s'attendait pas à être élu.
>
> *Le Point* – Article du 21 juin 2007

83. C'EST LA BÉRÉZINA

C'est une défaite cuisante, une déroute complète.
C'est une situation extrêmement désagréable.

Nous sommes en 1812. Dans trois ans, on fêtera le tricentenaire de la bataille de Marignan. Mais cela n'effleure pas du tout l'esprit des quelques centaines de milliers d'hommes que Napoléon emmène envahir la Russie pour flanquer une pâtée mémorable à son armée.

L'Empereur n'a toutefois pas prévu la politique de terre brûlée que les Russes vont appliquer (Moscou, en particulier, ville construite en bois sera la proie des flammes), empêchant ainsi les hommes et les animaux de se ravitailler suffisamment alors que le froid devient pénétrant.

Avant que la troupe entière ne meure de faim, et sans réponse du tsar Alexandre Ier à ses offres de négociation, l'Empereur décide la retraite. Les autres routes étant bloquées, elle se fait par le même chemin qu'à l'aller, *via* des terres déjà ravagées.

Alors que les hommes ont faim et froid et que la queue du peloton est harcelée par les Russes, à la fin du mois de novembre, ils arrivent devant la Bérézina, rivière de Biélorussie large d'une centaine de mètres et profonde de deux à trois mètres.

L'eau étant glaciale, il n'est pas question de traverser à la nage.

Travaillant dans des conditions insupportables, les pontonniers du général Éblé vont réaliser deux ponts alors que la température tombe à moins trente degrés et que l'eau charrie des gros blocs de glace.

Des soixante-dix mille hommes qui sont face à la rivière, seuls quarante mille vont pouvoir la franchir, les ponts étant ensuite détruits pour empêcher l'ennemi de les emprunter, alors qu'il reste de l'autre côté des quantités de soldats retardataires.

C'est de cette déroute historique que vient notre expression, symbole d'échec complet ou de situation tragique insurmontable.

Une fois admis, on croit vraiment – mais vraiment ! – qu'à la sortie on aura le choix entre des dizaines d'offres d'emploi, provenant d'entreprises plus sympas les unes que les autres et qu'on pourra négocier un énorme salaire. Après tout, c'est justifié, on en a bavé pour arriver là, il est temps de récolter les fruits de son travail.
Alors, quand on s'aperçoit que dehors, c'est la Bérézina, qu'il n'y a plus de boulot pour personne, même pas pour nous, on tombe de haut.

Gildas Vivier – *Sexe, fric, glande & diplôme : les écoles de commerce dévoilées* – 2005

84. LA RÉPONSE DU BERGER À LA BERGÈRE

1. La réponse qui clôt la discussion, sans possibilité d'y revenir. Le dernier mot.
2. Une manière de rendre à quelqu'un la pareille.

Cette expression, dans son premier sens, vient du XVIIe siècle et du suivant, une époque où les pastorales, histoires plutôt naïves vantant l'harmonie entre l'homme et la nature, étaient revenues à la mode (elles datent de l'Antiquité).

Dans ces histoires, il est fréquemment question de bergers et de bergères qui, bien entendu, ont autant d'histoires d'amour que de querelles.

Et c'est pour cela qu'à la même époque, les termes *berger* et *bergère* ont pris respectivement le sens figuré de « amant » et « amante » (alors que ça n'a pas été le cas des *boulanger / boulangère* ou *poissonnier / poissonnière*, ces derniers faisant nettement moins travailler l'imagination). La bergère, souvent décrite comme une fille facile, est même à un moment devenue synonyme de *fille de mauvaise vie*.

C'est probablement des pastorales d'Honorat de Bueil, marquis de Racan, intitulées *Les Bergeries*, qu'est née l'expression. En effet, dans de nombreux dialogues entre le berger et la bergère, c'est le premier qui a le dernier mot.

Le second sens de cette expression est contemporain (XXe siècle). Il reprend l'expression originale, un peu oubliée, et se base sur le sens propre des mots *berger* et *bergère*. En effet, c'est le fait de faire le même métier, d'avoir les mêmes connaissances, qui fait que l'un est capable de faire à l'autre ou pour l'autre ce qu'il lui a fait, de lui rendre la monnaie de sa pièce.

Mais le fait de rendre la pareille à l'autre, c'est aussi parfois vouloir avoir le dernier mot, ce qui rejoint le premier sens.

> Sur ce raisonnement, je mis de côté ma rondeur méridionale, et prenant, pour la circonstance, tout ce qu'il y a de plus raffiné dans la galanterie parisienne, j'écrivis la réponse du berger à la bergère.
>
> Jules Léotard – *Mémoires de Léotard* – 1860

> Un mauvais sourire point sur son visage, se développe comme une glaciale aurore de décembre, l'éclaire tout à fait… Attention ! Mme Rezeau vient de trouver la réponse du berger à la bergère. Que va-t-il se passer ?
>
> Hervé Bazin – *Vipère au poing* – 1948

85. AVOIR LA BERLUE

Avoir une vision déformée (de quelque chose).
Avoir des illusions.

L'étymologie du mot *berlue* est discutée. Mais il est possible qu'il vienne, au XIIIe siècle, du verbe *belluer* qui voulait dire « éblouir », mais également « tromper » ou « duper ».

Son premier usage s'appliquait à un discours trompeur, une fable.

Tombé ensuite dans l'oubli, il réapparaît au XVIe siècle pour désigner en médecine un défaut de la vue qui fait percevoir des objets imaginaires ou qui déforme la réalité.

C'est de cette acception, et du sens figuré « impression visuelle trompeuse », qu'est assez logiquement apparue notre expression au XVIIe siècle, sans qu'on puisse en être éberlué.

> Rien, c'est la scène de l'autre jour, quand j'ai soutenu à M. Pons qu'il avait eu la berlue. Depuis ce jour-là, ces deux messieurs ont changé du tout au tout à mon égard.
>
> Honoré de Balzac – *Le Cousin Pons* – 1847

86. CHERCHER LA PETITE BÊTE

1. Ne se préoccuper que de détails insignifiants.
2. S'efforcer de trouver un défaut quel qu'il soit pour pouvoir critiquer.

Tout homme qui s'est déjà cherché des morpions dans sa toison pubienne sait à quel point, en plus d'être très souple, il faut être précis, méticuleux pour réussir à localiser tous ces tout petits indésirables, ces « petites bêtes » (pour s'en convaincre, on peut aussi observer un singe qui cherche des poux sur la tête d'un congénère).

Bien sûr, le lance-flammes est une solution très efficace et beaucoup plus rapide. Mais pour celui qui tient à conserver longtemps l'usage de son service trois pièces, la méthode manuelle, éventuellement complétée d'un quelconque agent insecticide, est largement préférable.

Le premier sens de l'expression est aisément compréhensible.

Le second vient de l'aspect indésirable de ces petites bêtes qu'on peut assimiler à des défauts à la recherche desquels on doit impérativement se lancer pour corriger la chose.

La première attestation de cette expression se trouve chez Barbey d'Aurevilly en 1874 (voir le premier exemple).

> Et croyez que j'ai bien étudié, bien scruté, bien percé ! Croyez que j'ai bien cherché la petite bête dans ce bonheur-là !
>
> Jules Barbey d'Aurevilly – *Les Diaboliques* – 1874

> Je suis quant à moi, un homme tout simple. Je ne cherche pas la petite bête. Je n'aime pas les compli-

cations. Pourquoi creuser, fouiller ? La vie est bien assez compliquée comme ça.

Nathalie SARRAUTE – *Vous les entendez ?* – 1972

87. COMPTER POUR DU BEURRE

N'être pas pris en considération, être méprisé.
N'avoir aucune importance.

Bizarrement, le beurre est souvent associé à une image d'abondance ou de richesse : *faire son beurre* (pour « faire beaucoup d'argent ») ou encore mettre du beurre* dans les épinards.

Pourtant, il existait autrefois une locution adjective *de beurre* qui caractérisait quelque chose sans valeur et qui est probablement à l'origine de cette expression.

De même, Larousse au XIXe siècle précise que *vendre du beurre* signifiait « être ignoré, délaissé dans une société ». D'ailleurs, à cette époque, les jeunes filles qui « vendaient du beurre » dans les bals étaient celles qui n'y dansaient pas, faute de cavalier.

Si l'on fait des recherches sur l'histoire du beurre, on s'aperçoit que, pendant longtemps, c'était une graisse destinée aux pauvres, car facile à produire tout au long de l'année (contrairement à l'huile qu'on ne produit qu'une fois l'an, après la récolte du produit oléagineux).

Jusqu'au Moyen Âge, il a même servi pour des soins médicaux ou cosmétiques, que ce soit contre les brûlures, par exemple, ou pour faire briller les cheveux.

Ce n'est qu'à partir du XVIIe siècle que le beurre devient un produit de luxe et commence à être sérieusement utilisé dans les recettes de cuisine des gens de la haute société (voir *mettre du beurre* dans les épinards*).

C'est probablement de la « première » vie du beurre, celle où il était mal considéré, que vient la connotation négative qu'on trouve dans notre expression. À moins que ce ne soit simplement pour son côté très mou et fusible qui fait qu'on ne peut pas en faire grand-chose de très utile en dehors de la cuisine (impossible d'aller bêcher le jardin avec, par exemple).

> – Va t'habiller ! C'est bientôt l'heure de ton audience.
> – Une audience bidon, puisque je compte pour du beurre.
>
> Réda Falaki – *La Balade du Berbère* – 1990

88. METTRE DU BEURRE DANS LES ÉPINARDS

Améliorer ses conditions de vie, gagner plus d'argent.

Le beurre est souvent associé à la richesse (*faire son beurre*, par exemple, ou bien *avoir le cul dans le beurre* chez nos amis wallons). Probablement parce que c'est un aliment riche (en calories et lipides) qui fut, selon les périodes, réservé aux riches ou aux champions du marché noir.

La métaphore contenue dans cette expression est parfaitement compréhensible : les épinards sans beurre, c'est diététique, mais nettement moins bon pour nos palais actuels qu'avec du beurre ou de la crème. Donc pour améliorer le goût de ses épinards (ses conditions de vie), mieux vaut y ajouter une bonne dose de beurre (d'argent).

Mais puisqu'il est question de beurre, il est intéressant d'ouvrir une parenthèse sur son utilisation au fil des siècles.

Jean-Louis Flandrin, historien contemporain et spécialiste de l'histoire des pratiques alimentaires, a fouiné dans les recettes de cuisine publiées depuis le Moyen Âge pour y découvrir des choses intéressantes sur l'usage du beurre au fil du temps (qui n'est pas le fil à couper le beurre).

Au Moyen Âge, en effet, le beurre n'était pas du tout une graisse aristocratique : il était bien plus utilisé par les pauvres que par les riches. Il était d'un usage plutôt rare dans les livres de cuisine des XIVe

et XVe siècles qui évoquent la cuisine des classes aisées ; mais la prédilection pour le beurre augmente aux XVIIe et XVIIIe siècles, et il devient un symbole de distinction sociale aux XIXe et XXe siècles.

Flandrin constate également que l'essor du beurre en France coïncide avec le statut que lui accorde l'Église. Étant un produit d'origine animale, jusqu'au XVe siècle le beurre était interdit au moment du carême. Suite à la multiplication de dispenses dès la fin du XVe siècle, au cours du XVIe on commence à utiliser du beurre dans les plats de légumes et de poissons (qui étaient autorisés en carême), alors qu'au Moyen Âge il était utilisé presque exclusivement avec les œufs, les pâtes alimentaires et les pâtisseries.

> René Robin après son travail au magasin, effectue souvent du travail au noir pour mettre du beurre dans les épinards. Il peint l'intérieur des logements et pose le papier peint avec dextérité pour un prix raisonnable chez des connaissances.
>
> Robert BOUSSEMART – *Adieu terrils, adieu corons : les mines du Nord - Pas-de-Calais* – 1990

89. VOULOIR LE BEURRE ET L'ARGENT DU BEURRE

Tout vouloir, sans contrepartie.
Vouloir gagner sur tous les plans.

L'usage de cette expression nous vient au moins de la fin du XIXe siècle.

Le bon sens paysan veut qu'on ne puisse pas, honnêtement, vendre le beurre qu'on vient de fabriquer, en garder l'argent, mais garder aussi le beurre, histoire de pouvoir le revendre encore et encore.

Vouloir toujours tout garder à soi, vouloir tout gagner sans rien laisser aux autres, c'est vouloir le beurre et l'argent du beurre.

Mais même si on réussit temporairement et honnêtement à garder le beurre et l'argent du beurre, il ne faut jamais perdre de vue que le beurre, comme l'argent, peut fondre très facilement et rapidement.

Dans certains quartiers chauds des banlieues, il arrive qu'on trouve ensemble le beur et l'agent du beur.

De cette expression, il existe quelques variantes où l'on trouve également citée la crémière supposée avoir fabriqué le beurre. Parmi celles-ci, on a la triviale *vouloir le beurre, l'argent du beurre et le cul de la crémière.*

> Tandis que Georges V avait exécuté la prestation qui lui incombait, Bismarck, par un moyen et des arguties qu'il est impossible de trouver honnêtes, gardait pour la Prusse le beurre et l'argent du beurre.
>
> William Martin – *La Crise politique de l'Allemagne contemporaine* – 1913

90. BEURRÉ (COMME UN P'TIT LU)

(Complètement) soûl.

L'adjectif *beurré* pour « ivre » est un mot d'argot qui est une simple déformation de *bourré* liée à l'image du beurre, la personne soûle étant molle ou parlant « gras ».

J'en vois déjà qui vont me demander « mais alors pourquoi dit-on *bourré* pour quelqu'un qui est soûl ? »

Eh bien, je répondrais que la métaphore semble assez claire, puisqu'il suffit d'imaginer un contenant rempli à son maximum, « bourré » par son contenu, comme peut l'être le bonhomme qui a absorbé des quantités de boissons avec un léger manque de modération et dont les veines contiennent encore un peu de sang dans l'alcool qui y circule.

Si cette expression date du début du XXe siècle, on peut tout de même noter que, dans l'argot des imprimeurs, et dès le début du XIXe siècle, une page « beurrée » était une page surchargée, imbibée d'encre noire, tout comme celui qui est beurré est imbibé d'alcool.

Reste à expliquer le *p'tit Lu.*

Certains connaissent bien les biscuits appelés des « petits-beurre » fabriqués depuis le milieu du XIXe siècle par la société Lefèvre-Utile (« LU » en abrégé).

Ces biscuits sont fabriqués entre autres avec du beurre, comme leur nom l'indique ; ils pouvaient donc être vus comme « bourrés » de beurre. De là le rapprochement sous forme de plaisanterie avec le terme *beurré* issu de *bourré*.

> Ou alors ils [les Américains] ont le sentiment bêlant. Ils te prennent pour une mère, jouent les petits garçons en se réfugiant dans tes bras en chialant parce qu'ils sont beurrés comme des p'tits lus.
>
> Simone BERTEAUT – *Piaf* – 1969

91. CONNAÎTRE BIBLIQUEMENT

Avoir des relations sexuelles.

Voilà une expression au sens apparemment étrange.

La Bible (puisque *bibliquement* veut bien dire « tel que décrit par la Bible ») n'a pas pour réputation d'être un équivalent du Kâma-Sûtra. Ça se saurait, et le nombre de lecteurs exploserait !

Alors comment un verbe banal comme *connaître* peut-il produire un tel sens ?

D'autant plus que si, moi, j'avais pu faire l'amour avec toutes les femmes plus ou moins désirables que j'ai « connues », je serais un homme heureux épuisé.

Oui, mais il se trouve que dans la Bible, dans le livre de la Genèse au chapitre 4, pour être un peu plus précis, on trouve une phrase qui, traduite en bon français, s'écrit généralement comme suit : « Adam connut Ève, sa femme ; elle conçut, et enfanta Caïn et elle dit : J'ai formé un homme avec l'aide de l'Éternel. »

Là, le doute n'est pas permis : comme le fameux coup de la vierge qui enfante ne viendra que beaucoup plus tard et même si l'Éternel a un peu aidé, dans cette phrase, *connaître* est bien un euphémisme pour « forniquer avec ».

Ce qui suffit à expliquer le sens de notre expression. Et à confirmer que l'hésitation à appeler un chat* un chat (et ne parlons même pas d'une chatte !) existe depuis bien longtemps.

> La Contemporaine n'était plus jeune, puisque, de son propre aveu – et l'on sait que les femmes falsifient toujours leur extrait de naissance –, elle était née en 1778. Mais elle avait connu – bibliquement – tant d'hommes fameux à différents titres, qu'elle ne pouvait pas ne pas devenir fameuse à son tour.
>
> Alfred Delvau – *Les Lions du jour : physionomies parisiennes* – 1867

92. SE FAIRE DE LA BILE

Se faire du souci.

Qu'est-ce que la bile ? Si on écarte Boule et Bile, ainsi que Buffalo Bile, Bile Boquet et Bile Vezay, il nous reste ce liquide visqueux et amer[1] sécrété par le foie, qui participe à la digestion et s'écoule depuis la vésicule biliaire vers le duodénum par le canal cholédoque.

La théorie antique des quatre humeurs, formalisée en grec par Hippocrate, nous apprend que la bile noire correspond à la mélancolie, la tristesse, le souci, alors que la bile jaune était associée à la colère[2].

C'est donc cette « bile noire », prétendument sécrétée par la rate, qui était supposée être la cause de nos soucis.

Bien que la théorie des humeurs ait finalement été abandonnée au cours du XVIIIe siècle, il nous en

---

1. Qui n'a jamais eu des foies de volaille complètement gâchés par une poche de bile malencontreusement éclatée n'a jamais pu se rendre compte à quel point elle est amère.
2. Avec cette bile-là, la colérique, on dispose de plusieurs expressions comme *déverser sa bile (sur quelqu'un)* ou bien *avoir la bile enflammée*.

est resté cette expression et ce sens figuré de *bile*, à rapprocher du mauvais sang.

> C'était un excellent garçon, sobre et adroit, mais avec une de ces figures mélancoliques où le regard, trop fixe, signifie qu'on se fait pour un rien de la bile, même des idées noires.
>
> Marcel Proust – *À la recherche du temps perdu* – 1923

93. PASSER SUR LE BILLARD

Passer sur une table d'opération, subir une intervention chirurgicale.

Avez-vous noté que, lorsqu'un malade va se faire opérer, on ne lui demande jamais de préciser au préalable s'il préfère le billard français, sans trous, ou le billard américain, avec trous ? Peut-être est-ce simplement parce qu'on n'a jamais vu une opération se faire sans trous… à part pour une opération arithmétique, ce qui n'est pas le sujet ici.

Donc, lorsqu'on se fait faire des trous dans le corps, on dit qu'on « passe sur le billard ». D'où vient cette assimilation, qui date du début du XXe siècle, de la table d'opération à la table de billard ?

À l'origine, dès la fin du XIVe, le billard désignait le bâton qui servait à jouer aux jeux de billes et de boules, bâton d'abord recourbé puis droit, devenu alors une queue. Par métonymie, au XVIIe, le mot a désigné la table sur laquelle se pratiquaient certaines formes de ces jeux, table rectangulaire et plate qui, en argot, a fait ensuite désigner aussi par *billard* des terrains plats ou des routes bien planes.

C'est cette dernière acception qui a fait que, pendant la Première Guerre mondiale, selon Gaston Esnault, *monter sur le billard*, voulait dire « sortir de sa tranchée » pour aller sur le terrain (plat) du combat, terrain où l'on risquait tout autant la mort[1], vu les conditions de travail des médecins de l'époque à proximité du champ de bataille, que sur cette table

1. Au XIXe siècle, *mourir* se disait aussi « dévisser son billard » en argot.

aussi rectangulaire et plate qu'un billard sur laquelle le soldat se faisait opérer après avoir été blessé au combat.

Voilà pour une première probable origine.

Mais Claude Duneton en propose une autre. En effet, *billard* a aussi désigné le lit sur lequel on fait l'amour, ce qui est évident pour un esprit salace, puisque sur un billard il y a également une queue et des boules. Et si on y fait l'amour, le billard est donc un lieu où l'on jouit. Il n'en aurait pas fallu beaucoup plus à des plaisantins spécialistes de l'antiphrase pour désigner également par *billard* la table d'opération où, vu les techniques rudimentaires d'anesthésie de l'époque, la « jouissance » pouvait aussi être très intense.

> De temps à autre, l'idée de se faire raboter le nez l'assaillait. Une nana passait par là et il oubliait ses intentions opératoires. Il séduisait tel qu'il était. Alors, à quoi bon passer sur le billard ? Ce n'est pas qu'il avait peur, mais l'idée de passer sur le billard, alors que ce n'était pas une question vitale, le faisait reculer.
>
> Dominique Rocher – *La rouquine tranche dans le vif* – 2003

94. EN DONNER SON BILLET

Être absolument certain de quelque chose et l'affirmer.

Régulièrement, dans le train, je donne mon billet au contrôleur sans pourtant rien lui affirmer de particulier.

Autrefois, certains messieurs avaient pour habitude de donner leur billet à la dame de petite vertu qui venait d'accomplir sa tâche rétribuée. Ils n'avaient pourtant pas grand-chose à affirmer, sauf, peut-être, leur virilité.

Alors en quoi donc le billet qui nous intéresse peut-il correspondre à une affirmation ?

À l'origine, un *billet* (mot né au milieu du XIVe siècle) est un petit message écrit dans lequel « on peut se dispenser des formules de compliments usitées dans les lettres » (*Dictionnaire de l'Académie*).

Au fil des décennies, tout en conservant son sens initial, il a également eu plusieurs significations, dont, aussi abracadabrantesque que cela puisse paraître, celle de « formule magique ».

Le *billet de banque*, au début du XVIIIe siècle, vient du *billet* vu comme une promesse écrite, un engagement de payer une somme.

À la fin du XVIIe, un peu avant l'apparition de notre expression, Furetière enregistre *billet* avec pour définition : « Se dit aussi de toute écriture privée par laquelle on s'oblige à quelque payement, on fait la reconnoissance de quelque chose. » Et il ajoute en exemple : « Il ne me peut pas nier que je ne luy aye donné ce depost, j'en ay son billet. »

On peut donc comprendre *je vous en donne mon billet* comme « je suis tellement sûr de ce que j'affirme que je suis prêt à vous écrire un billet qui l'attesterait ».

Dans cette expression, le verbe *donner* est assez souvent remplacé par ses équivalents argotiques que sont *ficher* ou *foutre*.

> Il y avait du monde à ton service funèbre ! C'était pis qu'au convoi de Lafayette […] j'étais bien fière d'être ta mère, je t'en donne mon billet !
>
> Émile AUGIER – *Le Mariage d'Olympe* – 1855

95. TREMPER SON BISCUIT

Faire une pénétration sexuelle.

Cette expression apparue au milieu du XXe siècle est une évolution de l'ancienne expression *tremper son pain au pot* (employée, entre autres, par Rabelais), image très parlante pour qui est un peu au fait de la manière de faire les bébés.

Le mot *biscuit*, dans son sens habituel de petite douceur qu'on s'accorde bien volontiers, est issu du latin médiéval *biscoctus* qui signifiait « cuit deux fois » et qu'on retrouve en espagnol *bizcocho*, en italien *biscotto* (qui a donné *biscotte*), en portugais *biscuto* et en provençal *bescueit*.

Mais pour le sens qu'il a dans notre expression, il est possible qu'il vienne du vieux terme *bistoquette* (qu'on trouve encore actuellement sous la forme *bistouquette*) qui désignait le pénis, instrument dont la forme est proche d'un boudoir, biscuit qui a pu faciliter la naissance de l'image.

On peut aussi parfois dire *tremper sa nouille*.

Il est important de remarquer que, lorsqu'on trempe un biscuit le matin dans un breuvage chaud, celui-ci devient tout mou (et pas que le matin, d'ailleurs).

Heureusement que ce n'est pas le cas ici…

> Il me fait signe… À moi l'honneur […] de tremper mon biscuit le premier. Elle est troussée, elle se serre encore les cuisses pour retenir sa culotte… dans ces cas-là, on tire un peu et on l'écarte. Voilà, je m'enfonce… je n'ai plus qu'à limer comme il faut.
>
> Alphonse Boudard – *Le Corbillard de Jules* – 1979

96. BISQUE ! BISQUE ! RAGE !

Formule enfantine destinée à faire enrager un adversaire et à s'en moquer.

Nous sommes dans l'aquarium à crustacés d'un restaurant. Deux homards sachant que l'un d'eux est destiné à finir en bisque dans les minutes qui suivent se battent à mort afin de tenter d'échapper à ce sort funeste espérant que le survivant ne sera pas choisi ce coup-ci.

À l'issue du combat, le perdant, juste avant de trépasser, écrit de son sang sur la paroi de l'aquarium « homard m'a tuer[1] », pendant que son adversaire lui serine « Bisque ! Bisque ! Rage ! ».

---

1. Pour les lecteurs de ces pages qui ne vivent pas en France, cette introduction est une très fine allusion à l'affaire Omar Raddad qui a défrayé la chronique en France entre 1991 et 1994. Pour en savoir plus, n'hésitez pas à lire ce qui en est dit sur Wikipedia.

Eh oui ! Même hors de Dallas, l'univers des homards est impitoyable !

Mais si la bisque de homard est incontestablement une excellente préparation culinaire, elle n'a pas grand-chose à voir avec le *bisque* de notre expression.

En effet, ce *bisque* est l'impératif du verbe *bisquer* dont l'étymologie est controversée et qui signifie « éprouver de la colère ou du dépit ». Ne dit-on pas toujours *faire bisquer quelqu'un* lorsqu'on le titille jusqu'à un possible énervement ?

Notre expression enfantine est constituée de trois impératifs « ordonnant » au destinataire de se mettre en colère, d'enrager, généralement dans le but de s'en moquer.

Certains évoquent une origine venant du jeu de paume où la bisque était un point spécial dont le joueur ne pouvait bénéficier qu'une seule fois dans la partie. Mais cette origine n'est pas considérée comme valide.

> Lorsque nous jouons à chat, elles traversent la rivière car elles savent déjà nager et moi pas encore. Et sitôt de l'autre côté elles me narguent : « bisque bisque rage, mange du cirage… » ou « Parigot tête de veau, Parisien tête de chien », insultes qui me mettent hors de moi.
>
> Philippe MOLLE – *Mémoires d'outre mers* – 2005

97. PRENDRE UNE BITURE

S'enivrer.

Voilà une expression qui nous vient de la marine. Officiellement, la biture (qu'on écrit aussi rarement *bitture*, puisque le mot est issu de *bitte*, celle d'amarrage) est la longueur de la chaîne de l'ancre qui est disposée en zigzag sur le pont de manière que, au moment du mouillage, l'ancre puisse filer le plus rapidement et librement au fond.

Mais quel lien entre *biture* et le fait de boire de l'alcool au point d'en être complètement soûl, me direz-vous ? Eh bien, il y a deux manières de relier les deux.

La première, c'est par simple analogie entre la disposition de la biture sur le pont et la trajectoire pour le moins zigzagante de celui qui titube sur le quai alors qu'il s'est pris une muflée de derrière les fagots*.

Pour la seconde, on peut supposer que, lorsque la (véritable) biture a correctement filé, c'est probablement que le marin est arrivé au port, et qu'il peut donc se permettre d'y ripailler et aussi d'y boire à volonté. Ce lien est renforcé par la première signification métaphorique de *biture*.

En effet, à l'origine, ce sens imagé de *biture* désignait un repas copieux, en 1825 (probablement très arrosé). Puis, un peu après 1850, il désignait une forte dose de spiritueux.

Ce n'est qu'à partir de 1888 que le mot est attesté dans la langue générale comme synonyme de *cuite*, mais il semble qu'il était employé comme tel auparavant dans certaines régions de l'ouest de la France où les gens sont réputés pour avoir une bonne pratique du lever de coude.

> À leur seul souvenir, le pas du poète s'accélère ; son sang bout dans ses veines ; des passants bousculés se retournent. Quelques habitués de cafés le reconnaissent. « Tiens, c'est Verlaine. Il a encore pris une biture, l'animal ! »
>
> Françoise D'EAUBONNE –
> *La Vie passionnée de Verlaine* – 1960

98. SE FAIRE BLACKBOULER

Être refusé à un examen, un poste….
Être évincé, rejeté, repoussé.

Le verbe *blackbouler* est étrange (vous avez dit bizarre ?) car composé du mot anglais *black* (« noir ») et de *bouler*, verbe français qu'on retrouve dans un sens argotique dans l'expression *envoyer bouler* pour « rejeter, repousser ».

Ce mélange de langues vient d'une traduction partielle du verbe anglais *to blackball* qui date de 1770 et qui signifie « voter contre l'admission d'une personne dans un club ou un cercle en plaçant une boule noire (*black ball*, en anglais) au lieu d'une blanche dans l'urne ».

Car c'est bien de la méthode d'admission de nouveaux membres dans une confrérie que vient ce mot : les membres déjà présents votaient au moyen de boules blanches (avis positif) ou noires (avis négatif) pour accepter ou non le nouveau candidat. Et celui qui avait le « plaisir » d'avoir plus de boules noires que de blanches était rejeté, repoussé.

Une fois ce mot introduit en France, il a été écrit de différentes manières (en 1835 Balzac l'écrivait « blackboller ») avant de prendre son orthographe actuelle où seul le mot *ball* a effectivement été traduit.

Si, au départ, le verbe a signifié « mettre en minorité dans un vote », très proche de l'origine anglaise, son sens s'est ensuite élargi à la signification actuelle.

> Certains [hommes] trichent sans vergogne sur leur âge, n'hésitant pas à se rajeunir de cinq ans pour passer dans les mailles du filet. D'où l'intérêt une fois la vérité connue, de se faire blackbouler d'un « Mais t'es fané, casse-toi avec ton Viagra. » Sont cons des fois, les mecs…
>
> Salomé Salta Marques – *Un jour mon Prince viendra... d'Internet ?* – 2010

99. UNE ARME BLANCHE

Une arme munie d'une lame (par opposition à une arme à feu).

Vous êtes-vous déjà demandé comment une arme à lame métallique, donc pas vraiment blanche selon notre compréhension du mot, et à manche rouge ou noir ou marron peut-elle être une arme blanche ?

Contrairement à celle qui emploie la force d'une explosion (pistolet, fusil, canon…), l'arme blanche, qui emploie celle de l'homme, est munie d'une lame et est perforante ou bien tranchante.

Et c'est cette lame qui lui donne sa dénomination.

On pourrait croire que c'est parce que avec une telle arme, on peut saigner à blanc celui qui aura la chance d'en vérifier sur lui l'efficacité.

Mais c'est la combinaison de deux choses qui fait qu'on désigne ainsi ce type d'arme depuis la fin du XVIIe siècle.

La première vient du sens de *blanc* qui, en ancien français au XIe siècle, signifiait « brillant » ou « luisant », ce qui est bien le cas d'une belle lame bien entretenue.

La seconde vient du fait que la lame est fabriquée avec un acier blanc et non en bronze ou dans un métal doré.

D'ailleurs, dans l'évolution de l'histoire du roi Arthur, Excalibur, sa fameuse épée, se serait auparavant appelée Caliburn (« acier blanc »), nom venant lui-même de *chalybus* (« acier ») et *eburnus* (« blanc »).

> Mêmes résultats pour la femme en ce qui concerne l'eau et la corde ; elle recourt notablement plus à l'arme blanche, et beaucoup moins à la chute et au poison.
>
> Alfred LEGOYT – *Le Suicide ancien et moderne* – 1881

100. BLANCHIR DE L'ARGENT

Donner à de l'argent malhonnêtement acquis une existence légale en dissimulant les traces de son origine.

Un célèbre proverbe dit que « bien mal acquis ne profite jamais » ou, autrement dit « on ne tire aucun avantage d'une possession ou d'un privilège obtenu par malhonnêteté ».

Mais si c'était toujours vrai, les truands, escrocs et autres pourvoyeurs de drogues ne s'achèteraient pas de superbes voitures ou propriétés, ne vivraient pas comme des nababs, et ne jugeraient pas utile de continuer à s'adonner à leur activité.

Le problème, pour ces aigrefins, est de remettre en circulation l'argent accumulé malhonnêtement en le faisant passer pour des espèces « honnêtes » obtenues dans la plus pure légalité, donc en faisant disparaître les preuves de son origine frauduleuse.

Depuis le début du XIIe siècle, *blanchir* signifie « rendre blanc », ce qui n'est pas vraiment fait pour étonner. Il en découle, un siècle et demi plus tard, bien avant l'apparition des enzymes gloutons qui lavent plus blanc que blanc, le sens de « rendre propre » puisque, lorsqu'on a un linge blanc sali, on essaye de le « blanchir » en le lavant.

Au figuré et au XIXe siècle, le verbe signifie également « purifier », le blanc éclatant étant aussi un symbole de pureté.

Au figuré encore, dès le XIVe siècle, on parlait déjà de « blanchir un accusé » lorsqu'on réussissait à éliminer les soupçons qui pesaient sur lui ou, autrement dit, à le « laver » de ces soupçons.

Ce n'est qu'au XXe siècle qu'apparaît notre expression pour désigner l'action qui consiste, *via* des moyens généralement eux-mêmes malhonnêtes, à « nettoyer » ou « purifier » de l'argent « sale » afin de pouvoir le réinjecter dans l'économie comme s'il s'agissait d'argent honnête.

Il existe une origine répandue qui dit que cette expression vient de l'époque d'Al Capone qui blanchissait son argent *via* la chaîne de blanchisseries « Sanitary Cleaning Shops » dont il se serait porté propriétaire en 1928 dans ce seul but.

Bien sûr, pour qui aime les plaisanteries, blanchir *via* une blanchisserie est une excellente raison de faire naître une expression comme la nôtre.

Certes, mais la version anglaise *to launder (the) money* (*blanchisserie* se dit *laundry* en anglais) est attestée pour la première fois en 1975 dans le journal anglais *The Guardian*, à propos de mouvements de fonds étranges d'un comité de réélection de Richard Nixon au moment du scandale du Watergate, soit bien après le décès d'Al Capone en 1947, et après l'apparition de la version française vers 1960.

Autant dire que cette hypothèse n'est probablement qu'une légende.

> Parmi les exemples typiques du processus traditionnel du blanchiment, figurent « les fourmis japonaises ». De faux touristes reçoivent une commission du trafiquant qu'ils aident à blanchir son argent sale. Le trafiquant distribue à ces faux touristes une somme d'argent au-dessous du seuil de révélation imposé par la France ou l'Union européenne. Dotés de ces fonds, ils viendront à Paris pour acheter des articles de luxe. Une fois qu'ils retournent dans leur pays, ils touchent leurs commissions suite à la remise de leurs achats aux trafiquants. Ce dernier commercialise ces articles comme étant des objets venus de Paris et vendus dans une boutique qui lui appartient.
>
> Bernard GUILLON – *Méthodes et thématiques pour la gestion des risques* – 2008

101. UN BLEU / BLEU-BITE

1. Une nouvelle recrue.
2. Un débutant.

Pour qui ne connaît pas encore l'origine de cette expression (mais mon petit doigt me dit que ça ne va plus durer longtemps), il est parfaitement légitime de se demander par quel cheminement étrange un débutant ou une nouvelle recrue peut bien avoir reçu le nom de *bleu*, et ce à partir de 1840.

Avant de lever le voile, on peut préciser que le *bite* de *bleu-bite* (version du *bleu* datant de 1935) ne semble pas être ce que beaucoup imagineraient facilement.

En effet, selon le *Dictionnaire du français non conventionnel,* il pourrait s'agir d'une apocope de l'argot *bitau* qui désignait « un nouvel élève », mot venant lui-même du genevois *bisteau* pour « jeune apprenti ».

Quant au *bleu* tout court, trois explications sont généralement proposées, dont les deux premières sont assez proches.

La première viendrait du fait qu'au début du XIXe siècle, le conscrit nouvellement arrivé portait une tenue bleue ; et la deuxième viendrait de ce que les soldats d'origine populaire arrivaient souvent à la caserne vêtus d'une blouse bleue.

Quant à la troisième, elle serait liée au fait que l'habit des soldats de la Première République française était bleu (blanc pour les royalistes) et que ces troupes étaient majoritairement composées de jeunes recrues nouvellement incorporées, donc sans expérience.

Quoi qu'il en soit, c'est bien la tenue bleue des nouvelles recrues de l'époque qui est à l'origine de cette appellation.

Et si le bleu a donc d'abord naturellement désigné le nouvel arrivé sous les drapeaux, il est ensuite sorti du milieu militaire pour désigner un nouvel arrivant sans expérience, quelle qu'en soit la profession.

> Du tact d'abord ; il est certain qu'on ne parle pas à des hommes de trente à quarante ans comme on parle à des bleus de vingt ans, dans une caserne, surtout quand le chef, par son extrême jeunesse, manque souvent de l'autorité de l'âge.
>
> Gustave HERVÉ – *Jusqu'à la victoire* – 1916

> À ses côtés, Poirier semblait nu comme un bleu-bite à la visite médicale d'incorporation.
>
> Paul CHEVRIER – *Flashs* – 2006

102. FAIRE UN BŒUF

Jouer une improvisation musicale collective.

Notre *bœuf* d'aujourd'hui n'a rien à voir avec ce représentant mâle de la gent bovine grâce auquel on peut, dans nos cuisines, préparer un succulent bœuf mironton ou même, lorsque l'inspiration est là, un délicieux bœuf chantilly-fraise.

Cela dit, on comprendra aisément que tout un chacun puisse se creuser les méninges pour tenter d'établir le lien qu'il peut y avoir entre notre bœuf et la musique.

Heureusement, une fois de plus, ces pages sont là pour répondre à cette question hautement existentielle.

Les amateurs de jazz savent parfaitement ce qu'est une « jam-session » ou, en plus court, une « jam ». Venue du monde de ce style musical, il s'agit d'une forme de concert où des musiciens, qui n'ont pas forcément l'habitude de jouer ensemble, se regroupent et improvisent des morceaux divers pour le plus grand plaisir de leurs auditeurs.

En France, ce genre d'exercice qui, maintenant, ne se limite plus seulement au jazz, s'appelle aussi un « bœuf ».

Il nous faut remonter vers 1925, à Paris dans le 8e arrondissement pour comprendre la naissance de cette appellation. En effet, on y trouvait un cabaret fréquenté entre autres par Jean Cocteau* et où des chanteurs comme Mouloudji ou Léo Ferré firent leurs premiers pas.

Cet endroit fut également un des premiers lieux où le jazz américain fit son apparition en France ; les jams y étaient donc fréquentes.

Et vous savez quoi ? Eh bien, ce cabaret s'appelait « Le Bœuf sur le toit » !

Alors, autant dire qu'il n'a pas fallu longtemps aux musiciens qui se réunissaient volontairement dans ce lieu pour y jouer de concert* des improvisations pour basculer de *faire une jam au Bœuf* à *faire un bœuf*.

> Le patron a créé en juin l'association la Boîte à musique : « Je souhaite que mon établissement devienne une scène ouverte. J'ai le piano et la guitare à disposition pour ceux qui veulent faire un bœuf. »
>
> *Le Parisien* – Article du 12 septembre 2009

103. UN VENT À DÉCORNER LES BŒUFS

Un vent très violent.

Je ne sais pas vous, mais moi j'imagine bien que, pour qu'il soit capable d'arracher les cornes de bovins, il faudrait que le vent soit extrêmement fort et emporte aussi les tuiles de toit et les antennes satellite, qu'il oblige même les hérissons et les hippopotames à s'accrocher très fort de leurs petits bras musclés aux branches des arbres où ils gambadent habituellement, pour éviter d'être emportés.

L'image est donc claire, mais à ma connaissance et à celle de Météo France, si cela arrive pour les tuiles, personne ne s'est jamais plaint de s'être pris une corne dans la figure un jour de tempête. Comment une telle image a-t-elle donc pu germer dans l'esprit de ceux qui l'ont inventée ?

Une explication plausible qui court les champs est la suivante : lorsqu'ils sont parqués en stabulation libre dans une étable, les bovins sont susceptibles de se blesser mutuellement avec leurs cornes et d'être gênés pour accéder à leur nourriture. Pour leur éviter ça, il faut donc les écorner[1].

Mais cette opération, qui se pratique alors que les animaux sont en liberté dans les champs, provoque des saignements qui attirent les mouches et autres insectes en grandes quantités, ce qui n'est pas très recommandé pour les plaies.

C'est pourquoi les paysans futés, profitant du fait que les mouches préfèrent faire une belote au chaud chez elles les jours de grand vent, pratiquent l'opération à ces moments-là, permettant ainsi à la plaie de sécher et cicatriser bien plus facilement.

Limpide, non ?

Mais alors, que répondre lorsqu'un paysan vous assure à juste titre que l'écornage des bœufs pour la

1. Il existe pourtant des voix qui s'élèvent contre cette mutilation des animaux qu'ils considèrent comme inutile, car il existerait des élevages où des bovins à cornes sont en stabulation libre sans aucune gêne.

stabulation libre ne se pratique que depuis le milieu du XXe siècle et qu'on sait que l'expression est attestée depuis le XIXe ?

Eh bien, il suffit de lui rétorquer que, même hors besoins liés à l'étable, l'écornage des animaux se pratique au moins depuis le XIIe siècle (date d'apparition du mot) et que, par conséquent, on peut imaginer que les paysans ont eu, depuis ce temps, largement le temps de constater l'influence du vent sur la présence des mouches et la cicatrisation des plaies.

Enfin, comme il n'y a pas de totale certitude sur l'explication proposée, on peut aussi évoquer ce que m'a raconté un paysan : principalement pour des raisons de sécurité du paysan lui-même, on écorne les bovins très jeunes, en leur brûlant la corne au fer rouge. Et si cette opération se pratique les jours de grand vent, c'est surtout pour que les émanations de corne brûlée se dispersent immédiatement.

On dit aussi *un vent à décorner les cocus*, autres bêtes à cornes, mais ces animaux-là vivent isolés, pas au sein d'élevages.

> En ce jour de deuil, Jean Galfione fait ses adieux à l'athlétisme mondial. Gêné par un vent à décorner les bœufs, le champion olympique d'Atlanta ne parvient pas à passer les qualifications de la perche.
>
> V. BREGEVIN – *Eurosport* – Article du 15 août 2005

104. LES BŒUF-CAROTTES

La police des polices (ou l'IGS, Inspection générale des services).

Il existe deux origines à cette expression argotique datant de la seconde moitié du XXe siècle.

La première, donnée par André Larue (dans *Les Flics* en 1969) viendrait du fait qu'une fois qu'un policier est passé à la moulinette de la police des polices et a été mis à pied, voire « démissionné », il ne lui reste plus que la possibilité d'avoir du bœuf aux carottes à son menu, plat supposé peu cher donc au coût adapté à son nouveau budget.

La seconde est proposée en 1984 dans le film *Les Ripoux* de Claude Zidi, selon lequel les agents de l'IGS « cuisinent » leurs camarades présumés coupables et les laissent longuement « mijoter[1] », comme on le ferait d'un bon bœuf aux carottes.

La gendarmerie dispose aussi de ses bœuf-carottes, le BEC ou Bureau des Enquêtes et Contrôles.

En clair, chez eux, il ne fait pas bon tomber sur un BEC*.

> Deguy ne lâcha pas des yeux les bœuf-carottes qui descendaient les escaliers. Et referma la porte une fois qu'ils avaient disparu de son champ de vision.
>
> Pascal Félin – *Duel des anges* – 2005

105. METTRE EN BOÎTE

1. Se moquer de quelqu'un, de sa naïveté.
2. Par extension, l'énerver.

Se moque-t-on des sardines avant de les enfermer dans leur huile ? Chaque fois que j'ai posé la question à l'une d'entre elles, après l'avoir séparée de ses congénères et sortie de sa boîte, et avant de m'en délecter, je n'ai obtenu qu'un silence dédaigneux ou des réponses sans queue ni tête.

Ce n'est donc pas sur elles qu'il faut compter pour connaître l'origine de cette expression.

Ce qu'on sait malgré tout grâce à Gaston Esnault, c'est qu'à la fin du XIXe siècle, on disait *emboîter* pour « railler », « conspuer » ou « siffler » quelqu'un (les acteurs de théâtre craignaient d'ailleurs beaucoup « l'emboîtage »). Puis c'est en 1910 et en argot, que notre expression est apparue avant de se répandre vers 1930.

Mais pourquoi le fait de mettre en boîte correspond-il à une moquerie ? D'autant plus, nous rappellent Rey et Chantreau, qu'on a là l'image

---

1. Sans s'adresser à eux, en les ignorant, pour qu'ils puissent bien gamberger et soient mûrs pour passer à table au moment de leur interrogatoire, mais certainement pas pour y manger du bœuf aux carottes.

d'une immobilisation, alors qu'en général et en argot, quand on se moque de quelqu'un, on le fait plutôt bouger en « l'emmenant en bateau » ou en « le faisant marcher ».

Peut-être cela vient-il d'une signification que donne Maurice Rat à cette expression : « Lui rendre impossible tout moyen de répliquer, de se tirer d'affaire ». Là, même si on s'éloigne du sens principal d'aujourd'hui, on comprend nettement mieux l'image de l'immobilisation et de l'enfermement dans une boîte.

Et pour finir, on imagine bien que quelqu'un dont on se moque finisse par s'énerver, ce qui explique la signification étendue et récente de cette expression.

> C'était le soir où Radio-Ankara avait annoncé que la flotte anglaise appareillait à Chypre pour opérer un débarquement au Liban. Nous n'avons nullement cru à ce tuyau crevé et nous en avons profité pour mettre en boîte la maîtresse de maison.
>
> Pierre Quillet – *Le Chemin le plus long* – 1997

106. AVOIR QUELQU'UN À LA BONNE

Se montrer indulgent envers quelqu'un par sympathie pour lui.

En 1828, Vidocq écrit dans ses mémoires : « Je peste contre le quart d'œil qui ne m'a pas à la bonne » (le quart d'œil étant le commissaire du quartier).

En argot, *à la bonne* s'employait aussi dans d'autres locutions comme *prendre quelqu'un à la bonne* ou bien *se mettre à la bonne avec quelqu'un*.

Si notre expression est datée du début du XIXe siècle, son origine n'est pas réellement expliquée, même si l'usage de *bon* ou *bonne* est compréhensible dans un tel usage (on ne peut que prendre en sympathie une personne bonne ou agréable) ; à moins qu'il s'agisse d'une dérive de « je lui ai fait bonne impression », donc *il m'a à la bonne*.

Claude Duneton évoque, sans certitude, une possible origine qui viendrait d'un ancien jeu, le reversis (qui n'est pas notre reversi actuel) dont Louis XIV était paraît-il un grand pratiquant.

À ce jeu, au cours duquel les mises en argent étaient importantes, la *bonne* est, selon Littré, le nom de différents paiements et *à la bonne* se dit lorsqu'on place le valet de cœur (la carte principale) ou un as sur la dernière levée afin de recevoir un double paiement.

Mais si cela confirme bien un usage ancien de *à la bonne*, cela n'explique pas vraiment son sens dans notre expression.

> C'est la dernière fois que je te tire d'affaire. Les autres, je les tirerai toujours d'affaire. Toi, j'en ai marre. Si tu ne m'as pas à la bonne, faut le dire.
>
> Pierre Drieu La Rochelle – *La Comédie de Charleroi* – 1934

107. AU PETIT BONHEUR (LA CHANCE)

Au hasard.

Tout béat que vous êtes à nager dans le bonheur (« état de la conscience pleinement satisfaite » nous disent le *Petit* et le *Grand Robert*), vous ne vous êtes peut-être jamais attardé sur la structure du mot qui nous vient en fait du qualificatif *bon*, précédant le nom *heur* qui date du XIIe siècle, et qui désignait le hasard et la chance, mais qui est maintenant quelque peu désuet.

N'oubliez d'ailleurs pas qu'on a aussi le *malheur*, généralement beaucoup moins bien apprécié, et qu'on dit aussi « par bonheur » pour dire « par hasard (favorable) ».

D'après Littré, l'expression apparaît au XIXe siècle.

Enlevez le qualificatif *petit* et vous obtenez « au hasard » ou, autrement dit, « en laissant faire la chance ».

Le *petit* sert à conjurer le sort, à éliminer l'hypothèse du hasard malencontreux, en souhaitant qu'on aura bel et bien de la chance, même si ce n'est qu'un petit peu.

Quant à *la chance*, parfois ajoutée à la suite, ce n'est que pour renforcer le souhait que le hasard n'aille pas dans le mauvais sens.

> « Difficile de savoir, avec Ségolène, si cela relève d'une stratégie personnelle ou si elle avance au petit bonheur la chance », confie un proche d'Aubry.
>
> *Le Figaro* – Article du 11 février 2009

108. JETER SON BONNET PAR-DESSUS LES MOULINS

1. Se reconnaître incapable de résoudre une difficulté ; donner sa langue au chat.
2. S'arrêter dans un récit, parce qu'on n'en connaît pas la suite.
3. Agir librement sans se soucier de l'opinion, braver la bienséance.

Voilà une expression qui date du XVIIe siècle et qui a eu plusieurs significations, la dernière proposée étant celle contemporaine, depuis le XIXe, avec une spécialisation que nous verrons tout à l'heure (pour ceux qui ne seront pas partis avant).

Mais toutes indiquent une certaine forme de renoncement, parfois contraint.

Sans les moulins, *jeter son bonnet* signifiait « se reconnaître incapable de résoudre une difficulté ».

Nous avons tous vu à un moment quelconque une représentation de quelqu'un qui, parce qu'il n'arrive pas à faire quelque chose, jette de rage son couvre-chef par terre, et va même parfois jusqu'à le piétiner.

Si ce genre de comportement est moins fréquent de nos jours, car les chapeaux, fichus et autres bonnets sont moins portés, l'image est probablement là, venant d'une époque où la tête était rarement nue.

Ensuite, si le renoncement qu'on trouve dans la première signification se retrouve aussi dans les deux suivantes, les lexicographes peinent à expliquer la présence des moulins.

L'idée généralement évoquée, même si le pluriel reste une énigme, est que les moulins à vent étaient habituellement construits sur des hauteurs, et que jeter son bonnet par-dessus les moulins, c'était donc l'envoyer vraiment très haut donc très loin, marquant ainsi l'ampleur du renoncement.

Si on fait abstraction des moulins, il faut tout de même tenter d'expliquer l'image du jet lointain du bonnet pour indiquer le fait d'arrêter de raconter quelque chose dont on ne connaît pas la fin.

Selon Pierre-Marie Quitard, cela viendrait de la fin des contes de fées racontés aux enfants, qui se terminaient souvent par un « Je jetai mon bonnet par-dessus les moulins, et je ne sais ce que tout cela devint », manière de dire que l'éventuelle suite des aventures ainsi contées est une autre histoire.

La dernière signification, plus récente, s'applique à celui qui agit en se moquant du qu'en-dira-t-on, celui qui se libère de contraintes, et plus spécifiquement aux jeunes filles qui se dévergondent et font connaissance avec le loup, envoyant paître leur bonne conduite très loin par-dessus les moulins.

Cette acception peut se comprendre venant d'une époque, le XIXe siècle, où les femmes étaient toujours coiffées, que ce soit d'un chapeau, d'un bonnet ou d'un fichu, leurs cheveux restant cachés, même à la maison, sauf pour leur mari une fois dans la chambre à coucher (on utilisait d'ailleurs *femme en cheveux* pour parler d'une femme de mauvaise vie). Le symbole du bonnet qui est ôté et jeté au loin traduit alors assez bien la femme qui se donne et qui renonce à sa virginité.

> En les côtoyant, le voyageur se sent pris, malgré lui, d'un vague désir de faire comme Hassan, le héros d'Alfred de Musset, et de jeter son bonnet par-dessus les moulins pour prendre le fez.
>
> Théophile GAUTIER – *Constantinople* – 1853

109. AVOIR LA BOSSE DE…

Avoir des dispositions, un don naturel pour…

De quoi le dromadaire ou Quasimodo ont-ils la bosse ? Si ce n'est dit nulle part, c'est bien parce que la bosse dont il est question ici est uniquement crânienne.

La phrénologie est une théorie décrite par le médecin François-Joseph Gall (1758-1828). Elle prétend qu'il est possible de connaître les aptitudes, facultés et talents des individus en tâtant les bosses du crâne, et ce, en partant de trois principes :

– 1° le cerveau est le siège de toutes les facultés fondamentales de l'homme ;

– 2° les diverses fonctions cérébrales correspondent à autant d'organes différents ;

– 3° le crâne épousant fidèlement la forme du cerveau, on peut, en découvrant le relief crânien par palpation, deviner les facultés des individus.

C'est à partir de cette « science », et surtout par dérision, que cette expression est née pour désigner des aptitudes très développées chez certains individus.

> Saviez-vous que nos bébés peuvent compter ? Et que certains animaux, eux aussi, font de l'arithmétique ? Oui, la bosse des maths existe, et c'est la chose du monde la mieux partagée.
>
> Stanislas Dehaene – *La Bosse des maths* – 1996

110. RIRE / RIGOLER / SE MARRER COMME UN BOSSU

S'amuser beaucoup, rire franchement.

La date d'apparition de cette expression n'est pas précise, mais elle semble remonter au XIXe siècle.

Sa compréhension, très simple, est basée sur deux équations sans aucune inconnue :

– de quelqu'un qui rit beaucoup, on dit qu'il se tord de rire ;

– un bossu est vu comme quelqu'un qui est quelque peu tordu.

On en déduit donc aisément et concomitamment que quelqu'un qui rigole comme une baleine* se marre comme un bossu.

On aurait aussi pu dire *rire comme une cuillère d'Uri Geller* ou bien *rire comme ma voiture après mon accident*, mais Uri Geller n'était pas né au XIXe siècle et ma voiture n'a pas trop l'habitude de rire, surtout après un accident, et moi non plus.

Alors qu'un bossu peut rire, même si c'est de manière sardonique, lui qui est souvent considéré comme un personnage sarcastique.

> – Tu n'as pas l'air contente ?
> – Oh, je suis enchantée ! Rien que des gens que je n'ai jamais vus, et qui ne parlent pas une broque de français, je vais me faire rire comme une bossue !
>
> René FALLET – *Comment fais-tu l'amour, Cerise ?* – 1969

111. PROPOSER LA BOTTE (À UNE FEMME)

Proposer (à une femme) de faire l'amour.

Comment amener à coup sûr une femme dans son lit ? Il semble, au vu de notre expression, qu'il faille lui proposer une botte. Mais faut-il tenter la botte de foin, celle de poireaux ou bien la botte de sept lieues pour l'emmener au septième ciel (sans ascenseur) ?

D'aucune de ces bottes-là, ici, il n'est question !

Non, on se rapprocherait plutôt de celle de Nevers, cette botte secrète qui permettait à Largardère (pas celui du groupe industriel du même nom, mais celui de Paul Féval dans *Le Bossu*) d'envoyer son adversaire *ad patres*.

Autrement dit, c'est bien d'escrime que l'on parle, lorsque celui qui, utilisant une botte sortie de derrière les fagots*, pourfend son adversaire.

Cette *botte*-là, qui date du XVIIIe siècle (issue de l'italien *botta* qui signifiait « coup »), serait donc une image comparant le duelliste à l'homme qui, doté de son épée magique, embroche sa partenaire. Mais on trouve aussi dans l'expression l'image de l'action rapide de la botte d'escrime mise en parallèle avec la proposition de fornication faite brutalement, sans travaux préalables d'approche et de séduction.

À la même époque, on parlait aussi de *la botte florentine* qui, cette fois, pouvait s'adresser aussi bien à un homme qu'à une femme puisqu'il s'agissait de sodomie.

Pourquoi *florentine* ? Parce qu'à cette période, les habitants de Florence avaient une réputation d'homosexuels. Était-elle réellement justifiée ? Je ne sais pas. Peut-être les Grecs ont-ils un avis là-dessus ?

> Vitalie se pencha vers son beau-père : « Tu vas voir, il va tomber amoureux d'elle » et l'oncle Edmond soupira : « Il est terrible, il ne peut pas voir une femme sans lui proposer la botte. »
>
> Elvire DE BRISSAC – *Un long mois de septembre* – 1971

112. ÇA ME BOTTE !

Ça me convient parfaitement !
Ça me plaît beaucoup !

On ne dit jamais « ça me gante », et pourtant on aurait pu ! En effet, pour qu'elle soit portée avec plaisir, qu'elle convienne, une paire de gants, comme une paire de bottes, doit être parfaitement adaptée aux extrémités qui les portent.

C'est ainsi qu'on peut dire d'une telle paire : « elle me va très bien », « elle me convient parfaitement » ou aussi « elle me plaît beaucoup ».

C'est cette idée qu'on retrouve dans notre acception du verbe *botter* pour laquelle Lorédan Larchey, en 1862 dans son *Dictionnaire d'argot*, donne l'explication suivante : « Mot à mot : aller comme une botte faite à votre pied. »

Alfred Delvau, en 1883 dans son *Dictionnaire de la langue verte*, indique qu'elle est familière, puisqu'elle s'utilise « dans l'argot du peuple ».

C'est Flaubert qui, en 1850 dans sa correspondance, aurait utilisé en premier cette expression (voir les exemples), avec son sens métaphorique puisqu'on disait déjà auparavant des choses comme « cette chaussure vous botte bien ».

« Beau, jeune, ivre d'amour et défiant les pleurs » me botte assez, mais la rime qui suit me paraît facile.

Gustave FLAUBERT – *Correspondance* – 1850

Les nanas, dès qu'elles me bottaient, je les déloquais tout de suite du regard, je me voyais déjà dans les toiles en action, le chibre en feu.

Alphonse BOUDARD – *Le Café du pauvre* – 1983

113. UN BOUC ÉMISSAIRE

Personne sur laquelle on fait retomber tous les torts, toutes les responsabilités.

Lorsqu'on envoie un émissaire en mission auprès de quelqu'un d'autre, c'est assez rarement un bouc ; tout au plus un pigeon voyageur, si on tient vraiment à envoyer un animal, mais le bouc vole beaucoup plus bas (sauf s'il est envoyé avec une catapulte) et nettement moins discrètement ; sans compter que son sens de l'orientation est un peu moins performant.

Alors pourquoi cette expression ?

Il est un phénomène social très répandu qui fait que, de tous temps (et même encore aujourd'hui), lorsque des manifestations d'origine inexpliquée ou un fléau quelconque (autrefois considéré comme un châtiment divin) provoquent des dérangements importants au sein d'une communauté, ses membres cherchent parmi eux un responsable, une victime expiatoire. C'est le fameux bouc émissaire.

Cette appellation est d'origine religieuse.

L'expiation est une cérémonie religieuse destinée à effacer la souillure, les péchés que l'homme a pu commettre. Et cet homme-là n'a rien trouvé de mieux, sur une idée prétendument soufflée par Dieu à Moïse, que de faire porter cette souillure par un bouc que le prêtre, par imposition des mains et autres imprécations, chargeait symboliquement de tous les péchés avant de l'envoyer dans le désert à la rencontre d'Azazel.

Et l'homme, ainsi dé-péché, pouvait alors se dépêcher de replonger à nouveau dans le péché.

L'appellation de ce bouc vient du latin ecclésiastique *caper emissarius* qui peut se traduire par « le bouc envoyé / lâché ».

Une chose est sûre, l'homme a trouvé encore là un bon moyen de se défausser de ses responsabilités : « J'ai un peu péché, certes, mais bon, au moment du pardon, je vais pouvoir me libérer de ce poids insoutenable sur le bouc ».

Or, ce pauvre bouc innocent est également une créature de Dieu qu'il est un peu fort de café* de sacrifier pour prétendre gommer ses fautes, vous ne trouvez pas ?

> Certains de ces rites avaient une valeur de symbole très claire : tel celui de ce « bouc émissaire » qu'on chargeait de tous les péchés d'Israël par des formules imprécatoires, puis qu'on chassait au désert.
>
> DANIEL-ROPS – *Le Peuple de la Bible* – 1998

114. AVOIR / METTRE L'EAU À LA BOUCHE

Saliver d'envie. / Exciter l'envie ou la curiosité.

S'il existe des expressions dont l'origine est difficilement explicable, ce n'est assurément pas le cas de celle-ci.

Un être humain de 70 kilos contient à peu près 45 litres d'eau. Autrement dit, il suffit de presser environ 4 000 bonshommes pour remplir une piscine de taille moyenne… La présence d'une partie de cette eau se vérifie aisément que ce soit avec l'urine, la transpiration, les larmes ou la salive, par exemple.

D'ailleurs, au XVIIe siècle et à propos de cette eau, Furetière écrivait : « Eau, en termes de Physique, se dit aussi de toutes les humiditez qui sortent des corps, comme de l'urine & de la sueur. Il est allé faire de l'*eau*, lascher de l'*eau*, un filet d'*eau* ; il ne peut retenir son *eau* […] On dit Fondre en *eau*, pour dire, Pleurer abondamment… »

Mais c'est la salive qui nous intéresse ici, car il est clair comme de l'eau de roche que c'est elle, cette eau qui nous vient à la bouche.

Vous avez sûrement déjà constaté, dans un moment de grande faim, et face à un plat qui vous plaît beaucoup, l'afflux soudain de cette eau particulière que provoque dans votre bouche la divine odeur qui se dégage de cette nourriture qui excite votre envie.

Il ne faut pas chercher plus loin pour comprendre le sens de la première expression.

C'est ce phénomène réflexe de plaisir anticipé qui, par extension et au figuré, fait que toute attente de quelque chose qui nous tente ou nous intrigue fortement nous met l'eau à la bouche.

Si la forme actuelle de ces expressions n'est pas précisément datée, pour la première, au XVe siècle, on disait déjà avec le même sens *l'eau en vient à la bouche*.

> Si vous saviez comme j'ai envie d'une grosse miche de pain avec du pâté et du fromage, j'en ai l'eau à la bouche rien que d'y penser !
>
> Lysiane GARDINO – *Noces amères* – 2007

> Une patiente et amie, Jeanine, était partie avec LVJ pendant trois semaines l'été 70. Ses récits et ses photos me mettent l'eau à la bouche. En août 71, je m'envole pour la Havane *via* Prague.
>
> Jacques FRANCK – *Le Vieux Communiste : parcours du militant* – 2008

115. FAIRE LA FINE BOUCHE

Faire le difficile.

À l'origine (et c'est une expression attestée dès la seconde moitié du XVe siècle), on disait « il fait la petite bouche » à propos de quelqu'un qui faisait le difficile face aux plaisirs de la table.

Ce qui se comprend aisément, par opposition à quelqu'un qui ouvre grand la bouche pour ingurgiter toutes les bonnes choses pleines de calories qu'on peut trouver sur une table bien garnie.

Avec le temps, l'expression a évolué, l'adjectif *petite* a été remplacé par *fine*. On voit bien là l'image du gamin qui, pour ne pas avaler ce gratin de poireaux abhorré, serre les lèvres et fait, au sens propre, la fine bouche.

Le sens de l'expression s'est ensuite étendu au-delà de la cuisine à toutes choses qui sont généralement appréciées sauf par celui qui « fait la fine bouche ».

> Tu parles si ça m'allait ! Déjeuner au restaurant en tête-à-tête avec Jean-Pierre, il ne pouvait pas me faire plus plaisir. Et puis au Lion d'Argent, le restaurant le plus chic de la ville ! Je n'allais pas faire la fine bouche.
>
> Henri VEYSSET – *Adolescence* – 2006

116. METTRE LES BOUCHÉES DOUBLES

Aller plus vite, accélérer une action.
Précipiter l'accomplissement de quelque chose.

Au départ, il y a la bouchée, quantité d'aliments qu'on met en une seule fois dans la bouche. Le mot est apparu vers 1120 sous la forme *buchiee*, heureusement sans accent sur le premier *e* car cela pourrait prêter à confusion.

Si, pour une raison quelconque, on veut manger rapidement ce qu'on a dans son assiette, il ne faut pas hésiter à doubler, voire tripler la taille de la bouchée (certains auteurs, par plaisanterie, utilisent d'ailleurs *mettre les bouchées triples*).

Et dans les compétitions de consommation de hot-dogs ou de cervelle de veau / boules de riz (oui, ça existe aussi !), ils font même plus que mettre les bouchées quintuples.

Bien évidemment, lorsqu'on double les bouchées, on mange la même quantité en deux fois moins de temps. Alors par extension et parce qu'on n'a pas forcément besoin de n'accélérer que la mise en bouche, *mettre les bouchées doubles* est devenu synonyme d'aller plus vite, d'accélérer le mouvement.

> J'ai appelé Chapman pour lui dire que j'avais été affreusement malade (ce qui était vrai) et que je ne pouvais plus bouger, mais que j'allais mettre les bouchées doubles en reprenant le boulot si Dieu le voulait.
> Il m'a demandé de laisser Dieu en dehors de mes problèmes insignifiants et m'a dit que si je mettais les bouchées doubles, j'aurais peut-être enfin un rythme normal.
> Fabrice GOURDON – *La Position du démissionnaire* – 2010

117. POUSSER LE BOUCHON UN PEU LOIN

Exagérer, aller trop loin (dans une accusation, une affirmation, des exigences…).

De quel bouchon est-il donc question ici ? Est-ce celui de la ligne du pêcheur, ou bien celui des routes parisiennes aux heures de pointe, ou plutôt celui que les joueurs de pétanque essayent d'approcher au plus près, ou encore celui qui empêche (très temporairement) l'accès au délicieux contenu d'une bouteille d'excellent Château Lynsolence ?

Eh bien, malheureusement, il semble qu'on n'en sache rien !

Les lexicographes supposent, sans aucune certitude, que l'expression vient d'un des deux principaux jeux où on utilise un bouchon : le jeu du bouchon, qui date du début du XIXe siècle, où il fallait abattre avec un palet des bouchons surmontés de pièces de monnaie, ou bien la pétanque où le cochonnet s'appelle le bouchon.

Dans le second cas, on entend d'ici le pagnolesque mais ronchon César clamer « Oh, Escartefigue, tu pousses le bouchon un peu loin ! » à son compagnon qui, avec sa boule, vient de déplacer le cochonnet un peu trop loin et, par conséquent, de compliquer la suite du jeu.

Jeannot [...] partit vers sa carrée, faussement dédaigneux, tandis que Martial, brave garçon dans le fond, pensait qu'il avait peut-être poussé le bouchon un peu loin.

A.D.G. – *Les Panadeux* – 1971

Parfois, le politiquement correct pousse le bouchon tellement loin qu'il en devient involontairement comique. Involontairement ? Ceci reste à démontrer. N'y a-t-il pas une certaine dose d'humour dans « apprenant passif » pour cancre ?

Georges Lebouc – *Parlez-vous le politiquement correct ?* – 2007

118. S'EN ALLER / TOURNER EN EAU DE BOUDIN

Partir en déconfiture.
Aller à l'échec.
Mal tourner.

Comme bien souvent, les avis sur l'origine de cette expression sont très partagés. Une chose est sûre, c'est qu'elle est ancienne, puisqu'on la trouve en 1665 dans l'ouvrage intitulé *L'Ovide bouffon, ou les métamorphoses travesties en vers burlesques.*

Un peu plus tard, dans son dictionnaire, Furetière indique que cette expression est vulgaire, mais sans en donner l'origine.

On nous dit d'abord, version défendue par Alain Rey, que *boudin* vient de la racine *bod-* désignant le ventre ou le nombril (comme *bedaine* ou *bidon*). Et que *boudin* désignait aussi le sexe de l'homme au XVIe siècle.

Par conséquent, l'*eau de boudin* ne désignerait finalement que des excrétions liquides comme l'urine, symbolisant quelque chose de complètement raté.

Selon certains auteurs du XIXe siècle, l'eau de boudin serait aussi cette eau souillée, bonne à jeter aux égouts (comme toute chose mal achevée), utilisée pour nettoyer les boyaux qui vont servir à fabriquer cet excellent boudin avec lequel nombreux sont ceux qui se régalent sans imaginer comment et avec quoi il est fabriqué.

Mais cette explication est rejetée par Claude Duneton et Alain Rey, pour cause d'absence totale de preuves.

L'eau de boudin serait aussi tout simplement l'eau de cuisson du boudin (comme on avait autrefois l'eau de poulet qui était le bouillon dans lequel on avait cuit le poulet), dernier déchet jetable après avoir extirpé du cochon tout ce qu'il avait de mangeable, c'est-à-dire presque tout (je rappelle qu'un dicton dit « dans le cochon, tout est bon »).

> La dernière assemblée générale de l'ADE a tourné en eau de boudin. Rien n'a été voté. Pierre Ombroucq ne veut pas se représenter à la présidence et les autres membres menacent de laisser tomber aussi s'il quitte sa responsabilité.
>
> *La Voix du Nord* – Article du 6 juin 2001

119. DE LA BOUILLIE POUR LES CHATS

1. Une chose qui ne servira à rien.
2. Un travail gâché, mal fait ; un texte mal écrit, incompréhensible.

Au XVIIIe siècle, notre expression a d'abord eu le premier sens proposé. Deux explications en étaient généralement données.

La première venait de ce que les chats ne consomment pas de bouillie par crainte de se salir les moustaches. Et la seconde du fait que les chats ayant des crocs aptes à découper et mâcher des aliments durs, il était inutile de perdre du temps à leur préparer de la bouillie comme on le fait pour les édentés.

Et comme, pour une chose dont on sait parfaitement qu'elle ne servira pas, il n'est pas vraiment utile de s'appliquer, cette chose sera inévitablement mal faite, ce qui pourrait expliquer que le sens ait dérivé ensuite vers celui d'aujourd'hui.

Mais Pierre Guiraud voit un jeu de mots dans cette expression.

En effet, pour lui, il faut penser au chas qui, à l'époque de la naissance de l'expression, au milieu du XVIIIe siècle, désignait de la colle d'amidon, puis un infâme bouillon à la consistance de colle à tapisserie, avant, au figuré, de signifier « gâchis ».

> L'article de Wikipédia sur Michel Foucault est de la bouillie pour les chats. Il est si mauvais qu'il n'est pas améliorable.
>
> Oliver POSTEL-VINAY – booksmag.fr – Août 2009

120. UN BOUILLON D'ONZE HEURES

Un breuvage empoisonné.

Au XVIIe siècle, *donner le bouillon* signifiait « empoisonner ». Il était en effet facile, sous prétexte d'apporter sa nourriture ou son bouillon du soir à quelqu'un, de lui porter une mixture qui allait le faire passer de vie à trépas.

Cela dit, le bouillon d'onze heures n'était pas forcément administré par quelqu'un d'autre, puisque *prendre un bouillon d'onze heures* a aussi signifié « se suicider ».

Mais pourquoi *de onze heures* (sous sa forme non élidée en usage à l'époque) ?

Cela reste mystérieux, mais Claude Duneton en donne une explication qui semble tenir la route : si on admet qu'il s'agit de onze heures du soir, donc de la dernière heure de la journée (minuit marquant le début de la journée suivante), on a affaire à un jeu de mots entre la dernière heure du jour et la dernière heure de la personne condamnée.

> Demain, si tu me leurres,
> À ta belle je fais prendre un bouillon d'onze heures.
>
> MM. DUMANOIR, SIRAUDIN et CLAIRVILLE – *Les Hures-Graves* – Acte I, scène VI – 1843

121. TIRER À BOULETS ROUGES

Attaquer (quelqu'un ou quelque chose) en termes violents.

Faire tomber (sur quelqu'un) une pluie d'injures ou de reproches.

Un boulet, c'est cette grosse boule de fonte qu'on chargeait autrefois par la gueule d'un canon et qui, au cours d'une guerre, lorsque le coup était tiré, détruisait des murs, arrachait des jambes ou des têtes une fois arrivée à la destination visée.

Mais certains chefs de guerre trouvèrent que la capacité de destruction de ces boulets n'était pas suffisante.

C'est pourquoi l'un d'entre eux[1] imagina de chauffer les boulets au rouge dans une forge avant de les tirer, ce qui avait l'avantage, en plus de la destruction brute, de provoquer un incendie, bien utile pour occuper les assiégés et limiter leur ardeur à défendre leur place.

L'expression existe donc depuis l'invention de la chose, au sens propre, mais son sens figuré actuel date de la fin du XVIIIe siècle. La métaphore suppose des attaques réitérées (une salve d'artillerie) et violentes (le rouge de la fureur).

> Haro sur Jean-Claude Trichet ! La campagne électorale présidentielle a permis de renouer avec la vieille tradition française qui consiste à tirer à boulets rouges sur les banquiers centraux.
>
> *Le Monde* – Article du 16 novembre 2006

> Pardon, je suis monté pour régler une dette d'un de mes rédacteurs… Le petit Jordan, un très charmant garçon, que vous poursuivez à boulets rouges, avec une férocité vraiment révoltante…
>
> Émile ZOLA – *L'Argent* – 1891

1. Cette « superbe » et ingénieuse invention est attribuée par certains à Frédéric-Guillaume Ier, Grand Électeur de l'Électorat de Brandebourg, région située au nord de l'Allemagne, au XVIIe siècle.

122. AVOIR LE BOURDON

Être triste, mélancolique.
Ne pas avoir le moral, avoir des idées noires.

C'est simplement une histoire de goût personnel : il y a ceux qui préfèrent ramper, ceux-là « ont le cafard », et ceux qui préfèrent voler (en l'air, pas dans les magasins), et ceux-là « ont le bourdon ».

Mais les symptômes sont bien les mêmes : il y a comme un mal-être.

Alors pourquoi est-il ici symbolisé par un bourdon ?

Il existe au moins quatre sortes de bourdons qui peuvent être associés à quelque chose de triste[1] :

– le gros insecte, qui est de la même famille que l'abeille et qui produit un son grave quand il vole. Si on en a plusieurs qui bourdonnent dans la tête, comme les idées noires, on ne peut qu'avoir le moral dans les chaussettes ;

– chez les musiciens, le bourdon est la basse continue produite par un instrument tel que la cornemuse ou la vielle : ce bourdon est aussi lancinant qu'un tourment obsédant ;

– en typographie, un bourdon, c'est l'oubli d'un mot, d'un groupe de mots, voire d'une phrase entière dans un texte. De quoi filer le bourdon pour la journée au fautif, non ? ;

– un bourdon c'est aussi une cloche, mais pas n'importe laquelle, puisqu'il s'agit d'un gros modèle[2] qui produit un son très grave et qui est en général utilisé pour signaler des événements nationaux graves, du genre de ceux qui peuvent faire déprimer comme une défaite, par exemple.

---

1. Il y a aussi Didier Bourdon, un des trois Inconnus, mais celui-là n'est pas réputé pour saper le moral.
2. Un simple « petit » exemple : au Kremlin, un bourdon coulé en 1733 fait près de 6 mètres de diamètre et 6 mètres de haut pour près de 200 tonnes. Question : s'il était en service (ce n'est pas le cas, car il s'est brisé en perdant un petit morceau de 11 tonnes), combien faudrait-il d'hommes pendus à la corde pour le faire bouger ?

C'est assez probablement d'un de ces bourdons qu'est née notre expression. Reste à savoir lequel…

> Un jour, j'étais entrée demander conseil. Le remède était une espèce de papier collant duquel les cafards ne pouvaient plus soulever une patte et où les femelles se libéraient de leurs petits qui restaient collés aussi. De quoi attraper le bourdon.
>
> Béatrice Solleau – *Un partout* – 2009

123. SE TIRER LA BOURRE

Se concurrencer, rivaliser avec vigueur.
Disputer âprement une compétition, un match.

Au XIIe siècle, la *bourre* désigne le déchet des fibres, plus spécialement de laine d'abord, puis de soie un peu plus tard. Par extension, le mot désigne ces amas de poils d'animaux qui permettent de rembourrer des objets ou de fabriquer du feutre.

Alors comment, de ces fibres ou poils, est-on passé, au XIXe siècle, à un sens argotique de concurrence[1] ?

On trouve deux explications à cette bizarrerie.

La première nous est proposée par Gaston Esnault qui évoque les lutteurs de foire qui, bien évidemment « se tirent la bourre », mais dans un corps à corps viril où ils se frottent les poils et s'en arrachent plusieurs, et en quantité suffisante pour en faire de la bourre, pour ceux ou celles que ça intéresserait.

Mais selon Cellard et Rey, dans leur *Dictionnaire du français non conventionnel*, cela viendrait de la chasse à courre où les chiens s'acharnent sur l'animal rattrapé et « se tirent la bourre » en lui tirant la bourre, les touffes de poils qu'ils arrachent avec leurs crocs.

> Darrigade sprintait, Thévenet, dans ses bons jours, décrochait Merckx, et Hinault et Fignon se tirèrent des bourres.
>
> *Libération* – Article du 11 décembre 1985

1. Seul ce sens est évoqué ici, mais le nom *bourre* a plusieurs autres emplois figurés comme dans les expressions *bonne bourre !*, *de première bourre* ou *être à la bourre*.

124. BOURRÉ COMME UN COING

Complètement soûl.

Avant de tenter une explication de cette expression, il est important de préciser que *coing* n'est pas *coin* prononcé avec l'accent (comme dans « Oh putaing cong ! »), mais bien le nom du fruit du cognassier avec lequel on fait de délicieuses confitures, compotes ou pâtes bien sucrées, à proscrire absolument quand on surveille sa ligne de près.

D'ailleurs, quand on veut limiter les calories consommées, on s'abstient également de boire trop d'alcool, contrairement à ce qu'ont fait ceux qui « sont bourrés comme des coings », cong !

Revenons à nos fruits : *bourré*, on sait ce que cela veut dire[1], mais pourquoi *comme un coing* ?

Que la vie serait terne si nous avions la réponse à toutes les questions hautement existentielles que nous ne manquons pas de nous poser ! Heureusement, il existe encore dans l'univers quelques parcelles de mystère et, comme pour la boule de gomme, celle-ci en fait partie.

Quand on est *bourré*, en argot, on est également *rond* (« comme une queue de pelle », éventuellement). Or, il se trouve que le *coing* est un fruit relativement rond, moins que la pomme ou l'orange, certes, mais bien plus que la banane !

Selon Alain Rey, cette « rondeur » aurait été une des raisons du choix de ce fruit.

D'après Gaston Esnault en 1935, le *coing* aurait aussi été choisi par jeu de mots entre le fruit et le *coin* (on y revient), la cale qu'on enfonce pour coincer ou maintenir quelque chose. Sauf que, personnellement, je ne vois pas bien où est le jeu de mots.

Si quelqu'un dans la salle a une idée…

> N'avez-vous pas vu des centaines de fois, en effet, un ivrogne crosser et désarmer un gardien de l'ordre ?

---

1. Et si vous n'en connaissez pas l'origine, vous la trouverez à *Beurré* (comme un p'tit Lu)*.

Et ce qu'on arrive à faire quand on est bourré comme un coing, ne le peut-on faire tout aussi bien à jeun ?

Noël Godin – *Anthologie de la subversion carabinée* – 1988

125. SANS BOURSE DÉLIER

Sans payer.
Sans qu'il en coûte rien.

De nos jours, nous mettons généralement nos billets de banque dans un portefeuille, un machin pliant qu'on glisse dans une poche, et notre monnaie dans un porte-monnaie, souvent fermé par une fermeture à glissière.

Mais, en 1690, lorsque cette expression est apparue, les billets de banque n'existaient pas encore en Europe, contrairement à la Chine. Seule la monnaie métallique était en circulation, et l'objet dans lequel on transportait ses pièces était une bourse fermée par un cordon coulissant et/ou noué.

Donc, pour payer quelque chose, il fallait « délier » le cordon de sa bourse afin d'en sortir la monnaie nécessaire.

Il est alors aisé de comprendre que, si on ne déliait pas sa bourse, c'est qu'on ne payait rien, que ce soit parce que l'objet convoité était gratuit ou, fréquemment à l'époque, volé.

Les capitalistes déclarés adjudicataires ou concessionnaires réalisent alors, sans bourse délier, des bénéfices superbes. Seuls détenteurs des actions au pair, s'ils en donnent quelques-unes à leurs amis et aux personnes dont l'influence leur est nécessaire, c'est pure gracieuseté ou calcul.

Pierre-Joseph Proudhon – *Manuel du spéculateur à la bourse* – 1854

126. METTRE LES BOUTS

S'en aller, s'enfuir.

Prenez d'une part une saucisse sans bouts et d'autre part des bouts de saucisse (en évitant les bouts tabous, qui sont interdits). Mettez les bouts bout à bout avec les extrémités de la saucisse sans bouts et vous obtenez une saucisse complète, avec les bouts bien au bout. Comme quoi, *mettre les bouts* n'est vraiment pas compliqué, une fois qu'on a tous les ingrédients voulus ; ce qui n'est pas gagné d'avance, vu la difficulté qu'il y a à trouver des saucisses sans bouts, de nos jours.

Si ce préambule ne vous a pas mis à bout, rentrons maintenant dans le vif et allons au bout du sujet.

Savez-vous qu'au tout début du XXe siècle, pour dire la même chose que notre expression, on utilisait aussi bien *mettre les baguettes*, *mettre les bois*, *mettre les bambous* ou bien *mettre les cannes* ?

Car, en effet, tous ces morceaux de bois représentaient métaphoriquement les jambes, en argot, celles qu'on prend à son cou afin de mieux pouvoir s'en aller rapidement.

Et notre expression, qui date des années 1910, n'est en fait qu'une version raccourcie de *mettre les bouts de bois* où on retrouve toujours ces jambes faites de bois…

> C'était trop bête ; elle n'en était pas à un homme près. Mais celui-là, et ses exigences ! Elle se rinça la bouche avec un sentiment étrange envers l'eau fraîche. De l'oreiller, une voix sortit : « Tu mets les bouts, ma cocotte ? »
>
> Louis Aragon – *Les Beaux Quartiers* – 1936

127. UN BOUTE-EN-TRAIN

Une personne à l'humeur joyeuse qui met de l'animation au sein d'un groupe.

Certains de ceux qui connaissent bien un des sens anciens du verbe *bouter*, c'est-à-dire « mettre » (*bouter le feu*, par exemple) et qui auraient l'esprit mal tourné pourraient tout de suite imaginer que notre homme est un spécialiste des parties fines dans un wagon.

Mais ce serait alors faire preuve d'une imagination un peu déplacée.

Si, effectivement, *boute* vient bien du verbe *bouter* avec le sens de « mettre », le *en train* n'a rien à voir avec la SNCF.

En effet, au XVIIe siècle, *en train* voulait dire « en action, en mouvement » et *mettre en train*, c'était « préparer à agir » ou « stimuler ». À la même époque, *être en train* signifiait aussi « être dans de bonnes dispositions physiques ou psychiques ».

Or, n'est-ce pas le rôle du boute-en-train que de stimuler son entourage et de le rendre joyeux, donc dans de bonnes dispositions psychiques ?

Cela dit, on retrouve bien cette notion de stimulation d'un autre dans le *Dictionnaire de l'Académie française* de 1762 qui nous indique que le boute-en-train était aussi un oiseau (le tarin) qui servait à faire chanter les autres, ainsi que dans l'édition de 1832 du même dictionnaire qui écrit que, dans un haras, le boute-en-train est un cheval qui est destiné à mettre une jument en chaleur (mais qui, hélas pour lui, ne pourra pas bouter son pénis dans le train arrière de la jument ainsi excitée, ce rôle étant réservé à l'étalon qu'on veut accoupler avec la jument).

> Autour de la table, il y avait Pascal, agent commercial récemment marié et fier de l'être. Pascal, c'était un peu le boute-en-train du groupe, celui qui ne se fait pas prier pour une bonne blague salace.
>
> Benoit Demeaux – *Le Client roi* – 2009

128. LA BOUTEILLE À L'ENCRE

Une situation embrouillée, peu claire.
Un problème insoluble.

À la fin du XVIIIe siècle, la forme initiale était *claire comme la bouteille à l'encre*.

Ceux qui ont eu le plaisir (car c'était une tâche affectée aux plus méritants) de remplir les encriers placés sur les bureaux des écoliers d'autrefois savent qu'une bouteille d'encre, même vide, garde une opacité certaine, à cause du dépôt qui se fait sur les parois.

C'est tout simplement la comparaison de ce caractère opaque avec une situation manquant de clarté ou incompréhensible qui a provoqué la naissance de cette expression.

Par extension, et par opposition à un problème limpide que l'on résout aisément, l'opacité de *la bouteille à l'encre* est comparée à l'absence totale de clarté de la solution à un problème posé.

On peut noter qu'au XVIIIe siècle, *être dans la bouteille à l'encre*, voulait dire « être dans le secret d'une afaire » (*Dictionnaire critique de la langue française* de Jean-François Féraud). L'image est claire, si j'ose dire : le secret à l'intérieur de la bouteille est bien caché par son opacité, mais si vous êtes dedans, vous êtes au courant* de l'affaire.

> D'ailleurs ces Balkans, c'est la bouteille à l'encre. Personne n'y comprenant rien, aucune nouvelle ne paraît invraisemblable et tous les bruits trouvent créance.
>
> François CHARLES-ROUX – *L'Expédition des Dardanelles au jour le jour* – 1920

129. LA DIVE BOUTEILLE

1. Le vin.
2. La bouteille de vin.
3. La boisson (alcoolisée).

Lorsqu'on cherche l'origine d'une expression, il arrive souvent qu'on en trouve une des premières attestations chez Jean de La Fontaine (souvent inspiré par Ésope) ou Rabelais.

Eh bien cette fois, c'est le second qui s'y (pi) colle !

C'est en effet dans le *Cinquième Livre* (datant de 1546) que cet auteur évoque la dive bouteille ; le personnage appelé Bacbuc parle à Panurge (oui, l'homme aux moutons !) en évoquant avec ferveur la « divine boisson » contenue dans une bouteille.

Et si vous avez bien lu ce qui précède, vous avez vu le mot *divine*. Car *dive* est tout simplement une autre forme de ce qualificatif *divin* qui nous vient du latin *divus* (*diva* au féminin).

Tout amateur de bon vin comprendra parfaitement qu'on puisse associer cet adjectif à cette boisson.

Si on trouve encore *dive* dans certaines formes poétiques (*la dive cueillette* pour « les vendanges » chez Balzac, par exemple), le mot n'est quasiment plus utilisé que dans cette expression.

> Dans les Hauts-de-Seine et le Val-de-Marne, le vin est à l'honneur dans le cadre de plusieurs salons consacrés à la dive bouteille.
>
> *Le Point* – Article du 19 novembre 2000

130. RUER DANS LES BRANCARDS

Se révolter, se rebiffer.
Refuser de continuer un travail.

Quand on vous parle *brancard*, vous imaginez tout de suite des infirmiers qui transportent un malade dont on se demande quelle mouche l'a piqué pour qu'il s'agite comme un forcené sur son brancard au point d'en chuter et d'aggraver son mal, au lieu d'attendre calmement d'être amené jusqu'au lieu où il sera soigné.

Mais c'est oublier qu'au XVe siècle, avant de prendre le sens qu'on leur connaît aujourd'hui, les brancards étaient deux longs bouts de bois prolongeant vers l'avant la caisse d'une voiture, et entre lesquels était placé l'équidé chargé de déplacer la charge que son maître devait transporter d'un endroit à un autre ou les passagers que le chariot contenait[1].

Et lorsque l'animal en avait assez d'être exploité, qu'il ne voulait plus faire le job, qu'il réclamait sa pitance, il décochait des ruades, se cabrait ou ruait entre / dans ses brancards.

C'est donc simplement de cette ancienne réalité que la métaphore de notre expression provient, et non du brancard des infirmiers.

---

1. Et avant cela, le mot désignait le chariot lui-même.

> Non pas un âne pétulant, un de ces ânes qui […] cabriolent sur les talus, qui ruent dans les brancards, lèvent la croupe et braient comme douze trompettes dès qu'ils reniflent l'odeur enivrante de l'âne.
>
> Henri Bosco – *L'Âne Culotte* – 1937

> La crise de Palestine connaît depuis les frappes une évolution assez brutale. Après avoir cédé en grinçant des dents aux pressions de Washington, Tel-Aviv est en train de ruer dans les brancards. M. Sharon a fait savoir le 4 octobre que les États-Unis ne calmeraient pas les Arabes aux dépens d'Israël.
>
> Pierre-Henri Bunel – *Menaces islamistes : ces terroristes qui dévoient l'Islam* – 2001

131. SALUT, VIEILLE BRANCHE !

Formule de salutation familière.

Un salut, toutes les personnes un tant soit peu polies savent à peu près ce que c'est et dans quelles circonstances il s'utilise.

Le qualificatif *vieux* ou *vieille* s'emploie familièrement avec quelqu'un connu de longue date, le *vieux* ayant alors un côté affectif lié à la qualité et à la durée de la relation, bien plus qu'à l'âge de la connaissance.

Reste le plus intrigant : pourquoi *branche* ?

Une explication parfois proposée est liée à l'argotique *se brancher avec quelqu'un* pour dire « entrer en relation avec quelqu'un ». Issue du monde des électriciens, l'image est compréhensible à partir du moment où vous savez brancher une prise électrique et établir une relation forte entre la prise mâle et la prise femelle (sans sous-entendu sexuel obligatoire). Partant de là, les éléments « branchés » peuvent être appelés des branches. Et ces branches / individus qui sont branchés ou se connaissent depuis longtemps deviennent l'un pour l'autre *de vieilles branches*.

Mais si l'explication semble tenir la route, elle ne résiste pas à l'analyse chronologique : en effet, *vieille branche* est attesté depuis le milieu du XIXe siècle, avant que l'usage de l'électricité ne se répande dans les foyers, alors que *se brancher* date d'un siècle plus tard.

Il ne nous reste donc plus qu'à tenter de découvrir ailleurs le poteau rose. C'est pourquoi nous allons remonter dans le temps avec Gaston Esnault qui nous indique que c'est en 1400 qu'apparaît le terme *poteau* pour désigner un ami proche, ce *poteau*-là donnant bien plus tard l'abréviation *pote* toujours utilisée de nos jours. Et si, bizarrement, le mot avec cette acception semble ensuite ne plus être utilisé avant de réapparaître au milieu du XIXe siècle, l'explication tout de même couramment donnée est que le poteau est quelque chose sur lequel on peut s'appuyer, tout comme on peut « s'appuyer » sur un ami fidèle.

Mais quel rapport avec notre *branche*, me direz-vous ? Eh bien, il semblerait que ce soit lié à une utilisation du même type de métaphore : l'ami peut nous empêcher de tomber (dans des travers divers ou dans la dépression, par exemple) comme on peut s'accrocher à une branche solide pour ne pas se casser la figure.

> – Salut vieille branche ! dis-je en faisant la bise à mon ancienne complice.
> – Salut ! Bassou… Alors raconte, comment ça va ? s'enquit Salima avec son éternel sourire charmeur.
>
> Lahssen EOUKICH – *Prince du désert* – 1998

132. SCIER LA BRANCHE SUR LAQUELLE ON EST ASSIS

S'attaquer à une situation dont on bénéficie pourtant ou à des personnes dont on tire pourtant profit.

La métaphore est facile à comprendre si on se représente un benêt qui, devant couper une grosse branche à son point de départ, s'installe à califourchon sur celle-ci, forcément sur la partie qui va tomber au sol et qu'il va inévitablement accompagner dans sa chute. On peut alors dire, mais pendant un très court instant, que le benêt vole.

On peut imaginer qu'est tout aussi benêt celui qui s'arrange pour perdre des avantages dont il profitait pleinement. Mais, si on creuse un peu, hormis un acte plus ou moins irréfléchi, il peut parfaitement y avoir des raisons légales, de morale ou d'éthique qui justifieraient pleinement ce genre de comportement en apparence idiot.

Comme *scier quelque chose* correspond souvent à un acte de destruction, c'est depuis la fin du XIXe siècle qu'au figuré *scier (la branche)* veut dire « détruire la situation (de quelqu'un) ».

Il aura suffi, au XXe siècle, d'y ajouter le complément *sur laquelle on est assis* pour que l'action s'applique à soi-même.

> Chacun put alors constater que Ludendorff pouvait perdre une bataille contre le gouvernement. En faisant passer en force la demande d'armistice, il avait scié la branche sur laquelle il était assis. Son pouvoir sans limites s'était fondé, deux ans durant, sur le fait qu'il garantissait la victoire. Ayant renoncé à le faire, il redevenait un général comme les autres. Jusqu'au 29 septembre, il n'avait eu, à chaque conflit, qu'à menacer de partir pour faire prévaloir sa volonté. Cette fois, il s'entendit répondre par le Kaiser : « Vous voulez partir, eh bien, faites donc ! »
>
> Sebastian HAFFNER – *Allemagne, 1918 : une révolution trahie* – 2001

133. UN BRANLE-BAS DE COMBAT

Une grande agitation dans les préparatifs d'une opération (souvent menés dans l'urgence et le désordre).

Si, de nos jours, l'expression s'utilise encore régulièrement avec ce terme de *combat* alors qu'elle s'emploie communément hors d'un contexte guerrier, c'est bien dans le cas de préparations au combat qu'elle est apparue à la fin du XVIIe siècle, et plus précisément dans la marine.

Pourquoi le *branle-bas* ou, plus précisément, qu'est-ce qu'un *branle* ?

Je vais sûrement décevoir ceux, peu nombreux je suppose, qui auraient des idées sur la chose située sous la ceinture, car, dans le sujet qui nous intéresse, un *branle* est un hamac tel qu'on le retrouvait en quantité, accroché dans les entreponts des grands voiliers d'autrefois, pour que les marins puissent y dormir[1].

Lorsqu'on sait cela, il est aisé de comprendre que, lorsque le marin devait se préparer dans l'urgence au combat, il lui fallait libérer dare-dare* l'entrepont en décrochant ou en *mettant à bas* son branle (d'où le *branle-bas*).

Comme tous les marins en faisaient de même, en même temps, il s'ensuivait une certaine agitation et une certaine pagaille, notions qu'on retrouve dans notre *branle-bas de combat* d'aujourd'hui.

On peut noter que les hamacs ainsi décrochés servaient aussi de pare-éclats, une fois plaqués à proximité des embrasures (les trous servant à pointer les canons).

Et si les hamacs dans les entreponts n'existent plus depuis longtemps, le *branle-bas* est toujours présent dans la marine, qu'il soit du matin ou du soir, pour désigner les préparatifs de l'équipage au moment du lever ou du coucher.

> La répétition, ce mercredi, du mariage du prince William et de Kate Middleton a donné lieu à un branle-bas de combat général dans le centre de Londres pour les organisateurs et les responsables de la sécurité.
>
> *L'Express* – Article du 27 avril 2011

---

1. D'ailleurs, c'est bien parce que ces hamacs avaient un mouvement oscillatoire qui suivait les balancements du navire, qu'ils ont pris ce nom, puisque le mot *branle* désignait autrefois ce type de mouvement.

134. À BRAS RACCOURCIS

Très violemment.
Sans ménagement.

Autrefois, cette locution était employée avec des verbes comme *frapper*, *taper* ou *cogner* (quelqu'un). Maintenant, on utilise plutôt *sauter* ou *tomber* (sur quelqu'un).

Cette expression est déjà citée dans le premier dictionnaire de l'Académie, en 1694, avec le sens de « sans aucune mesure, très violemment ». Mais sachant qu'on donne en général un coup avec le bras en extension, donc allongé, qu'est-ce qui peut justifier ce lien entre *violent* et *raccourci* ?

Alors on pourrait imaginer que cela viendrait du repliement du bras qui précède le mouvement du coup, d'autant plus qu'en 1740 l'Académie signalait l'expression *raccourcir le bras* pour « replier le bras ».

En fait, il faut se méfier des hypothèses simplistes, car la vérité est ailleurs.

Le *bras* n'est en effet pas le membre supérieur qui, chez tout homme à peu près normalement constitué, part de l'épaule et se termine par une main, mais la *manche*, ancienne acception du mot (comme on le trouve dans la locution *en bras de chemise*). Et l'expression ancienne *les bras retroussés* confirme l'allusion à ces manches qu'on retroussait, donc qu'on raccourcissait, avant de sauter sur le dos de l'adversaire pour tenter de lui mettre une pâtée.

Dans sa seconde signification, récente, la violence s'est estompée, mais pas la brutalité.

> Son péché mignon, l'anisette, la rendait non pas méchante, mais juste ; les soirs où elle s'était oubliée devant une bouteille de sa liqueur favorite, si Antoine lui cherchait querelle, elle tombait sur lui à bras raccourcis, en lui reprochant sa fainéantise et son ingratitude.
>
> Émile Zola – *La Fortune des Rougon* – 1871

135. AVOIR LE BRAS LONG

Avoir de l'influence, du pouvoir.

Prenez deux personnes de même taille, mais dont l'une a les bras un peu plus longs que l'autre. Mettez-les sous un cerisier chargé de fruits mûrs. Celui qui a les bras longs pourra se gaver de plus de cerises que son collègue puisque, avec son rayon d'action plus grand, il pourra en cueillir plus. Un bras long permet donc incontestablement d'avoir plus d'avantages (pour ceux qui raffolent des cerises, bien sûr).

Et vous pouvez remplacer le cerisier par un abricotier, un cornichonnier ou même un choufleurier, ça marche tout aussi bien. Ah ! Profiter d'une belle après-midi ensoleillée pour se gaver de choux-fleurs aux cornichons fraîchement cueillis… N'est-ce pas une forme de paradis ?

Si l'image est très claire, le nom *bras* est depuis longtemps utilisé comme un symbole d'autorité, de puissance (*le bras de la justice* ou *le bras de Dieu*, par exemple). Et, bien entendu, plus ce bras est long, plus son rayon d'influence est grand.

D'ailleurs, lorsqu'elle a écrit « Voyez comme Mme de La Fayette se trouve riche en amis… elle a cent bras, elle atteint partout », Mme de Sévigné n'a pas manqué de souligner l'importance du bras pour obtenir des avantages.

Littré utilise une forme au pluriel (*avoir les bras longs*). Pourtant, lorsque le mot est utilisé dans des expressions évoquant la force, la puissance, comme ici, *bras*, séculier ou non, reste au singulier.

Avoir le bras long s'utilise généralement pour quelqu'un qui a un réseau étendu de connaissances bien placées, réseau qui va lui permettre d'obtenir des avantages aussi bien pour lui-même que pour ses proches ou amis. Ce qui est une autre preuve, s'il en était besoin, que le *égalité* dans la devise française n'est lui aussi qu'un vœu pieux.

Dans toute autre occasion, cette affaire n'aurait point eu de suite ; mais comme les Seigneurs qui entretiennent des filles ont le bras long, celui-ci forma plainte, obtint information, trouva des témoins, et pour finir l'histoire, je fus décrété, emprisonné, condamné, ruiné, et par surcroît, codifié par mon procureur, mon avocat, mon rapporteur, ainsi que par les trois quarts de mes juges, que la pauvre Lucile sollicita en vain pour moi.

Henri-Joseph du Laurens – *Le Compère Matthieu, ou Les Bigarrures de l'esprit humain* – 1796

136. COÛTER UN BRAS

Coûter très / trop cher.

Il est incontestable que, pour un homme (et même pour une femme, m'a-t-on dit !), le bras est une de ces parties du corps dont on aurait beaucoup de mal à se passer, contrairement à des amygdales, un appendice ou une vésicule biliaire, par exemple.

La préciosité de la chose est donc tout aussi évidente que pour les yeux de la tête ou la peau* des fesses.

Cette expression nous vient d'Amérique du Nord.

Nos cousins canadiens francophones l'utilisent en y ajoutant éventuellement « et la moitié de l'autre ». Quant aux anglophones des deux grands pays de ce continent, ils disent « coûter un bras et une jambe » (« to cost an arm and a leg ») d'où serait issue la version en français.

Il n'y a malheureusement aucune certitude quant à l'origine de cette expression anglaise, popularisée au début du XXe siècle.

Certains supposent qu'elle découle de la locution antérieure « to give one's right arm for something » (« donner son bras droit pour quelque chose ») employée par celui qui, pour affirmer son fort intérêt pour quelque chose, dirait qu'il serait prêt à donner son bras droit en échange.

Mais en creusant, on trouve au moins trois autres explications plus ou moins capillotractées :

– la première pourrait venir d'une expression (« if it costs a leg ! ») employée au Far West par des cow-boys cherchant à accomplir une impitoyable vengeance, même au prix d'une jambe perdue ;

– la deuxième viendrait du militaire américain qui, ayant ses galons cousus sur le haut du bras et ayant commis une faute grave, serait dégradé, perdrait un galon, donc « un bras » ;

– la dernière, fortement contestée, serait due aux anciens portraitistes des XVIIe et XVIIIe siècles qui ne peignaient pas les membres de la personne, sauf contre paiement supplémentaire.

Si, dans des ouvrages antérieurs au XXe siècle, on trouve des utilisations proches de « ça lui a coûté un bras » ou bien « ça lui a coûté une jambe », elles n'ont rien à voir avec notre expression : il s'agit principalement de faits de guerre ou d'accidents de travail qui ont provoqué une amputation.

Certains font remonter l'origine de l'expression à la création de l'Homme, à travers une blague un peu misogyne.

Adam tournait en rond au jardin d'Éden, solitaire et l'air morose. Dieu, courroucé, lui demanda donc : « Que se passe-t-il encore ? Tu as donc toujours un pet* de travers[1] ? »

Adam se plaignit alors de n'avoir personne avec qui parler et de s'ennuyer comme un rat mort.

Dieu lui répondit qu'il pouvait lui procurer une compagnie qui serait une femme. Et il ajouta : « Cette personne cueillera ta nourriture, te fera la cuisine et, lorsque vous découvrirez l'habillement, te le lavera. Elle sera toujours d'accord avec toutes tes décisions. Elle portera tes enfants et ne te demandera jamais de te lever au milieu de la nuit pour t'en occuper. Elle ne t'embêtera jamais, admettant toujours qu'elle a tort si vous avez des avis divergents sur un sujet. Elle ne te demandera pas tous les deux jours si tu l'aimes, si elle est belle, si elle n'est pas trop grosse, si elle te

1. Les enregistrements de l'époque étant arrivés jusqu'à nous très dégradés, il n'est pas certain qu'il s'agisse là de ses paroles exactes. Mais l'esprit (saint) y est.

plaît toujours, si sa nouvelle coiffure lui va bien. Elle ne te demandera jamais de lui acheter des bijoux et tous les appareils ménagers que vous allez inventer. Elle n'aura jamais mal à la tête et te donnera autant d'amour et de plaisir que tu le souhaiteras. »

Adam, fort intéressé et la feuille de vigne déjà soulevée, demanda : « Et cette chose, que tu appelles une femme, me coûterait combien ? »

Dieu répondit : « Une compagnie aussi spéciale te coûterait un bras et une jambe. »

Adam dit alors : « Ah ! Je me doutais bien qu'il y aurait une contrepartie importante ! »

Puis, après réflexion, il ajouta : « Et qu'est-ce que je pourrais avoir pour seulement une côte ? »

On connaît la réponse et la suite de l'histoire.

> Maman m'a offert cette trompette pour mes treize ans. Achetée chez Ron Midnight Music Store, cette Martin Committee d'occasion lui a coûté un bras.
>
> Stanley PÉAN – *Le temps s'enfuit* – 1966

> Mon nouveau look m'a coûté un bras, mais cela ne m'inquiétait pas.
>
> André NOËL – *Le Seigneur des rutabagas* – 1999

137. BATTRE EN BRÈCHE

Attaquer avec une telle force, une telle pertinence qu'on ne peut rien y opposer.

Une brèche, chacun sait ce que c'est : une ouverture dans une enceinte[1], fortifiée ou non, qui permet donc une pénétration à l'intérieur de la zone qui n'est plus suffisamment protégée ; ce qui peut alors donner lieu à un cambriolage ou une tuerie sauvage, entre autres, selon l'époque et le type d'enceinte, voire une inondation dans le cas d'une brèche dans une digue.

Et si, aujourd'hui, une pince coupante suffit à créer une brèche dans un grillage, autrefois, pour en ouvrir une dans une enceinte fortifiée, il fallait la « battre », à l'ancien sens militaire du terme, c'est-à-dire la

1. Ceux du fond qui parlent de césarienne seront collés samedi !

heurter de coups répétés, la frapper de projectiles (charges de catapulte, boulets de canon…).

Ainsi, le sens premier de *battre en brèche*, expression attestée en 1701, était-il tout simplement d'attaquer un rempart ou une fortification avec l'artillerie.

Ce n'est qu'au XIXe siècle que son sens figuré est apparu, la cible attaquée violemment étant alors les arguments ou les idées d'une personne ou d'un groupe d'individus.

> Seul, devait me pousser à continuer ma route, au lieu de regagner mon lit, mon projet premier de battre en brèche les préjugés des Blancs en fraternisant avec les Africains.
>
> Michel LEIRIS – *Fourbis* – 1955

138. À LA MODE DE BRETAGNE

1. Désigne des parents éloignés à qui on donne des noms de proches parents (cousin, tante…).
2. Par extension, marque une relation lointaine entre deux choses.

Nous ne parlerons pas aujourd'hui du plantage des choux à la mode de Bretagne. Ni de la mode vestimentaire bretonne, bien plus orientée vers l'imperméable que vers le débardeur[1].

Mais revenons à nos moutons qu'on plante pourtant moins facilement que des choux, mais bien plus que des Bretons.

Cette appellation viendrait de l'habitude des étranges habitants de cette contrée reculée de l'ouest de la France d'affubler un parent éloigné ou même un très bon ami d'un nom de parent proche, à commencer par celui de *cousin*, le plus répandu.

---

1. Message réservé aux Bretons (les autres, lisez les yeux fermés) : ne frappez pas, je plaisante ! Pour avoir été complètement épargné, je sais très bien que, chez vous, il ne pleut que sur les cons ; et, aussi incroyable que cela puisse paraître, il m'est arrivé (fugacement, certes) d'y entrapercevoir un rayon de soleil, preuve que seuls les médisants prétendent qu'il ne fait qu'y pleuvoir…

Elle serait due aux relations étroites que maintenaient les membres des familles en Bretagne, y compris entre parents éloignés.

Certaines sources indiquent que cette appellation se limiterait aux cousins germains. Ainsi, un oncle à la mode de Bretagne serait un cousin germain du père ou de la mère, tandis qu'une nièce à la mode de Bretagne serait la fille d'un cousin germain ou d'une cousine germaine.

> Je ne sais pourquoi ma chanson de bataille se faisait d'un murmure par quoi, pour moi seul, je désignais la chose à exterminer, c'est-à-dire cette plantation isolée des pavés voisins sur trois côtés, d'un mot russe qui n'a aucun rapport avec le sens du mot trèfle, et sonorement une parenté vraiment à la mode de Bretagne par son premier phonème qui n'est pas trèf mais traf.
>
> Louis Aragon – *Blanche ou l'oubli* – 1967

139. UNE BRÈVE DE COMPTOIR

Une histoire très courte et amusante, typique d'une conversation de bistrot.

Le nom *brève* a ici le sens qui lui est donné dans les publications journalistiques : il s'agit d'une nouvelle brève, tenant sur à peine quelques lignes.

Quant au comptoir, au XIVe siècle, c'était d'abord la table sur laquelle le marchand montrait sa marchandise et comptait l'argent.

Au XVIIIe siècle, *comptoir* prend le sens de « sorte de table où il y a communément un tiroir fermant à clef, et dont les marchands se servent, soit pour compter leur argent, soit pour le serrer » (*Dictionnaire de l'Académie française* de 1798), et désigne également un de ces lieux d'échanges commerciaux installés dans des pays lointains (pensez à Chandernagor ou Pondichéry en Inde, par exemple).

Dans le langage contemporain, il prendra plusieurs sens, mais il désignera en particulier le *zinc* du bistrot qui depuis longtemps n'est souvent plus en zinc.

L'expression *brève de comptoir* semble avoir été imaginée (ou, en tout cas, popularisée) par Jean-Marie Gourio en 1988 lorsqu'il a ainsi titré ses premières anthologies de bons mots directement captés au cours de ces conversations de bistrot où les interlocuteurs, généralement installés au comptoir du bar, passent leur temps à commenter l'actualité et la météo à leur manière et à refaire le monde.

Pour ceux qui n'auraient pas idée de ce que ces recueils contenaient, en voici quelques extraits hautement philosophiques, qui vous donneront probablement envie d'en connaître d'autres (Jean-Marie, si tu me lis, n'oublie pas ma commission !) :

– Le beaujolais nouveau est arrivé, ça m'étonnerait qu'il en reparte !

– Ma femme peut pas me quitter, je suis jamais là !

– Je suis chômeur occasionnel et en ce moment c'est l'occasion.

– Quand tu tues ta femme, c'est pas la peine de prendre la fuite, elle va pas te courir après.

– Ça m'inquiète de prendre la voiture bourré, mais en ce moment j'ai pas le choix, je suis tout le temps bourré.

– L'eau conduit l'électricité, mais si tu mets du vin dedans, elle a plus le droit de conduire.

> Dès la troisième tournée, on me prenait en sympathie [...] Je distillais des « brèves de comptoir ». Mes finances, cependant, risquaient d'en pâtir ; aussi je buvais peu d'apéros, je gardais juste assez de monnaie pour trinquer.
>
> Daniel Bernard – *Une île bien plus loin que le vent* – 2005

140. À BRIDE ABATTUE

1. Sans aucune retenue.
2. Très rapidement, à toute vitesse.

La bride est cette partie d'un harnais qui est fixée à la tête du cheval et à laquelle sont reliées les rênes qui permettent au cavalier de guider sa monture. Par extension, le mot désigne aussi simplement les rênes elles-mêmes.

Mais l'ensemble ne permet pas uniquement de diriger l'animal : si on tire sur les deux rênes, on le fait arrêter ; et si on les relâche (elles sont alors abattues), il est libre d'avancer.

Au XVIe siècle, on a d'abord dit *à bride avallée*, ce qui ne veut pas dire que le morfal cheval aurait avalé sa bride (d'autant plus que dans ce cas, *avalé* n'a qu'un seul *l*, alors que Pégase en a deux), mais simplement que la bride est laissée en position aval, vers le bas, donc relâchée, descendue.

C'est à l'époque de cette forme, qu'au figuré est venue la première signification, par comparaison avec l'animal qui n'est plus retenu lorsque sa bride est relâchée.

Il faudra attendre le XVIIe siècle, chez Mme de Sévigné, parmi d'autres, pour trouver la forme actuelle et, petit à petit, pour ne plus retenir que la seconde signification, en imaginant cette fois que, la bride étant relâchée, l'animal n'est plus du tout retenu, et qu'il peut aller librement au galop, à toute vitesse.

On trouve aussi, avec le même sens, l'expression *à toute bride*. Et cette bride, on peut aussi la lâcher lorsqu'on laisse à quelqu'un la liberté d'agir ou de s'exprimer.

> On n'apercevait pas la mer qui était encore à deux lieues, mais à tous moments on rencontrait des flocons d'écume filant sur les terres avec une vitesse incroyable, comme ces fuyards ou ces officiers en reconnaissance qui, passant à bride abattue, indiquent qu'on est bien sur le chemin de la grande bataille qu'on ne voit pas encore.
>
> Marcel PROUST – *Jean Santeuil* – 1952

141. BATTRE LE BRIQUET

1. Heurter la pierre à briquet pour en tirer une étincelle.
2. Faire la cour à une femme.
3. Avoir des relations sexuelles.
4. Se cogner les jambes en marchant.

Vous avez tous été enfants (enfin, je crois pouvoir le supposer !) et avez presque tous probablement eu l'occasion d'apprendre et chanter *Au clair de la Lune*, chanson enfantine par excellence.

Mais avez-vous remarqué que, sous ses dehors très sages, il s'agit en fait d'une chanson paillarde ? Certes, nettement moins explicite que *Le Père Dupanloup* ou *Allons à Messine*, mais…

Vous doutez ? Ah, homme de peu de foi ! Si je m'en vais pourtant vous le prouver juste après l'explication suivante, c'est simplement parce que notre expression est utilisée dans cette chanson.

Le premier sens de *battre le briquet* est parfaitement naturel, il n'a rien de figuré, contrairement aux trois autres significations. Avant les moyens modernes comme la piézoélectricité, le briquet ne pouvait qu'être équipé d'une pierre à briquet, pierre qu'il fallait battre ou gratter pour provoquer une étincelle susceptible d'allumer un feu.

Le deuxième, qui date du XVIIIe siècle, est une métaphore qui découle du premier sens, puisqu'un homme qui fait sa cour et déclare ses sentiments ne peut qu'« enflammer » la jeune et naïve donzelle qui ne demande qu'à le croire, aussi facilement que l'étincelle du briquet allume l'amadou.

Et le troisième découle du deuxième, puisqu'une fois que la jouvencelle est tombée dans les rets du beau parleur, le couple passe au lit pour y accomplir l'inévitable (néanmoins bien agréable) rituel d'accouplement.

Enfin, le dernier vient de la comparaison entre le cognement régulier des jambes pendant la marche avec la manière ancienne de battre le briquet, comme si les genoux ou les chevilles qui s'entrechoquent allaient provoquer une étincelle.

Venons-en maintenant à notre chanson « enfantine ».

Pour rappel, en voici le texte usuel (sachant que diverses variantes existent) :

Au clair de la Lune, mon ami Pierrot

Prête-moi ta plume, pour écrire un mot.
Ma chandelle est morte, je n'ai plus de feu.
Ouvre-moi ta porte, pour l'amour de Dieu.
Au clair de la Lune, Pierrot répondit :
« Je n'ai pas de plume, je suis dans mon lit.
Va chez la voisine, je crois qu'elle y est
Car dans sa cuisine, on bat le briquet. »
Au clair de la Lune, l'aimable lubin
Frappe chez la brune, elle répond soudain :
« Qui frappe de la sorte ? », il dit à son tour :
« Ouvrez votre porte pour le Dieu d'Amour. »
Au clair de la Lune, on n'y voit qu'un peu.
On chercha la plume, on chercha du feu.
En cherchant d'la sorte je n'sais c'qu'on trouva,
Mais je sais qu'la porte sur eux se ferma.

Il est très probable que, dans la version originale, on parlait de *lume* (la lumière nécessaire pour pouvoir voir lorsque la chandelle est éteinte) et non de *plume*, même si, pour écrire, il fallait bien une plume.

Mais, sachant que *lubin* (troisième strophe) désignait un moine dépravé, sachant qu'on évoque ici une chandelle dans un état désastreux et qu'il suffit d'aller chez la voisine qui « bat volontiers le briquet » pour s'enfermer avec elle et rallumer le feu, croyez-vous toujours que cette chanson, si pleine de sous-entendus, soit si innocente que ça ?

> La petite opération familière de battre le briquet n'exige point un choix dans le silex, comme nous venons de voir qu'il était indispensable de le faire pour la fabrication des pierres à fusil.
>
> Cyprien Prosper Brard – *Minéralogie appliquée aux arts* – 1821

142. COULER UN BRONZE

Déféquer.

Cette expression qui est attestée en 1957 est une image extrapolée de la métaphore *coulé en bronze / dans le bronze* qui voulait dire « rendu durable ou immortel », comme l'est un personnage célèbre grâce à la statue en bronze qui le représente.

Mais cet emprunt n'est pas expliqué car la durée de vie de la « chose » ainsi produite est plutôt courte et elle ne provoque généralement pas autant d'intérêt que la statue d'un héros national (sauf, peut-être, dans certaines sectes scatophiles, s'il en existe).

Peut-être vient-il de l'argile modelée qui sert à certains sculpteurs à mettre en forme ce qui va leur permettre de créer un véritable petit bronze, le tas d'argile de départ pouvant avoir l'apparence d'une bouse de vache.

On pourrait imaginer que cela vient simplement de la coulée du bronze liquide comparée à la coulée des excréments au moment de leur expulsion (désolé pour ces images peu ragoûtantes…).

Mais dans ce cas, pourquoi le bronze plutôt que l'acier ou la fonte ou même le chocolat chaud, plus en rapport quant à la couleur ?

Non, s'il faut trouver un lien avec l'expression d'origine, c'est probablement entre la durabilité des objets en bronze qu'elle exprime et le fait de produire une chose dont certains aimeraient peut-être plus ou moins consciemment qu'elle dur[ciss]e et passe à la postérité.

Enfin, on ne peut passer sous silence le fait qu'en argot, depuis 1928, *l'œil de bronze* désigne l'anus (comme *l'œil* tout court, d'ailleurs). Il est donc facile d'imaginer que ce qui coule de cet orifice ne peut être que du bronze.

> Luc s'éloigne en hochant la tête en signe d'approbation. « Raconte-leur, dis-leur tout pendant que je coule un bronze, heu… Du moins si tout va bien. » Puis il disparaît promptement dans les toilettes.
>
> Ludovic Coué – *Chrysalis* – 2002

143. TU PEUX (TOUJOURS) TE BROSSER

S'emploie à l'adresse de quelqu'un pour lui signifier qu'il n'aura pas ce qu'il désire, ce qu'il demande.

Il va de soi que cette expression n'a rien à voir avec le fait de se passer un coup de brosse dans les cheveux, de se brosser les dents ou de faire reluire les chaussures.

En 1808, d'Hautel, dans son *Dictionnaire du bas langage*, évoque déjà la locution *ça fait brosse* dont il dit : « Locution baroque et très-usitée parmi le peuple, pour faire entendre à quelqu'un qu'on ne veut pas lui accorder ce qu'il demande ; qu'il est venu trop tard pour avoir part à quelque chose dont on faisait la distribution, qu'il s'en passera. »

On a donc déjà le sens de notre expression, formulée différemment.

Puis, en 1828, Vidocq cite *se brosser le ventre* pour dire « se passer de manger », expression utilisée en joignant le geste à la parole, la main frottant le ventre comme dans l'espoir de faire passer cette faim qui tenaillait.

Puis, par extension et au figuré, on ne s'est plus seulement passé de manger mais de tout ce à quoi on aspirait, et le *ventre* a progressivement disparu de l'expression.

> La voix disait tu es fou, on ne charge pas un bûcher de cette façon, tu vas incendier la cheminée, si c'est comme ça, tu peux te brosser pour que je te prête encore ma maison.
>
> René Bragard – *Les Rives du Styx* – 1993

144. CELA VA FAIRE DU BRUIT DANS LANDERNEAU

C'est une affaire qui va faire beaucoup de bruit.
C'est un petit fait qui va provoquer beaucoup de commérages.

Comme auraient dit Roger Lanzac ou Lucien Jeunesse au cours de leur introduction du Jeu des mille francs : « Chers amis, bonjour ! Nous sommes aujourd'hui dans la charmante ville bretonne de Landerneau où une rumeur qui va faire beaucoup de bruit court depuis quelques jours. Il paraît en effet que va être levé le voile sur une expression qui a rendu Landerneau bien plus célèbre que Plougastel-Daoulas ou Le Relecq-Kerhuon, deux de ses voisines… »

Il est vrai que *Cela va faire du bruit dans Le Relecq-Kerhuon*, ça se dit un peu moins.

Alors pourquoi Landerneau ?

D'abord, comme cet ouvrage est destiné à être lu un peu partout dans le monde, pour les lecteurs peu au fait de la géographie française, il faut préciser que Landerneau existe bel et bien et se situe en Bretagne, dans le Finistère (je rappelle, pour ceux placés près du radiateur et qui n'ont pas suivi, que Lucien Jeunesse a bien dit « la charmante ville bretonne ») et que les noms des villes voisines citées ne sont absolument pas fictifs.

Donc, il se trouve qu'à la fin du XVIIIe siècle, un auteur nommé Alexandre Duval (et non Dumas !) a écrit et fait jouer à Paris une pièce en un acte intitulée *Les Héritiers*.

Dans cette comédie, un officier de marine donné pour mort réapparaît brutalement dans sa ville d'origine, Landerneau, au grand dam* des héritiers déjà en train de se disputer la succession.

Un valet apprenant la nouvelle du retour de l'officier dit alors : « Oh le bon tour ! Je ne dirai rien, mais cela fera du bruit dans Landerneau ! » Et cette phrase, avec des formes plus ou moins variées, est répétée plusieurs fois dans la pièce.

Cette réplique a marqué son époque au point qu'elle nous a été transmise et, même, que *Landerneau* est presque devenu un nom commun puisqu'on parle maintenant du landerneau politique ou du landerneau de la montagne pour désigner des mondes particuliers ayant leurs propres manies, jargons et potins.

Cela dit, afin de ne pas frustrer les tenants d'une autre origine, sachez qu'il en existe effectivement deux autres.

La première évoque le canon de Brest, le Tonnerre (qui est à l'origine du juron *Tonnerre* de Brest* !), tiré lorsqu'un évadé s'échappait de la prison de la ville, et dont le son portait jusqu'au fond de la rade. Mais dans ce cas, pourquoi avoir retenu Landerneau au lieu de Plougastel-Daoulas ou Camaret, par exemple, bien d'autres villes étant atteintes par le son venu de Brest ?

La seconde cite le charivari que les habitants de Landerneau avaient coutume de faire sous les fenêtres des jeunes mariés. Sauf que cette coutume du charivari n'était pas propre à Landerneau et que rien ne justifie alors le choix de cette ville dans cette expression.

> Cette communication, selon l'expression d'un spirituel bibliothécaire, va faire du bruit dans Landerneau ; elle aura un retentissement énorme, parce qu'elle rentre dans la catégorie des phénomènes dont aiment à s'occuper les journaux littéraires, et qu'elle touche de près à une question qui a le privilège de passionner les esprits, c'est-à-dire au magnétisme.
>
> L'Union médicale – *Journal des intérêts scientifiques et pratiques* – Volume 4 – 1859

145. BRUT DE DÉCOFFRAGE / DE FONDERIE

Tel quel, en l'état.
À l'état de projet, de brouillon.

L'adjectif *brut* signifie ici « grossier » ou « rudimentaire ».

Lorsqu'une coulée de métal a refroidi dans son moule et qu'on ôte le moule, la pièce obtenue est en général grossière et a le plus souvent besoin au minimum d'un polissage, mais plutôt d'un usinage pour devenir un objet exploitable. Cette pièce est dite *brute de fonderie*.

Lorsqu'on enlève le coffrage en bois à l'intérieur duquel on a coulé du béton, le mur ou le plancher ainsi obtenu est *brut de décoffrage*, c'est-à-dire qu'en général, avant de lui appliquer un enduit ou du plâtre, il lui faut encore quelques travaux de finition.

C'est de ces emplois techniques où les objets initialement produits nécessitent des finitions que, au figuré, nos expressions ont pris le sens indiqué au cours de la seconde moitié du XXe siècle.

Par extension, ces qualificatifs peuvent aussi s'appliquer à des personnes indélicates, sans tact ni finesse, personnes dont la politesse n'a pas été assez « polie », comme si elle sortait tout juste de la fonderie.

> L'énumération des trois temps du fantasme semble le résultat d'une enquête extrêmement attentive. Celle-ci s'attache à repérer historiquement les modifications successives de son contenu et de sa signification. Freud nous livre le résultat de son enquête, brut de décoffrage, en réservant pour la suite son interprétation.
>
> Jean-Claude Razavet – *De Freud à Lacan* – 2001

> Les bittes [d'amarrage] ont globalement trois formes différentes […]. La plupart sont brutes de fonderie, certaines sont peintes, dont deux en blanc et une rouge.
>
> Jean-François Robic – *Portrait de l'artiste en naufrageur* – 2002

146. DANSER DEVANT LE BUFFET

N'avoir rien à manger.

Dans les soirées dansantes où les victuailles sont présentées sur un buffet, tout le monde danse devant lui ou à proximité immédiate. Et quand le signal du repas est donné et que les fauves sont lâchés, c'est du chacun-pour-soi où, en général et sauf sous-estimation manifeste des quantités, tout le monde arrive quand même à glaner et avaler au moins un petit quelque chose (même si c'est les mains en sang pour avoir pris deux ou trois coups de fourchette ou de couteau au passage).

Si, devant ce buffet-là, tout le monde mange quand même un morceau, notre expression vient d'ailleurs, mais d'où ?

Il s'agit en fait ici du buffet qu'on peut trouver dans une cuisine qui, lorsqu'il est malheureusement vide et quelle qu'en soit la cause, ne permet pas de manger.

Mais, alors que le moral devrait être plutôt bas devant une telle situation, qu'est-ce qui justifie de danser devant ce buffet ?

Eh bien, cela vient simplement d'un calembour datant probablement de la fin du XVIIIe siècle. En effet, au XVIe siècle et encore longtemps après[1], le verbe *fringaler* signifiait « danser ». Il était une combinaison de *fringuer* pour « sauter » ou « gambader » et de *galer* pour « se réjouir ». Et chacun sait que la *fringale*, ce n'est pas une nouvelle danse, mais la faim ou l'appétit. Alors de *avoir faim devant le buffet vide* à *fringaler* donc *danser* devant lui, il n'y eut qu'un pas (de deux)[2].

> C'est très bien, jeune homme, lui dit avec beaucoup de majesté le digne saltimbanque ; c'est très bien, vous êtes, à partir de ce moment, un des membres de ma nombreuse famille ; lorsque nous ferons bonne chère, vous ferez comme nous, lorsque nous serons forcés de danser devant le buffet, ce qui nous arrive quelquefois, il ne faut pas être trop triste ; les

1. Au XIXe siècle, il avait pris le sens de « marcher ou aller de travers ». Il n'est plus vraiment utilisé de nos jours.
2. Et aux esprits chagrins qui viendraient m'affirmer que dans les buffets d'autrefois, dans la cuisine, on mettait la vaisselle, mais pas les aliments, je leur dirais qu'en 1853, William Duckett a écrit : « Le mot buffet s'entend encore des officiers ou valets qui ont la direction ou qui font le service du buffet. Enfin, on distingue dans une soirée, ou réunion dansante, le buffet du souper, en ce qu'on s'assoit à table pour celui-ci, tandis que devant le premier on boit ou mange debout. »

mauvais jours sont presque toujours suivis de jours plus heureux.

Eugène François VIDOCQ –
Les Vrais Mystères de Paris – 1844

147. COINCER LA BULLE

Ne rien faire, se reposer.
Dormir.

Si vous aimez le bricolage, vous savez ce qu'est un niveau, cet instrument du parfait monteur de murs ou poseur de cloisons qui lui permet de vérifier l'horizontalité ou la verticalité de sa construction.

Cet outil comporte un court cylindre contenant un liquide à l'intérieur duquel une bulle d'air[1] peut librement se balader en inclinant plus ou moins le niveau. L'outil ayant une surface plane, celle-ci est posée sur la surface dont on doit vérifier la bonne disposition. Lorsque la bulle baladeuse reste bien calée entre deux repères gravés sur le cylindre, cela indique alors une absence d'inclinaison du niveau donc du plan sur lequel il est posé.

Et c'est une telle bulle que nous allons coincer.

Cette expression nous vient au milieu du XXe siècle de l'École militaire de Saint-Cyr.

En effet, dans un mortier d'artillerie (le genre d'engin qui sert bien aux militaires), il existait une plaque qui, pour que l'engin soit opérationnel, devait être parfaitement horizontale, ce qui se vérifiait à l'aide du niveau intégré. Lorsque la bulle de ce niveau était « coincée » entre ses deux repères, l'engin était prêt à être utilisé.

Certes, mais quel rapport avec le repos, me direz-vous ?

Eh bien, il est double !

---

1. Je précise « d'air », parce que certains plaisantins pourraient imaginer qu'il s'agit d'une bulle du pape. Mais le pape ne coince pas ses bulles, il les produit.

D'abord, l'horizontalité de la plaque évoque celle du dormeur ou de la personne qui se repose, dans la position du guetteur d'avions.

Ensuite, une fois le mortier en place, son servant n'a plus qu'à attendre l'ordre de l'utiliser, ce qui peut durer longtemps. Et entre-temps, que fait-il, sinon simplement se reposer ?

> Cette nuit, le mécano, Louis et moi, nous n'avons pas fermé l'œil pendant que vous, vous étiez en train de coincer la bulle. Je sais très bien ce que vous manigancez, mais je vous le répète, de gré ou de force, vous irez au Tibesti.
>
> Raymond Thiry – *Ma mission au Tibesti à bord du D.C. 4* – 1977

148. DE BUT EN BLANC

Brusquement, sans détour.

Cette expression date du XVIIe siècle. Elle est d'origine militaire. Elle a remplacé la locution *de pointe en blanc* où *pointe* désigne l'endroit duquel on pointe ou on vise, dans le cas d'une arme à feu[1].

Le *blanc*, c'est tout simplement la cible, dans le cas d'un entraînement au tir.

Le *but* est ici une déformation de *butte* venu de la *butte de tir*, point d'où on tire (encore utilisé de nos jours par les archers). Ce *but* ne désigne donc pas ici la cible ou le but à atteindre, comme on pourrait le croire, mais le point de départ d'un tir de courte portée, en ligne directe, duquel on tire rapidement, sans visée longuement préparée, ce qui explique la notion de brusquerie.

À opposer au tir à distance qui nécessitait des mesures et un réglage particulier pour faire décrire une courbe en hauteur au projectile, le tout prenant un temps certain et ne pouvant donc être une action brusque.

---

1. Le verbe *pointer* dans le sens de « diriger vers la cible » a été repris au début du XXe siècle pour le jeu de boules.

Cette expression s'utilise maintenant dans n'importe quel contexte.

> Le lait est-il également copain avec la planète ? Difficile de répondre à cette question de but en blanc. Néanmoins, l'élevage a mauvaise réputation auprès des écolos.
>
> Louise Allavoine – *Le Monde* – Article du 15 décembre 2009

149. FAIRE UN CACA NERVEUX

S'énerver fortement, avoir un accès de mauvaise humeur (souvent sans réelle justification).

Rappelons-nous d'abord que *caca* est un mot enfantin pour désigner les excréments ou les matières fécales (sans oublier qu'en latin, *chier* se disait *cacare*), mot dont l'équivalent adulte a rendu célèbre Pierre Cambronne.

On dit d'ailleurs aussi bien « on est dans le caca (jusqu'au cou) » que « on est dans la merde » lorsqu'on se trouve dans une situation très déplaisante, aussi peu agréable que si on baignait dans des excréments.

Faire un caca nerveux, expression apparue pendant la seconde moitié du XXe siècle, ne sous-entend pas du tout que toutes les personnes nerveuses sont susceptibles de lâcher un superbe étron un peu partout.

Heureusement, sans quoi nos trottoirs ne seraient pas jonchés que de déjections canines, déjà bien assez suffisantes comme ça pour avoir de bonnes raisons de pester régulièrement.

Il semble que l'image vienne de celle du bébé qui, comme quelqu'un qui est très énervé, devient tout rouge lorsqu'il force pour faire sortir sa crotte. Mais comme *faire un caca* n'impliquait pas forcément l'énervement associé à l'expression, le qualificatif *nerveux* y a été accolé de manière à la rendre plus explicite.

Il est important de préciser que le caca nerveux – que, dans les discussions mondaines, on appellera plutôt « névrodéjection paroxystique » ou bien « décharge neurodéfécatoire » – ne correspond absolument pas à une crise d'épilepchie.

> – Il faut être à pied d'œuvre à la première heure. Si on manque notre coup, il va encore nous faire un caca nerveux. Peut-être même les oreillons. Il s'esclaffe :
> – Et les oreillons, chacun sait que ça rend stérile !
> Histoire de l'achever :
> – Remarque, t'empêcher de procréer, ça serait rendre service à l'humanité.
>
> Gabriel Di Domenico – *Le Têtard et la Calypso* – 2006

150. AVOIR UN CADAVRE DANS LE PLACARD

Garder secret un élément peu avouable de son passé.

On a tous en tête l'image amusante de l'amant qui, ayant été prestement enfermé dans le placard suite à l'arrivée inopinée de l'époux (ciel, mon mari !), y a été oublié jusqu'à ce qu'un jour, son squelette soit retrouvé par hasard.

Le cadavre symbolise ici le lourd secret qu'il ne faut surtout pas ressortir au grand jour, qu'il ne faut pas « déterrer » alors qu'il est dans un endroit, le placard, où il pourrait être inopinément mais facilement découvert. Il peut aussi bien s'agir d'un sombre secret de famille, par exemple, que d'une casserole que traîne un politique en campagne.

Cette expression est une copie pure et simple de l'anglais *a skeleton in the closet / in the cupboard* dont l'origine réelle ne semble pas connue mais qui a été popularisée en 1845 par le romancier britannique William Makepeace Thackeray, auteur entre autres des *Mémoires de Barry Lyndon* portées à l'écran par Stanley Kubrick.

> Il n'en ira pas de même pour celui-ci, tant il est évident pour tout le monde qu'il reste, comme qui dirait, un cadavre dans le placard (c'est à peu près le

cas ici… bien que la clé soit introuvable !). Personne ne peut raisonnablement être dupe. Quelque chose a dû se passer pour qu'on ait condamné un homme pour meurtre sans que le corps eût été retrouvé.

Michel KERIEL – *Seznec. L'impossible réhabilitation* – 2006

151. C'EST LE CADET DE MES SOUCIS

Cela ne m'importe pas, ne m'intéresse pas du tout, m'est égal.

Un souci, tout le monde sait ce que c'est, car tout le monde en a eu, en a ou en aura, qu'il soit grand ou petit (bien sûr, il n'est question ici ni de la fleur, ni du sushi, mais de l'embêtement, autrement prononcé « souçaï » par quelques djeuns).

Dans les mauvaises périodes, il arrive même qu'on en ait plusieurs simultanément. Il se produit alors plus ou moins consciemment un classement de ces soucis, de celui qui est le plus embêtant à celui dont on se moque un peu, comparativement aux autres. Et c'est ce dernier qui est « le cadet de nos soucis ».

Pourquoi *cadet* ?

Dans toute famille à la progéniture nombreuse, d'abord, il y a l'aîné, lui qui est comme un melon, lui qui a un gros nez[1]…, puis il y a les intermédiaires et, enfin, le plus jeune, le plus petit, le cadet[2].

Cette expression date de la fin du XVIIe siècle. Elle est une variante de *c'est le moindre de mes soucis* qui a un siècle de plus. Elle est une métaphore qui assimile les soucis avec les enfants d'une famille, le moins important, le plus petit étant le cadet. Elle indique qu'on porte tellement peu d'intérêt à la

1. La suite dans les paroles de *Ces gens-là* de Jacques Brel.
2. En réalité, même si l'expression *le cadet de la famille* désigne bien le dernier-né, à part l'aîné, tout enfant, quel que soit son rang d'apparition dans notre monde, est le cadet d'au moins un autre, puisque *cadet* désigne un enfant quelconque né après un autre dans la même famille.

chose désignée, qu'elle ne risque certainement pas de devenir un véritable souci un jour.

Alain Rey donne une explication intéressante sur l'origine du mot *cadet* :

> « C'est un emprunt au gascon *capdet*, qui correspond au provençal *capdel* (du latin *capitellus*, diminutif de *caput* pour "tête"). *Cadet* signifie donc étymologiquement "tête, chef".
> Les grandes familles de Gascogne ayant coutume au XVIe siècle, d'envoyer les enfants puînés [qui est né après un frère ou une sœur] servir comme volontaires en France, le mot *cadet* qui signifia "gentilhomme servant comme bas officier ou soldat" (les fameux "Cadets de Gascogne") se mit à désigner les enfants puînés. »

Vous n'avez pas encore marqué depuis le début de la saison, ni avec Arsenal ni avec les Bleus, est-ce que cela vous inquiète ?
Thierry Henri : Je l'ai déjà dit je le répète : c'est le cadet de mes soucis, si l'équipe gagne.
Eurosport / AFP – Dépêche du 5 septembre 2006

152. C'EST FORT DE CAFÉ

C'est exagéré, excessif, insupportable.

Cette expression, qui est attestée à la fin du XVIIIe siècle, est une variante de *c'est (trop, un peu) fort !* qui date du XVIIe et qui signifie la même chose.

L'extension *de café* vient évidemment d'une plaisanterie autour du café, parfois trop fort.

En 1808, d'Hautel, dans son *Dictionnaire du bas-langage ou des manières de parler usitées parmi le peuple* écrivait :

> « C'est un peu fort de café. Calembour, jeu de mot populaire qui se dit pour exprimer que quelque chose passe les bornes de la bienséance, sort des règles sociales. »

Des variantes existent, citées également au XIXe siècle, où le café est remplacé par la chicorée ou le moka (« C'est fort de chicorée ! »). Et pour rester dans les liquides forts, on a eu aussi *c'est fort d'eau-de-vie*.

Cette expression a visiblement été considérée comme vulgaire, puisqu'un auteur du milieu du même siècle indiquait : « Cette locution triviale, et de mauvais goût, peut à peine être tolérée dans la conversation la plus familière. »

> Le capitaine Perrigny murmura, tout songeur : - Voilà qui est un peu fort de café, comme dit l'autre !… Il y aurait donc un second amateur de télégraphie sans fil dans ce pays perdu ?
>
> Jules VERNE, Michel VERNE – *L'Étonnante aventure de la mission Barsac* – 1919

153. LE CAFÉ DU PAUVRE

L'acte sexuel.

Au XIXe siècle, le café n'était pas obligatoirement un simple café, puisque *prendre son café*, c'était aussi « prendre son plaisir ».

Mais il n'est pas certain qu'il y ait un lien entre cette ancienne expression tombée dans l'oubli et celle qui nous intéresse ici.

Cependant, il est sûr qu'autrefois, mais aussi pendant la dernière guerre, le café était une denrée rare et précieuse que seuls les riches pouvaient s'offrir, les pauvres ne pouvant que se payer une partie (gratuite, elle) de jambes en l'air à la fin du repas.

Cette appellation, en des temps de privation, a aussi désigné la chicorée, plus abondante et disponible que le café.

> Il dînait avec elle puis ils montaient tous les deux au grenier pour ne pas se faire voir de la mère Billant. Ils y passaient un p'tit moment crapuleux et, après le café du pauvre, Petitcorps se rentrait en son petit logis.
>
> Michel KERIEL – *Classé sans suite* – 2006

154. YOYOTER DE LA CAFETIÈRE / LA TOUFFE

Être fou, déraisonner.
Divaguer, dire n'importe quoi.

En argot, la *cafetière* désigne la tête depuis le milieu du XIXe siècle.

Dans cette expression, ce récipient peut être remplacé par d'autres versions argotiques de la tête ou du cerveau comme *touffe* (de cheveux), *toiture* ou *mansarde*, par exemple.

Mais notre expression, elle, ne date que du milieu du XXe.

Yoyoter vient simplement de *yoyo*, nom de ce jeu très ancien que certains considèrent comme complètement absurde, au point de juger ceux qui le pratiquent comme un peu dérangés.

Par extension, celui qui *yoyote de la cafetière* est vu comme bon à envoyer à l'asile.

Chez les prisonniers, « yoyoter », c'est passer des objets à une cellule voisine à l'aide d'une ficelle au bout de laquelle pendent les objets et à laquelle, après avoir sorti l'ensemble par la fenêtre, on imprime un mouvement latéral de balancier suffisant pour finir par atteindre la fenêtre du voisin.

Chez les gardés à vue, « yoyoter » ou « faire du yoyo », c'est raconter n'importe quoi au cours de l'interrogatoire de police.

> Tu es super chiatique, tonton, quand tu es amoureux. Tu ne touches plus une bille. Tu ne comprends plus rien. Tu yoyotes de la touffe. Tu ramènes tout à tes petites nénettes.
>
> René FALLET – *Y a-t-il un docteur dans la salle ?* – 1977 (in *Le Grand Robert*)

155. SE CAILLER LES MICHES / LES MEULES

Avoir (très) froid.

Et pour commencer, pourquoi dit-on *se cailler* ? L'image serait apparue chez Céline dans les années

1930. On sait que *cailler* désigne une coagulation sous l'effet d'un refroidissement ou d'une fermentation. Imaginez alors qu'il fasse tellement froid que votre sang caille à l'intérieur de vos veines. *Se cailler* voudrait alors dire « se refroidir au point que le sang ne puisse plus circuler, tellement il se fige ».

Passons maintenant aux *miches*. Prenez une belle miche de pain, une grosse boule fendue dans sa longueur. Est-ce que ça ne vous rappellerait pas une belle paire de fesses séparées par un beau sourire vertical ?

C'est en tout cas l'image qui, dans l'argot de la fin du XIXe, a fait appeler *miches* les fesses. Et pour conforter la métaphore, un peu avant, au milieu du même siècle, la *miche* désignait aussi la lune, à laquelle on compare souvent les fesses.

Enfin, pourquoi les *meules* ? Là, les explications sont nettement moins affirmatives. Cette appellation des fesses, apparue au milieu du XXe siècle, pourrait être due à l'analogie de forme avec le sommet arrondi d'une meule de foin.

Mais, dans une réflexion un peu plus tirée par les cheveux (mais non étonnante pour l'époque), on peut aussi faire le lien avec la meule du moulin à huile, celle qui broie les olives pour produire une huile excellente. Ne dit-on pas de quelqu'un qui a peur qu'il serre les fesses ? Et, par plaisanterie, s'il a très peur et qu'on lui insère une olive au bon endroit, qu'il serait capable d'en tirer deux litres d'huile, tellement il les serre ? D'où la possible comparaison des fesses à des meules…

Tout ça pour arriver au fait qu'avoir très froid aux fesses, c'est finalement, d'une manière plus générale, avoir très froid à tout le corps.

À ceux qui douteraient de l'égalité « miches = fesses », il est vrai qu'en argot, les miches peuvent tout aussi bien désigner les testicules ou les seins. Mais ici, l'expression est strictement équivalente à « se geler les fesses » ou « se geler le cul ».

Ça tombe bien : en parlant de mensonges, allez-vous vous décider à me dire ce qu'on fait là, à se cailler les miches au beau milieu d'une orgie de courants d'air ?

Maxime Gillio – *Le Blues du corsaire* – 2005

En attendant, cela m'a valu l'immense privilège de me cailler les meules un matin de novembre sur les Champs-Élysées pour l'avènement du Père de Gaulle, puisqu'on défilait pour l'occasion.

Olivier Champenois – *Le Vol du canard* – 2007

156. AUX CALENDES GRECQUES

Jamais ou dans très longtemps.

Renvoyer aux calendes grecques, c'est renvoyer à une date qui n'existe pas. Mais pourquoi cette date n'existe-t-elle donc pas ?

C'est sous Jules César, vers 45 av. J.-C., que le calendrier romain est réorganisé pour être en accord avec les mouvements connus des astres.

L'année de 365 jours et les années bissextiles datent de cette époque.

Les calendes désignaient le premier jour de chaque mois, jour pendant lequel les débiteurs devaient payer leurs dettes (inscrites dans des livres de comptes appelés *calendaria*).

Un peu plus loin vers l'est, les Grecs, eux, n'en avaient cure, et continuaient à utiliser gaillardement leur méthode de comptage du temps, sans calendes.

Rey et Chantreau expliquent que selon le biographe Suétone, ce serait Auguste, à une époque où la Saint-Glinglin* et la semaine des quatre jeudis n'existaient pas encore, qui aurait le premier introduit les inexistantes calendes grecques pour parler de la plus qu'hypothétique date de remboursement des débiteurs insolvables.

Comment introduire l'éthique du futur, qui n'est pas l'éthique au futur ou remise aux calendes grecques, mais l'éthique du présent pour le futur, dans l'éducation de nos enfants dès les prochaines rentrées scolaires et universitaires ?

Federico Mayor, Jérôme Bindé –
Un monde nouveau – 1999

157. BOIRE LE CALICE JUSQU'À LA LIE

Souffrir jusqu'au bout un mal ou une douleur.
Supporter une épreuve pénible jusqu'à son terme.
Subir une humiliation complète.

Ceux qui boivent du vin (avec modération, bien sûr) savent qu'au fond des bouteilles, on peut trouver un dépôt spécifique des boissons fermentées, la lie.

Si une bouteille est bue jusqu'à la lie, c'est donc qu'elle a été complètement vidée.

Ceux (et certains font aussi partie de la catégorie précédente) qui aiment passer une partie de leur dimanche matin à l'église savent que le calice est cette coupe, ce récipient dans lequel le curé verse le vin de messe qu'il se fait ensuite un devoir de consommer intégralement ; donc jusqu'à la lie, si jamais il en a versé un peu avec le précieux liquide.

L'image de la complétude est ainsi facile à comprendre. Mais pourquoi cette notion de souffrance ou d'humiliation ?

Dans la langue de l'Église, le mot *calice* (qui vient du latin *calix* et désignait une coupe, un vase à boire) désignait la Passion[1] ou le sang du Christ.

Mais surtout, il représentait aussi la colère de Dieu, un châtiment déjà pénible à subir, comme chacun le sait, mais qui devenait réellement insupportable s'il fallait en plus le « vider jusqu'à la lie ».

Au milieu du XVIIe siècle, par extension, *calice* était synonyme de « épreuve cruelle ». Et de là est née l'expression à la fin du même siècle.

Accumulez outrage sur outrage, ne vous gênez pas, Monsieur, je vous connais, rien ne m'étonnera, je suis résignée à tout, j'accomplirai mon devoir

1. Dans le sens biblique de « supplice subi pour le rachat de l'Humanité ».

jusqu'au bout, je boirai le calice jusqu'à la lie, jusqu'à la mort.

Gustave Flaubert – *L'Éducation sentimentale* – 1869

158. FUMER LE CALUMET DE LA PAIX – ENTERRER LA HACHE DE GUERRE

Faire la paix.
Se réconcilier.

Voilà deux expressions qui nous viennent des Amérindiens, c'est-à-dire les Indiens d'Amérique du Nord, qu'il ne faut surtout pas confondre avec les véritables Indiens, habitants de l'Inde, et qui ne sont pas tous des Hindous.

Le calumet[1] est une pipe à long tuyau utilisée par les tribus indiennes. Le fait de fumer ensemble, que ce soit au cours de délibérations, pour souhaiter la bienvenue à quelqu'un ou pour marquer la fin d'hostilités, est un symbole de partage, de souhait de faire des choses en commun ; or, on ne partage qu'avec des gens auxquels on n'est pas ou plus hostile.

Fumer le calumet de la paix, c'est donc montrer à l'ancien ennemi qu'on accepte maintenant de partager quelque chose avec lui et de ne plus le combattre.

Mais, dans le cas de la fin d'une guerre, avant de le fumer, le calumet était tendu à l'adversaire. Si celui-ci le refusait, c'est qu'il souhaitait que les hostilités continuent.

Cette image des Indiens qui fument le calumet dans toutes les situations où il y a une participation collective (conseil, accueil d'étrangers ou d'anciens ennemis) a beaucoup marqué les esprits occidentaux ; c'est pourquoi elle a été largement utilisée dans des romans ou films.

Une autre coutume des Amérindiens était, paraît-il, pour marquer la fin d'hostilités, d'enterrer les armes de guerre, dont le fameux tomahawk, petite hache servant aux combats.

---

1. Le mot vient de *chalumeau* qui désigne aussi le long tuyau d'une pipe et qui vient du latin *calamus* signifiant « roseau ».

Selon une légende de tribus d'Iroquois de l'est de l'Amérique, les chefs Deganawidah et Hiawatha auraient convaincu les cinq tribus (les Cinq Nations) en guerre dans la région de cesser les combats et de former une confédération.

Pour marquer cet événement, les Iroquois auraient enterré leurs armes sous les racines d'un pin blanc, et une rivière souterraine les aurait emportées, empêchant ainsi les tribus de recommencer à guerroyer.

Ces deux coutumes légendaires ont donné naissance à nos expressions qu'on utilise maintenant partout où des hostilités cessent (y compris si elles ont lieu simplement entre deux personnes ou deux entités quelconques)

> Entre-temps, Senghor avait fumé le calumet de la paix avec la plupart des intellectuels.
>
> Doudou SIDIBÉ – *Démocratie et alternance politique au Sénégal* – 2006

> Et cinq ans plus tard, je lui ai mis 30 % d'augmentation. C'était, sans parler, le moyen de lui faire comprendre que j'avais enterré la hache de guerre.
>
> Brigitte REYNAUD – *L'Industrie rubanière dans la région stéphanoise* – 1991

159. BATTRE LA CAMPAGNE

1. Parcourir le terrain de chasse dans tous les sens pour faire lever le gibier.
2. Parcourir de grandes étendues à la recherche de quelque chose ou quelqu'un.
3. Déraisonner, divaguer, délirer.

Même si vous êtes un indécrottable citadin, vous devez savoir que la campagne est cet endroit où on trouve de grands prés, des champs cultivés, des arbres, des buissons, des paysans, des vaches et leurs bouses, des oiseaux autres que des pigeons et plein de ces merveilleuses autres choses qui, actuellement encore, constituent la nature.

La campagne, c'est là où Henri Monnier, au XIXe siècle, proposait judicieusement de bâtir les villes, histoire d'aérer les poumons des accros au ciment, aux briques et au bitume[1].

Si on sait que, tel qu'il est employé dans notre expression, *battre* veut dire « parcourir en tous sens », la première signification, celle des chasseurs (elle est utilisée depuis le XIIe siècle), ainsi que la deuxième se comprennent parfaitement.

La dernière signification est moins intuitive.

Autrefois, on disait *courir les champs* : « son esprit court les champs » ou « il est fou à courir les champs ».

Alors si on admet qu'ici, c'est l'esprit qui « vagabonde », qui n'enchaîne pas les pensées de manière logique ou sensée, qui se laisse entraîner d'un côté puis d'un autre, tout devient tout de suite plus limpide.

> Chasseur impénitent, il avait battu la campagne au cours de ses missions sanitaires. Rougeaud, lampant scotch sur scotch, s'épongeant le front, il se balançait sur son rocking-chair. Mes oreilles retentissent encore de la truculence d'un accent flamand magnifique.
>
> Paul HAIM – *Tel un fil de pourpre* – 1996

160. IL NE FAUT PAS PRENDRE LES ENFANTS DU BON DIEU POUR DES CANARDS SAUVAGES !

Il ne faut pas prendre les gens pour des imbéciles.
Il ne faut pas se moquer des gens.

Qu'appelle-t-on « les enfants du bon Dieu » ? Certaines personnes croient qu'il s'agit des anges !

Si c'était le cas, un chasseur de canards ayant oublié ses lunettes pourrait se méprendre et, un soir d'hiver, lors d'un passage à basse altitude d'un nuage d'anges migrateurs au-dessus de la toundra amazo-

---

1. Oui, c'est bien lui l'auteur de « Les villes devraient être construites à la campagne, l'air y est tellement plus pur » et non le pourtant excellent Alphonse Allais auquel la citation est généralement attribuée !

nienne, pourrait par hasard en mettre un au tapis. Notez que cette bavure pourrait grandement lui faciliter une de ces très nombreuses recettes de cuisine où, après avoir mis ensemble plusieurs ingrédients dans un récipient, on met l'ange.

Bon, trêve de jeux de mots douteux et indignes de moi (quoique…), revenons à nos canards.

Les enfants du bon Dieu, ce ne sont certainement pas des anges, puisque ce sont les hommes. C'est-à-dire vous, moi, ma sœur qui est aussi mon masseur, le policier qui vient de me coller une prune pour stationnement illégal et que je hais, le voisin du dessus qui écoute du rap à longueur de journée sans savoir que le bouton du volume peut aussi se tourner vers la gauche, ou ma très charmante voisine qui ne vit malheureusement pas seule.

Dans l'expression, *les enfants du bon Dieu*, ce sont les hommes dignes de ce nom, donc intelligents, honnêtes et respectueux de leur prochain, qui sont opposés à ces pauvres canards, des volatiles supposés être de fieffés imbéciles.

Son origine exacte étant inconnue, le choix du canard sauvage au lieu du piaf, du macareux moine ou de l'albatros à sourcils noirs reste inexpliqué.

Mais si son histoire n'est pas connue, cette expression a tout de même été utilisée par des personnes relativement célèbres comme Antoine Blondin, Michel Audiard ou le général de Gaulle.

Pendant les périodes électorales, cette expression est brutalement oubliée par nos hommes politiques de tous bords qui n'arrêtent pas de nous prendre pour des imbéciles.

> Il faut arrêter de prendre les enfants du bon Dieu pour des canards sauvages, et réagir en adultes responsables, attitude qu'ils souhaitent, d'ailleurs, mais dont ils ne savent pas formuler la demande.
>
> Michel Gillet – *Un flic parle : 30 années dans les CRS* – 2002

161. NE PAS CASSER TROIS PATTES À UN CANARD

Ne rien avoir d'extraordinaire, de remarquable.

À l'écoute de cette expression, attestée dans les années 1920, le commissaire Magret vous dirait que ça lui en bouche un coin, quoi. Et il ajouterait même : « Je suis épaté (de canard) ! »

En effet, comment pourrait-on casser les trois pattes d'un sympathique volatile qui n'en possède toujours que deux sauf, peut-être, s'il est né près de Fukushima ?

Et c'est là justement que l'ironie de l'expression ressort : si vous arrivez à casser trois pattes à un canard, vous commettez un acte sans conteste extraordinaire, tellement cela paraît impossible (à la condition de fermer les yeux sur le côté barbare de la chose).

Dans le cas contraire, ce que vous faites est extrêmement banal.

> De toute façon, vue de près, elle ne cassait pas trois pattes à un canard. Elle avait une beauté froide, un peu inexpressive, dont il se lasserait vite.
>
> Henri-Frédéric Blanc – *L'Empire du sommeil* – 1993

162. PRENDRE / SUCER UN CANARD

Prendre / sucer un morceau de sucre trempé dans une boisson.

Le canard, ce sympathique palmipède cancanant bruyamment, quand il ne migre pas (auquel cas il est en vol avec ses congénères et tente d'éviter les plombs du chasseur), passe la plupart de son temps posé sur l'eau d'un étang, d'une rivière ou d'un marais, position à partir de laquelle il s'emploie de manière régulière à tremper brièvement son bec dans l'eau (voire bien plus, puisqu'il peut même parfois complètement plonger sous l'eau), histoire d'essayer d'en rapporter de la nourriture.

C'est par comparaison avec cette vie essentiellement aquatique du palmipède qu'est venue, au

XVIIIe siècle, citée par Furetière en 1727, l'expression *mouillé comme un canard*, parfaitement équivalente à *trempé comme une soupe**.

Si on ajoute à cette image le mouvement fréquent du bec du volatile plongeant rapidement dans l'eau, on aboutit vite à la dénomination de *canard* pour ce morceau de sucre brièvement trempé dans un liquide, de manière à ce qu'il s'en imprègne mais n'y fonde pas.

Dans son *Dictionnaire de la langue verte* paru en 1866, Alfred Delvau en donne la définition suivante : « Morceau de sucre trempé dans le café, que le bourgeois donne à sa femme ou a son enfant – s'ils ont été bien sages. »

Depuis, même les femmes pas très sages, et Dieu sait si elles sont nombreuses, peuvent avoir droit à leur canard, et bien plus souvent trempé dans le verre d'alcool fort d'un voisin de table que dans du café.

> Dans les grandes circonstances, on faisait sauter le fil de fer d'une bouteille de cidre bouché. On nous offrait aussi la gnole (je suçais un canard) dont papa rapportait toujours un litre à Paris pour en faire goûter aux amis qui avalaient l'effroyable vitriol à petites lampées les larmes aux yeux.
>
> Jean FERNIOT – *L'Ombre portée* – 1961

163. BOIRE UN CANON / UN COUP

Boire un verre d'alcool.

Pour pouvoir boire un canon d'artillerie, encore faut-il qu'il soit fondu au préalable. Or, du métal fondu, c'est brûlant donc assez imbuvable.

En clair, y a quelque chose qui cloche là-dedans, la piste n'est pas la bonne !

Pour savoir d'où vient notre *canon*, il nous faut remonter au XVIe siècle où le « canon » qui, c'est bien connu, faisait 1/16 de pinte, était une mesure de capacité utilisée pour le vin et les spiritueux.

C'est au début du XIXe que ce *canon*-là désigne familièrement un simple verre de vin, même si la capacité du verre n'est plus exactement celle d'un canon.

Mais il ne faut pas oublier aussi le *coup* qui, dès la fin du XIVe siècle, désignait aussi une quantité de liquide (principalement, de boisson alcoolisée), celle que l'on boit en une seule fois, d'un seul trait ou d'un seul « coup ».

C'est ce *coup*-là qui a donné *boire un coup*.

Par plaisanterie, *boire un canon soviétique*, c'est boire un verre de vin rouge.

> Derrière le parking, qu'est désert la nuit, à côté d'la voie ferrée dans une impasse étroite, il y a un p'tit bar aux papiers-peints jaunâtres, papiers-peints jaunâtres ;
> Le vin pique la gorge et le pain des sandwichs est plus mou qu'une éponge, bien plus mou qu'une éponge.
> C'est pas un bel endroit, mais ça suffit pour boire, un canon, deux canons avant d'aller se coucher, un canon, deux canons avant d'aller se coucher.
>
> Charlélie COUTURE – *L'Histoire du loup dans la bergerie* – 1981

> Son mariage était pour eux, pour la plupart d'entre eux, une occasion de boire un coup, de renouveler ou de rafraîchir leur stock d'histoires.
>
> Robert CHOQUETTE – *Les Velder* – 1941

164. ALLER À CANOSSA

1. Céder complètement devant quelqu'un.
2. S'humilier devant quelqu'un.

Pour aller à Canossa de nos jours, il vous suffit de suivre la charmante voix de votre GPS qui va normalement vous orienter vers l'Émilie-Romagne, pas très loin de Modène.

Las ! À l'époque de la naissance de cette expression, les véhicules n'étaient pas encore équipés de cette merveille technologique.

Ce qui n'a pas empêché le pape Grégoire VII, en 1077, d'aller y séjourner et d'y rencontrer l'empereur Henri IV d'Allemagne.

Ce petit plaisantin d'empereur avait en effet cru bon de proclamer la déchéance du pape après le conflit des Investitures. Le pontife décida alors de l'excommunier. Du coup, les vassaux de l'empereur refusèrent de continuer à le suivre. Ce qui l'obligea finalement à aller rencontrer le pape pour le supplier de lui accorder son pardon.

C'est au château de Canossa qu'eut lieu cette rencontre où l'empereur fut humilié de devoir « se coucher » devant le pape qui ne lui donna une réponse positive que trois jours plus tard, après l'avoir bien laissé ruminer en costume de pénitent et pieds nus dans le froid en plein mois de janvier. L'excommunication fut alors levée.

C'est Bismarck qui, en 1872, utilisa l'expression *nous n'irons pas à Canossa* devant le Reichstag. Il voulait ainsi exprimer son désaccord avec le Vatican qui soutenait le parti catholique allemand, et son refus de céder aux injonctions du pape, alors que Bismarck, qui avait des volontés trop laïques aux yeux du pape Pie IX, venait de se voir refuser l'envoi d'un ambassadeur allemand au Vatican.

Bismarck voulait donc dire par là : « Nous ne nous humilierons pas en cédant aux catholiques. »

> Pourtant, le lendemain, le président du Conseil constitutionnel, Pierre Mazeaud, faisait savoir discrètement qu'une censure pour ce motif de procédure ne pouvait être écartée. Allant à Canossa, Renaud Donnedieu de Vabres a dû alors annoncer le rétablissement de l'article 1er mercredi soir.
>
> *Le Figaro* – Article du 10 mars 2006

165. PARLER À LA CANTONADE

Au sein d'un groupe, parler sans s'adresser à quelqu'un en particulier.

Au XVe siècle, le mot *cantonade* désigne un angle de maison (le mot est emprunté au provençal *cantonada* pour « angle »).

Au XVIIe siècle, il se spécialise dans le monde du théâtre où il désigne d'abord les côtés de la scène où, à l'époque, sont assis les spectateurs privilégiés.

Puis, ces emplacements, n'étant plus occupés par des spectateurs, il finit par désigner les coulisses.

La locution *à la cantonade* apparaît au milieu du XVIIIe siècle. Il s'agit alors d'un jeu scénique où l'acteur fait semblant* de s'adresser à quelqu'un qui reste invisible, car placé dans les coulisses.

Le sens actuel est une métaphore venue de cet emploi théâtral. Les coulisses ont disparu, mais la personne qui parle *à la cantonade* ne vise pas non plus un interlocuteur précis, et ce d'autant moins que, souvent, aucune réponse n'est attendue.

> Mais, tout au fond de lui, restait un poids très lourd qui ne voulait pas s'en aller et qui s'accentua encore quand, le soir, au souper, le père en verve lança à la cantonade : « D'où nous a-t-il sorti cette fille, Marc ? »
>
> Marie DE PALET – *Retour à la terre* – 2004

166. UN CAPITAINE D'INDUSTRIE

Le patron d'une grande entreprise.

C'est à la fin du XIIIe siècle que *capitaine* débarque en français, venu du bas latin *capitaneus* qui signifiait « important » ou « qui domine » (on y retrouve la racine *caput* qui signifiait « tête »).

D'abord spécialisé dans le domaine militaire où il désigne l'officier qui commande une compagnie, ce n'est qu'au XVIe siècle qu'il s'applique à celui qui commande un navire, toujours militaire, avant de s'utiliser également dans la marine commerciale au XVIIIe siècle.

Toujours est-il que le capitaine est bien celui qui commande, y compris maintenant dans une équipe sportive, comme celle de ces onze gusses qui passent près de deux heures à courir après un ballon que onze autres gusses s'obstinent à vouloir leur chiper.

Quant à *industrie*, il nous vient aussi du latin, au XIVe siècle, où il désignait une « activité secrète » avant de s'appliquer à une activité en général.

C'est à partir du XVIe siècle qu'il désigne toute activité qui produit quelque chose, que ce soit des appeaux à canard ou des baleines de soutien-gorge, entre autres nombreux articles que l'homme est capable de produire.

Or, il se trouve qu'à la tête de ces entreprises qui fabriquent ces nombreux produits totalement indispensables à notre société de consommation frénétique, il y a des dirigeants dont le travail est de faire fonctionner correctement la compagnie.

Et au-dessus de ces dirigeants, on trouve le responsable suprême qui oriente la stratégie de l'entreprise comme le capitaine du bateau l'oriente dans la bonne direction, qui tient fermement la barre lorsqu'il faut traverser des tempêtes économiques ou médiatiques, et qui commande ses subordonnés comme le fait également le capitaine du navire.

C'est de cette analogie entre le commandant d'un navire et le dirigeant d'une (grande) entreprise qu'est née notre expression qui, si elle n'est employée régulièrement que depuis la fin du XXe siècle, existait déjà au XIXe.

Et même si le « capitaine d'industrie » peut aussi parfois être un chevalier* d'industrie, il ne faut surtout pas confondre les deux.

> C'était [Joseph-Marie Jacquard] un vrai noble, et un grand capitaine d'industrie. Chaque degré d'avancement dans sa carrière fut le prix d'un honnête labeur et d'un vaillant effort. Aussi nulle envie ne s'attache à un tel homme, mais la louange, les récompenses et les bénédictions. À sa mort, tous ses ouvriers, en corps, l'accompagnèrent au champ du repos, et c'est à peine si parmi eux on eût pu en trouver un dont l'œil ne fût rempli de larmes.
>
> Alfred TALANDIER – *« Self-help » ou caractère, conduite et persévérance* – 1865

La silhouette a retrouvé son embonpoint. La mine est reposée, le teint hâlé, le regard clair. Dans son bureau de Boulogne-Billancourt, Didier Pineau-Valencienne parle. Du Schneider de l'an 2000 et de ses ambitions pour le groupe en Asie. [...] En apparence, l'image du capitaine d'industrie internationalement reconnu pour la reconversion imposée à l'ancien empire Empain-Schneider depuis quatorze ans est intacte.

Gilles Fontaine – *L'Expansion* – Article du 6 mars 1995

167. IL N'Y A PAS LOIN DU CAPITOLE À LA ROCHE TARPÉIENNE

Après les honneurs ou la célébrité, la déchéance, l'oubli peuvent venir rapidement.

Ceux qui ont bien connu Romulus et Rémus savent que Rome a été bâtie sur sept collines. C'est sur la plus petite d'entre elles, le Capitole, qu'a été construit un temple consacré à Jupiter, Junon et Minerve, haut lieu de l'Antiquité romaine et symbole de puissance et d'honneur.

Ainsi, après une grande victoire, un général pouvait obtenir la récompense suprême et être autorisé par le Sénat, au cours d'une grande cérémonie, à mener son char du Champ de Mars jusqu'au temple de Jupiter, au sommet du Capitole.

Mais c'est sur un versant de cette même colline, donc à faible distance, que se trouvait la Roche Tarpéienne, lieu d'où les condamnés à mort étaient précipités dans le vide.

Cette expression semble être une référence à l'aventure de Marcus Manlius Capitolinus, membre d'une importante famille romaine, qui, en 390 av. J.-C., alors qu'il habitait une maison située sur le Capitole, entendit le cri des oies consacrées au culte de Junon, et, après avoir donné l'alerte et avec l'aide des soldats romains, repoussa l'assaut des Gaulois de Brennus qui avaient pris la ville et assiégeaient la colline.

Une fois le siège terminé, les soldats du général romain Camille ayant défait les Gaulois[1], Manlius fut couvert d'honneurs. Mais peu de temps après il fut accusé de soutenir les revendications des pauvres et fut jeté de la Roche Tarpéienne.

Cette expression est donc une image destinée à montrer que, des honneurs dont on pouvait être couvert au Capitole, il pouvait n'y avoir que quelques pas pour arriver à la déchéance symbolisée par ce lieu de mort qu'était la Roche Tarpéienne.

> Nous savons pourquoi la destinée des orateurs athées est de passer du Capitole à la Roche Tarpéienne, de la montagne à l'échafaud, de l'apothéose à l'oubli ; nous connaissons la véritable cause de l'ingratitude.
>
> BAZARD, *et al.* – *Doctrine de Saint-Simon* – 1871

168. LA CAQUE SENT TOUJOURS LE HARENG

Lorsqu'on a de basses origines, on en conserve toujours la vulgarité, malgré une éventuelle réussite.

Le hareng, comme vous le savez certainement, est un poisson des mers froides et peu profondes. Il a, comme beaucoup d'autres, une odeur très forte quand il est fumé, bien qu'aucune sorcière ne lui ait jeté de mauvais saur. Du coup, quand dans une caque, on entasse des harengs pendant un certain temps, elle en garde définitivement l'odeur quoi qu'on puisse faire pour tenter de l'en enlever.

Mais qu'est donc une *caque*, me direz-vous ? Le mot est apparu sous cette forme au XIVe siècle, probablement dérivé de l'ancien nordique *kaggi* ou *kakki* qui voulait dire « tonneau ». Il désigne une barrique destinée, avant qu'elle ait également et ultérieurement d'autres usages, à contenir des harengs conservés dans du sel. Autant dire que, vu l'odeur des poissons ainsi stockés, le bois ne peut que s'en

1. Pour cela, il fut d'ailleurs surnommé « le second fondateur de Rome ».

imprégner définitivement et que plus rien ne peut l'éliminer.

Cette *caque* a autrefois donné l'expression *serrés comme harengs en caque* aujourd'hui remplacée par *serrés comme des sardines*, vu qu'il est plus facile actuellement de rencontrer des boîtes de sardines que des caques de harengs dans les rayons des supermarchés.

Cette expression est donc une métaphore désespérante pour celui qui n'est pas né dans le grand monde. Elle prétend que celui qui vient de « la France d'en bas » n'arrivera jamais à dissimuler complètement ses origines, même s'il arrive à se hisser dans les hautes sphères de la société.

Tout comme la caque est perdue pour un usage autre que le stockage de harengs, une fois qu'elle a servi à ça, le mal-né gardera toujours en lui la prétendue vulgarité liée au monde dans lequel il a été élevé.

Mais on a eu aussi *le mortier sent toujours les aulx*, pour ceux qui pilaient de l'ail dans un mortier.

Notez que cette expression est presque toujours employée avec un sens négatif : elle n'est pas utilisée pour quelqu'un qui serait né avec une cuillère* d'argent dans la bouche et qui aurait malheureusement plongé dans la pauvreté mais qui aurait gardé des traces de sa bonne éducation.

Une des raisons de cette mauvaise appréciation vient de ce que le hareng, principalement le saur, était à l'époque surtout consommé par les populations pauvres.

> Si je ne lui dis pas de nettoyer la poubelle, elle n'en a rien à branler. Toute une croûte peut se former là, elle s'en fout. La caque sent toujours le hareng, comme on dit justement.
>
> Enrique Medina – *La Vengeance* – 1992

169. RABATTRE / RABAISSER LE CAQUET

1. Faire taire quelqu'un.
2. Forcer une personne à être moins insolente, la remettre à sa place.

Au commencement, au début du XIVe siècle, était la *caqueteresse* ou la « femme bavarde[1] ».

Au milieu du XVe, le verbe *caqueter* voulait dire « bavarder » et le déverbal *caquet* s'employait à la fois à propos d'un bavardage indiscret, d'un importun humain et pour désigner le cri de certains animaux (comme le gloussement de la poule qui vient de pondre son œuf).

Au même moment apparaît *rabattre*[2] *le caquet (de quelqu'un)* qui veut dire « faire cesser le bavardage » dérangeant de cette personne, donc la faire taire.

C'est au début du siècle suivant qu'on utilisera aussi le verbe *rabaisser*, époque à laquelle on trouvera également les versions avec les verbes *abattre* et *abaisser*, sans que ceux-ci aient survécu jusqu'à notre époque.

Souvent utilisée à propos de personnes insolentes ou imbues d'elles-mêmes qu'on veut faire taire, on a tendance à lui préférer maintenant clouer* le bec.

> Au reste, je suis fort aise que l'évêque du Puy ait un peu rabattu le caquet du Duc de Roquelaure ; j'en ai ri ici avec M. de Montel, Syndic de la Province du Languedoc, qui m'a conté que l'évêque du Puy avait trouvé à qui parler à son tour dans ce pays-ci, et que feu M. de Cons, Évêque de Nîmes, lui avait donné son reste dans l'assemblée des états.
>
> Anne Marguerite Petit du Noyer – *Lettres historiques et galantes* – 1790

---

1. Pléonasme, diront certaines mauvaises langues.
2. Avec son sens de « faire redescendre, remettre à un niveau plus bas, faire retomber avec force ou vivacité » (*Grand Robert*).

170. ARRIVER COMME LES CARABINIERS

Arriver en retard, lorsque tout est terminé.

Avant de devenir un gendarme italien ou un douanier espagnol, le carabinier était en France un soldat à pied ou à cheval armé d'une carabine, d'où son nom donné en 1634.

Cette expression est issue en 1869 de l'opéra-bouffe *Les Brigands* d'Offenbach, qui chantaient :

« Nous sommes les carabiniers
La sécurité des foyers
Mais par un malheureux hasard
Au secours des particuliers
Nous arrivons toujours trop tard. »

La réputation des carabiniers devait être très mauvaise pour qu'il y soit fait allusion de manière aussi marquée dans le livret de cette œuvre.

> On a vu les résultats de cette procédure et de ces délais : tous les membres importants du complot ont eu le temps de disparaître et les policemen anglais, arrivant trop tard, comme les carabiniers de la légende, ont arrêté, dans une maison désignée comme servant de lieu de réunion aux réformateurs, tous les Chinois qu'ils y trouvèrent, soit une dizaine d'individus sans importance, domestiques ou petits boutiquiers de Victoria.
>
> *Bulletin de la Société de géographie de Rochefort* – Volume 25 – 1903

171. CARACOLER EN TÊTE

Être largement en tête.

Être « en tête » d'un groupe, que ce soit dans un défilé ou dans un classement, par exemple, cela signifie bien « être à l'avant du groupe », *tête* ayant ici le sens datant du XVIe siècle de « place de ce qui est à l'avant d'un ensemble qui progresse ».

Quant au verbe *caracoler* qui nous vient de l'escargot[1], il est d'abord utilisé dans le monde équestre

1. Dérivé au tout début du XVe siècle de l'espagnol *caracol* qui avait et a toujours le sens de « escargot », le mot *caracole* a d'abord

où, au début du XVIIe siècle, il s'applique aux cavaliers et à leur monture qui enchaînent des voltes et demi-voltes[1], la volte étant un tour complet que le cavalier fait exécuter au cheval, sur un cercle tangent à la piste ; et c'est parce que les voltes ou caracoles qui se suivent étaient assimilées à une spirale, qu'elles ont donné le verbe *caracoler*.

Des mouvements agiles de la caracole, le verbe a pris le sens élargi de « aller à cheval de manière vive » et même un autre sens encore plus éloigné applicable à un régime sans selle, puisqu'il signifie également « courir en sautant, en gambadant ».

L'image du fringant cavalier qui fait parader sa monture en tête d'un défilé ou celle du joyeux bonhomme qui court en gambadant loin devant sa troupe se retrouve dans notre métaphore où un gagnant « caracole » largement en tête des autres membres de son groupe.

> Le sénateur républicain, 72 ans, a largement remporté jeudi les primaires de son parti dans l'État de New York et, avec 393 délégués, caracole largement en tête pour l'investiture à la convention de San Diego.
>
> *Libération* – Article du 9 mars 1996

172. EN CARAFE

1. Dans l'oubli, abandonné.
2. En panne.

Notre langue imagée aime bien les récipients divers. La preuve ? « Dans un groupe, il est fréquent que la gourde ou la cruche reste en carafe, surtout si,

---

désigné une spirale (à cause de la forme de sa coquille) ; on avait ainsi *l'escalier en caracole* pour ce qu'on appelle aujourd'hui « un escalier en ~~coliplombier~~ colimaçon ». Le verbe *caracoler* est issu de *caracole*.

1. Si on ne se préoccupe généralement pas du nombre de figures exécutées, il est tout de même très peu probable qu'ils enchaînent jusqu'à 220 voltes, même dans les milieux branchés ; sinon, on serait certainement au courant d'un tel exploit.

en plus, elle traîne des casseroles. » Mais d'où nous vient cette carafe ?

Cette expression est née à la fin du XIXe siècle.

On peut penser que celui qui *reste en carafe*, abandonné, se retrouve comme une cruche, comme un imbécile, le sens ayant alors glissé d'un récipient ventru à un autre.

Mais il faut aussi savoir qu'en argot, apparu un peu avant notre locution, le mot *carafe* a désigné la bouche[1], celle-ci étant un récipient également destiné à contenir – même si c'est très temporairement – des liquides divers.

Or, le premier sens de l'expression s'appliquait à l'orateur, qui ne trouvant plus ses mots, restait bouche bée.

Et c'est ensuite, par extension, qu'on serait passé de l'orateur qui reste en plan à une personne quelconque dans le même état, puis à celle qui est abandonnée, oubliée.

Le sens de « panne » est apparu parallèlement à la première signification. Serait-ce parce que le véhicule en panne est abandonné sur le bord de la route ?

> Ribouldingue était navré de laisser sa boule-de-neige [son épouse de couleur] en carafe, mais l'intérêt de l'association nécessitant le sacrifice, il s'y résigne.
>
> *L'Épatant* – 1909

> Le tracteur Massey-Harris a été en carafe pendant près d'une semaine… Ce genre d'incident n'est pas tolérable pour une exploitation comme la nôtre…
>
> Claude NEMRY – *Bukavu* – 2002

173. LE DERNIER CARAT

Le dernier moment, la dernière limite.

Dans le monde de la joaillerie, le carat est une unité de poids pour les diamants. Mais dans la manipulation de l'or, le nombre de carats indique le degré de pureté du métal précieux, sachant qu'un or

1. *Fouetter de la carafe* signifiait « avoir mauvaise haleine » (Esnault).

à 24 carats serait un or parfaitement pur. Autrement dit, un or à 18 carats contient 18 parts d'or pur et 6 parts d'autres métaux.

D'ailleurs, autrefois, jusqu'au XVIIe siècle, le nombre de carats était utilisé dans des expressions où on utiliserait plutôt aujourd'hui un pourcentage ou une fraction.

Ainsi, un « hérétique à 17 carats et demi » était aux trois quarts hérétique, par exemple. Le qualificatif *à vingt-quatre carats* remplaçait un « complètement » ou un « parfait » (« un calomniateur à vingt-quatre carats ») et on en est même arrivé à désigner des choses *à trente-six carats*, lorsqu'on allait au-delà du possible.

Partant de ces considérations, on comprend bien que *dernier carat* (sous-entendu « le vingt-quatrième ») puisse être devenu, au figuré et au XIXe siècle, la limite maximum puisqu'on ne peut pas aller au-delà.

> Il fallait qu'il reparte à tout prix le lendemain dimanche, 16 heures dernier carat, pour passer chez le jaugeur qui l'attendait tout exprès le lundi matin.
>
> Pierre LIVORY – *Perles océanes* – 2000

174. LES CAROTTES SONT CUITES

Tout est perdu.
Il n'y a plus aucun espoir.

Les carottes ont forcément crû avant de ne plus être crues et d'être éventuellement accompagnées d'un grand cru ; en effet, avant d'être cuites, même si elles ne sont qu'huit, les carottes doivent obligatoirement croître.

Quant aux Cairotes, ce n'est pas une idée de mon cru et je ne sais pas si je serais cru, mais elles sont beaucoup plus qu'huit, vu la taille de la population du Caire[1].

1. Heureusement que je n'utilise pas de logiciel de dictée vocale. Je crois qu'il aurait pété les plombs* sur cette introduction.

Mais quittons un moment l'Égypte pour revenir à nos potagers.

Pourquoi ces carottes sont-elles cuites lorsqu'il n'y a plus rien à faire pour sauver la situation ?

Remontons d'abord au XVIIe siècle.

À cette époque et encore longtemps après, la carotte est considérée comme un aliment pauvre. Mais, du fait d'une forme similaire et d'une prononciation très proche (paronymie), elle est aussi associée à la « crotte ». On disait d'ailleurs de quelqu'un de constipé qu'il « chiait des carottes », ce qui est excrêmement vulgaire.

Un peu plus tard, *ne vivre que de carottes* signifiait « vivre très chichement ».

Cette valeur péjorative liée à la carotte est restée et, à la fin du XIXe siècle, *avoir ses carottes cuites* se disait pour « être mourant », mais sans qu'on sache exactement le pourquoi de cette association du bientôt mort avec ces légumes cuits (peut-être était-ce par allusion au fait que, dans les familles pauvres, les plats de viande – donc d'animal mort – étaient souvent accompagnés de carottes également cuites).

Toujours est-il que c'est cette notion de carottes qui marquent un état sans espoir, où on ne peut plus rien, qui est arrivée jusqu'à nous.

La phrase « les carottes sont cuites, je répète, les carottes sont cuites » a servi, comme de nombreuses autres, de code à la radio de Londres pour déclencher des actions ou des opérations par la Résistance dans les territoires occupés par l'Allemagne pendant la Seconde Guerre mondiale. Pourtant, pour qu'elles opposent de la résistance (sous la dent), les carottes doivent rester crues.

Et puis une question existentielle majeure nous vient obligatoirement à l'esprit à la lecture de cette expression : pourquoi, lorsque les carottes sont cuites, est-ce la fin des haricots* ?

Ségolène Royal s'est livrée vendredi à Lorient devant plus de 2 000 personnes à une violente charge contre Nicolas Sarkozy, mettant en cause « l'arrogance » du candidat UMP. « J'entends dire par le candidat de la droite que "les carottes sont cuites". Lui qui se dit le candidat du peuple, c'est le peuple qui va décider dimanche du visage de la France », a-t-elle lancé.

Véronique Soulé – *Libération* – Article du 4 mai 2007

175. MUET COMME UNE CARPE

Complètement silencieux.

Avez-vous déjà entendu un véritable poisson vivant vous dire quelques mots ? Si oui, alors il fallait vite l'embrasser pour qu'il se transforme en prince ou princesse charmant(e). Mais dans la majorité des cas, la réponse est négative car, pour l'instant[1], tous les poissons sont muets.

Alors s'il n'est pas étonnant qu'un poisson soit utilisé dans une telle comparaison, pourquoi est-ce la carpe qui a eu l'insigne honneur de représenter le genre, et ce depuis 1612 ? C'est d'autant plus étrange qu'on a d'abord utilisé la forme plus logique *muet comme un poisson* (chez Rabelais, par exemple) !

Alain Rey évoque deux possibilités : la première viendrait de Furetière qui a écrit, à propos de la carpe, qu'elle n'a pas de langue[2] ; et comme qui n'a pas de langue ne peut parler… La seconde viendrait simplement du fait que la carpe est un poisson qui sort fréquemment la tête hors de l'eau, la bouche ouverte et qui, par timidité sûrement, ne prononce pourtant jamais un mot.

On peut toutefois noter que George Sand n'a pas hésité un seul instant à utiliser la version *muet comme une tanche*.

---

1. Mais qui sait ? Peut-être que dans quelques dizaines d'années, grâce à nos savants fous et à Monsanto® et consorts, ce ne sera plus le cas ; s'il existe encore des poissons…
2. Je dois piteusement avouer qu'avant de publier ces lignes, je ne suis pas allé vérifier ce qu'il en est réellement, ni si les autres poissons en ont une. S'il y a un ichtyologiste dans la salle, qu'il n'hésite pas à se manifester.

> Curieuse comme une pie, Léa, mais muette comme une carpe. Les autres domestiques avaient bien essayé de lui tirer les vers du nez, mais ils en avaient été pour leurs frais. La gamine se fermait comme une huître.
>
> Daniel Bondon – *Le Fils du garde-chasse* – 2002

176. *CARPE DIEM*

Profite bien du moment / du jour présent.

Pourquoi *carpe* ? Que pensent les truites, les ablettes et les brochets de cette préférence injustifiée ? Hélas, les pêcheurs en lacs et rivières interrogés, même ceux à qui l'on avait pourtant tendu la perche, sont restés muets comme des carpes* sur ce sujet. Peut-être est-ce parce qu'il y avait anguille* sous roche et qu'ils ne voulaient pas lâcher la lamproie pour l'omble ?

La formule latine complète est *Carpe diem quam minimum credula postero* qu'on peut traduire par « Cueille le jour [et sois] la moins curieuse [possible] de l'avenir ». C'est le poète latin Horace qui l'a écrite dans le dernier vers d'un poème, où il résume ce qui précède. Il veut y persuader Leuconoé, jeune fille qui souhaite vivre longtemps, que c'est le présent qui est important et que, même s'il est très probable qu'il lui reste encore de nombreuses années à vivre, elle doit pleinement profiter du présent, mais en gardant une saine discipline de vie et en ne remettant pas au lendemain les choses à faire.

Horace s'intéressait à l'épicurisme, le vrai, pas celui auquel on pense aujourd'hui lorsqu'on parle d'un épicurien, une personne qui ne songe qu'au(x) plaisir(s) et sait pleinement en profiter. Car si on se rappelle quelques citations d'Épicure, on comprend bien que sa doctrine est, de nos jours, plutôt dévoyée :

> « – Lorsque nous disons que le plaisir est le souverain bien, nous ne pensons pas aux plaisirs des débauchés ni à ceux qui consistent dans les jouissances physiques. […] Le plaisir

dont nous parlons consiste dans l'absence de souffrance physique et de trouble de l'âme.
– Je m'épanouis dans le plaisir corporel en me nourrissant de pain et d'eau.
– Grâce soit rendue à la bienheureuse Nature qui a fait que ce qui est nécessaire est aisé à obtenir, tandis que les choses difficiles à se procurer ne sont pas nécessaires.
– Avec un peu de pain et d'eau, le sage rivalise de félicité avec Jupiter. »

Autant dire que la vision du plaisir d'Épicure, plaisir d'ascète plus que d'épicurien moderne, n'était pas tout à fait identique à celle qu'on croit en général.

Aujourd'hui, le *carpe diem* est davantage vu comme une incitation à jouir du moment présent sans contraintes ni retenue.

> C'est la génération du tout, tout de suite. Ceux qui ont 20 ans en 2008 sont dans le *carpe diem*, dans l'immédiateté. Ça colle parfaitement avec Internet.
>
> Jolanta Bak, dirigeante de la société Intuition

177. SE COMPORTER / S'APLATIR COMME UNE CARPETTE

1. Avoir un comportement soumis, servile.
2. Être bassement flatteur.

Avant de nous rapprocher du sol, il est intéressant de jeter un œil à l'origine du mot *carpette*.

Au commencement, on trouve au XIIe siècle et en italien le mot *carpita* (venu du latin *carpere* pour « détirer de la laine ») qui désignait un « tissu de haute laine recouvrant les meubles ». De là, à la fin du même siècle et en français, on a trouvé *carpite* pour nommer la même chose, mais aussi le tissu épais servant à faire des vêtements d'apparat[1].

1. En espérant, pour le confort du porteur, qu'il n'était pas aussi épais que certains de nos tapis modernes.

Les Anglais nous l'ont emprunté pour le transformer plus tard en *carpet* (tapis aussi bien de table que de sol) et on le leur a subtilisé au XIVe ou XVe siècle pour en faire *carpette* qui a d'abord désigné « un gros drap rayé servant de tapis ou d'emballage ». Ce n'est qu'au milieu du XIXe siècle qu'il a pris le sens moderne de « petit tapis mobile ».

Revenons maintenant à nos poils de mouton qui composent la carpette qui nous intéresse. Cet objet est une chose qui se trouve posée au sol et dont le pitoyable destin est d'être piétinée sans vergogne.

Or, l'image traditionnelle de celui qui se comporte « bassement » ou qui se soumet, lâchement et sans aucune fierté, c'est celle d'une personne qui, s'abaissant, se rapproche du sol. Et le plus bas niveau qu'elle peut atteindre est justement celui où est posée notre carpette.

La comparaison d'une personne à une carpette, qui date du XXe siècle, est donc simplement une image très méprisante vis-à-vis de la personne ainsi désignée, celle-ci étant si lâche, si servile, qu'elle n'est considérée que comme bonne à être foulée aux pieds.

Et comme, en général, cette sorte de carpette est un flagorneur vis-à-vis de celui qui le soumet, on obtient, par extension, le second sens indiqué.

On peut aussi « s'étaler comme une carpette », mais cette fois, l'image est celle de la personne qui, étant tombée, se retrouve « aplatie » au sol.

> J'avais honte de moi, j'avais trop accepté de tous que l'on me considère comme une carpette sur laquelle tout le monde pouvait s'essuyer les pieds, mais que personne ne nettoyait jamais.
>
> Pietra Liuzzo – *La Chaîne de souffrance* – 2005

178. SE TENIR À CARREAU

1. Être sur ses gardes.
2. Ne pas se manifester.
   S'efforcer de passer inaperçu.

Avez-vous déjà tiré à l'arbalète ? Probablement pas, cette arme n'étant plus trop utilisée de nos jours. Mais autrefois il fallait impérativement disposer de « carreaux » pour pouvoir en utiliser une, *carreau* étant le nom de la flèche spécifique de cet engin de mort.

Et, donc, à l'époque où ces armes étaient à la mode, un garde quelconque perché dans son échauguette se devait de « se tenir à carreau » lorsqu'il surveillait les alentours, prêt à enfiler le carreau sur son arme pour dissuader les curieux ou adversaires de s'approcher trop près du lieu gardé.

Une autre interprétation liée à ce *carreau*-là pourrait aussi être que tout assaillant avait intérêt à « se tenir à carreau » en restant hors de portée de tir des arbalétriers bien cachés derrière leurs meurtrières.

Je pourrais arrêter là cette explication si les lexicographes étaient d'accord sur l'origine de notre expression. Mais ce n'est hélas pas le cas.

Et, d'ailleurs, on peut avoir des doutes sur l'explication précédente, pourtant fréquente, puisque l'expression, sous sa forme actuelle, date du début du XXe siècle et n'existe sous la forme *se garder à carreau* que depuis la seconde moitié du siècle précédent, bien après que l'usage de l'arbalète en tant qu'arme usuelle a été abandonné.

Il existe donc deux autres explications.

La première viendrait d'un jeu de cartes d'où est tiré le dicton *qui se garde à carreau n'est jamais capot*. Autrement dit, celui-ci qui « se garde à carreau », qui surveille bien son jeu, qui est sur ses gardes, ne perd jamais. Bien sûr, on peut aussi se garder aux trois autres couleurs, mais c'est la consonance qui a fait naître ce proverbe duquel aurait été extraite l'ancienne forme de l'expression dans laquelle le verbe est maintenant remplacé par *se tenir*.

La seconde viendrait de l'argot où, selon Jacques Arnal dans son *Argot de police*, *carreau* désigne le domicile, tout comme la *carrée* ou la *carre* est la chambre.

Sachant qu'il existe *se tenir à carre* pour dire « rester caché dans sa chambre », donc ne pas se manifester, chercher à passer inaperçu, on peut supposer que cette dernière expression, par convergence avec le dicton, aurait servi de base à notre locution.

Ce lien avec l'argot est encore renforcé par Gaston Esnault qui signale qu'un des sens de *se carrer*, datant du milieu du XIXe siècle, était « se mettre à l'abri, en sûreté ».

> Mieux valait s'écraser et se tenir à carreau, notamment avec cet adjudant – brave type au demeurant – dans la pupille duquel il avait cru déceler quelque lueur soupçonneuse.
>
> Serge KASTELL – *Le Maquis rouge : l'aspirant Maillot et la guerre d'Algérie, 1956* – 1997

179. SUR LE CARREAU

1. À terre, mort ou blessé.
2. Abandonné dans une situation difficile.

Cette expression, qui existe depuis le tout début du XVIIe siècle, est en général précédée de verbes comme *être*, *rester*, *envoyer* ou *laisser*.

Depuis 1160, le carreau désigne un pavé plat de terre cuite servant à recouvrir un sol. Par métonymie, le terme sert aussi à désigner toute surface couverte par des carreaux.

Et c'est parce qu'une personne blessée ou tuée à l'intérieur d'une habitation gisait sur le carreau que notre expression est née.

Actuellement, elle s'utilise aussi dans des situations moins extrêmes, simplement lorsque quelqu'un est en difficulté.

Une croyance tenace sur l'origine de cette expression indique qu'elle serait venue du carreau de la mine, lieu où les mineurs étaient autrefois appelés pour descendre dans les puits, ceux qui n'étaient pas retenus étant laissés de côté ; et ce serait de cet état de personne laissée pour compte que l'expression aurait évolué vers une personne blessée ou tuée.

Mais, avant que l'expression existe sous sa forme actuelle, au XVe siècle on disait déjà *estre tué sur le carrel*, pour « être tué dans la rue », le carrel ou carreau désignant alors une rue pavée.

Certains pourraient également croire que notre expression vient du *carreau* de l'arbalète, flèche dont le fer était de section carrée. S'il est incontestable que celui qui recevait un tel carreau en pleine tête restait définitivement sur le carreau, il n'y a pourtant aucun lien avec la locution.

Elle ne vient pas non plus des jeux de cartes : on n'a jamais dit, avec le même sens, *rester sur le trèfle* ou bien *laisser sur le pique*.

> L'intrépide Rochambeau pénétra hardiment dans la gorge, malgré un feu de tirailleurs fort incommode, en escalada les deux berges, tuant à coups de baïonnette les noirs trop lents à se retirer, et déboucha sur le plateau. Arrivés là, les vieux soldats du Rhin en finirent avec une seule charge. Huit cents noirs restèrent sur le carreau. Toute l'artillerie de Toussaint fut prise.
>
> Adolphe THIERS – *Histoire du Consulat* – 1865

180. ROULER CARROSSE

1. Être riche et le montrer.
2. Mener un grand train de vie.

Pour comprendre l'origine de cette expression, il suffit de remonter peu de siècles auparavant, à une époque où avoir un carrosse personnel (avec, bien entendu, les moyens nécessaires pour l'entretenir, car il ne suffit pas du véhicule, il faut aussi l'attelage et le cocher, sans compter les éventuels laquais) était autrement plus un signe de richesse que ne l'est aujourd'hui le fait de posséder une voiture.

Et, se déplacer ostensiblement avec son carrosse permettait de bien faire étalage de son aisance financière.

Cette locution est née à la fin du XVIIe siècle sous la forme *avoir de quoi faire rouler un carrosse*. C'est au début du XVIIIe qu'elle a pris la forme actuelle d'une expression qu'il faut comprendre comme « rouler (avec son propre) carrosse ».

> Quelques années avant la Révolution, ce qu'on nommait proprement carrosse était une voiture dont l'impériale était bordée d'une espèce de balustrade avec un pommeau à chacun de ses angles ; le strapontin, ainsi que le siège du cocher, étaient fort élevés, et le derrière, où se plaçaient les laquais, très étroit. Les panneaux des plus élégants offraient souvent de jolies peintures allégoriques que quelques amateurs recherchent encore aujourd'hui. [...]
> Avec vingt-cinq mille francs de rente, à l'époque dont nous parlons, on pouvait aisément rouler carrosse.
>
> Antoine CAILLOT – *Mémoires pour servir à l'histoire des mœurs et usages des Français* – 1827

> J'ai fait comme tant d'autres, j'ai cru que la richesse remplaçait le bonheur. Le bonheur ! je ne savais pas, je n'ai même jamais su ce que c'était. On m'a dit que c'était, avant tout, de rouler carrosse, de porter des diamants et d'avoir loge à l'Opéra.
>
> George SAND – *Antonia* – 1863

181. DONNER CARTE BLANCHE

Laisser la libre initiative.
Donner les pleins pouvoirs pour accomplir une tâche.

Le blanc est souvent le symbole de la pureté, mais c'est aussi fréquemment le symbole du vide, de la nullité, de la chose sans aucune valeur.

Prenez le bac blanc, par exemple. Il ne vaut rien, puisque ce n'est pas la véritable épreuve. Il n'empêche que celui qui a la joie d'y participer, après avoir montré patte* blanche à l'entrée de la salle où se déroule l'épreuve, a quand même la hantise de la feuille blanche.

D'ailleurs, la veille, le candidat aura probablement passé une nuit* blanche de peur de faire chou blanc.

Cette carte blanche est attestée avec cette signification depuis 1451.

Il faut la voir comme une feuille sur laquelle toutes les consignes de la mission sont clairement écrites. Et comme elle est désespérément blanche, c'est une indication qu'on peut faire ce que l'on veut, utiliser tous les moyens, y compris, si le contexte et l'humeur s'y prêtent, les plus cruels, retors ou illégaux[1].

Dans un contexte de guerre, cette *carte blanche* a aussi été utilisée dans d'autres expressions. Ainsi, *mander la carte blanche*, c'était « se mettre à la merci* du vainqueur, se rendre sans conditions », alors que *donner la carte blanche à quelqu'un*, c'était au XVIIe siècle, « lui laisser dicter ses conditions ». Dans les deux cas, on retrouve cette notion de pleins pouvoirs laissés à l'autre.

> – L'amiral me donne carte blanche ! Veuillez, en ce cas, Monsieur, ajouter aux excuses que je vous ai prié de lui transmettre, l'expression de ma profonde reconnaissance. Carte blanche ! C'est-à-dire que l'on me permet de vaincre, avec ma frégate désemparée, deux vaisseaux anglais ! Je n'ai certes pas à me plaindre !
>
> Louis GARNERAY – *Voyages, aventures et combats : souvenirs de ma vie maritime* – 1851

1. Mais si un membre de votre équipe disparaissait, nous nierions avoir eu connaissance de vos agissements. Bonne chance, Jim ! Ce livre s'autodétruira dans les cinq secondes…

182. TOURNER CASAQUE – RETOURNER SA VESTE

Changer brutalement d'opinion ou de parti.

Le nom *casaque* existe depuis le début du XVe siècle. Il semble venir du turc *kazak* qui, tout en voulant dire « homme libre » ou « aventurier », a d'abord désigné un peuple du bord de la mer Noire (les Kazakhs), peuple de cavaliers émérites employés dans des corps de cavalerie dont l'uniforme, par métonymie, a pris le nom.

C'est au XVIIe siècle que le mot désigne en France le manteau à manches longues qui recouvre l'uniforme des militaires de certains corps d'armée dont les fameux mousquetaires qui « prenaient casaque » lorsqu'ils rentraient dans cette unité.

Le premier sens, copie de l'italien *voltare casacca*, vient des soldats portant casaque qui, lorsqu'ils se mettaient à fuir lâchement le champ de bataille, *tournaient casaque*. D'ailleurs, « fuir » est le premier sens de l'expression, maintenant très peu utilisé.

Mais *tourner casaque*, c'est aussi changer d'uniforme donc de corps d'armée et, par métaphore, de parti ou d'opinion. On peut aussi y voir l'idée de tourner le dos à ceux de son parti.

Pour expliquer l'origine de cette expression, Gilles Henry, dans son ouvrage *Les Expressions nées de l'Histoire*, nous emmène chez Charles-Emmanuel de Savoie, gendre de Philippe II d'Espagne, un ambitieux sans scrupules qui n'hésitait pas à changer d'alliances en fonction du sens du vent et de ses intérêts. Il aurait utilisé une casaque réversible dont il portait le côté blanc visible quand il s'alliait avec les Français et affichait le côté rouge lorsqu'il fricotait avec les Espagnols.

Quant à *retourner sa veste*, attestée à la fin du XIXe siècle avec le second sens uniquement, elle n'est qu'une version moderne de *tourner casaque*, ce dernier vêtement s'étant entre-temps spécialisé en tant que tenue de jockey.

Si par malheur le roi nègre tournait casaque à M. de Lanrose, ma nièce serait ruinée sans ressources ?

Edmond About – *La Vieille Roche* – 1866

Pour lui, désormais, j'étais de son bord, mais pour les Indigènes, je n'étais qu'un traître, un renégat, celui qui avait retourné sa veste pour se mettre au service des Roumis.

Ammar Amokrane – *L'honneur n'est pas sauf* – 2003

183. PASSER À LA CASSEROLE

1. Mourir (de mort violente).
2. Subir quelque chose de pénible.
3. Pour une femme, être dans l'obligation d'accepter l'acte sexuel ou s'y prêter pour la première fois.

Avant d'attaquer l'explication des trois sens proposés, qui nous viennent apparemment du début du XXe siècle, il faut savoir que cette expression a eu d'autres sens inutilisés aujourd'hui comme « être soumis à un traitement dépuratif énergique » ou « être soumis à un traitement antivénérien ». Le second s'explique par la thérapie utilisée qui consistait à chauffer du mercure dans une casserole et à en faire respirer les vapeurs en fumigation par celui qui avait trempé son biscuit* dans un récipient malpropre.

Passer, c'est parfois subir une épreuve désagréable comme « passer le bac » pour un cancre, ou « passer de vie à trépas » pour Henri IV ou Marat. Mais plus justement, *y passer*, depuis Molière, c'est soit subir quelque chose de pénible, comme « les derniers outrages », soit carrément mourir. Or, il ne faut pas oublier qu'on tue les volailles (et autres animaux) avant de les *passer à la casserole*. Ce qui explique que le récipient de cuisson, vu comme un symbole du trépas, a donné le premier sens de l'expression.

Pour le second sens, né au même moment, nous allons maintenant basculer vers l'argot tout en conservant le côté pénible de *y passer* : un truand qui est pris en flagrant délit, donc qui se retrouve en très mauvaise situation, est tout aussi « cuit » que le missionnaire qui a pris position dans la casserole du cannibale.

Plus trivial et tout aussi argotique, enfin, à quoi sert aussi une casserole (ou une sauteuse), sinon à « sauter » des aliments comme des pommes de terre, par exemple ? Or, une femme qui subit ou participe à un acte sexuel, ne se fait-elle pas « sauter » ?

Voilà une « bien jolie » métaphore qui suffit à faire le lien avec le dernier sens.

> Il a dû passer à la casserole. C'est ma faute. J'en ai flingué des types, dans ma vie, et ils ne m'empêchent pas de dormir, et pourtant celui-là…
>
> Vlamidir Volkoff – *Le Berkeley à cinq heures* – 1993

> J'éprouvai du plaisir, ce que je n'avais pas espéré de cette rencontre. Elle m'apprit que je pouvais la prendre normalement parce qu'elle n'était plus vierge : son cousin. Elle avait consenti parce que sa cousine, France, qu'elle admirait était passée à la casserole elle aussi. C'était la nouvelle mode.
>
> Jacques Laurent – *Les Bêtises* – 1971

184. TRAÎNER UNE CASSEROLE

Avoir été compromis dans une affaire douteuse.
Traîner, dans sa réputation, les conséquences négatives d'un acte passé.

Certains méchants marmots sont capables d'attacher des récipients métalliques (dont des casseroles) à la queue d'un chien qui, gêné par ce qu'il traîne et affolé par le bruit qu'ils font, se met à courir de façon désordonnée et très peu discrète.

Ces « casseroles » sont pour lui à la fois embarrassantes, gênantes et bruyantes. Tout à fait comme une sale affaire dans laquelle a trempé quelqu'un, que certains n'ont pas oubliée et se chargent de rappeler au bon moment pour jeter le discrédit sur la personne lorsqu'elle devient gênante.

Cette expression est très utilisée en politique, milieu plein de personnes aimables, saines et foncièrement honnêtes, dans lequel, si jamais vous avez eu le malheur de faire un écart un jour dans votre vie (plus grave, tout de même, que d'attacher des casseroles à la queue d'un chien), un de vos adversaires se chargera de le rappeler le plus bruyamment possible à vos électeurs au plus mauvais moment pour vous.

Et vous voilà, d'un coup, traînant derrière vous une « casserole » devenue d'un coup très embarrassante et dont le bruit risque fort de compromettre vos chances d'être élu.

La métaphore est donc très parlante.

Cette expression est attestée en 1902.

> Personne ici n'osait lui parler de son passé supposé de psychopathe. Pourtant, il avait l'impression désagréable de traîner une casserole derrière lui. Tout ceci lui causa du souci et de l'amertume.
>
> Haytam ANDALOUSSY – *Le Pain de l'amertume* – 2010

185. COIFFER SAINTE CATHERINE

Pour une femme, arriver à l'âge de vingt-cinq ans sans être mariée.

Sainte Catherine (ou Catherine d'Alexandrie), jeune femme pieuse, très érudite et restée vierge, a eu « le plaisir » de mourir en martyre au IVe siècle, décapitée après avoir été partiellement déchiquetée par des roues armées de pointes et de rasoirs.

Elle est la patronne des jeunes filles, mais aussi des étudiants, des meuniers et des philosophes.

Par sa virginité, sainte Catherine est le symbole de la pureté (le nom vient d'ailleurs du grec *katharos* qui veut dire « pur », mot d'où vient aussi le nom des fameux cathares).

Dès le Moyen Âge, il est d'usage de fêter la Sainte-Catherine pour les jeunes filles non mariées à 25 ans, donc réputées encore vierges[1], demoiselles qu'on appelle des catherinettes.

Si elles respectent la tradition, le 25 novembre, ces célibataires doivent se mettre un couvre-chef comportant les couleurs jaune (symbole de la foi)

---

1. Tradition qui se perd un peu, à notre époque…

et verte (symbole de la connaissance), en rappel de l'ancienne tradition qui voulait que des jeunes filles coiffent les statues de sainte Catherine dans les églises de Paris, ce jour-là.

> Il était midi, et les paysans qui descendaient de la montagne et qu'on rejoignit dans le chemin souhaitèrent d'un ton goguenard aux jeunes demoiselles de ne pas coiffer sainte Catherine.
>
> *Revue germanique* – Volume 20 – 1862

186. EN CATIMINI

En cachette, très discrètement.

Cette locution adverbiale est attestée dès la seconde moitié du XIVe siècle, mais son origine est incertaine.

Il est souvent dit que le mot *catimini* viendrait du grec *katamênia* pour « menstrues » ou « menstruations », mais le lien avec la signification de l'expression est difficile à faire, sauf si les femmes de l'époque prenaient soin de dissimuler leur état régulier éventuellement considéré comme honteux. À l'époque de la naissance de l'expression, il existait également le verbe *catir* pour « cacher » qui a aussi donné *faire le catinus* pour « faire l'hypocrite ». Il se peut donc qu'il soit à l'origine de notre mot.

Mais une autre explication vient du picard[1]. À cette période de notre histoire, le chat était considéré comme un animal hypocrite, car il avance en se dissimulant lorsqu'il prépare un mauvais coup comme attraper un piaf ou un rongeur. Or chez les Picards, *cate* désignait une « chatte » et *mini* est de la même racine que *minou* ou *minette*.

Même si le dédoublement du *chat* dans le même mot peut nous sembler étrange, ce genre de pratique était pourtant en usage à cette époque. Ainsi, le

---

1. Pour les grands consommateurs de surgelés qui sont fâchés avec la géographie française *picard* ne vient pas de vos magasins préférés, mais du nom de la Picardie, région située entre l'extrême nord de la France et l'Île-de-France.

mot *chattemite* (*mite* étant un ancien nom populaire du chat) existait déjà à la fin du XIIIe siècle pour désigner des manières hypocrites ; de même, l'adjectif *marmite*, qui au XIVe désignait également un hypocrite, était constitué de l'onomatopée *marm* exprimant le ronronnement du chat et de la même *mite* que dans le mot précédent. Dans les deux cas, l'hypocrisie imaginée du chat est mise en avant.

À la lumière de ces deux explications et en l'absence de certitudes, rien n'interdit donc d'imaginer que *cati* vient du verbe *catir* (également d'origine picarde) et que *mini* désigne bien le chat. On retrouverait ainsi le chat qui se cache avant de perpétrer ses crimes.

> Mon grand-père met les louis d'or sans jamais les compter dans la poche de son veston ; ma grand-mère, insomniaque, se glisse, la nuit, dans le vestibule pour prélever sa dîme « en catimini » comme elle dit elle-même à sa fille.
>
> Jean-Paul SARTRE – *Les Mots* – 1964

187. UN CAUTÈRE / EMPLÂTRE SUR UNE JAMBE DE BOIS

Une mesure complètement inutile, inefficace.

Nous avons donc d'un côté la *jambe de bois* et de l'autre le *cautère* ou l'*emplâtre*.

Pour la première, tous ceux qui ont lu *L'Île au trésor* (Robert Louis Stevenson, 1882) se souviennent de la jambe de bois de Long John Silver, l'archétype du pirate, qui avait perdu sa véritable jambe lors d'un abordage, à cause du tir traître d'un marin de son camp.

Quant au *cautère*, avant d'en évoquer son usage, nous allons parler de son étymologie.

Le mot vient indirectement de l'ancien grec *kaiein* qui signifiait « brûler ». Il a d'abord servi à nommer un fer brûlant, au XIIIe siècle (c'est encore aujourd'hui un instrument à pointe chauffable au rouge destiné à brûler les tissus) ; par métonymie, il s'est ensuite appliqué, au XVIIe siècle, à la plaie qui résultait de l'application d'un tel fer sur la chair, avant de désigner le cataplasme apposé sur la plaie pour la guérir.

Le cautère est donc ici le remède qui sert à soigner une blessure.

Pour terminer l'énumération, il nous reste l'emplâtre que le *Grand Robert* décrit ainsi : « Topique, onguent glutineux se ramollissant légèrement à la chaleur, ce qui le fait adhérer à la partie du corps sur laquelle on l'applique. » Autrement dit, c'est, comme un cataplasme, une préparation médicinale appliquée sur la peau.

Maintenant, nous avons tous les éléments pour juger de l'intérêt d'appliquer un cautère ou un emplâtre sur une jambe de bois : il est complètement nul ; ce qui suffit largement à expliquer le sens de notre expression, apparue au XVIIIe siècle, et qui, par extension, s'applique à toute situation, y compris non médicale, où l'on pense qu'une mesure n'aura strictement aucun effet.

> Non, la situation n'a pas évolué, parce que l'État s'est contenté d'un cautère sur une jambe de bois. Sur le prix des carburants, qui a tout fait flamber, il s'est contenté d'installer un observatoire des prix sans aucun pouvoir d'investigation ni de sanction. Il a gelé les prix, mais a recommencé à les augmenter sans avoir réformé le dispositif de fixation des prix administrés. Il a imposé une baisse de prix sur certains produits et s'est contenté de constater que ces produits avaient disparu des rayons.
>
> Christiane TAUBIRA, à propos de la situation aux Antilles et en Guyane – *Le Monde* – Article du 11 janvier 2010

188. ÊTRE SUJET À CAUTION

Être douteux.
Ne mériter qu'une confiance limitée.

Le « sujet à caution » n'est pas la personne qui vient d'être arrêtée parce qu'elle est soupçonnée d'un crime et qui est libérée temporairement contre le versement d'une caution ou garantie sous forme d'argent. En effet, le seul lien entre la caution pécuniaire et la caution qui nous intéresse ici n'est qu'étymologique.

Au début était le verbe latin *cavere* qui voulait dire « prendre garde » ou « se méfier ». De ce verbe, toujours en latin, a dérivé *cautio* (prudence) qui a donné à la fois *précaution*, mais aussi, dans le domaine juridique, *caution* comme synonyme de « garantie » ; (d'où l'expression toujours actuelle *libéré sous caution*). On disait alors *être caution que*, alors qu'on utiliserait plutôt maintenant *répondre de*.

Et c'est bien le sens initial, celui du verbe *cavere*, lié à la méfiance, qu'on trouve dans notre expression datant du début du XVIIe siècle.

Mais on y retrouve aussi celle de garantie si l'on admet que la chose qui est sujette à caution ne sera finalement crédible que si une forme de garantie permet de la confirmer ou vérifier.

> Notre gaieté est tellement sujette à caution, qu'il est prudent de la faire surveiller par un gendarme. Rien, au contraire, n'est plus doux, plus honnête et plus bienveillant que la gaieté des paysans grecs.
>
> Edmond About – *La Grèce contemporaine* – 1854

189. PASSER AU CAVIAR – CAVIARDER

Cacher ou supprimer.
Censurer.

Il faut savoir qu'en Russie, sous le tsar Nicolas Ier, la censure était fréquente[1] et que, dans les publications et livres imprimés, il n'était pas rare de trouver des taches noires, faites à l'encre, destinées à rendre indéchiffrables les passages qu'on voulait censurer.

Or, il se trouve que le caviar, cet aliment de luxe issu de l'esturgeon, principalement originaire de Russie, est également noir.

1. Ce n'est plus du tout le cas de nos jours, c'est bien entendu.

C'est pourquoi, en raison du pays d'origine commun, la comparaison a été très vite faite entre ce mets souvent servi dans les pince-fesses huppés et ces taches matérialisant la censure.

Utilisé en argot depuis le début du XXe siècle dans le milieu journalistique, le « passage au caviar » a ensuite donné le verbe *caviarder*.

> Les éditions Grasset ont caviardé, avec le consentement de l'auteur, quatre pages du nouveau roman de Frédéric Beigbeder *Un roman français*, dans lesquelles celui-ci s'en prenait au procureur de la République de Paris.
>
> *Libération* – Article du 18 août 2009

190. SE SERRER LA CEINTURE

1. Se priver de nourriture.
2. Se passer de quelque chose.

La date d'apparition de cette expression ne semble pas vraiment connue, et aucune version ancienne du *Dictionnaire de l'Académie française* ne la cite, pas plus que le *Littré*. Mais on en trouve une attestation au milieu du XIXe siècle (voir l'exemple).

Pourtant, le mot *ceinture* existe depuis le XIIe siècle avec le sens de « bande de matière souple portée à la taille pour maintenir un vêtement ou comme ornement ».

Maintenant, comprendre l'origine des sens métaphoriques de l'expression est très simple : regardez à quel trou vous serrez votre ceinture, cessez de manger pendant une semaine, et, si vous y avez assez de trous, regardez auquel vous serrez votre ceinture autour de votre ventre creux au bout des sept jours de jeûne.

Il ne fait aucun doute que le fait de se passer longtemps de nourriture permet de serrer nettement plus sa ceinture.

De là est issu le premier sens proposé, même si ici, la privation n'est absolument pas volontaire, mais subie, que ce soit pour cause de pauvreté (en général) ou de situation dans laquelle aucune nourriture n'est accessible (lorsque perdu au fin fond du désert de Gobi, il ne reste strictement plus rien à manger au fond de votre sac à dos).

C'est par simple extension du sens initial que l'expression couvre aussi la privation ou le manque de n'importe quoi dont on aurait pourtant envie ou besoin.

> Quand par malheur le travail quotidien était interrompu, après avoir épuisé leur crédit, ils n'avaient d'autre alternative que de se serrer la ceinture ou de sacrifier leurs épaules à leur ventre, en vendant l'une après l'autre les différentes pièces de leur vêtement, jusqu'à leur dernière chemise.
>
> Louis de Baudicour – *La Colonisation de l'Algérie : ses éléments* – 1856

191. LA CERISE SUR LE GÂTEAU

1. Le petit détail final qui parfait une réalisation.
2. L'avantage supplémentaire.
3. Le comble, le bouquet (ironiquement).

Nous avons simplement ici affaire à une métaphore pâtissière, par comparaison avec ce superbe gâteau sur lequel trône, au milieu, une belle cerise d'un rouge parfaitement naturel, petite touche de décoration finale qui rend la pâtisserie plus appétissante (au risque, parfois, d'être cruellement déçu une fois la première bouchée avalée).

Cette expression n'est qu'une traduction exacte de l'expression anglaise *the cherry on the cake* ou de sa variante *the cherry on top* (voulant dire « la cerise sur le dessus », sous-entendu : du gâteau) dont la date d'apparition n'est, semble-t-il, pas connue, mais dont l'origine ou le sens est on ne peut plus limpide.

On peut noter que, dans les pays anglo-saxons, on utilise également avec le même sens *the icing on the cake*, la métaphore portant cette fois sur le glaçage sucré dont on recouvre certaines pâtisseries.

> Ils sont membres du système monétaire européen bis depuis deux ans et leur taux de change par rapport à

l'euro est stable, et, enfin, leurs taux d'intérêt à long terme, librement fixés par les marchés financiers, sont dans la norme de la zone euro. Cerise sur le gâteau, leur croissance est forte (3,8 % en 2006 pour Chypre et 2,9 % pour Malte) et leur chômage, faible (4,7 % pour Chypre et 7,4 %).

Libération – « L'euro à Chypre et à Malte en 2008 » – Article du 16 mai 2007

Enfin, cerise sur le gâteau, l'association révèle également que la banque grappille chaque année quelques millions d'euros – 4 en 2003 – au titre de la compensation entre les différents régimes de retraite.

http://www.sauvegarde-retraites.org

192. LA FEMME DE CÉSAR NE DOIT PAS ÊTRE SOUPÇONNÉE

Les personnalités officielles, les institutions doivent être à l'abri des accusations.

Cette signification peut être mal interprétée : il ne faut pas comprendre que les personnalités et institutions doivent être intouchables même si elles sont accusées de quelque chose (comme c'est le cas pour certains en France), mais qu'elles doivent être tellement irréprochables qu'aucun soupçon ne puisse les entacher. Sinon, elles doivent être écartées ou destituées, avant même de savoir si les soupçons sont justifiés ou non.

Selon Plutarque, il s'agit en fait d'une réponse que fit César, le grand Jules, lorsqu'il cherchait à justifier d'avoir répudié sans aucune preuve sa troisième épouse Pompéia, soupçonnée de relations illicites avec Clodius.

Du fait que son épouse, obligatoirement proche du pouvoir, était suspectée, il se devait donc de l'écarter, qu'elle soit réellement fautive ou pas.

S'agissait-il d'une réelle rigueur de César ou bien d'une explication fumeuse parce qu'il était désireux de changer d'épouse ?

Toujours est-il que si on appliquait cette règle dans notre république, il y aurait un sacré nettoyage chez nos politiques.

> Pas plus que celle de la femme de César, la vertu d'Issa Hayatou (et celle de Jacques Anouma) ne peut être soupçonnée. Pour avoir lancé une accusation de corruption envers les deux membres africains du comité exécutif de la Fifa, le journal britannique *Sunday Times* a suscité une réaction outrée du président de la CAF.
>
> Footafrique.com – 22 mai 2011

193. SE RÉDUIRE COMME UNE PEAU DE CHAGRIN

Se réduire progressivement (jusqu'à ce qu'il n'en reste plus rien).

Voilà une expression qui, en cette période de crise, pourrait parfaitement s'appliquer à de l'argent placé sur des supports hasardeux, au point de provoquer un très gros chagrin à celui qui voit ainsi ses économies fondre comme neige au soleil.

Certes, on est toujours très triste de voir quelque chose auquel on tient disparaître progressivement et inéluctablement, mais pourtant le *chagrin* de notre expression n'a strictement rien à voir avec ce chagrin auquel on pense logiquement.

Ce *chagrin*-là vient en effet du turc *sagrï* qui désignait d'abord la croupe d'un animal puis, par métonymie, la peau du même animal.

C'est plus précisément de l'âne ou de la mule, dont la peau est à la fois dure et élastique, qu'on tirait la « peau de sagrin » (au XVIe siècle) – dénommée ensuite *peau de chagrin*, par influence du mot usuel *chagrin* – qui servait à fabriquer des tambours, des chaussures ou des reliures de livres.

Mais pourquoi cette histoire de réduction, me direz-vous ?

Eh bien, cela vient du roman éponyme d'Honoré de Balzac dans lequel la « peau de chagrin » est une pièce de cuir magique qui exauce tous les vœux de son possesseur, mais qui, à chaque désir réalisé, voit sa taille diminuer, tout en rongeant progressivement la vie de son propriétaire qui mourra en même temps que la peau disparaîtra après à un dernier désir satisfait.

> Cette bonne tenue des cours [du coton] est particulièrement bienvenue au Bénin, au Burkina Faso et au Mali qui avaient vu leurs recettes d'exportation se réduire comme peau de chagrin ces deux dernières années.
>
> OCDE – *Perspectives économiques en Afrique 2007/2008*

194. NI CHAIR NI POISSON

Indéfinissable, indéterminé (pour quelque chose).
Indécis ou difficile à cerner (pour quelqu'un).

Il y eut un temps très lointain où le jeûne du carême était scrupuleusement respecté : un seul repas de pain, de légumes, de fruits secs et d'eau par jour. Puis, quelques pontes de l'Église autorisèrent un certain relâchement (un peu par la force des choses, les fidèles l'étant de moins en moins) qui vit l'introduction du poisson, des œufs, des laitages et même du vin pendant cette période peu propice aux agapes.

Mais au Moyen Âge, nombreux furent ceux qui s'opposèrent à ces tolérances, arguant que les œufs et le beurre, par exemple, étant des graisses animales, ne pouvaient être consommés pendant le carême. Ces théoriciens rigoristes oubliaient qu'à cette période de l'année (avant Pâques), les paysans n'avaient pas encore de légumes dans leur jardin et pas forcément beaucoup de pain et que, par conséquent, ils étaient condamnés à la disette s'ils devaient vraiment respecter le jeûne.

Dans les grandes joutes aussi bien écrites que verbales entre les opposants et les favorables au relâchement, le poisson fut un immense sujet de discussion, les uns disant que le poisson était de la chair (c'est un animal, non ?), les autres disant qu'il n'en était rien (à une époque où les études animales n'étaient pas très poussées, ils croyaient que ces bestioles ne se nourrissaient que d'eau).

Le peuple (qui, pendant ce temps, avait la dalle) ne retint que le côté pittoresque de ces échanges peu amènes et de ces polémiques (C'est quoi ce truc ? Chair ou poisson ?) et inventa notre expression pour désigner des choses dont la nature n'est pas bien définie, des gens dont l'opinion fluctue, ceux qui ont une conduite louche, indéfinissable et, plus généralement, toutes choses indéterminées.

De nos jours, on l'emploie aussi régulièrement à propos des hommes politiques dont l'opinion varie en fonction de la direction du vent ou du résultat des derniers sondages (toute ressemblance avec une situation réelle, mais très improbable serait purement fortuite, bien sûr).

> Je vous présente mon petit dernier : un bambin fantasque en diable qui rit quand on le malmène, qui pleure quand on le caresse ; un petit être ni chair, ni poisson, amalgame de sentiments contradictoires, tantôt logique jusqu'à la férocité, tantôt incohérent jusqu'à l'enthousiasme.
>
> QUATRELLES – *Mon petit dernier* – 1885

195. VOULOIR FAIRE PASSER UN CHAMEAU PAR LE CHAS D'UNE AIGUILLE

Tenter quelque chose d'impossible ou d'extrêmement difficile.

Une telle tentative ferait partie de celles aussi vaines que l'idée bizarre de vouloir faire subir les derniers outrages à une mouche sans l'exploser.

Cette expression nous vient de loin, puisqu'il faut remonter au Christ pour en connaître l'origine.

Selon la Bible, à cette époque, il était un homme riche qui respectait scrupuleusement tous les commandements et souhaitait donc ardemment obtenir la vie éternelle (comme tout un chacun, quoi !), mais qui refusait de partager ses biens avec les pauvres, montrant ainsi son attachement profond aux biens matériels et montrant également que le renoncement à la richesse était difficile, voire impossible.

C'est à propos de ce riche que Jésus dit : « Je vous le dis, il est plus aisé pour un chameau d'entrer par le trou d'une aiguille, que pour un riche d'entrer dans le royaume de Dieu. » (Évangile selon saint Matthieu, XIX, 24.)

Et quand on connaît la difficulté qu'il y a à faire passer un camélidé bi-bosse[1] par le trou d'une aiguille, sauf dans le cas où cette dernière serait aux proportions de la tour Eiffel, on se rend compte que les portes du Paradis sont définitivement fermées à notre Onc'Picsou.

Cela dit, les propos du Christ, tels qu'ils sont généralement transmis par les apôtres, étant plus que mesurés, une telle comparaison paraît grossière.

C'est pourquoi d'autres interprétations de ce qu'a prononcé Jésus ont été proposées.

En effet, là où, dans le texte de l'Évangile, certains lisent *kamelos* (soit « chameau »), d'autres voient *kamilos* (soit « câble »). L'image n'est plus du tout la même, le câble n'étant jamais qu'un gros fil, ce qu'on ne peut pas vraiment dire du chameau[2].

On se rapproche donc déjà plus d'une tentative un peu moins désespérée d'arriver au but recherché, puisqu'un petit câble peut passer à travers le chas d'une très grosse aiguille, pour peu qu'on ait les deux à portée de main.

L'autre interprétation indique qu'il aurait existé à Jérusalem une porte d'entrée appelée « le chas de l'aiguille » beaucoup trop petite pour qu'un chameau bâté puisse y passer. Alors, il se peut qu'une

1. J'en profite pour rappeler que le dromadaire n'est jamais qu'un chameau qui bosse à mi-temps, et pour confirmer que, même si, de deux chameaux, on choisit toujours le moindre, le passage dans le chas restera très difficile.
2. Même si, vue de l'espace, une longue caravane de chameaux peut ressembler à un fil.

traduction imparfaite du texte ait donné « chas de l'aiguille » au lieu de « trou de l'aiguille ». Et Jésus aurait évoqué une comparaison alors devenue acceptable et compréhensible.

> Une autre idée abstraite pourrait être représentée par quelques-uns des innombrables symboles de l'Écriture, exemple : le trou d'aiguille à travers lequel le chameau est incapable de passer.
>
> Antonin Artaud – *Le Théâtre et son double* – 1938

196. APPUYER SUR LE CHAMPIGNON – CONDUIRE LE CHAMPIGNON AU PLANCHER

Accélérer. – Conduire à toute vitesse.

Dans notre monde moderne, on pourrait croire que notre expression vient de ces jeux télévisés, comme le célèbre *Questions pour un ~~champignon~~ champion,* où les candidats ont devant eux un gros champignon plastique sur lequel ils doivent très vite appuyer (d'où l'idée de vitesse) pour déclencher un signal dès qu'ils pensent avoir la bonne réponse (qui est forcément « Stéphanie de Monaco », bien sûr[1] !)

Mais si cette expression argotique est utilisée principalement dans le monde automobile, c'est bien parce qu'elle en provient très directement, et ce depuis la première moitié du XXe siècle.

En effet, aujourd'hui, les pédales de nos véhicules motorisés (accélérateur, frein, embrayage) sont généralement des plaques plus ou moins recourbées ; mais il faut se souvenir qu'autrefois, lorsque les premiers véhicules automobiles sont apparus, et pendant longtemps, la pédale d'accélérateur était constituée d'une tige métallique droite surmontée d'une demi-boule, l'ensemble ressemblant beaucoup à un champignon.

---

1. Allusion à un sketch des Inconnus, parodie de *Questions pour un champion*, où un candidat, à n'importe quelle question, répond « Stéphanie de Monaco ».

Alors celui qui voulait monter à l'ébouriffante vitesse de 80 km/h devait impérativement appuyer à fond sur le champignon de son bolide pour y arriver.

Et lorsque le champignon était complètement enfoncé, en butée proche du plancher du véhicule, on conduisait « le champignon au plancher ».

Cette expression s'emploie aussi maintenant hors du monde des véhicules motorisés, lorsqu'il est question d'accélérer quelque chose, de « passer à la vitesse supérieure » (autre métaphore automobile).

> Des prunes, j'en prends beaucoup. [...]. Bon, comme, en plus, j'avais tendance à appuyer sur le champignon sans vraiment m'en rendre compte, je viens d'acheter un régulateur de vitesse.
>
> *Libération* – Article du 24 février 2010

> Sur un ace et un service-volée, excusez du peu. Del Potro avait laissé passer sa chance. Car le Russe appuyait sur le champignon au moment opportun.
>
> *Le Figaro* – Article du 29 novembre 2009

197. MANGER / BOUFFER COMME UN CHANCRE

Manger avec voracité.
Manger excessivement.

Chancre est un mot qui vient du latin *cancer* et qui désigne un ulcère ou une tumeur. Autrefois, le chancre désignait un petit ulcère qui débordait sur les parties environnantes en les rongeant.

Actuellement, c'est plutôt une ulcération de la peau ou de certaines muqueuses caractérisant des maladies infectieuses, principalement vénériennes (comme le chancre mou, par exemple).

Mais, en botanique, c'est aussi une plaie vive de l'écorce d'un arbre attaquée par un champignon.

Dans tous les cas, le chancre est donc soit quelque chose qui tend à s'étendre en « dévorant » ce qui l'entoure ou bien une grosse plaie ou crevasse qui, comme toute crevasse qui se respecte, est susceptible d'engloutir les inconscients qui s'en approchent trop près.

Notre métaphore, qui date du XVIIe siècle, est donc facile à comprendre, celui qui mange comme un chancre dévorant ou engloutissant toute la nourriture ayant la mauvaise idée de passer à sa portée.

Mais il est possible que sa naissance soit également due à une simple déformation de l'ancienne comparaison *comme un chantre* (*gras comme un chantre*, *boire comme un chantre*).

En effet, à l'époque où il y avait des chantres dans les églises, pour chanter au cours des cérémonies religieuses, ceux-ci avaient la réputation, comme les moines et les chanoines, de faire bonne chère, de bien ripailler, justifiant ainsi la naissance de la comparaison.

> Dom Juan
> – Une chaise, un couvert. Je te suis redevable
> D'être si ponctuel. (à Sganarelle.) Viens te remettre à table.
> Sganarelle
> – J'ai mangé comme un chancre, et je n'ai plus de faim.
>
> MOLIÈRE – *Dom Juan* – 1665

198. DEVOIR UNE FIÈRE CHANDELLE

Avoir une grande dette de reconnaissance envers quelqu'un.

Si quelqu'un vous sauve de la noyade ou vous empêche par tous les moyens d'aller assister à un exposé philosophique de Jean-Claude Van Damme, vous lui devez obligatoirement « une fière chandelle ».

Fier a ici le sens de « grand », « fort » ou « remarquable ».

Quant à la *chandelle*, elle vient du cierge qu'il fallait autrefois obligatoirement aller faire brûler à l'église en témoignage de reconnaissance.

À la fin du XVIIIe siècle, *il doit une fière chandelle à Dieu* voulait dire « il a échappé à un grand péril ».

Je dois aussi une fière chandelle à M. Williams sans lequel je n'aurais jamais pu faire cette merveilleuse expérience. S'il n'avait pas cherché à sauver sa peau comme il l'a fait, je n'aurais pas connu les joies du paradis.

Gore VIDAL – *Myra Breckinridge* – 1988

199. LE JEU N'EN VAUT PAS LA CHANDELLE

Cela n'en vaut pas la peine.
Cela coûterait plus cher que cela ne rapporterait.

Cette expression, sous une forme très approchante, date du XVIe siècle. Il ne faut pas oublier qu'à cette époque la fée électricité n'existait pas encore et que ceux qui s'adonnaient aux jeux (cartes, dés…), particulièrement ceux donnant lieu à des enjeux, devaient s'éclairer à la chandelle, considérée comme un objet de luxe.

Il était d'ailleurs d'usage, dans les endroits modestes, que les participants laissent quelque argent en partant pour dédommager du coût de cet éclairage.

Et lorsque les gains étaient faibles, ils ne couvraient même pas le prix de la chandelle…

Notre expression est donc simplement une lumineuse métaphore indiquant qu'il n'est pas nécessaire de gaspiller du temps, de l'argent ou des efforts pour n'obtenir en retour qu'un résultat médiocre faisant au final regretter ce qui aura été gaspillé.

Lostec est tenté d'explorer les poches du défunt, mais des bribes de catéchisme lui reviennent en mémoire. Garder son job pour nourrir ses six enfants est, tout de même, prioritaire. Et puis, voler de l'argent à un mort porte la poisse. Le jeu n'en vaut pas la chandelle.

Michel RENOUARD – *Terminus Montparnasse* – 2006

200. TENIR LA CHANDELLE

1. Assister à des ébats amoureux, sans y participer.
2. Être seul avec un couple trop occupé et se sentir de trop.

Imaginez-vous au début du XIXe siècle, lorsque l'électricité et les lampes de chevet n'existaient pas. Vous êtes de la haute société et avez bien entendu du personnel de maison.

La nuit est là. Les chouettes ululent dans le lointain. Les escadrilles de moustiques se repaissent de votre sang. Soudain, malgré les boutons qui vous démangent, vous êtes pris d'une envie pressante de batifoler dans le lit conjugal, avec votre moitié ou votre illégitime, mais surtout pas dans le noir. Que vous reste-t-il à faire ? C'est très simple : vous appelez à la rescousse un de vos employés pour qu'il vous tienne un chandelier à proximité du lit pendant vos ébats.

Ce scénario était bien une réalité d'autrefois, le valet ou la soubrette devant bien sûr se tenir le dos tourné.

Et c'est bien là l'origine de cette expression, d'autant plus que, comme il s'agissait de relations amoureuses, il fallait y ajouter les sous-entendus érotiques d'une chandelle bien verticale.

Notez que, dans certaines cultures ou certains milieux (royaux, par exemple) où la virginité féminine devait obligatoirement être conservée jusqu'au mariage, le rôle du porteur de chandelier – une personne de confiance – n'était plus d'éclairer la scène (il attendait à l'extérieur), mais, après consommation, de venir éclairer le drap pour s'assurer de la présence de la tache prouvant que la mariée était bien une première main.

Et si, de nos jours, on n'a plus de chandelle à tenir pour éclairer la scène, par extension, celui qui est présent avec un couple et qui se sent de trop est, en étant exclu des relations entre les deux autres personnes, le porteur symbolique de la chandelle d'autrefois.

> Suwado, couturière, mariée avec deux enfants, serait en effet une de ces femmes à qui le conjoint tient la chandelle. Ce dernier, un informaticien travaillant à son propre compte, semblait fermer exprès les yeux sur ses fréquentations masculines, pourvu seulement qu'elles lui permettent de gagner des marchés et de signer des contrats avec des hommes d'affaires et des politiciens ayant besoin de ses services.
>
> Khadi Fall – *Senteurs d'hivernage* – 1992

201. SUR LES CHAPEAUX DE ROUES

À grande vitesse, avec précipitation.

Les chapeaux de roues, ce sont bien sûr les enjoliveurs des roues d'une voiture.

Pour les amateurs de dessins animés et de situations impossibles, il est amusant d'imaginer une voiture prenant un virage tellement vite qu'elle bascule sur les deux roues extérieures au virage au point d'en frotter les enjoliveurs sur le bitume avec de grands jets d'étincelles.

L'explication de l'expression, apparue dans les années 1920, est simplement là.

Mais bien entendu, compte tenu des stupides lois de la physique qui gouvernent notre univers, il est peu probable que, dans la réalité, une telle situation permette ensuite à la voiture de continuer son trajet autrement qu'en enchaînant quelques tonneaux, avant la mise en bière (du conducteur, pas des tonneaux !).

Cette image s'est ensuite étendue pour désigner toute action effectuée avec beaucoup de précipitation.

> Brûlant les stops et empruntant les sens interdits, le véhicule traversa Saint-Geniez sur les chapeaux de roues, poursuivi par la voiture des gendarmes, sirène hurlante.
>
> Paul Astruc – *Les Grandes Affaires criminelles de l'Aveyron* – 2003

202. AVOIR VOIX AU CHAPITRE

1. Être consulté, avoir le droit d'exprimer une opinion, de participer à une délibération.
2. Avoir de l'influence en donnant son avis dans une affaire.

Ce *chapitre*-là n'a strictement rien à voir avec celui d'un livre. Le nôtre remonte au Moyen Âge. Il concerne le clergé dans lequel le chapitre désigne à la fois le corps des chanoines d'une cathédrale ou d'une église importante, l'assemblée des moines et chanoines qui traite des affaires de leur communauté et le lieu dans lequel se tient cette assemblée.

Celui qui « avait voix au chapitre » était celui qui pouvait participer aux prises de décisions, celui qui avait une voix lors des délibérations au cours des assemblées, droit qui était ouvert aux chanoines et à leurs supérieurs comme les évêques, mais pas aux serviteurs et moinillons également présents.

L'expression, qui a gardé le sens d'origine, ne semble apparaître qu'au XVIe siècle, malgré l'ancienneté des chapitres.

On notera que « être chapitré » (réprimandé) a la même origine, puisque le chapitre était aussi le lieu où l'on décidait des sanctions à l'égard des moines qui ne respectaient pas correctement les contraintes de leur ordre.

> La légitimité du G20 est fragile. Des régions entières du monde n'y siègent pas, les pauvres n'ont pas voix au chapitre. Ce n'est pas une communauté de valeurs. Des démocraties jouxtent des États violant les droits de l'homme, bafouant l'égalité entre les hommes et les femmes ; des économies ouvertes siègent à côté de pays plus ou moins fermés et prédateurs.
>
> *Le Monde* – Article du 12 novembre 2010

203. ARRÊTE TON CHAR (BEN-HUR) !

1. Arrête d'exagérer !
2. Cesse de raconter n'importe quoi !

Nous avons là droit à un beau calembour, digne de l'*Almanach Vermot* et datant du milieu du XXe siècle.

Cette expression est tout simplement un jeu de mots avec *char*, le véhicule, et *charre*, l'exagération, mot dérivé du verbe populaire *charrier* pour « exagérer[1] ». Elle assimile celui qu'on essaye d'arrêter de dire des bêtises au véhicule lancé à grande vitesse qu'il faut tenter de stopper.

L'ajout du nom du conducteur est venu un peu après la naissance de l'expression, en 1959, à l'époque du succès du film *Ben-Hur* (de Cecil Billet de Mille) dont on sait qu'un des passages les plus spectaculaires est une course de chars peu romantique dans la Rome antique.

> Eh Josy, crie Lerouge, arrête ton char, tu perds des roues ! Il n'y a pas trois jours, tu nous disais que tu irais au bal quatre soirs de suite…
>
> Albertine Sarrazin – *La Cavale* – 1962

204. ALLER AU CHARBON

1. Aller travailler.
2. Se résoudre à faire quelque chose de pénible.

Cette expression est récente puisqu'elle date du début du XXe siècle.

Lorsqu'on l'entend, on imagine tout de suite le dur travail des mineurs chargés d'extraire péniblement ce charbon que le bougnat[2] livrait ensuite dans de gros sacs difficilement portés à dos d'homme.

---

1. *Charrier* veut normalement dire « transporter dans une charrette ». Le sens d'exagération vient d'une altération de *cherrer* au XIXe siècle et a donné *charre* ou *char* en argot pour désigner une exagération ou un bluff.
2. Vendeur de charbon, métier exercé par beaucoup d'Auvergnats autrefois à Paris (*bougnat* serait soit un raccourci de *charbougna* ou *charbonnier* prononcé avec l'accent auvergnat, soit la contraction de *charbonnier* et *Auvergnat*). Le bougnat exerçait aussi souvent le métier de tenancier de bar en parallèle de son autre

Si l'expression n'est pas originaire des mines (ni de celles de charbon, ni de l'école d'ingénieurs), son image est suffisamment claire pour qu'elle soit devenue fréquemment utilisée depuis la fin du XXe siècle.

Mais Gaston Esnault nous apprend qu'elle est apparue en réalité dans le milieu de la prostitution dans les années 1930 où elle signifiait « exercer un métier régulier », par opposition à celui des péripatéticiennes et de leurs souteneurs.

Cette notion de « métier régulier » a ensuite été reprise dans le milieu des truands, *aller au charbon* voulant alors dire « exercer un métier honnête ».

Les hommes de théâtre l'ont aussi utilisée après la Seconde Guerre mondiale pour dire « se dépenser sur scène sans compter ».

Ce n'est qu'à partir des années 80 que sa signification liée au travail ordinaire s'est affirmée. (Mais tout travail n'est-il pas beaucoup plus pénible que de rester en position du guetteur d'avions, les doigts de pied en éventail allongé sur sa serviette de plage ?)

> Dans de nombreux groupes sociaux, le jeune qui veut entreprendre des études est considéré comme n'étant pas tout à fait viril, puisqu'il refuse d'« aller au charbon » et veut rester avec les filles, bien au chaud, à étudier.
>
> Boris Cyrulnik – *L'Ensorcellement du monde* – 1997

205. METTRE LA CHARRUE AVANT LES BŒUFS

1. Faire les choses à l'envers ou dans le désordre.
2. Aller trop vite en besogne.

Telle quelle, l'expression date du XVIe siècle. Mais d'autres formes ayant la même signification existent depuis le XIIIe.

Mettre la charrue devant les bœufs, donc dans le mauvais sens, c'était faire preuve d'un illogisme

---

activité, d'où le nom de certains débits de boissons (chanté par Brel dans *Mathilde*).

ou d'un manque de sens pratique certain. D'où la première signification.

Mais cela peut aussi dénoter le fait d'effectuer une tâche trop rapidement et donc n'importe comment, d'où le second sens.

Enfin, bien qu'il ne soit plus en usage de nos jours il est intéressant de signaler que cette expression a aussi eu le sens de « faire l'amour », pour désigner le « repos du paysan » qu'il s'accordait après une journée bien remplie.

Bœufs désignaient alors les testicules et *charrue*, le pénis avec lequel le paysan labourait une terre bien particulière. Et, à moins d'une malformation notoire, dans cette activité nocturne, la charrue était obligatoirement devant les bœufs, situation inverse de ce qu'elle était dans la journée aux champs.

> Hélas ! On a placé la charrue avant les bœufs. Ces travaux seront achevés sans qu'on ait convaincu les paysans de leur utilité. Ils ont leurs habitudes, craignent le changement. Pourquoi sauter dans l'inconnu ?
>
> Jacques Ferret – *Les Cendres du Manengouba* – 1996

206. TOMBER DE CHARYBDE EN SCYLLA

Se retrouver dans une situation pire, à peine sorti d'une situation difficile.

Cette expression est employée depuis le XIVe siècle, mais elle remonte à l'Antiquité.

Jean de La Fontaine l'a utilisée dans « La Vieille et les deux Servantes » où il conte l'histoire de deux servantes qui, étant dérangées dès le chant du coq par leur patronne, crurent bon d'égorger l'animal. Hélas, une fois l'animal passé de vie à trépas, la vieille, craignant de laisser passer l'heure du réveil, n'arrêtait plus de les déranger.

À l'origine, Charybde et Scylla auraient été deux dangers du détroit de Messine, entre l'Italie et la

Sicile, le premier étant un tourbillon, le second un écueil.

Les marins qui cherchaient à éviter le premier allaient périr en s'écrasant sur le second.

Présents dans la mythologie, Scylla était présenté comme une créature monstrueuse à plusieurs têtes et Charybde comme un monstre qui, trois fois par jour, aspirait dans d'énormes tourbillons les eaux du détroit avec les bateaux qui y naviguaient, puis les recrachait.

Dans l'*Odyssée*, Ulysse, qui vient à peine d'échapper aux chants des sirènes, doit tenter de se glisser entre ces deux grands dangers. Mais il y perdra six compagnons dévorés vivants par Scylla.

> Or le scénario [...] repose sur l'aveuglement d'un homme qui s'obstine à prendre les mauvaises décisions, réagit de manière illogique, et tombe de Charybde en Scylla à cause de ses erreurs d'appréciation.
>
> Jean-Luc Douin – *Le Monde* – Article du 16 mars 2010

207. ACHETER / VENDRE CHAT EN POCHE

Conclure un marché sans voir / montrer l'objet de la vente (avec le risque de se faire duper).

C'est au tout début du XVe siècle que cette expression est apparue. Autant dire qu'il y a bien longtemps que les acheteurs crédules peuvent se faire gruger par des vendeurs habiles et sans scrupules (mais sauf si on est naïf, on sait que l'homme est capable de telles vilenies depuis la nuit des temps).

Le nom *poche* désignant ici un sac, le sens de l'expression est facile à comprendre. Vous viendrait-il à l'idée d'acheter quelque chose sans le voir et de faire une confiance aveugle (c'est le cas de le dire) au vendeur, si vous ne le connaissez pas ?

Bien sûr, acheter un chat caché dans un sac sans y jeter un œil au préalable, ce n'est pas prendre le risque de se faire refiler un éléphant ou une musaraigne, la taille et le poids du sac pouvant immédiatement provoquer quelques doutes dans l'esprit de quelqu'un de pas trop benêt ; mais c'est prendre le risque de récupérer un animal borgne, malade, estropié ou, pire encore, une bestiole d'un autre type mais de taille et poids approchants (une belette, par exemple).

> Investir dans la brique peut s'avérer un choix judicieux. À condition de ne pas acheter chat en poche. Que l'on soit un investisseur en quête d'un rendement sûr ou un simple particulier à la recherche d'un logement, l'acquisition d'un bien immobilier doit être un acte réfléchi.
>
> *PaperJam* – Article du 19 novembre 2010

208. APPELER UN CHAT UN CHAT

1. Appeler les choses par leur nom.
2. Être franc et direct.

À notre époque où le politiquement correct outrancier impose des circonvolutions langagières parfois difficiles à comprendre, on a de plus en plus de mal à appeler un chat un chat.

Et, dans le cas de notre expression, ce serait pourtant nécessaire, voire indispensable, car, bien qu'on l'ait maintenant oublié, cette expression a son origine en dessous de la ceinture, ce qui est profondément choquant, n'est-il pas ?

En effet, ce que l'on nomme aujourd'hui argotiquement *chatte*, s'appelait autrefois *chat* au XVIIIe siècle, en désignant d'abord la toison pubienne au XVIIe, car il ne faut pas oublier que c'est un endroit qui, comme le félin, est velu et se laisse volontiers caresser, sans négliger la très probable influence de l'homonyme *chas*, comme celui de l'aiguille, qui désignait un trou ou une fente.

S'il a existé une vieille locution qui disait déjà *il entend chat sans qu'on dise minon* (il comprend chat sans qu'on dise minet), locution jouant volontairement sur le sens équivoque des deux désignations du petit félin, c'est Boileau qui a figé la forme actuelle dans un vers de sa première Satire : « J'appelle un chat un chat et Rollet un fripon » (ce Rollet était un procureur véreux).

Aujourd'hui, ce pauvre Boileau serait bien triste de constater qu'on appelle une femme de ménage une technicienne de surface, un handicapé une personne à mobilité réduite, un Noir un homme de couleur, un imbécile un mal-comprenant ou un cancre un apprenant passif.

Et maintenant, n'oubliez pas de remplir l'écuelle de votre félin de compagnie !

> La fonction d'un écrivain est d'appeler un chat un chat. Si les mots sont malades, c'est à nous de les guérir. Au lieu de cela, beaucoup vivent de cette maladie.
>
> Jean-Paul SARTRE – *Qu'est-ce que la littérature ?* – 1948

209. AVOIR D'AUTRES CHATS À FOUETTER

Avoir d'autres choses à faire ou d'autres préoccupations.

L'association du chat et de fouetter est ancienne, puisqu'elle date au moins du XVIIe siècle.

Alain Rey, grand spécialiste de notre langue, rappelle qu'on disait qu'une personne était « éveillée comme un chat qu'on fouette » et qu'on employait déjà l'expression bien connue *il n'y a pas de quoi fouetter un chat* pour parler d'une faute bénigne ou d'une chose sans importance.

Malheureusement, rien n'indique pourquoi c'est ce pauvre petit félin qui est condamné pour longtemps encore à se faire fouetter.

Parce que pour exprimer la même chose, on aurait tout aussi bien pu dire « avoir d'autres pommes de terre à éplucher » ou « avoir d'autres tuiles à poser sur le toit », par exemple.

Alain Rey avance l'idée que *fouetter* serait une déformation de *foutre* (au sens de « baiser »), mais sans apporter de preuves particulières et sans que cela éclaire plus notre lanterne* sur la raison de cet autre traitement à infliger au chat.

La version anglaise, *to have other fish to fry* (« avoir d'autres poissons à frire ») est déjà plus cohérente, puisque le sort de la plupart des poissons est de passer à la poêle.

> J'avais demandé à Sydney d'en essayer certains pendant mon absence, mais il avait d'autres chats à fouetter, et je dus m'en charger moi-même à mon retour.
>
> Francis CRICK – *Une vie à découvrir* – 1989

210. AVOIR UN CHAT DANS LA GORGE

Être enroué.

Drôle d'image, tout de même ! Comment le fait d'être enroué a-t-il pu être comparé au fait d'avoir un félin dans la gorge, pauvre bête forcément paniquée, griffant et mordant pour s'échapper de ce lieu étroit et inhospitalier ?

Certains évoquent l'idée que l'enroué parlerait comme le chat ronronne, avec la gorge.

Mais une autre explication de cette métaphore est proposée par Pierre Guiraud, en 1961 dans son ouvrage *Les Locutions françaises* : il semble que cela vienne d'une confusion ou jeu de mots entre *matou*, gentille appellation du fameux chat qui s'incruste dans la gorge, et *maton*.

Ce dernier terme désignait à l'origine du lait caillé ou les grumeaux de ce lait. Par extension, cela a aussi désigné des amas de poils, de laine, de fibre de papier qui peuvent obstruer des orifices.

Or, lorsqu'on a la voix enrouée, c'est souvent qu'on est malade et qu'on a des glaires dans la gorge, glaires que, par comparaison aux grumeaux du lait caillé ou aux choses qui bouchent des conduits, on peut appeler un *maton* ou, par erreur ou jeu de grumots, un *matou* donc un chat.

> Déplu ? Je voulus lui dire que non. Qu'au contraire, ça m'avait fait plaisir [...], mais une sorte de borbo-

rygme indistinct et du plus mauvais effet sortit de ma gorge. Je dus tousser plusieurs fois pour éclaircir ma voix car, c'est dur à l'admettre, mais j'avais un chat dans la gorge !

Jean Romain – *Le Sixième Jour* – 1993

211. IL N'Y A PAS UN CHAT

Il n'y a absolument personne.
L'endroit est désert.

Ça y est, on va encore m'accuser de donner dans la grivoiserie ! Est-ce ma faute à moi si les Français, au fil des siècles, ont ainsi construit nombre de leurs expressions sur des allusions à des choses situées sous la ceinture ?

Cette locution-là a une explication évidente et une autre qui l'est un peu moins.

Pour la version limpide, il suffit de considérer que les chats se trouvent en général là où il y a des hommes. Car si ces animaux sont très indépendants, ils aiment malgré tout bien que quelqu'un s'occupe d'eux lorsqu'ils en ont envie, en particulier pour la nourriture.

Donc, si on arrive dans un endroit où il n'y a pas un chat, c'est probablement qu'il n'y a pas un homme non plus[1]. Autrement dit, que l'endroit est désert.

C'est pour l'origine cachée qu'on va encore aborder un sujet qui en fâche certains qui, pour la plupart, ne sont plus là pour le lire.

On sait que, depuis au moins le XVIe siècle, le *chat* désigne le sexe féminin[2]. Ce n'est qu'au début du XIXe qu'il est devenu la *chatte* par simple féminisation du mot précédent, en raison du sexe de la propriétaire[3].

1. À moins qu'il n'y ait dans l'endroit que des hommes qui n'aiment pas les chats…
2. On disait d'ailleurs d'une jeune fille qui venait de perdre sa virginité qu'elle « avait laissé le chat aller au fromage ».
3. À cette époque, certaines femmes n'hésitaient pas à dire en termes très élégants « j'ai la chatte à l'agonie » pour « je suis

Cette appellation vient d'un calembour car le mot caractérise un animal poilu, certes, mais qui se prononce aussi comme le *chas* d'une aiguille, donc un trou ou une fente. Eh oui, je n'invente rien !

Ainsi, lorsque des jeunes gens en chasse et en rut arrivaient dans un endroit où il n'y avait personne, donc surtout pas de « gibier » à leur convenance, ils pouvaient dire trivialement « il n'y a pas un chat ».

> C'est triste une gare, la nuit, quand il n'y a pas un chat et que tombe sur elle la clarté laiteuse des lampadaires.
>
> Christian Querré – *La Falaise de Paimpol* – 2006

212. TENIR LES PIEDS CHAUDS / AU CHAUD

Être attentionné avec quelqu'un (souvent avec l'intention d'en tirer profit).

Qui pourrait nier qu'avoir les pieds bien au chaud marque en général un certain confort, une aise qu'on apprécie grandement, surtout quand, dehors dans la tempête, les loups dégagent les routes et les chasse-neige hurlent dans la forêt (à moins que ce ne soit l'inverse) ?

Eh bien, certains de nos ancêtres pas vraiment idiots s'en étaient déjà rendu compte, puisque, à la fin du XVIIe siècle, *avoir les pieds chauds* était une métaphore utilisée pour dire qu'on était dans une situation agréable.

Alors, quand quelqu'un tient les pieds chauds à quelqu'un d'autre, c'est bien qu'il cherche à le maintenir dans une situation confortable, qu'il est attentionné avec lui.

Mais pour on ne sait quelle raison, cette expression a pris au XIXe siècle une connotation négative, puisqu'on l'emploie bien plus souvent lorsque celui qui est aux petits soins avec l'autre est un fourbe qui

---

sexuellement très excitée ».

n'est sympathique que parce qu'il espère se faire bien voir et tirer des avantages de son comportement.

> Et chaque jour, leur adjudant venait les approvisionner en tout (il fallait un peu leur tenir les pieds au chaud).
>
> Alexandre Dumont-Castells, Elena Netchaeva – *Des vies et des guerres* – 2010

213. UN CHAUD LAPIN

Un homme porté sur les plaisirs sexuels.

Humez-moi ce fumet qui se dégage de ce civet qui mijote sur la plaque de cuisson ! C'est ce qu'on peut appeler un excellent et, forcément, chaud lapin.

Mais celui-ci n'est malheureusement et définitivement plus en état de se comporter comme notre chaud lapin.

Ceux qui ont eu l'occasion d'avoir un clapier avec, au départ, deux lapins, un mâle et une femelle, ont pu assister au miracle de la multiplication des petits lapins.

Ils savent en effet que, en raison d'une certaine activité frénétique (dont je tairai les détails, car des oreilles chastes me lisent), les deux lapins ne restent pas longtemps seuls, et qu'il faut assez peu de temps pour que le clapier devienne un peu surpopulé, sauf si le civet mijote tous les jours, histoire d'éviter que les petites bêtes soient trop à l'étroit.

Il est en effet intéressant de savoir que la gestation d'une lapine ne dure que 31 jours et que, à peine 24 heures après la mise bas d'une portée pouvant comporter jusqu'à 12 lapereaux, elle peut à nouveau être fécondée, ce que le lapin mâle ne se prive pas de faire si jamais les bestioles sont laissées ensemble.

Avant d'oublier un peu ce cours de sciences naturelles, il faut quand même retenir que le lapin dispose d'une santé de fer et d'une ardeur inextinguible, dès qu'il s'agit de copuler.

On comprend alors qu'on puisse affubler un homme du terme de *chaud lapin* dès qu'il se comporte avec la même ardeur que le véritable lapin, le qualificatif *chaud* reprenant le sens associé aux animaux lorsqu'ils sont en rut.

Les femmes diront, pas forcément à tort, que beaucoup d'hommes, en général jeunes, sont potentiellement des chauds lapins. Sauf qu'ils n'ont pas tous les moyens physiques (apparence, résistance) de l'être réellement.

À la limite du sujet, on peut aussi noter qu'en ancien français, le lapin se disait *connil* ou *connin*, du latin *cuniculus*, et qui explique le fait que l'élevage de lapins s'appelle la *cuniculture*.

Ce n'est qu'à partir du XVIe siècle que le mot *lapin* est apparu.

> Les femmes comptent beaucoup dans la vie du jeune Liova qui est à la fois un « chaud lapin » et un « cœur d'artichaut », sentimental, romantique et en même temps porté sur les plaisirs du sexe.
>
> Pierre Broué – *Léon Sedov, fils de Trotsky, victime de Staline* – 1993

214. CHAUFFE, MARCEL !

Vas-y !

Invite à donner le meilleur de soi, à se dépasser.

On sait que *chauffer*, au sens propre, c'est élever la température de quelque chose. Au sens figuré, c'est aussi faire monter une autre forme de température qu'est l'ambiance d'une fête ou d'un spectacle.

C'est dans le milieu de la musique de rock et de jazz au début des années 60 que *chauffer* a d'abord signifié « s'échauffer », « se préparer pour donner le meilleur de soi ». Puis, au cours de la représentation, des « chauffe ! » fusaient entre les musiciens pour faire monter l'intensité du spectacle et la « température » de la salle.

Ensuite, si on vous demande d'énumérer les noms de quelques accordéonistes français connus, vous allez probablement citer au minimum André Verchuren, Aimable, Yvette Horner et Marcel Azzola.

Au passage, notez bien sur un papier le prénom du dernier, il va bientôt servir !

Maintenant, si l'on veut connaître l'origine exacte de l'expression, c'est là que ça se corse*, car les sources divergent. Mais si les informations sont fiables et qu'on s'en tient à l'ordre chronologique, le doute n'est normalement plus permis.

Selon Claude Duneton, c'est entre 1960 et 1964 que le duo d'humoristes Dupont et Pondu a été vu à la télé dans un sketch où l'un des comiques adresse à l'autre des « chauffe, Marcel ! » alors qu'il joue de l'accordéon, probablement par allusion à Marcel Azzola, musicien très célèbre à l'époque.

Ensuite, en 1966, les Charlots ont enregistré la chanson *Je dis n'importe quoi je fais tout ce qu'on me dit* également intitulée *Chauffe Marcel,* chanson qui aurait contribué à rendre l'expression célèbre.

Mais si l'on se fie à ce que raconte Marcel Azzola lui-même, l'origine ne serait pas là.

En effet, si vous connaissez un peu l'œuvre de Jacques Brel, vous savez que dans sa chanson *Vesoul*, on trouve plusieurs fois notre expression, et que la musique d'accompagnement originale est jouée à l'accordéon. Or, quel accordéoniste a enregistré cette chanson avec Brel ? Je vous laisse deviner avant de passer à la ligne suivante.

Marcel Azzola lui-même indique que, dans la première prise à l'enregistrement de *Vesoul*, le *chauffe, Marcel !* n'était pas dit par Brel. Mais comme ce dernier voulait que son accompagnateur produise une musique dynamique, enlevée, une volée de notes pour accompagner ses paroles, il aurait, de manière non préméditée, ajouté ces paroles qui feront alors définitivement partie de la chanson.

Le seul hic de cette histoire, c'est que l'enregistrement de *Vesoul* a eu lieu en 1968 donc postérieurement au moins à la chanson des Charlots si jamais on doute de l'origine liée au sketch des Dupont et Pondu.

Alors ?

Alors peut-être simplement que Brel, connaissant le sketch des Dupont et Pondu ou bien la chanson des Charlots, ou tout simplement l'expression, l'aurait casée à bon escient au milieu de ses paroles, vu le prénom de son accompagnateur.

Quoi qu'il en soit, ce *chauffe, Marcel* est vite devenu, hors de la musique, une invite à se lancer avec ardeur dans une action.

Il n'a jamais aimé la danse, c'est pas comme moi… Je suis sûre que je peux encore y arriver… Allez hop ! Je pose ma canne bien droite, je m'appuie dessus, et chauffe Marcel ! C'est parti mon kiki !

Isabelle CHARDON – *Henriette* – 2004

215. TROUVER CHAUSSURE À SON PIED

1. Trouver ce dont on a besoin.
2. Rencontrer la personne avec laquelle on va partager sa vie.

Cette locution apparaît au début du XVIIe siècle, mais avec un sens bien différent. Ainsi le premier *Dictionnaire de l'Académie française* (1694) note : « On dit fig. & prov. Il a trouvé chaussure à son pied, pour dire, Il a trouvé qui luy tient teste, & qui luy sçait bien resister », le *à* signifiant « contre ».

Son sens actuel est une métaphore basée sur quelque chose de parfaitement compréhensible : une chaussure de taille inadaptée peut très vite devenir extrêmement désagréable et douloureuse ; pour se chausser, mieux vaut donc trouver des souliers à la fois à la bonne taille et ayant une forme adaptée aux pieds qu'ils vont chausser.

De là la généralisation au fait de trouver quelque chose dont on a besoin (et donc qui convient).

Mais on ne peut pas faire l'impasse sur le singulier (car on ne dit pas « trouver chaussures [adaptées] à ses pieds ») qui n'est pas si singulier que ça quand on comprend les sous-entendus sexuels que véhicule cette expression, « le » pied et « la » chaussure étant bien deux choses situées sous la ceinture et destinées à rentrer l'un dans l'autre[1] (je ne pense pas utile de vous faire un dessin).

Il en reste d'ailleurs le sens de la rencontre de la personne qui convient.

> Et si Rogron trouvait chaussure à son pied parmi les héritières de Provins, ne valait-il pas mieux réserver toute leur fortune pour ses enfants ? Selon Sylvie, une chaussure au pied de son frère était une fille bête, riche et laide, qui se laisserait gouverner par elle.
>
> Honoré de Balzac – *Pierrette* – 1833

216. NE PAS Y ALLER PAR QUATRE CHEMINS

Aller droit au but, sans user de moyens détournés. Agir sans détour.

Quand vous voulez aller le plus rapidement possible d'un point à un autre[2], vous choisissez le chemin qui vous semble le plus adapté et vous le suivez.

En aucun cas il ne vous viendrait l'idée de passer tour à tour par quatre chemins différents (enfin, j'ose l'espérer !).

Cette métaphore date du milieu du XVIIe siècle.

L'idée qu'elle véhicule est très simple : il n'y a qu'un seul chemin pour aller efficacement d'un endroit à un autre[3] ; en essayer d'autres ne serait que pure perte de temps.

Par extension, il faut faire de même lorsqu'on agit : aller droit au but (au risque d'écraser tout sur son passage ou de manquer cruellement de tact) !

---

1. On pourrait presque en faire une charade, puisque lorsque le premier est dans la deuxième, les deux prennent leur premier…
2. Comme disait Pierre Dac, « le chemin le plus court d'un point à autre est la ligne droite, à condition que les deux points soient bien en face l'un de l'autre. »
3. La seule exception, c'est quand on veut aller à Rome, puisque, comme chacun sait, tous les chemins* y mènent.

Le lendemain, l'assassin du noble hidalgo subissait la punition de son crime, et comme en ces temps de justice sommaire on n'allait pas par quatre chemins en pareil cas, on pendit également, par provision, l'arquebusier encore alité des suites de sa blessure à la saulaie.

Léon Bertrand – *Journal des chasseurs* – 1854

Dans une lettre adressée au « ministre de l'Inculture », la fondatrice de l'association [Brigitte Bardot] n'y va pas par quatre chemins : « Vous venez de faire la plus grosse connerie de votre vie ! », tance-t-elle.

Paris-Match – Article du 27 avril 2011

217. TOUS LES CHEMINS MÈNENT À ROME

On peut obtenir un même résultat de différentes manières.

Si vous allez de Reims à Madrid, de Biarritz à Francfort, du Monteil-au-Vicomte à Rouperroux-le-Coquet ou bien de Dunkerque à Tamanrasset, sans passer par le chemin des écoliers, vous constaterez aisément que vous n'êtes pas passé par Rome.

On peut donc facilement en déduire que les chemins ne mènent pas tous à Rome, ce qui rend cette expression a priori plus qu'étrange.

En fait, elle fait référence au pèlerinage chrétien vers Rome qui est un des trois principaux pèlerinages avec ceux de la Terre sainte et de Compostelle, la ville étant devenue une destination importante peu de siècles après Jésus-Christ.

Rome est alors vue comme un point central vers lequel convergent de nombreux chemins, tous menant immanquablement à ce même lieu pour le pèlerin vraiment désireux d'y aller.

Notre expression, attestée au XIIe siècle dans le *Liber parabolarum* d'Alain de Lille, est donc une simple métaphore qui reprend le fait que si, pour le pèlerin, il existe une multitude de manières d'aller à Rome, pour le péquin moyen, il existe souvent beaucoup de façons d'obtenir un certain résultat ou de faire quelque chose ; sans oublier aussi la dimension spirituelle, puisque le croyant peut considérer qu'il existe de nombreuses voies pour parvenir à Dieu.

Les férus d'histoire romaine pourront objecter que l'origine peut aussi être liée au fait qu'à l'époque où les Romains étaient les maîtres de nombreux pays, ils y avaient construit des voies qui convergeaient toutes vers Rome, leur permettant ainsi d'aller encaisser les impôts dans les territoires dominés ou d'y envoyer leurs légions en cas de désordre.

Mais si ces voies existaient effectivement, les lexicographes ne semblent pas les rapprocher de l'origine de l'expression apparue bien après la domination romaine.

> Et l'on assure que, dans un pays voisin de l'Italie, on vit jadis le maire d'une commune pousser l'amour du scrutin secret jusqu'à laisser ignorer à ses administrés le contenu des bulletins qu'il leur avait remis et avec lesquels ils allèrent voter. Qu'importe que les procédés diffèrent un peu, si l'on arrive au même but ? Ce n'est pas d'aujourd'hui qu'on a dit que tous les chemins mènent à Rome.
>
> *Revue contemporaine* – 1860

218. UN CHÈQUE EN BOIS

Un chèque sans provision.

À l'époque des Gaulois, le seul moyen de faire un chèque, c'était de le graver sur de la pierre ou sur un morceau de bois.

Pas imbéciles pour un sesterce, les Gaulois (à part Obélix) préféraient le bois, à la fois pour la facilité de transport et pour la plus grande précision du code-barre.

Mais comme les banques n'existaient pas encore à l'époque, celui qui acceptait de se faire payer avec un chèque en bois était assuré de se faire gruger, vu qu'il était impossible de le faire virer sur son compte. D'où l'expression.

Pas convaincu par cette explication ? Ah, homme de peu de foi ! Comment peux-tu ainsi douter ?

Bon, en réalité, il faut remonter aux locutions *de bois*, qui date du XIIIe siècle, et *en bois*, qui date du XIVe, locutions qui servaient à désigner des choses artificielles ou fausses comme *une jambe de bois* ou bien *un sabre de bois* (assez logiquement, puisque ce matériau était abondant, peu coûteux, et permettait aisément de fabriquer des imitations d'autres choses).

C'est une de ces locutions qu'on trouvait au figuré dans *visage de bois* pour désigner la porte d'entrée restant désespérément fermée chez une personne qu'on était venu visiter, et qu'on retrouve aujourd'hui aussi dans quelque chose d'également très utilisé par les faux culs (mais je ne citerai aucun nom, car il faudrait plusieurs pages) : *la langue* de bois*.

Le chèque en bois désigne donc un faux chèque, un chèque artificiel, non pas en tant que bout de papier imprimé dans le local secret de la cave à côté des billets de 37 euros, mais en tant que faux moyen de paiement car le montant ne pourra jamais être touché, le compte débiteur n'étant pas assez alimenté (ou « provisionné », d'où la signification de *chèque sans provision* qui, pour les lecteurs non francophones, n'évoque pas du tout un chèque qui n'aurait rien à manger).

> D'autres arnaques utilisant illégalement des logos d'entreprises reconnues promettent de s'enrichir vite en travaillant à la maison… La victime est rétribuée pour répondre à des enquêtes de consommation et, toujours selon le même schéma, reçoit un chèque en bois d'un montant supérieur à celui annoncé et doit verser la différence à un tiers.
>
> *Le Monde* – Article du 4 avril 2008

219. À CHEVAL DONNÉ ON NE REGARDE PAS LA BRIDE / LA BOUCHE / LES DENTS

Il faut toujours être content d'un cadeau reçu.
On ne doit pas critiquer un cadeau, quand bien même aurait-il un défaut.

Si la date d'apparition de cette locution proverbiale n'est pas connue avec précision, elle remonte à loin, puisqu'en latin médiéval on disait déjà la même chose sous la forme « non oportet equi dentes inspicere donati ».

À cette époque, le cheval, principal moyen de locomotion, avait une importance autrement plus grande qu'aujourd'hui où il a été remplacé par le cheval-vapeur et le cheval fiscal.

Celui qui se faisait offrir un cheval et qui avait du savoir-vivre devait en remercier chaleureusement le donateur, sans se préoccuper de savoir devant lui si la bride de l'animal était en mauvais état ou sa dentition laissait à désirer (rien n'interdisait, bien sûr, de contrôler la bride, la bouche ou les dents une fois rentré au domicile et de pester quand on constatait s'être fait offrir une vieille carne).

Aujourd'hui encore, il n'est pas vraiment sympathique, vis-à-vis de celui qui vous offre un cadeau, d'en regarder les détails, d'en critiquer les éventuels défauts ou de dire qu'il ne vous plaît pas ; même si c'est hypocrite et même si l'hypocrisie est un vilain défaut.

De nos jours on pourrait remplacer cette locution par *à lapin rose donné on ne regarde pas les piles* ou bien *à console de jeu donnée on ne regarde pas les manettes*, par exemple.

> Mais par un oubli qui n'est vraiment excusable que chez des savants, la Faculté, en fournissant ses chevaux, n'avait nullement songé à les équiper ; peut-être aussi se rappelant le proverbe : À cheval donné on ne regarde pas à la bride, pensait-elle n'avoir point à s'occuper de ces accessoires.
>
> J.-C. Sabatier – *Recherches historiques sur la Faculté de médecine de Paris* – 1835

220. ÊTRE À CHEVAL SUR…

Être très exigeant, très strict sur…
Attacher une grande importance, tenir rigoureusement à…

Il est certain qu'un cavalier est à cheval sur… son cheval. Et on peut, sans crainte de se tromper, affirmer qu'il attache une grande importance à sa monture. Mais est-ce que cela suffit à expliquer notre expression ?

Eh bien, nous n'en sommes pas loin !

Ceux qui sont si exigeants sur diverses choses que sont les principes, les règles ou l'orthographe, par exemple, sont des gens qui sont supposés bien les connaître et qui n'admettent pas qu'on s'en écarte ou qu'on les maltraite.

Ne peut-on en dire autant du cavalier vis-à-vis de sa monture[1] ?

Et quand on voit des écoles comme le Cadre Noir de Saumur où les chevaux montés doivent apprendre à faire différents sauts, l'écuyer n'utilisant pas toujours d'étriers, celui-ci ne doit-il pas être aussi fermement « attaché », au propre comme au figuré, à son cheval que d'autres le sont à la qualité de l'orthographe ou au respect des principes ?

Voilà autant d'images venues du monde équestre qui se sont répandues dans la vie de tous les jours pour donner naissance à notre expression dont la date d'apparition ne semble pas être exactement connue, mais qui est citée par la version de 1832 du *Dictionnaire de l'Académie française*.

> Dans le travail, elle ne plaisantait pas, toujours à cheval sur le règlement.
>
> Michel CARCENAC – *Le Trésor de Désesquaux* – 2006

---

1. Surtout que si le cavalier s'écarte un peu trop de sa monture, c'est probablement que son avenir très proche va être un tantinet désagréable, après un atterrissage brutal sur le plancher* des vaches.

221. MANGER AVEC LES CHEVAUX DE BOIS

Ne rien avoir à manger, jeûner.

Les gérants de manèges avec des chevaux de bois ont un gros avantage par rapport à ceux qui ont un manège dans un haras, c'est que leurs chevaux ne mangent rien, ce qui limite beaucoup les frais de bouche.

Tout juste leur faut-il de temps en temps un peu de graisse dans les mécanismes qui leur permettent de monter et descendre lorsque le manège tourne.

Il est donc aisé de comprendre l'image que comporte cette expression, celui qui mange avec ces pauvres chevaux n'ayant pas plus à manger qu'eux.

Les lexicographes s'étant peu penchés sur cette expression, sa date d'apparition exacte n'est pas connue. Mais elle est citée dans *Lettres de mon soldat 1915-1916* publié en 1916 par Robert Wilden Neeser dans un ouvrage qui reprend les lettres écrites par un soldat français pendant la Première Guerre mondiale et envoyées à son correspondant américain.

Dans certaines régions françaises, on utilisait aussi l'expression *manger sur les chevaux de bois* qui, sous cette forme, voulait dire « manger rapidement », en liaison avec l'inconfort de la position.

> Sûrement que j'irai ! clama Sulphart. J'irai parce que je ne veux pas que l'escouade bouffe avec les chevaux de bois et que le gars m'a l'air foutu de choisir un morceau de barbaque comme moi de dire la messe.
>
> Roland DORGELÈS – *Les Croix de bois* – 1919

222. MONTER SUR SES GRANDS CHEVAUX

1. S'emporter, se mettre en colère.
2. Prendre de haut.

Ceux qui n'auraient à proximité que des chevaux de Przewalski auraient beaucoup de mal à monter sur leurs grands chevaux, vu la taille de l'animal et son indomptabilité.

Autrefois, alors que le cheval était le moyen de locomotion principal, on en utilisait plusieurs sortes et, parmi celles-ci :

– le palefroi servait pour les parades, pour les voyages et comme monture pour les dames ;

– le sommier (la bête de somme) portait les armes et les bagages ;

– le destrier était le cheval de combat, animal de race et de grande taille (il était ainsi nommé parce que l'écuyer l'amenait de la main droite au chevalier).

Lorsque les chevaliers combattaient, ils montaient sur des destriers et plus le cheval de bataille était grand, plus ils pouvaient observer et dominer l'adversaire.

Ainsi, à l'origine, monter sur ses grands chevaux, c'était, pour une troupe de chevaliers, partir à la bataille en ayant eu soin de choisir de grandes montures.

De la fougue et l'ardeur nécessaires pour partir ainsi en guerre, il nous est resté, au figuré et depuis la fin du XVIe siècle, cette métaphore où, dans sa première signification, la fougue est devenue celle de celui qui s'emporte.

Quant au second sens, son origine semble évidente, vu la hauteur depuis laquelle le chevalier pouvait avec très peu de considération s'adresser au manant piéton.

> La bonne dame fut fâchée d'avoir fait tant de frais pour un vieillard d'apparence tout à fait maussade. Ils se déplurent. Le major ne récita point le discours préparé ; il dit je ne sais quoi d'aigre doux. La baronne monta sur ses grands chevaux, et fit en termes pompeux la proposition que nous connaissons de doter Nanct Durand avec une partie de l'ancien domaine de Breuil.
>
> Paul Féval – *Le Champ-de-Bataille* – Tome 2 – 1854

223. UN CHEVAL DE TROIE

Un piège permettant de s'introduire chez l'adversaire, celui à qui on veut nuire.

Aujourd'hui, les habitués de la micro-informatique ont à peu près tous entendu parler des chevaux de Troie[1], placés au même niveau que les virus. Et si ces logiciels ont un tel nom, c'est bien dû à la légende du cheval de Troie qui permit aux Grecs de s'emparer de la ville de Troie (qui n'est pas en Champagne, comme certains pourraient se l'imaginer). Cette histoire est racontée par Homère dans *L'Odyssée* et par Virgile dans *L'Énéide.*

Nous sommes en Asie Mineure. La ville de Troie, capitale de la Troade, est assiégée depuis dix ans par les Grecs qui commencent à désespérer un peu de la prendre un jour. Soudain, l'un d'entre eux (Ulysse, paraît-il) a une idée lumineuse qui se traduit de la manière suivante : les Grecs bâtissent un énorme cheval de bois suffisamment grand pour que plusieurs soldats (dont Ulysse lui-même) puissent se glisser à l'intérieur. Alors que la troupe grecque lève le camp et semble abandonner le siège, ils amènent ce cheval près de Troie avec un soldat qui, se faisant passer pour un traître, réussit à convaincre les Troyens que le cheval est une offrande à Athéna et que le fait de le faire entrer dans la ville la protègera définitivement des velléités ennemies. Malgré l'avis de Laocoon qui, avec son fameux « Timeo Danaos et dona ferentes » (« Je crains les Danaens – les Grecs –, même lorsqu'ils apportent des présents ») est clairement opposé à l'entrée du cheval dans les murs, les Troyens y introduisent l'animal géant.

1. Et pour ceux qui entendent parler de cela pour la première fois, un cheval de Troie informatique (*trojan*, en anglais) est un petit programme nuisible qui a été introduit dans l'ordinateur à l'insu de son propriétaire et qui, la plupart du temps, donne un accès à l'ordinateur en ouvrant une « porte dérobée » permettant à l'auteur du logiciel malfaisant d'accéder secrètement à tout le contenu de la machine.

Dans la nuit, alors que les gens dorment, les soldats cachés dans le cheval en sortent et s'emparent de la ville après en avoir ouvert les portes aux troupes grecques revenues subrepticement.

C'est de cette ruse ayant permis l'introduction de l'ennemi dans les murs à l'insu des habitants que nous vient cette expression.

> Le catholicisme s'est implanté au Japon à partir du milieu du XVIe siècle, notamment dans l'île méridionale de Kyushu, par l'entremise de jésuites espagnols et portugais. Perçue comme un cheval de Troie de l'Occident, la religion a été interdite en 1614 par le shogun Ieyasu Tokugawa, et des dizaines de milliers de catholiques japonais ont été pourchassés, torturés, emprisonnés ou exilés.
>
> *Le Monde* – Article du 24 novembre 2008

224. UN CHEVALIER D'INDUSTRIE

1. Un affairiste, un escroc.
2. Un individu qui vit d'expédients.

Avec le sens moderne qu'on connaît aux mots de cette locution datant du XVIIe siècle et quelque peu tombée en désuétude, on est en droit de se demander comment elle peut avoir la signification indiquée.

C'est pourquoi nous allons devoir passer par un peu d'étymologie afin d'expliquer cette apparente bizarrerie.

Passons vite sur le chevalier qui est normalement quelqu'un supposé avoir une certaine noblesse et de l'entregent. Or si le chevalier d'industrie a bien le second, il est loin d'avoir la première, d'où l'emploi ironique.

Le chevalier, c'était aussi le héros de roman, et en particulier celui des romans picaresques espagnols d'où nous vient l'ancienne forme *chevalier de l'industrie* et où le personnage principal essaye en général de s'insérer dans une société où il n'a normalement pas sa place et au sein de laquelle il n'hésite pas à employer des moyens comme la ruse ou le vol pour subsister et vivre aux dépens de ceux qui ont la naïveté de le croire.

Mais le plus intéressant se rapporte à *industrie*.

En effet, lorsqu'on utilise ce mot, aujourd'hui, on pense à ces usines qui produisent en quantité des objets divers qui vont du décapsuleur à la voiture en passant par le presse-purée et le string. Mais c'est en oublier l'origine.

Au XIVe siècle, le mot vient du latin *industria* qui signifiait « activité secrète » ou plus largement « activité » en général.

Lorsqu'il apparaît, il a d'abord le sens de « moyen ingénieux », disparu au XIXe siècle. Au fil du temps, il prendra différentes significations comme « habileté à exécuter quelque chose », « activité productive ».

De l'habileté et de l'ingéniosité, on évoluera assez logiquement au milieu du XVe siècle vers le sens de « finesse » ou de « ruse », qu'on utilisera jusqu'au XIXe siècle et qui est celui qui nous intéresse ici.

Le *chevalier d'industrie* est donc l'aigrefin, l'escroc, qui, habilement, par la ruse et le mensonge, va réussir à s'introduire dans une famille ou une société et à y subsister en exploitant sans vergogne ceux qui croient ses mensonges.

> N'osant se faire voleur sur la grande route, parce que les lois sont actives contre certains crimes, il pare d'un vernis brillant la honte dont il se couvre, et vit paisible parmi nous. Le chevalier d'industrie est donc un voleur plus la lâcheté, un voleur d'autant plus à craindre, qu'au lieu de vous crier « la bourse ou la vie ! », il vous dévalise en souriant, et a l'air de vous protéger, alors même qu'il vous dépouille.
>
> *Paris, ou le livre des cent-et-un* – Tome XI – 1833

> – Il faut vous dire, mon oncle, dit le marquis, que Mathilde a toujours éprouvé pour ce… Comment dirai-je ?
> – Pour ce chevalier d'industrie, mordieu ! Est-ce que tu conserves à cet égard le moindre doute ?
>
> Charles DE BERNARD –
> *Le Gentilhomme campagnard* – 1858

225. COMME UN CHEVEU SUR / DANS LA SOUPE

Mal à propos.
À contretemps.

Si le mot *soupe* est ici à prendre au sens plus large de « nourriture », il n'est pas besoin d'imaginer une explication tirée par les cheveux ou de beaucoup réfléchir pour comprendre la métaphore.

En effet, qui apprécie de voir un cheveu délicatement posé sur le contenu de son assiette, d'autant plus quand celui-là est gras et accompagné de quelques pellicules ou, pire encore, de lentes ?

Bizarrement, ce n'est pas la saleté que l'expression évoque, ce qui semblerait naturel, mais le côté incongru, mal venu de ce tif arrivé là très malencontreusement (probablement en raison de ce que peut penser la maîtresse de maison lorsqu'elle dépose l'assiette remplie devant le convive tout en constatant l'horreur).

Cette expression semble n'être attestée qu'au tout début du XXe siècle sous sa forme actuelle, mais elle existait déjà au début du XIXe avec *comme des cheveux*…

> Je sais, disait Béjart rencontré à Lausanne, que tout le monde parle aujourd'hui d'écologie. Et j'ai un peu l'air, avec mon ballet, de prendre le train en marche ou de venir comme un cheveu sur la soupe. En réalité, c'est un problème dont, comme des tas de gens, je suis préoccupé depuis des années. La nature n'est pas un décor placé autour de nous pour faire joli et je n'aime pas les équivoques qui entourent ce mot. La nature, c'est nous. Elle fait partie intégrante de notre existence. Elle nous fait vivre. En la tuant, nous nous suicidons.

Monique VERDUSSEN, citant Maurice Béjart –
La Revue générale – Numéro de juin-juillet 1989

226. COUPER LES CHEVEUX EN QUATRE

1. Détailler à l'excès, être trop tatillon ou trop méticuleux.
2. Compliquer les choses.

Le coupeur de cheveu en quatre a, dans la vie, des aspirations tout aussi précises et importantes que celui qui cherche à sodomiser un diptère ainsi que l'expression *enculer les mouches** vous le confirmera.

Même si l'utilité de la chose n'est pas vraiment flagrante, il est facile à tout un chacun de s'arracher un cheveu et de le couper en quatre morceaux de longueur plus ou moins égale.

La notion de précision ou de détail que véhicule cette expression pourrait donc être difficile à comprendre ; sauf si on sait que sa première version, au XVIIe siècle, était *fendre un cheveu en quatre* et que là, tout s'éclaire.

En effet, le défi consiste, non pas à utiliser un hachoir ou une tronçonneuse pour découper menu le cheveu, mais au contraire, à vous munir d'un instrument d'une précision diabolique pour réussir à couper un cheveu en quatre dans son épaisseur.

On comprend donc alors que seules des personnes d'une méticulosité extrême, voire excessive, peuvent s'y essayer (à condition, quand même, d'avoir pas mal de temps à gaspiller et quelques mouches à portée de main pour se détendre, car ça marche rarement du premier coup).

Et, je ne sais pas si vous l'avez remarqué, mais l'expression n'évoque pas un seul cheveu mais plusieurs. Autant dire que la méticulosité de l'individu qui coupe les cheveux en quatre doit être extrêmement bien ancrée pour arriver sans craquer à enchaîner l'action sur plusieurs cheveux.

Par extension, à cause de la difficulté de l'exercice qui n'est incontestablement pas à la portée de tous, la locution a plus récemment pris le second sens proposé, opposé à celui qui propose des solutions trop compliquées à un problème.

> Un Genevois, pour un Parisien, est un être tout d'une pièce, raide et froid, serré, pincé, cravaté, gourmé, né pour couper les cheveux en quatre et pour apprendre l'heure qu'il est à tout l'univers. Le Parisien se trompe. Un Genevois, en soi, est un esprit très-éveillé, malin, défiant, mais très-chaud, porté aux passions vives et aux coups de tête, batailleur avec délice, prêt à s'engouer d'idées ou d'hommes et à se jeter au feu pour eux.
>
> Marc MONNIER – « L'Esprit genevois » – *Revue moderne* – Volume 40 – 1847

227. SE FAIRE DES CHEVEUX (BLANCS) /DE LA MOUSSE

S'inquiéter, se faire du souci.

La première forme date de la seconde moitié du XIXe siècle, la seconde du début du XXe (on la trouve chez Aristide Bruant en 1911, par exemple). Bien entendu, les deux sont à rapprocher de *se faire du mouron**.

Pour ce qui est des cheveux, le point de départ est simple : on a pu constater chez certaines personnes qui avaient subi un choc émotionnel important, que ce soit de graves soucis ou une grosse frayeur, que leurs cheveux avaient viré au blanc très rapidement (le temps d'une nouvelle pousse, pas en quelques heures).

Il n'en a pas fallu plus pour que ce phénomène remarquable et remarqué donne naissance à *se faire des cheveux blancs*, généralement raccourci en *se faire des cheveux*, comme une métaphore symbolisant parfaitement les soucis ou l'inquiétude.

Venons-en maintenant à la *mousse*. Si vous vous êtes déjà promené dans les bois pendant que le loup n'y était pas, vous avez pu constater, sur certaines des pierres qui ne roulent pas, un beau dépôt vert, d'apparence frisée et touffue, quoique assez ras : de la mousse[1] ; pas celle qu'on trouve au sommet du pichet de bière, mais celle qu'on peut, avec beaucoup d'imagination et de croyance en l'existence des petits hommes verts, assimiler à une touffe de cheveux posée sur le crâne poli du gros caillou. C'est simplement ce qu'ont fait ceux qui ont adapté *se faire des cheveux* en *se faire de la mousse*.

> Qui peut se targuer aujourd'hui de rassembler dans ses concerts autant de gamins à peine majeurs que de quinquas nostalgiques ? Même les Rolling Stones ou AC/DC peuvent se faire des cheveux blancs face à l'impressionnant renouveau du public d'Indochine.
>
> Emmanuel Marolle – *Le Parisien* – Article du 26 juin 2010

> Elle allait tomber à la renverse. Mais le cocher la retint.
> – Allons, allons, ma petite ! Te fais pas de mousse… Je comprends. C'est tous des mufles qu'il y a là-dedans.
>
> Aristide Bruant – *La Loupiote* – 1911

228. EN CHEVILLE (AVEC QUELQU'UN)

1. Complice d'une opération délictueuse.
2. Associé de manière étroite (avec quelqu'un).

S'il est une question qu'on peut légitimement se poser en voyant cette expression, c'est bien celle-ci : pourquoi la cheville au lieu du genou, du sein droit ou du pancréas, par exemple ? Est-ce que « se mettre en omoplate gauche avec quelqu'un » n'aurait pas autant d'allure ?

La réponse sera simple : oubliez vite vos quelques notions d'anatomie humaine et pensez plutôt à vos dons de bricoleur !

Si vous vous êtes déjà arraché les cheveux en tentant de monter des meubles achetés en kit chez Inéa, Confokéa ou Alirama, vous avez certainement utilisé beaucoup de ces courtes tiges de bois qui vous

---

1. Car il est bien connu que pierre* qui roule n'amasse pas mousse.

permettent de maintenir ensemble deux des pièces composant votre meuble.

Si chacune de ces tiges de bois s'appelle maintenant plutôt *tourillon*, on l'appelait autrefois *cheville*, et c'est de cette petite pièce indispensable à l'assemblage étroit de deux autres pièces que vient, au figuré, le sens d'association étroite que contient l'expression.

La première signification date du début du XXe siècle. Elle est née dans le monde des voyous et y restreint la notion d'association entre des personnes. Le sens s'est ensuite élargi à des associations parfaitement honnêtes.

> J'en ai connu plusieurs qui, un quart d'heure après leur sortie de prison, étaient de nouveau en cheville avec des copains pour monter une affaire.
>
> Louis ROGNONI – *L'Abominable Neige des hommes* – 1959

229. LA CHEVILLE OUVRIÈRE

Le personnage principal, l'agent essentiel autour duquel s'organise et fonctionne une entreprise.

Il ne faut pas confondre Arlette Laguillier[1] qui était la cheville ouvrière du parti Lutte ouvrière avec la cheville que l'ouvrière s'est foulée en faisant de la lutte, ce qui l'empêche d'être la cheville ouvrière de sa petite entreprise.

À l'origine, la cheville ouvrière est, dans un assemblage mécanique, la pièce qui travaille le plus tout en supportant l'effort principal.

En 1694, Furetière écrit, à propos des carrosses et autres voitures de l'époque : « grosse cheville de fer sur laquelle tourne le train de devant, et qui l'attache à la flèche ».

---

1. Oui, cette dame qui resurgissait de nulle part à chaque élection présidentielle et qui, alors, poussait régulièrement son fameux cri rauque et sauvage à faire frémir les acariens et les castors aveugles : « Travailleurs, travailleuses, on vous exploite, on vous spolie… » On l'a aussi parfois vue en maillot rouge courir au ralenti sur une plage, dans *Arlette à Malibu*.

C'est donc une pièce maîtresse, totalement indispensable au bon fonctionnement d'un ensemble dans lequel elle œuvre (d'où le terme *ouvrière*).

Apparemment, c'est Lesage qui, en 1715, utilise le premier la métaphore que nous connaissons aujourd'hui où *cheville ouvrière* désigne en général une personne devenue indispensable à la bonne marche de son organisation.

Il est important de préciser que, dans la signification de l'expression, l'entreprise est aussi bien une société que, plus simplement, quelque chose que l'on entreprend de faire.

> Ils me choisirent d'une commune voix pour leur chef. Je justifiai bien leur choix par une infinité de friponneries que nous fîmes, et dont je fus, pour ainsi parler, la cheville ouvrière.
>
> Alain René LESAGE – *L'Histoire de Gil Blas de Santillane* – 1735

> Vingt ans de suite, effacée, silencieuse, infatigable, elle avait été la cheville ouvrière de la maison.
>
> Roger MARTIN DU GARD – *Les Thibault* – Tome VIII – 1940

230. FAIRE DEVENIR CHÈVRE

Faire enrager.

Savez-vous que la chèvre est un bovidé ? De la sous-famille des caprins, certes, mais un bovidé tout de même, comme la vache.

Cet animal a été très tôt apprivoisé (8000 av. J.-C.) car on pouvait en tirer du lait, de la viande, du cuir et des outils en corne. Mais quel peut être son lien avec ce qui habite un bonhomme en rage ?

Au XVIIe siècle, *devenir chèvre* voulait dire « se mettre en colère », l'expression succédant à *prendre la chèvre* utilisée auparavant.

Cette locution vient simplement du comportement de l'animal qui est à la fois entêté et réputé être brusque et avoir des accès de violence soudaine[1]

---

1. Le mot *chèvre* est d'ailleurs issu du latin *capra* duquel nous arrivent aussi les mots *cabriole* et *caprice*.

comme s'il était en colère, comme notre bonhomme qu'on a *fait devenir chèvre.*

Aujourd'hui, cette expression est aussi utilisée pour dire « rendre fou ».

> Une occasion aussitôt pour le duc de Richelieu de traverser la favorite dans toutes ses entreprises, de la faire devenir chèvre selon le proverbe. Dans les soupers des cabinets, il prenait plaisir à railler et à exaspérer son mécontentement par des familiarités blessantes, par un ton de dénigrement supérieur qui ne respectait rien de sa personne.
>
> Edmond et Jules DE GONCOURT – *Madame de Pompadour* – 1881

231. MÉNAGER LA CHÈVRE ET LE CHOU

Ménager des intérêts contradictoires.

Le verbe *ménager* est ici pris dans le sens « traiter avec égards, ne pas déplaire, prendre soin de », comme dans *ménager la susceptibilité.*

Des esprits éveillés (ceux du premier rang) ou ceux qui vont chercher la petite bête diront que, dans les endroits plutôt secs où on élève des chèvres, il n'y a pas de cultures de choux.

C'est vrai, mais qu'importe ? Lorsqu'une chèvre se trouve face à un chou, que fait-elle ? Eh bien, elle le mange !

Si les deux sont ainsi opposés depuis le XIIIe siècle (sous la forme *savoir passer la chèvre et le chou*[1]), c'est simplement pour montrer la difficulté qu'il y a et l'habileté qu'il faut à une tierce personne pour obtenir que le chou reste intact et la chèvre peu

---

1. Notez que quand le loup est face à une chèvre, cette fois c'est la chèvre qui est mangée. L'expression originale *(savoir passer la chèvre et le chou)* est une allusion au fameux problème très ancien du paysan qui doit passer de l'autre côté de la rivière et garder intacts un loup, une chèvre et un chou, alors que son frêle esquif ne peut transporter à chaque traversée qu'un seul des trois en plus de lui. Si vous ne la connaissez pas déjà, je vous laisse en retrouver la solution.

revendicative ou, plus généralement, pour satisfaire deux parties ayant des intérêts opposés.

> In situ, on s'emploie toutefois à ménager la chèvre et le chou (de Bruxelles, s'entend) en ne faisant surtout pas du clivage wallon-flamand un motif artistique d'ostracisme. Au contraire.
>
> Gilles Renault – *Libération* – Article du 14 mai 2010

232. VIVRE CHICHEMENT

Vivre modestement (avec une notion d'avarice).

Les pois sont-ils chiches ? Certains sont chiches de sauter, comme ces fameux pois sauteurs qui ont été découverts par une grande majorité des Français en 1971 dans le magazine *Pif Gadget*. Quant aux pois chiches, ils sont chiches de vous faire prendre du poids si vous en abusez, mais pas de sauter ou de jouer aux avares. Et ne parlons même pas du chiche-kebab !

Vous êtes un peu perdus et vous demandez où tout cela nous mène ? Alors nous allons tenter de démêler un peu la chose.

Précisons d'abord que *vivre chichement* veut dire « vivre de manière chiche ». Il nous faut donc maintenant expliquer ce *chiche*.

Passons vite sur *être chiche de* qui signifie « être capable de » (« T'es pas chiche de gober ce Flanby® !). Évacuons également le *chiche* accolé au pois qui, au XIIIe siècle, s'appelait « pois cice » parce que issu d'une plante dicotylédone du genre *Cicer*.

Éliminons enfin sans faire de chichis le *chiche* du kebab qui nous vient lui de l'arabe, *via* le turc, où *šîš* désignait une broche ou une brochette.

Il ne nous reste alors plus que ce *chiche*, peut-être issu du latin *ciccum* pour « reste, chose de rien », qui, dès le XIIe siècle, désignait une personne qui répugnait à dépenser ou un avare. C'est de cette signification qu'est né l'adverbe *chichement* que l'on retrouve dans notre expression qui s'applique à quelqu'un qui, volontairement, même s'il dispose de moyens largement suffisants, dépense très peu pour vivre.

> Justement, il venait d'hériter d'une rente de douze mille francs, il avait décidé de se fixer à Beauclair, son pays, en y épousant Lucille, dont les airs de tourterelle pâmée l'avaient rendu fou. Gaume, sans fortune, qui vivait chichement de son siège au tribunal, ne pouvait refuser un tel parti.
>
> Émile ZOLA – *Travail* – 1901

233. C'EST LE CHIEN DE JEAN DE NIVELLE (IL S'ENFUIT QUAND ON L'APPELLE)

S'utilise pour désigner quelqu'un qui se dérobe quand on a besoin de lui ou un lâche.

Même si l'on parle de chien ici, contrairement à ce qu'on pourrait croire, il n'est pas question de ce quadrupède qu'on dit être le meilleur ami de l'homme.

Jean de Nivelle, né en 1422, est le fils de Jean II de Montmorency. Lorsque Louis XI cherche des alliés pour combattre Charles le Téméraire, duc de Bourgogne, Jean II demande à son fils d'aller se battre contre le vilain Charles.

Mais peu téméraire, lui, Jean de Nivelle refuse. Son père le déshérite alors et le traite de *chien*, injure bien connue vis-à-vis de quelqu'un qu'on méprise.

On parle donc ici en réalité de « ce chien de Jean de Nivelle » et non de l'inexistant clébard du fils indigne.

C'est dans son histoire mise en chanson peu après qu'on trouve ce qui deviendra notre expression :

« Il ressemble au chien de Nivelle
Qui s'enfuit quand on l'appelle »

Une autre version dit que Jean de Nivelle, désobéissant à son père et à Louis XI, se rallia à Charles le Téméraire, provoquant sa disgrâce et justifiant son appellation de *chien*.

Enfin, une autre évoque le fait que Jean de Nivelle, homme brutal, aurait frappé son père et, alors qu'il était convoqué devant la justice en raison de son acte, il se serait enfui.

On trouve aussi la forme *être (comme) le chien de Jean de Nivelle*.

> La Mayeux, aussi surprise qu'effrayée, se retourna. Elle se trouvait déjà au milieu d'un rassemblement, surtout composé de cette hideuse populace oisive et déguenillée, mauvaise et effrontée, abrutie par l'ignorance, par la misère, et qui bat incessamment le pavé des rues. Dans cette tourbe, on ne rencontre presque jamais d'artisans, car les ouvriers laborieux sont à leur atelier ou à leurs travaux. « Ah çà ! Tu n'entends donc pas ?… tu fais comme le chien de Jean de Nivelle », dit l'agent de police en prenant la Mayeux si rudement par le bras qu'elle laissa tomber son paquet à ses pieds.
>
> Eugène Sue – *Le Juif errant* – 1846

234. LE PREMIER CHIEN COIFFÉ

Le premier venu (en particulier, pouvant faire office de conjoint).

Peut-on juger que quelqu'un est digne d'intérêt à la seule vue de sa belle coiffure ?

Cette expression, qui date du XVIe siècle, n'est plus utilisée aujourd'hui que dans certaines régions.

Elle s'emploie le plus souvent dans le cas où deux personnes se mettent ensemble, l'une au moins ayant eu beaucoup de mal à trouver l'âme sœur et, selon ceux qui la jugent, s'étant finalement rabattue sur le premier venu à peu près présentable (« elle a épousé le premier chien coiffé »).

Ce dernier est alors comparé à un chien qui serait devenu beau, simplement parce qu'il a été peigné ou qu'il porte une coiffe.

Dans le même sens, on trouvait aussi *chat coiffé* ou *chèvre coiffée*.

Ainsi, l'expression *il serait amoureux d'une chèvre coiffée* signifiait « il pourrait s'amouracher de n'importe quelle femme, aussi laide soit-elle ».

Parallèlement, on désignait aussi par *chèvre coiffée* une femme condamnée pour ses mœurs trop légères.

> Elle n'avait pu jeter le grappin sur un mari. Mais [...] quand une fille entend se marier, rien ne saurait la tenir : elle prendrait plutôt un chien coiffé que de rester demoiselle.
>
> Henri Pourrat – *Gaspard des montagnes* – 1931

> Dès que le petit Melchior de La Baudraye apprit ces détails dont parlaient toutes les sociétés du département du Cher, il se rendit à Bourges, au moment où madame Piédefer, dévote à grandes Heures, était à peu près déterminée ainsi que sa fille à prendre, selon l'expression du Berry, le premier chien coiffé venu.
>
> Honoré de Balzac – *La Muse du département* – 1837

235. LES CHIENS NE FONT PAS DES CHATS

On hérite le comportement et les goûts de ses parents.

Sur un plan purement génétique, ce dicton qui date du milieu du XIXe siècle est généralement vérifié.

Quand bien même une souris éprouverait-elle une attirance féroce pour un éléphant au point de s'accoupler avec lui, il ne pourrait en aucun cas (à supposer qu'elle y survive) en naître un animal hybride, un souphant ou un éléris, ou un animal d'une des deux espèces.

Ce qui est vrai entre une souris et un éléphant l'est également entre une mouche et un raton laveur, hélas condamnés à ne pas avoir de descendance malgré l'envie qui les taraude, ou, dans le cas qui nous concerne, entre un chien et un chat.

Mais s'il est vérifié en génétique, ce dicton est en réalité utilisé en application à des situations qui vont bien au-delà des choses innées.

Ainsi, il peut être employé dans le cas où, par exemple :

– un couple d'enseignants a des enfants eux-mêmes enseignants ;

– enfants et parents raffolent des endives au jambon ou des merguez au barbecue.

Si, effectivement, on trouve parfois des dynasties de médecins ou d'acteurs ou des familles entières qui ne jurent que par les tripes à la mode de Caen[1] (même si l'inné n'y est pas forcément pour grand-chose), on veut aussi quelquefois faire dire à cette expression des choses nettement plus sujettes à caution comme : « Votre père est un truand, donc vous êtes un délinquant en puissance. »

Cette expression est à rapprocher de *tel père, tel fils* ou de *bon sang* ne saurait mentir*.

> J'étais à la fois vexée et peinée, mais c'est le caractère de ma sœur de ne pas montrer ses sentiments, comme papa d'ailleurs, les chiens ne font pas des chats.
>
> Alexandra Chesnel – *Mon histoire contre l'injustice* – 2008

236. LES CHIENS ABOIENT ET LA CARAVANE PASSE

1. Formule employée lorsqu'on est sûr de soi et qu'on dédaigne les obstacles que d'autres cherchent à mettre sur notre chemin.
2. Elle s'emploie également lorsqu'on fait semblant de ne pas être atteint par une insulte ou une critique quelconque.

Savez-vous ce qu'est un douar ?

Si vous êtes breton du Finistère et que vous croyez que Nenez[2] en est un, vous vous mettez le douar dans l'œil !

1. On peut toutefois facilement imaginer que le goût de Gaston Lagaffe pour la morue aux fraises ne lui a certainement pas été inculqué par sa mère.
2. Pour les réfractaires à la géographie française, ou bien pour ceux qui sont étrangers, Douarnenez est une ville de la Bretagne,

Le *TLFi* nous en indique la définition suivante : « Groupement d'habitations, fixe ou mobile, temporaire ou permanent, réunissant des individus liés par une parenté fondée sur une ascendance commune en ligne paternelle. »

On peut donc le considérer comme un petit village de maisons en dur ou de tentes ; on le rencontre en Afrique du Nord ou dans le Moyen-Orient.

Peut-être n'est-ce plus le cas, mais autrefois, les douars, principalement des campements nomades, étaient peuplés de quantités de chiens dont le rôle réel n'était pas de servir d'animaux de compagnie (ils étaient considérés comme de viles créatures et leurs maîtres leur jetaient plus volontiers des pierres que le contenu de boîtes de Canigou®), mais de donner l'alerte en cas d'approche d'étrangers.

Or, jusqu'au XIXe siècle, ces régions étaient parcourues par de très longues caravanes de chameaux, pouvant comporter quelques centaines de ces animaux bossus qui avançaient en file indienne de leur pas nonchalant[1].

Lorsque ces longues files passaient à proximité des douars, ils étaient accueillis et accompagnés par les aboiements hargneux des chiens qui y étaient présents. Mais, imperturbables, du haut de leur plus de deux mètres d'altitude, les chameaux ignoraient superbement les roquets bruyants et continuaient tranquillement leur chemin.

---

une des belles régions françaises.

1. Pour rappel, selon le *TLFi*, la définition officielle du chameau est la suivante : « Mammifère ruminant de la famille des camélidés, possédant une ou deux bosses dorsales graisseuses, utilisé comme monture ou comme bête de somme dans les régions arides de l'Arabie ou de l'Asie centrale ». Alors même si le chameau d'Asie est bibosse, alors que celui d'Afrique est monobosse et plus communément appelé dromadaire, l'emploi du terme « chameau » n'est pas une erreur, même si les caravanes évoquées ici sont celles d'Afrique ou du Moyen-Orient.

Ce dicton vient du persan. Aurait-il été issu de nos contrées, à la place des chiens, on aurait peut-être eu droit à la colle ou bien au poêle[1], par exemple…

> Que Jouve soit donc fidèle aux principes qu'il a toujours suivis, et qu'il soit sans inquiétude sur l'avenir. Il verra bientôt s'élever autour de lui les fantômes de la jalousie, de la négation et de la méchanceté. Qu'il se souvienne alors du proverbe arabe : « Les chiens aboient et la caravane passe. »
>
> *Art & décoration* – Volume 14 – 1903

237. NE PAS ATTACHER SON CHIEN AVEC DES SAUCISSES

Être très avare.

L'image, qui date du milieu du XIXe siècle, est amusante et, pour peu qu'on s'y penche un peu, aisément compréhensible.

En général, lorsqu'on attache son chien, c'est pour éviter qu'il baguenaude ou bien aille planter ses crocs dans la cuisse charnue de l'accorte voisine.

Si, pour l'entraver, on utilise des chapelets de saucisses au lieu d'une corde épaisse ou d'une bonne chaîne bien solide, on aura deux effets :

– le chien va s'empresser d'engloutir son excellente attache, sans se préoccuper vraiment de savoir si elle manque de sel ou si elle est un peu trop grasse ;

– la voisine va porter plainte.

C'est surtout le premier qui nous intéresse. Car pour que le chien reste attaché, il faut sans cesse renouveler l'attache. Ce qui, au final, coûte bien des sous et risque de vider la cassette de notre avare avant même qu'on ait pu la lui voler. Or, un pingre dépensant sans compter, ce n'est pas envisageable. Donc notre avare ne risque certainement pas d'attacher son ou ses chiens avec des saucisses. CQFD.

On peut également ajouter que si la voisine porte plainte, les frais de justice et d'amende vont aussi être insupportables pour notre homme. Ce qui ne fait

1. Car il est bien connu que, comme le poêle, la colle à bois.

que justifier son choix d'un autre type d'attache plus économique.

Notez que des ouvrages wallons du XIXe siècle indiquent le sens de « il ne faut tenter personne » tant il est vrai que les chiens ainsi attachés ne sauront pas résister à la tentation.

> Quand mon voisin met un plumet à son chapeau, croyez-vous que je pense qu'il soit plus grand pour cela ? Et quand un flatteur cherche à me coiffer, je sais très bien lui rendre la monnaie de sa pièce. Croyez tant qu'il vous plaira, Monsieur, mais ce n'est pas moi que l'on prendra à attacher son chien avec des saucisses.
>
> *Revue trimestrielle* – 11e volume – 3e année – Tome III – 1856

238. UN CHIEN DE COMMISSAIRE

Un secrétaire ou adjoint du commissaire de police, un agent de police, un inspecteur…

Qu'il s'appelle Dulé (en France), Messaoud (en Algérie) ou Mbonanga (en Afrique du Sud), un bon chien se doit d'obéir à son maître et, par exemple, doit donc s'asseoir quand on lui dit « assis ! ».

Eh bien, si l'on en croit notre expression, il en est de même du personnel affecté à un commissariat : il doit impérativement obéir aux ordres strictement professionnels du commissaire comme « ramène-moi un café ! » ou bien « va m'acheter un paquet de cigarettes ! ».

Cette expression qui est attestée à la fin du XIXe siècle et qui assimile le personnel du commissariat à des chiens est assez méprisante pour la gent (l'agent ?) policière.

Car si l'on peut naïvement ne voir que le côté fidèle du chien, il semble plutôt que le terme ici en reprend l'acception négative qui fait qu'une personne méprisable est traitée de chien ou qui a provoqué la naissance de locutions comme *un temps de chien* ou bien *une vie de chien*.

Des poèt's sans inspiration
Auront pris – quelle aberration –
Mes feux follets pour des étoiles.
De pauvres chiens de commissaire
Auront croqué – quelle misère ! –
Mes oss'lets bien garnis de moelle.

Georges BRASSENS – « Le Fantôme » – 1966

Ainsi le mardi 14 septembre, à dix heures du matin, un nommé Argot, secrétaire-greffier du comité de police de l'Abbaye-Saint-Germain (un de ces employés appelés aujourd'hui dans le langage trivial un chien de commissaire) arrêta un homme chargé de diverses brochures.

JEAN-BERNARD – *Histoire anecdotique de la Révolution française* – Volume 2 – 1889

239. UN CHIEN REGARDE BIEN UN ÉVÊQUE

1. On ne doit pas s'irriter d'être regardé (par une personne de plus basse condition).
2. Une personne humble doit pouvoir s'autoriser à aborder une personne haut placée.

La célébrité, quelle qu'en soit la cause, impose quelques contreparties. Quand on fait ce qu'il faut pour être regardé, admiré, photographié, il n'y a aucune raison d'en être irrité. Ainsi, si les célébrités refusaient de l'être, la montée des marches au festival de Cannes, par exemple, ne pourrait pas être ce qu'elle est.

Autrefois les pontes de l'Église, dont les évêques[1], étaient également des gens attirant le regard et la curiosité. Lorsqu'ils passaient dans un lieu tels des princes entourés de leur cour, les gens modestes devaient baisser les yeux par respect. Mais pas les chiens, pauvres animaux encore plus humbles que leurs maîtres, et incapables de comprendre le pourquoi de ces attitudes imposées. Ceci conduit à considérer que si un chien, forcément de très basse

1. Qui, lorsqu'ils sortaient de chez eux, avaient pour règle de laisser l'évêché dans l'état où ils l'avaient trouvé en entrant.

condition, peut s'autoriser à regarder un évêque sans que celui-ci puisse en prendre ombrage, alors n'importe qui devrait pouvoir le faire.

Vous allez me dire : l'image est compréhensible, mais pourquoi un chien et un évêque au lieu d'un chat et un roi[1], par exemple ? Il n'y a pas de réelle explication, mais le lexicographe Pierre Enckell, dans le numéro 38 de *Datations et documents lexicographiques,* cite l'auteur Beroalde de Verville qui, en 1610, dans *Le Moyen de parvenir*, écrivait ce qui semble être la première attestation de l'emploi de ces deux protagonistes : « Un chien aboie bien à la lune, et une chèvre regarde bien un ministre, et un chien un évêque dont moult il s'ébahit. »

> J'avais sa voix qui me parlait au-dessus de ma tête et je n'osais guère me retourner pour le voir, car, quoiqu'un chien regarde bien un évêque, che[2] n'est pas un homme bien commode à dévisager.
>
> Jules Barbey d'Aurevilly – *L'Ensorcelée* – 1854

> Et après tout, un chien regarde bien un évêque, pourquoi un étudiant n'écrirait-il pas à un grand et illustre professeur d'université ?
>
> *L'Escume des nuits* – Numéro 4 – Février/mars/avril 2005

240. UN TEMPS DE CHIEN

Un très mauvais temps.

Le qualificatif *de chien* sert à marquer l'excès, comme dans *une humeur de chien*, *un mal de chien* ou *une vie de chien*. Il part de l'idée que le chien est une sale bête, un animal méchant et méprisable, placé par certains au niveau d'un esclave.

Certains musulmans se servaient et se servent toujours de l'injure *chien de chrétien* (ou *chien de roumi* autrefois) pour désigner un Occidental ; Voltaire, entre autres, la cite au XVIIIe siècle.

---

1. C'est vrai, ça, pourquoi ? Puisque dans la version anglaise de l'expression *a cat may look at a king*, c'est bien un chat qui peut regarder un roi.
2. Mis pour *ce*.

En Palestine, au Ier siècle, l'expression *chien de païen* était couramment utilisée, paraît-il.

Et dans l'Évangile selon Matthieu, il est écrit que Jésus a dit : « Ne donnez pas les choses saintes aux chiens » et « Il n'est pas juste de prendre le pain des enfants et de le jeter aux chiens. »

Autant dire qu'en certains endroits et à certaines périodes, le joyeux aboyeur et tartineur de trottoirs n'était et n'est pas vraiment bien considéré.

Sans que ce soit une certitude, il est possible que les expressions avec *de chien* viennent d'une inversion de celles avec *chien de* ou *chienne de*.

On dit aussi en effet *chienne de vie* ou *chien de pays*, par exemple. Mme de Sévigné, Molière ou Voltaire, encore, utilisaient souvent ces expressions.

Et les autres formes où cette pauvre bête est mal traitée abondent : *prendre quelqu'un pour un chien, se faire traiter comme un chien, être chien avec quelqu'un…*

Alors on comprend que, vu la haute considération portée autrefois à cet animal (devenu maintenant chez nous « le meilleur ami de l'homme »), notre expression désigne un temps pourri. Et la version *il fait un temps à ne pas laisser un chien dehors* n'est pas mieux puisqu'elle désigne un temps tellement mauvais que même y laisser cet animal tellement méprisable n'est pas pensable.

Cela dit, à part désigner l'animal domestique, le *chien* peut encore avoir d'autres significations. Ainsi, on peut écrire : « Ce n'est pas parce qu'une femme a du chien qu'on doit en déduire que c'est une chienne. »

> Un temps de chien est un temps où il fait un froid de canard, où l'on ne voit pas un chat dehors et où l'on s'ennuie comme un rat mort à moins que l'on soit en compagnie d'une souris, auquel cas ce n'est pas la mort du petit cheval.
>
> François Omont – *Propos bougons et autres…* – 2002

241. UNE CHIFFE MOLLE

1. Une personne sans énergie.
2. Une personne faible, lâche, veule.

Qu'est-ce qu'une *chiffe* ? D'après le Robert, ce mot vient d'abord d'un assemblage, au début du XIVe siècle de l'anglais *chip* pour « petit morceau » et du français *chiffre* pour « objet sans valeur », ce mélange ayant donné dans certains dialectes du Nord et de l'Ouest le mot *chipe* qui veut dire « chiffon » et qui se serait ensuite transformé en *chiffe*.

Et nous y voilà déjà ! Que cette étymologie du mot soit la bonne ou pas, une *chiffe* n'est rien d'autre qu'une étoffe de mauvaise qualité, qu'un chiffon dont la mollesse a facilement permis la comparaison avec le bonhomme sans énergie physique ou morale.

Et si le chiffon est déjà mou naturellement, le qualificatif qui lui est accolé intensifie le côté négatif de la perception qu'on a de la personne ainsi désignée.

Cette expression date du début du XVIIIe siècle.

Pour désigner le même type d'individu, on entend aussi parfois *une chique molle* ou *mou comme une chique*, mais cette fois, c'est la mollesse gluante du tabac mâché qui sert d'élément de comparaison.

> Et dire, pensa-t-il, que Benoît me prend pour un chef. Un vrai chef de bande qui n'a peur de rien. S'il me voyait, à cet instant, défait, une vraie chiffe molle.
>
> Jean-Paul MALAVAL – *Les Encriers de porcelaine* – 2004

> Il avait clairement admis que ce serait une tentative sans espoir d'essayer de se relever ; aussi Dalroy se dirigea-t-il de son côté et, le traînant par son col de chemise, l'exposa, mou comme une chiffe et l'air égaré, aux regards de toute l'assistance.
>
> Gilbert Keith CHESTERTON – *L'Auberge volante* – 1914 – traduit de l'anglais par Pierre Boutang – 1990

242. SE CRÊPER LE CHIGNON

Se battre, se disputer violemment (entre femmes).

L'étymologie du nom *chignon* est intéressante ! *Chaignon* ou aussi *chäegnon*, au XIIe siècle, désigne la nuque. Le mot est issu du bas latin *catenio*, lui-même venu de *catena* (chaîne).

Pourquoi la nuque en partant d'une chaîne ? Deux hypothèses sont évoquées. D'abord le fait que la nuque soit vue comme une chaîne de vertèbres ; ensuite, par métonymie, à cause de la chaîne passée au cou du prisonnier.

C'est par croisement avec *tignon*, qui désignait une masse de cheveux relevés sur la nuque, que le sens actuel serait apparu au XVIIIe siècle.

Si cette expression n'est utilisée que pour désigner une dispute ou une bagarre entre femmes, c'est bien parce qu'elles seules, en Occident, peuvent porter leur chevelure relevée et groupée derrière ou sur la tête, formant ainsi ce qu'on appelle un chignon.

Et, lorsque ces gentes dames se bagarrent, si jamais elles s'attrapent par leurs cheveux, leur chignon est complètement explosé et ne ressemble plus à rien.

Maintenant, passons à l'explication du « crêpage ». Il n'y a là aucune allusion bretonnante à une quelconque crêpe déposée sur les cheveux ; non, crêper consiste, selon le Robert, à « gonfler les cheveux en repoussant une partie de chaque mèche avec le peigne ou la brosse de manière à les faire gonfler ».

Alors, les inventeurs de l'expression ont dû considérer que, à l'issue de la bagarre, lorsque les protagonistes avaient leur chignon défait et leurs cheveux complètement ébouriffés, cela pouvait être mis sur le compte d'une tentative de crêpage fort peu réussie.

Au marché de Briv'-la-Gaillarde
À propos de bottes d'oignons,
Quelques douzaines de gaillardes
Se crêpaient un jour le chignon.

Georges BRASSENS – « Hécatombe » – 1955

243. AVOIR LES YEUX DE CHIMÈNE

Éprouver un fort intérêt ou une passion (pour quelque chose ou quelqu'un).

Ceux qui sont passés par le lycée se souviennent certainement de la pièce de Corneille *Le Cid* dont le personnage principal est inspiré par un guerrier ayant réellement existé au XIe siècle, Rodrigo Díaz de Bivar dit le Cid Campéador[1].

Dans cette pièce, Rodrigue, surnommé Le Cid, est le fils de Don Diègue, rival du comte de Gormas dont la fille, Chimène, est amoureuse de Rodrigue (et inversement). Mais ce dernier est partagé entre son amour et son intention de venger l'honneur de son père humilié par le comte qu'il finit par tuer en duel.

Bien entendu, Chimène ne peut que dire à Rodrigue qu'elle le hait à la suite de cet acte, mais en réalité, un peu plus tard alors qu'elle le croit mort, elle avoue qu'elle est toujours amoureuse de lui.

La fin reste totalement ouverte : Chimène retombera-t-elle vraiment dans les bras de Rodrigue alors que le roi lui demande de l'épouser ? On le suppose, mais l'histoire ne le dit pas, car Corneille n'a pas écrit *Le Cid II - Le retour*.

Les premières représentations de la pièce, au début de l'an 1637, sont un triomphe. Mais elle est vite critiquée par des auteurs rivaux ainsi que par Richelieu.

Boileau, qui la défend, écrira :

« En vain contre *Le Cid* un ministre se ligue,
Tout Paris pour Chimène a les yeux de Rodrigue »

Car tout Paris, effectivement, évoque le dilemme (cornélien*, bien sûr !) de Rodrigue.

Si les yeux de Chimène sont d'abord ceux d'une femme amoureuse, qui finit généralement par pardonner, l'expression a pris un sens figuré pour

1. Que certains confondent avec Le Cidre alors qu'il n'était ni breton, ni brut.

désigner un intérêt certain pour quelque chose ou quelqu'un.

> C'était un beau garçon joufflu, haut en couleur, large d'épaules, ayant l'air heureux d'être au monde et enchanté de sa robuste personne ; le type complet d'un Rodrigue de village pour qui tout Gigondas aurait eu les yeux de Chimène.
>
> A. de Pontmartin – *Les Jeudis de Madame Charbonneau* – 1862

244. ÊTRE CHOCOLAT

Être attrapé, dupé, trompé.

Pourquoi, en argot, *chocolat* est-il synonyme de *dupé* ? Eh bien, il existe au moins trois explications à cette bizarrerie, et je m'en vais vous les donner de la plus douteuse à la plus probable.

La première viendrait de la boxe où, lorsqu'un joueur était sonné, donc avait pris un *choc*, on disait qu'il était *chocolat* ou KO.

Selon Albert Dauzat, l'auteur de cette thèse dans *Les Argots*, cela viendrait de déformations phoniques successives de *knock-out* (KO), prononcé *nokahout*, qui se serait transformé en *moka* et, par dérivation, en *chocolat*.

La deuxième serait due, au tournant du XXe siècle, aux clowns Footit et Chocolat très célèbres à l'époque. Raphaël Padilla prit le surnom de Chocolat parce qu'il était de race noire, d'origine cubaine. Comme, dans leurs numéros, il se faisait très souvent mener en bateau par son compère, à chaque fois qu'il se rendait compte qu'il avait été dupé, il disait « je suis chocolat ».

Mais Gaston Esnault relève l'expression *faire le chocolat* dans le sens « faire la fausse dupe qui appâte le public », expression employée par ceux qui pratiquaient le bonneteau[1] avant même le succès

1. « Jeu de filou dans lequel il s'agit de deviner la place d'un as de cœur parmi trois cartes que le banquiste manie avec une maladresse affectée, mais après avoir eu soin d'escamoter et de

des clowns. Le rôle de celui qui faisait le chocolat était donc de jouer l'appât, « sucrerie » qui attire le nigaud. Par extension, « le chocolat » était le joueur ainsi pris dans la nasse et trompé par les tricheurs.

> Contrairement aux bleus, qui y broyaient du noir, il comprend qu'il est chocolat, et se met à noircir des pages et des pages. Ayant publié un roman noir, il est finalement blanchi.
>
> Daniel Habrekorn – *Mes biographies* – 2000

245. DÉFRAYER LA CHRONIQUE

Être au centre des conversations, souvent de manière négative.
Faire beaucoup parler de soi.

Aujourd'hui, quand on vous parle de *chronique*, vous pensez soit au qualificatif d'une maladie répétitive, soit à un article dans un journal ou à une émission de radio ou de télévision, sens que le mot n'a pris qu'au début du XIXe siècle ; mais à partir du XIIIe, une chronique était un recueil de faits historiques racontés dans l'ordre chronologique (*Les Chroniques de Jean Froissart,* au XIVe sont particulièrement célèbres).

C'est à la fin du XVIIe qu'il a également désigné, selon le *Grand Robert*, « un ensemble de nouvelles qui circulent sur les personnes », de ces choses qu'on appellerait aujourd'hui des potins, mais aussi plus péjorativement des ragots lorsque le contenu déborde de médisance.

Quant à *défrayer*, dans son sens propre, il est lié aux frais, aux dépenses, puisque, aujourd'hui, il signifie « payer les frais » ou « indemniser ».

Alors quel lien peut-il bien avoir avec des potins, me direz-vous ?

---

remplacer par une autre carte l'as de cœur. » (Littré.) Il en existe aussi la variante où un objet est caché sous un gobelet retourné parmi trois que le bonneteur mélange.

Eh bien, vous avez sûrement à l'esprit cette expression *faire les frais (de quelque chose)* qui nous permet de retrouver cette notion de « frais ».

Au figuré, *défrayer*, dans le contexte de notre expression, veut dire « alimenter » ou « faire les frais de ».

Autrement dit, celui qui défraie la chronique est celui dont les nouvelles alimentent la conversation ou qui fait les frais des ragots qui s'échangent.

Autrefois, on a utilisé *défrayer la conversation*, remplacé par notre expression, mais aussi « défrayer la compagnie (de bons mots) » qui, cette fois, signifiait « amuser ou faire rire l'entourage par des plaisanteries ».

> [Michael Jackson] s'est porté acquéreur des restes d'Elephant Man, passe ses nuits dans un caisson à oxygène. Son mariage en mai 1994 avec Lisa Marie Presley, dont il divorçait un an et demi plus tard, avait déjà défrayé la chronique. Ainsi que sa nouvelle union avec une infirmière, jamais vue enceinte mais qui lui a donné un enfant.
>
> *Le Monde* – Article du 31 mars 2004

246. (RAVI) AU SEPTIÈME CIEL

Extrêmement ravi.
Qui éprouve un bonheur ou un plaisir intense.

La fortune de M. et Mme Panzani a commencé, lorsque le soir, au cours d'un gros câlin, ils se sont retrouvés au septième ciel, ravis au lit.

Au ciel, l'image se comprend, mais pourquoi le septième ?

Bien avant Copernic et Galilée, nos anciens avaient expliqué le fonctionnement de l'univers d'une manière plutôt géocentrique.

Au centre, donc, se trouvait la Terre. Ensuite, au niveau de chacun des corps célestes connus, se trouvait une sphère de cristal complètement transparente portant l'astre et tournant autour de la Terre.

Chaque sphère était un ciel. On trouvait ainsi la sphère de la Lune, celle de Mercure et ainsi de suite jusqu'à celle de Saturne (la septième) en passant par celle du Soleil.

Une dernière sphère, le firmament, portait les étoiles et nous séparait de Dieu qui, derrière, ne pouvait que se désespérer des créatures qu'il avait déposées sur ce qu'il avait fabriqué.

Avant qu'on parle du septième, le plus éloigné à part celui des étoiles, on disait déjà plus modestement *être ravi au ciel* lorsqu'on était transporté de joie, virtuellement arraché du sol par un « ravisseur ».

Et comme le troisième ciel était celui de Vénus, déesse de l'Amour, les transports amoureux pouvaient amener régulièrement au troisième ciel ceux qui les vivaient, cette version de l'expression étant utilisée au XVe siècle.

Puis, le bouton du troisième ne fonctionnant plus, et l'homme en voulant toujours plus, c'est finalement le septième ciel qui est devenu le symbole du ravissement suprême.

> Lucrezia fut un peu étonnée et commença à redouter quelques accès d'excentricité, Salvator l'en avait prévenue à diverses reprises avant qu'elle donnât son cœur au prince. Mais elle n'avait pu y croire, parce que, depuis sa maladie, Karol avait toujours été ravi au septième ciel et ne lui avait jamais causé un instant d'effroi.
>
> George SAND – *Lucrezia Floriani* – 1846

247. METTRE / TIRER AU CLAIR

Expliquer, élucider une affaire.

Cette expression est attestée au tout début du XIXe siècle, il n'y aura pas vraiment besoin de la « tirer au clair » pour la comprendre.

Si à tâtons dans le noir, vous manipulez un objet non familier (comme un schmilblick, par exemple), il vous faudra probablement l'amener à la clarté du jour pour découvrir ce que c'est.

Vous avez donc là tout simplement une métaphore qui reprend l'idée de quelque chose qui serait caché ou dans le noir et qui serait amené « au clair » dans la lumière nécessaire pour comprendre de quoi il s'agit.

On retrouve d'ailleurs le sens de *clair* dans le verbe *éclaircir* qu'on peut parfaitement appliquer à cette affaire qu'on élucide.

On peut toutefois noter qu'autrefois, *tirer au clair* signifiait « clarifier ou filtrer un liquide » et, plus précisément, « décanter du vin ».

> Des députés du corps se rendent à Versailles et soumettent respectueusement le vœu général de leurs confrères au ministre, qui, fort étonné du plan ridicule qu'on lui suppose, veut tirer au clair l'origine d'une pareille sottise.
>
> *Paris, Versailles et les provinces au dix-huitième siècle* – 1817

248. METTRE LA CLÉ SOUS LA PORTE

1. Déménager, partir discrètement (éventuellement sans payer le loyer).
2. Cesser son activité, faire faillite (pour une entreprise).

Cette expression est ancienne puisqu'elle date du XVe siècle. Son sens initial, le premier indiqué n'est plus que rarement utilisé, le second l'ayant quelque peu supplanté.

Elle a d'abord été utilisée pour désigner ceux qui, louant un logement, s'en allaient en catimini, sans payer leur loyer, mais sans emporter la clé pour autant.

Alain Rey explique que le *sous* (la porte) ne veut pas forcément dire que la clé est réellement glissée sous la porte comme elle pourrait l'être sous le paillasson de nos jours ; cette préposition véhicule simplement le sens de « discret » ou « caché » (comme dans *rire sous cape*, par exemple).

C'est par extension que l'expression a pris son second sens, d'abord pour les petits commerces, leur faillite se faisant généralement discrètement (ce n'est que quand on cherche à s'y rendre à nouveau qu'on constate leur fermeture définitive[1]) et en laissant une ardoise à leurs fournisseurs.

> Comme les fournisseurs sont identiques, une sorte de réseau s'est constitué avec de beaux bénéfices. Il semble que ce réseau avait décidé de mettre la clé sous la porte et d'aller jouir du magot assez considérable dans les îles.
>
> Michel Demion – *La Fondation du monde* – 2011

> L'une des raisons fréquemment invoquées pour ne pas concentrer l'aide sur les créations d'entreprises est que si les entreprises qui en bénéficient mettent la clé sous la porte, les ressources dépensées l'auront été en pure perte.
>
> Alistair Nolan – *L'Entrepreneuriat et le développement économique local* – 2003

249. ÊTRE (UN) GRAND CLERC

Être très savant.

Le mot *clerc* est issu au XIe siècle du latin *clericus* qui signifiait « membre du clergé », puis également « lettré ».

Mais quel lien peut-il y avoir entre un savant et un curé ou un évêque, me direz-vous ? Eh bien, il ne faut pas oublier qu'en ces temps lointains, les membres du clergé étaient presque les seuls à savoir lire et écrire, ce qui, aux yeux du peuple, en faisait des savants. (Imaginez que, à notre époque, ils soient les seuls à savoir utiliser un ordinateur !)

Dans son *Dictionnaire comique, satyrique, burlesque, libre et proverbial* paru en 1735, Philibert-Joseph Le Roux indique que *c'est un grand clerc* s'utilisait « en se moquant d'un homme qui fait le savant », probablement avec une connotation anticléricale.

La mauvaise opinion des clercs est d'ailleurs confirmée dans le *Dictionnaire des proverbes*

1. Bien sûr, même si on l'utilise aujourd'hui largement, y compris pour les plus grandes entreprises, la discrétion n'est plus toujours de mise, avec les plans de licenciement, grèves et autres médiatisations que cela peut entraîner.

français en 1749 où, à la même locution, c'est la définition « un sot, un niais, un homme qui s'en fait accroire » qui est associée.

De nos jours, on utilise cette locution plutôt sous une forme négative : « il n'est pas grand clerc » ou, surtout, « il ne faut pas être grand clerc pour… », le clerc étant alors plus généralement celui qui est intelligent ou qui possède une vaste culture. Est-ce clair ?

En dehors de cette expression, *clerc* est toujours employé dans certaines appellations comme *clerc de notaire*, *clerc de procureur* ou *clerc de commissaire-priseur*, par exemple, le mot s'étant aussi spécialisé depuis le XIIIe siècle pour désigner un employé travaillant dans l'étude d'un officier public ou ministériel.

> La Grèce et le Portugal ont intégré l'Union monétaire avec une balance extérieure nette plus ou moins égale à zéro : leurs actifs extérieurs et leurs dettes extérieures étaient plus ou moins équivalents. Ensuite, ils ont enregistré chaque année pendant une dizaine d'années des déficits des comptes courants équivalant à 10 % de leur PIB. Il ne faut pas être grand clerc pour comprendre que leur dette extérieure nette atteint aujourd'hui 100 % de leur PIB.
>
> *Le Monde* – Entretien avec Helmutt Schmidt – Article du 7 décembre 2010

250. PRENDRE SES CLIQUES ET SES CLAQUES

Prendre toutes ses affaires et partir précipitamment.

Prendre des *claques*, c'est très facile, il suffit de faire une grosse bêtise. Mais prendre des *cliques* ?

Cette expression, citée dans des ouvrages du début du XIXe siècle, ne s'emploie en général que dans un contexte de départ précipité comme, par exemple, lorsque votre femme vous quitte alors que vous venez une fois de trop de refuser de descendre la poubelle, de faire la vaisselle ou de changer la couche du gamin sous prétexte de match de foot à la télé.

Mais que sont réellement ces *cliques* et *claques* ? Eh bien, l'origine de ces mots n'est pas vraiment certaine.

On peut penser aux onomatopées *clic* et *clac*, à l'orthographe variable, qui peuvent accompagner le bruit de pas rapide de quelqu'un qui s'en va.

Mais ce qu'on sait et qui semble coller le mieux à l'expression, c'est que dans certains dialectes, les cliques désignaient les « jambes ». On sait aussi qu'on appelait *claques* des sortes de sandales qui servaient à recouvrir les chaussures des dames pour éviter qu'elles se salissent.

À l'origine l'expression aurait donc voulu dire quelque chose comme « rassembler ses jambes et ses chaussures » pour partir rapidement (un peu comme *prendre ses jambes** à *son cou*). Plus généralement, on lui associe l'idée de prendre ses affaires et de s'en aller, avec une connotation de précipitation.

Alfred Delvau, dans son *Dictionnaire de la langue verte,* indique aussi le sens de « mourir ». Là, le départ est probablement sans espoir de retour et les affaires emportées assez limitées.

> Nous n'en sûmes pas plus long sur les avatars de cette femme qui, aux approches de la cinquantaine, tournant brusquement l'épaule au passé, avait pris ses cliques et ses claques sans toucher le salaire des trente années de rebuffades que lui avaient fait essuyer la tante et le neveu.
>
> Gaston Cherpillod – *Une écrevisse à pattes grêles* – 1988

251. DÉMÉNAGER À LA CLOCHE DE BOIS

Abandonner discrètement, furtivement son logement.

Au milieu du XIXe siècle, la première version connue de cette expression était *déménager à la ficelle* : la corde permettait de descendre discrètement ses affaires par la fenêtre, puis de passer devant le concierge les mains vides, de manière à ne pas éveiller ses soupçons lorsqu'on voulait quitter les lieux furtivement, sans payer le loyer (sans oublier le lien probable avec ce terme *ficelle* qui autrefois désignait aussi un escroc, un filou).

Parallèlement, on utilisait aussi *à la sonnette de bois* exactement dans le même sens. Bien sûr, la sonnette du concierge n'était pas vraiment de bois, sans quoi il n'aurait pas entendu grand monde le demander, mais cette forme indique bien le côté discret du mouvement de celui qui veut s'en aller subrepticement sans risquer d'alerter celui qui pourrait lui demander des comptes, la *cloche de bois* ne produisant qu'un discret son mat, contrairement à la véritable cloche métallique.

C'est un peu plus tard, semble-t-il, que *sonnette*, désignant un tout petit instrument, a été remplacé par *cloche*, désignant un objet plus ostensible, renforçant ainsi le côté furtif de la disparition du locataire.

On dit aussi *déménager sans tambour* ni trompette*. Comme ces deux instruments de musique sont également bruyants, comme une cloche métallique, c'est cette fois leur absence qui permet de quitter les lieux sans se faire repérer.

> Mouchefrin ne put payer son deuxième terme rue Racine ; il déménagea « à la cloche de bois », c'est-à-dire par escroquerie…
>
> Maurice Barrès – *Les Déracinés* – 1897

252. SE TAPER LA CLOCHE

Faire un bon repas, faire bombance.

En argot, parmi d'autres significations, *cloche* signifie « tête » par analogie avec l'objet creux éventuellement rempli d'un cerveau parfois peu fonctionnel, comme chez l'imbécile (« pauvre cloche ! »).

Mais quel lien peut-il y avoir entre la tête et le bon repas ?

Il semble que cela vienne d'un joyeux mélange de choses diverses, le sens de l'expression ayant évolué dans le temps.

Gaston Esnault indique qu'en 1900, *se taper la tête* voulait dire « manger ».

Mais Wartburg dit que notre expression (avec le mot *cloche*) voulait d'abord dire « s'enivrer », dérivée *de se taper quelque chose* ou *s'en taper* qui s'employaient pour « boire beaucoup » au milieu du XIXe siècle.

Or ceux qui ont déjà vécu cela (certainement très rares ici, n'est-ce pas ?) savent que les lendemains de libations un peu déraisonnables, la tête « tape » un tantinet.

Le sens de *s'enivrer* est donc compréhensible quand on sait ce qui suivra les excès.

Mais boire beaucoup au point de se soûler, c'est aussi boire à satiété, avec une idée de réplétion qu'on trouve aussi dans le remplissage de nourriture vers lequel a glissé le sens de notre expression (renforcée par le *se taper la tête* signalé par Esnault), la cloche devenant alors l'estomac ou le ventre, au lieu du siège de la pensée.

> Et, après un silence, il ajouta : – Et lui, au moins, y se tape la cloche. Qu'est-ce qu'y s'envoie comme brutal et pitance ! Puis il resta là, un peu bêta, les pattes trop écartées, comme un jeune poulain ou un petit veau.
>
> Jean GENET – *Miracle de la rose* – 1946

253. SONNER LES CLOCHES (À QUELQU'UN)

Réprimander fortement, violemment (quelqu'un).

Confucius (à moins que ce ne soit Lao-Tseu[1] ?) aurait dit quelque chose comme : « Si tu frappes ta tête contre une cruche et que tu obtiens un son creux,

1. Pour le plaisir, quelques véritables citations attribuées à Lao-Tseu :
– savoir se contenter de ce que l'on a, c'est être riche ;
– mieux vaut allumer une bougie que maudire les ténèbres ;
– l'homme qui sait ne parle pas ; l'homme qui parle ne sait pas ;
– quand les gros sont maigres, il y a longtemps que les maigres sont morts ;

n'en déduis pas que c'est forcément la cruche qui est vide. »

C'est pareil si on utilise une cloche à la place de la cruche, sauf que, dans sa position normale, la cloche est forcément vide (mais un son creux n'implique pas pour autant qu'elle est seule à l'être) et que, si on a frappé assez fort pour obtenir un son, on peut être sûr d'avoir très mal à la tête ensuite.

Une grosse cloche qui sonne, cela produit un son puissant, assourdissant même, si on en est très proche.

C'est à la fois l'image de cette puissance qu'on retrouve dans l'expression avec le qualificatif *fortement* ou *violemment*[1] (et le pluriel *les cloches* en accentue encore l'ampleur), mais aussi celle de la frappe, puisque le battant de la cloche tape sa paroi lorsqu'elle sonne et la réprimande peut être vue comme une frappe verbale, ce qui explique la naissance de notre métaphore.

> Ils m'ont sonné les cloches, déclara-t-il en refermant une vague robe de chambre sur un pyjama bleu et des pantoufles en éponge. Ils ne m'ont pas loupé, dis donc.
>
> Philippe Djian – *Doggy bag* – 2007

254. RIVER SON CLOU (À QUELQU'UN)

Interdire toute réponse (à quelqu'un) par une réplique sans appel.

Le *clou* est une petite tige métallique pointue qui sert à diverses choses comme, par exemple, accro-

---

– celui qui connaît les autres est perspicace ; celui qui se connaît lui-même est intelligent ;
– donne un poisson à un homme, tu le nourris pour un jour ; apprends-lui à pêcher, il se nourrira toute sa vie ;
– tu connais l'utilité de l'utile, mais connais-tu l'utilité de l'inutile ?

1. Au XVIIe siècle, *faire sonner la plus grosse cloche* ne voulait pas dire faire parler le plus abruti des présents, mais « faire parler la personne qui a le plus d'autorité (donc la plus puissante) ».

cher un cadre au mur ou bien assembler deux pièces de bois.

Cette opération délicate de bricolage provoque parfois une courte et bruyante danse du scalp lorsque celui qui tenait le clou entre deux doigts pour le maintenir droit avant d'en frapper la tête, manque son coup et s'écrase les doigts.

Dans le cas de l'assemblage d'éléments, une fois le clou bien enfoncé, il arrive qu'il dépasse de l'ensemble. Alors, pour éviter qu'il reste ainsi et blesse quelqu'un, ou que les deux pièces finissent par prendre du jeu, toujours à l'aide du marteau, on plie et rabat ce qui dépasse contre l'élément traversé.

C'est cette dernière opération que, depuis le XIIIe siècle, on désigne par *river un clou.*

Le verbe *river*, qui date du XIIe siècle, vient de *rive* pris dans le sens de « bord ». D'ailleurs, un des sens officiels donnés au verbe était « Abbatre la pointe d'un clou sur l'autre costé de la chose qu'il perce, & l'applatir en sorte que ce soit comme une autre teste. » (*Dictionnaire de l'Académie française*, 1694.)

Notre expression, qui date du XVe siècle, est basée sur l'image de la personne qu'on cloue sur place et qu'on immobilise complètement au point qu'elle ne peut plus rien faire.

Cette immobilité forcée s'est ensuite étendue à la parole, rendant la locution synonyme de *clouer *le bec*.

> J'aurais dû rire de bon cœur de tous ses sous-entendus vexatoires plutôt que d'accorder autant d'importance à ses mises en boîte gratuites. Si je n'avais pas été animé par la volonté farouche de lui river son clou, nous ne nous serions pas dressés l'un contre l'autre comme des coqs à nous entre-déchirer.
>
> Pierre NAGY – *La vie est trop courte* – 2011

255. CLOUER LE BEC

Réduire quelqu'un au silence, le faire taire.

Dans cette expression qui nous vient du XVIIIe siècle sous sa forme actuelle, *bec*, comme dans beaucoup d'autres expressions, désigne la bouche.

On imagine alors quelqu'un amenant la tête d'un bavard à proximité d'un plan en bois (table, établi…), lui saisissant et tirant les deux lèvres et lui plantant un clou à travers jusque dans le bois.

Ce très « sympathique » moyen de contraindre au silence ne doit pourtant pas être si efficace que ça, car on arrive probablement quand même à faire entendre sa douleur quand on est maltraité de la sorte. Sauf quand le tortionnaire entame enfin la deuxième dizaine de clous…

Mais heureusement, même si l'image paraît limpide, il ne s'agit ici en aucun cas d'une torture de ce genre et il n'y a aucun lien avec un clou quelconque, ni celui en métal, ni celui du spectacle.

Clouer est tout simplement une transformation du verbe *clore*, qui veut dire « fermer », devenu nettement moins utilisé de nos jours (mais l'expression existait sous la forme *clore le bec* dès le XVIe siècle).

Si l'expression s'est ainsi modifiée avec *clouer* au lieu de *fermer*, c'est sans doute à cause de la puissance évocatrice du « gentil » traitement évoqué plus haut.

Notez que, dans le même usage, on utilise bien le verbe *fermer* dans *fermer le clapet*.

> Je suis allé chercher un dictionnaire de français et je lui ai cloué le bec pour la seconde fois. Je suis beaucoup plus copain avec lui maintenant.
>
> Alain VAN CRUGTEN – *Des fleuves impassibles* – 1997

256. DANS LE COALTAR / COLTAR

Mal réveillé, à demi-inconscient ou hébété.

Le coaltar est un goudron, dérivé de la houille, contrairement au bitume, dérivé pétrolier, ou à la poix, matière obtenue à partir du bois.

Ce nom vient de l'anglais *coal* (charbon) et *tar* (goudron).

Outre la couverture des routes, le coaltar servait à enduire la coque des bateaux pour la protéger des algues et des parasites, et la rendre étanche, ou en certains endroits, le bas du mur extérieur des maisons pour empêcher la pénétration de l'humidité.

Quelqu'un à demi-inconscient a autant de difficulté à se mouvoir qu'une personne qui serait plongée dans ce liquide collant et visqueux.

Cette expression renforce *être dans le cirage*.

Elle viendrait de l'époque où certains utilisateurs de ce produit dans des lieux insuffisamment ventilés devenaient hagards (et pas que Montparnasse ou Saint-Lazare) à force d'en respirer les émanations toxiques et ne devaient compter que sur d'autres personnes pour être extraits du lieu devenu dangereux pour eux.

Il est intéressant de savoir qu'en Nouvelle-Calédonie, le mot *coaltar*, aussi écrit *coltar*, comme il se prononce (mais pas *coltard*, comme on le trouve souvent), a donné naissance à des dérivés que l'on ne trouve pas en métropole :

– une *route coltarée* y est une route goudronnée ;

– *se faire coltarer* par les gendarmes, c'est se prendre une amende.

Cela viendrait de l'armée américaine qui, pendant la guerre du Pacifique, aurait goudronné (ou *coltaré*) les pistes de l'île qui ne connaissait pratiquement pas le goudron, à part à Nouméa.

> Au moment où le marché nous accule à multiplier les annonces de chômage technique, où tous les prévisionnistes ont la tête dans le coaltar et les gens le moral dans les chaussettes.
>
> Hervé Sérieyx –
> *Confiance mode d'emploi* – 2009

257. MANQUER / RATER LE COCHE

Laisser passer une occasion (généralement de faire une chose utile ou avantageuse).

Vous savez certainement ce qu'est un cocher. Mais vous savez peut-être moins que le cocher était autrefois le conducteur d'un coche. Le nom *coche*, qui date du milieu du XVIe siècle, désigne une grande voiture de transport de voyageurs tirée par des chevaux (voir la mouche* du coche).

Le coche désignait également un grand bateau de rivière, halé par des chevaux, et qui servait aussi à transporter des individus.

Qui dit transport de voyageurs, dit horaires de passage aux différents arrêts, plus ou moins précis à l'époque des coches. Et qui dit horaires, dit risque de manquer le passage du coche.

Manquer le coche, c'était donc autrefois rater son moyen de transport et la possibilité de se déplacer loin en temps voulu, comme certains aujourd'hui loupent leur train ou manquent leur avion.

Lorsque les coches terrestres ont été remplacés par les diligences et que ceux d'eau ont cessé leur activité, le mot a disparu de la langue courante, mais l'expression est restée, généralisée à toute bonne occasion qui s'est présentée mais qu'on a laissée passer.

> J'ai créé Alix quand le journal Tintin est sorti, car je ne voulais pas rater le coche. J'avais quatre idées : Alix, Jhen, Lefranc, Arno. J'ai fait une page prototype d'Alix qui a été acceptée et le personnage a tout de suite marché.
>
> *L'Humanité* – Interview de Jacques Martin du 11 juin 1990

258. AVOIR LE CŒUR SUR LA MAIN

Être généreux.

Il semble étrange qu'une personne ait pu inventer une telle expression. Imaginez que quelqu'un s'ouvre la poitrine, s'en extraie le cœur et le tende sur la main pour prouver sa générosité.

Quoi qu'il en soit, sans qu'on y fasse attention, le cœur est un organe éminemment baladeur. Lorsque vous l'avez « au bord des lèvres », c'est que vous avez des nausées ; et si vous l'avez « sur les lèvres », c'est que vous êtes franc ou sincère.

Mais si vous l'avez « sur la main », c'est que vous êtes prêt à offrir jusqu'à votre bien le plus précieux, et que votre générosité ne fait donc aucun doute.

Lorsque vous avez le cœur « sur les lèvres », c'est en paroles que vous prouvez votre qualité morale. Si vous l'avez « sur la main », c'est à vos actes qu'on vous juge.

Et comme, métaphoriquement, le cœur représente aussi la force d'âme, nous avons finalement là un ensemble d'ingrédients qui ont pu provoquer la naissance de cette locution à la fin du XVIIIe siècle.

Bizarrement, du XVIIe siècle jusqu'à la fin du XVIIIe, donc jusqu'à l'apparition de la signification actuelle de cette expression, il existait *avoir le cœur dans (ou dedans) la main* qui avait le même sens que l'actuelle locution *avoir le cœur sur les lèvres*.

> C'était un garçon si gentil, si bien, si généreux, le cœur sur la main, il était absolument a-do-rable. Les femmes se plaisaient en sa compagnie, s'amusaient de lui, aimaient toucher ses épaisses boucles blondes.
>
> Thomas WOLFE – *L'Ange exilé : une histoire de la vie ensevelie* – 2008

259. HAUT LES CŒURS !

1. Ayons du courage ! Soyons braves !
2. Lançons-nous avec ardeur dans l'action !

Dans une chorale, le chef de chœur qui a mal digéré son repas peut dire « haut les chœurs » juste avant d'avoir un haut-le-cœur (attention les premiers rangs !).

Mais, si dans *haut-le-cœur*, l'organe (qui n'a bien sûr rien à voir avec un chœur) est soulevé comme dans notre expression, le symbole n'est pas du tout le même. Dans cette locution, la montée de l'organe symbolise une nausée, si chère à Sartre, même si c'est plutôt l'estomac qu'il faudrait évoquer, et évacuer.

Alors que dans notre exaltation à l'action, le cœur est lui un symbole de courage et d'énergie. En effet, cette acception, métaphorique aujourd'hui, vient de l'ancien français, au Moyen Âge, où *cuer*, devenu depuis *cœur*, désignait à la fois le courage et la vertu guerrière.

Dans notre expression, les cœurs (au pluriel) représentent également les hommes, qui sont supposés tout donner d'eux-mêmes.

> Des faits !… Et des noms !… Oui, des noms !… Des noms plus encore peut-être !!! ou moins ; qu'importe ?… jetés comme autant de soufflets à la face rougissante de honte d'un Univers à jamais consterné, voilà ce qu'il faut ! Haut les cœurs ! Haut les âmes ! À moi les hommes de bonne volonté et de généreuse initiative !…
>
> Georges Courteline – *Messieurs les ronds-de-cuir* – 1893

260. ÊTRE COIFFÉ AU / SUR LE POTEAU

Être battu de justesse.

Normalement, c'est aux ciseaux et au peigne qu'on coiffe quelqu'un, pas au poteau, très peu maniable et généralement très mal aiguisé. Quant à être coiffé *sur* un poteau, je vous laisse en deviner la diffi-**cul**-té et l'inconfort (au point d'en être parfois tout pal).

Qui n'est pas habitué aux courses hippiques ou n'a pas été un admirateur inconditionnel de Léon Zitrone peut avoir du mal à imaginer l'origine de cette expression. Mais pour les autres, elle est très claire.

C'est au début du XXe siècle qu'est apparu le verbe *coiffer* avec le sens de « dépasser un concurrent juste d'une tête au moment de l'arrivée ». Cela s'explique aisément, car on peut facilement faire l'amalgame entre la tête et la coiffe.

C'est à la même époque, dans le monde des courses de chevaux, que l'expression est d'abord apparue. En effet, la désignation du gagnant se fait au passage d'une ligne matérialisée par un poteau placé sur le côté intérieur de la piste.

C'est lorsqu'un cheval gagnait d'une courte tête qu'on disait qu'il avait « coiffé » son adversaire sur le poteau. Un peu plus tard, en 1939, *coiffer un concurrent*, c'était « le dépasser ».

Par extension, l'expression s'emploie dans n'importe quelle compétition, pas obligatoirement sportive, lorsque quelqu'un l'emporte de justesse, au dernier moment, sur quelqu'un d'autre.

> « Quand paraît en 1934 *Le Crime de l'Orient-Express*, Steeman éprouve un véritable sentiment de frustration et de regret. Une idée semblable lui était venue » rappelle André Duchâteau. En effet, il voulait à l'origine situer l'action de ce qui deviendra *L'assassin habite au 21* avec son curieux crime collectif dans un train international. Mais Agatha Christie l'avait coiffé au poteau.
>
> Michel Chlastacz – *Trains du mystère : 150 ans de trains et de polars* – 2009

261. AUX QUATRE COINS DE…

1. Dans tous les lieux possibles (d'un espace considéré comme clos), partout.
2. Sur toute l'étendue de…

On peut légitimement se demander comment on peut employer l'expression *aux quatre coins de la planète*, par exemple, alors que nous avons affaire à une boule où le nombre de coins est infiniment moindre que dans un cube ou un parallélépipède quelconque.

Et pourtant…

Et je ne vous parle pas de celui qui, prétendant avoir visité toute la France, dit qu'il est allé aux « quatre coins de l'Hexagone » ; car tout le monde sait qu'un hexagone comporte neuf coins et demi, n'est-ce pas ?

Et pourtant… on n'hésite pas à utiliser cette expression depuis le XVIe siècle, que l'endroit cité ait zéro, deux (comme le canard), quatre ou trente-six coins.

L'image nous vient simplement d'un lieu fermé rectangulaire (une pièce, par exemple) dont on imagine que le fait de pouvoir aller aux quatre coins permet d'en embrasser toute la surface.

Elle est probablement aussi influencée par les quatre points cardinaux qui symbolisent toutes les directions.

> J' [Yannick Noah] ai passé douze ans de ma vie à avoir, au minimum, un tournoi par semaine aux quatre coins du globe. À ce rythme-là, forcément, arrive le jour où votre corps vous lâche.
>
> Jean-Pierre DE MONDENARD – *Dictionnaire du dopage* – 2004

262. FRAPPÉ / MARQUÉ AU COIN DU BON SENS

Qui porte la marque du bon sens.
Plein de bon sens.

Voilà une nouvelle expression qui peut paraître bizarre et difficilement compréhensible si on ne pense qu'aux coins d'une caisse ou au coin de la rue (à condition d'être parti dans le bon sens, bien sûr).

Mais point de rue, foin de caisse ici !

Il faut remonter aux temps anciens où les monnaies n'étaient pas produites de manière centralisée et industrielle, mais « frappées » localement par les seigneurs selon une technique qui n'a commencé à évoluer que tardivement.

Avant le XVIe siècle, les pièces étaient fabriquées à l'aide de morceaux d'acier gravés en creux avec l'empreinte qui devait être laissée sur la pièce, cette marque très reconnaissable permettant d'en identifier l'origine.

Ces morceaux d'acier s'appelaient des coins (remarquez qu'en anglais, *pièce* se dit aussi *coin*).

Notre expression est donc une métaphore en liaison avec ces marques définitives que laissaient les coins lorsqu'une pièce était frappée ou marquée.

Mais, si aujourd'hui on emploie surtout le *bon sens* en complément, la véritable expression est *être frappé (ou marqué) au coin* suivi d'un autre complément quelconque.

Ainsi, dans la littérature, on peut trouver *du bon goût, de la bonne éducation, de l'amabilité bourgeoise, d'une haute inspiration*… L'expression peut donc s'employer avec toute personne ou chose qui porte clairement la marque d'une qualité ou qui est pleine de cette même qualité.

Il a existé d'autres expressions basées sur ce même *coin*, mais elles sont tombées en désuétude :

– *être frappé à tel coin* signifiait « s'entêter dans une opinion » au XVIIe siècle ;

– *être marqué du bon coin* voulait dire « être excellent » à la même époque.

> À l'automne 2006, la rumeur musicale mettait en balance, pour occuper le trône parisien, Laurent Bayle et Nicolas Joël. L'opposition de styles était trop tentante pour ne pas être caricaturale : d'un côté, le flamboyant directeur de la parisienne Cité de la musique ; de l'autre, un notable provincial, un peu terne. Nicolas Joël l'a emporté, et cette nomination, de l'avis général, est frappée au coin du bon sens.
>
> *Le Monde* – Article du 17 janvier 2007 à propos de la nomination de Nicolas Joël à la tête de l'Opéra de Paris

263. S'EN MOQUER COMME DE COLIN-TAMPON

S'en moquer complètement.

On connaissait déjà *colin-maillard* et nous voici maintenant face à *colin-tampon*. Aucun des deux n'étant une race de colin (ce poisson qui, de nos jours, finit souvent dans notre assiette sous forme carrée et panée), il va nous falloir trouver ce qu'est ce *tampon*.

Mais commençons par *colin*. Ce mot est un ancien diminutif du prénom *Nicolas* – il est d'ailleurs toujours en usage dans les pays anglo-saxons. Tout comme aujourd'hui, on utilise certains prénoms pour désigner certaines personnes (« c'est mon Jules », « faire le Jacques », « c'est une Lolita »…), au XVIe siècle, *colin* désignait un personnage un peu nigaud.

Mais en quoi un nigaud peut-il être responsable de la naissance de notre expression ?

Revenons d'abord à nos *tampons* ! Ce mot est ici le nom correspondant au verbe *tamponner* (aussi peu étrange que cela puisse paraître) au sens de « cogner » ou « taper ». Et qui est-ce qui tape à tout-va, sinon un joueur de tambour ? Ce n'est donc pas tout à fait un hasard si le nom de *Colin-Tampon* a été donné à une batterie de tambours suisses après la bataille de Marignan (qui, je vous le rappelle, a eu lieu en 1515, juste un siècle après la pâtée d'Azincourt).

Bien que le pourquoi de cette appellation ne soit plus certain, on suppose qu'elle vient de ce que, outre le fait que les tambours « tamponnent » sans s'arrêter au début d'une bataille, il fallait être un peu nigaud pour faire partie d'une batterie de tambours dont les individus n'étaient que de la chair à canon, cibles privilégiées au début des combats. C'étaient d'ailleurs souvent de jeunes hommes, pas forcément futés ni très forts (aucune des deux qualités n'était nécessaire pour taper sur un tambour) qui jouaient ce rôle.

Donc des colins qui tamponnent, ça donne bien des « colins-tampons ».

Mais pourquoi s'en moquait-on tant que ça ?

Là encore il n'y a aucune certitude. Littré suppose que cette totale indifférence vis-à-vis des colins-tampons vient de ce que, dans la bataille, l'ennemi se moque complètement des roulements de tambour adverses. Mais plus simplement, on peut aussi penser que les ennemis s'en moquaient comme d'une guigne, puisqu'ils n'étaient pas armés et ne risquaient donc pas de tirer sur eux.

> Comme de ma vie, je n'ai pu seulement voir tordre le cou à un poulet, ma pauvre chère dame, vos cartes auraient beau dire que je tordrai le cou à quelqu'un, que je m'en rirais comme de Colin-Tampon.
>
> Eugène Sue – *La Bonne Aventure* – 1851

264. FAITES CHAUFFER LA COLLE !

S'emploie de manière plaisante, pour se moquer, lorsqu'un bruit de casse retentit.

Bien sûr, la moquerie risque de mal passer si Madame vient de casser son vase Ming…

Aujourd'hui, quand on a besoin de colle, on va dans notre coin bricolage, on en extirpe un tube et on le presse pour en sortir ce liquide visqueux qui, une fois appliqué sur les parties à coller puis devenu sec, va permettre de maintenir ensemble les morceaux qu'on souhaite assembler. C'est très facile, pour peu qu'on choisisse une colle adaptée au matériau.

Mais autrefois, la colle ne se faisait pas entuber, en raison du manque de technologies adaptées.

On pouvait soit utiliser des produits naturellement collants (la glu tirée de l'écorce du houx, la gomme arabique tirée de l'acacia…), soit en préparer en faisant chauffer une mixture contenant des ingrédients précis comme de la gélatine animale, par exemple (essayez vous-même avec 2/3 d'eau et 1/3 de farine, et vous obtiendrez une excellente colle à tapisserie).

Le fait que le contenu d'un récipient de colle durcisse était une autre bonne raison de la faire chauffer, généralement au bain-marie, la montée en température liquéfiant le produit et le rendant à nouveau utilisable.

Autrefois, donc, pour obtenir une colle utilisable, il était souvent nécessaire de la faire chauffer.

De là cette expression qui a été rendue populaire dans les années 1950 grâce au feuilleton radiophonique *Faites chauffer la colle !* coécrit par Francis Blanche et Pierre Dac.

> Paul se leva et nerveusement empila les assiettes, couverts désordonnés et depuis la cuisine un fracas de vaisselle éclatée dans les bruits aigus des fourchettes tombées en étoiles, éparses sur le carrelage, retourna tous les visages vers la porte.
> – Faites chauffer la colle ! cria Marion en riant.
>
> Jean-Louis Vincensini – *Farine et littérature* – 2001

265. COLLET MONTÉ

1. Rigide sur les manières et les principes.
2. Prude.

Les braconniers connaissent bien le collet, ce nœud coulant qui permet de capturer certains animaux en leur enserrant le cou lorsqu'ils passent à travers. L'appellation de ce piège est un diminutif de *cou*.

Et c'est bien au cou que nous allons nous intéresser, pas celui des lièvres, mais celui des dames de la cour autour de Catherine de Médicis qui aimait bien lancer des modes, dont celle du collet monté, pièce de tissu enroulé autour du cou (d'où le *collet*) et rigidifié vers le haut (d'où le *monté*) à l'aide de carton, de fil de fer et d'empois, une substance collante et épaisse à base d'amidon, destinée à « empeser » le tissu (*monté* fait aussi allusion à l'armature sur laquelle est *montée* l'étoffe).

Cette mode déclinera sérieusement après la disparition de la Médicis, mais la raideur de l'objet et l'apparence guindée de celles qui le portaient ont suffi à faire de l'objet un qualificatif appliqué, entre autres, aux personnes ayant un comportement rigide, un peu comme les vieilles femmes aigries et promptes aux critiques, catégorie de personnes qu'on disait *collet monté*, selon Furetière.

Et si le terme *collet monté* est aussi associé à la pruderie, c'est parce que, compte tenu de la fragilité de l'objet, la moindre tentative d'amorce de début de commencement de galipettes le mettait complètement à mal. On était donc à peu près sûr que toute femme portant un tel collet en parfait état ne venait pas de se faire trousser dans une quelconque alcôve discrète.

> Gérard Conte, comme Averty, n'est pas loin de penser qu'Armstrong, ayant regrettablement mis un terme à une musique de plein air, lui a substitué un art sérieux et collet monté.
>
> Lucien Malson – *Des musiques de jazz* – 1983

266. DANS LE COLLIMATEUR

Surveillé, observé avec méfiance ou hostilité.

Non, le collimateur n'a rien d'un paquet-poste voyeur ! Il s'agit simplement d'un dispositif de visée qui permet d'ajuster un tir avec une arme.

Celui qui est ainsi la cible de la visée, celui qui est « dans le collimateur », peut donc être considéré comme étant très temporairement sous surveillance étroite, jusqu'à ce que le tir ait lieu ou que la visée soit abandonnée.

C'est par simple extension de son sens premier que cette expression a pris sa signification figurée d'aujourd'hui.

On peut l'employer dans un milieu professionnel, par exemple, lorsqu'un supérieur hiérarchique surveille de manière étroite les agissements d'un subalterne suspecté de ne pas faire son travail correctement et menacé de sanctions.

> L'élève pilote doit, à tout moment, répondre strictement aux critères définis par l'Army Air Force, tant pour le pilotage que pour les cours au vol. Vous avez intérêt à être dans les normes. Meilleur ou moins bon, vous êtes dans le collimateur.
>
> Jacques Noetinger – *De-ci, de-là, dans les nuages : témoignage* – 1997

267. AVOIR LE COMPAS DANS L'ŒIL

Savoir apprécier correctement des distances, des proportions sans prendre de mesures.

Une pointe de compas fichée dans l'œil, cela doit faire très mal, non ? À vue d'œil, bien plus que si on se met le doigt dans l'œil*. Même si on a pu avoir le compas à l'œil, il y a de quoi tourner de l'œil. Et puis après, cela pose des problèmes pour faire de l'œil à une personne de sexe opposé qu'on a à l'œil depuis qu'on a compris lui avoir tapé dans l'œil.

Mais ne perdons pas notre sujet de l'œil ! Qu'est-ce qu'un compas ?

Un marin ou un aviateur vous répondra que c'est sa boussole, l'instrument qui lui permet de ne pas perdre le nord magnétique ; un écolier affirmera que son compas lui permet de tracer de beaux cercles bien ronds ou de mesurer des angles ; et un arpenteur-géomètre vous parlera de son instrument qui lui permet de mesurer de longues distances.

Dans les trois cas, il permet d'avoir une information précise ou d'exécuter quelque chose avec précision.

Avoir le compas dans l'œil, ce n'est donc pas avoir été blessé par un petit camarade irascible et vindicatif, mais c'est avoir un œil capable de remplacer un instrument de mesure, de juger avec précision des longueurs, des volumes et diverses autres choses mesurables. Pour un marin, c'est aussi pouvoir estimer le bon cap sans instrument.

Cette expression semble apparaître pour la première fois au XVIIIe siècle chez le duc de Saint-Simon dans ses *Mémoires*, lorsqu'il parle de Louis XIV.

> Delanoy me dit fort justement qu'en architecture les règles ne sont faites que pour les ignorans, et que l'homme de génie et de talent devait avoir le compas dans l'œil.
>
> Wilhelm VON WOLZOGEN – *Journal de voyage à Paris* – 1788-1791

268. LE COMPLEXE D'ŒDIPE

1. En psychanalyse, le désir inconscient d'entretenir un rapport sexuel avec le parent du sexe opposé et celui d'éliminer le parent rival du même sexe.
2. Le traumatisme que vit un homme amoureux ou ne pouvant se détacher de sa mère.

Dans la mythologie grecque, Œdipe est le fils de Laïos, le roi de Thèbes, et de son épouse Jocaste (aussi nommée Épicaste).

C'est en consultant l'oracle qui s'appelait la Pythie[1] que Laïos apprend que, s'il a un fils, celui-ci le tuera. Aussi, lorsque Œdipe naît, il abandonne le bébé qui sera retrouvé par un berger dont l'employeur, le roi de Corinthe, élèvera l'enfant auquel il s'est attaché.

Lorsque, informé par Apollon, il apprend la malédiction qui le frappe, Œdipe quitte Corinthe pour tenter de s'éloigner de sa famille et de ne pas tuer celui qu'il croit être son père.

Chemin faisant, il croise un équipage dont l'un des membres le frappe. Un tantinet vindicatif, Œdipe tue toutes les personnes du convoi dont, sans le savoir, Laïos, confirmant ainsi très involontairement la prédiction de l'oracle.

Plus tard, arrivant près de Thèbes, il croise le Sphinx dont on sait qu'il pose des énigmes aux personnes qu'il croise et dévore celles qui ne savent pas répondre.

Mais Œdipe trouvant la solution de l'énigme[2], le Sphinx abandonne les lieux et, pour le remercier, les habitants placent Œdipe sur le trône de Thèbes et lui donnent la main de la veuve du précédent roi.

C'est ainsi que, non seulement Œdipe est un parricide, puisqu'il a tué son père, mais il est aussi

---

1. Qui, c'est bien connu, vient en mangeant.
2. À la question « Qu'est-ce qui marche à quatre pattes le matin, à deux le midi et à trois le soir ? », il répond : « C'est l'Homme qui au matin de sa vie se déplace à quatre pattes, qui au midi de sa vie marche avec ses deux jambes et qui au soir de sa vie s'aide d'une canne, marchant ainsi sur trois pattes. » Fortiche, non ?

incestueux en étant marié à celle qu'il ne sait pas être sa mère et à laquelle il donnera quatre enfants.

Cette histoire déjà peu reluisante ne se terminera pas très bien, puisque la peste s'abattra sur Thèbes et un autre oracle dira qu'elle ne s'arrêtera que lorsque le tueur de Laïos aura été démasqué. En faisant des recherches, Œdipe découvrira que c'est lui qui a tué son vrai père, et sa mère apprenant toute son infortune se suicidera. Lui se crèvera les yeux de désespoir avant de quitter le trône, puis la ville, accompagné de sa fille Antigone.

C'est Sigmund Freud qui a défini la théorie du complexe d'Œdipe, appelé ainsi en raison de sa similitude avec l'histoire d'Œdipe.

> Un autre phénomène contrariait, à ses yeux, la bonne résolution de son complexe d'Œdipe : l'agressivité qui caractérisait ses relations avec sa mère. On ne pouvait pas dire qu'il l'aimait, il avait au contraire la désagréable impression d'être poursuivi, hanté par cette femme possessive.
>
> Jean-François Sonnay – *L'Âge d'or* – 1984

269. RÉGLER SON COMPTE (À QUELQU'UN)

Donner (à quelqu'un) ce qu'il mérite (punition, mauvais traitements…), lui faire un mauvais parti.

Comment a-t-on pu passer d'un *compte* qui est du domaine du calcul à un *compte* correspondant à une punition, une volée de coups ou un châtiment pouvant même aller jusqu'au meurtre ?

Eh bien, nous allons quand même partir de la version arithmétique, puisque depuis longtemps le « compte » (de quelqu'un) a été l'argent qui lui était dû, d'abord sous la forme d'un comptage des pièces de monnaie à lui remettre (voir, par exemple, ça *fait la rue Michel**).

Il en a naturellement découlé au XVIIIe siècle la locution *régler son compte (à quelqu'un)* pour dire « lui verser son dû ».

Or l'argent qu'on verse à quelqu'un en échange du travail qu'il a fourni, n'est-ce pas ce qu'il mérite ?

C'est ainsi que, par dérision, on est passé de l'argent mérité à la punition méritée[1] et que, familièrement, on peut maintenant *régler son compte* à quelqu'un sans lui donner le moindre argent mais en lui faisant plutôt un plus ou moins mauvais parti.

La forme dérivée *son compte est bon !* suppose que l'on soit certain que la menace de punition va être ou a été appliquée.

> – Ah ! L'évêque, je ne sais qui me vengera de lui ! s'écria mon grand-père ; mais, quant à Thomas pichet, c'est moi qui lui réglerai son compte, aussi vrai que je ne crois pas en Dieu !
> Ma mère frissonna de la tête aux pieds, encore moins de la menace que du blasphème.
>
> Alexandre DUMAS – *Le Père Gigogne : contes pour les enfants* – 1860

> Alors, vous faites pas d'illusion, votre combine est mauvaise mais votre compte est bon.
>
> Jacques PRÉVERT – *Choses et autres* – Recueil posthume – 1972

270. DE CONCERT / DE CONSERVE

Ensemble, en harmonie.
Avec le(s) même(s) but(s).

Comme, en général, ce sont les sardines ou les petits pois qui se déplacent de conserve dans leur boîte, et les musiciens qui voyagent de concert, ces deux expressions donnent souvent lieu à de grandes discussions, voire à des disputes pour savoir s'il faut employer l'une ou l'autre.

---

1. On peut noter que la notion de « mérite » est ici quelque peu subjective puisque, par exemple, un truand peut parfaitement, au cours d'un « règlement de compte. », envoyer *ad patres* un de ses confrères qui, si on avait pu l'interroger juste avant, aurait certainement considéré n'avoir pourtant rien fait pour « mériter » réellement un tel traitement.

Elles signifient pourtant aujourd'hui la même chose. Reste à savoir comment il se fait. Et c'est là que ce livre, une fois encore, lève le voile.

Le terme *concert* n'a ici rien à voir (ni à entendre) avec la musique.

Il reprend en effet une ancienne signification de ce mot qui désignait un accord de personnes qui poursuivent un même but.

Vous avez des doutes ? Pensez au mot *concertation* !

D'ailleurs, est-ce que les musiciens qui participent à un concert n'œuvrent pas ensemble, en harmonie, avec un même but, celui de vous régaler les oreilles tout en se faisant plaisir ?

L'expression étant passée dans le langage courant, deux ou plusieurs personnes peuvent donc tout à fait travailler ou voyager « de concert ».

Et qu'en est-il de notre *conserve* ? Soyez rassurés, je ne cherche pas à vous mettre en boîte !

Il faut remonter dans la marine du XVIe siècle, une époque où les pirates sévissaient, pour le comprendre. À cette période, selon Furetière, les navires allaient « de conserve » lorsqu'ils voyageaient ensemble dans le but de s'escorter, se défendre et se secourir. Autrement dit, leurs capitaines faisaient jouer leur instinct de « conservation » (vous comprenez maintenant le rapport avec *conserve*) et s'associaient temporairement à des collègues suivant la même trajectoire pour se protéger mutuellement des méchants pirates.

L'expression étant passée dans le langage courant, deux ou plusieurs personnes peuvent donc tout à fait travailler ou voyager « de conserve ».

Si l'on tient vraiment à faire une différence entre les deux, on peut toujours associer à *de conserve* cette notion de défense, de protection qu'elle avait à l'origine.

Ainsi, on traversera la forêt amazonienne de conserve et on ira au concert de concert. Et comme je suis d'une bonté infinie, je vous laisse le choix si jamais vous décidez d'aller assister à un concert dans la forêt amazonienne.

> Il est nécessaire que tous ceux qui s'intéressent à l'avenir des sociétés démocratiques s'unissent, et que tous de concert fassent de continuels efforts pour répandre dans le sein de ces sociétés le goût de l'infini, le sentiment du grand et l'amour des plaisirs immatériels.
>
> Alexis DE TOCQUEVILLE – *De la démocratie en Amérique* – 1840

> Tous deux travaillent de conserve, l'un – on devine lequel – encourageant l'autre et l'aidant au besoin.
>
> Marcel VINCENT – *Ozanam : une jeunesse romantique, 1813-1833* – 1994

271. FAIRE UNE CONDUITE DE GRENOBLE

1. Accueillir avec hostilité.
2. Chasser, mettre à la porte brutalement.

Si ni l'origine ni la date de naissance de cette expression quelque peu tombée en désuétude ne sont certaines, une chose est sûre, au vu des documents qui la citent, c'est qu'elle est antérieure à la révolution de 1789.

Son origine est en effet incertaine mais, parmi celles qui sont proposées, on en trouve trois qui semblent tenir la route[1].

Avant de les proposer, il faut savoir que *la conduite de Grenoble* est une désignation qui s'appliquait à une exclusion brutale de son obédience d'un compagnon qui avait failli, qui était un voleur ou un escroc. À ce propos, on trouve cette description dans *Le Livre du compagnonnage* d'Agricol Perdiguier en 1841 :

> « Cette conduite se fait, dans une Société, à un de ses membres qui a volé ou escroqué ; c'est le châtiment qu'on lui inflige dans une chambre ou dans les champs. Celui qui a reçu

1. La route Napoléon, bien sûr, celle qui mène de Golfe-Juan (Vallauris) à Grenoble à travers les Alpes.

> la conduite de Grenoble est flétri moralement ; il ne peut plus se présenter devant la Société qui l'a chassé comme indigne d'elle. Quand on a vu faire cette conduite, on n'est pas tenté de la mériter ; elle n'attaque pas le physique brutalement, mais rien n'est si humiliant : il y a de quoi mourir de honte ! »

La première des explications proposées, mais pas forcément la plus plausible, nous dit justement que cette expression serait née à la suite d'une rixe, non datée, qui aurait opposé aux portes de Grenoble deux obédiences compagnonniques rivales.

La deuxième viendrait du grammairien Richelet qui, en 1680, après avoir osé écrire dans une édition de son *Dictionnaire* « les Normands seroient les plus méchantes gens du monde s'il n'y avoit pas de Dauphinois[1] » et alors qu'il était de passage à Grenoble et participait à un souper, aurait été chassé de nuit de la ville à coups de canne.

La troisième enfin, nous dit qu'un régiment de Louis XVI, chargé de faire appliquer les ordres du roi, aurait été chassé de la ville au cours de ce qui allait s'appeler *la journée des tuiles*, les habitants étant montés sur les toits et ayant lancé des tuiles sur les militaires.

> Sa grande visite au roi pour l'engager à faire la conduite de Grenoble à Montmorin et à Duportail et à nommer d'honnêtes gens à leur place.
>
> Jacques-René Hébert – 1793

272. ON LUI DONNERAIT LE BON DIEU SANS CONFESSION

Il a un visage innocent, une apparence d'honnêteté. On peut lui faire confiance, compte tenu de son apparence.

1. Pour rappel, Grenoble est la capitale du Dauphiné dont les habitants sont des Dauphinois. Mais ce n'est pas pour autant qu'on dit que les nobles de cette région faisaient partie du gratin dauphinois.

On sait que, au moins dans la religion catholique, on peut commettre tous les péchés qu'on veut, puisqu'il suffit, pour les effacer, d'aller les avouer au prêtre dans le confessionnal, puis de payer ses fautes à l'aide de ~~trois navets et deux patères~~ trois Ave et deux Pater, ou un peu plus si les péchés ne sont pas seulement véniels.

Une fois ces fautes annulées, le pécheur libéré peut alors participer à la communion et « rencontrer » Dieu sous la forme d'une hostie, machin qui a la détestable habitude de coller au palais si jamais il n'est pas glissé adroitement dans la bouche.

Cette expression s'applique à une personne dont il se dégage une innocence, une honnêteté telle, qu'on ne peut imaginer qu'elle ait pu ou puisse commettre la moindre faute.

Par conséquent, comme elle n'a rien à avouer, nul n'est besoin que cette personne passe par le confessionnal pour qu'elle puisse communier et rencontrer Dieu.

Mais cette expression s'emploie aussi souvent au conditionnel passé à propos de quelqu'un qui a commis une faute alors qu'on lui aurait pourtant « donné le bon Dieu sans confession ».

> On me regardait de mauvais œil avec des airs moqueurs ; personne ne me parlait. J'entendis deux ou trois fois mon nom suivi d'éclats de rire et d'expressions de lèvres méprisantes : […] « Est-elle hypocrite ! » disait une vieille femme ; « qu'est-ce qui ne lui aurait pas donné le Bon Dieu sans confession ? » Et puis on riait, on riait tout autour de moi, comme si on avait parlé de quelqu'un qui n'était pas là.
>
> Alphonse DE LAMARTINE – *Geneviève, histoire d'une servante* – 1850

273. DONNER DE LA CONFITURE À UN COCHON

Donner quelque chose à quelqu'un qui ne le mérite pas, qui ne sait pas l'apprécier ou qui n'en a aucune reconnaissance.

Gâcher quelque chose.

« Ne jetez pas vos perles aux porcs, de peur qu'ils ne les piétinent et que, se retournant, ils ne vous déchirent. »

Voici, paraît-il, ce que disait le Christ, lorsqu'il recommandait à ses fidèles de ne pas transmettre les paroles sacrées à ceux qui s'en moquent.

Autant dire que l'expression remonte à loin.

Cela veut dire que les animaux à la queue en tire-bouchon ne valent vraiment pas qu'on se décarcasse pour eux :

– ils ne sauraient en aucun cas apprécier des perles ;

– ils pourraient même se retourner contre celui qui vient les leur donner (ah ! les cochons !).

Avec le temps, le porc est resté et les perles se sont transformées en confiture (c'est moins coûteux et plus digeste), mais la métaphore reste la même : il est inutile d'offrir une bouteille de Pommard 96 à celui qui n'apprécie pas le vin (un bon litron de Kiravi® ou de Préfontaines® suffira) ou, si vous avez le portefeuille vraiment bien garni, d'offrir un Picasso à celui pour qui *peinture* est obligatoirement synonyme de *monocouche acrylique*.

Tout comme il est stupide de vouloir faire du bien à quelqu'un qui ne saura pas apprécier votre geste.

> Je me disais que c'était quand même donner de la confiture à un cochon que d'offrir une fille telle que toi à cet avorton de Bordérot !
>
> Robert DUTRONC – *Le Trèfle à cinq feuilles* – 2003

274. REVOIR SA COPIE

Modifier un projet, un plan afin de l'améliorer, de mieux l'adapter au but à atteindre ou aux attentes des personnes concernées.

S'il apparaît clair que la copie est ici celle qu'on remet au professeur après avoir planché de longues heures sur le sujet qu'on nous a attribué, on peut, lorsqu'on s'intéresse un peu à l'étymologie, faire parfois de drôles de découvertes. Et je m'en vais vous en narrer une de ce pas.

Il vous est certainement arrivé, au cours d'agapes en famille, de faire un repas extrêmement copieux et de sortir de table plus que largement rassasié au point, parfois, d'avoir les dents du fond qui baignent. Mais aviez-vous eu l'idée de faire le rapprochement entre la *copie* qui nous intéresse et le qualificatif *copieux* ?

Car, au XIIIe siècle, *copie* désigne d'abord une « grande quantité », le mot étant issu du latin *copia* qui signifiait, entre autres, « abondance ». Et ce *copieux* qui vous remplit l'estomac est né de cette acception de la *copie*[1].

Mais le sens moderne de *copie* vient du latin médiéval *copiare* qui voulait dire « commenter, transcrire abondamment » (on y retrouve la notion d'abondance) et duquel est née la signification « reproduire un écrit[2] ».

Pour en revenir à notre copie scolaire, donc, qui s'appelle ainsi parce qu'il s'agit d'une copie de ce qui a d'abord été fait sur brouillon, le professeur peut parfois nous demander de « revoir notre copie », c'est-à-dire de reprendre et améliorer notre travail, lorsque ce dernier est très loin d'être satisfaisant.

Au sens propre, *revoir sa copie* existe depuis le XIXe siècle, mais ce n'est que depuis la seconde moitié du XXe qu'on l'utilise avec sa signification figurée s'appliquant à toutes sortes de travaux.

> Les maires ont demandé au gouvernement de revoir sa copie sur la réforme territoriale et la suppression

---

1. Pensez, donc, la prochaine fois que vous vous ferez servir un plat que vous appréciez particulièrement, de vous en faire mettre une copie dans l'assiette.
2. Selon Wartburg, le sens de « reproduire un écrit » pourrait aussi venir d'une confusion sur le latin *copiam describendi facere* (« donner la permission de transcrire »), où *copiam* qui correspond normalement à la permission aurait été compris comme la transcription ou la reproduction elle-même alors que c'est *describere* qui signifiait « copier ».

de la taxe professionnelle dans une résolution adoptée jeudi 19 novembre.

Le Monde – Article du 19 septembre 2009

275. COMME UN COQ EN PÂTE

Dans une existence confortable et douillette.
Bien soigné, en ayant toutes ses aises.

Autrefois, on parlait de *coq de panier* ou *coq de bagage* par allusion au coq qu'on transportait au marché avec beaucoup de précautions (d'où la notion de confort) pour lui conserver une valeur marchande la plus élevée possible.

La *pâte* est ajoutée au XVIIe siècle.

Imaginez que vous soyez destiné à finir en pâté en croûte. Vous apprécieriez, premièrement, le fait que vous soyez choyé et engraissé afin d'être bien meilleur à consommer, sans avoir pour autant aucune idée du sort qui vous attend et, deuxièmement, l'extrême confort de la pâte sur laquelle vous seriez étalé et la « douce chaleur » qui vous enroberait ensuite pour vous cuire.

Même si le pâté de coq n'était pas vraiment répandu, il y a eu croisement entre l'ancienne expression et le terme *en pâte* vu ici comme quelque chose de douillet ou confortable.

Quand tu recouvreras ta pension, tu rendras au duc ces dix-sept mille francs-là. En attendant, tu seras heureux comme un coq en pâte, et perdu dans un trou à ne pas pouvoir être trouvé par la police ! Tu te mettras en grosse redingote de castorine, tu auras l'air d'être un propriétaire aisé du quartier.

Honoré DE BALZAC – *Scènes de la vie parisienne* – 1833

276. PASSER / SAUTER DU COQ À L'ÂNE

1. Dans une discussion ou un écrit, passer brutalement d'un sujet à un autre, sans transition ni liaison.
2. Tenir des propos incohérents.

Ceux qui ont été confrontés à l'éducation d'adolescents savent que ceux-ci sont prompts à (tenter de) passer d'un sujet qui les dérange (« où en es-tu de tes devoirs ? ») à un autre sans aucun lien, qui les intéresse ou ne les met pas en difficulté.

Le passage « du coq à l'âne », ils savent parfaitement le pratiquer quand cela les arrange.

Malheureusement, aujourd'hui, le pourquoi de l'âne opposé au coq s'est complètement perdu et il semble n'exister aucune explication réellement satisfaisante de la présence de ces deux animaux dans l'expression.

Tout ce qu'on sait, c'est qu'elle est très ancienne, puisque, au XIVe siècle, on disait déjà *saillir du coq en l'asne*, puis au XVe, *sauter du coq à l'asne.*

Claude Duneton, sans pouvoir en apporter de preuve, évoque une possible confusion entre *asne* et *ane* (nom utilisé jusqu'à la fin du XIIIe siècle pour *cane*). Mais *asne* (le baudet) se prononçant de la même manière, puis se transformant ensuite en *âne*, c'est lui qui serait resté dans les mémoires.

L'ancienne version de l'expression (avec *saillir*) aurait alors évoqué des rapports bizarres entre un coq et une cane, mais sans qu'on puisse vraiment établir un lien avec la signification qui nous en reste.

> Une rencontre avec Jacques Higelin est forcément un peu décousue. Le chanteur en convient, il passe du coq à l'âne, ses réponses le font divaguer, ouvrir des parenthèses dans d'autres parenthèses… qu'il finit (presque) toujours par refermer.
>
> *Libération* – Article du 18 février 2010

277. S'EN BATTRE L'ŒIL – S'EN TAMPONNER LE COQUILLARD

S'en moquer complètement (à propos de quelqu'un ou quelque chose).

Si une personne vous dit « mon œil ! » pour vous faire comprendre qu'elle ne croit pas un traître mot des billevesées que vous venez de lui proférer, c'est qu'elle est quelque peu vulgaire, puisque ce n'est qu'une manière politiquement correcte de vous dire « mon cul ! ».

Parce que si l'œil est la plupart du temps cet indispensable organe de la vision qui, outre le regard, représente métaphoriquement la connaissance ou la conscience morale, il se trouve que c'est aussi beaucoup plus trivialement et en argot, le trou de balle. Et croyez-moi, en affirmant cela, je ne me mets pas le doigt dans l'œil*.

Hélas oui ! Même si Jean de La Fontaine a utilisé cette expression, il faut bien admettre que, depuis le XVIIe siècle, elle cache quelque chose de vulgaire.

« S'en battre l'œil », ou se taper régulièrement le derrière sur son siège, aurait donc été une manière de montrer qu'on se moque complètement d'une chose ou d'une personne.

Quant à l'expression *se tamponner le coquillard*, elle est plus récente puisqu'elle date du tout début du XXe siècle (elle est citée par Aristide Bruant en 1901). Elle a la même signification, mais, dans cette expression, l'étymologie de *coquillard* reste mystérieuse. Alain Rey évoque un dérivé des sens vulgaires de la *coquille* qui, au XVIe siècle désignait le sexe féminin[1]. Pour d'autres, *coquillard* est une dénomination argotique de l'œil, *tamponner* étant alors équivalent à *battre*, *frapper* ou *cogner* (pensez aux autos-tamponneuses), ce qui ferait retomber sur la première forme de l'expression.

Comme certains ont autrefois prétendu que *s'en battre l'œil*, c'était réellement se frapper l'œil (l'organe qui permet de lire de telles balivernes), d'autres, pleins d'imagination et de moquerie, se sont empressés d'étoffer l'expression en lui ajoutant un objet quelconque facilitant le « battage » de l'œil comme *avec une patte de lapin*, *avec un tibia de langouste*, *avec une queue de mammouth* ou même *avec une patte de coléoptère panée*.

---

1. Ce que confirme en 1656 Antoine Oudin dans ses *Curiosités françaises* où il indique que *la coquille lui démange* veut dire « elle a des ressentiments de nature » (dit plus prosaïquement : elle a la foufoune en feu) ou « elle est en âge d'être mariée ».

Il est vrai que, dans une conversation mondaine chez les Desgrand-Lacours de Courcel, « je m'en bats l'œil avec une patte de coléoptère panée », ça vous classe tout de suite quelqu'un.

Dans la seconde forme de l'expression, le coquillard a tendance à disparaître, puisque maintenant on dit facilement : « Il peut penser ce qu'il veut, je m'en tamponne ! »

> Gojko, surpris et agacé par sa question, maugréa entre ses dents :
> – J'ignore si mon père et mon frère sont encore vivants et je m'en bats l'œil ! Dis-moi plutôt où se trouvent ma sœur Jasna et ma grand-mère Milica.
>
> Milena NOKOVITCH – *Neiges de sang* – 1999

> Vieillir bien c'est vieillir partout,
> grisonner de plaisir et d'art.
> Alors vieillir est d'un prix fou.
> Que la mort ait pris rendez-vous,
> m'en tamponne le coquillard.
> Voyons ! La vie seule est à nous !
>
> Jean CUTTAT – *Les Chansons du mal au cœur* – 1993

278. À COR ET À CRI

À grand bruit, avec beaucoup d'insistance.

Certains pensent que cette expression s'écrit *à corps et à cris*. Il s'agit probablement de libertins qui se croient dans une de ces parties fines où l'on rejoue très régulièrement des versions peu bergmaniennes de *Crie et suçote-moi*.

Mais c'est oublier la genèse de cette expression qui n'est pas de toute première jeunesse.

En effet, elle existe sous une forme différente depuis le XVe siècle où on disait déjà *à cry et à cor*. Elle nous vient de la vènerie (ou chasse à courre) où l'on traque la bête en jouant du cor et en poussant des cris (dont le fameux « taïaut ! »), donc en faisant beaucoup de bruit.

Cette pratique a vite donné naissance à notre expression, métaphore qu'on a employée au XVIe siècle dans des situations comme « mener un procès à cor et à cri », voulant dire qu'il était mené avec beaucoup d'énergie et en attirant l'attention.

> La nouvelle Wii : Une manette à écran tactile que les enfants vous réclameront à cor et à cri, et que nous avons pu tester en avant-première.
>
> *Le Parisien* – Article du 8 juin 2011

279. UN CORBEAU

Un dénonciateur anonyme.
Un auteur de lettres ou d'appels téléphoniques anonymes.

Les corbeaux n'ont jamais eu bonne presse. Ces oiseaux noirs et bruyants, très peu appréciés, ont donné leur nom à des hommes avides et sans scrupules, et même aux curés (à cause de leur soutane noire et du peu d'estime que leur portent les anticléricaux).

Mais si l'on désigne aujourd'hui par *corbeau* celui qui émet des messages anonymes dénonciateurs ou pleins de fiel, et qui empoisonnent la vie des destinataires et de leur entourage, c'est en souvenir du film d'Henri-Georges Clouzot, *Le Corbeau*, sorti sur les écrans en 1943, et qui relate justement une histoire de ce genre, où l'auteur des lettres signe ses messages par un dessin de corbeau.

Si cette signature a été choisie par les scénaristes du film (Henri-Georges Clouzot et Louis Chavance), ce serait à cause d'une réelle affaire de corbeau, à Tulle, entre 1917 et 1922.

La coupable, identifiée grâce à une dictée collective et qui signait « L'œil de tigre » et non pas « Le corbeau », a été ainsi décrite par un journaliste : « Elle est là, petite, un peu boulotte, un peu tassée, semblable sous ses vêtements de deuil, comme elle le dit elle-même, à un pauvre oiseau qui a replié ses ailes. »

Et c'est parce que, bien qu'il ne soit pas explicitement nommé, cette description peut faire penser à un corbeau que cet oiseau aurait été choisi comme signataire des lettres du film.

> D'autres traces ADN ont été retrouvées sur les nœuds de cordelettes qui entravaient le corps de Grégory, ainsi que sur le rabat de l'enveloppe d'un courrier du corbeau adressée à Albert Villemin en mai 1983.
>
> *Le Monde* – Article du 23 octobre 2009

280. C'EST DANS MES CORDES !

C'est dans mes compétences !

Donner l'origine de cette expression devrait être « dans mes cordes », ce qui fait que vous ne devriez pas me renvoyer dans mes cordes.

L'édition de 1832 du *Dictionnaire de l'Académie française* indique qu'à cette époque, la *corde* désignait aussi la note de musique ou le son, par association avec la corde vocale, bien sûr.

On disait, par exemple, « la voix de ce chanteur est belle dans les cordes élevées » (Littré).

De là, on comprend qu'un morceau musical puisse être « dans les cordes » d'un interprète, si sa voix lui permet de le chanter correctement ; autrement dit, si le chanteur est au niveau technique nécessaire pour interpréter le morceau.

Il est ensuite facile d'imaginer que cette expression s'est métaphorisée dans d'autres domaines que la musique pour indiquer que quelqu'un a les compétences pour exécuter une tâche.

> Enfin, j'ajoute que j'ai été fort agréablement surpris par le jeu de Mme Cécile Sorel. […] Elle est toujours aussi belle, et elle a gagné en sincérité, en simplicité surtout. Le rôle de Marguerite n'est pas, ce me semble, tout à fait « dans ses cordes ». Elle s'en est tirée avec infiniment de bonne grâce, d'aisance, et de talent.
>
> *Revue politique et littéraire : revue bleue* – 1863

281. LA CORDE AU COU

1. Dans une situation de totale soumission.
2. Dans une situation périlleuse ou désespérée.

C'est par un long chemin que le mot *corde* a fini par désigner ce long truc en chanvre qui sert aussi bien à attacher des objets ensemble, qu'à faire passer de vie à trépas des condamnés à mort ou qu'à gravir des sommets, par exemple.

En effet, le terme vient apparemment du très ancien mot hittite *karad*, passé ensuite au grec *khordê*, les deux désignant les intestins, boyaux qui ont servi à faire des cordes avant que, dans la plupart des usages (mais pas dans les raquettes, par exemple), le chanvre puis d'autres matériaux plus modernes viennent remplacer la tubulure digestive dans leur confection.

Le premier sens de l'expression, qui date du début du XVe siècle, est une métaphore qui vient des vaincus qui se livrent. Pensez à l'histoire de la reddition des bourgeois de Calais, qui se mettent à la merci d'Édouard III en se présentant devant lui pieds nus, en chemise et une corde au cou.

C'est de cette même image d'asservissement, mais à son épouse, cette fois, qu'on dit d'un homme qui se marie qu'il se met la corde au cou. Ce qu'aucun homme marié lisant ces lignes ne pourra contredire, bien entendu…

Quant au second sens, qui correspond parfaitement à la situation dans laquelle je me suis mis[1] vis-à-vis de la gent féminine en écrivant ma précédente phrase, c'est également une métaphore qui vient bien évidemment de l'usage funeste qui peut être fait d'une corde, lorsque le condamné à être pendu se trouve sous la potence, le nœud coulant déjà passé autour du cou.

---

1. À peine volontairement : il fallait bien trouver un moyen d'illustrer la chose…

Pour l'amour d'une autre qu'il enleva, il s'enfuit sous un déguisement, quand c'était l'heure de se battre. Deux fois il vint, la corde au cou, demander grâce.

Maurice Barrès – *Le Voyage de Sparte* – 1906

282. TENIR LA CORDE

Être dans une position avantageuse par rapport aux autres concurrents.

Le bedeau qui tire sur la corde de la cloche pour la faire retentir a-t-il un avantage sur les autres ? Le boxeur à moitié assommé qui se raccroche aux cordes du ring pour ne pas s'affaler au sol est-il en bonne voie de gagner son combat ? La paysanne qui tire la corde du puits pour faire remonter le seau se sent-elle plus forte que sa voisine ?

Probablement pas dans les trois cas. Alors, où faut-il chercher une situation où une corde peut matérialiser un avantage ?

En fait, cette expression, apparue au XIXe siècle, nous vient du monde des courses hippiques[1].

Car à cette époque, le pourtour intérieur de la piste était délimité par une corde. Par conséquent, dans les courbes, le cheval de tête qui était le plus proche de cette limite était celui qui avait a priori un avantage sur ses concurrents, sa trajectoire étant plus courte que celle de ses concurrents.

D'ailleurs, à l'origine, l'expression se disait de l'écuyer qui était le plus proche de la corde. C'est par extension et au figuré qu'elle a pris le sens actuel au début du XXe siècle.

Il en est également resté *prendre un virage à la corde*, beaucoup utilisé dans le monde des courses automobiles, lorsque le coureur prend un virage très près du bord intérieur de la route.

1. Là où se pratiquent des courses de chevaux, à ne pas confondre avec le monde hippie, où on parle plutôt de courses de cheveux.

Autrefois, il n'y en avait que pour elle, c'était elle qui tenait la corde, maintenant elle n'est plus bonne à donner à manger aux chiens.

Marcel Proust – *Sodome et Gomorrhe* – 1921

283. TENIR LES CORDONS DU POÊLE

Dans un enterrement, marcher à côté du cercueil ou immédiatement derrière.

En général, une poêle est tenue par un cordon* bleu. Mais cet objet n'a rien à voir avec « un » poêle et il est rare qu'on tienne le cordon bleu pendant qu'il cuisine. On admettra donc à regret qu'il ne s'agit pas ici de cet ustensile de cuisson.

Comme l'usage de notre expression est lié à un enterrement, peut-être peut-on chercher quelque chose du côté de l'incinération : un poêle à charbon ? Un poêle à bois[1] [2] ? Un poil dans la main ?

Eh bien non, vous n'y êtes pas du tout !

Autrefois, *tenir les cordons du poêle*, c'était tenir les cordons reliés au drap funéraire qui recouvrait le cercueil.

Car *poêle*, entre autres significations, désigne aussi le drap mortuaire ou la grande pièce de tissu noir ou blanc dont on couvrait le cercueil pendant les cérémonies funèbres. Il disposait auparavant de cordons généralement cousus aux coins et sur les bords, cordons qui, alors que le cercueil était amené à l'autel pour la cérémonie funèbre, étaient tenus par des proches ou membres de la famille, ou des personnes de haut rang, selon le défunt.

---

1. Cela me rappelle une ancienne photo vue récemment, prise en Bretagne dans les années 30, où un autocar bondé transportait un poêle parmi les nombreux bagages placés sur sa galerie de toit. La légende de la photo, d'une banalité affligeante, était tout simplement : « Vannes : un autocar de l'entre-deux-guerres. » Si le journaliste avait eu un peu plus d'imagination, elle aurait pu être : « Le poêle à bois et le car à Vannes passent. »
2. Oui, je sais… mais comme le sujet est grave il faut bien tenter de dérider un peu l'assistance avec quelque vanne (plus ou moins) bien sentie, non ?

Aujourd'hui, même si on ne tient plus les cordons, on dit toujours de ceux qui marchent près du cercueil qu'*ils tiennent les cordons du poêle*.

> Le sous-préfet et les autorités locales tiennent les cordons du poêle à côté de la haie d'honneur des pompiers.
>
> Lucien Most – *La Corrèze, 1900-1920 : avec les cartes postales* – 2001

284. UN CORDON BLEU

Une très bonne cuisinière (ou un très bon cuisinier).

Si les conserves, les surgelés et le four micro-ondes sont, pour beaucoup, devenus des incontournables de la cuisine, il existe, par-ci par-là, dans notre beau pays, quelques cuisinières qui résistent encore aux envahisseurs et prennent un grand plaisir à mitonner des plats savoureux, un peu plus complexes que des pâtes au beurre ou des œufs au plat, et grâce auxquels les invités se pourlèchent les babines.

Celles (ou ceux, car il existe aussi des hommes qui se débrouillent plutôt bien face à des fourneaux) qui, grâce à leurs talents culinaires, enchantent les papilles, sont appelées des cordons bleus.

Nul doute que cette appellation peut aisément être vue comme une distinction décernée par l'entourage.

Et, par le plus grand des hasards (ou presque), il se trouve que le terme *cordon bleu* a autrefois désigné des décorations de prestige, offertes par les rois (à la place de sommes d'argent, donc bien plus économiques) aux personnes méritantes.

Il en était ainsi de l'insigne des Chevaliers du Saint-Esprit, ordre créé par Henri III vers la fin du XVIe siècle, et distinction élitiste qui n'a été proposée qu'à peu de personnes qui étaient appelées des « cordons bleus ». À l'époque, on trouvait aussi la Jarretière d'Angleterre, l'Éléphant de Danemark ou les Séraphins de Suède, par exemple. Aujourd'hui, on trouve encore l'ordre national du Mérite.

Toujours est-il que, de ces décorations associées à un cordon ou ruban bleu, est né le qualificatif *cordon bleu* pour dire « le plus remarquable » (on trouvera ainsi un « L'Académie française est le cordon bleu des beaux esprits » au XVIIe siècle).

Appliqué ensuite, d'abord par plaisanterie, aux bonnes cuisinières, les plus méritantes d'entre elles, bien entendu, le qualificatif s'est aujourd'hui réduit à les désigner (il est évoqué avec ce sens dans la 6e édition du *Dictionnaire de l'Académie* de 1835, mais on trouve en 1828 un livre de recettes intitulé *Le Cordon bleu : Nouvelle cuisinière bourgeoise*).

> Avec les talents de cordon bleu qu'on lui connaît, Gilles s'est occupé d'aromatiser les gibiers et de surveiller leur cuisson.
>
> *La Charente libre* – Article du 25 mai 2011

285. LA CORNE D'ABONDANCE

Le symbole de l'abondance.
Une source de richesses inépuisable.

Voilà une nouvelle expression dont l'origine prête à discussion puisqu'il en existe deux versions et quelques variantes. Il y a toutefois une chose dont on est sûr, c'est qu'elle provient de la mythologie grecque.

Dans une des versions, Zeus, alors qu'il n'était encore que bambin, fut confié par sa mère Rhéa à la chèvre Amalthée afin que son père Cronos ne le dévore pas. Il fut donc élevé et nourri par cet animal.

Et un jour, alors qu'il s'amusait, il arracha par inadvertance une des cornes de sa nourrice. Plus tard, lorsqu'il devint grand chef de l'Olympe, Zeus donna à la corne le pouvoir de fournir à profusion des pierreries, des fleurs et des fruits.

Hercule est fortement impliqué dans l'autre version.

En effet, il eut à se battre contre le fleuve-dieu Achéloüs qui, pour l'occasion, se transforma en taureau.

Au cours de la bagarre dont il sortit bien évidemment vainqueur, Hercule arracha une des cornes de l'animal qui fut ensuite remplie de fruits et de fleurs par les nymphes et dont le contenu ne cessa plus d'être délivré à la demande.

Quelle que soit l'origine de la corne, c'est de l'abondance de bonnes choses qui en sortent que nous vient l'expression.

Selon Alain Rey, cette corne légendaire est aussi pour beaucoup le symbole de la fertilité, le côté pointu symbolisant le mâle et le côté creux, la femelle.

Voici un extrait de l'histoire du combat d'Hercule tel que le racontait Achéloüs en personne sous la plume d'Ovide au Ier siècle av. J.-C. :

> « Je cède, et d'un taureau prends la forme nouvelle.
> De deux dards menaçants j'arme mon front rebelle.
> Hercule, sans effroi, saisit mon col nerveux,
> Résiste, en leur cédant, à mes élans fougueux,
> M'entraîne, me subjugue ; et d'une main puissante
> Recourbant de mon front la corne menaçante,
> Me renverse à ses pieds sur l'arène étendu.
> Ce ne fut pas assez : son bras ferme et tendu,
> Comme un levier terrible appuyé sur ma tête,
> Rompt la corne qu'il tient, gage de sa conquête.
> Son usage a depuis consolé mes malheurs :
> Par les nymphes remplie et de fruits et de fleurs,
> Cette corne devint l'urne de l'abondance. »

Un bazar de rêve aux prix défiant toute concurrence, une corne d'abondance d'autant plus miraculeuse que la quasi-totalité de ces produits arrivent directement d'Algérie où ils sont souvent introuvables, et toujours inabordables pour le commun.

Libération – Article du 27 janvier 1998

286. PORTER / PLANTER DES CORNES

Être / faire cocu.

À l'origine, il y a *cornart* qui, au XIIIe siècle, veut dire « imbécile » puis *escorner* qui, au XVe siècle, veut dire « ridiculiser ».

À cette époque et pendant encore longtemps, une manière très courue d'humilier, de ridiculiser quelqu'un était de le faire cocu et de le faire savoir (Edmond Rostand utilise le verbe *ridicoculiser*).

La corne (qu'on entend dans les deux mots cités précédemment), c'était à la fois le sexe de l'homme et l'attribut qui désignait un homme ou une femme trompé. *Planter des cornes* a une connotation sexuelle évidente.

Voltaire dit que les Grecs désignaient déjà par *bouc* (donc porteur de cornes) le mari d'une femme très portée sur la chose, par comparaison avec les chèvres qui seraient très « chaudes ».

Je n'ai pas vérifié pour les chèvres, mais à la réputation qu'on fait aux légionnaires, ceux-ci auraient donc des circonstances atténuantes, ne sachant pas résister aux appels langoureux de ces femelles constamment en rut.

Le mot *cocu* est généralement considéré comme une déformation de *coucou*, cet oiseau qui pond ses œufs dans le nid d'autres volatiles pour que sa progéniture soit élevée par les parents adoptifs contraints.

Si on se réfère au comportement du coucou, on constate un transfert depuis l'amant (c'est lui qui devrait être nommé *cocu* puisque c'est lui qui prend la place du mari) vers ce dernier.

> J'exécutai cet ordre avec le sentiment qu'il me forçait à trahir Maman, sans toutefois ouvrir vraiment les yeux sur ce qui adviendrait, une fois le bouquet parvenu par les soins du fleuriste chez Ginette, la petite finisseuse dont tout le monde disait que le mari portait des cornes. Je brûlais de confesser à ma mère toute l'affaire pour obtenir son pardon.
>
> Myriam Anissimov – *Dans la plus stricte intimité* – 1992

> Mais j'y faisais des vacheries, je picolais, j'y filais la trempe… Alors elle m'a planté des cornes et dans la suite elle m'a plaqué. Une saleté, vous allez dire, mais je l'avais dans la peau, cette panthère !… J'y pense toujours !
>
> Georges Riguet – *Les Guerriers sans fureur* – 1943

287. BAYER / BÂILLER AUX CORNEILLES

1. Regarder en l'air, rester sans rien faire.
2. S'ennuyer.

Le verbe *bayer* qui, depuis le XIIe siècle, signifie « avoir la bouche ouverte » ne doit pas être confondu avec *bâiller* même si, là aussi, on ouvre généralement grand la bouche.

Quant à *corneille*, au XVIe siècle, on employait ce nom pour parler d'objets insignifiants, sans importance. Ce terme pouvait aussi bien désigner l'oiseau, présent en grande quantité à cette époque, que le fruit du cornouiller.

Bayer aux corneilles voulait donc dire « rester bouche ouverte à regarder en l'air » ou « contempler ou désirer des choses sans intérêt ».

Mais le verbe *bayer* étant tombé en désuétude (il n'est plus employé que dans notre expression), il est maintenant souvent, par erreur, remplacé par *bâiller* et l'expression prend alors le second sens proposé, *corneilles* devenant un complément quasiment inutile et incompris dans ce contexte.

> Il me reste une heure et quart à bayer aux corneilles, avant que mes supports plantaires ne soient fabriqués. J'ai négligé l'entretien de la paire précédente : la sueur, après qu'elle eut rongé la pellicule de cuir qui vira de la teinte crème au noir et devint rugueuse, attaquait le liège.
>
> Gaston Cherpillod – *Le Collier de Schanz* – 1993

288. UN CHOIX CORNÉLIEN

Un dilemme, un choix extrêmement difficile.
Un choix qui oppose la raison (ou l'honneur) et les sentiments.

Ceux qui sont passés par l'école savent que *cornélien* est un adjectif dérivé de *Corneille*. Pas le nom de l'oiseau (très intelligent, paraît-il), mais celui de Pierre Corneille, le dramaturge du XVIIe siècle, auteur de pièces connues comme *L'Illusion comique, Horace* ou *Le Cid*.

Et, si les choix difficiles sont devenus des *choix cornéliens* (orthographe du qualificatif due à Voltaire en 1764, on disait avant *corneillien*), c'est parce que Corneille aimait en imposer à ses héros.

Ainsi, Horace, par exemple, doit impérativement combattre Curiace, chacun pour défendre sa cité, alors que le premier est marié à la sœur du second, lequel est fiancé à la sœur du premier, situation inextricable où tout le monde a à perdre, même en étant vainqueur.

Et dans *Le Cid,* Chimène, fille de Don Gomès, est amoureuse de Rodrigue, fils de Don Diègue.

Malgré son amour pour Chimène, Rodrigue doit, pour venger son père humilié par celui de sa promise, se battre contre ce dernier au cours d'un duel où il le tue.

Et Chimène, malgré ses sentiments pour Rodrigue, doit alors demander sa tête au roi.

Sans entrer dans les détails, tout se finira bien, du moins on le suppose, puisque après avoir été envoyé à la guerre, Rodrigue reviendra et épousera probablement Chimène.

Ces situations où il est extrêmement difficile de choisir entre ce que poussent à faire les sentiments et ce qu'impose l'honneur ou la raison sont typiques des écrits de Corneille et ont suffi, à l'époque, à faire apparaître le qualificatif *cornélien*.

On parle aussi de *conflit cornélien* ou de *situation cornélienne*, entre autres.

À l'occasion des municipales de 2001, Jospin devint plus insistant et enjoignit à ses ministres qui briguaient une mairie de choisir entre leurs fonctions gouvernementales et leur écharpe tricolore en cas de victoire. Les intéressés ayant été pour la plupart battus, ce choix cornélien leur fut épargné.

Le Figaro – Article du 31 août 2009

289. À SON CORPS DÉFENDANT

Contre son gré, à regret, à contrecœur, malgré soi.

Cette expression, qui date de 1613, existait d'abord sous la forme *en son corps défendant* et avec la signification « en se défendant contre une attaque », sens qui semble plutôt logique, le corps devant être vu comme la personne dans sa totalité, et pas seulement comme l'enveloppe physique, opposée à l'âme.

Le sens qui est celui d'aujourd'hui vient du sous-entendu que, si la personne qui s'est défendue a dû faire du mal à autrui, c'est contre son gré, uniquement parce que c'était le seul moyen pour elle de se protéger.

La définition que donne la première édition du *Dictionnaire de l'Académie française* en 1694 ne laisse d'ailleurs aucun doute puisqu'elle dit : « Un homme a fait quelque chose en son corps défendant, pour dire, qu'il l'a faite contre son gré pour éviter un plus grand mal ».

C'est cette connotation de l'action faite à contrecœur qui, au figuré, a donné la signification actuelle.

Il m'a fallu céder aux instances de Mme d'Aspe, et, au lieu de me reposer une demi-heure dans un grand fauteuil où je me serais trouvée parfaitement bien, j'ai dû, à mon corps défendant, accepter une hospitalité complète et me coucher dans un lit qu'elle m'a fait préparer.

Antonin Rondelet – *Le Lendemain du mariage* – 1867

À la place de Laurent Blanc, je ne m'exprimerais plus : il s'est déjà mis en difficulté, à son corps défendant, lorsqu'il a parlé la première fois. Il faut qu'il reste à son poste et qu'il se concentre sur les résultats de son équipe.

Le Monde – Interwiev de Malek Boutih du 5 mai 2011

290. ÇA SE CORSE !

1. Ça se complique !
2. Ça devient plus intéressant, plus intense, plus piquant !

On sait qu'en Corse, les choses peuvent très vite monter en intensité, car les gens y ont le sang chaud[1].

Il est donc aisé de comprendre comment, au figuré, notre expression aurait pu naître. Mais hélas, si on parie que c'est de cette belle île que vient notre expression, il est certain qu'on perdra immédiatement sa mise !

En effet, c'est issu du nom *corps* que le verbe *corser* est apparu, attesté au XIIIe siècle, pour dire « prendre à bras-le-corps ». Puis, après avoir été un peu oublié, ce verbe est revenu en usage au XIXe siècle, mais basé cette fois sur un autre sens du mot *corps*, la consistance, qui, au figuré, est devenu l'intensité ou la force, signification qui nous intéresse ici.

Quelque chose qui est corsé, c'est quelque chose d'intense, de fort, de piquant comme un vin ou un assaisonnement (je vous remets une cuillère d'harissa ?).

C'est ainsi que lorsqu'on dit d'une chose qu'elle se corse, c'est qu'elle devient plus forte, plus intense et, par extension, plus compliquée, là où la difficulté devient plus forte.

> Les plus-values sur les valeurs mobilières sont exonérées jusqu'à un seuil inférieur ou égal à 25 830 €. Mais l'an prochain (déclaration des revenus de 2011), ça se corse avec des plus-values de cession taxables dès le premier euro !
>
> *Nice Matin* – Article du 2 avril 2011

---

1. Ainsi que le disait Don Quichotte lorsqu'il appelait son célèbre serviteur.

291. (TAILLABLE ET) CORVÉABLE À MERCI

Bon pour faire les corvées.

Qu'on puisse tailler un crayon ou bien une pipe (comme à Saint-Claude, dans le Jura, bien sûr), cela se comprend aisément. Mais comment peut-on tailler un individu, quand bien même serait-ce pour qu'il porte un casque à pointe ?

Ceux qui n'ont pas trop joué à la bataille navale ou au morpion lors de leurs cours d'histoire de France se rappellent probablement qu'il y a bien longtemps, au Moyen Âge, la taille était un impôt que le serf devait à son seigneur. Le paysan qui devait impérativement la payer était donc qualifié de « taillable ».

Mais ce même paysan devait également des journées de travail à son maître, travail sans rémunération qu'on appelait la *corvée*. Le serf était donc aussi « corvéable ».

Comme ces corvées et le montant de la taille dépendaient souvent du simple bon vouloir ou du bon plaisir du seigneur, le serf était purement et simplement à sa merci*.

Et voilà comment avec trois éléments spécifiques d'une partie lointaine de notre histoire, nous obtenons une expression qui est encore utilisée de nos jours, alors qu'on n'utilise plus les deux adjectifs isolément ou dans une autre locution.

> Celui qui ne pouvait payer donnait son corps et son temps, taillable et corvéable à merci, obligé de labourer, moissonner, faucher, façonner la vigne, curer les fossés du château, faire et entretenir les routes.
>
> Émile Zola – *La Terre* – 1887

292. AVOIR LA COTE

Être très estimé.

Si tous les coureurs du Tour de France ont la côte devant eux lorsqu'ils se trouvent en bas de la montée de l'Alpe d'Huez, les traînards n'ont pas la cote, une fois arrivés en haut.

Le mot *cote* est une des nombreuses preuves qu'en français un simple circonflexe peut changer complètement le sens d'un mot.

En effet, il n'est point ici question de la côte de porc ou de la course de côte, mais de *cote* au sens de « appréciation », « note », « valeur », comme on le trouve dans *cote d'alerte*, *cote de popularité* ou *cote d'une action en bourse*, par exemple.

Ici, c'est le sens d'appréciation qui est retenu, quelqu'un qui a la cote étant quelqu'un de très apprécié car, bien que l'expression ne contienne aucun adjectif, la cote est implicitement élevée.

Une ancienne forme de l'expression était *être à la cote*.

On peut aussi noter que *cote* s'écrivait auparavant *quote* en venant du latin médiéval *quota*, mot toujours utilisé de nos jours, mais *via* un emprunt à l'anglais *quota* (pour « quote-part ») de même origine.

> Les vins australiens ont la cote. Leurs exportations ont atteint, en juillet, sur un an, un montant record de 3 milliards de dollars australiens (1,87 milliard d'euros), selon des statistiques publiées mardi 7 août. Ce qui représente un volume de 805 millions de litres, là aussi un niveau sans précédent.
>
> *Le Monde* – « Les vins australiens séduisent le monde entier » – Article du 9 août 2007

293. À LA CÔTE

Sans ressources, sans argent.

Le mot *côte* a de nombreuses acceptions.

Alors à votre avis, de quoi parle-t-on ici ? De la côte d'agneau, la Côte d'Azur ou bien la course de côte ? Laquelle de ces côtes peut bien avoir un lien avec la pauvreté ?

Eh bien, même si on sait que la Côte d'Azur est très loin d'être envahie de « salauds de pauvres[1] », c'est pourtant bien d'elle, comme de tout autre bord de mer qu'il est question ici.

Car cette expression, qui date du milieu du XIXe siècle dans son sens métaphorique indiqué, nous vient directement du monde maritime au XVIIe siècle. En effet, à cette époque, *aller à la côte* signifiait « faire naufrage », par allusion au bateau allant se fracasser sur la côte.

Par extension, *envoyer quelqu'un à la côte* et *mettre à la côte* ont voulu dire respectivement « s'en débarrasser » et « ruiner », la seconde locution laissant supposer que le bateau naufragé était la seule richesse de son possesseur auquel il ne restait plus que ses yeux pour pleurer.

C'est ainsi que *côte* est devenu l'équivalent de « pauvreté » et qu'on a vu également apparaître le *frère de la côte* qui désignait le « compagnon de misère ».

> Il a pensé à moi parce qu'il s'est dit que je suis à la côte, donc prêt à accepter n'importe quoi, à n'importe quel prix.
>
> Emmanuel Roblès – *Federica* – 1954

> Il aura affirmé que je suis à la côte, qu'on ne sait pas comment je vis et qu'on aura ma demeure pour un morceau de pain.
>
> Edmond Jaloux – *Les Amours perdues* – 1919

294. FILER UN MAUVAIS COTON

1. Avoir la santé qui se dégrade.
2. Être dans une situation difficile.

---

1. Attention, il ne s'agit aucunement là d'un qualificatif personnel, mais simplement, puisqu'il est question de pauvres, du joyeux rappel d'un extrait d'une scène culte du film *La Traversée de Paris* avec Jean Gabin, Bourvil et Louis de Funès dans lequel le premier, accompagnant Bourvil qui travaille pour un trafiquant au marché noir, se lance dans une diatribe contre les « pauvres » présents dans le bar où a lieu la scène (un moment d'anthologie du cinéma français).

Si nous allons ici évoquer une filature, il ne s'agira pas de celle du détective derrière le coupable supposé, mais de l'usine où l'on transforme le coton brut en fil.

À la fin du XVIIe siècle, pour signifier « se ruiner », on disait *jeter un vilain coton* par allusion aux étoffes qui, en s'usant, perdaient des boules de fil de coton jusqu'à leur détérioration complète ou la déchirure.

Au XIXe siècle, alors que la même expression signifie déjà « dépérir par la maladie » (c'est cette fois la santé qu'on se ruine), *vilain* est progressivement remplacé par *mauvais*. D'autre part, l'installation de nombreuses filatures où on file le coton provoque le remplacement progressif de *jeter* pour aboutir à l'expression actuelle qui, par extension, sert à évoquer diverses choses qui se dégradent, au-delà de la simple santé.

> Et avril ne s'est guère mieux comporté. Ce dernier nous a montré un soleil resplendissant au milieu de la journée ; mais il nous a gratifiés de nuits et de matinées froides accompagnées de vents du nord et du nord-est qui n'ont pas peu contribué à faire filer un mauvais coton aux colonies faibles.
>
> *L'Apiculteur* – Volumes 4 à 6 – 1861

295. UN MAUVAIS COUCHEUR

Une personne désagréable, peu sociable, de caractère difficile.

Fermez les yeux et imaginez que vous vous installez dans votre machine à remonter le temps, réglez le curseur sur le XVIe siècle et appuyez sur le bouton.

Une fois arrivé, alors que la nuit tombe, vous entrez dans la première auberge venue et demandez à y passer la nuit.

Vous qui avez l'habitude de chambres individuelles confortables avec salle de bains attenante, vous aurez la surprise d'être convié à partager le même lit que d'autres voyageurs qui vous sont totalement inconnus.

Car à l'époque, foin d'intimité ! Il n'était pas question, sauf exception ou pour des personnes de haut rang, de disposer d'un lit ou d'une chambre pour soi.

Et vous voilà donc, sur votre « couche », à devoir supporter la promiscuité et l'agitation des uns ou les ronflements des autres coucheurs.

Au XVIe siècle, les coucheurs étaient donc ceux qui partageaient le même lit (en tout bien tout honneur). Le mot a quasiment disparu du vocabulaire en même temps que l'abandon de la pratique.

Et c'est vers cette époque qu'un mauvais coucheur est, au sens propre, « un homme qui fait du bruit dans la nuit, qui découvre son camarade, qui l'empêche de dormir », tel que le définit Furetière.

Il faudra attendre le début du XIXe siècle pour que cette appellation devienne notre expression, avec le sens figuré qu'on lui connaît. Car, si elle est irascible et s'emporte dès qu'on lui fait des reproches « d'empêcheur de dormir », ou bien si elle se moque du dérangement qu'elle cause à autrui, une telle personne est bien sûr considérée comme désagréable et de caractère difficile.

> Aujourd'hui, la critique, après avoir immolé le livre d'un homme, lui tend la main. La victime doit embrasser le sacrificateur sous peine d'être passée par les verges de la plaisanterie. En cas de refus, un écrivain passe pour être insociable, mauvais coucheur, pétri d'amour-propre, inabordable, haineux, rancuneux.
>
> Honoré DE BALZAC – *Un grand homme de province à Paris* – 1839

296. MAIGRE COMME UN COUCOU

Très maigre.

De quel coucou s'agit-il ? De la fleur, de celui lié au courroux de Paloma[1] ou bien de l'oiseau ? Certes,

1. Ne vous rappelez-vous pas cette ancienne chanson de Nana Mouskouri dont le refrain commençait par « Cou cou rou cou cou Paloma » ?

la tige de la fleur est très mince, mais c'est pourtant bien de l'oiseau qu'il est question ici.

Et pourtant l'origine n'est pas certaine car, contradictoirement, on dit aussi *gras comme un coucou*, cet oiseau squatter étant réputé vorace.

Pierre-Marie Quitard, dans son *Dictionnaire étymologique, historique et anecdotique des proverbes*, ainsi que Buffon, indiquent que le coucou est très maigre au printemps, ne devenant très dodu et consommable qu'à l'automne, et que c'est la seule situation qui pourrait expliquer le sens de l'expression.

Mais Alain Rey cite aussi une plaisanterie digne de l'*Almanach Vermot* (il évoque même « un abominable calembour »). En effet, il existait la locution *ingrat comme un coucou*. Or, si cet animal est in-gras, c'est bien qu'il est maigre, non ?

> Je m'en doutais ! Vous êtes dans les riz-pain-sel ; et cependant vous n'en êtes pas plus gras pour cela… C'est qu'apparemment vous ne vous êtes pas encore engraissé au métier, car, pour parler à mots couverts, vous êtes maigre comme un coucou ; mais ne vous effrayez pas, ça viendra, vous grossirez comme les autres ; la partie est bonne.
>
> Émile MARCO DE SAINT-HILAIRE – *Souvenirs intimes du temps de l'empire* – 1839

297. AVOIR LES COUDÉES FRANCHES

Avoir une entière liberté d'action.

En 1606, le *Thrésor de la Langue française* de Jean Nicot (oui, le *h* est d'origine) donne la définition suivante pour *coudée* : « C'est depuis le ply du bras jusques au bout du doigt du milieu de la main. »

La coudée est donc au départ une unité de longueur dont la valeur est quelque peu variable selon qu'on la mesure sur un nain, un basketteur ou un manchot.

Notre expression existe depuis le XVIe siècle.

Son sens d'origine était « avoir la liberté du mouvement des bras, les pouvoir étendre à droite et à gauche » comme, typiquement, lorsqu'on est à table sans être gêné par ses voisins.

Par extension, elle s'applique à toute action que rien ne vient contrarier, entraver ou pour laquelle on a carte* blanche.

Selon les auteurs, on a pu trouver les variantes *avoir ses coudées franches*, *avoir ses coudées plus larges* ou bien *étendre ses coudées*.

> Après tout, les innovations pédagogiques sont nées dans la pratique d'enseignants qui essayaient, cherchaient, prenaient des risques – s'étaient donné les coudées franches et avaient accepté les beaux risques un peu amers de la liberté responsable.
>
> Philippe LECARME – *Pédagogue et républicain, l'impossible synthèse ?* – 2002

298. AVOIR DES COUILLES

Avoir du cran, du courage.

Les deux boules dont il est ici question, et qui ne font pas partie de celles qu'on accroche au sapin de Noël (quoique…), sont depuis très longtemps des symboles de virilité.

C'est normal : la virilité est associée au sexe prétendument fort. Et qu'est ce qui caractérise au mieux la masculinité, si ce ne sont ces deux choses ?

Or, depuis bien longtemps également, le courage est associé à la virilité (ne traite-t-on pas de *femmelette* quelqu'un qui n'en a pas ?).

Il était donc assez logique dans l'esprit de certains que l'image du courage soit la présence de deux testicules bien accrochés à leur emplacement naturel et que cela donne naissance à notre expression.

Cette expression a deux variantes qui sont *en avoir* et *les avoir bien accrochées* et qui permettent de ne pas prononcer ce mot considéré comme grossier, mais tout le monde sait parfaitement à quoi se raccrocher.

Notez que celui qui manque de courage se fait parfois traiter de « couille molle ». Comme quoi, il semble que, pour marquer son courage, il ne suffit pas d'en avoir, il faut aussi qu'elles soient bien fermes.

La variante *avoir des couilles au cul* existe également avec le même sens, mais cela peut prêter à confusion car, comme disait Lyautey, et confirmé par Clemenceau, « dans ma vie, j'ai toujours eu des couilles au cul, même si ça n'a pas souvent été les miennes ».

> Aussi, en tête de la délinquance, se placent les grossistes parce qu'ils ont les moyens. Le braqueur, il a des couilles, mais il flambe. Le grossiste met son argent de côté.
>
> Elisabeth-Boyera Itofo – *Profession délinquant* – 2002

299. AVALER DES COULEUVRES

1. Subir des affronts, des désagréments sans pouvoir protester.
2. Gober n'importe quelle affirmation.

A priori, si quelqu'un avale des couleuvres, c'est qu'il leur trouve bon goût, non ? Comme quoi, les goûts et les couleuvres…

Le second sens proposé, plus récent, est une évolution du premier qui, selon Furetière, existait au XVIIe siècle. En effet, entre quelqu'un qui est obligé d'accepter ce qu'on lui propose ou inflige, sans pouvoir le refuser ou le contester, et celui qui finit par gober n'importe quoi sans émettre la moindre objection, il n'y a qu'une petite distance à franchir.

Mais cela n'explique pas le lien avec nos charmants serpents.

Une des deux origines souvent citées viendrait d'une époque où les anguilles étaient très présentes dans nos rivières et servaient de plat commun.

Il est donc possible que certains hôtes facétieux ou désirant se venger de quelque chose aient servi à leurs invités quelques couleuvres mêlées aux anguilles d'apparence très proche. Et soit les invités ne s'en rendaient pas compte, montrant ainsi qu'ils

« gobaient » n'importe quoi, soit ils s'apercevaient de la chose mais ils restaient bouche cousue pour ne pas faire d'esclandre ou ne pas se fâcher avec leur hôte.

Une autre origine, la plus probable, vient d'une ancienne signification de *couleuvre* qui désignait aussi une insinuation perfide, le genre de propos auxquels il n'est pas toujours simple de répondre et qu'on doit alors subir sans piper mot.

Ce sens du mot était bien entendu lié à la perfidie du Diable qui s'était présenté à Ève sous la forme d'un serpent pour la convaincre de croquer le fruit défendu.

Cet emploi aurait été renforcé par la confusion avec *couleur* qui, du XVe au XVIIe siècle, désignait une fausse apparence, encore symbole de perfidie (puisqu'une bonne couche de peinture peut dissimuler bien des défauts du support).

> Mais pour remonter la pente, pour régler ses dettes et celles de son père, pour reconquérir son honorabilité passablement écornée, il en avait avalé des couleuvres, il en avait subi des avanies, voire des affronts !
>
> Pierre SABOURIN – *La Terre des coteaux* – 2004

300. BATTRE SA COULPE

Se repentir.
Reconnaître ses torts.

Vous avez probablement tous lu ou entendu dire « mea culpa » qui, s'il se prononce exactement comme « méat coule pas », n'a pourtant rien à voir avec des problèmes urinaires[1].

« Mea culpa, mea maxima culpa » (« c'est ma faute, c'est ma très grande faute ») est un extrait

1. Petit rappel pour ceux qui sont fâchés avec l'anatomie : le méat urinaire est le conduit par lequel s'écoule l'urine. Et comme le fait d'uriner s'appelle aussi la miction, on peut dire de celui dont des calculs empêchent l'urine de passer que, pour lui, c'est miction impossible.

du *Confiteor*, l'acte de contrition du catholique qui reconnaît devant Dieu avoir péché, et qui devrait normalement prononcer ces paroles en se frappant la poitrine (mais tout se perd, ma bonne dame).

Bien entendu, vous n'êtes pas sans remarquer la similitude entre le mot latin *culpa* (faute) et notre *coulpe*. C'est parfaitement normal, puisque le second vient du premier qui a aussi donné *culpabilité*, entre autres.

En français, le mot *coulpe* n'existe plus que dans notre expression qui apparaît au XIIe siècle, et qui veut d'abord dire « se frapper la poitrine en se repentant de ses fautes » ; il était en effet d'usage, au Moyen Âge, d'être démonstratif lorsqu'il s'agissait de montrer sa foi.

Ce n'est qu'au XVe siècle qu'elle prend les sens qu'on lui connaît encore aujourd'hui, toujours en liaison avec la reconnaissance de ses fautes.

Le mot *coulpe* a existé dans d'autres expressions maintenant tombées dans l'oubli, comme :

– *rendre sa coulpe :* reconnaître sa faute ;
– *dire sa coulpe :* avouer et regretter sa faute.

> La consultation publique est ouverte jusqu'au 31 juillet. Entre-temps, Michel Vauzelle bat sa coulpe et reconnaît la nécessité de changer ce « nom qui nous handicape profondément, parce que Provence-Alpes-Côte d'Azur, c'est indicible ». « J'ai été accueilli en Algérie en tant que président de Provence-Alpes-Côte d'Ivoire, quand ce n'est pas Provence-Alpes-Côte d'agneau ! », a-t-il expliqué sur France Info.
>
> *Le Figaro* – Article du 26 mars 2009

301. EN DEUX COUPS LES GROS

1. En quelques mouvements et facilement.
2. Rapidement, à toute allure, sans s'attarder.

Je ne sais pas si beaucoup d'entre vous sont déjà allés à Zanzibar, mais il est nettement plus probable que certains sont déjà entrés dans un troquet nommé, très « astucieusement » le « Zanzi bar », tant il en existe de nombreux en France.

Si le jeu de mots sur *Zanzibar* échappe normalement à peu de monde, il ne faut pas aussi oublier que le zanzi, un peu tombé dans l'oubli, était un jeu de dés duquel dérive le 421 et qui se pratiquait beaucoup dans les bars.

La règle simplifiée de ce jeu était la suivante : le joueur qui commençait lançait les trois dés. S'il n'était pas satisfait du résultat, il avait le droit de relancer un ou deux dés de son choix. Il pouvait également tenter un troisième et dernier lancer.

Les autres joueurs n'avaient pas le droit de lancer les dés plus de fois que le premier joueur.

En fonction du jeu qu'il avait obtenu, beaucoup ou peu de points, le premier joueur annonçait soit « les gros », imposant aux autres d'obtenir plus de points que ce qu'il avait lui-même obtenu, soit « les petits », auquel cas les autres devaient impérativement faire moins de points que lui.

C'est probablement de ce jeu que vient cette expression apparue au milieu du XXe siècle et utilisée entre autres par Alphonse Boudard.

On y imagine en effet le joueur annonçant aux autres, sous une forme très écourtée : « j'ai fait un décompte de points important et en seulement deux coups, à vous de faire mieux et surtout aussi rapidement que moi. »

> Roi de la soudure au suif, [Mimile le plombier] en deux coups les gros vous colmatait une fuite, gainant, chiffon à la main, son tuyau percé d'une brillante collerette.
>
> Clément Lépidis – *Des dimanches à Belleville* – 1984

302. FAIRE LE COUP DU PÈRE FRANÇOIS

Prendre en traître.
Utiliser une manœuvre déloyale.

À l'origine, au cours de la seconde moitié du XIXe siècle, le véritable « coup du père François » ne pouvait se pratiquer que si l'on était deux et il avait pour but de détrousser le péquin moyen qui avait l'audace et l'imprudence de se promener la nuit dans des rues mal éclairées.

Il se pratiquait de la manière suivante : le premier des agresseurs engageait la conversation avec le promeneur (avec une banalité du genre de celles qu'on entend aujourd'hui : « t'as pas cent balles », « z'avez l'heure ») ; le complice, muni d'une courroie formant un nœud coulant, s'approchait puis étranglait par derrière la victime tout en lui maintenant le dos sur son propre dos, comme un sac de pommes de terre, de manière à ce que ses pieds ne touchent pas le sol et qu'elle n'ait pour seule préoccupation, si elle était encore consciente, que de tenter de se débarrasser de ce qui l'étranglait, tandis que le premier aigrefin profitait lâchement de la situation pour lui fouiller et lui vider les poches.

Une fois le forfait accompli et la victime généralement mal en point, mais pas obligatoirement morte, les deux compères récupéraient leur courroie et disparaissaient.

C'est de cette forme d'agression que, par extension, on a utilisé l'expression à propos de ceux qui font des coups en traître ou qui utilisent des manœuvres déloyales.

Cela dit, vous pouvez légitimement vous demander qui était ce fameux père François. Eh bien, malheureusement, on le sait d'autant moins qu'on a utilisé l'expression avec d'autres prénoms comme *Anatole* ou *Martin*, par exemple.

Selon certains, comme Lorédan Larchey, cela viendrait du prénom du premier ayant utilisé cette méthode avec une courroie à boucle (la technique existant bien avant). Mais Claude Duneton oppose à cette hypothèse le fait que vers les années 1860, période où l'appellation apparaît, il n'existait pas de détrousseur notoire prénommé François.

Alors, sans certitude, on pourra se rabattre sur la proposition de Gaston Esnault qui évoque le très célèbre (à l'époque) lutteur Arpin qui était surnommé « le terrible Savoyard », mais aussi « le père François ». Or, la lutte fait partie de ces sports de combat où les étranglements sont autorisés, ce qui pourrait expliquer le nom donné à ce coup en traître autrefois appelé « le charriage à la mécanique ».

> Barbara, quand je l'ai connue, elle était sans rien, car le double salaud, lui faisant le coup du père François, venait de se marier.
>
> Albert Bensoussan – *Le Chant silencieux des chouettes* – 1997

303. SANS COUP FÉRIR

Sans rencontrer de résistance, d'obstacle.
Très facilement.

Le verbe *férir* date du xe siècle, mais il n'était presque plus utilisé au xviie, ayant été supplanté par *frapper*. Aujourd'hui, on n'en trouve plus que deux traces à travers notre expression et l'adjectif *féru* sur lequel nous reviendrons un peu plus tard.

Il vient du latin *ferire* qui voulait dire « frapper », verbe qui a progressivement supplanté *férir*.

À la fin du xiie, par extension, il a aussi signifié « se faire aimer de », ce qui s'explique par le fait que celui qui se fait aimer « frappe l'autre au cœur ».

Sans coup férir voulait initialement dire « sans frapper de coup », qu'il faut comprendre comme « sans combattre » dans le contexte guerrier fréquent de l'époque.

Comme, aujourd'hui, on ne combat plus pour un oui pour un non, et que gagner un combat n'était tout de même pas des plus faciles (l'adversaire avait tendance à résister, le bougre !), le sens s'est transformé pour prendre celui d'aujourd'hui.

Quant à *féru*, comment ce mot qui était d'abord synonyme de *frappé* peut-il maintenant signifier « passionné pour quelque chose » ?

La réponse est facile à comprendre : celui qui est « féru / frappé au cœur » est amoureux, épris de quelqu'un d'autre (sens effectivement rencontré au XVe siècle). Et comme on n'éprouve pas forcément une passion que pour une personne, mais aussi pour une activité ou un domaine de connaissances, c'est au XVIIe siècle que, par extension, *féru* a pris le sens qu'on lui connaît aujourd'hui.

> Chez les dames, c'est à nouveau Marie-Claude Renard qui l'a emporté sans coup férir par 6/1 et 6/0 devant sa partenaire de club Catherine Beaumont.
>
> *Ouest-France* – Article du 4 mai 2011

304. TIRER SON COUP

Avoir un orgasme (pour un homme).

Avec une mitrailleuse, une fois la détente appuyée, il est difficile de ne tirer qu'un seul coup. Mais les hommes dotés d'une mitrailleuse sont extrêmement rares (ne rêvez pas, mesdames !).

L'homme dispose en effet d'une arme très particulière qui ne peut tirer qu'un seul coup, dont le rechargement prend un certain temps et dont les dégâts ne sont vérifiables que neuf mois plus tard.

La métaphore est simple à comprendre : le fusil est un symbole phallique explicite et, à l'époque où cette expression est née, cette arme ne pouvait tirer qu'un seul coup avant de devoir être rechargée longuement et manuellement.

Au XVIIe siècle, à ses débuts, et longtemps encore après, cette expression n'avait aucune connotation sexuelle, puisqu'elle voulait simplement dire « tirer avec une arme à feu », ce qui ne surprendra personne.

Et puis, la plupart des armes étant devenues plus perfectionnées, capables de tirer plusieurs coups à la suite, des esprits tordus et/ou obsédés ont accaparé l'expression et en ont transformé le sens avec un succès certain.

La plupart du temps, cette expression a une connotation à la fois méprisante et égoïste, la femme n'étant supposée être là que pour assouvir un besoin primaire de l'homme.

Mais certaines féministes ont revendiqué le droit, pour la femme, de tirer également son coup, ce qui voulait simplement dire d'utiliser l'homme comme un objet sexuel, avec la même connotation.

> Mais un homme qui débarque comme ça en pleine nuit, sortant de nulle part, entre en rasant les murs chez une dame pas très vertueuse il est vrai, tire son coup et repart avant le chant du coq, c'est forcément quelqu'un qui a quelque chose de pas beau à cacher.
>
> Richard M. Keuco – *Une vie pour rien* – 2003

305. UN COUP DE FIL

Un appel téléphonique.

Petite expérience amusante :

– prenez deux pots de yaourt en plastique (notez que si vous êtes un adepte du gobage de Flanby®, les pots de ce produit conviennent également) ;

– videz-en le contenu (en le mangeant plutôt qu'en le jetant à la poubelle) ;

– percez le fond de chaque pot d'un petit trou ;

– prenez une pelote de ficelle et coupez-en un morceau de la longueur de votre couloir ;

– faites passer chaque extrémité de la ficelle à l'intérieur de chaque pot par le petit trou préalablement percé (voir le point 3 pour ceux qui ont du mal à suivre) ;

– faites un gros nœud à chaque bout de la ficelle à l'intérieur de chaque pot, de manière à ce qu'elle ne puisse plus ressortir par le trou ;

– trouvez un acolyte (un frère, une mère, un passant dans la rue, le facteur…) ;

– tenez chacun un pot de yaourt, l'un près de la bouche, l'autre près de l'oreille (ou inversement) et éloignez-vous l'un de l'autre en tendant bien la ficelle ;

– celui qui a le pot près de la bouche parle dedans et, ô miracle, l'autre entend distinctement ;

– inversez la position des yaourts, et l'autre peut répondre.

Vous venez de réinventer le téléphone (ou plutôt le yaourtophone), la parole étant ici transmise par les vibrations de la ficelle produites par celles du pot dans lequel on parle puis reproduites à l'autre extrémité par l'autre pot.

Ce faisant, vous venez également de passer « un coup de ficelle » ou plus simplement, un « coup de fil » à ce quelqu'un que vous aviez « au bout du fil ».

Et si jamais vous voyez un plaisantin arriver avec une paire de ciseaux, vous pouvez toujours lui dire « s'il vous plaît, ne coupez pas ! » (sous-entendu : le fil qui nous relie et nous permet de deviser gaiement).

Sans réellement revenir à des moyens aussi primaires incapables de vous permettre de joindre le 22 à Asnières, il faut tout de même se souvenir que, avant qu'apparaissent nos téléphones portables fonctionnant *via* des ondes pas forcément sympathiques pour nos neurones, la téléphonie passait uniquement par des fils de cuivre, et sur des distances autrement supérieures que celle que notre misérable ficelle permet.

C'est ce fil électrique, le lien entre deux interlocuteurs, qui est à l'origine de notre *coup de fil*.

Quant au mot *coup*, ce n'est bien évidemment pas au sens de « action qui frappe quelque chose ou quelqu'un » qu'il faut le prendre (même si on peut frapper quelqu'un et l'estourbir d'un coup de téléphone), mais au sens d'une « action avec un instrument », comme dans *un coup de volant* ou *un coup de pinceau*.

La date d'apparition de cette expression n'est pas connue, mais, compte tenu de celle de l'invention du téléphone, on supposera, sans grand risque de se tromper, qu'elle est postérieure à la fin du XIXe siècle.

En argot, le téléphone s'appelle aussi un *bigophone*.

À l'origine, le bigophone est un instrument en carton ou en métal, appelé ainsi du nom de son inventeur, Bigot (1883). C'est une sorte de mirliton muni d'une embouchure dans laquelle on chante. Le son de la voix se répercute sur une petite feuille de papier mince tendue sur une ouverture latérale. Des réunions de « bigotphonistes » avaient lieu en 1910 dans le XIVe arrondissement de Paris.

Le nom de cet instrument s'est ensuite transféré sur le téléphone.

> Je demandais à un des policiers de garde si je pouvais passer un coup de fil, ce à quoi il répondit, « Demain matin, vous pourrez passer votre coup de fil ». Là déjà, je savais que je ne serais pas à l'heure à mon boulot.
>
> Patrick Delpy – *Histoire d'un homme... trop* – 2009

306. ÊTRE SOUS LA COUPE (DE QUELQU'UN)

Être sous la dépendance ou l'influence de quelqu'un.

Cette expression n'a rien à voir avec le coiffeur (quand on a décidé un petit ravalement de façade) ou la guillotine (quand on a envie de perdre la tête) : elle vient de la coupe aux jeux de cartes, cette opération banale qui consiste à couper le paquet en deux et qui va déterminer l'ordre dans lequel les cartes vont être distribuées.

D'après Furetière au XVIIe siècle, certaines personnes étaient persuadées que d'autres avaient la coupe malheureuse.

Selon cette croyance, en effet, la coupe aux cartes avait une valeur quasiment « magique » et le joueur immédiatement après le coupeur pouvait se trouver sous son influence, bonne ou mauvaise.

Ce joueur était donc « sous la coupe » du précédent.

> À Goma, une nouvelle tragédie humanitaire est en train de se dessiner, avec plus de deux millions de déplacés rwandais qui vont rester durant des mois

sous la coupe de génocidaires faisant la loi dans les camps.

Catherine Ukelo – *Les Prémices du génocide rwandais* – 2010

307. IL Y A LOIN DE LA COUPE AUX LÈVRES

Il peut y avoir un long chemin entre un projet et son aboutissement, entre un désir et sa satisfaction, entre une promesse et sa réalisation.
Ce n'est pas parce qu'un but semble proche qu'on va forcément l'atteindre.

Il est vrai que la distance entre une coupe remplie d'un liquide quelque peu alcoolisé et les lèvres peut être plus ou moins importante ; et pas seulement à cause de la longueur du bras.

Il est d'abord bon de rappeler que cette expression nous vient de la Grèce antique, à une époque où l'on buvait dans des coupes larges et peu profondes, non pas dans des verres ou des chopes ; sans compter que l'on mangeait à moitié couché et non assis à une table.

Je ne sais pas si vous avez déjà essayé, tout en étant couché sur le côté, de prendre un verre plein sur un support à proximité, de l'amener à votre bouche, et d'en boire le contenu (qui, par métonymie, s'appelle aussi une coupe) sans en renverser une goutte ou sans vous baver dessus. Si c'est le cas, vous avez pu constater que l'exercice n'est pas forcément facile à réussir.

Et pour peu que, ayant déjà un peu forcé sur la dive bouteille*, vos gestes deviennent nettement moins assurés, et il n'est pas certain que vous arriviez à amener intact à vos lèvres le précieux liquide convoité.

Voilà deux raisons qui ont probablement fait naître cette ancienne métaphore dans laquelle la coupe représente le projet et les lèvres, le but, le second n'étant pas forcément atteint malgré la proximité apparente du premier.

Toutes les entreprises ont la volonté affichée de satisfaire le client, mais comme il y a loin, parfois, de la coupe aux lèvres !

Jean-Pierre HUBÉRAC – *Guide des méthodes de la qualité* – 2001

308. UNE COUPE SOMBRE

Une suppression d'un nombre important de choses (large coupure dans un texte, forte réduction de crédits ou d'emplois dans un service, une entreprise).

Cette expression est un beau contresens.

Dans le monde des forestiers, une coupe sombre (dite aussi « coupe d'ensemencement ») s'appelle ainsi parce qu'il y subsiste de l'ombre.

Littré en donne la définition suivante :

« Opération qui consiste à enlever, dans un massif, une partie des arbres qui le composent, de manière à permettre à ceux qu'on laisse sur pied d'ensemencer ce sol au moyen des graines qu'ils produisent et qui se disséminent naturellement. »

Elle consiste donc à n'y couper par-ci par-là que quelques arbres, ce qui conserve un sous-bois obscur (donc sombre), contrairement à la « coupe claire » dans laquelle l'abattage des arbres se fait en très grand nombre pour que la lumière pénètre bien dans la zone et favorise la pousse des jeunes plants. C'est en tout cas quelque chose qui n'a rien de négatif.

Mais, dans le langage populaire, le véritable sens du *sombre* de l'appellation d'origine n'a pas été retenu et ce sont les connotations de l'adjectif *sombre* (« quelque chose de menaçant, d'inquiétant ») qui ont donné un sens complètement opposé à l'expression.

Car la menace et l'inquiétude ne planent-elles pas lorsqu'un plan social d'envergure, *une coupe sombre* dans les effectifs, se prépare, par exemple ?

Je suis révolté, les résultats de l'entreprise ne justifient pas une telle coupe sombre dans les effectifs, estime pour sa part Jean-Christophe Leroy, le délégué CGT de La Redoute. Le nombre de salariés aura fondu d'un tiers en dix ans, alors que le chiffre d'affaires est stable sur cette période.

Le Figaro – Article du 23 octobre 2008

309. TOMBER COMME UN COUPERET

Arriver brusquement, souvent par surprise, et avec des conséquences à la fois désagréables et irrémédiables.

À l'origine, au XVIe siècle, un couperet est un couteau à large lame servant à trancher ou hacher la viande. Il est donc évident que le pauvre morceau de viande qui voit brutalement s'abattre sur lui une telle lame va vivre des moments très désagréables.

Mais par extension, le couperet a aussi désigné la lame de la charmante machine que M. Joseph-Ignace Guillotin a fortement contribué à remettre au goût du jour (mais, aussi étrange que cela puisse paraître, avec de bonnes intentions[1]).

Autant dire que pour celui qui a la tête coincée dans la guillotine, la lame, lorsqu'elle est lâchée, arrive brusquement sur son cou, par surprise (même si le condamné sait qu'il va perdre la tête, on ne lui annonce pas que le couperet est débloqué) et produit des effets certes désagréables, mais surtout irrémédiables.

Il n'en a pas fallu plus pour que la métaphore apparaisse dans des situations autrement moins critiques, mais généralement mal vécues par ceux qui sont directement concernés.

---

1. En effet, selon Wikipédia : « Jusqu'alors, l'exécution de la peine capitale différait selon le forfait et le rang social du condamné : les nobles étaient décapités au sabre, les roturiers à la hache, les régicides et criminels d'État écartelés, les hérétiques brûlés, les voleurs roués ou pendus, les faux-monnayeurs bouillis vifs dans un chaudron. La proposition de Guillotin vise également à supprimer les souffrances inutiles car les pauvres ne pouvant se payer une exécution de qualité, ils étaient décapités à l'aide d'une arme émoussée, ce qui entraînait une exécution longue et douloureuse. »

> Les services français seront les premiers à se pencher sur la question. La réponse ne tarde pas à tomber, comme un couperet pour le pouvoir d'Abidjan. Ces assassinats sont le fait des escadrons de la mort.
>
> Anicet-Maxime DJÉHOURY – *La Guerre de Côte d'Ivoire : la dernière expédition coloniale* – 2007

310. FAIRE LA COUR (À QUELQU'UN)

Chercher à séduire une autre personne en vue d'une relation amoureuse.

Version XVIe siècle : « Madââââme, vous êtes d'une étourdissante beauté ! M'autoriseriez-vous à vous faire un brin de cour ? »

Version XXIe siècle : « Oh la meuf, là ! T'es grave charmante et j'te kiffe un max ! On baise ? »

Oui, je sais, c'est un peu cru, mais c'est simplement pour montrer comment les méthodes d'approche ont « légèrement » évolué au cours des siècles, même si le but final reste toujours le même : former un couple, qu'il soit de courte ou de longue durée.

Mais avant d'être restreint à un usage galant (plus ou moins, parce qu'on ne peut pas vraiment dire que la version moderne est un parangon de galanterie), *faire la cour* avait une utilisation plus générale dès le XVIe siècle.

En effet, il faut penser à ce qu'étaient la *cour*, le domaine et l'entourage du roi, et les courtisans de cette époque, ceux qui s'affairaient autour du souverain à lui faire la cour, non pas dans le but de partager le même lit, mais simplement pour s'attirer ses bonnes grâces, être bien vu de lui et, autant que possible, en obtenir diverses faveurs.

Et, même si elle en était originaire, cette expression ne s'utilisait pas uniquement à la cour, mais partout où une personne cherchait à se faire bien voir d'une autre.

Puis, lorsqu'elle a été limitée à l'usage en galanterie et utilisée telle quelle depuis le milieu du

XVIIe siècle, son but est resté le même : se faire bien voir, obtenir des faveurs de la part de la personne « courtisée ».

Il n'y a que chez les bidasses où *faire la cour* a un sens complètement différent, puisque c'est passer le balai dans la cour de la caserne, comme celle qui se trouve derrière le mess des officiers.

> Quand, dans un royaume, il y a plus d'avantage à faire sa cour, qu'à faire son devoir, tout est perdu.
>
> MONTESQUIEU – *Cahiers* – 1716-1755

> Elle était jolie, ce soir, et il la trouvait romanesque, dans son tailleur austère. Si elle n'avait pas été une vieille amie […] il lui aurait volontiers fait un doigt de cour.
>
> Simone DE BEAUVOIR – *Les Mandarins* – 1954

311. LA COUR DES GRANDS

1. Situation plus élevée que l'on souhaite atteindre.
2. Ensemble des personnes jouant un rôle prépondérant dans un domaine.

Que voilà une jolie métaphore scolaire ! Quel est l'enfant qui, déambulant dans sa cour de récréation, n'a jamais jeté des regards envieux vers les activités des « grands », dans cette partie de la cour réservée aux « forts » qui peuvent s'autoriser des choses inaccessibles aux petits ou qui font la loi ?

Ah, cette « cour des grands » où, lorsqu'on aura enfin le droit d'y mettre les pieds, ce sera avec une certaine timidité, impressionné d'atteindre enfin cet endroit où l'on va pouvoir se comporter comme ceux qu'on avait précédemment observés !

C'est en pensant à cette image que *cour des grands* a commencé métaphoriquement à désigner un endroit, un classement, un groupe, un niveau qu'on atteint avec plaisir et/ou fierté après en avoir longtemps rêvé, grâce à une promotion (le conseil de direction d'une entreprise, par exemple) ou à de bons résultats (la Ligue 1 en foot, par exemple).

Cette locution, apparue au cours de la seconde moitié du XXe siècle, est généralement précédée de *jouer dans* (toujours le rappel de l'origine scolaire) ou *passer dans*.

> Pour les quarts de finale, Bordeaux, qui n'a jamais joué à ce niveau depuis l'instauration de la nouvelle formule de la Ligue des champions, se retrouve dans la cour des grands.
>
> *Le Monde* – Article du 18 mars 2010

> La perspective de l'ouverture totale du marché du courrier – même les lettres de moins de 50 grammes –, en 2011, ne lui laisse pas le choix : si La Poste veut jouer un rôle dans la cour des grands, aux côtés des fleurons allemand ou néerlandais du secteur, elle doit investir, se moderniser, et renforcer sa structure financière.
>
> *Le Nouvel Observateur* – Article du 18 septembre 2008

312. ÊTRE AU COURANT

Être informé (de quelque chose).

S'il est vrai que les électriciens bricoleurs du dimanche peuvent être parfois très désagréablement mis « au courant », comme l'a hélas été une certaine célébrité des années 60/70 en manipulant une applique dans sa salle de bains, ce n'est pas du courant électrique qu'il est question dans cette expression qui date de la fin du XVIIe siècle.

Le mot *courant*, très courant, date du début du XIIIe et il vient d'un des sens du mot *courir* qui signifiait aussi « couler ». C'est ainsi qu'on retrouve les écoulements de fluides orientés dans une direction comme les courants marins ou le courant d'air, par exemple[1].

Cette image d'un volume qui s'écoule a d'abord donné la locution *le courant des affaires* pour désigner les affaires de tous les jours qui s'enchaînent

1. On se rappellera que c'est bien parce que l'électricité était considérée comme un fluide que le terme *courant électrique* est apparu et que, avec le temps, le mot *courant* est devenu quasiment synonyme de *électricité*.

banalement et en volume important, par opposition aux affaires extraordinaires, plus rares.

Puis, par extension, la locution *être au courant des affaires* a signifié « connaître la manière de traiter les affaires de tous les jours (ou le courant des affaires) », c'est-à-dire à la fois être informé de la façon dont il faut les traiter rapidement et efficacement, mais aussi tout simplement être informé de leur contenu.

Comme *affaires* pouvait aussi ne pas désigner uniquement celles qu'on avait à traiter, mais celles qui se produisaient à l'extérieur (« Quelle histoire ! Quelle affaire ! »), on rejoignait alors le sens de « être informé » de ces événements.

Enfin, avec la perte rapide du complément usuel *des affaires*, la locution adverbiale s'est généralisée au point que maintenant, on peut être au courant de plein de choses totalement indispensables à une vie meilleure comme, par exemple, le nom de la dernière maîtresse de monsieur le maire, le nombre de points que Tony Parker a marqués à son dernier match en NBA ou le nom du dernier éliminé de la dernière émission de téléréalité à la mode.

> Les armateurs de Galacz ont besoin d'être au courant de ce qui se passe dans notre pays, car ils font avec la France un important commerce d'exportation et d'importation.
>
> Xavier Marmier – *Du Rhin au Nil : souvenirs de voyage* – Volume 2 – 1852

313. ÊTRE COUTUMIER DU FAIT – UNE FOIS N'EST PAS COUTUME

Avoir l'habitude d'agir d'une certaine manière, de faire une certaine chose. – Si l'on fait une fois quelque chose, cela n'en devient pas pour autant une habitude.

Il ne faut pas confondre le joyeux fêtard, coutumier de la fête, avec notre coutumier du fait. Et le *fait* est ici « ce qui est fait » ou « l'acte, l'action ».

Quant à *coutumier*, adjectif qui date du XIIe siècle et qui n'est maintenant presque plus employé que dans notre locution, il est bien sûr dérivé de *coutume*, mot qu'on comprend aujourd'hui comme « une manière d'agir à laquelle une collectivité ou une majorité se conforme » (selon le *Grand Robert*) ou, mieux encore, comme une « habitude collective d'agir, consentie à l'origine par ceux qui l'observent, et transmise de génération en génération » (*idem*), mais qui a d'abord désigné une manière ordinaire d'agir, signification maintenant couverte par le mot *habitude*.

C'est cette acception initiale qu'on retrouve d'ailleurs dans notre seconde expression qui est souvent utilisée pour excuser un excès qui n'est pas dans les habitudes de la personne concernée ou, autrement dit, pour signifier qu'une personne n'est absolument pas « coutumière du fait » qui lui est reproché.

> Dame ! Elle sort si rarement, cette enfant ! Une fois n'est pas coutume ! Elle m'a témoigné ce matin un si grand désir d'aller avec nous !…
>
> Théodore César MURET – *Mademoiselle de Montpensier : histoire du temps de la Fronde* – 1836

> Tranquillement, la petite fille que j'aimais de plus en plus ingurgitait d'énormes parts de nourriture, comme pour rattraper les repas que mon absence lui avait fait manquer – Isabelle m'avait averti qu'elle était coutumière du fait et qu'il était bon de la laisser faire.
>
> Raymond Jocelyn POULIER – *Ludivine : sortir du silence* – 2001

314. LE (PETIT) DOIGT SUR LA COUTUREDU PANTALON

En manifestant du respect ou de la soumission.

Ceux qui ont eu l'immense plaisir de passer un ou deux ans de leur vie sous les drapeaux savent ce qu'il en est de la position du garde-à-vous : le soldat se tient droit, chaque bras le long du corps, et un doigt sur la couture latérale et néanmoins verticale du pantalon de l'uniforme.

Cette position raide est celle dans laquelle il manifeste du respect au supérieur qui est devant lui (même s'il n'en pense pas moins).

Pourquoi ne dit-on pas *les doigts sur*…, me direz-vous, l'esprit soudain alerte, car le soldat moyen a bien deux bras et deux mains, ainsi que deux jambes recouvertes par le pantalon ? Eh bien, c'est parce que souvent seule une main se trouve au contact du pantalon, l'autre étant au niveau de la tempe, occupée à saluer le supérieur.

Sortie du contexte militaire et de la position citée, l'expression s'utilise, parfois ironiquement, lorsque quelqu'un manifeste de l'obéissance ou exécute plus ou moins respectueusement ou servilement une tâche demandée par un autre.

> Des yeux qu'ont pas froid aux yeux, Malaria aimait ça, dans le bon vieux temps à la con, quand on avait la vie devant soi, qu'on prenait le mort par la queue, toujours sur la brèche, le petit doigt sur la couture du pantalon.
>
> Jean-Pierre Koffel – *Dalal mon amour* – 2007

315. VAINCRE / BATTRE À PLATE(S) COUTURE(S)

Vaincre / battre complètement, de manière définitive.

L'expression existe depuis le XVe siècle, sous la forme *rompre à plate couture*. Il faut dire qu'à l'époque, les étoffes étaient épaisses et raides. Par conséquent, les coutures et autres ourlets, qui étaient des surépaisseurs de ces tissus, étaient extrêmement raides. Les tailleurs qui avaient bien assimilé leur métier, mais qui n'étaient pas forcément riches[1], avaient donc pour habitude d'aplatir les épaisses coutures pour les rendre un peu plus souples. Cela se faisait soit en les cousant une deuxième fois (selon Furetière), soit à l'aide d'un carreau, ancien gros fer à repasser, soit enfin en les frappant vigoureuse-

1. Je rappelle que c'est dans la méthode Assimil® qu'on évoque la richesse du tailleur (« my taylor is rich »).

ment à l'aide d'une latte, ce qui se disait *rabattre les coutures*.

De cette opération est née au XVIe siècle l'expression *rabattre la couture à quelqu'un* pour « le rosser », comme si le fait de le frapper rabattait les coutures du vêtement que le malheureux portait.

Mais s'il y a une relation certaine avec notre expression, cela n'explique pas son sens et, surtout, l'utilisation préalable d'un verbe comme *rompre* au lieu de *battre*.

Selon Alain Rey, dans la métaphore initiale, il fallait comprendre *rompre* dans son sens figuré de « abattre, démolir, enfoncer (une armée) » et *plat* comme issu du verbe *aplatir* au sens de « vaincre totalement, écraser, battre ».

C'est du mélange de ces significations avec l'opération du tailleur que l'expression serait autrefois née, le *battre* moderne étant ensuite logiquement issu du *rabattre*, son sens collant parfaitement avec celui de la locution.

> Je lui conseille de parler, lui qui va se cacher dès qu'il entend le tambour ; s'il en valait la peine, il y a longtemps que je lui aurais rabattu les coutures de sa carmagnole.
>
> *L'Écho de la France* – Volume 9 – 1869

> Le Général Cornaro fut aussi vainqueur en Dalmatie ; & après avoir battu à plates coutures le Pacha de Bosnie, il forma le siège de Castel-Nuovo, la plus forte place du pays, la prit d'asaut & fit la garnison prisonnière.
>
> Vincent MIGNOT – *Histoire de l'Empire Ottoman, depuis son origine jusqu'à la paix de Belgrade* – 1771

316. UN PANIER DE CRABES

Groupe de personnes qui cherchent à se nuire.

Normalement, dans une équipe soudée, il y a ce qu'on appelle « un esprit d'équipe », tous les membres travaillant main dans la main pour construire ensemble leur projet.

Et puis il y a le panier de crabes, une équipe où il n'y aucun esprit, sauf du mauvais esprit, celui de nuisance envers ses petits « camarades », souvent caché sous une façade de bonne entente, comme on en trouve dans certaines entreprises ou dans certains partis politiques (je ne citerai aucun nom).

Le *panier de crabes* est aussi le royaume de la peau de banane, de la rumeur assassine et de l'ambiance détestable.

C'est par allusion à ce panier ou ce casier où les pêcheurs de crabes les entassent et où les pinces menaçantes grouillent, donnant l'impression qu'ils cherchent à s'entredévorer, que cette expression est née au cours de la première moitié du XXe siècle.

> Ce n'était pas qu'il ait eu l'intention de prendre parti pour les uns ou pour les autres, mais son intérêt allait croissant pour ce panier de crabes. Attention pourtant à ne pas y mettre la main ou le nez, à l'aveuglette.
>
> Pierre KÉRIEC – *Le Facteur de Saint-Armel* – 2005

317. TIRER SA CRAMPE

1. S'en aller, fuir.
2. Faire l'amour, avoir un orgasme (pour un homme).

Le premier sens proposé n'est pratiquement plus utilisé aujourd'hui et l'origine du mot *crampe* dans cette version n'est pas claire, même si Gaston Esnault établit un lien peu explicite avec un *crampe* du XVIe siècle qui aurait désigné « le pied du cheval en tant qu'organe articulé ».

La seconde signification est mieux cernée.

Au XVIIIe siècle, un sexe en érection était affublé, en argot, du doux nom de *crampe d'amour*. On peut imaginer au moins deux raisons à cela :

– une crampe est une contraction musculaire (dont on oubliera le côté douloureux) qui rend le muscle dur[1]… ;

---

1. Comme nous sommes bons princes, nous oublierons aussi le fait que le pénis n'est pas un muscle, tout juste un corps caverneux

– lorsqu'une amante glisse brutalement du lit alors qu'elle fait une petite gâterie à son partenaire en étant trop au bord, son réflexe n'est-il pas de se cramp-onner à ce qui dépasse… ?

Donc, la crampe, d'amour ou pas, c'est le sexe en érection.

Si on mélange cet organe turgescent à l'expression *tirer son coup**, on obtient notre locution, née ainsi au cours de la seconde moitié du XIXe siècle.

Et, au vu des deux sens fort différents de l'expression, lorsque l'amant doit brutalement quitter sa maîtresse après l'arrivée inopinée du mari, on peut alors dire qu'il tire sa crampe après avoir tiré sa crampe.

> – Qu'est-ce qu'elle t'a dit ?
> – Que j'étais un animal, et qu'elle me priait de ficher le camp !
> – C'était court, mais c'était complet !
> – Je lui ai répondu qu'elle était une chipie ; elle a pris ses grands airs, et j'ai tiré ma crampe.
> Xavier DE MONTÉPIN – *Les Chevaliers du Lansquenet* – 1857

> De plus, en ce moment, la seule chose qui comptait et avait de l'intérêt, c'était Érika, couchée à ses côtés, avec laquelle il allait faire l'amour. […] Tirer sa crampe représentait maintenant un besoin pour Kurt.
> Fabienne DELALANDE – *Une chasse aux défis* – 2006

318. S'EN JETER UN DERRIÈRE LA CRAVATE

Boire un verre (d'alcool).

Au premier abord, si on tient compte du fait que derrière la cravate on trouve la chemise, celle-ci va être immédiatement tachée si jamais on y jette tel quel son verre de pommard 89 ou de curaçao.

Mais ce serait oublier que la cravate, qui part du cou et descend verticalement, « cache », à l'inté-

---

dont la rigidité, lorsqu'il est dans de bonnes dispositions, est liée à l'afflux de sang.

rieur du corps, un conduit fort utile pour le commun des mortels, un tuyau dont le rôle est d'amener les liquides ingurgités jusqu'à l'estomac.

Et c'est le fait que la cravate se fixe au cou qui a fait que, dans l'argot du XXe siècle, le terme désigne aussi le gosier, cet endroit qui est le point de passage obligé de tout ce qu'on avale si on ne fait pas une fausse route.

Du cou(p), même si on imagine que l'expression devrait plutôt utiliser *dans* au lieu de *derrière*, son sens devient aussi limpide qu'un verre de vodka, le *derrière* pouvant en plus avoir une connotation de discrétion, de consommation en douce, mais avec connivence entre les buveurs.

> – Mathias buvait presque exclusivement de la bière.
> – Ça veut dire au moins huit grosses.
> Devant mon air interrogatif, il a précisé qu'il s'agissait de grosses bouteilles, genre format double. Soit seize canettes derrière la cravate. C'est vrai que ça commençait à chiffrer.
>
> André MAROIS – *Accident de parcours* – 1959

319. PENDRE LA CRÉMAILLÈRE

Fêter avec des invités son installation dans un nouveau logement.

De nos jours, si la fête associée à la « pendaison de crémaillère » existe bien toujours, il y a belle lurette* que l'objet à l'origine de cette expression a disparu de nos foyers.

Au XVIe siècle, en cette période où les plaques de cuisson à induction ne risquaient pas de tomber en panne au grand dam* de leur propriétaire, la cuisson des plats se faisait principalement dans l'âtre du foyer, la marmite étant suspendue à une crémaillère permettant de régler la hauteur du récipient au-dessus du feu.

Je rappelle qu'à l'époque, les T5 duplex avec terrasse sur les toits n'étaient pas fréquents chez le peuple qui devait souvent se contenter d'un T1 au sol en terre battue, parfois partagé avec les bêtes.

Il n'empêche que la construction de la maison était une activité à laquelle la famille, les amis et les voisins participaient de bon cœur. Pour les en remercier et fêter leur entrée dans leur nouveau foyer dans lequel l'indispensable crémaillère venait juste d'être enfin installée, parmi les quelques autres travaux de finition, les heureux occupants ne manquaient pas d'organiser un repas ou une fête où leur toute nouvelle crémaillère pouvait enfin être étrennée.

Et c'est depuis cette époque que perdure notre expression, malgré la disparition définitive de l'objet.

> Ils pendent la crémaillère et leurs amis, dans un rayon de cent milles ou plus, accourent à la fête, apportant avec eux de larges provisions de farine, de thé et de diverses conserves.
>
> *Revue de l'Agenais* – Volume 29 – 1902

320. CHANGER DE CRÈMERIE

1. Quitter un lieu (magasin, bar, restaurant…) pour un autre.
2. Changer d'employeur, de collaborateur…

Lorsque, pour une raison quelconque, on se frite sérieusement avec le patron du bar dans lequel on a l'habitude de boire ses quelques petits ballons de blanc et de refaire le monde avec ses collègues de comptoir, le matin avant d'aller au travail, il ne reste plus qu'à « changer de crèmerie », au moins temporairement, le temps que l'animosité se calme.

Mais si un bar peut bien servir un petit crème, cela ne justifie pourtant pas qu'on l'appelle une crèmerie, lieu qui, normalement, propose exclusivement des produits laitiers, d'autant plus que l'expression peut s'appliquer à n'importe quel endroit, qu'il s'agisse d'un restaurant, d'une quincaillerie ou d'une boucherie.

Mais il faut pourtant savoir qu'au XIXe siècle on a désigné par *crèmerie* un lieu de restauration proposant bien autre chose que des produits laitiers, lieu où parfois, la débauche battait son plein, les esprits étant bien échauffés par l'alcool qui coulait à flots.

D'ailleurs, dans le *Grand dictionnaire universel* publié par Larousse en 1863, on trouve cette définition : « Depuis quelques années, on a désigné sous le nom de crèmeries certains établissements tenant le milieu entre le restaurant et le café, et où l'on vend de tout, excepté de la crème, espèce de gargote d'un aspect particulier, où le riz au lait, le café à la crème, le chocolat, la côtelette et les œufs sur le plat règnent à peu près souverainement. »

On imagine alors bien quelques joyeux lurons un peu éméchés, se soutenant l'un l'autre, décidant, histoire de bien continuer la soirée, de changer de crèmerie régulièrement, passant de l'une à l'autre jusqu'à ne plus être en état de se mouvoir ni de s'émouvoir.

C'est par extension que le mot *crèmerie* a fini par désigner un établissement, puis un fournisseur ou un collaborateur quelconque.

> Oubliez les circuits habituels ! Pour renouveler votre mobile, mieux vaut rompre votre contrat et changer de crèmerie.
>
> *Mobiles Magazine* – Novembre 2005

321. RICHE COMME CRÉSUS

Extrêmement riche.

Alors que Crésus a vécu au VIe siècle av. J.-C., ce n'est qu'au XVe que *crésus* a désigné un homme riche et qu'au XVIIe que notre expression est apparue.

Car Crésus a réellement existé ! Dans sa capitale de Sardes, Crésus, dernier roi de Lydie, au sud-ouest de l'Asie Mineure, était un souverain extrêmement riche. Il devait sa fortune aux sables aurifères de la rivière Pactole[1] qui charriait des paillettes d'or[2].

Malgré sa fortune, Crésus subit des malheurs à la fin de sa vie : il perdit son fils Atys et fut vaincu à Thymbrée par Cyrus, roi de Perse, qui l'épargna pourtant et en fit son conseiller et ami.

C'est la richesse de Crésus que la postérité a retenue et qui est devenue le symbole d'une très grande fortune.

> Il a refusé pour toi mademoiselle Taillefer et ses millions, dit le père Goriot. Oui, elle vous aimait, la petite ; et, son frère mort, la voilà riche comme Crésus.
>
> Honoré DE BALZAC – *Le Père Goriot* – 1835

322. AU CREUX DE LA VAGUE

1. Dans une mauvaise situation psychologique, économique…
2. Au bas de sa popularité (pour un artiste).

Qu'est-ce qu'une vague ? Les définitions varient selon les dictionnaires, mais la 8e édition de celui de l'Académie française indique que c'est une « masse d'eau de la mer, d'un lac, d'une rivière, qui est agitée ou soulevée par les vents ou par toute autre impulsion ».

Dans sa partie haute, elle comporte une crête. Entre deux points hauts, donc entre deux crêtes[3], il y a un point bas, le creux.

---

1. Oui, c'est bien de ce cours d'eau que vient l'expression *toucher le pactole* !
2. La légende dit que l'or de cette rivière était dû au roi Midas qui vint s'y laver. Le cupide Midas, à qui Dionysos avait proposé d'exaucer son vœu le plus cher, avait souhaité transformer en or tout ce qu'il touchait, sans penser un seul instant que ce serait aussi le cas pour la nourriture et la boisson (et je ne vous parle même pas des femmes !). Alors qu'il allait mourir de faim et de soif, Midas implora Dionysos de le libérer de son vœu, et ce dernier, bon prince, lui enjoignit d'aller se laver dans le Pactole. C'est ce que fit Midas et ce qui provoqua cette abondance de paillettes d'or dans le cours de la rivière.
3. Car si un train peut parfois en cacher un autre (et même s'il est très rare de trouver un train sur une vague), une vague, elle, est toujours suivie d'une consœur.

Nous avons donc là une belle métaphore marine qui, de plus, est assez récente – alors que les vagues existent depuis fort longtemps – puisqu'elle ne date que de la seconde moitié du XXe siècle.

Mais avant de redescendre dans notre creux, il est intéressant de savoir qu'au XVIe siècle, si en Méditerranée, on parlait bien de *vague*, dans les océans, on parlait plutôt de *oule* (écrit aussi *houle*), mot imité de l'espagnol *ola* qui signifie « vague » et qui sert maintenant à désigner chez nous aussi ces vagues humaines que font parfois les spectateurs dans les tribunes d'un stade.

Pour en revenir à notre creux, c'est métaphoriquement qu'il désigne une perte totale de dynamisme, là où la crête est un symbole d'élan ou d'énergie ; dans le creux, la masse d'eau est aussi effondrée que le moral de celui qui est dépressif.

> Désormais, l'emploi tertiaire progresse à nouveau moins vite qu'au niveau national. Quoi qu'il en soit, si ce redressement de l'emploi est encore trop timide et trop récent, il permet néanmoins d'espérer que le creux de la vague est désormais dépassé pour l'économie stéphanoise.
>
> Michel BELLET – *L'Économie de la région stéphanoise* – 1992

323. LA CRITIQUE EST AISÉE, MAIS L'ART EST DIFFICILE

Il est très facile de critiquer ce que font les autres, autrement plus difficile de réaliser quelque chose.

Cette locution proverbiale a été imaginée en 1732 par Philippe Néricault, auteur et comédien dont le nom de scène était Destouches.

En tant qu'auteur, il n'a pas laissé de souvenir réellement impérissable sauf pour quelques-unes de ses citations, toujours très utilisées à notre époque.

On a en effet retenu de lui, en plus de notre expression, « Les absents ont toujours tort » et « Chassez le naturel*, il revient au galop[1] ».

La version originale de l'expression était : « La critique est aisée et l'art est difficile. »

Le sens de l'expression est très simple à comprendre, la critique étant ici le jugement défavorable, tandis que l'art – qui n'est pas seulement lié à la création d'œuvres artistiques – désigne, d'une manière générale, la façon de faire quelque chose. Autrement dit, « vous avez beau jeu de critiquer négativement ce qui a été fait, mais auriez-vous été capable d'en faire de même ? ».

Et, à propos de la critique, Lamartine de rajouter : « La critique est la puissance des impuissants », ce qui rejoint Destouches en signifiant que ceux qui ne peuvent pas faire, ont la critique facile.

Cela dit, il ne faut pas oublier qu'en réalité le mot *critique* couvre quelque chose de bien plus vaste que la simple censure. D'Alembert l'a d'ailleurs défini ainsi : « Le discernement juste et fin des beautés et des défauts d'un ouvrage. » Et une telle critique n'est finalement pas aussi aisée que Destouches a bien voulu le laisser croire.

Certains prétendent que c'est le Minotaure qui aurait dit « la critique est Thésée ». Mais mon petit doigt me dit qu'il n'en est rien.

> Et pourtant de ce déluge d'écrivains qui depuis dix ans inondent les rues, les deux tiers font métier d'écrire sur les œuvres des écrivains et des artistes, prenant pour devise cette ingénieuse pensée : « La critique est aisée, et l'art est difficile. » Votre erreur est grande, Messieurs : la critique elle-même est un art, et de tout le plus difficile peut-être, puisque s'inspirant sur les productions des autres, de tous elle est celui qui cite le moins de noms illustres.
>
> Louis Labarre – *Les Feuilletonistes* – 1840

1. Citation astucieusement déformée par le journaliste du *Canard Enchaîné*, Jean-Paul Grousset, sous la forme « Chassez le naturiste, il revient au bungalow ».

324. LA CROIX ET LA BANNIÈRE

De grandes complications ou difficultés.

Cette expression, issue de l'italien, est attestée dès le XVe siècle, sous une forme un peu différente. À cette époque, la religion était omniprésente, dans toutes les activités et à tous les niveaux de la société.

La croix, représentant celle du Christ, était donc obligatoirement brandie en tête de toutes les processions, qu'il s'agisse des religieuses accompagnant des reliques diverses ou organisées pour des événements particuliers, ou bien de celles destinées à accompagner l'arrivée d'un notable dans la ville.

Dans ces différentes processions, on portait aussi des étendards ou des bannières diverses, que ce soit celle de la Vierge, de la paroisse, d'une confrérie, du notable en déplacement ou de celui le recevant.

Mais l'organisation de ces processions n'était pas facile, paraît-il. Les formalités, les règles à suivre, le respect de l'importance des participants, qu'elle soit honorifique ou hiérarchique, transformaient parfois leur préparation en de véritables casse-tête.

Ce qui explique le sens actuel de « grandes complications ».

En 1690, Furetière indique que *il faut la croix et la bannière pour inviter quelqu'un* signifiait « il faut aller le chercher avec des formes telles qu'il ne puisse se dérober ».

Dans ce sens, on retrouve l'apparat, la procession organisée pour accueillir au mieux un visiteur éminent en déplacement qui, ainsi accueilli avec faste, ne pouvait décemment pas s'esquiver.

Notre forme actuelle *c'est la croix et la bannière pour*... est attestée en 1822.

Bien sûr, il ne faut pas confondre cette expression avec *la proie et la baleinière*, qui aurait pu être employée par le capitaine Achab alors qu'il pourchassait le cachalot Moby Dick.

En bref, il n'y a pas de solution pour « caser » ses bambins chéris l'après-midi. Pour les femmes qui souhaitent abandonner leurs fourneaux, c'est véritablement la croix et la bannière.

Anne Bertrand – *Munich et la Haute-Bavière / Guides Marcus* – 2001

325. UN CROQUE-MORT

Un employé des pompes funèbres chargé de mettre les morts en bière et de les transporter au cimetière.

En voyant cette appellation, vous vous êtes sûrement dit que ce n'est pas une expression et que, comme tout le monde, vous en connaissez parfaitement l'origine.

Pour le premier point, vous avez parfaitement raison : il ne s'agit pas d'une expression, mais d'un simple mot composé. Mais c'est tout de même à cause du second point que j'ai jugé utile d'en indiquer l'étymologie dans l'ouvrage que vous avez entre les mains.

Car, effectivement, comme tout le monde, vous savez très bien qu'il date de l'époque (mais laquelle, à propos ?) où la personne chargée de mettre en bière (dans un cercueil, pas dans un fût) un défunt s'assurait que le mort était bien passé de vie à trépas en lui mordant un gros orteil. Si le mort réagissait, c'est qu'il était un peu moins mort que supposé, et on lui donnait alors une deuxième chance dans le monde des vivants. Dans le cas contraire, son sort et le cercueil étaient scellés. Celui qui « croquait » ainsi un mort ne pouvait donc qu'être appelé un « croque-mort ».

Voilà une origine parfaitement compréhensible, universellement répandue et complètement fausse.

Ce mot date en réalité de 1788, soit juste avant la prise de la Bastille.

Il contient deux parties : le *mort* dont le sens est parfaitement clair et qui ne donne lieu à aucune interprétation particulière, et *croque* qui, ici, ne signifie nullement que le mort se fait mordre, mais plus simplement qu'il disparaît.

En effet, le croque-mort fait disparaître le mort, d'abord en l'enfermant dans son cercueil, puis en le mettant sous terre, le verbe *croquer* ayant ici le sens figuré de « faire disparaître », signification qu'on retrouve en partie dans *croquer un héritage*, par exemple, pour dire « dilapider », mais aussi « faire disparaître » très stupidement.

> Du temps qu'il exerçait pleinement son métier, il reçoit l'ordre d'aller encercueiller un homme de haut parage. Les parents avaient recommandé au concierge de les avertir quand les croque-morts se présenteraient. Rien ne ranime la douleur comme un affreux croque-mort.
>
> CHAMPFLEURY – *Les Excentriques* – 1852

326. TAILLER DES CROUPIÈRES

1. Mettre en difficulté, dans l'embarras.
2. Faire obstacle à des projets.

Non, je ne vais pas vous emmener aujourd'hui aux tables de jeu d'un casino : une croupière n'est pas une femme croupier[1].

Ceux qui aiment les régimes sans selle ne savent pas de quoi il s'agit, mais les autres n'ignorent pas que la croupière est une longe reliée à la selle d'un cheval, qui passe sur sa croupe (d'où le nom), puis sous sa queue et qui est destinée à empêcher la selle de remonter vers le garrot.

Au XVIIe siècle, à une époque où les blindés n'existaient pas encore et où le cheval était le seul véhicule de combat, *tailler des croupières* signifiait « combattre rudement » et « mettre en fuite », par allusion aux cavaliers qui galopaient à la suite et suffisamment près des ennemis en fuite pour, de coups d'épée ou de lance, couper leurs croupières et, ainsi, les déstabiliser et provoquer leur chute.

---

1. Même s'il est parfois utilisé dans certains magazines, le nom *croupière* dans ce sens ne semble pas, pour l'instant, être accepté par l'Académie.

C'est des difficultés ainsi occasionnées à l'ennemi que, par extension, l'expression a pris ses significations actuelles.

> L'élue parisienne [Rachida Dati] perd rarement une occasion de tailler des croupières à son ancien collègue [Brice Hortefeux] du premier gouvernement Fillon.
>
> *Le Monde* – Article du 1er décembre 2010

327. TANT VA LA CRUCHE À L'EAU QU'À LA FIN ELLE SE CASSE / BRISE

1. Ce qu'on utilise trop souvent finit par ne plus pouvoir servir.
2. On finit toujours par subir les mauvaises conséquences d'un danger auquel on s'expose trop souvent.

D'aucuns prétendent que ce proverbe traîne depuis longtemps une faute de transcription et qu'en réalité, il évoque l'histoire d'une jeune fille très niaise qui, à force d'exposer ses charmes à la piscine, avait quand même fini par y trouver un mari (*tant va la cruche à l'eau qu'à la fin elle se case*). Mais il n'en est rien, bien entendu, même si ce genre d'histoire n'est pas forcément irréaliste.

La cruche est bien ici un récipient, en général en terre cuite, servant à contenir des liquides divers, dont de l'eau. Un tel récipient n'a pas une durée de vie infinie et, à force de l'utiliser, il finit bien par arriver un moment où il se casse, soit par usure mais plus souvent par maladresse de son utilisateur.

L'image est donc facile à comprendre.

Elle semble naître au XIIIe siècle où on la trouve sous la forme *tant va le pot au puits qu'il casse*. Puis, dans le *Roman de Renart* on trouve *tant va pot à l'eau que brise*.

La métaphore dite autrement, moins on prend de risques, moins on s'expose au danger, et moins on a de risques d'en être la victime.

Et, à propos des cruches (les pots en terre, pas les blondes), il existerait un proverbe chinois bien vu (Lao-Tseu ? Confucius ?) qui dit quelque chose comme : « Si tu tapes une cruche contre ta tête et que tu entends un son creux, n'en déduis pas forcément que c'est la cruche qui est vide ».

Alors, ne tentez surtout pas l'expérience avec une cruche pleine, pour deux raisons : 1. ça peut faire très mal ; 2. le très long écho du son creux qui suit peut rendre sourd.

Croyez-en mon expérience…

> Il semble difficile que M. Hébert compose un tableau sans Italienne, sans fontaine et sans cruche. Je crois qu'il abuse de ce sujet inépuisable. Tant va la cruche à l'eau qu'à la fin elle casse… Le portrait de Pasqua Maria est une œuvre où la vie fait complètement défaut ; où la pose naïve est cherchée avec rouerie dans l'atelier, mais ne donne pas une impression ressentie en face de la nature.
>
> Arthur Stevens – *Le Salon de 1863* – 1866

328. EN DEUX COUPS DE CUILLÈRE À POT

Très rapidement, sans difficulté apparente.

Cette expression semble apparaître juste avant la guerre de 14-18.

La « cuillère à pot » n'est jamais qu'une grosse louche qui, en raison de sa taille, permet de vider rapidement un récipient ou de servir vite fait de grandes louchées de nourriture.

C'est tout simplement de là que viendrait la notion de rapidité (le récipient vidé en deux coups seulement) associée à notre locution qui serait née dans le milieu militaire ou carcéral (le service rapide du rata des bidasses ou des prisonniers).

L'absence de difficulté sous-entend parfois l'intervention d'un facteur chance, qu'on retrouve aussi dans *avoir du pot**.

Une autre origine quelquefois proposée viendrait de la marine à voiles, la « cuillère à pot » étant un sabre d'abordage muni d'une coquille en forme de cuillère destinée à protéger la main.

Ce sabre, comme toute arme du même type, permettait de régler très facilement un problème en en assénant un ou deux coups en travers de la tête de l'importun.

Cette origine est toutefois passée sous silence par Alain Rey et rejetée par Claude Duneton.

Enfin, il existe une troisième explication qui, si elle est savoureuse et donc répandue, est complètement fausse.

Elle nous viendrait d'Antoine de Bourbon, roi de Navarre, dont le château se situait à Pau. Alors qu'il était retenu loin de la reine Jeanne d'Albret, celle-ci donna naissance à un beau bébé qui allait devenir le futur Henri IV.

Prévenu de l'heureux événement, le roi annonça la bonne nouvelle à ses courtisans en disant « Messieurs, la reine nous a donné un petit prince en deux coups de cul hier à Pau ».

> Les géologues s'étaient rendu compte les premiers que le vent, la pluie, les rivières, les glaciers… n'avaient pas raboté les montagnes en deux coups de cuiller à pot. Ils estimaient déjà que les ères géologiques au cours desquelles la planète s'est peu à peu façonnée se comptent en centaines de millions d'années.
>
> Jacques Paul – *L'Homme qui courait après son étoile* – 1998

329. NÉ AVEC UNE CUILLÈRE D'ARGENT DANS LA BOUCHE

Ne pas avoir de soucis pécuniaires à se faire pour son avenir, dès la naissance.

Cette expression, dont la date d'apparition en France n'est pas précise, est une traduction littérale de la version anglaise *born with a silver spoon in his mouth* dont la première attestation en Angleterre se trouverait dans une traduction de *Don Quichotte* de Cervantès parue en 1712.

Aux États-Unis, elle apparaît en 1780 dans un des volumes de l'*Adams Family Correspondence*[1].

Si les cuillères ont d'abord été en bois[2], elles ont ensuite été principalement fabriquées en étain. Mais, dans les familles riches, il était de tradition que le parrain offre à son filleul une cuillère en argent au moment de son baptême, ce métal étant bien sûr une matière beaucoup plus noble et chère que l'étain.

Cet objet était donc un symbole prouvant à la fois que le bébé était né dans une famille très aisée et qu'il n'aurait donc probablement pas de soucis financiers dans le futur.

> L'histoire de Robin Cook est comme le négatif de celle de Bunker. Né avec une cuillère d'argent dans la bouche, il n'aura ensuite de cesse de la recracher. Fils d'un riche homme d'affaires du textile, il vomit son milieu d'origine et plonge dans une vie d'errances et de délinquance, allant jusqu'à être l'homme de paille d'un gang de truands londoniens.
>
> *Le Nouvel Observateur* – Article du 7 décembre 2006

330. SE CROIRE SORTI DE LA CUISSE DE JUPITER

Se prendre pour quelqu'un de remarquable, d'exceptionnel.
Être imbu de soi-même.

Jupiter, tout le monde connaît. Pas la cinquième planète du système solaire, mais le dieu de la mythologie romaine dont la planète tire d'ailleurs son nom.

Chez les Grecs (dont la mythologie est parallèle à la romaine), le même dieu s'appelait Zeus, et nous allons rester dans les noms grecs pour raconter comment Dionysos (Bacchus, chez les Romains),

---

1. Ces ouvrages contiennent la correspondance fournie entre différents membres d'une famille Adams éclatée de chaque côté de l'Atlantique, échanges étalés sur de nombreuses années aux XVIIIe et XIXe siècles.
2. D'ailleurs, *spoon* (« cuillère » en anglais) est une déformation de *spon* (autre forme de *span*) qui désignait un copeau de bois, la cuillère étant taillée dans un gros éclat de bois.

futur dieu du vin, est sorti de la cuisse de Zeus, donc de Jupiter.

Dionysos est né d'une aventure extraconjugale de Zeus avec Sémélé.

La troisième femme de Zeus, Héra (qui était aussi sa sœur – autres temps, autres mœurs), horriblement jalouse de constater la grossesse de Sémélé, lui prétendit que Zeus n'était en réalité qu'un horrible monstre. Sémélé supplia alors son amant de se laisser voir nu, dans toute sa puissance, pour vérifier les dires d'Héra (nda : Zeus et Sémélé n'avaient pas dû garder la lumière allumée lorsqu'ils ont conçu Dionysos).

Mais Sémélé, qui n'était qu'une pauvre mortelle, ne supporta pas la vue des éclairs entourant son amant et se mit à brûler comme une torche. Zeus arriva à extraire le petit Dionysos du ventre de sa mère, bien avant le terme de la gestation. Comme il n'y avait pas encore d'incubateurs à l'époque, il enferma l'enfant à l'intérieur de sa propre cuisse pour le protéger jusqu'au jour prévu pour la naissance.

Trois mois plus tard, Dionysos naquit, pour de bon cette fois, parfaitement formé. Comme quoi les dieux étaient vraiment fortiches en ce temps-là.

L'expression ne conserve de cette histoire que la supériorité des dieux (qui chez nous, pauvres humains, aurait eu l'astucieuse idée de planquer un prématuré dans sa cuisse ?), celui qui « se croit sorti de la cuisse de Jupiter » ayant tendance à se prendre pour un dieu vivant.

> Cette petite ville suisse [Bienne], bilingue et provinciale, offre en tout cas deux avantages à ceux qui – c'est mon cas – s'y sont établis depuis longtemps. [...] Le second, qu'on y est assez éloigné des lieux chics de l'intelligentsia pour ne pas trop se croire sorti de la cuisse de Jupiter, ni s'aplatir devant tous les gadgets culturels branchés, ou chaque nouveau roitelet des Arts, Lettres et Médias.
>
> Bernard Perrot – *Imprécis de méditation* – 1999

331. AVOIR DU CUL / DU POT / DU BOL

Avoir de la chance.

Quelqu'un de vulgaire (ni vous ni moi, bien entendu) pourrait dire aujourd'hui de quelqu'un qui a de la chance : « Il a du cul ! »

Parce que en argot, depuis 1960 (semble-t-il), le cul, c'est aussi la « chance » et pas seulement la partie postérieure et charnue d'un être humain.

Or, il se trouve que, toujours en argot, *pot* et *bol* sont deux termes qui, depuis la fin du XIXe siècle, désignent à la fois l'orifice excrêmement important servant à évacuer les déchets produits par notre usine intestinale, à savoir l'anus, mais aussi ce qui l'entoure, le cul ou postérieur[1].

Alors, à moins de n'avoir que deux ou trois neurones, on comprend très vite pourquoi *avoir du cul*, *avoir du pot* et *avoir du bol* ont exactement la même signification.

On peut aussi dire *avoir de la veine**, mais c'est une autre histoire.

Il est intéressant d'ajouter que le mot *cul* (du latin *culus*) n'est devenu vulgaire qu'au cours des siècles récents. Il y a ainsi de nombreux mots non vulgaires qui en ont été tirés (*reculer*, *acculer*, *cul-de-sac*, *culotte*…) à une époque où il n'avait pas la même signification de mauvais goût, chose qui serait impensable de nos jours.

> N'empêche qu'on a eu du cul que le feu ne s'étende pas. Après ce qu'il était tombé la veille et les jours précédents, c'était encore trempé partout.
>
> Évelyne PEYRILLAUD – *La Danse des vautours* – 2011

---

1. Ne dit-on pas, d'ailleurs, *en avoir ras le bol* pour *en avoir plein le cul* (et inversement), ou bien *manque de pot* pour *manque de chance* ? Ce *pot*-là a aussi donné des expressions amusantes comme *avoir le pot près des talons* pour « être de petite taille », ou bien *rire du pot* pour « avoir de belles fesses » (ou « de belles foufounes », pour nos amis les Québécois). Et c'est ce même pot qui nous a donné le popotin…

On est sur un fil ; on a eu du pot de bien s'entendre, le patron nous a foutues ensemble, ça a marché, tant mieux. Autrement, il aurait fallu nous supporter.

Michel Bourguignon – *Le Jardin des innocents* – 1966

La première chose, il a fallu trouver un appartement. […] Remarque, on a eu du bol. Quinze jours après j'avais loué quelque chose en bas de Montmartre, un vieil appartement, grand, plein de couloirs, très province, qui n'avait pas été occupé pendant plus de dix ans.

Jean-Jacques Brochier – *L'Hallali* – 1987

332. AVOIR LE CUL BORDÉ DE NOUILLES

Avoir beaucoup de chance.

D'une finesse absolue, cette expression a une origine incertaine car si le lien entre le *cul* et la *chance* est commun de nos jours, que viennent faire les nouilles dans cette galère et pourquoi « bordent »-elles ?

Avoir de la chance, c'est avoir du bol ou (en apparence plus trivialement) avoir du cul*.

L'ajout des *nouilles* est apparu de manière certaine vers 1950 en liaison avec des activités sportives (« le gardien de but a le cul bordé de nouilles lorsque le ballon rebondit sur la barre »).

Mais l'expression elle-même serait née plus tôt, dès les années 30, à Marseille, dans le pays de l'exagération chronique, proche de l'Italie, celui des consommateurs de pâtes. Alors qu'il désignait un chanceux (« il a du cul ! »), un amateur de galéjades aurait ajouté cette hyperbole « nouillesque » qui en aurait fait le succès.

Une autre explication, strictement réservée aux adultes et peu appétissante, a été toutefois proposée. En l'absence d'une bibliographie sérieuse sur le sujet, elle est à prendre avec des pincettes (ou des baguettes, s'il s'agit de nouilles chinoises).

Il est connu que, dans certains milieux masculins où les relations de pouvoir sont fortes (comme chez les prisonniers, par exemple), les personnes acceptant de se prêter à des relations homosexuelles en tirent de nombreux avantages (protection, passe-droits…) assimilés par d'autres à une certaine chance et de la réussite. Mais de telles mœurs pratiquées sans modération peuvent avoir tendance à provoquer des hémorroïdes qui regardées de près et malgré leur couleur peuvent être comparées à des nouilles.

Je ne sais pas s'il y a un réel « fondement » à cette version, mais compte tenu du flou qui entoure l'origine de cette expression, il était impossible de la passer sous silence.

Cela dit, il ne faut pas oublier aussi qu'en argot, la nouille désigne le pénis. Alors de là à imaginer que dans le même genre de milieu, celui qui a le cul bordé de nouilles est celui sur lequel tout le monde « passe », augmentant ainsi sa « chance », il n'y a qu'un petit pas qui pourrait être vite franchi, ce que je m'abstiendrais de faire, en l'absence de sources dignes de foi sur ce sujet.

> Marion – Tout est dans le mouvement du poignet… Question de métier. (Elle souffle sur sa paume. D'un rapide mouvement du poignet, elle lance les dés à l'autre bout du comptoir. Sous le regard déçu du marchand, elle emporte la bouteille de Champagne.)
> Marion – J'ai le cul bordé de nouilles, je sais !
>
> Mama Keïta – *Nuit blanche* – 1995

333. MARQUER À LA CULOTTE

Surveiller / suivre de très près.

Comment faisaient donc les sans-culottes pour marquer à la culotte leurs petits camarades ?

Mais l'absence du vêtement concerné n'a pas dû trop les gêner, vu qu'à l'époque ils avaient d'autres préoccupations que de se grouper par paquets de onze individus pour courir comme des dératés après un ballon et gagner des salaires déraisonnables.

Car c'est du monde du ballon rond, autrement dit du football, que nous vient cette expression.

À l'origine, à partir de 1920 et dans les sports d'équipe en général, marquer un joueur, c'était en surveiller les mouvements, le serrer de près pour l'empêcher d'agir librement.

L'expression familière *le marquage à la culotte* s'est ensuite spécialisée dans le foot, là où onze gusses placés sur un terrain doivent en permanence en surveiller de près onze autres pour les empêcher de venir leur marquer un but, la culotte étant ici le short et symbolisant le joueur marqué par son adversaire.

Par extension, *marquer à la culotte* désigne une surveillance ou un suivi de près, dans n'importe quelle activité, souvent afin de ne pas être distancé ou de ne pas se faire supplanter.

> En attendant, il [Jean-Marie Le Pen] promet de « marquer à la culotte » le nouveau président et de lui rappeler « ses envolées patriotiques et son programme réformateur ».
>
> *Le Monde* – Article du 7 mai 2007

334. PORTER LA CULOTTE

Assumer le rôle de l'homme dans un couple.

Dans tout couple digne de ce nom, l'homme porte une culotte (ou un pantalon) et la femme une jupe ou une robe. Dans ce même couple, la femme doit obéir aux ordres de son homme et satisfaire tous ses désirs (aïe, aïe, je sens que certaines sont en train de fulminer dans leurs chaumières…).

En tout cas, il y eut des époques où il en était ainsi, comme, par exemple, à la fin du XVIIIe siècle, lors de l'apparition de cette expression.

L'homme dirigeant le ménage et étant en partie vêtu d'une culotte, *porter la culotte* s'est donc très naturellement dit de celui qui avait l'autorité dans le couple.

Mais comme il faut toujours des exceptions pour confirmer la règle, il y a aussi des couples dans lesquels c'est la femme qui dirige, qui mène tout son monde à la baguette.

Et, en réalité, c'est uniquement dans ce cas que l'expression s'emploie, lorsqu'on dit de la femme qu'elle porte la culotte, vêtement ici considéré comme le symbole de l'autorité masculine au foyer.

On disait aussi *porter le pantalon* ou *porter les braies*, les braies étant, selon le *TLFi* un « vêtement en forme de culotte ou de caleçon, ajusté ou flottant, porté par plusieurs peuples de l'Antiquité et encore en usage dans les campagnes au Moyen Âge ».

> Elle rit et son mari l'imite, on dirait bien que c'est elle qui porte la culotte…
>
> Michel Kessler – *Joséphine* – 2002

335. N'EN AVOIR CURE

Ne pas s'en soucier.
S'en moquer.

Si, en gagnant un concours, vous avez droit à une petite cure à Barbotan-les-Thermes (dans le Gers), Amélie-les-Bains (dans les Pyrénées-Orientales), Vals-les-Bains (en Ardèche) ou bien Baden-Baden (en Allemagne), par exemple, peut-être « n'en aurez-vous cure ».

Et ce serait dommage, parce qu'une bonne petite cure de temps en temps (et on ne parle pas ici du curage d'oreilles ou de nez), cela détend et permet de déconnecter du stress quotidien.

Le mot *cure* date du milieu du XIe siècle, et vient du latin *cura* à l'origine indéterminée.

Si, depuis le début, il a le sens de « souci », il a eu aussi d'autres acceptions comme « charge » ou « direction » dans le monde des administrations ou bien « soin » ou « traitement » dans le milieu médical[1]. Il a aussi longtemps désigné un « souci amoureux ».

---

1. Il ne s'est d'ailleurs spécialisé dans le sens de « traitement en station thermale » qu'au XIXe siècle, sens duquel a découlé l'utilisation au figuré « usage abondant de quelque chose » comme dans

Mais en dehors de sa spécialisation médicale encore en usage aujourd'hui, son sens initial de « souci » ne survit plus que dans notre expression qui date également du XIe siècle, à une époque où la forme positive *avoir cure de...* existait aussi.

> Le conseiller, le père de l'idée, fait celui qu'on outrage et qu'on calomnie. Il menace de faire du train, de déshonorer la mairie. Notre maire, qui n'en a cure, poursuit l'enquête.
>
> George SAND – *La Mare au diable* – 1846

336. IL FAIT UN TEMPS DE CURÉ

1. Il fait un temps superbe.
2. La mer est très calme.

Pourquoi *de curé* ? Que vient faire l'abbé ici ? Quelle peut bien être la relation entre une mer calme et une soutane ? Eh bien, on trouve deux origines à cette expression, l'une venant de la mer, l'autre des airs.

La première a été fournie par un curé d'Ouessant qui donne l'explication suivante : « C'est une déformation de "temps à curer", celui-ci étant le temps convenable pour curer le fond du port, c'est-à-dire y passer la drague, opération qui ne peut être menée à bien que par temps calme ! » Voilà une explication qui tient bien la route, et même la mer, surtout qu'elle est très calme.

En effet, si on ferme les yeux et on écoute au lieu de lire, on imagine bien le gamin qui dit : « Maman, maman, le capitaine du port, il a dit qu'il fait un temps à curer ! » se faire corriger par sa mère qui n'en connaît pas la signification : « Arthur, est-ce que tu dis "le furoncle à tante Gertrude" ou bien "le furoncle de tante Gertrude" ? Eh bien là, c'est pareil ! On doit dire un temps de curé ! » Et le gamin obéissant (si, si, ça arrive !) de transmettre l'expression ainsi déformée à son entourage qui, lui-même...

---

faire une cure de chocolat, comme si cette dernière était supposée soigner au moins aussi efficacement qu'une cure thermale.

Mais en entendant cette explication, les aviateurs se gaussent : « Ah, mais, que nenni ! » En effet, pour eux, cette expression est incorrecte et ils prétendent qu'il faudrait en réalité l'écrire *un temps de curée*. Car d'après eux, elle viendrait de la Première Guerre mondiale, aux balbutiements de l'aviation militaire, lorsque les pilotes s'envolant à la chasse aux pilotes allemands partaient « à la curée » (terme venu de la chasse à courre), donc se ruaient sur eux. Or, comme ils ne volaient que par beau temps, ce dernier était devenu synonyme de *temps de curée*.

Le seul problème de cette version à laquelle les aviateurs sont attachés, c'est qu'elle n'est probablement qu'un mythe, car on ne trouve cette forme dans aucun ouvrage datant de la première moitié du XXe siècle.

> Je lui ai dit que ce n'était pas dans notre secteur, mais il m'a répondu que le CROSS nous demandait d'y aller quand même parce que tous les moyens de Marseille étaient déjà occupés à cause d'un minéralier qui était en train de couler du côté de La Ciotat.
> Il faisait un temps de curé et comme cela faisait une sacrée trotte pour rallier notre client, j'ai décidé, pour gagner du temps, de partir avec seulement les deux gars que j'avais sous la main sans compléter mon équipage.
>
> Bernard Estival – *Les Canotiers, histoires de sauvetages* – 2005

337. VIRER SA CUTI

1. Changer complètement de comportement ou d'opinion.
2. Basculer de l'hétérosexualité à l'homosexualité ou inversement.

Parce qu'il a été imposé en France chez les jeunes enfants et les adolescents de 1949 à 2007 pour lutter contre la tuberculose, le vaccin BCG (vaccin Bilié de Calmette et Guérin) est connu de la plupart des lecteurs de ces pages.

Et ces mêmes lecteurs connaissent aussi très bien le rituel annuel de la cuti (abréviation de *cuti-réac-*

tion), cette injection locale de tuberculine – d'abord par scarification, puis par des méthodes moins agressives – qui est un moyen de vérifier, quelques jours après l'injection, si le sujet est immunisé ou non contre le bacille de Koch, responsable de la tuberculose ; la confirmation est faite lorsque la cuti « vire », c'est-à-dire provoque une large rougeur due à l'allergie provoquée par la tuberculine face à un organisme immunisé contre la tuberculose, donc ayant été infecté par le bacille atténué du BCG (chez une personne qui n'a pas été vaccinée, cette même réaction montrera au contraire qu'elle est contaminée).

C'est ce changement d'état important de la *cuti*, son *virage*, passage d'une injection discrète à une rougeur marquée, qui, dès le milieu du XXe siècle, a donné naissance à notre métaphore avec le premier sens proposé, d'abord appliqué à quelqu'un qui changeait complètement de convictions politiques.

Le second est plus récent. Et, toujours dans le domaine sexuel, on emploie aussi parfois l'expression à la place de « perdre sa virginité ».

> Lionel Jospin, ancien trotskiste, même si depuis longtemps il a viré sa cuti, n'a pas échappé à la primo-infection.
>
> Pierre Pineau – *Le Ver et le Fruit* – 2005

> M. Gay, qui, las des canulars et mauvaises plaisanteries que lui valait son patronyme depuis l'adolescence, avait finalement retourné sa veste, viré sa cuti, tombé le pantalon et pris un amant chauffeur de taxi qui le taxait aux heures de pointe.
>
> Jacques Guyonnet – *On a volé le Big Bang* – 2000

338. CREVER / AVOIR LA DALLE

Avoir (très) faim.

Ce n'est qu'à partir du XVIe siècle que le mot *dalle* prend le sens qu'on lui connaît aujourd'hui, à savoir une table ou une plaque de pierre.

Mais auparavant, au XIVe siècle, il avait le sens de rigole, gouttière, évier, auge ou bassin. Il est emprunté à l'ancien normand *daela*, de même sens. Et c'est à partir de cette acception qu'au XVe siècle, le mot, en version argotique, a désigné le gosier, cette « rigole » par laquelle passent les boissons et les aliments, sens qui a donné aussi les expressions *se rincer la dalle** ou *avoir la dalle* en pente* (qu'il ne faut pas confondre avec notre *avoir la dalle*).

Avoir la dalle date de 1960, semble-t-il (chez Auguste Le Breton). C'est une atténuation de *crever la dalle*, qui date de la même époque et qui est un mélange de *crever de faim* avec cette fameuse *dalle* sur laquelle glissent les aliments.

> Pour le moral général de Motörhead, ça a donc été une bonne chose. Il est important qu'un groupe crève la dalle, car c'est la meilleure motivation pour tout groupe. Et si quelqu'un sait ce que c'est que d'avoir la dalle pendant très longtemps, c'est bien moi.
>
> Lemmy KILMISTER – *Motörhead : la fièvre de la ligne blanche* – 2004

339. QUE DALLE

Rien du tout.

Cette expression est généralement précédée de verbes comme *valoir*, *ne trouver*, *ne comprendre*… Mais si on n'aime pas les dalles, on peut aussi dire : « que pouic », « nada », « que tchi » ou bien « peau* de balle ».

Le *Petit Robert* nous dit qu'une *dalle*, ce peut être une tablette de pierre (pour le revêtement des sols), une plaque de roche lisse, une tranche de poisson (pour celui qui « a la dalle », bien sûr), une plaque de béton ou de ciment utilisée en plancher ou couverture ou une ancienne pièce de cinq francs (dont le nom venait du flamand *daalder*).

C'est à partir de cette dernière signification que certains ont cru voir, non pas un gros minet, mais l'origine de notre expression. Pourtant il n'en est rien, pour une très bonne raison donnée par Claude Duneton, c'est qu'en 1835, cette pièce de cinq francs représentait environ 30 euros, ce qui n'était pas vraiment « que dalle » !

Le mot *dalle* est en fait ici une déformation du mot *dail*, attestée par l'ancienne version de l'expression donnée par Gaston Esnault, *que le dail*, devenue ensuite *que dal*. Il ne nous reste donc plus qu'à savoir quelle est l'origine de ce *dail*. Mais là, nos lexicographes distingués s'entredéchirent.

Pour les uns, dont Esnault, toujours, il viendrait du lorrain *dailler*.

Au XVe siècle, *dailler*, issu de l'allemand *dahlen*, voulait dire « plaisanter ». Puis, dans les patois de l'Est, *dailler*, *daler* ou *daillir* signifiait également « raconter des fariboles ». La *daille* ou le *dail* étant une plaisanterie ou une blague.

Quel rapport avec « rien du tout », me direz-vous ? Eh bien, c'est une excellente question ! Je suis heureux de voir qu'il y en a qui suivent et s'interrogent, tout comme moi, sur le lien avec une plaisanterie.

C'est pourquoi l'explication de Claude Duneton me convient nettement mieux : selon lui, *dail* est tout simplement issu du romani, langue tsigane, dans lequel ce mot veut dire « rien du tout ».

> Je n'y pige que dalle, répondis-je, hésitant entre le ton jovial d'un compagnon de la dive bouteille et le murmure mezzo voce d'un conspirateur fuyant la lumière.
>
> Hubert LAMPO – *L'Âne de Malte* – 1993

340. SE RINCER LA DALLE – AVOIR LA DALLE EN PENTE

Boire – Boire souvent (de l'alcool).

Même si certains ivrognes sont capables d'avaler des mixtures peu ragoûtantes dignes de ce qu'on trouve dans les égouts, ce n'est pas d'une dalle de bouche d'égout dont il est question ici ; ni d'une dalle funéraire, même si certains abus de boisson peuvent mener directement au cimetière, car si on boit, c'est que tout n'est pas si rose !

Au XIVe siècle, *dalle* est emprunté à l'ancien nordique *daela* qui signifie « évier (de cuisine) », mais aussi « rigole » ou « gouttière ».

Ce sont ces deux dernières significations qui, au XVe, ont donné naissance au sens métaphorique de « gosier[1] », ce dernier pouvant finalement n'être considéré que comme une rigole qui dirige le liquide vers l'estomac.

Malgré l'ancienneté de la métaphore, ces deux expressions ne sont nées qu'au XIXe siècle.

À la même époque, *boire* se disait aussi *se rincer le corridor*.

Notez que *se rincer la dalle* s'utilise pour n'importe quelle boisson, y compris de l'eau la plus plate possible, et même en petite quantité, alors que *avoir la dalle en pente* s'applique aux grands buveurs de boissons alcoolisées.

> Gervaise en vit deux autres devant le comptoir en train de se gargariser, si pafs, qu'ils se jetaient leur petit verre sous le menton, et imbibaient leur chemise, en croyant se rincer la dalle.
>
> Émile ZOLA – *L'Assommoir* – 1876

> Seulement, moi, je n'ai rien à me reprocher même si je caresse un peu la bouteille. C'est pas un crime d'avoir la dalle en pente ! Dis-moi franchement : est-ce que tu m'as déjà vu soûl ?
>
> Jean ROSSET – *Les Porteurs de terre* – 2002

341. AU GRAND DAM (DE QUELQU'UN)

1. Au grand désavantage, au détriment (de quelqu'un).
2. Au grand regret ou désespoir (de quelqu'un).

Histoire de permettre aux rouleaux à pâtisserie de refroidir dans certaines chaumières où ils servent à autre chose qu'à étaler la pâte, et avant de lever le voile sur l'origine de cette expression, je m'en vais

1. Qu'on appelait aussi « la dalle du cou » à cette époque.

préciser de suite ce qu'il en est de la prononciation du mot *dam*.

Car vous êtes très nombreux à le prononcer comme *dame*, là où normalement il faudrait plutôt le dire comme *dent*, prononciation officielle. Mais comme la première semble maintenant admise, vous faites bien comme vous voulez et il est donc inutile de continuer à faire des taches de sang sur le mur, simplement parce que l'un dit *dame* et l'autre dit *dent* (ou inversement).

Dam, qui existe depuis l'an 842, vient du latin *damnum* qui voulait dire « dommage » ou « préjudice » et était principalement utilisé dans un contexte juridique.

Tout en gardant le sens latin, *dam* est ensuite devenu *damage* vers 1080, puis *domage* et *dommage* vers 1160.

Dam s'est complètement effacé devant *dommage* au XVIe siècle pour n'être plus utilisé que dans notre expression.

Une dérive récente fait que cette expression est maintenant aussi employée avec le second sens proposé, peut-être parce qu'on a des regrets de ce qu'on a perdu lorsqu'on a subi un préjudice.

> Quand j'étais adolescent, au grand dam de mes parents il est vrai, j'avais une admiration sans borne pour un chanteur français. […] Je vous disais au grand dam de mes parents parce que le chanteur était tout simplement Claude François. Pour eux, il n'était pas une référence culturelle et spirituelle absolument nécessaire à mon épanouissement personnel.
>
> Philippe Cochinaux – *Fragments de bonheur* – 2006

342. TROUVER SON CHEMIN DE DAMAS

1. Se convertir à une doctrine (après l'avoir combattue).
2. Trouver sa voie.

Avant tout, je tiens à lever le voile d'ignorance qui nimbe l'esprit de certaines personnes qui ne sont pas suffisamment allées à l'école. En effet, bien que

Damas soit la capitale de la Syrie, on n'y découpe pas des troncs d'arbres pour en faire des planches. Cette mise au point étant faite, mettons-nous, comme Saül autrefois, en route vers Damas.

Si, aujourd'hui et d'où qu'on vienne, il suffit d'un bon GPS pour trouver le chemin de Damas, à l'époque de Saül, lorsque l'expression est apparue, Tomtom n'était pas né, comme le poisson[1].

Car Saül vivait à l'époque de Jésus, et son passe-temps favori était de persécuter les chrétiens avec beaucoup d'ardeur. Alors que, peu d'années après la crucifixion du Christ, il allait à Damas en mission pour faire prisonniers les chrétiens et les ramener à Jérusalem, il eut soudain la vision d'une lumière venue du ciel ; il entendit une voix lui dire « Saül, Saül, pourquoi me persécutes-tu ? » et demanda : « Qui es-tu seigneur ? » Et la voix répondit « Je suis Jésus que tu persécutes ».

C'est là, sur le chemin de Damas, que Saül, qui pendant trois jours fut privé de la vue, de boisson et de nourriture, eut la révélation qui provoqua sa conversion et fit de lui un prêcheur convaincu que Jésus était bien le fils de Dieu. Tellement convaincu, même, qu'il devint également un apôtre sous le nom de Paul, mais sans pour autant intégrer la bande des douze, Judas ayant déjà été remplacé par Mathias.

> Nos lecteurs connaissent M. de Maldigny. Il n'était pas, comme nous l'avons dit par erreur, ennemi du magnétisme ; mais il en était un des incrédules. Depuis, à la suite de nombreux faits dont il a été témoin, il a trouvé son chemin de Damas. Ses croyances se sont modifiées. Nous le comptons aujourd'hui parmi nos adeptes les plus fervents.
>
> Jules Dupotet – *Journal du magnétisme* – 1857

1. Bon, je crois que je vais arrêter de fumer n'importe quoi : cette introduction laisse sérieusement à désirer…

343. UNE ÉPÉE DE DAMOCLÈS

Un péril imminent et constant.
Un danger qui plane sur quelqu'un.

Bien que l'histoire qui en est à l'origine ait été racontée par Horace et Cicéron, ce qui commence à pas mal dater, cette expression n'est employée qu'à partir du début du XIXe siècle.

À la fin du Ve siècle av. J.-C., Damoclès était un courtisan de Denys l'Ancien, tyran de Syracuse. Au cours d'un banquet, alors que Damoclès lui disait combien il enviait son pouvoir et sa richesse, Denys chercha à le convaincre que la vie d'un tyran n'était pas aussi agréable qu'il le croyait.

Il faut bien reconnaître qu'entre les comploteurs et empoisonneuses prêts à l'envoyer *ad patres* à tout bout de champ, les épouses, concubines et maîtresses qu'il fallait satisfaire, l'argent volé aux pauvres qu'il fallait dépenser, l'absence de télé et de jeux vidéo…, la vie d'un tyran n'était finalement pas bien rose.

Bien entendu Damoclès n'en crut pas un mot.

Denys le fit alors s'asseoir sur son trône, prit son épée, arracha un crin de la queue de son cheval (qui hennit de désapprobation), y attacha l'épée et la suspendit, la pointe en bas au-dessus de la tête de Damoclès en lui disant : « Profite bien maintenant de ce banquet et amuse-toi ! Tu vas rester à ma place jusqu'à sa fin et je te garantis que tu ne verras plus les choses de la même manière. »

Effectivement, Damoclès, dont la vie ne tenait plus qu'à un crin, eut un peu de mal à bien profiter de la suite du banquet. Un petit quelque chose l'empêchait d'être suffisamment serein pour apprécier pleinement sa nouvelle situation.

C'est de cette histoire antique où Damoclès sentait continuellement un danger planer sur sa tête qu'est née notre expression.

> Elle allait trop loin dans sa vengeance. Elle avait éveillé la prudence de Victorin. Victorin avait résolu d'en finir avec cette épée de Damoclès incessam-

ment montrée par Lisbeth, et avec le démon femelle à qui sa mère et la famille devaient tant de malheurs.

Honoré DE BALZAC – *La Cousine Bette* – 1847

344. LE TONNEAU DES DANAÏDES

1. Une tâche sans fin, un travail à recommencer sans cesse.
2. Un compte en banque constamment vidé de son contenu par quelqu'un de très dépensier.

À la vue de l'expression, on pourrait croire que les Danaïdes étaient des pochardes, toujours promptes à aller s'abreuver au tonneau de vin placé à proximité. Mais ce n'est pas tout à fait le cas.

L'histoire à l'origine de l'expression se passe dans la mythologie grecque aux environs de ce qui est aujourd'hui l'Égypte et la Libye. Nous avons là deux frères, Égyptos et Danaos. Le premier a eu cinquante garçons, le second cinquante filles[1]. À la suite d'une querelle avec son frangin, Danaos fuit avec sa nombreuse progéniture en Argolide, située en Grèce dans la péninsule du Péloponnèse.

Une fois arrivés, ils sont rejoints par les fils d'Égyptos, donc les cousins des filles de Danaos, les Danaïdes, qui sont demandées en mariage par les garçons.

Le père des demoiselles n'est pas favorable à ces unions, mais il fait semblant* d'accepter et demande à chacune de ses filles de tuer son époux lors de la nuit de noces. Toutes acceptent, sauf Hypermnestre mariée à Lyncée qui, plus tard, se chargera de trucider son beau-père et ses quarante-neuf cousines entre-temps remariées. Compte tenu de leur méfait, ces dames ne pouvaient qu'être envoyées en enfer. Et c'est dans ce charmant lieu de villégiature que, en guise de punition, on leur confia la mission (qu'elles

1. Eh oui, vous savez ce que c'est ! On espère toujours avoir un enfant de l'autre sexe, alors on ressort le mode d'emploi et on remet le couvert. Mais de nos jours, on accepte la fatalité bien avant d'atteindre les cinquante enfants.

ont dû obligatoirement accepter) de remplir sans fin un tonneau au fond percé.

Cette expression est apparue au XVIIIe siècle.

Si son premier sens est évident, compte tenu de la fin de l'histoire, le second est à comparer à la dénomination de panier* percé qu'on affecte à une personne trop dépensière qui, comme pour les Danaïdes qui n'arrivent jamais à remplir leur tonneau, ne peut jamais combler son panier avec ce qu'elle achète et passe donc son temps à dépenser sans compter.

Ce genre de tâche inutile et interminable peut se comparer au rocher de Sisyphe*. Mais c'est une autre histoire…

> Alors face à cela, l'État, les collectivités territoriales dépensent des budgets de plus en plus importants, et malheureusement, c'est un peu le tonneau des Danaïdes.
>
> Jacques FROGET – *Pauvreté et Politique* – 1994

345. ENTRETENIR UNE DANSEUSE

1. Entretenir une maîtresse coûteuse.
2. Consacrer par plaisir beaucoup d'argent à quelque chose ou quelqu'un.

Au XVIIIe siècle, les alentours des salles de spectacles étaient des endroits très fréquentés par les prostituées. On disait d'ailleurs de l'Opéra qu'il était le « marché aux putains ».

Mais si la prostitution avait cours à l'extérieur, au XIXe siècle, elle s'exerçait aussi à l'intérieur, les danseuses faisant commerce de leurs charmes (plus ou moins volontairement).

Il n'était d'ailleurs pas rare, au foyer des artistes de l'Opéra, derrière la scène, de trouver des mères venant « vendre » leurs filles, danseuses plus ou moins ratées, aux messieurs les plus offrants.

Mais alors que beaucoup de danseuses se contentaient d'effectuer des passes, certaines des plus cotées devenaient des maîtresses attitrées de messieurs de la haute société qui, laissant leurs épouses à leur domicile, s'affichaient volontiers avec leur proie à laquelle ils offraient un logement et un train de vie généralement plus que décents.

Et c'est de ces dépenses d'entretien de leur maîtresse danseuse que vient notre expression dont le sens, par extension, a évolué vers toutes les dépenses très, voire trop, importantes consacrées à une passion.

Cela dit, l'Opéra n'avait pas du tout l'exclusivité des danseuses prostituées ou, dit plus élégamment au vu du beau monde qu'elles fréquentaient parfois et de la manière moins systématique avec laquelle elles faisaient commerce de leur corps, des courtisanes. En effet, la danse classique n'était pas la seule touchée par ce phénomène « artistique » qui concernait aussi bien les théâtres que les cabarets, les actrices que les chanteuses et danseuses. Il suffit de se rappeler quelques noms célèbres comme Lola Montès, la belle Otero ou Liane de Pougy, pour ne citer qu'elles.

> En d'autres termes, pour prendre la comparaison plus près de nous, la monarchie de 1788 ressemblait à un grand seigneur russe qui entretient une danseuse sur le pied de dix mille francs par mois, tandis que trois mille moujiks meurent de faim sur ses terres.
>
> Edmond About – *Le Progrès* – 1864

346. DARE-DARE

Sans le moindre délai, tout de suite.
Très vite.

Cette locution reste d'étymologie aussi obscure que le mauvais côté de la farce.

Si elle semble apparaître au XVIIe siècle, peut-être issue d'une onomatopée, le *Dictionnaire historique de la langue française* propose l'origine possible suivante : il pourrait s'agir d'un redoublement, destiné à en renforcer le sens, de *dare* tiré du verbe *(se) darer* voulant dire « s'élancer », variante dialectale de *(se) darder* qui, au XVIe siècle, avait la même signification, et qui était issu de *dard*, ancienne arme de jet.

Or, en général, celui qui s'élance a l'intention d'aller vite, ce qui expliquerait le sens de la locution.

Balzac l'a écrite *d'arre d'arre* dans *Eugénie Grandet*, sans que cela éclaire sur sa réelle étymologie, et certains évoquent aussi la déformation de *gare ! gare !*

> Vous parlez d'or, chère petite ! Cela est ainsi, ni plus ni moins ; aussi vous m'en voyez tout émue, toute bouleversée. Je venais dare-dare… vous avertir et vous dire, un peu tardivement peut-être (mais vaut mieux se repentir tard que jamais), que j'étais désolée d'avoir consenti à votre mariage avec Gontran.
>
> Eugène SUE – *Mathilde* – 1842

347. C'EST DE LA DAUBE !

C'est un objet ou un spectacle de mauvaise qualité, bon à jeter.

Humez-moi l'odeur appétissante de cette excellente daube de bœuf qui mijote depuis un bon moment sur un feu de la cuisinière. Soulevez le couvercle et sentez-la ! Ça fait envie, non ?

Alors comment peut-on assimiler ce plat régalatif (qu'on peut accompagner sans crainte de quelques spätzle, par exemple) à quelque chose de nul, sans aucun intérêt ?

Eh bien malheureusement, ce n'est pas très clair.

Une chose est sûre, c'est que le *daube* dont il s'agit ici est un mot d'argot utilisé à propos d'une chose ou d'une personne sans valeur. Il est attesté dès 1881 pour désigner d'abord une « souillon de cuisine », mais sans que rien ne semble indiquer l'origine de ce substantif.

Mais pour que vous ne restiez pas sur votre faim, on peut tout de même préciser que, selon Gaston Esnault dans son *Dictionnaire des argots*, *daube* serait ici un mot d'origine lyonnaise pour dire

« gâté », appliqué à des fruits et des viandes, ce qui pourrait très bien expliquer l'origine[1].

Pour info, la Secte des Adorateurs de Linux (excellent système au demeurant) a pour habitude d'appeler « Windaube » le système d'exploitation Windows de Microsoft. Ce qui veut tout dire sur l'opinion de ses adeptes à propos de ce système (excellent au demeurant).

> Ça tombe sous le sens, on se demande pourquoi on trouve encore des gens pour dire que la différence subtile avec le (faux) cassoulet de Castelnaudary, c'est que le (vrai) cassoulet de Toulouse est fait avec des haricots coco de Pamiers, de toute façon sans les coco de Pamiers, c'est pas du cassoulet, c'est de la daube.
>
> Serge Boisse – *Glissement des âmes* – 2007

348. À L'USAGE DU DAUPHIN

Se dit d'un texte :
- expurgé de ce qui pourrait choquer le public ;
- adapté pour les besoins d'une cause.

Ici, le Dauphin ne s'appelle pas Flipper, mais plutôt Louis de France, appelé le Grand Dauphin, lorsqu'il était encore l'héritier théorique de la couronne alors que son père Louis XIV régnait (*Dauphin* désigne le fils aîné du roi, celui qui doit normalement lui succéder).

Cette expression est la version française du latin *ad usum delphini*, locution placée sur la collection d'ouvrages anciens latins et grecs que le sévère duc de Montausier destinait au Dauphin dont il était le gouverneur.

En effet, ces ouvrages, venus d'auteurs comme Juvénal, Homère ou même le contemporain Racine, destinés à être lus par Louis de France au cours de son instruction, avaient été adaptés ou expurgés de leurs passages considérés comme incompatibles

1. Alors que le nom du bon plat, qui s'orthographiait *dobe* auparavant, vient de l'italien *dobba* pour « marinade ».

avec la bonne éducation qui sied à un jeune et futur monarque.

Dans le *Grand Dictionnaire universel du* XIXe *siècle paru* en 1870, Pierre Larousse indique : « Les poètes latins subirent de nombreuses mutilations, et les passages qui n'étaient pas d'une chasteté rigoureuse furent effacés de leur œuvre. »

Il y cite d'ailleurs l'exemple suivant pris dans *Esther* de Racine, où les vers :

« Lorsque le roi, contre elle enflammé de dépit,
La chassa de son trône ainsi que de son lit »

deviennent :

« Lorsque le roi contre elle irrité sans retour,
La chassa de son trône ainsi que de sa cour »

et où l'on peut juger du niveau de la censure.

Mais outre l'usage premier, cette locution, surtout au XIXe siècle, s'est aussi appliquée à des ouvrages transformés pour travestir la vérité ou faire circuler des théories différentes de celles communément admises. D'ailleurs, dans *Illusions perdues*, Balzac fait dire à un jésuite : « L'histoire officielle, menteuse, que l'on enseigne, l'Histoire *ad usum delphini* ; puis l'histoire secrète, où sont les véritables causes des événements, une histoire honteuse. »

Cette expression est généralement employée de manière ironique ou péjorative.

> Sainte Thérèse : La petite fille gâtée et capricieuse devenant une carmélite docile et obéissante. […] Elle regrettait de ne point disposer de la Bible tout entière qu'on n'éditait alors qu'en latin pour les doctes en la confisquant à l'usage du Dauphin.
>
> *Chrétiens Magazine* – Article d'octobre 2008

349. LES DÉS SONT PIPÉS

1. Les dés sont truqués.
2. Il y a une tromperie quelque part.

Pipé. Que voilà un bien étrange qualificatif pour un dé trafiqué, objet n'ayant vraiment aucun lien avec une pipe !

Il faut savoir qu'au XIIIe siècle, une *pipe* (ou un *pipet*, devenu *pipeau* au milieu du XVIe) désignait une petite flûte, mais aussi un appeau, cet instrument destiné à tromper les oiseaux pour les attirer en imitant le cri de leurs congénères.

Au XIVe, *piper* (qui, initialement, voulait dire « pousser un petit cri » pour une souris) signifiait, lorsqu'il était utilisé à la chasse, « imiter le cri d'un oiseau que l'on veut attirer ».

Le sens de tromperie associé à *pipe* ou *piper* était donc déjà présent il y a très longtemps et suffit à expliquer que l'adjectif *pipé* serve à désigner un objet truqué dans le but de tromper quelqu'un d'autre, comme le sont certains dés.

Pour confirmer que cette explication n'est pas du « pipeau » (autre variation venue de la même origine), nous allons faire un tour au milieu du XVe siècle, pour rendre visite à François Villon, qui, dans son argot, écrivait :

« Gailleurs, bien faitz en piperie,
Pour ruer les ninars au loing,
à l'asault tost sans suerie,
que les mignons ne soient au gaing
farciz d'ung plumbis a coing. »

Ce qui, en français moderne, pourrait se traduire à peu près par (selon Ionela Manolesco) :

« Flambeurs, bien faits en tricherie,
Pour faire rouler les dés [truqués] au tripot,
À l'assaut tôt ! (Hé ! Sans tuerie !)
Que les jouets ne soient au gain
Trop lestés de plomb au coin. »

Les personnes « bien faites en piperies / tricheries » ainsi citées, les Coquillards, étaient des gens sans foi ni loi, prêts à tout pour obtenir ce qu'ils souhaitaient, et pour qui la tricherie au jeu était donc parfaitement naturelle.

Si cette expression s'applique bien au sens propre à des dés, par extension, elle s'utilise aussi lorsqu'un protagoniste d'une affaire, qu'elle soit légale ou non, sent ou constate qu'il y a une entourloupe quelque part, qu'un piège est tendu ou que l'affaire est faussée à l'avance.

> Sur ce propos, qui n'était qu'une plaisanterie, le camarade de mon capitaine, ou M. de Guerchy, crut qu'il avait affaire à un filou ; il mit subitement la main à sa poche, en tira un couteau bien pointu, et lorsque son antagoniste porta la main sur les dés pour les placer dans le cornet, il lui plante le couteau dans la main, et la lui cloue sur la table, en lui disant : Si les dés sont pipés, vous êtes un fripon ; s'ils sont bons, j'ai tort… Les dés se trouvèrent bons.
>
> Denis Diderot – *Jacques le fataliste* – 1784

> Au contraire, la plupart des élèves de classes privilégiées croient vraiment à ce que l'école dit d'elle-même, c'est-à-dire qu'elle ne fait que transmettre un savoir et les mêmes possibilités pour tous. Les élèves les plus brillants venant de classes moins privilégiées savent, eux, que les dés sont pipés.
>
> Gérard Fourez – *Éduquer* – 1992

350. AU DÉBOTTÉ

1. Au moment où on arrive.
2. À l'improviste.

Cette expression n'a rien à voir avec les radis, au moment où, cruellement, on les sépare les uns des autres, alors qu'ils se tenaient bien au chaud, serrés qu'ils étaient au sein de leur botte.

Et, si le sujet ici est bien, comme on le devine aisément, lié à la botte, il ne s'agit pas non plus de celle de Nevers, pas plus que de l'italienne. En effet, c'est le nom de la chaussure montante qui est à l'origine de ce *débotté*.

Ce mot désigne principalement le moment où le porteur de bottes les ôte, où il se débotte. Donc, généralement, le moment où il arrive (chez lui, par exemple, après avoir longuement trimé dans les champs ou à l'étable, ou bien après une longue chevauchée par monts et par vaux).

D'où le premier sens de l'expression qui (comme le second, d'ailleurs) date du tout début du XVIIIe siècle.

Mais si en plus, quelqu'un s'approche de façon inattendue avant que le porteur de bottes ait fini de se débotter, donc pendant le débotté, on ajoute la notion de surprise que contient le second sens.

Beaucoup d'ouvrages anciens utilisent aussi *au débotté (du roi)* non pas en tant qu'expression, mais simplement pour indiquer ce moment privilégié (c'était un honneur de pouvoir y assister) où le roi quittait ses chaussures ou ses bottes en présence d'une partie de la cour.

> Il avait pris cette habitude d'arriver régulièrement avec des retards ou des avances de plusieurs jours, de façon à pincer son monde au débotté.
>
> Georges COURTELINE – *Les Gaîtés de l'escadron* – 1886

351. LES DÉLICES DE CAPOUE

Le plaisir de l'immédiat, la satisfaction de l'instant préférés à la mise en œuvre de projets sûrement plus profitables à terme.
Le choix de la facilité au détriment de l'efficacité ou de la durabilité.

Nous sommes en Campanie, en 215 av. J.-C. Le grand homme de guerre carthaginois Hannibal, suivi de ses troupes, a péniblement traversé les Alpes avant de mettre la pâtée aux légions romaines à Cannes.

Épuisés, ayant envie de se reposer et de profiter des plaisirs de la vie, les soldats arrivent à Capoue qu'ils prennent aux Romains.

Or, à cette époque, Capoue (qui est aujourd'hui Santa Maria de Vetere) est une des villes les plus riches et les plus belles de l'Italie antique, réputée pour sa douceur de vivre et ses environs très verdoyants.

Comme nous sommes à l'approche de l'hiver, au lieu de pousser immédiatement vers Naples et de profiter de son avantage sur les Romains, Hannibal décide de laisser passer la saison froide dans ce petit paradis terrestre.

Pendant ces quelques mois de relâche, les guerriers se ramollissent, perdent leur ardeur au combat, prennent une concubine et, du coup, ont beaucoup de mal à se réhabituer à la discipline militaire lorsqu'il faut à nouveau se battre contre l'ennemi.

La punition ne tarde pas : les Romains reprennent Capoue puis la rasent pour la punir d'avoir abrité les Carthaginois.

Notre expression, métaphore d'origine historique, laisse donc supposer que lorsqu'on a de grands desseins, il ne faut surtout pas céder à l'appel des sirènes de la facilité ou du plaisir immédiat sous peine d'échouer.

Cela dit, si l'origine proposée ici est l'habituelle pour cette expression, on peut lire ceci sous la plume de Prosper Ménière en 1862 dans *Cicéron médecin* (et on trouve les mêmes affirmations dans différents ouvrages du XIXe siècle) :

> « Ainsi notre auteur a pensé que le long séjour d'Annibal dans la Campanie a contribué puissamment à amollir le courage de l'armée carthaginoise et de son illustre chef. On serait malvenu à s'élever contre cette opinion, que les historiens postérieurs à Cicéron ont adoptée, développée, et qui est devenue en quelque sorte proverbiale. Qui ne sait ce que l'on doit entendre par les délices de Capoue ? Et cependant, il est certain que l'armée africaine se maintint en Campanie pendant treize ans, que

tantôt victorieuse, tantôt battue, elle se montra toujours vaillante et disciplinée, toujours dure à la fatigue, prête au combat, ce qui ne s'accorde guère avec la prétendue influence démoralisante qu'on attribue à ce sol privilégié. Peut-être n'y a-t-il là qu'une invention flatteuse pour l'amour-propre des Romains, mais cela ne nous regarde pas. Disons cependant qu'Annibal fut vainqueur tant que des généraux inhabiles luttèrent contre lui, mais qu'il fut vaincu dès qu'il se rencontra un Scipion pour lui tenir tête. Tant de défaites furent une bonne école, Scipion apprit du héros africain à triompher de ces soldats mercenaires ; la discipline romaine se montra toute-puissante, et l'on put présager dès lors quel sort était réservé à l'orgueilleuse Carthage. »

Ici est l'autre vérité que les Antilles, et presque tout l'Outre-Mer, doivent regarder en face : l'assistanat y est moins dénoncé que l'exploitation ; les délices de Capoue des aides publiques ne soulèvent que peu de critiques…

Agence France Presse – Dépêche du 23 avril 2010

352. APRÈS MOI LE DÉLUGE !

Peu m'importe ce qu'il va se passer (après ce que j'ai fait), même si c'est une catastrophe.

Alain Rey indique n'avoir trouvé aucune attestation de cette expression antérieure à 1789. Elle est pourtant, selon les sources, associée quelques dizaines d'années auparavant soit à Louis XV, soit à sa favorite, Mme de Pompadour.

Il est donc étonnant de ne pas en trouver de trace écrite un peu avant, compte tenu de la notoriété de leurs auteurs présumés.

Bien entendu, le *déluge* fait référence non pas à une simple pluie diluvienne ou à une inondation banale, mais à la catastrophe biblique qu'a été le Déluge dont seul Noé est sorti vivant avec sa famille et tous les couples d'animaux qu'il avait pu faire monter à bord de son arche, à partir du moment où Dieu lui a fait savoir qu'il allait se débarrasser de tous ces fichus hommes incorrigibles pécheurs.

On prête cette expression à Louis XV qui parlant de son Dauphin, l'aurait employée pour dire qu'il se moquait complètement de ce qu'il pourrait faire après sa disparition.

Mais on évoque plus souvent la Pompadour qui, alors que le peintre Quentin de La Tour peignait son portrait, vit arriver le roi accablé d'avoir appris la défaite du maréchal de Soubise à Rossbach en 1757, et lui aurait dit : « Il ne faut point s'affliger : vous tomberiez malade ; après nous le déluge ! »

Mais, malgré le manque d'attestation écrite plus ancienne, Claude Duneton dit que cette expression existait encore bien avant et qu'elle aurait été remise au goût du jour par l'astronome Maupertuis qui avait annoncé le retour de la comète de Halley pour 1758, en indiquant qu'elle provoquerait un nouveau déluge et peut-être la fin du monde, ce qui aurait rendu certaines personnes très fatalistes et donc susceptibles de prononcer ce proverbe.

> Avec assez d'intelligence pour voir le mal, il n'a pas assez de force pour y porter remède ; il prévoit que cette situation ne peut durer et se terminera prochainement par une catastrophe ; il le dit, après moi le déluge, et s'en lave les mains.
>
> Édouard DE POMPERY – *Le Vrai Voltaire* – 1867

353. LE DÉMON DE MIDI

Tentation de la chair qui s'empare des êtres humains vers le milieu de leur vie.

C'est vers la quarantaine, voire la cinquantaine, que s'éveille principalement chez les hommes (mais la femme n'est nullement à l'abri) la tentation, provoquée par le « démon de midi », d'aller tremper leur biscuit* ailleurs qu'à la maison, pulsion sexuelle souvent liée aussi, au même moment de l'existence, à l'interrogation sur l'utilité et la réussite de leur vie, sur la capacité à encore séduire, doutes accompagnés de divers autres tourments psychologiques.

Ce *démon*-là serait d'abord né d'une erreur de traduction de la Bible de l'hébreu vers le grec par les Septante[1] qui, dans un psaume évoquant les fléaux capables de frapper les hommes en pleine nuit et ceux frappant en plein midi, auraient lu *shêd* (« démon ») là où était en réalité écrit *yâshûd* (« qui dévaste »).

Cette erreur, reportée dans la Vulgate[2] y est devenue *daemonius meridianus*, « le démon ou diable méridien ».

Cette formule n'avait à l'origine aucun lien avec le péché de chair. Mais c'est depuis la fin du XVIIe siècle que *le démon de*... est la personnification d'une mauvaise tentation (comme dans *le démon du jeu* ou bien le *démon de la chair*), et c'est probablement le remplacement dans les esprits du milieu de la journée par le milieu de la vie (« midi » de la vie), associé à l'idée du milieu du corps, siège de l'activité sexuelle, qui a fait naître un nouveau sens pour l'expression biblique.

Son utilisation en 1914 par Paul Bourget comme titre d'un de ses romans lui a donné une nouvelle vie. Et c'est au même Paul Bourget, dans *Le Disciple* qu'on doit la citation : « On ne peut douter du doigt de Dieu, car il se l'est mis dans l'œil* indiscutablement en créant le monde. »

> Les vedettes qui disjonctent, on a l'habitude à Hollywood : Tiger Woods, Alec Baldwyn, Britney Spears… Mais Mel Gibson ? Le père de famille modèle, Mad Max le jour, papa poule le soir […], catholique pratiquant assistant à une messe en latin tous les dimanches, dans une chapelle construite sur

---

1. Les soixante-dix interprètes qui, sous Ptolémée Philadelphe, roi d'Égypte, se sont attelés à la tâche de traduction des livres de l'Ancien Testament.
2. Version latine de la Bible adoptée par le concile de Trente au XVIe siècle.

sa propriété de Malibu. Las, tous les Pater et les Ave n'ont rien pu faire contre le démon de midi.

Le Point – Article du 22 juillet 2010

354. À BELLES DENTS

1. Avec un grand appétit.
2. Avec beaucoup d'ardeur.

Cette expression date des alentours du XVe siècle.

Le qualificatif *belle* doit être ici compris comme « grand », comme on le trouve, par exemple, dans *une belle somme, un beau poulet*.

Elle est à rapprocher de la métaphore *déchirer quelqu'un à belles dents* qui signifiait « dire des choses très féroces sur quelqu'un ».

Le lien avec les crocs (ou les belles dents) d'un animal féroce est évident, cet animal déchirant sa proie à grands coups de crocs avec beaucoup d'ardeur, comme s'il avait un grand appétit.

Et elle est à opposer à *manger du bout des dents*, expression appliquée à celui qui, au contraire, mange peu ou peu volontiers.

> C'est toujours pour elle une joie nouvelle de voir sortir de la poche de Josillon une de ces belles grappes [de maïs] seulement à moitié mûre, d'en enlever les unes après les autres les feuilles, vertes par-dessus et blanches par-dessous, entremêlées de longues barbes flottantes, aussi douces que de l'œuvre ; pour découvrir enfin ces jolis petits grains si laiteux et si blanchâtres, auxquels il fait si bon mordre à belles dents quand on les a grillés sur les charbons.
>
> Max BUCHON – *Scènes franc-comtoises* – 1858

355. AVOIR UNE DENT CONTRE QUELQU'UN

En vouloir à quelqu'un.

Le rancunier est souvent quelqu'un d'amer. On peut donc légitimement se poser la question de savoir s'il ne s'agirait pas ici des dents de l'amer. Quoi qu'il en soit, une maman digne de ce nom ne peut avoir de ressentiment grave envers son enfant, quand bien même serait-elle maire et amère. On éliminera donc sans regrets les dents de l'amère mère maire.

Il faut remonter au XIVe siècle pour trouver les premiers usages de cette expression où on disait plutôt *avoir la dent (les dents) à (sur) quelqu'un*. Nul doute qu'à l'époque, les individus devaient facilement avoir une dent contre les arracheurs de chicots qui sévissaient sans vergogne, à la tenaille et sans anesthésie.

Lorsque, dans cette ancienne forme de l'expression, on remplaçait la personne par une chose, la locution signifiait alors « être passionné par », « convoiter ardemment » ou « s'acharner sur ».

Mais pourquoi une dent ? Pour le comprendre, il suffit de savoir qu'à partir du XIVe siècle, le mot *dent*, au sens figuré, exprimait l'agressivité ou la malveillance. On en imagine aisément la raison : non seulement la dent est à la fois un symbole de dureté et de morsure, mais l'animal qui « montre ses dents » a un comportement agressif. Ne disait-on point, d'ailleurs, *ne faire apparaître aucune dent* pour « ne montrer aucune agressivité » ?

À la même époque, *une dent de lait* était une rancune, une animosité de longue date. C'est pourquoi, un peu plus tard, on retrouve chez Molière, dans *Le Bourgeois gentilhomme*, l'expression *avoir une dent de lait contre quelqu'un*.

Toutefois, rien ne dit pourquoi on a glissé de *la* ou *les* dent(s), articles définis, à *une* dent, article indéfini.

Et à propos de dents, on peut noter que Luis Mariano et Dalida n'ont rien inventé. En effet, les individus qui venaient de se faire charcuter par un arracheur de dents rentraient ensuite chez eux en chantant « mes chicots, mes chiiiiiiiiiicots, sous ton soleil qui chante, iiiiiiiii… » (air connu).

Et ceux à qui il restait encore quelques dents pourries parsemées dans la bouche chantaient plutôt :

« chicot chicot par ci, chicot chicot par là… » (autre air connu).

> C'est peut-être à cause de moi ; ma présence vous pèse, je le vois bien ; ma société vous déplaît, vous avez une dent contre moi, je le sais, je le sais. Et pourquoi, juste ciel ! Qu'avez-vous à me reprocher ?
>
> Jules de La Madelène – *Le Marquis des Saffras* – 1859

356. MENTIR COMME UN ARRACHEUR DE DENTS

Mentir effrontément.

De nos jours, lorsque vous allez vous faire arracher une ou plusieurs dents, le dentiste ne se pose plus de questions : il vous anesthésie automatiquement l'endroit voulu avant de procéder à l'opération. Pour votre plus grand bien, car, à moins d'être profondément masochiste, vous n'aimez pas souffrir inutilement.

Mais autrefois, aux débuts de la chirurgie dentaire, lorsque la seule anesthésie possible était le coup de massue, les dents cariées provoquant des douleurs insupportables existaient déjà. Si !

Alors pour convaincre les patients de se faire arracher leurs dents malades, les dentistes de l'époque ou « arracheurs de dents », qui exerçaient leur art sur les marchés, places publiques et foires, n'hésitaient pas à leur prétendre fermement que l'arrachage serait complètement indolore. D'ailleurs, ils étaient généralement accompagnés d'un joueur de tambour qui, des roulements de son instrument, tentait de couvrir les hurlements du malheureux, histoire que les autres visiteurs alentour ne se rendent pas compte de la torture qu'était l'arrachage.

Ce serait donc des mensonges éhontés de ces praticiens que viendrait notre expression qui, sous cette forme, date du XVIIe siècle. Mais le terme *arracheur de dents* désignait déjà un grand menteur dès la fin du siècle précédent.

Il était quinteux, bourru, et dans les petites choses il mentait comme un arracheur de dents toutes les fois que le mensonge ne lui paraissait pas avoir assez d'importance pour être porté là-haut à son compte sur le grand-livre.

George Perrot – *Souvenirs d'un voyage en Asie Mineure* – 1864

357. DUR / LONG À LA DÉTENTE

1. Avare, qui accorde difficilement quelque chose.
2. Qui met du temps à comprendre.

Pour certains, la véritable détente, c'est le repos complet, les doigts de pied en éventail sur le sable fin d'une plage bordée d'une eau limpide et turquoise, pendant que la brise agite les branches des cocotiers et que le doux bruit régulier des vagues entretient une agréable somnolence que seul le cri du goéland viendra parfois perturber.

Mais ceux qui sont férus d'armes savent que la détente (ou plus exactement « queue de détente » qu'on appelle souvent à tort *gâchette*) est cette pièce métallique sur laquelle l'index appuie pour déclencher le mécanisme qui va envoyer le chien frapper l'amorce de la munition. Alors si jamais le ressort de ce mécanisme est trop ferme, la détente est dure et l'arme est plus difficile ou met plus longtemps à déclencher.

Et c'est cette difficulté de déclenchement qui, au figuré, a donné naissance à notre expression, la prise de décision ou la compréhension de quelque chose étant comparée à un déclic, d'autant plus difficile à obtenir que la personne est indécise ou mal-comprenante.

Bien sûr, ceux qui ont suivi vont demander d'où peut venir l'avarice évoquée dans le premier sens indiqué.

Eh bien, il se trouve que *dur à la détente*, qui existe depuis le début du XIXe siècle, a supplanté *dur à la desserre* datant d'un siècle auparavant.

Et cette *desserre*, plus ancienne encore dans d'autres locutions, est cette fois l'image de celui-ci qui serre précieusement son argent contre lui ou de celui qui rechigne à desserrer les cordons de sa bourse. Lors du changement de mot, cette image d'avare est restée, malgré l'absence évidente de lien entre l'avarice et une arme.

> Heureusement, monsieur Badinier m'a à peu près promis un supplément ce mois-ci pour payer, cette fois encore, les dettes d'Aurélie. Il est fièrement dur à la détente, le père Badinier ! Mais aussi que peut-on attendre d'un ancien épicier ?
>
> Eugène Sue – *La Famille Jouffroy* – 1868

> – Et comment voulez-vous que je la questionne, si je ne sais rien moi-même ?
> – Inutile… Faites-la seulement jaser sur son amant. Moins vous aurez l'air de connaître le particulier, plus elle exhibera de confiance. Elle est dure à la détente, je vous en avertis. Mais vous êtes une fine mouche…
>
> Charles Deslys – *La Mère Rainette* – 1857

358. QUI PAYE SES DETTES S'ENRICHIT

Ce proverbe est une incitation de ne pas laisser durer ses dettes.

Voilà un bien étrange proverbe, surtout si l'on s'arrête uniquement à l'aspect pécuniaire, car chacun sait qu'enlever de l'argent de sa propre bourse (lorsqu'on paye sa dette) appauvrit plutôt.

Mais c'est oublier l'aspect psychologique de la chose : en effet, avoir des dettes est un poids qu'on porte et qui mine partiellement le moral (du moins celui des gens honnêtes ou scrupuleux). Une fois sa dette réglée, on s'est libéré de ce poids et on peut alors vivre sa vie pleinement sans remords, même si c'est sans argent, mais avec un « enrichissement » purement moral.

En réalité, ce proverbe est très moraliste. Son existence était principalement là pour réguler l'économie et convaincre les emprunteurs qu'ils ne doivent pas oublier de rembourser leurs dettes (même si autrefois, l'usage de la force pour « inciter » au remboursement était souvent monnaie* courante).

Certains voient simplement dans ce proverbe la confirmation que la personne s'est effectivement enrichie, au moins suffisamment pour pouvoir rembourser sa dette, mais dans ce cas, sa portée n'est pas claire.

En revanche, il est sûr qu'une fois la dette remboursée, et les intérêts cessant de courir, l'argent qui rentre ensuite dans la poche de l'ex-endetté peut être entièrement consacré à un usage profitable et non pas à payer au moins en partie des intérêts.

On en trouve la version précédente *qui s'acquitte s'enrichit* dans l'édition de 1694 du *Dictionnaire de l'Académie française*. Autant dire que cela fait longtemps qu'on essaye de convaincre les débiteurs qu'ils doivent impérativement rembourser leurs créanciers.

> – Je dois à la femme de chambre et au domestique, répondit-elle, leurs gages et quelques débours, et puis la pension que nous payons à votre mère…
> – C'est bien, c'est bien, payez : qui paye ses dettes s'enrichit, dit-on ; singulier proverbe et que je crois très peu exact ; laissez-moi seulement une centaine de francs, dites, Charlotte !
>
> *Journal des demoiselles* – 1861

359. FAIRE SON DEUIL DE

Se résigner à la perte de quelque chose, de quelqu'un.

Cette expression s'utilise aussi bien à propos de quelque chose ou de quelqu'un. Elle s'applique à la période pendant laquelle on finit par se résigner (rarement par accepter) à être privé de quelque chose ou quelqu'un de cher.

Le mot *deuil*, qui dérive du latin *dolus*, déverbal de *dolere* (« souffrir »), désigne, au xe siècle, la douleur ou l'affliction que l'on éprouve lors de la mort d'un proche.

Au XVe il désigne aussi le décès, la perte d'un être cher. Il aura également plus tard divers sens plus ou moins figurés, tous liés à la mort ou à une grande tristesse.

C'est dans la première moitié du XIXe siècle qu'apparaît notre expression qui ne s'applique d'abord qu'à une chose – qui peut disparaître, certes, mais qui ne meurt pas – avant, bien plus récemment, de s'utiliser aussi à propos d'une personne.

Elle marque bien la difficulté qu'il y a à accepter la perte d'une chose à laquelle on tenait beaucoup ou d'un proche et, pour ce dernier, à se faire à l'idée de ne plus jamais le voir et partager de bons moments, la résignation n'étant qu'un sentiment forcé, non naturel, une acceptation par obligation.

> Le domaine spirituel était le seul auquel nous puissions prétendre. Il faut en faire notre deuil.
>
> Jean Cocteau – *Maalesh* – 1949

> Faire son deuil d'un marin est hypothétique. Il y manque les sacrements des habitudes et du social. Personne pour lui fermer les paupières. Pas de certificat de décès, juste le journal de bord de l'équipage. Pas de veillée funèbre sinon un bateau tourneboulé qui cercle dans la nuit à sa recherche. Pas de toilette du mort, que les poumons qui se changent en branchies, que les goémons qui tirent vers le fond. Pas de poignée de terre sur le cercueil, pas d'éparpillement des cendres. Aucune pierre tombale, aucun terreau de mémoire, que le vaste océan impossible à lotir en concessions à perpétuité.
>
> *Libération* – Article du 22 juin 1998

360. JETER SON DÉVOLU

Fixer son choix de façon très déterminée.

Le mot *dévolu*, issu du latin *devolvere*, apparaît au XIVe siècle en tant qu'adjectif dans le langage juridique avec le sens de « conféré par droit ».

Un tout petit peu plus tard, en tant que nom masculin, il est utilisé lorsque, par incapacité ou indignité de son possesseur, un bénéfice religieux échoit au pape (« échoir » était un des sens de *devolvere*) qui le met alors à disposition pour quelqu'un d'autre.

Ce principe de dévolution (pas celle de 1789 !) a autrefois provoqué des abus lorsque certains ecclésiastiques dénonçaient parfois à tort les prétendues turpitudes de leurs collègues avec l'espoir de récupérer une part de leurs possessions une fois celles-ci dévolues au pape.

Par extension, le terme est entré dans le langage commun, avec le sens de « revendication pour soi » sans oublier le sous-entendu de spoliation éventuelle du possesseur initial, si la chose revendiquée n'était pas libre.

Ainsi, *jeter son dévolu,* c'était comme jeter un filet pour attraper une proie : lorsqu'un homme jetait son dévolu sur une femme, celle-ci n'était pas forcément libre, mais l'intention de « posséder » était pourtant bien là.

Aujourd'hui, et depuis la fin du XVIIe siècle, *jeter son dévolu*, c'est principalement arrêter un choix définitif, parfois après de longues hésitations.

Mais le second sens proposé existe toujours, encore avec cette connotation d'appropriation parfois abusive.

> Wolfgang Wagner souhaitait un concept de mise en scène écrit, mais Patrice Chéreau, sur lequel Pierre Boulez avait jeté son dévolu, s'y refusait. « Je lui ai dit : écrivez n'importe quoi », se rappelle Pierre Boulez, racontant la naissance de cette légendaire production, huée lors de la première puis bombardée d'applaudissements interminables lors de la dernière représentation en 1980.
>
> *Le Monde* – Article du 23 août 2005

361. AU DIABLE L'AVARICE !

Formule généralement utilisée lorsqu'on décide brutalement de faire une dépense peu raisonnable.

Si vous abordez un passant dans la rue et que vous lui demandez d'où vient cette expression, il vous répondra certainement que c'est Molière qui l'a introduite dans sa pièce *L'Avare*. Et les plus cultivés ajouteront même que la version complète est « au diable l'avarice et les avaricieux ».

Vous pourrez alors leur rétorquer d'un air faussement navré que, dans un jeu, ils auraient perdu le droit de revenir en deuxième semaine.

En effet, la phrase de Molière est « la peste soit de l'avarice et des avaricieux » et le sens n'a rien à voir avec celui de notre expression, celui qui la prononce pestant simplement après ce défaut et ceux qui l'ont (même si le terme *avaricieux* pour désigner un avare n'est pas très commun).

La formule s'utilise exactement comme vous pourriez dire « au diable mes résolutions (de perdre quelques kilos) ! » une fois qu'un individu pervers a déposé sous vos yeux un ballotin d'excellents chocolats, par exemple.

En effet, l'avarice faisant partie des sept péchés capitaux, c'est simplement se donner bonne conscience que de l'écarter (l'envoyer au diable) avant d'assouvir un besoin soudain de craquer déraisonnablement pour un achat un peu trop cher ou de faire une petite folie dispendieuse.

> Fatigué, en début de transpiration, je me demandais si j'allais avoir la force de continuer quand, surgi de nulle part, un taxi roulant vers le centre-ville apparut dans mon champ visuel. Apparemment il était vide. Au diable l'avarice, je le hélai spontanément.
>
> Marc Vion – *Échappées baltes* – 2005

362. AU DIABLE VAUVERT

Très loin, dans un endroit perdu.

Quand vous voyez une vache rouge, vous pensez inévitablement Vache qui rit ®. Si c'est une vache mauve, c'est Milka® qui vous vient à l'esprit. Mais si c'est un veau vert, à quoi devriez-vous penser ?

Notre *vauvert* (en un seul mot et sans *e*) date du début du XIXe siècle, mais son origine n'est pas claire.

Au départ, ce mot banal ne désigne qu'un « vert vallon » ou « val vert », le *vau* se retrouvant toujours actuellement, non pas à l'étable, mais dans à *vau**-*l'eau* et dans *par monts et par vaux*.

Dès le XVe siècle, *faire le diable de Vauvert* signifiait « s'agiter beaucoup », mais sans qu'aucune notion de distance ne s'y rattache.

Cela n'explique donc pas non plus le pourquoi de ce *vauvert* lointain et le diable qui s'y accroche.

Ce nom était aussi celui d'une abbaye de Chartreux située au sud de Paris, à peu près là où se trouve actuellement le carrefour Denfert-Rochereau. Il faut d'ailleurs reconnaître que, pour aller au diable, la première partie du nom du carrefour est bien adaptée… Cette abbaye aurait été le théâtre de manifestations plus ou moins diaboliques, peut-être orchestrées par les moines eux-mêmes pour que le roi Louis IX leur fasse donation du domaine.

L'histoire de ce lieu reste l'hypothèse la plus souvent rencontrée, d'autant plus qu'elle était située au-delà d'une des portes de Paris les plus éloignées du centre de la ville.

Charles Rozan dans ses *Petites ignorances de la conversation* indique également ceci :

> « Le château de Vauvert ou Val-Vert, situé près de Paris, du côté de la barrière d'Enfer, avait été habité par Philippe-Auguste après son excommunication ; il passait depuis cette époque pour être hanté par des revenants et des démons. Saint Louis, pour désensorceler ce château, le donna aux chartreux en 1257. »

Alors l'éloignement, plus les démons d'Enfer, cela suffit à créer un « diable vauvert ».

Mais il existait également un château de Vauvert à Gentilly qui aurait servi de repaire à des bandits redoutés, ce qui en faisait donc un lieu malfaisant.

Il y avait aussi un Vauvert près de Nîmes, où les protestants ont détruit un sanctuaire dédié à la Vierge.

Il est donc possible qu'un de ces « Vauvert » considérés comme éloignés de Paris à l'époque, et dans lesquels des événements « peu catholiques » se produisaient, ait donné naissance à cette expression en le mêlant à « au diable » qui, dès le XVe siècle, voulait déjà dire « très loin ».

Aujourd'hui, on emploie aussi l'expression *au diable vert*.

> Cela fait des années que je me suis autorisée à revenir en ces lieux, autrefois « chez moi », « à la maison ». J'y passe avec Guy, mon mari. C'est tout naturel. La nuit, nous pouvons toujours compter sur un pied-à-terre à Paris, nous qui habitons là-bas, au diable vauvert.
>
> Anne Mounic – *Jusqu'à l'excès ou Le Reptile dans le livre* – 2007

363. TIRER LE DIABLE PAR LA QUEUE

Vivre avec des ressources insuffisantes.
Avoir des difficultés à subvenir à ses besoins.

Si c'est Dieu qui gouverne, le Diable est dans l'opposition. Et il le montre bien, glissant des peaux de banane autant que faire se peut dans les tentatives infructueuses du Créateur pour ramener l'Homme dans le droit chemin.

Ce personnage existe depuis la nuit des temps dans l'imaginaire des humains, sous une forme ou une autre. Et les histoires où un homme fait appel au Diable pour l'aider à le sortir d'un très mauvais pas sont nombreuses.

C'est pourquoi, à cause du mystère qui entoure l'origine de cette expression, de nombreux lexicographes ont tenté de l'expliquer par l'image de l'homme qui, étant dans un grand besoin, passe un coup de fil au Diable pour le faire venir. Mais une fois ce dernier présent et les raisons de l'appel au secours expliquées, celui-ci décide de repartir sans accorder d'aide. Le pauvre homme, qui est pourtant prêt à vendre son âme tellement il est dans le besoin, cherche alors désespérément à le retenir par ce qui lui tombe sous la main, c'est-à-dire la queue.

Une autre explication est donnée par Pierre-Marie Quitard en 1842 dans son *Dictionnaire étymologique, historique et anecdotique des proverbes* :

> « Veut-on, par exemple, découvrir la raison du dicton : *Tirer le diable par la queue*, on doit la chercher en prenant pour point de départ un proverbe antérieur qui nous apprend que le diable, c'est-à-dire le malheur personnifié dans l'être infernal, est souvent à la porte d'un pauvre homme. Ce proverbe a fait supposer entre le diable et le pauvre homme une lutte dans laquelle celui-ci, n'osant attaquer de front son adversaire, sans doute à cause des cornes et des griffes, le saisit par-derrière afin de l'éloigner de son logis ; et l'inutilité de ses efforts a été rendue par une métaphore empruntée de ces bêtes récalcitrantes qui s'obstinent à avancer au lieu de reculer quand on les tire par la queue. »

Ces explications pourraient satisfaire, mais Claude Duneton, grâce aux travaux récents de Pierre Enckell (écrivain, journaliste et lexicographe contemporain), signale qu'il y a longtemps, cette expression avait un autre sens.

Aux XVIe et XVIIe siècles, les textes où elle apparaît montrent qu'elle signifiait « travailler humblement pour gagner raisonnablement sa vie ». Mais en aucun cas, il n'y avait à ce moment-là de notion allant jusqu'à la misère ou les ressources insuffisantes.

Cependant, dès 1690, Furetière donne notre signification actuelle à l'expression, sens plus marqué où, cette fois, la personne n'arrive même plus à gagner sa vie.

Ces découvertes récentes ne font qu'ajouter un mystère au précédent :

– on ne sait toujours pas ce qui a fait évoluer le sens de l'expression, donc le lien qu'il peut y avoir entre la misère et le diable qu'on tire par la queue ;

– mais on ne sait pas plus pourquoi, auparavant, un travail humble était comparé à un « tirage » de queue du diable.

> Fils d'un petit paysan du Seeland, il aurait été condamné à tirer le diable par la queue, si le destin ne l'avait pas gratifié d'un coup de baguette magique. Une grosse usine décidée à s'implanter dans le Seeland, le pays des lacs, n'avait pas lésiné sur le prix des terres.
>
> Julien Dunilac – *Le Coup de grâce* – 1998

364. À DIEU NE PLAISE !

Se dit pour indiquer que l'on ne souhaite pas que telle ou telle chose se produise.

La syntaxe et le sens de cette expression peuvent paraître étranges à notre époque. Mais comme elle nous vient, sous une forme un peu différente, du XIe siècle, dans la chanson de Roland, on ne s'en étonnera pas trop.

On y trouvait en effet *ne placet Deu* dont la traduction est à peu près « que [cela] ne plaise pas à Dieu » et qu'il faut comprendre comme « que cela lui déplaise tellement qu'il ne le permette surtout pas ».

C'est donc bien une formule que l'on est susceptible de prononcer lorsqu'on ne souhaite pas qu'une chose arrive, en espérant que, comme elle lui déplaira, Dieu fera le nécessaire pour qu'elle ne se produise pas.

> Laetitia, comme si elle avait deviné les pensées secrètes de sa sœur, avait assuré son aînée qu'en cas de malheur, à Dieu ne plaise, elle ne voudrait personne d'autre pour prendre soin de sa fille. Elle n'en pensait pas un mot.
>
> Christine Cambra-Djoudi – *De si beaux yeux* – 2009

365. DIEU RECONNAÎTRA LES SIENS !

1. Formule employée chaque fois que sont indifféremment visés des coupables et des innocents.
2. Formule censée justifier une action violente menée de manière arbitraire.

Que de crimes ont été commis et continuent à l'être au nom d'un dieu quelconque ! Cette expression, dont la forme complète est « Tuez-les tous, Dieu reconnaîtra les siens ! », est généralement attribuée à Arnaud Amalric, abbé de Cîteaux et légat du pape Innocent III, et aurait été prononcée le 22 juillet 1209 lors de la prise de Béziers, dans l'Hérault.

On la trouve citée en 1220 par le cistercien Césaire de Heisterbach dans le *Dialogus Miraculorum* consacré à la répression des Albigeois.

À cette époque, le pape avait décidé d'éliminer les cathares, ces hérétiques proclamés comme tels en raison de leurs pratiques religieuses non conformes à celles de l'Église catholique et, aussi, du succès de leur doctrine dans le sud de la France.

Partie de Lyon, la croisade contre ces hommes commença à Béziers en 1209 et se termina réellement après la prise de la forteresse de Quéribus en 1255, précédée de celle de Montségur[1] en 1244 (même si un traité signé en 1229 était supposé mettre fin à cette chasse aux hérétiques qui continua pourtant à travers l'Inquisition, d'autant plus que le catharisme restait vivace dans le Languedoc).

Mais à Béziers, donc, une fois la ville tombée, alors que de nombreux cathares s'étaient réfugiés parmi la population des véritables chrétiens[2], lorsque la décision fut prise de tuer tous ces derniers,

1. Après un siège de dix mois, la citadelle se rendit à l'armée royale conduite par Hugues des Arcis. Parmi les conditions de la reddition, il y avait la conversion des Cathares au catholicisme. Mais plus de 200 d'entre eux refusèrent cette condition et furent conduits au bûcher.

2. Les catholiques, pour indiquer qu'ils n'entendaient pas céder aux diktats du roi de France et à ses représentants, avaient refusé de livrer les hérétiques à Amalric.

le baron de Monfort demanda à Amalric comment faire pour différencier les hérétiques des bons catholiques. Et c'est là que ce dernier aurait répondu cette phrase devenue célèbre : « Tuez-les tous, Dieu reconnaîtra les siens ! »

Inutile de dire que, dans les heures qui suivirent, ce fut un embouteillage monstre chez saint Pierre, puisque au cours de ce massacre périrent environ 20 000 personnes, selon la police, et 30 000, selon les organisateurs ; hommes, femmes, enfants, jeunes, vieux, unijambistes aveugles opérés ou non de la prostate, tous y passèrent sans exception.

Même si elle est rattachée à un épisode peu glorieux de l'Histoire, la formule à l'emporte-pièce eut un certain succès puisqu'on l'emploie toujours aujourd'hui face à des actions violentes menées sans discernement.

> L'État n'a besoin ni de mauvais peintres, ni de mauvais musiciens, ni de faux poètes, et en voyant cette foule besogneuse de médiocrités se précipiter dans une carrière qui ne peut être parcourue avec succès que par un petit nombre d'élus, il faut dire aux critiques : « Frappez, soyez impitoyables, Dieu reconnaîtra les siens ! »
>
> *La Revue des deux mondes* – Tome XXV – 1860

366. LE DINDON DE LA FARCE

La victime d'une tromperie, d'une moquerie, et qui fait généralement la risée de tout le monde.

Il existe deux principales explications pour l'origine de cette expression, mais c'est probablement une troisième qui est la bonne.

La première se situe au Moyen Âge où les « farces » étaient des intermèdes comiques dans des spectacles.

Parmi les personnages récurrents de ces pièces, on trouvait des pères crédules, bafoués par des fils peu respectueux. Ces pères auraient été surnommés *les pères dindons*. Un tel personnage, souvent dupé par sa progéniture, était donc « le dindon de la farce ».

Hélas, à moins qu'autre chose ait porté le nom de *dindon* autrefois ou que ce mot ait été déformé, un petit problème de date se pose, car les dindons que nous connaissons ont été ramenés du Mexique bien plus tard, à partir du XVIe siècle.

Une autre explication, donnée par Claude Duneton, viendrait d'un spectacle forain *Le Ballet des dindons* qui a existé à Paris entre 1739 et 1844.

Dans ce spectacle, des dindons étaient posés sur une plaque métallique progressivement chauffée pardessous au point que les pauvres volatiles finissaient par « danser » pour tenter d'éviter de se brûler les pattes.

Bien entendu, cette « farce » faisait beaucoup rire les spectateurs de l'époque qui appréciaient les cruautés animalières comme les combats d'animaux, par exemple, mais qui aimaient aussi d'autres spectacles divertissants comme les pendaisons ou les passages à la guillotine.

Reste que le rapport au fait de se faire duper n'est pas flagrant.

Alors, pourquoi ne pas rester simple ? En effet, un dindon, ça se fait plumer, donc au sens argotique, il se fait duper. Et comme il se sert souvent farci, il aura suffi d'un peu d'humour pour accoler au volatile cette histoire de farce.

Il ne reste donc plus qu'à étayer un peu cette hypothèse hardie, comme disait Laurel.

Il faut savoir que le terme *dinde*, depuis longtemps et au figuré, désigne une jeune fille niaise par comparaison avec le caractère considéré comme stupide de l'animal (le *Dictionnaire de Trévoux* cite cette acception en 1771, mais elle est probablement antérieure). Or, une personne niaise se faisant aisément duper, il est logique qu'au passage au masculin, un homme niais, donc susceptible de se faire duper, soit affublé du terme *dindon*.

Pour confirmer que le dindon se fait bien plumer, donc duper, on citera *L'Hermite du Faubourg Saint-Germain,* écrit en 1825 par Colnet qui dit ceci :

> « Frappé du tableau vivant qu'il offrait à ma curiosité, je ne pouvais me lasser de contempler cette multitude qui le traverse dans tous les sens pour se rendre où ses affaires, où ses plaisirs l'appellent ; mais ce qui m'amusait le plus dans cette lanterne magique, c'étaient les plaideurs et les dindons qui allaient se faire plumer, les premiers au Palais, les seconds à la Vallée. »

Où l'on comprend que des plaideurs et des dindons vont se faire plumer, au sens de duper (au passage, on notera que *lanterne magique* et *dindon* nous ramènent indubitablement au poète Florian et à sa fable « Le Singe qui montre la lanterne magique » à l'origine de l'expression *éclairer la lanterne* de quelqu'un*).

Maintenant, nous sommes sûrs que le dindon est bien une dupe, sans avoir besoin d'aller chercher des spectacles pré-dindons ou sans lien apparent avec la duperie.

Quant à *farce*, il suffit de confirmer qu'à cette époque, on farcissait bien les dindons pour imaginer la plaisanterie. Or dès 1750, dans le *Dictionnaire des Alimens, vin, et liqueurs*, écrit par François-Alexandre Aubert de La Chesnaye Des Bois, on trouvait ceci :

> « Le tout haché ensemble et pilé dans le mortier, on en farcit le dindon, on y met un bon ragoût d'écrevisses dans le corps. Ce ragoût étant mis dans le corps, on bouche le dindon de la farce par les deux bouts et on le coud ensuite. »

On connaît le principe de la pyramide de Ponzi : en retour du pactole qu'il a apporté, celui qui sort touche les pactoles apportés par ceux entrés dans la danse après lui. Il lui suffit donc de savoir attendre un peu pour emporter son jackpot. Le principe repose donc sur une double confiance : d'abord dans celle que personne ne va paniquer à l'idée d'être le dindon de la farce et demander, en conséquence, de reprendre sa mise avant que la pyramide ait fait son œuvre ; ensuite, dans celle que de nouveaux arrivants vont accepter de rentrer dans la danse, de jouer le même jeu, pour alimenter la pyramide.

Jean-Philippe Denis – *Le Monde* – Article du 18 août 2010

367. À DISCRÉTION / À LA DISCRÉTION (DE QUELQU'UN)

Comme on le veut, autant qu'on le veut / À la disposition, à la merci (de quelqu'un).

Aujourd'hui, quand on parle de *discrétion*, on ne pense généralement qu'à quelqu'un qui cherche à passer inaperçu ou à ne pas gêner, choquer ou peiner autrui. Le sens de ces expressions peut donc étonner quelque peu. Mais c'est oublier un ancien sens du mot qui est justement resté vivace dans ces locutions.

Issu du latin *discretio*, le nom apparaît au XIIe siècle, et a déjà plusieurs acceptions. Et parmi elles, c'est celle de « discernement » qui nous intéresse ici.

Dans la première expression, *à discrétion*, on observe la notion de volonté (comme on le veut, autant qu'on le veut selon son choix) et on imagine que la volonté s'accompagne de discernement.

En effet, lorsque dans un restaurant vous pouvez vous précipiter sur le buffet « à volonté », on suppose que votre discernement vous fera limiter la quantité d'assiettes que vous allez ingurgiter, que ce soit pour laisser de la place à la suite, pour ne pas vous rendre malade ou bien pour ne pas prendre quelques kilos supplémentaires très malvenus avant d'aller vous exposer sur la plage.

Dans la seconde, *à la discrétion de quelqu'un,* on est sous la coupe* de la personne, complètement dépendant de ce qu'elle voudra faire de nous.

Mais, là encore, on suppose (ou on espère) qu'elle aura suffisamment de discernement pour ne pas lâchement profiter de la situation et dépasser les bornes des limites.

> On envahit les salons de trois cents couverts, et les deux cent dix convives eurent bien de la peine à y tenir. Barnabé avait eu une conférence avec le traiteur, et la bonne chère et les matelotes furent servies à profusion. Le vin ne manqua à personne ; il était à discrétion.
>
> Honoré de Balzac – *L'Héritière de Birague* – 1822

> Mais, monsieur, il s'agit tout simplement de faire tourner cette influence à notre profit, d'avoir la gouvernante à notre discrétion, d'arriver à ce qu'elle n'agisse que selon nos instructions. Alors… cette influence de tous les moments, au lieu de nous être redoutable, nous pourra servir très puissamment.
>
> Eugène Sue – *Les Sept Péchés capitaux* – Volume 1 – 1851

368. METTRE LE DOIGT DANS L'ENGRENAGE

Être entraîné dans un enchaînement de situations, généralement désagréables, auquel on ne peut échapper.
Se lancer imprudemment dans une action dont les conséquences seront néfastes, sans pouvoir s'en sortir.

Une rumeur tenace indique que la tyrolienne n'a pas été inventée au Tyrol, mais en Chine lorsque l'inventeur de l'engrenage s'est coincé le doigt dedans.

Si cela est probablement faux, une chose est sûre, c'est qu'un système d'engrenages de grande taille (dans un moulin, par exemple) peut devenir mortel pour peu qu'une partie d'un bonhomme (un membre, un vêtement) y soit happé, entraînant le reste du malheureux à se faire partiellement broyer dans cette mécanique stupide à laquelle ne vient même pas l'idée d'arrêter rapidement son mouvement.

C'est simplement de l'image de cet entraînement irrémédiable et non maîtrisable dans un enchaînement de situations désagréables que vient notre expression qui date du milieu du XIXe siècle.

Le « doigt » y symbolise le début de ce qui a été entrepris à tort, sans penser aux conséquences, à savoir que le bras et le reste du corps pouvaient être entraînés à la suite, sans échappatoire possible ; et l'« engrenage », ce mécanisme sans âme qu'on ne peut plus arrêter, représente l'enchaînement non maîtrisable des situations qu'il faut subir.

Pour la culture générale, il est intéressant de savoir que *engrenage* est un dérivé du verbe *engrener* qui, dans une de ses acceptions, au sens propre et au XVIIe siècle, probablement par influence de *encrené* qui voulait dire « entaillé de crans » : « Se dit d'une roüe dont les dents entrent dans celles d'une autre roüe, en sorte que l'une fait tourner l'autre » (*Dictionnaire de l'Académie française*, 1694).

> Retenez bien une chose : dès que vous aurez mis le doigt dans l'engrenage, vous êtes cuits. Ils croiront toujours avoir encore un tuyau à vous soutirer, pouvoir en apprendre plus. Du moment que vous avez déjà parlé, vous pouvez parler encore.
>
> Roger ARVOIS – *Combattre l'ennemi par tous les moyens : 1942-1944* – 1994

369. MON PETIT DOIGT M'A DIT

1. Je l'ai appris ou entendu par une source que je ne veux pas dévoiler.
2. Je soupçonne que tu veux me le cacher.

Il ne faut pas chercher bien loin pour comprendre le pourquoi de cette expression ou plutôt, le pourquoi du choix du petit doigt utilisé pour indiquer qu'on ne veut pas désigner sa source ou qu'on a des soupçons.

À la fin du XIXe siècle, quelques érudits insatisfaits de la simplicité de l'origine, ont voulu croire que *doigt* était une déformation de *dé*, raccourci de *Dieu*, le seul omniscient, capable de tout savoir sur tout et tous.

Mais il semble bien qu'ils se soient mis le petit doigt dans l'œil*.

Si, en joignant le geste à la parole, vous dites à votre enfant qu'un de vos doigts vous a chuchoté à l'oreille qu'il a fait pipi dans le pot de fleurs (ou toute autre bêtise faite avec témoins rapporteurs), ce n'est naturellement pas le pouce que vous allez tenter de faire entrer au début de votre conduit auditif, mais le petit doigt.

En effet, de par sa taille, ce doigt, très justement nommé l'auriculaire, est celui qui est le plus adapté pour servir de délateur imaginaire dans le creux de l'oreille.

Pour les incrédules devant tant de simplicité, voici une réplique d'Argan dans la scène VIII de l'acte II du *Malade imaginaire* de Molière :

> « Voilà mon petit doigt pourtant qui gronde quelque chose. (Il met son doigt à son oreille.) Attendez. Eh ! ah, ah ! Oui ? Oh, oh ! voilà mon petit doigt qui me dit quelque chose que vous avez vu, et que vous ne m'avez pas dit. »

Ce qui prouve bien qu'il en est ainsi au moins depuis le XVIIe siècle.

> Mon cher abbé, ces idées-là sont dans quelques jeunes intelligences, comme je les trouve sous mes cheveux blancs. Je sais ce qui se passe. Je ne vous ai pas pris à l'aveugle : mon petit doigt m'a dit que vous aviez des idées aussi un peu avancées. Mais, avec ces dames, nous disons ce que nous voulons. Ailleurs, tenez-vous sur vos gardes. Tout puissant que je suis, je ne pourrais vous sauver.
>
> L'ABBÉ – *Le Maudit* – Volume I – 1864

370. DORER LA PILULE

Présenter sous une apparence trompeuse, trop favorable.

Qu'est-ce qu'une pilule ? C'est un assemblage de substances diverses présenté sous la forme d'une petite boule et supposé avoir un effet positif sur nombre de maux. Autrefois, elles étaient directement fabriquées par les apothicaires.

Mais ces pilules avaient deux gros défauts :

– elles avaient souvent un goût infâme ;

– elles avaient tendance à coller entre elles.

Pour contrer ces désagréments, les pharmaciens de l'époque avaient pour habitude d'utiliser une pratique décrite au XVIIe siècle : ils enrobaient ces choses d'une couche de sucre ou, pour certains, d'une fine pellicule d'argent, voire d'or.

Diderot et d'Alembert, dans leur *Encyclopédie ou Dictionnaire raisonné des sciences, des arts et des métiers* paru au XVIIIe siècle, décrivent la chose ainsi :

> « On emploie dans les boutiques des apothicaires des feuilles d'or aussi bien que des feuilles d'argent à recouvrir des pilules, soit dans la vue de les orner, de leur procurer de l'élégance, soit principalement pour masquer le mauvais goût de quelques-unes, en les défendant du contact de la salive qui pourrait en extraire des matières âcres, amères, etc. comme cela arriverait si on prenait des pilules savonneuses, aloétiques, etc. sans cet enduit. C'est à cet usage que doit son origine l'expression proverbiale dorer la pilule, dont tout le monde connaît le sens figuré. »

Il va de soi que, avec ce dernier type de revêtement, le prix du médicament montait alors en flèche. Mais dans tous les cas, la pilule était alors autrement moins dure à avaler.

C'est ainsi que, par métaphore, *dorer la pilule* est devenu une manière de présenter sous un jour favorable une chose peu agréable.

Sous sa forme pronominale, *se dorer la pilule* apparue au début du XXe siècle voulait logiquement dire « se faire des illusions », mais, depuis les années 80, probablement par mélange avec *se dorer les miches* ou simplement avec *se dorer*, cette expression est devenue synonyme de « se faire bronzer », avec un sous-entendu de farniente, de détente complète, donc « se la couler douce ».

> Dans le cas des drogues illégales, les protocoles sont faits pour prouver qu'elles sont néfastes alors qu'en ce qui concerne les drogues légales on fait tout pour dorer la pilule : on raccourcit les délais du protocole

et l'on tait parfois des évidences de toxicité, observe le professeur Fallu.

Daniel Baril – *Université de Montréal* – 7 mars 2005

371. QUI DORT DÎNE

Le sommeil fait oublier la faim.
Le sommeil tient lieu de nourriture.

Voilà une expression intéressante, pas par ce qu'elle signifie (et qui aura du mal à convaincre un affamé), mais pour les variantes sur son origine.

D'un côté, nous avons une foultitude au carré de sites web qui affirment qu'elle vient du Moyen Âge où le voyageur qui voulait dormir dans une auberge était contraint également d'y dîner, sous peine de se voir refuser le gîte.

Autrement dit : « si tu manges, tu dors, si tu manges pas, tu sors ! », ce qu'on appelle aujourd'hui de la vente conjointe forcée et qui n'est plus autorisé (en théorie).

D'un autre côté, nous avons Alain Rey, éminent linguiste, qui passe entièrement cette hypothèse sous silence et nous apprend que ce proverbe vient de l'ancienne pensée « le sommeil nourrit celui qui n'a pas de quoi manger » exprimée par le Grec Ménandre, auteur, entre autres, de « la nuit porte conseil » mais aussi d'une citation qui vaut son pesant de noix de cajou[1] : « La terre et la mer produisent un grand nombre d'animaux féroces, mais la femme est la grande bête féroce entre toutes. »

Cette explication n'est pas reprise par d'autres lexicographes dans les sources dont je dispose.

Alors qui a raison, entre l'érudit qui propose une opinion qu'il semble être le seul à défendre (mais à laquelle je me rallie bien volontiers, l'homme étant rarement pris en défaut) et la masse qui en diffuse une autre ?

1. J'aime pas les cacahuètes !

Notez que même si Ménandre a bien émis cette pensée, rien n'empêche que les aubergistes d'autrefois aient pratiqué la vente forcée. Les deux explications ne sont donc pas forcément incompatibles.

> Que de cette phrase, d'Artagnan réveilla Planchet, le lecteur n'aille pas augurer qu'il faisait nuit ou que le jour n'était point encore venu. Non ! quatre heures de l'après-midi venaient de sonner ; Planchet, deux heures auparavant, était venu demander à dîner à son maître, lequel lui avait répondu par le proverbe : « Qui dort dîne. » Et Planchet dînait en dormant.
>
> Alexandre Dumas – *Les Trois Mousquetaires* – 1844

372. LE DOS AU FEU ET LE VENTRE À TABLE

1. Confortablement installé pour un repas (généralement copieux).
2. En prenant ses aises.

Voilà une expression tombée en désuétude dont le sens est un peu variable selon les dates et auteurs, mais avec une image pourtant constante de confort et de plaisir.

En effet, être assis près de l'âtre, le dos chauffé par le feu qui consume les bûches indique déjà une situation confortable. Si on y ajoute le ventre contre la table que l'on suppose couverte de victuailles, que demander de plus pour profiter pleinement du moment ?

Cette expression semble dater du XVIe siècle (on la trouve chez Clément Marot en 1531), mais, bizarrement, on en trouve des significations plus ou moins variées au fil du temps ou des ouvrages.

Ainsi, la version de 1694 du *Dictionnaire de l'Académie française* indique qu'elle s'emploie à propos de gens débauchés, donc au-delà de simples notions de bien-être physique et alimentaire. La version de 1762 dit qu'elle s'applique à des personnes qui aiment leurs aises et la bonne chère (il n'est plus question de débauche) et celle de 1835 change encore un peu la signification qui désignerait des gens qui prennent toutes leurs aises en mangeant (ce qui élargit le sens à tous ceux qui mangent, pas uniquement à ceux qui apprécient fortement cette activité et ce qu'ils ont dans leur assiette).

Enfin, Littré indique également que, au figuré, l'expression désigne des gens qui prennent toutes leurs aises, éliminant purement et simplement l'idée du repas.

> L'atmosphère de la salle à manger était chaude et parfumée. Le vieux jardinier avait eu le temps d'aller cueillir des fleurs dans la serre ; les candélabres étaient allumés, et la huche de Noël flamboyait joyeusement dans l'âtre.
> – Il fait bon ici, le dos au feu, le ventre à table, dit le comte en s'asseyant ; mais palsambleu ! je ne peux pas souper seul : allons, Mimi, venez vous mettre là, en face de moi !
> – Oui, monsieur le comte, répondit-elle en rougissant de joie et d'orgueil.
>
> « La dernière bohémienne » – *La Revue des deux mondes* – XXIIIe année – Tome 3 – 1853

373. SE LA COULER DOUCE

Vivre sans souci et sans efforts.

Si la bière coule parfois à flots et l'eau s'écoule des montagnes, les verbes *couler* et *s'écouler* ne s'appliquent pas qu'aux liquides et autres flux ; ils ont aussi une acception temporelle, puisque depuis le XVe siècle, on dit que le temps s'écoule et depuis le XVIIe on utilise l'expression *couler des jours heureux*.

Ainsi, une vie est bien du temps qui passe, qui s'écoule. Or il se trouve que notre expression, apparue au XIXe siècle, est simplement une forme elliptique de *couler une vie douce* (philosophie que nos amis italiens ont exprimé sous la forme *dolce vita* ou « vie douce »).

Quant au qualificatif *doux* appliqué à une vie vécue sans soucis et menée sans efforts, il vient bien sûr en opposition à la vie dure que mènent des travailleurs qui triment pour subvenir à leurs besoins et qui ont rarement l'occasion de mettre les doigts de pied en éventail comme ceux qui se la coulent douce.

La Seine a de la chance
Elle n'a pas de souci
Elle se la coule douce
Le jour comme la nuit

Jacques PRÉVERT – « Chanson de la Seine » – *Spectacle* – 1951

Le véritable assassin de Benjamin se la coulait douce, à l'abri de la fausse piste Corrençon.

Daniel PENNAC – *La Petite Marchande de prose* – 1989

374. DES MESURES / LOIS DRACONIENNES

Des mesures / lois d'une extrême ou excessive sévérité.

Savez-vous qui était Dracon ? Cet Athénien vivait au VIIe siècle av. J.-C. Son nom, *drakôn* en grec, signifie « dragon », sans que cela n'ait aucun lien avec son apparence ou ses capacités…

Alors qu'il était né à une époque où il n'y avait pratiquement pas de lois, où l'anarchie régnait et où la justice était rendue par les nobles, à leur avantage uniquement, ce législateur créa un code de lois extrêmement sévères où presque tous les délits, même minimes, étaient punis de la peine de mort, quelle que soit la couche de la société à laquelle le fautif appartenait (ce qui, à l'époque, a fait dire à certains que ces lois étaient écrites avec du sang au lieu d'encre).

C'était de sa part une tentative pour éliminer la justice et les vengeances privées et les remplacer par une justice étatique.

Une autre avancée était que ses lois étaient effectivement écrites ; elles pouvaient donc être portées à la connaissance de tous, alors qu'avant elles étaient orales et pouvaient donc être librement véhiculées et interprétées par ceux à qui elles pouvaient profiter.

Mais leur rigueur et leur excessive sévérité, dont l'Histoire s'est souvenue, a suffi, à la fin du XVIIIe siècle, pour transformer le nom de leur auteur en qualificatif pour désigner des choses, et pas seulement des mesures ou une loi, à la sévérité très importante, voire disproportionnée.

> Saad Hariri reçoit à Beyrouth dans son nouveau quartier général, Beit Al-Wassat, la « maison du milieu », installée au pied du Sérail, le siège du gouvernement, dans un périmètre soumis à des règles de sécurité draconiennes.
>
> *Le Monde* – Article du 20 janvier 2010

375. TENIR LA DRAGÉE HAUTE (À QUELQU'UN)

Faire longtemps attendre quelqu'un avant d'accéder à sa demande pour lui signifier le pouvoir que l'on a sur lui.

Cette expression date du XVIIIe siècle. Deux écoles s'affrontent quant à son origine.

La première fait simplement le rapprochement avec un ancien jeu d'enfants où ils devaient attraper une friandise suspendue à un fil.

Celui qui tenait le fil et le soulevait selon son bon vouloir pour empêcher les marmots d'attraper trop facilement le bonbon avait sur eux une certaine forme de pouvoir.

Tout comme vous, lorsque vous donnez un susucre à votre chien en le lui tenant en hauteur et en le faisant longuement saliver jusqu'à ce qu'il se décide enfin à vous arracher la main (la prochaine fois, vous choisirez un teckel au lieu d'un pitbull !).

La seconde vient aussi d'une friandise, mais destinée aux chevaux, cette fois.

La dragée était une botte de fourrage vert, mélange de froment et de sarrasin, gourmandise dont raffolaient ces équidés mais dont ils ne devaient pas abuser.

Pour dresser le cheval et lui apprendre à maîtriser sa gloutonnerie, ces dragées étaient placées haut dans son râtelier, hors de sa portée. Et on ne lui en distribuait ensuite qu'avec parcimonie.

> C'est un jeu, madame la baronne. Vous vous moquez de moi. Vous avez parlé aujourd'hui à mon plus grand ennemi, à Tailland le notaire, qui vous aura certainement conseillé de me tenir la dragée haute !
>
> George SAND – *Le Meunier d'Angibault* – 1845

376. DANS DE BEAUX DRAPS

Dans une mauvaise situation.

Cette expression est ce qu'on appelle une antiphrase, comme quand on dit « nous voilà beaux » ou « nous voilà propres » pour dire la même chose.

Il y a eu une petite évolution de cette expression et de son sens. Au XVIIIe siècle, elle se disait *dans de beaux draps blancs* pour dire « montré avec tous ses défauts » (ce qui n'est pas non plus une situation agréable, mais est moins fort que le sens actuel).

Au Moyen Âge, les draps désignaient les vêtements.

Et si le blanc est bien pour nous un symbole de propreté, de pureté ou d'innocence (Hérode a renvoyé Jésus devant Ponce Pilate après l'avoir vêtu de la robe blanche de l'innocence), les habits blancs ont longtemps servi à vêtir les gens qui avaient commis certaines fautes.

Ainsi, celui qui avait commis le péché d'adultère devait, en pénitence, assister à la messe entièrement vêtu de blanc.

Autrement dit, les gens qui devaient se vêtir de blanc étaient en général dans une situation peu enviable.

Cet ancien usage du vêtement blanc et l'idée du linceul, sorte de drap blanc dans lequel on ne se trouve que si on est dans une très très fâcheuse situation, le tout mêlé à un brin d'ironie, peuvent expliquer à la fois l'usage du *beau* et la gravité de la situation qu'indique maintenant l'expression.

On dit aussi, mais c'est plus logique pour nous, *être dans de mauvais* (ou *sales*) *draps*.

> Te voilà dans de beaux draps à présent ! Mais pourquoi ? Pourquoi, bon sang ? s'écrie Appolinaire qui ne comprend pas ce que font deux de ses esclaves dans cette entreprise de tuerie.
>
> Danne Aumeyras – *L'Îlet pendillé* – 1997

377. DE JOYEUX DRILLES

De joyeux et sympathiques compagnons.

Le mot *drille*, dont l'étymologie est controversée, apparaît en 1628 dans l'argot militaire[1]. Il désigne d'abord un soldat vagabond, un soudard qui ne se prive pas de se fournir en boisson et nourriture, plus ou moins de force, chez l'habitant.

Probablement parce que ces « drilles » étaient souvent des fêtards, qu'ils étaient entre eux de bons compagnons qui se soutenaient aussi bien dans leurs mauvaises actions que dans leurs beuveries et autres orgies, il en est resté, malgré le côté négatif initial de leur comportement, une image de camaraderie qui a perduré jusqu'à maintenant.

On a eu autrefois *les bons drilles* et *les mauvais drilles*, mais il ne nous reste plus maintenant que *les joyeux drilles*, à peu près synonyme de *joyeux lurons*, et, plus rarement, les *vieux drilles*, syntagme plus spécialisé pour désigner des libertins.

> Tout porte à croire que la convalescence sera courte ; et qui sait même si, à la prochaine fête villageoise, nous ne verrons pas notre brave Hippolyte figurer dans des danses bachiques, au milieu d'un chœur de joyeux drilles, et ainsi prouver à tous les yeux, par sa verve et ses entrechats, sa complète guérison ?
>
> Gustave Flaubert – *Madame Bovary* – 1862

---

1. Mais on peut tout de même constater que dans l'anglais du XVIIe siècle, dès 1622, *to drill* voulait dire « former un soldat » ou, plus précisément, « exercer quelqu'un militairement », tout comme *drillen* en allemand. Comme quoi, la soldatesque n'est pas loin non plus et le lien est probable.

378. PÉTER UNE DURITE

Craquer, devenir fou, enrager brutalement.
Commettre soudainement des actes incompréhensibles.

Pour ceux qui n'ont jamais connu le plaisir de mettre le nez sous le capot d'une voiture avec, dans une main, une clé de 12 et dans l'autre, une lampe torche à la lueur vacillante pour cause de piles en fin de vie, il est peut-être nécessaire d'expliquer ce qu'est une durite.

Il s'agit tout simplement d'un de ces nombreux tubes ou tuyaux en caoutchouc qu'on trouve sur un moteur, destiné à acheminer un liquide (de refroidissement, huile, essence…) d'un point à un autre du moteur. À l'origine, *Durit®* est en fait une marque déposée, tombée ensuite dans le langage commun à l'instar de *frigidaire*.

Si le phénomène est maintenant rare dans nos moteurs modernes où il n'est plus question de plonger soi-même, ce genre de tube avait autrefois la fâcheuse manie de pouvoir se déchirer ou bien se détacher à une extrémité. Dans ce cas, il pouvait s'ensuivre des choses très problématiques, comme un moteur qui rend l'âme (le liquide de refroidissement s'échappe et ne remplit plus son office) ou qui prend feu (l'essence se répand sur le moteur chaud ; expérience vécue par votre serviteur dans feu – c'est le cas de le dire – sa Dauphine).

Autrement dit, les conséquences d'une durite qui lâche (qui *pète*, en argot) pouvaient être graves.

Maintenant, si vous prenez un bonhomme qui devient enragé ou fou, la conséquence de ses actes peut aussi être très grave.

C'est donc par simple comparaison avec la gravité potentielle de la perte complète de self-control de la part d'un péquin lambda que cette expression est née au XXe siècle.

Il a perdu trente kilos, il fume des gitanes maïs et sa femme a pété une durite. Elle tourne en rond dans la casse en voiture à pédales.

Daniel Picouly – *Le Champ de personne* – 1995

379. À L'EAU DE ROSE

Mièvre, fade, insipide, sentimental (en parlant généralement d'un livre ou d'un film).

Qui n'a pas lu un livre de la collection « Harlequin » ne sait pas forcément ce qu'est un véritable roman « à l'eau de rose », rempli de clichés, de situations sans réelle surprise ou de sentiments très conventionnels.

L'eau de rose, d'abord nommée « eau rose » au XVe siècle, puis « eau de rose » au XVIe, s'obtient en distillant des pétales de rose.

Alain Rey situe l'apparition probable de l'expression vers la fin du XIXe siècle, mais on trouve plusieurs ouvrages qui l'emploient vers le début du même siècle (en 1826 ou 1833, par exemple) ; et Claude Duneton la localise même dès la fin du XVIIIe dans une pièce d'un certain Dumoncel intitulée *L'Intérieur des comités révolutionnaires*.

Cela dit, sous la forme *à l'eau rose*, elle est plus ancienne puisqu'on la trouvait déjà chez Voltaire en 1759.

En tout cas, rares sont les auteurs les plus connus du XIXe, à l'avoir utilisée, peut-être parce qu'elle était considérée comme trop familière.

Quant à savoir pourquoi *l'eau de rose* est devenue un symbole de mièvrerie, on suppose que c'est simplement parce la couleur rose était associée à la féminité, donc indirectement aux bons sentiments, avec une connotation péjorative.

La satire montra jamais tant d'énergie ; le seul de nos poètes réellement indigné et éloquent, Régnier, n'est guère qu'un rimeur de madrigaux à l'eau de rose à côté de M. Pommier.

Revue encyclopédique – Tome LX – 1833

Je dis que là est le réel, et que nous n'y aurons accès qu'en nous détournant de l'écran du spectacle pour considérer la masse invisible de ceux pour qui le film catastrophe, dénouement à l'eau de rose compris (Sarkozy embrasse Merkel, et tout le monde pleure de joie), ne fut jamais qu'un théâtre d'ombres.

Alain Badiou – *Le Monde* – Article du 17 octobre 2008

380. DANS LES MÊMES EAUX – DANS CES EAUX-LÀ

(À peu près) de la même valeur, quantité ou qualité – Approximativement, à peu près (au même niveau).

Quand on parle de ces eaux-là, il ne faut surtout pas penser à Émile, l'inventeur du Jacuzzi (il en a publié les plans en une du journal *L'Aurore* le 13 janvier 1898[1]) et à son frère caché Gorgon. Oublions donc ces Zola et revenons à nos eaux, ici.

Prenez une baignoire A et remplissez-la à moitié. Vous avez le choix du liquide, mais l'eau est généralement moins coûteuse que le marc de prune – d'ailleurs, pour preuve que d'autres l'ont compris bien avant nous, on n'a jamais dit « dans les mêmes marcs de prune » ! Prenez maintenant une baignoire B, identique à la première, de préférence pas trop éloignée, puis remplissez-la également à moitié.

Si, après avoir bien respecté les consignes de remplissage et rapidement avant que le robinet A qui fuit un peu et la bonde de la baignoire B qui manque d'étanchéité ne viennent modifier le volume d'eau contenu dans les deux récipients, vous les inspectez de près, vous pourrez constater que le niveau d'eau dans les deux est identique ; elles sont *au même niveau,* ce que l'on exprimait aussi par *dans les mêmes eaux*.

Ces expressions sont simplement des métaphores dans lesquelles le niveau de l'eau (ou des eaux) est assimilé à une valeur, une quantité et même aussi à

1. Allusion très fine à l'article intitulé « J'accuse ! » qu'Émile Zola avait fait paraître dans *L'Aurore* pendant l'affaire Dreyfus.

une qualité ou un genre, selon le contexte où elles sont utilisées. Dans leur usage habituel, l'approximation est généralement moins grande dans le cas de la première expression : on est nettement plus proche d'une égalité entre les deux choses comparées.

Ces eaux-là trouvent aussi d'autres utilisations comme dans *être dans les mêmes eaux* qui signifie « partager les mêmes opinions (que quelqu'un) » ou bien *dans les mêmes eaux* qui peut aussi vouloir dire « à peu de distance, dans un même endroit » ; mais là, nous avons une métaphore purement marine venue des *mêmes eaux* où se trouvent deux bateaux très proches l'un de l'autre.

> C'est la première fois dans l'histoire de l'UE que nous allons intégrer des pays aussi pauvres. La Lettonie était à peu près dans les mêmes eaux, mais légèrement plus riche en termes de niveau de vie, que ces deux pays [la Bulgarie et la Roumanie].
>
> *Le Monde* – Article du 5 décembre 2006

381. METTRE DE L'EAU DANS SON VIN

Modérer ses exigences ou ses ambitions.

Quel gâchis ! Oser diluer son verre de Kiravi®, de Margnat Village® ou de Préfontaines® avec de l'eau, est-ce bien raisonnable ?

C'est pourtant bien ce qu'on appelle « couper » son vin. Si cela en dénature incontestablement le goût pour les connaisseurs, cela a l'avantage pour les autres de le rendre moins alcoolisé (pour un même volume de liquide avalé, cela s'entend) et d'en diminuer le corps, la cuisse, la générosité, etc. (choisissez un ou plusieurs des qualificatifs couramment utilisés par les œnologues).

Cette atténuation des effets ou des qualités du vin par l'eau se retrouve dans le sens figuré de cette expression qui est ancienne puisqu'on en trouve une forme dès le milieu du XVIe siècle.

Et son sens a aussi évolué car si, aujourd'hui, elle s'applique principalement aux exigences ou aux prétentions, en 1636, Fleury de Bellingen en donnait la signification « modérer ses passions comme la chaleur excessive du vin est tempérée par le meslange de l'eau » et Oudin, 20 ans plus tard, en disait « se modérer, passer sa colère ».

Alors que ce soit autrefois ou maintenant, dans cette expression il est toujours question de modération, celle avec laquelle il est bon de boire de cette boisson alcoolisée issue du raisin.

> Il n'est pas juste que le vin d'un roi du Nord égale celui d'un roi de France, surtout depuis que le roi de Prusse a mis de l'eau dans son vin par sa paix de Breslau.
>
> VOLTAIRE – *Lettres en vers et en prose* – 1785

382. NAGER ENTRE DEUX EAUX

Manœuvrer entre deux partis, sans se compromettre. Refuser de s'engager.

Bien sûr, à notre époque, on imagine tout de suite la personne qui réussit à nager à mi-profondeur sans se laisser entraîner vers une direction non souhaitée par le courant de surface ou celui plus profond.

Il suffit qu'il descende un peu plus profondément ou bien remonte un peu pour se laisser entraîner par l'un ou l'autre.

Métaphoriquement, cette nage s'applique à la personne qui ne veut pas s'engager (que ce soit par indécision ou pour ne pas prendre parti, histoire de ménager la chèvre* et le chou) et qui ne fait donc aucun choix.

Mais cette expression apparue au XIVe siècle vient en réalité de la marine. En effet, à cette époque (et depuis le XIIe siècle), *nager* voulait dire « conduire un bateau ».

Et l'équipage qui savait « nager entre deux eaux » était celui qui arrivait à garder le cap malgré les courants (les eaux, à l'époque) qui pouvaient l'entraîner dans une mauvaise direction.

Mais le comte d'Egmont, tout en continuant sa résistance au despotisme politique et à l'oppression religieuse, ne voulait point violer les serments qu'il avait prêtés à Philippe II, son suzerain. Fermement attaché à l'indépendance des Pays-Bas, qu'il avait défendue avec une vaillance admirable, il craignait et repoussait l'intervention des Français dans les troubles de ces provinces. De là les irrésolutions et les incertitudes qui donnaient à sa conduite les apparences de la faiblesse. De là le reproche adressé au vainqueur de Gravelines de nager entre deux eaux.

Théodore JUSTE – *Les Pays-Bas au* XVIe *siècle* – 1862

383. L'ÉCHAPPER BELLE

Échapper de peu à un danger.

Lorsque, là-haut dans les pâturages montagnards, une belle brebis s'éloigne loin du troupeau, l'échappée bêle. Et lorsque le berger la retrouve juste avant que le loup la croque, elle *l'échappe belle*, elle qui aurait pu devenir l'écharpée belle (quoique nettement moins belle après qu'avant[1]).

Je pars de l'hypothèse que le sens du verbe *échapper* n'échappe à personne et que chacun se demande en quoi le *belle* ici présent permet d'aboutir à la signification indiquée.

Pour le comprendre, Alain Rey nous rappelle qu'au fil du temps, *beau* a eu de nombreuses significations comme « opportun » dans *un beau matin* ou bien « qui convient parfaitement » dans *au beau milieu*, par exemple.

Et si ces différents sens anciens se sont perdus depuis longtemps, les locutions sont restées.

La forme actuelle de l'expression date du XVIIe siècle. Mais au XVe, plutôt que « il l'échappa belle », on disait « il belle l'eschappa », *belle* ayant alors la signification de « bien » avec un sous-

1. À ceux qui souhaiteraient avoir une idée de la vraie vie des brebis dans les montagnes et qui apprécient l'humour absurde, je ne peux que très chaudement recommander la lecture de la série de bande dessinée *Le Génie des alpages* de F'murr.

entendu de soulagement dû à la proximité du danger évité de justesse.

Le *Grand Robert* indique qu'au jeu de paume, *l'échapper belle* voulait dire « manquer une balle bien lancée ».

> Le lieutenant l'a échappé belle, disait le chirurgien-major. Quelques millimètres plus bas, ce morceau de plomb mâché que je lui ai cueilli entre les côtes perforait le poumon.
>
> Eugène-Melchior de Vogüé – *Les Morts qui parlent* – 1899

384. CHAT ÉCHAUDÉ CRAINT L'EAU FROIDE

Se dit à propos de quelqu'un qui a subi un événement particulièrement douloureux et qui se méfie de tout événement similaire, même s'il n'y a pas de véritable raison de le craindre.

L'image de cette expression est très facile à comprendre.

Un chat, un chien ou un hippopotame qui se serait jeté dans un récipient d'eau brûlante (gros, le récipient, pour l'hippopotame) sans connaître sa température et sans savoir l'effet très désagréable que ça lui ferait n'oserait même plus tremper une patte dans un récipient d'eau froide, pourtant bien inoffensive, craignant à nouveau de subir les mêmes désagréments.

Pareillement, un humain, après avoir vécu une expérience désagréable dans un lieu précis ou à cause de quelque chose, aura une forte tendance à se méfier du lieu ou de la chose, la fois d'après (sauf s'il est un peu niais sur les bords).

Cette expression date du XIIIe siècle, sous la forme *chat échaudé craint l'eau*. Dans le *Roman de Renart* (XIIe et XIIIe siècles), on trouve aussi *l'échaudé craint l'eau*, montrant qu'on savait déjà bien que le chat ne serait pas le seul à hésiter à affronter de nouveau un supposé danger.

Notez que, par erreur ou incompréhension, certains remplacent *eau froide* par *eau chaude* dans cette expression (voir l'exemple).

> M. Levrault s'était d'abord tenu sur le qui-vive. Pour me servir, à mon tour, d'expressions empruntées au vocabulaire des petites gens, chat échaudé craint l'eau chaude : or, le grand industriel avait été échaudé jusqu'à la brûlure.
>
> Jules Sandeau – *Sacs et parchemins* – 1851

385. FAIRE L'ÉCOLE BUISSONNIÈRE

1. Flâner, s'occuper à d'autres activités au lieu d'aller en classe.
2. Ne pas aller à son travail.

En 1540, on parlait déjà au sens (presque) propre d'*école buissonnière* pour désigner les écoles de campagne, *buissonnier* étant un qualificatif pour les lieux couverts de buissons, donc, de manière générale, la campagne.

Mais Larousse donne une autre explication : « Avant la réforme, les écoles primaires, appelées petites écoles, étaient à Paris et dans la banlieue, sous la direction du chantre de l'église de Paris. Les Réformés pour soustraire leurs enfants à l'instruction des maîtres catholiques organisèrent des écoles clandestines. Elles furent interdites par un arrêt du parlement du 7 février 1554, qui les appelait écoles buissonnières parce qu'elles se tenaient en plein air derrière les haies et les buissons. »

Pour la version figurée de l'expression attestée en 1611, les explications sont diverses.

Pour certains, elle vient du Concile de Pavie, en 1423, auquel les prélats refusèrent de se rendre en raison de la peste qui sévissait dans cette ville, épisode décrit par Marot en 1731 : « Vray est qu'elle fust buissonnière, l'escolle de ceux de Pavie. »

Mais il ne s'agit probablement là que de l'usage au XVIIIe siècle d'une expression connue par Marot pour décrire la situation de l'époque.

Pour d'autres, au XVIIe siècle, certains auteurs disaient que l'école était buissonnière lorsqu'on la fréquentait si peu, que les ronces et les buissons y naissaient.

Enfin, l'expression viendrait des chemins creux et buissons qui cachaient les fuyards, mais également ceux qui s'abstiennent d'aller à l'école.

Et c'est probablement celle-là qui est la plus proche de la réalité, si on se rappelle le sens du qualificatif *buissonnier* cité au début : les gamins campagnards faisant « l'école buissonnière » allaient parfois s'amuser, mais plus souvent aider les parents aux travaux des champs.

> Les absences injustifiées des élèves aux cours sont dûment enregistrées ; cependant, ni l'absentéisme ni les cas d'école buissonnière ne sont ressentis comme un problème, car l'assiduité des élèves est généralement satisfaisante, même au-delà de la scolarité obligatoire.
>
> Helmut AIGNER – *L'Enseignement secondaire en Autriche* – 1995

386. DES ÉCONOMIES DE BOUTS DE CHANDELLE

Des économies dérisoires, sordides.

Quel bout de la chandelle évoque-t-on ici ? Le bout d'en haut avec la mèche ou bien le bout d'en bas ?

Afin de lever le doute, voici la définition officielle donnée par le *TLFi* pour *bout de chandelle* : « Menus morceaux de chandelles subsistant une fois qu'elles ont fini de servir. » Voilà qui est clair !

Si on se réfère à l'expression *le jeu n'en vaut pas la chandelle**, on se rappelle qu'il fut un temps où les chandelles qui éclairaient les endroits sombres avaient une valeur certaine.

C'est pourquoi, dans les maisons bourgeoises, le personnel de maison avait l'habitude de rassembler les restes des chandelles, le suif non brûlé, et de les revendre à un cirier pour qu'il en refasse de nouvelles.

Vue par les riches, cette récupération semblait ridicule et l'économie correspondante insignifiante, ce qui suffit à expliquer le sens de l'expression, mais aussi à comprendre pourquoi elle comporte la plupart du temps une connotation de mesquinerie.

Cette expression nous vient du XVIIIe siècle, à une époque où on disait aussi d'un avare que c'était un « ménager de bouts de chandelle ».

> Si la fédération [FCPE], classée à gauche, exprime dans un communiqué « sa solidarité à l'équipe éducative de l'établissement qui s'était mobilisée dès la rentrée pour réclamer des moyens d'encadrement supplémentaires », elle « refuse que la sécurité des enfants soit sacrifiée par des économies de bouts de chandelle ». « Aucune cellule psychologique ne remplacera une politique responsable et un budget à la hauteur des enjeux », affirme l'association.
>
> *Le Monde* – Article du 22 décembre 2006

387. UN ÉCORCHÉ VIF

Une personne d'une sensibilité excessive, exacerbée.

On sait que *écorché* est un adjectif qui désigne un être dépouillé de sa peau, comme un lapin avant qu'il ne soit consommé, par exemple. Et pour peu que cet écorchage se fasse alors que l'être en question est vivant, on obtient un écorché vif.

Alors maintenant, prenez un bonhomme quelconque parfaitement vivant et arrachez-lui la peau par n'importe quel moyen à votre convenance.

Ensuite, caressez-lui n'importe quelle partie du corps ainsi mise à nue, ou bien versez-y un peu de sel. Vous constaterez aisément que l'écorché vif hurle alors très facilement de douleur (là où un peu de sel versé sur une peau normale ne provoque rien, en comparaison).

On en déduit facilement que l'écorché vif est extrêmement sensible. Ce qui suffit, par une métaphore finalement assez horrible, à expliquer qu'on dise de quelqu'un d'excessivement sensible, qui réagit beaucoup trop à ce qu'il prend pour des agressions ou aux souffrances des autres, qu'il a une sensibilité d'écorché vif.

À ceux pour qui cette image serait trop désagréable, on peut heureusement l'atténuer en pensant aux sens figurés plus doux du verbe *écorcher* qu'on trouve dans des locutions comme *écorcher un mot* ou *écorcher les oreilles*.

> Mirbeau, une fois de plus, parle en connaissance de cause parce que, doté d'une sensibilité d'écorché vif, il n'a jamais pu supporter la souffrance des hommes, et pas davantage celle des bêtes (il est très hostile à la chasse).
>
> Pierre MICHEL – *Les Combats d'Octave Mirbeau* – 1993

388. EN ÉCRASER

Dormir profondément.

Bien que cette expression soit de l'argot récent, puisque datant du XXe siècle, son origine reste très incertaine.

Bizarrement, dans le monde de la prostitution du début de ce siècle-là, *écraser un client* signifiait « faire une passe », et *en écraser* signifiait « avoir de nombreux clients » ; mais sans que le lien avec le sens de notre expression soit possible.

Écraser a eu aussi d'autres sens comme « faire un travail », « expédier une tâche » ou même « voler » (dans les magasins, pas dans les airs).

Alors compte tenu de l'incertitude, nous allons simplement évoquer quelques-unes des hypothèses rencontrées.

Selon Alain Rey, celui qui nous intéresse ici est peut-être une évolution de l'argot *écraser* du XVIIIe siècle qui voulait dire « supprimer » (*écraser un homme*) : du coup, on peut dire qu'on « écrase » le sommeil en faisant un bon somme.

En russe, une expression argotique de même sens se dit « écraser des poux ».

On imagine alors facilement ces centaines de pauvres petites bêtes complètement écrasées dès que la tête pouilleuse se pose sur l'oreiller (même si on sait qu'il en faut en réalité beaucoup plus pour indisposer réellement ces bestioles).

Enfin, Larousse signale que *écraser un grain* voulait dire « boire du vin ». Alors si jamais le *en* de notre expression sous-entendait « une grande quantité de grain », il va de soi que notre « écraseur de grains » n'aurait rapidement qu'une seule envie, c'est d'« en écraser » un maximum en sombrant dans un sommeil prélude à une belle gueule de bois.

On peut ajouter que ce verbe *écraser* peut être employé à différentes sauces en argot, puisque lorsqu'une femme « écrase des tomates », elle a ses règles, ou que *écraser un pet* se dit pour quelqu'un qui « dégaze » très discrètement (pour le bruit, en tout cas, parce que pour ce qui est de la maîtrise des désagréments olfactifs…).

Ah, que de poésie dans tout ça !

> Maurice ouvrit les yeux à son tour et s'assit sur son lit en disant :
> – Ça, il en a écrasé. Ah, la vache !
> – Depuis quand dort-il ? demanda le chef.
> – Depuis deux heures et demie de l'après-midi.
>
> Bernard Clavel – *La Maison des autres* – 1968

389. METTRE LES ÉCUREUILS À PIED

Couper les arbres.

À première vue, lorsqu'on sait que l'expression *mettre à pied** veut dire « congédier, licencier quelqu'un », on est en droit de se demander où on aurait déjà vu un écureuil subir un tel affront.

Certes, dans certains pays où l'on trouve des vaches mauves, les marmottes travaillent à la chaîne ; mais comment pourrait-on confondre une marmotte et un écureuil ?

Toutefois, lorsqu'on connaît le sens exact de l'expression, tout s'éclaire.

On sait bien que les écureuils sont de petits animaux qui batifolent principalement dans les arbres. Alors pour les obliger à se mouvoir au sol « à pied », ne suffit-il pas d'abattre les arbres où ils nichent et vivent ?

Voilà comment cette expression maintenant désuète est née au cours du XIXe siècle.

> Dans l'inspection éphémère de Jussey, administrée il y a quelques années par M. Colomb, resté là juste le temps de s'y faire regretter, il en est de plus jeunes, mais également belles d'avenir, en des bois communaux où vingt-cinq ans auparavant on mettait les écureuils à pied.
>
> *Bulletin trimestriel de la société forestière de Franche-Comté & Belfort* – 1891

390. NETTOYER LES ÉCURIES D'AUGIAS

Mettre en place des solutions radicales pour assainir un milieu corrompu ou éradiquer des pratiques abusives.

Dans la mythologie grecque, Augias était le roi d'Élide. Malhonnête et corrompu, il possédait un troupeau de plusieurs milliers de bœufs principalement parqués dans des étables qui n'avaient pas été nettoyées depuis plus de trente ans.

Quand même conscient du niveau de saleté de ses étables, il ordonna à Héraclès (Hercule, dans la mythologie romaine), dont ce fut un des douze travaux, de les nettoyer en une journée. Et comme il était persuadé que ce serait impossible, il lui proposa généreusement un dixième de son troupeau en paiement du travail effectué.

Héraclès ne s'embarrassa pas d'un balai et d'une serpillière : il détourna le cours des fleuves Alphée et Pérée pour leur faire traverser les étables et, ainsi, emporter en un instant la bouse et le fumier accumulés depuis si longtemps.

Étonné par le résultat, mais toujours foncièrement malhonnête, Augias refusa de payer Héraclès qui le trucida.

Ceux qui suivent vont me dire : puisqu'il s'agit d'étables, pourquoi parle-t-on des écuries d'Augias ? Eh bien probablement parce que le mot se rapproche de *curer* mot qui s'utilisait autrefois à la place de *nettoyer* pour des lieux comme des étables ou pour du bétail[1].

Si l'appellation *les écuries d'Augias* seule désigne bien un lieu très sale, lorsqu'on les nettoie, figurément, elles deviennent des pratiques abusives ou des personnes critiquables qu'il faut remplacer coûte que coûte.

> S.M. l'Empereur Alexandre s'était empressé de dire à S.M. Louis XVIII, lorsque Fouché eut été renvoyé : « Votre Majesté a commencé à nettoyer les écuries d'Augias ; qu'elle continue, et les Alliés feront beaucoup plus pour elle qu'ils ne feraient sans cela. »
>
> Jean-Gabriel Peltier – *L'Ambigu* – 1815

391. NE PAS TARIR D'ÉLOGES

Faire de très nombreux éloges.

Que sont les éloges ? On mettra tout de suite au piquet ceux qui ne pensent qu'à évoquer les loges des concierges et des acteurs, même si les uns comme les autres peuvent parfois mériter des éloges.

Éloge vient du grec *eulogia* qui signifiait « louange » et dans lequel on retrouve *eu*, « bien, bon », et *logos* « paroles ». Les éloges sont donc ces compliments que tout homme normalement constitué aime recevoir en quantité ; ces félicitations qu'on aime entendre après un acte de bravoure (comme d'arriver à rentrer dans un bar pour y commander sa septième bière de la journée) ou après avoir réussi un véritable défi (comme d'attraper au lasso une limace en pleine fuite), par exemple.

Et quand les éloges arrivent en grande quantité, unanimement prononcés par les individus présents

1. Ce qui, bien sûr, ne veut nullement dire qu'un curé de campagne est quelqu'un qui s'est fait nettoyer à la campagne.

autour de soi, on peut les considérer comme un flot de paroles très agréables dont on aimerait qu'il ne s'arrête pas.

Or, quand un flot arrête de s'écouler, c'est que la source est tarie.

Notre expression n'est donc qu'une simple métaphore qui assimile les éloges nombreux (et parfois mérités) à un flot qui ne tarit pas.

> Ils ne vont pas tarir d'éloges sur ma façon très spéciale, paraît-il, de tenir le volant. Paraît que j'ai roulé plus souvent sur le bas-côté que sur la route ! Je me suis tellement approché du fossé qu'ils ont failli sauter à plusieurs reprises.
>
> Roger Arvois – *Les Maquis de la nuit, 1942-1944* – 1994

392. QUI TROP EMBRASSE MAL ÉTREINT

Qui entreprend trop de choses à la fois court à l'échec.

Comme chacun sait, on ne peut être à la fois au four* et au moulin. Alors, vouloir entamer une tâche par-ci, une autre par-là et une troisième à côté, le tout en même temps, risque de conduire à un échec généralisé, sauf si l'on dispose d'un peu plus de bras que le commun des mortels, du don d'ubiquité et d'un cerveau multitâche.

Et comme ils n'étaient pas totalement idiots, cela, nos ancêtres du XVe siècle s'en étaient déjà rendu compte, puisque à la fin du XIVe on écrivait déjà : *qui trop embrasse, peu étreint*, le *peu* ayant vite été remplacé par *mal*.

On peut toutefois se demander pourquoi c'est l'image des embrassades qui a été retenue pour cette métaphore alors que bien d'autres formes de l'expression auraient pu faire l'affaire.

Une première raison assez claire est que le verbe *embrasser* qui, au XIVe siècle, voulait dire « serrer dans ses bras », a aussi un autre sens qui est « vouloir entreprendre quelque chose, s'engager dans, se lancer dans quelque chose » *(Il embrasse toutes les affaires qu'on lui propose)* ; ce qui colle très bien à la signification de notre expression.

L'autre probable raison viendrait d'une allusion au jeune mâle en rut qui, parce qu'il se disperse en s'attaquant à plusieurs cibles féminines à la fois, finit par ne jamais rien accrocher à son tableau de chasse.

Montaigne, au XVIe siècle, formulait la chose différemment : « Nous embrassons tout, mais nous n'estreignons que du vent. »

De cette expression, on trouve quelques variantes modernes comme *qui trop embrasse manque le train*, souvent vérifiée, ou bien *qui trop embrase mal éteint*, spécialement destinée aux pompiers pyromanes.

> En prenant la présidence de l'agglomération Évry Centre Essonne en avril [en plus de son mandat de maire et sa présence au bureau du PS], Manuel Valls, 46 ans en août, a dû revoir sa façon de travailler. « J'arrive davantage à faire la part des choses entre l'important et l'accessoire. Avant, je concentrais beaucoup de pouvoir à la mairie. J'ai appris à déléguer. » Ses opposants attendent de voir : « Qui trop embrasse, mal étreint », prévient Joseph Nouvellon, conseiller municipal MoDem.
>
> Agnès VIVÈS – *Le Parisien* – Article du 23 juin 2008

393. BOUCHÉ À L'ÉMERI

Idiot, obtus, borné.
Incapable de comprendre.

Tout le monde connaît (ou devrait connaître) la toile émeri, qu'il ne faut pas confondre avec le papier de verre. L'émeri est un matériau très dur qui sert d'abrasif depuis de nombreux siècles, le genre de produit avec lequel il est plutôt déconseillé de nettoyer son écran[1]. L'émeri n'est en aucun cas un produit de bouchage, comme le plâtre ou le liège, par exemple.

---

1. Une preuve indéniable, c'est qu'aucun hiéroglyphe ne nous montre un Égyptien de l'Antiquité en train d'utiliser de l'émeri sur son écran. Et pourtant, les sculpteurs de cette époque l'utilisaient déjà pour polir l'obsidienne, entre autres.

Alors pourquoi dit-on *bouché à l'émeri* ?

Autrefois, pour qu'un récipient, flacon ou fiole en verre soit bouché de la manière la plus étanche possible, on polissait à l'émeri l'extérieur du bouchon et l'intérieur du goulot, pour que le contact entre les deux soit le plus parfait possible. Une fois qu'on sait cela, on est un peu plus à même de comprendre la métaphore de notre expression.

Quand, en argot, on dit de quelqu'un qu'il est « bouché », c'est non seulement pour dire que la nature ne l'a pas trop gâté sur le plan intellectuel, mais aussi pour signifier qu'il est complètement hermétique, au sens où aucune once d'intelligence ne peut y entrer, où il est quasiment impossible de lui faire comprendre quelque chose.

Hermétique ? Étanche ? Vous venez de comprendre ! Le « bouché à l'émeri » est comparable à ce récipient étanche duquel rien ne peut sortir, mais dans lequel, malheureusement pour l'idiot, rien ne peut entrer non plus.

Le terme argotique *bouché* tout seul date du XVIIIe siècle (mais on disait déjà *un esprit bouché* au XVIIe). La variante avec l'émeri est apparue au début du XXe.

> Mais à l'opposé, si je me laissais prendre Verdun, pour n'avoir pas cru assez vite que c'était sérieux, les mêmes diraient que je suis décidément bouché à l'émeri.
>
> Jules Romains – *Les Hommes de bonne volonté* – 1933

394. UNE ÉMINENCE GRISE

Une personne qui influence discrètement les décisions prises publiquement par d'autres.

Le mot *éminence* a eu plusieurs sens depuis son apparition au XIVe siècle. C'est au XVIIe siècle qu'il se spécialise comme un titre donné aux cardinaux (*votre Éminence*) avant de désigner simplement un porteur de la robe rouge (*une éminence*).

On sait que son Éminence le cardinal de Richelieu a été un conseiller fort écouté par Louis XIII. Il était comme son Premier ministre, même si le titre n'existait pas encore vraiment.

Ce qu'on sait souvent moins, c'est qu'Armand Jean du Plessis de Richelieu avait un ami de longue date, un moine capucin, François Leclerc du Tremblay, également connu sous le nom de Père Joseph ; et que cet ami, à la fois confident et conseiller, est beaucoup intervenu dans les relations diplomatiques de la France sous les ordres de Richelieu. Il a également créé un véritable service de renseignements constitué de moines capucins qui rapportaient toutes les informations utiles sur les différentes zones de conflits, permettant ainsi à son Éminence d'être très au fait de ce qui se passait dans le royaume et aux alentours.

Or, ce discret conseiller qui agissait dans l'ombre du cardinal portait une robe de bure grise.

Il n'en a pas fallu beaucoup plus pour qu'il soit appelé l'« éminence grise » de Richelieu et que cette appellation finisse par désigner un conseiller secret, quelqu'un qui influence discrètement un homme public.

> « Je ne comprends pas, l'école, ce n'est pas un self-service. Le gouvernement a décidé que c'était un document intéressant. Il demande aux professeurs de le lire », a rappelé l'éminence grise de Nicolas Sarkozy. [À propos de la lecture imposée de la lettre de Guy Môquet]
>
> *Le Nouvel Observateur* – Article du 23 juin 2008

395. UNE FOIRE D'EMPOIGNE

1. Un affrontement public de plusieurs personnes qui tentent d'obtenir un objet.
2. Un lieu de rivalités pour obtenir un avantage.

Le verbe *empoigner*, qui date du XIIe siècle sous la forme *enpuignier,* contient une déformation de *poing* et a d'abord signifié « saisir fortement ». Il a ensuite pris le sens familier de « retenir (ou agripper) quelqu'un ».

C'est en 1773 qu'apparaît *être de la foire d'empoigne* avec un sens aujourd'hui inattendu, mais pas étonnant pour l'époque, puisqu'il voulait dire « être porté aux attouchements grossiers à l'égard des femmes » (in *TLFi*). Il suffit en effet d'imaginer un obsédé « empoignant », donc agrippant, une rondeur féminine passant à portée.

Actuellement, dans le métro aux heures de pointe, certains adeptes du pelotage « sont de la foire d'empoigne », avec cette ancienne acception, au grand déplaisir compréhensible de ces dames.

Et, peut-être parce qu'une belle femme attise les convoitises des mâles en rut et provoque des querelles entre les prétendants, cette même expression a pris, au cours de la seconde moitié du XIXe siècle, le sens de « lutter avec d'autres pour s'emparer de quelque chose ».

C'est ainsi que *la foire d'empoigne* est d'abord devenue un lieu où l'on s'arrache des objets (pensez à certains magasins au début des périodes de soldes, par exemple) avant, métaphoriquement, de désigner une situation où plusieurs personnes tentent de s'arracher un avantage, typique de ce qu'on peut trouver chez les politiques, entre autres.

> La réunion publique d'information sur le projet de nouveau stade de rugby à Jean Bouin (XVIe) a viré à la foire d'empoigne jeudi soir à la mairie du XVIe, devant une salle comble et très hostile au projet défendu par Anne Hidalgo (PS).
>
> *Le Parisien* – Article du 3 septembre 2009

396. À L'EMPORTE-PIÈCE

D'une manière très directe.
D'une manière mordante, acerbe.

Au début du XVIIe siècle, on parlait de « cautère emporte-pièce » pour désigner un objet tranchant destiné à être chauffé au rouge pour brûler les tissus et cautériser les blessures.

Et c'est le côté tranchant qui est important ici, car aujourd'hui, un emporte-pièce est un instrument tranchant ayant une forme bien précise qui permet de découper d'un seul coup des morceaux d'un produit plus tendre que celui dans lequel il est fabriqué, forme ayant les contours de l'emporte-pièce (ceux qui aiment faire eux-mêmes les sablés, par exemple, auront reconnu là les différentes formes en plastique qui leur permettent de découper les sablés dans la pâte crue).

C'est de cette faculté de trancher net quelque chose qu'est née, dès le début du XVIIIe siècle, la métaphore qui assimilait l'emporte-pièce à des « propos mordants », notre expression n'étant apparue qu'au milieu du XIXe.

Par extension, elle s'applique aussi pour désigner des manières brutales (« très tranchantes »), sans finesse.

> Il a 15 ans quand, en guise de sanction, un enseignant avisé lui « commande » un… roman. « J'étais nul à l'école, j'inventais des histoires, j'ai toujours écrit, j'écrivais ce que j'appelle des laconiques, des pensées à l'emporte-pièce », raconte Daniel Pennac.
>
> *Le Figaro* – Article du 19 février 2009

> L'argument, dans une tradition du théâtre français qui relie Marivaux à Guitry, est amusant, mais la manière dont les auteurs – le critique de cinéma Alain Riou et le chef opérateur Renan Pollès – le bricolent dans une sorte de cinéma artisanal à l'emporte-pièce manque tout de même d'inspiration et de sophistication.
>
> *Le Monde* – Article du 6 juin 2009

397. METTRE À L'ENCAN

1. Vendre au rabais ou aux enchères des biens dont on ne souhaite pas réellement se débarrasser.
2. Proposer au plus offrant.

Venu du latin *in quantum* (voulant dire « pour combien »), en passant par le latin médiéval *incantus*[1] puis par le moyen français *enchant*, le mot *encan* n'est plus aujourd'hui utilisé que dans la locution adverbiale *à l'encan* précédée d'un verbe dont le plus fréquent est *mettre*.

À l'encan signifiait « aux enchères ».

Mais l'usage de cette locution a été restreint à une vente quasiment forcée, lorsqu'une personne est contrainte de mettre en vente ses biens, à un prix sous-évalué en raison d'un besoin urgent d'argent.

Mettre à l'encan est donc plutôt un signe de déchéance et, pour de belles collections, de dispersion d'objets longuement et amoureusement amassés.

Depuis le début du XVIIe siècle, *vendre à l'encan* veut aussi dire « vendre au plus offrant ».

> Il répliqua plus amèrement qu'il n'aurait voulu :
> – Voyons, ma chère, la question n'est pas d'acheter des meubles, mais d'empêcher que les nôtres soient mis à l'encan.
>
> Émile BAUMANN – *Job le prédestiné* – 1922

398. UN ENFANT DE LA BALLE

Un comédien, acteur, artiste de cirque… dont les parents faisaient le même métier.

Au XVIIe siècle, cette expression signifiait « personne exerçant la même profession que ses parents », sens qu'on utilise encore parfois aujourd'hui. Plusieurs origines sont proposées pour cette expression.

Selon Furetière en 1690, *balle* vient du jeu de paume. L'« enfant de la balle » était le fils d'un maître d'un jeu de paume, tellement exercé malgré son jeune âge, qu'il était dangereux de vouloir s'y mesurer.

---

1. Selon la version de 1694 du *Dictionnaire de l'Académie française*, *encan* a d'abord désigné ce qui peut ressembler à une incantation (*incantus*) pour les non initiés : « Cry public qui se fait par un Sergent, pour vendre les meubles à l'enchère. »

Le *Dictionnaire historique de la langue française*, reprenant Pierre Guiraud, indique que la balle ne serait pas un petit ballon, mais un de ces anciens paquets de marchandises, enrobés d'une toile pour les transporter.

Enfant de la balle aurait alors d'abord désigné un « enfant » ou membre d'une association secrète de marchands itinérants ou mercerots.

Enfin, Eugène Boutmy, dans son *Dictionnaire de l'argot des typographes* écrit ceci :

> « Ouvrier compositeur dont le père était lui-même typographe, et qui, depuis son enfance, a été élevé dans l'imprimerie. L'origine de cette expression, qui est passée dans la langue vulgaire, est assez peu connue. Elle vient de ce que, avant l'invention des rouleaux, on se servait, pour encrer les formes, de tampons ou balles. »

Mlle Dica Petit sera certainement une actrice. Elle a du talent déjà et l'on devine qu'elle en aura davantage. Et Mlle Suzanne Lagier ? Curieuse nature d'artiste que la sienne, vraie enfant de la balle et du caprice, passant gaiement de la chansonnette au drame romantique, comme elle avait sauté du Gymnase à l'Eldorado, intelligente et spirituelle jusqu'au bout des ongles, née pour porter comme pas une la cornette de Dorine.

Jules CLARETIE – *La Vie moderne au théâtre* – 1869

399. L'ENFER EST PAVÉ DE BONNES INTENTIONS

Les meilleures dispositions d'esprit, les bonnes intentions peuvent conduire aux pires résultats.

Voilà une expression qui manifeste un « optimisme démesuré », ne donnant que de faibles chances à certains de ceux qui sont pleins de bonne volonté.

En effet, elle sous-entend qu'il y a plein de catastrophes qui sont dues à des actions menées à la suite d'intentions qui, au départ, semblaient louables.

Mais pour cause d'une mauvaise réalisation ou de conséquences mal imaginées, le résultat peut être catastrophique ou infernal (« l'enfer » de l'expression).

Interprété autrement : gardez les doigts de pieds en éventail, ne tentez surtout rien, même si vous en avez envie, car ça risquerait de vous retomber dessus. Voilà un très bon exemple pour les enfants !

Ici, *pavé* est une métaphore ancienne (il ne s'agit pas vraiment des pavés sous lesquels on a pu trouver la plage en 1968) pour signifier « recouvert complètement ».

Chez nous, cette expression n'est utilisée que depuis le XIXe siècle, mais elle semble avoir une longue histoire.

Saint François de Sales, au XVIe siècle, en cite une version latine de saint Bernard datant du XIIe. Puis, chez nos amis Grands-Bretons, au XVIIe, on disait (en anglais, bien sûr) « l'enfer est plein de bonnes intentions » avant qu'au XVIIIe le *plein* soit remplacé par *pavé de*, sous l'influence de l'expression du XVIe qui disait *paver la voie à (quelque chose)* pour « préparer la voie… ».

Ce n'est qu'ensuite, une petite traversée de la Manche plus tard, qu'elle est citée dans nos dictionnaires.

Heureusement, espoir on peut garder, car le sens de l'expression contient bien « peuvent conduire » et non pas « conduisent toujours ». En clair : « Osez, mais faites gaffe quand même ! »

> Nous le disons avec conviction, rejeter la loi interprétée par la Chambre serait un immense danger, et les conséquences qui en résulteraient certainement ne tarderaient pas à ouvrir les yeux à ceux qui, avec de bonnes intentions sans doute, auraient contribué à ce rejet. Qu'ils n'oublient pas que l'enfer est pavé de bonnes intentions. Dans cette circonstance, les bonnes intentions des sénateurs aboutiraient, sous

le prétexte d'une charité illusoire, à une immense calamité.

Presse médicale belge – Volume 5 – Numéros 30 à 32 – 1853

400. ENVERS ET CONTRE TOUS / TOUT

En dépit de l'opposition générale, des nombreuses résistances.

Ici, *envers* n'est pas opposé à *endroit*. Lorsque le mot apparaît au xe siècle, il a d'abord le sens de « dans la direction de » (il est construit avec *vers* qui indique bien une direction ou une destination).

Un siècle plus tard, il signifie « à l'égard de (quelqu'un) », mais également « contre », acception qu'il a conservée dans notre expression qui est apparue au xve siècle sous la forme *envers tous et encontre tous* (on aura aussi *envers et encontre tous*) qui renforce le sens de « contre tous » en le doublant.

La forme actuelle date du xvie siècle.

Celui qui agit *envers et contre tous* le fait en dépit des conseils qui lui enjoignent de ne rien faire ou des oppositions, d'où qu'elles viennent. Ainsi, on peut défendre une opinion envers et contre tous ou bien protéger quelqu'un envers et contre tous.

Le *tous* final désigne des humains, les gens qui peuvent chercher à empêcher l'acte, mais au xxe siècle est apparue la forme avec *tout* qui généralise l'opposition possible à n'importe quoi.

Accueilli avec la plus grande courtoisie, Charles ratifia le traité que les envoyés de Castille venaient de lui soumettre. Les deux rois firent alliance et amitié envers et contre tous, s'engageant, par des serments solennels, à s'entr'aider dans toutes leurs guerres, et, clause remarquable, à se livrer mutuellement leurs émigrés.

Prosper Mérimée – *Histoire de Don Pèdre Ier, roi de Castille* – 1848

Je n'en suis pas du tout certain. Seulement, il y a autre chose : cette lumière qui se lève à l'horizon, ce bateau qu'on distingue et qui va enfin les secourir… Géricault est un homme qui croit au progrès – envers et contre tout. Comme nous croyons envers et contre tout aux lendemains qui chantent.

Jean-Louis CORNU –
Le Complexe de Laïos – 2003

401. À L'ENVI

1. En rivalisant, avec émulation, à qui mieux mieux.
2. Selon ce que chacun souhaite, désire.

Voilà une unité lexicale qui n'est pas vraiment une expression, car cette chose qui existe depuis le XVIe siècle est considérée comme une locution adverbiale. Et contrairement à ce que certains pourraient croire, elle n'a aucun lien direct avec l'envie de rester en vie, même si…

C'est au XIIe siècle que le mot *envi* apparaît avec le sens de « défi au jeu » ou de « provocation », en provenance du verbe *envier* lui-même issu du latin *invitare* qui a également donné notre *inviter*.

On disait autrefois *jouer à l'envi de quelqu'un* lorsqu'on répondait à son invitation, à son défi. C'est d'ailleurs de cette participation à un défi qu'est née la notion de rivalité (signification qu'avait également le mot *envi* au XVIe siècle) ou d'émulation qu'on trouve dans le premier sens de notre locution.

Mais (presque) tout le monde ayant oublié l'origine du mot, et l'influence de l'homophone *envie* faisant doucement son œuvre, cette locution est souvent employée avec le second sens proposé.

Ils se haïssent, mais ils aiment l'État ; ce sont des amants jaloux qui servent à l'envi la même maîtresse.

VOLTAIRE – *La Princesse de Babylone* – 1768

À l'heure où le gouvernement répète à l'envi que les caisses sont vides, l'argument porte.

Le Monde diplomatique – Novembre 2008

402. S'ENVOYER EN L'AIR

Faire l'amour.
Plus précisément, jouir.

Quel bonheur que d'être pilote d'hélicoptère professionnel ou hôtesse de l'air et d'être payé pour s'envoyer en l'air toute la journée ! On pourrait imaginer que, dans leur cas, la fonction crée l'orgasme.

Mais ne rêvons pas et revenons sur le plancher* des vaches puisque c'est plus généralement là que notre expression est utilisée. Pas avec une vache, bien sûr. Tout au plus avec une chèvre, si on est légionnaire…

Il y a belle levrette lurette que l'extase sexuelle est associée à la métaphore de l'ascension vers le ciel. Est-ce qu'on ne « plane » pas un peu au moment de l'orgasme ? Et ne dit-on pas également *monter au septième ciel** ? Et, l'homme étant couché sur le dos, est-ce que son érection ne pointe pas du doigt ces hauteurs qui sont le lieu à atteindre ?

Cette forme argotique désignant le coït daterait du début du XXe siècle, d'après Jean Lacassagne et Pierre Devaux dans leur *Argot du milieu*.

> Homme et femme travaillaient tous deux, vivaient secrètement, filant le parfait amour mais s'arrangeant pour s'envoyer en l'air sans jamais procréer, et se montraient réfractaires aux cris des mioches de la rue, qu'ils tançaient quelquefois de leur fenêtre…
>
> Bernard Zarca – *Une enfance juive tunisoise* – 2005

403. GAGNER SES ÉPERONS

Accéder à un statut social supérieur.
Obtenir une situation plus élevée.

Les cavaliers connaissent bien les éperons, accessoires équestres qui ont aussi beaucoup été évoqués dans les aventures du Far West.

Ces choses sont des petites branches de fer terminées d'un côté par une pique ou une roue à pointes et pourvues de l'autre d'un système permettant de les faire tenir sur les talons du cavalier. Elles lui servent, lorsqu'il en pique les flancs de sa monture, à la faire accélérer. Au point, d'ailleurs, que le mot *éperon* a, jusqu'au XVIIIe siècle, symbolisé une allure rapide.

Si notre expression n'apparaît qu'au XIXe siècle, elle fait pourtant référence au Moyen Âge, lorsqu'un homme devenait chevalier.

En effet, généralement après une action d'éclat qui le rendait digne de son nouveau statut, on lui remettait, outre ses armes, une paire d'éperons, symboles de sa montée en grade, élévation à un plus haut niveau qu'on retrouve dans notre métaphore.

L'expression est généralement employée lorsque la promotion suit une action (ou un ensemble d'actions) brillamment réussie justifiant la récompense.

Ces accessoires ont, en liaison avec la même époque, également donné l'expression *couper les éperons* lorsqu'on excluait ou bannissait un chevalier félon.

> Ferdinand III, qui sait comment cet officier s'est comporté à Noerdlingen, où il a lui-même gagné ses éperons, l'appelle donc en Allemagne avec le titre de général-major qu'il a, on en conviendra, dignement mérité.
>
> Charles RAHLENBECK – *Gilles de Haes* – 1854

404. ÔTER / RETIRER UNE ÉPINE DU PIED

Délivrer d'une contrariété.
Tirer d'embarras.

Pour peu que vous ayez déjà vécu quelques dizaines d'années, vous êtes sûrement un jour allé à la plage ou à un autre endroit où les pieds nus sont de rigueur et, une fois au moins, vous avez eu l'immense plaisir de vous y planter une épine, une écharde, un bout de verre ou une autre cochonceté acérée qui ne demandait qu'à pénétrer votre épiderme.

Outre le fait que ça fait mal et que ça peut s'infecter, ça gêne quelque peu la marche.

L'épine dans le pied peut en effet être quelque chose de très désagréable (mais qui ne nécessite tout de même pas de songer immédiatement à l'amputation).

Alors, quand quelqu'un réussit à extraire la chose de la plante de votre pied, c'est un sentiment immédiat de soulagement qui vous envahit.

C'est de cette réalité désagréable qu'au XVe siècle *l'épine au pied* a pris le sens figuré de « difficulté », puis, plus tard, de « situation pénible » ou de « sujet d'inquiétude ».

Lorsque l'expression apparaît sous sa forme actuelle, au XVIe siècle, elle est un peu plus forte qu'aujourd'hui, puisqu'en 1640, Oudin écrit que *il m'a tiré une mauvaise épine du pied* signifie plutôt « il m'a délivré d'une fâcheuse affaire ou d'un grand danger » (peut-être parce qu'à l'époque, en raison des connaissances médicales limitées, une épine plantée dans le pied pouvait devenir plus souvent fatale que de nos jours).

On trouvera aussi la forme pronominale *se tirer une épine du pied* (à ne pas confondre avec la récente *se tirer une balle dans le pied*) pour dire « surmonter une difficulté » ou bien « se défaire d'un ennemi ».

> Non content d'avoir une nouvelle fois enlevé une grosse épine du pied de ses coéquipiers, le meneur de jeu des Bleus en remettait une couche au retour des vestiaires.
>
> *Le Figaro* – Article du 25 mai 2009

405. TIRER / RETIRER SON ÉPINGLE DU JEU

Se dégager adroitement d'une situation délicate.

Cette expression date du XVIe siècle.

Si l'on prend l'expression au pied de la lettre, on se demande dans quel jeu de société il pouvait bien y avoir une épingle à retirer et comment ce jeu a pu être suffisamment influent pour provoquer la naissance d'une telle image.

À cette époque, il existait pourtant bien quelques jeux, d'enfants principalement, où des épingles étaient utilisées. Entre autres, depuis le XVe siècle, un jeu de jeunes filles où une balle rebondissant sur un mur permettait de faire sortir d'un cercle tracé au sol certaines des épingles que les joueuses y avaient placées. En faire sortir au moins la sienne était une bonne chose.

Et dans certains jeux comme les osselets, par exemple, les mises pouvaient aussi être des épingles (le Gargantua de Rabelais y jouait ainsi), dont la valeur semblait plus élevée qu'aujourd'hui.

Si le lien avec un tel jeu est probable, cela ne suffit pas à expliquer complètement le sens de l'expression. Pour cela, il faut probablement élargir le sens de ces mots.

Tirer, c'est aussi extraire, retirer, comme dans *se tirer d'affaire*, au sens très proche de notre expression. Et le jeu n'est pas forcément ludique : mettre quelqu'un en jeu, c'est le mêler à une affaire, à son insu ; et être en jeu, c'est être mis en cause, être l'objet d'un débat.

Ce sont ces autres acceptions des mots qui composent l'expression qui permettent d'en comprendre ses sous-entendus lorsqu'elle n'est plus seulement lue au premier degré.

Et puis, peut-on complètement éliminer les connotations érotiques de cette époque où *épingle* désignait le pénis (il fallait que les jeunes filles se méfient de « la piqûre d'épingle ») ?

Alors, en l'absence de moyen de contraception plus efficace que le préservatif amoureusement brodé par maman, peut-être était-il important pour un homme en action de retirer son épingle du jeu avant de prendre le risque d'engrosser sa partenaire et de devoir en subir les conséquences, dont celles pécuniaires ?

> Il [Pierre Huguenin] s'était caché pour ne pas partager le sort de son père, lorsque celui-ci expia

> sur l'échafaud sa complicité avec le prince. Il tira ensuite peu à peu son épingle du jeu avec un rare bonheur, et se remit insensiblement sur ses pieds avec le 9 thermidor.
>
> George Sand – *Le Compagnon du tour de France* – 1810

406. JETER L'ÉPONGE

Abandonner, renoncer.

Les aficionados de la boxe savent parfaitement d'où nous vient cette expression.

En effet, dans ce sport, le manager du boxeur (à ne pas confondre avec le boxer, qu'il morde ou qu'il soit short) utilise une éponge (en fait maintenant une serviette) pour, entre les rounds, essuyer son poulain de la sueur et éventuellement du sang qu'il a sur le visage et le torse, et pour le rafraîchir.

Et si jamais son protégé, au cours d'un round, se fait massacrer sans demander grâce, il jette sur le ring cette « éponge » pour signifier l'abandon du combat.

Cette expression est employée en France hors du contexte de la boxe depuis 1901, en traduction de l'anglais *to throw up the sponge*, utilisé métaphoriquement depuis 1877.

> Les catholiques restent seuls face aux nazis, car les treize millions de militants marxistes ont jeté l'éponge après les élections de novembre 1932, ce qui a donné à Hitler toute latitude pour les rayer de la carte politique du Reich avec l'appui brutal des SQ nazis armés.
>
> Marc-André Chargüéraud – *Les Papes, Hitler et la Shoah, 1932-1945* – 2002

407. PASSER L'ÉPONGE

Pardonner, ne plus évoquer des fautes commises.

Nous voilà face à une belle métaphore ménagère dont la lointaine origine nous vient des fonds marins.

En effet, l'éponge est d'abord un animal marin extrêmement primitif (sans organes). Sa capacité à absorber des liquides, tout en étant très souple, en a fait un objet de pêche intensive depuis près de trois millénaires (Homère la cite déjà, neuf siècles av. J.-C.).

Aujourd'hui, l'éponge naturelle ne se trouve quasiment plus dans les rayons des magasins. Elle y a été remplacée par des éponges synthétiques aux capacités de souplesse et d'absorption au moins équivalentes. Alors que l'éponge naturelle est informe, l'éponge carrée a rejoint le poisson carré dans les étals des grandes surfaces.

C'est Georget Bernier, alias Professeur Choron, qui, dans *Hara-Kiri*, avait autrefois osé un « faites l'amour sur du formica, un coup d'éponge et c'est propre », photo à l'appui.

C'est que l'éponge sert généralement à nettoyer quelque chose, le coup d'éponge permettant d'effacer des traces plus ou moins indésirables (certains se rappelleront avec un peu de nostalgie la petite éponge mouillée à l'odeur très caractéristique avec laquelle, à l'école, ils effaçaient ce qu'ils avaient écrit à la craie sur leur ardoise).

Et c'est à partir de cette utilisation que, dès le début du XVIIe siècle, d'abord sous la forme *porter l'éponge*, est née notre métaphore où l'usage virtuel d'une éponge est une forme de pardon qui permet d'effacer ou d'oublier bien des choses passées désagréables, des fautes commises ou des actes répréhensibles.

> Jurant que son intention n'était pas de faire dans la « provocation antimilitariste », elle s'est excusée par écrit auprès des offensés. Le colonel de gendarmerie a passé l'éponge, estimant que la directrice n'avait voulu qu'« exalter le pacifisme ».
>
> Alain Auffray – *Libération* – Article du 24 mai 1999

408. L'ESPRIT DE L'ESCALIER

Le manque de répartie.

Sauf si vous avez un sens fulgurant de la repartie, il vous est certainement arrivé de vous dire, après coup et en vous donnant tout un tas de noms d'oiseaux, que c'est telle ou telle chose que vous auriez dû rétorquer au malotru ou au brillant esprit qui vous a adressé la parole quelques minutes auparavant.

Et si c'est le genre de réflexion que vous vous faites beaucoup plus souvent que vous n'aimeriez, alors c'est que vous avez « l'esprit de l'escalier ». Cela ne veut pas dire que votre esprit ne « marche » pas, mais simplement que vous avez le cerveau lent (donc efficace uniquement les jours de grand vent…).

D'où vient donc cette appellation ?

Dans son ouvrage *Paradoxe sur le comédien,* écrit entre 1773 et 1778, Diderot disait : « L'homme sensible comme moi, tout entier à ce qu'on lui objecte, perd la tête et ne se retrouve qu'au bas de l'escalier. »

Il voulait dire par là que si, au cours d'une conversation, on lui avait objecté quelque chose, il en perdait ses moyens et ce n'était qu'une fois sorti, arrivé en bas de l'escalier de son hôte (donc trop tard), que la réponse qu'il aurait dû faire lui venait à l'esprit. L'escalier est ici le symbole de la déception de n'avoir pas dégainé à temps la réplique qui tue et qui met les rieurs de son côté, celle qui permet de briller en société.

Si Diderot a formalisé ainsi ce qu'il considérait comme un défaut, l'expression sous sa forme actuelle n'apparaît qu'au cours de la première moitié du XIXe siècle.

Bien sûr, on pourra objecter qu'on aurait pu aussi l'appeler « l'esprit du couloir » ou « l'esprit du portail », par exemple. Mais outre l'amorce de l'expression par Diderot qui cite bien un escalier, il est possible également que ce soit la répétition de la même syllabe au début des deux noms qui soit la cause du choix du lieu.

L'esprit de l'escalier se dit aussi *l'esprit d'escalier* et s'oppose à *l'esprit d'à-propos* ou *l'esprit de repartie.*

Certains attribuent cette formule à Jean-Jacques Rousseau, mais mes recherches ne m'ont pas permis de confirmer cette origine.

> Si Picasso est révolutionnaire, c'est qu'il n'éprouve aucune difficulté à combattre le passé. Je fais fi de sa réputation d'homme d'esprit et d'homme extra-lucide. Si Picasso n'a pas l'esprit de l'escalier, s'il a la repartie rapide, s'il excelle dans l'art du calembour, s'il aime le paradoxe, s'il trouve toujours le mot de la situation, ce n'est pas un homme complet, un sage.
>
> *L'Art vivant* – Numéro 137 – 1930

409. PRENDRE LA POUDRE D'ESCAMPETTE

S'enfuir.

Ah, voilà qui est intéressant ! Donc, il suffirait de cueillir deux ou trois escampettes bien mûres, de les laisser sécher à cœur avant de les réduire en poudre, puis de mélanger cette dernière avec un peu de bave de crapaud et de fiente de cormoran, pour obtenir une mixture capable de permettre à un fuyard de courir bien plus vite ?

Ah mais, que nenni !

D'abord, comme les escampettiers n'existent pas sous nos latitudes (ni ailleurs, me dit-on en régie), on aurait bien du mal. Et, de nos jours, la fiente de cormoran n'est plus ce qu'elle était, ma bonne dame !

Ce qui prouve incontestablement qu'il faut chercher dans une autre direction.

C'est donc en allant plutôt par ici, à peu près vers le nord-nord-est (mais on peut aussi aller par là, si on préfère) qu'on découvre que *escampette* est un diminutif de *escampe* qui, au XVIe siècle, désignait la fuite, *escampe* étant lui-même issu du verbe *escamper* apparu au XIVe siècle et synonyme vulgaire de *fuir*.

De nos jours, le mot *escampette* n'est plus utilisé que dans cette locution qui date du XVIIe siècle.

Quant à la poudre, on ne sait pas vraiment s'il s'agit de celle qui, en explosant, provoque la fuite, ou plus probablement de la poussière du chemin qu'était supposé soulever le fuyard en courant.

> Mais bah ! Mettons que je n'avais rien dit.
> Prends, si tu veux, la poudre d'escampette,
> Lève le camp sans tambour ni trompette,
> Je saurai bien te suivre, si tu fuis :
> Car, en effet, comme dit le poëte,
> Méchant amour, de ta suite, j'en suis !
>
> Théodore de Banville – Poème XXIII : « Le Divan dans le boudoir » – *Les Cariatides* – 1842

410. TOMBER / RENTRER DANS L'ESCARCELLE

S'ajouter aux moyens financiers (de quelqu'un).

C'est chez les Italiens du XIIe siècle qu'il faut partir pour trouver l'origine du mot *escarcelle*.

Au départ, il y a *escars* qui signifie « avare », devenu ensuite *scarso* et d'où dérive *scarsella* qui désigne une bourse. Littéralement, la signification de ce dernier est « petite avare » ; on comprend effectivement bien qu'un avare ait du mal à délier les cordons de sa bourse et que, par plaisanterie, cette dernière, qu'on évite d'ouvrir à tort et à travers, ait pris cette appellation.

Ensuite, au XIIIe siècle, on trouve le provençal *escarcela* et notre *escarcele*, d'abord écrite avec un seul *l*.

Cette notion de bourse qui désigne un contenant d'argent s'est étendue plus tard au sens plus large de « moyens financiers » qu'on trouve dans notre expression.

> Veuillez bien, monsieur, lui écrivait cet étrange correspondant, nous compter la somme de 3 000 francs que nous exigeons. Au contraire des bandits ordinaires, nous rançonnons d'abord : nous enlevons après si la rançon ne tombe pas dans notre escarcelle.
>
> Marie-François Goron – *L'Amour à Paris* – 1890

Nous sommes de plus en plus tentés par des jeux de toute nature : tiercé, loto, cartes à gratter, casinos avec des bandits manchots. Chaque mois, un nouveau jeu sort : tac-o-tac, morpion… Ce sont des impôts supplémentaires qui viennent tomber dans l'escarcelle de l'État.

Joël Herbin – *Et si nous refaisions le monde ?* – 2004

411. À BON ESCIENT

De manière appropriée.
En étant au courant de la situation.

Avez-vous une petite idée d'où nous vient cet *escient* qui n'est plus utilisé que dans cette locution adverbiale (ainsi que son contraire *à mauvais escient*, toutefois beaucoup moins employé de nos jours) ? Peut-être pas, mais vous subodorez probablement que *escient* et *sciemment* ont la même origine.

En effet, ces mots sont issus du verbe latin *scire* qui voulait dire « savoir » ; en latin classique *me sciente* signifiait « moi le sachant ».

Autrement dit, tout ce qui tourne autour de ces termes indique que ce que vous faites l'est en connaissance de cause, en sachant ce que vous risquez et les risques que vous faites prendre, et de manière parfaitement appropriée (selon votre point de vue, bien entendu).

D'après le *Dictionnaire historique de la langue française*, au XIIe siècle, *à mon escient* avait déjà le sens de « en pleine connaissance de ce que je fais » et notre locution est apparue au même moment avec exactement le sens d'aujourd'hui, tout en étant passée, aux XVIe et XVIIe siècles, par une autre signification : « véritablement, sans plaisanter » nettement moins en phase avec l'origine du mot.

Il y a quelques années, le regretté Maître Capello nous aurait dit qu'il est de bon aloi* d'utiliser notre locution « à bon escient ».

Utilisant son direct du gauche à bon escient, Mouchi a vite pris le dessus sur son adversaire.

L'Équipe – Article du 25 février 2007

L'augmentation du budget de la Défense, ajouté à la baisse de l'impôt sur le revenu, cela représente quelque 7 milliards d'euros qui selon nous ne sont pas utilisés à bon escient.

L'Expansion – Article du 25 septembre 2002

412. DES ESPÈCES SONNANTES ET TRÉBUCHANTES

1. De la monnaie (sous forme de pièces métalliques, pas de billets).
2. De l'argent liquide.

Point n'est besoin d'être grand clerc* pour comprendre pourquoi on parle d'espèces *sonnantes*.

Quiconque aura déjà manipulé des pièces de monnaie, à la manière de Blaze devant Don Salluste de Bazan dans le film *La Folie des grandeurs*, aura compris que cette monnaie fait un bruit reconnaissable lorsque les pièces s'entrechoquent, à la condition qu'elles ne soient pas fausses.

Mais pourquoi utilise-t-on aussi le qualificatif *trébuchantes* ?

Oncques on ne vit une pièce de monnaie déambuler, puis trébucher et se casser lamentablement la figure.

Vous avez sans doute déjà entendu ou lu le terme *trébuchet* sans forcément savoir ce qu'il signifie ou, du moins, sans en connaître toutes les significations[1].

Celle qui nous intéresse ici vient du XIVe siècle où un trébuchet était une petite balance à plateaux servant pour la pesée de petits poids comme de l'or, de l'argent ou des bijoux.

Trébuchant se disait d'une pièce dont on avait pu constater qu'elle avait le poids requis après qu'elle a été « trébuchée », c'est-à-dire pesée sur un trébuchet.

C'est à partir du XVIe siècle que *des espèces sonnantes et trébuchantes* a été une manière plaisante de désigner de bonnes vraies pièces de

---

1. Il ne s'agit pas ici de la catapulte d'autrefois, sens le plus souvent connu.

monnaie avant, par extension, de désigner l'argent liquide, tous supports confondus, par opposition aux chèques, cartes bancaires, virements et autres moyens de paiement.

Pour ceux qui auraient besoin de se rappeler pourquoi on appelle *espèces*… des espèces ou pourquoi on parle d'*argent liquide*, vous pouvez vous reporter à l'expression *payer en espèces**.

> Car les pieux errants emportent peu de provisions ; ils ont dans la poche ce qu'ils ont pu recueillir avant de partir comme espèces sonnantes et trébuchantes et pourvoient ainsi à leur entretien.
>
> Pierre ROUSSEAU – *Histoire des transports* – 1961

413. PAYER EN ESPÈCES

Payer en argent liquide.

De nos jours, cette expression désigne le paiement en argent liquide par opposition aux autres moyens modernes que sont les chèques, les virements ou les cartes bancaires, par exemple.

Contrairement à la monnaie* de singe qui n'est pas sonnante, les espèces, elles, le sont, dans la mesure où il ne s'agit pas seulement de billets de banque.

Mais *espèces* de quoi ?

Espèce vient du mot *species* qui, en latin classique, signifiait « vue, regard », mais aussi « apparence, aspect ». En latin impérial, l'espèce était une denrée, une marchandise (c'est du même *species* que vient le mot *épice*).

Au XVIIe siècle, *espèces* a un sens très large, puisqu'il signifie simplement « choses » et *payer en espèces*, c'était payer autrement qu'avec de l'argent (faire du troc ou payer en services). Pourtant, bien avant, dès la fin du XVe, *espèce* au singulier avait déjà le sens de « pièce d'or ou d'argent ».

Ensuite, probablement parce que les espèces sont quelque chose d'apparent, de directement palpable, contrairement aux vagues promesses de paiement différé ou de troc dont on n'était pas sûr qu'elles soient tenues, un mélange des deux sens a fait que *payer en espèces* est devenu synonyme de *payer en argent, en pièces* (les billets n'étant pas considérés) puis, plus récemment, de *payer avec de l'argent*, quel que soit le support dudit argent.

Et on profitera de l'occasion pour préciser pourquoi on parle d'*argent liquide* alors que nos billets et pièces sont loin de l'être.

Cette appellation vient au XVe siècle de l'italien *liquido* qui, dans le domaine juridique et financier, désignait des biens non sujets à contestation, libres de dettes, donc aisément transférables (pouvant *s'écouler* facilement) d'une personne à une autre, comme l'est la monnaie à laquelle ce terme s'est étendu au XVIIe.

> Au lieu de vous payer, Dieu sait quand, en espèces, je vous paie en nature.
>
> Jules ROMAINS – *Knock* – 1923

414. PAR L'OPÉRATION DU SAINT-ESPRIT

1. Mystérieusement.
2. D'une manière douteuse.

Les techniques chirurgicales n'étant pas très évoluées à l'époque où le Saint-Esprit a officiellement fait son apparition, on peut éliminer l'idée que l'opération du Saint-Esprit ait pu être une ablation de la vésicule biliaire ou bien une appendicectomie.

D'ailleurs, l'opération qui nous intéresse ici n'est ni arithmétique, ni chirurgicale.

Il faut en effet se souvenir que, 9 mois avant le 24 décembre de l'an 1 av. J.-C., une certaine Marie, qui avait toutefois été prévenue de ce qui l'attendait par l'ange Gabriel, tomba enceinte alors que, au grand jamais, elle n'avait fauté, ne vivant pas encore avec son Joseph.

L'explication limpide nous vient de l'apôtre Matthieu qui écrivit plus tard : « Voici quelle fut l'origine de Jésus Christ. Marie, sa mère, était accordée en mariage à Joseph ; or, avant qu'ils aient habité ensemble, elle se trouva enceinte par le fait de l'Esprit Saint. Joseph, son époux, qui était un homme juste et ne voulait pas la diffamer publiquement, résolut de la répudier secrètement. Il avait formé ce projet, et voici que l'Ange du Seigneur lui apparut en songe et lui dit : “Joseph, fils de David, ne crains pas de prendre chez toi Marie, ton épouse : ce qui a été engendré en elle vient de l'Esprit Saint, et elle enfantera un fils auquel tu donneras le nom de Jésus, car c'est lui qui sauvera son peuple de ses péchés.” »

Notre expression, apparue au début du XVIe siècle, est une formule du catéchisme qui est associée à la naissance miraculeuse de Jésus.

Mais une telle mésaventure (pour un mari) arrivant régulièrement à d'autres hommes (l'obligation de virginité de leur épouse n'étant pas prise en compte), la locution a été fréquemment et ironiquement utilisée pour expliquer la naissance d'un enfant dont le père n'était pas connu ou qu'on ne voulait pas connaître.

Par extension, et à partir du XIXe siècle, toute opération dont on ne connaît pas ou on fait semblant* de ne pas connaître l'origine, donc toute opération mystérieuse ou éventuellement douteuse, peut avoir été faite par l'opération du Saint-Esprit.

> Tout d'abord, l'opération des quatre cents [détenus qui ont demandé le même jour leur libération] : on a l'impression que ce n'est pas venu par l'opération du Saint-Esprit et qu'il y a quelque chose de concerté là-dedans.
>
> Bruno MASURE – TF1, journal télévisé du 30 mars 1990

415. D'ESTOC ET DE TAILLE

1. De la pointe et du tranchant de l'épée.
2. De toutes les manières possibles.
3. À tort et à travers.

L'estoc était autrefois une épée longue et pointue. Par métonymie, du XVe au XVIIIe siècle, le mot a désigné la pointe de l'épée.

Quant à la taille, c'est ce qui permettait de trancher, de tailler, c'est-à-dire le tranchant de l'épée.

Si *férir d'estoc* pour « frapper de la pointe de l'épée » existe depuis le IXe siècle, ce n'est qu'au XVe qu'apparaît notre expression, employée à propos d'individus qui se battent en utilisant leur épée de toutes les manières possibles, en sous-entendant la violence et l'acharnement mis dans le combat.

Cette expression n'est plus employée dans le langage courant. Même si les deux autres sens métaphoriques proposés pourraient encore l'être, leur usage a disparu.

On ne la trouve donc maintenant que dans des récits évoquant des périodes anciennes où le combat à l'épée était usuel.

> À son bras gauche était roulée cette couverture de lit à laquelle Sancho gardait rancune pour des raisons à lui connues, et de la main droite il tenait son épée nue, avec laquelle il s'en allait frappant de tous côtés d'estoc et de taille, tout en prononçant des paroles, comme s'il eût réellement combattu quelque géant ennemi.
>
> CERVANTES – *Don Quichotte de la Manche* – 1605-1615 – traduction de Florian – 1802

416. UN ÉTOUFFE-CHRÉTIEN

Un mets d'une consistance épaisse, étouffante, difficile à avaler.

Le « chrétien », ici, n'est pas celui dont la religion est liée au christianisme. Il désigne simplement un être humain comme vous et moi, quelles que soient ses croyances ou incroyances, par opposition à l'animal.

Il existe certains mets, des pâtisseries souvent, qui, pour être délectables, n'en sont pas moins parfois un peu difficiles à mâcher ou à avaler.

Exemple : les montecaos (ou montecados ou mantecados), petits gâteaux d'origine du sud de l'Espagne, excellentissimes, mais très friables, occupant bien la bouche et interdisant de parler quand ils y sont, sous peine de crépir l'interlocuteur[1] ; ils donnent l'impression au mangeur qu'il est près de s'étouffer, d'autant plus que, du fait qu'ils sont friables et de la difficulté à les avaler, des miettes peuvent parfois remonter dans les fosses nasales (on n'est pas loin du mélange masochiste de délice et de supplice).

Mais, dès qu'il s'agit d'étouffer un chrétien, on ne peut passer sous silence ce jugement de Dieu d'autrefois, ou ordalie, qui consistait à faire manger au présumé coupable du pain d'orge, très étouffant. Si l'individu s'étouffait, c'est forcément qu'il était coupable.

> Tu pourrais encore, Tomazover, nous fabriquer de ces « étouffe-chrétiens » dont à Kobjercyn nous marquions les jours fastes.
>
> Francis Ambrière – *Les Grandes Vacances, 1939-1945* – 1946

417. AVOIR / METTRE LE PIED À L'ÉTRIER

Être / mettre quelqu'un dans une situation favorable à la réussite de quelque chose.

Dès le XIe siècle, *étrier* désigne un anneau métallique qui soutient le pied du cavalier qui ne suit pas un régime sans selle.

Et même si on ne pratique pas l'équitation, on a tous vu cette image du cavalier qui, seul ou aidé par quelqu'un s'il est novice, place un de ses pieds dans l'étrier sur le côté de sa monture et, en prenant appui dessus, s'en aide pour se hisser en selle.

Dans cet usage, l'étrier est assimilé à un marchepied ou à une courte échelle, autant de moyens qui permettent à quelqu'un d'atteindre son but.

Nous avons donc affaire ici à une métaphore venue du monde équestre et née au début de la seconde moitié du XVIIIe siècle.

1. Mais chacun sait qu'il est très mal élevé de parler la bouche pleine. Probablement depuis l'invention des mantecados, non ?

Dans la version avec *avoir*, la personne se débrouille par ses propres moyens, alors que dans celle avec *mettre,* elle est aidée par quelqu'un d'autre.

Mais dans les deux cas, tout comme l'étrier est le moyen qui aide le cavalier à réussir sa montée en selle, il est ici une représentation du moyen ou de l'aide qui va guider la personne vers la réussite de ce qu'elle a entrepris.

> Il lui dit qu'après son succès, il était impossible qu'elle ne retrouvât pas bientôt un autre engagement ; elle n'avait pas à se décourager. Maintenant qu'elle avait eu le pied à l'étrier, elle repartirait facilement.
>
> Auguste Germain – *La Belle Hélène* – 1901

> C'était Barras qui l'avait distingué au siège de Toulon, qui lui avait « mis le pied à l'étrier » en vendémiaire. Pour cette raison aussi, Barras était porté à le regarder comme une de ses créatures, à le traiter d'un peu haut.
>
> Jacques Bainville – *Le Dix-huit Brumaire* – 1925

418. NE CONNAÎTRE NI D'ÈVE NI D'ADAM

N'avoir jamais entendu parler de quelque chose ou de quelqu'un.

Qui ne connaît Adam et Ève ? Je ne veux pas dire « personnellement », bien sûr. Mais qui n'en a jamais entendu parler ?

Le premier homme, Adam, créé par Dieu en tant que brouillon, puis la première femme, Ève, créée en corrigeant les quelques anomalies de la première version[1]. Ce sont ces deux êtres qui sont à l'origine de toute l'humanité[2], donc de vous et de moi.

Ne connaître quelqu'un ni d'Ève ni d'Adam, c'est ne pas le connaître directement, ni de réputation, ni par personnes interposées, même pas par les proches de la famille, aussi loin qu'on puisse remonter dans

1. Non mesdames ! Je n'ai strictement rien à me faire pardonner…
2. Enfin, c'est ce qui se dit dans certaines chaumières. Moi je n'y étais pas. Alors je ne peux jurer de rien.

cette famille, y compris en allant jusqu'à Ève et Adam, nos aïeuls les plus anciens.

Si la date d'apparition exacte n'en est pas connue, on trouve cette expression dès 1700 (elle devait donc exister au moins un peu avant) dans un ouvrage intitulé *Le Père Bouhours, Jésuite convaincu de ses calomnies anciennes et nouvelles contre Messieurs de Port-Royal* où l'on peut lire ceci : « [...] une histoire et des bruits qui ont eu pour principal fondement la grossesse scandaleuse d'une fille qu'ils ne connaissaient ni d'Ève ni d'Adam. »

Bien entendu, je ne peux passer sous silence la forme légèrement adaptée de cette expression : *ne connaître ni des lèvres, ni des dents*, version qui ne date pas de Coluche, mais de 1908.

> Une fois que la mort a posé sa griffe sur toi, elle ne te lâchera plus. Au fond de toi, en silence, elle va s'installer comme un taret. Ta chair va entamer sa dégradation à pas imperceptibles.
> Des organes que tu ne connaissais ni d'Ève ni d'Adam vont t'imposer leurs caprices. Ta grâce va devenir un effort, ta beauté une conquête, ta démarche un tour de force, l'insouciance une discipline, ta santé une forteresse assiégée et l'inquiétude une compagne lancinante.
>
> Benoîte Groult – *La Touche étoile* – 2006

419. *EX PROFESSO*

En tant que spécialiste, personne maîtrisant le sujet.

Peut-on avoir été prof et sot ? Hélas, le passage obligé dans les sévices de l'Éducation nationale a prouvé à chacun que l'être est parfaitement possible, même si ce n'est pas la règle, heureusement. Et quand on l'a été, peut-on ne plus l'être ? Ce n'est pas certain, mais c'est évidemment ce qu'on peut souhaiter de mieux pour le prof et ses élèves.

Toujours est-il qu'un prof, aussi sot soit-il dans son comportement, peut parfaitement parler *ex professo*, s'il maîtrise bien son sujet, ce qui est la moindre des choses.

À l'origine, cette locution latine avait le sens de « ouvertement ».

Mais le *ex* est trompeur. Il n'a pas le sens du *ex* qu'on trouve dans *ex-épouse, ex-ministre* ou *ex-prof et sot*, et qui signifie « précédent » ou « précédemment ».

Ici, *ex* a le sens de « selon » et *professo* est issu de *profiteri* qui signifie « déclarer ouvertement » (d'ailleurs, je ne me gêne pas pour *profiteri* que j'aime les profiteroles !).

Si la locution a la signification qu'on lui connaît aujourd'hui, sans avoir besoin de posséder un doctorat quelconque (en 1620, elle a commencé par vouloir dire « en exposant doctoralement »), c'est probablement par influence de la similitude apparente entre *professo* et *professeur*.

> Calvin n'avoit insinué cette erreur qu'en passant : Charles Dumoulin la soutient ex professo, dans son Traité sur l'usure, n° 10, où il affirme hardiment que l'usure n'est défendue qu'en tant qu'elle blesse la charité.
>
> Étienne Pagès – *Dissertation sur le prêt à intérêt* – Deuxième édition – 1820

420. DE DERRIÈRE LES FAGOTS

1. Précieusement conservé.
2. Excellent, rare, exclusif, surprenant. D'une qualité exceptionnelle.

À l'origine, au XVIIIe siècle, cette expression s'appliquait au vin, celui qu'on remontait de la cave où il avait été soigneusement conservé, caché derrière les fagots de bois stockés pour l'hiver, ces minces branchages qui servaient à faire démarrer le feu dans la cheminée avant d'y mettre de véritables bûches.

Ce vin de qualité étant gardé pour les grandes occasions, la locution a fini par se généraliser, dans un sens figuré, à tout ce qui est d'une très grande qualité, ce qui est excellent, rare ou même surprenant (comme la sole aux fraises de derrière les fagots de Gaston Lagaffe, par exemple).

Certains vignerons utilisent encore aujourd'hui des fagots de sarments de vigne qui sont placés devant les vannes d'écoulement, à l'intérieur des cuves de fermentation des vins rouges.

Ces fagots permettent au jus de s'écouler tout en retenant les pépins de raisin et autres débris qui pourraient obstruer les pompes.

Dans ce cas, c'est, au sens propre, du vin de derrière les fagots que l'on obtient.

> Alors, dit le Tyran, faites apporter les clefs de sept ou huit chambres, ôter de la broche trois ou quatre chapons, retirer de derrière les fagots une douzaine de bouteilles de ce petit vin que vous savez, et répandez par la ville ce bruit : que l'illustre troupe du seigneur Hérode est débarquée aux Armes de France avec un nouveau répertoire, se proposant de donner plusieurs représentations.
>
> Théophile Gautier – *Le Capitaine Fracasse* – 1863

421. SENTIR LE FAGOT

1. Être mécréant, avoir des idées trop libres en matière de religion.
2. Plus généralement, s'applique à toute personne, opinion ou œuvre générant un scandale ou inspirant de la méfiance, car susceptible d'être condamnable.

Lorsqu'on s'attelle au barbecue destiné à nourrir la palanquée d'invités de la fête jardinière (*garden-party*, en anglais), on a rapidement les cheveux et les vêtements qui sentent le charbon de bois puis, peu après, la chipolata, la merguez ou la sardine, voire les trois si vous avez décidé de varier les plaisirs.

À une lointaine époque, au lieu des saucisses, c'étaient des hommes et même des femmes que l'on brûlait. C'est pourquoi le Cauchon qui fit une flambée de Jeanne d'Arc devait probablement sentir la pucelle grillée.

Pourquoi les brûlait-on, me direz-vous ? Eh bien, en l'absence de guillotine ou de chaise électrique, il fallait bien trouver un moyen, extrêmement douloureux si possible, de trucider celui qui était condamné à mort[1]. Or, si aujourd'hui, dans certaines contrées modernistes, un gentil moyen de se débarrasser de femmes adultères, donc méritant indubitablement la mort, peut être la lapidation, autrefois la justice, plus ou moins juste, pouvait envoyer sur le bûcher les sorcières, les hérétiques et autres personnes auxquelles, à tort ou à raison, on faisait de si gros reproches que l'on considérait devoir les éliminer de la planète.

Et ces grands feux de joie étaient constitués de bûches entourées de fagots de petit bois savamment entassés de manière à démarrer le feu et le propager aux bûches placées autour du poteau où, attaché, le condamné devait vivre ses derniers instants, victime d'un gros coup de chaleur.

De ce fait, les personnes ainsi traitées, peu avant de passer de vie à trépas, sentaient inévitablement le fagot brûlé, sans passer par la case chipolata.

C'est de cette joyeuse pratique, très appliquée aux hérétiques, que notre métaphore est née au XVIe siècle, d'abord utilisée pour les personnes considérées comme mécréantes (et Dieu sait si, au cours de guerres de Religion, les uns sont les mécréants des autres, et inversement, ce qui donne de la matière à carboniser !) avant de s'étendre à tout ce qui est considéré comme subversif ou pouvant conduire devant la justice.

> Près de lui, vous voyez son fils, cette tête de songe-creux : il le destinait aussi aux arts, à quelque commandement supérieur des violes et des trombones ; mais le jeune homme a mal tourné. Il a professé à Padoue des principes d'une philosophie

---

1. Mais notez bien que la cruauté n'était pas la seule raison d'utiliser le bûcher pour éliminer les sorcières et autres hérétiques. En effet, à cette époque, la raison la plus importante venait du fait que les gens étaient persuadés qu'en les brûlant, leur résurrection serait impossible, l'âme étant autant carbonisée que le corps (ce qui explique d'ailleurs aussi que, jusqu'en 1963, l'Église refusait catégoriquement la crémation qui n'est plus maintenant que tolérée, sous certaines conditions).

qui sent le fagot, dit-on, et ses nombreuses découvertes dans des sciences dangereuses pourront bien finir par le brouiller tout à fait avec l'Église.

SAINTINE – *Le Mutilé* – 1832

Pourfendeur des sciences et des arts, fossoyeur de la propriété privée, contempteur de la monarchie, ce bonhomme [Jean-Jacques Rousseau], qui égratigne au passage les médecins, les femmes, les gens de lettres et les Anglais, sent le fagot.

Olivier LE NAIRE – *L'Express* – Article du 11 août 1994

422. UNE FAIM DE LOUP

Une très grande faim.

Le loup a une place très importante dans les contes, légendes et mythologies des pays européens. Souvent avec des aspects très négatifs (les démons vêtus de peaux de loup, le loup-garou, le grand méchant loup…), mais aussi, et plus récemment, plus positifs ou même tendres (mon p'tit loup, mon gros loup…).

L'origine de notre expression est facile à comprendre : la faim qui tenaille est « dévorante », autant que le loup est réputé dévorer ses proies.

Cette expression, sous sa forme actuelle, n'est attestée que depuis le XIXe siècle.

Mais le symbole de voracité et méchanceté qu'est le loup depuis très longtemps avait fait naître des variantes bien avant puisque au XVIIe siècle, par exemple, on disait *manger comme un loup*.

Plus généralement, *loup* a une valeur intensive qu'on retrouve aussi dans *un froid de loup*, tout aussi glacial que celui « de canard » même si le volatile n'est pas connu pour agresser les brebis et les petits chaperons rouges.

– C'est que Francesco et moi, nous avons une faim de loup.
– Tant mieux, vous trouverez notre pauvre cuisine meilleure.

Alexandre DUMAS – *Impressions de voyage : Suisse* – 1869

423. NE PAS S'EN FAIRE (UNE MIETTE)

1. Ne pas s'inquiéter ou se faire de soucis.
2. Être insouciant.

Lorsque vous répétez sans cesse à un angoissé de nature de ne surtout pas se faire de soucis[1], vous finissez par alléger la phrase en lui disant simplement « ne t'en fais pas ! ».

Il aura parfaitement compris que le *en* désigne ici les fameux soucis qui l'habitent, qui le taraudent et contre lesquels il semble impuissant.

Notre locution est donc simplement une ellipse familière de *ne pas se faire de soucis*.

Mais on trouve aussi parfois *une miette* accolée à l'expression. Pourquoi ?

Eh bien, pour une raison simple : si la miette est, depuis le XIIe siècle, le diminutif de *mie* pour désigner d'abord les tout petits bouts qui tombent du pain quand on le rompt, puis, au XVIe siècle, par extension, de petits morceaux de n'importe quoi, le mot a également eu le sens de « un tout petit peu », en rapport avec la taille moyenne d'une véritable miette.

Avec cet ajout l'expression est à comprendre comme « ne pas se faire de soucis, même pas un tout petit peu ».

> Dans la vie faut pas s'en faire
> Moi je ne m'en fais pas
> Toutes ces petites misères
> Seront passagères
> Tout ça s'arrangera
>
> Albert WILLEMETZ, Henri CHRISTINÉ –
> *Dédé* (opérette) – 1907

> Mais cette erreur ne suffisait pas à ternir un instant l'éclat de ce spectacle, organisé avec de petits moyens par une troupe qui n'avait pas l'air de s'en faire une miette.
>
> *La Revue hebdomadaire* – Volume 39 –
> Numéros 7-8 – 1930

1. Pour les lecteurs d'origine japonaise, il s'agit bien ici de soucis, pas de sushis. Ni de sous, si !

424. EMBRASSER / FAIRE FANNY

Perdre une partie sans marquer de point.

D'abord utilisée uniquement à la fin d'une partie de boules, cette expression qui date du début du XXe siècle s'emploie aussi plus généralement à la fin d'un jeu quelconque où on n'a marqué aucun point.

Dans les pays rhônalpins, Fanny était un panneau de bois représentant une femme exhibant son « popotin » et que les joueurs ayant perdu la partie sans rien marquer devaient embrasser. Pourquoi le derrière et pourquoi Fanny, me direz-vous ?

Malheureusement, les lexicographes restent généralement muets sur l'origine de cette expression. Je reproduis donc ici l'explication qui est proposée sur son site par le fabricant marseillais de boules *La boule bleue*, explication que vous trouverez sous sa forme complète à l'adresse suivante : http://www.laboulebleue.fr/la-fanny-s36, accompagnée de la photo d'un magnifique postérieur de Fanny.

> « Cette tradition serait originaire… de Savoie ! La Fanny originelle aurait été serveuse au café de Grand-Lemps[1], juste avant la Première Guerre mondiale. La légende dit que, par gentillesse, elle se laissait embrasser par les clients qui venaient de perdre aux boules sans marquer le moindre petit point. La bise se faisait alors sur la joue.
>
> Jusqu'au jour où, toujours selon la légende, le maire du village perdit à son tour et vint quémander sa "récompense". Fanny avait-elle un grief contre lui et voulut-elle l'humilier en public ? Nul ne le sait. Ce qui est sûr, c'est qu'elle grimpa sur une chaise, releva ses jupes et lui tendit… ses fesses ! Le maire ne se démonta pas. Moins d'une seconde plus tard,

---

1. Il y a là une petite erreur, la commune du Grand-Lemps est située en Isère, pas en Savoie (nda).

deux baisers retentissants résonnaient dans le café. C'était le début d'une longue tradition… »

Info ou intox ? On peut se le demander, puisqu'une autre explication évoque cette fois la fille d'un herboriste de la région de Lyon qui, moyennant monnaie, montrait son popotin aux perdants d'une partie de boule, qui avaient forcément les boules. Mais en l'absence d'une explication vérifiable, on retiendra cette amusante origine comme la bonne.

> Ce n'était qu'un banal concours de pétanque qu'il avait perdu, et il n'était sans doute pas le premier à avoir dû embrasser Fanny, une coutume provençale bon enfant, uniquement destinée à pimenter le jeu.
>
> Danielle Stamenkovic – *Les Anges gardiens des collines* – 2002

425. FAUCHÉ (COMME LES BLÉS)

Très pauvre, ruiné.

Prenez un champ de maïs OGM. Amenez-y un José Bové et glissez-lui adroitement une faux bien affûtée entre les mains avant d'appuyer sur le bouton « marche ».

Vous verrez qu'en deux temps trois mouvements, il ne restera plus rien de votre champ, complètement fauché.

Fauché, à l'origine participe passé du verbe *faucher*, est une simple métaphore qui assimile l'état du portemonnaie de la personne totalement démunie (il n'y reste rien) à celui du champ complètement fauché (il n'en reste rien).

Selon Gaston Esnault, elle date de 1877.

Quant à son extension avec *comme les blés*, elle serait apparue en 1899. Si cette comparaison coule de source (le destin d'un champ de blé est a priori d'être fauché), il faut aussi y voir une certaine malice, puisqu'en argot, le *blé* désigne l'argent.

Et si la métaphore paraît évidente, on peut tout de même noter qu'au XVIIe siècle, à une époque où les gens se promenaient encore avec des espèces* sonnantes et trébuchantes dans des bourses pendues à la ceinture, le voleur « fauchait » lorsqu'il coupait la bourse et l'emportait (pas les bourses !).

On retrouve là un lien avec deux des sens argotiques de *fauché* puisque celui à qui on a fauché (volé) sa bourse est sans le sou (il est donc fauché).

> Sur les épouvantables billets de banque, on voit le travailleur
> éclatant de santé
> dans un ravissant paysage d'été
> et fauchant en chantant alertement les blés
> mais on ne voit jamais
> l'image simple et vraie
> le travailleur en sueur et fauché comme les blés.
>
> Jacques Prévert – *Paroles* – 1946

426. S'INSCRIRE EN FAUX

Opposer un démenti, une dénégation.

Lorsque le verbe *inscrire* apparaît au XIIIe siècle, il signifie « écrire quelque chose[1] pour transmettre l'information, en conserver le souvenir » et, plus particulièrement, un siècle plus tard, « noter des noms sur un registre ».

C'est de cette dernière acception que *s'inscrire* s'emploie maintenant non pas pour dire « écrire sur soi une information quelconque » comme on pourrait le croire d'après le sens initial, ce qui ne servirait pas à grand-chose, mais « faire le nécessaire pour que son nom soit noté dans une liste ». Et c'est ainsi que, de nos jours, on s'inscrit en fac ou sur une liste électorale, par exemple.

L'expression *s'inscrire en faux*, qui est citée dès le début du XVIIe siècle, voulait alors dire « Soustenir en Justice qu'une piece que la partie adverse produit, est fausse » (*Dictionnaire de l'Académie française*, 1694). C'est un peu plus tard, au cours du même siècle, qu'une fois suivie de *contre quelque chose*,

1. Le support pouvant être aussi bien le papier que la pierre ou le métal, par exemple.

elle a également pris le sens figuré de « opposer un démenti » qu'on lui connaît aujourd'hui.

> Cette dernière affirmation a paru si grave à certains érudits, qu'un savant jésuite, le P. Cahier, qui a consacré sa vie à des études archéologiques, m'écrivait : « Je m'inscris en faux contre la représentation des moines que vous prétendez voir dans bien des sculptures du moyen âge. Tout le monde alors portait le capuchon : il s'agit d'établir si tous les gens encapuchonnés comptaient pour des moines. Je me charge de prouver le contraire. » Par l'ensemble des preuves gravées dans ce volume, le lecteur jugera de quel côté se trouve la vérité.
>
> CHAMPFLEURY – *Histoire de la caricature au Moyen Âge et sous la Renaissance* – 1813

427. ÊTRE UN FAYOT

Faire du zèle.
Chercher à se faire bien voir de son supérieur / enseignant.

Ce terme de *fayot* est apparu dans l'argot de la marine militaire en 1833 pour désigner le matelot qui se rengage. Pourquoi, me direz-vous ?

Il faut d'abord se rappeler qu'à cette époque, le haricot (ou fayot) était une légumineuse très souvent servie au repas à bord (parce que pas chère et se conservant bien, donc embarquée en quantité).

Ensuite, le marin, ne sachant rien faire d'autre ou bien aimant réellement son métier et la discipline qui s'y rattache, ne faisait en général que se rengager dès son contrat précédent terminé et une opportunité d'embarquement ouverte.

On a donc, par plaisanterie, considéré qu'il revenait à bord aussi souvent que les fayots revenaient au menu. Ce qui explique ce surnom.

Ensuite, ce terme s'est étendu à tout militaire se rengageant, en y ajoutant un soupçon de mépris (si tu te rengages et que tu respectes ou appliques la discipline avec autant de rigueur, c'est certainement pour plaire aux gradés et obtenir quelques faveurs en échange).

À la fin du XIXe siècle ou au début du XXe, selon les sources, l'origine réelle étant un peu oubliée, le fayot est finalement devenu, d'une manière générale et dans tous les milieux, celui qui fait un peu trop de zèle, qui cherche trop à plaire à ceux qui ont le pouvoir en leur manifestant une certaine servilité, et qui, s'il se fait généralement bien voir (ou simplement exploiter) par ceux-là, se déconsidère sérieusement auprès de ses camarades.

> Courtenay, tu t'en sortiras, ma fille, tu as la foi, mais je pense que tu devrais faire chirurgie, tu as des mains pour ça. Ah ! Un bon conseil ! C'est avec les patrons qu'il faut fayoter, non avec les malades.
>
> Anne CAZAL – *Le Ravin rouge* – 1994

428. CHERCHEZ LA FEMME !

Cherchez celle qui est la cause d'un événement fâcheux.

Tout homme, qui a suffisamment vécu pour apprendre que si l'amour rend aveugle, le désamour rend lucide (comme disait Corneille), sait que, lorsqu'il y a quelque part des bisbilles dans un groupe d'individus, des empêchements agaçants (ne plus pouvoir aller jouer au tiercé avec ses copains piliers de bar, par exemple) ou même un crime, c'est la plupart du temps parce qu'une femme est au milieu, soit parce qu'elle a provoqué des jalousies, parce qu'elle ne supporte pas que son mari s'absente longtemps pour essayer de gagner au PMU de quoi manger pendant qu'elle a la chance d'avoir largement de quoi ne pas s'ennuyer avec les enfants, la cuisine, la vaisselle ou le ménage, ou bien parce qu'elle a poussé son homme à trucider le voisin pour lui voler son Rembrandt, idée qui ne lui serait certainement pas venue toute seule tellement il est gentil et ne veut de mal à personne.

C'est probablement parce qu'il connaissait bien les femmes qu'Alexandre Dumas père, dans *Les Mohicans de Paris,* fait dire à un de ses personnages, Joseph Fouch, policier de son état : « il y a une femme dans toutes les affaires ; aussitôt qu'on me fait un rapport, je dis : "Cherchez la femme." »

Si l'on n'est pas tout à fait certain qu'il soit l'inventeur de la formule, il a incontestablement contribué à la populariser dans ce XIXe siècle où la misogynie était un petit peu plus répandue qu'aujourd'hui, puisqu'on disait la femme mauvaise ménagère, dépensière, sotte et perverse[1], et bien pire encore si elle était éduquée.

Au final, si les femmes sont telles que décrites ici, on se demande pourquoi ces imbéciles d'hommes continuent à courir après, non ?

> N'est-ce pas le moment de rappeler les paroles profondément justes du jurisconsulte : « À côté de tous les crimes, il y a la femme, cherchez la femme et vous trouverez le coupable. »
>
> Lettre aux députés de l'Assemblée nationale réclamant le vote d'une loi autorisant le divorce – 1er septembre 1876

429. JETER L'ARGENT PAR LES FENÊTRES

Être extrêmement dépensier.

Au Moyen Âge, en l'absence de tout-à-l'égout, les fenêtres voyaient passer toutes sortes de choses, et il ne faisait pas bon circuler dessous à ce moment-là ; on pouvait en effet se faire décorer de liquides souillés ou d'immondices diverses. On y jetait aussi parfois des pièces de monnaie pour récompenser le troubadour de passage (ou le faire partir vite, s'il chantait comme Assurancetourix).

Mais l'image que véhicule cette expression se comprend très aisément : celui qui jetterait son argent par les fenêtres de son logement gaspillerait aussi stupidement sa fortune qu'en la dépensant à acheter des quantités de choses sans intérêt ou inutiles.

La version de 1762 du *Dictionnaire de l'Académie française* nous signale qu'on disait déjà à cette époque « un homme ne jette rien, ne jette point son

1. De ce trait de caractère, entre autres, vient sa réputation de semeuse de zizanie.

bien par les fenêtres » pour dire « il ne fait point de folles dépenses ».

Cette expression date donc probablement de la fin du XVIIe ou du début du XVIIIe siècle.

Claude Duneton signale qu'Oudin écrivait qu'au XVIIe, « jeter les épaules de mouton par la fenêtre » était signe de prodigalité.

Pourquoi les épaules ? Et pourquoi du mouton ? C'est un mystère !

> Car je ne suis pas de ces avares qui vivent misérablement pour le plaisir de laisser une fortune considérable à des héritiers qui se moquent d'eux, et qui jettent l'argent par les fenêtres comme si c'était de la boue.
>
> Felix MACDONOGH – *L'Hermite en Écosse* – 1825

430. CROIRE DUR COMME FER

Croire très fermement, sans pouvoir être détrompé.

On peut facilement imaginer qu'une expression du genre *croire mou comme fer* n'aurait pas été comprise aussi intuitivement que celle qui nous importe cette fois-ci.

En français, *fer* (venu du latin *ferrum*) désigne d'abord une épée, avant, à la fin du XIe siècle, de désigner le métal lui-même.

C'est au cours du XIIIe siècle que, au figuré, *fer* prend aussi la connotation de « très robuste » puis « inébranlable ».

C'est ce sens figuré qu'on retrouve dans notre expression (une croyance inébranlable) qui date du milieu du XVIIIe siècle, sens amené par la dureté du fer trempé qui servait à fabriquer les armes blanches* ou les armures.

> Après avoir perdu amis et cousins dans la guerre des bandes, il veut enfin se ranger, en partie sous l'influence de sa nouvelle copine : « Une des dernières filles bien du quartier » [...]. Julio Gómez, le conseiller de sécurité de la mairie [...], croit dur comme fer

au rôle des femmes. « Elles sont fatiguées d'être des complices silencieuses », estime-t-il.

Libération – « L'amour ou le fusil » – Article du 9 octobre 2006

431. LE FER DE LANCE

1. Partie avancée et offensive d'un dispositif militaire.
2. Par extension :
- Partie d'un dispositif qui agit directement et efficacement contre un adversaire ;
- Ce qui, dans un ensemble, est le plus dynamique, le plus important.

Une lance était une arme constituée d'une longue hampe à l'extrémité de laquelle se trouvait une pointe en métal.

À condition de n'être pas utilisée comme un manche* dans les batailles, elle permettait, lorsqu'elle était lancée avec suffisamment de force, de préparer d'un seul coup une brochette de quelques combattants ennemis lorsque ceux-ci se trouvaient juste les uns derrière les autres.

Les malheureux ainsi transpercés se rendaient bien compte que la lance est donc un objet pénétrant, comme est supposée l'être « la partie avancée d'un dispositif militaire », cette dernière devant pénétrer les lignes ennemies[1] soit pour y faire quelques dégâts préparatoires, soit pour préparer le terrain au reste des troupes.

La métaphore initiale, qui ne date pourtant que du début du XXe siècle, soit bien après l'usage des lances au combat, est donc tout à fait compréhensible.

Les étudiants sont supposés être le fer de lance du progrès.

Le Monde – Article du 16 janvier 1968

---

1. Dans un combat de Gaulois contre des Romains, près d'un petit village d'irréductibles, on peut dire, vu la rapidité et l'efficacité de leur avancée à l'intérieur des légions romaines, que les deux compères Astérix et Obélix sont les fers de lance de leur troupe.

432. UN FESSE-MATHIEU

Un usurier ou un avare.

Si, de nos jours, la fessée est souvent considérée comme devant être interdite, il est incontestable qu'autrefois de nombreux pères ont fessé leur Mathieu de fils. On pourrait donc être en droit de se demander comment, en partant d'une fessée donnée à un Mathieu, on peut arriver à la notion d'usure ou d'avarice[1]. Et c'est justement pour tenter de répondre à ce genre d'interrogation hautement existentielle que l'auteur de ces lignes se décarcasse.

D'abord, il faut savoir que, littéralement, ce terme pourrait se comprendre comme « celui qui bat Mathieu avec des verges ». Mais, me direz-vous, voilà qui est loin d'éclairer la chose. Certes ! Alors, poussons un peu plus loin.

D'abord, je précise que les verges ne sont rien d'autre que des baguettes servant à frapper ; il est rare que la *verge*, dans son autre acception, ait un tel usage. Ensuite, le terme *fesse* employé ici ne vient pas non plus de dessous la ceinture, d'une des moitiés latérales du postérieur, mais du verbe *fesser* qui, au XVe siècle, a d'abord signifié « battre avec des verges » ; et c'est ce qui nous intéresse ici, même s'il avait aussi le sens de « faire quelque chose à la hâte » comme on le trouvait dans *fesse-pinte* pour désigner un grand buveur ou dans *fesse-cahier* pour nommer un copiste.

Ce n'est que plus tard que le verbe, par rapprochement avec la *fesse* que nous connaissons, a pris le sens moderne.

Venons-en maintenant à *Mathieu*[2]. Il s'agit en fait de saint Mathieu, l'un des douze apôtres et,

---

1. Comment mêle-t-on usure et avarice, me direz-vous ? C'est probablement parce qu'on considère qu'un usurier aussi cherche à accumuler un maximum d'argent et à en dépenser le moins possible.

2. Je précise que, selon les sources, la date de l'ouvrage, l'auteur et le rapport volume du réfrigérateur sur l'âge du capitaine,

accessoirement, un des quatre évangélistes. Et c'est parce qu'on dit qu'avant de se convertir, il fut publicain (percepteur des impôts) mais aussi prêteur, que les usuriers étaient appelés « confrères de saint Mathieu ».

Si c'est dès le milieu du XVIe siècle que mathieu désigne d'abord un créancier, *fesser Mathieu* signifiait « prester à usure » au XVIIe (selon Antoine Oudin).

D'après Alain Rey, il faudrait alors comprendre que le fesse-mathieu, celui qui fesse saint Mathieu, est l'individu qui, pratiquant indignement son premier métier, mettait à mal la réputation de l'apôtre. Et comme la mise à mal pouvait s'assimiler au fait de battre (avec ou sans verges), cela expliquerait l'utilisation du verbe *fesser* dans son acception initiale.

Info ou intox ? Je ne peux passer sous silence, cette proposition d'Alexandre Boniface qui écrit en 1862 qu'on reconnaît un usurier à son visage, donc un Mathieu à sa face. D'où l'appellation de *face de Mathieu*, devenue *face-mathieu*, transformée en *fesse-mathieu*.

> Je ne sais auquel d'entre eux on faisait le procès, quand l'abbé, enchérissant sur le mal qu'on en disait, ajouta : « Enfin, c'est un ladre, un fesse-mathieu. »
>
> Antoine-Vincent ARNAULT – *Souvenirs d'un sexagénaire* – 1833

433. AVOIR LE FEU AU CUL / AU DERRIÈRE

1. Être très pressé, courir très vite.
2. Être particulièrement porté sur les plaisirs sexuels.

La première signification est attestée dès la fin du XVIIe siècle. Au même moment, on disait aussi « avoir le feu aux trousses », avec le même sens, les trousses étant des hauts-de-chausses, vêtements couvrant les

---

Mathieu prend un ou deux *t*. Il y a même un auteur du XVIe siècle, Noël du Fail, qui l'écrit au choix avec un ou deux *t*, probablement selon son humeur du moment.

cuisses et les fesses, terme qu'on retrouve également dans l'expression *avoir quelqu'un à ses trousses*.

L'image est claire : on comprend bien que quelqu'un dont le derrière est en flammes se mette à courir très vite, par réflexe, dans l'espoir idiot de mettre de la distance entre le feu et lui, même si ce n'est probablement pas la meilleure réaction à conseiller.

La seconde signification est apparue dès le milieu du XVIe siècle.

Elle est à rapprocher de *être en chaleur*, expression principalement utilisée pour les animaux, avec une localisation de cette « chaleur » d'une très forte intensité située sous la ceinture.

Bizarrement, au Québec, cette expression n'a pas du tout le même sens, puisqu'elle signifie « être fâché ».

> Il est bien pressé de partir, commenta Joseph. On dirait même qu'il a le feu au cul ou qu'il a vu le diable.
>
> Daniel VIGOULETTE – *Les Ombres du Léman* – 2006

> Une fois, j'avais entendu ma maman dire d'une autre dame : « Elle a le feu au cul ! »
> J'imaginais des flammes dans les culottes des dames et des filles, un peu comme celles qu'il y a dans la cheminée.
>
> Chris LAURE – *Tendre barbare* – 2010

434. AVOIR LE FEU SACRÉ – ÊTRE TOUT FEU TOUT FLAMME

1. Éprouver de l'enthousiasme, de la passion.
2. Plus précisément, éprouver pour une activité une passion, un enthousiasme qui permet de la vivre pleinement et de la continuer malgré ses aspects ingrats ou contraignants.
3. Avoir de l'ardeur au travail.

Un sacré feu, c'est ce qu'on peut observer en été dans le sud de la France, en Grèce ou en Californie, par exemple ; et ce feu-là, il faut l'éteindre au plus vite, contrairement au *feu sacré* que, dans l'Antiquité, les prêtres devaient impérativement entretenir sur l'autel des dieux, comme le faisaient les prêtresses de la déesse Vesta, les vestales, qui, chargées d'entretenir le feu du temple, devaient faire vœu de chasteté et mouraient enterrées vivantes si jamais elles rompaient leur vœu.

Si le terme *feu* est utilisé depuis le IXe siècle pour désigner l'ardeur des sentiments, c'est chez Voltaire, au XVIIIe siècle, qu'apparaît *le feu sacré* pour évoquer des « sentiments nobles et passionnés qui se conservent et se transmettent » (Littré). Le syntagme a ensuite pris le sens plus précis d'enthousiasme et de passion.

Avoir le feu sacré, c'est donc effectivement éprouver ces deux sentiments qui peuvent être considérés comme d'autant plus forts et admirables qu'ils sont associés à une activité difficile qui impose un investissement personnel très important, voire des sacrifices, comme le sont par exemple la danse classique ou le chant lyrique.

Au XXe siècle, ils se sont transformés en ardeur pour donner le troisième sens proposé (mais ne faut-il pas avoir un enthousiasme certain pour avoir de l'ardeur au travail ?).

Dans *être tout feu tout flamme*, on retrouve le même *feu* qui symbolise également la passion, renforcé par le dédoublement feu / flamme.

> Nos aimables barons, formés sur le modèle d'Elleviou, vous enseigneront la belle tenue de l'état-major de Berthier et l'étiquette des maréchaux, sans oublier le dévouement, l'enthousiasme, le feu sacré.
>
> Paul Louis Courier – *Lettres de France et d'Italie* – 1828

> C'est vrai, tu sais, que ça me révolte plus que tu ne le crois. Vois-tu, moi aussi, voilà dix ans lorsque j'ai débuté, j'étais tout feu tout flamme.
>
> Yanny Hureaux – *La Prof* – 1972

> C'était à l'époque où la Minerve, armée en guerre, s'attaquait à la royauté, avec des allures de pamphlet sans pitié et de Satire Ménippée. Benjamin Constant, tout feu, tout flamme, allait et venait, lançant des

articles qui ressemblaient à des brandons, aiguisant le sarcasme, applaudissant à l'heureuse audace de ses collaborateurs.

Théodore DE GRAVE – *Les Duellistes* – 1868 –
Préface de Jules Claretie

435. GRILLER / BRÛLER UN FEU

Passer un feu de circulation qui est au rouge.

Normalement, lorsque vous êtes seul, perdu au fin fond de la Saskatchewan ou du Baloutchistan et que vous venez de capturer un animal pour agrémenter votre repas du soir, vous utilisez du feu pour griller votre proie.

On peut assez facilement en déduire qu'un feu, ça peut servir à griller.

La question est donc de savoir comment on peut griller ce qui sert à griller, ainsi que le suggère notre expression, ou tout aussi étrangement, comment on peut brûler quelque chose qui sert déjà à brûler.

La réponse est que nous vivons dans un monde où, parfois, une chatte n'est pas la femelle du chat et où un poulet n'est pas forcément une volaille.

Commençons par ce *feu* qui, ici, n'est pas un de ceux qui servent à griller, mais de ceux qui servent à signaler quelque chose (sachant qu'autrefois, les signaux de nuit se faisaient à l'aide de vrais feux alimentés avec du vrai bois mais que maintenant, grâce à la fée électricité et alors que le nom est quand même resté, ce rôle est pris en charge par des ampoules).

En particulier, ce feu de circulation, s'il est rouge (non, ce n'est pas à cause des braises !), vous indique que vous n'avez pas le droit de passer.

Jamais votre poulet ne deviendra succulent si vous le faites tourner un bon moment à proximité d'un tel feu. Je dirais même plus, c'est plutôt le poulet placé au pied du feu qui risque de vous faire tourner, mais en bourrique, surtout si vous venez de le griller (le feu, pas le poulet).

Et puisqu'on parle justement de *griller*, revenons-y un peu.

Si un poulet n'a pas nécessairement des plumes, une chatte sur un doigt brûlant fait rarement miaou et un feu ne fait pas forcément des flammes, le verbe *griller* ne veut pas obligatoirement dire « rôtir sur un feu ou un gril » et *brûler* ne signifie pas toujours « détruire par le feu ».

Dans l'ordre chronologique, c'est au début du XVIIIe siècle que le verbe *brûler* prend au figuré le sens de « passer sans s'arrêter (à un point d'arrêt prévu) » comme dans *brûler les étapes*, sans que la raison en semble bien claire de nos jours (peut-être faut-il y voir une allusion au feu de forêt dévastateur qui, poussé par le vent, ne s'arrête nulle part, même pas à un stop, et n'épargne rien).

Ensuite, comme de *brûler* à *griller*, il n'y a qu'un pas, c'est au début du XXe siècle que le verbe *griller*, parmi ses nombreux emplois métaphoriques et argotiques (comme « tromper », « dénoncer », « compromettre », « anéantir » ou « gâcher »), veut d'abord dire « dépasser (un véhicule) » puis, par amalgame avec le sens figuré de *brûler*, « dépasser sans s'arrêter », signification qu'on retrouve dans notre expression.

> Le gendarme, en uniforme dépareillé et nettement trop petit pour sa taille, se penche vers lui.
> – Vous avez grillé le feu ! dit-il d'un air méprisant.
> – Comment voulez-vous que je grille un feu qui ne fonctionne plus !
>
> Jacky Wolfarth, Laurence Lacroix – *Quartier de sable* – 2007

436. IL N'Y A PAS LE FEU AU LAC !

1. On n'est pas pressés.
2. Il n'y a aucune urgence, ça peut attendre.

L'expression d'origine est tout simplement *il n'y a pas le feu* ou, en raccourci, *y a pas l'feu*. Son message est très clair : s'il n'y a pas le feu, il n'y a aucune raison de se presser (sous-entendu : pour aller l'éteindre).

Si quelques facétieux ont jugé utile de rajouter *au lac*, c'est par moquerie de la proverbiale lenteur de nos amis suisses qui sont supposés avoir du mal à se dépêcher[1] : « y a l'feu ou bien ? Bon alors si y a pas l'feu, on n'a vraiment pas besoin de s'presser » (à prononcer avec l'accent traînant et chantant suisse, bien sûr).

Et il semblerait que la moquerie soit interne à la Suisse (on n'est jamais si bien moqué que par soi-même), puisque cette version serait attestée en Romandie dès le milieu du XIXe siècle.

Pourquoi « au lac » ? Eh bien, simplement parce que le Léman[2] est un des symboles de la Suisse et que l'ajout de l'absurdité d'un lac qui prendrait feu ne fait que rajouter un cran dans la moquerie[3].

Mais on trouve aussi les compléments « dans les montres » (encore typique de la Suisse dont l'industrie horlogère est fameuse) ou même « au robinet », comme si l'eau du lac était pompée pour être amenée à l'intérieur de la maison.

Cela dit, l'absence d'urgence associée à ce symbole absurde d'un plan d'eau qui prendrait feu existe au moins depuis le milieu du XVIIIe siècle, puisque dans son *Dictionnaire Languedocien-Fran-*

---

1. On peut toutefois se demander ce qu'il en est réellement, car je constate fréquemment que, lorsqu'une voiture étrangère me double à allure rapide sur autoroute (alors que je suis déjà à la limite de la prune bien méritée), il s'agit souvent d'un Suisse. Pour continuer dans le gentil dénigrement de nos neutres voisins (autant grouper et ne plus y revenir), le Suisse a aussi la réputation d'être étroit d'esprit. Je ne sais pas si c'est confirmé dans la réalité, mais il est vrai qu'on en trouve assez facilement tout un catalogue, d'étroits Suisses. Redoutable, non ?

2. À ceux qui affirmeraient qu'en Suisse, ce lac s'appelle le lac de Genève, voici ce qu'on peut lire sur le site de la ville de Riex : « Eh non, Riex est au bord du lac Léman, qui ne s'appelle lac de Genève… qu'à Genève. »

3. Les poètes pourront dire que, vu depuis Montreux (vers l'extrémité est du Léman), le rouge du soleil couchant sur le lac donne pourtant bien l'impression qu'il est en feu.

çois, paru en 1756, Pierre Augustin Boissier de Sauvages écrivait : « Mar brûlo pa [la mer ne brûle pas] [...] : façon de parler adverbiale et populaire pour dire, il n'y a rien qui presse. »

> En tout bon Vaudois, y a pas le feu au lac, ce site sera construit à la rapidité inversement proportionnelle aux activités débordantes du ouaibe-mestre, de la météo et s'il n'a rien d'autre à foutimasser. Pour l'instant, c'est un peu miquelet, mais qui ne peut ne peut.
>
> Site topio.ch – Le site qui cause vaudois

437. FAIRE FI DE...

Dédaigner, mépriser.

L'histoire de Donald ne nous dit pas si, parmi ses neveux, Riri faisait Fifi de Loulou. Mais, sincèrement, peu nous chaut, d'autant plus que cette expression, sous cette forme, est née au début du XIXe siècle, bien avant Walt Disney.

C'est même depuis le XIIIe que l'interjection *Fi !* exprime le dédain ou le mépris.

En 1606, Jean Nicot, dans son *Thresor de la langue françoise* écrit que *fi* « Est interjection rejective, dont le François use quand il abhorre quelque chose » et il indique que le mot vient peut-être du latin *fimus* qui désignait du fumier ou de la fiente, matière qui, il faut bien le reconnaître, suscite rarement l'enthousiasme, surtout lorsqu'un pigeon ou un goéland, à qui on n'a pourtant rien fait, vient en tartiner nos lunettes et vêtements après une injuste attaque en piqué.

Ce dédain s'exprimait autrefois dans le proverbe en usage avant notre locution : « fi de l'avarice, c'est un vilain vice » montrant la forme *fi de* suivie d'un nom, comme l'emploie Jean de La Fontaine dans « Le Rat des villes et le Rat des champs » : « Fi du plaisir que la crainte peut corrompre ! », ou bien Clément Marot : « Fi de l'honneur ! Vive la vie ! »

> Le problème, c'est qu'après la guerre est arrivée une nouvelle forme de scientisme en quelque sorte, et on a fait fi de l'organisation du territoire en bocage. On a fait fi de tout cela, avec des gens savants, avec le remembrement et autres, et on a considéré que les talus, c'était une gêne, que les arbres c'étaient des ennemis et que les zones humides devaient être drainées.
>
> Patrick Blandin – *De la protection de la nature au pilotage de la biodiversité* – 2009

438. DES GROSSES FICELLES

Des procédés grossiers, très visibles.

Vous connaissez tous l'expression *les ficelles du métier* qui désigne des procédés, plus ou moins secrets, propres à la maîtrise du métier en question, des astuces qui permettent de faire simplement ou rapidement quelque chose qui semble très compliqué au profane ou au client.

Cette expression avait autrefois un sens péjoratif, ce qui n'est plus vraiment le cas maintenant. On disait d'ailleurs *les ficelles d'un art* pour désigner les artifices grossiers qu'on y employait.

Ficelle comme *fil* est un mot qui, dans un emploi métaphorique, était ainsi utilisé en liaison avec la tromperie.

Faire de la ficelle à quelqu'un signifiait « le tromper », *vieille ficelle* signifiait « vieux malin » et *tirer les ficelles* s'emploie aujourd'hui encore dans le sens de « manipuler », en pensant, bien sûr, à celles qui permettent de faire bouger les marionnettes.

Les « ficelles du métier » se doivent d'être discrètes, mais si elles s'épaississent au point de devenir de « grosses ficelles » bien visibles, c'est que les procédés sont grossiers, au point de devenir cousus de fil* blanc.

> Écrit par M. Night Shyamalan qu'on a connu en meilleure forme, ce thriller où le diable rode ne confirme jamais ses belles promesses de départ. La faiblesse de l'interprétation et surtout les grosses

ficelles de scénario et de mise en scène appuyées par une B.O. insupportable finissent par l'achever !
Thierry Chèze – *L'Express* – Article du 17 septembre 2009

439. MI-FIGUE, MI-RAISIN

1. Partagé entre la satisfaction et le mécontentement.
2. Pour partie sérieusement, pour partie en plaisantant.

Voilà une expression qui remonte à loin et qui a subi de nombreuses variations de sens. Tout d'abord, avant son apparition au XIVe siècle, les figues et les raisins étaient les fruits secs préférés au moment du carême, ce qui explique leur rapprochement dans une locution.

Mais cela n'explique pas pourquoi les deux fruits y sont opposés.

Au XVe siècle, l'expression, avec *moitié* au lieu de *mi*, voulait dire « en partie bien, en partie mal ». Au XVIe, Guillaume Postel évoque une troupe de soldats moitié figue, moitié raisin pour dire qu'elle est composée à moitié de musulmans et à moitié de chrétiens.

D'après le *Dictionnaire de l'Académie française*, c'est au XVIIe siècle qu'elle prend le sens utilisé encore aujourd'hui en y ajoutant en parallèle la signification « moitié de gré, moitié de force ».

L'apparition du *mi* au lieu de *moitié* est plus récente : on la trouve dans des ouvrages du début du XIXe siècle.

Pendant un moment, vers le XVIe siècle, il a pu aussi y avoir opposition entre le raisin savoureux et sucré et la figue, qui avait le sens de crotte ou fiente, comme l'atteste un proverbe de l'époque : « Figue de chat et marc d'argent seront tout un au jugement », où *figue de chat* est aussi remplacée par *fiente de chien*.

Il existe une explication actuellement réfutée de l'origine de la locution (elle est sans preuves écrites et supposée imaginée a posteriori) : elle serait liée aux Corinthiens qui, de temps en temps, lorsqu'ils livraient des raisins à Venise, y mélangeaient « par inadvertance » des figues, moins chères et plus lourdes, histoire de gruger un peu leurs clients.

> Le 9 mars, dans les allées du Forum Rhônes-Alpes, premier salon français de recrutement d'ingénieurs, l'ambiance était mi-figue, mi-raisin.
>
> Isabelle MAS – *L'Expansion* – Article du 1er avril 2005

440. TUER UN ÂNE À COUPS DE FIGUES (MOLLES)

S'attaquer à quelque chose de très (trop) long ou d'impossible.

Voilà une expression dont l'explication sera lapidaire puisqu'il y est question de lapidation.

Les figues étant des fruits du Sud, puisque le figuier est caractéristique du bassin méditerranéen, c'est du sud de la France que nous vient cette expression à la fois amusante et imagée dont l'origine est limpide : la figue étant un fruit mou (et encore plus pour la « figue molle »), prétendre arriver à trucider un âne (animal choisi car dans la région d'origine, on trouve plus facilement un âne qu'une otarie, un ornithorynque ou un hippopotame) en l'en bombardant est évidemment une opération qui va soit prendre beaucoup de temps (à supposer qu'elle réussisse avant qu'on soit à court de munitions[1]), soit, et c'est plus probable, être carrément impossible.

On trouve aussi *le temps de tuer un âne à coups de figues* qui veut dire « très longtemps » voire « infiniment longtemps ».

> Sur un banc, accoudées à leurs cannes, trois vieilles gouttes observent… L'accent rocailleux sanctionne : « Ce n'est pas la peine, petiiite, tu ne le trrrouver-

1. Et d'ailleurs, pour rester dans le Sud et plus précisément dans la région marseillaise, il faudrait « une chiée plus quinze » figues, soit « une très grande quantité », pour avoir la moindre chance d'arriver à éliminer ce pauvre animal.

ras paas. Autant tuer un ââââne à coup de figues moooolles. »

Hélène-Laure DE BELLOY – *Je ne sais pas encore* – 2001

441. COUSU DE FIL BLANC

Très grossier et visible (pour un procédé).
Extrêmement prévisible (pour une histoire).

Si les amateurs de viande connaissent bien le faux-filet, les couturières (qui ont le droit d'aimer aussi la viande) savent parfaitement ce que veut dire *faufiler*, utiliser un fil d'une couleur qui tranche avec le tissu et le coudre avec de longs points pour maintenir le tissu en place avant la couture définitive.

Comme la plupart du temps ce fil est blanc (sauf sur du tissu blanc !) et donc grossièrement visible, on pourrait croire que cette chose « cousue de fil blanc » est à l'origine de la métaphore de notre expression.

Mais si nous allons bien rester dans la couture, ce n'est pas le cas.

Elle vient simplement du fait que toute couturière qui se respecte sait parfaitement que, pour qu'une couture soit la plus discrète possible, il faut qu'elle soit faite avec un fil exactement de la même couleur que le tissu ; sinon, elle se voit comme le nez au milieu de la figure, ce qui n'est généralement pas l'effet voulu (sauf sur certains types de vêtements comme les jeans, par exemple).

La métaphore est donc facile à comprendre. Le fil blanc rejoint ici les grosses ficelles* qui, par rapport aux procédés, ont la même signification.

Cette expression est attestée depuis la fin du XVIe siècle.

Des hommes saints, les cheveux couverts d'ordures et dépourvus de costume, appellent la charité avec des cris forcenés, ou bien encore ce sont des bœufs sacrés et phénomènes avec un caparaçon, couvert de coquillages et une cinquième jambe attachée à l'épaule ou à la croupe, prodige cousu de fil blanc, dans toute l'acception du mot, qu'acceptent sans inventaire ces populations crédules.

Eugène Anatole DE VALBEZEN – *Les Anglais et L'Inde* – 1857

442. DE FIL EN AIGUILLE

En passant d'un propos à un autre, d'une chose à une autre qui lui fait suite.

Cette expression n'est pas vraiment récente puisqu'elle est attestée dès 1280 dans *Le Roman de la rose.*

Le fil et l'aiguille étaient autrefois des objets et occupations suffisamment typiques de la gent féminine pour qu'ils soient très fréquemment évoqués. On les retrouvait aussi très souvent dans les représentations de ses activités (dessins, tableaux…).

Depuis très longtemps également, le *fil* est un symbole de la continuité (*au fil de l'eau*, *au fil des ans*…).

Et ce fil qui, lorsqu'on le suit, finit toujours par mener à l'aiguille dans le chas de laquelle il est passé, est, par métaphore, comparé aux propos qui se suivent, lorsque l'un amène logiquement le suivant, lorsqu'il n'y a pas changement brutal de sujet, lorsqu'une certaine continuité est respectée, lorsqu'on ne passe pas du coq* à l'âne.

Par extension, on utilise aussi cette expression en l'appliquant à des événements qui se succèdent de manière logique, sans rupture.

Si je savais faire des surprises, mon lieutenant, comme on en fait dans les livres, et faire attendre la fin d'une histoire en tenant la dragée haute aux auditeurs, et puis la faire goûter du bout des lèvres, et puis la relever, et puis la donner tout entière à manger, je trouverais une manière nouvelle de vous dire la suite de ceci ; mais je vais de fil en aiguille, tout simplement comme a été ma vie de jour en jour…

Alfred DE VIGNY – *Servitude et grandeur militaires* – 1835

443. UN FIL D'ARIANE

Un moyen de se diriger au milieu des difficultés.
Une voie à suivre pour arriver à un résultat difficile à atteindre.
Un guide entre deux points difficiles à relier.

Prenez un grand labyrinthe, casez-y, le plus loin possible de la sortie, un Minotaure, puis envoyez à Thésée une enveloppe avec photos du précédent et un petit magnétophone qui lui indiquera que sa mission, s'il l'accepte, va consister à aller trucider la chose présentée en photo.

Voilà posé le point de départ de cette histoire de la mythologie qui va nous faire rencontrer Ariane et son fameux fil.

En ce temps-là, donc, il y a en Crète, dont le roi est Minos, le labyrinthe au fond duquel le Minotaure, monstre à corps d'homme et à tête de taureau, mangeur de chair humaine, dévore chaque année sept garçons et sept filles qu'Athènes livre en Crète pour prolonger la paix avec Minos.

Afin de faire cesser l'envoi de ce fâcheux tribut, Thésée s'offre pour faire partie de la prochaine livraison avec l'intention de tuer le Minotaure.

Mais, à supposer que la mission réussisse, le problème est ensuite d'arriver à retrouver la sortie du labyrinthe.

Heureusement, une fois qu'il a posé le pied en Crète, Ariane, la fille de Minos et demi-sœur du Minotaure, tombe amoureuse de Thésée.

Aidée par Dédale, le concepteur du labyrinthe (et accessoirement le père d'Icare), elle lui propose alors un stratagème simple pour retrouver aisément la sortie du piège : dérouler une bobine de fil dont l'extrémité est attachée à un des linteaux de l'entrée, fil dont il suffira de suivre les méandres au retour pour se retrouver à l'air libre.

Et effectivement, une fois le Minotaure trucidé, Thésée ressort du labyrinthe grâce au fil de la gentille Ariane (qu'il abandonnera sur l'île de Minos lorsqu'il reprendra la mer pour retourner à Athènes).

C'est de cette histoire parfaitement véridique, bien sûr, que nous vient notre expression.

> N'en déplaise aux libéraux, il existe un fil d'Ariane entre le libéralisme économique, d'une part, et les mouvements séparatistes, les soulèvements nationaux et les manifestations racistes, d'autre part.
>
> *L'Expansion* – Article du 28 avril 1995

444. EN / À LA FILE INDIENNE

L'un derrière l'autre.
En se suivant un à un.

Parfaitement synonyme de *à la queue* leu leu*, cette expression date du XIXe siècle.

Elle vient de l'engouement qui existait à cette époque pour les récits d'Indiens d'Amérique du Nord (comme *Le Dernier des Mohicans* de Fenimore Cooper), dans lequel ils étaient décrits comme se déplaçant, dans certaines circonstances, les uns derrière les autres, « en file indienne ».

Je précise pour ceux qui ne le sauraient pas que, si les Indiens d'Amérique du Nord s'appellent ainsi, c'est uniquement parce que les Espagnols, lorsqu'ils débarquèrent en Amérique, croyaient avoir atteint les Indes, et nommèrent donc les autochtones du nom d'Indiens.

Mais les anthropologistes utilisent plutôt le terme suffisamment explicite d'Amérindiens, ce qui permet d'éviter la confusion avec les Indiens de l'Inde (les hindous étant les pratiquants de l'hindouisme).

> Dans l'obscurité, nous allons un train de tempête, à la file indienne tous les cinq.
>
> Pierre Loti – *Madame Chrysanthème* – 1887

445. LA FIN JUSTIFIE LES MOYENS

Vouloir atteindre un but précis autorise et justifie l'emploi de n'importe quel moyen pour y arriver.

La « fin » n'est pas ici celle des dinosaures ou des haricots* ; *fin* est ici à prendre dans son sens de « objectif » ou de « but qu'on veut atteindre ».

Et ce proverbe, pour le moins immoral, justifie que tous les moyens possibles soient employés pour l'atteindre, qu'ils soient répréhensibles ou non. Autrement dit, l'essentiel est d'arriver au but visé, peu importe les moyens utilisés.

On pourrait disserter longuement sur le comportement de ceux qui le considèrent comme une vérité. Mais ce n'est pas ici le sujet.

Quant à savoir qui est réellement l'auteur de cette phrase, les avis divergent, mais la période semble bien cernée puisqu'elle est attribuée à deux personnes à peu près contemporaines.

Pour les uns, il faut l'attribuer à Nicolas Machiavel (1469-1527) qui l'a appliquée principalement à la politique. Cependant, il n'a jamais écrit la phrase sous cette forme, même si elle est un condensé de l'interprétation de ses écrits.

Pour les autres, l'auteur est Philippe van den Clyte (1445-1509), seigneur de Commynes, l'homme qui trahit Charles le Téméraire pour se mettre au service de Louis XI.

Certains comprennent « la faim justifie les moyens ».

Si l'existence de cette forme est compréhensible, la faim tenaillante pouvant expliquer, mais pas excuser, l'usage de certains moyens plus ou moins répréhensibles destinés à l'assouvir, ce n'est pas la forme normale du proverbe.

> Robespierre était un théoricien qui voulait le bien de la France, et qui, comme tous les théoriciens, pensait que la fin justifie les moyens.
>
> Frédéric Soulié – *Les Mémoires du diable* – 1838

446. LE FIN DU FIN

Ce qu'il y a de plus raffiné dans le genre.
Tout ce qui peut en être tiré.

Vous aurez facilement constaté que nous avons dans cette expression deux fois un masculin. Ce n'est donc pas « la fin » qui est évoquée ici, ni celle de l'humanité, au plus tard lorsque le soleil explosera (bien après 2012), ni celle qui justifie les moyens.

Notre *fin* est un adjectif qui, depuis 1080, s'applique à ce qui représente la perfection (parce que la perfection est le maximum de ce qui peut être atteint, le point extrême ou la fin…).

On le retrouve dans *les fines herbes, la fine fleur* ou, pour ceux qui aiment les huîtres, *les fines de claire*.

L'expression doit être comprise comme « ce qui est le plus fin de ce qui est déjà très fin » ; autrement dit, ce qui se fait de mieux dans la perfection, si tant est qu'il puisse y avoir des niveaux dans la perfection (un peu comme la lessive qui lave plus blanc que blanc).

> C'est là savoir le fin des choses, le grand fin, le fin du fin.
>
> Molière – *Les Précieuses ridicules* – 1659

> Le Hollandais sait compter et calculer le produit et la dépense ; il a l'œil ouvert jour et nuit sur le plus léger intérêt, il tire le fin du fin.
>
> François Rozier, Jean-Antoine-Claude Chaptal, André Thouin – *Cours complet d'agriculture théorique, pratique, économique, et de médecine rurale et vétérinaire* – 1785

> Dans ces réunions on approfondissait tout ce qui était de l'essence du bel esprit, on y voulait savoir le fin des choses, le grand fin, le fin du fin, comme dit Molière, qui les peint au naturel.
>
> Paul de Noailles – *Histoire de Madame de Maintenon et des principaux événements du règne de Louis XIV* – Volume 1 – 1848

447. EN RESTER COMME DEUX RONDS DE FLAN

Être stupéfait, ébahi.

Connaissez-vous le gobage de Flanby® ? Si non, sachez que c'est un sport de haut niveau qui mériterait de devenir une épreuve des jeux Olympiques. Je vous laisse donc d'abord vous renseigner sur Internet à propos de cette activité hautement intellectuelle.

Ça y est, vous êtes de retour ! Vous savez donc maintenant qu'une fois le Flanby® bien gobé, il ne doit laisser dans l'assiette qu'une simple trace qu'on peut appeler un *rond de flan*. Et deux ronds de flan côte à côte, cela peut se comparer à deux yeux complètement écarquillés comme par une surprise intense.

Ce qui nous permettrait de retomber sur nos pattes si cette expression était bien liée au flan, ce dont ne semblent pas convaincus Alain Rey et Sophie Chantreau, les seuls à l'aborder réellement.

Elle daterait de la fin du XIXe siècle, car on la trouve citée par Gaston Esnault en 1901. Cela dit, son origine n'est pas claire du tout pour ces deux auteurs.

Une première explication viendrait d'un mot du XIVe siècle, *flaon* ou *flan* qui désignait un disque de métal destiné à recevoir une empreinte par la pression brutale d'un coin monétaire, ce disque, une fois ainsi frappé, devenant une pièce de monnaie ou une médaille. Et tout comme on « frappe » une monnaie, on peut être frappé de stupeur. On aurait donc ici un jeu de mots utilisant le double sens de *frapper*, les deux ronds de la monnaie correspondant aux yeux grands ouverts d'étonnement.

Mais l'écart de date, le mot n'étant apparemment plus du tout utilisé au XIXe siècle, laisse planer un doute sur cette hypothèse.

Une autre explication viendrait du monde de la typographie où, depuis la fin du XIXe siècle, le flan est un morceau de carton recouvert d'un enduit épais, destiné à recevoir en creux l'empreinte d'une composition et nécessaire pour fabriquer le cliché qui sert ensuite à la reproduction du livre.

Mais rien n'explique vraiment pourquoi *rond* et pourquoi *deux*, ce qui laisse inévitablement planer comme un doute sur la justesse de cette proposition.

Une dernière hypothèse, un peu capillotractée, viendrait de la perte du *c* de *flanc* : les *deux ronds de flanc* (forme qu'on trouve dans de rares ouvrages, mais dans aucun dictionnaire) seraient une hyperbole pour désigner les fesses. Celui qui serait ébahi serait alors « sur le cul ». De quoi en rester comme deux ronds de flan, non ?

> Et il se met à me poser des questions, bien gentiment, sans se fâcher. J'en étais comme deux ronds de flan.
>
> Roland Dorgelès – *Le Cabaret de la belle femme* – 1928

448. TIRER AU FLANC / AU CUL

Éviter le travail, les corvées.

Ceux qui s'amuseraient à utiliser un flan comme munition d'un lance-pierres ou d'un canon auraient certainement de graves déconvenues ou bien pourraient en rester comme deux ronds de flan* devant le résultat obtenu. Et pourtant, dans certaines lectures, l'orthographe de l'expression pourrait laisser croire que c'est bien de cela qu'il s'agit[1].

Cette expression nous viendrait du milieu militaire, à la fin du XIXe siècle.

Dans une armée en ordre de bataille, il y a l'avant de la troupe, le front, là où ça chauffe, où il est possible de faire preuve d'héroïsme et/ou de mourir très rapidement, et les flancs (dénomination utilisée dans ce contexte depuis le XVIe siècle), lieux généralement plus calmes où il vaut mieux se trouver si on n'a pas trop l'intention de mourir bêtement pour une

1. Cherchez un peu *tirer au flan* sur un moteur de recherche Internet, pour voir…

cause qui nous dépasse (sauf, bien entendu, quand un ennemi belliqueux décide d'attaquer aussi par les flancs, l'imbécile).

Celui qui se trouvait au front et qui, pris d'un besoin pressant (de se mettre à l'abri, pas d'autre chose), se déportait vers le flanc était quelqu'un qui cherchait à échapper aux principaux risques et qui était plutôt mal vu par ses petits camarades.

Par extension, celui qui se faufile en douce vers le côté pour éviter quelque chose de déplaisant, le paresseux qui veut en faire le moins possible, qui cherche à échapper aux corvées, est devenu le tire-au-flanc, sens qui s'est ensuite répandu très largement hors du monde militaire.

Et si, tirer au flanc, c'est essayer d'échapper à la corvée en s'échappant sur un côté, tirer au cul (dans une version plus vulgaire), c'est aussi se dérober, mais vers l'arrière cette fois.

Maintenant, j'en imagine bien certains qui se disent : « J'ai bien compris pourquoi on parle ici du flanc ou du cul, mais pourquoi *tirer* ? »

Eh bien, cela ne vient pas du fait qu'on est à l'origine dans le milieu militaire et que le soldat encore en vie se fait un plaisir d'utiliser des armes à feu ! Pensez plutôt au verbe *se tirer* qui veut dire « s'éloigner » ou bien « s'enfuir ». Il n'est pas aussi argotique qu'on pourrait le croire, puisque *tirer* a eu le sens de « aller vers » ou « s'acheminer vers », comme Molière l'utilise dans *L'Étourdi*, par exemple (« Tirons de ce côté ») ou comme on le trouvait dans les locutions *tirer de long* ou *tirer de large* qui voulaient dire « s'enfuir ».

Certains dictionnaires anciens proposent une autre explication pour le *flanc* en faisant un lien avec les animaux qui se couchent sur le flanc pour se reposer. Or qui dit repos, dit aussi parfois paresse. Et qui dit paresse, dit usage de moyens pour éviter les choses fatigantes comme les corvées, par exemple.

Cette expression s'est rapidement substantivée en *tire-au-flanc* pour désigner celui qui *tire au flanc*.

– Vous pensez qu'il sort le soir ?
– Non pas lui, en tout cas, il n'en a pas la réputation. Disons qu'il a un côté tire-au-flanc et passe beaucoup de temps près du distributeur de boissons.

Gérard Faure-Kapper – *Les Innocents de Roc'h Tredudon* – 2008

449. FAIRE FLÈCHE DE TOUT BOIS

Utiliser tous les moyens possibles pour parvenir à ses fins.

Vous êtes au Moyen Âge (ou quelques siècles avant ou après…) et vous chassez le cerf, muni d'un arc et d'un carquois rempli de flèches. Rempli de flèches ? Pas tout à fait puisque au cours des heures précédentes vous les avez toutes gaspillées en ratant lamentablement vos différentes cibles.

Soudain, devant vous, surgit un superbe faon, jeune animal qui n'attend plus que vous le trucidiez lâchement. Sans plus de flèche disponible, que vous reste-t-il à faire, sinon casser une branche à peu près droite, la rendre très vite aussi lisse que possible avec votre couteau et l'utiliser en guise de flèche (heureusement, comme vous êtes décidément mauvais, vous allez encore rater cette pauvre bête) ?

Toujours est-il que, dans l'urgence, vous venez de faire une flèche à partir d'un morceau de bois quelconque.

La métaphore est donc aisément compréhensible : vous êtes prêt à utiliser n'importe quel moyen pour arriver à votre but, n'importe quel bout de bois pourra être utilisé comme flèche afin de tenter de ne pas rentrer bredouille.

Si cette expression, sous sa forme et son sens actuels, date du XVIIe siècle, on disait au XVIe *il ne sait plus de quel bois faire flèche* dans le sens « il est sans ressource, sans moyens de subsister, ou il ne sait comment se tirer d'un embarras » (Littré).

Cette fois, même le morceau de bois manquait et plus rien ne permettait d'atteindre son but qui pouvait simplement être de subsister.

> Mais est-ce à dire que nous ne devions trouver ici qu'un réalisme brutal, grossier, matériel, qui fait flèche de tout bois et ventre de toute paille ; qui, ne prenant que la surface et l'enveloppe des choses, ne s'adresse qu'aux yeux, et ne sait jamais pénétrer jusqu'au sentiment intérieur, jusqu'à l'âme ?
>
> Louis Viardot – *Les Merveilles de la peinture* – 1869

450. CONTER FLEURETTE

Faire la cour.

Voilà une nouvelle expression désuète qui nous vient du XVIIe siècle à une époque où « en termes galants, ces choses-là étaient dites » et où, déjà, les fleurs étaient fortement associées à l'amour et au romantisme.

Plusieurs origines ont été proposées pour cette expression, mais celle généralement retenue par les lexicographes vient d'une métaphore où *fleurette*, qui s'écrivait d'abord *florette* et voulait dire « petite fleur » au XIIe siècle, correspondait à « bagatelle » ou « baliverne » au XVIe.

Car si de nombreuses choses concernant la cour et l'amour étaient associées aux fleurs, les belles paroles des galants à destination de la gent féminine n'étaient souvent que des « menteries » prononcées pour « endormir la bonne foi des femmes » comme l'écrira Philibert Le Roux un peu plus tard.

Les fleurs d'un côté, les balivernes de l'autre, et voilà un *raconter des balivernes* (le discours du chasseur masculin qui endort sa proie féminine) qui prend la forme de *conter fleurette*.

> Je ne sais si la mère savait quelque chose lors de ma première visite, mais toujours est-il que quelques jours après, elle me permit non seulement de voir sa fille, mais de lui conter fleurette et je le fis si bien qu'elle reçut mes déclarations comme vraies.
>
> Gatien Courtilz de Sandras – *Mémoires de M. d'Artagnan* – 1700

451. DES MANŒUVRES FLORENTINES

Des manœuvres fourbes, des intrigues, en général menées dans le but de nuire à quelqu'un ou de l'évincer, ou bien de faire échouer une affaire.

Nous sommes en Italie, au cœur de la Toscane. La ville de Florence y est entourée de belles collines plantées de cyprès et baignées d'une douce lumière.

Du XIIIe au XVIe siècle, l'harmonie de l'ensemble a eu beaucoup d'influence sur les peintres, poètes et sculpteurs attirés par tant de beauté et qui ont contribué au rayonnement de la ville hors de sa région et du pays.

Comme dans tous lieux de pouvoir, les intrigues aussi bien politiques qu'amoureuses y vont bon train. Mais à cette époque, Florence a une énorme influence artistique, littéraire, économique et politique sur toute l'Europe.

C'est cette influence qui fait que les intrigues, lorsqu'elles sont connues ou révélées, sont vite racontées à l'extérieur et participent à la réputation de la ville sur les nombreuses « manœuvres florentines » qui s'y déroulent.

Pendant cette tranche de temps, la présence à Florence des Médicis, dont l'influence était extrêmement importante, et de Nicolas Machiavel (1469-1527) dont l'interprétation pas toujours exacte de ses écrits a fait naître l'adjectif *machiavélique*, qualificatif parfaitement applicable à certaines des magouilles ainsi devenues publiques, n'est sans doute pas étrangère au succès de l'expression.

> Pourtant, je veux, une fois encore, et je recommencerais s'il le faut, mettre en garde tous ceux qui, quelles que soient leurs responsabilités, de petites phrases en contre-pieds systématiques, de petits écrits amers en manœuvres florentines à courte vue, prendraient la responsabilité de nous entraîner, demain, vers un naufrage collectif, en trahissant la confiance de nos électeurs.
>
> Bernard ACCOYER – Discours d'ouverture de la journée parlementaire de l'UMP à Paris du 2 octobre 2006

452. AVOIR LA FOI DU CHARBONNIER

Croire en quelque chose de façon naïve, sans jugement.

Quand on sait que les charbonniers (ceux qui livraient dans les villes, aussi appelés bougnats, pas ceux qui fabriquaient dans les bois), à l'époque où ils existaient encore, étaient très souvent des piliers de bar, on ne peut souhaiter à personne d'avoir le foie du charbonnier, car pour lui, la vie n'était pas si rose.

Fleury de Bellingen, grammairien du XVIIe siècle, explique l'origine de l'expression par l'extrait d'un conte que voici, qui concerne cette fois le charbonnier qui, autrefois, dans les bois, confectionnait le charbon de bois, et qui était souvent un esprit simple :

> « Le Diable un jour demanda à un malheureux charbonnier :
> – Que crois-tu ?
> Le pauvre hère répondit :
> – Toujours je crois ce que l'Église croit.
> Le diable insista :
> – Mais à quoi l'Église croit-elle ?
> L'homme répondit :
> – Elle croit ce que je crois.
> Le Diable eut beau insister, il n'en tira guère plus et se retira confus devant l'entêtement du charbonnier. »

Autant dire que le « charboniais » de ce conte ne fonde sa foi sur aucun argument théologique ou philosophique. Il croit ce que l'Église lui dit, sans même savoir vraiment de quoi il s'agit, être capable de l'expliquer et de le défendre.

Georges Brassens l'a bien cité dans *Le Mécréant* :

> « J'voudrais avoir la foi, la foi d'mon charbonnier
> Qu'est heureux comme un pape et con comme un panier. »

> Chose étrange ! ce sont précisément ceux qui nous reprochent cette foi du charbonnier, et qui

accusent nos croyances d'être aveugles, ce sont eux que nous ne pouvons décider à étudier la religion et à s'éclairer.

Félix Dupanloup – *De la haute éducation intellectuelle* – Tome 3 – 1866

453. DE BONNE / MAUVAISE FOI

Sincère, franc, loyal / menteur, hypocrite, fourbe.

Le mot *foi* nous vient du latin *fides* qui avait différents sens assez proches : « confiance, loyauté, promesse, parole donnée ».

D'ailleurs, en latin chrétien, on retrouvait cette notion de confiance, puisque le mot était spécialisé dans le sens de « confiance en Dieu ».

C'est avec la signification de « loyauté » qu'on le retrouve dès la fin du XIIe siècle dans *bonne foi* et un peu plus tard dans *male foi* qui ne se transformera qu'au XVIe siècle en *mauvaise foi*.

Lors de son apparition, et aujourd'hui encore, la *bonne foi* désignait, selon le *Grand Robert*, la « qualité d'une personne qui parle, agit avec une intention droite, avec la conviction d'obéir à sa conscience, d'être fidèle à ses obligations ».

Et naturellement, celui qui est de mauvaise foi est tout le contraire.

Il est vrai, car il faut être de bonne foi, que les temps ne se ressemblent guère ; sous un prince aussi débonnaire que Buonaparte, le despotisme n'était point à craindre, et on pouvait en conscience se faire l'instrument d'un tel homme.

L'Ami de la religion et du roi – Tome 45 – 1825

Seconde quinzaine : Dans l'ensemble, les relations conjugales seront bonnes, malgré quelques petits accrochages dus le plus souvent à votre caractère trop entier. En fait, vous n'agissez pas toujours avec toute l'objectivité nécessaire, et vous êtes même parfois de mauvaise foi.

Le Figaro Madame – Horoscope d'août 2009

454. AVOIR LES FOIES

Avoir peur.

Avez-vous peur lorsque vous ressortez de chez le boucher avec, dans votre cabas, quelques tranches de foie de génisse, de veau ou d'agneau ? Probablement pas ! Et pourtant « vous avez les foies » dans votre panier.

Au premier abord, il semble donc difficile d'imaginer l'origine de cette expression.

Pour commencer, sachez qu'elle existe sous cette forme depuis 1872, mais qu'avant on disait *avoir les foies blancs*. Notre expression est donc une ellipse de celle d'origine.

Et là, je vois soudain une lueur de curiosité briller dans votre œil. Pourquoi la peur ? Et pourquoi blanc ?

Nous savons tous que le foie est rouge sombre. Autrefois, les anatomistes disaient même que c'était lui qui fournissait le sang à l'organisme. Or, le rouge a longtemps été le symbole du courage, de la force.

C'est pourquoi un foie blanc, tel que serait dans l'imaginaire un foie privé de son sang, est devenu le symbole de la lâcheté et de la peur (mais aussi de la traîtrise, puisque le lâche est un traître en puissance, traître qu'on appelait alors *un foie blanc*).

Outre les foies blancs, on a aussi utilisé avec le même sens *avoir les foies bleus* ou *avoir les foies verts* (tout comme on peut être vert de peur), couleurs opposées au rouge.

> La peur et, de surplus, de l'amour-propre, la crainte de laisser voir qu'on a les foies. Je le réconfortais de mon mieux, je lui épargnais les corvées. Il partageait avec moi ses colis.
>
> Alexandre Arnoux – *Pour solde de tout compte* – 1958

455. METTRE / AVOIR DU FOIN DANS SES BOTTES

Accumuler / avoir beaucoup d'argent.

Autrefois, lorsque les Moon Boots® n'existaient pas encore et qu'un vent glacial balayait les champs recouverts d'un blanc linceul de givre dès potron*-minet, les paysans avaient pour habitude de mettre de la paille dans leurs sabots pour avoir moins froid aux pieds ; ceux qui étaient un peu plus riches mettaient du foin, plus confortable mais plus difficile à récolter, donc plus précieux.

Au XVIIe siècle, Furetière citait déjà l'expression *il a bien mis de la paille dans ses souliers,* employée à propos de quelqu'un ayant fait fortune, non pas un paysan, mais une personne de l'administration qui s'en mettait plein les poches par des moyens souvent illicites (corruption, détournement…).

Mais pourquoi ce rapprochement entre le foin dans les souliers et la richesse, bien ou mal acquise ?

Depuis très longtemps, on a coutume de dire qu'on garde son argent « au chaud » lorsqu'on veut le mettre de côté pour (tenter de) le faire fructifier ou pour un usage ultérieur.

Il y a donc un lien entre la « chaleur » procurée par le foin et l'argent accumulé.

Et puis *botte*, c'est un mot à double sens pour qui pense à la richesse : il peut désigner une « meule » de foin (je rappelle qu'il était plus précieux que la paille), grande quantité dont dispose le paysan riche ; il rappelle aussi que celui qui a les moyens de se payer des bottes à la place de sabots est forcément plus aisé.

Sans compter qu'une botte était un endroit très souvent utilisé pour y dissimuler des petits objets importants ou précieux, parfois issus de larcins divers et qui, accumulés, pouvaient constituer un tas ou une « meule » à la valeur importante.

C'est l'amalgame de toutes ces significations ou interprétations qui a conduit au sens de cette expression.

D'après Claude Duneton, la version avec le verbe *avoir* était plus utilisée pour de véritables bourgeois déjà bien assis sur une fortune solide, sans indication de provenance.

> Cette aptitude générale, cette variété de moyens l'avait conduit à s'amasser un petit pécule. Il avait, comme on dit, du foin dans ses bottes, et il aurait pu vivre sans travailler.
>
> Eugène-François Vidocq – *Mémoires de Vidocq* – 1868

456. EN SON FOR INTÉRIEUR

Dans l'intimité de sa conscience.

Avec l'arrivée d'Internet et de ses lieux de discussion écrite appelés *forum*, beaucoup ont tendance à oublier le sens initial de ce dernier mot qui, en latin, désignait un lieu public, place ou marché, où se discutaient aussi bien les affaires publiques que privées, ce qui explique que le mot a aussi pris le sens de « tribunal », lieu où était rendue la justice.

Le *for* est issu de *forum* au début du XVIIe siècle[1], avec la dernière acception citée, en ne s'appliquant d'abord qu'à la juridiction ecclésiastique (les tribunaux de l'Église).

Quant au *for intérieur* (aussi appelé *for de la conscience*), il désignait à l'époque ce qu'on appelait « le tribunal intime de la conscience », chacun jugeant en secret ses actes selon ce que lui dictait sa conscience.

C'est à partir du XVIIIe siècle que le *for extérieur*, locution maintenant désuète, a qualifié la juridiction civile, le *for intérieur* gardant son sens précédent.

Aujourd'hui, le mot *for* ne s'emploie plus que dans notre locution qui se limite à signifier « dans

1. Mais selon *Le Petit Robert*, il existait déjà en gascon au début du XIIIe, avec le sens « loi » ou « coutume ».

le secret de sa pensée », sans être obligatoirement associé à une notion de jugement.

> Qu'est-ce que la loi morale ? C'est l'idée morale qui préside à toutes les pensées, les sentiments et les actes de l'homme, soit en son for intérieur, soit dans ses rapports avec les autres hommes.
>
> Lucien JENNEVAL – *Le Parti libéral en Belgique* – 1854

457. EN BONNE ET DUE FORME

Dans les règles.

F*orme* est encore un de ces mots français qui a de nombreuses acceptions, mais finalement toutes liées de près ou de loin avec le sens initial d'apparence venu du XIIe siècle.

Si notre expression a été précédée au XVe siècle de *en forme*, cette forme-là n'avait pas de lien avec la bonne forme qu'a celui qui se réveille le matin après une nuit de sommeil très reposante et à qui on fait remarquer qu'il a l'air d'être « en forme ».

Le *forme* qui nous intéresse désignait d'abord les manières courtoises en société, les convenances.

Au XVIe, *forme* s'applique à la manière d'agir selon des règles convenues. Sous l'influence de son sens « aspect », *forme* se spécialise en tant que terme juridique avec les sens de « aspect extérieur d'un acte juridique » qui n'est pas vraiment loin de « l'aspect qui respecte des règles ou des normes bien précises ».

Nous avons donc toujours affaire à des règles, que ce soient celles du comportement en société ou celles à respecter dans un acte juridique.

On trouve ensuite *en bonne forme* au XVIIe siècle, chez Molière, entre autres, et c'est en 1700 qu'apparaît l'expression encore utilisée aujourd'hui.

Si le sens de *bon* ne laisse aucun doute, le *due* (bien issu du verbe *devoir*) vient le renforcer en indiquant ce qui doit être, ce qui est nécessaire.

> Nous ne produisons en Chine que dans les meilleures usines. Comme dans le monde entier, elles

sont surveillées par 300 techniciens qui vérifient que les 400 étapes nécessaires pour réaliser un sac à main sont effectuées en bonne et due forme.

Le Monde – Article du 8 mai 2010

458. LES BONNES FORTUNES – À LA FORTUNE DU POT – UNE FORTUNE DE MER

Les conquêtes féminines. – Sans façon, à la bonne franquette. – Un accident survenant à un navire.

Aujourd'hui, quand on vous dit le mot *fortune*, vous pensez tout de suite à l'Onc'Picsou, à Bill Gates ou à Warren Buffett, la fortune étant l'équivalent de la richesse.

Mais à l'origine, le mot désignait « le sort », ce qui peut vous tomber dessus brutalement, en bien comme en mal (et d'ailleurs, une bonne fortune au Loto permettrait effectivement de gagner une belle fortune).

Être en bonne fortune voulait d'abord dire « avoir de la chance » puis, plus précisément, « avoir de la chance, donc du succès auprès des femmes ». C'est ainsi qu'au XVIIe siècle, les « bonnes fortunes » étaient les faveurs que les femmes accordaient à leurs amants, une *fortune* étant une rencontre galante. S'il n'était pas sûr que le sort y soit pour grand-chose, pour un coureur de jupons, quand une femme lui tombait toute rôtie dans le bec, c'était toujours bon à prendre (sans jeu de mot).

Cette forme s'est spécialisée au XVIIIe, désignant les succès obtenus auprès des femmes prudes, peu enclines à se laisser séduire.

Au XVIIIe siècle, le pot était le récipient suspendu dans l'âtre et dans lequel le plat du jour cuisait ou réchauffait. Lorsqu'un visiteur arrivait à l'improviste à l'heure du repas et s'y voyait invité, il pouvait, selon sa « fortune », tomber sur un plat succulent ou un infâme brouet, mais, surtout, il était invité sans que les hôtes aient pu s'y préparer, donc sans chichis, à la bonne franquette*.

D'où l'expression *à la fortune du pot* qui, de nos jours, tout en maintenant les idées d'improvisation et de simplicité, a aussi une connotation de bon accueil et de chaleur humaine.

Enfin, si *une fortune de mer* a aujourd'hui un sens juridique très précis (mais bien lié à un accident maritime « fortuit », mot de même origine que *fortune*), au XIIIe siècle, *fortune de mer* s'employait de façon plus générale à propos de tout événement sur l'eau, puis est devenu au XVIe synonyme de *tempête* ou *naufrage*.

Mais comme les malheurs d'un navire pouvaient aussi être des actes de piraterie, au XIXe siècle, *la fortune de mer* a, selon Bescherelle, eu également le sens de « prise faite par des pirates en temps de guerre ».

> Moi-même, si j'avais été un garçon riche et beau, si je m'étais senti de taille à être un grand sportsman, un homme à bonnes fortunes ou un mondain brillant, peut-être est-ce sur une de ces cartes que j'aurais misé, plutôt que sur la littérature, pour me mettre en dehors du commun.

Michel Leiris – *Biffures* – 1948

> – M. Frédéric dîne avec nous, dit Adolf. Sans cérémonial. À la bonne fortune du pot.
> – Très heureuse, monsieur, dit Lalie avec une bienveillante désinvolture et, faisant demi-tour, elle montra le chemin de sa villa en traînant ses savates.

Raymond Queneau – *Un rude hiver* – 1939

> Sont, aux risques des assureurs, toutes pertes et dommages qui arrivent aux objets assurés, par tempête, naufrage, échouement, abordage fortuit, changements forcés de route, de voyage ou de vaisseau, par jet, feu, prise, pillage, arrêt par ordre de puissance, déclaration de guerre, représailles, et généralement par toutes les autres fortunes de mer.

Code de commerce – Article 350 – 1808

459. S'ATTIRER LES FOUDRES (DE QUELQU'UN)

S'attirer des reproches, une condamnation.

Si vous lisez ces lignes, c'est probablement que vous n'avez jamais pris une décharge de foudre sur la tête, car très rares sont ceux qui y survivent.

Pour nous, la foudre est une manifestation naturelle, une décharge électrique extrêmement intense qui se produit par temps d'orage soit entre deux nuages, soit entre un nuage et le sol.

Mais il y a à peine quelques siècles, cette « petite » décharge était considérée comme la manifestation de la colère divine (il ne faut pas oublier, en remontant plus loin encore dans le temps, que Jupiter ou Zeus était traditionnellement représenté tenant un ou plusieurs foudres, faisceaux enflammés qui lui servaient d'armes).

Or, en général, c'est une faute qui provoque la colère de l'autre. C'est ainsi que *les foudres*, au pluriel, a été assimilé à de sévères reproches, à une condamnation (*s'attirer les foudres de l'Église*, par exemple) et que l'expression est apparue à la fin du XVIe siècle.

> En participant à la rébellion de Rohan, chef des huguenots, contre la régente Marie de Médicis en 1615, puis contre Louis XIII en 1621, Jacques Nompar de Caumont attire les foudres royales et la répression sur ses domaines périgourdins.
>
> Christian MARTY – *Les Campagnes du Périgord* – 1993

460. DE PLEIN FOUET

De front, de face (et violemment).

Cette expression est née dans la première moitié du XIXe siècle. Elle nous vient du milieu militaire où, à l'origine, elle voulait dire « horizontalement » en parlant d'un tir direct visant un objectif visible.

Selon Rey et Chantreau, elle est inspirée par l'ancienne locution *de plain* (du latin *planus* qu'on retrouve dans *maison de plain-pied*) qui voulait dire

« directement, sans obstacle », mais aussi « de toute sa force », contaminée par l'homophone *de plein* (du latin *plenus*) suivi d'un substantif et dont la signification était « de toute la force de… ».

Dans le sens figuré actuel de l'expression, le fouet indique bien la violence et la brièveté de l'impact.

> L'oreille paternelle reçoit de plein fouet un dernier : « Folcoche va crever ! »
>
> Hervé Bazin – *Vipère au poing* – 1948

461. NE PAS POUVOIR ÊTRE (À LA FOIS) AU FOUR ET AU MOULIN

1. Ne pas pouvoir être partout à la fois.
2. Ne pas pouvoir faire plusieurs choses en même temps.

Cette expression est attestée au début du XVIIe siècle.

Elle provient du droit féodal, lorsque les paysans ou les vassaux qui voulaient moudre leur grain et cuire leur pain étaient tenus d'utiliser le moulin et le four communs fournis par le suzerain, moyennant redevance (tout comme ils devaient utiliser son pressoir pour obtenir leur vin).

Les deux tâches étant obligatoirement exécutées l'une après l'autre, il n'était pas possible d'être à la fois au moulin et au four (on disait d'ailleurs *au moulin et au four, chacun va son tour*).

Il est intéressant de noter que, comme la machine à café aujourd'hui, ou le lavoir, autrefois, ces deux endroits servaient à l'époque de lieux de rencontre et de discussions (d'où l'ancienne expression *au four et au moulin, on sait toutes les nouvelles*), lieux à partir desquels les réelles informations ou les ragots circulaient dans la population.

> Pendant toute la belle saison ça ne chôme pas et il y a même un moment où on a de la peine à fournir vu qu'il faut quasiment être en même temps au four et au moulin, c'est-à- dire, chez Gombert, qu'il faut être dans la forêt à la scierie et faire en même temps la campagne de battage.
>
> Robert Marteau – *Dans l'herbe* – 2006

462. AVOIR DES FOURMIS (DANS LES MEMBRES)

1. Ressentir des picotements.
2. Par extension, avoir envie de bouger, de partir.

Quand la marabunta gronde[1] dans les bras ou les jambes, c'est qu'il est temps de changer de position pour que le sang se remette à circuler normalement.

Cette expression, qui date de la première moitié du XIXe siècle, vient simplement des picotements que l'on ressent, principalement dans un membre, lorsqu'une mauvaise position gardée pendant trop longtemps bloque la circulation sanguine normale.

Cette sensation est comparable à celle que provoquerait une armée de fourmis qui grouillerait sur la peau.

Par extension, comme il faut remuer pour faire disparaître ces « fourmis », on utilise aussi cette locution pour quelqu'un que l'envie de bouger ou de partir démange.

Dès 1575, Ambroise Paré utilisait déjà le verbe *fourmiller* pour dire « être le siège d'une sensation analogue au picotement des fourmis ».

> Charles entra dans la salle. M. Boulanger lui présenta son homme, qui voulait être saigné, parce qu'il éprouvait des fourmis le long du corps.
>
> Gustave FLAUBERT – *Madame Bovary* – 1857

463. ALLER AUX FRAISES

1. Chercher un lieu écarté propice à la fornication.
2. Errer sans but, se promener en musardant.

Je ne sais pas si vous avez déjà essayé de faire ça dans un fraisier sauvage, mais ce n'est certainement pas l'endroit le plus confortable pour cette agréable pratique.

---

1. La marabunta est, en Amérique du Sud, une migration massive et destructrice de fourmis légionnaires. *Quand la marabunta gronde* est le titre français d'un film de 1954 dans lequel le personnage principal, joué par Charlton Heston, va devoir ouvrir un barrage pour noyer une marabunta dévastatrice.

Alors pourquoi notre expression, qui, selon Gaston Esnault, est attestée en 1915, a-t-elle le premier sens proposé ?

On peut y voir deux raisons :

La première est que les fraises des bois se méritent un peu ; localiser un fraisier bien garni n'est pas forcément aisé (sauf à connaître déjà quelques emplacements privilégiés) ; il faut errer dans les sous-bois avant de dénicher ce qu'on cherche. Alors, par plaisanterie, la recherche d'un endroit propice pour se faire une ventrée de fraises a été assimilée à celle d'un autre endroit au moins aussi propice pour y faire des choses strictement interdites hors mariage.

Et puis la découverte de cet objet de désir gourmand qu'est la fraise des bois qu'on va se faire un plaisir de consommer peut aussi faire penser à ces autres objets du désir bien dissimulés que sont les parties génitales, et à la « consommation » qu'on associe à l'acte sexuel.

D'ailleurs, rien n'interdit d'imaginer un couple partant en disant avec sincérité « nous allons aux fraises » et, la météo, le sang chaud et l'isolement du sous-bois aidant, ayant au moins temporairement décidé de passer à une autre activité.

Quelques esprits chagrins vont me dire qu'on aurait alors tout aussi bien pu dire *aller aux champignons* ou bien *aller aux mûres*, entre autres.

Certes ! Mais il ne faut pas oublier que la fraise est rouge, couleur à rapprocher de celle rose foncé du gland (pas celui du chêne !) ou du clitoris. D'ailleurs, selon Wartburg, le mot *fraise* a eu clairement des emplois érotiques pour désigner le bout des seins ou le vagin. Et, pour confirmer la chose, il suffit de savoir qu'avant la nôtre, l'expression s'employait au singulier (*aller à la fraise*).

Quant au second sens, il vient de l'analogie avec le chercheur de fraises des bois (ou de mûres ou de champignons…) qui a une trajectoire erratique, tout occupé qu'il est de passer d'un point à un autre sans suivre un tracé bien précis, pour repérer les endroits bien garnis.

Dans certaines régions, l'expression s'emploie aussi pour dire « avoir un pantalon trop court », peut-être parce que pour marcher dans les sous-bois humides, il vaut mieux remonter son pantalon si on ne veut pas le tremper.

> Peu après le Dionigi est là avec son pas pesant. La Linda rougit, mais le Dionigi rit calmement.
> « Ah ah, tu es allé aux fraises » et à la Linda « il me semblait, il y a un moment, en haut, sentir un parfum de mutellina. »
>
> Giovanni ORELLI – *L'Année de l'avalanche* – 1991

464. RAMENER SA FRAISE

1. Arriver (en parlant d'une personne).
2. Se manifester de manière importune.
3. Montrer une attitude prétentieuse.

Je ne peux pas croire que quelqu'un, après avoir cueilli une magnifique fraise bien rouge et pulpeuse, la ramène (au propriétaire du fraisier) au lieu de la manger ! Ça me semble tellement incongru que c'est tout de suite sur une piste complètement différente de celle de cet excellent fruit que je vais vous emmener.

Qui m'aime me suive, et sans « ramener sa fraise » !

Cette expression argotique date du début du XXe siècle.

À l'origine, elle voulait dire « rouspéter » ou bien « ronchonner », sans que l'origine en soit bien claire. Puis son sens a évolué.

Dans tous les cas, la *fraise* qui nous intéresse ici n'est qu'une des très nombreuses dénominations de la tête avec *cafetière*, *tronche*, *caboche*, *caisson*, *trombine*… ou bien, pour rester dans les fruits, *poire*, *pomme*, *cerise*, *citron*…

C'est pourquoi on comprend aisément le premier sens proposé indiquant que lorsqu'une personne amène ou ramène sa fraise, c'est qu'elle arrive ou revient.

Par extension, celui qui intervient de manière inopportune dans une discussion, par exemple, y arrive et y ramène donc aussi sa fraise.

Si on y rajoute une connotation ironique (« il ramène sa fraise, mais il n'y connaît rien et il ferait mieux de se taire »), on rejoint l'attitude prétentieuse.

Une ellipse de cette expression est tout simplement *la ramener* : lorsque, dans un dialogue à la Michel Audiard, un truand dit à un autre de ne surtout pas « la ramener », c'est qu'il a intérêt à garder son clapet bien fermé et ne pas venir troubler la situation.

> Et la putain, elle y souhaite la mort, ou dix ans de taule, à la copine du trottoir ; d'où elle sort celle-là ? Qu'est-ce qu'elle vient ramener sa fraise dans le quartier ? On est déjà assez nombreuses comme ça, non ? Pardi !
>
> Yvan Audouard – *Les Secrets de leur réussite* – 1967

> Attention, tu es à nouveau inutilement critique, narrateur. Laisse donc parler ton cœur sans commenter. Tu confonds trop facilement le « je » et le « il ». Tu te dédoubles. […] Ne ramène pas ta fraise à chaque instant.
>
> Jacques Derroudida – *Le Repas du grand homme* – 2002

465. SUCRER LES FRAISES

1. Être pris de tremblements, en particulier aux mains.
2. Être gâteux.

Qui se délecte de bonnes fraises fraîches sait que, armé d'une main d'une coupe pleine de ces fruits rouges et de l'autre d'un sucrier ou d'une cuillère à sucre (cuillère percée de trous), il faut secouer la seconde au-dessus de la première afin d'obtenir d'excellentes fraises au sucre (la chantilly en plus n'est pas interdite pour qui ne craint pas pour sa ligne).

Le geste ainsi fait rappelle malheureusement celui qui agite les membres de personnes, généralement âgées, atteintes d'une maladie dégénérative qui provoque des tremblements incontrôlés.

C'est par une plaisanterie un tantinet douteuse que ces mouvements ont été assimilés à celui du sucrage des fraises pour donner naissance à notre expression.

Cette expression ne semble être attestée qu'au tout début du XXe siècle, mais date probablement de la fin du siècle précédent.

Aurélien Scholl, journaliste et auteur dramatique connu de la seconde moitié du XIXe, évoque, dans son *Poivre et Sel*, paru en 1901, un militaire à propos duquel il écrit ceci :

> « Cinquante années d'absinthe lui ont donné un tremblement tel que, lorsqu'il veut se verser à boire, le liquide secoué se répand comme une pluie autour du verre.
> – C'est désagréable, d'un côté, a dit le colonel ; mais, quand je prends la passoire avec du sucre en poudre… on peut voir combien cette infirmité devient précieuse pour sucrer les fraises. »

Nous trouvons donc là une parfaite explication de l'association familière entre ces tremblements qui touchent les personnes âgées et l'action de sucrer des fraises.

Un peu plus tard, en 1905, Félix Duquesnel, dans *Le Mystère de Gaude*, écrira : « et les bras agités de ce mouvement spasmodique que la langue populaire appelle “sucrer les fraises” ».

Cet extrait montre que l'expression, en ce début de siècle, fait bien partie du langage familier.

En 1936, Louis-Ferdinand Céline utilisera *sucrer* tout seul pour désigner les tremblements d'un ivrogne.

Une croyance répandue veut que cette expression vienne de ces collerettes plissées appelées fraises que portaient les hommes et les femmes des XVIe et XVIIe siècles. En effet, ces personnes lorsqu'elles étaient âgées et tremblantes pouvaient répandre dessus ce qui leur servait à se poudrer le visage et qui, pour nous, aurait ressemblé à du sucre en poudre très fin.

Mais je tiens à préciser que strictement aucune de mes sources supposées dignes de foi n'évoque cette hypothèse et que, dans les bibliothèques numérisées disponibles en ligne, on ne trouve nulle occurrence de cette expression datant d'avant la période citée.

Et si cette explication avait un fond de vérité, on peut supposer que l'expression ne serait pas de naissance aussi récente (sans compter, pour finir de démolir cette croyance, que le sucre en poudre très fin n'existait pas à l'époque).

> Il marchait à tout petits pas […]. Il tremblotait dans la serrure. Il pouvait plus sortir la clef, tellement qu'il sucrait.
>
> Louis-Ferdinand Céline – *Mort à crédit* – 1936

> Pauvre Achille, je me rappelle, il s'était mis à sucrer les fraises par là deux ans avant sa mort.
>
> Marcel Aymé – *Le Vin de Paris* – 1947

466. À LA BONNE FRANQUETTE

Sans façons, simplement.

Cette expression est très souvent associée à une invitation, lorsque l'hôte fait savoir à ses invités qu'il ne mettra pas les petits plats dans les grands ou, même, que chacun peut « amener son manger », l'un sa quiche froide et l'autre sa salade de nouilles…

Au milieu du XVIIe siècle, on disait *à la franquette*, la forme actuelle n'étant apparue qu'un siècle plus tard.

La signification initiale était « en toute franchise », *franquette* étant un mot dérivé de *franc* venu des régions normandes et picardes. Cette franchise s'est progressivement transformée en simplicité pour donner le sens actuel.

Claude Duneton ajoute que cette expression aurait pu apparaître en opposition à celle du XVIe siècle, *à la française*, qui voulait dire « avec beaucoup d'obligeance et d'arrangement » et même « luxueusement ».

> Bien loin de l'esprit des restaurants à la mode et branchés qui fleurissent à Nantes, Chez Rémy mise plutôt sur une cuisine familiale et à la bonne franquette. Ceux qui recherchent du cosy, du hype ou du lounge risquent d'être déçus.
>
> *Le Petit Futé Nantes* – 2008

467. RONGER SON FREIN

Réprimer avec peine son impatience, son dépit, sa colère (faute de pouvoir l'exprimer).

Voilà une expression qui peut sembler très étrange si on oublie qu'elle a plusieurs siècles et si on ne connaît pas grand-chose aux chevaux.

En effet, de nos jours, imaginez que vous ne puissiez exprimer votre colère. Alors, quoi de mieux que de descendre de votre voiture, installer le cric, démonter une roue et vous mettre à ronger, au choix, un disque, une plaquette ou un tambour (avec une pointe de ketchup) ? Une chose est sûre, en vous occupant ainsi, vous devez certainement vous calmer. Et faire plaisir à votre dentiste…

Mais cette expression datant de la fin du XIVe siècle, ce n'est pas aux véhicules motorisés qu'il faut penser, mais à la plus belle conquête de l'homme : le cheval.

En effet, le frein n'est ici rien d'autre que le mors, cette pièce généralement métallique placée dans la bouche de l'animal et qui, reliée aux rênes, sert à le diriger.

Or, que fait un cheval qui s'impatiente en attendant le retour de son maître ? Il « ronge son frein », faute de choses plus intéressantes à faire.

Selon le *Dictionnaire des expressions et locutions figurées*, dans cette métaphore, *frein* représente ce qui bloque l'élan de celui qui aimerait bien exprimer ses sentiments. Et *ronger* est associé à cette énergie contenue qui devient corrosive et mine l'intérieur.

Cette expression pouvait aussi vouloir dire « être condamné à l'ennui », mais elle est très peu utilisée avec ce sens. Pourtant, on peut imaginer que le pauvre cheval qui attend trompe son ennui en rongeant son frein.

> Mon père n'est pas un égoïste, il était prêt à m'attendre là-haut le temps qu'il faudrait, à ronger son frein pour l'éternité, même s'il savait qu'une fois en cendres il n'aurait plus rien à ronger du tout.
>
> Thierry BELLEFROID – *Mon père, sa mère* – 2006

468. AVOIR LA FRITE / LA PATATE

Être en très bonne forme, avoir du tonus.

C'est à cause de sa forme plutôt ronde que, en argot du début du XXe siècle, la pomme de terre, donc la patate, a été assimilée à la tête (comme la poire auparavant).

Sans que ce soit certain, c'est probablement parce que celui qui est en bonne forme a une bonne « patate » que, en passant par une forme comme *il a une sacrée patate*, on est arrivé à *il a la patate* qu'on peut comprendre comme « l'apparence de sa patate montre qu'il est en bonne forme ».

Quant à la *frite*, elle en découle assez logiquement, mais plus tard, dans les années 70. C'est en effet à partir de 1950 que *frite*, comme *patate*, devient synonyme de *tête*, par une simple plaisanterie puisque, aux dernières nouvelles (et les Belges ne démentiront pas), c'est bien avec des patates qu'on fait les frites.

Ensuite, l'influence de *avoir la patate* a fait le reste.

> – T'as été malade ? – Oui… si on veut. – C'est vrai que tu n'as pas l'air d'avoir la frite, tu voles ras la bruyère. Qu'est-ce qui se passe ? – J'sais pas… J'fais une mauvaise croisière.
>
> Denis GUELPA – *Pierres d'achoppement* – 1984

Pharmacien, agronome, nutritionniste et hygiéniste, Parmentier devait apporter une immense contribution au domaine alimentaire. Ce qui s'appelle avoir la patate.

Jean TARDY – *Les Oubliés du père Lachaise : abécédaire non exhaustif* – 2010

469. TOUT LE SAINT-FRUSQUIN

1. Tout ce qu'on a d'affaires, tout ce que l'on possède.
2. Par extension : tout le reste.

Si la locution est attestée en 1710, d'abord sans trait d'union, le mot *frusquin* seul est signalé en 1628 où, en argot, il désigne les vêtements, sans que l'on sache avec certitude pourquoi, son étymologie étant discutée.

Mais deux choses sont sûres :

– il en reste le mot *frusques* toujours employé de nos jours avec le même sens, plutôt péjoratif, appliqué à des mauvais habits, des hardes ;

– le mot n'est plus utilisé isolément et n'apparaît plus que dans notre expression.

Au cours de la seconde moitié du XVIIe siècle, *frusquin*, toujours en argot, a également désigné l'argent. Du coup, sa signification a finalement englobé tout ce que l'on possède, vêtements et argent.

Tout cela est bel et bien, me direz-vous, mais par quel miracle le *frusquin* s'est-il trouvé canonisé ? D'où vient donc ce *saint* ?

À votre très pertinente question, je répondrai par une autre : connaissez-vous saint Crépin ? Il y a peu de chances, sauf si vous pratiquez un métier bien particulier en voie d'extinction. En effet, ce saint est le patron des cordonniers. Or, il se trouve que, chez ces artisans, le saint-crépin désigne l'ensemble de leurs outils (tout comme, d'ailleurs, le saint-jean désigne la trousse à outils des typographes).

C'est donc par simple analogie que le saint-frusquin s'est mis à représenter l'ensemble de ce qu'on possède.

Et, par extension, lorsque notre locution est employée à la suite d'une énumération, précédée de *et*, elle veut dire « et tout le reste ».

Gervaise aurait bazardé la maison ; elle était prise de la rage du clou, elle se serait tondu la tête, si on avait voulu lui prêter sur ses cheveux. C'était trop commode, on ne pouvait pas s'empêcher d'aller chercher là de la monnaie, lorsqu'on attendait après un pain de quatre livres. Tout le saint-frusquin y passait, le linge, les habits, jusqu'aux outils et aux meubles.

Émile Zola – *L'Assommoir* – 1877

470. FUMER UNE SÈCHE / UNE CLOPE

Fumer une cigarette.

F*umer une cigarette*, chacun sait ce que cela signifie. La question qui se pose est donc de savoir pourquoi *cigarette* se dit aussi *sèche* ou *clope* en argot (parmi quelques autres appellations).

On peut d'abord noter que l'appellation *sèche*, qui date de la seconde moitié du XIXe siècle, a, depuis les années 1950, été supplantée par le terme *clope*.

Si l'étymologie n'est pas certaine, Rigaud, dans son *Dictionnaire du jargon parisien* publié en 1878, indique que la sèche était la cigarette de manufacture, ce beau tuyau rempli de tabac parfaitement cylindrique fabriqué en usine.

Mais pourquoi ? Eh bien, ce serait simplement par opposition à l'informe cigarette roulée dont le papier, collé à la salive, était en partie humide.

Pour *clope*, il semble que l'origine soit encore plus obscure. Le mot, apparu au masculin au tout début du XXe siècle, a d'abord désigné un mégot, avant de changer de sexe au milieu du siècle pour désigner la cigarette entière.

La seule explication proposée pouvant tenir un peu la route vient d'Émile Chautard qui signale qu'à la fin du XIXe siècle existait l'argotique *cicloper* qui voulait dire « étêter », mais surtout « couper », sens qui nous intéresse ici. En effet, le *clope*, issu du verbe, aurait alors désigné un morceau de ces cigarettes fraîchement roulées que se partageaient parfois les fumeurs en les découpant en deux ou plusieurs parties. La dénomination se serait ensuite réduite à la désignation du mégot avant de s'étendre à la cigarette entière.

> Alors on est allés peinards fumer une sèche au chevet de Mlle Karam qui cuisait une crève.
>
> Thierry Vernet *et al.* – *Peindre, écrire, chemin faisant* – 2006

> Moi je ne médite pas en voiture, trop stressant, je préfère écouter la radio, téléphoner aux copines et fumer une clope, j'ai pas le temps de méditer.
>
> Déa Sangaré – *Le Dalaï-lama, les autres et moi* – 2007

471. AMUSER / ÉPATER LA GALERIE

Amuser / épater l'assistance.
Tenter de se mettre en avant (en faisant preuve de vantardise).

J'imagine que vous avez tous entendu parler de la galerie des Glaces, dans le château de Versailles[1]. Ne peut-on légitimement se demander comment il est possible d'amuser ou d'épater un tel endroit ?

Si notre expression date du XVIIe siècle, tout comme la galerie sus-citée créée sous Louis XIV, c'est une pure coïncidence, car notre galerie n'est pas celle du château.

En effet, plusieurs expressions sont issues du jeu de paume, et celle-ci en fait partie.

À ce jeu, la galerie était une allée couverte courant le long du terrain, depuis laquelle les spectateurs pouvaient contempler le spectacle. Par métonymie, le terme a ensuite désigné les spectateurs eux-mêmes. Puis, par extension, une assistance quelconque et, enfin, l'opinion publique.

---

1. À ceux pour qui ce n'est pas le cas, sachez qu'il ne s'agit aucunement d'un endroit où l'on vend des cornets surmontés de boules glacées aux parfums divers.

Si un boute*-en-train peut parfaitement amuser la galerie sans sous-entendu négatif, la seconde forme est aussi régulièrement employée pour quelqu'un qui veut se faire remarquer sans en avoir réellement les moyens ou les capacités.

> Ceux qui rêvent d'épater la galerie, en se rendant à leur travail à bord de leur bolide, risquent d'être déçus.
>
> *Le Figaro* – Article du 15 octobre 2007 (à propos des voitures de collection)

> C'est un peu plus tard, en 1896, que fut effectuée, non plus par esprit sportif mais pour « épater la galerie » et dans l'espoir, d'ailleurs vain, d'y gagner la fortune, la traversée de l'Atlantique la plus ahurissante : à l'aviron, avec un doris à fond plat, ponté à demi seulement, de 5,40 m.
>
> Jean Merrien – *Les Drames de la mer* – 2000

472. SANS CRIER GARE

Sans prévenir, sans avertir.
Inopinément, à l'improviste.

Un passionné des locomotives pourrait peut-être croire que cette expression nous vient du voyageur en train qui, voyant depuis la fenêtre de son compartiment la gare se profiler à l'horizon[1], se mettait à crier « gare ! » comme les navigateurs d'autrefois criaient « terre ! » lorsqu'ils apercevaient enfin la côte, au risque de déranger les autres voyageurs qui, eux, se préparaient à descendre sans crier gare. Mais il n'en est rien !

1. Bien que ce soit un peu hors sujet, je ne peux m'empêcher d'évoquer l'intérêt étrange de Salvador Dali pour la gare de Perpignan. N'en a-t-il pas dit très explicitement : « [...] l'arrivée à la gare de Perpignan est l'occasion d'une véritable éjaculation mentale qui atteint alors sa plus grande et sublime hauteur spéculative. [...] J'ai eu une vision exacte de la constitution de l'univers. L'univers qui est l'une des choses les plus limitées qui existent serait, toutes proportions gardées, semblable par sa structure à la gare de Perpignan. » Mais ce n'est pas pour autant qu'il criait « gare ! » lorsqu'il arrivait à Perpignan.

Gare est une interjection qui date du XIIe siècle, autre forme de *guar* qui voulait dire « prends garde ».

Il ne faut en effet pas oublier que lorsqu'on intime l'ordre à quelqu'un de prendre garde (ou de « se garer »), c'est pour lui conseiller de laisser passer quelqu'un ou quelque chose, de se mettre sur le côté, de se mettre à l'abri, de prendre garde à une éventualité fâcheuse.

Autrement dit, celui qui crie « gare ! » intime aux présents de faire attention à ce qu'il pourrait se produire et d'éviter d'avoir à en subir les éventuelles conséquences.

Et celui qui surgit sans crier gare le fait sans prévenir, par surprise.

Si la forme actuelle de l'expression date du début du XIXe siècle, la forme *sans dire gare* existait auparavant depuis le début du XVIe.

> Vus de Paris, les fonds étrangers sont souvent représentés comme une nébuleuse d'investisseurs uniformes aux méthodes et aux intentions obscures. Une sorte de « parti de l'étranger » qui se serait infiltré dans le palais de la Bourse sans crier gare.
>
> *L'Expansion* – Article du 22 octobre 1998

473. UNE OFFRE / PROMESSE DE GASCON

Une offre peu sérieuse. / Une promesse dont on sait qu'elle ne sera pas tenue.

Nos politiques sont les rois de la promesse de Gascon. Et pourtant, il existe toujours des gens pour croire ce qu'ils disent.

Cette expression nous vient du XVIe siècle, à une époque où, et depuis longtemps, les habitants de la Gascogne[1] étaient réputés faire d'excellents et courageux soldats.

1. Zone du sud-ouest de la France, couvrant principalement l'actuel Gers, les Landes et les Hautes-Pyrénées, mais qui a disparu en tant que département ou région, même si le mot existe toujours dans de nombreuses appellations, comme le *floc de Gascogne*, boisson alcoolisée, par exemple.

C'est peut-être à cause de ces qualités reconnues, mais aussi trop souvent vantées et exagérées par les Gascons eux-mêmes, que ceux-ci étaient considérés comme des hâbleurs, de beaux parleurs, des menteurs, des gens qui racontaient un peu n'importe quoi et auxquels on ne pouvait pas vraiment faire confiance.

Un autre exemple qui justifie les qualificatifs qui sont associés à ces pauvres Gascons est cité par Véronique Larcade dans son *Les Cadets de Gascogne* (2005). Elle évoque en effet ce régiment qui servit sous Louis XIII comme composé « de gens pauvres qui ont émigré à Paris pour s'enrichir. Par fierté, ils refusaient d'avouer leur misère et cherchaient à faire croire qu'ils valaient mieux que ce qu'ils étaient réellement. »

C'est de cette réputation que l'expression est née, ainsi que la locution *parler en gascon* – qu'on pourrait aujourd'hui traduire par « raconter des craques » –, et le mot *gasconnade* que le regretté Maître Capello aurait pu remplacer par un *fanfaronnade* de bon aloi et placé à bon escient.

> – Bon, on arrête là, Robin, sur un bon verre de cidre, d'accord ?
> – D'accord, à condition que nous le buvions !
> – Que veux-tu dire là ?
> – Que tu ne me fasses pas une proposition alléchante pour me faire taire, sans concrétisation. Une offre de Gascon, quoi !
>
> Robert Patte – *Le Nid de l'aigle* – Tome 3 – 2009

> La promesse de vous apprendre le russe en 90 heures […] est, on le voit, une promesse de Gascon.
>
> Claude Piron – *Le Défi des langues* – 1994

474. IL Y A DE L'EAU DANS LE GAZ

L'atmosphère est à la dispute.
Des querelles se préparent.

Que voilà une belle métaphore cuisinière qui date du début du XXe siècle et pour laquelle on trouve deux origines.

La première est pour ceux qui ont eu l'occasion de faire déborder une casserole d'eau posée sur une cuisinière à gaz[1] et qui savent que le phénomène commence d'abord par produire de la vapeur d'eau puis que, la flamme s'éteignant, le gaz qui s'échappe risque de provoquer une explosion si on n'éteint pas le brûleur rapidement. Autrement dit, ça commence par fumer, puis ça explose, exactement comme lors d'une dispute !

La seconde, évoquée par Claude Duneton, vient du fait que le gaz de houille qui était autrefois distribué dans les habitations comportait un fort taux de vapeur d'eau. Dans certaines conditions, cette vapeur d'eau se condensait et finissait par créer des poches d'eau dans les canalisations, en les obstruant[2]. Il y avait donc à ce moment-là, et réellement, de l'eau dans le gaz, phénomène qui était annoncé par une flamme orangée avant qu'elle ne s'éteigne complètement.

Et la maîtresse de maison ne pouvant plus préparer la popote pour son homme préféré, il s'ensuivait inévitablement une dispute ; autrement dit, le torchon* brûlait.

> Julien, c'est pas le mauvais gars, mais c'est un type qui peut pas rendre une fille heureuse ! Voilà, il est resté assez longtemps avec Solange et puis il y a eu de l'eau dans le gaz… ; tu connais Solange, c'est elle qui laisse tomber.
>
> Roger Curel – *Brancula* – 1969

475. VOUER AUX GÉMONIES

Accabler quelqu'un, lui faire de violents reproches ou l'humilier publiquement.

Livrer quelqu'un au mépris public, le couvrir de honte.

---

1. Expérience de plus en plus difficile à vivre avec la généralisation progressive des plaques de cuisson électriques sous leurs différentes formes.
2. C'est pourquoi les canalisations disposaient de siphons et de vannes destinés à les purger lorsque ce phénomène se produisait.

Bien qu'elle soit basée sur une histoire très ancienne, cette expression n'est attestée qu'au début du XIXe siècle chez Lamartine.

Les gémonies étaient un endroit très « sympathique » à Rome, puisqu'on y exposait pendant quelques jours le corps des condamnés qui avaient été tués par strangulation dans leur prison après les avoir un peu amusés par quelques petits supplices. Ils étaient ensuite, sur le bon vouloir d'un magistrat peut-être incommodé par les odeurs, jetés dans le Tibre.

Il s'agissait en fait d'un escalier reliant le Capitole au forum, qui tire son nom du latin *scalae gemoniae*, qui signifiait « l'escalier des gémissements ». Preuve, peut-être, que les « strangulés » n'étaient pas tous aussi morts que ça avant d'être exposés.

Cette charmante coutume aurait commencé en 385 av. J.-C. sous le dictateur Camille.

C'est de cette exposition publique de gens condamnables qu'est née notre expression.

Aujourd'hui, les médias sont nos gémonies modernes. Il est très facile d'y accabler quelqu'un publiquement. Il y a toutefois une différence très importante : les cibles ne sont pas forcément coupables et certainement pas encore mortes ; mais cette humiliation publique peut les tuer, au moins psychologiquement.

> S'il [Dante] a crié vengeance contre sa patrie, insulté ses magistrats, concerté sa réduction par l'empire, c'est que l'intérêt public exigeait ces manifestations. Mais on l'a accablé d'ingratitude, on l'a voué aux Gémonies, lui le patriote dévoué qui expie actuellement dans l'exil la bonté de ses intentions, son impartialité et son courage !
>
> Edmond MAGNIER – *Dante et le Moyen Âge* – 1860

476. LES DEUX, MON GÉNÉRAL !

Formule ironique par laquelle on marque son accord avec tous les choix proposés.

Dans l'armée, il est bien connu que, si on ne veut pas prendre de risques et bien se faire voir, il vaut mieux être du même avis que le chef.

C'est par plaisanterie ou moquerie que certains ont considéré que, lorsque le supérieur hiérarchique propose une alternative et qu'on n'est pas sûr de la réponse qu'il souhaiterait entendre, il vaut mieux répondre « les deux, mon… » suivi du grade du supérieur.

Alain Rey indique l'origine suivante : « Allusion à une réponse comique d'un répertoire troupier », mais sans mieux préciser la source.

Toujours est-il que cette formule a donné lieu à des blagues diverses, d'un très haut niveau intellectuel, presque aussi haut que certaines de mes plaisanteries à moi, et dont voici un excellent exemple :

> « Dans une caserne, un officier dit à un militaire :
> – Demain, le grand général des généraux va venir vous poser 3 questions : tout d'abord il vous demandera "Depuis quand êtes-vous ici ?" et vous lui répondrez "6 mois, mon général" ; après, il vous demandera "Quel âge avez-vous ?" Vous lui répondrez "18 ans, mon général." Et pour finir, il vous demandera "Préférez-vous les petits pois ou les carottes ?" Vous lui répondrez "les deux, mon général."
> Le lendemain le grand général arrive et dit :
> – Quel âge avez-vous ?
> – 6 mois, mon général.
> – Depuis combien de temps êtes-vous ici ?
> – 18 ans, mon général.
> – Vous me prenez pour un con ou pour un imbécile ?
> – Les deux, mon général… »

Dans l'expression proposée, *général* peut être remplacé par n'importe quel autre nom de grade, à la condition qu'on s'adresse au gradé avec *mon*, ce qui n'est pas le cas du caporal ou du sergent, par exemple.

> La Cipale : sportif ou bucolique ? Les deux, mon général. Sis en bordure sud du bois de Vincennes, le vélodrome municipal, plus communément dénommé Cipale, n'attire plus que quelques vétérans, se tirant la bourre chaque week-end en combinaison rose fluo.
>
> *Le Nouvel Observateur* – Article du 24 mai 2007

477. COUSIN GERMAIN / ISSU DE GERMAIN

Un cousin direct / éloigné.

Une des phrases cultes d'Obélix est : « Ils sont fous, ces Germains ! » Connaissant la sagacité du personnage, on est donc en droit de se poser une question : les cousins germains sont-ils tous fous ?

Le cousin « de base » est un descendant d'un frère ou d'une sœur de ses parents.

Des cousins germains sont des personnes ayant au moins un grand-père ou une grand-mère en commun (parenté au deuxième degré).

Si vous suivez bien, vous allez me dire que vos cousins « de base » sont donc aussi des germains. La réponse est oui, mais ce ne sont pas les seuls : sont également vos cousins germains les petits-enfants issus d'un autre mariage d'un au moins de vos grands-parents, donc des enfants de demi-frères et demi-sœurs de vos parents.

Quant aux cousins issus de germains, ce sont cette fois des personnes ayant un arrière-grand-père ou une arrière-grand-mère en commun (parenté au troisième degré), comme le sont vos enfants et ceux de vos cousins germains, par exemple.

Maintenant que ceci est précisé, il y a une autre question qu'on peut légitimement se poser, c'est : pourquoi *germain* ?

Cela n'a rien à voir avec l'ancienne Germanie, ce qui répond à la question initiale à propos des Germains d'Obélix. Cet adjectif existe depuis le XIIe siècle. Il est issu du latin *germanus* qui veut dire « qui est du même germe » ou, autrement dit, « qui est du même sang ».

Si, aujourd'hui dans le langage courant, on n'évoque plus que les *cousins germains*, le lien de sang s'exprime aussi dans les appellations juridiques *frère germain* ou *sœur germaine* pour désigner de véritables frères ou sœurs, issus des deux mêmes parents (excluant donc les demi-frères ou demi-sœurs).

> Si, au lieu d'enfants, je laissais un cousin-germain et un cousin issu de germain dans la ligne paternelle, et un cousin-germain dans la ligne maternelle, et que le cousin-germain de la ligne paternelle renonçât, sa part n'accroîtrait pas au cousin-germain de la ligne maternelle, mais au cousin issu de germain : car il ne se fait de dévolution d'une ligne à l'autre que lorsqu'il ne se trouve aucun parent dans une des lignes.
>
> Joseph-André ROGRON – *Code Napoléon expliqué* – 1859

478. PEIGNER LA GIRAFE

Faire un travail inutile et très long.
Ne rien faire d'efficace.

Attention : il ne faut pas ici confondre *peigner* (qui se pratique avec un peigne) et *peindre* (ce que l'on fait avec un pinceau), comme le font certains.

On n'a jamais vu quelqu'un se promener avec un seau de peinture beige à taches marron et tenter d'en appliquer sur cet animal…

Cela précisé, il faut malheureusement convenir que l'origine de cette expression n'est pas vraiment certaine.

Il existe bien une anecdote à propos d'un gardien du Jardin des Plantes à Paris où arriva la fameuse première girafe en 1827, gardien qui, alors qu'il était accusé d'inactivité chronique, aurait répondu : « Je peignais la girafe », mais elle aurait été inventée a posteriori.

On peut toutefois, sans grand risque de tomber, se pencher du côté des pratiques masturbatoires pour expliquer cette locution.

En effet, le long cou d'une girafe peut aisément (pour les dames qui rêvent un peu) être assimilé à un sexe en érection.

Et si l'on se réfère à Boris Vian dans *Vercoquin et Le Plancton,* on constate qu'il y écrit, avec une allusion explicite à la masturbation : « J'ai tellement peigné ma girafe qu'elle en est morte. »

Outre *peigner la girafe* pour désigner ce genre d'activité, on trouve aussi *se polir la colonne* ou *s'astiquer le jonc*, toutes locutions contenant des verbes liés au nettoyage.

Mais comment expliquer alors que, de la masturbation, on passe à l'inefficacité, voire à la fainéantise sous-jacente ?

Si je vous traite de branleur, vous comprendrez tout de suite (non, ne frappez pas, c'est juste pour expliquer) ! Un branleur, c'est quelqu'un qui se masturbe, mais c'est aussi quelqu'un qui traîne, qui ne fait rien.

On constate effectivement qu'il y a une assimilation très fréquente entre celui qui pratique l'onanisme à tout-va et celui qui n'a aucune occupation utile, celui qui pratique l'oisiveté avec ardeur.

Pour confirmer cette relation sémantique, il suffit de se pencher sur le terme *peigne-zizi*, très proche de notre expression, et qui, depuis longtemps dans le parler franc-comtois (mais peut-être ailleurs aussi), désigne un individu sur lequel on ne peut pas compter.

Donc si, à l'origine, celui qui peignait la girafe était celui qui se masturbait, par glissement sémantique habituel, c'est devenu celui qui ne fait rien d'utile, qui glande, qui traîne, qui n'en fout pas une rame.

Quand il faisait beau, j'astiquais les cuivres de la lanterne ou bien je peignais le phare comme on peigne la girafe. On n'a jamais fini.
Daniel Bernard – *Une île bien plus loin que le vent* – 2005

479. À LA SAINT-GLINGLIN

À une date hypothétique, dans très longtemps, voire jamais.

Connaissez-vous quelqu'un qui se prénomme *Glinglin* ? Existe-t-il une date où saint Glinglin est présent dans votre calendrier ?

Heureusement non pour les nouveau-nés, car ce *saint* n'en est pas un. Il est le résultat de la déformation de *seing* (un signal, une signature, une marque apposée sur un document, comme dans *blanc-seing* ou *sous seing privé*) qui, en ancien français, a désigné une sonnerie de cloche (un signal), puis la cloche elle-même.

Quant au fameux *glinglin*, il est tiré de *glinguer*, forme dialectale de la région de Metz voulant dire « sonner, résonner », elle-même issue du *klingen* germanique signifiant la même chose.

Proposer de payer *à la saint-glinglin*, c'était proposer à l'ignorant qui ne connaissait pas le calendrier et qui ne savait pas que Glinglin n'a jamais été béatifié, de payer à une sonnerie de cloche, sans préciser laquelle, ni une date précise. Ce qui pouvait mener très loin dans le temps.

« Nous voulons la monnaie unique au plus tard en 1999, le gouvernement allemand serait débordé si le deutsche mark restait la monnaie d'ancrage en Europe », a déclaré Friedrich Merz, député de l'Union chrétienne-démocrate. « Ceux qui plaident aujourd'hui pour un report repoussent en fait l'union monétaire à la saint-glinglin », a lancé, pour sa part, un député du FDP (Parti libéral).

Libération – Article du 28 septembre 1995

480. À GOGO

Abondamment, à profusion.

Cette expression ancienne date du XVe siècle. *Gogo* est une duplication plaisante à l'oreille de *go*, issu de *gogue* qui voulait dire « réjouissance, liesse ».

Furetière écrivait : « À gogo se dit des choses plaisantes & agréables qu'on a en abondance. Les gens riches vivent à *gogo*. Il a de l'argent à *gogo,* tout son saoul… » Car il est évident qu'on peut éprouver beaucoup de liesse lorsqu'on dispose de choses enviées à profusion.

C'est de ce *gogue* que viennent les mots *goguenard* et *goguette* encore employés de nos jours.

Bien sûr, il ne faut pas confondre l'ancien *gogue* avec nos *gogues* modernes qui, en argot, désignent les toilettes (« Sais-tu, Gilberte, que j'éprouve beaucoup de gogue à l'idée d'aller aux gogues ? » disait le constipé).

Il s'adresse à nous, et lance : « Ce soir, ça va être la fête les gars, j'arrose ma vie de garçon, c'est moi qui invite, j'ai de l'oseille à gogo ! »

John KERBER – *Une vie de loupet* – 2008

481. SORTIR DE SES GONDS

Se mettre brutalement en colère, s'emporter.

Lorsgu'on est enrhubé, on beut facilebent dire gu'on est cerné par les gons. Et, contrairement à ce que prétend notre expression, on ne peut rien pour s'en sortir, sauf à aller vivre en ermite au fin fond d'une grotte en Sibérie. Et encore, car on en trouve partout !

Mais une fois le rhume soigné[1], on reste cerné par les gonds, puisqu'on en trouve à quasiment toutes

1. Pour rappel, il est coutume de dire qu'un rhume soigné avec des médicaments adaptés disparaît en une semaine alors que si on

les ouvertures du logement, là où ils permettent de parfaitement guider le mouvement de la porte.

Car imaginez un peu la corvée que seraient les ouvertures et fermetures des nombreuses portes d'une habitation si les gonds n'existaient pas ! Peut-être qu'on n'aurait pas de portes ; ou uniquement des ouvertures coulissantes ; allez donc savoir !

Toujours est-il que les gonds servent à la fois à maintenir associé à son cadre le panneau qui sert de porte, et à guider ses mouvements.

C'est au XVIe siècle que le gond, cet accessoire de quincaillerie qui permet donc de contrôler le mouvement d'une ouverture, est utilisé dans des métaphores où, justement, il désigne ce qui est contrôlé. C'est ainsi que *se tenir sur ses gonds* voulait dire « rester raisonnable ».

Notre expression apparaît un siècle plus tard. Cette fois, celui qui ne se tient pas sur ses gonds perd sa raison ou son contrôle et explose de colère.

> Le maire (PS) d'Angoulême, Philippe Lavaud, est sorti de ses gonds en découvrant une dizaine de photos personnelles sur le réseau social Facebook accompagnées de propos calomnieux d'un groupe d'opposants.
>
> *Libération* – Article du 11 février 2010

482. ÊTRE GONFLÉ – NE PAS MANQUER D'AIR

1. Être téméraire, courageux à l'excès.
2. Ne pas manquer de toupet, être insolent.

Alors que les pneumatiques n'existaient pourtant pas encore, c'est au XVIe siècle que le verbe *gonfler* apparaît avec d'abord le sens de « distendre en remplissant d'air ou de gaz ».

On l'appliquait par exemple pour ces vessies* d'animaux qu'on gonflait et faisait sécher accrochées

---

le laisse se soigner tout seul, il sera guéri au bout de sept jours. À vous de choisir la meilleure solution.

au plafond, et qu'il ne fallait surtout pas prendre pour des lanternes.

Et c'est au XVIIe, qu'au figuré, le verbe employé au passif s'emploie à propos de quelque chose de complètement rempli, voire rempli à l'excès. Ainsi, on verra apparaître des locutions comme *avoir le cœur gonflé de chagrin* ou *être gonflé d'audace*.

Il faudra attendre le milieu du XIXe siècle pour que *gonflé* devienne synonyme de « courageux », par ellipse de *gonflé de courage*, puis un demi-siècle de plus pour qu'il prenne le sens de « plein d'audace », au moment où on trouvera aussi *gonflé à bloc* avec l'image du pneu gonflé au maximum.

Et c'est de cette dernière que, par plaisanterie, on verra apparaître la version *ne pas manquer d'air*, qualificatif qu'on peut indéniablement affecter à un objet gonflé à bloc.

Ces significations suffisent à expliquer la première proposée pour notre expression.

Quant au second sens, il en découle assez logiquement : lorsque le trop-plein d'audace n'est pas utilisé à bon escient, lorsqu'il dérange, lorsqu'il est déplacé, l'audace se transforme en toupet, en insolence, et d'une perception admirative de celui qui est gonflé, on passe à la perception agacée qui justifie cet emploi de l'expression.

> Évidemment qu'elle est gonflée de s'aventurer, après trente-deux ans d'absence, sur le terrain mouvant de la chanson. Pour Line Renaud, on a une tendresse particulière. Parce qu'elle est unique, battante, d'une vitalité insolente, fringante, tellement vivante.
>
> *Nord éclair* – Article du 17 mai 2011

483. FAIRE PARTIE DU GOTHA

Faire partie de la haute société, de l'élite.

Certains habitants de la Suisse romande croient que l'expression est *faire partie du Gothard*[1].

---

1. Car en Suisse romande, le massif du Saint-Gothard s'appelle aussi tout simplement le Gothard.

Heureusement, ces pages arrivent enfin pour leur faire comprendre qu'ils ont été induits en erreur. Mais mieux Gothard que jamais !

Du XVIIIe siècle jusqu'au milieu du XXe, faire partie du Gotha, c'était comme faire partie du *Who's Who* aujourd'hui, sauf qu'à l'époque, seuls les nobles y étaient référencés.

Gotha est une ville d'Allemagne, en Thuringe, dans laquelle la maison de Saxe avait sa cour.

C'est dans les années 1760 qu'y apparaît, initié par le gentilhomme Guillaume de Rothberg, un almanach contenant entre autres toute la généalogie de la maison de Saxe et celle des empereurs d'Allemagne. Y être cité donnait donc une certaine importance à la personne.

Et Ghislain de Diesbach écrit à ce propos :

> « L'almanach était devenu le livre favori des cours qui se plongeaient dans sa lecture avec la complaisance de coquettes se mirant dans une glace. »

À la fin du XIXe siècle, il comporte toute l'aristocratie de l'Europe sur environ un millier de pages découpées en trois parties, selon l'importance des titres, et devient ainsi le « bottin mondain » de la noblesse européenne.

En faire partie était donc une preuve d'appartenance à ce qui était considéré comme l'élite européenne.

Malgré l'arrêt de la publication de cet ouvrage en 1944, l'expression est restée pour désigner des individus faisant partie d'une certaine élite ou d'un groupe de la haute société.

> Propriétaire d'un théâtre, des restaurants Maxim's, de plusieurs hôtels et du magazine « Prince d'Europe et d'ailleurs », Pierre Cardin fait partie du Gotha des milliardaires de la mode.
>
> Gilles FOUCHARD – *La Mode* – 2005

484. JETER SA GOURME

Faire ses premières folies de jeunesse.

Gourme, voilà un mot peu courant de nos jours. Certains l'ont peut-être entendu chez le pédiatre à propos de leur bambin faisant ce qu'on appelle souvent des « croûtes de lait » sur le cuir chevelu et le visage, mais pour ce genre de manifestations, la plupart du temps, le praticien leur aura plutôt parlé d'impétigo.

Et, quand on ne sait pas ce qu'est la *gourme*, on ne peut s'empêcher de faire le rapprochement avec *gourmette* qui, s'il y a bien un lien, n'est pas le petit de la gourme, tout comme la belette n'est pas le petit du castor.

En effet, la gourmette, d'abord appelée *gourme* au début du XVe siècle, était autrefois une chaînette qui servait à maintenir le mors du cheval ; le nom de cette chaînette s'est ensuite déplacé à la fin du XIXe siècle vers celle qu'on reliait à une montre de gousset ou celle qu'on portait au poignet.

Mais revenons à la gourme qui nous concerne.

C'est à partir du milieu du XIVe siècle que le mot désigne une maladie de la bouche ou de la gorge du cheval, affection provoquant, entre autres, la sécrétion d'une morve particulière ayant le même nom (*gourme* pourrait venir du francique *worm* qui signifiait « pus »). Il semble que pratiquement tous les poulains soient victimes de cette maladie bénigne, point de passage quasiment obligé. Au XVIe siècle, on disait alors de l'animal qu'*il jetait sa gourme*, le verbe *jeter* ayant ici le sens d'« émettre des sécrétions ».

Parallèlement, mais au figuré cette fois, *jeter sa gourme* a pris le sens qu'il a toujours aujourd'hui.

La raison de la naissance de cette métaphore est assez simple : si le poulain passe obligatoirement par la maladie, le jeune humain passera tout aussi inévitablement par un moment où il commettra ses premières frasques, passage considéré ici, comme pour le poulain avec sa morve, comme une maladie de jeunesse incontournable (puisqu'« il faut que jeunesse se passe »).

> Elle admettait d'ailleurs comme parole d'Évangile l'épopée des aventures et voyages d'Anatole et n'en prenait nulle crainte pour l'avenir.
> – Il n'est point mauvais, pensait-elle, qu'un jeune homme ait jeté sa gourme ; pour rendre une femme heureuse, il faut avoir vécu.
>
> Amédée Rolland – *La Foire aux mariages* – 1861

485. DES GOÛTS ET DES COULEURS, ON NE DISPUTE / DISCUTE PAS

Chacun peut légitimement avoir ses propres goûts, opinions et méthodes.

Faut-il que tout le monde se comporte comme des moutons de Panurge* ? Certainement pas ! Si c'est à cause des différences que des conflits entre personnes éclatent, c'est aussi grâce aux différences que les progrès existent, que l'Homme avance[1]. Il faut donc les cultiver et accepter que l'autre ait des goûts ou des opinions différents des siens (sinon, les longues conversations autour d'un verre seraient bien tristes).

Selon le *Dictionnaire de Trévoux*, cette expression existait au XVIIIe siècle sous la forme *il ne faut pas disputer des goûts*, mais Larousse indique que la nôtre viendrait des scolatisques[2] du Moyen Âge et serait une traduction du latin médiéval « gustibus et coloribus non est disputandum ».

---

1. Une citation connue qui illustre de manière sympathique que la différence est nécessaire au progrès : « Tout le monde savait que c'était impossible à faire. Puis un jour quelqu'un est arrivé, qui ne le savait pas, et il l'a fait. » Citation attribuée, selon les sources, à Mark Twain, Winston Churchill ou Marcel Pagnol.
2. Qui n'étaient pas des pratiquants du saut à l'élastique ! Non, les scolastiques étaient les tenants d'une certaine philosophie dont Voltaire a dit : « La théologie scolastique, fille bâtarde de la philosophie d'Aristote, mal traduite et méconnue, fit plus de tort à la raison et aux bonnes études que n'en avaient fait les Huns et les Vandales. »

Selon Rey et Chantreau, le sens actuel n'est probablement pas le même que dans la version initiale où l'apparent libéralisme de l'expression serait trompeur. Si les goûts alimentaires de chacun sont effectivement si variables qu'il n'est pas la peine de se disputer à leur propos, le goût au sens de « valeurs esthétiques » est imposé par la société et le contexte culturel, et il est donc totalement inutile d'en discuter (au point de se disputer).

> Sa mère était même un peu bigote, et les mauvaises langues disaient qu'elle avait sans doute un sentiment pour l'homme à la soutane, le « capelan » de Rocher. Il n'y avait guère de quoi, mais enfin, comme dit l'autre, des goûts et des couleurs on ne discute pas.
>
> René PROPRIOL – *Une vie de femme en 1900 : Antoinette, souvenirs* – 1995

486. POUR TA GOUVERNE

1. Pour t'apprendre les règles de conduite.
2. Pour t'informer.

Lorsqu'on voit le mot *gouverne*, on pense inévitablement à d'autres comme *gouvernement* ou *gouverner* qui évoque ce qui guide, dirige.

Et on a bien raison !

Ce mot, issu de *gouverner*, apparaît au XIIe siècle avec des sens comme « action de gouverner », « gouvernement », « conduite »…

C'est au XVIIIe qu'il prend le sens de « ce qui doit servir de règle de conduite » et c'est un siècle plus tard que notre expression apparaît avec la première signification indiquée, généralement employée pour introduire une phrase qui va contenir une explication sur la conduite à tenir dans une situation à laquelle la personne destinatrice du conseil va être confrontée à court terme.

Ce conseil, cette explication n'étant souvent qu'une simple information (« telle personne sera présente, veille à ne pas la froisser »), c'est tout naturellement que le sens a glissé vers la seconde signification indiquée.

> Il forma à-peu-près dans ce temps-là le dessein de quitter Salamanque pour visiter Tolède : dans cette dernière cité, disait-il, le peuple est plus riche, sans cependant être plus aumônier ; mais il faut, Lazare, que pour ta gouverne tu te pénètres bien de ce vieux proverbe qui renferme un grand sens : « plus donne encore le riche peu charitable que fait le pauvre malgré sa bonne volonté. »
>
> G.F. de Grandmaison, Y. Bruno – *Aventures merveilleuses de Lazarille de Tormes* – 1833

487. SÉPARER LE BON GRAIN DE L'IVRAIE

Séparer les méchants des bons, ce qui est mauvais de ce qui est bien.

L'ivraie est une graminée sauvage et nuisible aux céréales, qui est censée provoquer une sorte d'ivresse (le mot dérive indirectement du latin populaire *ebriacus* qui signifiait « ivresse »). Au début de sa pousse, son aspect est assez peu différent de celui du blé au milieu duquel elle peut croître.

On comprend alors que, selon Matthieu, Jésus ait pu désigner l'ivraie comme le symbole des méchants, car c'est bien là une mauvaise graine qui se dissimule au milieu des bonnes.

Dans cette parabole[1], alors qu'un ennemi a semé de l'ivraie dans un champ de blé, le maître dit à ses serviteurs de ne surtout pas chercher à l'enlever tant que la moisson n'est pas prête, sinon ils risqueraient d'arracher également le bon grain.

Il leur demande donc d'attendre le bon moment, de ramasser alors l'ivraie pour la faire brûler, puis de moissonner le blé pour le ranger dans le grenier.

---

1. Parabole qui ne servait pas, à l'époque, à capter les chaînes de télévision par satellite.

Lorsque Jésus, à leur demande, explique à ses disciples le sens de cette parabole, il leur explique que :

– le champ représente le monde ;

– celui qui sème le blé est le Fils de l'homme (Jésus lui-même) ;

– les bons grains sont les sujets du Royaume ;

– l'ivraie représente les sujets du Mauvais ;

– celui qui la sème est le Diable ;

– la moisson, c'est la fin du monde ;

– les moissonneurs sont les anges.

Ainsi, les bons et les méchants sont condamnés à vivre ensemble, mais au moment du Jugement Dernier, le Fils de l'homme enverra ses anges qui élimineront tous les méchants pour les jeter dans la fournaise ardente (l'enfer), alors que les justes iront dans le Royaume des cieux (le paradis).

> La Quatrième République se trouve prise dans un dilemme : châtier les grands coupables, séparer le bon grain de l'ivraie, mais aussi rétablir les libertés publiques et d'abord la liberté d'opinion.
>
> François Mauriac – *Le Bâillon dénoué* – 1945

488. VEILLER AU GRAIN

Se tenir sur ses gardes.
Prévoir et prévenir le danger.

Voilà une belle métaphore marine qui date de la première moitié du XIXe siècle.

En effet, si vous imaginiez un paysan au bord de son champ de blé, en train d'en surveiller la pousse, vous avez tout faux (même si on peut parfois trouver cet usage sous forme de plaisanterie) ! Car cette expression est empruntée au langage maritime où un « grain » est un coup de vent brutal et court, parfois accompagné de neige ou de grêle, ou un nuage qui l'annonce.

Un bon marin se doit donc d'être constamment sur ses gardes pour pouvoir réagir rapidement et manœuvrer de manière adaptée si un grain s'abat sur le navire. Par extension, quiconque doit surveiller le danger doit « veiller au grain ».

D'après le *Dictionnaire historique de la langue française*, ce terme *grain*, qui existe depuis le milieu du XVIe siècle, pourrait venir des grêlons qui s'abattent parfois sur le bateau au cours d'un grain.

> En l'absence de Sigognac, retenu au théâtre pour y essayer un costume nouveau, le brave Hérode, connaissant les mauvaises intentions de Vallombreuse, s'était bien promis de veiller au grain, et l'oreille appliquée au trou de la serrure il écoutait, par une indiscrétion louable, cet entretien hasardeux, sauf à intervenir lorsque la scène chaufferait trop.
>
> Théophile Gautier – *Le Capitaine Fracasse* – 1863

489. EST-CE QUE JE TE DEMANDE SI TA GRAND-MÈRE FAIT DU VÉLO ?

Je ne t'ai rien demandé, mêle-toi de tes affaires !

Pierre Desproges, un de mes maîtres à penser (et à panser les bleus de l'âme par le rire) a prétendu dans « Les bonnes manières au lit », extrait du *Manuel de savoir-vivre à l'usage des rustres et des malpolis,* qu'Euclide posait déjà cette question sous la forme « Velocipedus memera ? ».

Mon souhait constant d'approcher au mieux la vérité historique m'incite à douter un peu de la véracité de cette information et à vous avertir, malgré tout le respect que je lui dois, qu'il a probablement tort, car aucun autre texte connu n'y fait référence et aucune photographie de l'époque ne nous y montre une grand-mère ayant enfourché un vélocipède.

Cette question hautement existentielle viendrait en réalité d'une rengaine des années 30, de la période 1900, chantée par Dranem (Charles Armand Ménard, de son vrai nom) qui aurait servi de modèle aux questions ironiques ayant la signification susmentionnée.

Dans la chanson, elle se prolongeait d'ailleurs par d'autres questions tout aussi graves : « si ta p'tite sœur est grande, si ton p'tit frère va bien au pot… » et mieux encore « si ta cousine Fernande, pour coudre aux rideaux les anneaux, bien qu'on lui défende, prend les aiguilles du phono ? » ; on comprend donc qu'elle ait pu marquer son époque d'une empreinte aussi indélébile.

Aujourd'hui, les grands-mères à vélo sont devenues tellement courantes (et même pédalantes) que, dans la question, on remplace fréquemment ce moyen de locomotion par d'autres plus modernes comme le *roller*, le *skate*, voire le *parapente*.

> – Dis donc toi, je te demande si ta grand-mère fait du vélo ? répondit Horss les sourcils froncés.
> – Ben ouais chef… Elle en fait. Mais je vois pas le rapport.
>
> Régis Gauchard – *Cinq* – 2010

490. METTRE LE GRAPPIN SUR (QUELQUE CHOSE / QUELQU'UN)

1. Se saisir ou s'emparer de quelque chose.
2. Accaparer quelqu'un, le retenir contre son gré.

Savez-vous que le mot *grappe* nous vient au XIIe siècle du francique *krappa* qui voulait dire « crochet » ?

Et la grappe de raisin dans tout ça, me direz-vous ? Eh bien, le *Dictionnaire historique de la langue française* nous dit qu'il s'agirait d'une métaphore d'après la forme de la grappe de raisin ou du moins de la branche qui la maintient et qui ressemblerait à un crochet. Je vous laisse le soin de vérifier.

Et revenons justement au crochet, mon capitaine.

Vu la signification première du mot, il n'est pas étonnant que le dérivé *grappin*, apparu au XIVe siècle dans la marine, ait désigné un « crochet d'abordage » qui, comme son nom l'indique, servait à faciliter la montée des marins du navire attaquant à bord du bateau attaqué : lorsque les deux bateaux étaient bord à bord suffisamment proches l'un de l'autre, des grappins munis d'une corde étaient lancés par les attaquants vers leur cible de manière à amener de force leur bateau assez près pour qu'ils puissent passer à l'abordage et faire une razzia à bord.

C'est à la fin du XVIIe siècle que notre expression est apparue avec ses sens qui, au figuré, sont parfaitement compréhensibles. Les pirates s'emparent bien du bateau convoité après y avoir jeté leurs grappins (premier sens). Et, une fois que les grappins sont accrochés et tirés, le bateau attaqué est bel et bien retenu contre son gré (second sens).

Alors même si elle s'est généralisée hors du contexte maritime, la locution reste une métaphore explicite.

L'image s'utilise également, par exemple, lorsqu'une personne a jeté son dévolu sur une autre et que celle-ci se laisse prendre dans ses rets (« il lui a mis le grappin dessus ») ; si la victime est rarement contrainte, mais plutôt consentante, l'image comporte généralement une notion d'intérêt (si la personne s'est intéressée à l'autre, c'est souvent parce qu'elle a quelque chose à en tirer, comme de l'argent, du pouvoir…).

> Mon vieux Kéroual, lui dis-je quand je lui eus mis le grappin dessus, je ne te lâche plus. Tu vas partir avec moi.
>
> Blaise Cendrars – *Bourlinguer* – 1948

491. TOMBER COMME À GRAVELOTTE

1. Pleuvoir très fort.
2. Tomber en grandes quantités ou de manière très rapprochée.

Il faut remonter du 16 au 18 août 1870, lors du long match France-Prusse de 1870-1871, pour comprendre d'où vient cette expression.

Nous sommes en Lorraine, pas très loin de Metz. D'un côté, nous avons l'équipe de France, constituée d'environ 113 000 hommes, et de l'autre, l'équipe de Prusse, forte d'environ 190 000 soldats. Autant dire que le match, qui se déroule sur un espace « un peu » plus grand qu'un terrain de foot, s'annonce déséquilibré, alors que, pourtant, personne n'a pris de carton rouge du côté français.

Le capitaine de l'équipe de France est le maréchal Bazaine, son homologue adverse est le maréchal von Moltke.

Au coup de sifflet de l'arbitre (dont l'histoire n'a pas retenu le nom), la bataille commence.

À la fin de la tuerie, on compte 12 500 Français hors de combat (dont 1 100 tués) et 19 200 Allemands (dont 5 000 morts). Aucun camp n'a une victoire nette et Bazaine doit se replier dans Metz.

Toujours est-il qu'au cours de cette bataille, il est dit que les balles et les obus d'artillerie tombaient avec une telle densité, que les participants à cette petite boucherie en ont été très impressionnés, au point que, renforcée par le nombre très important de pertes (les hommes tombaient comme des mouches), notre métaphore en est née.

Avec le temps, elle ne s'emploie pas que pour la pluie, mais aussi lorsque diverses choses (généralement non souhaitées) se succèdent rapidement, comme des statistiques indésirables, par exemple.

Il est intéressant de préciser que la bataille de Gravelotte s'appelle ainsi du côté des Allemands, mais s'appelle la bataille de Saint-Privat du côté français, cela parce qu'il y a eu deux fronts, un à proximité de chacun des deux villages.

> Ce tour de France qui se veut équitable, mais qui restera dans les mémoires comme le plus injuste est celui des sanctions. Dans certaines étapes, elles pleuvent comme à Gravelotte et sont appliquées avec zèle par des contrôleurs tatillons.
>
> Jean Roussel – *Il était une fois le Tour de France* – 2003

492. DE GRÉ OU DE FORCE

1. Spontanément ou par la contrainte.
   Sans prendre en compte la volonté de celui qui aura à faire ou à subir quelque chose.
2. De toute façon.

Le premier sens proposé pour l'expression dit à peu près tout.

Faire faire quelque chose à quelqu'un « de force », c'est le contraindre ; c'est donc « forcément » déplaisant pour lui, comme l'indique le second sens.

Pour le gré, nous allons d'abord nous attarder un peu sur l'étymologie du mot qui nous vient au Xe siècle du latin *gratum*[1] désignant quelque chose qui plaît, qui est agréable (et justement, *agréable* a la même racine, ainsi que *agréer*).

Le mot a d'abord le sens de « consentement », puis, un siècle plus tard environ, de « reconnaissance » (*je vous en sais gré* apparaîtra au XIIe).

S'il ne s'emploie plus isolément, *gré* fait partie de plusieurs locutions, dont *de gré*, encore utilisées aujourd'hui, ne serait-ce que dans notre expression, qui apparaît en 1080 pour dire « spontanément ».

C'est au XVIIe siècle que *de force ou de gré* est d'abord attesté chez Corneille. Depuis, la forme s'est inversée, mais l'expression reste très utilisée.

> Les exactions de l'Armée rouge – 10 000 déportés en Sibérie dès l'été 1940 – ont fait basculer des Estoniens dans le camp allemand qui a enrôlé 33 000 hommes, de gré ou de force, lorsque les nazis envahirent à leur tour le pays en 1941.
>
> *Le Figaro* – Article du 14 octobre 2007

> Je veux me satisfaire de gré, est un pléonasme ; et je veux me satisfaire de force, est un contre-sens. On se fait obéir de gré ou de force ; mais on ne se satisfait pas de force. Phocas entend qu'il réduira de gré ou de force Pulchérie, mais il ne le dit pas.
>
> VOLTAIRE – *Remarques sur Héraclius* – 1761

493. ALLER SE FAIRE VOIR CHEZ LES GRECS

S'emploie à l'encontre de quelqu'un dont on souhaite se débarrasser.

---

1. Aucun lien avec les démangeaisons !

Les Grecs avaient autrefois une réputation affirmée de pédérastie (tenant à la virginité de mon fondement, je ne suis pas allé vérifier ce qu'il en est aujourd'hui, mais on me susurre dans mon oreillette qu'elle est très surfaite[1]).

Alors quand on propose à quelqu'un d'aller chez eux, c'est parce qu'on veut rapidement s'en débarrasser et qu'on lui souhaite « bien du plaisir » une fois arrivé là-bas.

C'est tout aussi aimable que de proposer à quelqu'un « d'aller au Diable » afin qu'il aille brûler dans les flammes de l'enfer.

Aujourd'hui, pour éconduire quelqu'un, on a aussi « casse-toi ! ». C'est plus court, mais ça fait moins travailler l'imagination.

Des variantes de cette expression existent avec des verbes nettement plus vulgaires à la place de *voir*, ce qui en accentue encore le côté désagréable.

Parmi ceux-ci, il y a le très imagé *empapaouter*, qu'on comprend actuellement comme « enculer » (ou « sodomiser » pour les oreilles chastes). Ce mot est en fait issu de l'occitan *empapautar*, légèrement plus raffiné car il veut normalement dire « rouler » ou « arnaquer ».

– N'ont-ils aucun signe en commun ?

---

1. Plaisanterie mise à part, et Dieu sait si le sujet peut inspirer, il faut savoir que la réputation de pédérastie des Grecs a des racines profondes (sans jeu de mots). En effet, la pédérastie (littéralement : « qui aime les enfants », à ne pas confondre avec la pédophilie) était en fait un mode d'éducation réservé à l'élite de la société grecque, aussi appelé Paideia homosexuelle : un « couple » était constitué d'un homme âgé (*eraste*, « celui qui aime ») et un adolescent (*eromenos*, « celui qui est aimé »). L'homme âgé se devait d'enseigner la vie au jeune, en utilisant le « support physique », donc le corps, pour le sublimer, mais sans tomber dans l'excès. Au point d'ailleurs que les rapports sexuels entre les deux hommes n'avaient rien d'obligatoire (pour en savoir plus, vous pouvez lire une description complète de cette forme d'éducation et les droits et devoirs associés dans l'ouvrage *L'Usage des plaisirs* de Michel Foucault).

– Oui, le bras d'honneur quand ils sont excédés et qu'ils signifient ainsi à celui qui les embête d'aller se faire voir chez les Grecs.

Robert Azaïs – *Le Huis clos des éminences* – 2010

494. LE GRENELLE DE…

Un débat multipartite, normalement suivi d'un accord supposé résoudre des problèmes importants à l'échelle natioanale.

L'année 2007 aura vu le gouvernement et la presse utiliser copieusement le terme de *Grenelle de l'environnement* ou, mais de manière moins visible, de *Grenelle de l'insertion*.

Mais d'où viennent ces *Grenelle* ?

En mai 1968, à la fameuse époque de la plage sous les pavés, des CRS nazis et de l'interdiction d'interdire, un peu avant que de Gaulle, quelque peu désorienté par l'ampleur des événements, n'aille se faire remonter le moral chez le général Massu à Baden-Baden, d'autres en France tentèrent de limiter les dégâts en mettant en place des accords destinés à calmer les grèves et l'agitation.

En effet, les 25 et 26 mai, au cours de négociations qui eurent lieu au ministère du Travail, rue de Grenelle, à Paris, et auxquelles participèrent des hauts fonctionnaires, dont un dénommé Jacques Chirac, il avait été convenu, entre autres, d'augmenter le SMIG de 25 % et les autres salaires de 10 %, et de réduire le temps de travail.

Ces accords, dits « accords de Grenelle », furent conclus le 27 mai.

Si, rejetés par la base, ils n'interrompirent pas immédiatement la crise sociale, la décision du 30 mai de dissoudre l'Assemblée nationale, prise par de Gaulle mais suggérée par Pompidou, finit par provoquer une accalmie de l'agitation dans les jours suivants.

C'est donc du nom de la rue où se trouvaient les bâtiments du ministère du Travail, et par référence aux accords de Grenelle de mai 1968, qu'est née cette appellation de « Grenelle de quelque chose ».

Mais qu'est-ce donc que ce Grenelle qui a laissé son nom à cette fameuse rue ?

Grenelle était une commune qui, en 1860, a été annexée à Paris pour former une partie de ce qui est aujourd'hui le XVe arrondissement. Chose amusante, cette commune aura eu une vie indépendante très courte, puisqu'elle est née en 1830 d'une séparation d'avec la ville de Vaugirard. C'est sur décision du baron Haussmann qu'en 1860, Vaugirard, Grenelle et le quartier de Javel furent regroupés pour former un nouvel arrondissement de Paris. Mais attention : la rue de Grenelle est dans les VIe et VIIe, pas dans le XVe où l'on trouve le boulevard et le quai de Grenelle.

> Une fois de plus le problème n'a pas été résolu. Cette centrale, malgré sa cloche de ciment fuit sans cesse des résidus de radioactivité, polluant la terre et les eaux de sa région chaque heure qui passe. Entre-temps, le Grenelle de l'environnement est revenu sur tout ce qui pouvait paraître comme des avancées.
>
> Olivier TATIN – *Voyageur du monde, dis-moi comment sera demain* – 2010

495. UNE GRENOUILLE DE BÉNITIER

Une personne qui manifeste une dévotion outrée. Un(e) bigot(e).

Cette appellation est quelque peu péjorative. Elle désigne toutes ces personnes trop croyantes qui passent une bonne partie de leur existence en dévotions et à l'église.

Elle vient, bien entendu, de ces bénitiers placés à l'entrée des églises, normalement remplis d'eau bénite, et dans lesquels les fidèles trempent le bout de leurs doigts avant de faire leur signe de croix en entrant dans le lieu.

On imagine bien alors que ceux qui passent leur temps là, à proximité du bénitier, y sont aussi confortablement et durablement installés que les grenouilles dans leur mare.

Mais on trouve aussi dans cette expression une allusion aux bavardages futiles et aux cancans qu'échangent généralement ces grenouilles-là, tout comme celles qui coassent inlassablement dans leur marigot.

> Maman, qui est issue d'un milieu catholique, [...] n'a jamais eu l'âme d'une grenouille de bénitier qui rabâche « Jésus, je vous aime », mais elle a le coeur de Jésus ou du bon Samaritain.
>
> Jean-Luc Bermond – *Fleur de pavot* – 2004

496. SUR LE GRIL

Anxieux ou impatient.
Dans une situation pénible ou embarrassante.

Ceux qui ont déjà eu l'occasion de poser leurs fesses sur la grille d'un barbecue allumé (la plupart du temps par pure inadvertance) savent à quel point cette situation est à la fois pénible (un tant soit peu douloureuse) et embarrassante (une fois que le maillot de bain en nylon a fondu, montrant ainsi les noisettes grillées).

Et les autres sont parfaitement capables de l'imaginer.

L'image est donc suffisamment parlante pour qu'elle n'ait pas vraiment besoin d'être expliquée.

Cette expression se trouve en 1740 dans le *Dictionnaire de l'Académie française*, avec le premier sens cité qui s'est donc renforcé avec le temps pour donner le second.

D'après Alain Rey, il se pourrait qu'il s'agisse d'une allusion au martyre de saint Laurent qui, en 258 à Rome, fut brûlé sur un gril par le préfet de la ville sous le règne de l'empereur Valérien.

Savez-vous que les recruteurs aiment la cuisine ?

La preuve, c'est qu'avant un entretien d'embauche, ils font en général mariner celui qu'ils vont mettre « sur le gril ». Peu importe s'il bout d'impatience ! Ils vont le laisser mijoter avant de le faire cuire à petit feu.

> Ensuite, Georges et Émile m'avaient vachement mis sur le gril. Ils voulaient absolument savoir tout ce que j'avais pu donner comme information à l'inconnu, même à mon insu.
>
> Alain PÉCUNIA – *Le Dernier Maquisard* – 2006

497. FAIRE DU GRINGUE

Faire une cour pressante, draguer.

Au milieu du XVIe siècle, *grignon*, dérivé de *grigner* qui a donné *grignoter*, désignait régionalement un morceau de pain (tout comme *quignon* qui est étymologiquement lié).

Et *gringue*, substantif dérivé de *grignon*, était synonyme de *pain*, au cours de la seconde moitié du XIXe siècle.

C'est au tout début du XXe, chez Aristide Bruant, qu'on trouve le mot *gringue* dans *faire du gringue* avec le sens de « chercher à plaire » qui a évolué vers « faire la cour, généralement de manière pressante » dix ans plus tard.

Tout esprit un tant soit peu éveillé se demandera *in petto* comment on a pu ainsi passer du pain à la cour.

D'autres esprits, éveillés également, se sont déjà posé la question, et la seule réponse, apportée par Gaston Esnault, mais hélas sans aucune certitude, viendrait d'un rapprochement avec l'ancienne locution *faire des petits pains pour quelqu'un* qui a d'abord voulu dire « faire l'aimable pour appâter » puis par extension « faire la cour ».

Alphonse Allais disait : « C'est quand on serre une femme de trop près qu'elle trouve qu'on va trop loin. » C'est qu'il aimait faire du gringue, Allais !

> Ce qui s'est vu aussi, c'est qu'une fille de vingt ans soit obligée de faire du gringue à un vieux

bonhomme pour attirer l'attention d'un jeune demeuré qui ne la regarde même pas.

René BRAGARD – *La Montagne du condor : sangs de fiel* – 1992

498. EN AVOIR GROS SUR LE CŒUR / L'ESTOMAC / LA PATATE

1. Éprouver un grand chagrin.
2. Ressentir du dépit, de la rancune.

Chose qui peut paraître étrange pour ceux qui ne sont pas férus d'étymologie, si le mot *cœur* correspond bien depuis longtemps à l'organe central de la circulation sanguine, il a aussi désigné la poitrine à partir du XIIe siècle[1] (assez logique, vu l'emplacement du cœur), mais aussi l'estomac à partir du XIIIe siècle [2]. Trouver ces deux organes interchangeables dans une expression qui date du XVIIe n'est donc pas étonnant.

Avec les expressions équivalentes *avoir le cœur gros*, *avoir le cœur lourd* ou bien *avoir la gorge serrée*, nous retrouvons tout simplement une formalisation des sensations physiologiques liées au chagrin, aux sanglots, sensations désagréables qu'on peut aussi ressentir lors de gros dépits ou de rancunes sévères.

Il n'y a malheureusement pas d'explications claires sur le fait qu'en argot, le mot *patate* ait aussi désigné le cœur.

Cette variante de l'expression apparaît au début du XXe siècle. Elle a été précédée de quelques années par *en avoir gros sur la pomme de terre*.

Bien sûr, on retrouve çà et là quelques fêtes de longue tradition et quelques-uns [...] de nos pauvres élus,

---

1. D'ailleurs, par un jeu de mots lié aux jeux de cartes, au XVIIe siècle, on disait *coucher du cœur sur le carreau* pour « vomir ».
2. En fait, *cœur* vient du latin *cor* qui signifiait, au sens propre, « cœur, viscère, estomac ». Du coup, notre *cuer*, *coer*, *cor* (formes anciennes de *cœur*) a aussi pris le sens général d'organe (dont l'estomac).

comme ce malheureux Valentin qui peut en avoir gros sur le cœur : martyr chez les Romains pour finir dessiné en rose pâle chez tous les marchands de carte postale, quel destin !

Le Nouvel Observateur – Article du 11 février 2008

Courbet qui avait cru mettre un lot de toiles à l'abri en les lui confiant l'avait gros sur l'estomac, il lui fallait maintenant faire des pieds et des mains pour les rapatrier chez Adèle.

François DUPEYRON – *Le Grand Soir* – 2006

Les Zouaves en ont gros sur la patate au sujet du général Mangin qui les commande, c'est loupé dans une grande mesure, comme nos offensives de Champagne et de la Somme, et celle-ci surpasse les autres.

Joseph PRUDHON – *Journal d'un soldat* – 2010

499. FAIRE LE PIED DE GRUE

Attendre debout à la même place, pendant un certain temps.

La grue est un échassier, un de ces animaux au long bec emmanché d'un long cou, comme disait La Fontaine, mais aussi disposant de deux longues et fines pattes dont l'une semble parfois inutile, tant ces bestioles peuvent passer un long moment perchées sur une seule d'entre elles, y compris en dormant.

Un peu comme nos « grues » des trottoirs, surnom qu'on donne depuis 1415 à ces dames faisant commerce de leurs charmes et qui attendent le client, adossées à un mur, un pied au sol (pas plus d'un, c'est préférable !) et l'autre appuyé au mur, les faisant ainsi ressembler à nos gruidés des marais.

Mais si les prostituées s'appellent ainsi, ce n'est pas vraiment à cause de leur éventuelle position sur une jambe, mais surtout parce qu'elles *font le pied de grue* sur le trottoir.

Faire le pied de grue se disait au XVIe siècle *faire (de) la grue* et au XVIIe *faire la jambe de grue*, alors que le verbe *gruer* voulait aussi dire « attendre ».

Bien entendu, toutes ces formes ont pour origine notre échassier capable de rester longtemps debout à attendre on se sait quoi ou à dormir.

> Ils ont voulu ce ruban, ils l'ont osé demander. Tout prétexte, même éloigné, manquait ; ils n'étaient ni de la science, ni de l'armée, ni de la police, ni des lettres, ni de la domesticité ; mais, à force de placets, d'apostilles, de visites, ayant remué le boudoir, le salon, l'antichambre, ayant croqué le marmot, fait le pied de grue, multiplié les actes de repentir, prodigué les serments et les reniements, ayant pleuré, s'étant avilis, enfin les voilà chevaliers.
>
> Louis Veuillot – *Les Libres-Penseurs* – 1848

500. PAS FOLLE, LA GUÊPE !

C'est une personne maligne qui ne se laissera pas abuser !

Les guêpes sont vraiment des insectes agaçants ! À la campagne en été, il n'y a pas moyen de se faire tranquillement une tartine de confiture au petit déjeuner, dehors sous l'auvent, dans la douceur matinale, sans qu'au moins deux ou trois de ces bestioles ne viennent tournoyer autour de la tartine et de son propriétaire, prêtes à y planter leur dard acéré.

Agaçantes, c'est sûr ! Mais sont-elles folles pour autant ? À ma connaissance, aucun psychiatre n'a, pour l'instant, répondu clairement à la question.

Mais en attendant une telle étude, c'est encore moi qui m'y colle !

Cette expression s'emploie souvent en guise de satisfecit autodélivré lorsqu'on a pensé à prendre des précautions adaptées avant de faire quelque chose, ou lorsqu'on a réussi un coup rusé, par exemple.

À l'origine, au milieu du XIXe siècle, on disait *pas bête, la guêpe*, ce qui était plus amusant, une guêpe étant bien, selon mes dernières informations, une bête et pas un humain.

Mais en réalité, à la même époque, le mot *guêpe* désignait une personne maligne, finaude. La raison vient d'un jeu de mots : on peut aussi dire d'une telle personne qu'elle est fine (avec le sens de « retorse, maligne ou astucieuse »). Or, n'est-il pas de notoriété publique que la guêpe a la taille extrêmement fine[1] ?

C'est ainsi que cette *guêpe*-là, pour parler d'une personne maligne donc pas bête, a donné la locution *pas bête la guêpe* qui est devenue *pas folle la guêpe* au XXe siècle.

C'est sous cette dernière forme qu'elle a été popularisée par Arletty en 1939 dans *Circonstances atténuantes*.

> Moi, ça m'avait beaucoup plu, ce « Raspoutine », mais je ne l'ai pas dit, pas folle la guêpe !
>
> René FALLET – *Comment fais-tu l'amour, Cerise ?* – 1969

501. UNE GUERRE PICROCHOLINE

Un conflit entre personnes ou institutions, déclenché pour des raisons obscures ou ridicules.

Si vous prenez un dictionnaire très ordinaire et y recherchez le qualificatif de notre expression, vous avez peu de chances de l'y trouver.

Mais des ouvrages plus élaborés vous indiqueront que *picrocholine* est construit à partir des deux mots grecs *pikros* pour « amer » et *khôlé* pour « bile » (le second étant aussi à l'origine de *cholestérol*, l'ennemi de votre vésicule biliaire et de vos artères).

Cette expression nous vient de *Gargantua*, roman de Rabelais.

En effet, dans son ouvrage, Picrochole, roi de Lerne, s'oppose à Grandgousier, le père de Gargantua, pour une stupide histoire de fouaces (ou fougasses) ayant entraîné une bagarre. Il attaque le territoire de Grandgousier avec ses treize mille six cent vingt-deux soldats, mais il voit ses troupes éliminées aussi bien par un vaillant moine de l'abbaye de Seuillé que par l'urine du cheval de Gargantua (qui, je le rappelle, est un géant et a un cheval de taille

1. C'est d'ailleurs pour cela qu'on appelait des *guêpières* ces gaines que les femmes se mettaient autrefois pour s'affiner la taille. *Guêpière* n'étant pas, cela va sans dire, le féminin de *guêpier*, même si *guêpe* est à l'origine des deux.

correspondante) qui fait déborder une rivière et noie les restes de la troupe et quelques milliers d'autres innocents.

C'est du tempérament de va-t-en-guerre de Picrochole et des raisons stupides qui l'ont poussé à attaquer Grandgousier, que naîtra l'expression.

On peut noter que ce qualificatif ne s'emploie guère que dans cette expression et qu'on n'en utilise pas de version au masculin.

> Privés, le 2 mars, du match de foot Arsenal-Auxerre (que devait diffuser TF1), puis de la finale du Tournoi des cinq nations, Angleterre-Écosse (dont la diffusion a été annulée, samedi par France 2), les téléspectateurs français n'y comprennent rien. En cause : la profusion des panneaux de publicité pour des marques d'alcool français sur les stades étrangers, et interdits de diffusion par la loi Évin.
> Dans cette guerre picrocholine qui oppose désormais, d'une part, les pouvoirs publics, le Conseil supérieur de l'audiovisuel, chargés de faire respecter la loi, les diffuseurs tenus de s'y conformer, et, d'autre part, les annonceurs d'alcool, chaque retransmission pose problème.
>
> *Libération* – Article du 23 mars 1995

502. COURIR LE GUILLEDOU

Être sans cesse à la recherche d'aventures amoureuses.

Le mot *guilledou* ne s'emploie que dans cette locution.

Au XVIe siècle, on trouvait les locutions *courir le guildron* pour « courir l'aventure » et *courir le guildrou* pour « fréquenter de mauvais lieux ».

La seconde forme explique que, dans le *Dictionnaire de l'Académie française* de 1694, notre expression signifiait : « Aller souvent & principalement pendant la nuit dans les lieux de débauche » (sous-entendu, « pour y courir la gueuse »).

Bien qu'il existe d'autres origines proposées, il semble que tous ces mots commençant par *guil* sont issus du verbe *guiller* qui voulait dire « tromper » ou « ruser » et dont de nombreux dérivés régionaux comportent une idée de séduction sexuelle, considérée comme une tromperie ou une ruse[1].

On retrouve cette notion dans l'ancien sens de l'expression où les lieux de débauche fréquentés par ceux qui *courent le guilledou* sont ceux où de nombreux coureurs de jupons sont prêts à employer toutes les ruses possibles pour attirer dans leurs filets les jeunes et jolies filles qui auraient eu la mauvaise idée de s'y rendre.

> Les parents qui s'exagèrent toujours les fredaines de leurs enfants leur reprochent sans cesse de négliger le droit ou la médecine pour courir le guilledou.
>
> Joachim DUFLOT – *Dictionnaire d'amour, études physiologiques* – 1846

503. EN FAIRE À SA GUISE

Agir selon son goût, sa volonté.

Voilà une expression qui n'a aucun lien avec le duc de Guise, ni avec les déguisements du mardi gras, même si le duc n'en faisait bien qu'à sa guise et si le verbe *se déguiser* a bien la même étymologie que notre *guise*.

Guise est un mot apparu au XIe siècle, avec le même sens que le mot germanique *wisa* dont il est issu et qui signifiait « manière » ou « façon ».

Aujourd'hui, tout en ayant gardé son sens initial, il n'est plus employé que dans deux expressions, *en guise de* utilisée entre autres par Marcel Amont[2] et la nôtre, qui existe depuis le XIIe siècle.

En faire à sa guise, c'est agir selon sa manière habituelle, ses envies, ses goûts, sans se préoccuper des dérangements que cela peut causer aux truies à autrui.

---

1. Mesdames, méfiez-vous des Guillaume et autres Gilles, prénoms autrefois donnés aux trompeurs ou faiseurs de cocus !
2. « Un Mexicain basané/Est allongé sur le sol/Le sombrero sur le nez/En guise, en guise…/En guise, en guise…/En guise de parasol », *Un Mexicain*, 1962.

On me reprenait sur tout, et je ne faisais plus un mouvement qui ne fût critiqué. Cela me causait une impatience continuelle, et je disais souvent : « Je voudrais être un bœuf ou un âne ; on me laisserait marcher à ma guise et brouter comme je l'entendrais, au lieu qu'on veut faire de moi un chien savant, m'apprendre à marcher sur les pieds de derrière et à donner la patte. »

George Sand – *Histoire de ma vie* – 1855

504. HABILLER (QUELQU'UN) POUR L'HIVER

Dire du mal de (quelqu'un), généralement en son absence.

Avant d'entrer dans le vif du sujet, il est intéressant de se pencher un peu sur l'étymologie du verbe *habiller*, car elle est assez bizarre.

En effet, vers 1200, *abiller* (construit avec le nom *bille* et le préfixe *a*-) veut dire « préparer une bille de bois » ou « ébrancher et écorcer ».

Et, alors qu'une hache sert justement à tailler le bois, le *h* a été ajouté au XVe siècle (scie, scie !) et c'est ensuite l'influence du mot *habit*, et dans une moindre mesure celle de *habile*, qui a fait complètement glisser le sens du verbe vers celui d'aujourd'hui.

Cela précisé, dire du mal de quelqu'un, c'est aussi lui « tailler un costard », mais également lui « mettre (diverses choses) sur le dos ».

Ici, c'est la médisance ou la calomnie qui, au figuré, recouvre, enveloppe ou « habille » la pauvre cible (généralement absente).

Sachant que l'expression *habiller (quelqu'un)* existe avec le même sens depuis le milieu du XVIIIe siècle, on peut se demander pourquoi ce *pour l'hiver*.

La réponse est très simple : pendant cette saison, il faut des vêtements plus épais pour ne pas avoir froid ; c'est pourquoi on imagine que les médisants se font un plaisir de rajouter des couches de calomnie, assurant que l'heureux bénéficiaire n'aura absolument aucun problème de refroidissement.

> Avec ses voisines, les dialogues étaient plus brefs, car il n'aimait pas cancaner. Il fuyait ces longs papotages où tout le monde, par la médisance savamment distillée, était habillé pour l'hiver.
>
> Georges-Patrick GLEIZE – *La Vie en plus* – 2005

505. L'HABIT NE FAIT PAS LE MOINE

L'apparence peut être trompeuse.

Il faut s'abstenir de ne juger les gens qu'à leur apparence.

Proverbe dont on trouve les premières traces au XIIIe siècle et qui serait tiré du latin médiéval.

Selon certains, ce proverbe viendrait d'une déformation progressive de la traduction de l'expression latine de Plutarque *barba non facit philosophum* qui signifiait « la barbe ne fait pas le philosophe ».

D'autres disent qu'il aurait pour origine un fait historique : en 1297, pour réussir à s'emparer par la ruse de la forteresse bâtie sur le rocher monégasque, François Grimaldi et ses compagnons d'armes se sont déguisés en moines franciscains, fait rappelé sur les armoiries de Monaco.

Enfin, peut-être faut-il simplement voir une certaine ironie dans cette expression.

En effet, lorsqu'elle est apparue, les moines de l'époque étaient bien loin de suivre leurs préceptes. N'hésitant pas à accumuler des biens, à ripailler, à courir la gueuse ou à trucider à tout-va dans les batailles, ils avaient un comportement très éloigné de celui que leur tenue aurait pu laisser supposer.

Ainsi, un brigand désireux de détrousser un moine en le supposant faible pouvait finalement tomber sur bien plus fort et rusé que lui.

Pour preuve de la pertinence de ce proverbe, chacun sait, depuis tout petit, qu'un vilain crapaud peut parfaitement dissimuler un prince charmant.

> On dit, certes, que l'habit ne fait pas le moine, et pourtant ! On ne peut se désintéresser de cette question. La vie en société exige que l'on s'habille proprement et correctement. Une sage maxime occidentale dit à ce sujet : « Dans son village, un homme

est jugé sur sa réputation. En dehors de son village, il est jugé sur son apparence extérieure. »

Chong-gi PAK – *Paroles d'un sage coréen à ses petits-enfants* – 1998

506. TOMBER DES HALLEBARDES / DES CORDES

Pleuvoir très fort, à verse

Cette expression est citée par Furetière à la fin du XVIIe siècle.

Pour ceux qui auraient oublié leur histoire de France, entre le XVe et le XVIIe siècle, une hallebarde était une sorte de longue lance munie à son extrémité d'un fer tranchant et pointu et de deux fers latéraux, l'un en forme de croissant, l'autre en pointe.

Alors, bien sûr, il est aisé de faire la comparaison entre la lance pénétrante et ces grosses gouttes de pluie glaciale qui « transpercent » atrocement le péquin moyen qui traîne dehors sous l'orage.

Mais les choses ne sont toujours pas aussi simples qu'elles le paraissent !

Selon Gaston Esnault, en effet, depuis le milieu du XVIe siècle, le mot argotique *lance* désignait de l'eau puis, par extension, de l'eau de pluie[1]. Le verbe *lancequiner*, apparu plus tard, avait d'ailleurs le sens de « pleuvoir ».

Ce serait donc par simple substitution de quasi-synonymes que les hallebardes auraient remplacé les lances, en y ajoutant une petite touche vieillotte, les premières étant, au moment de l'apparition de l'expression, en voie de disparition en tant qu'armes utilisées sur les champs de bataille.

Pour ce qui est des cordes, qui tombent autant que les hallebardes, elles viennent simplement de la comparaison avec des cordes de ces traits que l'on observe lorsqu'une pluie tombe dru.

---

1. Et même de l'urine, d'où le terme *chaude-lance*, synonyme de *chaude-pisse*, nom argotique de la blennorragie.

Ce mois n'est qu'un long orage avec quelques intermittences. À peine si j'ai pu me faire la barbe et si j'y vois pour écrire, tant il fait sombre. Les nuages sont de bitume. Il pleut des hallebardes et les préaux, les escaliers ne sont qu'une nappe liquide. Il n'y a que le chez-soi de tolérable par un temps pareil.

Henri-Frédéric Amiel – *Journal intime* – Posthume 1993

Il pleut des cordes sur nos corps. Anna se lève, toute trempée, et tourne en balbutiant des prières inaudibles. De ce fait, elle implore assurément les Dieux de nous sortir de ce tourbillon atmosphérique.

Léandre-Alain Baker – *Ici s'achève le voyage* – 1989

507. COURIR / TAPER SUR LE SYSTÈME / LE HARICOT

Ennuyer, importuner, exaspérer.

La première forme (avec *système*), apparue vers le début de la seconde moitié du XIXe siècle, est communément admise comme étant une ellipse de *courir / taper sur le système nerveux*, image où l'on considère celui qui excite le système nerveux d'un autre ou qui lui « tape sur les nerfs », l'importune, voire l'exaspère.

En revanche, la seconde forme est beaucoup plus discutée par les lexicographes, au point qu'on n'en connaît pas vraiment l'origine. Déjà, sa date d'apparition n'est pas très précise puisque certains la situent à la fin du XIXe alors que d'autres la placent au début du XXe.

Ensuite, ce *haricot* est pour le moins étrange. Il faut bien entendu oublier le légume (même si, dans un conte populaire anglais, Jack grimpe et court le long d'un haricot géant) et se pencher vers les significations argotiques du mot. Et là, on trouve pêle-mêle l'orteil (on peut penser à *casser les pieds*, mais pourquoi un singulier ?), la tête (à rapprocher de *courir sur le ciboulot*), le pénis (on se rappellera cette fois *peler le jonc*) ou même les testicules (mais, encore une fois, pourquoi utiliser le singulier dans l'expression ?).

Est-ce l'une de ces acceptions qui a influencé la naissance de l'expression ? Nul ne semble le savoir. Du coup on n'éliminera pas également la possible influence du verbe *haricoter* qui, au cours de la première moitié du XIXe siècle, signifiait « importuner » en argot.

Le mystère n'étant pas levé, si la présence de *taper* peut se comprendre quand il est question d'énervement, il reste quand même à justifier la présence de *courir* dans des locutions ayant cette signification.

Elle nous vient probablement du XVIe siècle où *courir quelqu'un* signifiait déjà « l'importuner », peut-être parce que le mot avait aussi le sens de « fréquenter assidûment » et que celui qui court ainsi quelqu'un d'autre avec trop d'empressement, sans modération, peut fortement l'agacer.

> Calme-toi, ma chérie, conseillais-je, pressentant qu'on allait avoir des histoires. Excusez-la, gendarme, la pluie lui tape sur le système. C'est éprouvant, toute cette eau, lorsqu'on n'est pas habitué.
>
> Bernard SUISSE – *Motus et babouches cousues* – 2005

> Marco dort mal depuis qu'il est dans l'une des filiales de la SOPIA. Le chef lui court sur le haricot à force d'exiger toujours plus de rentabilité.
>
> Michelle MEYER – *Fantasia dans la ville* – 1994

508. LA FIN DES HARICOTS

La fin de tout.
La perte complète d'espoir.

Voilà une expression récente, puisqu'elle date du début du XXe siècle. Malgré sa fraîcheur, son origine réelle reste aussi obscure que le mauvais côté de la force.

Mais les explications généralement proposées ne sont pas légion pour autant.

L'une d'elles viendrait d'avant l'apparition de la télévision, la lucarne qui a tué la convivialité et les discussions familiales, phénomène encore aggravé par l'arrivée d'Internet.

À cette époque, les jeux de société étaient une occupation plus que courante. En famille, les mises ne se faisaient pas avec de l'argent, mais avec des choses diverses dont des haricots secs. Et quand un joueur n'avait plus de haricots, c'était vraiment la fin de tout pour lui, puisqu'il était éjecté de la partie (et qu'il ne pouvait même pas se rabattre sur sa Wii ou sur un épisode des *Shadoks* ou de *Desperate Housewives*, par exemple).

L'autre viendrait de ces haricots, nourriture bas de gamme qui était l'ordinaire des écoliers dans les internats, des prisonniers ou des gens trop pauvres pour s'acheter des aliments de meilleure qualité (le nom de *haricot* était alors utilisé pour des gousses diverses comme les fèves, les pois ou les haricots).

Et, pour ces derniers, lorsqu'ils n'avaient même plus l'argent nécessaire pour s'acheter ces féculents, cela devenait vraiment la fin de tout.

> C'est la fin des haricots pour les trafiquants de cocaïne chiliens. En fin de semaine dernière, une dizaine de suspects ont été placés en garde à vue, à Paris et à Nice, et 200 kg de coke ont été saisis dans des boîtes de haricots stockées dans un entrepôt de la banlieue parisienne.
>
> *Le Parisien* – Article du 10 janvier 2008

509. BLANCHIR SOUS LE HARNAIS

1. Exercer longtemps le même métier.
2. Acquérir une expérience reconnue dans un domaine.

De nos jours, un harnais, c'est soit une partie de l'équipement d'un animal de travail, dont le cheval, soit un système de sangles porté par certains sportifs comme les alpinistes ou les parachutistes, ou bien servant à retenir une personne dans un véhicule (voiture de course, voilier…).

Mais il y a longtemps, dès le XIIe siècle, *harnais* désignait l'armure ou l'équipement d'un homme d'armes.

Comme, à ces époques lointaines, il était fréquent que les gens pauvres s'engagent dans l'armée pour de très longues périodes afin de bénéficier d'une solde régulière, ils avaient largement le temps, s'ils échappaient à la mort sur les champs de bataille[1], d'acquérir une grande expérience de la vie militaire.

Mais pourquoi *blanchir*, me direz-vous ? La première explication qui pourrait venir à l'esprit serait que, sous une armure, on ne peut pas bronzer.

Même si c'est vrai, cela vient surtout du fait que ce verbe a également signifié « passer un long moment de sa vie dans une même occupation ». Si les dictionnaires étymologiques ne nous donnent pas d'explication sur cette signification, on peut imaginer qu'elle vient du fait qu'un « long moment » peut être si long que les cheveux de la personne concernée ont le temps de blanchir.

Le premier sens de l'expression était simplement « vieillir dans le métier des armes » puisqu'elle signifiait, mot à mot, « passer un long moment sous l'armure ». Par extension, le métier est devenu quelconque et le vieillissement a été assimilé à l'acquisition d'expérience.

> On annonce par exception, dans la grand'ville, une œuvre nouvelle d'un vieux maître blanchi sous le harnais [...]. Hélas ! la musique de l'œuvre nouvelle est incolore...
>
> Hector Berlioz – *Les Grotesques de la musique* – 1859

510. CRIER HARO (SUR LE BAUDET)

1. Manifester publiquement son indignation ou sa réprobation envers quelqu'un ou quelque chose.
2. Désigner quelqu'un (parfois injustement) à la vindicte populaire.

Accuser un innocent, désigner un bouc émissaire.

---

1. En réalité, les décès dans une armée étaient aussi à mettre sur le compte de la malnutrition, des maladies vénériennes ou des soins médicaux sommaires, entre autres.

Le terme *haro*, qui ne s'emploie plus maintenant que dans cette locution, a eu plusieurs usages autrefois.

Au XIVe siècle, il servait à exciter les chiens au cours d'une chasse, lorsque le gibier était surpris et que les canidés devaient le poursuivre.

Au XIIIe siècle, il était employé pour marquer la fin d'une foire ou bien la fin de la vente d'une denrée.

Au XIIe siècle, c'était un cri poussé par une personne qui se faisait agresser, ce qui donnait le droit et le devoir aux témoins et voisins de secourir l'infortuné et de capturer le coupable.

C'est principalement de cette dernière utilisation que vient le sens de notre expression puisqu'on y désignait un coupable devant les autres personnes présentes.

C'est encore une fois grâce à Jean de La Fontaine, dans la fable « Les Animaux malades de la peste », que ce terme a évité l'oubli vers lequel il se dirigeait.

C'est aussi grâce à lui que le baudet en est devenu le complément le plus connu, ce pauvre animal inoffensif y étant désigné injustement à la vindicte des autres animaux comme le responsable de l'épidémie de peste qui s'est abattue sur eux (ceux qui n'ont pas trop fréquenté les radiateurs de fond de classe se souviendront peut-être de la fameuse phrase « ils ne mouraient pas tous, mais tous étaient frappés »). C'est donc dans cette fable que le malheureux baudet est confondu avec un bouc* (émissaire).

> Non, je ne suis pas injuste à ce point ; mais il est bon de hausser la voix et de crier haro sur la bêtise contemporaine, quand, à la même époque où un ravissant tableau de Delacroix trouvait difficilement acheteur à mille francs, les figures imperceptibles de Meissonier se faisaient payer dix et vingt fois plus.
>
> Charles BAUDELAIRE – *Curiosités esthétiques* – 1868

> Peut-être même, en un jour de sanglant vertige, poussé à bout par la trahison, par la misère, par le désespoir, par la contagion de l'exemple de la populace déchaînée, commettra-t-il [le peuple] quelques

excès, tondra dans le pré la largeur de sa langue… et de crier : Haro sur le baudet !

Eugène Sue – *Les Mystères de Paris* – 1842-1843

511. C'EST DE L'HÉBREU / DU CHINOIS / DE L'IROQUOIS

C'est complètement incompréhensible.

Pour les deux premières langues, au vu des caractères non latins utilisés, il suffit de les voir écrites pour savoir immédiatement qu'on n'y comprendra rien, sauf si on les a apprises. Et n'en ayant jamais vu sous sa forme écrite, je réserve mon opinion pour l'iroquois qui, paraît-il, n'existait de toute façon pas sous forme écrite à l'origine[1], l'écriture de certaines langues amérindiennes ayant été inventée soit par des missionnaires, soit par un homme-médecine cherokee. Et je confirme que la forme écrite du cherokee, une des langues iroquoiennes, est effectivement tout aussi lisible que les deux premières citées.

À propos de l'iroquois, les spécialistes vous diront qu'il s'agit d'une langue polysynthétique et agglutinante, ce qui fait incontestablement progresser notre savoir et nous permettra de mieux réussir les spaghettis à la carbonara à la prochaine tentative.

Et même si de nombreuses autres langues auraient pu être candidates et sélectionnées pour des variantes de notre expression, dans les deux premiers cas, c'est bien la difficulté de lecture de ces langues écrites qui est à son origine.

La variante avec *hébreu* date du XVIe siècle (*c'est de l'hébrieu*, disait-on alors).

Celle avec le chinois est plus récente puisqu'elle nous vient de la fin du XVIIIe siècle.

Quant à l'iroquois, la variante date du milieu du XIXe siècle et vient de la forme vocale du langage. Mais dès le XVIIe siècle, au Canada, le qualificatif *iroquois* était déjà péjoratif, désignant un style

1. Il ne faut pas confondre les glyphes amérindiens, comme le fameux Kokopelli, avec une véritable écriture.

poétique grossier, puis une personne au comportement bizarre.

> Elle a un mari, lui il est drôlement sérieux, il parle comme moi et vous, et d'autres fois il s'exprime avec des mots incompréhensibles, qu'elle dit ma mère. Maman dit que pour elle, c'est du chinois ou de l'hébreu, alors là encore, il va falloir qu'elle se décide ou pour l'un ou pour l'autre.
>
> Monique CLUZEAU – *La Ninise, Béberte, Coco et moi* – 2005

> Dans la même représentation, pas un des acteurs chargés de donner la réplique à Ligier, ne fut en état de dire de suite quatre vers convenablement et sans les fausser. Car, c'est encore une remarque à faire, que, nulle part, hormis au Théâtre-Français, les comédiens n'ont conservé la tradition des vers et le mode de diction qui leur convient. Pour eux aussi, c'est de l'iroquois.
>
> Léonard BOITEL, Aimé VINGTRINIER – *Revue du Lyonnais* – 1864

512. COUPER L'HERBE SOUS LE PIED

Contrecarrer les projets de quelqu'un en le supplantant.

Sauf pour ceux qui fument des choses interdites chez nous, sachez qu'ici l'herbe ne désigne pas ce que vous croyez, mais simplement ce qui tapisse la surface de votre pelouse ou le pré du paysan d'à côté. Et à moins que vous y marchiez sur les mains ou que vous vous y rouliez, c'est bien sous vos pieds que cette herbe se trouve.

Alors d'où vient donc cette expression bizarre qui assimile le fait de couper de l'herbe directement sous les pieds (ce qui peut être dangereux) à une forme de frustration, d'empêchement provoqué par une autre personne ?

Pour le savoir, remontons un peu vers le XIVe siècle, deux siècles avant que l'expression n'apparaisse. À cette époque, on désignait par *herbes* les légumes verts et les salades, en fait toutes les plantes dont on consommait les feuilles (*racine* s'appliquant aux légumes poussant sous terre comme les carottes, et *gousses* servant à nommer les légumes à écosser comme les fèves ou les petits pois). Par extension, ce mot a désigné les légumes en général, d'où des appellations comme le *bouillon aux herbes* pour la soupe de légumes ou le *marché aux herbes*, où on ne vendait pas que du thym, de la marjolaine et de la sarriette.

Ensuite, par métaphore, *herbe* a aussi servi à désigner les moyens de subsistance, ce qui a donné naissance à *l'herbe lui manque sous les pieds* pour dire « il manque de moyens d'existence », expression dans laquelle l'herbe a retrouvé sa place normale, sous les pieds et non pas sur les étals, mais dans laquelle il faut comprendre *sous les pieds* comme « à l'endroit où il se trouve » ou, plus généralement, « chez lui ».

Et si l'herbe lui manque sous les pieds, ne serait-ce pas parce qu'on l'y aurait coupée ? En fait, c'est ensuite probablement par mélange avec *couper les vivres* qui comporte également une notion de privation volontaire, que notre expression est apparue. Son sens initial qui était quelque chose comme « empêcher quelqu'un de se procurer des moyens de subsistance » s'est élargi à des empêchements plus généraux touchant tous les domaines.

Il a existé quelques variantes de cette locution puisque le verbe *couper* y a parfois été remplacé par *faucher* ou *tondre*.

> Sérafine, guignant ces splendeurs du coin de l'œil, se promettait bien de couper l'herbe sous le pied à la Soubrette et de ne pas permettre à l'amour du marquis de déroger ; cet Alcandre lui semblait revenir de droit à la grande coquette. […] Depuis quand voit-on la suivante avoir la préséance sur la dame ?
>
> Théophile Gautier – *Le Capitaine Fracasse* – 1864

513. VIEUX COMME HÉRODE

Très ancien, très vieux.

Cette expression s'applique principalement à des objets (« cette maison est vieille comme Hérode »).

Elle est citée par Furetière au XVIIe siècle, mais sa date d'apparition semble inconnue.

Contrairement à Mathusalem qui, lui, vécut « réellement » très vieux (969 ans, excusez du peu* !), aucun des différents Hérode connus qui faisaient partie d'une dynastie de rois de Judée, n'a eu une extrême longévité.

Si le premier, Hérode Ier le Grand, a tout de même vécu 69 ans, ce qui pour l'époque était une durée de vie rare, ce n'était quand même pas suffisant pour qu'il marque les siècles de cette manière.

Alors, soit c'est le cumul des règnes des six Hérode, qui se sont succédé de 73 av. J.-C. jusqu'en l'an 93, qui a marqué les esprits au point de donner naissance à notre locution, soit il faut simplement la comprendre comme « assez vieux pour remonter au temps d'Hérode ».

Parmi les plus connus de ces souverains, on trouve donc Hérode Ier le Grand, qui, selon les Évangiles, fut l'instigateur du massacre des Innocents et Hérode Antipas, un de ses fils qui, d'après la même source, fit mourir Jean-Baptiste.

> Car, pour compliquer les choses, il y avait beau temps que la « Madona » ne disposait plus d'annexe (le cadavre d'un dinghy vieux comme Hérode servait de paillasse au chien). Tout commerce avec la terre était donc dépendant du bon vouloir de « Maman Jo » si l'on n'était pas un nageur fanatique.
>
> Gérard OULION – *Le Voleur d'horizon* – 1994

514. UNE HIRONDELLE NE FAIT PAS LE PRINTEMPS

On ne peut tirer une généralité à partir d'un seul exemple.

Même si les hirondelles s'en moquent, on rappellera, juste pour la petite histoire, que le mot *printemps* vient du latin *primus tempus* pour « premier temps » et désigne la première saison.

Les hirondelles sont des oiseaux migrateurs qui partent vers l'Afrique en septembre-octobre et qui reviennent dans nos contrées en mars-avril ; par conséquent les hirondelles sont de retour « dès que le printemps revient » (air connu d'Hugues Aufray).

Il serait donc facile d'en déduire que si l'on voit une hirondelle, c'est que le printemps est là.

Hélas, on ne peut pas en faire une généralité, pour au moins trois raisons :

– les hirondelles ne sont pas infaillibles et certaines d'entre elles peuvent revenir plus tôt qu'elles ne devraient ;

– même si le printemps a officiellement commencé, les conditions météorologiques ne sont pas forcément celles spécifiques à cette saison, surtout lorsque l'hiver a tendance à se prolonger un peu ;

– et puis il y a celles qui, en raison d'une trop grande faiblesse, n'ont pas pu migrer et, parmi elles, celles qui auront résisté à l'hiver et donneront signe de vie bien plus tôt que leurs congénères voyageuses.

Du coup, il n'est pas toujours possible d'affirmer que le fait de voir une hirondelle suffise à confirmer qu'on est au printemps (au sens météorologique du terme, qui est celui qui intéresse les paysans desquels nous viennent souvent des dictons très sagaces[1]).

Notre expression est donc simplement une métaphore qui dit qu'on ne peut pas se baser sur un seul élément significatif pour en déduire une généralité.

Elle semble dater du début du XVIIe siècle dans sa version française, mais vient du modèle latin *una hirondo non facit ver*[2], lui-même venu du grec puisque Aristote l'utilisait déjà sous forme de méta-

1. Comme « Pingouins dans les champs, hiver méchant », ou bien « Neige en novembre, Noël en décembre ».

2. On notera qu'il existe une version similaire de ce dicton dans beaucoup de langues mais que, bizarrement, dans certaines, c'est l'été qui est désigné et non le printemps. Déjà, en français, la première version signalée était « une arondelle n'ameine point l'esté », mais une des versions anglaises est aussi « one swallow does not make summer ».

phore lorsqu'il écrivait : « Une seule hirondelle ne fait pas le printemps ; un seul acte moral ne fait pas la vertu. »

À propos de l'hirondelle, on peut aussi noter ce dicton :

> « Hirondelle volant haut,
> le temps sera beau,
> hirondelle volant bas,
> bientôt il pleuvra. »

Et il se vérifie généralement, simplement parce que, lorsqu'il fait mauvais, les insectes volent à basse altitude, mais remontent lorsqu'il fait beau. Oui, certes, mais et les hirondelles, dans tout ça, me direz-vous à bon escient* ? Eh bien, il se trouve que les hirondelles se nourrissent d'insectes. Elles volent donc là où ils sont.

> Christine Lagarde se rassure néanmoins de « ce ralentissement de la hausse ». La moyenne du nombre des nouveaux inscrits oscille entre 50 000 et 80 000 tous les mois depuis la crise. Un signe « relativement encourageant » aux yeux de la ministre de l'Économie qui invoque l'effet positif des mesures du gouvernement. Une hirondelle ne fait pas le printemps ! rétorquent les économistes, pronostiquant une année noire pour l'emploi.
>
> *Le Parisien* – Article du 26 juin 2009

515. METTRE LE HOLÀ

1. Faire cesser une querelle, une bataille.
2. Mettre fin ou mettre bon ordre à quelque chose.

Holà est une interjection qui date du milieu du XIVe siècle. Autant dire qu'elle ne date pas vraiment d'aujourd'hui. Et le *Grand Robert* nous apprend qu'elle est constituée de l'assemblage de *ho* et *là*, ce qui semble plutôt difficile à contredire.

Pour les hommes, elle servait à appeler, à interpeller (« holà, quelqu'un ? » ou bien « holà, qui va là ? », par exemple).

Mais aussi bien pour les hommes que pour les animaux, elle servait aussi à les faire arrêter, à tempérer leur ardeur. Ainsi, lorsqu'une querelle commençait ou lorsqu'un importun dépassait un peu trop les bornes, on pouvait entendre un « holà, suffit ! » ou lorsqu'il fallait arrêter les chevaux d'un attelage, un simple « holà ! » devait normalement suffire pour qu'ils appuient sur la pédale de frein (mais ils faisaient parfois la sourde oreille, les bougres !).

C'est avec ce second sens de demande d'arrêt ou de modération que l'expression est apparue au milieu du XVIIe siècle, précédée de *faire holà* ou *dire holà* à la fin du siècle précédent.

> La religion dominante, et chaque secte individuellement, se montre exclusive, intolérante ; mais l'opinion publique devenue plus saine fait justice de cette intolérance en protestant hautement contre elle. Le gouvernement lui-même prend l'initiative, il met le holà entre toutes ces divergences d'opinions religieuses, et fait de larges concessions à la liberté des cultes.
>
> Léon GALIBERT, Clément PELLÉ – *L'Univers, Histoire et Description de tous les peuples, Angleterre* – 1844

516. UN COMBAT HOMÉRIQUE

Un combat spectaculaire, épique, héroïque, fabuleux, surhumain…

La jeune génération fera peut-être un rapprochement immédiat avec Homer Simpson, héros de dessin animé américain, alors que celle d'avant pensera peut-être à Jo Dassin chantant « l'homérique, l'homérique… ».

Mais ces rapprochements hasardeux sont simplement dus à quelques lacunes culturelles.

En effet, c'est à l'écrivain grec Homère que cette expression est évidemment rattachée.

Mais qui était donc Homère, me diront certains ?

Vous connaissez probablement Ulysse, celui qui, d'après Joachim du Bellay, était heureux de faire un beau voyage.

Cet homme est le héros du poème mythologique *L'Odyssée*, qui comporte un peu plus de 12 000 vers et qui décrit les fabuleuses aventures d'Ulysse lors de son retour après la guerre de Troie à son foyer où l'attend patiemment Pénélope – histoire écrite par Homère au IXe siècle av. J.-C., à la suite de *L'Iliade,* autre poème (de plus de 15 000 vers) qui, lui, raconte la guerre de Troie et met en scène Achille, Patrocle et Hector.

Ce qui arrive à Ulysse dans *L'Odyssée* est tellement hors norme (c'était un super-héros avant l'heure), que l'adjectif *homérique* s'est mis, depuis le XVIe siècle chez Rabelais, à désigner tout ce qui est épique.

On parle aussi de rire *homérique* pour désigner un fou rire tonitruant, comparable à celui qu'Homère, dans *L'Iliade,* attribue aux dieux de l'Olympe à la vue du boiteux Vulcain qui leur sert à boire.

> Il était quatre heures du matin, ce combat homérique avait duré dix heures, sauf de courts intervalles employés à assurer la sécurité des mâtures.
>
> *La Revue contemporaine* – Tome XXXVI – 1863

517. UN HOMME AVERTI EN VAUT DEUX

On est plus apte à faire face à une situation potentiellement déroutante ou dangereuse lorsqu'on en a été prévenu.

Prenez un homme ne se prénommant pas Jean-Christophe[1], déposez-le sans armes, mais muni d'un clavier azerty, au beau milieu d'une forêt pleine d'ours, de loups, d'anacondas, de lions, de vélociraptors et de caméléons, comme il y en a tant sur la planète, sans le prévenir des dangers qu'il court.Il y a très peu de chances qu'il survive bien longtemps, car si l'homme est un loup pour l'homme (selon Plaute), le loup et la plupart des autres bestioles citées le sont aussi. Maintenant, prenez un autre homme

1. Jean-Christophe Averty a été un célèbre homme de radio et de télévision à partir des années 60.

(le premier ayant malheureusement succombé) de même taille et de même poids, mettez-le dans les mêmes conditions au même endroit, mais cette fois après l'avoir bien informé du détail des risques qui l'attendent. Eh bien, que croyez-vous qu'il va arriver ? Il va également très vite servir de plat à ses charmants compagnons, qui bénéficieront d'une ration double, si l'on en croit notre proverbe.

Et… Ah, on m'avertit en régie que ma démonstration est très mal partie. Bon, je rembobine et je vous la refais.

En fait, point n'est besoin de s'engager dans des explications capillotractées pour expliquer l'expression. Il est en effet certain que, si elle n'est pas trop stupide, une personne avertie des risques auxquels elle s'expose, des dangers potentiels qui l'attendent fera attention et sera donc moins facilement surprise qu'un individu non prévenu. Vis-à-vis d'un éventuel attaquant, un homme averti sera nettement plus efficace (deux fois, si l'on s'en tient au proverbe) qu'un autre qui ne l'est pas.

Au XIIe siècle, *avertir* s'utilisait sous la forme pronominale *soi avertir* pour dire « s'apercevoir » puis sous une forme active pour dire « faire attention à ».

Son sens a évolué pour, au XVe siècle, prendre la signification actuelle de « informer d'un risque ». Et c'est au milieu du XVIIe que notre proverbe apparaît, d'abord précédé de *une personne avertie en vaut deux* et accompagné en parallèle de la forme *un averti en vaut deux*.

> David Séchard est donc poursuivi ? s'écria le vigneron étonné d'apprendre que ce qu'il croyait une calomnie était vrai. Voilà ce que c'est que de savoir signer son nom !… Et mes loyers !… Oh ! il faut, ma petite fille, que j'aille à Angoulême me mettre en règle et consulter Cachan, mon avoué… Vous avez joliment bien fait de venir… Un homme averti en vaut deux !
>
> Honoré DE BALZAC – *Les Illusions perdues* – 1843

518. HONNI SOIT QUI MAL Y PENSE

Honte à celui qui y voit du mal.

H*onnir* est un vieux verbe qui, comme nous le dit le *Petit Robert*, signifie : « Dénoncer, vouer à la détestation et au mépris publics de façon à couvrir de honte ».

Notre expression est à l'origine la devise de l'ordre de la Jarretière, en Angleterre, le plus important ordre de la chevalerie britannique.

La légende dit que la comtesse de Salisbury, qui était la maîtresse d'Edouard III, laissa tomber sa jarretière au cours d'un bal de la cour. Lorsque le roi la ramassa et la rendit à la comtesse, les plaisanteries des courtisans fusèrent ; alors il s'écria : « Honni soit qui mal y pense » et promit à sa favorite de faire de ce ruban bleu un insigne si prestigieux et désiré que les courtisans les plus fiers ou ambitieux s'estimeraient plus qu'heureux de le porter. Ce qui est effectivement devenu le cas, l'admission dans l'ordre donnant droit au titre de « Sir ».

Cette expression s'emploie maintenant pour attirer l'attention sur le fait que quelque chose a été dit ou fait sans aucune arrière-pensée.

Bien sûr, il existe quelques variantes phonétiques de cette expression comme, par exemple, « Ô Niçois qui mal y panse ». Mais rien ne dit que les Niçois font obligatoirement de mauvais infirmiers… alors que leurs épouses savent faire de bonnes salades.

> Cette découverte m'a conduit à désirer de savoir si l'effet est réel et l'opinion fondée en réalité. Une pareille recherche est sans doute scabreuse et pourrait prêter à rire aux malins ; mais honni soit qui mal y pense ! Toute vérité est bonne à découvrir.
>
> Brillat-Savarin – *Physiologie du goût* – 1825

519. C'EST L'HÔPITAL QUI SE MOQUE DE LA CHARITÉ

S'utilise lorsque quelqu'un se moque, chez un autre, d'un défaut qu'il a lui-même.

Quelle différence faites-vous entre un hôpital et une charité ? Si vous ne le savez pas, je m'en vais éclairer votre lanterne*.

Avant de franchir un peu les siècles, il est intéressant de savoir qu'au XIIe, un hôpital était un établissement religieux destiné à accueillir les pauvres, les mendiants et autres nécessiteux (*hôpital* et *hospitalité* sont de même famille étymologique). On y faisait donc la charité.

Mais cela n'a pas de lien direct avec notre expression.

Ce n'est qu'au XVIIe siècle que le mot se spécialise pour désigner un établissement médical, qui pouvait être aussi bien religieux que laïque. À la même période, et par métonymie, les hôpitaux gérés par des ordres comme les Frères de la Charité ou les Sœurs de la Charité ont pris le nom de *charité*.

Autrement dit, à cette époque, un hôpital et une charité étaient exactement la même chose, à savoir un établissement hospitalier avec le sens qu'on lui connaît aujourd'hui.

Alors, sauf en cas d'éventuelles et stupides jalousies ou rivalités, il n'y avait aucune justification pour que l'un se moque de l'autre, pas plus que quelqu'un affublé d'un défaut n'a de raison de se moquer d'un autre ayant le même défaut, d'où le côté amusant de notre locution.

Rey et Chantreau, dans leur *Dictionnaire des expressions et locutions figurées*, situent la naissance de cette expression dans la région lyonnaise, sans précisions sur la date. Claude Duneton, dans son *Bouquet des expressions imagées*, la situe au même endroit, en 1894.

Et il est vrai qu'à partir du XVIIe siècle, il existait à Lyon aussi bien l'Hôtel-Dieu[1] que l'hôpital de la Charité[2] tous deux plus tard gérés ensemble par les Hospices civils de Lyon (HCL). Et certains documents montrent qu'il y avait une rivalité certaine entre ces deux établissements, d'où de probables critiques de l'un vis-à-vis de l'autre et vice-versa.

Du point de vue du malade, celles-ci étaient probablement injustifiées, le risque d'y mourir étant à peu près aussi élevé dans l'un que dans l'autre, d'autant plus si la date proposée par Duneton est exacte, car à cette époque, l'organisme de gestion commune de ces deux établissements avait fait le nécessaire pour en améliorer la salubrité (et donc abaisser le taux de mortalité), suivant en cela les recommandations du médecin et baron de La Polinière dans ses rapports intitulés *Considérations sur la salubrité de l'Hôtel-Dieu et de l'hospice de la Charité de Lyon.*

> Le devis ne tarde pas. C'est horriblement cher, même pour deux [...]. Quant à ma femme, que papa surnommait affectueusement « la rapetout » tant elle est grippe-sou, sa réaction ne se fait pas attendre. Elle grimace en découvrant l'addition : « – Eh bien ! J'espère que ta sœur paiera sa part, radine comme elle est... » Je préfère ne pas répondre. Papa aurait dit « – C'est l'hôpital qui se fout de la charité. »
>
> Laurent FRAQUET – *Si tu voyais ma vie* – 2007

520. TIRER À HUE ET À DIA

1. Aller dans des directions opposées.
2. Agir de manière contradictoire, de façon désordonnée.

H*ue* (*hurhaut*, autrefois) et *dia* ont été des cris de charretiers pour exciter un cheval et le faire avancer,

---

1. Laïc, dont les premiers bâtiments, remplacés ensuite, ont été initiés en 1184, et qui existe toujours. Au XVIIe siècle, il avait une bien meilleure réputation que l'Hôtel-Dieu de Paris puisqu'il paraît que dans le premier, seul un malade sur quatorze y mourait, alors que c'était un sur quatre à Paris.
2. Religieux, construit à partir de 1617 et détruit en 1934.

ou des cris de laboureur pour faire aller le cheval de trait respectivement à droite ou à gauche.

Par extension, celui qui tire à hue et à dia (sous-entendu : simultanément) fait preuve d'un manque d'organisation certain ou est condamné à être écartelé.

Au XVIIe siècle, on utilisait l'expression *il n'entend ni à hue ni à dia* pour dire de quelqu'un que l'on ne saurait lui faire entendre raison, métaphore basée sur le cheval têtu qui refuserait d'aller à droite ou à gauche lorsqu'on le lui demande.

En clair, si votre chef vous donne un ordre et, quelques minutes plus tard, l'ordre inverse, vous pouvez lui dire qu'il tire à hue et à dia. Et s'il s'énerve, s'il monte sur ses grands chevaux* et refuse de comprendre pourquoi vous lui avez dit ça, alors il n'entend ni à hue ni à dia.

Mais ce genre de situation ne se produit jamais, bien sûr : si les chefs sont devenus chefs, c'est toujours parce qu'ils sont compétents, savent parfaitement ce qu'ils font et ne commettent jamais d'erreur (je le sais, j'ai été chef !).

> La table autour de laquelle on se réunissait semblait un marbre de dissection où était étendu tour à tour chaque pensionnaire de l'établissement. […] C'est ainsi que le cœur de Mlle Miroy fut disséqué à diverses reprises dans cette société, et qu'on le tira à hue et à dia jusqu'à ce qu'il fût écartelé et mis en lambeaux.
>
> CHAMPFLEURY – *Les Amoureux de Sainte-Périne* – 1859

521. ÊTRE UNE HUILE

Être une personne influente, de haut niveau hiérarchique, de pouvoir.

L'origine exacte de cette appellation argotique reste obscure. Ce qu'on sait, c'est qu'à la fin du XIXe siècle, on disait *nager dans (parmi) les huiles* pour dire « fréquenter des personnes influentes ».

Ce qu'on sait également, c'est que cette appellation vient du milieu militaire où les huiles étaient d'abord les officiers supérieurs.

C'est pourquoi Cellard et Rey, dans leur *Dictionnaire du français non conventionnel*, évoquent la possibilité d'une plaisanterie de haute volée.

En effet, chez les militaires, les galons sont aussi appelés des « sardines », et, en dessous des généraux étoilés, plus le grade est élevé, plus le nombre de sardines l'est aussi.

Or, on sait bien que, dans leurs boîtes, les sardines (qui tuent le temps en se racontant des histoires sans queue* ni tête) baignent dans l'huile. D'où une possible plaisanterie du genre « avec des sardines, on est dans les huiles ».

Vous pourriez imaginer que, comme lorsqu'on évoque les caractéristiques de viscosité d'une huile moteur, on parle de grade (exemple : une huile 15 W 40), il y aurait un lien. Mais je vous arrête tout de suite : ce terme n'existe que depuis le milieu du XXe siècle, donc bien après notre huile d'officier.

> Je suis à présent secrétaire particulier de M. Robvaugel ; son bras droit, comme il dit ; ce qui ne laisse pas d'être honorable, étant donné ce que doit faire la main gauche. Enfin me voilà dans les huiles. Passez-moi cet argot militaire.
>
> Georges Darien – *L'Épaulette* – 1901

> Regarde tous ces jobards ! Rien que les huiles de la ville à c't'heure-ci. La canaille qui s'engraisse sur le pauvre monde.
>
> Jean-Luc Yacine – *L'Escargot* – 1986

522. L'HUILE DE COUDE

L'énergie, la force, la vigueur déployée dans l'accomplissement d'une tâche.

En cuisine, l'huile sert entre autres à faire de bonnes fritures bien grasses et parfaitement caloriques, très propices au déclenchement de la sieste et donc peu aux efforts.

Mais en mécanique, elle permet aux rouages d'un mécanisme de mieux tourner, avec moins d'efforts et d'avoir un rendement plus élevé.

On comprend donc bien que, métaphoriquement, mettre un peu d'« huile de coude » ne peut que permettre au bras de travailler plus efficacement et de produire plus d'énergie.

Et d'ailleurs, à la fin du XIXe siècle, l'expression se disait plutôt *huile de bras*.

On a dit aussi *huile de poignet*[1] mais, de nos jours, c'est incontestablement *huile de coude* qui a les faveurs des non-paresseux, et qui est un aussi fort repoussoir que l'huile de foie de morue pour ceux qui ont un sacré poil, voire une queue de vache, dans la main.

> Pis va falloir qu'tu d'mandes à la patronne qu'elle t'donne de l'huile de coude pour éplucher tout ça, … L'huile de coude, c'est un remède contre les poils dans la main !
>
> Irène MICHEL – *Et Dieu créa les grands-parents* – 2004

523. À HUIS CLOS

Toutes portes fermées.
En petit comité.

Cela fait maintenant longtemps que, contrairement à ce que demandait Nicole Croisille[2], on ne parle plus de l'*huis*, sans qu'il s'en formalise pour autant, sachant qu'il reste tout de même vivant dans notre expression très employée dans le monde de la justice.

En effet, c'est à partir de 1050 qu'il est de coutume d'utiliser le mot *us*, venu du bas-latin *ustium*, pour désigner une porte. Mais cet *us*, qui devient ensuite un *huis* (pensez à nos *huisseries* actuelles, qui

1. Raymond Queneau a aussi inventé « l'huile de rotule », mais celle-là est plutôt destinée à ceux qui font travailler leurs jambes comme les coureurs à pied ou les cyclistes.
2. Dans sa chanson *Parlez-moi de lui.*

englobent également les fenêtres) est définitivement remplacé par le mot *porte* à partir du XVIIe siècle.

L'expression *à huis clos* apparaît au milieu du XVIe siècle pour dire « à portes fermées », ce qui est logique, *clos* venant du verbe *clore* maintenant remplacé par *fermer*.

Par extension, elle signifie aussi « sans publicité » ou, autrement dit, sans personne pour assister à ce qui se dit (les portes étant restées fermées), comme c'est le cas dans les réunions en petit comité ou bien, dans le cas d'un procès, sans spectateurs et autres personnes qui ne sont pas directement concernées ou impliquées.

> Trois jours après, ils ont occupé la ferme, ont institué un tribunal ; le fermier, mis à la torture, suivant l'usage du pays avant les Français, a tout avoué. Le tribunal, après avoir délibéré à huis clos, s'est avancé vers le fermier, et l'a lancé dans une grande chaudière qui était sur le feu, et où l'on faisait bouillir du lait pour les fromages. Après que le fermier a été cuit, ils ont forcé tous les domestiques de la ferme à manger de ce mets infernal.
>
> STENDHAL – *Rome, Naples et Florence* – 1826

524. LA PARTIE CACHÉE / IMMERGÉE DE L'ICEBERG

Dans un problème, une situation, ce qui est à la fois caché et beaucoup plus important que ce qui est visible.

Prenez une bouteille d'un fameux liquide jaune alcoolisé et anisé, versez-en un fond dans un verre, complétez avec de l'eau, puis mettez un glaçon dans le breuvage ainsi obtenu. Si vous n'avez pas trop forcé sur la dose de liquide jaune et rendu la boisson trop opaque, vous constaterez dans le verre que, si le glaçon flotte[1], la partie au-dessus de l'eau est très petite par rapport à celle qui est sous l'eau.

Cette constatation faite, vous pouvez siroter tranquillement votre boisson tout en continuant à lire.

---

1. En gelant, l'eau se dilate. Par conséquent, la masse volumique de la glace est inférieure à celle de l'eau et, comme le glaçon a les mêmes principes qu'Archimède en son temps, il flotte.

Or, qu'est-ce qu'un iceberg[1], sinon un très très gros glaçon flottant dans le très très grand récipient qui contient l'océan ?

Il se trouve, donc, que lorsqu'au cours d'un voyage en mer nettement au nord des Caraïbes, vous apercevez un iceberg, vous n'en voyez en réalité qu'une très petite partie (environ un dixième de son volume total).

C'est en 1961 qu'aux États-Unis le mot *iceberg* prend le sens figuré de « problème en grande partie caché », métaphore très explicite qui a rapidement traversé l'Atlantique pour donner notre expression.

Par opposition, on parle aussi de « la partie visible / émergée de l'iceberg » pour parler d'une chose qui en cache probablement une bien plus importante (en anglais *the tip of the iceberg*).

> Il y a un élément déclenchant, mais qui n'est en fait pas la cause profonde. Neuf fois sur dix, les jeunes filles évoquent d'abord une rupture amoureuse ou une dispute avec leurs parents. Après dix jours dans notre service, une sur trois révèle des violences sexuelles subies pendant l'enfance. Nous faisons émerger la partie cachée de l'iceberg.
>
> *Le Parisien* – Article du 27 janvier 2005

525. INCESSAMMENT SOUS PEU

Dans très peu de temps.

Sous peu est une forme elliptique de « sous peu de temps ». Elle signifie donc « dans pas longtemps ».

Incessamment est un adverbe dont la principale signification actuelle est « très prochainement ».

Ce qui montre que nous avons ici un beau pléonasme, récent puisqu'il ne date que de la seconde moitié du XXe siècle, dont le but est simplement de renforcer la signification.

---

1. Le mot anglais vient au XVIIIe siècle du hollandais *ijsberg* où *ijs* est la glace (*ice* en anglais) et *berg* la montagne. L'iceberg est donc une montagne de glace, qui, avant que le mot n'apparaisse au XIXe siècle, s'appelait une « île de glace » (ice island) ou une « colline de mer » (sea hill).

Son utilisation se fait soit par quelqu'un qui répète une expression entendue sans avoir conscience du pléonasme ou qui tient vraiment à insister sur la courte durée, soit dans un contexte où l'ironie est de mise comme lorsqu'une personne dit à une autre « je reviens incessamment sous peu » en voulant dire « toi, mon coco, tu peux toujours te brosser* pour que je revienne ».

> Car, dans le folklore de la grossesse, perdre son bouchon muqueux est censé signifier que l'on va accoucher incessamment sous peu.
>
> Caroline ALLARD – *Chroniques d'une mère indigne* – 2007

526. METTRE À L'INDEX

1. Signaler une chose ou une personne comme dangereuse.
2. Exclure, condamner.

Vous n'êtes pas sans savoir que le très progressiste pape Benoît XVI a encore récemment mis le préservatif à l'index. On pourrait donc croire qu'il a une totale méconnaissance du rôle d'au moins un des 21 doigts de l'homme. Mais que nenni !

Car cet index-là, n'est pas du tout le voisin de main du pouce ou du majeur, ce doigt avec lequel un enfant a l'interdiction de se curer le nez (et de coller ensuite la boulette sous la table) ou de montrer du doigt la jolie dame en train d'embrasser son amoureux dans la rue.

Avez-vous déjà entendu parler de l'*Index librorum prohibitorum*, ce catalogue des livres défendus par l'Église ?

Si, dès les premiers siècles de la chrétienté, il y eut des ouvrages qui furent interdits car considérés comme hérétiques, c'est le pape Paul IV qui, au milieu du XVIe siècle, fit rédiger le premier *Index*, premier catalogue officiel des livres que les catholiques n'avaient pas le droit de lire, car ayant un contenu pernicieux, dangereux ou pouvant écarter l'homme de la foi.

C'est donc de cet index-là, et non du doigt, que nous vient notre expression, apparue au début du XIXe siècle, et généralisée à toute chose ou personne qui est signalée comme dangereuse, exclue ou condamnée.

Pour la petite histoire, il faut savoir que Pie V, lorsqu'il a pris la succession de Paul IV, a institué la Congrégation de l'Index, la commission de censure chargée d'examiner les livres nouveaux, et, s'il y avait lieu, de prononcer leur condamnation.

Et il a fallu attendre Paul VI pour, en 1965, voir enfin supprimer cet *Index* dont la dernière publication datait de 1960.

> Quand on apprit ces châtiments exemplaires, ce fut un beau tollé dans le monde révolutionnaire. Les groupements de toutes nuances nous mirent à l'index […] tout le monde nous lâcha […] nous perdîmes nos derniers appuis à l'étranger, dont certains nous étaient précieux.
>
> Blaise CENDRARS – *Moravagine* – 1926

527. L'ÉTÉ INDIEN

1. Dans le nord des États-Unis et au Canada, période de l'automne où la température reste très agréable et les couleurs de la nature magnifiques.
2. Partout ailleurs, période de beau temps et de température agréable juste avant l'hiver.

Cette appellation, traduite de l'anglais *indian summer*, nous vient du Canada.

Elle évoque cette période, après le véritable été et avant les premières neiges, mais après les premières gelées, donc en octobre ou novembre, où il fait encore bon profiter de la nature aux couleurs automnales flamboyantes sous un soleil et un vent du sud qui maintiennent des températures très douces pour la saison.

Le qualificatif *indien* est bien entendu lié aux Amérindiens, les habitants originels de cette contrée que les premiers navigateurs venus d'Europe croyaient rencontrer aux Indes.

L'origine de cette appellation qui est attestée en 1778 chez l'écrivain franco-américain St. John de Crèvecœur n'est pas certaine.

Elle peut tout simplement venir du fait que l'été indien est fréquent dans ces territoires originellement occupés par les Indiens. D'autres disent que, vu la haute estime qu'avaient les colons des Indiens à cette époque, la locution pouvait simplement vouloir dire « faux été ».

Mais dans *Mœurs domestiques des Américains* de Mistress Trollope, paru en 1833, on trouve cette explication :

> « L'été indien, me dit-on, est ainsi nommé parce qu'à l'époque de l'année où il arrive, les Indiens abandonnent leurs cantonnements en village, et avancent dans l'intérieur du pays pour se préparer à leur chasse d'hiver. Cette époque semble une ligne de séparation entre la chaleur de l'été et le froid de l'hiver, et la saison encore douce favorise ces migrations. La cause de cette chaleur est la combustion lente des feuilles et des autres matières végétales de leurs immenses forêts. »

Le terme s'est ensuite répandu hors d'Amérique du Nord pour désigner une période préhivernale avec du beau temps et des températures douces.

En France, on appelle aussi une telle période l'été de la Saint-Martin.

> La nuit du 13 au 14, heureusement très douce pour la saison, une vraie nuit d'été indien, fut employée à relever les blessés.
>
> Ferdinand Lecomte – *Guerre de la sécession* – 1866

528. UN VIOLON D'INGRES

Une activité à laquelle on aime se consacrer en dehors de sa profession.
Un hobby.

Pour ceux qui seraient totalement hermétiques à la peinture (celle de tableaux, pas celle des murs, plafonds et menuiseries de son chez-soi), je rappelle que Jean Auguste Dominique Ingres était un peintre du XIXe siècle (né au XVIIIe), auteur entre autres de *La Grande Odalisque* ou du *Portrait de Monsieur Bertin*.

Alors, peignait-il avec un violon, alors que d'autres font plus souvent usage du pinceau ou du couteau, au risque de faire se retourner dans sa tombe Antonio Giacomo Stradivari ? Eh bien, même si cela vous surprend, car Dieu sait si un violon est très pratique pour peindre, la réponse est non !

Il se trouve qu'Ingres avait… un violon d'Ingres (si !) : il avait une seconde passion artistique et consacrait ses moments libres à jouer du violon, avec un certain talent, puisqu'il devint même deuxième violon à l'orchestre du Capitole de Toulouse.

C'est ainsi que, depuis le début du XXe siècle, *avoir un violon d'Ingres* s'emploie à propos d'une personne qui pratique une activité non professionnelle avec une certaine passion.

Ces activités exercées en tant que hobby peuvent être très nombreuses. Je connais même plutôt bien un type, plutôt bien également, dont le violon d'Ingres est de rechercher l'origine des expressions françaises…

> « Le bricolage, c'est mon violon d'Ingres », confie Amel, une longue jeune femme brune, fraîche et alerte. À peine installée dans son appartement du XXe arrondissement de Paris, elle s'est attelée au gros œuvre. « Pour faire des économies et par plaisir », souligne la jeune femme, qui travaille dans une librairie. « J'y passe au moins deux heures par jour, pour me défouler et par défi. »
>
> *Le Parisien* – Article du 24 avril 2001

529. LE DROIT D'INVENTAIRE

Le droit d'établir, à propos d'une chose passée, la liste de ce qui en a été positif et de ce qui en a été négatif.

Cette formule, avec ce sens moderne, est très récente, puisqu'elle semble n'apparaître qu'à la fin du XXe siècle[1].

Un *inventaire*, c'est une opération qui consiste à dénombrer et énumérer des éléments (dans un stock, une succession…). Il peut donc parfaitement être découpé en deux parties, l'une comportant des points positifs et l'autre des points négatifs à propos d'une chose passée.

Il peut être fait par un enfant, à propos du comportement de ses parents à son égard, ou bien, par exemple, par un élu, à propos de ce que lui a laissé son prédécesseur.

S'accorder un « droit d'inventaire », c'est s'autoriser à faire un tel constat dans le but, en général, de le partager avec d'autres et, bien souvent, d'être plutôt critique envers ce qu'on juge.

Mais autrefois, au tout début du XIXe siècle, le « droit d'inventaire » était une taxe sur les vins que les producteurs devaient payer non pas d'après leurs ventes, mais d'après leur stock en cave (stock dont on faisait l'inventaire et sur lequel ils payaient un droit).

> Dans la nouveauté de Mai 68, il y a bien entendu à prendre et à laisser comme dans d'autres époques. À l'égard de cet héritage, là aussi, il convient de pratiquer un droit d'inventaire. Il prouvait en tout cas qu'il était à la fois possible et nécessaire de changer.
>
> Robert CHAPUIS – *Si Rocard avait su…* – 2007

530. FAIRE LE JACQUES

Faire l'imbécile (avec une connotation positive, dans le cas de plaisanteries et drôleries, ou négative, dans le cas de bêtises).

Cette expression apparaît vers 1880.

---

1. Peut-être a-t-elle été prononcée pour la première fois, de manière largement publique, par Lionel Jospin en 1995 à propos de ce qu'avait fait François Mitterrand en tant que président.

À cette époque, Jacques est un des prénoms (comme Guillaume ou Gilles) désignant un simple d'esprit, un naïf, un niais.

Il faut dire que, dès le XIVe siècle, *Jacques* était un sobriquet utilisé pour désigner les paysans, donc implicitement des gens sots (ce qui donnera le terme *jacquerie* pour désigner une révolte de paysans comme celle de 1358).

Aujourd'hui, selon le type d'imbécillité, on dirait *faire le pitre* (ou *l'andouille*) ou bien *faire l'imbécile* (ou *le con*).

Il n'est pas impossible que cette expression ait un lien avec la version utilisée outre-Manche, où la locution anglaise *to play the Jack*, utilisée par Shakespeare, voulait dire « faire le farceur ou le fourbe ». Qui a volé l'autre ?

> Je pense qu'il doit se dire que la discipline, c'est plus pareil qu'avant et tu peux être sûr qu'il regrette son avant-guerre quand il pouvait faire le jacques avec ses galons.
>
> Paul Biron – *Mon Mononke et le Jour V* – 1983

531. ÇA ME FAIT UNE BELLE JAMBE

Cela ne m'est d'aucune utilité, cela ne m'avance en rien.

Cette expression ironique est généralement employée sous la forme « ça me fait une belle jambe », le *me* pouvant être remplacé par n'importe quel autre pronom.

On sait qu'un homme peut parfois se laisser subjuguer par une paire de belles gambettes féminines. Mais aussi étrange que cela puisse paraître, notre expression n'a pas de lien avec le charme féminin, puisqu'en réalité elle se moque du mâle infatué de sa personne.

En effet, il faut savoir qu'à partir du milieu du XIIe siècle, mais surtout à partir du XVe, l'homme s'est mis à porter des vêtements qui laissaient voir ses jambes, habillées de chausses, composées du hautde-chausses, de la taille parfois jusqu'au genou, et du bas-de-chausses, couvrant jusqu'aux pieds.

Ces derniers, ancêtres du bas, collaient au corps et laissaient donc plus que deviner le galbe de la jambe.

Au XVIIe siècle, ce galbe a commencé à avoir une importance en société où il valait mieux qu'il soit à la fois beau naturellement et habillé avec goût.

Et c'est de ces hommes coquets qui se pavanaient en montrant leurs si belles jambes qu'est née l'expression *faire la belle jambe.* Elle s'appliquait également de façon plus générale à celui qui faisait le beau.

Et, à la fin du même siècle, ainsi que Furetière le signale, cette fameuse et belle jambe était tellement importante qu'elle fera également apparaître l'expression déjà ironique *cela ne me rendra pas la jambe mieux faite* adressée à quelqu'un proposant quelque chose dont on ne tirera aucun avantage et voulant clairement dire « ça ne me servira à rien ».

De là, il est facile de comprendre qu'en éliminant la négation, on ait pu, par antiphrase et dans une situation identique, dire « ça me rendra la jambe mieux faite ».

Ce n'est qu'au XIXe siècle qu'on trouvera d'abord un *ça me fait bien la jambe* avant que notre expression avec sa forme actuelle prenne le dessus.

> La liberté ? Ça me fait une belle jambe, la liberté ! Moi, je sais que j'aurai jamais d'autre liberté que de me crever de travail pour pas crever de faim. Est-ce qu'il y aura moins de cognes sous le nouveau que sous l'ancien ?
>
> Jean-Richard BLOCH – *Le Dernier Empereur : une histoire en treize tableaux* – 1927

532. DES JAMBES DE FAUCHEUR / FAUCHEUX

Des jambes très longues.

Un faucheur, ce n'est pas quelqu'un qui pique des choses dans les magasins, mais plutôt une personne qui, munie d'une faux, s'en va dans les champs couper le foin ou le blé (entre autres plantes qu'on peut faucher).

C'est d'ailleurs un « jeu » auquel se livrent régulièrement les anti-OGM lorsqu'ils s'attaquent aux zones où poussent des plantes transgéniques.

Sachant que, au XVIe siècle, le faucheur s'appelait aussi un faucheux dans certains dialectes, on peut légitimement se demander s'il fallait vraiment avoir des jambes très longues pour pouvoir exercer cette activité dans les champs. Or, ce n'était pas le cas. Même les nains, personnes de très petite taille, sont parfaitement capables de faucher, à condition d'avoir une faux adaptée.

Alors pourquoi notre expression ?

Les passionnés des arachnides auront déjà compris.

Dans cette famille de joyeuses bestioles, il existe, parmi d'autres, deux catégories bien connues, celle des araignées et celle des opilions, ou faucheux ou faucheurs.

Et qu'est-ce qui les différencie ?

Eh bien, les araignées ont le corps segmenté en deux parties, la tête et le céphalothorax qui porte des pattes relativement courtes (par rapport à la taille du corps) et nos faucheux dont le corps est petit, en une seule partie, et duquel partent huit très longues et très fines pattes.

C'est donc tout simplement de ces animaux-là que viendrait notre expression.

Quant à leur nom de faucheux, né au XVIIe siècle, il viendrait du fait que, paraît-il, lorsqu'on coupe une patte d'un opilion, elle s'agite de saccades régulières qui feraient penser aux mouvements réguliers du faucheur.

Une autre hypothèse indique que les faucheux pulluleraient dans les champs fraîchement fauchés.

Toutes les tailles et toutes les allures étaient représentées dans la cour. Il y avait là de grands garçons maigres, hissés sur des jambes de faucheux, et d'autres bas sur pattes, rondouillards comme des champignons.

Henri Troyat – *La Grive* – 1956

533. PRENDRE SES JAMBES À SON COU

Courir très vite, s'enfuir.

Drôle d'image que celle-ci ! On peut imaginer au moins trois choses :

– quelqu'un de très souple qui ramène ses jambes au niveau de son cou (et fait un nœud autour ?). Mais le côté pratique pour courir n'est pas flagrant, les pieds ayant alors du mal à toucher le sol ;

– quelqu'un qui démonte son tronc et le pose à côté, de manière à être réduit à une tête et deux jambes avant de commencer à courir. Mais cela ne devrait pas avoir une influence sur la vitesse, les jambes ayant toujours la même longueur, sauf si on tient compte de la diminution du poids total à déplacer ;

– quelqu'un qui diminue la hauteur de son tronc et, en compensation, allonge celle des jambes jusqu'à les amener sous le cou, ce qui effectivement permet d'augmenter la vitesse de déplacement.

Mais tout ceci n'est que billevesées car personne ne serait capable de l'une ou l'autre.

Il faut donc chercher ailleurs.

Heureusement, il suffit de remonter à la fin du XVIIe siècle pour trouver l'explication de l'origine, à défaut de comprendre le lien avec le sens actuel.

À cette époque, en effet, Furetière écrivait qu'au début de son siècle, il existait *prendre ses jambes sur son col* (notez le *sur*) qui signifiait « se résoudre à partir pour quelque message ou quelque voyage ». Il s'agissait donc simplement des préparatifs à un déplacement qui outre quelques menus objets nécessaires au voyage, nécessitait, bien sûr, d'emporter aussi ses jambes, vues comme des accessoires également à ranger dans le sac des bagages. Et comme ce dernier était souvent porté en bandoulière ou à l'aide d'une sangle passant derrière le cou, il fallait aussi prendre ses jambes sur son col.

Ce n'est qu'au XVIIIe siècle que le sens de l'expression a évolué pour marquer la promptitude, la vitesse du départ.

> Mais à mesure que la partie avançait, il fallait bien reconnaître que le jeune Philidor était moins novice que ne l'avait supposé son adversaire. Celui-ci passa bientôt d'une présomptueuse confiance à une irritation sourde provenant de son amour-propre blessé. L'enfant s'en aperçut, et à peine eut-il poussé la pièce victorieuse en criant « Mat », qu'il prit ses jambes à son cou et s'enfuit, laissant le vieux musicien dévorer sa défaite sans pouvoir la venger.
>
> Félix CLÉMENT – *Les Musiciens célèbres depuis le seizième siècle jusqu'à nos jours* – 1868

534. TENIR LA JAMBE (À QUELQU'UN)

Retenir (quelqu'un) en lui imposant une conversation sans intérêt.

Voilà une métaphore qui date du tout début du XXe siècle et qui ne nécessite pas beaucoup d'explications tellement elle paraît limpide.

Imaginez que, pendant que vous cherchez à vous éloigner de quelqu'un, cet énergumène s'accroche fermement à votre jambe. Ce faisant, il va limiter très fortement votre capacité à vous mouvoir, vous retenir de force près de lui et vous imposer sa présence (sauf si vous avez dans la poche une bombe lacrymogène, une batte de base-ball ou une Kalachnikov capables de le forcer à lâcher prise).

Il en est exactement de même de l'importun[1] qui, figurément, vous « tient la jambe », qui vous abreuve de paroles sans se rendre compte qu'il vous ennuie profondément, alors que vous souhaiteriez ardemment « lever le pied » pour ne plus avoir à subir son discours un tantinet barbant, et alors que vous n'osez

1. L'importun, c'est la rosse, comme disait Gilbert Bécaud.

pas l'envoyer paître* soit parce qu'il vous reste un soupçon d'éducation, soit parce que vous avez un intérêt certain à lui faire croire que son verbiage vous passionne, grand hypocrite intéressé que vous êtes.

> Hier j'ai reçu un appel d'une cliente qui n'a pas arrêté de me poser des questions sur un médicament. Elle voulait en connaître tous les effets secondaires, m'a interrogée sur sa compatibilité avec tout et n'importe quoi, de l'aspirine à la crème dessert. Elle m'a tenu la jambe pendant quarante-cinq minutes. Pendant ce temps-là, le délai d'attente pour les autres appels était passé à plus de dix minutes et les personnes qui essayaient de nous joindre avaient commencé à s'énerver.
>
> *L'Entreprise* – Article du 19 juin 2007

535. UN COUP DE JARNAC

1. Un coup habile, décisif, mais inattendu.
2. Un coup donné par traîtrise.

Nous sommes en 1547, à une époque où les différends entre gentilshommes se règlent par des duels. Le 10 juillet, à Saint-Germain-en-Laye, à la cour du roi Henri II, tout frais successeur de François Ier, nous avons, à droite, Guy Chabot de Saint-Gelais, baron de Jarnac, et à gauche François de Vivonne, sieur de la Châtaigneraie, qui a pour tort d'accuser le premier d'être l'auteur d'un écrit qui a attiré l'attention sur les relations incestueuses d'Henri, alors encore Dauphin, avec Diane de Poitiers.

Dans ce duel, La Châtaigneraie est donné vainqueur d'avance, car il est considéré comme une des meilleures lames du royaume. Au cours du combat au poignard et à l'épée, Jarnac tranche le jarret de son adversaire qui s'écroule, incapable de continuer le duel, sans qu'on sache vraiment (les versions diffèrent) si le coup ainsi porté est simplement bien ajusté, ou s'il s'agit d'une botte mystérieuse ou d'une feinte après simulation d'une chute.

Toujours est-il que Jarnac épargne La Châtaigneraie car c'est un favori du roi. Mais le malheureux, considérant avoir été humilié, arrachera ses bandages et, se vidant lentement de son sang, mourra peu après.

À l'époque du duel, les témoins ne trouvent rien à redire à la méthode utilisée par Jarnac, considérée comme correcte et loyale[1]. Elle est donc vue comme un coup habile, mais acceptable même s'il n'est pas habituel. Ce n'est qu'à partir du *Dictionnaire de Trévoux*, œuvre des Jésuites parue en 1771, que ce coup est décrit comme donné par traîtrise, version que réfuteront plus tard Larousse et Littré.

Mais comme l'expression est attestée à partir de 1803, peu après la publication du dictionnaire, c'est principalement ce sens de « coup en traître » qui sera généralement retenu.

> Ma caisse ne vous regarde pas, dites-vous ? Soit ! Opérez sur la vôtre, mais n'emplissez ni ne videz la mienne. D'ailleurs, qui sait si tout cela n'est pas un coup de Jarnac politique ; si le ministre, furieux de me voir de l'opposition, et jaloux des sympathies populaires que je soulève, ne s'entend pas avec M. Debray pour me ruiner ?
>
> Alexandre DUMAS – *Le Comte de Monte-Cristo* – 1861

536. RIRE JAUNE

Rire de manière forcée.

Contrairement à ce que certains croient, le rire jaune n'est pas le propre des Asiatiques, même si ceux-ci, bien plus attachés que nous à ne pas vexer ou blesser leur interlocuteur, peuvent être amenés à rire jaune plus souvent.

Si le jaune est une couleur considérée comme positive (le soleil, donc la vie ; l'or, donc la richesse ; le blé, donc la nourriture…), il a aussi souvent été perçu de manière négative :

---

1. D'autant plus que, même si on l'attribue à Jarnac, ce tranchage du jarret avait déjà été utilisé auparavant dans d'autres duels comme entre Genlis et Des Bordes ou, près de Rome, entre un capitaine italien et M. de Rouillon, gentilhomme gascon.

– Judas le traître était représenté comme vêtu de jaune ;

– être habillé en jaune, c'était, à l'époque médiévale et dans certains pays, signaler être juif (la loi le voulait ainsi, ce qui rappelle l'infamante étoile jaune au cours de la dernière guerre mondiale) ;

– le jaune du soufre rappelait Lucifer ;

– *être peint en jaune* signifiait « être trompé par sa femme » ;

– dans l'Espagne de l'Inquisition, les victimes des bûchers étaient vêtues de jaune.

Certains situent cette expression pour la première fois, avec le sens actuel, chez Saint-Simon au XVIIIe siècle. Et ils rattachent le *jaune* au teint des hépatiques qui, compte tenu des désagréments de leur maladie et de l'humeur qui en découlait, ne pouvaient rire que de manière forcée.

Mais en 1640, donc bien avant, Oudin écrit déjà « il rit jaune comme farine », expression de l'argot de l'époque où *farine* ne désigne pas l'aliment, mais quelqu'un de vicieux (*des gens de même farine* désignait, dans le *Dictionnaire de l'Académie française* de 1694, « des gens qui sont sujets à mêmes vices, ou qui sont de même cabale »).

Autrement dit, dès cette période, le rire jaune désignait un rire malsain, dissimulateur.

C'est donc probablement de cette époque, et non pas des bilieux, que nous vient cette expression.

> [Chamillart] était un bon et très honnête homme […] d'ailleurs très borné […] riant jaune avec une douce compassion à qui opposait des raisons aux siennes.
>
> SAINT-SIMON – *Mémoires* – 1856

537. EN JETER – ÇA EN JETTE !

Faire de l'effet, avoir belle allure, éblouir.

Qu'est-ce qui peut bien être jeté ? De la poudre* aux yeux ? Il est vrai qu'elle peut éblouir, mais de manière trompeuse, ce qui n'est pas le cas ici.

Et si je vous dis que c'est du jus qui est jeté, vous allez croire à une galéjade. Et pourtant, m'arrive-t-il de plaisanter dans ces pages ?

Car cette expression est bien une version courte de *jeter un / son jus* qui date du début du XXᵉ siècle et qui voulait dire « avoir très belle allure » ou « être très élégant ».

Pourquoi *jus*, me direz-vous ? Eh bien, comme l'écrit Gaston Esnault, « l'idée sous-jacente est celle d'essence, d'extrait », de ce qui est le meilleur, comme peut l'être un bon jus de gigot d'agneau, par exemple ; lorsque votre apparence éblouit, c'est parce que vous essayez de montrer le meilleur de vous-même (ou de le faire croire). Et vous *jetez*[1] cet aspect à la face de ceux qui vous regardent, tout ébaubis.

Le sens initial, uniquement appliqué à l'allure de quelqu'un, s'est ensuite élargi à tout ce qui paraît superbe, étonne grandement ou produit un grand effet.

> Et moi j'avais terminé ma toile. « Géniale ! » qu'elle s'est écriée quand elle l'a vue, elle a même ajouté, je crois, « c'est sublime, formidable ce que tu as fait, je n'ai jamais rien vu d'aussi beau. C'est tonique, et ça éclate de partout, ça en jette, tu peux me croire. »
>
> Nicole RICAUD – *Treize lunes dans l'année* – 2008

538. JEUX DE MAINS, JEUX DE VILAINS

Les jeux de mains finissent toujours mal.

Cette expression est souvent employée aujourd'hui lorsqu'il faut faire cesser des enfants qui entament des jeux brutaux pouvant rapidement mal tourner.

De nos jours, alors que *vilain* est un adjectif qui désigne quelqu'un qui se conduit mal, il est fréquent de voir une connotation sexuelle à notre locution[2]

---

1. « Émettez » ou « faites sortir de vous », acceptions de *jeter* qui existent depuis le XIᵉ siècle.
2. D'autant plus quand on sait que *vilain* vient du latin *villanus*, mais en un seul mot.

même si, comme on dit, il n'y a pas de mal à se faire du bien.

Mais cette expression, qui daterait du XVIIe siècle, vient du Moyen Âge, une époque où les vilains étaient simplement des paysans, des hommes de basse condition.

Chez eux, les jeux de mains étaient des jeux où l'on échangeait des coups légers, par plaisanterie, et qui pouvaient aisément dégénérer. Mais également, alors que les gens de la haute société réglaient leurs querelles à l'arme blanche, ces gens rustres, eux, utilisaient surtout leurs mains (et leurs poings) lorsqu'une altercation démarrait.

Les jeux de mains étaient donc obligatoirement des activités réservées aux vilains.

On trouve parfois un complément à cette explication, proposée par les historiens du jeu de paume : les personnes les moins favorisées, les vilains, y jouaient avec leurs mains, alors que les riches utilisaient des raquettes.

Mais il se trouve que le jeu de paume a commencé par être joué à mains nues ou gantées de cuir, quelle que soit la position sociale du joueur, puis avec des battes de bois (à la portée financière de tous) et enfin avec des raquettes, nettement plus coûteuses. Il est donc assez peu probable que l'origine de l'expression soit bien là.

> Dans ce lieu, la liberté était grande, alors qu'au jardin, situé au bout de l'impasse, il fallait toujours prendre garde aux rosiers de la sévère grand-mère qui supportait mal les jeux des enfants entre eux : « jeux de mains, jeux de vilains » était un de ses dictons familiers…
>
> Albert Moyne – *L'Adieu à la maison* – 2001

539. ON NE PEUT À LA FOIS ÊTRE JUGE ET PARTIE

1. On ne peut pas juger avec équité ses propres fautes.
2. On ne peut avoir un pouvoir d'arbitre dans une affaire où l'on a des intérêts personnels.

On peut indubitablement constater qu'à la fin d'un procès, lorsque le tribunal est vide, les magistrats sont bien à la fois juges et partis. Mais parmi les nombreux homonymes de *partie*, un seul nous intéresse ici, et ce n'est pas la partie de pétanque (mais ailleurs et dans d'autres circonstances, on a parfaitement le droit de s'intéresser à cette dernière, lorsqu'en plus elle a lieu à l'ombre des platanes, accompagnée d'un bon verre de pastis bien frais).

Quand on est juge, on doit généralement décider si celui qui est accusé d'avoir commis une faute au détriment de quelqu'un d'autre l'a réellement fait et, si oui, prononcer la peine qu'il mérite. C'est dans une telle situation que nous avons affaire à deux *parties*, la partie plaignante, celle qui s'est plainte de l'entourloupe que la partie adverse lui a jouée, et cette dernière. *Partie* est ici un terme juridique désignant une personne physique ou morale engagée dans un procès.

Et la formule juridique latine à l'origine de notre expression *Aliquis non debet esse judex in propria causa, quia non potest esse judex et pars* (« personne ne doit être juge de sa propre cause, parce qu'on ne peut être juge et partie »), qu'on trouve aussi sous la forme réduite *Nemo judex in causa sua* (« Nul ne peut être à la fois juge et partie ») est pleine de sagesse : en effet, il ne saurait être question de désigner un fautif probable comme juge de la faute commise. Quelqu'un peut-il avoir suffisamment d'impartialité pour être à la fois juge et partie, pour juger équitablement ses propres fautes ? À part celui capable de tendre la joue gauche quand on lui a frappé la droite (si vous en connaissez un, non masochiste, présentez-moi cet oiseau* rare !), quel individu, en cas de faute grave n'aura pas tendance à s'auto-amnistier au lieu de s'auto-condamner ?

Le second sens proposé est une extension du premier et sort du cadre purement juridique. Il est souvent employé dans le monde des affaires où il indique qu'une entreprise impliquée dans une situation de conflit ne devrait pas pouvoir s'immiscer dans la prise de décision départageant les parties.

> Ces arguments sont loin de convaincre ceux qui s'inquiètent de l'influence croissante des laboratoires dans tous les secteurs de la santé. Pour la revue *Prescrire*, la poursuite d'un traitement médical est une affaire délicate qui ne peut être discutée qu'entre un patient et son médecin et non confiée à un laboratoire, juge et partie.
>
> *Le Monde* – Article du 25 décembre 2006

540. UN JUGEMENT DE SALOMON

Un jugement d'une grande sagesse et parfaitement juste.

Né vers 970 avant Jésus-Christ, le roi Salomon ne vécut qu'une quarantaine d'années. Mais quand on sait qu'on lui attribue sept cents épouses et trois cents concubines, on imagine que s'il est mort si rapidement, c'est qu'il a dû se tuer à la tâche.

La Bible nous raconte que deux mères se disputant un enfant furent amenées devant le roi pour qu'il tranche, si l'on peut dire. En fait, une des deux mères avait étouffé son enfant par inadvertance et voulait s'approprier celui de l'autre femme.

En l'absence de tests ADN, ne pouvant que difficilement savoir qui était la véritable mère de l'enfant, chacune prétendant avec force dire la vérité, Salomon ordonna de trancher le petit être en deux et d'en donner une moitié à chaque femme.

Même si l'histoire ne précise pas si le partage aurait été fait dans le sens de la hauteur ou de la largeur, on aurait pu appeler cela un partage équitable.

Mais la véritable mère ne voulant évidemment pas que son enfant soit découpé, alors que l'autre était d'accord, elle annonça préférer céder l'enfant.

En l'entendant, Salomon, qui n'espérait que cela, sut qui était la vraie mère et lui fit remettre le bébé.

Et tout Israël fut rapidement au courant de la sagesse de ce roi qui savait comment rendre une justice équitable.

C'est tout simplement de cette histoire, de ce jugement intelligent et perspicace, quoiqu'un peu brutal si la mère n'avait pas cédé (mais rien ne dit que Salomon serait allé au bout de sa menace), que l'expression est née.

> C'est en effet, mon cher et illustre maître, un jugement de Salomon que celui dont vous me parlez. Nos pères de la patrie sont à bien des siècles de ce jugement-là. Heureusement tous les magistrats ne sont pas aussi absurdes.
>
> VOLTAIRE – *Correspondance avec M. d'Alembert* – 1821

541. NE PAS AVOIR (POUR) DEUX SOUS DE JUGEOTE

Manquer sérieusement de bon sens, de discernement. Ne pas être très intelligent.

On trouve le mot *jugeote* pour la première fois en 1871 dans la correspondance de Gustave Flaubert[1]. Tout comme on peut dire *tremblote* pour « tremblement », Flaubert est parti du mot *jugement* dont il a remplacé la fin par le suffixe diminutif *-ote*[2].

Le jugement, c'est ici, comme nous dit le *Grand Robert* : « la faculté de l'esprit permettant de juger (plus ou moins bien) des choses qui ne font pas l'objet d'une connaissance immédiate certaine, ni d'une démonstration rigoureuse », faculté qu'on associe généralement à l'intelligence ou à la capacité de raisonnement.

Au point que quand on dit de quelqu'un qu'il n'a pas de jugeote, c'est plus souvent pour dire qu'il est un imbécile.

---

1. Mais le mot *jugeoteur*, tombé dans l'oubli, a été utilisé à partir de 1845. Il désignait une personne qui s'autorisait à avoir un jugement sur tout sans avoir pour autant les connaissances ou compétences nécessaires.
2. Non, *compote, bergamote, rebelote, homozygote, capote* et *chypriote* ne sont pas construits de la même manière !

Alors dire d'une personne qu'« elle n'a pas (pour) deux sous de jugeote », c'est affirmer qu'elle en a tellement peu que, si on devait payer pour l'obtenir, on n'en donnerait même pas deux misérables sous (le *pour* actuellement souvent escamoté introduit la somme qu'on serait prêt à débourser « pour » cette chose, tout comme vous pourriez dire à votre poissonnier, par exemple : « Mettez-moi pour 215,27 euros de pétoncles. »).

> Cette nouvelle a provoqué la consternation du beato, je l'ai vu sur l'heure. Je crois qu'il ressentait la même chose que moi. Ces gens-là n'avaient pas pour deux sous de jugeote et ne reconnaissaient pas les exemples donnés par le travail et par la prière.
>
> Claúdio Aguiar – *Complainte nocturne* – 2005

542. LE PETIT JUIF

Le nerf ulnaire.

Je vois tout de suite des yeux grands ouverts et une interrogation immédiate : « Qu'est donc ce *nerf ulnaire* ? »

Eh bien, pour ceux qui n'ont pas fait d'études de médecine, c'est un nerf (si !) qui suit tout le membre supérieur, passe au niveau du coude derrière l'épicondyle médial de l'humérus, donc près de la pointe du coude où il provoque une très désagréable sensation « électrique » lorsqu'on le compresse fortement ou qu'on le cogne.

Maintenant, pourquoi l'appelle-t-on *petit juif* ?

En ces temps de politiquement correct avancé où il n'est plus possible d'appeler un chat* un chat sans qu'il sorte ses griffes pour vous faire regretter de ne pas l'avoir appelé *félin de compagnie*, voilà une expression qui est peut-être mal venue car, à partir du moment où on va évoquer très précisément des commerçants juifs, certains ne pourront s'empêcher de crier à l'antisémitisme.

En route, quand même, pour l'explication.

Peut-être vous souvenez-vous avoir vu, dans la vraie vie ou dans un film, des gens mesurer des longueurs de quelque chose (corde, tissu…) en l'enroulant autour de l'avant-bras, de la main à l'arrière du coude. C'était ce qui s'appelait « mesurer à l'aune », l'aune étant devenue la longueur du tour de l'avant-bras (soit environ 1,20 mètre si on prenait l'Aune du Roy sous François Ier) après avoir désigné l'avant-bras lui-même.

Ce mode de mesure demandait des mouvements particuliers des deux membres supérieurs, le coude de celui portant la chose à mesurer devant faire des allers-retours de bas en haut et pouvant être amené à cogner l'éventuelle surface au-dessus de laquelle la mesure se faisait.

La dénomination *petit juif* viendrait d'une époque où, dans le commerce des vêtements et tissus, les commerçants juifs étaient majoritaires[1].

Et lorsqu'ils étaient amenés à mesurer des produits à l'aune*, ils pouvaient facilement et régulièrement se cogner le nerf ulnaire sur leur comptoir (ce qui, « grâce » à la douleur procurée, permettait au client d'assister alors à une courte danse du scalp).

> Brave Aurélien ! Comme il avait été confus, il y a une quinzaine d'années, lorsque, ayant dit très innocemment : « Je me suis cogné le petit juif », il avait vu ton air pincé ! Pourquoi avais-tu l'air pincé, bon Dieu ?
>
> Rémi Santerre – *L'Écart* – 1969

---

1. Il faut seulement rappeler que les Juifs n'ont pas accaparé le commerce du tissu ni des vêtements, pas plus qu'ils ne se sont emparés du commerce de l'or. L'organisation de la société médiévale, jusqu'à la Révolution et même au-delà (car c'était devenu une tradition), les excluait de l'agriculture, comme du compagnonnage et des métiers d'armes. L'Église interdisait aux chrétiens de pratiquer le commerce de l'or, mais on avait cependant besoin de banquiers et de commerçants divers. Comme il fallait bien qu'ils gagnent leur vie, les Juifs ont donc occupé les métiers qui ne leur étaient pas interdits !

543. C'EST KIF-KIF

C'est pareil.

Pour certains, le *kif*, c'est le haschich, cultivé en grande quantité au Maroc, pour le bonheur des paysans qui en tirent quelques revenus plus conséquents qu'avec d'autres cultures (avec un gouvernement qui ferme les yeux pour éviter l'exode rural).

Mais *kif-kif*, ce n'est pas une double dose de shit.

Il s'agit d'une expression qui date de 1867 et qui a été empruntée à l'arabe maghrébin et introduite en France par les soldats des armées d'Afrique du Nord.

C'est un redoublement du mot arabe *kif* qui signifie « comme ».

On trouve des variantes intensives comme *kif-kif le même sac* ou, plus souvent, *kif-kif bourricot*, cette dernière étant une adaptation libre, mais plaisante, d'une locution arabe voulant dire « pareil à l'âne ».

Notez que *kif-kif bourricot* peut aussi être remplacé par la locution *blanc bonnet et bonnet blanc*. Alors, pour peu que le bonnet en question soit celui d'âne, on reste bien chez nos équidés brayants.

> Tirer sur un Arabe, c'était kif-kif tirer un rat. Les rats, c'étaient la Peste. La Peste, c'était la cause de tout ce qui allait pas. Il fallait faire la chasse aux rats. On avait que ça dans la tête.
>
> Didier Lemaire – *Contes et récits métissés de Guyane : l'homme mélangé* – 1998

544. SE LAISSER MANGER / TONDRE LA LAINE SUR LE DOS

Se faire exploiter sans se défendre.

Comme le mammouth, le mouton est un animal à poils laineux…

Contrairement au mammouth, disparu depuis des lustres*, on le tond régulièrement et c'est grâce à lui que, depuis longtemps, l'Homme a pu se fabriquer des vêtements chauds pour l'hiver.

Cette expression, relevée au XVIe siècle, et toujours avec le verbe *manger*, symbolise à la fois la passivité et la niaiserie (il faut être bien bête pour « se laisser tondre la laine sur le dos » sans réagir).

Si elle est née, c'est aussi parce que le mouton est un animal généralement considéré comme docile, qu'il est facile de tondre.

Mais pourquoi *manger* a-t-il été employé dans cette expression avant *tondre*, beaucoup plus naturel ?

C'est Pierre Marie Quitard qui lève le voile en 1842 dans son *Dictionnaire étymologique, historique, et anecdotique des proverbes et des locutions* où il écrit, pour cette expression : « Souffrir tout, ne pas savoir se défendre, comme les brebis qui souffrent patiemment que les corbeaux se fixent sur leur dos et leur arrachent la laine. »

Car effectivement, de nombreux oiseaux se servent de touffes de poils ou de laine pour tapisser leur nid. Et quoi de plus pratique que d'aller se servir directement sur le dos du fournisseur ?

> – Je ne perds pas mon temps à réclamer 50 francs. Je suis habitué à traiter des affaires autrement importantes.
> – Nous tondre la laine sur le dos ne vous suffit plus, vous voulez aussi nous égorger ? rugit Alexis.
>
> André Brot – *L'Or des fous* – 2009

545. UN [QUELQUE CHOSE] LAMBDA

Un [quelque chose] moyen, ordinaire.
Un quelconque parmi d'autres.

Lambda[1] est le nom de la onzième lettre de l'alphabet grec, l'équivalent du *l* dans l'alphabet latin.

C'est au milieu du XXe siècle que cette lettre se met à désigner quelque chose de quelconque, de très moyen. Pour quelle raison ? Et pourquoi *lambda* au lieu de *pi*, *oméga*, *psi* ou *delta*, entre autres, d'autant

1. Et non pas *lambada*.

plus que, pour qualifier quelqu'un à l'intelligence très moyenne, on aurait plutôt dû choisir *bêta* ?

Dans le monde scientifique, la lettre *lambda* a différents emplois.

Ça vous fera certainement une très belle jambe* si je vous dis que c'est la constante cosmologique d'Einstein, qu'elle représente la conductivité molaire[1] d'une solution en chimie, la décroissance radioactive en physique, le point anatomique situé au sommet de l'os occipital, à la rencontre de la suture sagittale et de la suture lambdoïde ou, parmi encore de nombreuses autres utilisations, la conductivité thermique d'un matériau.

La seule explication proposée par des lexicographes sur le choix de cette lettre vient d'une opposition à l'utilisation de la lettre *alpha*. Celle-ci, la première de l'alphabet grec, désigne souvent le premier élément d'une série quelconque dans diverses sciences. C'est ainsi qu'on nomme la première étoile d'une constellation (Alpha du Centaure). De même, dans *Le Meilleur des mondes*, d'Aldous Huxley, un Alpha est un être supérieur faisant partie de la classe dominante.

Or, par sa position dans le même alphabet, lambda est la lettre dont le nom n'est pas monosyllabique qui est placée la plus proche du milieu, donc à une position très moyenne, très quelconque, où elle ne peut pas briller, où elle est un peu noyée dans la masse, contrairement à l'alpha* et à l'oméga, les première et dernière lettres.

Ce serait là l'explication de l'utilisation de cette lettre.

> Que vous soyez une personne lambda en recherche d'emploi ou une multinationale qui souhaite développer et lancer un nouveau produit, la recette du succès est la même : connaître la demande de

1. Sans vouloir être trop incisif, la conductivité canine n'est jamais citée. Pourtant, un chien branché sur le 220 volts est un aussi bon conducteur d'électricité qu'un humain. Allez comprendre !

l'autre et faire en sorte qu'elle coïncide tant avec vos souhaits qu'avec ce que vous avez à offrir.

Laura DAY – *Guide pratique de l'intuition dans les affaires* – 2000

546. UNE FINE LAME

1. Quelqu'un d'une grande habileté (souvent mâtinée de ruse).
2. Un esprit intelligent et vif.

Ne dit-on pas de quelqu'un de très perspicace, astucieux et/ou vif qu'il a un esprit acéré ? Acéré comme peut l'être une lame pointue et bien aiguisée…

À son origine, l'expression nous vient du monde de l'escrime où, au XVIe siècle, *une fine lame*, d'abord précédée de *une bonne lame*, désignait un bon escrimeur.

Cela se comprend aisément, la lame étant celle de l'épée et le qualificatif *fin* étant utilisé avec son sens de « qui excelle dans une activité réclamant de l'adresse et du discernement » (*Grand Robert*).

Et comme pour être une « fine lame », il faut non seulement être habile, mais aussi rusé, pour pouvoir atteindre son adversaire au moment où il ne s'y attend pas, il est assez logique que l'expression ait pris le sens métaphorique indiqué, vers la fin du XVIIe siècle.

Quant au second sens proposé, il est bien entendu dérivé de la vivacité et de l'intelligence du combat du bon escrimeur.

À une fine lame de cette trempe, Asselin épuisé peut donc confier, sans crainte, son « Nationaliste » qui en a bien besoin.

Hélène PELLETIER-BAILLARGEON – *Olivar Asselin et son temps : Le militant* – 1996

À demi couchée dans ma chaise longue, je lutte de subtilité et d'esprit avec notre receveur qui est une fine lame, comme vous savez, en matière de goût.

Le Magasin de librairie – *L'Année littéraire* – 1859

547. S'EN METTRE PLEIN LA LAMPE

Manger (ou boire) copieusement, à satiété.

Dans cette expression purement argotique qui nous vient du début du XXe siècle, la lampe désigne l'estomac, sens qui existe depuis la fin du XVIIe puisqu'il est attesté en 1683.

Mais par quelle étrange association d'idées, me direz-vous (peut-être) ?

Eh bien, cela semble être venu du croisement de trois choses :

– la première était une métaphore venue de la lampe à huile, récipient comparé à l'estomac qu'on remplit d'un liquide. Pour mieux comprendre la naissance de cette métaphore, on peut rappeler que, pour fonctionner, une lampe devait être régulièrement « alimentée » en huile ;

– la deuxième vient du verbe *lamper*, variante nasalisée de *laper*, qui, au milieu du XVIIe siècle, avait le sens familier de « boire avidement » (et d'où nous vient, à la même époque, *lampée* désignant, selon les sources, soit une « gorgée bue avidement », soit une « généreuse gorgée »). On retrouve ce verbe en provençal sous la forme *lampa* ;

– la troisième est liée à l'ancien mot *lampas* que Jean de La Fontaine a utilisé et qui signifiait « gorge » ou « gosier ».

> Et si des copains viennent, je leur fais un gueuleton, on s'en foutra plein la lampe.
>
> Yves Béon – *La Planète Dora* – 1985

548. SUR L'AIR DES LAMPIONS

En scandant quelques syllabes détachées sur une seule note ou un rythme très simple.

Tous ceux qui ont connu le remue-ménage de mai 68 se souviennent du « CRS, SS » scandé par les étudiants massés face aux représentants des Compagnies républicaines de sécurité[1]. Eh bien, c'était sur l'air des lampions que ce slogan était clamé, tout comme c'est sur l'air des lampions que vous scandez « une autre » ou « remboursez » à la fin d'un concert, selon qu'il a été plaisant ou nul, ou « on a gagné » à la fin d'un match de foot (non perdu, de préférence).

Mais d'où vient donc cette appellation pour un air pourtant peu mélodieux ?

Tout d'abord, rappelons que *lampion*, venu de l'italien *lampione* (grosse lanterne), a d'abord surtout désigné une lanterne de bateau.

Ensuite, à la fin du XVIIe siècle, son usage s'est restreint à l'appellation d'un godet à huile dans lequel une mèche trempait, permettant ainsi de faire un lumignon avec lequel, entre autres utilisations, on pouvait illuminer les bordures de fenêtres.

C'est au milieu au XVIIIe que le mot désigne également des lanternes vénitiennes, comme celles en papier plissé que les enfants maintiennent accrochées au bout d'un bâton lors de défilés festifs nocturnes.

Le premier air des lampions résonna en 1848, alors que Louis-Philippe venait d'être chassé par une insurrection à la suite de laquelle la République fut proclamée. Les républicains montrèrent leur joie en illuminant leurs fenêtres ; mais, comme il y avait finalement peu de ces éclairages spontanés, les bourgeois étant dérangés par les émeutes, les gens dans les rues se mirent à scander « Des lampions ! Des lampions ! » qui, du coup, firent augmenter le nombre de fenêtres éclairées. Victor Hugo écrivit d'ailleurs à ce propos : « En un clin d'œil, la ville fut illuminée comme pour une fête. »

C'est de cet appel répétitif, d'une seule note et de trois syllabes, que nous vient notre expression.

Et si, à l'origine, et pendant un moment, l'air des lampions était bien limité à trois syllabes et une seule

1. Une plaisanterie faisait répondre à ces fonctionnaires de police, *forcément* niais, un « Étudiants, diants diants », sur le même ton.

note, il a fini par désigner tous les slogans scandés par de nombreuses personnes en séparant les syllabes et sur très peu de notes (comme le « on a gagné ! », par exemple).

> La motion de Mirabeau fut applaudie et la salle entière se mit à réclamer Charles IX sur l'air des lampions.
>
> JEAN-BERNARD – *Les Lundis révolutionnaires 1790-1889* – 1892

549. DONNER SA LANGUE AU CHAT

Renoncer à trouver ou à deviner une solution.

Cette expression n'apparaît qu'au XIXe siècle.

Auparavant, on disait *jeter sa langue aux chiens* qu'on trouve dans le *Dictionnaire de l'Académie française* (1835).

Aux chiens, on jette les restes, ce qui n'a plus de valeur. Leur jeter sa propre langue, c'est leur abandonner son organe de la parole qui n'a plus d'utilité puisqu'on ne dira jamais la solution qu'on renonce à chercher.

Mais pourquoi les chiens sont-ils devenus un chat auquel on donne au lieu de jeter ?

Rey et Chantreau expliquent que « mettre quelque chose dans l'oreille du chat » (George Sand), c'était lui confier quelque chose qui devait rester secret, oublié. Le chat avait donc connaissance de beaucoup de choses sans pour autant être capable de les divulguer, car à part le chat botté, vous en conviendrez, il y a peu de ces animaux qui parlent.

Donner sa langue au chat serait ainsi un mélange de « jeter sa langue devenue inutile » mais « la confier au chat » pour être sûr qu'il la gardera, peut-être pour le cas où on déciderait de la récupérer plus tard.

À moins, tout simplement, qu'on ait voulu adoucir le *jeter sa langue au chien*, en remplaçant *jeter* par *donner*, plus sympathique, et *chien* par *chat*, vu comme moins féroce…

– Où, en Afrique ? s'enquit l'enseignante pour vérifier si elle avait saisi quelques bribes du cours.
L'adolescente allait donner sa langue au chat quand Jasmine éternua bruyamment, ce qui fit voler une feuille sur le sol.

Véronique Drouin – *L'Île d'Aurélie* – 2004

550. IL FAUT TOURNER SEPT FOIS SA LANGUE DANS SA BOUCHE AVANT DE PARLER

Il faut réfléchir (longuement) avant de parler.

De nos jours, comme on parle de moins en moins et qu'on utilise de plus en plus un clavier, avant de taper des bêtises, on devrait plutôt dire « tourner sept fois son clavier dans sa bouche ». Refte que fa pove un problème de prononfiafion enfuite, à cauve des dents que fa fait fauter. F'est fûr !

La date d'apparition de ce proverbe n'est pas vraiment connue, mais il n'est cité qu'à partir de l'édition de 1835 du *Dictionnaire de l'Académie française*.

Cela dit, on trouve dans la Bible la forme suivante, attribuée à Salomon : « Le sage tourne sept fois sa langue dans sa bouche avant de parler. » Autant dire que l'idée du sage qui réfléchit avant de parler remonte à loin dans le temps.

Car il est certain que tourner la langue dans sa bouche empêche de parler (contrairement à se frotter sept fois l'œil ou se mettre sept fois le doigt dans le nez) et, pour peu qu'on ne soit pas trop préoccupé par la maîtrise de ces mouvements linguaux (pas d'or, bien sûr), permet de réfléchir un peu à ce qu'on va dire, évitant ainsi de sortir une ânerie de plus.

Mais pourquoi sept fois, me direz-vous ? Eh bien, si l'on oublie le ridicule de la situation face à votre interlocuteur qui se demande ce que vous attendez pour lui répondre, on peut déjà affirmer sans grand risque de se tromper que sept est plus grand que quatre ou cinq et que, par conséquent, le délai de réflexion sera d'une durée supérieure (à nombre de tours par minute, température, pression et taux d'hygrométrie constants).

Mais pourquoi sept au lieu de neuf ou douze qui permettraient d'avoir encore plus de temps pour réfléchir ? Déjà parce qu'il y a le risque de voir partir l'interlocuteur et de passer pour un malade. Mais surtout parce que le chiffre sept est depuis très longtemps un nombre « magique » : les sept jours de la semaine, les sept planètes traditionnelles en astrologie, les sept couleurs de l'arc-en-ciel, les sept notes de la gamme, les sept péchés capitaux, les sept sacrements, les sept centres subtils au yoga, les sept ciels, les sept nains, les sept doigts de la main et ainsi, presque à l'infini.

> À moins de crier au loup, le linguiste devrait se muer en philologue et en philosophe, le « docteur de la loi » recompter sur ses doigts et tourner sept fois sa langue dans la bouche, le professeur quitter le monde de la répétition écrite pour la spéculation intellectuelle.
>
> Bernard Rio – *L'Arbre philosophal* – 2001

551. LA LANGUE DE BOIS

Le langage, le discours figé, coupé de la réalité.
Le langage qui véhicule, de manière artificielle, un message intentionnellement truqué.

La langue de bois est un langage à part entière dont on se demande s'il n'est pas enseigné à l'ÉNA[1] compte tenu de la pratique experte et intense qu'en ont nos hommes politiques.

Parmi ses nombreuses « utilités », il permet de cacher la vérité, de répondre à côté de la question ou de noyer une absence de pensée ou de connaissance d'un sujet sous un déluge de paroles creuses.

1. Pour les nombreux lecteurs de ces pages qui ne sont pas familiers des institutions françaises, l'ÉNA, École nationale d'administration, est l'établissement duquel sortent la plupart des hommes politiques français.

La langue de bois peut aussi servir à faire croire à quelqu'un qu'on ne lui est pas hostile, alors qu'on le manipule pour l'amener à ses propres fins.

Ce langage est un outil qui confirme parfaitement ce qu'a cité Stendhal en le mettant dans la bouche d'un Jésuite, mais qui est généralement attribué à Talleyrand : « La parole a été donnée à l'homme pour cacher sa pensée. »

Si on peut considérer que la pratique de la langue de bois est née en même temps que le langage chez l'homme, cette appellation est donnée pour récente en France puisqu'elle n'y serait apparue qu'au cours des années 70.

Et l'explication qui en est généralement donnée vient des Russes[1] qui, avant leur révolution, utilisaient l'expression *langue de chêne* pour se moquer du style administratif employé dans leur bureaucratie tsariste étouffante (sans que l'origine de cette appellation soit parvenue jusqu'à nous, semble-t-il).

L'ère bolchéviste n'améliorant pas véritablement ce style, les manières de parler et d'écrire y étant codifiées et pleines de clichés, la locution continuera donc à être utilisée, mais le chêne se fait progressivement remplacer par le bois, tout simplement.

L'expression aurait transité par la Pologne avant d'arriver chez nous.

Bien sûr, pour ceux qui connaissent la politique française, il ne faut pas confondre la langue de bois avec le Lang de Blois[2] qui, par ailleurs, en a une excellente maîtrise, sans toutefois arriver à la cheville de certains maîtres de tous partis.

Parmi les choses bizarres de la nature, il est intéressant de savoir que les bovidés peuvent attraper un champignon qui provoque la formation d'une tumeur dure sensible soit sur les maxillaires, soit sur la langue, qui devient alors rigide, d'où le nom

---

1. Mais les Chinois appelaient aussi *langue de bois* ce qu'ils définissaient comme « l'art de dire des riens avec fracas ».
2. Jack Lang, homme politique français, a été maire de Blois.

de *langue de bois* lorsque c'est cet organe qui est touché.

> Le verbe d'Adnane était entièrement vacciné contre les mots omniprésents de la langue de bois de l'époque, comme s'il avait des oreilles-passoires filtrant les mots des médias et des haut-parleurs plantés sur chaque quartier.
>
> Habib Abdulrab – *La Reine étripée* – 1998

552. ÉCLAIRER LA LANTERNE (DE QUELQU'UN)

Dire, ajouter ce qu'il faut, le détail nécessaire pour être compris.

Apporter les éléments nécessaires à la compréhension de quelque chose.

Vous ne pouvez nier que, quand vous êtes dans le noir et qu'une âme charitable bascule l'interrupteur, vous y voyez soudain beaucoup mieux (sans compter que vous vous assurez aussi ne pas être sourd, en entendant les nombreux « Ahhhh ! » soulagés qui fusent des gorges de toutes les personnes présentes). Eh bien là, c'est un peu la même chose : un petit détail supplémentaire vous aide à y voir plus clair.

On retrouve ici l'équivalence fréquente entre « lumière » et « compréhension intellectuelle » comme dans l'expression *être une lumière**.

Cette expression vient au XVIIIe siècle de la fable de Florian « Le Singe qui montre la lanterne magique » dans laquelle un singe savant, voulant épater ses collègues, animaux divers, les convie à un spectacle dans lequel il utilise la lanterne magique[1] de son maître.

Mais il n'oublie qu'un seul « petit détail » pour que les autres animaux comprennent pourquoi ils sont là, c'est d'allumer la lanterne !

---

1. Appareil de projection du XVIIe siècle muni d'un système optique qui permettait de projeter sur un écran des images peintes sur verre, en les agrandissant.

« […] Les spectateurs, dans une nuit profonde,
Écarquillaient leurs yeux et ne pouvaient rien voir […].
Moi, disait un dindon, je vois bien quelque chose ;
Mais je ne sais pour quelle cause
Je ne distingue pas très bien.
Pendant tous ces discours, le Cicéron moderne
Parlait éloquemment, et ne se lassait point,
Il n'avait oublié qu'un point.
C'était d'éclairer sa lanterne. »

C'est après la publication de cette fable qu'à cette époque *oublier d'éclairer la lanterne* voulait dire « omettre un point essentiel pour se faire comprendre ».

Par la suite, l'expression s'est transformée pour devenir celle d'aujourd'hui.

Rencontrant dans mon cours de biologie une notion complexe, je descendis pour aller demander à mon père d'éclairer ma lanterne.

Jennifer Tsegui – *La Pire Erreur de ma vie* – 2009

553. POSER UN LAPIN

Faire attendre quelqu'un en n'allant pas au rendez-vous qu'on lui a fixé.

Si vous faites le pied de grue* en attendant sans succès la venue d'une personne qui n'arrive pas à votre rendez-vous, c'est incontestablement que cette personne vous a « posé un lapin ».

Cette expression qui date de la fin du XIXe siècle a d'abord signifié « ne pas rétribuer les faveurs d'une femme » et elle viendrait de la combinaison de deux termes argotiques, *poser* et *lapin* (qui l'eût cru ?).

D'un côté, en 1883, Alfred Delvau, dans son *Dictionnaire de la langue verte,* donne à *faire poser* la signification « faire attendre ».

De l'autre côté, en 1889, Lorédan Larchey dans son *Nouveau supplément du dictionnaire d'argot*, indique que *lapin* est employé là par allusion « au lapin posé sur les tourniquets des jeux de foire, qui paraît facile à gagner et qu'on ne gagne jamais ».

Autrement dit, le « poseur de lapin », terme qui a bien existé à cette époque, était celui qui faisait attendre son paiement (le lapin) *ad vitam aeternam* à la femme dont il avait profité. Dans ce cas, *poser un lapin* se disait bizarrement aussi *brûler paillasse*, et c'est à cause de cette pratique que les dames de petite vertu ont pris l'habitude de faire payer d'avance leurs services.

Pour le sens actuel de l'expression, apparu également à la même période, il est probable qu'il y ait eu un glissement d'une attente non comblée (celle du paiement) vers une autre attente également non comblée (celle de la personne attendue), puisque dans les deux cas, il s'agit d'un engagement qui n'est pas tenu, ce que semblerait confirmer a posteriori l'édition de 1922 du *Larousse universel*, où il est indiqué : « Poser un lapin : [...] par extension, ne pas tenir un engagement, une promesse. »

Il est possible que ce sens ait été influencé par une des significations de *lapin* au début du XVIIe siècle.

En effet, à cette période, *lapin* s'employait pour parler d'une histoire complètement inventée, source de moqueries, qui était parfois qualifiée par la forme suivante : « celle-là est de garenne », faisant allusion au lapin de garenne, plus gros que le lapin ordinaire, forme qui nous est confirmée par le *Dictionnaire de l'Académie française* de 1694 où on trouve à l'entrée *garenne* : « On dit proverbialement et bassement d'un conte ou d'un trait d'esprit dont on le raille *celui-là est de garenne.* »

Alors, on peut imaginer que ce lapin-là ait glissé ou bondi de l'histoire ou la blague douteuse à la plaisanterie douteuse comme celle de donner un faux rendez-vous.

> Mieux valait oublier le mauvais plaisantin qui m'avait posé un lapin. Il avait neigé pendant la nuit,

mais la température s'était radoucie. Je me promènerais seul puisqu'on m'avait fait faux bond !
Michel Louyot – *La Japonaise de Prague* – 2011

554. SE DEMANDER SI C'EST DU LARD OU DU COCHON

Ne pas savoir à quoi s'en tenir, avoir du mal à faire la distinction entre deux choses très similaires.

Si on vous présente une tranche de lard et qu'on vous demande si c'est du lard ou du cochon, vous ne devriez pas hésiter bien longtemps avant de répondre : « Les deux, mon général* ! »

En effet, n'importe quel dictionnaire vous confirmera que le lard est simplement de la graisse de porc (même si les bouchers et charcutiers l'encadrent toujours de couenne d'un côté et de chair de l'autre). Alors, même si le cochon n'est pas que du lard, le lard est obligatoirement du cochon.

Cette expression est apparue à la fin du XVIIIe siècle. Elle symbolise l'hésitation entre deux choses ou deux interprétations très voisines.

Surtout lorsqu'il débite une sentence ; on ne sait jamais si c'est du lard ou du cochon. Ses interlocuteurs ne savent pas non plus si c'est du lard ou du cochon. Il est primesautier, envoûtant, hilare, enjoué.
Jean-Bernard Pouy – *Philip Marlowe* – 1999

555. DES LARMES DE CROCODILE

Des larmes feintes destinées à émouvoir et tromper l'entourage.

L'arme du crocodile, ce sont ses énormes mâchoires qui lui permettent de happer un zébu ou un gnou et de l'entraîner dans l'eau pour l'y noyer avant de l'emporter dans son garde-manger où l'animal passé de vie à trépas pourra commencer à se décomposer avant que le crocodile n'en fasse son déjeuner.

Mais comment un animal qu'on présente comme si vorace et féroce pourrait-il avoir des sentiments de compassion au point d'en pleurer de chaudes larmes ?

Eh bien, il faut aller se promener à l'Antiquité du côté de l'Égypte, sur le Nil, pour avoir la réponse. Car cette expression, qui, sous la forme actuelle, existe depuis le XVIe siècle[1], nous arrive de loin puisqu'elle est issue d'anciennes versions en grec et en latin. Elle vient d'une légende qui disait que les crocodiles du Nil attiraient leurs proies en gémissant à fendre l'âme des naïfs qui passaient à proximité et venaient s'enquérir, un peu trop près, de ce qui pouvait provoquer de tels pleurs. Une autre version du mythe de l'appel des sirènes, donc.

Sur Internet, pour expliquer ces pleurs, on trouve en de nombreux endroits une phrase répétée à l'identique qui dit : « leurs glandes lacrymales ont les mêmes circuits neuromoteurs que leurs glandes salivaires et gastriques » ; autrement dit, quand ils mangent, puisque leurs glandes salivaires sont activées, ils pleurent également, ce qui suffirait à justifier cette impression de compassion lorsqu'ils mangent leur proie.

Bien que répétée, cette information est malheureusement fausse, si j'en crois la réponse que m'a faite *La Ferme aux crocodiles*, près de Montélimar, des gens supposés bien connaître le sujet : seuls les alligators américains (donc loin de l'Égypte) auraient des mâchoires faites de telle manière qu'elles peuvent éventuellement effectuer une pression sur les glandes lacrymales.

Et bien que ce soit un peu hors sujet, puisque nous en sommes à parler d'alligators et de crocodiles, savez-vous comment on les différencie ? Attention, le premier qui ose me répondre que c'est caïman la même chose gagne un bonnet d'âne en peau de gavial !

---

1. Avec l'ancienne forme du mot désignant le saurien en moyen français, à savoir *cocodrile* (venu de *cocodrille* en ancien français).

En fait, il existe plusieurs différences :

– les crocodiles sont généralement plus grands que les alligators (encore faut-il en voir côte à côte pour être à même d'apprécier la différence) ;

– le crâne de l'alligator est de forme plus triangulaire, et sa mâchoire plus courte que chez le crocodile ;

– certaines dents de la mâchoire inférieure du crocodile ressortent quand il a la bouche fermée.

Maintenant, si jamais lors d'une promenade au bord d'un rivage infesté par un de ces sauriens, vous êtes coursé par l'un d'eux, vous saurez lequel va vous croquer.

> Tout en disant ces belles choses, il versait des larmes ce qui porta une foule de gens à verser des larmes comme lui. Hélas ! S'ils avaient su que ce n'étaient que des larmes de crocodile, ils se seraient bien gardés d'en faire autant, et se fussent conduits d'une tout autre manière.
>
> Isaac MASSA – *Histoire des guerres de la Moscovie (1601-1610)* – 1866

556. S'ENTENDRE COMME LARRONS EN FOIRE

Très bien s'entendre.

Un larron étant, selon Littré, « celui qui commet un larcin, qui dérobe furtivement », l'expression *s'entendre comme larrons* (version du XVIe siècle) s'employait à propos de compères qui s'entendaient pour préparer un mauvais coup.

C'est au XVIIe que *foire* est ajouté. Bien entendu, il ne s'agit pas d'une foire du genre de celle du Trône, avec manèges et barbe à papa à foison, mais de ces foires qui désignent de grands marchés publics où toutes sortes d'articles sont présentés et mis en vente. Le genre de lieu où les mauvais coups au détriment aussi bien des marchands que des visiteurs peuvent être faciles à perpétrer.

Dans cette expression, la notion de *brigand* associée à *larron* s'est peu à peu perdue, et, si on l'emploie aujourd'hui facilement pour désigner deux gamins qui s'entendent si bien qu'on imagine qu'ils pourraient très bien faire des bêtises ensemble, elle peut aussi simplement désigner des gens qui s'entendent à merveille, sans autre connotation.

> – Allons donc ! s'écria madame Jouffroy, vous et votre neveu, vous vous entendez comme des larrons en foire !
> – Belle dame, cette comparaison de larrons en foire est un peu…
> – Tant pis si elle vous blesse ! Mon mari et moi, nous voulons des preuves et non des mots, entendez-vous, monsieur mon gendre ! Oui, nous voulons connaître votre passif et votre actif. Oh ! il n'y a pas à nous tromper : je sais les affaires, moi !
>
> Eugène Sue – *La Famille Jouffroy* – 1857

557. PERDRE SON LATIN

Ne plus rien comprendre à quelque chose.

Cette expression, dont le sens actuel date du XXe siècle, a eu diverses formes et significations.

Le latin était la langue du Latium (ou Lazio, en italien), cette région d'Italie où se trouve Rome.

À une lointaine époque, dans ce qui allait devenir notre pays, le latin était la langue principalement écrite, maîtrisée par les érudits, les savants et les ecclésiastiques, opposée à la langue parlée vulgaire, le roman.

Au XIVe siècle, *perdre son latin* s'appliquait bizarrement aux oiseaux, incapables de parler le moindre langage. Mais c'est une particularité propre à tous les animaux, alors pourquoi les oiseaux au lieu des hippopotames ou des castors ? Peut-être simplement parce que ces derniers gazouillent moins souvent dans les arbres que les oiseaux…

Mais plus sérieusement, c'est probablement parce que, la langue latine étant à usage réservé aux religieux, politiques et savants, elle était aussi incompréhensible du *vulgum pecus* que les gazouillis printaniers des oiseaux.

Au XVIe, la locution signifie aussi bien « renoncer à comprendre », montrant ainsi la difficulté de cette langue pour un Français, que « ne plus savoir que faire, ni que dire » et qui s'exprimait aussi sous la forme *être au bout de son latin*.

Elle a également été utilisée aux XVIIIe et XIXe siècles pour dire « perdre son temps et sa peine » ou « travailler inutilement à quelque chose ».

Autant dire que ce latin, pourtant indispensable pour comprendre l'étymologie de beaucoup de nos mots, a toujours porté une connotation négative, probablement liée à sa difficulté d'apprentissage et au clivage qu'il matérialisait entre les érudits et les autres.

> Alain Rey, le plus célèbre des linguistes, lance un pavé dans la mare en proposant dans son Petit Robert 2009 des mots écrits d'une manière différente de celle des autres dictionnaires. Son but : simplifier notre langue. De quoi en perdre son latin !
>
> *Le Parisien* – Article du 27 septembre 2008

558. S'ENDORMIR / SE REPOSER SUR SES LAURIERS

Se contenter d'un premier succès.

Le laurier est un arbuste aromatique de la région méditerranéenne.

Si ses feuilles servent à parfumer des plats, ses rameaux servaient à tresser des couronnes destinées aux poètes, aux héros et aux vainqueurs.

Cela vient du fait que, dans la Grèce antique, cet arbuste était dédié au dieu Apollon. Il représentait l'immortalité acquise par la victoire, mais aussi les qualités nécessaires à cette victoire : la sagesse et l'héroïsme.

S'endormir ou *se reposer sur ses lauriers*, c'est donc, au figuré, se contenter de ses premiers succès (et de la couronne de laurier qui va implicitement avec) et arrêter là les efforts pour essayer d'en glaner de nouveaux.

Si cette expression existe avec ce sens depuis le milieu du XIXe siècle, au XVIIe, on disait *se reposer à l'ombre de ses lauriers* pour dire « jouir d'un repos mérité par des succès éclatants » (Littré), ce qui n'avait pas la même connotation négative ou restrictive que notre locution.

On peut noter que le *TLFi* fait clairement une différence entre la version avec *s'endormir* et celle avec *se reposer*, la première ayant le sens d'aujourd'hui et la seconde celui d'autrefois.

Au Moyen Âge, dans les écoles de médecine, on entourait la tête des jeunes docteurs avec des rameaux de laurier sur lesquels se trouvaient des baies. Or, il se trouve qu'en latin, *baie de laurier* se disait *bacca laurea*. Ça ne vous rappelle rien[1] ?

> M. de Villepin en a fait la démonstration dès le 27 août en offrant des fleurs hérissées de piquants bien saillants pour les cent jours de son ami et non rival Nicolas Sarkozy. Il a invité la majorité à ne « pas s'endormir sur ses lauriers », parlant d'un « état de grâce qui est aujourd'hui présent mais qui ne s'appuie pas encore sur des résultats ».
>
> *Le Monde* – Article du 1er septembre 2007

559. PRESSÉ COMME UN LAVEMENT

Très pressé.

Vous aimez les jolies petites fleurs colorées qui éclosent dans les champs, les oiseaux qui volettent en chantant dans le ciel rougeoyant d'un soir de printemps, le soleil dont les rayons inondent de lumière les lacs tapis au creux des montagnes aux sommets encore enneigés, et toutes ces belles choses de la nature que les extraterrestres nous envient ?

Alors, fermez les yeux pour lire la suite, parce que nous allons très rapidement plonger dans un monde

1. Mais s'il y a similitude phonique, ce n'est pas là l'origine du mot *baccalauréat* qui est issu du latin *baccalarius* pour « bachelier ».

plutôt glauque, loin de cet environnement idyllique qui vous plaît tant.

En effet, le mot *lavement* ne doit pas être confondu avec *lavage*, même si à partir du XIIIe siècle, lors de l'apparition du mot, il a été utilisé dans ce sens en liturgie (*lavement des mains* du prêtre ou bien *lavement des pieds*).

En fait, depuis le XVIIe siècle, et jusqu'à maintenant, il désigne l'injection par l'anus d'un liquide dans le gros intestin, ce traitement ayant en général pour but principal de provoquer le vidage de celui-ci, ce qui se traduit par une diarrhée impérieuse.

C'est principalement l'expulsion excrêmement rapide des matières fécales mélangées au produit injecté qui a provoqué la naissance de notre belle expression, même si, pour être plus logique, on aurait plutôt imaginé *pressé comme une diarrhée* (cette dernière étant la conséquence rapide du lavement), image peut-être finalement trop explicite pour être glissée dans une conversation mondaine.

Cela dit, d'autres sources indiquent que c'est la vitesse des collaborateurs de l'apothicaire qui, alors que le lavement venait juste d'être préparé et était chaud et prêt à être administré, se précipitaient vers le destinataire, qui serait à l'origine de l'expression.

La même image ragoûtante fait qu'on utilise aussi parfois la locution *partir (ou filer) comme un lavement*.

Et une personne casse-pied, insupportable, de celles qu'on aimerait voir disparaître très rapidement, est aussi parfois appelée *lavement*.

> Un jour où lui bousculait sa femme à son ordinaire, celle-ci prit Maman à témoin dans l'escalier en disant : « Rien à faire avec un mari pareil, il est toujours pressé comme un lavement. »
>
> Igor MARKEVITCH – *Être et avoir été* – 1980

560. FAIRE DU LÈCHE-VITRINE

Déambuler devant des vitrines de magasins et en regarder le contenu avec plaisir ou envie (sans intention obligatoire d'achat).

C'est depuis le XIIe siècle que le verbe *lécher*, dont l'étymologie reste discutée, signifie « passer la langue sur quelque chose ».

Alors, s'il arrive que de jeunes enfants laissés sans surveillance fassent parfois réellement du lèche-vitrine à grands coups de langue devant les langues de bœuf de l'étal du boucher, par exemple, c'est évidemment une chose fortement déconseillée, ne serait-ce que pour de simples raisons hygiéniques ; sans même parler des traces que cela peut laisser sur la vitrine, au grand déplaisir du propriétaire du magasin qui, s'il se met à crier « lèche ma vitrine tranquille », prouve non pas qu'il est très tolérant, mais plus simplement qu'il est auvergnat[1].

Si au, XIXe siècle, le verbe *lécher* à également pris le sens de « effleurer de près » dont on pourrait croire que le substantif *lèche-vitrine* est tiré, tant on effleure alors les devantures des boutiques, le *Robert* indique que *lécher les vitrines*, apparu au XXe siècle, est une image qui doit plutôt être comprise comme « regarder de si près et avec tant de plaisir les vitrines des magasins qu'on a l'air de les lécher ».

> La reprise de contact entre les deux garçons, alors que Jérôme était en train de manger une glace en faisant du lèche-vitrines, les avait surpris l'un comme l'autre.
>
> Jérôme ZIEL – *Différents* – 2004

561. NE PAS LÉSINER SUR LES MOYENS

Faire tout ce qu'il faut, tout ce qui est nécessaire pour obtenir satisfaction, arriver à son but.

Pour ce qui est du terme *moyen*, tout le monde aura compris que, vu le sens de l'expression, le mot

1. L'Auvergnat ayant la réputation de prononcer les *s* comme des *ch*.

a ici l'acception de « ce qui sert pour arriver à une fin », sens qui nous vient du XIVe siècle par l'adjectif *moyen* qui dès cette époque signifiait « médian » ou « intermédiaire » (comme on le trouve aujourd'hui dans *Moyen-Orient*, par exemple, bizarrement placé devant le nom qu'il qualifie, ce qui s'explique par une copie de l'anglais *Middle East*).

Passons maintenant au verbe *lésiner* qui date du XVIIe siècle et dont le sens initial est « épargner avec avarice ». Étrangement, il nous vient des cordonniers italiens. En effet, *lesina* en italien désigne l'alène, outil par excellence de ce corps de métier[1].

Mais quel peut bien être le rapport entre l'alène et l'avarice, me direz-vous ? Que voilà une excellente question ! Mais comme la réponse ne s'invente pas, je vous suggère de lire la suite.

Selon le *Dictionnaire historique de la langue française*, c'est à la fin du XVIe siècle que paraît en Italie une satire intitulée *Della famosissima Compagnia della Lesina* qui raconte l'histoire d'un groupe d'avares qui réparaient eux-mêmes leurs chaussures et dont l'emblème était l'alène[2].

Cette satire rencontre un tel succès qu'elle est très rapidement traduite en français sous le premier titre *La Fameuse Compagnie de la Lésine ou alesne* puis

---

1. Et si un cordonnier faisait mal son travail, ce n'était pas forcément parce qu'il avait une mauvaise alène.
2. Voici ce qu'on trouve sur *La compagnie de la lésine* dans un ouvrage de Gustave Brunet paru en 1867 : « LÉSINE (compagnie De La). Le but assigné à cette compagnie imaginaire, d'après Vialardi, auteur du livre qui lui est consacré, est l'épargne la plus sordide. Tous les membres de la société ont des noms et des emplois conformes à leur institut ; ils sont obligés par leurs statuts de pousser la lésine au plus haut point de raffinement ; par exemple : de porter la même chemise aussi longtemps que l'empereur Auguste était à recevoir des nouvelles d'Égypte, c'est-à-dire 45 jours ; de se couper les ongles des pieds jusqu'à la chair vive, de peur qu'ils ne percent les bas de chausse et les escarpins ; de ne pas jeter de sable sur les lettres fraîchement écrites afin d'en diminuer le port, et autres pratiques semblables auxquelles on pourrait ajouter celles de ne pas mettre de points sur les *i* pour épargner l'encre. »

sous le titre *La Contre-lésine* (*lésine* étant la version française de *lesina*) où elle marque également suffisamment les esprits pour que *lésine* désigne alors une épargne constituée avec une avarice poussée à l'extrême, le mot donnant également le verbe *lésiner*.

Et voilà comment est née la locution *lésiner sur*, très souvent employée dans notre expression qui doit donc se comprendre comme : « il ne faut surtout pas chercher à faire l'économie stupide de tous les moyens qui seraient nécessaires pour atteindre le but fixé. »

> Caroline battait des mains à cette évocation.
> – Ah, parce que toi, tu vas retrouver le trésor toute seule, alors que depuis des siècles on ne doit pas lésiner sur les moyens de recherche, sans succès ?
> Roxane Rochelle – *Le Secret d'Isoline* – 2005

562. AU PIED DE LA LETTRE – À LA LETTRE

1. Dans le sens strict des mots, en n'en faisant aucune interprétation.
2. Scrupuleusement, rigoureusement.

Cette expression existe depuis le XVIe siècle, mais elle a été précédée par *à la lettre* avec le même sens depuis le XIIIe siècle.

Pied y a le sens de « mesure » (*à la mesure de la lettre*), tel qu'on le trouvait autrefois dans l'expression *mesurer quelque chose au pied de...*

Le Dictionnaire des expressions et locutions figurées explique que l'expression viendrait d'une allusion à la Bible dans un passage de laquelle (*Deuxième lettre aux Corinthiens - 3,6*), *lettre*, « interprétation littérale des mots », est clairement opposé à *esprit*, « véritable intention dissimulée sous les mots ».

Certains ont lié l'origine de l'expression au pied (le bas) d'une lettre ou d'un courrier.

Mais apparemment, rien ne permet de valider cette hypothèse.

Quant à l'ancienne expression *à la lettre*, toujours utilisée avec son sens initial, sa signification a parallèlement légèrement évolué à partir du XVe siècle vers « scrupuleusement » et elle s'utilise en général pour évoquer la manière dont on applique des consignes, un ordre ou un règlement.

> Enfin ne paroissant rien dans tout ce discours, de ce manger en figure, de ce boire en allégorie qu'on y veut trouver ; ni rien par conséquent, qui doive obliger à renoncer au manger & au boire, au pied de la lettre : mais seulement, à entendre qu'il faut manger cette chair, & boire ce sang comme pleins d'esprit & de vie.
>
> BOSSUET – *Méditations sur l'Évangile* – 1671

> Un jour il donna ces deux images miraculeuses à Eudoxie, en lui enjoignant de faire devant elles plusieurs centaines de génuflexions ; mais, après avoir exécuté ses ordres à la lettre, la tsarine avoua que les images n'avaient pas parlé, et qu'elle y avait gagné une courbature.
>
> Pierre-Antoine LEBRUN – *Institut de France, Journal des savants* – 1864

563. Y A PAS DE LÉZARD !

Y a pas de problème !
Tout va bien !

Si un lézard est vraiment un problème, alors un varan de Komodo doit être une sacrée catastrophe, n'est-ce pas ?

Afin d'en savoir un peu plus, j'ai donc pris mon dictaphone et mon courage à quatre pattes pour aller interroger un lézard et lui demander en quoi il se considérait comme un problème (il y en a plein mon jardin lorsque ma chatte les laisse batifoler un peu avant de les éventrer). Mais en guise de réponse, la seule chose qu'il a daigné faire, c'est de siffler.

Oui car, parmi les cris d'animaux, si la vache mugit, le corbeau croasse, le serbo croate et la fourmi crohonde, il paraît que certains lézards sifflent (c'est bien le cas de l'héloderme perlé, par exemple, mais le gecko émet aussi des claquements) !

Et, selon Pierre Merle, c'est à ce sifflement qu'il faudrait se rattacher.

En effet, si l'on se fie à son *Dico de l'argot de fin de siècle* paru en 1998, l'expression serait apparue dans le milieu de la musique où, apparemment depuis les années 70, un lézard est un sifflement parasite qui, au moment d'une prise de son, oblige à la refaire. Ce qui est donc bien un problème, agaçant de surcroît.

Mais selon d'autres, *lézard* viendrait de la lézarde murale qui est une fissure (à la fois par analogie de forme avec le lézard posé sur un mur et par le fait que le reptile s'infiltre à l'intérieur des lézardes), l'expression voulant alors dire que tout va bien entre les personnes entre lesquelles *y a pas de lézard*, puisqu'il n'y a aucune fissure dans leur relation.

Enfin, une autre hypothèse, apparemment valide, viendrait tout simplement d'un sens argotique maintenant oublié de *lézard* qui désignait un « mauvais compagnon » (cité par Alfred Delvau en 1866 dans son *Dictionnaire de la langue verte*) ou un « fourbe ». L'absence de *lézard* (fourberie, entourloupe) entre deux personnes indiquerait alors que tout va bien entre elles.

La locution s'est très largement répandue à partir des années 80, d'abord grâce au succès éphémère de la chanson *Dur-dur* du groupe Alex et les lézards où elle était citée, puis après la sortie du film de Michel Blanc, *Marche à l'ombre,* dans lequel elle est très régulièrement répétée.

Les chimpanzés qu'on a pu voir à une certaine période dans des publicités pour la lessive Omo® avaient détourné l'expression en *no lezardo* en imitant la formulation pseudo-hispanisante *no problemo* utilisée dans le dessin animé *Les Simpson* et reprise avec succès par Arnold « Terminator » Schwarzenegger.

Certes, il y a mon nom dessus, mais à l'entrée de votre assemblée l'hôtesse va simplement vérifier si ce nom correspond à celui qui figure sur sa liste. Y a pas de lézard, on vous demandera pas de papier d'identité. Depuis que les centres des congrès sous-traitent l'accueil du public à des hôtesses extérieures, elles font le service minimum en matière de sécurité.

Sylvain FORGE – *La Ligne des rats* – 2009

564. ENTRER EN LICE

S'engager dans une compétition.
Intervenir dans un débat.

Le mot *lice* nous vient au XIIe siècle du francique *listia* ou *listja* qui voulait dire « barrière ».

Pour comprendre l'origine de l'expression, il faut remonter à cette lointaine époque où les joutes ou tournois, faute de place suffisante à l'intérieur des châteaux, avaient lieu à l'extérieur, dans un champ clos. Par métonymie, la *lice* qui entourait le champ a donné son nom au lieu même du tournoi.

Or, qu'est-ce qu'un tournoi, sinon une suite de combats entre chevaliers ? C'est pourquoi, lorsque l'un d'entre eux s'avançait pour prendre part à sa joute, il « entrait en lice », expression qui a d'abord signifié « combattre ».

C'est au début du XVIIe siècle qu'au figuré, elle a pris les sens qu'on lui connaît aujourd'hui.

En effet, qu'est-ce qu'une compétition sinon une lutte où des personnes ou équipes compétentes dans le même domaine s'affrontent, et qu'est-ce qu'un débat, sinon une joute oratoire ?

Aujourd'hui, celui qui « entre en lice » va donc aussi au combat, mais d'une manière beaucoup plus pacifique.

Le programme des 32es de finale de la Coupe de France verra les deux clubs les plus passionnels de France entrer en lice en dernier, l'un après l'autre, dimanche soir.

L'Équipe – Article du 9 janvier 2010

565. COURIR PLUSIEURS LIÈVRES À LA FOIS

Mener plusieurs entreprises en même temps, au risque de tout faire imparfaitement.

Un chasseur pas trop stupide sait bien qu'à vouloir viser en même temps deux lièvres levés au même moment, il a de très forts risques de n'en tuer aucun, surtout si ceux-ci s'enfuient dans des directions opposées.

Dans un tel cas, mieux vaut qu'il se concentre sur un seul s'il veut avoir une chance de déguster un bon civet plus tard.

C'est pourquoi cette expression, effectivement venue du monde de la chasse à la fin du XVIIe siècle, et généralisée à tous les domaines, est souvent utilisée dans un contexte de critique vis-à-vis de celui qui a voulu trop en faire en s'attaquant à plusieurs choses simultanément.

Un don Juan, autre forme de chasseur, pourra vous dire qu'on peut parfaitement courir quatre lèvres à la fois en ne visant pourtant qu'une seule cible.

C'est d'autant plus vrai qu'il n'y a pas loin du lièvre au lapin, que le lapin s'appelait autrefois *connil* (ou *conil* ou *connin*) et que, en argot, *connil* désignait ce qu'on appelle une « chatte » aujourd'hui.

> « Napoléon a-t-il eu raison de répéter la stratégie qui lui avait réussi à Austerlitz et Friedland de frapper sur l'aile droite pour séparer ses adversaires, avant de frapper au centre ? » La réponse ne va pas de soi : « Sans doute, mais ce n'est pas ce qu'il a fait, relève le colonel Ludovic Perche, il a voulu courir plusieurs lièvres à la fois. » Le colonel Philippe Berne renchérit : « Par défaut de commandement, il y a eu une succession de fautes tactiques, un mauvais emploi de l'artillerie, une absence de préparation topographique. »
>
> *Le Monde* – Article du 22 avril 2008

566. LEVER UN LIÈVRE

Détecter une difficulté imprévue, s'en apercevoir avant les autres.

Cette expression date du milieu du XVIIe siècle et n'a strictement aucun lien avec poser un lapin*.

Elle est simplement empruntée à la chasse, lorsque le trucideur de pauvres petits animaux sans défense (ou son chien) débusque le lièvre de son gîte, obligeant le gibier à courir très vite, enchaînant les zigs et les zags, avec l'espoir fou d'échapper au tir même pas vengeur que le tueur ajuste avec rapidité.

Et lorsque le pauvre lièvre finit par comprendre qu'il est condamné, il s'en trouve très abattu.

Dans le cas d'un groupe de chasseurs, c'est celui qui le voit le premier qui a des chances de l'abattre, s'il n'est pas trop mauvais tireur.

Cette situation, fréquente à la chasse, nous permet de retrouver cette notion de « voir avant les autres ».

Mais pourquoi une difficulté est-elle comparée à un lièvre ? En réalité, il faut plutôt la considérer comme un problème bien dissimulé (puisque personne ne l'a encore vue jusque-là), comme l'est le lièvre avant qu'il ne soit brusquement débusqué, d'où la notion d'imprévu.

Quant à l'usage du verbe *lever*, il faut simplement savoir que, dès le XIIe siècle, il avait la signification de « faire sortir de son gîte, faire partir (un animal sauvage) ».

Et comme on parle aussi de *soulever un problème*, avec le sens de « faire apparaître, porter à la connaissance (de quelqu'un) », il arrive que, par mélange des deux expressions, on parle également de *soulever un lièvre*.

> Par ses déclarations, le directeur du théâtre Comedia lève un lièvre. Comment se fait-il, malgré toutes les difficultés financières, qu'aucun théâtre privé ne fasse jamais vraiment faillite ?
>
> *Le Figaro* – Article du 30 janvier 2010

567. SE FAIRE LIMOGER

1. Pour un officier, se faire relever de son commandement.
2. Pour une personne ayant des responsabilités, être mise en disgrâce.

Beaucoup de gens savent que le verbe *limoger* est issu du nom de la ville de Limoges.

Mais cette origine est-elle justifiée et quelle est la véritable histoire du *limogeage* ?

Au début de la guerre de 14-18, le général Joffre doit résoudre une crise importante dans le haut commandement de l'armée française. Il écarte alors de nombreux hauts gradés de leur poste. C'est de cette disgrâce que naît le verbe *limoger*.

Le 15 août 1914, Joffre reçoit du ministre de la Guerre Messimy un télégramme lui indiquant que, désormais, les officiers généraux pourront être mis à la retraite d'office sur simple rapport motivé du commandant en chef.

Ayant jugé que de trop nombreux généraux et hauts gradés, brillants en temps de paix, étaient des incapables au front, Joffre décide le 27 août que ces généraux faillibles doivent se retirer dans une localité de la 12e région qui, alors, englobe loin du front les départements de la Charente, la Corrèze, la Creuse, la Dordogne et la Haute-Vienne, et dans laquelle se trouve Limoges, entre autres.

Au moment où débute la bataille de la Marne, début septembre, 58 officiers sont d'abord renvoyés à l'arrière. Au total, en décembre, 40 % des hauts gradés sont ainsi écartés de leur poste.

Selon certaines sources, tous ces officiers auraient été envoyés à Limoges, justifiant ainsi la naissance de ce qui était à l'époque un néologisme.

Mais selon d'autres sources, il paraît que sur les 150 à 200 officiers ainsi éliminés, il y en aurait finalement moins d'une vingtaine qui auraient été réellement tenus de séjourner dans la 12e région, et pas obligatoirement à Limoges même. Et comme cette zone géographique contient plusieurs autres villes importantes, les officiers auraient donc très bien pu se faire plutôt *angoulemer*, *briver*, *guereter*, *tuller* ou même *magnac-lavaler*[1].

Dans ce cas, c'est un peu abusivement que *limoger* serait né en 1916.

Par extension, on dit aussi de toute personne ayant des responsabilités qui se fait sanctionner qu'elle se fait limoger, sachant qu'aujourd'hui, on l'utilise plus précisément dans le cas d'un licenciement.

> La note s'est révélée plus lourde à payer pour le Crédit lyonnais : non seulement l'établissement affichait des pertes, fait extrêmement rare, ce devait être la deuxième fois de son histoire, mais aussi son président s'est fait limoger. François Bloch-Lainé a en effet été le seul des dirigeants dont le départ a été exigé.
>
> Bernard Desjardins – *Le Crédit lyonnais, 1863-1986 : études historiques* – 2003

568. LAVER SON LINGE SALE EN FAMILLE

Régler les fâcheuses affaires au sein du groupe concerné et non en public, discrètement et sans témoins.

Aujourd'hui, pour laver votre linge sale, il vous suffit d'ouvrir le hublot de votre machine à laver, d'entasser le linge dans le tambour, d'ajouter un peu de lessive et d'appuyer sur le bouton de démarrage.

Ce faisant, vous êtes sûr que rien ne sortira de la maison.

Mais autrefois, le linge se lavait au lavoir, en compagnie des autres femmes du voisinage et les commérages allaient bon train. L'endroit, dont le rôle social était extrêmement important, était parfait pour se tenir au courant des potins locaux et même des

1. On aurait alors pu entendre le dialogue suivant : « Tu ne travailles plus à la fabrique de porcelaine ? Que t'est-il arrivé ?
– Je viens de me faire magnac-lavaler pour incompétence ! »
Ça le fait mieux, non ?

nouvelles du monde, lorsqu'elles arrivaient dans le coin.

Il permettait aussi aux femmes présentes de parler de leurs différends familiaux et donc de les ébruiter très largement, car il est bien connu qu'un secret n'est bien gardé que lorsque tous ceux qui le connaissent sont décédés.

L'image que contient l'expression est donc simple à comprendre : n'allons pas au lavoir ébruiter nos problèmes et dissensions familiaux (le linge sale) ; lavons (réglons) tout ça chez nous, en famille (au sein du groupe), et nos affaires resteront secrètes.

La naissance de l'expression est souvent attribuée à Voltaire, au XVIIIe siècle. Mais si l'auteur emploie bien *linge sale à blanchir*, c'est pour désigner les poèmes que lui envoie pour correction le roi Frédéric II de Prusse, pas pour parler d'affaires ou de problèmes particuliers.

En revanche, elle aurait été utilisée au cours du même siècle par Casanova, et reprise en plusieurs occasions par Napoléon.

> Les gays, comme tout groupe un peu marginal, aiment bien laver leur linge sale en famille, même si cela a rarement produit des résultats.
>
> Serge DENIS – *Morts d'amour* – 2006

569. UNE TÊTE DE LINOTTE

Une personne étourdie, peu réfléchie.

Tête vient du latin *testa* qui voulait dire « coquille ».

C'est par une métaphore que cette *coquille* désigne maintenant la boîte crânienne, siège de la pensée, mais aussi le visage y attenant.

Tête de est une forme souvent péjorative (*tête de lard*, *tête de mule*, *tête de pioche*…) et *tête de linotte* ne fait pas exception.

La linotte, qu'elle soit mélodieuse ou à bec jaune, est, comme chacun sait, un oiseau de la famille des fringillidés.

Mais cela importe peu : l'essentiel, c'est que c'est un oiseau, donc avec une boîte crânienne toute petite, ce qui veut dire un cerveau minuscule, siège de pensées d'un niveau à peine supérieur à celles d'une huître.

Mais vu le nombre important de sortes d'oiseaux qui peuplent la planète, pourquoi la linotte au lieu de l'hirondelle, la rousserolle turdoïde ou la locustelle luscinioïde ?

D'abord, il faut savoir que si, aujourd'hui, l'expression évoque plutôt l'étourderie, autrefois, elle s'appliquait à quelqu'un « qui a peu de sens & beaucoup de legereté d'esprit » (*Dictionnaire de l'Académie française*, 1694). Ensuite, si l'on se fie à MM. Cabard et Chauvet dans leur ouvrage *L'Étymologie des noms d'oiseaux* paru en 1997[1], ce qui caractérise cet oiseau, c'est qu'il fait son nid n'importe où, mal dissimulé, donc à la portée aisée des prédateurs, là où d'autres oiseaux nettement plus attentifs aux dangers environnants feront tout pour le construire dans un endroit discret ; il fait donc tout aussi preuve de légèreté d'esprit que celui qui avait une « tête de linotte ».

> Il m'appelait son mari et formait le vœu dans sa petite tête de linotte qu'une grande cérémonie de mariage réunirait la famille entière. D'ores et déjà nous avions une vie cachée d'amants que j'avais du mal à garder secrète.
>
> Nordine Zaïmi – *Le Tombeau de la folle* – 1995

570. LA PART DU LION

La plus grosse part.

Le lion est un animal machiste. La preuve ? Eh bien, ce sont principalement les femelles qui chassent la nourriture et, une fois la proie capturée, c'est le mâle qui s'arroge en premier les parts de son choix,

1. Ouvrage qui signale que le nom *linotte* vient de ce que l'animal est friand de graines de lin.

ne laissant le reste aux femelles et petits qu'une fois rassasié.

Et entre deux chasses, il copule, rugit un peu, fait la sieste, copule encore (jusqu'à cinquante fois par jour !), se bat parfois avec un congénère (il faut bien asseoir son rôle de mâle dominant ou défendre le groupe contre les intrus) et attend tranquillement le repas suivant.

Autant dire que, dans un groupe, c'est généralement lui qui a la meilleure part.

Et comme, en plus, l'animal est vu comme fort et féroce, on considère que, dans un butin, il peut s'arroger la part qu'il veut.

Même si cela fait bien longtemps que ce comportement du lion est connu, telle qu'elle est proposée ici et avec un sens proche, cette expression n'est attestée que depuis 1832, chez Victor Hugo, dans *Notre-Dame de Paris* où elle signifiait d'abord « la totalité des parts ».

Mais sans remonter jusqu'à l'aube de l'humanité, il suffit de s'arrêter chez Jean de La Fontaine et sa fable « La Génisse, la chèvre et la brebis, en société avec le lion » dans laquelle ces quatre animaux, après avoir décidé de se partager à égalité « le gain et le dommage », capturent un cerf que le lion partage effectivement en quatre parts ; mais juste après, ayant pris la première part, il dit :

« Elle doit être à moi, dit-il ; et la raison,
C'est que je m'appelle Lion :
À cela l'on n'a rien à dire.
La seconde, par droit, me doit échoir encor :
Ce droit, vous le savez, c'est le droit du plus fort.
Comme le plus vaillant, je prétends la troisième.
Si quelqu'une de vous touche à la quatrième,
Je l'étranglerai tout d'abord. »

Encore une fois, la loi du plus fort avait frappé !

Le notaire trempait dans ce plan en croyant avoir une bonne part des précieuses dépouilles du parfu-

> meur et de ses co-intéressés ; mais l'homme à la discrétion duquel il se livrait devait se faire et se fit la part du lion.
>
> Honoré de Balzac – *César Birotteau* – 1837

571. FAIRE LITIÈRE DE

Ne faire aucun cas, ne tenir aucun compte de.

Si le sens usuel et actuel de l'expression date du XVIe siècle, elle a eu, avant et après, d'autres significations.

Le *Dictionnaire des expressions et locutions figurées* ainsi que le *TLFi* s'accordent pour dire que, lorsqu'elle apparaît, vers le début du XIIIe siècle, elle a le très joyeux sens de « couvrir, joncher le sol de cadavres », puis qu'au début du XIVe, elle s'emploie aussi pour dire « jouir (d'une femme) », montrant ainsi la haute considération pour la femme assimilée à une litière.

Et, après le XVIe, l'expression est enregistrée dans les dictionnaires avec le sens de « prodiguer, répandre à profusion » (Littré), sans aucun sens de mépris, comme on répand généreusement la paille sur le sol où les animaux vont venir se coucher. Mais ce sens est tombé en désuétude au début du XXe siècle.

À la fin du XIe siècle, le mot *litière* a d'abord désigné « une couche d'objets ». Puis, au XIIe, il a pris deux sens bien différents puisqu'il a aussi bien désigné ce qu'on appelle aujourd'hui un brancard, qu'une couche pour les animaux formée de feuilles sèches ou de paille.

Et c'est précisément cette dernière signification qui nous intéresse ici, car une telle litière est destinée à être répandue sur un sol plus ou moins propre, et à devenir vite quelque chose de peu ragoûtant. Cet étalage à même le sol que subit la litière est associé à l'image de mépris que véhicule l'expression.

> Mais au milieu de ces succès et de ces distinctions, Voltaire ne laisse pas de s'interroger : il a bien facilement fait litière de ses principes de Cirey, au nom

desquels on le voyait condamner en 1741 l'attitude peu philosophique de Frédéric aux prises avec le pouvoir.

Jacques VAN DEN HEUVEL – *Voltaire dans ses contes : de Micromégas à L'Ingénu* – 1967

572. PAR LE PETIT BOUT DE LA LORGNETTE

1. En ne considérant que les détails auxquels on accorde trop d'importance et en négligeant l'ensemble.
2. Avec un esprit étroit.

Le terme *lorgnette* a autrefois désigné une paire de lunettes sans branches et tenue à la main par une poignée. Mais c'est ici cet instrument optique, généralement rétractable, qui permet de voir de plus près et avec plus de détail des choses éloignées, instrument qu'on appelle aussi une longue-vue.

Cette expression date du milieu du XIXe siècle.

Si son sens est clair pour la plupart des gens, elle semble pourtant souvent absurde à certains car ils croient que *voir par le petit bout*, veut dire tenir la lorgnette à l'envers, avec le gros bout devant l'œil, le petit bout étant pointé vers l'objet visé.

Mais que nenni ! C'est bien du bon usage de la lorgnette qu'il s'agit !

En effet, si vous utilisez normalement cet instrument, avec l'œil sur le petit bout (vous regardez bien alors « par le petit bout »), pour viser un objet relativement proche de vous, vous n'en verrez qu'une toute petite partie, démesurément grossie.

L'objet étant vu à travers la lorgnette, vous n'en voyez que des détails et sa vue d'ensemble vous échappe.

La métaphore de notre expression dans son sens initial devient donc limpide.

Par extension, ce qui explique le second sens, celui qui n'a pas l'esprit assez ouvert pour envisager tous les tenants et aboutissants de quelque chose, qui s'obstine à n'en percevoir qu'une partie parce qu'il a l'esprit étroit, est comparé à celui qui ne voit que peu de choses d'un tout comme s'il la regardait à travers la lorgnette.

> Être montré au doigt, c'est le diminutif de l'anathème. Les petites villes, marais de commères, excellent dans cette malignité isolante, qui est la malédiction vue par le petit bout de la lorgnette.
>
> Victor Hugo – *Les Travailleurs de la mer* – 1866

573. AVOIR VU LE LOUP

1. Avoir eu des relations sexuelles, en parlant d'une jeune fille.
2. Être enroué.

Avant le début du XVIIIe siècle, date d'apparition de son sens actuel, cette expression était simplement liée à la chasse au loup, activité considérée comme dangereuse. On l'employait à propos d'une personne aguerrie, expérimentée.

Mais au XVIe siècle, *la danse du loup* désignait l'acte sexuel (ne serait-ce que parce que le terme *loup* désignait le sexe de l'homme) et au XVIIe *danser le branle du loup* voulait dire « faire l'amour » (exercice pour ce soir : dire à son conjoint « dis-moi chéri[e], et si on dansait le branle du loup ? »).

Avec le temps, la perte des valeurs liées à la chasse au loup a transformé la signification de l'expression en la mêlant à celle des deux autres locutions, tout en y gardant le sens de « expérimenté » : la jeune fille qui a « dansé le branle du loup » a maintenant de l'expérience dans ce domaine, même si elle n'est que balbutiante.

L'expression aurait pu simplement être : « avoir dansé le branle du loup ». Mais, avec le mot *branle*, elle aurait été trop explicite et comme il ne fallait parler de ces choses-là qu'à mots couverts…

Pour signifier la même chose autrefois, on a aussi dit, entre autres : *laisser le chat aller au fromage* ou *recevoir quelque passager dans sa barque*.

Et, un peu hors sujet, j'ajoute pour le plaisir du savoir, qu'autrefois, un des qualificatifs des prostituées étaient *louves*. Or, *lupanar* est un mot venu du latin *lupa* pour « louve ». Il est donc normal que des louves exercent dans un lupanar.

Le second sens, plus ancien, est quasiment perdu aujourd'hui, sauf dans certaines régions. Il vient d'une croyance très ancienne – Platon la signalait déjà – qui veut que quelqu'un qui est repéré par un loup (avant que lui voie la bête) devienne à la fois muet et imbécile.

Or celui qui devient muet perd sa voix, un peu comme celui qui est très enroué au point d'être presque aphone.

> Oh, disait un de ses camarades, ces filles-là, elles sont plus vicieuses que les autres… Tiens j'en ai connu une… Il faut savoir y faire : les bousculer un peu, leur promettre le mariage. Après, quand elles ont vu le loup…
>
> Arnaud Florand – *La Montagne promise* – 2002

574. ÊTRE CONNU COMME LE LOUP BLANC

Être très connu.

Il n'y a encore pas si longtemps que cela, le loup était un animal très redouté. Il cristallisait la peur et la haine en raison de la menace qu'il était supposé représenter pour les animaux, les enfants et les faibles en général. Pour certains, il était même l'incarnation du diable.

Dans nos contrées, il avait habituellement un pelage foncé. Lorsqu'un loup ordinaire rôdait aux alentours d'un village, ses habitants en étaient très vite informés.

Alors on imagine bien que, si jamais un loup blanc (albinos ou au pelage très clair) se montrait, l'information circulait très vite dans un rayon beaucoup plus large où tout le monde était au courant de l'existence de l'animal qui, en raison de sa rareté et donc du côté prodigieux de sa présence, frappait les imaginations.

D'ailleurs, au XIIIe siècle, on disait *regarder comme le loup blanc* pour « regarder comme une chose extraordinaire. »

Le *Dictionnaire de Trévoux*, au XVIIIe siècle, cite l'expression *connu comme le loup*, montrant ainsi que, quelle que soit la couleur du canidé, si un seul était présent aux alentours, cela se savait très vite.

On a eu aussi *connu comme le loup gris*. Puis le blanc a remplacé le gris, pour désigner un animal encore plus prodigieux.

Dans le nord de la France, où la bière coule à flots, l'expression est aussi plaisamment transformée en *connu comme le houblon*.

> Je vous attendais, me dit-il ensuite. Quand je dis je vous attendais, nous vous attendions, car vous êtes ici connu comme le loup blanc, et nous avons lu votre affaire dans les journaux.
>
> Paul-Émile DEBRAUX – *Voyage à Sainte-Pélagie* – 1823

575. SE JETER DANS LA GUEULE DU LOUP

Aller imprudemment au-devant d'un danger connu.

Voilà une expression courante dont l'origine n'est pas difficile à imaginer, sans risque de se tromper.

Même si, aujourd'hui, le loup a été largement réhabilité (mais il ne faut surtout pas demander leur avis aux éleveurs dans les massifs montagneux où il est récemment réapparu), il a été, depuis très longtemps et jusqu'à il y a peu de décennies, férocement combattu par l'homme qui le considérait comme une bête extrêmement dangereuse.

Qu'il représente le démon ou la mort, ou qu'on le trouve sous la forme d'un loup-garou ou chez mère-grand en tant que grand méchant loup (à condition que la bobinette ait chu, bien sûr), l'animal n'a jamais eu bonne réputation.

Dans l'imaginaire d'autrefois, sa dangerosité est bien évidemment liée à sa gueule et à ses crocs qu'il n'était pas vraiment souhaitable de voir plantés dans un de ses membres.

Se jeter en la gueule des loups, attesté au XVe siècle, était déjà une image qui voulait dire que celui qui, volontairement, s'approchait suffisamment d'une meute au risque de se faire déchiqueter, était d'une imprudence folle, tout comme celui qui, d'une manière plus générale, s'expose volontairement à un danger (dont il ne mesure pas forcément l'ampleur).

> Souvent les voleurs tombaient sous ma coupe à l'instant où je m'y attendais le moins : on eût dit que leur mauvais génie les poussait à venir me trouver. Ceux qui se jetaient ainsi dans la gueule du loup étaient, il faut en convenir, terriblement chanceux, ou diablement stupides.
>
> Eugène François VIDOCQ – *Mémoires de Vidocq* – 1829

576. UN VIEUX LOUP DE MER

Un vieux marin aguerri (et parfois sauvage et bourru).

Les poissonniers pas niais du Bar-sur-Loup où on trouve, sur lcur étal, des bars parallèles, savent que le bar est aussi un loup, pas loubard pour autant, alors que le loup n'est pas forcément un bar. Car si le loup, qui chasse, se chasse ou se pêche, le bar, qui chasse aussi, se pêche uniquement[1].

Dès lors, la question qu'on se pose est la suivante : peut-on chasser d'un bar un vieux loup de mer ? Je vous laisse réfléchir à cette question hautement existentielle.

Le loup (l'animal terrestre qui chasse et se chasse) est un animal qui vit normalement au sein d'une meute, un groupe social où il existe une certaine hiérarchie. Mais pour diverses raisons, certains loups quittent parfois la meute et vivent, au moins un moment en solitaire.

---

1. Dans la grande famille des poissons, le bar est appelé loup en Méditerranée. Mais si un bar est un loup, tous les loups, dont il existe différentes variétés, ne sont effectivement pas des bars. Le bar est un carnassier qui chasse les poissons plus petits et s'attaque aussi aux crustacés.

D'un point de vue anthropomorphique, avant que les mœurs de ces canidés soient mieux connues, on les considérait alors comme des animaux asociaux, incapables de s'intégrer.

C'est ainsi, par comparaison avec ce qui était imaginé des loups solitaires, que le marin rendu sauvage et peu sociable par son métier, vivant volontiers à l'écart des autres, a été désigné par le syntagme de *vieux loup de mer* au milieu du XVIIIe siècle (le *Dictionnaire de l'Académie française* de 1832-1835 donne d'ailleurs comme définition : « Marin à qui un séjour constant sur mer a fait perdre tout usage du monde »).

Et puis, le marin qui, ayant réussi à devenir vieux, était obligatoirement devenu expérimenté, son côté sauvage et bourru a été en partie mis aux oubliettes, et la locution a fini par simplement désigner un marin aguerri (notez d'ailleurs qu'on évoque cent fois moins souvent le « jeune loup de mer »).

> Quoi qu'il en soit, le vieux loup de mer, lui, est aisément reconnaissable ; outre la casquette ornée d'une ancre et l'inévitable ciré marin, on peut citer plusieurs signes qui permettent de l'identifier instantanément : la figure colorée sculptée par les embruns, la démarche chaloupée rompue au roulis et trahissant l'habitude de tirer des bordées au moindre changement de vent, l'assurance enfin avec laquelle, contemplant le ciel d'un air morne en tirant sur sa pipe d'écume, il vous prédit le temps du lendemain, plus infaillible qu'un pape produisant sa bulle.
>
> Jean-Paul PLANTIVE, Michel GUÉRARD – *Petit almanach des mestiers improbables & disparus* – 2001

577. ÊTRE UNE LUMIÈRE

Être très intelligent.

Vu le cinéma qu'ils nous ont fait, les frères Lumière[1] étaient incontestablement des lumières.

---

1. Je rappelle qu'Auguste et Louis Lumière sont généralement considérés comme les inventeurs du cinéma, avec une première projection privée le 22 mars 1895. Quant à la première publique,

Quelqu'un d'intelligent est souvent capable de « briller » en société. Or s'il brille, c'est qu'il produit de la lumière, non ? Et s'il est intelligent, c'est grâce à cette lumière qu'il produit et qui peut nous éclairer sur de nombreux points.

Le sens métaphorique de *lumière* pour désigner l'intelligence date du XVIIe siècle, à la même époque que ces verbes liés que sont *briller* et *éclairer*, tous deux en lien avec des personnes avisées ou intelligentes.

On parlait à l'époque des « lumières » de quelqu'un pour désigner ses hautes capacités intellectuelles.

C'est par métonymie que cette *lumière* a fini aussi par désigner celui qui la possède, ce qui a ensuite donné naissance à notre expression au milieu du XXe siècle.

> La légende [de Louis XVI] en fait un brave homme, mal formé, très inférieur à sa fonction, inconscient de ce qui se passe. On le voit pourtant très politique dans sa correspondance avec les rois étrangers, mais les écrits qui constituent ce qu'on appelle son testament montrent que ce n'était pas une lumière. Les grands moments historiques, comme ses entrevues avec Necker, La Fayette, Pache, sont des fiascos.
>
> *L'Humanité* – Article du 20 janvier 2005

578. CON COMME LA LUNE

Particulièrement stupide.

Cette expression est assez récente puisqu'elle semble n'être attestée qu'à partir du début du XXe siècle. Reste à savoir comment notre satellite, qui, lorsqu'il est de bonne humeur, éclaire nos nuits romantiques, peut être assimilé à quelqu'un de stupide.

---

le 28 décembre de la même année à Paris, elle ne comportait pas le film *L'Arrivée d'un train en gare de La Ciotat* contrairement à une croyance populaire (voir à ce sujet l'article de Wikipedia qui est consacré aux lumineux frangins).

Depuis le XVIIe siècle, la lune est associée à la distraction ou à un léger dérangement mental (*il est dans la lune* pour « il est distrait, il pense à autre chose » ou bien *il a la lune / il a un quartier de lune dans la tête* pour désigner quelqu'un de bizarre, d'un peu fou).

Mais les expressions *crétin de la lune* ou *face de lune* montrent aussi que cet astre peut bien être lié à la bêtise.

La première explication vient de l'assimilation de la pleine lune à une face, un visage rond et sans aucune expression tel que peut en arborer une personne abrutie, complètement stupide.

L'autre vient de l'argot, où *lune* désigne le postérieur (par analogie de forme), partie de l'anatomie généralement mal considérée, souvent opposée à la tête, siège de l'intelligence.

> J'aurais voulu m'identifier à George Clooney, le héros du film, même s'il n'y brille pas par la vivacité de son intelligence, mais les vagues nous poussaient invariablement sur le côté, si bien que je me sentais nul et me suis plutôt identifié au personnage de John Turturro, con comme la lune.
>
> Andrée A. MICHAUD – *Mirror Lake* – 2006

579. DÉCROCHER / PROMETTRE / DEMANDER LA LUNE

Obtenir / promettre / demander l'impossible.

Bien qu'en apparence assez proche, la Lune est très loin de nous. Et même si quelques-uns ont maintenant réussi à aller y faire un petit tour (quoi que prétendent certains amateurs de théories du complot), elle est restée quelque chose d'inaccessible pour la plupart d'entre nous.

C'est à cause de cette « proximité lointaine » qu'elle est devenue le symbole de l'impossible dans de nombreuses locutions depuis le XVIe siècle. Ainsi, Rabelais disait « prendre la lune avec les dents » pour

« tenter l'impossible » et le *prometteur de lune*, celui qui promet l'impossible, existe depuis 1537.

Selon la manière dont on l'emploie, *décrocher la lune* peut aussi vouloir dire « avoir une réussite inattendue (tellement elle semblait impossible) ». Il est sûr que réussir à décrocher cette chose suspendue dans un ciel nocturne serait un bel exploit.

Quant à *promettre la lune*, c'est une habitude des candidats politiques en campagne (et le pire, c'est qu'ils sont crus, même s'ils font le coup à chaque fois) et *demander la lune*, c'est nourrir l'espoir d'obtenir une chose que l'on pense inaccessible ou bien avoir de trop grandes exigences. Ces deux dernières locutions datent du milieu du XIXe siècle.

> À ceux qui prétendaient décrocher la lune, nous avons demandé simplement de nous aider à mettre en application le programme commun.
>
> Maurice THOREZ – *Fils du peuple* – 1953

> J'aimerais tant te promettre la lune
> Mais la lune est déjà prise
> Livrer pour toi les clés de la fortune
> Dans un monde un peu paisible.
>
> Debout sur le zinc – « Te promettre la lune » – 2006

> Loin qu'il fût un savant, mon père savait assez pour répondre aux questions d'un enfant subtil, surtout si cet enfant avait, comme moi, peu de tendance à demander la lune. Il en est résulté que je n'ai pas connu cette dure épreuve de tant de jeunes êtres qui, s'étant figuré en leur âme religieuse que leurs parents savent tout, découvrent de jour en jour qu'ils ne savent rien.
>
> Julien BENDA – *La Jeunesse d'un clerc* – 1936

580. UNE LUNE DE MIEL

1. Les premiers temps du mariage.
2. Le voyage de noces.
3. Une bonne entente entre deux parties.

Aux XVIIe et XVIIIe siècles, la lune de miel désigne les mois qui suivent le mariage, période forcément heureuse, lorsqu'il a été désiré par les deux parties, et est un symbole de l'amour. Elle a donc le premier sens proposé.

Selon certains, l'expression serait simplement une traduction littérale de l'anglais *honeymoon*. D'ailleurs, si l'on en croit les dictionnaires étymologiques anglais, la première citation du terme date de 1522, soit deux siècles avant la version française. L'emprunt à l'anglais est donc tout à fait possible.

Selon d'autres, elle aurait une origine païenne, quand autrefois à Babylone, il était de coutume que le père de la mariée offre à son gendre, pendant tout le mois qui suit le mariage, autant de *mead* (bière à base de miel) qu'il pouvait en absorber.

Et comme le calendrier était basé sur le cycle lunaire, ce qui aurait dû s'appeler le *mois du miel* est devenu la *lune de miel*.

Cette origine est également évoquée par les dictionnaires étymologiques anglais. Alors est-ce que la version française a directement pioché dans cette coutume ou bien est-elle vraiment une traduction littérale de la version anglaise, elle-même issue de la coutume ? Eh bien, certains écrits français semblent confirmer cette seconde hypothèse (voir le premier exemple).

De nos jours, cette expression s'emploie de deux manières différentes, soit pour désigner le voyage de noces qui, généralement, suit directement le mariage, et qui est une période où les jeunes mariés exultent et sont encore extrêmement amoureux, et, par extension, pour désigner une période de très bonne entente entre deux personnes ou deux partis politiques, par exemple.

Dans ce second cas, lorsqu'on l'évoque, c'est généralement qu'elle est en train de se terminer à cause de tensions qui se sont installées (« la lune de miel n'aura duré que trois mois », par exemple).

Les mauvaises langues n'oublient pas de rappeler qu'une lune ne dure qu'un peu plus de 29 jours et qu'il n'en faut souvent pas plus pour que la lune de miel vire à la lune de fiel.

> Appliquons aux premières inspirations de l'amour des époux ce que nous venons de dire dans la section précédente ; il est absolument le même que l'amour conjugal, pendant cet espace heureux et trop court que les Anglais nomment la lune de miel.
>
> Marie-Pierre-Henri Durzy – *Essai sur l'esprit de conversation et sur quelques moyens de l'acquérir* – 1832

> Depuis ma dernière [lettre], j'ai transféré mes pénates chez mon beau-père : m'y voilà avec ma femme, sa fille de chambre, etc., etc. La lune de miel est passée, et me voilà complètement marié. Ma femme et moi nous entendons à ravir. Swift dit que jamais un sage ne s'est marié ; d'accord, mais pour un fou, c'est, je crois, la plus délicieuse des positions.
>
> Lord Byron – *Œuvres complètes de Lord Byron, Lettre CCXI* – 1815 – traduit par Paulin Paris

581. BIEN / MAL LUNÉ

De bonne / de mauvaise humeur.

On sait que la Lune a une influence très importante sur un certain nombre de choses comme la durée de la rotation de la Terre, les marées, le comportement de certains animaux ou la pousse des plantes entre autres.

Or, qu'est-ce qu'un humain, sinon un animal avec juste un poil d'intelligence supérieure (encore qu'on puisse parfois se le demander) et un vernis de civilisation (qui ne demande qu'à s'écailler) ? Il est donc possible que, sans qu'on sache vraiment le déterminer, la Lune ait aussi un effet sur nous.

Cette expression date d'une époque où les hommes étaient persuadés que le satellite de la Terre avait une très nette influence sur leur humeur ou leur psychisme.

Celui qui était *bien luné* était donc dans une phase favorable, propice à la bonne humeur, et inversement pour le *mal luné*.

Au milieu du XVIIIe siècle, on employait *être dans une bonne lune* ou *être dans une mauvaise lune* pour dire exactement la même chose.

De nos jours, si nos expressions sous leur forme actuelle datent du début du XXe siècle, la version indiquant la mauvaise humeur est plus utilisée que son contraire.

Nul doute que le 21 juillet 1969, Neil Armstrong et Buzz Aldrin étaient extrêmement bien lunés.

> Il arrive, quand il se trouve bien luné, qu'il me pince les bras, qu'il me chatouille, par amitié, qu'il me tâte un peu les seins pour se rendre compte si je maigris pas, si je dépéris pas chez lui, si je profite.
>
> Alexandre ARNOUX – *Pour solde de tout compte* – 1958

> Il allait se planter à la barre sans dire mot, complètement abruti, couvant sa barrique des yeux, et il ne tardait pas à piquer un roupillon sur le banc, où il s'allongeait jusqu'à l'heure de la tambouille. Inutile de surveiller la manœuvre de cette espèce d'ours mal léché et mal luné, il n'y avait pas de grains à craindre.
>
> Blaise CENDRARS – *Bourlinguer* – 1948

582. IL Y A / DEPUIS BELLE LURETTE

Il y a / depuis longtemps.

Si on vous demande un jour ce que signifie *lurette*, n'hésitez surtout pas à répondre sans aucune crainte de paraître ridicule que vous ne savez pas. En effet, personne ne le sait, puisque ce mot n'existe pas.

Et pourtant on l'utilise dans notre locution. Étonnant, non ?

L'expression telle que nous la connaissons aujourd'hui est attestée dès 1877.

Le pseudo-mot *lurette* vient de la contraction de la fin de *belle* avec le mot *heurette* ou *hurette*, dans une expression qui est utilisée avec des petites variantes dans les dialectes de plusieurs régions : « il y a belle heurette ».

Dans cette dernière, on trouve le suffixe diminutif *-ette* accolé à l'heure, qui voudrait normalement dire *une petite heure*[1], sauf qu'elle est précédée de l'intensif *belle* qui donne à l'ensemble une échelle autrement plus vaste (comme dans *un sacré bout de temps*, par exemple, où le *bout de temps*, normalement court, se trouve d'un coup sacrément démultiplié), ce qui explique que ce qui devrait être une simple petite heure se soit transformé en un long temps.

> L'omnibus est, en matière de carrosserie et de mécanique, ce qui ne se fait plus depuis belle lurette. C'est un modèle ancien, un vieillard parmi les poids lourds, un millionnaire en kilomètres, un véhicule au bout du rouleau qui ne ressemble que de très loin à ce qu'il fut à l'époque de sa création.
>
> Pierre Macaire – *Le condor bat de l'aile* – 1998

583. DEPUIS DES LUSTRES

Depuis très longtemps.

Si vous visitez un jour la galerie des Glaces du château de Versailles et que vous regardez au plafond pour voir comment elle est éclairée, vous vous direz obligatoirement : « Ça en fait, des lustres ! »

Mais il ne faut pas être une lumière* pour croire qu'on parle ici de ces lustres-là. Que nenni !

Il ne s'agit pas non plus de ce lustre, également brillant, dont on parle pour une surface de métal bien polie, la robe d'un cheval ou l'aura d'une personne. Que nenni derechef !

Il se trouve que le lustre était aussi autrefois une unité de temps, plus ou moins précise, selon son emploi.

Au XVIIe siècle, *lustre*, employé au singulier, signifie « période de cinq ans ».

---

1. Mais ce n'est pas pour autant que blanquette est une petite blanque ou tartiflette une petite tartifle ! En revanche, une andouillette n'est effectivement pas une grosse andouille…

Cette durée vient probablement de l'Antiquité romaine où un lustre désignait soit un sacrifice expiatoire qui avait lieu tous les cinq ans au moment du recensement, soit le recensement lui-même.

Mais, au pluriel, *lustres* désigne une période de temps longue et indéterminée. Et c'est bien la signification que l'on retrouve dans notre expression.

> Mais les sentiments des ministres ne reflétaient pas ceux des peuples qu'ils gouvernaient. L'antipathie entre Français et Espagnols était bien réelle, nourrie depuis des lustres par le souvenir des guerres du XVIe siècle et plus encore par les rumeurs qui avaient circulé à l'occasion de l'assassinat de Henri IV.
>
> Henri SACCHI – *La Guerre de Trente Ans : cendres et renouveau* – Tome III – 2003

584. AVOIR DES YEUX DE LYNX

1. Avoir une excellente vue.
2. Y voir clair dans les affaires ou dans le comportement des autres.

J'imagine que vous n'avez jamais vu de lynx porter des lunettes. Moi non plus ! Il est donc facile d'imaginer que cet animal a une très bonne vue. Mais la taupe n'en porte pas non plus. Or, ne dit-on pas, à juste titre, « myope comme une taupe » ?

J'en vois au fond qui vont me dire que c'est parce que la taupe n'a pas un bon ophtalmo. Objection rejetée, Votre Honneur ! Croyez-vous vraiment que le lynx en ait un meilleur ?

Cela dit, le lynx a effectivement une excellente vue en basse luminosité (il se repose le jour et chasse la nuit), ce qui suffirait à expliquer le sens initial de l'expression. Mais, selon certains linguistes, son origine ne viendrait pas de ce félin.

L'histoire remonte à l'Antiquité grecque, où, dans la mythologie, l'argonaute Lyncée (*Lunkeos*, en grec) qui accompagna Jason à la conquête de la Toison d'Or, avait des yeux lui permettant de voir à travers les nuages, jusqu'au fond de la mer ou même à travers les rochers et murs.

Ce serait donc la confusion entre le nom du compagnon de Jason et celui du félin qui, dans le langage populaire, aurait provoqué la création de l'expression déjà utilisée par Aristote au IVe siècle av. J.-C.

Info ou intox ? Il sera difficile de le savoir, Aristote n'étant plus en état de confirmer. Toujours est-il que, par extension, on a considéré que quelqu'un de très sagace ou perspicace devait « avoir des yeux de lynx » pour percevoir les pièges d'une affaire ou les intentions cachées d'une personne.

> Quoi qu'elle fît pour passer inaperçue, je saurais bien la découvrir. J'aurais des yeux de lynx. Quel bonheur de la reconnaître, de lui dire : « Oui, oui, c'est vous ; je le sais par les battements de mon cœur ! »
>
> Giovanni RUFFINI – *Mémoires d'un conspirateur italien* – 1859

> Il observe avec une attention persévérante, il voit bien et se souvient ; mais il a pour les vices des yeux de lynx et pour le bien des yeux de taupe. Quand on a passé quelques jours avec lui, on finit par prendre l'humanité tout entière en mépris, on ne va nulle part sans mettre la main sur sa bourse, on regarde avec défiance les femmes les plus jeunes, dont le sourire ingénu, le regard limpide ne devraient inspirer que la sympathie.
>
> Gustave PLANCHE – *La Littérature française de 1830 à 1848* – 1855

585. NE PAS MÂCHER SES MOTS

Parler franchement.
S'exprimer sans ménagement.

Autrefois, *mâcher* s'écrivait *maschier*. Et au XIIIe siècle, déjà, *ne le querre maschier* signifiait « ne pas chercher à dissimuler, dire franchement » (*querre* étant une ancienne forme du verbe *quérir*).

Au XVIe, on peut lire la forme *je ne lui macheroie point ses veritez* et au XVIIe, l'expression est devenue *ne point mâcher* avec toujours le même sens. Ce n'est que plus tard que *ses mots* a été rajouté.

L'image est simple à comprendre.

Si vous laissez les mots sortir comme ça de votre bouche, sans prendre le temps de réfléchir à ce que vous allez dire, votre discours risque d'être un peu brut, peut-être blessant, mais il aura le mérite d'être franc.

Alors que si vous « mâchez » un peu les mots, si vous les mastiquez au point de les modeler, les modifier et d'affiner un peu votre discours, vous allez probablement dire des choses moins agressives et peut-être parler de manière un peu plus diplomatique et/ou un peu plus hypocrite.

Donc, que vous oubliiez de tourner sept fois votre langue* dans votre bouche ou que vous ne mâchiez pas vos mots, le résultat sera le même : vos paroles seront probablement très franches, au risque de secouer un peu votre interlocuteur.

> Ne comprenant pas l'acharnement des villageois à son égard, le seul habitant qui puisse l'aider à comprendre autrui, c'est Djabian. Le vieil homme, très franc et doué de réalisme, ne mâche pas ses mots : « Les hommes ne rendent la vie facile et simple qu'à ceux qu'ils aiment. Car ils espèrent tirer bénéfice de ce qu'ils donnent. »
>
> Alexis Allah – *L'Enfant-palmier* – 2002

586. PLEURER COMME UNE MADELEINE

Pleurer abondamment.

On se doute bien qu'une jolie petite madeleine à la peau bien bronzée et à la chair moelleuse comme la madeleine de Commercy doit être extrêmement triste à l'idée de finir sa vie en étant broyée par les dents d'un gourmand ; mais de là à servir de modèle de pleureuse, c'est quand même douteux.

Je ne vous étonnerai donc pas en vous informant que l'origine de cette expression est ailleurs.

Il suffit déjà de remplacer le *m* de *madeleine* par une majuscule, pour comprendre que la Madeleine qui nous intéresse ici est une femme. Reste à savoir laquelle.

Eh bien, il nous faut remonter à la première moitié du premier siècle de notre ère.

Comme vous connaissez par cœur la Bible, et même s'il existe de nombreuses variantes de l'histoire de Marie la Magdaléenne (alias Marie-Madeleine ou Madeleine, du grec Magdalênê), vous savez que dans une de ces versions, une ancienne prostituée (anonyme selon certains, Marie-Madeleine selon d'autres) envahie par le remords a tellement pleuré devant le Christ en lui confessant ses péchés, qu'elle a pu lui laver les pieds de ses pleurs, avant de les sécher avec ses cheveux.

Il n'en a pas fallu beaucoup plus pour qu'elle devienne le modèle de notre expression.

Si la première apparition de cette locution semble être chez Balzac au XIXe siècle, au XIIIe, *faire la Madeleine* voulait dire « affecter le repentir ».

> Il ne revint pas pour dîner, et rentra fort tard. Je vous le jure, je restai dans ma chambre à pleurer comme une Madeleine, au coin de mon feu.
>
> Honoré DE BALZAC – *Petites misères de la vie conjugale*– 1830-1846

587. UNE MADELEINE DE PROUST

Un micro-événement qui fait ressurgir des souvenirs de jeunesse.

Un acte mineur porteur d'une forte charge émotionnelle.

Proust n'avait pas spécialement la réputation de faire de bons petits gâteaux et pourtant, la madeleine de Proust est bien plus célèbre que la madeleine de Commercy. Et il n'y a pas non plus de lien avec une nounou, amie, maîtresse ou épouse de l'auteur qui se serait appelée Madeleine.

Cette expression fait allusion à ces petits actes, petits événements, odeurs, sensations qui, brutalement, font ressurgir des tréfonds de notre mémoire de lointains souvenirs, souvent chargés d'émotion.

Et si on les affuble de l'appellation madeleine de Proust, c'est parce que, dans *Du côté de chez Swann,* le premier tome de *À la recherche du temps perdu,* l'auteur évoque une telle remontée de souvenirs.

Alors que, pour le réchauffer, sa mère lui fait boire du thé et manger une madeleine, le goût de celle-ci trempée dans le thé, provoque en lui une sensation intense qui, après une remise en ordre de ses souvenirs, le fera remonter à une époque ancienne où, lorsqu'il vivait à Combray, sa tante Léonie lui faisait goûter un morceau de madeleine trempé dans son infusion.

Si Victor Hugo avait évoqué avec autant d'intensité le baba au rhum, Voltaire le clafoutis ou Molière le pet-de-nonne, peut-être n'aurait-on pas fait attention à la madeleine de Marcel ? Mais je ne suis pas certain qu'un *pet-de-nonne de Molière* se serait aussi bien incrusté dans le langage.

> Et la vanille est de loin l'arôme le plus en vogue au niveau mondial, mis à toutes les sauces dans les confiseries, shampoings et même parfums. À cela une raison, l'effet madeleine de Proust, selon Olivier Maubert, directeur du marketing du spécialiste français des arômes alimentaires Robertet : « La vanille est tellement utilisée dans les produits pour enfants que son odeur rappelle aux adultes les moments les plus sécurisants de leur jeunesse. »
>
> *Libération* – Article du 16 mai 2002

588. AVOIR MAILLE À PARTIR (AVEC QUELQU'UN)

Avoir un différend plus ou moins vif (avec quelqu'un).

Un point à l'endroit puis un point à l'envers longtemps répétés, cela vous donne un tricot plein de mailles. Et si quelqu'un accroche une des mailles de votre tricot et le fait filer, vous pouvez être amené à vous quereller avec lui. Ce qui pourrait laisser supposer que l'origine de l'expression vient de là.

Mais la maille dont il est question ici n'a strictement rien à voir avec les tissus ou lainages.

Et puis, quand on connaît le sens du verbe *partir*, on ne peut qu'être intrigué par son utilisation dans une expression qui a le sens indiqué. Mais c'est parce qu'on a complètement oublié que ce verbe nous vient dès le xe siècle du latin *partire* qui signifiait « partager » ou « diviser en parts », sens qu'a conservé un temps notre verbe avant d'être supplanté par *partager*.

Ensuite, au Moyen Âge, la maille était une monnaie. Selon Larousse, il en existait plusieurs, la maille d'argent (ou maille blanche), la maille noire (ou de billon), la maille d'or et celle qui nous intéresse ici, la maille bourgeoise, égale à la moitié du denier, lui-même égal au douzième du sou qui ne valait qu'un vingtième de livre.

Autant dire que la moitié du denier, ce n'étaient que des clopinettes. D'ailleurs, *n'avoir ni sou ni maille*, signifiait « être dans l'indigence la plus totale ».

Mais il se trouve aussi que cette maille était la plus petite pièce en circulation à l'époque.

Donc, lorsque deux personnes devaient se partager ou départir une maille (symbolisant quelque chose sans valeur), cela provoquait inévitablement une querelle, car comment diviser l'indivisible ?

Dans sa forme actuelle l'expression date du XVIIe siècle, mais elle a été précédée par la version *avoir maille à départir* où *départir*, verbe qui nous a donné *départ*, a d'abord également signifié « séparer » ou « partager ».

> Moi ? Monsieur, perdez cette croyance :
> Toujours de son devoir je tâche à l'avertir,
> Et l'on nous voit sans cesse avoir maille à partir.
>
> MOLIÈRE – *L'Étourdi* – Acte I Scène IX – 1654

589. EN MAINS PROPRES

Directement au destinataire (sans passer par un intermédiaire ou des moyens indirects).

N'est-il pas étonnant que personne ne s'assure que vous vous êtes bien lavé les mains avant de vous remettre quelque chose « en mains propres » ?

La justification est très simple. Le *propre* ici présent n'a rien à voir avec la saleté.

Ce mot vient du latin *proprius* qui signifiait « qui n'appartient qu'à soi, que l'on ne partage pas avec d'autres » (et on le retrouve, entre autres, dans *nom propre*). Or, n'est-ce pas exactement le cas de vos mains, n'est-ce pas dans vos mains à vous et à personne d'autre que ce quelque chose sera déposé ?

Lorsqu'on vous remet quelque chose en mains propres, on vous le donne directement à vous, sans utiliser des moyens indirects comme une personne tierce ou bien un envoi postal, par exemple.

> En arrivant à Fairy-Knowe, il ne pensa plus à lord Evandale, demanda lady Marguerite dont le nom lui était beaucoup plus familier, et ne pouvant remettre sa missive en mains propres, comme il lui avait été enjoint de le faire, il préféra la garder que de la confier à un intermédiaire.
>
> Walter Scott – *Les Puritains d'Écosse* – 1816 – traduction d'Auguste Defauconpret – 1835

590. EN METTRE SA MAIN AU FEU

Être sûr de / affirmer fermement quelque chose.

Chacun sait que, si on met sa main dans les braises du barbecue familial, risque fort de la ressortir quelque peu brûlée (et hop, cinq merguez de plus !), même si on a la conscience parfaitement tranquille, et d'en souffrir pendant très longtemps.

Eh bien, il y a longtemps et grâce à Dieu, ceci n'était pas forcément vrai.

En effet, au Moyen Âge, il existait plusieurs moyens de déterminer avec une exactitude sans faille qui était coupable de quelque chose (moyens qu'on appelait les « ordalies »).

Parmi eux, il y avait les combats. Par la force divine, le vaincu n'était jamais simplement le plus faible, c'était obligatoirement le fautif, cela va de soi.

Et il y avait aussi l'épreuve du feu. Elle consistait soit à saisir puis garder un moment en main une barre de fer rougie au feu, soit à mettre la main dans un gant métallique également rougi au feu. Quelle que soit la méthode, grâce à l'intervention divine, celui dont la main guérissait en moins de trois jours était déclaré innocent de ce dont on l'accusait.

C'est de cette épreuve redoutable qu'est née notre expression.

Mais aujourd'hui, pas fous ou moins croyants (on sait aussi que Dieu a maintenant bien d'autres chats* à fouetter), on n'emploie cette expression, « je suis prêt à en mettre ma main au feu », que parce qu'on sait qu'il y a très peu de risques qu'on soit amené à le faire vraiment, même si ce qu'on a péremptoirement affirmé s'avère faux.

En effet, même chez ceux qui croient fermement en Dieu, il en est peu pour imaginer encore qu'il est suffisamment fortiche pour guérir très rapidement leur main dans une telle situation.

> Est-ce que le meurtrier cherchait l'argent trouvé par la concierge ? Si c'était le cas, le meurtre se résumait à un simple crime de rôdeur et il n'y croyait pas. Il était prêt à mettre sa main au feu que l'assassin voulait lui faire endosser ce crime.
>
> Jean-Claude Lesueur – *Pour retrouver Louise* – 2002

591. FAIRE MAIN BASSE SUR (QUELQUE CHOSE)

S'emparer de quelque chose.
Prendre, voler quelque chose.

Lorsqu'un gamin, perché sur un escabeau, s'empare du pot de confiture à la fraise amoureusement préparée par sa grand-mère et volontairement cachée sur une étagère en hauteur supposée inaccessible, le geste n'est pas tout à fait celui d'abaisser la main, au contraire.

Et pourtant, ayant été dénoncé par sa chipie de petite sœur et avant qu'il ne se fasse sonner les cloches*, ses parents diront bien que l'enfant a fait main basse sur les restes de la réserve de confitures.

Lorsque l'expression apparaît, au début du XVIIe siècle, c'est dans un contexte de guerre, et elle veut d'abord dire « ne pas accorder la vie sauve à l'ennemi vaincu ».

Il faut voir là le geste du soldat qui, en abaissant sa main porteuse d'une arme, embroche de son épée, sans aucune compassion, un ennemi tombé à terre.

Ensuite, les pillages étant souvent associés à des massacres, la locution a pris le sens de « piller ».

Or, piller, n'est-ce pas s'emparer avec brutalité de possessions d'autrui ? Et c'est bien le sens qu'on retrouve aujourd'hui dans l'expression, mais atténué car on l'associe maintenant rarement à des morts d'hommes.

Cette expression s'utilise généralement lorsque quelqu'un s'approprie des choses convoitées de manière brutale ou peu élégante.

> Faire main basse. Manière de parler pour tuer, égorger, ne pas faire de quartier, passer tout au fil de l'épée.
>
> Philibert-Joseph Leroux – *Dictionnaire comique* – 1786

> Ils songèrent [...] à se faire apprêter un bon repas. L'hôte, l'hôtesse, et une jeune servante qu'ils avaient, ne s'y épargnèrent point. Ils firent main basse sur toute la volaille de leur basse-cour.
>
> Alain René Lesage – *Histoire de Gil Blas de Santillane* – 1715

592. NE PAS Y ALLER DE MAIN MORTE

1. Frapper violemment.
2. Agir, intervenir brutalement, sans retenue.

Si le second sens n'est qu'une métaphore issue du premier, ce dernier (le premier, donc !) est aisément compréhensible.

Prenez une main qui, pour une raison ou une autre (malencontreux coup de katana, accident du travail…), est détachée du bras auquel elle appartenait. Vous constatez que cette main devient totalement inactive, incapable d'écraser un moustique ou du moindre autre mouvement. C'est ce qu'on peut, sans crainte de se tromper, appeler *une main morte*.

Prenez maintenant une main normale, située au bout du bras d'un bonhomme un peu bestial, capable d'asséner des coups très forts à quelqu'un d'autre.

Par opposition à la main précédente complètement inerte[1], celle de notre bonhomme, lorsqu'elle frappe, est bien vivante et elle peut faire très mal.

Cette simple comparaison a suffi pour que, dès le XVIIe siècle, on ait pu dire d'un tel type que, lorsqu'il frappait, *il n'y allait pas du tout de main morte*.

> Diable, Messieurs ! dit le cardinal, trois hommes hors de combat pour une dispute de cabaret, vous n'y allez pas de main morte.
>
> Alexandre DUMAS – *Les Trois Mousquetaires* – 1844

593. SE RETROUVER / ÊTRE UNE MAIN DEVANT, UNE MAIN DERRIÈRE

Être complètement démuni.
Avoir tout perdu.

Voilà une expression qui date des années 1960 et qui est d'origine spécifiquement masculine car, comme on va le voir incessamment* sous peu, les deux mains d'une femme seraient en partie ailleurs.

Quand on y réfléchit un peu, on comprend vite la genèse de l'expression.

En effet, lorsque vous êtes si démuni de tout, que vous n'avez même pas les moyens de vous acheter ou vous fabriquer des vêtements, il ne vous reste plus qu'à errer nu comme un ver (auquel l'expression ne peut s'appliquer, bien sûr).

---

1. D'ailleurs, même si on ne l'emploie plus aujourd'hui, l'expression contraire *y aller de main morte* pour « intervenir ou frapper sans force ou doucement » a autrefois existé.

Or, un réflexe masculin habituel dans nos sociétés où la nudité dans la rue n'est pas vraiment la norme, est de placer ses mains de manière à cacher à la fois ses parties génitales et son arrière-train[1], donc de se trouver avec une main devant et une main derrière, là où une femme aura plutôt tendance à mettre sa deuxième main devant ses seins, soit deux mains devant.

> Arrivés en Métropole, les pieds-noirs, eux, conserveraient leur citoyenneté et les fonctionnaires dont, ironie du sort, je faisais partie, regagneraient leur poste d'affectation dans un département de l'Hexagone ; une minorité, disposant de moyens financiers suffisants, se réinstallerait sans problèmes ; enfin, si la plupart s'en allaient une main devant, une main derrière, n'emportant en tout et pour tout qu'une valise, tous seraient chez eux en France.
>
> Miguel Martínez López – *Casbah d'oubli* – 2005

594. S'EN LAVER LES MAINS

Refuser d'assumer la responsabilité d'une décision prise.

Nous allons maintenant évoquer une bien triste histoire, vieille de deux millénaires, et parler de Ponce. Non pas Pierre, l'homme au tempérament volcanique, mais Pilate.

Ponce Pilate, donc, est procurateur romain en Judée, environ 33 ans après la naissance de Jésus. Et quand on est procurateur, on a des décisions à prendre, fussent-elles lourdes de conséquences. Or, cette fois-là, il doit ratifier la condamnation à mort de Jésus alors que sa femme, à la suite d'un rêve, lui a conseillé de ne pas s'associer au meurtre d'un juste.

Mais la foule excitée gronde et Ponce Pilate voit mal comment il pourrait ne pas lui accorder la victime tant attendue. Alors pour se disculper, il « prend de l'eau et se lave les mains en présence de

---

1. Et lorsque deux personnes se suivent ainsi, on peut affirmer, de conserve* avec la SNCF, qu'un arrière-train peut en cacher un autre.

la foule en disant : je suis innocent de ce sang, c'est désormais votre affaire ».

Les Juifs, sans imaginer non plus les conséquences, acceptent que le sang retombe sur eux et leurs enfants, puis s'emparent de Jésus pour le crucifier, suivant en cela les usages romains, puisque la Judée était à l'époque sous domination romaine.

Et c'est à partir du moment où il n'y a plus eu de Pilate dans l'avion que les choses ont vraiment mal tourné pour Jésus.

Maintenant, essayez d'imaginer ce que le monde serait devenu si Ponce Pilate ne s'était pas ainsi déchargé de ses responsabilités et n'avait pas laissé Jésus être crucifié (si tant est que toute cette histoire ne soit pas une « fixion », bien entendu).

Toujours est-il que c'est de ce lavage de mains considéré comme purificateur, permettant de s'exonérer de la responsabilité d'un acte, que notre expression est née.

> Moi, je m'en lave les mains, cria-t-il. C'est vous deux qui avez fait la sottise. Est-ce qu'il n'était pas plus sage de manger tranquillement nos petites rentes ? Toi, tu as toujours voulu dominer. Tu vois où cela nous a conduits.
>
> Émile Zola – *La Fortune des Rougon* – 1871

595. UN COUP DE MAIN

1. Une aide ponctuelle.
2. L'art de s'y prendre adroitement.
3. Une attaque militaire rapide et audacieuse.

Les trois sens de cette locution dépendent complètement du verbe qui la précède.

Dans sa première acception, cette expression, qui date du début du XIXe siècle, s'utilise généralement avec des verbes comme *donner* ou *demander* lorsque quelqu'un a besoin d'aide pour accomplir une tâche ou un travail déterminé. Ici, *main* ne désigne pas directement cette chose à cinq doigts qui se trouve au bout du bras et qui donnerait un coup, comme une gifle ; c'est une métaphore qui a le sens « d'aide » (la main qui apporte son secours), et *coup* représente l'action courte.

Notez que si, maintenant, on donne un coup de main, à la fin du XVe siècle, on se contentait de « prêter la main ». Et quand on hésite à mettre la main en entier, on peut se contenter d'un petit « coup de pouce »…

Le second sens, employé plutôt sous la forme *avoir le coup de main*, est lié aux travaux manuels où l'artisan, très habile de ses mains, fait très vite et très bien ce que d'autres personnes non expérimentées mettraient très longtemps à (mal) faire.

Cette forme est à rapprocher de *perdre la main*, justement lorsque la personne n'a plus *le coup de main*.

Rey et Chantreau expliquent que la dernière acception vient de la locution maintenant disparue *faire un coup de sa main* qui, au milieu du XVe siècle, signifiait « commettre un forfait », à prendre comme « faire un mauvais coup de sa propre main ».

L'expression avec ce sens ne prend sa forme actuelle qu'à la fin du XVIIe, dans le milieu militaire.

> Merci de votre coup de main, citoyens, dit le commandant. Tonnerre de Dieu ! Sans vous, nous pouvions passer un rude quart d'heure.
>
> Honoré DE BALZAC – *Les Chouans* – 1829

> Il existe maintes places de guerre qui, sans être des forteresses régulières, sont réputées à l'abri d'un coup de main, et qui sont pourtant susceptibles d'être enlevées par escalade, soit d'emblée, soit par des brèches encore peu praticables dont l'escarpement exigerait toujours l'emploi d'échelles ou autres moyens d'arriver au parapet.
>
> Antoine Henri JOMINI – *Précis de l'art de la guerre* – 1838

596. N'EN POUVOIR MAIS

Être impuissant à faire quelque chose.
Ne rien pouvoir.

Si tout le monde sait que la chèvre de Monsieur Seguin n'en a pu mêêê face au loup, cette locution reste tout de même étrange à notre époque où *mais* n'est presque plus qu'une conjonction utilisée pour introduire une restriction ou un contraire.

Mais pour la comprendre, il faut savoir que cette forme est très ancienne, puisqu'elle date du XIIe siècle, à un moment où *mais* était aussi un adverbe.

Ce mot vient en effet du latin *magis* qui signifiait « plus » ou « davantage ». Littéralement, la locution signifie donc « n'en pouvoir davantage / pas plus », sens resté bien vivace jusqu'à aujourd'hui, malgré la disparition de l'usage adverbial de *mais,* sauf dans cette expression.

Si, plus haut, il est indiqué que *mais* n'est presque plus qu'une conjonction, c'est parce qu'il peut aussi prendre la forme d'un substantif signifiant « objection » ou « restriction » lorsqu'il est employé dans une locution comme *il n'y a pas de mais qui tienne*.

> Il les assura même de la bénédiction pourtant hypothétique de sa mère et de la pensée affectueuse de Dabek Sariéloubal qui n'en pouvait mais.
>
> René FALLET – *Le Triporteur* – 1951

597. FAIRE UN MALHEUR

Faire un scandale dont les conséquences pourraient être graves.

Avoir un grand impact, faire un grand effet, avoir du succès.

Voilà une expression qui a deux sens presque opposés, l'un négatif, comme on s'y attend lorsque le mot *malheur* est employé, et l'autre positif.

Comment cela se peut-il ?

Le premier sens est limpide.

Quand vous dites « retenez-moi, ou je vais faire un malheur ! », c'est que quelque chose ou quelqu'un vous a « légèrement » irrité et que vous êtes prêt à tout casser ou à trucider l'agresseur, donc à provoquer un malheur, en réponse à l'attaque verbale ou physique subie. Il vaut donc mieux, pour éviter un drame, que l'on soit empêché de laisser la colère s'exprimer complètement.

Et il en est ainsi depuis le milieu du XIXe siècle.

Le second sens est nettement plus récent.

Bizarrement, mais heureusement, un spectacle qui « fait un malheur » fait le bonheur aussi bien des spectateurs que de toutes les personnes impliquées dans sa réussite. Et c'est effectivement dans le monde du spectacle qu'est d'abord apparue cette forme de l'expression, avant que son usage ne s'étende très largement.

Il s'agit bien sûr d'une simple antiphrase, une manière plaisante d'utiliser le contraire du sens véritable (comme quand vous diriez « c'est la vie de château », par exemple et ironiquement, alors que vos conditions de vie sont difficiles).

Une autre forme, tout aussi positive malgré le mot qui y est utilisée, est *faire mal* (« ce film, il va faire mal ! »).

> Il me faut cinquante francs, ou je fais un malheur. Je suis sans asile, sans argent pour trouver un gîte et un dîner. Je ne sors pas de cette chambre sans que tu me prêtes cette somme.
>
> Antoine GUITTON – *Mémoires d'un bourgeois de province* – 1854

598. SE FAIRE LA MALLE

Partir, s'enfuir.

Selon le *Grand Robert*, une malle est un « coffre destiné à contenir les effets qu'on emporte en voyage ». Elle est donc, de nos jours, comparable à une valise, chose que l'on prépare avec plus ou moins d'ardeur avant de partir en voyage, qu'il soit personnel ou d'affaires.

C'est pourquoi, même si ça ne se dit plus vraiment aujourd'hui, il était tout à fait normal autrefois, lorsqu'on préparait un long déplacement, de « faire sa malle ».

Alors en quoi *se faire la malle* a-t-elle une autre signification que *faire sa malle* ?

Cette expression semble apparaître vers 1935 pour parler d'un prisonnier qui s'évade.

Construite sur le même modèle que les expressions argotiques *se faire la belle* ou *se faire la paire*, elle marque simplement le fait que l'évadé est, au figuré, « parti en voyage » et qu'il a donc préparé et emporté sa malle ; même si, dans la réalité, il est peu probable qu'il se soit encombré de ses effets avant de disparaître.

À propos de *malle*, on peut signaler que :

– au XVIe siècle, *trousser en malle*, c'était « enlever par surprise » (bizarrement, au XVIIe, *troussé en malle* voulait dire « mort », ce qui laisse supposer que ceux qui se faisaient *trousser en malle* subissaient en général un sort funeste) ;

– à la fin du XVIIe, *plier sa malle* signifiait « mourir » (*faire sa malle* voulait dire la même chose à la fin du XIXe) ;

– au même moment que l'apparition de notre expression, *faire la malle à quelqu'un*, c'était le quitter, l'abandonner.

> Elle était là, dans mon bureau, secouée, plaquée, accrochée à son sac, en déluge, parce que son mari s'était fait la malle, en la laissant avec ses trois enfants.
>
> Geneviève DORMANN – *Le Bateau du courrier* – 1974

599. BRANLER DANS LE MANCHE

1. Être peu solide ou mal assuré.
2. Manquer de stabilité.
3. Être dans une situation précaire.

Je vois déjà des esprits mal tournés qui, avec les sens argotiques de *branler* et de *manche* vont s'imaginer des choses situées sous la ceinture. Mais que nenni ! Car le *dans* change tout !

Ceux qui sont déjà allés à la bêche, dans leur jardin, qui s'y sont pris un râteau, ou qui ont utilisé la pelle un 18 juin, savent pertinemment que la partie utile et métallique de ces outils de jardinage peut progressivement, lorsqu'ils sont utilisés avec l'ardeur qui sied à un amoureux du parterre de bégonias et du gazon à l'anglaise, se désolidariser du manche en bois.

Et avant de se séparer du manche, cette partie commence d'abord par branler (osciller, s'agiter) autour du manche avant de finir par tomber si on ne prend pas garde de la refixer solidement.

C'est tout simplement de cette constatation habituelle que notre expression est née au XVIIe siècle, précédée un siècle auparavant de *branler au manche*, un peu plus logique, car si quelque chose branle, c'est plutôt le manche dans l'outil que l'inverse.

Si, au sens propre, elle s'est d'abord employée à propos d'objets peu solides, prêts à casser, à partir du XVIIIe, on a aussi commencé à l'utiliser au figuré pour des personnes à la situation peu stable.

> Des complots déchirent le Vatican, les coups de théâtre se succèdent, éclaboussant le lecteur et l'investigatrice dont l'incrédulité branle dans le manche. Si elle hésite à croire en Dieu, elle croit en l'homme, ce qui est un début.
>
> *L'Express* – Article du 1er juin 2001

600. COMME UN MANCHE

Maladroitement, stupidement.

On pourrait facilement imaginer que cette expression, qui date du milieu du XXe siècle[1], vient de la mauvaise utilisation d'un outil du genre pelle ou râteau. En effet, en essayant de creuser un trou avec le manche de la pelle, il est certain que le travail serait très maladroit.

Mais s'il y a un peu de vrai, cela n'explique pas complètement l'origine de notre expression.

En fait, elle est issue du croisement de trois faits :

---

1. Mais *manche*, en tant que substantif ou adjectif, voulait déjà dire « maladroit » au début du même siècle.

– depuis le XVIIe siècle, le nom *manchot* s'emploie à propos d'un maladroit. On comprend aisément pourquoi (même s'il existe des manchots extrêmement habiles de leur seul bras valide, s'il leur en reste un, ou bien de leurs pieds, dans le cas contraire). Notre *manche* serait donc un abrégé de *manchot* ;

– le *manche* fait inévitablement penser à un outil, avec lequel il est facile d'être maladroit si on le maîtrise mal (ça ne vous est jamais arrivé de taper sur vos doigts avec un marteau ?) ;

– le terme insultant *emmanché* désigne un imbécile ou un maladroit depuis le XIXe siècle. Et on passe facilement de *emmanché* à *manche* en supprimant quelques lettres et un accent.

Alain Rey évoque également le fait qu'en argot, *manche* s'emploie pour *pénis*, et que les différents mots synonymes sont souvent utilisés avec une connotation péjorative.

> Je raconte tout ça comme un manche… faudrait d'abord que je m'arrange… que je vous donne un petit peu l'idée, vous représente un petit peu les choses… l'endroit, le décor… C'est l'émotion qui me bouleverse, me déconcerte, me coupe l'effet.
>
> Louis-Ferdinand CÉLINE – *Guignol's band* – 1944

601. FAIRE LA MANCHE

1. Faire la quête (pour des artistes de rue).
2. Mendier.

Aucune couturière n'est impliquée de près ou de loin dans la naissance de cette expression. Et pourtant, il semble que ce soit quand même bien de la manche de vêtement que vienne l'acception du nom *manche* employé ici, mais après un chemin un peu tortueux.

En effet, au commencement était la manche de vêtement, mot bien français. Or, au Moyen Âge, au cours des tournois, les dames donnaient avant le combat une de leurs manches au chevalier qui se battait pour elles.

C'est en raison de cette pratique que cette *manche* française a été reprise en italien au XIIIe siècle dans le mot *mancia* qui a pris le sens de « don » ou de « gratification », avant de signifier également « pourboire » ou « aumône » au début du siècle suivant.

Au milieu du XVIe siècle, le mot réintègre le français en en reprenant cette nouvelle acception. L'expression elle-même n'apparaît qu'à la fin du XVIIIe siècle.

Et si elle a d'abord servi pour les artistes de rue qui quêtent une gratification pour la prestation qu'ils viennent d'effectuer (et pas seulement le dimanche à Arromanches au bord de la Manche), elle s'est ensuite étendue à la mendicité, autre forme de quête.

> Le premier soir, je traîne au Quartier latin, rue Jacob. Je tombe sur des lascars qui chantent en faisant la manche. Il faut dire qu'à cette époque, dans les années 33-34, les rues étaient remplies de chômeurs qui vivaient de mendicité plus ou moins déguisée.
>
> Francis GUILLO – *Le P'tit Francis* – 1977

602. UNE AUTRE PAIRE DE MANCHES

Une tout autre affaire (souvent plus difficile ou compliquée).

Il n'existe malheureusement aucune certitude quant à l'origine de cette expression qui est attestée au XVIe siècle.

Les seules choses que l'on sait avec certitude, c'est qu'au Moyen Âge, les manches des vêtements des gens de la haute société n'étaient pas cousues de manière définitive et qu'on pouvait donc changer facilement et partiellement de tenue en changeant simplement sa paire de manches ; on sait aussi que, beaucoup plus tard, au moment de l'apparition de l'expression, il a existé des demi-manches (parties basses de la manche) en lustrine servant à protéger les manches elles-mêmes et aisément interchangeables.

Une explication dit qu'au cours des tournois, les chevaliers portaient les couleurs de leur dulcinée sous la forme d'une de leurs manches fixée à la lance ou au bouclier ; les manches seraient ensuite devenues des symboles que les amoureux s'échangeaient en gage de fidélité amoureuse (ce fait semble confirmé par le troubadour Vidal de Besaudun qui évoque deux amants qui, s'étant juré fidélité, promirent de « porter manches et anneaux l'un de l'autre »).

Une autre paire de manches aurait donc d'abord évoqué un nouvel amour ou une infidélité.

Mais si l'histoire précédente semble réelle, le lien avec l'expression est loin d'être certain, car cette dernière est incontestablement présentée comme familière, voire vulgaire, au XVIIIe siècle (l'abbé Morellet, en 1822, évoquant M. de Buffon et Mlle de Lespinasse, parle de formes triviales et populaires). Il est donc assez peu probable qu'elle ait eu un lien quelconque avec les choses galantes chez les nobles, sauf si le contexte de son utilisation a largement évolué entre le XVIe et le XVIIIe siècle.

Alain Rey indique d'ailleurs qu'il n'existe aucune attestation de cette hypothèse et que « cette interprétation semble être le fruit de l'imagination anecdotique des commentateurs du XIXe siècle », ces derniers étant effectivement réputés pour avoir inventé de toutes pièces nombre d'explications étymologiques.

> Une époque fantastique finalement. On allumait sa télé et hop, ça marchait. Et quand ça ne marchait pas, c'était super simple. C'est qu'elle était morte, ou débranchée… Tandis qu'à présent, c'est une autre paire de manches. On allume, puis on attend que les mises à jour de la box se fassent. Ce qui durent (sic) généralement deux à trois éternités quand on s'impatiente.
>
> *Le Figaro* – Article du 13 mai 2011

603. *MANU MILITARI*

Par la force, violemment.

L'expression signifie en latin « par la main militaire » (sans oublier que *manus* veut aussi dire « troupe » ou « poignée d'hommes »). À l'origine, elle veut donc dire « à la façon des militaires » ou « en employant la force armée ».

Par extension, elle s'applique maintenant aux actions menées par la force et donc généralement violemment comme, par exemple, l'expulsion des manifestants qui occupent un établissement.

Aujourd'hui, lorsqu'un locataire récalcitrant se fait évacuer de son logement « manu militari », généralement en présence d'un huissier, cela se fait forcément contre son gré, éventuellement avec l'aide de la maréchaussée.

Anciennement, lors d'une telle évacuation, l'huissier était accompagné d'un « recors », une personne chargée de témoigner de la bonne exécution de l'opération, mais aussi de lui prêter main-forte si jamais le locataire se rebiffait.

Bizarrement, la locution est datée de la fin du XIXe siècle par plusieurs sources (le *Robert* ou le *TLFi*, par exemple), mais on trouve des écrits modernes qui l'utilisent dès 1827 (voir le premier exemple), et, plus loin encore, certains évoquent son apparition dès le IIe siècle après J.-C.

> On a, à ce sujet, agité la question, si, en ce cas, le vendeur pouvait contraindre manu militari l'acheteur, qui a la chose en sa possession, à la lui rendre, en faisant ordonner, lorsque c'est un héritage, qu'il lui sera permis de s'en mettre en possession, d'en déloger de force l'acheteur par le ministère d'un sergent.
>
> Robert Joseph POTHIER – *Traités du droit français* – Volume I – 1827

> Aung San Suu Kyi ramenée chez elle manu militari. La chef de file de l'opposition birmane est finalement retournée hier chez elle, dans sa voiture, mais conduite par un militaire. Donc de force, après six

jours d'un bras de fer pendant lesquels la junte n'est pas parvenue à l'impressionner.

Libération – Article du 31 juillet 1998

604. (SE) CASSER LA MARGOULETTE

(Se) casser la figure.

Tomber, faire une chute (sous la forme pronominale uniquement).

Toute personne à la perspicacité à peine aiguisée aura constaté d'elle-même la similitude de forme entre *(se) casser la figure*, dont l'image est parfaitement claire[1], et *(se) casser la margoulette* qu'on trouve chez Flaubert à partir de 1864.

De cette similitude, on peut aisément oser une déduction simple : *figure* et *margoulette* sont synonymes.

Eh bien, à ceux qui ont osé, je vais maintenant confirmer qu'ils ont eu raison de prendre ce grand risque.

À l'origine, *margoulette* désignait plutôt la bouche ou la mâchoire. Puis, par extension, le mot a désigné le visage ou la figure. Ce qui nous permet de retrouver la synonymie imaginée. Mais pourquoi ce mot désignait-il la bouche ou la mâchoire ?

Dans *margoulette*, il y a *mar* et *goulette* (si, si, je vous assure !).

Goulette est le diminutif de *goule*, forme ancienne de *gueule*.

Mais pour le préfixe *mar-*, on se marre moins car, selon les étymologistes, il y a plusieurs origines possibles. Parmi celles-ci, deux semblent plausibles :

– il pourrait être repris du verbe *margouiller* qui signifiait « mâchonner » ;

– il pourrait également être extrait du mot normand *margane* qui voulait dire « mâchoire ».

1. Même que si on se casse la figure soi-même tout seul comme un grand en se prenant un gadin de derrière les fagots* ou bien si on se la fait casser par quelqu'un d'autre un tantinet hargneux, le résultat est le même : on a très mal.

Bien entendu, ici, le mot *margoulette*, comme le mot *figure,* n'est qu'une image pour désigner le bonhomme au complet, car s'il chute ou reçoit une raclée, ce n'est pas forcément la figure qui prend les coups.

Notez qu'on dit aussi de quelqu'un qui se suicide qu'il se fait sauter la margoulette.

> Allez-vous, dans le Nord, plus loin que Drontheim ? Prenez garde de vous casser la margoulette dans les montagnes. Rapportez-nous vos personnes en bon état.
>
> Gustave FLAUBERT – *Correspondances* – 1869

605. FAIRE LE MARIOLE

Faire l'intéressant, le vantard.
Se faire remarquer.

M*ariole* est né en France au XVIe siècle. D'abord *marriol*, on le trouve aussi sous les formes *mariol* et *mariolle.* Son origine n'est pas certaine et on en trouve principalement deux versions.

La première viendrait de l'italien *marivolo* ou *mariolo* qui désignait, au sens propre, un escroc et, au sens figuré, quelqu'un de rusé. Et c'est d'ailleurs avec le sens de « filou » qu'il apparaît d'abord en français.

On suppose que le mot est dérivé de *Maria*, la vierge Marie, en lien avec les gens qui feignent la dévotion et qui cherchent donc à tromper leur monde.

Une autre hypothèse, selon le *Dictionnaire historique de la langue française*, vient de l'ancien français du XIIIe siècle *mariole* (petite image de la vierge Marie, qu'on retrouve ici comme dans l'hypothèse précédente) qui servait à désigner une personne versatile et dont certains dérivés comme *mariolet* s'utilisaient pour qualifier un « jeune freluquet ».

Tout cela est bel et bon, me direz-vous, mais quel est le lien avec celui qui fait le vantard ?

Eh bien, si on admet que Marie est bien à l'origine de *mariole*, quand on sait que *marionnette* est issu de *Marion*, lui-même dérivé de *Marie*, et que dans les spectacles de marionnettes, les personnages ont généralement un comportement excessif, propre à les faire remarquer, on établit ce qui est le lien probable.

Si le sens de « filou » est bien attesté au XVIe siècle, ce n'est qu'au XIXe que le mot désigne quelqu'un de rusé, de malin, et que *faire le mariole* désigne celui qui se vante en se faisant passer pour malin.

Et pour ceux qui auraient entendu dire ou qui seraient persuadés que cette expression vient du soldat Gay Mariole de la garde napoléonienne, il faut préciser que la première attestation de cette expression avec le sens moderne date de 1726.

Ce qui, chronologiquement parlant, n'est pas du tout fait pour valider cette explication.

> Puis le silence et une voix qui leur crie : « Debout, et les mains en l'air ! » Ils se lèvent. Un œil noir les regarde, l'œil noir d'une mitrailleuse. Pas question de faire le mariole.
>
> Pierre QUILLET – *Le Chemin le plus long* – 1997

606. CROQUER LE MARMOT

Attendre longtemps, en se morfondant.

Envie d'un jeune marmot[1] bien tendre au petit déjeuner ?

C'est vrai qu'il y a parfois des moments où on aurait envie de faire taire certains marmots, surtout ceux des autres[2], lorsqu'ils sont trop remuants ou braillards, alors qu'on rêve de quiétude. Alors, pour les faire taire définitivement, pourquoi ne pas en croquer quelques morceaux bien tendres, après les avoir passés à la broche, hein ?

---

1. Pour les lecteurs qui ne parlent pas nativement le français, je précise que le *marmot* n'est pas le mâle de la marmotte, mais une désignation familière du petit enfant.
2. D'ailleurs, à ce propos, le regretté Pierre Desproges disait très élégamment : « Les enfants, c'est comme les pets, il n'y a que les siens qu'on supporte. »

Mais que les gros gourmands qui salivent déjà cessent de rêver car, même si l'origine de l'expression a longtemps été controversée, il n'a jamais été question de la dégustation d'un enfant.

Avant d'évoquer les nombreuses suppositions plus ou moins farfelues qui ont été faites, nous allons d'abord présenter l'origine qui a maintenant les faveurs des lexicographes, la plus probable, proposée par Pierre Guiraud.

Au XVIe siècle, date d'apparition de l'expression, alors que les sonneries électriques n'existaient pas encore, les portes ou leurs montants étaient équipés de clochettes ou de heurtoirs. Ces derniers, depuis le Moyen Âge, avaient le nom de *marmot*, parce qu'ils portaient souvent une figurine un peu grotesque comme l'était la tête des marmots (*marmot* au même siècle voulait dire « singe »).

Cette précision apportée, on pourrait alors imaginer qu'au lieu de croquer un enfant, c'est un petit singe qui ferait un passage par la casserole.

Mais que nenni ! Car ce serait oublier qu'à la même époque, *croquer* signifiait « frapper ». En effet, *un croque-note* était un mauvais musicien, par exemple, et le *jeu de croquet* tire son nom du verbe avec cette acception.

Alors *croquer le marmot* voulait simplement dire « frapper le heurtoir d'une porte » devant laquelle on pouvait attendre très longtemps et frapper sans relâche si elle restait désespérément close.

Parmi les nombreuses autres explications qui ont fleuri au fil du temps, voici un résumé des principales :

– les peintres attendaient leurs clients en dessinant (en « croquant ») des petits enfants sur les murs des pièces où ils attendaient ;

– *marmotter* voulait dire « claquer des mâchoires ». L'expression serait alors une signification comme « grogner (sous-entendu claquer des dents) lors d'une longue attente » ;

– *marmot* désignant aussi un tisonnier, l'expression s'appliquerait alors à quelqu'un qui, attendant longuement à proximité d'une cheminée, s'occuperait en attisant le feu à l'aide de cet instrument également appelé *marmouset* ;

– en revenant au marmot, heurtoir de porte, *croquer le marmot* aurait eu le sens de « baiser, embrasser le marmot pour le vassal souhaitant se faire admettre chez son seigneur, après une longue attente, obligatoirement ».

> À la bonne heure… v'là qu'est parlé !… C'est qu'il y a trois quarts d'heure au moins que je suis là à croquer le marmot ; et moi qu'est patient comme un chat qui se brûle, ça me fourmillait d'impatience.
>
> Les frères Cognard – *Bruno le fileur* – 1837

607. EN AVOIR MARRE – C'EST MARRE !

En avoir assez, être excédé. – Ça suffit !

Cette expression argotique date de la fin du XIXe siècle (début du XXe pour la forme *c'est marre !*).

L'origine est source de batailles entre lexicographes.

La plus couramment citée fait venir l'expression de l'ancien verbe *se marer* ou *se marrir* qui voulait dire « s'ennuyer » (contrairement à *se marrer*).

D'autres moins fréquentes évoquent l'espagnol *mareo* qui signifie « mal de mer » puis « ennui » ; il y a aussi l'arabe *andelk marra* (« tu as eu une fois ») d'où serait tiré le sens « ça suffit ».

Mais Alain Rey en a un peu marre de ces hypothèses qui ne le font pas marrer et qui le laissent fort marri. Il jette donc un pavé dans la mare et se rattache à l'hypothèse de Pierre Guiraud : *mar* ou *maré* est un mot d'argot des années 80 (de la tranche 1800) qui désignait la part du produit d'un vol (telle qu'issue d'un partage entre les voleurs après le larcin). Ainsi, *avoir son mar*, c'était « avoir son compte » au sens de « avoir ce qu'il faut ». Tout en se déformant, l'expression aurait ensuite évolué de la juste mesure jusqu'à exprimer la saturation.

Malheureusement, aucun des ouvrages anciens numérisés actuellement disponibles sur Internet ne confirme l'existence de *avoir son mar* ou *avoir son maré*.

Alors qui a raison ? C'est encore mystère* et boule de gomme.

> Tu peux dire ce que tu veux, mais moi j'en ai marre de faire la bonniche. Je suis devenue un souillon, je me délaisse, et je vois les femmes autour de moi élégantes et pimpantes, je ne vais plus me laisser faire.
>
> Tahar Fazaa – *Chroniques hebdo* – Volume 1 – 1998

> Quand l'homme décide, il décide et c'est marre on n'y revient pas. Il la sentit qui se moulait contre lui comme une pâte collante et molle qu'il commença à pétrir du plat de la main.
>
> Suzanne Salmon – *Ce soir à Cornebise* – 2006

608. ENTRE LE MARTEAU ET L'ENCLUME

Entre deux camps adverses, exposé à recevoir des coups venus des deux côtés.

S'il est avéré que la tyrolienne (le chant montagnard originaire du Tyrol) a été inventée par le Chinois qui a inventé l'engrenage, la première fois qu'il s'y est coincé le doigt, alors qu'il avait émigré en Autriche, le cri de Tarzan n'a pas été inventé par Tarzan lui-même (ainsi qu'il l'a avoué dans ses mémoires *Moi Tarzan, toi lecteur* Éditions Jungle Books, 1967), mais par un forgeron qui, un jour où il travaillait nu pour cause de très grande chaleur, s'en était malencontreusement écrasée une entre son marteau et son enclume.

Car il ne fait aucun doute que ça fait très mal.

En effet, le marteau a pour destin de frapper durement l'enclume qui, elle, ne peut échapper aux coups donnés par l'outil contondant. Il est donc facile d'imaginer que celui qui aurait l'idée complètement saugrenue de se placer entre le marteau et l'enclume ne pourrait que prendre de mauvais coups.

Si les deux objets existent et se rencontrent brutalement depuis bien longtemps, ce ne serait qu'au XVIIIe siècle que la métaphore aurait été utilisée pour désigner celui qui ferait mieux de courir aux abris au lieu de rester bêtement exposé aux mauvais coups venus de toutes parts.

Toutefois, si l'exemple cité est véridique et si Clément VII a bien écrit ce que Voltaire indique, elle daterait du XVIe siècle.

> François Ier roi de France soutint à Rome le parti de Henri VIII et comme son beau-frère, comme son allié, et surtout comme ennemi de Charles-Quint devenu déjà si redoutable. Le pape pressé entre l'empereur, et ces deux rois, et qui écrivait qu'il était entre l'enclume et le marteau, négocia, temporisa, promit, se rétracta, espéra que l'amour de Henri VIII durerait moins qu'une négociation italienne.
>
> VOLTAIRE – *Essai sur les mœurs et l'esprit des nations* – 1756

609. FAIRE LE MATAMORE

Faire étalage de sa bravoure, se vanter de prétendus exploits de manière ridicule.
Faire le vantard, le fanfaron.

Avant de dévoiler l'origine de cette expression, il est amusant de penser à nos amis les chats. Vous avez certainement déjà vu un de ces animaux qui, lorsqu'ils se sentent en danger, hérissent le poil de leur corps et de leur queue de manière à paraître plus gros et effrayer ainsi leur adversaire. Eh bien, sachez que ces animaux, comme certains autres, pratiquent ainsi le « matamorisme ».

Le mot *matamore* nous vient de l'espagnol *matamoros* qui signifie littéralement « tueur de Maures ».

Le personnage de Matamore apparaît en France dans des comédies dès le début du XVIIe siècle, mais c'est principalement *L'Illusion comique* de Corneille qui en fait un héros célèbre.

Comme le Capitan de la comédie italienne, c'est toujours un fabulateur qui se vante de prétendus exploits, au point que son nom deviendra un nom commun pour désigner un vantard souvent ridicule.

> Pour éviter l'expression de mes craintes, je fanfaronnais, jouais l'enthousiaste, faisais le matamore, et j'étais bien loin d'être fier.
>
> Nicolas Robert – *Soldatenthal* – 2006

610. VIEUX COMME MATHUSALEM

Extrêmement vieux.

Lorsqu'il est mort, Mathusalem n'était plus de toute première jeunesse, ainsi que nous l'apprend le livre de la Genèse où on trouve cette présentation :

> « Quand Mathusalem eut cent quatre-vingt-sept ans, il engendra Lamech. Après la naissance de Lamech, Mathusalem vécut sept cent quatre-vingt-deux ans et il engendra des fils et des filles[1]. Toute la durée de la vie de Mathusalem fut de neuf cent soixante-neuf ans, puis il mourut. »

Il était le grand-père de Noé qui fut le dernier des patriarches d'avant le Déluge à vivre très longtemps[2], Dieu ayant alors décidé que la durée de vie moyenne de l'homme ne serait plus que de cent vingt ans.

Toujours est-il que, ce bon vieux Mathusalem ayant vécu 969 ans, on comprend bien qu'il ait servi de référence dans une expression comme la nôtre.

On peut noter, pour la petite histoire, qu'une version de la Bible comporte une erreur manifeste, car la date de naissance de Mathusalem fait qu'il serait mort après le Déluge. Or, ce dernier n'a rien laissé de vivant sur la Terre, et, selon nos dernières informations, Mathusalem n'était pas enregistré comme passager à bord de l'Arche.

---

1. Le moins qu'on puisse lui reconnaître, c'est qu'il avait encore une sacrée santé pour son âge, le bougre !
2. N'oublions pas qu'Adam lui-même vécut 930 ans, et Noé 950 ans. Je n'imagine pas le nombre de personnes de la famille qui devaient être invitées aux derniers anniversaires de ces patriarches !

On parlait très-haut des vertus de ce colonel Bozzo-Corona ; la presse lui décernait quotidiennement des éloges qui ressemblaient aux annonces payées par certaines boutiques médicales. Il était vieux comme Mathusalem, et cela augmente le respect. Cependant, quelques doutes vagues planaient autour de cette charitable gloire.

Paul Féval – *Les Habits noirs* – 1863

611. ROULER DES MÉCANIQUES

1. Rouler les épaules.
2. Avoir une attitude prétentieuse et/ou agressive.

Au début du XXe siècle, on disait « il en a dans les mécaniques » pour désigner quelqu'un de physiquement solide.

Bien sûr, les *mécaniques* sont ici le squelette et ses articulations qui, s'ils sont bien constitués et résistants, permettent à son propriétaire d'être considéré comme un homme robuste et costaud, pour peu qu'il soit aussi bien fourni en muscles.

Rouler des mécaniques désigne une exagération gestuelle, une outrance de comportement destinée à tenter d'en imposer à ceux qui se laissent facilement impressionner.

À tenter, seulement, ainsi que le verbe *rouler* l'indique par les sens argotiques qu'il avait à la même époque. En effet, *rouler* voulait aussi dire « trop en faire » ou « exagérer » et un *rouleur* était un « bavard » et même un « fanfaron », exactement comme notre rouleur de mécaniques.

Je me suis éveillé dans le fauteuil, une couverture sur les endosses, et je pouvais réellement pas prétendre rouler les mécaniques.

Albert Simonin – *Touchez pas au grisbi* – 1953

612. DE MÈCHE (AVEC QUELQU'UN)

De connivence (avec quelqu'un).

Mèche amadou, de bougie, de cierge, de pétard, de bâton de dynamite, de baril de poudre ou bien de cheveux ? À votre avis ?

Eh bien, ce ne sera pas vendre la mèche* que de vous dire qu'on ne sait pas bien d'où vient cette *mèche*.

Selon les lexicographes, elle nous arrive du gascon ou du provençal *mech* qui veut dire « moitié », ou bien du *mezzo* italien qui signifie aussi « moitié » ou « moyen » (tous ces mots ayant probablement la même origine latine).

On est donc loin de la mèche qu'on allume.

Mais Wartburg compare, lui, l'idée d'« arrangement conclu (donc préalablement préparé) », qu'on retrouve dans l'expression, avec le sens de « matière préparée pour prendre feu aisément », ce qui nous ramène à la mèche d'explosif.

Toujours est-il que, à la fin du XVIIIe siècle, lorsque cette expression apparaît, *de mèche* a le sens de « de moitié dans un coup, un partage ».

Elle est précédée de peu, dans l'argot des typographes, par *être à mèche d'affut* (ou *d'affur*[1]) pour « être de moitié dans une affaire ».

Et quand on est de moitié, donc qu'on participe activement à une affaire avec quelqu'un, est-ce qu'il n'y a pas obligatoirement cette connivence, cette complicité qu'on trouve dans le sens de l'expression ?

> Ma demande de divorce piétinait. J'appris que l'avocat était de mèche avec Mounir qui lui avait offert un beau bijou pour enterrer la procédure.
>
> Liliane MOUNIGAN – *Pétales de vie* – 2008

613. VENDRE LA MÈCHE

Trahir un secret (d'un complot).
Révéler quelque chose qui devait rester secret.

La mèche qui nous occupe cette fois n'est pas celle de cheveux, mais celle qui servait autrefois à faire un brin de lumière à l'aide d'une lampe à huile,

1. *Affur* ou *affure* en argot désignait une affaire, généralement délictueuse, supposée rapporter beaucoup.

celle qui permettait aux artificiers de faire exploser des mines ou de faire partir des pièces d'artillerie, ou bien celle qui sert encore à allumer des pétards (ceux qui explosent, pas ceux qui se fument).

Pour comprendre l'origine de cette expression, il faut remonter au XVIe siècle, lorsqu'on utilisait l'expression *éventer* ou *découvrir la mèche*.

Lorsqu'un artificier éventait (exposait à l'air) ou découvrait la mèche d'une mine ou d'un engin explosif ennemi, il permettait d'en éviter les dégâts.

Le verbe *éventer* a d'abord eu la signification « exposer au vent, à l'air », puis celui de « ébruiter, divulguer » avant de prendre enfin celui de « trouver, découvrir ».

Par métaphore, *éventer la mèche* a pris le sens de « découvrir les dessous d'un complot (avant qu'il fasse des dégâts) ou d'une affaire devant demeurer cachée ».

Puis, à partir du XIXe siècle, le mot *vendre* au sens de « trahir » (« tu n'es qu'un vendu ! ») est venu se greffer sur l'expression d'origine pour nous donner celle d'aujourd'hui.

> Et j'ai cru un instant qu'à la différence de maman, papa savait. Sébastien avait-il vendu la mèche à papa ?
>
> Christian ARASSUS – *La Rose, le Renne et la Violette* – 2010

614. LE REVERS DE LA MÉDAILLE

Le côté déplaisant, désagréable, d'une chose ou personne qui a pourtant des côtés agréables, beaux, attirants.

Lorsqu'aux jeux Olympiques un athlète gagne une médaille d'or, on ne vous en montre toujours que l'endroit (ou avers ou obvers).

Mais sait-on ce qu'il y a sur le revers, ce qui se cache sur l'autre face de la médaille ? Du parmesan moisi, un mammouth écrasé, de la morve d'ornithorynque ? Il n'est pas sûr qu'on le sache un jour, et c'est peut-être mieux ainsi.

Car si la médaille présente bien une face attractive, qui en jette*, son fabricant ne s'est peut-être pas fatigué à soigner l'autre face, éventuellement laissée brute, car ça coûte moins cher et, une fois la médaille posée sur son présentoir sous verre, personne ne s'amusera à aller voir ce qu'il y a derrière.

Bien sûr, on aura compris que ce revers de la médaille n'est qu'une métaphore (attestée en 1640) qui indique que pratiquement toute chose ou personne d'apparence plaisante cache généralement un ou des défauts qu'on ne distingue pas au premier abord ; car, malheureusement, depuis Adam et Ève, la perfection n'est pas de ce monde.

> Le vent peut emporter vieux papiers et sacs en plastique et les répandre dans les jardins et les champs. Contre cela, Sita utilise des filets et exploite le site petit bout par petit bout. En limitant la superficie, on limite les envols. Le soir, de la terre est répandue sur les déchets, histoire de les coller au sol. Revers de la médaille, la terre doit être apportée par camions.
>
> *Le Parisien* – Article du 5 juin 2009

615. ÊTRE MÉDUSÉ

Être très étonné, figé par la stupeur.

Si vous avez quelques notions de la mythologie grecque, vous connaissez forcément les trois Gorgones[1] ! Ou vous en connaissez au moins la plus célèbre, Méduse, ses sœurs étant Sthéno et Euryale[2].

Ces trois jeunes femmes à la chevelure constituée de serpents inspiraient la terreur (leur nom vient d'ailleurs du grec *gorgos* qui voulait dire « effrayant »).

Jeune fille très jolie, Méduse séduisit le dieu de l'océan, Poseïdon, ce qui rendit Athéna suffisamment jalouse pour qu'elle affuble Méduse d'un pouvoir

1. Il ne faut surtout pas les confondre avec les filles de la famille Zola, fameux fromagers d'Italie.
2. Et non pas Graphie comme certains cancres pourraient le croire.

très particulier : toute personne qui la regardait dans les yeux était immédiatement transformée en pierre.

Or, lorsque vous êtes stupéfait par quelque chose, vous êtes généralement figé, immobile, comme « pétrifié », donc comme transformé en pierre, comme si votre regard avait croisé celui de Méduse.

Si le verbe *méduser* existe depuis le début du XVIIe siècle, il n'a guère été employé et ce n'est qu'à partir du XIXe que son participe passé est devenu commun dans notre locution.

Méduse sera tuée par Persée qui la décapitera après s'être approché d'elle à reculons en utilisant pour se guider un bouclier poli comme un miroir.

Il offrira la tête à Athéna qui la fixera sur son bouclier pour pétrifier ses ennemis, le regard de la Gorgone ayant gardé son sympathique pouvoir.

> C'était le 24 octobre 1972. Aux assises nationales du CNPF, à Marseille, Antoine Riboud, alors patron de BSN, monte tranquillement à la tribune. « Dans nos sociétés modernes, l'inégalité excessive est partout, lance-t-il devant un parterre médusé : dans les salaires, les conditions de travail, le logement, le transport, l'accès à la culture et aux loisirs. » Quand Riboud reprend sa place parmi ses pairs, Ambroise Roux, le pape français des affaires, à l'époque président de séance, prend bien soin de dire que ces propos n'engagent que leur auteur.
>
> *Le Nouvel Observateur* – Article du 11 décembre 1997

616. MENTEUR COMME UN SOUTIEN-GORGE

Très menteur.

Cet accessoire vestimentaire féminin, dont la taille des bonnets importe souvent à l'homme, protège et cache la poitrine, en lui conférant parfois une apparence trompeuse, encore accentuée depuis l'apparition du Wonderbra® et autres artifices permettant de rehausser les seins et de leur donner une impression de volume.

Ce sous-vêtement est d'autant plus trompeur qu'il peut donner l'impression de contenir une poitrine à la forme superbe alors que la réalité peut être des seins en forme de gant de toilette ou d'oreille de cocker.

C'est ainsi que les hommes qui ont été dépités par ce qu'ils ont pu découvrir une fois l'objet enlevé (alors que ces pauvres femmes ne sont pourtant pas responsables de ce dont la nature parfois très injuste les a dotées) ont associé ce dernier aux menteurs invétérés.

Cette expression est attestée en 1932 chez Céline.

> Sournois et menteur comme toujours, comme une douzaine de soutiens-gorge… Il me racontait de tels bobards, que la nuit ça m'en remontait… Je me les racontais à nouveau, tellement ils étaient durailles ! Crapules ! Et pesants !
>
> Louis-Ferdinand Céline – *Voyage au bout de la nuit* – 1932

617. A BEAU MENTIR QUI VIENT DE LOIN

On peut facilement raconter des mensonges (et être cru) quand ce qu'on dit n'est pas vérifiable.

Voilà une expression proverbiale dont le sens est limpide lorsque, malgré sa syntaxe archaïque, on la comprend correctement comme voulant dire « celui qui vient de loin peut facilement mentir sur ce qu'il a vu ou vécu là d'où il vient ».

Elle est citée par le *Dictionnaire de l'Académie française* de 1694. Elle est donc plus ancienne et date d'une époque où il restait encore de nombreuses terres à découvrir.

En ces temps, compte tenu des moyens de locomotion peu rapides qui existaient et de l'absence de téléphone ou d'Internet, il était facile à un voyageur revenant de loin de raconter des mensonges sur ce qu'il avait vu au cours de son périple, sûr qu'il était que personne n'irait vérifier.

Il n'en a pas fallu plus pour que notre expression, pleine de bon sens, puisse aisément apparaître.

Dans ce proverbe, comme dans quelques autres locutions, *avoir beau* signifie « être facile » ou « être aisé ».

> La rose bleue ? Mais il paraîtrait qu'elle existe ou tout du moins qu'elle a existé. J'ai cependant de la méfiance. A beau mentir qui vient de loin, et les contes verts ou bleus ne sont pas rares.
>
> Association horticole lyonnaise – *Lyon horticole : Revue bi-mensuelle d'horticulture* – Volume 30 – 1908

618. LA MER À BOIRE

Une entreprise longue et difficile.

Cette expression n'est plus employée que sous la forme négative « ce n'est pas la mer à boire », souvent pour signifier à quelqu'un qui imagine avoir une montagne à soulever que finalement, ce qu'il a à faire est bien plus facile que ce qu'il croit.

C'est une métaphore qui date du XVIIe siècle et que notre habituel ami Jean de La Fontaine utilise dans « Les Deux Chiens et l'Âne mort ».

Quand on connaît la difficulté qu'il y a à avaler très rapidement une bouteille entière d'eau (ou de vin, d'huile de foie de morue, de kérosène, de Pommard 76 ou de toute autre boisson de son choix), on imagine bien que la mer à boire, ne serait-ce que la mer d'Aral dans son triste état actuel, est une entreprise dépassant les limites du possible, même avec une très grande paille.

L'image que véhicule l'expression est donc celle d'une tâche qu'on ne peut réussir qu'au prix de difficultés souvent insurmontables (comme, par exemple, assister sans bâiller à une conférence de 2 heures sur la culture de la betterave rouge dans les plaines du Tadjikistan[1]).

> C'était donc le seul moyen, enfin, le seul que j'aie trouvé. Cette somme lui permettra de t'attendre

---

1. Comment ? Il n'y pas de plaines au Tadjikistan ? Et encore moins de cultures de betteraves ? Ah bon ! Alors peut-être au Kirghizistan ?

sans trop grogner, et tu vas regagner en partie sa confiance. Et puis zut, deux ou trois mois, ce n'est pas la mer à boire.

Jean-Pierre Serreau – *La Chair et le Cœur* – 2007

619. DEMANDER MERCI – ÊTRE SANS MERCI – ÊTRE À LA MERCI (DE QUELQU'UN)

Demander grâce – Être sans pitié – Dépendre de la volonté ou des caprices (de quelqu'un).

De nos jours, quand on emploie *merci*, c'est le plus souvent pour remercier[1] quelqu'un lorsqu'on lui sait gré de quelque chose ; mais c'est en ayant complètement oublié l'origine du mot, à supposer qu'on l'ait connue.

Il nous vient en effet du latin *merces* (*mercedem*, pour être plus précis) avec le sens de « salaire, récompense », mais aussi avec la signification de « grâce, pitié », peut-être parce que la grâce peut parfois être considérée comme une forme de récompense (je te gracie parce que tu t'es bien battu).

C'est d'ailleurs ce dernier sens qu'a *merci* lorsqu'il apparaît en français avec cette orthographe au XIe siècle (mais il a été précédé de *mercit* dès le IXe siècle).

Et c'est de là qu'apparaît d'abord, au XIIe siècle, notre *demander merci*, mais aussi *crier merci* avec exactement la même signification (toutefois prononcée avec probablement un peu plus de conviction).

C'est à peine quelques petites années plus tard qu'on entend *être sans merci*, applicable à des personnes qui accomplissent des actes barbares sans la moindre pitié pour leurs victimes comme,

1. Une bizarrerie de la langue veut d'ailleurs qu'on remercie quelqu'un alors qu'on ne l'a pas d'abord « mercié » une première fois. Et une autre étrangeté, c'est que vous pouvez dire merci à quelqu'un qui vous a eu à sa merci, à qui on a demandé merci et qui vous l'a accordée.

par exemple, lorsqu'un cruel personnage refuse de prendre en pitié celui qui lui « demandait merci ».

Il faudra attendre le XVIe siècle pour que la dernière forme apparaisse, lorsque quelqu'un est dépendant du bon vouloir d'un autre qui, sans pitié, donc « sans merci », peut lui infliger les pires brimades ou sévices.

> Il [Jean Desmarest] fut conduit à la mort dans une charrette, où on avait affecté de le placer plus haut que les autres, afin qu'il fût remarqué de la populace. Quand on vint pour le décoller, dit Froissard, on l'exhorta à demander merci au roi qui lui pardonnait ses forfaits.
>
> M. A. Boullée – *Histoire complète des états généraux de la France* – 1845

> Étant maintenant convenablement ordonnés, leur vie spirituelle était complète ; il ne leur restait plus qu'à assurer le bonheur de leur existence temporelle. C'est ce qu'ils firent en monopolisant peu à peu toute l'autorité, et en traitant avec une rigueur sans merci tous ceux qui leur faisaient opposition.
>
> Henry Thomas Buckle – *Histoire de la civilisation en Angleterre* – 1865

> Du reste, une fois livrée au monde, Malvina ne s'appartint plus : nos enfants étaient à la merci des bonnes ; la maison de commerce à la merci des employés ; les dépenses du ménage à la discrétion de la domesticité ; c'était une anarchie, un désordre complet.
>
> Louis Reybaud – *Jérome Paturot à la recherche d'une position sociale* – 1844

620. MERDE !

Souhait de bonne chance.

Nous avons des quantités de manières d'utiliser ce sympathique mot, la plupart du temps en tant qu'injure associée à des situations désagréables (Cambronne le connaissait bien). Mais il se trouve que, chez nous, on l'utilise aussi pour souhaiter bonne chance à quelqu'un. Étonnant, non ?

Il n'existe aucune certitude quant à l'origine de cette acception du mot qui est attestée au cours de la première moitié du XXe siècle.

La version la plus probable vient d'un simple usage superstitieux où, comme le souhait de « bonne chance » est interdit car il peut provoquer un échec, le mot qui en est considéré comme l'antonyme permet de déjouer le mauvais sort qui attend celui qui va subir l'épreuve (d'ailleurs, en ajoutant une couche de superstition alors que la première n'est même pas encore sèche, le destinataire est interdit de répondre « merci » sous peine d'annuler la conjuration du sort).

Une autre version, hélas non attestée, voudrait que dans le monde du théâtre, souhaiter « merde » à un acteur, c'était espérer pour lui que de nombreux fiacres viennent devant le théâtre déposer les spectateurs. Et comme les chevaux ont une fâcheuse tendance à déposer des mottes bien particulières sur leur trajet, beaucoup de crottin devant le théâtre signifiait alors beaucoup de spectateurs, donc du succès et de la chance.

Et puis il ne faut pas oublier que, toujours chez les superstitieux, marcher du pied gauche dans une merde sur le trottoir est supposé porter chance (sauf si c'est une crotte de chat noir déposée sous une échelle, bien entendu).

> – Mon vieux Baptiste, c'est le moment de se quitter, n'oublie pas de te rouler en boule. Je te dis merde et au revoir ! Ils se serrèrent longuement la main.
> – Je te dis merde aussi, à te revoir, sans toi j'aurais crevé à Rawa Ruska, je n'oublierai jamais.
>
> Robert Dutronc –
> *Le Trèfle à cinq feuilles* – 2003

621. LAISSER PISSER LE MÉRINOS

Laisser courir, laisser aller les choses, laisser faire.

Qu'est-ce qu'un mérinos ? Il se dit dans les milieux autorisés qu'il s'agit d'un ovidé[1] et, plus précisément, d'une race particulière de mouton dont la laine était très appréciée (en fait, deux races, puisqu'on trouve en France les mérinos d'Arles et ceux de Rambouillet).

Mais le mérinos urine-t-il de manière particulièrement importante, suffisamment pour avoir marqué les esprits ? Il semblerait que oui, mais pas plus que les autres ovidés, et que l'origine de l'expression ne soit donc pas vraiment liée à sa miction.

Au début, il y avait *laisser pisser la bête*, locution du XIXe siècle venue des gens qui menaient des attelages et qui choisissaient de s'arrêter pour laisser leurs animaux faire leurs petits besoins car, si l'on sait que ces bestiaux, qu'il s'agisse de chevaux ou de bœufs, défèquent volontiers en marchant, il semblerait qu'il leur soit beaucoup plus inconfortable d'uriner en avançant, avec des risques de retenue pouvant provoquer des troubles. Il y avait donc d'obligatoires pauses pipi au cours des longs trajets. Entre l'avance lente des animaux et les arrêts nécessaires, il fallait que les cochers ou conducteurs d'attelages et les éventuels passagers soient peu pressés, détendus, état d'esprit qui est sous-entendu dans le sens de l'expression qui est ensuite passée dans le langage commun pour signifier « laisser faire ».

À la même époque, le mérinos, ou du moins sa laine, était en vogue : le mot était donc souvent sur les lèvres des gens.

De là, des plaisanteries (la locution ne paraît-elle pas absurde, donc amusante ?) ont provoqué la substitution de la simple bête par notre animal à poils laineux.

---

1. Et non pas, pour ceux du fond près du radiateur, d'une marque de literie.

Pour être complet, on citera aussi l'anecdote suivante : Louis XIV, intéressé à la fois par l'élevage des animaux et l'abondance de la laine des animaux, aurait commandé un troupeau de 366 mérinos qui furent installés à Rambouillet. Lors d'une visite de l'élevage, un des moutons urina sur le pied royal. Alors que l'éleveur essayait d'éloigner l'animal très lourd, le roi aurait dit : « Laissez pisser le mérinos. » Mais outre que cette anecdote n'est citée par aucun lexicographe, elle n'apparaît dans la littérature que bien après la date d'apparition de l'expression et semble donc avoir été inventée a posteriori.

> Voilà pourquoi, à Cologne comme à Paris, plutôt que de polémiquer publiquement et de prendre le risque de n'être pas suivi, il a laissé pisser le mérinos aussi.
>
> Élisabeth Laureau-Daull – *Le Jour où Marx a craqué* – 2007

622. DES YEUX DE MERLAN FRIT

1. Un regard énamouré et ridicule.
2. Des yeux levés au ciel, de manière affectée, ridicule, ne laissant paraître que le blanc de l'œil.
3. Un regard étonné, stupéfait.

À vous qui savez parfaitement qu'en argot on appelle un coiffeur un merlan, apprenez que ce n'est pas du spécialiste de la capillosectomie dont il sera question ici, car il est rare d'en croiser un à la fois frit et amoureux.

Qui a déjà fait griller un poisson à la poêle a pu constater que cette pauvre bête, bien que n'étant plus trop capable d'être extatique, a en général la bouche ouverte et, surtout, les yeux sortis des orbites et ressemblant à des billes blanches.

Si cette expression date du XIXe siècle (*œil de merlan frit* est cité par Lorédan Larchey en 1865), c'est avec le cinéma muet qu'elle a pris tout son sens, alors que les mimiques des acteurs étaient exagérées et que, lorsque quelqu'un ouvrait des billes rondes, les yeux chavirés d'une ridicule extase supposée symboliser une transe amoureuse, cette personne était comparée à un merlan frit.

Mais pourquoi un merlan au lieu d'une truite ou d'une baudroie, me direz-vous ?

C'est une bonne question à laquelle Claude Duneton, dans son *La Puce à l'oreille*, s'il ne répond pas, apporte tout de même un complément intéressant en citant une œuvre de Caylus, *Recueil de ces Messieurs*, qui en 1745 écrivait déjà : « C'est de là qu'on a dit des amants qui regardent tendrement leur belle : qu'ils font des yeux de carpe frite. »

Autres temps, autres poissons !

Le dernier sens proposé est une extension de l'usage due au fait que, souvent, celui qui est très étonné reste là, immobile, avec des yeux grands ouverts, qu'on dit parfois exorbités, et pouvant également rappeler ce pauvre poisson frit.

> Tu penses qu'il ne crève pas les yeux, ton béguin pour ce pâlot d'étudiant empêtré dans son sourire ? Je parie que ça est même la blague de la maison. Tu penses si Mlle Laviolette, qui est la charité même… Oh ! tu peux nier tant que tu voudras, j'ai assez l'expérience des femmes, alleï ! Toi et tes yeux de merlan frit, quand tu la regardes !
>
> Robert Choquette – *Les Velder* – 1941

623. LA HUITIÈME MERVEILLE DU MONDE

Quelque chose d'absolument remarquable ou étonnant.

Des sept merveilles du monde, œuvres remarquables construites par les hommes, initialement listées par Philon de Byzance au IIe siècle av. J.-C., mais dont la liste définitive a été établie après le règne d'Alexandre le Grand, une seule est encore visible de nos jours.

Et si à peu près tous en ont entendu parler, je suis prêt à parier que peu sont capables de toutes les citer. Alors histoire de rafraîchir les mémoires défaillantes, en voici le détail :

– la pyramide de Khéops, au Caire en Égypte ;

– les jardins suspendus de Babylone, sur l'Euphrate, dans l'ancienne Mésopotamie, pas très loin de l'actuelle Bagdad ;

– la statue de Zeus, à Olympie, en Grèce ;

– le temple d'Artémis, à Éphèse, en Asie Mineure ou en Turquie actuellement (là où, selon des plaisantins, seraient fabriqués les fameux appeaux coûtant très cher) ;

– le mausolée d'Halicarnasse, à… Halicarnasse, en Asie Mineure également ;

– le colosse de Rhodes, à Rhodes (si !), en Grèce ;

– le phare d'Alexandrie, en Égypte, marquant l'entrée du port si cher à Claude François.

L'existence de six de ces œuvres a été prouvée, seuls les jardins suspendus de Babylone n'ont pas laissé de traces.

Cette liste étant établie et figée (même si, récemment, on a construit une liste de sept autres œuvres remarquables comprenant la Grande Muraille de Chine, le Machu Picchu ou le Taj Mahal, entre autres), il est devenu courant, lorsqu'on découvre quelque chose de merveilleux (quel nouveau parent n'aura pas ainsi qualifié sa progéniture toute fraîche ?), de lui faire une place naturelle au bout de la liste initiale en tant que huitième merveille du monde, à la suite des sept et inamovibles premières, mais bien avant toutes les autres potentielles.

> Ce même étonnement peut saisir celui qui se retrouve à devoir écouter un parent évoquant son enfant des étoiles plein les yeux et avec un air béat qui laisse entendre que l'on a affaire là à la huitième merveille du monde.
>
> Pascale Senk – *Le Figaro* – Article du 20 septembre 2010

624. PARIS VAUT BIEN UNE MESSE

Formule qui s'utilise généralement lorsque, pour obtenir un avantage important, on consent un petit sacrifice.

Cette formule est généralement attribuée à Henri IV, mais il se peut que ce ne soit pas lui qui l'ait prononcée (certains l'attribuent à son conseiller Maximilien de Béthune, plus connu sous le nom de Sully) ou même qu'elle n'ait jamais été réellement dite.

Nous sommes au XVIe siècle. Henri III désigne Henri de Navarre comme son successeur. Mais, après l'assassinat du roi par le moine Jacques Clément, la place toute chaude est convoitée par d'autres, d'autant plus que ce futur roi désigné n'est pas catholique.

Celui qui va devenir Henri IV doit batailler ferme, au propre comme au figuré, pour enfin être admis sur le trône. Il finit par y arriver, mais uniquement après sa conversion au catholicisme le 25 juillet 1593.

Ce serait à ce moment qu'il aurait prononcé cette formule signifiant pour lui que si le prix à payer pour avoir l'accès à Paris, symbolisant la France et le trône, était simplement de devoir se convertir au catholicisme, symbolisé par la messe[1], alors cela valait largement ce petit sacrifice.

Au passage, pour l'étrangeté de la chose, on peut rappeler qu'Henri IV, d'abord Henri de Bourbon, était devenu roi de Navarre sous le nom d'Henri III en 1572, avant de devenir roi de France. Quel autre roi peut s'enorgueillir d'avoir régné sous deux quantièmes différents ?

> On sait combien l'administration, établie en 1814, au nom du roi, satisfit peu les espérances populaires. Louis XVIII, quels que fussent les défauts de son caractère privé et les vices de son organisation morale, était un prince sage et prudent ; il s'était rappelé que Henri IV estimait que Paris vaut bien

1. Le mot peut aussi évoquer la messe solennelle au cours de laquelle le roi est sacré, ce qui, pour Henri IV, se produira sept mois après sa renonciation au calvinisme.

une messe, et il avait pensé qu'une couronne valait bien une constitution. Malheureusement pour lui, comme Napoléon renversé par la défaite de ses lieutenants, il fut trahi par les fautes de ses ministres.

Abel Hugo – *Histoire de l'empereur Napoléon* – 1833

625. UNE MESSE BASSE

Une discussion discrète, en aparté et à voix basse.

Au sens propre, depuis le milieu du XVIIe siècle, une messe basse, par opposition à une grand-messe, est une messe « qui se dit sans chant, et où les prières sont seulement récitées » (*Dictionnaire de l'Académie française*, 1832-1835).

C'est à la fin du XIXe siècle que le sens figuré qui nous intéresse apparaît.

Mais en quoi une messe non chantée a-t-elle pu faire naître une expression appliquée à un dialogue discret entre deux personnes ?

Selon Alain Rey, cela vient du fait que, lors d'une véritable messe basse, le prêtre marmonne des paroles indistinctes qui ne semblent pas destinées à être entendues par l'assistance, exactement comme le sont les paroles échangées par ceux qui disent des messes basses.

Mariette a assuré l'avoir rencontrée […] en grande conférence avec M. César et lui faisant des messes basses chuchotées grand train.

Henri Pourrat – *Gaspard des montagnes* – 1931

626. OUTRE MESURE

Excessivement, exagérément, déraisonnablement.

Les différentes acceptions des mots *outre* et *mesure* peuvent faire penser à des choses diverses. Que diriez-vous par exemple d'une outre calibrée servant à mesurer des volumes de liquide ? « Grâce à mon outre mesure, j'ai pu me préparer tout un cubitainer de pastis parfaitement dosé que je consommerai avec Modération dès qu'elle me rejoindra. »

Mais hélas, ici, foin de bon pastis bien frais !

Le mot *outre* nous vient ici du latin *ultra* qui signifiait « plus loin ».

Si nos amis belges disent souvent des Français qu'ils sont situés outre Quiévrain, c'est parce que pour eux nous sommes plus loin que la ville frontalière de Quiévrain (notez que, pour nous, les Belges sont aussi situés outre Quiévrain ; tout dépend du point de vue duquel on se place…). Et que dire de nos compatriotes d'outre-mer ?

Donc *outre mesure*, formule qui date du XIIe siècle, veut dire « plus loin que la mesure ». Oui, mais de quelle « mesure » s'agit-il ? D'un kilomètre, d'une lieue, de la distance de la Terre à la Lune, du volume d'un cubitainer de pastis bien frais parfaitement dosé ?

Eh bien, aucune de celles-là !

Le mot *mesure* apparaît au XIe siècle et est issu du latin *mensura* qui désignait d'abord l'action de mesurer, mais qui avait aussi les sens de « norme » ou de « modération » (tiens, elle est arrivée, vite deux pastis !).

C'est au XIIe siècle que le mot signifie également « dimension considérée comme souhaitable », sens qui nous intéresse ici. En retenant cette acception, lorsque vous faites quelque chose « avec mesure », c'est que c'est fait sans dépasser des limites considérées comme acceptables dans notre société.

À l'inverse, si vous le faites *outre mesure*, c'est que vous dépassez les bornes admises, vous le faites de manière excessive.

J'en profite pour ajouter que la signification « excessivement » est bien liée au dépassement d'une limite, à ce qui est excessif, et non pas à ce qui est simplement extrême, très proche d'une limite, mais avant de l'atteindre, le mot *excessivement* étant aujourd'hui beaucoup trop souvent employé à la place de *extrêmement* alors que leur sens est clairement différent.

Une entrée en matière « tranquille, ni bonne ni mauvaise » pour ces deux lycéens que le bac ne semble pas stresser outre mesure.

Libération – Article du 16 juin 2008

627. SAUVER LES MEUBLES

Sauver l'essentiel lors d'un désastre, d'une déconfiture.

Que faites-vous lorsque vous voyez que, le jardin, le garage et la cave étant déjà envahis par des eaux montantes contre lesquelles vous ne pouvez rien, vous constatez que l'intérieur de la maison va également être touché ?

Eh bien, le réflexe traditionnel, dans la mesure où il n'y a pas d'atteinte aux personnes qui menace, est de tenter de sauver ce qui peut l'être : le hamster, la mygale, le vase Ming, les confitures, l'électronique, les papiers importants et les meubles qui peuvent être déplacés, que ce soit simplement en les surélevant sur des briques (encore faut-il en avoir en stock ailleurs que dans la cave déjà inondée et prier pour que l'eau ne monte pas trop) ou en les montant à l'étage.

La métaphore, qui date du XIXe siècle, est donc aisément compréhensible : lorsqu'un désastre se produit, quel qu'en soit le domaine, on fait le nécessaire pour essayer de sauver ce qui est le plus important.

Et puisqu'on parle de meubles, on peut rappeler, juste pour le plaisir, que si, aujourd'hui, ils désignent des éléments bien spécifiques de notre intérieur, au XIIe siècle, ils désignaient tous les biens déplaçables ou transportables (les biens meubles, par opposition aux immeubles), qu'il s'agisse de ce qu'on englobe maintenant dans le terme *mobilier*, mais aussi les vêtements, les armes ou le bétail, entre autres.

Ce n'est qu'au XVIIe siècle que le mot a pris le sens restrictif actuel.

Aucune équipe au monde n'est capable de gagner un championnat avec onze joueurs. Mais il faut que ceux qui sont sur le banc gardent la motivation pour sauver les meubles si on a besoin d'eux.

L'Équipe – Article du 27 janvier 2009

628. ÇA FAIT LA RUE MICHEL

1. Le compte y est.
2. Ça suffit, c'est assez.

Cette expression familière, attestée au XIXe siècle, provient d'un jeu de mots digne de l'*Almanach Vermot*, basé sur la rue Michel-le-Comte, située dans le quartier du Marais à Paris.

Cette expression est apparue après 1806, lorsque cette rue a ainsi été nommée.

Elle serait venue des conducteurs de fiacre qui, une fois leur client déposé dans la rue (ou à proximité) et l'argent de la course reçu, leur signifiait ainsi avoir le montant nécessaire.

Ainsi, on serait passé de « ça fait le compte » à « ça fait la rue Michel-le-Comte » pour finir avec « ça fait la rue Michel ».

Selon d'autres sources, elle aurait aussi pu être popularisée par les journalistes des nombreux quotidiens installés dans la rue Réaumur, située à quelques pas de la rue Michel-le-Comte.

Nous serons à Saint-Mihiel à 9 h 22, tu comprends ? Bon ! Pourvu que nous soyons de retour après-demain matin au rapport, ça fait la rue Michel, c'est le capiston qui me l'a dit.

Georges Courteline – *Le Train de 8 h 47* – 1888

629. FAIRE SON MIEL (DE QUELQUE CHOSE)

Tirer profit (de quelque chose).

Savez-vous que les abeilles sont de viles profiteuses ? Elles exploitent de pauvres fleurs sans défense, sans même leur demander leur autorisation, et en retirent le nectar et le pollen qu'elles rapportent ensuite dard-dard[1] à leur ruche.

Une fois de retour, pour fabriquer ce miel dont on se régale, la butineuse transfère le nectar à une autre abeille qui l'avale et le régurgite à plusieurs reprises dans le but d'en éliminer l'excès d'eau et de le rendre plus riche en protéines et plus épais, en s'aidant de l'invertine (ou invertase), une enzyme qu'elle sécrète et qui modifie les sucres présents dans le nectar. Ensuite, les abeilles continuent à l'assécher en jouant les ventilateurs avec leurs ailes, avant de le déposer dans une cellule qui est scellée et dans laquelle la transformation continuera jusqu'à donner ce fameux miel.

En résumé, donc, si on oublie qu'ensuite, c'est l'homme qui joue lâchement les profiteurs en récupérant ce miel qu'elles ont mis du temps à fabriquer et qui est normalement destiné à leur servir de réserve de nourriture, on peut dire que les abeilles profitent des fleurs pour « en faire leur miel ».

En faut-il vraiment plus pour expliquer notre métaphore où les fleurs sont remplacées par toutes choses dont on sait extraire un « miel » ou quelque chose de convoité ou de profitable ?

Ici, il ne faut pas voir le *profit* sous l'aspect uniquement pécuniaire qu'on associe souvent au mot, car il peut tout aussi bien être physique ou intellectuel.

Si la date d'apparition de l'expression ne semble pas précise, on trouve des écrits du XVIe siècle qui comparent déjà le comportement de ceux qui savent tirer profit de certaines choses à celui des abeilles et de leur miel.

> Lire, en effet, bien lire est avant tout comprendre ; puis c'est juger, et s'approprier les pensées d'un auteur ; c'est en faire son miel, à la manière de

1. Les puristes diront qu'on parle plutôt d'aiguillon, mais « rapporter aiguillon-aiguillon à la ruche », ça le fait moins.

l'abeille, et les déposer, pour les y garder, dans le plus pur de son âme.

Édouard CHARTON – *Le Magasin pittoresque* – Volume 30 – 1862

630. JE VOUS LE DONNE EN MILLE

Je vous mets au défi de deviner.

Contrairement à ce que voulaient faire croire Coluche et San-Antonio (« je vous le donne Émile »), Émile Zola n'a strictement rien à voir dans la naissance de cette expression[1].

En effet, cette locution de défi date du milieu du XVIIe siècle, à une époque où l'Émile ne pouvait pas encore s'être fait connaître puisqu'il n'était pas né.

Elle est tout simplement une forme raccourcie (une ellipse, diraient les férus de géométrie) de « je vous le donne à deviner, mais vous n'avez qu'une chance sur mille de trouver la réponse ».

Ici, *mille* ne doit pas être seulement compris comme le nombre égal à dix fois cent, mais comme « un grand nombre », comme l'utilisait Antiochus dans *Bérénice,* de Racine, lorsqu'il disait « mille autres mieux que moi pourront vous en instruire » ou bien Mme de Maintenon dans sa lettre du 14 juillet 1707 au cardinal de Noailles lorsqu'elle écrivait « sans hésiter, je donnerais mille vies pour obtenir la paix ».

> – Monsieur, monsieur, dit-il, je vous le donne en cent, je vous le donne en mille.
> – Et moi, monsieur, je vous l'ordonne en un [...].
> – Il s'agit bien de cela vraiment ! reprit Gaspar qui tenait un journal à la main. Grande nouvelle, monsieur, grande nouvelle. Devinez cher maître. Je vous le donne en mille, en millions, en milliards. Devinez, vous dis-je ; devinez, devinez.

Joseph GRANDGAGNAGE – *Le Congrès de Spa : nouveaux voyages et aventures de M. Alfred Nicolas au royaume de Belgique* – 1858

---

1. Et son frère caché Gorgon non plus, d'ailleurs.

631. NE PAS PAYER DE MINE

Avoir une apparence, un aspect peu engageant, qui n'inspire pas confiance.

Quand on dit de quelqu'un qu'il n'a pas bonne mine, c'est que son apparence donne l'impression qu'il ne va pas très bien.

Cette mine-là n'a donc rien à voir avec celle du crayon, ni avec celle du grisou.

Au XVIIe siècle, *payer de* signifiait « faire preuve de telle ou telle qualité » et à la fin du même siècle, *payer de bonne mine*, voulait dire « avoir un physique avantageux, une belle prestance ».

Ce n'est qu'à partir du XVIIIe que l'emploi négatif traduit la différence qui peut exister entre l'apparence réelle (la mine) et ce qui peut se cacher derrière.

Car, comme chacun a pu certainement le constater, on peut parfois trouver des petites perles derrière des mines peu engageantes (exemple : tel restaurant ne paie pas de mine, mais on y mange tellement bien que, quand on en sort, on est ravi).

On emploie en général cette expression lorsqu'on subodore ou lorsqu'on a effectivement constaté que l'apparence peu attirante cache quelque chose de finalement très intéressant.

> Le fait est qu'il était loin de payer de mine comme les deux autres. Toujours caché jusqu'aux yeux dans son manteau, je n'ai pu apercevoir une seule fois son visage sous sa visière baissée.
>
> Edgar QUINET – *Mes vacances en Espagne* – 1846

632. UNE COUR DES MIRACLES

1. Un repaire de mendiants, de truands.
2. Un lieu mal famé, peu engageant.

Tous ceux qui ont lu *Notre-Dame de Paris*, de Victor Hugo, ont le souvenir de la Cour des Miracles qu'il décrit ainsi :

> « Il était en effet dans cette redoutable Cour des Miracles, où jamais honnête homme n'avait pénétré à pareille heure ; cercle magique où les

officiers du Châtelet et les sergents de la prévôté qui s'y aventuraient disparaissaient en miettes ; cité des voleurs, hideuse verrue à la face de Paris ; égout d'où s'échappait chaque matin et où revenait croupir chaque nuit ce ruisseau de vices, de mendicité et de vagabondage, toujours débordé dans les rues des capitales ; ruche monstrueuse où rentraient le soir, avec leur butin, tous les frelons de l'ordre social ; hôpital menteur où le bohémien, le moine défroqué, l'écolier perdu, les vauriens de toutes les nations, espagnols, italiens, allemands, de toutes les religions, juifs, chrétiens, mahométans, idolâtres, couverts de plaies fardées, mendiants le jour, se transfiguraient la nuit en brigands ; immense vestiaire, en un mot, où s'habillaient et se déshabillaient, à cette époque, tous les acteurs de cette comédie éternelle que le vol, la prostitution et le meurtre jouent sur le pavé de Paris. »

L'endroit qu'il évoque ici existait réellement à Paris à partir du Moyen Âge jusqu'au XVIIe siècle[1]. Il était très mal fréquenté, par des voleurs, des meurtriers et des mendiants faux éclopés, et très peu visité par les bourgeois et la maréchaussée car cette zone de non-droit était pour eux un vrai coupe-gorge[2].

Et s'il se nommait ainsi, c'était en raison des nombreux « miracles » qui s'y produisaient chaque jour ; en effet, alors qu'ils revenaient dans leur quartier de prédilection, les mendiants éclopés et atteints d'infirmités diverses qui, quelques minutes auparavant, faisaient pitié aux gens de passage se

1. Jusqu'à ce que le lieutenant de police de Louis XIV décide de nettoyer les lieux et d'en chasser sa population très particulière (il aurait ainsi envoyé 60 000 mendiants aux galères).

2. En fait, il existait à Paris plusieurs zones de non-droit très mal fréquentées, mais le plus célèbre était dans l'actuel IIe arrondissement, du côté de la rue Réaumur.

remettaient soudainement à marcher normalement, à recouvrer la vue ou à retrouver un membre encore amputé un peu avant.

Si le premier sens de l'expression est limpide, compte tenu de son origine, le second n'en est qu'une simple extension.

> Après une petite halte devant un café où deux Africains semblaient se quereller, l'équipe s'engage dans le square en travaux. Ambiance de cour des miracles. Une dizaine de marginaux sont allongés sur des matelas entourés de bouteilles d'alcool et de sachets. Des sans-abri, des accros au crack…
>
> *Le Parisien* – Article du 19 septembre 2006

633. LA SUBSTANTIFIQUE MOELLE

1. Le sens caché de quelque chose.
2. Ce qu'il y a de meilleur, de plus précieux en quelque chose.

Ah, un bon pot-au-feu dans lequel la moelle de l'indispensable os de bœuf a ajouté à l'ensemble un petit goût savoureux ! Tiens, puisque c'est comme ça, je vais m'en faire un pas plus tard que le week-end prochain, et vous devriez suivre mon exemple !

On sait tous que la moelle est cette substance molle et (très) grasse qu'on trouve au cœur des os, bien cachée, invisible si on ne les brise pas.

Et si c'est dès la fin du XIIe siècle que le nom *moelle* désigne aussi ce qu'il y a de profond, d'essentiel, en particulier dans une œuvre de l'esprit, on sait moins souvent que cette expression a été rendue célèbre par Rabelais dans le prologue de *Gargantua*, en 1534, où il décrivait ainsi ce que doit être la lecture non passive : « À l'exemple d'icelluy [chien] vous convient estre saiges pour fleurer, sentir et estimer ces beaulx livres de haulte gresse… puis, par curieuse leczon et meditation frequente, rumpre l'os, et sugcer la substantificque mouelle. » (Cité par Littré.)

La substantifique moelle y est ici une métaphore qui désigne ce que le lecteur actif doit extraire ou comprendre dans le texte qu'il lit, ce qu'il peut découvrir entre les lignes, le sens parfois caché du texte.

Par extension, *la substantifique moelle* est la quintessence des choses, ce qu'elles ont de meilleur.

> Les mauvaises langues diront que, comme d'habitude, il va falloir se coltiner un protocole interminable avant de tirer la substantifique moelle de la cérémonie du tirage au sort de la prochaine Coupe du Monde.
>
> *Le Figaro* – Article du 2 décembre 2009

634. ÊTRE MONNAIE COURANTE

Être une chose habituelle, une pratique banale.

A-t-on déjà vu une pièce de monnaie prendre ses jambes à son cou et s'éloigner en courant ? Que nenni ! Car la monnaie courante ne se déplace pas toute seule, quoi qu'on puisse en penser.

Au sens propre, et depuis la fin du XIIIe siècle, elle désigne la monnaie (pièces et billets) qui a cours, celle autorisée et « couramment » utilisée, et elle sera opposée plus tard à la monnaie bancaire, les chèques, par exemple.

L'expression, avec son sens figuré, apparaît au XVIIIe siècle chez Diderot (voir les exemples). Elle est tout simplement un jeu de mots sur *courante* avec le sens de « habituelle » et la *monnaie courante* au sens propre.

> Les grands services sont comme de grosses pièces d'or ou d'argent qu'on a rarement occasion d'employer ; mais les petites attentions sont une monnaie courante qu'on a toujours à la main.
>
> Denis DIDEROT – *Lettre sur les aveugles à l'usage de ceux qui voient* – 1749

> Les précautions prises par M. le professeur Gosselin contre l'infection et la contagion, les soins minutieux dont il entoure ses opérés, toutes ces conditions sont monnaie courante dans la chirurgie anglaise depuis longtemps.
>
> *L'Union médicale* – 1867

635. PAYER EN MONNAIE DE SINGE

Payer en grimaces, en belles paroles ou en fausse monnaie, au lieu de payer réellement.

À la lointaine époque où la ville de Paris était réduite à l'île de la Cité et à ses environs, au Moyen Âge, parmi les rares ponts qui reliaient l'île aux alentours, il y avait celui qui donnait sur la rue Saint-Jacques et qui franchissait le petit bras de la Seine, le Petit Pont. Ce dernier était à péage, institué par Louis IX, dit Saint Louis.

Mais certains corps de métiers étaient exemptés de cette taxe, sous certaines conditions.

C'est ainsi que les gens du spectacle, montreurs d'animaux, jongleurs et autres bateleurs, pouvaient ne pas payer, mais en contrepartie ils devaient exécuter un peu de leur spectacle devant le percepteur du péage. Que ce soit en plaisanteries, pirouettes ou en faisant faire des pitreries à leur singe, ils pouvaient s'affranchir de sortir de l'argent de leur poche.

C'est de cette tradition étrange (les péagistes devaient être un peu lassés de ces « animations ») qu'est née notre expression au XVIe siècle.

Mais on disait aussi *payer en gambades*.

Roberto Lavagna espère pouvoir remettre un peu d'huile dans les rouages de la machine économique. En clair, injecter un peu de cash dans une économie où la chaîne des paiements s'est rompue avec l'explosion de la crise. Les provinces, par exemple, qui n'ont plus un sou, rétribuent leurs employés en monnaie de singe, notamment avec des patacones (bons de paiement).

Libération – Article du 25 novembre 2002

636. PROMETTRE MONTS ET MERVEILLES

Promettre beaucoup de choses extraordinaires (même si elles semblent peu réalisables).

Nombreux sont les hommes politiques qui sont prompts à *promettre monts et merveilles* à ceux qui, naïvement, les écoutent. Mais certains monts sont déjà des merveilles, comme le mont de Vénus, par exemple. Alors, pourquoi promettre les deux ?

Les merveilles, à défaut d'en avoir réellement vu, tout le monde sait ce que c'est, il n'est donc pas la peine de s'attarder dessus.

Mais il peut paraître très étrange de rajouter des monts, qu'on comprend généralement comme « petites montagnes », à ces choses admirables ou étonnantes.

Il faut pourtant savoir que, dès le XIIIe siècle, *un mont de, des monts de*[1] signifie « une grande quantité de », métaphore qui s'explique aisément par le fait qu'une vraiment très grande quantité de choses empilées peut finir par former un très gros tas assimilable à une petite montagne.

C'est au début du XVIe siècle que l'expression apparaît qui, avec ses deux substantifs accolés, désigne quelque chose comme « promettre une grande quantité de choses merveilleuses ou étonnantes ».

Jusqu'à la fin du XIXe siècle, on disait dans le même sens *promettre des monts d'or* pour évoquer soit des avantages très importants soit des richesses considérables.

> À cinq heures du matin, nous nous mîmes en chasse, guidés par le fils de notre hôte, qui nous avait promis monts et merveilles, et qui, il faut le dire, continua à nous vanter la fécondité giboyeuse de son territoire avec une persistance digne d'un meilleur sort.
>
> Alexandre DUMAS – *Le Trou de l'enfer* – 1855

637. LA MONTAGNE ACCOUCHE D'UNE SOURIS

Par rapport aux attentes ou à l'ambition d'un projet, le résultat est extrêmement décevant.

Un fameux proverbe gynécologique dit : « Il est plus facile à une montagne d'accoucher d'une souris

1. À ne surtout pas confondre avec *démons*, même si les légendes du Moyen Âge évoquent souvent « les démons et merveilles ».

qu'à une souris d'accoucher d'une montagne. » C'est compréhensible, mais qu'en est-il si l'accouchement a lieu à la clinique Montsouris ?

Toujours est-il que, normalement, une montagne accouche dans la fureur de lave et de cendres, et jamais d'une mini (Minnie ?) et misérable petite souris. Cette image quelque peu disproportionnée est pourtant très ancienne puisque, sous une forme un peu différente, le poète Horace l'évoquait déjà au Ier siècle av. J.-C. (*Parturient montes, nascetur ridiculus mus* traduit généralement par *Les montagnes accouchent, une souris ridicule naît*).

Mais c'est encore une fois notre fabuleux fabuliste Jean de La Fontaine qui l'a popularisée dans « La Montagne qui accouche » où un poète annonce un sujet ronflant et ne produit pourtant qu'une œuvre très médiocre. Elle sera ensuite reprise par des auteurs comme Boileau ou Mme de Sévigné.

C'est bien la disproportion entre ce qui est attendu de l'énorme montagne et ce qu'elle produit réellement qui provoque une cruelle déception et qui a rendu cette métaphore célèbre.

La portée de l'expression dépasse largement la simple littérature. Elle s'applique maintenant à presque tous les domaines.

Elle peut s'utiliser, par exemple, lorsqu'un gouvernement quelconque, qu'il soit de gauche ou de droite, promet des réformes d'envergure destinées à redresser l'économie du pays ou d'une institution quelconque, et ne produit que des réformettes, ou bien lorsqu'un rapport ou un livre censé faire des révélations explosives ne s'avère être qu'un pétard* mouillé.

En février 1993, le président Clinton proposait d'introduire un impôt lourd sur l'énergie en guise d'élément central de son plan de réduction des déficits publics. Le pétrole brut devait être soumis à un impôt de 21 %, le charbon à un impôt de 25,7 %, et le gaz naturel à un impôt de 16 %. En face d'une forte résistance politique, la montagne a finalement accouché d'une souris : un impôt de 4 % sur l'essence.

Philippe Thalmann – *Impôts écologiques : l'exemple des taxes CO2* – 1997

638. LE MONT-DE-PIÉTÉ – CHEZ MA TANTE – LE CLOU

Établissement municipal de prêt sur gage.

Lorsqu'on a un cruel besoin d'argent et qu'on dispose encore de quelques biens monnayables, il peut être nécessaire d'aller dans un établissement de prêt sur gage (aujourd'hui, on va généralement au Crédit municipal) mettre ces biens en dépôt en échange d'une somme d'argent, avec l'espoir de les récupérer ensuite une fois la mauvaise passe terminée et l'argent remboursé.

Si cet établissement est souvent appelé *le mont-de-piété*, *chez ma tante* ou *le clou*, un curieux se demandera inévitablement d'où peuvent venir ces appellations.

La première nous vient au XVIe siècle de l'italien. Elle est en effet une traduction très libre de *monte di pieta* qui voulait dire « crédit de pitié » (*monte* signifiant en fait à cette époque « somme d'argent due »), terme qui correspond parfaitement à la situation.

La deuxième date du début du XIXe siècle. C'est un terme ironique qui vient de ces personnes qui, ne voulant pas avouer leur recours au mont-de-piété, expliquaient leur soudaine rentrée d'argent par un apport venu de la proche famille.

Et à ceux qui se demanderaient pourquoi la *tante* plutôt que la cousine ou la belle-mère, certains l'expliquent par l'utilisation du féminin de *oncle* qui, en Belgique au XVIIe siècle, désignait un prêteur sur gage.

La dernière est une image qui date de la même époque et qui vient simplement de ces « clous », parfois simplement imaginaires, où les petits objets mis en dépôt au mont-de-piété étaient supposés être accrochés.

> En sortant du Mont-de-Piété où elle vient d'engager sans nécessité ses bijoux et son argenterie, Mme G., déguisée en pauvresse et couverte de reconnaissances, arrive dans le magasin où travaille son fils.
>
> Marcel JOUHANDEAU – *Chaminadour II* – 1936

> – Tiens, où est donc ta pendule ?
> – Elle est à raccommoder.
> – (Riant.) C'est pas vrai, n'est-ce pas : tu peux bien me le dire, à moi…
> – Elle est chez ma tante…
>
> Henri MONNIER – *Scènes populaires* – 1835

> – Tiens, porte ça au clou.
> – Tu ne veux pas que je porte aussi les enfants ? demanda-t-elle. Hein ! si l'on prêtait sur les enfants, ce serait un fameux débarras !
>
> Émile ZOLA – *L'Assommoir* – 1877

639. UN MONTE-EN-L'AIR

Un cambrioleur.

En argot, et depuis la fin du XIXe siècle, le *monte-en-l'air* est un cambrioleur, mais pas n'importe lequel.

En effet, pour avoir droit à cette appellation, il fallait entrer dans les appartements en montant par les façades, en s'aidant des balcons, reliefs divers et autres tuyaux d'écoulement.

Autrement dit, il fallait monter en l'air (d'où l'appellation) le long des murs ou bien donner l'impression, au propriétaire désagréablement surpris, d'arriver par les airs.

On peut noter que celui qui arrive par les airs « vole », tout comme il « vole » des objets dans l'appartement qu'il visite. Si, aujourd'hui, on a bien deux acceptions complètement différentes du verbe *voler*, la racine latine *volare* est la même.

> Durant les quelques années de prison infligées pour un péché de jeunesse, il avait passé son diplôme d'électricien et beaucoup appris de son compagnon

de cellule, un monte-en-l'air qui avait troqué un emploi d'artisan serrurier pour celui, beaucoup plus lucratif, de cambrioleur.

Sylvain Forge – *La Ligne des rats* – 2009

640. FUMER LA MOQUETTE

Être dans un état second, raconter des bêtises, délirer.

Cette expression est récente puisqu'elle date de la seconde moitié du XXe siècle.

Ceux qui aiment les trips pas trop chers, qui ne déchirent pas trop les méninges, évitent en général la cocaïne ou l'héroïne et fument plutôt de l'herbe, dont le nom est celui politiquement correct du haschich ou du cannabis.

Or, par les temps qui courent, alors que le béton remplace petit à petit les prés, l'herbe véritable devient de plus en plus difficile à trouver, surtout pour les citadins.

Alors qu'est-ce qui, dans un petit appartement, empilé au milieu de nombreux autres, s'approche visuellement le plus de l'herbe, sinon les poils de la moquette, surtout si celle-ci est d'un beau vert fluo (avertissement : avec le parquet ou le carrelage, ça marche nettement moins bien) ?

C'est par dérision vis-à-vis des fumeurs de joints ou de pétards, et peut-être aussi en pensant aux effets probables du fait de fumer des poils de moquette synthétique, que fumer la moquette désigne un état dans lequel le « fumeur » n'a plus vraiment toute sa tête, comme s'il avait consommé une drogue.

On peut aussi concevoir que cette expression est née par allusion au gars dont la réserve personnelle d'herbe est vide, qui est en manque, et qui, faute de grives, coupe des poils de sa moquette pour en mettre dans son joint, avant de partir dans un trip inhabituel.

Cela dit, il ne faut pas non plus oublier que le haschich, c'est du chanvre indien.

Or, à quoi était beaucoup utilisé le chanvre autrefois, jusqu'au XIXe siècle ? Comme cette plante est une fibre naturelle très résistante, elle servait (et sert toujours, mais moins fréquemment) à fabriquer de la ficelle, du tissu et même des tapis. Et, dans l'intimité de son chez-soi, il n'y a pas une bien grande différence entre *fumer le tapis* et *fumer la moquette*.

> Le porte-parole de la Maison-Blanche, Tony Snow, a failli s'étrangler lorsqu'on lui a demandé si la condamnation à mort de l'ancien dictateur [Saddam Hussein] tombait par hasard deux jours avant les législatives aux États-Unis. « Vous avez fumé la moquette ? a-t-il lancé. Vous êtes en train de me dire que le système judiciaire irakien nous a ménagé une surprise de novembre ? »
>
> Philippe Gélie – *Le Figaro* – Article du 15 octobre 2007

641. MANGER LE MORCEAU – SE METTRE À TABLE

Avouer, dénoncer (pour un truand).

Ces expressions sont argotiques. La première est apparue à la fin du XVIIIe siècle, la seconde au milieu du XIXe.

Leur origine est strictement identique.

Autrefois, quand les policiers voulaient faire avouer un truand capturé, un des moyens utilisés était de le priver d'alimentation.

Lorsque le repris de justice finissait par craquer, il avait alors le droit de manger, au sens propre du terme.

C'est ainsi qu'en argot, celui qui avait fini par manger (le morceau) ou qui s'était mis à table pour manger est donc devenu celui qui avait avoué.

> Mais que font les garçons, encabornés dans votre garage, tous les après-midi que Dieu fait ? a demandé monsieur Toulouse, garde forestier de son état, en escale chez Lina.
> Lina, honteuse mais incapable de mentir, a mangé le morceau :
> – Oh, les garçons… sont perchés sur les cages à lapins et attendent les moineaux qui pillent le jardin et le blé des poules…
>
> Jean-Marie Gueyraud – *Dans le vert paradis des amours enfantines… Tout le monde t'attendent…* – 2004

C'est la certitude de la condamnation qui décide quelquefois les accusés à se « mettre à table ». Alors ils racontent aussi bien leur crime que leur premier amour, ou le baptême de leur petite sœur… N'importe quoi.

COLETTE – *La Naissance du jour* – 1928

642. AFFIRMER MORDICUS

Affirmer avec obstination, avec ténacité.

On supposera que personne n'ignore ce que le verbe *affirmer* veut dire. Il ne nous reste donc plus qu'à découvrir d'où vient cet étrange *mordicus*.

Prenez un pitbull, ordinaire, mais n'ayant pas mangé depuis deux ou trois jours et mettez-le à côté d'un animal quelconque, de la taille d'une brebis, par exemple. Croyez-vous que le chien va vouloir entamer une conversation courtoise avec l'autre l'animal ? C'est très peu probable !

En fait, il va bien plus certainement planter ses crocs dans une des cuisses charnues qui s'offrent à lui et ne plus lâcher, mordre obstinément jusqu'à ce qu'il arrache un morceau de sa pauvre proie[1].

Et vous avez là une scène peu plaisante qui suffit à tout expliquer.

En effet, l'adverbe *mordicus* vient, au XVIIe siècle, du latin *mordicus* (étonnant, non ?) lui-même dérivé de l'équivalent latin de *mordre*, et qui signifiait au sens propre « en mordant ».

Mais *mordicus* avait aussi, au figuré, la signification de « sans en démordre », comme notre pitbull agrippé avec obstination à la cuisse de sa victime, sachant que si le premier sens de *démordre* a bien été logiquement « lâcher prise après avoir mordu », il a vite été employé à une forme négative pour marquer

1. Situation vécue il y a longtemps en Algérie où deux boxers affamés et/ou énervés se sont partagé la cuisse d'un pauvre âne jusqu'à ce qu'ils soient abattus par leur maître attiré par les cris de l'animal.

l'opiniâtreté, la ténacité de celui qui ne veut pas en démordre.

Donc, celui qui « affirme mordicus », c'est tout simplement celui qui ne veut absolument pas démordre de ce qu'il affirme.

> Les psy dont elle se défiait lui auraient affirmé mordicus qu'elle avait fantasmiquement foutu en pièces le sein de sa mère pour le recoudre ensuite au fil imaginaire.
>
> Muriel Cerf – *Une passion* – 1996

643. ÊTRE DANS LES BRAS DE MORPHÉE

Dormir (profondément).

Dans la mythologie grecque, Morphée est le dieu des songes. Comme ses 999 frères et sœurs, il est l'enfant de la Nuit et d'Hypnos, le dieu du sommeil.

Morphée endort les mortels en les effleurant d'une feuille de pavot (le nom *morphine*, alcaloïde aux propriétés soporifiques tiré du pavot, vient de *Morphée*, lui-même venant de *morphé* qui, en grec, signifie « forme[1] »), les plongeant ainsi dans un sommeil propice aux rêves.

L'enlacement des corps pour le sommeil (être « dans les bras » de Morphée) est depuis longtemps une image classique dans notre littérature.

Malgré les effets conjugués d'Hypnos et de Morphée, certains esprits restés bien éveillés se demanderont pourquoi ce dieu a eu le nom de Morphée ou, indirectement, de « forme ».

Eh bien, à ces insatiables curieux, on répondra que c'était parce que Morphée pouvait prendre pour chacun des formes différentes, chacun étant libre de choisir les bras dans lesquels il souhaitait s'endormir.

> Les libations finies, et chacun des convives ayant bu autant qu'il vouloit, Alcinous leur parla encore ainsi : « Écoutez-moi, chefs des Phéaciens. Puisque le repas est fini, vous pouvez vous retirer, il en est

1. Pensez à *morphologie*, par exemple.

temps, et vous pouvez vous aller jeter dans les bras de Morphée. »

FÉNELON – *L'Odyssée d'Homère* – 1699

644. EN TOUCHER UN MOT (À QUELQU'UN)

Parler brièvement de quelque chose (à quelqu'un).

Cette expression, où *un* peut aussi être remplacé par *deux*, date du milieu du XVIe siècle. Son origine est plutôt facile à comprendre.

Quand vous parlez à quelqu'un, vous employez en général de nombreux mots. Si vous n'en utilisez qu'un ou deux, c'est que, mieux que Pépin, vous êtes très bref.

Bien sûr, il ne faut pas prendre *un* ou *deux* au mot. Il s'agit simplement d'une exagération classique servant à indiquer la brièveté de ce que vous avez à dire. D'ailleurs, pour confirmer la chose, on sait bien que dans *Le Cid* de Corneille[1], quand Rodrigue dit au Comte « À moi, Comte, deux mots ! », il n'a pas du tout l'intention de lui dire simplement deux mots.

Mais pourquoi *toucher*, me direz-vous ?

Eh bien, ici on doit lui comprendre le sens peu usuel de « effleurer » vu comme moins agressif que *dire*.

Hugues de Carignac fit au diplomate un récit aussi fidèle que détaillé du problème qui le préoccupait, en lui suggérant timidement d'en toucher deux mots à l'ambassadeur.

Philippe DUHAMEL – *La Guerre en Irak : pourquoi ?* – 2009

Autant les lettres de Tessé racontant ses visites clandestines à Turin, ses conversations avec le duc et avec son ministre, sont gaies, vives, amusantes, cachant le sérieux sous le badin, autant la correspondance de Catinat qui prêche misère, qui ne parle que vivres, rations, farines, mulets, caissons et charrettes, est sèche, ingrate, toute spéciale et monotone. Louis XIV, malgré son amitié pour Catinat, avait fini

1. Et non pas le Cidre de Cornouailles, comme je l'ai déjà entendu dire !

par être un peu ennuyé de cette disposition rétive, raisonneuse, de cette résistance continuelle ; et un jour Barbezieux, écrivant au maréchal, crut devoir lui en toucher un mot.

Sainte-Beuve – *Nouveaux lundis* – 1863-1870

645. PRENDRE AU MOT

1. Accepter une proposition faite par quelqu'un qui ne parlait pas sérieusement.
2. Croire à une bêtise.

Voilà une expression qui date de la fin du XVe siècle. À cette époque, le substantif *mot* y était compris comme ayant le sens de « offre de prix » (utilisé comme tel dans *La Farce de maître Pathelin,* pièce de théâtre du Moyen Âge dont l'auteur réel est inconnu[1]) et la locution voulait dire « accepter l'offre faite par quelqu'un ».

Son sens a depuis évolué vers une signification proche de « prendre quelqu'un à ses propres paroles » où la personne qui fait une proposition en n'imaginant pas du tout qu'elle puisse être prise en compte se fait piéger par l'acceptation de ses interlocuteurs.

Autrement dit, on accepte son offre (qui n'est plus seulement une offre de prix) tout en sachant pertinemment que ce n'en était pas réellement une ou qu'elle n'avait pas été faite pour être prise au sérieux.

Par extension, on l'emploie aussi lorsque quelqu'un « gobe » une fausse information qu'il a lue ou entendue. C'est alors celui qui prend au mot ce qu'il lit ou entend qui se fait piéger.

On arriva au samedi. Le maître chanteur approcha :
« Bill, il me faut dix shillings aujourd'hui.
– Tu ne les auras pas.
– Comment ? Et la police ? »

---

1. D'ailleurs, avec le même sens, « c'est votre dernier mot ? » (à la fin du XVIIIe) n'était aucunement une question rituelle d'un certain Jean-Pierre cathodique ; elle avait simplement pour but de demander si c'était la dernière offre de prix proposée.

Bill rit de bon cœur. « Vas-y, tu n'auras quand même pas un sou.
– Prends garde, Bill ; je te prends au mot », répondit l'autre en colère.
« Ça m'est égal ! » Et tirant de sa poche un papier plié, il s'écria plein de joie : « J'ai été gracié. »

Sonia E. Howe – *Plus précieux que l'or* – 1949

Comme ces erreurs étaient toujours accompagnées de menaces de sanctions épouvantables s'il ne payait pas dans les trois jours, il voyait le gaz coupé ou la saisie, et n'avait de cesse qu'il se fût expliqué de vive voix avec des employés qui se moquaient de lui, pour avoir pris au mot les ultimatums de l'imprimé.

Henry de Montherlant – *Les Célibataires* – 1934

646. MOTUS ET BOUCHE COUSUE

Pas un mot !
Formule employée pour demander une discrétion verbale absolue.

On comprend aisément l'utilisation de la formule *bouche cousue !* pour demander à quelqu'un de se taire, car celui qui a son orifice buccal fermé par du fil à coudre a forcément beaucoup de mal à prononcer le moindre mot (ou à hurler de douleur).

Cette version initiale est attestée dès le XVe siècle.

Quant à *motus*, apparu en 1560, ce n'est pas du véritable latin, mais une simple transformation plaisante de *mot* (peut-être par rapprochement avec *mutus* qui veut dire « muet »). Car dès 1480, ce trilitère s'emploie aussi seul sous la forme d'une exclamation avec le sens de « pas un mot ! »

Il est fréquemment utilisé en renforcement de la locution initiale pour donner notre expression.

À ceux qu'on voudrait sevrer de leur fâcheuse habitude de sodomiser les diptères, on dirait plutôt « botus et mouche cousue ».

Mon argument principal était qu'au sein du « microcosme », que nous soyons hommes politiques, grands patrons, journalistes ou intellectuels, nous naviguons tous (assez d'hypocrisie !) entre deux écueils : l'omerta et la rumeur, la loi du silence et

> le risque de porter atteinte à l'honneur et à la vie privée d'autrui, le « motus et bouche cousue » et la non-divulgation de ce qui doit être porté à la connaissance des citoyens.
>
> Luc Ferry – *Le Figaro* – Chronique du 8 juin 2011

647. BOURRER LE MOU

Raconter des mensonges.
Chercher à tromper.

Il est vrai que quand, dans une situation où il faut montrer beaucoup d'énergie ou d'initiative, on a en face de soi quelqu'un de complètement amorphe et mollasson, on a envie de « bourrer le mou » de coups pour qu'il daigne se bouger un peu.

Mais ce n'est pas de ce *mou*-là dont nous allons causer ici ; ni du mou dont le chat se régale, d'ailleurs.

Vous connaissez probablement l'expression argotique *bourrer le crâne* qui a exactement le même sens et dont l'image est celle de la personne dont on remplit le crâne de fadaises, billevesées et autres balivernes qui y rentrent d'autant plus facilement que le contenu du crâne est mou.

Il se trouve que notre expression, qui semble dater de la Première Guerre mondiale, n'en est qu'une copie, *mou* étant un mot d'argot désignant le cerveau (entre autres), chose molle s'il en est.

On trouve aussi la forme *gonfler le mou*, tant il est vrai que celui qui cherche à nous bourrer le mou nous pompe l'air.

Et de cette expression, Céline en 1936 a tiré *c'est du mou* pour dire « c'est un mensonge ».

> Ils se foutent de toi, ils te bourrent le mou et tu n'y peux rien.
>
> Alain Page – *Tchao pantin* – 1982

648. ENCULER LES MOUCHES

Porter son attention sur des détails de peu d'importance, être excessivement tatillon.
Dans une discussion, avoir un goût prononcé pour les arguties.

Tout comme *pinailler*, au sens très proche, le verbe de cette expression, qui date de la première moitié du XXe siècle, a son origine dans la partie basse de l'anatomie masculine.

L'action suggérée ici, pour qu'elle soit réussie sans dégâts un peu explosifs et mortels pour la petite bête, nécessite incontestablement une finesse d'exécution, une précision diabolique que seul un « enculeur de mouches » (autrement appelé « sodomiseur de diptères ») peut avoir, à moins, plus simplement, qu'il ne soit que très faiblement pourvu par la nature, comme le serait Rocco Undemifreddi.

Cela dit, l'expression se rapporte à des personnes qui poussent le bouchon* beaucoup trop loin (pour peu qu'on puisse appeler *bouchon* ce qui sert à l'action citée – il faudra poser la question à une mouche) dans… leur souci excessif du détail, de la précision ou dans leur goût prononcé pour les arguties[1] dans une conversation.

Pour ce qui est de la date d'apparition de cette expression, elle semble difficile à trouver. L'exemple proposé date de 1949, mais l'idée de titiller les mouches lorsqu'on est pointilleux vient clairement de plus loin. Pour preuve cet extrait de César Birotteau de Victor Hugo en 1837 : « Si le père Birotteau fait faillite, se dit du Tillet, ce petit drôle sera certes un excellent syndic. Sa pointillerie est précieuse ; il doit, comme Domitien, s'amuser à tuer les mouches quand il est seul chez lui. »

> Il y a deux façons d'enculer les mouches : avec ou sans leur consentement.
>
> Boris VIAN – *Cantilènes en gelée* – 1949

1. Pour rappel, les arguties sont des arguments spécieux ou excessivement subtils, habituellement destinés à tromper l'interlocuteur ou à lui faire renoncer à ce qu'il projette. Mais il n'y a généralement pas d'arguties efficaces pour empêcher notre sodomiseur de diptères de procéder à son péché mignon.

649. LA MOUCHE DU COCHE

Personne qui s'agite beaucoup sans apporter d'aide ou qui est empressée inutilement.

Cette expression est en général précédée du verbe *faire* ou *jouer*.

Un coche était autrefois un véhicule de transport public tiré par les ~~cheveux~~ chevaux. Il transportait surtout les gens pauvres, les riches ayant leur carrosse personnel[1].

Notre expression vient d'une fable de Jean de La Fontaine « Le Coche et La Mouche », dans laquelle la morale est claire :

> « Ainsi certaines gens, faisant les empressés,
> S'introduisent dans les affaires :
> Ils font partout les nécessaires,
> Et, partout importuns, devraient être chassés. »

Dans cette fable, donc, le fabuliste raconte l'histoire d'un coche dont les six chevaux qui le tirent n'arrivent pas à le sortir d'une situation difficile.

C'est alors qu'intervient une mouche qui s'affaire de façon très désordonnée et qui, une fois que le véhicule est sorti de son mauvais pas, s'en attribue tout le mérite.

> Paris, 1922 – C'est enfin aussi le Groupe des Six, les Ballets russes, Le Bœuf sur le toit ; dans cette petite boîte, sur le fond sonore que font Jean Wiener et Doucet, et au milieu de personnalités du jazz qui resteront historiques, il arrive que Arthur Rubinstein se mette au piano pour jouer son ami polonais Szymanowski, ou qu'un adolescent timide, les joues en feu, se mette à dire son poème : c'est Radiguet, assisté de Cocteau qui est dans tout cela la mouche du coche.
>
> Pierre-Michel Menger –
> *Le Paradoxe du musicien* – 2001

1. Et si jamais quelqu'un loupait l'heure de départ du coche, il manquait le coche*, ce qui a donné naissance à l'expression qui signifie maintenant « manquer une occasion ».

650. ON N'ATTRAPE PAS LES MOUCHES AVEC DU VINAIGRE

On n'obtient rien de personne par la force.
On conquiert plus facilement quelqu'un par la douceur que par la dureté ou la méchanceté.

Ma mission, et je l'accepte, va être de réussir à faire le lien entre l'expression et sa signification, lien peu évident de prime abord. Mais tout va devenir vite très limpide.

Je partirais donc du postulat que chacun ici sait ce qu'est une mouche et ce qu'est du vinaigre.

Une mouche, lorsqu'elle se pose sur un liquide quelconque, serait-ce du vinaigre, est mal barrée*. À moins qu'une improbable main secourable vienne l'en sortir, il est presque sûr qu'elle va y finir sa vie.

Toujours est-il que la mouche, qui semble instinctivement bien différencier les bonnes choses des mauvaises[1], ira bien plus volontiers se poser sur une cuillère de miel ou sur quelque chose de sucré que sur un fond de vinaigre (faites l'expérience, pour voir !).

Nous avons ici d'un côté une chose agréable (le miel ou le sucre) appréciée par le diptère et de l'autre une chose déplaisante (le vinaigre) que l'insecte va plutôt éviter.

Autrement dit, si vous voulez attirer une mouche dans vos rets, mieux vaut laisser traîner une douceur qu'une chose aigre.

C'est certainement une excellente raison pour que, au début du XVIIIe siècle, apparaisse l'expression *on prend plus de mouches avec du miel qu'avec du vinaigre* qui est simplement l'ancêtre de la nôtre.

La métaphore en est bien plus explicite : pour amadouer, conquérir, faire obéir quelqu'un (la mouche), mieux vaut utiliser la douceur ou la gentil-

1. Oui, des mauvaises langues vont dire qu'elles apprécient aussi les étrons bien frais. Certes, mais c'est simplement parce qu'elles y trouvent des choses excellentes à leur goût, même si, pour nous…

lesse (le miel), que la méchanceté ou la force (le vinaigre).

> Elle voulait inviter leur jeune ami à prendre le café, mais ne pouvait le faire devant l'Allemand sans impolitesse, elle se décida donc à l'inviter aussi. Il parut agréablement surpris et accepta l'invitation, elle se disait qu'après tout, on n'attrape pas les mouches avec du vinaigre !
>
> Gwen Sterlann – *Quand le vert n'était plus couleur d'espérance* – 2003

651. PRENDRE LA MOUCHE

Se fâcher, s'énerver brusquement, souvent pour une raison futile.

Bien qu'il soit question de mouches, et malgré ce que pourraient croire certains esprits mal tournés, le verbe *prendre* n'a pas ici son autre sens classé X, que certaines personnes trop tatillonnes appliquent parfois à ces malheureux diptères (voir enculer les mouches*).

Non, *prendre* signifie ici « commencer à avoir » comme dans *prendre peur, prendre l'eau*...

Qui s'est déjà promené au fin fond des campagnes françaises, du côté de Marly-Gomont, du Monteil-au-Vicomte ou de Rouperroux-le-Coquet, par exemple, aura pu parfois constater, dans un pré voisin, qu'une vache est soudain devenue comme folle, se mettant à courir en meuglant à travers son lieu de pâture, alors qu'aucune de ses congénères n'avait l'air de l'avoir spécialement perturbée. Et, inévitablement, vous vous dites alors « mais quelle mouche l'a donc piquée ? ».

Eh bien, justement ! Imaginez-vous à sa place, en train de brouter tranquillement, lorsque, alors que vous soulevez votre queue histoire de lâcher tranquillement une de ces bouffées de méthane qui participent à la pollution de notre atmosphère, un taon espiègle[1] vienne par là planter son dard dans une zone très sensible.

Dans ces conditions, on comprend très bien la réaction brutale du ruminant. Mais vu de l'extérieur, ce bovin paraît s'être énervé d'un coup pour rien.

Cette expression date du milieu du XVIIe siècle (mais *prendre mouche* existait déjà au XIVe). À cette époque, le terme *mouche* désignait tous ces insectes volants et agaçants que sont les mouches, les guêpes, les bourdons, les frelons, les taons, etc., insectes qui expliquent souvent un énervement brutal de la part de ceux qui en subissent les agressions.

> La vie de Marivaux ressemble assez à ce qu'on peut s'en figurer par ses ouvrages. Marmontel nous le montre, dans le cercle même de Mme de Tencin, « laissant percer visiblement l'impatience de faire preuve de finesse et de sagacité. » Plein d'égards et aux petits soins pour l'amour-propre des autres, il a été susceptible dans le sien à l'excès, et prenait la mouche promptement.
>
> Augustin HENRY – *Histoire de la poésie* – 1858

652. ÊTRE DANS LA MOUISE / LA PANADE /LA PURÉE

Être dans le besoin, la misère.

Je signale d'emblée à certains que Mouise n'est pas celui qu'on voit écarter les eaux de la mer Rouge pour laisser le passage aux Hébreux dans le film d'un certain Cecil Billet DeMille[2].

Mouise est un mot d'argot qui signifie « misère » depuis 1892 ou 1895, selon les sources.

Il vient de dialectes de l'est de la France (à Montbéliard, la mouesse était une confiture gros-

---

1. Et totalement insensible aux nombreux panneaux indiquant : « Oh taon, suspends ton vol ! »

2. Je profite de l'excellente occasion qui m'est donnée par l'auteur de ces lignes pour signaler à ceux qui se sont toujours demandé ce que cachait réellement le *B.* de *Cecil B. DeMille*, qu'il s'agissait de *Blount*. Mais ce n'est pas pour autant lui qui a tourné *Les Révoltés du Blounty*…

sière ; dans le Doubs, la confiture s'appelait de la mousse ; dans le sud de l'Alsace, la mouisse était une bouillie) où les variantes du mot viennent de l'allemand *Mus* pour « marmelade » ou « bouillie[1] ».

Avant de prendre le sens actuel, au début du XIXe siècle, le mot a d'abord désigné de la soupe de mauvaise qualité, puis des excréments coliqueux.

Le cheminement qui a provoqué l'évolution de la signification est à comparer à celui de *purée* ou *panade* qui, tous les deux, désignaient une forme de bouillie plus ou moins épaisse (la panade provençale était une soupe faite avec du pain) et ont également fini par prendre le sens de « misère » puisqu'on dit aussi bien *être dans la purée* ou *être dans la panade* qu'*être dans la mouise*.

Qu'est-ce qui peut expliquer ce glissement sémantique ? Deux choses :

– les soupes de mauvaise qualité, bouillies et autres purées étaient souvent des plats de jours difficiles, et elles ont fini, par métonymie, par désigner la misère elle-même ;

– leur consistance molle n'était pas sans rappeler celle des excréments coliqueux (sens par lequel est passé le mot *mouise*) qu'on retrouve dans l'expression similaire *être dans la merde*.

> – Vous connaissez Gaëtan ? Sa femme l'a plaqué. Elle est partie avec son patron… Et lui, le comble, il a été mis à la porte de sa boîte ! » – Pauvre chou ! Il s'en tire ? – Non, très mal, il est dans la mouise. La mouise la plus noire !
>
> Flora Cès – *La Cour anglaise* – 1996

653. UN MOULIN À PAROLES

Une personne très bavarde.

Il y a le moulin qui est nommé d'après ce qu'on y moud, comme le moulin à blé, le moulin à café ou

---

1. D'ailleurs, si vous êtes un céréales killer, vous aimez probablement le *muesli* dont le nom vient aussi de là. Avec le suffixe diminutif *li*, le mot signifie « petite purée ».

le moulin à poivre ; mais il y a aussi celui que l'on nomme d'après ce qu'il produit comme le moulin à huile, par exemple.

Et notre moulin à paroles fait incontestablement partie de la seconde catégorie, la personne bavarde produisant, par son bavardage incessant, une quantité intarissable de paroles.

Mais qu'y moud-on (sachant que ce ne sont pas des moutons) ?

Eh bien, rien ! Le moulin à paroles produit inlassablement son bavardage, hélas, sans qu'on l'alimente de quoi que ce soit, sans même qu'il ait besoin d'être branché sur une prise de courant, ce qui rend d'autant plus difficile la localisation de l'interrupteur qu'on aimerait parfois trouver pour lui couper le sifflet.

Cette expression, avec son sens actuel, nous vient de la seconde moitié du XVIIIe siècle. Le moulin symbolise la mécanique qui tourne sans arrêt, entraînée par le vent ou l'eau.

Mais un siècle avant, elle existait déjà. En effet, elle a d'abord désigné la langue, cet organe qui s'agite constamment dans la bouche de celui qui ne sait pas se taire.

C'est par métonymie que celui dont « le moulin à paroles » fonctionne sans discontinuer est devenu lui-même « un moulin à paroles ».

> C'était une femme ravagée par le temps et surtout par les passions. Elle avait à peine trente-cinq ans ; on lui en eût donné cinquante au premier coup d'œil. Elle était sèche et cassée ; elle agitait sans cesse de grands bras et de grandes jambes comme un faucheux ou comme un moulin à vent. C'était un moulin à paroles. Mais elle avait encore je ne sais quoi dans le regard et dans le sourire qui révélait une vie meilleure. Dans son beau temps, elle avait montré ses jambes dans les chœurs de l'Opéra.
>
> Arsène Houssaye –
> *L'Amour comme il est* – 1858

654. SE FAIRE DU MOURON

S'inquiéter, se faire du souci.

Le chat aime se faire du mou, mais peu lui chaut qu'il soit rond, cubique ou dodécaédrique (essayez un peu de demander du mou dodécaédrique à votre boucher, pour voir).

D'ailleurs, le chat n'est pas vraiment un animal qui a l'air de se faire du souci. Ses rares moments de fébrilité sont pour chercher sa pitance ou trouver un endroit où faire une de ses nombreuses siestes quotidiennes. Heureux animal !

Qu'est-ce donc que ce *mouron* ?

Cette expression est citée par Gaston Esnault qui la date de 1948, soit assez récemment.

À la place du *mouron*, on peut aussi « se faire de la bile* », « se faire du mauvais sang » et même « se faire un sang d'encre ».

Dans ces locutions, le sens de *se faire* doit être compris comme « s'en faire ». Ce qui ne nous avance pas plus sur le *mouron*.

Il s'agit en fait d'un mot d'argot qui, depuis le milieu du XIXe siècle, désigne… la chevelure.

Autrement dit, vous faire du mouron, ce n'est ni plus ni moins que « vous faire des cheveux* », mis à la sauce argotique.

Quelques esprits tatillons, qui font rien qu'à m'embêter, pourraient dire que, quand on a des soucis, on a plutôt tendance à « s'arracher les cheveux ». Il semble donc illogique de « se faire des cheveux (ou du mouron) » quand on est inquiet.

Mais c'est oublier que cette autre expression, à l'origine de la nôtre, est en fait un raccourci (une ellipse, en termes académiques) de « se faire des cheveux* blancs ». Ce qui, là, est beaucoup plus en phase avec ce que l'on sait de l'inquiétude et des soucis.

– J'estime qu'entre pères de famille, on n'a pas le droit d'agir déloyalement.

– Ne te fais pas de mouron, conseilla la sœur. Cet homme-là, il suffit de le regarder : de l'employé honnête, voilà ce que c'est.

Marcel AYMÉ – *Le Chemin des écoliers* – 1946

655. SE FAIRE MOUSSER

Se mettre en valeur de manière imméritée ou exagérée.

Vous arrive-t-il de vous laver ? Je pose la question parce que dans certains endroits comme un métro ou une queue de caisse d'un supermarché, on se trouve parfois à proximité immédiate de personnes dont on se demande si elles ont un jour utilisé un savon. Elles dégagent des odeurs extrêmement désagréables[1].

Donc, supposant que vous connaissez le savon et en utilisez, vous savez que ce truc produit de la mousse, quelque chose constitué d'une grande quantité de bulles serrées et dont le volume peut devenir très important alors que ça ne contient finalement rien.

Eh bien, une personne qui se fait mousser peut être comparée à de la mousse de savon : elle veut paraître importante, mais elle n'est très souvent rien ou pas grand-chose.

Cette expression, dans son sens actuel, date du début du XIXe siècle. Elle vient de la locution *faire mousser* qui, un peu avant, voulait dire « donner une valeur exagérée à quelque chose ».

Plus tôt encore, en argot, *faire mousser*, c'était « malmener ». Mais cette signification apparemment inexpliquée est archaïque[2].

Et on peut aussi ajouter que lorsqu'on dit d'un homme qu'il « se fait mousser le créateur », c'est

---

1. Même que, si le supermarché se trouvait du côté d'un certain col pyrénéen, on pourrait appeler ces odeurs insupportables « les relents à Roncevaux ». Oui, je sais, mais la journée a été longue et fatigante ; j'ai donc des circonstances exténuantes.
2. Aujourd'hui, quand on malmène une cannette de bière juste avant de l'ouvrir, l'image paraît évidente, mais qu'en était-il des boissons gazeuses à la fin du XVIIIe siècle ?

qu'il se masturbe, ou bien que lorsqu'on « se fait de la mousse », c'est qu'on se fait des cheveux blancs.

> La Fayette a une place toute particulière parmi les officiers français qui ont combattu avec les Américains. Ce serait une contre-vérité de penser qu'il n'est qu'un parmi quelques dizaines d'autres et qu'il s'est fait mousser, s'attribuant le beau rôle !
>
> Jacques ARLET – *Le Général La Fayette : gentilhomme d'honneur* – 2008

656. SE CROIRE LE PREMIER MOUTARDIER DU PAPE

Être infatué de sa personne.

Bien que l'apparition de cette expression soit datée (elle est citée pour la première fois en 1757 par un certain Desnoyer dans ses mémoires), son origine réelle reste une énigme.

La seule proposée (voir ci-après) a été donnée par Pierre Larousse, mais elle est considérée comme fantaisiste par les lexicographes modernes, car il n'en existe aucune attestation et elle vient d'une période où les explications pseudo-historiques étaient en vogue.

L'histoire que proposait Larousse est liée à un pape avignonnais, Jean XXII, qui succéda à Clément V en 1316 et assura son rôle jusqu'en 1334, date à laquelle il partit rencontrer celui qu'il représentait chez les vivants, non sans avoir auparavant excommunié l'empereur Louis de Bavière.

Ce pape aurait eu un péché véniel, celui d'adorer la moutarde. Et comme il ne voulait surtout pas manquer de ce précieux condiment, et qu'il pratiquait un peu le népotisme, il aurait créé la charge de premier moutardier, confiée à un de ses neveux qui aurait immédiatement pris la grosse tête, vu l'ampleur des responsabilités du poste.

Ce qui fait fortement douter les lexicographes de la véracité de cette explication est le trou béant de quatre siècles entre Jean XXII et la première attestation de l'expression, jamais rencontrée dans un quelconque écrit pendant cette période.

> Le plus petit se rencogna contre son frère et dit à demi-voix :
> – C'est noir.
> Ce mot fit exclamer Gavroche. L'air pétrifié des deux mômes rendait une secousse nécessaire.
> – Qu'est-ce que vous me fichez ? s'écria-t-il. Blaguons-nous ? Faisons-nous les dégoûtés ? Vous faut-il pas les Tuileries ? Seriez-vous des brutes ? Dites-le. Je vous préviens que je ne suis pas du régiment des godiches. Ah ça, est-ce que vous êtes les moutards du moutardier du pape ?
>
> Victor Hugo – *Les Misérables* – 1862

657. VOILÀ POURQUOI VOTRE FILLE EST MUETTE

Expression qui conclut ironiquement un discours verbeux ou incompréhensible, qui s'utilise à la fin d'une conversation après une pseudo-conclusion destinée à couper court aux éventuels commentaires, ou bien qui suit des explications d'une totale évidence.

Ici, la fille muette, c'est l'enfant de Géronte, Lucinde, qui a perdu la voix, ou bien qui le simule, suite à un amour contrarié.

Le médecin qui doit la soigner, c'est Sganarelle.

Et ces personnages se trouvent ensemble dans la pièce de Molière *Le Médecin malgré lui*.

Dans la scène IV de l'acte II, Sganarelle explique à Géronte les raisons du mal de sa fille en utilisant des explications extrêmement alambiquées, sans réel sens et donc incompréhensibles, probablement même pour celui qui les prononce.

La fin de son explication donne un aperçu du reste du diagnostic :

> « Qui est causée par l'âcreté des humeurs engendrées dans la concavité du diaphragme, il arrive que ces vapeurs… *Ossabandus, nequeyrs, nequer, potarimum, potsa milus*. Voilà justement ce qui fait que votre fille est muette. »

L'effet comique de cette phrase de conclusion d'un discours abscons a suffisamment marqué les esprits de l'époque pour qu'elle en devienne une expression.

Par ironie, elle s'emploie également à la fin d'une explication d'une totale évidence, donc à l'opposé de l'utilisation normale.

> Retiré dans sa chambre, il lit Le Phédon. Il y apprend pourquoi l'âme est immortelle par les mêmes procédés qui vous apprennent pourquoi votre fille est muette.
>
> Henry DE MONTHERLANT – *La Mort de Caton* – 1969

658. CHARGER LA MULE

1. Exagérer.
2. Accabler (quelqu'un), saturer (quelque chose).

Le verbe argotique *charger*, pour « exagérer », existe depuis la fin du XIXe siècle, mais cette expression semble être très récente, même si la locution *chargé comme une mule / un mulet / un baudet* pour dire « très lourdement chargé » existe au sens propre depuis le début du XVIIIe.

La *mule* est une image qui a très probablement été ajoutée à la suite du verbe parce qu'on sait que cet animal est capable de porter ou déplacer des charges très lourdes. C'est donc un animal qu'on peut « charger » de nombreuses choses, parfois en exagérant, sans qu'il ploie.

Par extension, cette notion d'exagération et d'accumulation de charge(s) se retrouve lorsqu'on accable quelqu'un ou qu'on l'accuse de toutes sortes de choses dont il n'est pas forcément coupable.

> Si on charge la mule des collectivités au-delà du raisonnable, elles se retrouveront rapidement dans l'impossibilité de faire face à leurs tâches nouvelles, sauf à augmenter terriblement les impôts.
>
> Jean-Paul HUCHON, président
> de la région Île-de-France – 26 avril 2004

659. METTRE / ÊTRE AU PIED DU MUR

Ôter à quelqu'un toute possibilité de fuir. / Ne plus avoir le choix et être obligé d'agir ou d'accepter la situation.

Comme disait Lao-Tseu (à moins que ce ne soit Confucius, ou encore Pierre Dac), c'est au pied du mur qu'on voit le mieux le mur.

Et une fois là, lorsque la meute de pitbulls qui vous poursuit vous a contraint à vous engouffrer dans ce cul-de-sac où vous venez de buter sur cette paroi infranchissable, vous n'avez plus qu'un seul choix possible : tenter de faire front[1].

La métaphore est donc simple à comprendre : si on vous a mis au pied du mur, vous n'avez plus de moyen de vous échapper, mais une fois que vous êtes au pied du mur, vous êtes obligé d'agir, sans plus pouvoir reculer.

La locution *être au pied du mur* avec son sens imagé date de 1590.

Selon le *TLFi*, *mettre au pied du mur* (qui se disait aussi *réduire au pied du mur*) vient des combats d'escrime où on « poussait (quelqu'un) à l'épée jusqu'à ce qu'il soit adossé au mur et ne puisse plus rompre ».

Notez que, vous dirigeant vers le pied du mur, au lieu de vous retourner pour faire face aux ennuis qui vont vous tomber dessus, vous avez encore tout de même la possibilité d'*aller droit dans le mur*… et de vous y écraser.

En 1544, il existait aussi l'expression *être au pied du mur sans échelle*, qui s'appliquait à celui qui ratait l'opération envisagée parce qu'il avait oublié quelque chose d'indispensable à sa réussite. Et ce serait cette expression qui, ayant perdu son échelle, aurait vu son sens évoluer à partir de 1590.

1. Là, une blague ancienne vous dirait qu'il vous suffit alors de traverser simplement la meute en écartant doucement un à un les animaux et en disant poliment : « pardon, pardon, pardon… »

Montpellier, hier soir, était au pied du mur. Pour garder un tout petit espoir d'accrocher la sixième place et une qualification en Europa League, les Héraultais devaient à tout prix battre les Lorientais. Plus facile à dire qu'à faire.

Midi Libre – Article du 12 mai 2011

660. PASSEZ, MUSCADE !

Le tour est joué !

La muscade est une épice qui sert à accommoder différents plats et desserts (et même certains cocktails). Elle peut être dangereuse puisqu'il suffit d'en avaler deux noix pour passer de vie à trépas. Elle se présente sous la forme de petites noix ovoïdes faisant jusqu'à 3 cm de long pour 2 cm de diamètre.

Le lien que cette épice peut avoir avec notre expression n'est pas évident.

Il vient des pratiques des joueurs de gobelets ou prestidigitateurs à partir du début du XVIIIe siècle. En effet, pour leurs tours de passe-passe, ils utilisaient des boules de liège dont l'apparence était très comparable à celle de la noix de muscade.

À la fin du XVIIIe, l'expression *partez, muscade !* ponctuait habituellement la disparition de cette boule de liège. Elle s'est ensuite progressivement déformée en *passez, muscade !* tout en s'étendant au figuré à d'autres usages pour signifier que le tour était joué.

Voulez-vous du drame, de la comédie, de la tragédie ou du vaudeville, parlez… que faut-il vous servir ?… du premier gobelet… Attention ! Messieurs et Dames, attention !… une, deux… passez muscade !… (Il se penche et reparaît avec le costume de Bouffé, dans le Gamin de Paris. – Imitation.) Eh bien ! quoi, mes petits enfants, du vaudeville, en voilà du vaudeville !

Delacour et Thiboust – *Avait pris femme le Sire de Framboisy !* – 1855

661. MYSTÈRE ET BOULE DE GOMME

S'utilise lorsqu'on évoque quelque chose de très mystérieux, que l'on ne sait expliquer.

Cette expression est d'usage courant, mais son origine exacte reste un peu « mystère et boule de gomme », même s'il est probable qu'elle est de source enfantine.

D'aucuns y voient une plaisanterie autour des mystères évoqués dans le roman de Jules Verne, *Les 500 millions de la Bégum* (où *Bégum* est transformé en *boule de gomme*).

Mais comme l'expression n'est attestée qu'au milieu du XXe siècle (Henri de Montherlant l'utilise en 1949 dans *Demain il fera jour*), soit bien après la parution de cet ouvrage, le lien est peu probable.

D'autres y voient plutôt ce qui suit.

Vous savez que, chez une voyante, la boule de cristal permet de découvrir un certain nombre de choses, passées ou à venir, et d'expliquer certains mystères concernant la personne qui consulte l'experte en divinations. Il va de soi que c'est la limpidité du verre qui favorise ces découvertes étonnantes (pour qui est assez crédule pour y croire).

Mais si, à la place d'une boule de cristal, Mme Irma utilise une boule d'un matériau sans transparence, comme une boule de gomme, par exemple, elle ne pourra rien voir et le mystère restera inexpliqué.

> Et le président d'avancer que tout le Sénégal allait se mettre à produire du maïs et que le million de tonnes était possible dès la saison prochaine. Sur quelle terre, avec quelle eau, mais surtout avec quels producteurs et quels intrants ? Mystère et boule de gomme, comme qui dirait.
>
> Mamadou DIA – *Échec de l'alternance au Sénégal et crise du monde libéral* – 2005

662. C'EST DU NANAN

1. C'est très bon, exquis, très agréable.
2. C'est facile.

Les lexicographes ne sont pas d'accord sur la date d'apparition de cette expression avec son sens actuel. Pour certains, elle date de 1727, pour d'autres du milieu du XIXe siècle. Mais sommes-nous à un siècle près ?

En revanche, ils s'accordent parfaitement pour convenir que le vieux mot *nanan* qui, lui, est cité en 1640, vient de la racine *nann-* ou *nam-* qui, paraît-il, a donné naissance à de nombreux mots enfantins dans différents dialectes régionaux.

Nanan, avec une majuscule, a d'abord désigné de la viande. Par la suite, dans le monde des enfants, le *nanan* a très vite servi à désigner une friandise, puis, par extension, quelque chose de délicieux.

Par extension toujours, l'expression a aussi pris le sens de « c'est facile » qui est à rapprocher de *c'est du gâteau*, une tarte tatin bien réussie ne pouvant qu'être exquise, comme chacun sait !

Au Canada, le mot *nanan* a donné *nanane* qui désigne d'abord une friandise, mais aussi un délice ou une chose recherchée.

> Alors touche là, vieux, dit le Gros-Boiteux. Puisque tu sors bientôt et que tu as des fonds pour travailler, je pourrai te donner autre chose ; mais ça c'est du nanan… du vrai nanan, un petit poupard[1], que moi et ma femelle nous nourrissions depuis deux mois, et qui ne demande qu'à marcher.
>
> Eugène SUE – *Les Mystères de Paris* – 1843

663. VOIR NAPLES ET MOURIR

S'utilise pour marquer l'accomplissement d'un désir souhaité si ardemment, qu'après la vie perd tout son sens.

Cette expression est aussi utilisée par les Napolitains pour dire que leur ville est d'une telle beauté, qu'une fois qu'on l'a vue, le reste n'a plus aucune

1. Vol préparé de longue main.

importance et on peut mourir en paix (*Vedi Napoli e poi muori !* qui se traduit par « Vois Naples et puis meurs ! »).

Mais heureusement que toutes les personnes qui visitent Naples n'y restent pas six pieds sous terre ! Le cimetière y serait depuis très longtemps arrivé à saturation.

On trouve de nombreuses explications plus ou moins crédibles sur l'origine de cette expression (en général venant de la déformation d'un nom de lieu situé plus ou moins à proximité de Naples comme Morire ou Mori), mais la plupart sans aucun fondement.

Il est en fait probable qu'elle a été inventée par Goethe, au XVIIIe siècle, dans *Voyage en Italie*, qui, je ne vous étonnerai pas, est le récit d'un voyage qu'il a effectué dans ce pays de 1786 à 1787, récit où il cite l'expression dans sa forme actuelle, probablement après l'avoir entendue à Naples dans sa version italienne.

À propos de Naples, et même si c'est hors sujet, on se rappellera que « le mal de Naples » était une des appellations de la syphilis, due à l'idée fausse que la maladie était apparue dans cette ville en 1494. Et au XVIIe siècle, on a vu apparaître l'expression *aller à Naples sans passer par les monts* qui signifiait « attraper une maladie vénérienne ».

> Si l'Italie est le jardin de l'Europe, Naples est le jardin de l'Italie, et je ne dirai pas : Voir Naples et mourir, mais bien plutôt : Voir Naples et vivre pour la revoir !
>
> LAMBOSSY DE FUYENS – *Souvenirs d'Italie* – 1857

664. CHASSEZ LE NATUREL, IL REVIENT AU GALOP

Les défauts, les penchants ne se perdent jamais, ne peuvent pas être toujours dissimulés.

Il y a bien longtemps que l'homme a couché sur le papyrus cette presque systématique vérité qui veut que quelqu'un ne puisse longtemps dissimuler sa vraie nature. Quels que soient ses dons pour tromper autrui, il est probable qu'il y aura toujours des circonstances où il finira par laisser transparaître son véritable caractère, ses véritables penchants[1].

C'est en effet chez Horace, au cours du dernier cinquantenaire av. J.-C. que, dans ses Épîtres, on trouve la phrase *naturam expellas furca, tamen usque recurret* qu'on peut à peu près traduire par : « Chasse la nature à coups de fourche, elle reviendra toujours en courant. »

Mais c'est Destouches qui, en 1732, dans sa comédie *Le Glorieux,* a fait passer notre expression à la postérité.

Dans cette histoire, le protagoniste est un homme infatué de sa personne qui, noble ruiné, s'est mis dans la tête d'épouser la fille d'un riche bourgeois. Mais la promise hésite fortement devant l'orgueil trop visible du prétendant dont la suivante, Lisette, lui conseille de moins montrer ses défauts en lui disant :

« Je ne vous dirai pas : changez de caractère ;
Car on n'en change point, je ne le sais que trop ;
Chassez le naturel, il revient au galop. »

De la comédie *Le Glorieux* de Destouches, on a aussi retenu deux autres grands classiques dont la forme a pu un peu varier depuis le XVIIIe siècle : « Si quelqu'un vient me voir, je n'y suis pour personne » et « La critique* est aisée et l'art est difficile », cette dernière étant si connue qu'il suffit parfois de n'en citer que le premier hémistiche « la critique est aisée » pour être immédiatement compris.

Le marquis arrive, et étale ses grâces et son esprit aux yeux de la jeune personne, qu'il croit captiver avec le ton tranchant et les airs du grand monde qu'il

1. Et comme ils ne penchent pas forcément du bon côté, socialement parlant, la personne peut finir par se faire détester ; en effet, ne dit-on pas *honni* soit qui mal y penche* ?

a puisés à la cour. Mais il se trompe ; Lucile veut un peu moins d'esprit et beaucoup plus de sentiment. Il s'arrange pour paraître tel qu'on le souhaite : mais, chassez le naturel, il revient au galop.

BABAULT – *Annales dramatiques* – 1808

665. SE CASSER LA NÉNETTE

1. Se fatiguer, se dépenser, se décarcasser (pour faire quelque chose).
2. Réfléchir profondément.
3. Se faire du souci.

Cette expression, qui serait apparue dans les années 1930, a plusieurs sens, relativement proches, puisqu'ils sont tous liés au travail des méninges, que ce soit pour la réflexion ou l'angoisse.

Ceux qui ont un certain nombre d'années à leur compteur personnel connaissent bien la Nénette, cette brosse à lustrer les automobiles, née en 1947. Mais à ceux-là, je suis obligé d'avouer que la nénette à se casser n'a aucun lien avec cet objet qui a fait le bonheur de moult possesseurs de voitures, autrefois.

Aujourd'hui, même si la Nénette est toujours en vente (avec son inséparable Nénétol), il existe de moins en moins d'adeptes qui « se cassent la nénette » à utiliser cet objet magique, nos voitures étant plus souvent soumises à la torture des brosses à rouleaux.

Notre nénette du jour, qui est un mot d'argot, a deux origines possibles.

La première vient d'une abréviation du mot *comprenette* ou « faculté de jugement ».

La seconde, plus probable, est une abréviation soit du mot *trombinette*, soit du mot *bobinette*[1], les deux désignant le visage ou la tête (n'utilise-t-on pas aussi *se casser la tête* pour dire la même chose ?).

Le gendarme Dubost notamment, en poste dans ce secteur en 1942 : « Il m'a confié un jour : "Plutôt

---

1. Pas celle qui va choir une fois tirée la chevillette de la porte de la mère-grand.

que de me casser la nénette à faire le va-et-vient, j'ai plus d'intérêts à ne faire le passage qu'une fois par semaine." »

Gérard Chauvy – *Aubrac : Lyon 1943* – 1997

Éric a l'air de prendre ça le plus naturellement du monde, pourquoi se casser la nénette : j'en fais autant, youp-youp, tout ça est parfaitement normal. Il n'y a qu'à en profiter.

Bayon – *Le Lycéen* – 1987

666. LE NERF DE LA GUERRE

L'argent.

On sait que les nerfs sont ces fibres (très nerveuses) qui, dans le corps humain, transmettent, entre autres, les ordres issus de notre cerveau vers nos membres.

Mais, au XIe siècle, lorsque le mot apparaît, cette acception moderne n'est pas celle initiale. En effet, le mot *nerf* vient du latin *nervus* qui, au sens propre, désignait de manière beaucoup moins spécialisée un ligament, un tendon ou une fibre quelconque et qui, au figuré, signifiait « force », « vigueur » et « partie essentielle (d'une chose) ».

Et c'est surtout ce dernier sens figuré qui nous intéresse ici.

Car si, au Moyen Âge, une guerre servait aussi à s'enrichir en pillant les biens et les terres de l'adversaire ou en rançonnant l'ennemi, elle est bien plus souvent un gouffre financier en raison du coût des armes, de l'équipement nécessaire et de la solde des armées.

Si bien qu'il est difficile de mener « correctement » une guerre lorsque les caisses sont totalement vides, l'argent étant cette « partie essentielle » sans laquelle la guerre ne peut qu'être perdue face à un ennemi mieux équipé, car ayant plus de moyens financiers.

Selon les lexicographes modernes, l'expression n'apparaît sous la forme actuelle qu'au cours du XVIIe siècle. Cependant, au XVIe, Rabelais parlait déjà du « nerf des batailles » et Jodelle du « nerf de toute guerre ».

Un peu plus tôt encore, Nicolas Machiavel citait un historien du premier siècle en écrivant :

« Quinte-Curce a énoncé cette opinion en parlant de la guerre qui éclata entre Antipater, roi de Macédoine, et Lacédémone. Il rapporte que le manque d'argent força le roi de Sparte à livrer bataille, et qu'il fut vaincu ; et que s'il avait différé de quelques jours le combat, la nouvelle de la mort d'Alexandre se serait répandue dans toute la Grèce, et la victoire se serait déclarée pour lui sans combattre. Mais comme il manquait d'argent, et qu'il craignait que son armée ne l'abandonnât faute de paye, il fut forcé de tenter la fortune des combats. C'est à cette occasion que Quinte-Curce avance que l'argent est le nerf de la guerre. »

Comme quoi, si la citation est juste, il y a bien longtemps que l'on s'est rendu compte que, sans argent, point de guerre digne de ce nom.

L'ancien sens figuré « force » ou « vigueur » a également été repris par Furetière lorsqu'il a écrit : « L'argent est le nerf de la guerre, pour dire, c'est la force, le ressort qui fait agir toute l'armée. »

À ces difficultés se joignirent celles de toute nature apportées par l'administration dans les vastes pays occupés par les troupes impériales. Le nerf de la guerre était sans ressort, l'argent manquait.

Alphonse Balleydier – *Histoire de la guerre de Hongrie en 1848-1849* – 1853

667. À VUE DE NEZ – AU PIF – AU PIFOMÈTRE

Approximativement.
Au juger, à l'estime.

Chez l'Homme, le nez est un outil extraordinaire et indispensable, que ce soit pour suivre le sillage d'une jolie donzelle parfumée, repérer qu'un vieil ivrogne est fâché avec le savon, humer l'excellente ratatouille de la maîtresse de maison ou du maître queux ou bien déceler l'approche d'une station d'épuration.

Sans compter la détection de quelques dangers potentiels liés au gaz, au feu et autres désagréments.

Que serions-nous sans notre nez, privés de nos sensations olfactives ?

Eh bien, notre nez sert aussi à autre chose : à mesurer avec une précision toute relative des choses variées (« À vue de nez, cette carotte fait 17 centimètres », « Au pif, je dirais qu'il a 25 ans », « Selon mon pifomètre, il est 2 heures et quart »).

C'est fou, non ?

Cet usage est à rapprocher des différents sens de *flair*.

Quand un animal flaire quelque chose, avec son museau ou nez, c'est qu'il sent quelque chose qui l'attire, l'intéresse ou l'intrigue.

Quand un homme a du flair (forme argotique), c'est qu'il a de l'instinct, une certaine aptitude à prévoir ou deviner.

C'est cette notion de deviner (ou mesurer au juger) grâce au flair, donc avec son nez, qui est à la base de notre expression. Mais la vue restant quand même indispensable pour juger (à condition d'avoir le compas* dans l'œil), c'est bien « à vue de nez » qu'on fait notre estimation.

Les variantes familières reposent sur *pif* qui, en argot, désigne soit le nez, soit la perspicacité (donc toujours le flair), le pifomètre n'étant qu'un pseudo-instrument de mesure basé sur ce fameux pif.

Le *pif* est aussi du *gros rouge qui tache* (déformation de l'argot *pive* pour le « vin »), mais c'est hors de notre sujet, même si sa surconsommation permet d'en avoir un petit coup dans le nez.

Il y en a des fois qui poussent le flair un peu loin, par ironie : quand quelqu'un donne une mesure très précise « au pif, cette carotte fait 17,52 centimètres » ou « à vue de nez, il est 12 heures 37 et 58 secondes », c'est qu'il y a de la plaisanterie ou de la forfanterie dans l'air.

> Nous allons en citer une qui montre la nécessité d'opérer avec une certaine rigueur. On voit, en lisant les livres d'anatomie, que, à l'inspection d'un œil coupé en deux, beaucoup de personnes ont pensé qu'elles pouvaient, à vue de nez, comme on dit, déterminer le sommet de la cornée et la direction de son axe : il faut reconnaître que ce moyen n'est pas satisfaisant.
>
> Louis Léger VALLÉE – *Mémoires sur la vision* – 1852

> Eh bien, de plus près, il n'y avait que ces sacrées pierres dans mon rein gauche. C'était visiblement un diagnostic au pifomètre, le docteur se basant sur des antécédents.
>
> Henk BREUKER – *Quatre gousses d'ail* – 1997

668. ALLER / BATTRE À NIORT

Nier.

Si, comme moi, vous haïssez les calembours faciles (et Dieu sait si cet ouvrage n'en contient aucun, mais alors vraiment aucun), vous n'aimerez pas la courte explication ci-après.

Car si *aller à Niort* ne veut pas dire « aller se faire assurer dans une mutuelle[1] », mais plutôt « nier », c'est simplement en raison de la ressemblance phonétique des deux mots *nier* et *Niort*.

Et si cela vous semble un peu tiré par les cheveux, n'oubliez pas que vous pouvez aussi « aller à Cracovie » lorsque vous mentez (ou dites des « craques »), « aller à Argenton » toucher de l'argent, « aller à Crevant » pour y mourir ou encore (et la liste est loin d'être exhaustive), « aller à Cachan » pour vous cacher ; et je vous laisse deviner ce que vous faites en « allant à Béziers ».

1. Pour rappel, c'est à Niort, dans la région Poitou-Charentes, que de nombreuses mutuelles d'assurance ont leur siège social.

Cette expression est attestée au XVIIe siècle sous cette forme, mais elle en a eu de différentes depuis le XVe, *prendre le chemin de Niort*, par exemple.

Et c'est au tout début du XXe qu'on trouve la version *battre à Niort*, avec la même signification, et où le verbe *battre* a le sens argotique de « feindre » ou « simuler » (feindre de ne pas savoir, n'est-ce pas aussi nier ?).

> – Et si des petits futés ostinent et découv'ent le super-refuge ?
> – N'importe : on battra à Niort ; ce qui importe, c'est d'avoir au moment de l'impact, quelque chose à opposer. Que cette chose soit controversée par la suite n'est pas grave.
>
> SAN-ANTONIO – *Chauds les lapins !* – 1986

669. SAINTE NITOUCHE

1. Femme qui joue les prudes.
2. Personne qui joue l'innocence, qui tente de cacher ses défauts.

Si vous scrutez attentivement votre calendrier, vous constaterez qu'il n'existe aucun jour consacré à « sainte Nitouche ». Est-ce parce qu'elle est complètement tombée dans l'oubli ?

Pas vraiment, car sauf si ses parents ont voulu le punir dès sa naissance, aucun bébé de sexe féminin n'a jamais été prénommé Nitouche.

Pour qu'une personne soit canonisée, il est impératif qu'elle ait eu une vie exemplaire, irréprochable (sans compter l'obligation d'avoir réalisé au moins deux miracles). Et parmi les choses qu'elle ne devait surtout pas faire, c'était, bien entendu, s'adonner à l'abominable péché de chair hors mariage ou avec d'autres partenaires que son époux ou épouse.

Notre sainte nitouche serait donc une femme très vertueuse, sexuellement intouchable ; ce serait une femme dont on pourrait dire « on n'y touche pas » ou, phonétiquement, « on nitouche pas ».

Ironiquement, une sainte nitouche est donc une personne qui joue les vertueuses, les prudes, qui prétend ne pas vouloir « y toucher », au point qu'on pourrait la canoniser plus tard, mais qui ne trompe aucunement son monde.

Par extension, l'appellation s'applique à des personnes qui tentent de cacher leurs défauts et jouent les innocentes.

C'est au XVIe siècle que la locution apparaît, entre autres chez Rabelais dans *Gargantua*.

> Quand elle ressortit, elle tapota délicatement ses vêtements, lissa sur ses hanches sa robe froissée et refit le couloir avec les mêmes minauderies et le même air de Sainte Nitouche.
>
> Thomas WOLFE – *Le Temps et le fleuve, Chronique de la jeunesse et de sa faim* – 1984

> Eh bien dis donc, avec ton air de sainte nitouche, j'aurais pas cru !
> Bien qu'il ne connût pas sainte nitouche, Ali reçut cette remarque cynique comme une gifle à son éducation. Était-ce de sa faute à lui si le respect dû aux personnes plus âgées lui imposait de paraître autre ?
>
> Antoinette BEN KERROUM-COVLET – *Gardien du seuil* – 1988

670. CONVOLER EN JUSTES NOCES

Se marier.

On se doute bien que là où il est question de *noces*, on va évoquer le mariage. Certes, mais qu'ajoutent ici *convoler* et *justes* ?

Le verbe *convoler* (en un seul mot !) vient du bas latin *convolare* qui, en droit, signifiait « se remarier », mais qui, par construction, aurait plutôt dû vouloir dire « voler avec, vers ou ensemble » (notez que de jeunes mariés volent bien ensemble sur leur petit nuage… plus ou moins longtemps).

Aujourd'hui, ce verbe n'est presque plus utilisé que dans cette locution.

Quant à *justes*, il ne s'agit pas du résultat d'une opération effectuée sans erreur.

Ici, ce qualificatif a le sens de « légitime » ou, autrement dit, de parfaitement autorisé, compte tenu des lois du moment. D'ailleurs, chez les Romains, *justes noces*, ou plutôt *justæ nuptiæ*, désignait un mariage légitime.

Une fois ses termes épluchés, notre expression pourrait donc signifier « se remarier au cours d'un mariage légitime », mais elle est en réalité employée plutôt ironiquement ou plaisamment pour simplement dire « se marier ».

> Il est peut-être préférable de supposer, comme on l'a vu, que très jeune à la mort de Duppi-Tešub, elle n'avait convolé en justes noces avec le roi d'Ugarit qu'après la bataille de Qadeš…
>
> Jacques Freu – *Histoire politique du royaume d'Ugarit* – 2006

671. TÊTE DE NŒUD

Imbécile.

On peut parfois traiter quelqu'un d'imbécile de manière plus ou moins affectueuse. Mais ici, le terme est très injurieux.

En argot, et depuis le début du XIXe siècle, *nœud* désigne le pénis.

L'explication de cette appellation serait celle d'une métaphore menuisière : les veines du bois rappellent celle du pénis en érection dont la dureté est comparée avec celle d'un nœud dans le même bois.

Et qu'est-ce que la tête du nœud, sinon le *gland*, autre terme argotique injurieux ayant la même signification ?

Ce serait Aristide Bruant qui aurait cité cette locution en premier, au tout début du XXe siècle.

Reste à savoir pourquoi *gland* ou *tête de nœud* désignent un fieffé imbécile. Hélas, les informations sur ce point semblent inexistantes.

Mais on peut imaginer le manque total d'intelligence de cette tête-là, même si, chez certains hommes, c'est bien là que se situe leur cerveau ou, du moins, ce qui les mène à agir de façon souvent très peu réfléchie dès qu'une proie féminine potentielle passe à proximité.

Et puis l'indécision chronique n'est-elle pas aussi un signe d'imbécillité ? Or, la tête de nœud ne passe-t-elle pas son temps à rentrer et sortir, montrant ainsi qu'elle n'arrive absolument pas à se décider ?

> – T'y es louf ou quoi ? On va pas aller à la police et leur dire : « C'est nous aut' qu'on a tué Pickwick ! »
> – On l'a pas tué, eh tête de nœud ! On lui a just'un peu tchafé la tête !
>
> Raph Soria – *Autrefois, la Mékerra* – 2009

672. TRANCHER LE NŒUD GORDIEN

Résoudre un problème d'une manière expéditive.
Trancher dans le vif, prendre une décision de manière radicale.

Ceux qui ont vu le premier des films consacrés au personnage d'Indiana Jones se souviennent certainement de cette séquence où le héros se trouve face à un ennemi baraqué qui agite dans tous les sens un énorme sabre, séquence où l'on s'attend à une bagarre qui s'annonce difficile. Et pourtant, Indiana se contente de dégainer son pistolet et d'abattre son ennemi d'une balle[1].

Le personnage venait ainsi de trancher « un nœud gordien », de résoudre un problème d'une manière expéditive, mais efficace.

L'histoire de notre expression nous vient d'une légende autour d'Alexandre le Grand, le fameux conquérant. Elle démarre en Asie Mineure, et plus précisément en Phrygie (dont les habitantes ne s'appelaient pas des Phrygides, je tiens à le préciser).

---

1. Pour la petite histoire, il se murmure à l'oreille des curieux que c'est parce que Harrison Ford, l'acteur qui jouait Indiana Jones, avait de gros problèmes gastriques le jour où la séquence a été tournée, et qu'il fallait impérativement écourter les prises, qu'il aurait proposé cette solution expéditive, non prévue dans le scénario et qui a pourtant marqué l'esprit des spectateurs.

Dans la capitale, qui se nommera ensuite Gordion, le roi venait de trépasser sans héritier. Un oracle prédit alors que la première personne, le premier paysan arrivant en ville sur un char à bœufs serait fait roi. C'est ainsi que Gordios, le futur père de Midas, qui fut par hasard le premier dans ce cas, fut nommé souverain. Avant de monter sur le trône, il attacha ensemble le timon et le joug de son char en faisant un nœud inextricable.

Puis un autre oracle prédit que le premier qui arriverait à défaire ce « nœud gordien » conquerrait l'Asie (ou le monde, selon les versions).

En 336 av. J.-C., Alexandre pas encore le Grand qui passait par là, volontairement dans le but d'affermir son pouvoir avant sa campagne de Perse, selon les uns, par hasard selon les autres, s'essaya à défaire le nœud. N'y arrivant pas, il dégaina son épée et le trancha d'un coup sec.

On sait ce qu'il advint de ses conquêtes, prouvant ainsi la justesse de l'oracle, même si le moyen utilisé pour défaire le nœud manquait quelque peu d'élégance tout en étant très pragmatique.

C'est de cette légende qu'est née la métaphore du « nœud gordien », un problème difficile à résoudre, mais que défont à leur manière tous ceux qui résolvent le problème de façon plutôt radicale ou qui tranchent (eux aussi) dans le vif lors d'une prise de décision.

Si la date d'apparition de cette métaphore ne semble pas connue avec précision, on peut noter qu'elle est déjà citée dans la première édition du *Dictionnaire de l'Académie française* en 1694.

> Monsieur le Président, vous qui avez une si haute idée de la mission de notre pays et de l'éthique qui l'inspire, ne tardez pas. Incitez la communauté internationale, responsable de nos destins communs, à trancher ce nœud gordien. Donnez enfin aux Israéliens et aux Palestiniens les conditions d'une vie

pacifique à laquelle ils aspirent pour aujourd'hui et pour demain.

Le Monde – « Lettre ouverte d'ambassadeurs français » – 1er mars 2010

673. TRAVAILLER AU NOIR – FAIRE DU MARCHÉ NOIR

Travailler clandestinement, sans être déclaré – Faire du commerce illégal en période de restrictions ou de pénurie.

Dans les deux expressions, qui correspondent à des activités hors la loi, la notion de dissimulation est évidemment présente, et le qualificatif *noir* employé ici est lié au fait que, quand on veut dissimuler ce qu'on fait, il vaut mieux le faire dans l'obscurité d'une cave que dans la rue en plein jour.

Si *marché noir* est généralement associé à la période d'occupation pendant la Seconde Guerre mondiale, il est certain, d'après Claude Duneton, bien renseigné par plusieurs personnes ayant directement constaté la chose sur place, que l'appellation est née avant, au moins à la fin de la guerre 14-18 en Allemagne, à une période où le pays subissait d'importantes pénuries ; le qualificatif *schwarz* (« noir ») était déjà employé dans des termes comme *Schwarzarbeit* (« travail [au] noir »), *Schwarzmarkt* (« marché noir »), *Schwarzschlachtung* (« abattage clandestin ») ou *schwarzhören* (« écouter la radio sans payer la taxe »), pour ne citer que ceux-là.

L'Allemagne serait à l'origine des expressions qui ne seraient que des traductions littérales. Il existe toutefois une autre origine évoquée çà et là, nettement plus ancienne, puisqu'elle nous viendrait du Moyen Âge, mais qui reste à confirmer.

Selon cette hypothèse, à cette époque, on ne devait travailler qu'à la lueur du jour ; mais bien entendu, certains maîtres, peu enclins à bien considérer leurs ouvriers ou serfs, n'hésitaient pas à les faire travailler illégalement une fois la nuit tombée, à la lueur de quelques bougies. Ce serait de ce travail de nuit dissimulé parce que non autorisé que *travail noir* puis *travail au noir* serait né.

> Entre 2003 et 2008, les infractions liées au travail au noir ont plus que doublé, tandis que celles liées à l'emploi d'une personne sans titre de travail ont quadruplé. Des chiffres impressionnants livrés jeudi par l'Observatoire national de la délinquance, qui mesure la répression exercée par la police, la gendarmerie, les impôts ou les douanes dans ce domaine.
>
> *Le Figaro* – Article du 17 décembre 2009

> Mes parents n'ont jamais fait de marché noir. Ils n'auraient jamais profité de la pénurie générale, aggravée des réquisitions opérées par les occupants, pour revendre à prix faramineux, c'est-à-dire, de fait, à quelques privilégiés, les denrées qu'ils se procuraient.
>
> Yves Jaffrennou – *La Guerre de Titi* – 2004

674. CHERCHER DES NOISES

1. Chercher querelle, chercher la dispute.
2. Chercher à embêter (quelqu'un).

L'étymologie généralement proposée pour le mot *noise* est plus qu'étrange. En effet, au XIe siècle, il a signifié « bruit » ou « tapage » (il a d'ailleurs donné le *noise* anglais pour « bruit »). Puis il a pris le sens de « querelle » ou « dispute », glissement sémantique qu'on peut peut-être expliquer par le fait qu'une dispute génère du bruit. Mais quand on sait qu'il est issu du latin *nausea* qui veut dire « mal de mer[1] », on se perd en conjectures pour justifier une telle origine.

Toujours est-il que si l'emploi de *noise* est devenu de moins en moins fréquent depuis le XVIIe siècle, il reste d'usage dans notre expression qui date de cette époque et qui a existé sous quelques formes comme *chercher noise*, *chercher une noise* ou même *chercher noise pour noisette* où *noisette*, qui avait le sens de « très peu de choses », désigne ici un motif futile.

---

1. Bien que ce soit un peu hors sujet, j'en profite pour rappeler que Nauséa est le prénom de la sœur de James Bond.

D'ailleurs, même sans ce complément, la locution suppose souvent que celui qui « cherche des noises » le fait pour des raisons peu justifiées.

Le second sens proposé est plus récent. Il est une atténuation du sens initial, même si celui qui embête l'autre peut finalement s'attendre à provoquer une dispute.

> Tous ces hommes étaient très différents les uns des autres. L'un, très volubile, n'arrêtait pas de chercher des noises à son voisin et se plaignait sans cesse de la cuisine.
>
> Jean-Michel Bartholi – *Divorcés devant Dieu* – 2007

675. AVOIR UN NOM À COUCHER DEHORS

Avoir un nom très difficile à prononcer et/ou à retenir.

Aujourd'hui, que vous vous appeliez Andreszjw Kraszwieskichigawa ou Hildegarde von Geschwätzschwarzwaldzahnartzt, on vous accepte à l'hôtel sans aucune difficulté.

Mais autrefois, au Moyen Âge et bien après, en ces temps reculés où les sirènes des patrouilles de police ne résonnaient pas encore, où il était impossible de mettre deux litres de super dans sa mobylette (à condition d'en avoir inventé une) et où les brigands troussaient la gueuse et détroussaient le gueux, les aubergistes étaient d'un naturel extrêmement méfiant.

Une fois la nuit tombée, pour se faire admettre dans une auberge, il fallait montrer patte* blanche, c'est-à-dire d'abord énoncer son patronyme. Et celui qui n'avait pas un nom très « chrétien » risquait fort de se voir éconduire et de devoir passer son chemin ou coucher à l'écurie.

Ensuite, une fois admis, la tenue vestimentaire et la noblesse du nom avaient leur importance pour l'affectation des plus belles ou plus inconfortables chambres.

Quand on sait que les auberges étaient nettement moins répandues que les hôtels ou motels aujourd'hui et qu'il y avait de très faibles probabilités de pouvoir se faire prendre en stop pour tenter de se faire accepter au suivant, celui ayant « un nom à coucher dehors » avait donc intérêt à avoir de quoi bien se couvrir pour passer la nuit.

Il existe la variante *un nom à coucher dehors avec un billet de logement*, le billet de logement étant, pendant la guerre, un mode de réquisition imposant à un habitant de loger le soldat porteur du document et frappant à sa porte.

Mais il semble que ce complément ait été ajouté par la suite à l'expression déjà existante.

D'autre part, le billet de logement étant une forme de réquisition, l'hôte désigné volontaire n'avait pas à demander le nom de son « invité » ni à se soustraire à l'obligation qui lui était faite d'héberger le porteur du billet.

> Il ne fallait pas être trop susceptible pour vivre avec elle. Le pire, c'est qu'elle avait raison, qu'on n'avait pas idée de s'appeler comme cela [Lohme], que c'était un nom à coucher dehors (d'ailleurs, sapristi, je couchais dehors), mais on n'était pas responsable de son prénom.
>
> Jean Romain – *Le Sixième Jour* – 1993

676. NOYER LE POISSON

Noyer quelqu'un sous un flot de paroles de manière à l'étourdir.

Faire volontairement de longues digressions pour embrouiller quelqu'un.

Le sens du verbe *noyer* est très clair : il permet de provoquer l'asphyxie d'un être vivant en le plongeant dans un liquide. Et pourtant, si vous essayez de noyer un poisson en lui enfonçant la tête dans l'eau, vous vous fatiguerez certainement avant lui.

Cette expression peut donc paraître plutôt bizarre.

Certains auront peut-être fait le rapprochement avec l'ancienne locution *la sauce fait passer le poisson*, mais comme elle signifie quelque chose comme « dans certaines choses médiocres, on peut trouver des éléments qui justifient qu'on y porte quand même un peu d'attention » (une bonne sauce peut quand même rendre acceptable un poisson sans intérêt), le lien avec notre expression est difficile à faire.

Elle existe au moins depuis le XIXe siècle et, au propre, avait un tout autre sens. En effet, les pêcheurs l'utilisaient pour décrire la manœuvre qui consiste, une fois le poisson ferré, à le faire alternativement sortir et rentrer dans l'eau de manière à l'épuiser pour qu'il finisse par ne plus opposer de résistance.

C'est de cette manière de procéder avec l'adversaire que notre expression a pris son sens figuré, vers 1930. Inonder l'interlocuteur de paroles, c'est aussi l'étourdir, le fatiguer, lui faire cesser toute résistance verbale et, parfois, aller même jusqu'à le remplir de confusion et l'empêcher de revenir au sujet principal dont on a souhaité le détourner ; ce qui explique les deux significations de l'expression.

> Le cas des productions animales revient périodiquement sur le tapis car, en ce domaine, les écarts de prix unitaires sont souvent importants entre ceux dont bénéficient les producteurs de viande et ceux que payent les consommateurs. Comme toujours, en pareille palabre, on noie le poisson en s'en prenant, sans autres précisions, aux intermédiaires.
>
> Marius Hautberg – *Terre promise : aux hommes et aux sociétés qui se renouvellent à temps* – 1995

677. SE NOYER DANS UN VERRE D'EAU

Être incapable de faire face (sereinement) à la moindre difficulté.

Être complètement perdu une fois confronté au moindre changement.

Littéralement, il est peu probable que vous arriviez à vous noyer dans un verre d'eau. À moins que vous soyez très très petit ou que le verre soit très très grand.

On peut donc comprendre cette expression comme montrant le côté ridicule qu'il y aurait à réussir à se noyer dans un verre d'eau, fait aussi stupide que celui de se laisser dépasser par la moindre petite difficulté.

Ou, dit autrement, celui qui est capable de ne plus pouvoir avancer face à un tout petit obstacle doit être suffisamment empoté pour arriver même à se noyer dans une toute petite quantité d'eau.

Au XVIIe siècle, on poussait même l'exagération plus loin, puisqu'on disait déjà *se noyer dans un crachat* ou *se noyer dans une goutte d'eau.*

Sauf que le sens initial de l'expression n'était pas tout à fait celui d'aujourd'hui. Ainsi que le *Dictionnaire de l'Académie française* de 1762 le signale, *il se noierait dans un crachat* servait à qualifier un homme malhabile. Cela se comprend bien, car il faudrait effectivement l'être beaucoup pour arriver à perdre la vie de cette manière.

Cela dit, dès le début du XVIIe siècle, *se noyer* avait déjà le sens figuré de « se laisser dépasser (ou submerger) ». Or, celui qui se laisse dépasser, c'est aussi celui qui, peut-être par manque d'habileté, ne peut affronter sereinement de petites difficultés.

Le glissement vers le sens actuel s'explique donc aisément.

> Alors qu'il est entré dans son crépuscule, personne n'a entrepris de gravir cette colline et je ne comprends pas qu'il ne comprenne pas combien il y perd et se noie dans un verre d'eau.
>
> Louis PORCHER – *Nouvelles d'hier et d'aujourd'hui* – 2002

678. UNE NUIT BLANCHE

Une nuit sans sommeil.

Autant vous l'avouer tout de suite : il n'existe aucune certitude quant à l'origine de cette expression qui date du XVIIIe siècle. Et pourtant, vu la taille du texte ci-dessous, il y a quand même des choses à en dire.

On en trouve une attestation en date du 30 octobre 1771 dans une lettre de la marquise du Deffand, Marie de Vichy-Chamrond alors âgée de 74 ans, à l'homme politique et écrivain anglais Horace Walpole. Elle y écrit ceci :

« Vous saurez que j'ai passé une nuit blanche, mais si blanche, que depuis deux heures après minuit que je me suis couchée, jusqu'à trois heures après-midi que je vous écris, je n'ai pas exactement fermé la paupière ; c'est la plus forte insomnie que j'ai jamais eue. »

Comme il ne semble pas exister de traces antérieures dans la littérature française, certains auteurs émettent l'hypothèse que c'est elle qui a inventé ce terme. Mais comme on le trouve dans d'autres ouvrages postérieurs moins d'un an et demi après (voir l'exemple), il n'est pas certain que cela soit le cas.

Nous allons commencer par la proposition la moins originale mais probablement la plus véridique.

Vous n'êtes pas sans savoir que, dans notre belle langue, le qualificatif *blanc* indique très souvent un manque.

Et si vous en doutez, il vous suffit de vous rappeler les expressions *voix blanche* (pour une voix sans timbre), *tir à blanc* (tir qui se fait sans balle), *examen blanc* (examen dont les résultats sont sans conséquence sur le classement), *mariage blanc* (mariage sans union sexuelle) ou, pour clore une liste non exhaustive, *faire chou blanc* pour indiquer une absence de résultat. De ces exemples, et même sans connaître le sens de l'expression, il est assez facile d'imaginer qu'une nuit blanche est simplement une nuit sans sommeil.

Bien entendu, on peut trouver quelques autres explications, en particulier sur Internet où la plus répandue, et certainement la plus fausse, évoque les chevaliers qui, la nuit précédant leur adoubement, devaient rester éveillés dans une tenue entièrement blanche. Mais si cette explication était la bonne, il faudrait expliquer pourquoi il a alors fallu attendre la seconde moitié du XVIIIe siècle pour trouver la première trace écrite de cette expression, plusieurs siècles après cette coutume de chevalerie.

Toutefois, une autre hypothèse, nettement plus vraisemblable, cette fois, car elle respecte la chronologie, nous vient de Saint-Pétersbourg, en Russie.

À l'époque du règne d'Élisabeth, puis de Catherine II, la cour royale dans cette ville – qui je le rappelle, était alors la capitale du pays – était fréquentée par de nombreux Français, en été principalement. Or, à cette époque de l'année et à cette latitude, les nuits sont loin d'être vraiment noires, le soleil ne se couchant jamais complètement.

Et dans ces années-là, tradition perpétuée actuellement par le festival des Nuits blanches de Saint-Pétersbourg, la vie « nocturne » battait son plein. Autant dire que ceux qui participaient aux bals et autres fêtes tardives passaient des nuits doublement blanches : à la fois, par l'absence de sommeil et par la luminosité de la nuit.

Il se peut donc tout à fait que le terme russe « белые ночи » (nuits blanches) ait été rapporté et popularisé chez nous par les Français qui passaient du bon temps là-bas.

> Voilà une cascade de sottises qui donnera beau jeu aux rieurs, et que je recommande à votre bonne humeur et à vos nuits blanches à force de rire. Tâchez pourtant, tout en riant, de dormir un peu.
>
> VOLTAIRE – *Correspondance avec M. d'Alembert* – 1821

679. UN (SACRÉ) NUMÉRO !

Une personne qui se fait remarquer par son originalité, son côté bizarre.

Lorsqu'on joue à un jeu de hasard (mais encore faut-il y jouer), c'est dans l'espoir de tirer le numéro gagnant, celui qui va nous permettre de mettre définitivement les doigts de pied en éventail, en position du guetteur d'avions, dans un endroit de rêve.

Ce numéro-là serait incontestablement « un sacré numéro ».

Mais le numéro de notre expression ne nous fera rien gagner[1].

C'est à partir de 1879 que le mot *numéro* désigne une partie d'un spectacle de cirque ou de music-hall. Et c'est de là que, par extension et à partir de 1901, une personne qui veut se faire remarquer est devenue « un numéro » et même, parfois, « un drôle de numéro ».

Cependant, le sens de « personne bizarre ou originale », probablement influencé par le sens précédent, semble remonter à une locution du milieu du XIXe siècle, *être un bon numéro*, qui voulait dire « être ridicule » et dont l'origine n'est pas précisée.

> Willa Mae Buckner est morte en l'an 2000. C'était un sacré numéro. Elle était née à Augusta, en Georgie, en 1922. À 12 ans, elle rejoignait un de ces cirques noirs qui sillonnaient alors le Sud avec leur cohorte de charlatans, de magiciens, de musiciens et de comédiens…
>
> *Le Nouvel Observateur* – Article du 16 mars 2006

> Elles s'étaient installées avec deux autres filles : des amies des amies d'autres amies. Parmi les colocs, il y avait Jessica. Un drôle de numéro ! Belle à en faire crever d'envie, intelligente et vive, elle n'arrêtait pas deux minutes.
>
> Denise Riendeau – *Trois femmes de passion* – 2003

680. ÊTRE EN ODEUR DE SAINTETÉ

1. Être en état de perfection spirituelle.
2. Être bien vu.

Le saint a-t-il une odeur particulière ? Le saindoux oui et le saint-nectaire aussi. Mais est-ce le cas du saint commun, celui qui est coiffé de l'auréole, parce qu'il le vaut bien ?

---

1. Pas plus que le numéro 100 qui, autrefois et en argot, désignait les toilettes, par calembour entre *cent* et *sent*.

N'ayant senti de près et à dessein que des seins ou des dessins, mais jamais des saints, je ne puis en être certain.

Pourtant, autrefois, on croyait que le corps d'une personne sainte émettait après sa mort une odeur particulière, suave qui permettait de le distinguer aisément des autres personnes décédées.

C'est de là qu'au XVIIe siècle est apparue notre expression avec son premier sens indiqué, pour désigner une personne ayant eu de son vivant un comportement si admirable que sa canonisation était envisageable.

Mais avant cela, au XVIe siècle, il existait déjà *être en bonne / mauvaise odeur* employé à propos de quelqu'un qui faisait bonne ou mauvaise impression, tant il est vrai que les odeurs qui émanent d'une personne qu'on rencontre peuvent parfois inciter à la cataloguer très rapidement.

Furetière indique d'ailleurs « Odeur se dit figurément aux choses morales et signifie bonne ou mauvaise réputation ».

Ce sens n'a pas disparu et il est resté aujourd'hui dans notre expression, *bonne odeur* devenant *odeur de sainteté* et employé, parce qu'il a fait bonne impression, à propos de quelqu'un qui est apprécié, bien vu.

Dans ce second sens, le moderne, la locution s'emploie plutôt à la forme négative *ne pas être en odeur de sainteté* pour parler d'une personne mal vue par une autre.

> Enfin, il entreprit le pèlerinage qu'on lui avait conseillé à Whiteherne : là, il se confessa pour la première fois depuis son infortune, et reçut l'absolution d'un vieux moine qui mourut ensuite en odeur de sainteté.
>
> Walter SCOTT – *Redgauntlet* – 1824

> Vous croyez, Comtesse, que cette lettre va lever tous les obstacles ; pas du tout : elle n'a fait que les

compliquer, les républicains n'ayant pas ce ministre en odeur de sainteté.

Giacomo Costantino BELTRAMI – *Le Mexique* – 1830

681. À L'ŒIL

Sans payer, gratuitement.

Au cours de la première moitié du XIXe siècle, cette locution voulait principalement dire « à crédit ». Selon Gaston Esnault, cela viendrait simplement du fait qu'un commerçant n'acceptait de faire crédit à quelqu'un qu'il ne connaissait pas vraiment que sur sa bonne mine, son apparence, donc sur un jugement à la vue ou bien à l'œil.

On comprend bien alors que le sens de « crédit » ait pu évoluer vers celui de « gratuité », à force d'avoir des débiteurs ne payant pas leurs dettes.

Mais Claude Duneton indique qu'à cette époque, le sens de « gratuité » a longtemps coexisté avec celui de « crédit ». Il cite la phrase de Delvau en 1867 : « Baiser à l'œil : ne rien payer pour jouir d'une femme galante, comme font les greluchons. »

Il suppose que, là aussi, cela vient de l'apparence, comme dans le cas du commerçant qui propose la gratuité (d'une petite chose, en général) à une belle jeune femme[1], comportement déjà attesté au XVIIe, mais qui existait très certainement bien avant.

Mais, pour la notion de crédit, il va plus loin (sans avoir de textes pour valider l'hypothèse) en évoquant une pratique citée par Furetière, indiquant que les commerçants, pour comptabiliser la dette de leurs clients, utilisaient des baguettes de bois dans lesquelles ils faisaient au couteau des entailles en fonction du montant dû. Les pauvres prenaient du pain « à la coche » en attendant de pouvoir payer.

Or, de telles marques en « v » faites au couteau sur la baguette peuvent ressembler à des yeux. De

1. Mais jamais aux vieux, gros et moches. La vie est vraiment trop injuste, non ?

là, pourrait venir *avoir quelque chose à l'œil* donc à crédit.

Et puis avec l'alphabétisation de la population, donc également des commerçants, la baguette en bois a progressivement disparu, souvent remplacée par une ardoise, ce qui explique la naissance de l'expression *avoir une ardoise chez quelqu'un*.

De l'ancienne signification de « à crédit » sont nées deux locutions inusitées aujourd'hui : *faire / ouvrir un œil à quelqu'un* pour « lui ouvrir un crédit » et *fermer / crever l'œil à quelqu'un* pour « lui refuser un crédit ».

> De la marchandise (plus de 30 kg par personne) qui voyage à l'œil, sans frais de port et sans payer de douane.
>
> Georges Baguet – *De Harlem à Téhéran, 1953-2004 : cinquante années de journalisme* – 2006

682. ŒIL POUR ŒIL, DENT POUR DENT – LA LOI DU TALION

Formule ou principe exprimant un esprit de vengeance ou un besoin de punition : le coupable doit subir le même dommage que celui qu'il a fait subir à sa victime.

Avant d'attaquer, on peut préciser que *talion* vient du latin *talis* qui signifie « tel » ou « pareil ».

Les toutes premières traces de la loi du talion ont été trouvées dans le Code d'Hammourabi, recueil de lois du roi de Babylone qui a régné entre 1792 et 1750 av. J.-C.

Elles disaient : « Si quelqu'un a crevé l'œil d'un homme libre, on lui crèvera l'œil ; si quelqu'un a cassé une dent d'un homme libre, on lui cassera une dent… »

S'il peut paraître barbare pour nos mentalités occidentales actuelles, ce système d'application de peines limitées à ce qui a été subi a permis d'éviter que les personnes ne se fassent justice elles-mêmes, avec une escalade possible dans les réponses, et a introduit un début d'ordre dans la société pour le traitement des crimes : les représailles ne pouvaient pas dépasser ce qui avait été fait.

On retrouve aussi cette formule dans l'Ancien Testament.

Dans l'Exode, on peut lire : « Mais si malheur arrive, tu paieras vie pour vie, œil pour œil, dent pour dent, main pour main, pied pour pied, brûlure pour brûlure, blessure pour blessure, meurtrissure pour meurtrissure. »

Et dans le Lévitique : « Si un homme frappe à mort un être humain, quel qu'il soit, il sera mis à mort. S'il frappe à mort un animal, il le remplacera – vie pour vie. Si un homme provoque une infirmité chez un compatriote, on lui fera ce qu'il a fait : fracture pour fracture, œil pour œil, dent pour dent ; on provoquera chez lui la même infirmité qu'il a provoquée chez l'autre. »

Mais selon le Nouveau Testament, Jésus a mis un sérieux bémol à cette notion de peine ou de souffrance égale à celle endurée.

Matthieu 5,38-42 : « Vous avez appris qu'il a été dit : œil pour œil et dent pour dent. Et moi, je vous dis de ne pas résister au méchant. Au contraire, si quelqu'un te gifle sur la joue droite, tends-lui aussi l'autre. À qui veut te mener devant le juge pour prendre ta tunique, laisse aussi ton manteau. Si quelqu'un te force à faire mille pas, fais-en deux mille avec lui. À qui te demande, donne ; à qui veut t'emprunter, ne tourne pas le dos. »

De nos jours, dans celles de nos sociétés où il reste encore un vernis de civilisation, la loi du talion n'est heureusement plus appliquée, au grand dam* des partisans de la peine de mort, entre autres.

Elle est remplacée par des peines graduées, attribuées en fonction des dommages subis par la victime (et de la qualité de l'avocat du coupable), qui doivent permettre de compenser du mieux possible ces dommages, tout en n'empêchant pas la possibilité d'une réinsertion ultérieure du condamné.

Pour les besoins d'une recherche sur les comportements de type « œil pour œil, dent pour dent » (tit for tat), des neurologues anglais formèrent des groupes de deux personnes, puis ils relièrent chaque groupe à un mécanisme par lequel chacun pouvait exercer une pression sur l'index de l'autre. Selon les instructions des expérimentateurs, les membres de chaque groupe étaient censés exercer tour à tour une pression égale à celle qu'ils venaient de ressentir. Malgré tous leurs efforts, ils ne parvenaient pas à respecter ces instructions. À chaque fois qu'ils subissaient une pression, ils répondaient par une pression nettement plus forte, tout en pensant faire subir à leur partenaire ce qu'ils venaient eux-mêmes de subir.

Carol Tavris, Elliot Aronson – *Les Erreurs des autres* – 2010

683. SE METTRE LE DOIGT DANS L'ŒIL

Se tromper grossièrement.

Attention, cette explication est réservée aux personnes majeures, à l'esprit ouvert. Pour les autres, vous devriez vous précipiter vers une autre page.

Chacun sait qu'un doigt dans l'œil, non seulement cela peut faire très mal, mais cela peut aussi l'abîmer irrémédiablement.

Certaines explications sur l'origine de cette expression évoquent la pauvre grenouille de bénitier qui fait le signe de croix de manière si maladroite qu'elle se plante malencontreusement le doigt dans l'œil (l'histoire ne dit pas si elle enchaîne alors par une danse du scalp autour du bénitier).

Mais leurs auteurs se mettent probablement le doigt dans l'œil.

Car c'est oublier qu'en argot, *œil* désigne aussi l'anus et que, dans le langage populaire, l'erreur est souvent exprimée par des termes évoquant des choses placées sous la ceinture.

Ainsi, quand on se trompe, on peut dire « se foutre dedans » et quand on est trompé par quelqu'un, les allusions à la sodomie deviennent fréquentes (« je me suis fait mettre bien profond » ou « il m'a enculé », par exemple).

Quant au doigt, dans un contexte pareil, il est facile d'imaginer ce qu'il représente.

De là, on comprend qu'on puisse évoquer, sinon réellement pratiquer, l'auto-sodomie en se mettant le doigt dans l'œil lorsqu'on est lourdement trompé par soi-même.

Doigt et *œil* n'étant généralement compris que dans leur sens normal (et c'est probablement tant mieux), à la suite de cette expression, et selon l'ampleur de l'erreur, on ajoute parfois *jusqu'au coude* ou même *jusqu'à l'omoplate* lorsqu'il s'agit d'amplifier l'importance de l'erreur.

> Cela signifie immanquablement qu'on s'est mis le doigt dans l'œil. Quelle mouche a piqué nos bons évêques de donner leur avis sur l'emploi des préservatifs en matière de fornication ? Cela ne les regarde pas.
>
> Jean Dutourd – *Scandale de la vertu* – 1997

684. TUER / ÉCRASER / ÉTOUFFER DANS L'ŒUF

Arrêter quelque chose, étouffer une affaire dès le départ, dès le début.

Nous allons ici évoquer ce petit miracle de la nature qu'est l'œuf. Pensez donc : à l'intérieur de cette coquille à la forme parfaite se tient en suspension un jaune, dont la vocation est de devenir poussin dans le meilleur des cas, sauf si un énergumène toqué en abrège l'existence sur un fond de poêle. Ce jaune donc est maintenu par les chalazes, le tout noyé dans le blanc, avec une membrane interne protectrice puis enfin la coquille.

Comment la poule peut-elle placer tout cet ensemble si bien organisé dans cette coquille fermée ? Vous qui trempez sans état d'âme vos mouillettes dans votre œuf à la coque, y avez-vous songé une seule seconde ?

Incontestablement, les poules méritent toute notre admiration.

Fermons la parenthèse et revenons à notre tuerie.

Depuis très longtemps, l'œuf est le symbole métaphorique du germe, du commencement, par analogie avec l'état embryonnaire. N'est-ce pas dans un œuf que naît la vie ?

Il n'y a qu'à remonter à Horace, au Ier siècle av. J.-C., et à sa locution latine *ab ovo* qui veut dire « à partir de l'œuf » pour en être convaincu.

Toujours est-il que, métaphoriquement, tuer une affaire ou un projet dans l'œuf, c'est l'arrêter avant même qu'il ait la moindre chance de sortir de la coquille où il avait commencé à germer.

Ce serait Victor Hugo qui, en 1830, aurait le premier utilisé la locution *écraser dans l'œuf*, reprise seulement à partir de 1932 par le *Dictionnaire de l'Académie française*.

> La curabilité de la folie dans un asile et par l'asile a été clairement définie dès 1785, même si les événements révolutionnaires survenant quatre ans après ont tué dans l'œuf la mise en pratique d'un tel programme.
>
> Jean Lelièvre – *L'Enfant, inefficient intellectuel* – 2005

> Il part sans se faire remarquer et ne manque à personne. En outre, la réalité qui l'attend à Graciosa autant qu'à Lanzarote étouffe dans l'œuf toute velléité de transformation profonde.
>
> Sibylle Berg – *Monsieur M.* – 2004

685. À PIED D'ŒUVRE

Prêt à commencer un travail.

Il est bien connu que c'est au pied du mur :
– qu'on voit le mieux le maçon ;
– que le maçon voit le mieux le mur.

Or, qu'est-ce qu'un mur pour un maçon, sinon une de ses œuvres ?

Donc, de bon matin, alors que les chouettes ont cessé de hululer, que les lézards s'apprêtent à se réchauffer sous les rayons du soleil en se relaxant sur une pierre, que les corbeaux croassent dans les champs de betteraves et que le Ricoré® coule à flot dans les bols, lorsque le maçon arrive au pied du mur qu'il doit continuer à élever, on peut sans conteste dire que le maçon est « au pied de son œuvre », donc « à pied d'œuvre », prêt à attaquer son dur labeur en échange duquel il va gagner quelque menue monnaie grâce à laquelle il va pouvoir nourrir sa famille dont le petit dernier, un grand maigre, souffre hélas d'impétigo, et offrir une dot à sa fille qui va bientôt se marier avec le fils du charcutier.

Si, bien entendu, chaque mur est bien une des œuvres du maçon, il ne faut quand même pas oublier que le mot *œuvre* est aussi, depuis le XIIIe siècle, synonyme de *travail* ou *activité*.

Mais ce n'est qu'au XVIIe qu'on a commencé à dire de ce maçon, arrivé sur le lieu de son travail et prêt à attaquer ce dernier, qu'il était à pied d'œuvre.

Il va de soi que le maçon peut être remplacé par n'importe quel autre travailleur. On peut même employer cette expression pour un fonctionnaire[1] ; c'est dire !

Et si, aujourd'hui, on la spécialise plutôt pour des personnes, elle a d'abord et principalement été employée pour des matériaux ; ainsi on disait des briques prêtes à être utilisées pour monter le mur, qu'elles étaient *à pied d'œuvre*.

> Explosion dans une centrale américaine : les enquêteurs à pied d'œuvre.
>
> Dépêche AFP du 8 février 2010

686. EN RANG D'OIGNONS

Sur une seule ligne, à la file.

À ma connaissance, personne n'a jamais vu des oignons quitter le potager en marchant au pas, bien rangés les uns derrière les autres, en file* indienne et en direction de la cuisine. Ou alors, il ne s'en est pas

1. Aïe, aïe ! Non, pas sur la tête !

vanté, ayant peur qu'on l'accuse d'avoir un peu trop forcé sur la bouteille.

Mais, on peut imaginer que l'origine vient de la manière dont le jardinier plante méticuleusement ses oignons dans le potager, bien alignés les uns après les autres. Sauf que les oignons ne sont pas les seuls ainsi traités. Pourquoi ne parlerait-on pas plutôt de rangs de poireaux, de carottes ou de salades ?

Une explication traditionnelle, reprise dans plusieurs ouvrages, veut que cette expression nous vienne du XVIe siècle, à l'époque où, à Blois, au cours des états généraux qui se tinrent en 1576 et 1588, officiait un maître de cérémonie qui avait entre autres pour rôle d'assigner les places des seigneurs et des députés. Ce maître, qui avait exercé sous plusieurs rois, en commençant par Henri II, aimait ranger son petit monde selon des règles protocolaires précises qu'il devait absolument faire respecter.

Ce personnage était Artus de La Fontaine-Solaro, baron d'Oignon, et c'est en raison de sa renommée et de sa science du placement des personnes avec le respect du protocole que notre locution serait née.

Oui, mais il se trouve que *se mettre en rang d'oignons*, en 1611, donc quelques années plus tard, voulait dire « s'intégrer à une compagnie où on n'a pas sa place » ou bien « prendre place dans une réunion où on n'est pas invité ». Pour confirmer ce sens, Randle Cotgrave, en 1672, donne cette version de l'expression : *se mettre en rang d'oignon et ne valoir une échalote* qui signifiait « Usurper une place ou un emploi dont on n'est pas digne ».

Et par ailleurs, cité par Littré, Leroux de Lincy, linguiste du XIXe siècle, écrit à propos de notre rang d'oignons : « Ne vient-il pas tout simplement de la manière dont les gens de la campagne assemblent les oignons avec des liens de paille, en plaçant les plus gros les premiers, et ensuite les autres ? » Ce ne serait ensuite qu'en 1654, plus d'un demi-siècle après le baron d'Oignon (ce qui éliminerait l'origine qui lui est liée) que l'expression aurait également pris le sens actuel, le précédent continuant à être utilisé pendant encore au moins un siècle.

> De petites maisons en terre ont poussé comme des champignons, en rang d'oignons, qui se croisent à intervalles réguliers, et vue de loin on imagine une ville américaine.
>
> Nelly STADERINI – *Sage-femme en Afghanistan* – 2003

687. S'OCCUPER DE SES OIGNONS

Ne pas se mêler des affaires des autres.

Chacun est en droit de se demander comment cette plante potagère monocotylédone de la famille des liliacées peut avoir pris le sens métaphorique de « affaires personnelles » dans ces expressions.

Mais ceux qui se posent cette question, se mettent peut-être le doigt dans l'œil*, car ce n'est peut-être pas vraiment la plante au bulbe multicouche qui est évoquée ici.

Si cette locution date du début du XXe siècle, c'est au cours du siècle précédent que *oigne*, apocope de *oignon*, désignait en argot aussi bien l'anus, le cul ou les pieds. L'expression *se le mettre dans l'oigne* voulait d'ailleurs dire « mépriser ».

Quoi de plus étonnant, alors, puisqu'elles existent toujours aujourd'hui, que de voir ici un simple synonyme argotique des expressions s'*occuper de ses fesses* ou *s'occuper de ses pieds* (cette dernière venant, selon Claude Duneton, à la fois du danger que pouvaient subir les pieds dans certains ateliers de l'époque et du fait que *oigne* – ou *ogne* – désignait aussi l'ongle).

Mais Cellard et Rey, dans leur *Dictionnaire du français non conventionnel*, évoquent en plus une origine réellement liée aux bulbes qu'on retrouve coupés en rondelles dans nos salades ou savoureusement dorés dans une tortilla.

Selon cette hypothèse, dans le centre de la France, une marque d'indépendance des femmes était leur droit de cultiver un coin de jardin où elles faisaient pousser des oignons avant d'aller les vendre sur le marché pour se faire un peu d'argent de poche. Il était donc courant d'entendre les hommes dire aux femmes qui voulaient imprudemment se mêler de leurs affaires « occupe-toi de tes oignons » ou bien « ce ne sont pas tes oignons ».

Et à propos d'oignon qui désigne le postérieur, on peut tenter de remettre au goût du jour une expression complètement oubliée de la première moitié du siècle dernier qui pourrait avantageusement remplacer les très usuels *avoir du cul*, du bol* ou *de la chance* : *avoir l'oignon qui décalotte*.

> Arrivé à son étage, le second, il avait d'ailleurs réussi à se persuader que la psychologie de Pradonet, c'était pas ses oignons, non plus que celle de son hôtesse.
>
> Raymond Queneau – *Pierrot mon ami* – 1942

688. UN OISEAU RARE

Une personne aux qualités exceptionnelles.
Une personne impossible à trouver (car on lui recherche trop de qualités ou de compétences).

Si la forme actuelle de l'expression, souvent employée de manière ironique, date de la première moitié du XIXe siècle, au XVIIe, on utilisait *un rare oiseau*, traduction du latin *rara avis (in terris)*, version qu'on a trouvée chez le poète satirique latin Juvénal, dans une de ses *Satires*[1].

Si *un rare oiseau* est employé par Jean de La Fontaine, auparavant, au XVe siècle, on trouvait déjà cette même idée dans *oysel qui ne se trouve pas souvent*.

1. Si on lui doit quelques expressions très connues comme *du pain et des jeux* (*panem et circenses*) ou bien « un esprit sain dans un corps sain » (*men sana in corpore sano*), il y en a au moins une qui reste complètement d'actualité, vingt siècles plus tard : « La paix des ménages est sans espoir tant que ta belle-mère est en bonne santé » (*Desperanda tibi salva concordia socru*).

Il faut dire que le terme *oiseau*, dès le XIVe siècle, a servi à désigner un individu ; on le retrouve dans notre expression tout comme dans *un drôle d'oiseau.*

Avec exactement la même signification, on rencontre aussi les expressions *oiseau bleu* ou bien *merle blanc* (chez Marivaux, par exemple).

> Quelles sont les conditions de recrutement, d'hébergement et d'encadrement dans les centres de formation du foot français ? Jusqu'où les clúbs sont-ils prêts à aller pour dénicher l'oiseau rare ?
>
> *Libération* – Article du 22 novembre 1999

689. OK

D'accord.

Peut-on considérer *OK* comme une expression ? Je n'en suis pas certain, mais son origine semble tellement intriguer que lui faire une place dans ces pages m'a quand même semblé utile, voire indispensable.

Pourtant, qu'il soit clairement annoncé que je ne ferai pas beaucoup mieux que tous mes prédécesseurs qui se sont penchés sur la question… et sont tombés au fond d'un vaste trou d'incertitudes.

L'origine qui est aujourd'hui reconnue comme la plus probable est proposée d'après les travaux de recherche d'Allan Walker Read dans les années 60. Il indique que la première apparition écrite connue de cette abréviation a été localisée dans le journal de Boston (Massachusetts, USA), le *Morning Post*, daté du 23 mars 1839, dans un article qui parle d'une abréviation de *oll korrect*, une altération phonétique de *all correct* pour « tout va bien », tout comme il y a eu auparavant *OW* pour « all right » transformé en *oll wright*[1].

---

1. D'après Read, à cette époque, les gens (au moins ceux de Boston) étaient friands d'abréviations de toutes sortes comme *RTBS (Remains To Be Seen), GTDHD (Give The Devil His Due)* ou *SP (Small Potatoes)*, entre autres. Un peu comme si vous utilisiez régulièrement quelque chose comme *IFRACCQAAC (Il Faut Rendre À César Ce Qui Appartient À César)*, par exemple.

Ce *OK* purement local n'aurait probablement eu qu'une durée de vie limitée s'il n'avait été, dès l'année suivante, popularisé lors de la campagne des démocrates à New York. Ceux-ci créèrent en effet un groupe appelé les *Democratic OK Club* pour soutenir leur candidat Martin Van Buren, jouant à la fois sur le sens précédemment cité de *OK* (une forme de méthode Coué) et sur l'abréviation de *Old Kinderhook*, le surnom de Van Buren, venu de sa ville natale Kinderhook, dans l'État de New York.

Bien que Van Buren ait perdu les élections, l'abréviation a eu le succès que l'on sait, parce que pendant la campagne elle fut détournée par de nombreux opposants avec des adaptations comme *Out of Kash* (à court d'argent), *Out of Kredit* (sans aucun crédit) ou bien *Out of Klothes* (sans vêtements).

La principale autre hypothèse la plus répandue est celle-ci : le *O* de *OK* viendrait du chiffre zéro dans l'abréviation de *0 killed* utilisée par les Sudistes pendant la guerre de Sécession pour indiquer qu'il n'y avait pas eu de victimes lors d'un combat (le chiffre zéro étant prononcé *O* comme quand on donne un numéro de téléphone en anglais).

Vous êtes insatisfait ? Vous n'êtes pas OK ? Vous avez entendu parler d'autres origines ? Pas de problème ! Il suffit de demander !

En voici tout un lot pour ceux qui auront la patience de le lire :

– cela vient de l'altération de l'écossais *och aye* qui veut dire « oui, vraiment ! » ;

– c'est issu d'un langage africain comme le mandingue où *o ke* veut dire « certainement » ou du wolof où *waw kay* veut dire « oui, vraiment ! » ;

– à moins que l'origine ne soit le *oikea* finlandais qui veut dire « correct, exact » ;

– le français n'est pas oublié puisque *au quai* était utilisé pour signaler qu'un ballot était au sol et que la corde pouvait être récupérée pour descendre le suivant ;

– toujours le français avec *aux Cayes*, un port d'Haïti fameux pour son rhum ;

– il ne faut pas oublier l'allemand *Ohne Kommentar* écrit par les immigrants qui n'avaient rien à signaler ;

– et puis il y a aussi les Grecs qui, dans le port de New York où ils travaillaient en tant que dockers, écrivaient *OK* (*ola kala* pour « c'est bon ») sur les caisses bonnes à faire partir ;

– le chef Indien Old Keokuk n'aimerait pas qu'on l'oublie ;

– tout comme le transporteur Obadiah Kelly qui marquait ses initiales sur les bons de livraison vérifiés ;

– et pour finir, on citera le fabricant de biscuits pour l'armée Orrin Kendall, pendant la guerre de Sécession.

Vous voyez que les hypothèses plus ou moins fantaisistes ne manquent vraiment pas. Il y en a même encore de nombreuses autres.

> Je me suis retrouvée au volant de ce gros engin, juste à le diriger dans un premier temps. Je l'ai pris au mot pour la suite.
> – OK ! D'accord, d'accord !!! Explique-moi comment ça marche !?!
> Elle était stupéfaite que je relève le défi.
>
> Rafaël Lemor – *Femme de lettre anonyme* – 2009

690. ON NE FAIT PAS D'OMELETTE SANS CASSER DES ŒUFS

Pour arriver au résultat voulu, il faut se résoudre à faire certains sacrifices inévitables.

Voilà une locution proverbiale un tantinet pessimiste. Elle veut nous faire croire que, pour réussir à obtenir quelque chose, il faut obligatoirement qu'il y ait des dommages collatéraux, pour reprendre un terme à la mode, ou bien qu'il faut obligatoirement faire des sacrifices ou consentir à abandonner des choses (argent, avantage…).

Certes l'image évoquée par l'expression correspond parfaitement à ce schéma (que celui qui a déjà réussi à faire une omelette sans avoir préalablement cassé de pauvres œufs innocents et sans défense me jette le premier œuf pourri !), mais faut-il obligatoirement généraliser ?

Cette locution est apparue au milieu du XIXe siècle. Mais auparavant, au XVIIIe, la locution *faire une omelette* voulait dire « casser des choses fragiles ».

On peut noter que, heureusement, si on ne peut pas faire d'omelette sans casser des œufs, on peut casser des œufs sans faire d'omelette. C'est ce qu'on appelle soit le libre arbitre*, soit le besoin de faire une mayonnaise.

> On ne fait point d'omelette sans casser des œufs. Les pionniers de l'avenir doivent marcher la hache à la main. La chrysalide des peuples ne se développe pas sur des roses. La liberté est une déesse qui veut de grands holocaustes.
>
> *Revue des deux mondes* – Volume 68 – 1867

691. PRENDRE LE TRAIN ONZE / D'ONZE HEURES

Marcher, aller à pied.

Lorsque vous êtes à Paris un des très exceptionnels jours de grève de la RATP[1], vous n'avez plus que vos yeux pour pleurer (surtout s'il souffle dehors un vent fort et glacial) et vos jambes pour marcher.

Or, lorsque vous vous tenez debout, en pantalon, immobile avec les jambes à peine écartées, et que, en plus, vous vous regardez ainsi dans un miroir, est-ce que vos membres inférieurs ne vous font pas immédiatement penser à deux chiffres « un » côte à côte ?

---

1. Certaines mauvaises langues disent d'ailleurs que RATP veut dire « Régulièrement en Arrêt de Travail Permanent » ou bien « Rentre Avec Tes Pieds ».

Ce qui, dans le système décimal, donne le nombre « onze » ? Bon, à vous peut-être pas, mais d'autres, autrefois, y ont pensé.

Et voilà comment, sans le savoir, vous vous trouvez naturellement pourvu d'un moyen de locomotion que certains, par dérision ou simplement parce qu'ils n'avaient pas les moyens de se payer un billet de voyage en chemin de fer, ont appelé le *train onze*, devenu aussi *le train d'onze heures*, lui-même raccourci en *le train d'onze*.

De là, *prendre le train onze* ou *arriver par le train onze* veulent simplement dire que vous vous déplacez à pied.

Cette expression date du dernier quart du XIXe siècle. Mais pour être plus complet, il faut savoir que cette comparaison entre le nombre *onze* et une paire de jambes existait bien avant. En effet, il est de coutume, au Loto (qui a été importé en France depuis l'Italie par François Ier), lorsqu'il se joue dans une grande assemblée, que l'animateur qui tire les numéros les annonce en y ajoutant une description plus ou moins humoristique, selon son inspiration, à la fois pour éviter qu'on confonde le nombre annoncé avec un autre et pour tenter d'égayer l'atmosphère.

Et parmi les descriptions les plus usuelles, on trouve *la cacahuète* ou *le zéro et sa ceinture* pour le chiffre huit, *ma sœur Thérèse* pour le nombre treize et *l'équipe de foot* ou *les jambes de Brigitte* pour le nombre onze. C'est donc grâce à Brigitte (ou à une femme prénommée autrement) que *onze* et *gambettes* se sont confondus et ont fini par donner notre expression.

> Et les tram-vays sans chevaux, Mame Serpelet, voilà quéque chose de commode… pour ceux qui osent les prendre ; nous, nous ne montons pas là-dedans, ça va trop vite, nous prenons le train onze…
>
> *Le Pays lorrain* – Volume 2 – 1905

692. ROULER SUR L'OR

Être très riche.

Bien sûr, on peut facilement imaginer un symbole de la richesse sous la forme d'une voiture qui roulerait sur une route pavée d'or installée dans la propriété d'un quelconque magnat de la finance ou du pétrole.

Mais cette expression qui date du XVIIIe siècle ne vient pas de là.

C'est en effet bien plus probablement une altération de la forme pronominale citée par Furetière *se rouler sur l'or (et sur l'argent)* qui date de la fin du siècle précédent et dans laquelle *se rouler* a bien le sens de « se tourner de côté et d'autre » comme dans *se rouler dans l'herbe.*

Cette fois, l'image est plutôt celle de la personne assez riche pour disposer d'un tas d'or suffisamment important pour qu'elle puisse se rouler dessus, un peu comme l'Onc'Picsou dans son gigantesque coffre-fort.

Furetière indique également que, dans le milieu de la finance, on disait que l'argent roule : « rouler se dit aussi de l'argent lorsqu'il se remue, lorsqu'il s'en fait grand commerce » et aussi « on dit encore, en parlant d'un homme fort riche, que les sacs d'or et d'argent roulent dans sa maison, qu'il se roule sur l'or et sur l'argent. »

Cette locution s'emploie souvent sous une forme négative en relation avec quelqu'un qui est pauvre.

> Je l'ai rencontrée, et je n'ai pu lui refuser la main, n'est-ce pas ? D'autant plus qu'elle ne roule guère sur l'or, la pauvre fille.
>
> Émile ZOLA – *Pot-Bouille* – 1882

693. IL Y A DE L'ORAGE DANS L'AIR

Une dispute, une querelle s'annonce.
La situation s'aggrave.

Que voilà de belles métaphores météorologiques ! Un orage, tout le monde sait ce que c'est (même Corneille, pour qui il était désespérant[1]).

C'est au cours d'un orage que se produisent ces manifestations naturelles parmi les plus impressionnantes que sont les éclairs, immédiatement suivis de coups de tonnerre, pour peu qu'on en soit très proche.

Quand un bel orage est en cours, ça barde et ça hallebarde.

Lorsque les éclairs se produisent, c'est en des endroits où l'air est chargé d'électricité. Or, ne dit-on pas, par une autre métaphore, « il y a de l'électricité dans l'air » lorsque la tension[2] monte entre deux individus, au risque de provoquer de véritables éclats ?

Ce rapprochement aisé, entre « l'atmosphère » qui règne entre les deux personnes et cette électricité qui se trouve dans l'atmosphère et qui va probablement provoquer l'éclair puis le tonnerre, manifestations de la nature qui se fâche, est bien évidemment à l'origine de notre expression. Et ce, depuis le XVIIIe siècle.

On utilise aussi *ça tourne à l'orage* pour évoquer une situation qui est en train de se détériorer : l'orage, l'explosion de la nature, n'a pas encore eu lieu, mais on sent bien qu'il se prépare.

> Il y avait de l'orage dans l'air. J'avais trop vite auguré de la bonne tenue de la maison Philibert. Mme Philibert cramoisie s'efforçait en vain de rétablir l'ordre.
>
> Jean LORRAIN – *La Maison Philibert* – 1904

---

1. N'est-ce pas en effet dans *Le Cid* que Don Diègue s'exclame « Ô rage, ô désespoir… » ?
2. Encore un mot qui s'applique aussi bien à l'électricité qu'aux relations humaines.

694. APPORTER DES ORANGES (À QUELQU'UN)

Aller visiter (quelqu'un) en prison ou à l'hôpital.

Pourquoi les oranges sont-elles le cadeau type dans ce genre de circonstances plutôt que les madeleines, les bêtises de Cambrai ou la tarte au citron meringuée ?

L'histoire commence à cause du sénateur Béranger, qui, à fin du XIXe siècle, fut surnommé le « Père-la-pudeur », roi de la censure et obsédé par la bonne moralité de ses concitoyens (il était un farouche opposant à l'émancipation des femmes et à leur droit au plaisir). Mais il ne faut pas pour autant être complètement négatif sur ce monsieur : c'est aussi lui qui a fait instituer le sursis assorti aux peines des délinquants primaires non dangereux, leur donnant ainsi une possibilité de se racheter.

Mais encore une fois, pourquoi des oranges ?

Cela remonte à 1892 où, sur dénonciation de ce sénateur trop moraliste, quatre jeunes demoiselles, dont Marie-Florentine Roger, dite Sarah Brown, furent jugées car elles étaient accusées de s'être montrées presque nues dans les rues pendant le défilé du bal des Quat'zarts (élèves de l'école des Beaux-Arts à Paris[1]).

L'affaire fit grand bruit à l'époque et, en attendant que le verdict tombe, le poète Raoul Ponchon composa ces deux vers :

« Ô ! Sarah Brown ! Si l'on t'emprisonne, pauvre ange,
Le dimanche, j'irai t'apporter des oranges. »

C'est donc simplement parce que *orange* rime avec *ange* et que c'est un cadeau plus sympathique que des losanges, des phalanges, des mésanges ou

1. À ne pas confondre avec les Gadzarts, ingénieurs issus des Arts et Métiers.

des rechanges, qu'on apporte maintenant ces fruits aux prisonniers et aux malades[1].

C'est le même Raoul Ponchon qui, dans un autre grand moment d'inspiration, avait écrit : « Quand mon verre est vide, je le plains. Quand mon verre est plein, je le vide. »

> « Je t'ai apporté des oranges », dit-il. Kernevel eut un sursaut. Dans les derniers jours de son père, c'étaient des oranges qu'il lui apportait à l'hôpital. « Est-ce que je serais plus malade que je ne crois ? » se dit-il.
>
> Louis Guilloux – *La Maison du peupl*e – 1953

695. MORDRE / MANGER L'OREILLER

Avoir un orgasme.
Avoir le rôle passif, dans une relation homosexuelle.

Il s'en passe vraiment des choses, sur cet objet moelleux destiné à supporter la tête du dormeur dans son lit !

On fait des confidences sur l'oreiller, lorsqu'une personne capte des informations intéressantes fournies par son partenaire sexuel un peu trop bavard, ou bien on se raccommode sur l'oreiller (depuis 1912) lorsque deux personnes plus ou moins fâchées profitent d'une partie de galipettes pour se rabibocher.

Mais il arrive aussi parfois qu'on le « mange ». Les femmes, surtout, car il est plus rare, dans un couple traditionnel, que l'homme ait la bouche à proximité de l'oreiller lors d'un orgasme.

Pourquoi cette image ?

Eh bien, n'est-il pas nécessaire, afin de ne pas réveiller les enfants qui dorment dans la chambre d'à côté, ou de ne pas se faire entendre de mémé qui

---

1. Finalement, ce jour-là, Raoul avait été bien inspiré. Imaginez un peu les conséquences s'il avait plutôt écrit : « Ô ! Sarah Brown ! Si l'on t'emprisonne, pauvre anodine, / Le dimanche, j'irai t'apporter du tian d'aubergine » ou encore « Ô ! Sarah Brown ! Si l'on t'enferme, pauvre emprisonnée, / Le dimanche, j'irai t'apporter de la tarte au citron meringuée. »

dort dans son rocking-chair ou bien des voisins qui se trouvent derrière la cloison en carton-pâte (et qui ne sont pourtant pas dupes, car les grincements du lit ont déjà trahi l'activité en cours), d'être le plus discret possible au moment de l'extase ? Alors, lorsque la position le permet, mettre la tête dans l'oreiller, voire le « mordre » ou, plus imagé encore, le « manger », permet d'atténuer une manifestation trop bruyante d'un plaisir intense.

C'est de cette image de la femme qui mord l'oreiller pour assurer la discrétion de l'instant suprême que, par extension, l'expression indique le fait d'avoir un orgasme, et ce depuis la seconde moitié du XXe siècle (cela dit, je suis prêt à mettre ma main à couper que, très heureusement, l'orgasme était déjà connu bien avant cette période…).

L'image, étendue aux homosexuels masculins, a également donné le second sens proposé.

> Je la vois mordre l'oreiller et tout à coup, enfermé en elle, je découvre une extase dont jamais je n'avais imaginé la force.
>
> Roger-Louis JUNOD – *Dans le cerveau du monstre* – 1987

696. POUSSER DES CRIS D'ORFRAIE

1. Hurler, pousser des cris stridents (souvent sans réelle justification, avec une certaine disproportion entre l'acte et la réaction).
2. Protester violemment.

L'orfraie est un rapace piscivore (il ne mange pas des piscines, mais des poissons !) aussi appelé aigle de mer ou pygargue à queue blanche. Et ses cris ne sont pas plus stridents que ceux d'un autre grand rapace diurne, ce qui ne justifie pas vraiment la naissance de cette expression au XVIe siècle.

En réalité, ce qui explique probablement notre locution, c'est la confusion de noms entre *orfraie* et *chouette effraie* ; certains disent bien aussi par erreur de compréhension *pousser des cris d'orfèvre* !

Même si cette chouette, qui est un rapace crépusculaire et nocturne, vole et capture ses proies silencieusement, elle peut, dans certaines conditions (face à un prédateur, par exemple), pousser des hurlements qui, en des temps reculés, pouvaient effrayer le voyageur nocturne seul au fond des bois.

Le sens initial de l'expression était lié au fait d'être effrayé (normal pour une effraie !). Maintenant, si, en plus de l'effroi, on l'utilise aussi en cas de forte réprobation, on associe fréquemment une notion de réaction disproportionnée par rapport à l'acte ayant causé la peur ou le désaccord.

> L'autre enseignement de la linguistique, à savoir que l'évolution a souvent pour effet d'accumuler plus d'un sens sur un même mot, pourrait utilement être appliqué aux célèbres « faux amis », cette cohorte de clandestins qui font pousser des cris d'orfraie aux dénicheurs d'anglicismes.
>
> Claude Hagège – *Le Français et les Siècles* – 1987

697. ATTENDRE SOUS L'ORME

Attendre très longtemps, en vain.

Comme tout le monde, vous savez parfaitement que l'orme est un arbre de la famille des ulmacées, dont les fleurs sont fasciculées et le fruit un akène.

Et vous savez aussi qu'en France, les ormes ont été décimés par la graphiose, un champignon destructeur arrivé chez nous par la Hollande, d'où son surnom de « maladie hollandaise de l'orme ».

Mais autrefois, ces arbres robustes étaient nombreux sur les places des villages où se trouvait le centre de la vie sociale.

Dans ces lieux, dès le Moyen Âge, il était fréquent qu'une forme de justice soit rendue par des sommités locales ou des « juges de village » qui mettaient en présence les parties qui s'opposaient.

De cette pratique sont venues les désignations *juge sous l'orme* (chez Rabelais) ou *avocat sous l'orme* (dans *La Farce de maître Pathelin*) pour désigner des magistrats et avocats médiocres, les personnes qui rendaient ainsi la justice n'étant pas forcément très compétentes, personnes qu'on se permettait de faire attendre compte tenu de la haute opinion qu'on pouvait avoir d'elles.

Une autre raison de l'image de l'attente interminable sous l'orme venait du fait que certaines des parties concernées ne se présentaient jamais et qu'on les attendait donc en vain.

Du coup, au XVIIe siècle, l'expression a été employée ironiquement pour proposer un rendez-vous auquel on n'avait aucune intention de se rendre.

On trouve une citation explicite de la chose chez Jean-François Regnard, écrivain du même siècle, qui, dans une pièce dont le titre était notre expression elle-même, écrivait :

« Attendez-moi sous l'orme
Vous m'attendrez longtemps »

Si le sens actuel n'a pas été perdu depuis le XVIIe siècle, parallèlement, l'expression a aussi signifié « être confiant en sa cause » en raison de l'idée que se faisait celui qui allait sous les ormes avec l'espoir que justice lui serait rendue.

> – Vous n'avez, ajouta le fils de Lucinde, qu'à nous attendre sous ces saules ; nous ne tarderons pas a vous venir rejoindre.
> – Seigneur don Raphaël, m'écriai-je en riant, dites-nous plutôt de vous attendre sous l'orme. Si vous nous quittez, nous avons bien la mine de ne vous revoir de longtemps.
>
> Alain-René Le Sage –
> *Histoire de Gil Blas de Santillane* – 1838

698. FAUT PAS POUSSER GRAND-MÈRE / MÉMÉ / MÉMÈRE DANS LES ORTIES

1. Il ne faut pas exagérer, abuser, dépasser les limites.
2. Il ne faut pas avoir un comportement asocial avec quelqu'un.

Si l'image en est claire, l'origine de l'expression de base *faut pas pousser* pour *il ne faut pas exagérer* semble inconnue même si son apparition est généralement située dans la première moitié du XXe siècle.

Celui qui « pousse » trop, en effet, risque de faire du dégât en enfonçant ou écrasant ce sur quoi il pousse. La métaphore d'origine est donc sans ambiguïté.

L'ajout de la mémé est là pour en renforcer le sens. Son côté cocasse en rend l'utilisation plus fréquente que *faut pas pousser le bouchon* trop loin* qui a exactement le même sens.

C'est vrai, quoi ! Imaginez un « sauvageon » qui surgit hors de la nuit et court vers l'aventure au galop sur sa fougueuse mobylette au pot d'échappement trafiqué, le long d'une route de rase campagne. Soudain, il croise une personne du troisième âge (de sexe féminin) qui vient de faire ses courses à la supérette du village et s'en retourne à la ferme en se déplaçant lentement, le dos voûté, une main sur sa canne, l'autre tenant difficilement son sac plein de victuailles. Il s'arrête brusquement près d'elle et, dans un acte odieux de gérontopropulsion, lui file une mandale et l'envoie s'écrouler dans le carré d'orties malheureusement présentes à proximité, avant de lui chouraver son cabas et de s'enfuir à pleins gaz en lui filant un dernier coup de latte au passage. Si vous êtes un tant soit peu civilisé, en lisant cette ignoble histoire vous vous êtes forcément dit :

– Quelle horreur ! Mais que fait donc la police ?

– Le responsable de cette insupportable violence a pour le moins un comportement asocial. Il dépasse même un tantinet les limites de la bienséance.

– L'auteur de ces lignes disjoncte un peu.

Eh bien, je suis d'accord avec vous, y compris sur le dernier point. C'est pourquoi dans la prochaine version, je vous promets qu'il lui laissera son sac…

En tout cas, si vous avez un tant soit peu de compassion, vous devriez maintenant avoir compris pourquoi il ne faut vraiment pas pousser mémé dans les orties !

Quand Griffet qui cherchait à se planquer près des lavabos a vu tout ça, il en est devenu dingue : ses « précieux » illustrés volés « à prix d'or » à la librairie du coin. On n'avait pas grand-chose et ce qui était à nous était à nous, merde alors ! Fallait pas pousser mémère dans les orties, comme on disait.

Alain Sasson – *Coups de sang* – 2010

699. L'AVOIR DANS L'OS

1. Subir un échec.
2. Éprouver une déception.
3. Se faire berner.

Pour beaucoup, chiens y compris, un os n'est jamais qu'un… os, c'est-à-dire un morceau d'un squelette quelconque qu'il peut être bon de ronger si on n'est pas végétarien.

Mais la langue française lui a attribué quelques autres sens, parfois issus de nos régions, comme celui de « bouche » en pays d'Oc, ou selon le *TLFi* lorsqu'on parle d'un *os à moelle* celui de « nez » (image ragoûtante, n'est-il pas ?) ou encore de « membre viril » (quoique là, pour ce qui est de comparer la dureté, c'est peut-être un peu abusif – jamais on ne vit quelqu'un se casser le pénis[1]).

Dans notre expression, il s'agit encore d'un autre sens.

Lorsqu'on subit un échec ou qu'on éprouve une déception, c'est souvent à cause d'un autre qui nous a berné, possédé, trompé. Et, dans ce cas, une métaphore habituelle de la possession nous fait dire, par une association très poétique à la sodomie, que « on l'a dans le cul » ou que « on s'est fait mettre (bien profond, éventuellement) ».

C'est elle qu'on retrouve ici, le mot *os* désignant alors le tréfonds de l'homme, peut-être en raison de la proximité immédiate de l'orifice avec le sacrum ou

1. Même si le terme *fracture du pénis* existe réellement pour désigner abusivement ce qui est une déchirure du corps caverneux pouvant se produire lors d'ébats beaucoup trop impétueux.

le coccyx, deux de nos os bien connus ou parce que la coupe d'un os est un anneau, comparable à l'anus.

Selon Gaston Esnault, si ce sens du mot existe depuis la fin du XIXe siècle, ce n'est qu'au milieu du suivant que l'expression est apparue.

> Pas seulement pour moi – et moi, j'ai vu pire – Paris, le Gross Paris, le Gay Paris, l'a dans l'os…
>
> Henri QUEFFELEC – *Le sursis n'est pas pour les chiens* – 1972

700. ÊTRE À L'OUEST

Être dans un état anormal (de fatigue, d'hébétude…). Avoir la tête ailleurs.

En France, les Bretons sont à l'ouest. Faut-il en tirer des conclusions sur leur état habituel ? Le soleil se couche à l'ouest ? Est-ce parce qu'il est très fatigué qu'il se couche, et dans cette direction uniquement ?

Autant de questions dont les réponses resteront probablement tout aussi incertaines que l'origine de cette expression qui est très récente, puisqu'elle date de la fin du XXe siècle.

La plus probable des origines vient d'une adaptation de la locution anglaise *to go west* (« aller à l'ouest ») qui, au moment de la Première Guerre mondiale, voulait dire « mourir » ou « être tué[1] », sens approchant de celui qu'on trouvait dans l'argot des voleurs chez lesquels *to go west* voulait dire « être pendu » (après avoir été attrapé et, peut-être, jugé). En traversant la Manche, elle aurait perdu de

1. Pour les grands curieux qui se demanderaient pourquoi l'ouest aurait symbolisé la mort, on peut tenter de se tourner du côté des Indiens d'Amérique, très proches de la nature, pour lesquels le rapprochement viendrait de la direction du soleil couchant. En effet, chez Crèvecœur, dans *Voyage,* paru en 1801, on trouve le texte suivant : « Partir pour l'ouest. Après la mort, les esprits des bons chasseurs et des braves guerriers iront dans un pays occidental, où la chasse et la pêche seront abondantes, et la guerre sera inconnue ; de là, l'expression *partir pour l'ouest*, devenue synonyme de celle de mourir. »

son intensité, la mort étant remplacée par une sorte d'hébétude.

Voici deux autres explications qu'on trouve ici et là.

La première viendrait du théâtre du début du XXe siècle. Il paraît qu'à cette époque, les ateliers de décors et les théâtres se situaient principalement à l'est de Paris, alors que les acteurs habitaient surtout à l'ouest.

À la fin de son spectacle, l'acteur, forcément très fatigué après avoir tout donné, retournait chez lui, à l'ouest.

La seconde a au moins l'avantage d'être amusante, même si elle est peu probable.

Chacun connaît le professeur Tournesol, alias Tryphon, ce personnage de Tintin qui est toujours à côté de la plaque* (donc « à l'ouest »). Dans *Le Trésor de Rackham le rouge*, Tournesol n'arrête pas de dire que son pendule lui indique qu'il faut chercher toujours plus à l'ouest. Ce serait de cette obsession mêlée à l'état naturel du professeur que viendrait l'expression.

> Les choses n'étaient pas simples pour nous non plus, entre la tournée dans le Sud, le battage médiatique, Sid qui était complètement à l'ouest, tout le monde qui se détestait, et Malcolm qui n'imprimait pas vraiment son autorité sur le groupe.
>
> Jon Savage – *England's dreaming : les Sex Pistols et le punk* – 2002

701. AVOIR SES OURS

Avoir ses règles.

Bien entendu, cette locution ne s'applique qu'aux femmes, et de préférence à celles pas trop âgées. Mais que viennent faire nos braves plantigrades dans ces manifestations aussi régulières que naturelles ?

Deux explications sont proposées pour cette expression qui daterait du début du XXe siècle.

On sait qu'un ours désigne un homme bourru, à l'humeur parfois massacrante. La première explication vient donc de l'humeur ou de l'énervement que peuvent avoir nos compagnes lorsqu'elles sont menstruées.

La seconde origine pourrait venir d'une plaisanterie faite à partir de l'ancienne expression *avoir ses jours*, employée pour désigner ces jours où une femme préférait ne pas trop se montrer en société.

Mais une telle plaisanterie ne se comprend vraiment que lorsqu'on sait que, jusqu'à la fin du XIXe siècle, *ours* se prononçait *our*, ce qui explique la très forte similitude de prononciation entre *avoir ses jours* et *avoir ses ours* puis le remplacement de la première par la dernière.

– Mais Monsieur ne couche donc pas avec Madame ? C'est dommage ! Une si belle rousse ! […]
– Elle a ses ours ! expliqua-t-il avec simplicité.

Marcel GRANCHER – *Lyon la cendrée* – 1937

702. OURS MAL LÉCHÉ

1. Personne qui fuit la société.
2. Personne bourrue.

On sait que l'ours est un animal principalement solitaire, même s'il lui faut bien, de temps en temps, se rapprocher d'un congénère du sexe opposé pour perpétuer l'espèce.

Si le premier sens de l'expression se comprend donc aisément, le second est moins évident.

C'est, bien avant, à l'époque d'Aristote, déjà, qu'on trouve une croyance qui dit que le petit de l'ours naît en partie informe et qu'il est « finalisé » par sa mère qui le lèche pour aboutir à un animal complètement formé.

Pour le confirmer, par exemple, on trouve en 1579 le texte suivant :

« Ce néanmoins je diray quant est de l'ourse, qu'elle ne fait ses petis ayans les membres si confus, principalement les jambes, né sans forme et figure comme aucuns ont écrit, et comme le populaire le croit. Aussi peu est-il vray qu'en les léchant les façonne, jusques à ce qu'ils ayent forme d'ours. Car au val d'Ananie j'ay vu une grande ourse pleine que les veneurs éventrèrent, les petis estans encores au ventre, qui ayent tous leurs membres distingués et formés, non pas sans forme, comme plusieurs estiment, ajoustans plus de foy à l'autorité d'Aristote et Pline, qui l'ont ainsi éscrit, qu'à leurs propres sens et expérience. »

C'est ainsi que d'une prétendue malformation physique on s'est déplacé vers une malformation éducative, la personne « mal léchée » étant mal éduquée, donc grossière, pour donner le second sens de l'expression.

> Il avait vécu dans le monde ; il avait des talents, quelque savoir, de la douceur, de la politesse ; il savait la musique, et comme j'étais de chambrée avec lui, nous nous étions liés de préférence au milieu des ours mal léchés qui nous entouraient.
>
> Jean-Jacques Rousseau – *Les Confessions* – 1789

703. AVOIR DES OURSINS DANS LA POCHE /LE PORTE-MONNAIE

Être avare.

Sympathique image que celle-ci, et aisément compréhensible.

Mais avant d'aller plus loin, il est intéressant de savoir que le mot *oursin*, qui date du milieu du XVIe siècle, est, selon certains, une déformation de *ourson*, le petit de l'animal bien connu ; mais pour d'autres, il serait issu de l'appellation en occitan *orsin de mar*.

Quoi qu'il en soit, cet échinoderme, qu'on appelle aussi « hérisson de mer » ou « châtaigne de mer », est entouré d'une multitude de piquants qu'il vaut mieux éviter de se planter dans les doigts.

On peut donc imaginer qu'une personne qui aurait un ou des oursins dans sa poche ou dans son porte-monnaie éviterait intelligemment d'y fourrer la main pour en retirer quelque argent.

Et cet empêchement constant d'accéder à ses billet, ne pourrait que la faire passer pour avare à celui qui ne serait pas informé de la présence (pourtant parfaitement naturelle, n'est-ce pas ?) de ces petits animaux.

> Autre problème, majeur celui-là, celui d'un gratuit devenu payant. Allez donc expliquer aux Auvergnats qui ont par définition des oursins dans les poches la chose suivante : « Vous allez devoir payer bientôt ce que vous avez gratuitement depuis un an dans votre boîte aux lettres. »
>
> Pierre-Gabriel GONZALEZ – *Michelin et sa ville : je t'aime moi non plus* – 2007

704. UN OUVRIER DE LA ONZIÈME / DERNIÈRE HEURE

1. Celui qui se met à participer à un travail au moment où il va être fini.
2. Celui qui se rallie tardivement à une cause.

Il est bien connu, et Francis Bouygues l'avait bien compris, que le monde appartient à ceux dont les ouvriers se lèvent tôt.

Alors ceux qui arrivent souvent au travail trop tardivement sont généralement très mal vus, aussi bien par leurs chefs que par leurs petits camarades s'il n'y a pas de sanction pécuniaire.

Et pourtant ! Si on se fie à la parabole évangélique d'où nous vient cette expression, elle n'est absolument pas critique vis-à-vis de ces retardataires, comme ce qui est généralement sous-entendu lors de l'usage actuel de la locution.

En effet, cette parabole, qu'on trouve non pas sur les toits des maisons et immeubles, mais dans l'Évangile selon saint Matthieu, nous conte l'histoire suivante.

Un maître de maison commença de bon matin à embaucher des ouvriers pour travailler dans sa vigne. Le prix convenu pour le travail était de un denier par jour. Mais l'employeur continua, à différents moments de la journée (la troisième, la sixième, la neuvième puis la onzième heure), à recruter de nouveaux travailleurs.

À la fin de la douzième et dernière heure de travail (oui, à cette époque, les 35 heures n'étaient pas encore d'actualité), il paya d'abord les derniers venus de un denier avant, finalement, de payer les premiers également de un denier.

Bien entendu, ces derniers (qui, je le rappelle à ceux qui ne suivent pas bien, furent pourtant les premiers) n'étaient pas d'accord. Pourquoi ceux qui n'avaient fourni qu'une seule heure de travail devaient-ils recevoir le même montant que ceux qui en avaient fourni douze ?

Ce à quoi le maître de la vigne répondit à l'un des ouvriers mécontents : « Mon ami, je ne te lèse en rien. N'est-ce pas que nous sommes convenus d'un denier ? Prends ce qui te revient et va-t'en. Il me plaît de donner à celui-ci autant qu'à toi. N'ai-je pas le droit de disposer de mes biens comme il me plaît ? Ou faut-il que tu sois jaloux parce que je suis bon ? » Et Matthieu conclut : « Voilà comment les derniers seront les premiers et les premiers seront derniers. »

Le sens de cette parabole est assez clair : si le maître engage des ouvriers à la onzième heure, c'est qu'à ceux-là, aucun travail ne leur a été proposé avant. Il n'y a donc là aucune volonté d'encourager la paresse, mais plutôt de donner à chacun des chances égales.

Mais le message sous-jacent de Jésus est qu'il est toujours temps de venir à lui et qu'aucune préférence ne sera basée sur l'ordre de conversion, chacun étant traité à égalité quelle que soit la période de son ralliement.

De nos jours, un patron peut effectivement embaucher deux cadres de même qualification à des salaires différents, ces derniers étant surtout dépendants des qualités de négociation des nouveaux embauchés. Mais la parabole mélange une approche purement matérielle (le contrat entre l'employeur et l'employé) avec un engagement spirituel. Est-ce vraiment une comparaison judicieuse ? Sans compter que le lendemain, les ouvriers pas idiots attendront la onzième heure pour se pointer au recrutement, non ?

> Ouvrier de la dernière heure ou presque, je m'étais rangé sous ses ordres en 1943 [l'auteur évoque Charles de Gaulle], et il ne nous avait jamais adressé le moindre signe. Douze ans après, j'étais convoqué par son aide de camp. Tiens, pourquoi ?
>
> Jules Roy – *Mémoires barbares* – 1989

705. ÊTRE PAF

Être ivre.

Ce *paf* (ou anciennement *paff*) argotique n'a aucun lien avec l'onomatopée *paf* bien connue, généralement associée au coup (« et paf, le chien ! »).

Il est une abréviation du participe passé *paffé* issu du verbe *paffer* ou *empaffer*[1] qui, à la fin du XVIIIe siècle, voulait dire « enivrer », et qu'on trouve aussi sous les formes pronominales *se paffer* ou *s'empaffer* (également avec le sens de « se gaver d'aliments et de vin »).

Mais l'origine de ces verbes est discutée.

Pour plusieurs lexicographes, ils sont une déformation de *se piffrer* ou *s'empiffrer* avec le même sens. Mais pour Lorédan Larchey, *empaffer* voulait dire « remplir de paf », le *paf* ayant été un terme générique pour désigner une boisson alcoolisée au milieu du XVIIIe siècle.

1. Dans l'argot du début du XXe siècle, empaffer veut dire « sodomiser ». D'où l'injure courante *espèce d'empaffé !* synonyme de *espèce d'enculé !*

Certains, lorsqu'ils en ont un petit coup dans le pif, donc lorsqu'ils sont pafs, pouffent sans arrêt.

> Pardi ! murmura Augustine, dont la tête roulait sur les épaules, ils [les enfants] sont paf ; ils ont chanté comme les grandes personnes.
>
> Émile ZOLA – *L'Assommoir* – 1877

706. LA PAILLE ET LA POUTRE

Les défauts d'autrui qu'on perçoit comme gênants, en ignorant les siens propres.

La paille, ce fétu, et la poutre, cette grosse barre de bois, s'utilisent en général sous une forme du genre « voir une paille dans l'œil du prochain et ne pas voir la poutre dans le sien ».

Cette comparaison entre les défauts qui nous crèvent les yeux et qu'on reproche chez l'autre (la paille) alors qu'on devrait plutôt être très indulgent en raison de la présence de défauts au moins aussi désagréables chez soi (la poutre, qui devrait normalement nous aveugler au point de ne pas pouvoir percevoir la paille) existe depuis longtemps puisqu'elle nous vient des Évangiles selon saint Luc et saint Matthieu.

On y trouve en effet le texte suivant :

« Qu'as-tu à regarder la paille qui est dans l'œil de ton frère ? Et la poutre qui est dans ton œil, tu ne la remarques pas ? Ou bien comment vas-tu dire à ton frère : Attends ! Que j'ôte la paille de ton œil ? Seulement voilà : la poutre est dans ton œil ! Homme au jugement perverti [hypocrite], ôte d'abord la poutre de ton œil, et alors tu verras clair pour ôter la paille de l'œil de ton frère. »

Cette allusion s'utilise en général pour ceux qui prétendent faire la morale à d'autres en oubliant de se corriger eux-mêmes.

> André Glucksman ne saurait être accusé de se limiter à la compassion narcissique : il s'est dévoué avec mérite à la cause des Tchétchènes, et c'est à leur sujet que sont consacrées les meilleures pages

de son ouvrage cité plus haut. Toutefois, il offre une illustration saisissante de « la paille et la poutre », en ne dénonçant que les crimes commis par les Russes, Chinois et autres Nord-Coréens, sans un mot de compassion dans son livre pour les victimes des États de l'OTAN et assimilés, comme les Kurdes et les Palestiniens.

Gilbert ACHCAR – *Le Choc des barbaries* – 2002

707. SUR LA PAILLE

Dans une grande pauvreté.

N'est-il pas fort sympathique d'être sur la paille à batifoler dans la grange avec la fille ou le fils du fermier (selon affinités) ?

Alors pourquoi cette signification pour notre expression ?

D'abord, qu'est-ce que la paille ?

Au XIIe siècle, le mot désignait une balle (ou une botte) de blé avant, un peu plus tard, de désigner la « tige entière de céréales dépouillée de son grain ». Maintenant, il s'agit plus généralement de la tige coupée de plantes diverses.

C'est depuis le XIIIe siècle que la couche de paille est le symbole de la pauvreté.

En effet, la paille est considérée comme le déchet d'une culture, comme une chose sans réelle valeur. Et être contraint de dormir dans une grange sur des déchets, ne pas avoir les moyens de s'offrir un vrai lit confortable et douillet dans une chambre, n'est-ce pas une véritable marque de pauvreté ?

Cette expression est citée par Furetière au XVIIe siècle avec le verbe *coucher*. D'autres versions apparaîtront ensuite avec des verbes comme *être*, *finir*, *mourir* ou *mettre*.

Est-ce qu'elles se fichaient du monde ? Encore du crédit, elles rêvaient donc de le mettre sur la paille ? Non, plus une pomme de terre, plus une miette de pain.

Émile ZOLA – *Germinal* – 1885

708. UN HOMME DE PAILLE

Une personne dont le nom sert à la signature de contrats, à la place du véritable contractant.

Quand on parle d'un homme de paille, on pense en général rapidement à un épouvantail, ce pantin planté dans les champs pour faire fuir les oiseaux mangeurs des graines semées et dont les vêtements sont bourrés de paille pour leur donner l'épaisseur et l'apparence d'un humain.

Il est certain qu'un épouvantail n'a pas une grande place dans la société, peu causant qu'il est, le bougre. Mais c'est en raison de la faible valeur de la paille (comparativement au grain), qu'autrefois, au XVIIe siècle, un homme de paille désignait un pauvre, quelqu'un sans moyens financiers qui, par conséquent, n'avait pas d'importance sociale.

Et c'est bien de l'absence de valeur accordée au pauvre que vient le sens de l'expression, car un homme de paille est tout aussi peu considéré dans le cadre d'une affaire, puisqu'il n'a strictement aucun pouvoir.

> Savez-vous ce qu'il nomme faire des opérations ? Il achète des terrains nus sous son nom, puis il y fait bâtir des maisons par des hommes de paille. Ces hommes concluent les marchés pour les bâtisses avec tous les entrepreneurs, qu'ils payent en effets à longs termes, et consentent, moyennant une légère somme, à donner quittance à mon mari, qui est alors possesseur des maisons, tandis que ces hommes s'acquittent avec les entrepreneurs dupés en faisant faillite. Le nom de la maison de Nucingen a servi à éblouir les pauvres constructeurs.
>
> Honoré DE BALZAC – *Le Père Goriot* – 1835

709. AVOIR DU PAIN SUR LA PLANCHE

Avoir beaucoup de travail, beaucoup de tâches à accomplir.

Avant le début du XXe siècle, cette expression voulait dire tout autre chose, puisqu'elle signifiait

« avoir des ressources pour l'avenir, être assuré de ne manquer de rien ».

L'image s'explique à l'époque où le pain pouvait être conservé longtemps avant d'être mangé et où avoir de nombreuses miches posées sur leurs planches de stockage, c'était avoir de quoi tenir un moment.

Le fait que l'expression ait changé de sens peut s'expliquer de deux manières, et la fin de ce pain de longue durée remplacé progressivement par le pain que nous achetons chaque jour à la boulangerie y a probablement aidé.

On a pu alors imaginer les pains crus que le boulanger pose d'abord sur une planche après les avoir façonnés, avant de les mettre au four.

S'il est au début de son travail de cuisson, cet homme a du pain (des pains) sur la planche avant d'avoir entièrement accompli sa tâche. Il a donc beaucoup de travail devant lui.

L'autre explication vient de Claude Duneton.

Elle remonterait d'abord à une expression argotique utilisée par les voyous, *la planche au pain*, qui désignait le tribunal (par allusion à sa position élevée comme les planches où le pain était conservé).

En plus, à cette époque de royauté, *manger le pain du roi,* cela voulait dire « être en prison ou aux galères (ou à l'armée) », le pain étant fourni gratuitement par l'État, donc le roi.

La combinaison de ces deux expressions a fait que les voyous ont assimilé les années de galère ou de bagne gentiment distribuées par le tribunal (des sortes de rations) à autant de *pains sur la planche*, ces derniers prenant alors le sens de « corvées », là où auparavant ils avaient le sens de « ressources ».

> C'est vrai que ce soir je dois rencontrer quelques membres du comité spécial des Nobel pour mettre certains sujets au point. Nous avons du pain sur la planche, car nous avons l'intention de réécrire

une autre mouture de la déclaration des Droits de l'Homme…

Blaise Aplogan – *La Kola brisée* – 1990

710. MANGER SON PAIN BLANC EN / LE PREMIER

Passer d'un état heureux à un autre qui ne l'est pas.

Cette expression est attestée en 1515 chez le poète Guillaume Dubois, dit Guillaume Crétin, à une époque où, pour le peuple, le pain était généralement une chose grisâtre, plutôt très foncée, car il ne disposait pas de la farine blanche et débarrassée de ses impuretés comme celle d'aujourd'hui.

Mais, lorsqu'il pouvait avoir accès à une farine plus propre et fine, celle généralement réservée à la haute société, il ne se privait pas de faire du pain plus clair que d'ordinaire, du pain « blanc » (mais encore bien loin de la blancheur actuelle) à la qualité et au goût supérieurs. Du coup, les gens avaient alors tendance à le manger en premier, faiblesse bien compréhensible, se condamnant à partager le moins bon plus tard.

Cette ancienne métaphore, qui est à rapprocher de l'ancien dicton « si tu manges ton pain blanc en premier, tu manges ton pain noir plus tard », a depuis longtemps quitté le four à pain et la cuisine pour se généraliser à toutes occasions où on a commencé par faire les choses agréables (« manger le pain blanc ») sans toujours savoir qu'on devrait ensuite subir des désagréments divers (« le pain noir » qu'on a aussi appelé « le pain noir de l'adversité »).

Elle s'emploie généralement a posteriori, lorsqu'une personne a bien profité de quelque chose (d'une situation aisée, en général) et s'en trouve complètement démunie par la suite.

Alfred Delvau, dans son *Dictionnaire de la langue verte* propose cette variante à la signification de l'expression : « De deux choses, faire d'abord la plus aisée ; s'amuser avant de travailler, au lieu de s'amuser après avoir travaillé. »

> Jetez plusieurs choses à manger devant votre chien, il commencera toujours par la meilleure. Donnez-lui dix morceaux de pain l'un après l'autre, il attendra qu'ils soient tous à sa disposition pour commencer son repas, car il espère que le dernier sera le plus délicat. On dit que certaines demoiselles, à Paris, mangent leur pain blanc le premier, les chiens font exactement la même chose.
>
> Elzéar BLAZE – *Histoire du chien* – 1846

711. HORS PAIR

Hors du commun, exceptionnel.

Alors que nous avons déjà *hors du commun*, immédiatement compréhensible par tous ceux qui savent ce que *commun* veut dire, ce qui est assez commun, pourquoi avons-nous aussi *hors (de) pair* (qui se disait autrefois *hors du pair* et même *sans per*, un peu après le Xe siècle ?

Eh bien, il suffit de se pencher un peu sur l'étymologie et le sens du mot *pair* pour le comprendre.

Ce mot qui est issu du latin *par* ou *paris* signifiant « égal » s'est dit *peer* au Xe siècle, puis *per* au XIe (on retrouve aujourd'hui cette égalité dans le mot *parité*, par exemple) avant de devenir *pair* qui ne s'utilise plus que dans certains contextes, ce mot ayant été remplacé par *pareil* de nos jours.

La signification initiale de *sans per* était donc « sans pareil ». Et *hors pair* ou *hors du pair,* puis *hors de pair*, voulait d'abord dire « au-dessus des choses semblables ». Ensuite, le simple *au-dessus* a été amplifié pour aboutir à quelque chose de « très au-dessus » et même d'exceptionnel.

> Le point culminant, c'est incontestablement le Don Quichotte de Cervantes, lequel enchaîne déjà avec un XVIIe illuminé par une série d'œuvres hors pair – celles de Lope de Vega, Tirso de Molina, Calde-

rón, Gongora, Quevedo – hors pair par la puissance d'expression à la fois, et le raffinement.

Georges HALDAS – *L'Espagne par les écrivains que j'aime* – 2006

712. ENVOYER PAÎTRE

Se débarrasser (de quelqu'un) avec brusquerie. Envoyer promener.

On l'a oublié parce qu'on ne l'utilise plus sous cette forme, mais le verbe *paître* a d'abord été transitif, puisque au XIIe siècle il signifiait, au sens propre, « nourrir un animal », version d'où nous vient *repu*, issu de *repaître* (également transitif à l'époque), toujours largement utilisé, qui cohabitait avec *pû*, pour « nourri » (lorsqu'on a été *pû* et *repu*, l'estomac est forcément bien rempli).

Ce verbe a aussi eu d'autres significations : de « conduire au salut », en religion, à « tromper », au XIIIe siècle, quand il était employé avec *faire* ; selon Rey et Chantreau, on a même eu au Moyen Âge un *faire paître avec soi* qui signifiait « attirer dans son parti par des promesses ».

Aujourd'hui, le verbe est principalement intransitif, puisqu'on ne « paît » plus les animaux, mais qu'on les « fait paître » lorsqu'on les mène aux champs brouter cette bonne herbe bien verte qui fait saliver tous les ruminants.

Et comme les champs « broutables » ne sont pas forcément à proximité immédiate de la ferme, faire paître les animaux, c'est souvent les éloigner vers un champ à distance. Il est donc aisé d'imaginer que notre expression est une métaphore de cet éloignement, l'importun étant brutalement envoyé au loin pour éviter qu'il ne continue à déranger.

Mais il faut savoir que si l'expression est apparue au XVe siècle (attesté en 1461 chez François Villon), dès le XIIIe, *faire herbe paistre*, également en rapport avec le sens de « tromper », s'utilisait pour « mener comme un sot, en dupant ». Cela explique que, dans son *Dictionnaire françois* publié en 1680, César Pierre Richelet donne à notre locution la signification « envoyer promener comme un sot ».

De nos jours, on a oublié la sottise de l'importun pour n'en plus considérer que le côté dérangeant justifiant qu'on cherche à l'éloigner sans ménagement.

> Impossible de faire consentir ce vieil entêté à découcher. J'ai voulu lui prêter mon pardessus. Il m'a envoyé paître.
>
> George Sand – *Monsieur Sylvestre* – 1866

713. SE FAIRE PORTER PÂLE

Se déclarer comme étant malade, se faire passer pour malade.

L'expérience montre qu'une maladie peut rendre quelqu'un très pâle[1].

Précédée de *se faire porter malade*, c'est à partir de 1900, dans le monde des casernes (et pas celles d'Ali Baba) que cette expression argotique est apparue. Elle s'appliquait au militaire qui, soit était réellement malade et qui se faisait alors porter pâle, même si sa maladie n'influait en rien sur son teint, soit tentait de tirer au flanc* en se faisant passer pour malade.

Mais pourquoi *se faire porter* ?

Parmi ses quelques significations, le verbe *porter* veut dire « mettre quelque chose par écrit », comme on le trouve par exemple dans *porter une somme au crédit d'un compte bancaire*.

Se faire porter, c'était donc faire inscrire son état dans les registres de la caserne ou de l'infirmerie.

> Quelques jours plus tard, je me tordais de douleur : le produit miracle censé me soigner avait déclenché une hépatite ! Celle-ci me fit souffrir pendant des mois. Impossible de me faire porter pâle pourtant : il fallait décrocher les autorisations de tournage,

1. D'ailleurs, ne dit-on pas d'un professionnel très malade qu'il est un pro blême ?

résoudre la question de l'hébergement de notre équipe, calculer le budget du film…

Ulli PICKARDT – *Travelling arrière* – 2004

714. LA BOÎTE DE PANDORE

La source des ennuis.
L'origine de malheurs, de catastrophes.

Les truands parlent de la boîte des pandores, autrement dit du « panier à salade », les pandores désignant les gendarmes[1].

Mais la « véritable » boîte de Pandore nous vient de la mythologie gréco-romaine.

Les deux frères Prométhée et Épiméthée, qui étaient des Titans, furent chargés par Zeus de créer les hommes, ce qu'ils firent. Mais Prométhée, ému par la nudité de ses créatures (qui, du coup, se caillaient méchant), vola le feu aux dieux, apprit aux hommes à s'en servir et s'installa parmi eux.

Zeus, plus que furax, jura de se venger de Prométhée. Il demanda alors à Héphaïstos de créer une femme identique à une déesse (et qui deviendra donc la première femme), munie de tous les attributs qui vont bien avec, c'est-à-dire beauté et habileté, ce à quoi Hermès ajouta aussi d'autres traits de caractère habituels chez la femme, comme la ruse, la fourberie, la paresse, la méchanceté, la sottise, la parole enjôleuse et trompeuse, auxquelles il ajouta, pour faire bon poids, une curiosité sans bornes[2]. Ainsi naquit Pandore.

Pandore fut alors envoyée chez les deux Titans, munie d'un beau récipient (ou jarre ou boîte, selon les versions) offert par Zeus à destination de son futur époux et renfermant un paquet de maux parmi lesquels on trouvait la vieillesse, la maladie, le

1. Selon le *TLFi*, le nom *pandore* vient d'une chanson de 1857 par Gustave Nadaud dans laquelle un gendarme est affublé du nom de Pandore parce que en hollandais de l'époque, *pandoer* désignait… un gendarme.
2. Mesdames, ne me frappez pas ! Ce n'est pas moi qui invente, c'est dit comme ça dans la mythologie !

chagrin, la folie, le vice ou la famine, tous inconnus des Hommes (avec un H majuscule vu qu'il y a maintenant aussi une femme impliquée dans l'affaire). Ce récipient contenait également un petit bonus d'une autre catégorie, l'espérance.

Malgré les nombreuses réticences de Prométhée, Épiméthée se laissa subjuguer et épousa aussi sec Pandore qui, bien entendu, avait eu l'interdiction absolue d'ouvrir le récipient. Mais à cause de son insatiable curiosité, elle profita un jour de l'absence d'Épiméthée pour ouvrir la boîte dont tous les maux s'échappèrent et se répandirent sur l'humanité.

Au fond de la boîte, il ne restait plus que l'espérance qui finit aussi par sortir, et heureusement, car sans elle l'Homme aurait eu bien du mal à supporter tout le reste.

Il existe quelques petites variantes de cette histoire « un peu » misogyne, mais on peut faire un parallèle certain avec Ève, la croqueuse de pommes, à cause de laquelle l'Homme a été chassé du Paradis et a dû apprendre à subir tout ce qui, dans notre histoire, s'est échappé de la boîte de Pandore.

Car ton cœur est pour moi la boîte de Pandore
Qui cache en ses replis l'essaim trompeur des maux
L'envie et la colère y croisent leurs émaux,
La luxure y sourit aux baisers qu'elle implore.
La gourmandise y dort, prompte à se réveiller ;
La paresse s'y fait un charmant oreiller ;
L'orgueil s'y dissimule avec indifférence.
Et pourtant j'ai rêvé d'ouvrir ce cœur fatal…
C'est qu'au fond de la boîte, avec un doux signal,
– Un signal amoureux, – m'appelle l'espérance.

Emmanuel DES ESSARTS – *Poésies parisiennes* – 1862

715. LE DESSUS DU PANIER

Ce qu'il y a de meilleur.

Il vous est sûrement déjà arrivé, au (super)marché, de repérer une magnifique barquette de fraises, de la rapporter chez vous (après l'avoir payée, bien entendu), et de découvrir que les fraises situées sous la première couche étaient en moyenne beaucoup moins belles que celles du dessus.

C'est simplement parce que le commerçant, dans l'espoir de vendre ses produits, même ceux abîmés, et de vous appâter, a pris le soin de mettre au-dessus de la barquette ou du panier les plus beaux de ses produits. Ce faisant, ce fieffé coquin prend bien sûr le risque de ne plus vous revoir. Mais il faut bien qu'il arrive à vendre tout son stock, le pôvre ! Ce n'est pas parce qu'il s'est fait avoir par son grossiste qui a réussi à lui placer quelques produits de piètre qualité qu'il doit les garder sur les bras. À votre tour, donc, de vous faire avoir !

Si, pour des choses diverses, notre métaphore aisément compréhensible désigne effectivement ce qu'il y a de plus beau ou de meilleur, l'expression s'emploie aussi en parlant de personnes pour désigner les plus aisées, les plus distinguées ou les plus célèbres.

Dans ce cas précis, on utilise aussi les termes de *crème* ou de *gratin*.

Selon Antoine Oudin, grammairien du XVIIe siècle, on a d'abord utilisé *pis / pire du panier* pour évoquer cette fois ce qu'il y a de plus mauvais (on trouve *le pis du panier* dans le *Quart livre* de Rabelais, par exemple). Plus tard dans le siècle, selon Furetière, on a vu apparaître notre expression en même temps que son opposé *le fond du panier*.

Aujourd'hui, il n'en reste plus que le dessus.

> Celle-ci tente de convaincre le consommateur qu'en achetant le bas de gamme Volkswagen il aura autant l'air d'un nabab que celui qui craque pour le dessus du panier Audi.
>
> *Libération* – Article du 31 mars 1997

> Critique sociale féroce, diront certains, au vu de cet étalage de corruption et autres turpitudes dans le dessus du panier catalan, avec même pour vedette un maire de Barcelone…
>
> *Le Point* – Article du 20 janvier 2007

716. UN PANIER PERCÉ

Une personne qui dépense sans compter, qui dilapide son argent.

Point n'est besoin d'être un panier percé pour comprendre la métaphore.

Quelqu'un qui, le matin au marché, s'aviserait de remplir son panier de lentilles en vrac[1] alors que le réceptacle est percé y dépensera bêtement toute sa fortune avant que le panier soit plein, alors qu'en ayant d'abord acheté du ruban adhésif, il aurait pu commencer par boucher les trous.

De là à considérer que celui qui est « un panier percé » est quelqu'un qui dilapide son argent, il n'y a qu'un pas qui a été franchi à la fin du XVIIe siècle.

Mais on peut noter que la locution avait parallèlement un autre sens, oublié depuis, puisqu'elle voulait aussi dire « être une personne sans mémoire, qui oublie tout », les « trous » laissant filer tout ce qui aurait dû être retenu ; du coup, elle a aussi servi à désigner un idiot, avec la locution *être bête comme un panier percé* (ce qui explique la toute première phrase de ce texte).

> « Mon cher Beaumarchais, je vous recommande mes affaires, que vous m'avez promis de soigner, et je vous prie d'être certain que l'amitié que je vous ai vouée ne finira qu'avec ma vie… » Tel est le refrain ordinaire des innombrables lettres du prince de Nassau à l'auteur du *Mariage de Figaro*. Celui-ci se prête avec une complaisance inépuisable, entremêlée cependant quelquefois de mauvaise humeur, à ce rôle de caissier et de tuteur, que la princesse de Nassau contribue pour sa part à rendre très difficile, car elle est aussi panier percé que son mari.
>
> Louis DE LOMÉNIE – *Beaumarchais et son temps* – 1858

1. Vous pouvez remplacer les lentilles par d'autres petites choses, ou de plus grosses si les trous du panier sont également gros, ou même par des éléphants, à condition d'avoir un très grand panier avec des trous adaptés.

717. EN PANNE

Dans l'impossibilité de pouvoir fonctionner.

Voilà typiquement le genre d'expression que l'on peut être amené à prononcer très régulièrement, même si l'on n'est pas directement concerné, non seulement sans avoir la moindre idée de ce que peut être son origine, mais surtout sans même se poser la question.

Ce sont encore une fois les gens de la marine à voile qui nous l'ont donnée, dès le XVIe siècle. En effet, « mettre en panne », c'était disposer ou orienter la voilure de telle manière que le bateau n'avance plus.

Pour Furetière, c'était aussi faire pencher le bateau, lorsque celui-ci avait une voie d'eau d'un côté, à la fois pour limiter les entrées d'eau et pour mieux pouvoir colmater la brèche.

Quant à la *panne sèche*, elle ne vient pas de la voiture qui n'avance plus pour cause de réservoir vide, mais encore de la marine où cette fois la « panne » s'obtenait en l'absence totale de voilure, en utilisant uniquement le gouvernail, par opposition à la « panne » avec voilure qui s'appelait la « panne courante[1] ».

C'est depuis le début du XXe siècle que *panne* s'utilise pour une voiture qui ne peut plus avancer à cause de l'arrêt involontaire de son moteur.

Elle a ensuite été étendue à d'autres usages (« je suis en panne d'idées » pour le créatif ou bien « je suis en panne d'argent » pour celui qui a du mal à joindre les deux bouts).

Car, depuis janvier, leur immeuble de quinze étages abrite un ascenseur en travaux (donc immobile) et

1. … qu'il ne faut surtout pas confondre avec une « panne de courant », cette dernière pouvant se transformer en « panne de Coran » lorsqu'elle empêche le fonctionnement des haut-parleurs de la mosquée et l'appel à la prière du muezzin.

un autre qui tombe en panne au moins une fois par semaine.

Le Parisien – Article du 17 octobre 2009

Michel Rocard peut savourer une victoire « posthume » : la CSG, cet impôt tant vilipendé quand il le créa en 1990, est devenue la bonne à tout faire des gouvernements en panne d'argent ou d'idées.

L'Express – Article du 13 avril 1995

718. TOMBER DANS LE PANNEAU

Tomber dans le piège.
Se faire duper.

À une époque où les panneaux électoraux fleurissent à tous les coins de rue, il est très facile de « tomber dans le panneau » des promesses électorales dont la majeure partie ne sera pas tenue.

De même, alors que les panneaux publicitaires sont partout et nous promettent des choses plus incroyables les unes que les autres, il existe encore des gens qui, bien qu'ils se soient fait prendre plusieurs fois, continuent à tomber dans le panneau des slogans aguicheurs.

Mais, à l'époque où cette expression est apparue, au XVIIe siècle, nos routes et chemins n'étaient pas encore bordés de tels supports de messages trompeurs.

C'est donc ailleurs qu'il faut chercher l'origine de notre expression, même si elle colle bien avec nos pratiques modernes.

Pour tout savoir, il nous faut remonter jusqu'au XIIIe siècle, époque à laquelle, pendant les chasses, un panneau était un filet ou une étoffe tendue de manière à y prendre le gibier.

C'est donc simplement de ce piège bien réel qu'est d'abord née l'expression figurée *tendre un panneau (à quelqu'un)* avant que la nôtre n'apparaisse, où le verbe *tomber* est parfois remplacé par *donner*, puisque *donner dans* signifie « heurter » ou « pénétrer dans ».

Il n'y a pas d'invention saugrenue – de préparation honteuse –, qui se fasse faute d'un brevet du roi. Le public prend ledit brevet pour une approbation spéciale de Sa Majesté, et tombe dans le panneau. – On ne sait pas assez qu'un brevet du roi n'est qu'un reçu de huit ou quinze cents francs, selon la durée que l'exploitant veut donner à son affaire ; – qu'on ne demande à quiconque sollicite un brevet d'autre condition que de verser la somme ci-dessus mentionnée.

Alphonse KARR – *Les Guêpes* – 1853

719. LES MOUTONS DE PANURGE

Personnes qui font la même chose que les autres, suivent une mode, se conforment à une idée dominante, en éliminant tout sens critique.

Dans un troupeau de moutons, lorsque la tête du troupeau change de direction, les autres suivent « bêtement » (ce qui peut sembler normal pour des bêtes, mais ne l'est pas pour la plupart des animaux).

Au point que, lorsque des éléments paniqués par un quelconque prédateur se dirigent vers un ravin ou une falaise, les autres suivent et tout le troupeau se suicide sans qu'un seul se pose la question de savoir s'il fait bien de se jeter dans le vide, comme les autres (notez bien que, vu leur état, personne n'est allé ensuite leur demander pourquoi ils avaient agi aussi stupidement ; et puis peut-être qu'entre se faire croquer par le loup et s'offrir une courte mais sympathique chute libre, leur choix était vite fait. Allez donc savoir…).

Panurge est un héros de Rabelais qui, pour se venger d'une altercation avec le propriétaire d'un troupeau, lui proposa de lui en acheter le chef, la plus belle bête, alors qu'ils étaient ensemble sur un bateau pour une traversée.

Après avoir convaincu le berger, et une fois l'animal payé, Panurge le jeta à l'eau.

Bien entendu, respectant le comportement que Panurge attendait d'eux, les autres moutons, d'eux-mêmes, l'ont immédiatement suivi et tous se sont noyés, au grand dam* du propriétaire du troupeau.

Il est si délectable de s'abreuver à la coupe de l'or qui prodigue toutes les jouissances de la vie, que pour saisir l'inconstante fortune, les hommes sont assez faibles pour mettre en péril leur patrimoine, et se précipiter comme les moutons de Panurge, au-devant d'une ombre fugitive qui échappe lorsqu'on veut la saisir.

Ferdinand Teinturier – *Les Hommes* – 1860

720. ÊTRE DANS LES PETITS PAPIERS (DE QUELQU'UN)

Jouir de la faveur, de la protection (de quelqu'un), éventuellement de manière occulte.

Il ne sera pas question ici, comme Régine le chantait, de papier de riz ou d'Arménie, de papier maïs, papier carbone, papier tue-mouches ou papier buvard, et j'en oublie, mais tout simplement de papier ordinaire, celui sur lequel il nous arrive (arrivait ?) d'écrire quelques lignes enflammées à notre (futur) conjoint, par exemple, ou d'écrire une lettre à l'huissier pour le supplier de reporter la saisie du mobilier.

Imaginez que vous êtes en train de mettre de l'ordre dans le grenier, là où se trouvent de nombreux objets et documents ayant appartenu à votre grand-père récemment décédé, et vous tombez sur quelques feuillets où ce brave homme a écrit tout le bien qu'il pensait de sa gouvernante. Vous pouvez incontestablement dire que cette femme « est (citée) dans les papiers » de grand-père.

Vous avez là l'image de base, car pour « être dans les petits papiers de quelqu'un », le préalable était d'y être cité.

Maintenant, convenez que, pour transmettre très discrètement une information à quelqu'un, c'est bien plus sûr lorsque vous le faites par écrit dans un pli cacheté au lieu de le faire verbalement par un messager.

Si cette information, destinée à un notable de votre connaissance, a pour but de lui vanter les qualités d'une personne que vous appréciez beaucoup afin de tenter de lui faire accorder une faveur, vous avez là un exemple de contexte qui explique le sens actuel de l'expression née à la fin du XVIIIe siècle sous la forme *être dans les papiers de quelqu'un*.

Aujourd'hui, la « manière occulte » n'est plus obligatoirement sous-entendue.

Et si le qualificatif *petit* est venu se greffer sur cette expression, c'est parce que les *petits papiers* désignaient autrefois les fiches de renseignements, éventuellement secrètes, sur lesquelles des personnes pouvaient être fichées et comportant un avis sur une personne (aujourd'hui, la même chose existe, plus ou moins officiellement, dans des sociétés ou des services de l'État, mais c'est informatisé).

Le mélange avec la forme initiale de l'expression n'a gardé que le côté positif des appréciations.

> Reçue la semaine dernière par Nicolas Sarkozy en tête à tête pour la quatrième fois depuis la rentrée, Rachida Dati semble à nouveau dans les petits papiers du président.
>
> *Le Point* – Article du 26 novembre 2009

721. À PÂQUES OU À LA TRINITÉ

1. À une date indéterminée.
2. Jamais.

Voilà encore une expression bizarre au premier abord.

En effet, les dates de Pâques ou de la Trinité sont parfaitement connues, même si elles changent d'une année sur l'autre. Il n'y a donc a priori aucune raison de considérer qu'on parle ici d'une date indéterminée.

Et pourtant !

Est-ce que le nom de Lord Churchill, duc de Marlborough, vous rappelle quelque chose ? Non, il ne s'agit pas d'un grand cow-boy fumeur de cigarettes, mais d'un ancêtre du célèbre Sir Winston Churchill[1].

À la fin du XVIIe siècle, Lord Churchill était le capitaine de l'armée britannique et, à ce poste, il mit plusieurs fois la pâtée aux Français. En 1709, à l'époque de Louis XIV, il les combattit encore à la bataille de Malplaquet. Au cours de cette bataille, pour se moquer du capitaine anglais qu'ils croyaient mort, les Français écrivirent la chanson Malbrough s'en va-t-en guerre, dont le titre est un bel exemple de pataquès*.

Or, dans cette chanson, il est dit (je saute de nombreux vers – la version complète est disponible sur le web) :

Malbrough s'en va-t-en guerre,
…
Il reviendra-z-à Pâques,
Ou à la Trinité.
…
La Trinité se passe,
Malbrough ne revient pas.

Voilà comment d'une chanson est née une expression : il reviendra à Pâques ou à la Trinité, comme Malbrough, c'est-à-dire un jour peut-être ou bien jamais.

> Il ajouta entre ses dents, comme dans la chanson, qu'il reviendrait à Pâques ou à la Trinité, et, comme dans la chanson, la Trinité se passa sans qu'on le revît.
>
> Anatole FRANCE – *Le Crime de Sylvestre Bonnard* – 1881

---

1. Cet homme qui disait, entre autres « Une pomme par jour éloigne le médecin, pourvu que l'on vise bien » ou bien celle-ci, que certaines mauvaises langues trouveront d'actualité « Christophe Colomb fut le premier socialiste : il ne savait pas où il allait, il ignorait où il se trouvait… et il faisait tout ça aux frais du contribuable ».

722. LE PARCOURS DU COMBATTANT

1. Un parcours semé d'embûches.
2. Des démarches (administratives, judiciaires...) longues et compliquées.

De nombreux lecteurs de ces pages et de la gent masculine ont eu un jour (et même plusieurs) l'immense plaisir, habillés d'un uniforme kaki et, munis d'une arme quelconque et d'un sac à dos rempli de trucs bien lourds, d'enchaîner, sur un parcours bien délimité truffé de passages difficiles, des épreuves pénibles comme on aurait aimé en voir beaucoup moins souvent.

J'en sens même qui, en se remémorant cette époque où ils exprimaient leur virilité, s'en trouvent un peu nostalgiques...

Le parcours du combattant vient bien du milieu militaire où les hommes en tenue vert armée ont à enchaîner plusieurs épreuves souvent très physiques et pénibles.

Ce nom désigne à la fois le parcours lui-même avec tous ses obstacles, mais aussi l'épreuve qui consiste à le traverser, souvent dans un temps limité.

Par extension, et attesté depuis 1963, il désigne toutes les démarches, tous les parcours, toutes les activités dans lesquels on est susceptible de rencontrer d'importantes difficultés, de se heurter à des portes désespérément closes, à des interlocuteurs obtus ou à des obstacles difficilement franchissables.

> Les malades qui devaient prouver l'existence d'une transfusion responsable de la contamination à VIH ont souvent dû mener, avec leurs avocats, un véritable parcours du combattant pour obtenir les renseignements nécessaires à leur indemnisation.
>
> Christophe de Bernardinis – *Les Droits du malade hospitalisé* – 2006

723. UNE PAROLE D'ÉVANGILE

Une vérité incontestable.

Dans *Jésus en son temps,* Henri Petiot dit Daniel-Rops a écrit : « L'expression célèbre, "évangile selon…" ne veut rien dire d'autre qu'affirmer cette indissociable unité… Il n'y a vraiment qu'un seul Évangile, une seule bonne nouvelle devant laquelle s'effacent humblement ceux qui en sont les témoins et les hérauts. Les documents et les expressions peuvent varier, le message reste unique, indiscutable, comme la parole même de Dieu. »

Autrement dit, ce qui est écrit dans les Évangiles (qui relatent selon des perspectives un peu différentes la vie et le message de Jésus-Christ) est la Vérité complètement incontestable.

Daniel-Rops ne fait qu'affirmer, après bien d'autres, ce que croient les catholiques fervents et qui a fait naître cette expression qui dit qu'*une parole d'évangile* est une chose sûre et indiscutable.

Autrefois, l'expression se disait aussi *mot d'évangile*.

Parmi ces paroles, certaines sont devenues célèbres ; par exemple :

– Il faut bien que genèse se passe (L'Ecclésiaste).

– Les pommiers seront les derniers (Ève).

– Arche ou crève ! (Noé).

– Vivement ce soir qu'on se touche (Onan).

– Jésus, t'es naze, arrête ! (Pierre au Jardin des Oliviers).

Cette expression est souvent employée à la forme négative comme *tout ce qu'il dit n'est pas parole d'évangile* pour dire « il ne faut pas croire tout ce qu'il dit ». Et le précédent paragraphe en est une parfaite illustration…

> Plusieurs voyageurs ont remarqué que dans le clergé grec, on ne trouvait guère de gens instruits que parmi les évêques. Je ne vous répéterai point tout ce que nous a débité le cénobite du mont Athos. Nos marins grecs croyaient tout ce qu'il disait comme

parole d'évangile, et montraient un grand respect pour sa personne.

Joseph-François Michaud, Baptistin Poujoulat – *Correspondance d'Orient, 1830-1831* – 1834

Si vous voyez la chauve-souris tracer dans l'air des cercles nocturnes autour d'une maison, hâtez-vous d'en déloger. Car aussi vrai que parole d'évangile, un méchant doit y mettre le feu.

Louis-Antoine-François de Marchangy – *Tristan le voyageur, ou la France au* XIVe *siècle* – 1825

724. LA FLÈCHE DU PARTHE

L'attaque ou la plaisanterie hostile lancée à la fin d'une conversation.

Les Parthes étaient un peuple guerrier d'Asie ; ils avaient les yeux persans, puisqu'ils vivaient à peu près dans ce qui est l'Iran actuellement, donc anciennement la Perse.

Habitués des batailles et fins cavaliers, ils avaient une tactique particulière qui consistait, alors qu'ils simulaient une fuite devant l'ennemi, à tirer des flèches vers l'arrière, par-dessus leur épaule, ciblant ainsi leurs poursuivants.

C'est de cette tactique que notre expression est née au XIXe siècle pour désigner la phrase assassine ou la plaisanterie désagréable lâchée par quelqu'un au moment où il arrête la conversation et s'éloigne, empêchant ainsi l'interlocuteur de répliquer.

[Après la lecture d'une lettre envoyée par Arabella]
– Le piège est grossier, dit Mme Palmer, qui était comme un reflet rapide des impressions de son amie ; vous ne devez pas vous en occuper un seul instant.
– Non certes, reprit Mary en arrangeant ses cheveux devant la glace d'une main tremblante ; malgré son dédain, la flèche du Parthe lancée par Arabella était entrée dans son cœur.

Revue des deux mondes – Tome 68 – 1867

725. RAIDE COMME UN PASSE-LACET

1. Qui se tient très droit, sans aucune souplesse.
2. Sans argent.

Si on sait ce que veut dire le mot *raide* quand on parle du maintien d'une personne[1], pourquoi cette comparaison avec un passe-lacet dans cette expression qui date du début du XXe siècle ?

Cet objet est connu comme étant un instrument de couture rigide destiné à faire passer un lacet dans une gaine, le genre de lacet qui permet de resserrer un vêtement comme un bas de parka, par exemple.

Comparé au lacet lui-même, le passe-lacet est effectivement raide. Mais est-ce que cela suffit à expliquer pourquoi c'est le nom de cet outil qui a été utilisé dans l'expression alors qu'il existe des quantités d'objets raides ou rigides dans la nature, comme le cure-dents, le mât de beaupré ou le fémur droit, par exemple ?

En fait, le premier sens de cette expression vient d'un calembour maintenant incompréhensible. En effet, à la fin du XIXe siècle et en argot, un lacet était la cordelette qui servait aux gendarmes pour attacher les mains d'un repris de justice. Du coup, le passe-lacet était le gendarme lui-même. Et chacun sait qu'un membre de la maréchaussée, représentant de la loi, est quelqu'un de « raide comme la justice », c'est-à-dire qu'il a un maintien très digne, voire compassé.

Le second sens de l'expression n'a aucun lien direct avec le premier, mais l'expression a été reprise telle quelle, par une plaisanterie basée cette fois sur une autre signification du mot *raide*. En effet, un des sens argotiques de ce mot est « sans argent ».

Cela vient encore d'un jeu de mots un peu macabre : en général, quand on est « raide », c'est

1. Pas d'allusions salaces, s'il vous plaît : la raideur concerne ici la totalité du corps d'un homme !

qu'on est mort. Or, quelqu'un qui est sans le sou peut être considéré comme socialement mort.

Babette n'avait entendu qu'un son de cloche : celui de cette Solange paupérisée, presque indigente, raide comme un passe-lacet, obligée de manger l'asperge du pauvre.

Claudine Boey – *Sous bonne escorte* – 2003

726. MENER UNE VIE DE PATACHON

Mener une vie de débauche.

Au XVIe siècle, le mot *patache* a d'abord désigné un bateau, mot venant probablement de l'arabe *batas* qui voulait dire « bateau à deux mâts ». Mais c'est à la fin du XVIIIe siècle qu'il s'est mis à désigner une diligence « d'entrée de gamme », peu coûteuse et très inconfortable, qui permettait aux pauvres de voyager à bas coût.

Or, le conducteur d'une patache s'appelait un patachon.

Imaginez alors ce pauvre homme, « obligé », à chaque relais, de s'arrêter boire un ou plusieurs coups, de trousser la gueuse qui l'y attend comme la maîtresse du marin l'y attend dans chaque port.

Autrement dit, cet homme, toujours par monts et par vaux, pratiquait sans vergogne des activités que sa femme, s'il en avait une, n'aurait pas aimé le voir faire.

C'est de cette vie, supposée déréglée et agitée, qu'est née notre expression au milieu du XIXe siècle.

Bruno était le contraire de Milou, appréciait parfois le repos et le calme en alternance à cette vie de patachon.

Luc Philogyne – *Petites chroniques du Nord parisien* – 2010

727. FAIRE UN PATAQUÈS – EN FAIRE (TOUT) UN PATAQUÈS

Faire une liaison fautive, une faute grossière de langage, et, par extension, faire une grosse gaffe. – Faire toute une histoire pour des choses sans importance.

À l'origine, ce mot *pataquès* désigne bien ces liaisons pas vraiment dangereuses, mais inadaptées que font certaines personnes en parlant[1] comme dans « elle a cédé-r-à la panique » ou bien « il te parlait-z-à l'oreille », qui sont bien des liaisons « mal-t-à propos ».

Et faire un pataquès signifie bien commettre ce genre de bourde (ce qui peut également se dire « faire un cuir »).

Mais d'où vient-ce t'il donc ?

C'est le grammairien Domergue (XVIIIe siècle) qui raconte l'histoire :

> « Un jeune homme était au spectacle dans un théâtre, à côté de deux dames richement parées mais dont la conversation montrait bien le peu d'éducation qu'elles avaient reçue. Tout à coup, le jeune homme trouve sous sa main un éventail. « Madame, dit-il à la première, cet éventail est-il à vous ? – Il n'est point-z-à moi. – Est-il à vous, reprend-il en le présentant à l'autre ? – Il n'est pas-t-à moi. – Il n'est point-z-à vous, il n'est pas-t-à vous, dit le jeune homme, ma foi, je ne sais pas-t-à qui est-ce ! »

Cette raillerie du jeune homme, vite diffusée dans les cercles de l'époque, aurait donc donné naissance au mot *pataquiès*, devenu ensuite *pataquès.*

L'histoire est-elle vraie ? Nul ne le sait, mais elle est amusante.

Par extension, à la fin du XIXe siècle, le pataquès est ensuite devenu une faute grossière de langage, puis une gaffe grossière, quel qu'en soit le domaine.

La signification de la forme *en faire (tout) un pataquès* n'a pas d'explication connue. Mais on peut imaginer que quelqu'un qui s'était fait répriman-

1. Il ne s'agit aucunement des liaisons « à la Chirac » qui met toujours un temps d'attente entre la liaison et ce qui suit : ainsi, au lieu de dire « il n'est pas à moi » (prononcez *pazamoi*) comme tout le monde, il dit « il n'est paz… amoi ». Ces liaisons-là sont bonnes, bien que manquant de fluidité. Jamais remarqué ? Écoutez-le bien à la prochaine occasion !

der pour cause de grosse gaffe aurait répliqué cette version de l'expression.

> Malgré cela, de temps à autre, il échappe encore à madame Tapin de lâcher un pataquès, car il est difficile de bien apprendre quand on ne l'a pas fait dans sa jeunesse.
>
> Paul de Kock – Madame Tapin – 1869

> C'est aussi à cette période que Larry Nichols a décidé d'abandonner ses poursuites et s'est excusé publiquement d'avoir, a-t-il dit, essayé de me « détruire » : « Les médias ont fait tout un pataquès de cette affaire, et maintenant, les choses sont allées trop loin. »
>
> Bill Clinton – *Ma vie* – Traduction de Michel Bessières – 2004

728. REFILER LA PATATE CHAUDE

Se débarrasser sur quelqu'un d'autre d'une affaire embarrassante ou délicate.

Vous avez probablement déjà remarqué qu'une pomme de terre entière qui vient d'être cuite à l'eau bouillante ou en papillote dans le barbecue, par exemple, garde longtemps sa chaleur. Selon les plus grands experts de la patate consultés, ce serait en raison du volume d'eau qu'elle contient.

Donc, la patate reste bien chaude très longtemps. Et c'est une excellente raison pour que, lorsqu'on en prend une à la main, on soit surpris et que, pour éviter de se brûler, on la passe vite fait à son voisin (on ne va tout de même pas la jeter par terre !), à charge pour lui d'en faire ce qu'il en veut, l'essentiel étant qu'on ne soit plus soi-même gêné par cette chose brûlante.

Si la métaphore nous vient sans surprise de cette image, il faut savoir que cette patate-là, comme l'originale, nous vient des Amériques.

En effet, dans ces contrées lointaines, au milieu du XIXe siècle, la *hot potato* (traduisez « patate chaude ») désignait un problème qui était si sujet à controverse ou sensible qu'il était risqué de chercher à lui trouver une solution (un peu comme le problème des retraites chez nous aujourd'hui, par exemple).

Ce sens de *hot potato* vient lui-même d'une métaphore un peu plus ancienne *to drop like a hot potato* qui voulait dire « abandonner quelque chose ou quelqu'un très rapidement ».

Notez que, dans cette dernière expression, on laissait purement et simplement tomber la pomme de terre, ce qui est tout de même un réflexe plus naturel quand elle est brûlante, alors que chez nous, maintenant, on la passe à quelqu'un d'autre.

> En faisant cette proposition, René Souchon refile la patate chaude du financement du contournement du Puy aux élus altiligériens sans distinction. Même s'il en est un qui est visé particulièrement, à savoir Laurent Wauquiez.
>
> *Le Progrès* – Article du 4 juin 2009

729. PATIN COUFFIN

Et cetera.
Et patati, et patata.

Il ne semble pas exister d'explications certaines sur l'étymologie de cette expression qui était connue au moins en 1823[1], qui nous vient du sud de la France (selon certains, de l'occitan *patin e cofin*) et qui est très employée en Provence, aussi bien en français qu'en provençal.

Au début du XIXe siècle, le *patin* désignait une pantoufle, un vieux chiffon ou bien un véritable patin (de ceux qu'il ne fallait surtout pas oublier d'utiliser pour se mouvoir sans l'abîmer sur un parquet récemment ciré).

Quant au *couffin*, c'était la corbeille munie d'anses, qui servait également de berceau.

L'explication proposée ici nous vient de Philippe Blanchet, dans son *Zou, Boulégan !* publié en 2000.

---

1. Elle est citée par Étienne Garcin dans son *Nouveau dictionnaire provençal-français*.

Elle repose sur la réputation de bavardages futiles que les hommes font aux femmes, parce qu'elles ne causeraient entre elles que de choses aussi peu intéressantes que les problèmes ménagers (d'où le patin) et de ceux liés à leur progéniture (d'où le couffin).

Le *patin couffin* ajouté à la suite d'une phrase ou d'une énumération indiquerait qu'il n'est pas utile de la compléter, parce que la suite présenterait autant d'intérêt qu'une conversation féminine.

> Je suis allée au docteur, il m'a fait de tout ; examens, tests, vérifications, patin, couffin.
>
> Raymond Covès – *Sète à dire* – 1998

730. ROULER UN PATIN / UNE GALOCHE

Faire un baiser profond avec la langue.

Les jeunes enfants commencent d'abord par « rouler en patins[1] » avant, plus tard, de passer à des activités moins risquées, mais parfois aussi agressives pour le cœur, comme « rouler des patins ».

Transitivement parlant, *rouler* signifie « déplacer un objet » en le faisant tourner sur lui-même. On peut donc considérer que les mouvements tournoyants de la langue lors d'un intense baiser langoureux suffisent à expliquer la présence de ce verbe dans notre expression dont le *TLFi*, en citant Esnault, fait remonter la première attestation en 1927 mais qui n'a commencé à se répandre que juste après la Seconde Guerre mondiale. Mais pourquoi le patin ?

Les lexicographes semblent avoir du mal à l'expliquer avec certitude.

Certains voient une déformation du mot *patte* qui désignait un chiffon (comme dans la *pattemouille*) et qui, ici et par métaphore, représenterait la langue. Mais cette signification du mot *patte* n'était déjà plus en usage depuis le milieu du XIXe siècle, donc bien avant l'apparition de l'expression.

1. Ou plutôt en rollers, maintenant…

Pour d'autres, et plus probablement, c'est le substantif tiré du verbe *patiner* qui, selon Cellard et Rey dans leur *Dictionnaire du français non conventionnel*, au début du XXe et en argot, signifiait « caresser (une partie sensible du corps du partenaire pour provoquer l'excitation sexuelle) ».

Quoi qu'il en soit, comme à cette époque, les patins à roulettes étaient également très en vogue, cela peut aussi, par plaisanterie, justifier que l'expression soit apparue et ait perduré.

Quant à la *galoche*, en argot, elle désigne une chaussure, le genre d'objet qui est en contact très rapproché du *patin* destiné à protéger un plancher ciré. D'où la probable plaisanterie. À la place de *patin* ou *galoche* on trouve aussi d'autres mots comme *pelle*, *saucisse* ou *escalope*, sans qu'on ait d'explication certaine sur l'origine de leur utilisation dans ce contexte.

Et si vous aimez le jardinage, vous noterez que si vous essayez de rouler une pelle à quelqu'un et que vous vous prenez un râteau, c'est que vous avez fait une mauvaise pioche.

> Il se pencha sur le visage du gosse et le prit dans ses mains :
> – Ah ! Si je la tenais comme je te tiens, tu parles d'un patin que j'y roulerais.
>
> Jean GENÊT – *Querelle de Brest* – 1947

731. GRAISSER LA PATTE

Soudoyer (quelqu'un).
Donner de l'argent (à quelqu'un) pour en obtenir une faveur.

Dans cette expression qui date du XVIIe siècle, la *patte* n'est jamais que la version animale de la *main* qui va recevoir l'argent. D'ailleurs, au XIVe, on disait *oindre la paume*.

Mais pourquoi *graisser* ?

Vous allez me dire que de *oindre* à *graisser*, il n'y a qu'un petit pas et que la dérive semble naturelle.

Certes. Mais alors, pourquoi *oindre* pour représenter l'action de mettre de l'argent dans la main ?

Eh bien, il se trouve que, depuis longtemps, la notion de *gras* est associée à celle de profit. En effet, un bonhomme gras n'est-il pas un symbole de celui qui peut bien manger, donc celui qui a de l'argent ?

Graisser est ici une métaphore qui marque le profit mal acquis, comme dans l'ancienne expression, à la forme très proche de la nôtre, *engraisser les mains (à quelqu'un)* où la graisse symbolise également la corruption ou le gain illicite.

> Et Maco a laissé ici tous ses papiers. Il faut aller à la caisse des pensions de l'université, demander les formulaires pour les prêts. Il faut… Écoute, si on graisse la patte aux employés, ils accorderont le prêt.
>
> Emilio Carballido – *La Rose aux deux parfums* – 1991

732. MONTRER PATTE BLANCHE

Donner un signe de reconnaissance, une autorisation pour pouvoir entrer dans un lieu ou participer à une assemblée.

Il paraît que le mot *patte* vient de l'illyrien, groupe de langues parlées par un peuple qui vivait à l'Antiquité dans une zone située entre la côte dalmate (en Croatie actuelle) et les régions côtières de l'Albanie. Les Albanais sont d'ailleurs considérés comme les descendants des Illyriens.

Quel rapport avec la patte blanche, me direz-vous ?

Eh bien, sans le mot *patte*, il n'y aurait pas eu cette expression. Nous devons donc une fière chandelle aux Illyriens. Ayons une pensée émue pour eux qui, contrairement aux Thraces, n'en ont pas laissé beaucoup.

Si, comme son nom l'indique, l'Illyrien moyen ne lisait vraiment pas beaucoup, ce n'était pas du tout le cas de Jean de La Fontaine.

Et ce dernier écrivait, aussi. C'est d'ailleurs encore lui qui a popularisé cette expression dans sa fable « Le loup, la Chèvre et le Chevreau » (à la trame très inspirée par Ésope, comme bien souvent) dans laquelle la patte blanche est celle que le chevreau, laissé seul à la maison par sa mère (qui a les pattes blanches), demande au visiteur (le loup) de montrer s'il veut se faire ouvrir. Celui-ci, avec ses pattes noires ou grises, s'en trouve fort marri car, du coup, il ne peut croquer le chevreau.

Certains situent l'origine de cette expression dans le conte *Le Loup et les Sept Chevreaux* des frères Grimm.

Mais il y a de quoi faire la « grimmace » quand on sait que les deux frangins ont vécu environ un siècle et demi après notre Jeannot national.

Et, bien que l'histoire officielle ne le dise pas, c'est peut-être bien après cette cruelle déception que le loup, pour se consoler, s'en est allé tirer la chevillette, faire choir la bobinette, puis croquer la mère-grand du petit chaperon rouge.

> Tu n'étais pas là, mon ami. On avait eu soin de mettre des factionnaires aux portes, de retirer les clés, si bien qu'on ne parvenait qu'à grand-peine dans la salle à moitié pleine, et que quiconque ne pouvait pas montrer patte blanche à la porte, était impitoyablement refusé.
>
> Louis Ulbach – *Lettres à Jacques Souffrant, ouvrier* – 1851

733. LE HAUT DU PAVÉ

Une situation sociale, hiérarchique… élevée.
Une position élevée.

Bien avant l'apparition du tout-à-l'égout et des trottoirs, les rues et ruelles, qui étaient pavées, n'étaient pas plates. Elles avaient une forme en creux, le haut du pavé contre la façade des habitations et le creux, au centre de la rue, servant d'égout à l'air libre pour évacuer les eaux de pluie, mais aussi toutes les eaux usées qu'y déversaient les habitants.

En l'absence de trottoir, les piétons marchaient le plus près possible des maisons pour éviter de s'approcher du cloaque situé au milieu.

Lorsque des nobles ou aristocrates, ou des gens respectables, ne serait-ce que par leur âge, croisaient des gens du peuple (mais c'était souvent simplement l'apparence ou la richesse des vêtements qui servait de repère), ces derniers devaient se décaler vers le centre et laisser « le haut du pavé » aux gens supposés être de la haute société.

C'est ainsi que, par métaphore, les gens qui tiennent « le haut du pavé » sont des personnes qui ont une situation sociale élevée ou qui en dominent d'autres.

Cette locution est ou a été employée avec des verbes variés comme *tenir*, *prendre*, *céder* ou *disputer*, entre autres.

> Traditionnellement, le risque humain, pour assurer la renommée et le succès, est celui de la folie des grandeurs parce que, pour garder le haut du pavé, on creuse le trou financier en anticipant les recettes, éventuellement on est tenté de tricher vis-à-vis du fisc, ce sont les caisses noires, ou vis-à-vis du jeu, c'est la corruption.
>
> Patrick Mignon – *La Passion du football* – 1998

734. UN PAVÉ DANS LA MARE

Ce qui trouble une situation sans histoire, qui fait scandale, qui dérange des habitudes bien tranquilles.

Voilà une expression sur laquelle il semble difficile de trouver des éléments quant à sa date d'apparition. Mais son sens est parfaitement compréhensible.

Imaginez-vous assis(e) par un temps superbe au bord d'une petite mare dont la surface étale vous permet de vous y mirer et, cela va de soi dans une telle occasion, de lui demander le plus naturellement du monde qui est le plus beau (ou la plus belle).

Soudain, avant même que l'apparent miroir n'ait pu vous débiter une flatterie quelconque, un imbécile de passage y jette une énorme pierre.

Les conséquences immédiates et multiples de ce geste stupide sont les suivantes :

– l'eau de la mare devient très agitée et boueuse ;

– cela vous empêche de vous y admirer plus longuement et vous n'obtenez pas la réponse à votre question pourtant capitale ;

– vous êtes trempé(e) comme une soupe*.

Si vous êtes d'un tempérament belliqueux, la colère vous envahit alors, vous filez un coup de boule de première au fautif et, si la mare est assez profonde, l'envoyez couler de l'autre côté de votre ancien miroir, mais avec très peu de chance qu'il y rencontre Alice et son lapin blanc.

Il suffit de ne retenir que la première des conséquences pour expliciter complètement la métaphore de l'expression.

> Outre-Rhin, l'étude du DIW jette un pavé dans la mare. Selon les sondages, 95 % des Allemands sont d'avis qu'un enfant de moins de 3 ans doit être élevé par sa mère et par elle seule. Mais personne encore ne s'était réellement penché sur la question de savoir ce qu'en pensaient les jeunes mères, ni sur les conséquences de cette contrainte sociale sur la natalité…
> Nathalie VERSIEUX – *Libération* – Article du 1er juillet 2009

735. BAISSER PAVILLON – METTRE PAVILLON BAS

Abandonner, renoncer.
S'avouer vaincu.

Il existe pas mal d'expressions qui nous viennent de la marine, et ces deux-là, parfaitement synonymes, en font partie.

Car le *pavillon* qui nous intéresse n'est pas la coquette petite maison de banlieue, mais le drapeau qui, sur un bateau et dès le XVIe siècle, indiquait la compagnie ou la nationalité de ce qui devenait ainsi un OFPI, Objet Flottant Parfaitement Identifié.

Avant le XIIIe siècle, le pavillon était une tente militaire utilisée par les armées en campagne.

C'est par analogie de forme avec le morceau de tissu qui servait à la fabrication de ces tentes simplistes que le terme a fini par désigner ce drapeau de la marine (entre autres significations).

Lorsque, avant ou pendant un combat, un bateau « mettait pavillon bas », donc descendait son drapeau de son mât, c'était pour signaler qu'il se rendait, refusait ou abandonnait le combat.

Au figuré, depuis la fin du XVIIe siècle et dans beaucoup d'autres situations, mais surtout dans les compétitions sportives, *mettre pavillon bas* ou *baisser pavillon*, c'est s'avouer vaincu ou abandonner.

> J'ai conçu, dirigé, produit un stratagème
> tiens, dont tu fais tant de cas,
> Doivent sans contredit mettre pavillon bas.
>
> MOLIÈRE – *L'Étourdi* – 1654

736. À FLEUR DE PEAU

1. À la surface de la peau.
2. Qui réagit à la moindre sollicitation.

Si vous regardez de près les verbes *affleurer* et *effleurer*, dont le sens ne vous échappe bien évidemment pas, vous retrouvez dedans cette *fleur* qui n'a strictement rien à voir avec la rose, le lys ou la marguerite.

Le mot *fleur*, qui date du XIIe siècle, vient du latin *florem*, accusatif de *flos* qui désignait la fleur (celle des champs ou des pots), mais aussi « la partie la plus fine de quelque chose », signification de laquelle a découlé les différents sens « partie la meilleure », puis « partie supérieure » et, enfin, « surface ».

C'est de ce dernier que naît, au milieu du XIVe siècle, la locution *à fleur de* pour dire « à la surface de ».

Pour connaître la raison du sens figuré de « réaction à la plus petite sollicitation », beaucoup plus employé aujourd'hui, il suffit, par exemple, de penser aux relations entre deux amants, et cela sans même descendre bien bas dans leur anatomie : pensez simplement à la chair de poule que peut provoquer l'effleurement d'une main sur la peau. Nous avons là un contact léger, « à fleur de peau » (au premier sens) qui provoque une réaction épidermique immédiate.

C'est ainsi qu'une personne qui a une sensibilité « à fleur de peau » peut très vite (et en général de manière trop brutale ou déplacée) réagir à ce qu'elle prend parfois à tort pour une agression verbale.

> Comme l'œuvre de Marot est faite de bonne humeur primesautière et de sentiments à fleur de peau, ils [les poètes de province] n'éprouvent aucune honte à avouer leur plaisir à la lire, parfois à tenter de l'imiter.
>
> Claude Longeon – *Une province française à la Renaissance* – 1975

737. COÛTER LA PEAU DES FESSES / LA PEAU DU CUL / LA PEAU DES COUILLES / LES YEUX DE LA TÊTE

Coûter très cher.

Quand on sait que se faire refaire les seins, ça coûte la peau des fesses, on ne peut que se demander combien ça coûte aux Brésiliennes de se faire refaire les fesses, non ?

Bizarrement, voilà une expression dont la troisième variante proposée ici a un sens complètement opposé à *peau* de balle* qui désigne pourtant la même chose.

Toujours est-il qu'on n'a pas de certitude quant à l'origine de cette série d'expressions.

Ce qu'on peut dire à coup sûr, c'est qu'au XIXe siècle, Alphonse Allais utilisait simplement *coûter la peau* avec le même sens, prouvant ainsi qu'à cette époque, toute la peau et pas seulement celle de certaines parties du corps avait de l'importance, ce qui se comprend.

La première attestation de la version avec *fesses* ne daterait que de 1976, dans un article du *Nouvel Observateur*, même s'il est probable qu'elle était utilisée avant.

Parmi les trois variantes proposées, les deux dernières sont postérieures (sans jeu de mots) à la première.

La deuxième n'est jamais que la même, mais employant un mot plus vulgaire, et la troisième est une version encore plus triviale, réservée à la gent masculine qui tient bien évidemment à cette peau-là comme à la prunelle* de ses yeux.

Et à propos des yeux, cela nous amène à la dernière variante proposée, sans *peau* cette fois, qui date du XIXe siècle (chez Balzac, entre autres) et qui insiste à juste titre sur l'importance que tout un chacun donne à ses yeux, mais avec une formulation bizarre (« coûter les yeux » aurait suffi) qui s'explique peut-être à la fois par une volonté de renforcement (« oui, c'est bien les yeux de ma tête qui valent très cher ! ») et par l'existence de locutions comme « arracher les yeux de la tête » ou « faire sortir les yeux de la tête ».

Et contrairement à ce que certains croient (l'« information » circule sur le Net), cette expression n'a rien à voir avec Éphèse, cette ancienne ville de Turquie, autrefois célèbre pour la fabrication des sifflets destinés à attirer les oiseaux. En effet le prix de l'appeau d'Éphèse n'a jamais été très élevé.

Pas plus d'ailleurs que le tout aussi inexistant appeau d'Écouilles (ou Hécouilles ou Écouyes, selon les variantes) qui, si son histoire est amusante, reste de la pure invention.

Cela dit, on peut remarquer qu'en anglais, *leurre* se dit *decoy* (et se prononce *dicoï*). Or qu'est-ce qu'un appeau, sinon un leurre ? Alors d'ici à ce que *appeau-decoy* ait pu, chez un bilingue, donner l'idée de cette variante phonétique, dans le prolongement des premières versions…

> Puis les réparations coûtaient à la fois les yeux de la tête et la peau des fesses. Je décidai d'abandonner mon vieux tacot et de prendre le bus.
>
> Ahmed Ismaïli – *Dialogue au bout de la nuit* – 2010

– OK Dédé et regarde pour son assurance en même temps, il paye la peau des couilles avec son malus le black.
– Compte sur moi pour lui arranger le coup, François.

André Campos – *Panier de crânes* – 2009

Je ne pourrai pas lui donner des antibiotiques qui coûtent la peau du cul (sept cents balles la boîte, je suis un malade richissime, et je loue la Sécu de me rembourser).

Pierre Derensy – *Les hommages me révulsent* – 2002

– Combien l'as-tu payée ? Bhola chercha à se donner de l'importance.
– Le marché est très actif ces temps-ci, répondit-il. Cela m'a coûté les yeux de la tête. Il m'a fallu payer quatre-vingts roupies par vache et trente roupies par veau.

Premchand, André Couture – *Godan : Le don d'une vache* – 2006

738. PEAU DE BALLE

Rien.

Cette expression, dont il existe différentes formes depuis le Moyen Âge, n'a aucun rapport avec les balles de pistolet.

Ce *balle*-là désigne plus trivialement la roubignolle, la coucougnette ou le testicule. Si cette bouboule et son inséparable copine d'à côté sont « des intimités masculines à ne pas dilapider » (selon Gaston Esnault, grand spécialiste de l'argot), forcément très précieuses aux yeux de son propriétaire, la peau qui les recouvre aurait autant d'intérêt et de valeur que celle des légumes ou des fruits qui est bonne à jeter. Je serais pourtant curieux de savoir si un homme peut réellement se passer de cette peau de balle sans en subir quelques désagréments. Si quelqu'un a eu l'occasion de le vérifier, qu'il me tienne au courant* !

Pour compléter l'information, la forme actuelle est attestée en 1877, et *balle* serait une forme raccourcie de *baloche*, autre dénomination argotique du testicule.

Cette expression est à rapprocher de *peau de zob* (ou *peau de zébi*) qui a exactement la même signification et qui utilise également la peau d'un instrument masculin pourtant fort précieux.

Bizarrement, elle est aussi à opposer à *la peau* des fesses* ou, mieux encore, *la peau* des couilles,* dont la valeur est très largement supérieure (« ça coûte la peau des fesses ! »), au moins autant que celle de la prunelle* des yeux.

Car si la prunelle des yeux a incontestablement une grande valeur, pourquoi la peau des fesses en aurait-elle plus que celle d'une des parties viriles du mâle ?

Dans la variante *peau de balle et balai de crin*, le balai de crin, instrument modeste par excellence, vient renforcer l'expression. Mais cette variante reprend aussi le principe de ces suites infinies de locutions où la syllabe ou le mot de début de l'une est celle ou celui de fin de la précédente (trois p'tits chats – chapeau de paille – paillasson…).

Enfin, dernier point, lorsqu'on sait que la *balle* désignait autrefois l'enveloppe des graines de céréales (séparée de la graine par battage) et que cette enveloppe, à part nourrir les animaux et rembourrer les matelas, ne servait à pas grand-chose et n'avait pas de valeur, on peut imaginer que c'est de cette balle-là que l'expression provient. Mais ce n'est pas l'avis des différents lexicographes qui se sont penchés sur la question.

> Ils n'ont jamais rien, jamais de subvention de l'État, rien du tout, peau de balle.
>
> Anne Martin-Conrad – *Pierre Gripari* – 2001

739. TROIS PELÉS ET UN TONDU

Dans une assemblée ou une réunion, très peu de personnes (considérées sans intérêt).

Cette expression contient deux informations sur lesquelles il faut se pencher : le nombre de personnes est très réduit et ces personnes sont sans intérêt.

Pour ce qui est du nombre, la compréhension est facile : trois plus un font quatre, ce qui est très peu pour un endroit ou une réunion où l'on s'attend à trouver du monde (notez qu'on trouve aussi l'expression sous la forme *quatre pelés et trois tondus*, mais cela ne change pas grand-chose au bide de l'organisateur de la soirée).

Mais pourquoi ce dédain pour les pelés et les tondus ?

Avant d'avancer dans l'explication, il est bon de savoir que Rabelais, au XVIe siècle, utilisait *trois teigneux et un pelé* et que, si notre expression est apparue à la fin du XVIIIe, on utilisait aussi avant *trois tondus et un pelé*, donc toujours des gens mal considérés.

En ancien français, un *pelé* est, dans un sens métaphorique péjoratif, un avare, une canaille, un miséreux, c'est-à-dire quelqu'un de peu fréquentable.

À ces sens, il faut aussi ajouter plus tard celui qui est pelé parce que atteint de « pelade », affection du cuir chevelu faisant craindre aux autres, à tort, un risque de contamination.

Quant au *tondu*, s'il l'était, c'est parce qu'il avait la teigne, dermatose parasitaire du cuir chevelu (d'où les *teigneux* de Rabelais).

Nous avons donc affaire ici à des gens qui étaient considérés comme malsains ou malpropres et ce sont eux qui ont été choisis autrefois pour, dans notre expression, désigner des personnes sans intérêt, à éviter.

Mais l'histoire ne dit pas pourquoi ce sont ceux-là et pas d'autres comme les pestiférés, les cholériques ou, plus simplement, les pouilleux ou autres « morpionneux » qui ont été retenus.

> Non, les unités complémentaires, aussi bien les officiers que la troupe, ils les ont envoyées le mois dernier : trois pelés et un tondu, d'ailleurs. Et puis, avec tous les officiers qui sont disponibles, ils n'en-

verraient pas des débutants à peine sortis du cours comme nous.

Eugenio CORTI – *Le Cheval rouge* – 1997

740. SE PELER LE CUL / LE JONC

Avoir très froid.

Cette expression argotique nous vient d'une simple constatation physiologique : lorsque notre peau est soumise pendant un moment à un froid intense (et pire encore lorsqu'elle subit des chaud et froid), elle desquame, elle se détache par petits lambeaux. Autrement dit, elle pèle.

C'est en 1918, alors que la Première Guerre mondiale se termine, qu'on trouve la première attestation de *un froid qui pèle*.

Mais c'est plus tard que la forme s'inverse (*peler de froid*), puis se simplifie (on jette aux oubliettes le *froid* qui devient sous-entendu) tout en se « pronominalisant » (*se peler*).

Puis, pour renforcer familièrement l'expression, on y ajoute certaines parties du corps généralement situées sous la ceinture, car on déteste y avoir froid, comme les fesses, le pénis (le jonc) ou les coucougnettes (*on se les pèle !*).

Mais arrête ! Mavis est une femme comme une autre. Là, pendant que nous parlons d'elle, elle est en train de se peler le cul sur la route.

Niki DE SAINT PHALLE – *N'écartez pas la brume !* – 1994

L'est content… Pas moi ! D'abord je me les pèle, ensuite j'ai envie de dormir.

BAUMAN – *Branq' a part* – 1980

741. DIRE PIS QUE PENDRE

Dire beaucoup de mal (de quelqu'un).

Laissons nos vaches tranquilles ! Ne leur jouons aucun tour pendable, car même s'ils pendent, leurs pis n'ont rien à voir dans l'histoire qui suit.

Car ce *pis*-là (et je ne parle pas non plus de la fameuse dune) n'est rien d'autre que l'ancienne version (elle date du XIe siècle) de notre *pire*, le superlatif de *mauvais*, et qu'on emploie encore dans les locutions *de mal en pis* ou *tant* pis,* par exemple.

Cette expression date de la fin du XVIe siècle et sa forme est archaïque. Il faut la comprendre comme signifiant « dire (sur quelqu'un) encore pire que ce qui suffirait pourtant déjà à le faire pendre ».

L'expression a aujourd'hui, certes, un côté désuet, mais ce qui est dit sur la personne visée est souvent faux ou très exagéré ; la médisance ou la calomnie ne sont jamais bien loin.

> Si le cardinal m'a dépêché ce jeune renard, il n'aura certes pas manqué, lui qui sait à quel point je l'exècre, de dire à son espion que le meilleur moyen de me faire la cour est de me dire pis que pendre de lui ; aussi, malgré mes protestations, le rusé compère va-t-il me répondre bien certainement qu'il a l'Éminence en horreur.
>
> Alexandre DUMAS – *Les Trois Mousquetaires* – 1868

742. NE PAS NOUS EN CHIER UNE PENDULE

Ne pas nous embêter, nous agacer pour quelque chose sans importance.
Ne pas nous bassiner à force de se lamenter, seriner, ressasser toujours les mêmes inconvénients, déconvenues ou torts subis.

Voilà une image bien étrange ! Vous imaginez un peu ? Comment une de ces grosses horloges comtoises pourrait-elle passer l'anus sans dommages létaux ? C'est largement pire que ce que suppose ce fameux proverbe africain qui dit « qui avale une noix de coco fait confiance à son anus » ; parce qu'une petite noix de coco, c'est rond, ça peut encore passer ; mais une pendule…

Cette expression est moderne : elle est apparue au milieu du XXe siècle.

Elle est très probablement l'amalgame de deux autres dans l'intention d'en aggraver le côté grossier et vulgaire.

Faire chier dont la signification ne devrait échapper à personne.

En faire une pendule[1] qui mélange l'action qui dure (le temps mesuré par la pendule) et le côté très répétitif du balancier de la pendule qui va, qui vient, qui va, qui vient… et dont le tic-tac agace quelque peu celui qui est à côté.

On peut donc utiliser l'expression comme voulant dire « tu ne vas pas nous faire chier avec tes histoires qui n'en valent pas la peine ».

> Dédé balance les gamelles sur mon chariot sans faire gaffe à leur contenu, quand c'est mou ça éclabousse, je repars avec des épinards sur les pieds. C'est pas grave, elle va pas nous en chier une pendule, qu'il me fait, et il joint le geste à la parole.
>
> *Revue Autrement* – 1986

743. REMETTRE LES PENDULES À L'HEURE

1. Se mettre d'accord sur une base de discussion, en général pour pouvoir avancer, aller plus loin.
2. Rétablir la (ou une) vérité.

Lorsqu'un débat multi-intervenants s'enlise et part à la dérive, il peut être nécessaire de « remettre les pendules à l'heure » pour que la discussion devenue stérile se calme et reparte sur des bases communes et saines, et évite de partir à nouveau dans toutes les directions.

Tout le monde a en mémoire ces films de guerre ou d'espionnage où un groupe de personnes calent leurs montres sur la même heure avant de se disperser pour attaquer ou s'introduire quelque part.

Cette expression, dans son premier sens, est simplement une métaphore sur cette synchronisation de l'heure entre des personnes devant agir en concordance, en même temps.

---

1. « Tu ne vas pas nous en faire une pendule » se dit à quelqu'un qui fait toute une affaire de quelque chose qui n'en vaut pas la peine.

Le second sens, lui, est une extension de la première signification. Il vient d'une personne seule (un journaliste ou un auteur, par exemple) qui, partant d'une vérité considérée comme acceptée par son lectorat mais jugée fausse par lui-même, expose sa vérité supposée dissiper un malentendu, vérité qui servira de point de départ à la suite de l'écrit.

> Le rapport que le député UDF de l'Oise François-Michel Gonnot a rendu jeudi au gouvernement a remis les pendules à l'heure. S'il préconise lui aussi le maintien de l'heure d'hiver toute l'année, il affirme que ce changement n'est pas une affaire franco-française.
>
> *Libération* – Article du 26 octobre 1996

744. AVOIR DU PEPS

Avoir de l'entrain, du dynamisme, de l'enthousiasme, de la vigueur, de l'énergie.

Le mot *peps* est une variante de *pep* qui vient de l'américain, forme raccourcie de *pepper*, ou *poivre* en français, épice dont les propriétés stimulantes des fonctions intestinales sont bien connues.

Aux États-Unis, depuis le milieu du XIXe siècle, le mot *pepper* était utilisé au figuré comme synonyme de *énergie*. Il est vrai qu'il suffit de voir avec quelle vigueur quelqu'un ayant au départ deux de tension se met à s'agiter lorsqu'il a croqué quelques grains de poivre…

Son abréviation *pep* est apparue en 1912, avec le sens de « vigueur, énergie », puis en 1922 dans l'expression *full of pep* (« plein de pep »).

Le mot est ensuite attesté en 1923 au Québec, puis en 1926 en France où on lui a ajouté un *s* sans qu'il y ait d'explications bien claires là-dessus.

> Sa copine, quant à elle, fait partie de celles-là. À n'en pas douter, cette fille a du peps. Son corps, dont j'ai perçu les monts et vallées sous un maillot moulant et une jupe courte (mais pas trop), à coup sûr réveillerait un mort.
>
> Fabien K. – *Pas de repos pour Théo* – 2002

745. ENFILER DES PERLES

Perdre son temps à des occupations futiles, sans intérêt.

Si, aujourd'hui, les poupées Barbie, les Lego et les jeux vidéos sont parmi les occupations préférées des enfants, autrefois, et bien avant l'apparition des scoubidous, enfiler des perles pour fabriquer des colliers, des bracelets ou des colifichets divers était une occupation très en vogue.

Vu de l'œil des hommes, c'était une activité peu valorisante, futile, dont le seul intérêt était d'occuper les gamins, ainsi que les femmes qui pouvaient également passer beaucoup de temps à ce loisir. Ce qui explique le sens figuré de l'expression.

Cette locution était souvent employée sous une forme du genre : « Nous ne sommes pas ici pour enfiler des perles. »

Elle apparaît au XVIe siècle chez Rabelais dans *Gargantua*. S'il y évoque simplement l'activité en elle-même, c'est déjà avec un certain dédain.

On utilise aussi parfois l'expression *enfiler des perles* pour ceux qui prient en faisant glisser entre leurs doigts les grains d'un chapelet.

Et, plus récemment, elle a également pris le sens de « ne pas arrêter de dire des stupidités », en liaison avec un des sens de *perle* pour « erreur grossière ».

Dans quel sens faut-il enfiler les perles ? Il ne semble pas exister de tendance précise, mais on a pu vérifier le 7 décembre 1941 que le fait d'enfiler des perles à rebours n'empêchait pas les attaques japonaises.

> Mais allons nous cacher au coin de la cheminée ; et là passons avec les dames notre vie et notre temps à enfiler des perles, ou à filer comme Sardanapalus.
>
> François RABELAIS – *Gargantua* – 1534

> Je ne vais pas vous faire croire que Bertrand [Delanoë] est un modèle de gentillesse, confesse le vice-président du Conseil général de l'Essonne Francis Chouat. Ceux à qui il confiera des responsabilités ne seront pas là pour enfiler des perles !
>
> *Le Nouvel Observateur* – Article du 25 septembre 2008

746. CE N'EST PAS LE PÉROU !

1. C'est une somme modeste.
2. Ça ne rapporte pas beaucoup.
3. Ce n'est pas grand-chose.

L'Eldorado, le pays de l'or, a longuement fait rêver les Européens, au XVIe siècle, lorsqu'ils ont mené de nombreuses expéditions en Amérique du Sud, avec l'espoir d'y localiser ce pays dont le prince se faisait saupoudrer d'or de la tête aux pieds chaque matin (selon les racontars de l'explorateur espagnol Martinez).

Parmi les différentes vagues d'exploration et de pillage du continent sud-américain, c'est en 1532 que Francisco Pizarro défait les Incas au Pérou en capturant leur roi Atahualpa et en massacrant jusqu'à 20 000 des personnes qui l'accompagnaient dans le piège que le conquistador avait tendu.

Le roi prisonnier fait alors livrer aux Espagnols de très grandes quantités d'or et d'argent en échange d'une libération qu'il n'obtiendra jamais puisqu'il sera garrotté dans sa prison en 1533.

Cet or sera ramené en Espagne par un des frères de Pizarro.

C'est ce symbole de richesse qu'était le Pérou qui, en 1661, a fait d'abord apparaître le nom commun *pérou* comme synonyme de *trésor* ou de *fortune*.

Puis, c'est en 1790 que sont nées aussi bien la version positive de l'expression (*c'est le Pérou !*) que la négative, beaucoup plus utilisée aujourd'hui.

Je gagne 900 F par mois, plus les primes ça fait 903
Mais avec toutes les retenues, ça fait 802 tout au plus
C'est pas beaucoup, c'est pas l'Pérou
Mais c'est à vous

BOURVIL – *C'est pas le Pérou* – 1976

747. FAIRE (QUELQUE CHOSE) EN PERRUQUE – FAIRE DE LA PERRUQUE

Faire, pendant les heures de travail, une tâche personnelle avec le matériel de l'entreprise.
Travailler pour son propre compte dans son entreprise.

À quoi sert généralement une perruque ? N'est-ce pas à dissimuler une calvitie ou bien ses cheveux naturels (quand on veut passer incognito, par exemple) ?

Vous avez certainement la réponse, mais si vous avez bien lu l'interrogation précédente, vous avez pu y localiser le verbe *dissimuler*. J'y reviendrai un peu plus loin…

Gaston Esnault relève l'usage de cette expression à partir de 1856 chez les ouvriers des arsenaux, du bâtiment et des arts à Angers.

Il cite également une expression antérieure qui date de 1807 : *être le perruquier dans l'affaire,* qui voulait dire « être celui qui se fait duper » à prendre comme « être celui aux dépens de qui se fait la perruque ».

Même si ce n'est pas clairement dit, on peut imaginer que cette *perruque* est devenue un symbole de tromperie, simplement parce qu'elle dissimule l'apparence réelle, ainsi qu'évoqué précédemment.

Ensuite, le lien avec le travail personnel effectué avec les ressources de l'entreprise, travail forcément dissimulé, est facile à comprendre, puisque celui qui le pratique trompe son employeur.

Tout ceci suffit à expliquer le sens de l'expression.

Mais il paraît aussi que, à l'époque où les perruques ne se fabriquaient qu'avec des cheveux naturels, les ouvriers coiffeurs ramassaient les cheveux coupés et les vendaient aux perruquiers, pour leur propre compte. Cela aurait pu aussi contribuer à la naissance de l'expression.

> Les délégués syndicaux passent sous haute surveillance. Rien ne leur est permis : Gérard est licencié pour « insultes envers son chef », Poupart pour avoir « fait de la perruque », pris sur son établi en train de souder un carter de vélomoteur. Ortis est renvoyé pour retards répétés.
>
> Jean-Louis Loubet, Nicolas Hatzfeld – « Poissy : de la CGT à la CFT » – *Vingtième Siècle. Revue d'histoire 1* – 2002

748. VALOIR SON PESANT D'OR

Être d'une grande valeur, d'un grand intérêt, de grand mérite.

P*esant* viendrait du verbe *peser*. L'or étant un métal de grande valeur, on imagine bien que le poids (le « pesant ») en or de quelque chose de pas trop léger représente une somme importante.

Cette expression se retrouve dès le XIIIe siècle où on comparait déjà un être cher à son poids en or.

Une hypothèse veut que l'origine vienne d'une déformation de *besant*, nom d'une ancienne monnaie en or de Byzance (future Istanbul) dont le poids constant, chose assez rare pour les pièces de l'époque, était de 4,48 grammes.

Certains la rejettent sous prétexte que le besant n'avait qu'une très faible valeur et qu'on n'aurait donc pas cherché à faire des comparaisons flatteuses basées sur cette pièce.

Mais si, pour obtenir un même poids en or, on met dans la balance 4 lingots d'un kilo ou 900 besants, la valeur finale en or reste la même.

La raison invoquée pour le rejet de cette hypothèse ne me paraît donc pas suffisante, ce qui fait que le mystère demeure.

Une chose est sûre, c'est qu'au XVIIe siècle, pour se moquer de quelqu'un ou indiquer qu'il avait de gros défauts, on disait qu'il *valait son pesant de plomb*.

Valoir son pesant de cacahuètes est également une variante ironique désignant quelque chose de ridicule ou sans valeur.

> Qu'elle est belle ! s'écriaient-ils en un concert de voix ; elle dit et parle d'or ! C'est un cœur d'or ! Elle vaut son pesant d'or !
>
> Félix FEUILLET DE CONCHES –
> *Contes d'un vieil enfant* – 1858

749. AVOIR UN PET DE TRAVERS

1. Être passagèrement indisposé.
2. Être contrarié, de mauvaise humeur.

P*et* est un mot qui apparaît au XIIe siècle. Il vient du latin *peditum*, déverbal de *pedere* qui voulait dire « péter ». Il désigne un gaz intestinal plus ou moins malodorant qui sort généralement avec bruit et qui fait malheureusement partie des inconvénients banals d'une digestion chez certains êtres vivants, dont vous et moi.

Dès le XIIIe siècle, il a pris le sens figuré de « quelque chose de peu de valeur » (on se demande bien pourquoi) au point qu'on a vu apparaître au XIXe *ne pas valoir un pet*, éventuellement suivi du nom d'un animal dont le plus utilisé de nos jours est le lapin.

Tous ceux qui ont, un jour ou l'autre, souffert d'aérophagie aiguë savent combien il peut être désagréable d'avoir quelque part dans les intestins des flatulences « coincées », refusant d'aller goûter aux joies d'une sortie à l'air libre sous le soleil.

C'est une chose susceptible de contrarier, de mettre de mauvaise humeur ou, même, de faire temporairement souffrir.

Cela a suffi pour que, dans la première moitié du XXe siècle, lorsqu'on avait en face de soi une personne de mauvaise humeur ou souffrant d'une indisposition peu grave, on puisse se dire qu'elle avait un pet de travers.

> Il a à peine décarré que Béné-ma-Furette m'appelle : elle ne peut pas venir ce matin. Enfin quoi ? Elle va se mettre à avoir toujours un pet de travers, ou quoi ?
>
> Frédérique STRAGIOTTI-BRISMONTIER – *Un si pétillant naufrage : Fantaisie policière* – 2010

> Quand on est dans ces pays de merde, quand, au-dehors, le soleil écrase tout, plongeant la ville entière dans l'attente immobile de l'ombre et de la fraîcheur, dès qu'on commence à avoir un pet de

> travers, on a toujours peur que ça prenne rapidement des proportions considérables.
>
> Pierre Macaire – *Tryptique indochinois* – 1997

750. COMME UN PET SUR UNE TOILE CIRÉE

Très vite, précipitamment.

Cette expression très imagée, mais heureusement peu olfactive lorsqu'on la prononce, s'utilise généralement avec des verbes comme *partir, filer* ou *se casser*. Elle semble dater du milieu du XXe siècle.

La toile cirée étant une surface très lisse, propice à un déplacement très facile, on imagine très bien qu'un pet, aussi peu léger soit-il, lâché subrepticement à une extrémité de la table, n'aura aucun mal à s'y propager très rapidement, atteignant ainsi très, voire trop rapidement les narines des personnes malheureusement présentes autour de la table avant même qu'elles aient pu se boucher le nez.

Et puisque nous parlons flatulences, on peut aussi évoquer *déchirer la toile* qui signifie « émettre un pet pas piqué* des hannetons » dont on imagine le résultat sur l'état du pantalon (toutes expressions très populaires, bien sûr).

> Elle comprend pas la charmante dame pourquoi ce monsieur à qui elle voulait du bien, et qui semblait l'avoir compris, se casse soudain comme un pet sur une toile cirée.
>
> Albert Simonin – *Du mouron pour les petits oiseaux* – 1960

751. NE PAS VALOIR UN PET DE LAPIN

Ne rien valoir du tout.

Pour que le pet de lapin ait une valeur quelconque, encore faudrait-il qu'il soit commercialisable. Mais y a-t-il quelqu'un, ici devant son livre, qui serait prêt à acheter un pet de lapin ?

À part un illuminé, ou bien un sagouin qui voudrait saboter ma démonstration, c'est extrêmement improbable.

On pourra donc considérer, comme point de départ, que le pet de lapin ne vaut rien.

De là, en guise d'hyperbole et histoire de bien enfoncer le clou, il est aisé de dire qu'une chose considérée comme étant sans aucune valeur vaut encore moins qu'un pet de lapin (qui, je le rappelle pour ceux qui ont du mal à suivre, ne vaut déjà rien).

On pourrait s'arrêter là pour justifier l'existence de l'expression, mais il y a tout de même une question qu'on peut légitimement se poser : pourquoi une flatuosité du lapin au lieu de celle de l'éléphant, du castor, du moustique ou du fox-terrier ?

Serait-ce parce que ce léporidé (qu'on appelle aussi, mais dans l'intimité uniquement, un mammifère lagomorphe) est un spécialiste du développement du râble ? À moins que ce soit à cause de l'odeur de carotte qu'il répand alors ?

Il semble malheureusement que les raisons du choix de cet animal, dont le pet n'a en réalité pas plus de valeur que celui d'un autre bestiau, restera un mystère à jamais, malgré la jeunesse de la locution qui ne date que de la fin du XIXe siècle.

Cependant, on n'oubliera pas que d'autres animaux ont préalablement servi dans des expressions similaires, puisque, à la fin du XVIIIe, c'était aussi le pet de coucou qui ne valait rien.

En fait, l'animal ajouté à la suite du pet est librement choisi par les auteurs, certains s'abstenant même de le citer.

Il faut dire que c'est dès le XIIIe siècle que le pet, quel qu'en soit l'émetteur, a été considéré comme quelque chose sans valeur.

Cela dit, on peut également noter deux choses supplémentaires :

– le lapin est également mésestimé dans l'expression *en peau de lapin* qui s'emploie aussi à propos de quelque chose sans valeur ou de quelqu'un qu'on ne peut prendre au sérieux ;

– le français en veut aux animaux puisque le pet de lapin vaut à peu près autant que la crotte de bique ou la roupie* de sansonnet.

Enfin, il ne faut surtout pas confondre le pet de lapin avec le « pet de maçon ».

Si le premier est une douce brise même pas capable de faire bouger les feuilles d'une plante en pot (encore qu'avec un lapin de la taille du Fuji-Yama…), le second, qui date du début du XVIIe siècle, est un pet hélas « accompagné ».

D'ailleurs, Oudin utilise une belle image en 1640 : « un pet de maçon, qui emporte son mortier ».

> Là, si t'as pas compris gamin c'est que ma pédagogie vaut pas un pet de lapin !
>
> Ivan Sigg – *L'île du toupet* – 2010

752. UN PÉTARD MOUILLÉ

1. Une action, une révélation qui devrait être sensationnelle ou spectaculaire, mais qui ne fait aucun effet.
2. Une nouvelle importante qui se révèle fausse.

Voilà une métaphore très facile à comprendre.

À la toute fin de l'année, piquez deux pétards (ceux qui font du bruit, pas ceux que certains fument…) à votre gamin, puis trempez-en un dans l'eau quelques instants.

Ensuite allumez la mèche de l'autre, le sec, et, de préférence sans le garder dans la main, attendez un peu. Normalement, il va exploser et donc faire un fort bruit désagréable. C'est normal, c'est ce à quoi sert un pétard !

Enfin, allumez celui qui reste (celui que vous avez trempé dans l'eau un peu avant – je précise pour ceux qui ont du mal à suivre) et attendez aussi un peu. À part peut-être un misérable « pschitt », même pas capable de faire fuir votre chat, votre pétard n'explosera pas.

Autrement dit, parce que la poudre est trempée et ne peut plus exploser, ce pétard mouillé, ce machin normalement censé faire un effet du tonnerre ne va rien produire de remarquable.

Il n'en a pas fallu beaucoup plus pour que cette absence d'effet attendu génère notre métaphore qui s'applique à toute chose qui provoque beaucoup moins de réaction qu'espéré ou attendu.

> Outre sa mission de paix plutôt avortée, il avait compté sur un projet de loi qui aurait pénalisé les provinces dans le cas où celles-ci auraient imposé ou autorisé des frais modérateurs ou la surfacturation en matière de santé. […] Comme, dans les faits, le problème n'est pas encore important, la loi est adoptée et devient un pétard mouillé sans répercussion électorale.
>
> Jacques FLYNN – *Un bleu du Québec à Ottawa* – 1998

753. DANS LE PÉTRIN

Dans une situation pénible d'où on ne parvient pas à sortir.

Le boulanger vous dira que, de son pétrin, il vous sort une pâte amoureusement malaxée avec laquelle il va pouvoir vous préparer de succulentes baguettes.

Car, à l'origine (depuis le XIIe siècle), le pétrin était ce coffre en bois dans lequel le boulanger pétrissait la pâte à pain. Avec la mécanisation, ce coffre a été remplacé par une cuve dans laquelle un bras mélange mécaniquement la pâte et qui a gardé le nom de *pétrin*.

Nous avons ici une simple métaphore qui date de la fin du XVIIIe siècle, le contenu du pétrin étant une matière pâteuse et collante de laquelle il serait difficile de sortir si on tombait dans un très grand récipient qui en contiendrait.

Ce *pétrin*-là peut être utilisé avec des verbes comme *être*, *se mettre dans*, *tirer du*, *se sortir du*…

La SNCF vous dira qu'un pétrin peut en cacher un autre. Pour en être convaincu, il suffit de se référer à l'expression *tomber de Charybde* en Scylla*.

> Si tu ne m'avais pas déconseillé, je serais allé la trouver et peut-être que je me serais enfoncé encore plus profondément dans le pétrin qu'avec Stini ou Ursi.

C'est tout de même bien d'avoir encore quelqu'un de plus intelligent que soi.

Jérémias GOTTHELF – *Uli le valet de ferme* – 1999

754. EXCUSEZ DU PEU !

S'emploie ironiquement pour exprimer son étonnement face à l'excès de quelque chose, aux excès de quelqu'un, ou face au caractère outrancier d'une attitude ou d'un comportement.

Cette expression daterait de la seconde moitié du XVIIIe siècle.

Son sens évident est celui d'une personne qui demanderait qu'on l'excuse d'avoir fait quelque chose qui serait très inférieur aux espérances (le « peu » à excuser).

Mais elle ne s'utilise pas du tout de cette manière. C'est pourquoi elle est doublement ironique car, lorsqu'elle est employée, non seulement celui qui la prononce n'est pas responsable de ce qu'il demande d'excuser, mais elle l'est en rapport à quelque chose qui a des proportions importantes, et même plutôt excessives.

Le *Dictionnaire de l'Académie française* de 1835 donne la définition suivante :

> « Excusez du peu, se dit ironiquement de celui qui se plaint qu'on ne lui donne pas assez, quoiqu'on lui donne beaucoup. Il se dit aussi quelquefois par celui même qui trouve qu'on lui donne trop. »

L'œuvre de Jean Michel au complet, les deux mystères, Nativité et Passion, ont un peu moins de 50 000 vers : excusez du peu. Mais, en revanche, l'ouvrage d'Arnoul Gresban, qui est la souche, n'en a, dit-on, que 27 000, comme si c'était peu de choses.

SAINTE-BEUVE – *Nouveaux lundis* – Volume III – 1865

755. PEU OU PROU

Plus ou moins.

Attention ! Cette expression ne vient pas de la marine ! Car il ne faut pas confondre avec *peu ou proue* qui n'existe pas (encore) et ne voudrait rien dire.

Nous savons tous que *peu* veut dire « pas beaucoup » ou « en faible quantité ».

Qu'en est-il de *prou* ?

Cet adverbe, qui signifie « beaucoup » ou « assez » et date du XIIIe siècle, vient du nom *prou* qui voulait dire « profit[1] ». Au XVIIe siècle, on disait *avoir prou de quelque chose* pour dire qu'on en avait beaucoup.

Depuis, le mot est tombé en désuétude et n'est plus utilisé que dans notre expression apparue vers 1600, alors qu'un peu avant, on disait « ni peu ni prou » pour dire « ni peu ni beaucoup ».

> Pendant la première moitié du XXe siècle, les physiologistes du système nerveux ont été, peu ou prou, des électriciens.
>
> Jean-Didier VINCENT – *Biologie des passions* – 1999

756. PÉDÉ COMME UN PHOQUE

Complètement homosexuel.

Si vous demandez à un phoque s'il est homosexuel, il y a de fortes chances pour qu'il refuse de vous répondre. Probablement parce qu'il aura été très vexé.

Tout juste, peut-être, pourra-t-il admettre qu'il est gay comme un pinson.

Plaisanterie mise à part, aucune observation, même approfondie (si j'ose dire), n'a confirmé le comportement homosexuel du phoque. Ni du pinson, d'ailleurs.

Alors pourquoi cette expression ? Malheureusement, nous ne devons nous contenter que d'hypothèses.

Mais avant de les citer, pour ceux qui ne le sauraient pas, il est important de rappeler que *pédé*

---

1. Jean de La Fontaine, dans « Le Paysan qui avait offensé son seigneur » écrivait :
« Or buvez donc, et buvez à votre aise ;
Bon prou vous fasse ! Holé, du vin, holé ! »

est l'abréviation de *pédéraste*, mot qui vient du grec et qui aujourd'hui désigne un homosexuel mâle, mais qui autrefois désignait un homme aimant un peu trop les enfants, personne qu'on qualifie aujourd'hui de pédophile, même si, pour certains, on devrait plutôt les appeler des pédocriminels.

La plus répandue des origines vient de la marine à voile, avec une déformation orale du mot *foc*, petite voile triangulaire située à l'avant du bateau.

Ce serait donc parce que cette voile prend le vent par l'arrière (je vous laisse faire le rapprochement) qu'on aurait d'abord dit *pédé comme un foc*, transformé ensuite en notre expression. Mais ceux qui ont déjà pratiqué la voile savent que, même au plus près, le foc est parfaitement gonflé alors que le vent est pourtant proche de l'avant. La relation avec la prise du vent par l'arrière ne tient alors pas la mer.

Avant d'évoquer les autres hypothèses, gardons encore un peu notre petite voile.

L'appellation viendrait du fait que, lorsque le bateau avance avec du vent plein arrière, le foc est placé de l'autre côté de l'axe longitudinal du bateau par rapport à la voile principale, cette dernière symbolisant l'hétérosexualité et le foc, l'autre bord.

Enfin, l'introduction de *foc* dans cette expression pourrait aussi venir d'un jeu de mots extrêmement capillotracté : tout le monde connaît la mauvaise réputation faite aux Grecs quant à leurs mœurs. Quand on est féru d'histoire, dès qu'on parle des Grecs, on ne peut s'empêcher de penser aussi aux Génois. Et quand on sait qu'un grand foc s'appelle un génois… Ainsi, *pédé comme un Grec* serait devenu *pédé comme un Génois*, puis *pédé comme un foc*, et enfin *pédé comme un phoque*.

Une autre hypothèse vient du fait que, comme chacun sait, le phoque fait partie de la fameuse famille des pinnipèdes, mot dans lequel on entend *pine* et *pède*. Les jeux de mots auraient fait le reste.

Vu l'incertitude qui pèse sur les hypothèses précédentes, on n'aura aucune raison d'éliminer celle qui viendrait d'un jeune mousse faisant partie d'une expédition polaire. Alors que, longeant une île couverte de phoques et ayant l'impression, vu de loin, que l'agitation de ces nombreux mammifères couvrant la grève correspondait à des activités sexuelles sans qu'il puisse distinguer les mâles des femelles, il en aurait imaginé le caractère homosexuel de ces pinnipèdes.

Une autre encore serait due au souffle fort que produit un phoque lorsqu'il remonte à la surface après un long moment en apnée, genre de souffle qu'on peut aussi entendre lors d'ébats sexuels humains (mais, dans ce cas, l'association à l'homosexualité uniquement ne semble pas tenir la route).

Enfin, pour terminer cette liste, sans pour autant être exhaustif, en voici une dernière.

Mais comme elle est d'Alphonse Boudard, grand déformateur des mots, elle doit être prise avec circonspection : l'expression viendrait de la déformation de *pédé comme un fox*, le fox-terrier étant réputé (paraît-il) pour monter sans relâche ses congénères, quel qu'en soit le sexe.

> Il se ferait hacher menu pour moi et nos rapports n'ont plus rien à voir avec le sexe. En fait, il préfère les mecs. Il est pédé comme un phoque. J'ai été un accident dans sa vie sexuelle. Mais il dit qu'il ne regrette rien, que c'était un bel accident.
>
> Christian Marcon – *Les Soleils mouillés* – 2002

757. Y A PAS PHOTO

1. Il y a une nette différence.
2. Il n'y a aucun doute.

Cette expression récente ne date que des années 80 (du XXe siècle, bien sûr !).

Les turfistes, ceux qui espèrent gagner beaucoup d'argent en pariant sur les courses de chevaux ou courses hippiques[1], savent que, parfois, le suspense est à son comble lorsque deux chevaux ont passé la ligne d'arrivée si près l'un de l'autre qu'il est nécessaire de faire appel à des moyens techniques particuliers pour réussir à déterminer le vainqueur.

Dans ce cas, la seule possibilité est d'analyser les photographies qui ont été automatiquement prises à l'arrivée, pour repérer quelle paire de naseaux a passé la ligne en premier.

Ainsi quand y a pas photo – autrement dit, quand il n'y a pas besoin de faire appel à la photo de vérification –, c'est qu'il n'y a aucun doute sur le vainqueur, donc qu'il y a un net écart entre les deux animaux.

Voilà qui suffit amplement à expliquer la naissance de cette expression ainsi que ses deux sens.

> Trop de versions différentes sur l'intervention des forces spéciales dans la villa du chef d'Al-Qaïda ont circulé depuis trois jours. Inutile de vouloir chercher à enjoliver ce qui était un acte de guerre nécessaire pour s'épargner les systématiques diatribes anti-américaines. Alors, mieux vaut décrire ce qui s'est passé sans maquiller la vérité. Là-dessus, au moins, « y a pas photo » !
>
> *La République du Centre* – Article du 5 mai 2011

758. NE TIREZ PAS SUR LE PIANISTE !

Soyez indulgent envers une personne qui fait de son mieux !
N'accusez / n'agressez pas un lampiste au lieu du véritable responsable !

C'est Oscar Wilde qui, dans ses *Impressions d'Amérique*, raconte qu'en 1880, dans le saloon de Leadville, ville-champignon où l'on venait de découvrir des gisements aurifères, il y avait un panneau qui disait « Please don't shoot the pianist. He is doing his best ». Ce qui, en bon français, peut se traduire par

---

1. … qu'il ne faut surtout pas confondre avec les courses de chevaux ou courses hippies, nombreuses dans les années 60/70, alors qu'on y jouait de la musique de chanvre.

« Merci de ne pas tirer sur le pianiste. Il fait de son mieux. »

Car c'est bien par allusion au Far West que cette expression est née.

Qui n'a vu, entre autres dans ces livres d'histoire de l'Ouest illustrée par Morris et Goscinny ou dans des westerns, ce fameux pianiste qui, dans les saloons, est toujours là, à la fois pour animer un peu les lieux et pour, grâce à sa musique, « adoucir les mœurs ».

Sauf que quand les bagarres se déclenchaient ou les balles commençaient à voler, les deux premières victimes étaient souvent le miroir placé derrière le comptoir et le pianiste.

Mais le pianiste pouvait aussi être la cible de tirs lorsqu'il jouait faux ou lorsqu'un client ivre ne supportait plus la musique.

Celui qui « prenait » était donc ce pauvre bougre plein de bonne volonté, tentant juste de faire son job, et qui n'était certainement pas le responsable de l'éventuelle bagarre générale (sauf, peut-être, si sa musique était aussi pénible à supporter que celle d'Assurancetourix).

Il est probable que cette expression a repris du poil de la bête à la suite de la sortie en 1960 du film de François Truffaut *Tirez sur le pianiste* avec Charles Aznavour.

> Alors si par hasard je bafouille un peu, et si mes phrases s'emberlificotent les unes dans les autres, soyez indulgents et ne tirez pas sur le pianiste.
>
> René Arcos, Paul Colin, Jean Guéhenno – *Europe : revue littéraire mensuelle* –Volume 64 – 1968

759. QUI VA PIANO VA SANO

Qui va doucement va sûrement.
Celui qui ne se précipite pas pour faire quelque chose a de fortes chances d'y arriver.

Si certains prétendent que « qui va piano ne va ni guitare ni trombone à coulisse », c'est uniquement par plaisanterie facile et/ou par méconnaissance de l'italien dans lequel le *piano* n'est pas celui qu'on pourrait croire.

En effet, le mot ne désigne pas ici l'instrument de musique ; il est un adverbe qui a le sens de « doucement », mot qu'on utilise principalement en musique.

En fait, notre expression avec le *qui* est une francisation très approximative du proverbe italien *chi va piano va sano*, bien aidée par le *va* identique dans les deux langues, proverbe qui signifie pareillement « qui va doucement va sainement / sûrement » pour indiquer que celui qui cherche à faire les choses sans réfléchir ou trop vite risque fort de se planter et d'échouer.

Et le proverbe italien est souvent complété par *chi va sano va lontano* traduit par « qui va sainement / sûrement va loin » et voulant dire que celui qui va vers un but lointain sans se précipiter a bien plus de chance d'arriver que celui qui, voulant l'atteindre trop vite, risquerait fort de s'encastrer dans un obstacle bien avant d'arriver, ou bien que celui qui tient à aller loin ne doit pas trop en demander à son moyen de locomotion (exprimé aussi par *qui veut voyager loin ménage sa monture*).

Nicolas Boileau disait à peu près la même chose sous la forme « hâtez-vous lentement » qu'il avait piqué à Suétone.

> L'Allemand, laborieux et patient, avance d'une manière lente et sûre. C'est pour lui que semble avoir été fait le proverbe italien : Chi va piano, va sano. Il n'a pas la rapidité de conception de son cousin yankee ; mais il est tout aussi opiniâtre à lutter contre les difficultés.
>
> Alexandre Holinski – *La Californie et les Routes interocéaniques* – 1833

760. (NE PAS) ÊTRE AUX PIÈCES

(Ne pas) être pressé.
Ne pas avoir (avoir) tout son temps.

Pièce est un mot qui a des quantités de sens, de la pièce d'un logement, la pièce de monnaie, le morceau (de tissu, de puzzle…) ou encore la pièce d'artillerie, celle de théâtre ou celle à conviction (cette liste est loin d'être exhaustive).

Antoine Furetière nous indique aussi qu'autrefois on disait « bonne pièce » pour signifier « longtemps » (« il y a bonne pièce que j'attends »).

Le tout, maintenant, est de savoir laquelle de ces pièces est à l'origine de notre expression.

Eh bien, cela vient du XIXe siècle, à une époque où, dans certains métiers, les employés étaient payés non pas à l'heure ou au mois, mais à la pièce produite (pratique qui existe encore de nos jours, même si elle n'est pas très répandue).

Et lorsqu'on était « aux pièces », il fallait travailler suffisamment vite pour produire beaucoup de pièces et, ainsi, s'assurer un salaire décent.

Par extension, hors du contexte d'emploi et de salaire, celui qui est aux pièces est celui qui est pressé, un peu comme le lapin d'Alice au pays des merveilles.

> Pressé de rentrer, je dépasse le bus à son arrêt et j'accélère en voyant le feu passer à l'orange au bout de la rue. C'est un de ces feux tricolores que les piétons peuvent actionner. L'adolescent a déjà traversé depuis longtemps et il n'y a plus personne sur le trottoir. Il n'y a aucun risque à passer, ni pour nous ni pour les autres. À ma droite, mon épouse soupire, agacée : « C'est bon, on n'est pas aux pièces… Pas la peine de passer au rouge ! »
>
> *Le Parisien* – Article du 12 septembre 2008

761. AU PIED LEVÉ

Sans avoir le temps de se préparer.
À l'improviste.

Voilà une métaphore qui existe depuis le XVe siècle et qui est relativement simple à comprendre.

Imaginez-vous debout quelque part. Soudain, l'envie d'aller ailleurs vous prend, que ce soit pour aller aux toilettes, vous faire cuire un œuf ou bien cueillir des fleurs pour votre dulcinée dans le magnifique parterre devant le château de la comtesse chez laquelle vous avez été invité.

Que faites-vous alors ? Eh bien, vous levez d'abord un pied (un seul à la fois, de préférence) avec la ferme intention de le poser un peu plus loin en avant puis de recommencer l'opération avec le pied resté à sa place, et ainsi de suite (imaginez la scène au ralenti).

Si, au moment où votre pied est levé, prêt à avancer, quelqu'un vous dit soudain « passe-moi le sel ! », il vous prend incontestablement à l'improviste, sans que vous ayez eu le temps de vous préparer à sa demande[1].

Au début, cette expression s'employait uniquement lorsqu'on s'adressait à quelqu'un au moment où il s'apprêtait à partir (le pied déjà levé), mais elle s'est rapidement généralisée à toutes les situations où quelqu'un est pris à l'improviste ou n'a pas le temps de se préparer à ce qu'on lui demande.

Elle se disait d'abord *à pied levé* au milieu du XVe siècle, avant de devenir *au pied levé* au milieu du XVIe.

> Car il en fallait un [mensonge] chaque fois pour faire tête à ce terrible « D'où viens-tu ? » qui m'attendait en travers de la porte […]. Je devais répondre là, sur le palier, au pied levé, avoir toujours une histoire prête.
>
> Alphonse Daudet – *Les Contes du lundi* – 1873

762. AVOIR BON PIED BON ŒIL

Avoir l'air alerte, vif, vigoureux, en bonne santé.

Point n'est besoin d'être grand clerc* pour comprendre l'origine de cette expression qui date du XVe siècle et qu'on applique plus généralement à une personne âgée.

---

1. Sauf dans le cas, peu probable, où votre désir de vous éloigner venait justement du fait que vous sentiez venir la demande et que vous n'aviez strictement aucune intention de la satisfaire.

Avoir bon pied, c'est à la fois être stable en position debout et pouvoir marcher rapidement.

Avoir bon œil, c'est avoir une très bonne vue.

Celui qui combine les deux est donc très probablement en bonne santé.

Mais si le sens d'aujourd'hui paraît clair, on peut noter que le *Dictionnaire de l'Académie française* de 1694 indiquait : « On dit figurément, *Bon pied, bon œil,* Pour avertir un homme de prendre garde à lui. Et, qu'*Il faut avoir bon pied, bon œil avec quelqu'un,* pour dire, qu'il faut être extrêmement sur ses gardes, pour se garantir de surprise. »

Autrement dit, si la notion d'une personne alerte était déjà bien présente, c'était plus pour favoriser la vigilance et la capacité à échapper aux mauvais coups.

> Bon pied, bon œil, le teint frais, qui penserait qu'il a huitante-cinq ans, Benjamin Pury ?
>
> Gilbert Perritaz – *L'Infanterie du bon Dieu* – 2003

763. AVOIR LE PIED MARIN

1. Être à l'aise, garder son équilibre à bord d'un bateau.
2. Par extension, ne pas être malade sur un navire.

Ici, l'adjectif *marin* est une ellipse de *digne d'un bon marin.*

Car il est bien connu que la mer est rarement d'un calme plat et que, par conséquent, le marin qui déambule sur le pont d'un navire est confronté à des mouvements de roulis et de tangage du plancher, qui peuvent être de grande ampleur, et qui sont très loin de faciliter la marche.

C'est pourquoi le « bon marin » est supposé ne pas être perturbé par ces mouvements et pouvoir se mouvoir aisément en les compensant par un grand sens de l'équilibre. On dit alors qu'il a le pied marin puisqu'il maîtrise parfaitement les mouvements de pieds (et de jambes) nécessaires à un déplacement sans chute.

Par extension, et par opposition à ceux qui vomissent tripes et boyaux dès qu'ils sont à bord d'un navire qui remue un peu, celui qui a le pied marin est celui qui profite imperturbablement du bonheur d'être sur les flots, quelles que soient les conditions de mer.

Selon Furetière, cette expression date de la seconde moitié du XVIIe siècle.

Mais à la fin du XVIIIe siècle, l'expression signifiait aussi « ne pas être ébranlé dans des circonstances difficiles », métaphore compréhensible, mais sens qui s'est complètement perdu aujourd'hui.

> Diable de roulis, va !… Certainement, je n'ai pas le pied marin.
>
> Alexandre DUMAS – *La Chasse au chastre* – 1850

764. FAIRE DU PIED

1. Faire des avances discrètes.
2. Avertir discrètement.

Dans cette expression qui n'existe sous cette forme que depuis le XXe siècle, le pied, c'est bien ce machin penta-orteillé que chacun de nous possède en deux exemplaires, un à l'extrémité inférieure de chaque jambe[1].

Il est bien connu que nombres d'hommes, mariés ou non, peu importe, lorsqu'ils sont assis à une table (pas trop large) en face d'une accorte bougresse, ne peuvent s'empêcher, à l'aide de leur pied obligatoirement caché sous la table, donc très discrètement vis-à-vis des autres invités, de frôler les pieds ou les jambes de la donzelle pour lui signaler leur envie de faire crac-crac.

Nous retrouvons donc bien là, à la fois les avances et la discrétion présentes dans la signification de l'expression.

---

1. À condition, bien sûr, ne n'avoir pas eu à subir une malheureuse amputation.

Et si jamais une baffe magistrale vole au-dessus de la table, dans la plus parfaite indiscrétion cette fois-ci, c'est que les travaux d'approche sont lamentablement ratés.

Mais dans le cas contraire, tous les espoirs sont permis pour que les deux prennent ensuite leur pied*, après en avoir fait.

Bien que l'expression soit récente, il va de soi que la pratique remonte à beaucoup plus loin. En fait, probablement depuis qu'il existe des tables[1]...

Claude Duneton cite d'ailleurs l'ouvrage *Les 100 nouvelles nouvelles* datant de 1467 dans laquelle un moine est invité à manger chez quelqu'un :

> « Frère Eustache, qui ne savait pas l'intention de son hôte, fit assez bonne chère dessous son chaperon. Et quand il voyait son point, il prêtait ses yeux à l'hôtesse, sans épargner par-dessous la table le gracieux jeu des pieds, de quoi se percevait et donnait très bien garde l'hôte, sans en faire semblant. »

Autrement dit, le moine n'hésitait pas à faire du rentre-dedans à la femme de son hôte qui faisait semblant* de n'en rien voir. Comme quoi, l'habit* ne faisait pas plus le moine qu'aujourd'hui...

Par extension, au-delà des approches à tendance sexuelle, l'expression s'applique aussi aux avertissements discrets.

> J'ai suivi avec beaucoup d'attention les travaux d'approche de mon ami qui, sans perdre le nord, faisait du pied sous la table à la compagne de son interlocuteur, obnubilé par l'unique souci d'un contrat souscrit aux meilleures conditions. Manifestement, la jeune Tunisienne, sous ses yeux noirs baissés, préférait les effusions sentimentales aux

---

1. C'est une boutade ! Bien sûr, cette pratique ne se limite pas aux dessous d'une table puisque *faire du pied* peut s'employer à propos de toute avance ou tout avertissement discret, même si le pied n'est pas impliqué.

démonstrations verbales d'une excessive habileté mercantile.

Aimé Baldacci – *Souvenirs d'un Français d'Algérie* – Volume 2 – 1984

765. HAUT LE PIED

1. Avec facilité, sans effort, en courant (en parlant d'un déplacement d'une personne ou d'une chose).
2. Sans affectation.
3. Circulant seul (en parlant d'un véhicule ou, plus précisément, d'une locomotive).

Autrefois, « s'en aller haut le pied », c'était partir en courant ou s'enfuir. D'ailleurs, *prendre ses jambes* à son cou*, c'est lever très haut le pied au point qu'il ne touche plus terre.

Le *Dictionnaire de l'Académie* de 1762 indique qu'un haut-le-pied est « Un homme qui ne tient à rien, qui n'a point d'établissement fixe, & qui peut disparoître d'un moment à l'autre » (probablement parce qu'il court très vite, un peu à la manière du Bip-Bip lorsque le Vil Coyote cherche encore une fois à lui faire la peau).

À la même époque, lorsqu'on ramenait à l'écurie un cheval sans le monter ou l'atteler (il pouvait donc se permettre d'avoir le pied léger), on le renvoyait *haut le pied*. Cet équidé nous ramène d'ailleurs au temps des mines, quand des chevaux tiraient en peinant les wagons pleins de minerai. Lorsqu'ils revenaient à vide, ils le faisaient *haut le pied*, n'ayant plus d'effort à faire.

C'est par référence à l'image de ces attelages de wagons que, dans le vocabulaire ferroviaire, un train qui circulait sans voyageurs, les wagons vides, était, au XIXe siècle, appelé un train *haut le pied*, et qu'une locomotive qui roule seule (donc avec facilité, sans avoir besoin de donner beaucoup de puissance) s'appelle toujours une locomotive *haut le pied*.

Le second sens proposé est une extension du sens « à vide » qu'on trouve pour la locomotive, mais aussi pour d'autres véhicules ou montures. Elle s'applique à un moyen de transport ou une personne (un chauffeur, par exemple) emmené en secours, donc temporairement sans affectation réelle, pour servir de remplacement en cas de défaillance du véhicule ou de la personne normalement affectée à la tâche.

> Toutes les voitures sont attelées à 6 ; il y a 2 attelages (4 chevaux) et 2 chevaux de selle haut-le-pied.
>
> État-major des armées – *Revue militaire des armées étrangères* – 1907

> Le 8 juillet 1887, une foule parisienne cocardière veut empêcher le départ du train de ce nouveau César et c'est une locomotive haut le pied qui l'emmènera dans la capitale auvergnate.
>
> Alain Tourreau – *De la chaîne des Puys au volcan de Jaude* – 2002

766. METTRE LES PIEDS DANS LE PLAT

1. Aborder un sujet tabou de façon brutale ou inattendue.
2. Commettre une bévue grossière, un grave impair, une indiscrétion impardonnable.

Dans un repas entre amis, celui qui aurait l'outrecuidance de monter sur la table et de mettre ses pieds dans un plat soigneusement mitonné par la maîtresse de maison ferait une gaffe de premier ordre et prendrait le risque d'être immédiatement éjecté par la fenêtre par une cuisinière et des convives excédés.

Il n'en faut pas plus pour croire avoir aisément imaginé l'origine de notre expression, dans sa seconde signification.

Mais peut-être faut-il parfois se méfier des métaphores à l'origine trop évidente ! Car selon Pierre Guiraud dans *Les Locutions françaises*, la source de cette expression qui date du début du XIXe siècle ne viendrait pas de ce malotru peu respectueux des endives au jambon ou du gratin dauphinois de son hôte.

En effet, pour lui, cette locution serait née d'un jeu de mots entre les termes franco-provençaux *gaffe* pour « gué », *gaffer* pour « nager » ou « patauger » et *plat* pour « étendue d'eaux basses ».

Celui qui met les pieds dans le plat et qui commet donc une belle gaffe serait celui qui, à l'origine, aurait remué les pieds ou pataugé dans une eau peu profonde au point d'y mélanger de la boue ou de la vase, personne qu'on comparerait à celui qui agiterait maladroitement une question à ne surtout pas aborder.

Selon Alain Rey, cette explication aurait aussi l'avantage d'expliquer le sens familier du mot *gaffe* dont l'origine serait peu claire, sinon, car bien loin de la perche du batelier, acception initiale du mot.

> Dans la majorité, la question a été posée près de deux semaines avant le scrutin. Le 8 mars, la ministre de l'Environnement a mis les pieds dans le plat en déclarant : « S'il y a un second tour FN-PS dans un canton, moi, dans ce cas-là, je dis clairement : on vote PS ! »
>
> *Le Monde* – Article du 24 mars 2011

767. METTRE À PIED

Renvoyer, congédier (un employé).

Lorsqu'elle est apparue au XVe siècle, cette expression signifiait « priver de son cheval ou de ses chevaux ».

Il en était ainsi du cavalier ou grenadier qui avait commis une faute et qu'on privait momentanément de sa monture ; il subissait alors une double humiliation puisqu'il revenait au niveau de la piétaille et on lui affectait des tâches ingrates, indignes de son rang.

Le sens figuré actuel apparaît au XIXe siècle.

On trouve également la forme *être à pied* qui signifie « être sans emploi, sans revenus ».

> Non Barnabé, qu'il a dit le docteur. Pour le moment tu ne dois plus aller au travail. Si tu es mis à pied, cela veut dire que tu ne vas plus au travail.
>
> SAINT-FROMOND – *Barnabé* – 2010

768. PRENDRE SON PIED

1. Avoir du plaisir ou un orgasme, au cours de l'acte sexuel.
2. Prendre un grand plaisir en pratiquant une activité passion ou en découvrant les joies d'une nouvelle activité.

Cette expression n'a rien à voir avec l'image du bébé qui s'empare de son pied pour le sucer avec un grand plaisir.

Pied vient ici de l'argot des voleurs au XIXe siècle. Il désignait une « part », une « ration », un « compte » que les voleurs réservaient sur leur butin pour leurs complices[1].

En 1878, *j'en ai mon pied* voulait dire « j'en ai mon compte, j'ai ma ration ».

C'est ce sens de « ration », quelque peu déformé, qui a permis ensuite de dire d'une femme qui « prend sa ration » qu'elle en a eu pour son compte lorsqu'elle a fait l'amour en ayant du plaisir (ce qui n'est pas toujours le cas, si l'on en croit Georges Brassens[2]).

Si cette expression a longtemps été réservée à la gent féminine, elle s'est plus récemment étendue au genre humain tout entier[3].

Par extension, et depuis les années 1970, l'expression peut aussi s'utiliser pour toute activité qui procure un plaisir intense.

> De ce côté, elle était stupéfiante et pour tout dire géniale, toujours partante, même dans les contextes les plus extravagants : elle était capable de prendre son pied derrière une haie, dans les toilettes du lycée, dans une voiture, dans le garage avec sa

---

1. En argot, ce *pied*-là se disait aussi le *fade*, d'où l'expression *prendre son fade* au sens strictement identique à la nôtre, mais beaucoup moins utilisée de nos jours.
2. « Quatre-vingt-quinze fois sur cent/La femme s'emmerde en baisant/Qu'elle le taise ou le confesse/C'est pas tous les jours qu'on lui déride les fesses »
3. Rendez-vous compte ! Ce n'est qu'à partir de ce moment-là que les hommes aussi ont pu prendre du plaisir au cours de l'acte sexuel !

famille dans le jardin juste à côté, même dans la cabine d'essayage d'une boutique de fringues.

Philippe Gentric – *Un dernier jour sur la terre* – 2009

769. UN PIED-NOIR

Un Français d'Algérie.

Ceci n'est pas vraiment une expression, mais une appellation qui a fait couler beaucoup d'encre quant à son origine.

Les explications sont en effet variées, et en voici quelques-unes :

– ce nom aurait été donné par les autochtones aux soldats et colons français qui sont arrivés en Algérie en 1830, portant des bottes noires ;

– les pieds des colons qui défrichaient les zones marécageuses ou qui foulaient le raisin devenaient noirs ;

– la mentalité de cow-boys des premiers colons français les aurait fait comparer à la tribu indienne des Pieds-Noirs ;

– le nom viendrait d'un certain Jean-Baptiste Piednoir, soldat venu de la Mayenne et débarqué en Algérie le 14 juin 1830 ;

– les soutiers (ceux qui travaillaient dans la soute à charbon) des bateaux qui allaient vers l'Algérie travaillaient pieds nus et avaient donc les pieds noirs.

Mais, comme le détaille Guy Pervillé dans un long exposé très argumenté datant de 2004, il semble que ces origines soient plutôt fantaisistes et que la réalité soit ailleurs. Je vais ici simplement en évoquer les principaux points, à charge pour les curieux de lire l'intégralité du document qu'on peut trouver sur Internet[1].

Primo, une chose semble claire, c'est que cette dénomination a d'abord désigné les Algériens eux-mêmes, que ce soient ceux qui marchaient pieds nus dans le bled, ceux qui travaillaient (et non les

1. À l'adresse http://guy.perville.free.fr/spip/article.php3?id_article=34

Français) dans les soutes à charbon ou ceux qui bataillaient pour la France dans les tranchées vers la fin de la guerre de 14-18. *Pied-noir* était d'ailleurs, comme *bicot*, par exemple, une injure raciste anti-Arabe.

Secundo, pendant et autour de la Seconde Guerre mondiale, aussi bien au Maroc qu'en Algérie, ce même terme a désigné les Blancs venus de n'importe où en Europe ou même d'Afrique noire et qui débarquaient dans ces pays.

Nous avons donc là deux usages différents de ce mot qui désignait soit des indigènes, soit de nouveaux arrivants non indigènes.

Comment en est-il venu à désigner principalement les Français établis en Algérie ?

Guy Pervillé fait remonter l'origine de l'affectation de cette appellation aux colons français en Afrique du Nord au début des années 50, une période agitée au Maroc, où le nom aurait eu une publicité inattendue grâce à un quotidien qui titrait en une « Les Pieds-noirs passent à l'attaque ! » en parlant de jeunes émeutiers français opposés à l'indépendance et issus du quartier du Maârif à Casablanca, où ce nom était déjà attesté depuis 1937, soit bien avant les années 50 généralement évoquées pour l'apparition du mot en Algérie[1].

De là, un peu par défi, le terme aurait rapidement été adopté par les jeunes des autres quartiers, puis repris par la presse métropolitaine avant de se répandre dans tout le Maghreb dans les années qui ont suivi.

S'il a été vu comme péjoratif par les Français de France, il était porté avec fierté par les colons d'Algé-

1. D'après un témoignage d'un certain Éric Guerrier, ces Pieds-noirs étaient une bande de jeunes, celle du quartier populaire du Maârif, « la plus nombreuse, la mieux organisée et très remuante pour ne pas dire plus ». Elle aurait emprunté son nom aux Indiens pieds-noirs, popularisés par les westerns qui avaient beaucoup de succès à l'époque. Ce qui rejoint involontairement une des explications supposées fantaisistes listées précédemment.

rie pour lesquels il venait au bon moment remplacer *Algérien* – nom qu'ils se donnaient auparavant – et marquer ainsi l'opposition aux Algériens indigènes, ceux d'origine arabe, et qui commençaient à revendiquer pour eux le nom *Algérien*.

Puis, au moment du rapatriement des colons en France, ce mot a également permis de cataloguer ou différencier nettement les Français de souche de ces Français d'ailleurs.

> Il faudra leur répondre que c'est magnifique parce que la cuisine pied-noir c'est un art de vivre. Et les pieds-noirs savaient vivre.
>
> Emmanuel Roblès – *Les Pieds-Noirs* – 1982

770. JETER LA (PREMIÈRE) PIERRE (À QUELQU'UN)

Accuser, blâmer, critiquer (quelqu'un).

Sous cette forme, cette expression est attestée en 1672, mais au xve siècle, on disait déjà, avec le même sens, *jeter des pierres dans le courtil (le jardin) de quelqu'un*.

Pour qui connaît un peu l'Évangile, l'origine de ces expressions paraît évidente : elle remonte à un épisode où Jésus a encore pu montrer qu'il était un mec balaise.

Une femme qui avait commis un péché d'adultère avait, selon la loi de Moïse (dictée par Dieu, je vous le rappelle), été condamnée à la lapidation, comme cela se pratique encore de nos jours dans certains pays où ils manquent de spectacles attrayants.

Ceux qui allaient accomplir la sentence invitèrent Jésus à y participer, le but étant de le piéger : soit il renonçait à obéir à la Loi, soit il ne respectait pas son enseignement du pardon.

C'est à cette occasion que le Christ a dit son fameux : « Que celui qui n'a jamais péché lui jette la première pierre. »

Comme aucune des personnes présentes ne pouvait décemment prétendre être totalement pure, elles renoncèrent toutes une à une à la lapidation, permettant ainsi à la femme de rester en vie et d'être pardonnée par Jésus.

C'est de cet épisode qu'est née l'idée de condamnation associée au fait de jeter une pierre à quelqu'un (la première ou une autre), avec un sens affaibli dans notre expression, puisqu'il n'est plus ici question de pure condamnation, mais d'abord de simple accusation ou critique.

> Ce que je réprouve dans le personnage [le malfaiteur], je le réprouve également dans tous les hommes et toutes les femmes qui lui jettent la pierre. Il faudrait avoir les mains bien pures pour jeter la pierre, mais les mains pures ont ceci de remarquable qu'elles ne jettent point de pierres.
>
> Julien Green – *Journal* – 1976

771. PIERRE QUI ROULE N'AMASSE PAS MOUSSE

Une vie aventureuse ne permet pas d'amasser des biens (ou des richesses).

Ceux qui aiment se promener dans des sous-bois frais et humides en auront vite compris l'origine.

Ils ont en effet pu constater que, sur les cailloux (ou les pierres) qui n'ont pas bougé depuis longtemps, on trouve plein de cette belle mousse verte qui s'y accroche fermement de ses petits bras musclés.

À l'inverse, sur les cailloux qui bougent régulièrement, ceux déplacés par les torrents, par exemple, point de mousse il n'y a, car elle n'a pas l'occasion d'avoir le temps de s'y déposer et s'y répandre.

Cet ancien proverbe du XVIIe siècle incite donc les gens à rester casaniers, à se fixer sur une activité bien précise, pour avoir des chances (mais pas des certitudes, ça se saurait !) de remplir leur portefeuille.

Il paraît aussi que « les voyages forment la jeunesse ».

Si on mêle ces deux proverbes, cela voudrait donc dire que les jeunes qui voyagent ne peuvent s'enrichir autrement qu'intellectuellement.

> À ce proverbe qui prétend que « pierre qui roule n'amasse pas mousse » j'avais juré d'apporter un cinglant démenti. Je voulais être cette fameuse exception qui confirme la règle. Je voulais rouler et tenir le pari non seulement d'« amasser beaucoup de mousse », mais encore, de m'accrocher tout le temps à la matière palpable, celle qui nourrit, de ses bonnes substances, chaque corps dans lequel le mouvement fait encore vibrer intensément la vie.
>
> Raphaël ONANA – *Un homme blindé à Bir-Hakeim* – 1996

772. SE FAIRE PRENDRE POUR UN PIGEON

1. Se faire duper.
2. Par extension, passer pour sot.

C'est depuis la fin du XVe siècle que le pigeon, par métaphore, désigne une dupe, un homme qu'on attire dans une affaire pour le dépouiller, le tromper.

De ce mot est dérivé le verbe *pigeonner*.

Et c'est l'étymologie du mot *dupe* qui nous explique cette métaphore.

Dupe vient en effet de *huppe*, nom d'un oiseau qui doit son nom à sa huppe, sa crête. *Dé-hupper* (contracté en *duper*), c'est enlever la huppe de l'animal, donc le plumer. Autrement dit, le dupé s'est fait « plumer ».

Ce qui nous fait passer par une autre métaphore, qui date du XIIIe siècle, où la personne qui s'est fait plumer est celle qui a été dépouillée (comme l'oiseau a été dépouillé de ses plumes) ou, autrement dit, volée.

Il ne fait palombe d'un doute que le pigeon est un animal bien plus fréquemment rencontré que la huppe, mais qu'il est tout aussi déplumable. Il est donc rapidement devenu un synonyme de *dupe*, puis de *sot*, puisque celui qui se laisse duper est forcément considéré comme un imbécile.

Le succès des gîtes ruraux, fermes auberges et autres tables d'hôtes en est la confirmation éclatante, à tel point que les professionnels de la restauration et de l'hôtellerie ne cessent de protester contre cette concurrence qu'ils estiment déloyale. Ils en sont les premiers responsables, tant le client en France a été trop longtemps pris pour un pigeon à plumer ou, au mieux, un numéro de table ou de chambre soumis au règlement de la maison.

Jean-Paul Gene – *Libération* – Article du 31 décembre 1994

Le couple divorce. Il plaque tout. On lui fait miroiter un travail en Allemagne, il y va, se fait pigeonner.

Jean-Pierre Thibaudat – *Libération* – Article du 25 mai 2001

773. AVOIR PIGNON SUR RUE

1. Avoir une maison (ou un commerce) à soi.
2. Avoir une notoriété certaine (pour un commerce ou une entreprise).

Du xve au xviie siècle, la façade des maisons en ville, souvent étroites et construites en bois et torchis, comportait en haut un pignon, généralement triangulaire, destiné à supporter l'extrémité de la poutre principale (faîtière) de la charpente.

Avoir pignon sur rue voulait donc tout d'abord dire, au figuré : « posséder une maison ou un commerce en ville ».

La façade sur la rue et son pignon étant les parties les plus visibles de la maison, les gens aisés ne se privaient pas de la décorer, en fonction de leurs moyens, pour afficher leur niveau de richesse.

Au xvie siècle, le sens de l'expression a alors évolué pour s'employer à propos de personnes qui possédaient des immeubles et des biens, ou à propos de riches commerçants.

Après l'incendie de Londres en 1666 dans lequel les flammes s'étaient propagées de proche en proche *via* les façades et les charpentes, les façades à pignon, souvent en encorbellement[1], ont été inter-

1. En raison des taxes calculées sur la surface occupée au sol, une partie des étages étaient construits en encorbellement, c'est-à-dire

dites progressivement dans les grandes villes au fur et à mesure des catastrophes.

Mais si ces pignons-là ont peu à peu disparu, l'expression est restée et son sens a encore évolué pour désigner toute personne, entreprise ou commerce qui a une forte notoriété, avec une connotation d'honnêteté ou de solvabilité.

> L'occasion unique se présenta lors d'une réception donnée par un homme d'affaires zaïrois ayant pignon sur rue. Tout le gratin économique que comptait la capitale avait été convié dans sa résidence sur les hauteurs de Kinshasa.
>
> Gilbert NAIKEN – *Majivu* – 2010

774. JOUER À PILE OU FACE

Faire un pari sur le côté sur lequel tombera une pièce de monnaie lancée en l'air.

Bien entendu, nous avons là un choix purement binaire, car on suppose que la probabilité pour que la pièce retombe et se maintienne sur la tranche est complètement nulle.

C'était d'autant plus vrai avec les anciennes pièces mal formées, irrégulières, avec lesquelles les Romains, déjà, faisaient des tirages au sort.

Mais si, de nos jours, on comprend généralement pourquoi un côté d'une pièce s'appelle face, car on y trouve très souvent la représentation de la tête de quelqu'un, on peut légitimement se demander pourquoi l'autre côté s'appelle pile.

Pour le savoir, nous allons remonter dans le temps pour tomber pile au XIIe siècle.

À cette époque on jouait déjà « à croix ou pile », parce qu'un des côtés de la pièce comportait une croix, chrétienté oblige, et l'autre était frappé de motifs divers à l'aide d'un coin métallique qu'on appelait

---

en saillie sur le rez-de-chaussée duquel ils débordaient donc au-dessus de la rue. De ce fait, les étages de chaque côté de la rue étaient à proximité immédiate, ce qui facilitait fortement la propagation des incendies.

une pile[1] ; et de l'instrument destiné à la graver est né le nom de cette face de la pièce (qui, bien que ce soit une face, ne s'appelle pas face, mais pile, je vous le rappelle ; et puis il ne faut pas se leurrer, la croix était aussi gravée avec une pile, mais comme le côté pile pouvait être orné de motifs très variés, on ne pouvait pas lui donner un nom aussi précis que *croix* – vous suivez toujours ?). On peut d'ailleurs noter qu'on disait autrefois de quelqu'un qu'il n'avait ni croix ni pile pour dire qu'il n'avait aucun argent.

C'est plus tard, que la face avec la croix a progressivement été remplacée par une face avec l'effigie ou la face du souverain (pratique qui existait pourtant déjà au temps des Romains).

Bizarrement, ce n'est pourtant qu'à partir du milieu du XIXe siècle que ce côté de la pièce a pris le nom de *face* et que notre expression est apparue. Et bien que le côté *pile* ne soit plus frappé depuis longtemps avec une pile, il a bel et bien gardé son nom initial.

> Il était question de nommer un nouveau directeur ; la constitution prescrivait bien d'en renouveler un à époque fixée et le sort devait le désigner ; mais la constitution n'avait pas réglé de quelle façon le sort déciderait. Serait-ce avec une boule ? Serait-ce avec des bulletins ? Serait-ce à pile ou face ? Au doigt mouillé ?
>
> FLEURY – *Mémoires de la Comédie Française, 1757 à 1820* – Volume 6 – 1838

775. TOMBER PILE – AU POIL – PILE-POIL

Tomber ou arriver juste, exactement, comme il faut, au bon moment. – Parfait, parfaitement.

Où nous allons découvrir comment, grâce à des marionnettes, deux expressions similaires en génèrent et popularisent une troisième.

1. Cela dit, une autre version indique que ce nom venait de la pile (une tour, emblème de force) gravée autrefois sur le revers d'une pièce.

Commençons par *tomber pile*.

Notre *pile*, n'est pas ici celle qui ne s'use que si l'on s'en sert, ni celle sur laquelle repose le tablier d'un pont, ni celle des dossiers en attente de Gaston Lagaffe, mais l'envers d'une pièce de monnaie (rappelez-vous ces tirages au sort par pile* ou face – « pile, je gagne, face, tu perds ! ») ainsi nommé parce qu'on appelait *pile* la tour (emblème de force) qui, du XIe au XVIe siècle, ornait le revers de nombreuses pièces, l'avers portant la tête du roi.

Autrefois, quand quelqu'un « tombait pile », c'est qu'il tombait sur le dos, donc sur l'envers. Puis, lorsqu'une pièce « s'arrêtait pile », sans tourner ou vibrer, c'est qu'elle tombait sur son envers de manière nette, brusquement.

Par extension, depuis le XIXe siècle, cette netteté s'est transformée en justesse ou exactitude dans notre *tomber pile* d'aujourd'hui, qui est à rapprocher de *tomber à pic*.

Avec *au poil*, la précision ou l'exactitude sont également bien présentes.

Certains placent cette expression au XIXe siècle, avant que la photographie ne se développe (sans jeu de mots), à une époque où les peintres chargés de faire les portraits devaient le faire avec une grande précision, « sans qu'il manque un poil » reproduit sur leur œuvre. Mais elle semble n'être attestée qu'au tout début du XXe siècle, rendant cette explication probablement fantaisiste.

Toujours est-il que, compte tenu de la taille d'un cheveu ou d'un poil d'humain, faire quelque chose « au poil près » implique tout de même une grande précision, proche de la perfection[1].

Puis, le mélange amusant des deux expressions *(tomber) pile (au) poil* a donné la dernière variante proposée qui a été récemment remise au goût du

1. Cette grande précision peut devenir une méticulosité excessive dans le cas du coupeur de cheveux* en quatre, celui qui pratique avec délectation la capilloquadrisectomie.

jour à la télévision dans l'émission satirique *Les Guignols de l'Info* où elle a été placée dans la bouche de la marionnette de Jacques Chirac, avant de venir remplacer nos deux expressions dans la bouche des nombreux accros à cette émission.

> Sans aucun guide et en se fiant à son intuition ordinaire (qu'il nous dit être une sorte de décharge électrique agissant brusquement et sans préavis sur les poignets qui tiennent le volant), il nous fait tomber pile sur des spectacles qui valent le coup.
>
> Jean Giono – *Voyage en Italie* – 1953

> – C'est au poil ! murmura l'un des jumeaux, qui se nommait Louis-César.
> – Au petit poil ! répéta mezza voce Osmond, l'autre jumeau.
>
> Michel de Saint-Pierre – *Les Aristocrates* – 1954

> Rebel peut lui demander n'importe quel papier, il sera fait dans les temps, calibré pile poil et sans faute. Non, vraiment, commissaire, rien à dire de Renée. C'est presque une amie pour moi.
>
> Christine Muller – *On achève bien les cigognes* – 2007

776. UN PINCE-SANS-RIRE

Personne qui pratique l'humour, l'ironie tout en restant sérieuse.

Pince-sans-rire est un mot composé issu de *pincer sans rire,* expression qui date du XVIe siècle. Cette expression est née à la même époque que le jeu « pincer sans rire » ou « je te pince sans rire » sans qu'on sache réellement préciser si la locution a donné naissance au jeu ou l'inverse.

Tout ce qu'on peut dire, c'est qu'autrefois, le verbe *pincer* a eu aussi le sens de « railler » (plus tard, au XVIIIe, il a également signifié « caresser » ou « peloter »).

Mais qu'était ce jeu aujourd'hui disparu, me demanderez-vous ?

Eh bien, il était à peu près aussi intelligent, quoique plus salissant, que celui de la barbichette[1]. Il se pratiquait en groupe. Un des participants se barbouillait les doigts de suie et un autre, plus ou moins volontaire, se faisait légèrement pincer par lui en différents endroits du visage.

Bien entendu, cela provoquait un barbouillage infâme sur la figure, et si jamais une autre des personnes présentes en riait, elle devait alors se mettre à la place de la victime.

Selon Oudin, au XVIIe siècle, *pincer sans rire* a signifié « offenser ouvertement » (contrairement à son sens initial et à celui actuel) et *pincer en riant* voulait dire « offenser et faire semblant du contraire », déjà bien plus proche.

C'est au XVIIIe que le mot *pince-sans-rire* apparaît. Et qu'il s'agisse d'offenser, de railler ou simplement de plaisanter (dans l'emploi contemporain), c'est toujours fait avec un sérieux qui fait se demander à la cible si c'est du lard* ou du cochon.

> Il s'agissait, par de telles affirmations, de suggérer que même les plus rouges des Communards n'avaient pas vraiment d'idéologie précise. Maupassant, de même, écrit qu'il « soupçonne M. Vallès d'être au fond un grand sceptique, un pince-sans-rire communardo-farceur », et Zola reprochait à Vallès de n'avoir que « des convictions d'opposition ».
>
> Jean Richepin – *Les Étapes d'un réfractaire : Jules Vallès* – 1993

777. N'ÊTRE PAS À PRENDRE AVEC DES PINCETTES

1. Être très sale, répugnant, méprisable, ignoble.
2. Être de très mauvaise humeur.

Lorsque le mot *pincette* est apparu il y a quelques siècles, il a désigné deux choses de taille très diffé-

1. Vous savez, celle de la personne en face qu'il faut tenir, même si elle est parfaitement imberbe, mais le plus longtemps possible sans rire, sous peine de recevoir une grosse baffe…

rente. La première était une petite pince à épiler et la seconde était cet instrument de métal à deux branches permettant de déplacer des bûches et tisons dans le feu, sans se brûler. Autant dire que, à moins d'avoir vraiment de très gros poils à extirper, la seconde était très largement plus grande que la première.

Celle utilisée dans la cheminée permettait donc, au sens large, de ne pas saisir directement quelque chose qu'il n'est vraiment pas souhaitable de toucher comme ce serait le cas de quelqu'un qui serait répugnant pour cause d'hygiène déplorable et qu'on ne prendrait, s'il le fallait vraiment, mais d'un air forcément dégoûté, qu'avec des pincettes.

C'est de cette image de quelque chose qu'on évite de toucher que l'expression est apparue au début du XIXe siècle avec le premier sens indiqué, la saleté s'étendant ensuite, au figuré, aux esprits malsains. Et c'est au milieu du même siècle que l'usage pour parler d'une personne très en colère est apparu, celle-ci ne devant évidemment être approchée, touchée, qu'avec un maximum de précautions.

On pourrait se dire que l'expression normale devrait être *il est à prendre avec des pincettes* signifiant « il ne faut surtout pas le toucher directement ». Mais la négation renforce le côté repoussant de la personne en voulant dire qu'il n'est pas souhaitable de la prendre, « même » avec des pincettes.

> Pas un d'eux [les cosaques], au contraire, n'avait un poil de barbe ; mais pour être laids, ils étaient laids, et quant à la saleté, c'était de vrais cosaques. C'était bien là le type de la malpropreté la plus sordide. Pour être juste cependant, j'ajouterai que ce dernier caractère n'était pas seulement particulier aux cosaques, et que, parmi les soldats, il n'y en avait pas un qui fût à prendre avec des pincettes.
>
> *Revue moderne* – Volume 48 – 1868

> Il a ajouté qu'il ne se sentait pas très bien, qu'il avait dû se froisser un muscle et qu'il ne pouvait pas rester assis. Oh, je ne sais plus… Tout ce que je sais, c'est qu'il n'était pas à prendre avec des pincettes.

> Ensuite je lui ai parlé du rendez-vous que j'avais pris pour lui et ç'a paru lui faire plaisir.
>
> Gore Vidal – *Myra Breckinridge* – 1988

778. UNE BONNE PIOCHE

1. Un choix judicieux.
2. Une situation favorable.

Que ceux qui sont fous du jardinage ou des travaux de la terre ne croient surtout pas que ce sujet est pour eux, même s'ils possèdent de superbes pioches à côté des bêches, râteaux et autres pelles !

En revanche, ceux qui aiment passer du temps en famille à jouer à des jeux de société sauront de quoi il est ici question.

Aux dominos ou à certains jeux de cartes, entre autres, il existe au milieu du plateau de jeu un tas dans lequel il faut régulièrement « piocher » ou prendre de nouveaux éléments de jeu. Ce tas s'appelle la *pioche*, depuis 1867.

Et il est bien connu qu'on considère qu'un joueur a tiré *une bonne pioche* si jamais ce qu'il a ramassé lui permet de faire une avancée décisive vers la victoire, voire de gagner la partie.

Par extension, *une bonne pioche* désigne la situation favorable dans laquelle se trouve celui qui en profite.

Et même si on l'emploie un peu moins, *une mauvaise pioche* existe aussi.

> Martine reçoit pour « époux » Paul. Bonne pioche : il est beau comme un dieu, intelligent, posé.
>
> Michèle Maldonado – *Les Beaux Jours de l'École Normale* – 2008

779. DAMER LE PION

Surpasser / L'emporter sur (quelqu'un).

À moins d'être minuscule ou d'en avoir un immense, on ne fait pas de ski sur un pion. On ne dame donc pas ce dernier comme on dame la neige d'une piste de ski.

Mais même si vous n'avez jamais skié, vous avez probablement déjà joué aux dames. Non messieurs ! Pas joué « avec » des dames, jeu au cours duquel vous avez sûrement subi quelques échecs, mais jouer « aux » dames, ce jeu qui se pratique sur un damier, avec des pions. Or, il se trouve que notre expression vient justement des dames et des échecs.

En effet, dans ces deux jeux, lorsque vous avez réussi, en traversant les diverses embûches tendues par votre fourbe adversaire, à mener un pion dans le camp adverse sur la dernière rangée du damier ou de l'échiquier, ce pion, au jeu de dames, est transformé en une dame ou, aux échecs, en une pièce de votre choix, roi excepté, mais c'est en général la reine (ou dame) qui est choisie.

Dans les deux cas, cette nouvelle pièce, beaucoup plus forte que votre pion initial, vous donne un avantage conséquent sur l'adversaire et peut favoriser votre victoire.

Notre expression, qui date de la fin du XVIIe siècle, est donc une métaphore issue de ces jeux et appliquée à la vie courante, lorsque vous avez la possibilité de prendre l'avantage sur quelqu'un.

Elle est assez souvent employée lorsque celui qui prend l'avantage est inattendu, n'a pas les faveurs des pronostics.

> Les deux repreneurs ont damé le pion à l'homme d'affaires Larry Ellison, cofondateur de la firme Oracle spécialisée en système de gestion de base de données, et grand favori pour racheter le club [les Golden State Warriors] évoluant à Oakland en Californie.
>
> *L'Équipe* – Article du 16 juillet 2010

> Car, à Zürichberg, sur les hauteurs de la plus grande métropole suisse, à l'orée du zoo, se love un écrin presque campagnard de verdure et de bois. [...] C'est probablement pour cette raison que dans le palmarès des villes où il fait bon vivre, Zurich dame le pion à toutes ses rivales internationales.
>
> *Le Monde* – Article du 1er septembre 2008

780. TAILLER UNE PIPE

Faire une fellation.

Tout d'abord, si jamais vous ne saviez pas ce qu'est une fellation, n'hésitez surtout pas à vous reporter à un dictionnaire digne de ce nom avant de revenir ici, sinon vous aurez du mal à comprendre la suite.

Sachez en tout cas qu'il ne s'agit aucunement d'une cousine de la fée Clochette ou de la fée Romone…

Cette expression est une déformation récente de *faire une pipe*, par combinaison avec *tailler une plume* qui a la même signification.

Les premiers usages attestés de *faire une pipe* ne datent que de la première moitié du XXe siècle, chez les prostituées, l'expression *faire un pompier* étant usuelle auparavant.

Alors pourquoi cette nouvelle expression ?

Au début du XXe siècle, les fumeurs du peuple se roulaient leurs cigarettes, les cigarettes manufacturées apparues à la fin du siècle précédent étant réservées aux personnes de la haute société et aux femmes. Ils disaient alors qu'ils « s'en roulaient une » ou « se faisaient une pipe » (si la cigarette s'appelait aussi la *pipe* en argot, parmi d'autres appellations, ce serait parce que la quantité de tabac nécessaire pour fabriquer la cigarette était à peu près équivalente à celle utilisée pour une pipe).

De là, il est facile d'imaginer que les dames de petite vertu qui faisaient des pompiers à leurs clients comparaient leurs gestes à ceux que font les fumeurs d'abord méticuleusement avec leurs doigts et puis le long de la cigarette avec leur langue avant d'aboutir à une « pipe » prête à être fumée.

Vu qu'il est question de pipe et de fumée, on ne peut s'empêcher de lier cette expression avec *avaler la fumée* qui lui est antérieure (milieu du XIXe siècle) et qui désignait une fellation complète, avec avalement du sperme.

Les esprits très curieux se demanderont pourquoi on disait aussi *tailler une plume*, expression maintenant oubliée.

D'après Cellard et Rey dans leur *Dictionnaire du français non conventionnel*, cela viendrait du fait qu'autrefois, et c'était une tâche plutôt réservée aux femmes, avant de tailler au canif les plumes d'oie qui servaient à écrire, il fallait en humecter l'extrémité avec la langue, opération pouvant rappeler les débuts d'une fellation.

Et le *pompier*, alors ? me direz-vous, titillé par votre curiosité insatiable.

La même source rappelle qu'autrefois, les pompiers alimentaient leurs lances à incendie en activant à la main les pompes de leurs citernes. Ces mouvements de va-et-vient du piston dans le corps de la pompe, rappellent le fait qu'au cours d'une fellation, l'homme se fait « pomper » par un autre type de va-et-vient, et le tout mélangé à la similitude entre *pomper* et *pompier* aurait fait le reste.

> Le souteneur de madame s'appelait Pompée ! Sans vouloir me foutre de Germaine, je trouve que faire des pipes pour entretenir un gars qui s'appelle Pompée, c'est un peu de la provocation.
>
> Martin ROLLAND – *La Rouquine* – 1976
> (in *Le Grand Robert*)

> Même quand je taille une pipe, je sais être discrète. (À ce moment-là, Huma entre, mais personne ne s'en aperçoit.) J'en ai taillé des pipes dans des lieux publics sans que personne ne s'en rende compte, sauf l'intéressé !
>
> Pedro ALMODÓVAR – *Tout sur ma mère* – 1999

781. PAS PIQUÉ DES VERS / HANNETONS

Parfait, excellent, exceptionnel, très réussi, formidable… Bien conservé, intact.

Lorsque le bois des anciens meubles est envahi par les vers, on dit qu'il est « piqué » par ces animaux rampants, en raison des traces laissées par les nombreux petits trous visibles à la surface du bois. Il va de soi que l'état de tels meubles est très loin d'être considéré comme parfait ou exceptionnel.

Dès le XVIIe siècle, on utilisait déjà *piqué de vers* pour désigner des vêtements mités ou du bois rongé par les insectes.

Le hanneton est un insecte paysan[1] qui s'attaque, qu'il soit encore larve ou adulte, à différents types de plantes dont les céréales (c'est pourquoi on peut le qualifier de *céréales killer*). Il est assez vorace et rend impropres à la consommation, donc plus qu'imparfaites, les plantes dont il se régale copieusement.

On imagine aisément que l'inverse de *piqué de vers* qualifie quelque chose d'intact, bien conservé, en parfait état et, par extension, quelque chose d'exceptionnel ou d'excellent.

La version « *hannetonnée* » est apparue au XIXe siècle, un peu après sa sœur avec exactement le même sens.

Cette expression serait attestée en 1832 dans la chanson *Les Amours de Mahieu* pour désigner une belle jeune fille, fraîche, en pleine santé, apte à satisfaire les besoins de galipettes du bossu paillard héros de l'histoire.

La signification actuelle apparaît au début du XXe siècle.

> Il faut dire que les révélations contenues dans les bouquins n'étaient pas piquées des vers. Imagine le journal intime d'un curé parisien racontant les turpitudes des ouailles de son quartier.
>
> Christine MULLER – *On achève bien les cigognes* – 2007

> J'ai une petite cave avec quelques crus pas piqués des hannetons, alors même si les Allemands arrivent… Une bonne bouteille et tout s'arrange. Messieurs, leur dirai-je, mettons cartes sur table.
>
> Henri-Frédéric BLANC – *La Mécanique des anges* – 2004

---

1. Il est d'ailleurs chanté dans une chanson populaire : « Hanneton prend sa faucille, larirette, larirette… »

782. UN PIQUE-NIQUE

Un repas froid collectif pris à la campagne ou dans la nature.

Voilà un simple mot composé et non une réelle expression, mais comme son origine intrigue souvent les esprits curieux, elle se fait tout de même une petite place dans ces pages.

Le mot est d'abord attesté à la fin du XVIIe siècle dans la forme *faire un repas à pique-nique*, c'est-à-dire « où chacun apporte quelque chose à manger, où chacun paye son écot » (*Grand Robert*). Un siècle plus tard, on pouvait aussi trouver la forme *faire un pique-nique* sans que la signification change.

Et ces repas pouvaient se faire aussi bien en extérieur que chez quelqu'un, voire dans une auberge. C'était donc un peu l'équivalent de ces repas entre amis d'aujourd'hui où chacun apporte une partie de ce qui se trouvera dans les assiettes.

Pour ce qui est de l'origine du mot, il n'aura échappé à presque personne qu'il est composé de deux parties.

La première, *pique*, viendrait du verbe *piquer* avec le sens de « picorer » utilisé au XVIIe siècle (par allusion aux oiseaux ou aux poules qui picorent des graines de-ci de-là).

La deuxième, *nique*, n'a rien à voir avec Domi, ni avec une quelconque activité sexuelle. En effet, toujours à la même époque, une *nique* désignait « une petite chose sans valeur ». Elle a aussi désigné une petite monnaie.

L'assemblage des deux, qui a bien entendu été favorisé par la rime, symboliserait donc les petites choses que chacun apporte pour picorer, puisqu'on y mange un peu de chacun des plats.

Cela dit, l'étymologie du mot n'est pas certaine et elle a fait couler pas mal d'encre au cours du XIXe siècle.

Les Anglais nous ont ensuite piqué le mot qu'ils ont transformé phonétiquement en *picnic*. Mais on ne s'est pas laissé faire et on le leur a repris au XIXe siècle avec cette fois la même acception que la leur, à savoir un « repas collectif pris à la campagne ».

> Il ne pouvait pas aller s'occuper de Jimmy, non, il ne pouvait tout simplement pas renoncer au pique-nique. C'est vrai, il n'était jamais allé à un pique-nique.
>
> Lucy-Maud MONTGOMERY – *Histoires d'orphelins* – 1992

783. PISSER DANS SA CULOTTE / DANS SON FROC

1. Avoir le fou rire.
2. Avoir une peur extrême.

Voilà, au premier abord, une bien étrange expression qui a deux sens quasiment opposés, mais qui en fait, dans les deux cas, se réduit à une absence de contrôle des sphincters.

Si cette expression date du XVIe siècle, il est incontestable que ce qu'elle décrit existait bien auparavant.

Que ceux qui n'ont jamais ri comme une baleine* lèvent la main !

Ah, heureusement, il y en a peu. Car si, comme disait un peu à tort Rabelais, le rire est le propre de l'homme, il est aussi un indispensable moyen d'évacuer beaucoup de choses négatives et d'aider à voir la vie du bon côté.

Et quand on rit beaucoup trop fort alors qu'on a la vessie bien pleine, il arrive malheureusement que les contractions du ventre fassent perdre très involontairement le contrôle de ses sphincters urinaires et qu'on se retrouve avec le pantalon (*froc*, en argot) ou la jupe mouillé, ce qui, en général, est suffisant pour interrompre le fou rire.

Il n'en a pas fallu plus pour que cette expression apparaisse et soit utilisée pour désigner un fou rire, même s'il ne se termine pas obligatoirement par une telle situation fort gênante.

Sachant que le relâchement des sphincters peut aussi se produire lors d'une grande frousse, on peut, dans une telle situation, obtenir exactement le même résultat, ce qui explique le second sens proposé.

Notez que, en ce qui concerne la peur, on dira plutôt *chier dans son froc*. Car si la miction, même involontaire, peut aisément être associée au rire sans le dévaloriser, la peur, elle, est généralement jugée négativement, autant que l'est le fait de déféquer sur soi.

> Après son départ, elle a raconté comment ce communiste, quand il était petit, chialait pour aller à la messe ! Elle parlait aussi de la dureté de sa mère. Et elle riait. Elle se souvenait qu'une fois, il avait pissé dans sa culotte dans la grande nef, rien que parce que le curé, emporté par une éloquence d'inspiration divine, avait haussé le ton. Nous en pleurions de rire.
>
> Afnan EL QASEM – *Beyrouth Tel-Aviv, Il était une fois dans l'est* – 2003

784. LAISSER EN PLAN – PLANTER LÀ

Abandonner, laisser dans l'attente.

Il va de soi que l'attente évoquée dans la signification n'a rien à voir avec le camping de Palavas-les-Flots ou d'ailleurs, mais il est extrêmement difficile de faire intuitivement un lien entre *plan* et *abandon* ou *attente*.

Si le verbe *planter* au sens de « laisser sur place, abandonner », date du XVe siècle, c'est l'expression du XVIIe *planter là quelqu'un pour / à reverdir* qui nous explique tout, d'autant plus que *laisser en plan* s'écrivait d'abord *laisser en plant*, écriture confirmée par la forme « planter là ».

L'image initiale porte bien sur le plant qui, une fois enfiché en terre, est abandonné par son planteur, au moins le temps qu'il lui faut pour pousser[1].

Mais si confusion avec *plan* il y a eu, c'est aussi parce que l'expression *mettre en plan*, au XVIIe siècle,

1. Et pour ceux qui arrivent à pousser dans le sable, les plants sont sur la plage abandonnés…

avait deux significations, « mettre au sol, à plat » (d'où le *plan*) et « mettre en gage », donc abandonner avec l'intention de le récupérer plus tard, second sens qui porte aussi la notion d'abandon qu'on trouve dans notre expression.

C'est donc le joyeux mélange de ce plan-abandon avec le plant fiché dans le sol qui a donné la première forme de l'expression.

> Le mari de la défunte se met donc à humecter de plus belle son désespoir, et il avale chaque verre de vin en l'honneur d'une des qualités de son épouse. Hélas ! tristes regrets ! cette épouse était si pétrie de qualités que la seconde bouteille est devenue sèche comme une allumette chimique allemande, et le mari n'en est encore qu'à la moitié de la nomenclature. Ceci nécessite forcément une troisième bouteille ; ce serait faire un trop grand affront à la pauvre défunte que de la laisser en plan au beau milieu de ses excellentes qualités !
>
> Œuvre collective – *Le Musée pour rire* – 1840

785. SAVONNER LA PLANCHE – GLISSER UNE PEAU DE BANANE

Utiliser des procédés malhonnêtes envers quelqu'un pour faire retarder ou échouer ce qu'il entreprend.

Ceux qui, à une époque, ont ri au cours d'épreuves de jeux comme l'émission télévisée *Intervilles*® pendant lesquelles les participants devaient passer sans tomber sur une planche savonnée et mouillée savent qu'un tel passage est extrêmement glissant, comme l'est un simple savon mouillé qui fuit entre les mains, et conduit donc assez sûrement à la chute.

Une peau de banane sournoisement abandonnée sur votre trajectoire pédestre a également de fortes chances de vous faire rencontrer brutalement le sol.

Nous avons donc ici affaire à de simples mais explicites métaphores où le bout de la planche ou celui de votre trajectoire correspondent à la fin de la tâche dans laquelle vous êtes fortement impliqué, et où la zone savonnée ou la peau de banane sont des pièges, forcément déloyaux, posés par quelqu'un qui vous veut du mal et destinés à vous empêcher d'arriver au but que vous vous êtes ou qu'on vous a fixé.

> Lorsque vous êtes, sans l'admettre, sur le strapontin puis sur la planche savonnée qui mène vers la sortie, tous vos anciens camarades vous observent du coin de l'œil, impatients de vous voir glisser.
>
> John *Stratford* – *L'Allumeuse* – 2007

> Les Français, vois-tu, sont les meilleurs politiciens du monde. Alors si tu veux les affronter, prends un fusil ! […] Formés à leur école, nous pouvons nous comporter comme eux… et leur glisser de temps à autre une peau de banane ! Mais, surtout, ne jamais leur faire face, car ils sont trop forts.
>
> Gabriel PAÏTA – *Témoignage kanak* – 1999

786. LE PLANCHER DES VACHES

La terre ferme.

Cette expression date du XVIe siècle où elle se disait d'abord *le plancher aux vaches*.

Sur les anciens bateaux en bois, les marins marchaient sur un plancher sur lequel les rencontres possibles avec des vaches, animaux des prés, étaient d'une rareté extrême.

C'est par simple opposition avec leur plancher à eux, habituellement situé sur l'eau (sauf lors de travaux particuliers sur le bateau), qu'ils ont pris l'habitude de désigner la terre ferme comme étant ce « plancher » où les vaches sont nettement plus faciles à croiser et où il fait bon revenir après un long séjour en mer.

On disait aussi autrefois : « Il n'est rien tel que le plancher des vaches » pour indiquer qu'il y a beaucoup moins de danger à voyager par la terre que par la mer.

> – Mémé ! Qu'est-ce que c'est ce bruit ? On dirait des coups de marteaux qui frappent au-dessus de ma tête.

– C'est rien, ce sont les sabots des bœufs qui s'impatientent au-dessus de toi parce qu'ils ne sont plus sur le plancher des vaches.
– Et c'est quoi ce bruit qui clapote contre les planches de ma couchette ?
– Ne t'inquiète pas ! Dors !

Jean-Paul Videau – *Dans le sillage des gabares* – 2006

787. ÊTRE / METTRE À CÔTÉ DE LA PLAQUE

1. Se tromper, manquer son but.
2. Répondre à côté de la question.

L'origine de cette expression reste incertaine. Je vais malgré tout essayer de fournir des pistes pas trop « à côté de la plaque ».

Si on élimine d'abord la plaque de cuisson, la plaque dentaire et la plaque d'égout qui n'ont rien à faire ici, que nous reste-t-il ?

Selon certaines sources, cette expression proviendrait d'activités de tir où une plaque constitue le panneau de la cible. Au tir à l'arc, par exemple, c'est souvent une plaque de paille qu'il faut viser ou, à certaines épreuves de tir au pistolet, les cibles sont des plaques métalliques rondes. Alors si le joueur manque la cible, il est « à côté de la plaque », sens propre qui se serait ensuite élargi.

Si cette explication paraît simpliste et manque d'attrait, c'est la plus probable car elle correspond à une activité beaucoup plus pratiquée, touchant beaucoup plus de monde que celle qui suit, ce qui facilite le fait qu'elle se répande dans la population.

Une autre hypothèse viendrait du monde du rail.

Dans certaines gares, il existe des bâtiments particuliers qui s'appellent des « rotondes », qui sont de forme complètement ou partiellement circulaire et servent à garer et/ou entretenir les locomotives.

Dans le cercle ou la portion de cercle se trouvent des tronçons de voie placés comme des rayons de roue de bicyclette. La locomotive arrive par une des voies qui débouche sur une plaque circulaire mobile placée au centre de la rotonde et sur laquelle se trouve un autre tronçon de voie placé sur le diamètre. Elle avance dessus, puis la plaque tourne jusqu'à ce que la locomotive soit en face du tronçon où elle va être garée.

La manœuvre inverse permet ensuite à la locomotive de repartir dans le bon sens (c'était d'autant plus utile autrefois avec les locomotives à vapeur qui avaient un sens privilégié de traction compte tenu de leur unique cabine, contrairement aux locomotives électriques bi-cabines).

Le « moyeu » de la rotonde, la plaque tournante, est une fosse sur laquelle la voie est surélevée. Une fausse manœuvre du conducteur pouvait faire que la locomotive avance alors que la voie pivotante n'était pas encore bien positionnée et tombe dans la fosse.

On disait alors que la locomotive était « à côté de la plaque » (même si elle était en réalité bien dessus, mais pas sur la voie), expression qui serait ensuite sortie du monde ferroviaire.

Les deux sens sont des métaphores limpides. Le second correspond non pas à une réponse volontairement « à côté de la plaque », comme la ferait un pratiquant assidu de la langue* de bois, mais à une réponse erronée comme celle qui, à son grand dam*, va envoyer le bachelier à l'épreuve de rattrapage.

> L'auteur poursuit en osant nous avouer que le statisticien ne dispose à peu près jamais d'échantillons conformes à la théorie, ce dont les spectateurs de la télévision gavés de sondages électoraux qui tapent à côté de la plaque ont commencé à se douter depuis longtemps.
>
> Émile Jalley – *La Psychologie scientifique est-elle une science ?* – 2007

788. UNE PLÂTRÉE / VENTRÉE (DE NOURRITURE)

Une grande quantité, une ration très abondante (de nourriture).

Tout comme le contenu de la bouche porte le nom de *bouchée*, celui d'un tripot de *tripotée* ou celui d'une bande de seins de *bande dessinée*, le contenu d'un plat porte, depuis le XVIIIe siècle, le nom de *platée*, utilisé principalement à propos d'aliments simples et rustiques, donc avec un sens un peu péjoratif.

Ce mot a rapidement fini par désigner familièrement « une grande quantité », mais pas uniquement de nourriture (« Le prof nous a donné une platée de devoirs »).

Maintenant, prenez deux grandes assiettes.

Dans l'une, versez un peu brutalement le contenu d'une belle truelle de plâtre plus trop liquide, et dans l'autre le contenu d'une grande louche de purée de pommes de terre.

Est-ce que la platée de purée et la plâtrée de l'autre assiette n'ont pas, tant qu'on n'y a pas goûté, comme certaines similitudes, couleur exceptée ?

Une platée d'aliments farineux « bourre » l'estomac tout en étant pourtant peu nourrissante, comme pourrait l'être une plâtrée que l'on s'aviserait d'ingurgiter (la plâtrée étant la quantité de plâtre que l'on est en train de préparer).

C'est probablement ce genre de comparaison, la ressemblance des mots et le côté plaisant de l'expression qui y a fait utiliser le mot *plâtrée* au lieu de *platée* vers la fin du XIXe siècle.

Quant à la *ventrée*, c'est simplement la quantité contenue dans le ventre (l'estomac), avec un sous-entendu d'exagération, le ventre donnant l'impression d'être prêt à exploser.

> En sauce avec du vin, le mou ressemble à du lapin.
> On peut en prendre une plâtrée sans se ruiner.
>
> Clément Lépidis – *La Main rouge* – 1978

789. BATTRE SON PLEIN

Arriver à son moment le plus intense.
Être à son point de plus grande activité.

Au milieu du XIXe siècle, et au sens propre, cette expression se rapportait à la marée qui, lorsqu'elle a atteint son plein, c'est-à-dire son point le plus haut, reste un moment stable avant de commencer à redescendre.

Au sens figuré, certains, à cause du verbe *battre*, ont compris *son plein* comme « une sonorité pleine ou forte ». En réalité, il ne s'agit pas ici d'un adjectif, mais bien du substantif *plein*, le niveau le plus haut, comme le plein d'essence, pour la voiture, ou le plein des sens, en cas d'extase.

Lorsque la fête « bat son plein », ce n'est pas qu'elle est bruyante, mais qu'elle est bien à son plus haut niveau d'intensité.

Comme *son* est un possessif, le pluriel devient « les fêtes battent leur plein ».

Certains écrivent qu'on devrait dire « les fêtes battent leurs pleins », mais c'est illogique : met-on plusieurs pleins dans une voiture au réservoir déjà rempli ? Chaque fête bat son propre et unique plein ; même s'il y a plusieurs fêtes, chacune ne bat qu'un plein. D'où la forme plurielle « battent leur plein ».

D'ailleurs, à ce propos, voici ce que dit l'Académie française sur ce sujet souvent polémique :

> « Si l'expression *battre son plein* a naguère encore suscité quelques controverses, tous les spécialistes s'accordent aujourd'hui à donner raison à Littré. Dans cette expression empruntée à la langue des marins, *son* est bien un adjectif possessif et *plein* un substantif, les meilleurs auteurs se rangent à ce point de vue. Le plein, c'est la pleine mer, et l'on dit que la marée bat son plein lorsque, ayant atteint sa plénitude, elle demeure un temps stationnaire. On dit donc bien les fêtes battent leur plein. »

> La guerre bat son plein en Algérie, mais dans ces deux romans elle ne dit rien de cette guerre. D'emblée, l'auteur se situe dans la découverte du corps, de l'amour et de la sensualité, du conflit des amoureux et du couple.
>
> Jean Déjeux – *La Littérature féminine de langue française au Maghreb* – 1994

790. PÉTER LES PLOMBS – DISJONCTER

1. S'énerver brutalement et fortement.
2. Devenir fou.

Aujourd'hui, dans les habitations relativement modernes, les dégâts causés aux appareils électriques par les courts-circuits et surtensions électriques sont limités (j'ai bien écrit « limités », pas « complètement empêchés ») par des disjoncteurs, ces petits boîtiers munis d'un interrupteur, qu'on trouve rassemblés dans le tableau électrique central.

Lorsqu'un problème électrique survient, le disjoncteur saute et coupe le courant vers les prises et points lumineux qui lui sont reliés. Si le problème n'est pas un défaut d'un des appareils, il suffit de relever la petite manette du disjoncteur pour rétablir le courant dans la partie concernée. Comme quoi la modernité n'a pas que des inconvénients…

Mais autrefois, lorsque la technologie électrique n'était pas aussi avancée, la protection du réseau électrique intérieur se faisait par des *fusibles* qu'on appelait aussi des *plombs*, ellipse de *plomb de sûreté* ou *plomb fusible*, appellations qui datent de la fin du XIXe siècle.

Ces choses fabriquées en porcelaine étaient ainsi nommées parce qu'elles comportaient un fil de plomb d'un diamètre variable selon l'intensité maximum du courant qui pouvait le traverser. En effet, la particularité de ce fil, qui était un point de passage obligé du courant, était de fondre[1] lorsque ce dernier était trop fort, comme dans le cas d'une surtension due à un orage. Du coup, en fondant, le plomb coupait l'électricité vers la zone alimentée et en protégeait les appareils connectés.

Très pratiques pour l'époque, ces plombs avaient malgré tout un défaut : pour remettre le courant, il fallait impérativement avoir en réserve du fil de

---

1. Je rappelle à ceux qui l'auraient oublié que l'adjectif *fusible* veut dire « qui peut fondre ».

plomb de différents diamètres et une lampe de poche ou une bougie, puisqu'il fallait y voir quelque chose pour remplacer le fil fondu et qu'il n'était pas question, comme on peut le faire maintenant, de tâtonner dans le noir pour trouver la manette du disjoncteur.

Ce plomb qui fondait ou qui « pétait » et qui, du coup, empêchait le fonctionnement de ce qu'il alimentait a produit la métaphore des années 80 qui nous intéresse ici. On y compare en effet le cerveau à un appareil électrique alimenté à travers des plombs ; et lorsque son propriétaire s'énerve brutalement ou se met à avoir un comportement aberrant, c'est que son cerveau ne fonctionne plus parce qu'il n'est plus alimenté, donc que « ses plombs ont pété ».

Et c'est tout naturellement, avec l'évolution de la technologie, la disparition progressive des fusibles (qui sont entre-temps passés par des formes plus modernes et plus aisément remplaçables que les fils de plomb) et la généralisation des disjoncteurs que *péter les plombs* est petit à petit remplacé par *disjoncter*.

> La qualification du Barça, mercredi, fut conforme à la dimension irrationnelle et dramatique qui rend les derniers tours de la Ligue des champions uniques en leur genre. Ballack et Drogba en ont pété les plombs en agressant quasiment l'arbitre M. Ovrebo.
>
> *L'Équipe* – Article du 6 mai 2009

> Vladimir Poutine a littéralement disjoncté à l'issue du sommet UE-Russie, lundi à Bruxelles. Mais seuls les Russes ont eu le privilège de s'en apercevoir. Les interprètes, fournis par le Kremlin, se sont en effet bien gardés de traduire en anglais – rien n'était prévu pour le français – les propos de leur dirigeant.
>
> *Libération* – Article du 13 novembre 2002

791. UN SOLEIL DE PLOMB

Un soleil écrasant, accablant.

Celui qui a eu l'occasion de se trouver en plein été au cœur de Death Valley (Californie/Nevada, États-Unis) ou bien sur les rives du lac Assal (Djibouti), entre autres lieux très chauds, savent bien que les rayons de l'astre qui nous éclaire peuvent parfois être véritablement accablants. Le soleil semble faire peser sur les épaules un poids énorme au point de rendre très pénibles certains efforts.

Or, le plomb, à cause de sa densité, est depuis longtemps un symbole très compréhensible de ce qui est pesant, lourd, au sens propre, et de ce qui est accablant, au figuré.

C'est pourquoi *de plomb* est un qualificatif qu'on trouve accolé non seulement à notre soleil (depuis 1835), mais aussi à la chaleur, au sommeil (à partir de 1842) voire au postérieur (un « cul de plomb » désigne un employé de bureau, toujours assis, ou un homme sédentaire).

> L'été écrasait toujours la campagne sous un soleil de plomb. Dans les prés roussis, les bêtes recherchaient comme elles pouvaient un peu de fraîcheur sous les ombrages.
>
> Robert Dutronc – *Le Trèfle à cinq feuilles* – 2003

792. ÇA VA DURER TROIS PLOMBES

Ça va durer trois heures.

Sachant que le mot *trois* peut ici être remplacé par n'importe quel autre nombre, la question est de savoir par quel cheminement une plombe est égale à une heure.

Eh bien, la piste n'est pas certaine, même si elle est suivie par plusieurs lexicographes.

Le *Dictionnaire de Trévoux* nous indique qu'au XVIIe siècle, une des acceptions du verbe *plomber*, quoique rarement utilisée, était « frapper ».

Or, ils sont nombreux les endroits où des personnages tenant un marteau viennent frapper une cloche pour sonner les heures. De même, les poids qui servent à faire fonctionner les anciennes horloges qui sonnent les heures sont souvent appelés des *plombs* (d'après le matériau qui servait généralement à les fabriquer).

Autant de plomb lié aux heures qui sonnent suffirait à expliquer que, tout au long du XIXe siècle, le verbe argotique *plomber* voulait dire « sonner l'heure ».

Alors de *plomber* pour « sonner l'heure », à *plombe* pour désigner une heure (attesté à partir de 1811), il n'y aurait eu qu'un pas aisément franchi.

Mais ce qui peut tout de même semer un léger doute, c'est que Gaston Esnault indique que *plombe* est également attesté au sens de « mois » ou de « année » entre 1790 et 1850. Sans qu'il y ait d'explication sur l'origine de ces deux autres sens.

> Dans les prisons, on les traite kif les clebs [comme les chiens]. Il sont de jour tout le temps et souvent de sorgue [nuit] : en moyenne quinze ou seize plombes à tomber.
>
> Aristide BRUANT – *Les Bas-fonds de Paris* – 1897

793. DE BON / MAUVAIS POIL

De bonne / mauvaise humeur.

Le poil, c'est ce qui est visible en premier sur quelqu'un qui en a, avant même la peau. Et comme le caractère, ou plutôt l'humeur, lorsqu'elle n'est pas neutre, est quelque chose d'immédiatement palpable chez la personne face à soi, cela semble avoir suffi pour que, depuis longtemps, ce poil si repérable soit assimilé au caractère ou à l'humeur, si visible également.

D'ailleurs, au XVIe siècle, *changer de poil* voulait dire « changer d'attitude, de caractère ». À la même époque, on a même utilisé l'étrange *avoir la queue marquée de mauvais poil* pour dire « être de mauvaise humeur ».

Bizarrement, malgré l'existence des précédentes, ce n'est que dans la première moitié du XIXe siècle que notre expression semble apparaître.

> Ce matin je me lève de mauvais poil, comme souvent ces derniers temps. Vraiment de mauvais poil. L'autre, ma femme, roupille à mes côtés, la

bouche grande ouverte, elle bave légèrement et fait une espèce de bruit de fond de gorge horripilant, ronchrrunnnn, ce genre.

Frédéric Chaix – *Rock'n'roll désillusion* – 2005

Dans « les vertes collines d'Afrique », il dit que la plus belle chose qui puisse arriver à un écrivain, c'est d'avoir une idée. Alors tout coule de source et vous êtes de bon poil.

Nicolas Houguet – *L'Amérique que j'aime* – 2004

794. FAIRE LE POINT

Préciser une situation en analysant les circonstances et les faits connus.

Faire un bilan, dresser un état des lieux.

Voilà une expression dont le sens proposé est une métaphore qui date du début du XXe siècle et qui nous vient indubitablement de la marine où le sens propre reste en usage[1].

En effet, en mer, il faut être capable de conduire un navire avec précision et sécurité. Et lorsqu'on est loin des côtes, il importe d'être capable de savoir où on est et dans quelle direction on doit aller pour atteindre le but souhaité.

Si, aujourd'hui, tout cela est plus que facilité avec les instruments modernes que sont les radars et GPS, par exemple, autrefois, il fallait se servir de ce qui était visible, comme le soleil et les astres, en s'aidant de cartes et d'instruments de navigation comme, anciennement, l'astrolabe, mais plus récemment, à partir du XVIIIe siècle, le sextant.

Le point, c'est la position du navire sur la carte. Et « faire le point » c'est, en se basant sur des éléments connus ou visibles, calculer cette position.

C'est de cette exploitation d'informations repérables, visibles ou connues pour savoir où on en est, que « faire le point » correspond au figuré au fait

1. Sachant que ce sens propre peut également s'utiliser pour tout élément mobile, un aéronef, par exemple.

de dresser un bilan ou préciser une situation à partir d'éléments connus.

> Nicolas Sarkozy fera mercredi à l'Élysée à 11 h 30 avec plusieurs de ses ministres un point sur l'épidémie de grippe porcine en France, où une vingtaine de cas suspects sont en cours d'investigation, a annoncé la présidence de la République.
>
> *Le Monde* – Article du 29 avril 2009

795. SE POINTER (QUELQUE PART)

Apparaître, arriver (quelque part).

Au vu de cette expression, on pourrait imaginer là une répétition argotique de l'opposition « pétanquaise » entre *tirer* et *pointer* : quand on se tire, on s'en va, et quand on se pointe, on arrive. Mais si, bien entendu, nous ne sommes pas là du côté de Marseille, pourquoi *se pointer* pour « arriver » ?

En l'absence de certitude, il existe deux explications à cette signification.

La première vient de Gaston Esnault qui indique qu'à la fin du XIXe siècle, *se pointer* voulait dire, pour un soldat, se mettre à son poste d'observation, là où il pouvait bien « pointer » son arme ou un canon contre l'adversaire. C'est une extension de ce sens initial qui aurait donné la signification actuelle, amalgame entre *se pointer* et *arriver* à son poste d'observation.

La seconde est proposée par Cellard et Rey dans leur *Dictionnaire du français non conventionnel* tout en supposant une apparition de l'expression au milieu du XXe siècle, ce qui n'est pas compatible avec l'hypothèse précédente.

Elle viendrait du milieu du travail, alors que les ouvriers *pointaient* lors de leur arrivée dans l'entreprise, ainsi que lors du départ. *Se pointer* aurait d'abord voulu dire « présenter sa fiche de travail à un point de contrôle (homme ou machine) » ou, autrement dit, « faire constater son arrivée », acception suffisante pour admettre que, par déformation, elle se soit transformée en *arriver*.

Cela dit, on peut noter qu'en 1715, *se pointer* voulait déjà dire « se diriger vers », tout comme *pointer* (une arme, par exemple) veut dire *diriger vers* ; alors entre « se diriger » vers un endroit et y « arriver », il peut n'y avoir que les quelques pas (si le lieu n'est pas trop loin) qui auraient finalement pu donner naissance à l'expression.

> Le lendemain, c'était au tour des deux frères du capitaine de se pointer à bord. Ils semblaient très contrariés de son absence.
>
> Robert Hudon – *Le Maître de grave* – 2005

> Les prophètes de malheur étant fatigués, les messies de la reprise commencent à se pointer. Il en sort d'un peu partout, qui situent en 2010 le début de la prospérité retrouvée. Sans arguments chiffrés. Au pif. Au doigt mouillé avec le vent de Bercy ou la brise de Washington. D'ici à ce qu'Elizabeth Teissier porte plainte pour concurrence déloyale…
>
> Philippe Bouvard – *Le Figaro Magazine* – Article du 10 avril 2009

796. AVALER DES POIRES D'ANGOISSE

Subir des traitements cruels.

Vivre des situations très désagréables.

Souvenez-vous du Moyen Âge, cette époque atroce où la télévision et Internet n'existaient pas. Et pourtant, il fallait bien trouver d'autres moyens d'occuper ses loisirs, non ?

Alors une des occupations préférées de quelques-uns était de torturer ceux de leurs congénères qui avaient une tronche qui ne leur revenait pas ou qui leur avaient cherché quelques noises*. Quel plaisir, en effet, d'arracher des ongles, briser quelques membres à coups de barre de fer, énucléer l'œil droit, introduire un fer rouge dans l'anus ou bien couler du plomb fondu dans un abdomen ouvert, par exemple !

Malheureusement, un gros défaut de ces amusements était le bruit, car ceux qui, dans ces activités ludiques, avaient le rôle passif, un peu à leur corps* défendant, avaient la fâcheuse habitude de hurler de douleur, ce qu'on ne pouvait évidemment pas leur reprocher, en plus ; il aurait fallu en effet être un tantinet sauvage pour les menacer de quoi que ce soit s'ils continuaient à crier, hein ?

Alors pour ne plus les entendre, un bon moyen consistait à leur enfoncer dans la bouche un instrument qui, selon Larousse, « s'ouvrait au moyen d'un ressort, se développait en forme de poire, et étouffait complètement les cris ». Autant dire que celui qui avait cette chose dans la bouche et qui devait subir les petites gâteries de ses camarades de jeu devait ressentir une certaine angoisse, incapable qu'il était d'extérioriser ce qu'il ressentait.

Cela dit, ces instruments, dont le nom est cité au XVe siècle, servaient aussi plus simplement à bâillonner un prisonnier pour l'empêcher de parler. Et, pour être franc, les traitements subis devaient générer un peu plus que de la simple angoisse, comme on l'entend de nos jours.

Alors pour préciser tout de même un peu mieux l'appellation d'origine, on notera qu'étymologiquement, *angoisse* vient du latin *angere* qui voulait aussi dire « serrer » ou « tourmenter », et ce sont ces acceptions qui ont donné le nom de l'objet.

Si, de nos jours, le genre d'amusement lié aux poires d'angoisse originelles est tombé en désuétude dans les pays dits civilisés, on peut toujours dire de celui qui vit des situations extrêmement désagréables qu'il « avale des poires d'angoisse ».

À côté de cette explication, on ne peut passer sous silence l'hypothèse qu'évoquent certains linguistes, la poire venue du village d'Angoisse, en Dordogne, fruit qui était paraît-il très âpre, acre et dur à mâcher, surtout destiné à fabriquer du cidre ou à être cuite.

La *pera d'Engoyssa*, en occitan, aurait été connue dès le milieu du XIIIe siècle, et ce serait un peu par dérision et en raison de l'homonymie que l'instrument de torture aurait été nommé ainsi au milieu du XVe siècle.

> Je vous présente des poires de bon-chrétien pour des poires d'angoisse que vos cruautés me font avaler tous les jours.
>
> MOLIÈRE – *La Comtesse d'Escarbagnas* – 1671

797. SE CHATOUILLER LE POIREAU – SE POLIR / S'ASTIQUER LA COLONNE

Se masturber (pour un homme).

Voilà bien longtemps que presque tout ce qui a l'apparence d'un objet long, droit et épais peut, dans le langage familier, servir à désigner le pénis. Il existe donc des tas de manières d'évoquer la masturbation masculine (dont peigner la girafe*, par exemple, le cou de l'animal étant ici le symbole phallique).

Nous n'en verrons que deux ici.

Bien que le sexe masculin ne soit pas directement désigné, c'est chez Rabelais, dans Pantagruel, qu'on trouve en premier l'association du poireau et de la virilité. En effet, en parlant d'un vieil homme encore vigoureux côté gaudriole, il en dit : « il est comme le poireau : la tête blanche et la queue verte » (le *vert* ayant ici le sens familier de « leste » ou « grivois »).

Mais ce n'est qu'au XVIIIe siècle que le légume désigne clairement le pénis, cette baguette plus ou moins magique[1] qu'un homme peut se tripoter (ou se chatouiller) jusqu'à atteindre l'orgasme. On retrouvera d'ailleurs ce *poireau*-là dans d'autres expressions comme *se dégourdir le poireau* en parlant d'un homme qui réutilise son instrument après une longue période d'abstinence volontaire ou forcée, ou bien *souffler dans le poireau* pour celle qui pratique une fellation.

Quant à la colonne, d'après Cellard et Rey, elle devient « officiellement » un autre symbole phallique usuel en 1820, lorsque la colonne Vendôme est érigée à Paris et que ses opposants la comparent à

---

1. Certains, pour se consoler de sa petite dimension, en disent d'ailleurs que ce n'est pas sa taille qui importe, mais son pouvoir magique.

un phallus de bronze. Et, inévitablement, les mouvements alternatifs de polissage ou d'astiquage d'un tel objet n'ont pu que rappeler les va-et-vient propres à la masturbation, d'où l'expression.

> Ça fait un moment que, à mon insu, ma main m'astique le poireau, de plus en plus frénétique, me retenir davantage, impossible.
>
> François Cavanna – *Les Ritals* – 1978

> Je n'avais pas d'énergie à consacrer à des problèmes moraux tels qu'en posait Ludwig le bigleux, en train de se polir la colonne dans un si beau hall d'entrée.
>
> Leonard Michaels – *Conteurs, menteurs* – 2010

798. AVOIR LA POISSE

Être (très) malchanceux, de manière durable.
Attirer les ennuis.

On sait tous très bien qu'un excellent moyen pour supprimer la poisse est de liquider tous les chats noirs, de supprimer les échelles et les miroirs, et de multiplier les marins en uniforme dans les rues.

Mais d'où vient donc ce terme argotique ?

La poix était une sorte de colle visqueuse fabriquée à partir de résine de pin, de résine de sapin ou de goudron de bois[1].

C'est de cette substance qu'est né le verbe *poisser* (« enduire de poix ») au XVIe siècle et de ce verbe que la *poisse* a été tirée avec, dans son sens figuré de « malchance » (au début du XXe siècle[2]), une allusion à cette matière dont on n'arrive pas à se défaire, comme on a du mal à se dépéguer (comme ils disent en Provence) d'une malchance tenace.

---

1. Au Moyen-Âge, lors des assauts des châteaux, les assaillants avaient l'immense plaisir de recevoir sur eux de la poix brûlante. Comme cette mixture leur collait après, ils ne pouvaient pas s'en débarrasser aisément et ils ne pouvaient que subir atrocement les brûlures infligées par cette poix à très haute température.
2. Mais au XIXe siècle, se faire poisser, pour un truand, c'était se faire capturer. Autant dire qu'il y avait déjà une certaine connotation de malchance.

D'après Gaston Esnault, cette locution serait d'abord apparue dans l'argot des coureurs cyclistes.

> Quand on a la poisse, on a la poisse. Mais le juge a quand même limité les dégâts ; au lieu de deux ans en raison des instructions, elle n'a écopé que de six mois. Que veux-tu de mieux ?
>
> Omar Mounir – *S'en sortir ou mourir* – 2001

799. COMME UN POISSON DANS L'EAU

Complètement à l'aise, bien dans son élément.

Si vous décrochez un poisson de l'hameçon qui l'a sorti de l'eau et le déposez au fond de votre seau, il restera certes muet comme une carpe, mais vous constaterez aisément et rapidement qu'il n'est pas vraiment à son aise. Alors que si, à travers une eau claire, vous en regardez un en train de nager, il vous semble vraiment dans son élément. Peut-être tout simplement parce qu'il y est, autant que vous à l'air libre.

Cette constatation facile à faire par tout un chacun a donné naissance à notre expression sous sa forme actuelle au XVIIe siècle, parfois précédée de l'adjectif *heureux*.

Mais on a eu auparavant un *sain comme un poisson en l'eau* et Rey et Chantreau notent même, au XIIIe siècle, un *je ne suis pas si aise com le poisson qui noe* (nage).

Autant dire que ça fait bien longtemps que les poissons dans l'eau sont comme des poissons dans l'eau. Étonnant, non ?

> Lucien reconnaissait vaguement dans ce vieux beau la supériorité de l'homme au fait de la vie parisienne ; il était surtout honteux de lui devoir ses réjouissances : là où il était inquiet et gêné, l'ancien secrétaire des commandements se trouvait comme un poisson dans l'eau.
>
> Honoré de Balzac – *Les Illusions perdues* – 1837-1843

800. ENGUEULER COMME DU POISSON POURRI

S'en prendre verbalement (à quelqu'un) de façon très violente.

Au premier abord, il y a deux manières de comprendre cette expression qui date du début du XXe siècle :

– soit il s'agit de « engueuler comme du poisson pourri [peut engueuler quelqu'un] », ce qui semble assez peu probable, car un poisson pourri est si tellement mouru qu'il n'est plus vraiment en état d'engueuler qui que ce soit (et quand bien même, a-t-on déjà vu un poisson pourtant bien vivant engueuler un individu ?) ;

– soit il s'agit de « engueuler comme [quelqu'un peut engueuler] du poisson pourri », et là il faudra m'expliquer l'utilité de l'acte et l'effet que peut faire une engueulade à un poisson dans cet état.

Dans les deux cas, l'expression semble donc extrêmement bizarre.

Mais Alain Rey l'explique par une déformation probable du fait de traiter quelqu'un de poisson pourri, injure qui aurait pu naître dans le milieu des harengères ou marchandes de poisson traditionnellement fortes en gueule.

> Mais que cela ne vous empêche pas, si vos relations avec votre patron vous le permettent, de l'engueuler comme du poisson pourri, et de lui dire qu'on lui revaudra ça.
>
> Jules ROMAINS – *Les Hommes de bonne volonté* – Tome X – 1935

801. UN POISSON D'AVRIL

Une plaisanterie ou canular fait uniquement le 1er avril.

Voilà un poisson qui nage en eaux troubles. Et ce n'est pas une farce, car l'origine de ce poisson n'est pas vraiment connue.

Alain Rey indique que cette expression daterait de la fin du XVIIe siècle. Elle serait basée sur une plaisanterie avec le mot *poisson* qui, depuis le XVe siècle, désignait un souteneur, qu'on appelle aussi un *maquereau* qui se trouve être plus naturellement un véritable poisson dont la meilleure période de pêche est aux alentours du mois d'avril.

Or, le mois d'avril se situe au printemps, période propice aux amours illégitimes. *Un poisson d'avril* désignait alors un jeune entremetteur.

Mais Alain Rey n'indique pas quelle est la relation entre ce beau poisson-là et les plaisanteries du 1er avril.

Cela dit, il existe de nombreuses autres hypothèses.

La plus répandue des explications dit que le roi Charles IX, en 1564, décida que le Premier de l'an serait dorénavant au 1er janvier au lieu du 1er avril.

Certains contemporains, mécontents de ce qu'ils considérèrent comme une absurdité (eh oui, les réfractaires au changement ne datent pas d'aujourd'hui !), continuèrent à célébrer le 1er avril en s'offrant quand même des étrennes. Les autres, pour se moquer d'eux, offrirent de faux cadeaux qui se transformèrent ensuite en plaisanteries et autres canulars.

Le seul petit détail pouvant nuire à la crédibilité de cette histoire, c'est que Charles IX, s'il a bien décidé, par l'édit de Roussillon du 9 août 1564, de fixer le jour de l'an au 1er janvier, ne désirait qu'uniformiser des dates qui étaient très différentes selon les régions et provinces de France. Et aucun texte ne semble rapporter qu'il y avait quelque part dans le royaume un endroit où le premier jour de l'année était le 1er avril.

Quoi qu'il en soit, le pape Grégoire XIII réforma ensuite le calendrier julien et étendit la mesure de Charles IX à toute la chrétienté.

Une autre hypothèse vient de la Grèce antique où il paraît qu'au jour qui correspondait à notre 1er avril, on fêtait le dieu du rire.

Si nous ne sommes déjà pas bien certains de ce que signifie ce 1er avril, le fait qu'en France on évoque un poisson (ce qui n'est pas le cas dans de nombreux autres pays où la même coutume existe) n'est pas plus expliqué et les origines potentielles sont légion.

En voici une liste non exhaustive.

Une d'entre elles viendrait du fait que le 1er avril correspondait à la fin du carême chez les chrétiens, période pendant laquelle le poisson était privilégié, la viande étant interdite.

Les cadeaux étaient alors parfois de faux poissons offerts à ceux qui, pourtant, attendaient avec impatience de pouvoir enfin remanger de la viande.

Une autre indique que le Soleil (ou la Lune ?) quittait ce jour-là le signe zodiacal des Poissons.

Une autre encore viendrait du fait que la pêche était interdite à cette époque, en période de reproduction des poissons, celui d'avril venant compenser le manque.

Comme vous le voyez, les hypothèses ne manquent pas, et il y en a encore beaucoup d'autres.

Pour conclure ce monceau d'incertitudes, j'ajouterais qu'à cause de la morosité ambiante, de sa durée de vie limitée à une seule journée et de l'exploitation trop intensive des zones de pêche où il batifole, le poisson d'avril a un peu tendance à disparaître, tout comme les éléphants roses, un peu trop braconnés et en voie d'extinction, loi Évin oblige.

Mais que cela ne vous empêche pas de garder le sourire et de ne pas gober toutes les informations que vous lisez ou écoutez chaque 1er avril.

Que la farce soit avec vous !

François, duc de Lorraine, et son épouse, retenus prisonniers à Nanci, et cherchant quelque stratagème pour s'évader, choisirent le premier jour d'avril. Tous deux déguisés en paysans, portant une hotte de fumier, sortirent de Nanci à la pointe du jour ; ils durent leur salut à la crainte du poisson d'avril. En effet, une femme les ayant reconnus alla en prévenir un soldat de la garde ; mais celui-ci n'en fit que rire, croyant qu'on voulait lui faire manger du poisson d'avril. Cette nouvelle parvint à l'officier, qui s'imagina également que c'était un poisson d'avril. Cependant il en avertit le gouverneur, qui envoya s'éclaircir du fait ; mais il était trop tard : les illustres voyageurs avaient pris les devants, et, grâce au 1er d'avril, ils échappèrent aux recherches.

Louis SALLENTIN – *L'Improvisateur français* – Volume 2 – 1801

802. SOÛL COMME UN POLONAIS

Complètement soûl.

Voilà une bien étrange réputation un tantinet xénophobe faite aux Polonais !

Sont-ils réellement de plus grands buveurs que les Anglais, les Allemands ou les Italiens – au moins lorsqu'ils sont loin de chez eux –, ou que les Français dont certains, comme ceux qui habitent une région située à l'Ouest, ont également une excellente réputation de leveurs de coude invétérés ? Il ne semble pas y avoir de statistiques sur le sujet.

Toujours est-il que notre expression qu'on trouve chez Zola au XIXe sous la forme *gris comme un Polonais*, ne semble pas venir de cette supposée réputation généralisée au peuple polonais.

En effet, au XVIIe siècle, déjà, on disait *soûl comme un Suisse*, par référence aux mercenaires suisses des armées royales qui, pour tromper leur ennui loin de chez eux, n'hésitaient pas à consommer de l'alcool de manière un peu déraisonnable.

Puis, plus tard, au XVIIIe siècle et au XIXe sous Napoléon, ce sont des soldats polonais engagés dans l'armée française qui étaient employés et appréciés. Hors activités militaires, ils devaient probablement se conduire comme les Suisses, ce qui aurait provoqué l'apparition de l'expression, les Suisses du siècle précédent étant oubliés.

Mais, toujours en liaison avec Napoléon, il existe deux histoires différentes qui prétendent que cette appréciation des Polonais a été sortie du contexte où elle a été prononcée et n'a rien de péjoratif, bien au contraire.

Je vous les livre pour information, mais sans aucune garantie de véracité.

La première, citée par Gilles Mathis dans *Le Cliché* en 1998 explique qu'à la veille d'une bataille, et pour leur donner du baume au cœur, Napoléon aurait donné quartier libre à ses troupes qui en profitèrent largement pour picoler quelque peu. Le lendemain matin, au moment de se préparer, la troupe était dans un bien piètre état, sauf les mercenaires polonais qui, soit parce qu'ils avaient été plus raisonnables, soit parce qu'ils résistaient mieux à la boisson, étaient en parfaite forme à l'heure voulue.

Napoléon, très en colère, aurait alors lancé à ses troupes un « Si vous voulez vous soûler, soûlez-vous comme les Polonais ».

La seconde est citée par l'écrivain et historien polonais Marian Brandys dans *Kozietulski* : l'expression a ses origines dans la bataille de Samosierra qui a eu lieu en Espagne en 1808. Les généraux français hésitaient à charger l'ennemi car c'était dans une vallée étroite, gardée de chaque côté par de nombreux Espagnols. Selon la majorité des généraux, le risque était trop grand et ils dirent à Napoléon que pour le prendre, il faudrait être soûl. Les chevau-légers polonais ne refusèrent pas de passer à l'attaque et ils réussirent à ouvrir un passage pour le reste de l'armée qui, peu après, put avancer jusqu'à Madrid. Quand il apprit ce bon résultat, Napoléon s'exclama « J'aimerais que tous mes soldats soient aussi soûls que ces Polonais ! ».

Si aucune des deux explications précédentes n'est véridique, alors on considèrera qu'elles ont été inventées a posteriori par des Polonais soucieux de défendre leur honneur bafoué.

Le chef du village nous envoie le soir une jeune antilope qui vient d'être tuée. Il nous promet des vivres pour demain ainsi que des canots pour passer nos gens. Il ne vient pas lui-même mais envoie un représentant, lequel est soûl comme un Polonais. Il semble cependant qu'il faille avaler une énorme quantité de pombé pour avoir une cuite pareille.

Paul Briart, Dominique Ryelandt – *Aux sources du fleuve Congo, Carnets du Katanga (1890-1893)* – 2003

803. POMME DE DISCORDE

Sujet de discussion et de dispute.

On peut bien entendu penser à la pomme qu'Ève a fait croquer à Adam et à cause de laquelle[1] les mauvais sentiments se sont durablement installés dans notre monde un court moment si parfait, faisant qu'Adam aurait gardé une rancune tenace envers sa femme et créant ainsi régulièrement des moments de discorde dans le couple. Mais ce serait faire fausse route.

Si l'expression date du XVIe siècle, son origine remonte à nettement plus loin puisque, si vous voulez bien me suivre, il nous faudra remonter dans le temps jusqu'à la mythologie grecque.

En ce temps-là vivait la déesse Éris (ou Discorde, en grec). Elle avait une charmante petite famille, puisqu'elle était la mère de la Misère, de la Famine, des Batailles, des Mensonges et, pour couronner le tout, du Meurtre.

Quelque peu vindicative, cette divinité fut si furieuse de ne pas être invitée au mariage entre le héros Pelée et la déesse Thétis[2] (d'autant plus qu'elle venait également d'être expulsée du ciel par Zeus) qu'elle jeta au milieu des autres déesses présentes à la cérémonie une pomme d'or, dérobée dans le jardin des Hespérides, sur laquelle était gravé « à la plus belle ».

1. « Cherchez la femme* ! » écrivait Alexandre Dumas père. Mais à l'époque d'Ève, la quête aurait été très courte.
2. Le couple enfantera le Grec Achille, l'homme au célèbre talon*.

Bien entendu, ce fut immédiatement la foire d'empoigne*, chaque divinité jugeant que la pomme lui revenait.

Pour faire cesser ces chamailleries, Zeus désigna Pâris comme volontaire pour décider qui, entre Aphrodite, Héra et Athéna devait garder la pomme.

Du coup, afin d'être choisie, chacune fit une promesse à Pâris, la première lui promettant l'amour de la plus belle femme du monde, la deuxième un grand royaume et la troisième la sagesse.

Ce benêt de Pâris se laissa convaincre par la promesse d'Aphrodite et lui remit la pomme d'or.

Si on comprend donc maintenant l'origine de la pomme de discorde, l'histoire ne s'arrête pas tout à fait là.

En effet, la femme promise par Aphrodite s'avéra être Hélène, reine de Sparte et épouse de Ménélas, que Pâris enleva et ramena à Troie, provoquant ainsi la guerre, dans laquelle les deux autres déesses, haineuses de n'avoir pas été choisies, donnèrent un petit coup de main aux Grecs.

> J'appris bientôt que Moreau avait eu des relations avec ces conjurés. Ceci devenait plus délicat, parce qu'il avait une popularité colossale. Il était clair qu'on devait le gagner. Il avait trop de réputation pour que nous fussions bons voisins. Le plan de campagne de 1800, qu'il ne sut ou ne voulut pas apprécier, avait jeté entre nous la pomme de discorde et dévoilé ses prétentions. Il se croyait trop de supériorité pour m'obéir passivement. Il fallait trouver une manière honnête de nous séparer : il la trouva en frondant à tout propos les mesures de mon gouvernement sans se laisser toucher par les avances que je lui faisais pour me l'attacher.
>
> Antoine DE JOMINI – *Vie politique et militaire de Napoléon* – 1827

804. AVOIR UN COUP DE POMPE

Avoir un brusque accès de fatigue, parfois très intense, et pas toujours avec une raison connue.

Par quelle pirouette bizarroïde et un peu gonflée le coup de pompe qui, pourtant, redonne du tonus à un pneu de vélo dégonflé peut-il mettre quelqu'un à plat ?

Une chose est sûre, c'est que cette expression apparaît aux alentours de 1920, puisque Gaston Esnault l'a relevée en 1922 dans le milieu cycliste (comme par hasard !), mais sans en expliquer l'origine exacte.

Parmi les pompes qui pourraient nous intéresser, en dehors de celle à vélo, il y a la chaussure, en argot, dont un coup bien placé peut éventuellement provoquer une grosse fatigue, et les pompes, celles du sportif aux abdos et bras en béton, qui peuvent laisser épuisé si on en abuse (moi, elles me laissent sur le carreau*, même pratiquées avec beaucoup de modération).

Mais il semble qu'aucune de ces deux pompes-là ne soit responsable.

Mais Claude Duneton évoque un article paru également en 1922 et dont le sujet est une tout autre pompe.

Ce texte parle des passagers d'un avion qui ont rendu tripes et boyaux[1] après un vol très chahuté et qui, à l'atterrissage, sortent de l'avion livides et en se traînant lamentablement, tellement on leur a secoué la pulpe du fond.

En revanche, le pilote resté fringant, dit en descendant et en voyant les débris de ses passagers : « Tu parles qu'on a pris un de ces coups de pompe ! »

Ceux qui ont pratiqué des engins volants comme le planeur, l'aile delta ou le parapente, par exemple, vénèrent les pompes, car ce sont des bulles ou des

1. Ce qui est bien en phase avec un sujet où le cyclisme est évoqué, les pneus des vélos de course étant appelés des *boyaux*.

colonnes d'air chaud qui s'élèvent et peuvent ainsi les aider à gagner de l'altitude ou, au moins, à se maintenir plus longtemps en l'air[1].

En dehors des pompes, bénéfiques, la masse d'air dans laquelle avance l'avion peut être extrêmement agitée (comme de l'eau que vous brassez avec la main) et le secouer* comme un prunier, provoquant ce que certains appellent des « trous d'air » qui n'en sont pas réellement, car il y a de l'air partout !

Ce serait par allusion à l'état des passagers très fatigués par les turbulences subies et par le fait que ces colonnes d'air ascendant, qui « aspirent » vers le haut les aéronefs qui s'y trouvent, sont vues comme provoquées par le piston d'une pompe, que serait née l'expression qui aurait été ensuite reprise par les adeptes de la petite reine où la pompe a sa raison d'être.

Cela dit, en l'absence de certitude quant à la précédente explication, on peut aussi y voir tout simplement celui qui est extrêmement fatigué car toute son énergie aurait été comme « pompée » de son corps, tout comme on pompe l'eau d'une cave inondée, par exemple.

> Les gens sont ainsi. Ils aiment avoir avec eux une friandise qui les protège d'un coup de pompe, quelque chose à croquer pour gommer la fatigue, pour relancer la machine avant une réunion.
>
> Bernhard ADRIAENSENS, Marc INGHAM, Michel VANKERKEM – *Marketing et qualité totale* – 1993

805. EN GRANDE POMPE

Avec solennité.
Avec beaucoup de faste, de luxe.

Pour ceux qui savent qu'en argot, *pompe* veut dire « chaussure », je rappelle que la forme n'est pas le

1. On les appelle aussi des *thermiques*. Si vous avez déjà vu des grappes de planeurs ou de parapentes tourner en spirale au-dessus d'un même point, c'est qu'ils sont dans une pompe et tournent dedans pour y rester et en profiter au maximum.

pluriel « en grandes pompes » et qu'on n'évoque donc pas quelqu'un qui chausserait du 52.

Et à ceux qui sont prompts à relever les failles, j'affirme qu'aucun unijambiste, ni Berthe au Grand Pied, l'épouse de Pépin le Bref, n'est à l'origine de cette expression. Pas plus, d'ailleurs, que les Shadoks ou les pâtissiers provençaux qui, à l'approche de Noël, fabriquent « la pompe à huile » qui fait partie des traditionnels treize desserts présentés au repas de réveillon.

En réalité, cette *pompe* nous vient au XIIe siècle du moyen français où elle désignait déjà un cérémonial, une grande fête ou un cortège luxueux ou fastueux ; le mot vient du grec *pompê* qui signifiait « escorte » ou « procession ».

L'expression apparaît au XVIIe siècle chez Pascal dans ses *Pensées* où il évoque la venue de Jésus-Christ « en grande pompe ».

Si depuis, le nom *pompe* avec cette acception est rarement utilisé de manière isolée, notre locution, elle, reste très vivace.

> Le président chinois est arrivé jeudi après-midi sur le sol français pour une visite en grande pompe de deux jours.
>
> *Le Figaro* – Article du 5 novembre 2010

806. COMME LE PONT-NEUF

En bonne santé, vigoureux.

Cette locution est en général précédée de *se porter* ou *être solide*.

C'est à Paris, à la pointe de l'île de la Cité, qu'Henri III a lancé la construction du Pont-Neuf en 1578, ouvrage qui a été terminé sous Henri IV, en 1607[1].

---

1. Ce pont aurait d'ailleurs pu s'appeler le Pont-des-Pleurs ou le Pont-des-Larmes puisque le matin du jour du début de sa construction, le très chagriné Henri III enterra deux de ses mignons tués en duel, Caylus et Maugiron, avant de venir poser la première pierre de l'ouvrage.

Contrairement aux autres ponts de Paris construits en bois (sauf un) et qui supportaient des habitations dont le poids fut souvent la cause de leur écroulement, celui-ci était fait de pierres et son tablier restait nu, mais souvent occupé par des bateleurs, jongleurs et autres arracheurs de dents qui transformaient le lieu en une place appréciée de promenade et d'amusement.

Bien qu'il ait gardé son nom d'origine, c'est le plus ancien pont de Paris resté intact à notre époque.

Comme il a résisté sans graves dommages a des crues importantes, les Parisiens purent confirmer sa solidité, déjà supposée au moment de sa fabrication, compte tenu des matériaux utilisés.

Cette résistance a fait qu'un siècle et demi plus tard, la solidité physique de quelqu'un qui se porte bien a été si régulièrement comparée à celle de ce pont indestructible que notre expression est devenue courante.

> – Est-elle morte de sa mort naturelle, c'est-à-dire d'un catarrhe, comme l'ont dit, en 1814, les journaux ?
> – Tout ce que je puis vous dire, monsieur, me répond le concierge, c'est qu'elle se portait comme le Pont-Neuf la veille de sa mort.
> Quelqu'un prononça le mot de poison, le concierge répéta qu'elle se portait la veille comme le Pont-Neuf ; il était visiblement ému ; le ton de cet homme est brusque ; il y a plus de vingt-cinq ans qu'il est à la Malmaison.
>
> Victor-Donatien DE MUSSET-PATHAY – *Nouveaux mémoires secrets* – 1829

807. ENFONCER UNE PORTE OUVERTE

1. Se vanter d'avoir surmonté un obstacle qui n'existait pas.
2. Chercher à démontrer une évidence.
3. Énoncer une banalité en la faisant passer pour une nouveauté ou pour quelque chose ayant de l'intérêt.

Je vais « enfoncer une porte ouverte » et ouvrir la porte à vos sarcasmes en essayant de démontrer pourquoi cette métaphore qui date de la fin du XVIIIe siècle est d'une limpidité extrême.

Au sens propre, enfoncer une porte, c'est l'ouvrir de force en y exerçant une très forte pression ou en lui donnant des coups lorsqu'on ne dispose pas des moyens ordinaires de l'ouvrir. Une porte fermée et bien cadenassée représente effectivement une difficulté importante à vaincre pour celui qui veut pénétrer dans la pièce qui se trouve de l'autre côté de la porte.

Celui qui y réussit sans utiliser des moyens trop démesurés (missile sol-sol, bombe atomique…) a une certaine fierté à l'avoir fait, surtout quand c'est la porte d'un coffre-fort regorgeant de fraises tagada. Il est donc légitime qu'il s'en vante (si on oublie le peu de moralité de celui qui, en général, force une porte). Mais peut-on en dire autant de celui qui « enfonce » une porte qui n'a aucun besoin de l'être car elle est grande ouverte ? Assurément non !

Est-ce que celui qui se vante d'être passé dans la pièce située derrière la porte et de s'être fait péter la sous-ventrière de fraises tagada sans vomir peut s'en féliciter ? Encore non !

C'est ainsi que celui qui prétend avoir vaincu des difficultés inexistantes ou celui qui se lance dans la démonstration de choses évidentes (où est la difficulté ?) peut aisément être assimilé à *un enfonceur de portes ouvertes* (comme je viens de l'être en vous donnant cette explication).

Au XVIIe siècle, selon Oudin dans son *Curiosités françaises*, *enfoncer une porte ouverte* voulait dire « coucher avec une nourrice et croire qu'elle était pucelle ». Où on évoquait donc une autre forme de porte à forcer…

> On nous reprochera peut-être d'avoir perdu notre temps à prouver ce que personne ne conteste : d'avoir, comme on dit vulgairement, enfoncé une porte ouverte. Nous ne croyons pas mériter ce reproche ; il était nécessaire d'établir la base sur

laquelle repose la liberté de conscience ; il était nécessaire de prouver que la contrainte en matière de foi religieuse est repoussée à la fois par l'humanité et par la simple logique.

Alfred Henri Martin – *L'État est-il compétent en matière religieuse ?* – 1870

808. ÇA SE BOUSCULE AU PORTILLON

1. Il y a une forte affluence.
2. J'ai une envie urgente de vomir / déféquer…

Je vais vous parler d'un temps que les moins de vingt ans ne peuvent pas connaître, contrairement à ceux de plus de cinquante ans qui sont passés par Paris et y ont utilisé son métro.

En effet, à cette époque-là, alors que le fameux poinçonneur des Lilas avait encore du travail, l'accès aux quais du métro se faisait par un portillon qui était bloqué par le poinçonneur au moment où la rame arrivait sur le quai. Alors ceux qui, dans le couloir d'accès, entendaient le bruit de la rame en mouvement, se précipitaient, espérant ne pas la manquer et perdre ainsi de précieuses minutes. D'où les bousculades au portillon aux heures de pointe, pour ceux qui avaient pu passer à temps.

Et, aux mêmes heures, pour ceux qui avaient été bloqués, cela provoquait derrière le portillon, une accumulation de gens trépignant d'impatience qui se déversaient ensuite sur le quai une fois la barrière à nouveau ouverte.

C'est de cette image du métropolitain que nous vient le premier sens de l'expression, utilisée partout où il y a une foule dense qui trépigne pour avoir accès à quelque chose (à l'entrée d'un spectacle, d'un match de foot…) ou, plus généralement, lorsqu'il y a une affluence plus ou moins inattendue quelque part (un grand nombre de candidats à une élection, un flot important de véhicules sur une route, des paroles prononcées trop rapidement avec les mots en partie mangés, des pensées en quantité et mal contrôlées…).

Le second sens, beaucoup plus récent et beaucoup moins ragoûtant, est une extension du précédent qui se réfère également à une affluence plutôt inattendue et au flot des gens qui passent le portillon enfin ouvert.

Il peut être employé par ceux qui, après une nuit de libations alcoolisées, sont brutalement contraints de régurgiter une partie de ce qu'ils ont avalé ou par ceux qui, au cours de la même soirée, croyant avoir avalé des cachets d'aspirine, ont pris des dragées Fuca®. Dans les deux cas, il y a un flot de choses diverses qui doivent impérativement et rapidement sortir par un orifice corporel.

> Je me souviens d'ailleurs que mon oncle trouvait que je parlais trop vite, que les mots sortaient de ma bouche comme s'ils étaient superposés les uns par-dessus les autres, « Ça se bouscule au portillon ! » disait-il gentiment.
>
> Pierre-Marie Fenech – *Une mémoire en papier* – 2010

809. LA PORTION CONGRUE

1. Des ressources minimes, tout juste suffisantes.
2. Une toute petite quantité.

Parmi les nombreuses taxes que payaient les paysans autrefois (vers les XVIe et XVIIe siècles), il y avait la dîme, qui représentait quand même un dixième de la récolte, excusez du peu*, taxe qui était destinée au clergé.

Mais si les ecclésiastiques de haut rang utilisaient bien cette manne pour profiter des plaisirs de la vie, pas forcément très pieux, ils n'en redistribuaient qu'une très petite partie en guise de salaire au bas clergé qui était chargé, à leur place, des basses besognes comme de faire la tournée des paroisses au fin fond de l'évêché, par exemple, ou de distribuer les sacrements aux pauvres.

Les curés, pour survivre, bénéficiaient donc de deux revenus supplémentaires :

– le casuel, représentant les offrandes faites par les paroissiens lors des événements comme les mariages, les enterrements ou les baptêmes, par exemple ;

– la portion congrue, pension que le noble de l'endroit versait au curé qui officiait sur sa paroisse.

Mais comme cette dernière était peu importante et que l'ensemble était généralement à peine suffisant pour que le curé qui la recevait puisse en vivre correctement, elle est vite devenue un symbole de revenus très faibles.

Pourtant, en latin, *congru* voulait dire « convenable » ou « correct ». Il semble que la notion de convenable n'était pas très bien estimée par ceux qui distribuaient ainsi ces salaires incongrus.

> Vos recherches peuvent durer longtemps, et, pendant qu'elles dureront, quel sera le sort de mademoiselle Lucienne, réduite à la portion congrue, privée de votre compagnie et abandonnée seule à des luttes pénibles, sans parler des dangers que court une jeune personne isolée et sans protection dans le monde ?
>
> George SAND – *La Confession d'une jeune fille* – 1865

> Mais avec la réforme (la mastérisation) qui se met en place cette année, cette angoisse a décuplé, pour une simple raison : la partie professionnelle de la formation a été réduite à la portion congrue.
>
> *Libération* – Article du 11 juin 2010

810. TIRER LE PORTRAIT

Photographier quelqu'un.

Au Moyen Âge, les verbes *traire* et *tirer* ont plusieurs acceptions communes, parmi lesquelles « s'acheminer vers », « lancer une arme de trait » ou bien « tracer un trait, dessiner ».

Le second verbe supplantera le premier pour toutes les acceptions citées, dont la dernière qui est celle qui nous intéresse ici.

Quant à *portrait*, il est issu du verbe *portraire* (*por traire* signifiant donc « pour dessiner ») et c'est au milieu du XVIe siècle qu'il désigne la représentation picturale du buste ou du visage d'une personne (on disait au même moment *tirer quelqu'un* pour « faire son portrait ») avant, à la fin du même siècle, de désigner également la description verbale d'une personne.

Tirer le portrait (un presque pléonasme, selon les anciens sens), c'est donc d'abord dessiner ou tracer le portrait de quelqu'un.

Puis, à partir du milieu du XIXe siècle, avec l'avènement de la photographie et le remplacement progressif des portraits peints par les photos, *tirer quelqu'un* puis notre expression ont vu leur usage réduit à la représentation photographique du buste ou du visage.

> Le cadre vide cher à Régis Debray dans son Œil naïf (naïf, mais non innocent, précise-t-il…). « La photo de moi que je préfère », écrit-il, vengeur, au photographe venu lui tirer le portrait la veille, « est bel et bien celle d'un cadre vide ».
>
> Pierre Arnaud – *Le Portrait* – 1999

811. AVOIR LES PORTUGAISES ENSABLÉES

Entendre mal ou pas bien du tout.

On dit que les Portugaises sont très poilues.

Mais vous et moi savons bien qu'il s'agit encore d'une de ces nombreuses légendes qui accablent tel ou tel groupe de population, des Auvergnats aux Belges, en passant par les blondes, par exemple (et je vous dis pas pour les blondes belges qui, heureusement pour elles, ne peuvent pas être auvergnates en même temps !).

Bon, d'accord, la seule fois où j'ai eu l'idée saugrenue de vouloir toucher la peau du sein droit de ma dernière conquête portugaise, j'ai d'abord complètement explosé mon rasoir électrique puis définitivement émoussé le tranchant de ma machette. Et comme je n'avais pas de débroussailleuse à portée de main, j'ai dû ensuite renoncer au sein gauche. Il faut tout de même savoir être raisonnable…

Alors, non seulement elles seraient pleines de poils, mais en plus elles seraient des réceptacles à sable ? N'est-ce pas un peu trop les accabler ? Et quand bien même ? Je ne comprends pas du tout en quoi cela pourrait avoir le moindre lien avec l'ouïe.

Donc, je pense qu'il faut chercher l'origine de notre expression ailleurs que chez les habitantes ou originaires du Portugal[1].

Et, effectivement, si l'on s'intéresse de près à la question, on constate qu'il suffit de remonter au milieu du XXe siècle, en 1950 exactement, pour voir apparaître en argot la dénomination *portugaise* pour désigner l'oreille. Mais pourquoi diantre ? Eh bien, c'est aussi (fine de) clair que quatre et quatre font huître.

En effet, pour qui a déjà vu de près la forme de l'huître dite portugaise, l'analogie avec celle de l'oreille est assez frappante.

Quant à l'ensablement, si on considère qu'une huître naît et grandit en bord de mer, on comprend qu'elle puisse contenir du sable.

Transposé à l'oreille, si on considère que du sable bien tassé dans le conduit auditif, cela doit pas mal gêner pour bien entendre, on peut comprendre l'image de notre expression.

On notera avec intérêt qu'en argot, *embouteiller les portugaises*, cela veut dire « casser les oreilles ».

À retenir pour la prochaine fois où un de vos jeunes enfants ou petits-enfants soufflera comme un malade dans sa trompette qu'un absent (pas fou !) lui aura préalablement offerte avant de s'esquiver, content du tour qu'il vous aura joué.

---

1. Vous êtes portugaise ? Surtout, ne soyez pas fâchée ! Je ne peux pas m'empêcher de raconter des bêtises quand l'inspiration me titille (les blondes hier, les Portugaises aujourd'hui, les Belges demain, les Auvergnats après-demain, je peux arroser large, tant qu'aucune fatwa ne me désignera à la vindicte d'un groupe imbécile ayant pris mes délires au premier degré).

> Eh oui, j'ai un jardin, enfin c'est pas à moi, c'est à mon pote Bébert, qui est gardien de cimetière, je dis pas lequel parce que, comme vous le savez, les murs n'ont pas les portugaises ensablées et les langues de vipère grouillent.
>
> Jeanne CORDELIER – *Les Aventures de H, sans manches* – 2009

812. LE POT AU NOIR

Zone océanique peu appréciée des marins en raison des conditions météorologiques qui y règnent.

Chez les non-marins, le pot au noir redevient célèbre à chaque course à la voile qui traverse cette zone des océans située à proximité de l'équateur et où convergent les alizés venus des tropiques.

Cet endroit, à la météo très instable (on peut y passer en peu de temps d'un calme plat total à des vents inconstants en force et direction jusqu'à un orage extrêmement violent), est caractérisé par une formation fréquente de cumulo-nimbus, ces très gros nuages à la forme d'enclume en haute altitude, très noirs à la base, et sous lesquels les orages violents sévissent.

Voici d'ailleurs ce que l'on peut lire à propos de cet endroit sur le site Internet www.burte.org :

> « En cet endroit de l'océan règne une activité atmosphérique de surface exceptionnelle. Deux phénomènes en sont principalement à l'origine. La grande chaleur due à la proximité de l'équateur provoque une évaporation hors du commun. Les alizés nord et sud se rejoignent à cet endroit.
>
> La concentration de cumulo-nimbus y est donc plus forte qu'à n'importe quel autre endroit du globe. Si les vents dominants sont logiquement d'est, l'accumulation des gros nuages noirs souvent orageux annule et anarchise la circulation générale de l'air.
>
> Il en résulte, quand la zone est très active, une vaste zone de vents erratiques et évanescents

qui font douter les marins sur leur capacité à pouvoir sortir de cet endroit. »

Il ne semble pas y avoir d'explication certaine sur l'origine de la dénomination de cette zone.

Une chose est sûre, cela n'a rien à voir avec un poteau noir qui aurait découvert le poteau rose près du Potomac.

Ce que l'on sait, c'est qu'à la fin du XVIIe siècle, dans un jeu apparenté au colin-maillard, lorsque celui qui avait les yeux bandés risquait de se cogner dans quelque chose, on lui lançait un « gare au pot au noir » d'avertissement, peut-être parce que, se cognant, il risquait de se faire un noir, *noir* signifiant « bosse » à l'époque.

C'est par extension que *pot au noir* aurait désigné, à la fin du XIXe siècle, une situation embrouillée, dangereuse, caractéristique de ce qu'on peut trouver dans notre zone, qui aurait donc été nommée ainsi pour cette raison.

Cette appellation a été également utilisée par les aviateurs vers 1930 pour désigner une zone d'orages sans visibilité.

> Le Pot au Noir est imprévisible.
> J'y entre à mon tour deux jours plus tard. On verra bien. De toute façon, je n'ai pas le choix. Je me répète : « La route est longue. » Les longs calmes du Pot au Noir me laissent le temps de gamberger.
>
> Michel DESJOYAUX – *Coureur des océans* – 2009

813. LE POT AUX ROSES

Ce qui était tenu secret (le plus souvent parce que malhonnête).

Cette expression remonte au XIIIe siècle.

Employée avec le verbe *découvrir*, elle est utilisée avec la même signification que *découvrir le pot* au XIVe et *découvrir le pot pourri* au XVe.

Mais si son utilisation ancienne est avérée, son origine est très discutée.

Pour certains, cela viendrait du pot contenant le rose dont les femmes se fardaient et dont la découverte levait le voile sur la tromperie que représentait leur teint si agréable.

Dans ce cas, bien sûr, il faudrait écrire *le pot au rose*, comme on le trouve dans certains ouvrages anciens, et non *le pot aux roses*, communément admis.

Une autre explication, donnée par Alain Rey, viendrait d'un mélange entre le couvercle du pot, récipient banal, qui une fois soulevé permettait d'en découvrir le contenu, et du complément *aux roses* pouvant évoquer une préparation rare voire secrète.

Enfin, Maurice Rat, dans son *Dictionnaire des expressions et locutions traditionnelles*, imagine (sans preuve pouvant l'étayer) que l'expression viendrait du vase de roses que laissaient les belles au bord de leur fenêtre afin que leur galant puisse y déposer un mot doux, sa découverte révélant leur relation.

> Huit membres du personnel ont déjà été renvoyés en décembre et quinze autres, dont les deux ex-directeurs, sont accusés de graves erreurs de gestion ayant occasionné pour 9 millions de dollars de pertes et pour 1 million de dollars de fraudes. […] C'est par hasard qu'a été découvert le pot aux roses.
>
> Jean-Philippe Ceppi – *Libération* – Article du 6 juin 1995

814. TOURNER AUTOUR DU POT

1. Rechercher un avantage d'une manière détournée, insidieuse.
2. Hésiter, tergiverser, parler avec des détours avant d'aborder franchement un sujet.

Ah, cette belle marmite suspendue dans la cheminée et dans laquelle le repas du soir est en train de cuire à petit feu !

Humez-moi le fumet appétissant et tentant qui s'en dégage !

Et si je m'en approchais en douce, allant et venant devant, comme si de rien n'était, avec le secret espoir de chiper un bon morceau nageant en surface ? Oui, je sais, je n'ai pas le droit, mais qui me surveillera et s'en apercevra si je tourne autour ou à proximité immédiate suffisamment longtemps pour diminuer l'attention de la cuisinière ? Mmmhh ?

Et voilà comment, à partir d'une marmite ou d'un pot[1], naît au XVe siècle une métaphore qui, d'abord, s'applique à quelqu'un qui cherche par un moyen détourné à obtenir un avantage généralement indu.

La manière indirecte de procéder a, par extension et au XIXe siècle seulement, donné le second sens, qui s'applique cette fois à quelqu'un qui utilise des moyens détournés pour s'exprimer, qui n'ose pas aborder franchement un sujet.

D'aucuns objecteront qu'il était rare, voire impossible, de trouver une cheminée conçue de telle manière qu'on puisse faire le tour de ce qui y chauffait, donc de « tourner autour » du pot.

Certes, mais ce serait oublier les subtilités de la langue française : lorsqu'on dit d'un individu mâle qu'il « tourne autour » d'une demoiselle, en fait-il vraiment le tour ?

> Hé ! faut-il tant tourner autour du pot ? […]
> Pour moi, je ne sais point tant faire de façon.
>
> Jean RACINE – *Les Plaideurs* – 1668

> J'accepte qu'on me dise que cela ne va pas. Cela prouve que je peux m'améliorer, que je peux faire mieux. Il me dit ce qu'il a aimé, ce qu'il n'a pas aimé. Je préfère qu'on me dise les choses tout de suite plutôt que de tourner autour du pot.
>
> *L'Équipe* – Interview de Laure Manaudou du 16 novembre 2008

1. Dès le XIIIe siècle, la grosse marmite servant à faire cuire les aliments s'appelait un pot. Et c'est d'ailleurs de ce *pot*-là que viennent le *pot-au-feu* et le *potage*. Mais pas le pot* aux roses. Ni le poteau rose. Pas plus que le pot* au noir.

815. DÈS POTRON-MINET

Dès l'aube, le petit matin, les premières lueurs du jour.

Le minet ici présent est bien un chat. Mais que peut bien vouloir dire *potron* ? Et quel lien peut-il bien y avoir avec une heure très matinale ?

Pour les amateurs d'argot, *potron* n'est pas une déformation de *pochtron*[1] : les pochtron-minets qui se soûleraient de bon matin au cocktail gin-tequila-floc de Gascogne et qui auraient besoin de s'inscrire aux alcooliques anonymes sont très rares.

À l'origine, dès le XVIIe siècle, cette expression se disait *dès poitron-jacquet*, le jacquet étant l'écureuil, petite bestiole sympathique ayant la particularité de commencer à s'activer très tôt le matin.

Quant au mot *potron*, il est une déformation de *poitron* qui vient du latin *posterio* qui veut dire « postérieur » ou « derrière ».

En clair, l'expression originale veut dire « dès que l'écureuil sort de son sommeil et daigne montrer son popotin ». Donc très tôt le matin (sauf pour les écureuils ayant fait la nouba la veille et ayant la gueule de bois).

Mais le genre humain urbanophile perdant progressivement ses repères (et ses repaires) forestiers, le petit écureuil a finalement été remplacé par le chat, animal beaucoup plus présent dans les villes et également très matinal.

> Le Moulin rutilant paraissait comme une apothéose de la vie excessive de minuit à potron-minet ou potron-minette, comme disait Lautrec. J'ai connu ce Moulin-Rouge, mais je n'y suis jamais entré, car je n'avais pas de sous.
>
> Pierre MAC ORLAN, Francis LACASSIN – *Toulouse-Lautrec : peintre de la lumière froide* – 1992

---

1. Pour les lecteurs francophones qui ne le sauraient pas, un pochtron est un ivrogne, en argot. C'est une déformation du mot *pochard*, ayant la même signification et la même origine argotique. Il date de la seconde moitié du XIXe siècle et signifie littéralement « plein (ou bourré) comme une poche ».

816. LAID / MOCHE COMME UN POU

Très laid.

Avez-vous déjà vu la photo d'un pou ?

Selon les canons de la beauté humaine (à notre époque, car ils varient au fil des décennies), on ne peut pas vraiment dire que le pou est près de concurrencer Brad Pitt ou Monica Bellucci (toute autre comparaison est admise, selon les goûts de chacun). C'est incontestablement un pou laid.

On peut même imaginer que, avec une taille un peu supérieure, le pou provoquerait quelques frayeurs chez celles et ceux qui ne supportent pas la vue d'une araignée ou d'une autre mini-bestiole.

Mais ce n'est pas vraiment sa laideur qui a fait retenir le pou dans cette expression.

En effet, même si, à la fin du XVIIIe siècle (période où la locution est attestée pour la première fois), le microscope existait déjà et permettait d'admirer l'animal dans ses moindres détails, il y a bien d'autres insectes au moins aussi laids et bien plus faciles à observer qui auraient pu lui prendre sa place.

C'est plus à cause des désagréments qu'il cause en société (contamination de proche en proche, transmission de maladies…) et de la répulsion que pouvait provoquer le pouilleux que cet insecte sert de modèle à la laideur.

> Ma mère me disait toujours : « Tu es laide comme un pou. » « Tu as des yeux comme des trous de mite. » « Tu es trop cambrée, tu as des pieds trop grands, heureusement que tu as de jolies oreilles. »
>
> Marie CARDINAL – *Les Mots pour le dire* – 1976

817. MANGER SUR LE POUCE

Manger (très) rapidement.

Cette expression est attestée dès le début du XIXe siècle.

D'abord, pensez aux ouvriers ou aux paysans d'autrefois qui, ayant apporté leur repas dans leur gamelle, n'avaient que très peu de temps pour manger, ou aux soldats en guerre qui, pendant leurs déplacements ou dans l'attente d'être pilonnés ou attaqués, devaient rapidement avaler leur repas.

Maintenant, imaginez une main tenant un bout de pain (ou autre chose de comestible) et l'autre tenant un couteau avec lequel le mangeur coupait un morceau de sa nourriture, le poussait sur le pouce qui, étant opposable aux autres doigts, servait alors de cale, et l'y maintenait tout en l'amenant à sa bouche.

Si votre imagination (peut-être aidée par le souvenir de quelques images vues dans d'anciens films) vous a permis de bien voir ce geste autrefois commun, alors vous venez de comprendre l'origine de cette expression, effectivement associée à une consommation rapide de la nourriture !

> Harassé des mouvements brusques du navire, harassé de ne pouvoir paraître sur le pont sans être arrosé par les lames qui déferlent, de ne pouvoir s'y promener sans choir, de manger sur le pouce et de manger sec et froid, car le cuisinier est débouté de ses vains essais culinaires par la violence du roulis, il soupire ardemment après le retour du beau temps ; il maudit le bord, la mer, son destin, que sais-je ?
>
> Amédée Gréhan – *La France maritime* – 1842

818. METTRE LES POUCES

Cesser de résister, s'avouer vaincu, céder.

Cette expression date de la fin du XVIIIe siècle, époque à laquelle on disait aussi *coucher les pouces*. Dans les cours de récréation, elle est devenue un simple « Pouce ! » lorsque l'enfant signale qu'il veut arrêter ce à quoi il participe.

Trois écoles s'affrontent sans pitié à propos de son origine.

La première, proposée par Alain Rey dans son *Dictionnaire des expressions et locutions figurées*, suppose qu'elle vient de l'époque des Romains où, autour de l'arène, le pouce des spectateurs servait au vainqueur d'un combat à savoir s'il devait gracier (pouces en l'air) ou achever (pouces tournés vers le sol) son adversaire vaincu.

À la même époque, le pouce tourné vers le bas servait aussi au vaincu, paraît-il, à indiquer qu'il acceptait la défaite.

La deuxième, défendue par Littré, dit que la locution vient du fait que le pouce ne peut se poser ou reposer dans la main qu'à partir du moment où son propriétaire renonce à tenir une arme, acceptant ainsi sa défaite.

Il étaye sa théorie à l'aide de la phrase suivante, écrite en 1550 par Carloix, secrétaire de François de Scepeaux : « Et faisant une belle reverance se retira, luy estant tombé le poulce dans la main [mettant les pouces, refusant de se battre]. »

Enfin, selon la dernière, la locution viendrait de l'ancêtre des menottes, les poucettes, dans lesquelles le prisonnier, donc celui qui ne devait pas résister, devait placer ses pouces où ils étaient compressés et maintenus d'autant plus fermement que ces choses pouvaient aussi servir d'instrument de torture.

À ce jour, aucun des trois camps n'a « mis les pouces ».

> Bravo ! s'écria-t-il ; nous irons vous entendre, si d'ici là le colonel, mieux conseillé, ne met les pouces et ne s'avoue vaincu.
>
> Louis Ulbach – *Les Roués sans le savoir* – 1857

819. DE LA POUDRE DE PERLIMPINPIN

1. Un remède prétendument extraordinaire, mais aux vertus complètement imaginaires.
2. Une solution présentée comme miraculeuse, mais qui ne sert à rien.

Perlimpinpin est un mot qui date de la première moitié du XVIIe siècle, mais dont l'étymologie est inconnue. Il s'est aussi écrit *prelimpinpin*.

Certains le comparent à une formule magique comme *abracadabra*.

Est-ce parce que ceux qui, autrefois, vendaient des poudres diverses en prétendant qu'elles étaient des remèdes extrêmement efficaces contre tout et n'importe quoi, les présentaient comme des produits un peu magiques ?

Toujours est-il que ces poudres se sont aussi, et à juste titre, appelées « poudre de charlatan ».

Par extension, l'expression peut s'appliquer à tout ce qui est censé apporter une solution à quelque chose et qui s'avère complètement inefficace.

> Et cela marche, commercialement tout du moins, puisque la cure représente 36 % du chiffre d'affaires de la société, qui vise surtout les personnes âgées. Mais pour la direction des fraudes, qui a conduit la procédure, et pour le procureur, Jean-Pascal Oualid, on n'est pas loin de la « poudre de perlimpinpin ».
>
> *Le Parisien* – Article du 31 mars 2004

820. JETER DE LA POUDRE AUX YEUX

Présenter des apparences flatteuses, mais trompeuses.

Le mot *poudre* nous vient au XIIe siècle, *via* quelques variantes, du latin *pulvis* qui désignait « la poussière du sol ». C'est parce qu'il s'est spécialisé ensuite dans quelques autres usages (la poudre à canon, les poudres de l'apothicaire…) que le terme *poussière* a fini par le remplacer dans le langage courant.

Dans notre expression qui existe sous différentes formes également depuis le XIIe siècle (et depuis le milieu du XVIe sous la forme actuelle), c'est bien la poussière du sol qu'il évoque.

En effet, selon Furetière, l'origine vient des jeux Olympiques. Lors d'une course, ceux qui étaient devant, donc qui étaient bien partis pour l'emporter sur leurs adversaires, soulevaient de la poussière qui, inévitablement, venait dans les yeux des suivants.

C'est ainsi qu'à l'origine l'expression signifiait « l'emporter sur quelqu'un », sens aujourd'hui oublié.

Le sens actuel, qui date du milieu du XVIIe siècle, est lui lié à l'aveuglement que peut provoquer de la poussière ou une poudre quelconque jetée dans les yeux de quelqu'un, aveuglement assimilé à l'éblouissement que peut provoquer sur ce quelqu'un une apparence très flatteuse juste destinée à endormir sa méfiance, à le tromper.

> Les années 1980 et aussi les années 1990 sont les années frime et les années fric. Il s'agit, comme le dit le langage familier et argotique, de « frimer ». C'est-à-dire de paraître à la fois avec ostentation et fausseté. Pour faire impression et illusion. En jetant de la poudre aux yeux. Désir de paraître.
>
> Roger-Gérard SCHWARTZENBERG – *La Politique mensonge* – 1998

821. MENER LES POULES PISSER – ALLER TRAIRE LES POULES

S'occuper de travaux insignifiants ou fictifs.
Être incapable de faire des choses utiles.

La première expression date du XVIe siècle, la seconde est plus récente puisqu'elle est attestée au XIXe siècle.

Les poules pouvant faire leurs besoins librement autour du poulailler, il est évident qu'une telle occupation n'est pas vraiment utile. Mais quand on sait en plus que les poules ne pissent pas puisque urine et fiente se mélangent dans le cloaque, cela ne fait qu'accentuer l'inutilité de la chose.

Pour cette expression, Alfred Delvau, dans son *Dictionnaire de la langue verte* de 1866, indique aussi le sens suivant : « Se dit – dans l'argot du peuple – d'un homme qui s'amuse aux menus soins du ménage et porte le jupon au lieu de porter la culotte. »

Comme quoi, la notion de « travaux insignifiants ou fictifs » pouvait aller loin, n'est-ce pas, mesdames ?

Pour la seconde expression, je dois vous avouer une chose stupéfiante, à vous parfaits citadins que vous êtes, c'est que les poules :

– n'ont pas de pis ou de mamelles ;

– ne font pas de lait.

Il est donc totalement inepte d'envisager un seul instant de vouloir les traire. Autant dire que celui qui prétend aller traire les poules a un comportement identique à celui qui dit vouloir aller peigner la girafe*.

Et dans le même genre, parmi d'autres, on a aussi *ferrer les oies et les canettes* qu'on trouve chez François Villon.

Outre l'aspect inutile des travaux correspondants, ces deux expressions s'appliquaient aussi aux benêts, aux simples d'esprit, incapables de faire des choses plus utiles.

> On sait que la fonction la plus importante des jocrisses français est de mener les poules pisser ; celle des jocrisses grecs et latins était de les traire. Deux choses que les seuls jocrisses peuvent supposer faisables.
>
> Pierre-Marie Quitard – *Dictionnaire étymologique, historique, et anecdotique des proverbes* – 1842

822. QUAND LES POULES AURONT DES DENTS

Jamais.

La plupart des êtres humains savent que les volatiles en général, et les poules en particulier (puisque c'est notre sujet du moment) ne font pas le bonheur des dentistes puisqu'elles n'ont aucune dent à l'intérieur de leur bec.

Donc, même si on tient compte des découvertes de Darwin sur l'évolution des espèces (thèses que certains obscurantistes cherchent à nier actuellement), tant que l'homme sera sur cette planète et continuera à élever les poules, il est peu probable que ces bestioles aient des dents un jour vu car l'utilisation principale de leur bec restera de fouiller la terre, picorer du grain et, accessoirement, d'avoir une prise de bec avec la belle poule d'à côté qui voudrait bien se réserver le coq pour elle toute seule.

Autrement dit, quand les poules auront des dents est simplement une locution synonyme de *jamais* ou de *à la Saint-Glinglin**, entre autres.

Cette expression est attestée à la fin du XVIIIe siècle. Parallèlement, à la fin du XIXe, on disait aussi *quand les poules pisseront* avec exactement le même sens.

Mais (car il y a un mais), il semble que le choix de la poule dans cette expression n'ait pas été un choix totalement judicieux. En effet, des travaux récents de l'éminent professeur Efthimios Mitsiadis ont permis de faire pousser des dents chez des spécimens de nos volailles après transplantation de cellules souches dentaires de souris. Le but n'est pas de lâcher dans la nature des poules carnivores dignes de Poulassic Park, mais de parvenir à faire pousser des dents sur des patients souffrant de graves anomalies dentaires.

Donc, même si les poules n'ont pas de dents aujourd'hui, peut-être en auront-elles d'ici un moment. Imaginons en effet qu'une poule génétiquement modifiée s'échappe du labo, survive, s'accouple avec un coq qui n'aura pas une dent contre elle et donne naissance à des petits viables, peut-être vivrons-nous alors un scénario digne de *L'Attaque des poules tueuses* ? ?

> Lors de mon extrême jeunesse, il y a longtemps de cela, bientôt trois quarts de siècle, on disait aux enfants qui demandaient l'impossible : tu l'auras quand les poules auront des dents. On ne se doutait guère alors que ce temps avait existé, sinon pour les poules, au moins chez certains oiseaux dont voici le représentant : l'Archéoptéryx, le premier oiseau connu qui ait laissé des traces déterminables.
>
> Société d'histoire naturelle d'Autun – *Bulletin* – Volume 13 – 1900

823. TUER LA POULE AUX ŒUFS D'OR

Se priver de profits futurs importants pour satisfaire des intérêts immédiats.

N'agir que pour le court terme, sans aucune vision à long terme.

Cette expression du XVIIIe siècle est tirée d'une fable de La Fontaine « La Poule aux œufs d'or », elle-même inspirée (comme bien souvent chez notre fabuleux fabuliste) d'une morale d'Ésope, auteur grec de l'Antiquité.

Pour ceux qui auraient oublié la courte fable en question, il y est question d'un avare dont une poule pondait chaque jour un œuf en or.

Croyant que cette poule contenait un trésor, l'avare l'a tuée pour se rendre compte, dépité, qu'elle était semblable à ses autres poules et qu'il venait de tuer bêtement ce qui aurait pu l'enrichir sans fin, s'il n'avait pas été si âpre au gain.

> La raison du chômage en Europe est l'inflexibilité de nos marchés du travail. La fermeture des chantiers navals du Havre montre bien qu'à vouloir garantir l'emploi et les salaires, à contrôler l'embauche et les conditions de travail, on tue la poule aux œufs d'or et l'emploi d'un personnel hautement qualifié. Les nouveaux leaders européens ne feront pas l'économie d'une douloureuse réforme du marché du travail.
>
> Charles WYPLOSZ – *Libération* –
> Article du 2 novembre 1998

824. ÉCRIRE / ENVOYER UN POULET (À QUELQU'UN)

Écrire / envoyer un billet doux (à quelqu'un).

Toute personne sensée sait qu'un poulet, ça peut se dessiner et éventuellement s'envoyer[1], mais certaine-

---

1. Dans le film *Hot Shots 2*, le héros fait du tir à l'arc avec des poulets en guise de flèches. Pourquoi des poulets ? Incontestablement parce que c'est plus facile qu'avec des moutons. Et puis le poulet a un bec pointu qui se plante beaucoup mieux dans la cible que le museau du mouton. Mêêê si !
On peut aussi envoyer un poulet sonner chez son voisin quand ce dernier fait trop la nouba vers 3 heures du matin, mais dans ce cas,

ment pas s'écrire. Et pourtant, l'expression existe bel et bien !

En effet, depuis le milieu du XVIe siècle, *poulet* (ou *poullaict*, à l'époque) a d'abord eu le sens figuré de « missive » ou de « lettre » avant de se spécialiser en « billet doux » ou « billet galant ».

Il y a au moins deux explications pour cette dénomination bizarre.

Selon certains, ceux qui étaient chargés de remettre le billet doux au destinataire portaient des poulets sous prétexte de les vendre, mais en dissimulant le fameux billet sous l'aile de l'un d'entre eux.

Par métonymie, le billet serait devenu le poulet lui-même.

Mais pour Furetière, on a ainsi nommé ces billets parce que, en les pliant, on y faisait deux pointes qui représentaient les ailes d'un poulet.

Cette explication semble être aussi celle de Molière puisque dans *L'École des maris* (acte II, scène III), Isabelle dit à Sganarelle :

« J'ai vu dans ce détour un jeune homme paraître,
Qui d'abord, de la part de cet impertinent,
Est venu me donner un bonjour surprenant,
Et m'a droit dans ma chambre une boîte jetée
Qui renferme une lettre en poulet cachetée. »

Si l'explication de Furetière était confirmée, la *lettre en poulet* sous-entendrait donc « lettre (pliée) en poulet ».

Un gentleman [à Londres] demande sans inconvénient l'affiche du spectacle à une femme [...] qui se trouve sa voisine : bon moyen pour un téméraire Français de glisser un poulet en rendant l'affiche.

STENDHAL – *Journal* – 1817 (in *TLFi*)

Mon cher, vous ne voyez donc pas que la vieille baronne est furieuse contre vous. Elle vous darde

---

à supposer que le poulet veuille bien se déplacer toutes sirènes hurlantes, c'est le voisin, pas la volaille qui risque d'y laisser des plumes.

depuis une heure des regards qui vous mettent clairement à la porte. Que diable aussi vous avisez-vous d'aller, sans dire gare et sans la moindre précaution, glisser un poulet à sa petite nièce ?

Paul-Émile Daurand-Forgues – *Petites misères de la vie humaine* – 1843

825. NÉ DANS LA POURPRE

1. Héritier royal.
2. Comblé dès la naissance par la fortune.

Si je vous dis comme ça, de but en blanc, *porphyrogénète*, vous allez certainement me dire d'arrêter de vous insulter ou bien me répondre « à vos souhaits ! ».

Et pourtant, ce vocable existe bien et il n'a rien d'un gros mot ! Il nous vient du grec et signifie, devinez quoi, « né dans la pourpre ». Là, vous n'aurez pas manqué de reconnaître notre expression !

En effet, ce qualificatif s'appliquait autrefois aux fils des empereurs byzantins. Il n'y avait pas de règle dans la succession impériale, mais les enfants de l'empereur étaient, du fait de leur filiation valant légitimité, à peu près assurés, s'ils n'étaient pas assassinés, de monter sur le trône à la suite de leur père (un peu comme dans n'importe quelle dynastie, d'ailleurs, ou comme chez les dirigeants actuels de la Corée du Nord, par exemple).

Mais si tout cela suffit à dater approximativement l'expression avec son sens originel, cela n'en explique pas l'origine.

Eh bien, elle nous vient simplement du fait que les femmes des empereurs accouchaient dans une chambre garnie de blocs de porphyre rouge (pourpre) égyptien, d'où son appellation de *porphyra*, pour le lieu, et de *porphyrogénète* pour les bambins nés dans cette pièce et à la destinée probablement toute tracée.

Il faut dire que, depuis l'Antiquité et jusqu'à la chute de Byzance, la pourpre était une couleur très recherchée, très chère car rare (difficilement fabriquée avec une quantité phénoménale d'escargots de mer *murex* pour obtenir très peu de teinture) et réservée aux personnes de haut rang, comme les consuls et les empereurs de la peu romantique Rome antique, par exemple.

La pourpre a aussi été un symbole de pouvoir dans le clergé, puisque c'était la couleur portée par les cardinaux et les évêques (*pourpre* pouvant aussi bien s'appliquer à un rouge vif qu'à un rouge tirant sur le violet).

Cette expression a ensuite désigné plus généralement une personne issue de souche royale, puis est ensuite devenue une manière, relativement peu usitée, de désigner celui qui aura probablement peu de soucis à se faire dans la vie, en raison de sa naissance dans un milieu très aisé ; une autre manière de dire qu'il est né avec une cuillère* en argent dans la bouche.

Bizarrement, cette expression s'utilise aussi maintenant dans le monde équestre pour désigner un cheval bien né, c'est-à-dire un animal né d'un étalon ayant gagné beaucoup de courses. Dans ce cas, le cheval a bien entendu été choyé et entraîné de manière à tenter d'en faire également un grand champion.

> Qui naquit dans la pourpre en est rarement digne.
>
> VOLTAIRE – *Brutus* – 1731

826. MORDRE LA POUSSIÈRE

Être jeté à terre au cours d'un combat.
Par extension, être vaincu.

Beurk ! Ceux qui ont déjà eu la « chance » d'avoir du sable ou de la poussière dans la bouche savent que ce n'est jamais volontairement et volontiers qu'on mord la poussière.

Si cela nous arrive, c'est soit involontairement à la suite d'une chute, soit parce que nous avons voulu ou avons été contraints de nous frotter à plus fort que nous et que ce malotru nous a précipités la tête la première à la rencontre du plancher* des vaches.

Si cette expression est très ancienne (la métaphore est parfaitement compréhensible et les combats de lutteurs avaient souvent lieu sur des terrains de sable ou de terre poudreuse), son sens étendu ne semble être utilisé que depuis le XVIIe siècle, époque où on utilisait également *mordre la terre*.

Mais vu ce qu'il nous en reste aujourd'hui, cette dernière a visiblement « mordu la poussière ».

Cela dit, si le sens moderne n'implique pas la mort du vaincu, au XVIIIe siècle, elle était plus que sous-entendue, puisque *mordre la poussière* signifiait « être tué dans un combat ».

> Le lendemain j'ai tenu ce discours à mes hommes : « Je suis fier de vous, vous vous êtes bien battus, ce n'est pas tous les jours que des vilains font mordre la poussière à des gens d'armes. Vous conterez partout cette victoire, car il est vain de faire de belles choses si nul ne l'apprend. »
>
> Michel CARCENAC – *Les Chemins de Jean Bouloc* – 1999

827. CUCUL LA PRALINE

Niais, ridicule.

Qu'est-ce qu'une *praline* ? Pour les Français, c'est une amande entourée d'une croûte de sucre parfumé ou coloré. Pour les Belges, c'est un bonbon au chocolat. Et pour les truands, c'est une balle d'arme à feu. Les deux premières sont souvent appréciées, la troisième un peu moins.

Le nom vient du Maréchal de Plessis-Praslin dont le cuisinier inventa la confiserie (la version française) au XVIIe siècle.

Cucul (ou *cucu*) est un simple redoublement enfantin de *cul*, sans qu'on sache vraiment pourquoi il est devenu un adjectif synonyme de *niais* ou *ridicule*.

Pour une raison tout aussi incertaine, on lui a accroché un substantif féminin supposé l'intensifier, comme dans notre expression, mais aussi dans ses variantes *cucul la fraise* ou bien *cucul la rainette*.

Cette expression date de la première moitié du XXe siècle. Colette, en 1933, employait *cucu*.

Certaines sources avancent que ce qualificatif vient des Seychelles, à Praslin, où on trouve une grosse noix de coco à la forme très suggestive qu'on appelle le « coco-fesses ».

Fesses et *Praslin*, en rapprochement avec les pralines de Plessis-Praslin, auraient donné *cucul la praline*. Et ce serait alors le côté un peu ridicule de la forme de cette noix qui aurait donné le sens de l'expression.

Notez qu'une *cuculle* est un peu moins ridicule qu'un *cucul*, puisqu'il s'agit de la capuche d'un moine.

> Ce pouvait être une phrase lue dans un article de revue, une image choquante du téléjournal ou, plus inexplicablement, un feuilleton qu'en d'autres circonstances j'aurais jugé cucul-la-praline mais qui, dans mon état d'esprit actuel, me tirait les larmes.
>
> François Jobin – *La Deuxième Vie de Louis Thibert* – 1996

828. DÉFENDRE SON PRÉ CARRÉ

Défendre son domaine, son territoire réservé et les éventuelles prérogatives qui s'y attachent.

Expression du milieu politique d'origine très récente (1985).

Elle est issue d'une ancienne locution à connotation rurale ou territoriale où *faire son pré carré* voulait dire accroître son domaine pour un propriétaire ou gagner des territoires pour un seigneur.

Le *pré carré* désigne maintenant, dans l'administration, un domaine réservé (avec tout ce qu'y s'y rattache comme responsabilités et avantages) qu'on doit protéger (donc défendre) de ceux qui chercheraient à s'en approprier un morceau ou à l'empiéter.

> Mais le simple fait qu'il faille aujourd'hui une lettre de Jacques Chirac pour défendre le pré carré africain de Jacques Foccart est déjà un signe de profond malaise.
>
> *Libération* – Article du 4 février 1993

829. UN PROCÈS D'INTENTION

Une accusation ou critique portant non pas sur des actes, mais sur des intentions supposées.
Une accusation injuste ou insuffisamment fondée.

Un procès (*procès* vient indirectement du latin *procedere* qui a aussi donné *processus*), chacun sait ce que c'est, lorsqu'il se déroule en présence d'un juge et qu'il a pour but de désigner laquelle des parties a le meilleur avocat.

Mais, au figuré, et depuis le XVe siècle, c'est aussi une critique, une mise en cause de quelqu'un, sens qui est celui qu'on trouve dans notre expression.

Quant à l'intention, elle ne se matérialise pas toujours par un acte.

Et si on a le droit de juger quelqu'un sur les actes qu'il commet, lorsqu'ils sont répréhensibles, peut-on le faire sur ses seules intentions, exprimées ou supposées, tant qu'il n'est pas passé à l'acte ? Autrement dit, peut-on l'accuser, le critiquer sur la simple base de ses intentions, peut-on lui faire « un procès d'intention », au risque d'être profondément injuste ?

Cette expression semble n'être attestée qu'à partir du début du XIXe siècle.

> À prendre les choses simplement et telles qu'elles sont, sans vouloir faire au poète un subtil procès d'intention, il est difficile de voir dans Le Tartuffe une attaque dirigée contre la religion chrétienne.
>
> Eugène Rambert – *Corneille, Racine et Molière* – 1815

830. UN LIT DE PROCUSTE

1. Une mutilation d'une œuvre ou d'un projet pour les rendre conformes à un modèle.
2. Une uniformisation au prix d'une déformation, d'une dégradation, ou bien d'une élimination de ce qui ne rentre pas dans le moule.

Dans la mythologie grecque, Procuste n'était pas vraiment ce qu'on pourrait appeler un charmant garçon au comportement plein de douceur et de gentillesse.

C'était un brigand, mais pas du genre de Robin des Bois : il avait en effet pour habitude de capturer des voyageurs, de les attacher sur un de ses deux lits, les grands sur le petit lit, et inversement.

Ensuite, parce qu'il lui fallait bien trouver des moyens de s'occuper alors que la télévision, le Scrabble et le strip-poker n'existaient pas encore, il coupait les membres qui dépassaient pour les gens trop grands, ou bien il étirait ceux des personnes trop petites, pour les ajuster à la dimension du lit.

Il y en a qui arrivent à s'amuser d'un rien, n'est-ce pas ?

Heureusement Thésée mit fin à ses exactions en capturant à son tour Procuste et en lui faisant subir le même sort peu enviable.

C'est de cette volonté d'uniformiser en éliminant tout ce qui dépasse, en cherchant à tout faire rentrer dans un même moule qu'est née notre expression qui symbolise, entre autres, l'arbitraire et la rigidité d'une règlementation incapable de s'adapter aux cas particuliers.

> Le tort de la Comédie-Francaise, c'est d'étendre ses acteurs sur un lit de Procuste, et de vouloir qu'ils aient tous même longueur, et qu'ils jouent de la même manière les mêmes pièces. On y fait ainsi des médiocrités insupportables, voilà tout.
>
> Louis Désiré VERON – *Revue de Paris* – 1835

831. LÂCHER LA PROIE POUR L'OMBRE

Abandonner quelque chose de palpable, de réel pour quelque chose d'hypothétique, une espérance vaine.

Voilà un proverbe (« Il ne faut pas lâcher la proie pour l'ombre ») qui nous vient de loin, puisque c'est Ésope qui en a formulé le principe dans *Le Chien qui porte de la viande*, idée reprise ensuite par Phèdre et, bien entendu, par notre fabuliste Jean de La Fontaine dans une courte fable, « Le Chien qui lâche sa proie pour l'ombre », dont la deuxième et dernière strophe est la suivante :

« Ce chien [celui dont parle Ésope], voyant sa proie en l'eau représentée,
La quitta pour l'image, et pensa se noyer.
La rivière devint tout d'un coup agitée ;
À toute peine il regagna les bords,
Et n'eut ni l'ombre ni le corps. »

Le pauvre chien, croyant faire un festin de l'image du reflet de sa proie, se retrouve finalement sans la proie ni, bien entendu, le reflet. Il en est ainsi de tous ceux qui, ne se contentant pas de ce qu'ils ont en main, l'abandonnent pour convoiter sans succès ce qu'ils croient être mieux.

Jean Chapelain, poète du XVIIe siècle, écrira également : « Jamais personne qui fut sage n'a abandonné le corps, bien que petit, pour suivre son ombre, bien que grande. »

Cette expression n'est jamais qu'une autre formulation du fameux et très proche « un tiens* vaut mieux que deux tu l'auras ».

C'est Jean-Paul Grousset, journaliste du *Canard enchaîné*, qui a adapté cet adage aux pêcheurs avec la forme : « Ne lâchons pas lamproie pour l'omble. »

En tout état de cause, même si un jour on sera dans l'après-pétrole, il reste que c'est un moyen énergétique d'actualité et qu'en plus, on vient de découvrir plusieurs dizaines de gisements nouveaux dans le golfe du Mexique, en Sierra Leone et en Amérique du Sud. Dans l'immédiat, il ne faut pas lâcher la proie pour l'ombre, même s'il faut travailler au moteur de l'avenir. J'ai dans mon programme une proposition de réaliser et produire dans le Nord-Pas-de-Calais, en s'appuyant sur les chercheurs des universités et l'industrie automobile, le moteur à hydrogène.

Le Monde – Interview d'Alain Bocquet du 2 mars 2010

832. NUL N'EST PROPHÈTE EN SON PAYS

Il est plus difficile d'être apprécié ou reconnu chez soi qu'à l'étranger.

Les talents de quelqu'un ne sont jamais assez reconnus par les siens.

Sous sa forme actuelle, l'expression existe depuis le milieu du XVIIe siècle. Mais si l'on s'en réfère aux textes sacrés chrétiens, il nous faut remonter loin pour retrouver son origine : on en trouve la trace dans les évangiles de Luc et Matthieu.

Alors qu'il était retourné à Nazareth, village où il avait grandi, Jésus subit les sarcasmes et les moqueries des habitants, de ceux qui l'avaient connu comme le simple fils d'un charpentier et qui ne pouvaient l'imaginer en Messie fils de Dieu.

Matthieu conclut son passage de cette histoire en écrivant : « Et il ne fit pas là beaucoup de miracles à cause de leur manque de foi. »

> – Quand un gentilhomme est de mince noblesse, il doit devenir son propre aïeul.
> M. de Pibrac avait parfaitement compris ce conseil plein de sagesse, et comme il savait, en outre, qu'on ne devient jamais prophète en son pays, il avait piqué des deux vers Paris.
>
> Pierre Alexis DE PONSON DU TERRAIL – *La Jeunesse du roi Henri* – 1864

833. POUR DES PRUNES

Pour rien.

Si, de nos jours, la prune peut être très difficile à digérer lorsqu'il s'agit d'une amende dressée par la maréchaussée, il y a également bien longtemps qu'elle ne désigne pas que le fruit.

En moyen français, depuis le XIIIe siècle, une prune pouvait aussi être :

– un coup (« il s'est pris une prune, un pruneau ») ;

– de la chance (une bonne aubaine) ou de la malchance (un coup du sort), selon le cas ;

– quelque chose sans aucune valeur (*ne pas valoir prune* voulait dire « ne rien valoir » et *ne preisier une prune*, c'était « n'avoir aucune estime pour quelqu'un »).

C'est bien évidemment de cette dernière signification que notre expression est née au début du

XVIe siècle, *ne preisier une prune* datant de la fin du XIIe.

Mais pourquoi une prune ne valait-elle déjà rien ?

Eh bien, nous allons devoir remonter jusqu'aux premières croisades, au XIIe siècle.

En effet, une histoire raconte que, de la deuxième qui fut un échec, les Croisés, vers 1150, rapportèrent des pieds de pruniers de Damas dont ils avaient pu se régaler des fruits sur place.

On peut donc parfaitement imaginer que, alors qu'ils faisaient au roi le compte rendu de leur expédition, celui-ci très en colère se serait écrié quelque chose comme : « Ne me dites pas que vous êtes allés là-bas uniquement pour des prunes ! », sous-entendant « pour rien ».

L'entourage du roi puis le peuple auraient alors lentement diffusé dans le pays ce sens très particulier de la prune.

Cela dit, pour être franc, la prune était connue en France depuis l'Antiquité et il est assez probable que cette origine n'est qu'une légende, d'autant que, même si certains historiens considèrent que c'est effectivement dès la deuxième croisade que les Croisés ont connu des échecs, d'autres affirment que ce n'était qu'à partir de la septième ou la huitième, soit bien plus tard, alors que la valeur minime de la prune était déjà largement connue. Et si on attachait une si faible valeur à la prune, c'est peut-être tout simplement parce que c'était un fruit extrêmement commun.

Mais, en l'absence de certitudes sur l'origine réelle de l'expression et pour défendre un peu cette histoire sympathique, on pourra ajouter que la prune de Damas avait une saveur particulière, peut-être largement supérieure aux prunes connues localement, justifiant que les Croisés, en la rapportant, cherchent à en vanter les qualités auprès de leur souverain.

Toujours est-il que c'est cette variété de prune qui, greffée avec un prunier local, a donné la prune d'Ente, à l'origine de ce qui s'appelle le pruneau d'Agen, mais qui vient en réalité de Sainte-Livrade-sur-Lot et de Villeneuve-sur-Lot dans ce qui est maintenant le département du Lot-et-Garonne.

> À part ça, la petite vie du camp continuait sa routine : l'alarme anti-feu se déclenchait toujours quatre ou cinq fois par semaine pour des prunes.
>
> Richard POINTET – *Australie, l'envers du décor* – 1999

834. TENIR À QUELQUE CHOSE COMME À LA PRUNELLE DE SES YEUX

Tenir beaucoup, énormément à quelque chose.

Avant d'entrer dans le vif du sujet, comme disait Charlotte Corday, commençons d'abord par causer de ce mot qu'est *prunelle*. Il s'agit d'un diminutif de *prune*. Dès le XIIe siècle, il désigne la pupille, par analogie de couleur et de forme avec les baies du prunelier qui, comme chacun sait, ont l'apparence de petites prunes.

Et tant qu'à être didactique, continuons avec la *pupille*.

Pupille, dans ce sens, date du début du XIVe siècle et il vient du latin *pupilla* qui voulait dire « petite fille ». On a donné ce nom à cette partie de l'œil à cause de la petite image qu'on voit s'y refléter[1].

Les dates nous montrent que la pupille s'est donc d'abord appelée la prunelle.

Tenez-vous à vos yeux ? J'imagine que oui, et d'autant plus que sans eux, vous ne pourriez pas lire ces lignes. Imaginez la frustration !

---

1. Lorsqu'une personne est face à une jeune demoiselle, l'image de cette dernière se reflète en tout petit dans sa pupille. Vous allez me dire qu'il en aurait été de même d'un platane ou d'un hippopotame. Certes, mais dans une maison, on croise moins souvent ces deux derniers qu'une jeune fille. D'où, peut-être, l'explication du choix de cette image pour désigner la prunelle. Et puis je vois mal dire « tenir à quelque chose comme à l'hippopotamelle de ses yeux »…

On comprend donc aisément qu'une telle expression ait pu naître, même si, ici, le terme *prunelle* vaut pour l'œil tout entier.

Cette expression date du début du XIVe siècle, mais au XIIIe on disait déjà *aimer plus que son œil.* Autant dire que cet organe a toujours été considéré, à juste titre, comme ayant une très grande valeur pour son propriétaire.

La locution *comme à la prunelle de ses yeux* peut aussi s'employer précédée d'autres verbes que *tenir* (voir le second exemple).

> Oh ! Vous l'avez trouvé ! Comme je suis contente ! J'avais si peur de l'avoir perdu ! J'y tiens comme à la prunelle de mes yeux ; c'est un cadeau que mon père m'a fait, il l'avait trouvé chez un marchand de livres anciens, le jour de mon dix-huitième anniversaire !
>
> Léna Eyl – *Moi, mon ennemi* – 2008

> Promets-moi, ma chère fille, toi que j'aime comme la prunelle de mes yeux, que tu le feras.
>
> Lélia Trocan – *Les Années de plomb* – 2007

835. LA PUCE À L'OREILLE

L'attention, la méfiance, les soupçons éveillés.

Oncques ne vit-on membre de la gent féminine se mettre une charmante petite puce en guise de boucle d'oreille ! Et pourtant !

Cette expression a changé de sens au cours des siècles et on en a trouvé de nombreuses formes. Elle est attestée au XIIIe siècle, à une époque où les petits parasites pullulaient, quel que soit le niveau social de leur hôte, et où les tourments qu'ils provoquaient occupaient les esprits et les mains (pour des séances de grattage où il n'y avait rien à gagner).

La *Revue de linguistique romane* nous indique que la première attestation, *avoir la puce en l'oreille* signifiait « être tourmenté par l'amour » et la variante *mettre la puche en l'oreille à quelqu'un* voulait dire « provoquer un désir amoureux chez quelqu'un ».

C'est à la fin du XIVe siècle que, sans qu'on l'explique vraiment, le sens devient « être inquiet, agité », comme pour quelqu'un qui aurait senti une puce venir se loger dans son conduit auditif et qui en craindrait les conséquences *démangeatoires*. Mais on peut aussi y comparer la puce à l'inquiétude qui démange et dérange.

C'est au XVIIe siècle que l'expression se transforme un peu et que le *à* remplace le *en*.

Parallèlement, dès le XIVe siècle, on évoquait déjà les oreilles qui sifflaient ou démangeaient lorsque quelqu'un était supposé parler de vous.

C'est probablement l'association de ces bizarres démangeaisons (« méfiez-vous, quelqu'un dit du mal de vous ! ») et de l'inquiétude de quelqu'un ayant *la puce à l'oreille* qui a donné le sens moderne de cette expression.

Des connotations érotiques ont longtemps été associées à *oreille* (mot qui a aussi désigné le sexe féminin) et à *puce*, la piqûre de l'animal provoquant des démangeaisons très particulières à cet endroit. Mais les liens avec l'attention et la méfiance sont difficiles à faire.

D'après Claude Duneton, il paraît aussi qu'au XVIIe siècle, lorsqu'un homme capturait une puce sur le corps de sa maîtresse, il lui arrivait de la faire enchâsser dans un médaillon. Nous ne sommes plus très loin de la puce en boucle d'oreille !

Cette expression, bien que très ancienne, est pourtant d'une grande modernité puisque nos animaux domestiques ont maintenant la puce (électronique) à l'oreille, en guise de tatouage.

En attendant que l'avènement de Big Brother fasse que ce soit aussi notre tour…

Le système de notation, en revanche, n'est pas directement surveillé par Apple. Or la quasi-totalité des applications de Molinker avaient reçu un classement supérieur à quatre étoiles, et des commentaires élogieux mais rédigés dans un anglais approximatif.

> Ce qui a mis la puce à l'oreille d'utilisateurs, qui ont demandé à Apple d'enquêter sur ces classements étranges. Après vérification, l'entreprise a décidé d'exclure l'ensemble des applications de Molinker de son système de distribution, soit près d'un pour cent des logiciels disponibles sur sa plate-forme. Molinker avait mis en place un système de triche élaboré, offrant par exemple des applications en échange d'une critique positive.
>
> *Le Monde* – Article du 9 décembre 2009

836. CRIER / GUEULER COMME UN PUTOIS

Protester à grands cris perçants.

Le putois est un petit mammifère de la famille des mustélidés, comme la fouine, le furet, la martre, le blaireau, le vison ou la loutre, par exemple. Il a la particularité de dégager une odeur très désagréable[1 2].

D'ordinaire très discret, cet animal a aussi pour habitude de pousser des cris perçants et désagréables lorsqu'il est menacé ou piégé, histoire de manifester bruyamment à la fois sa crainte et sa désapprobation.

Il n'est certainement pas le seul puisqu'on trouve aussi *crier comme un cochon qu'on égorge*, par exemple, mais c'est de ces cris qu'est née notre expression qui serait assez récente puisqu'elle daterait de la seconde moitié du XIXe siècle.

> Avant que j'eusse démêlé ce que cela pouvait être, un animal, une chèvre était près de moi. Elle avait failli m'écraser en tombant. La bonne providence l'avait fait aborder à quelques centimètres de ma tête. Elle avait rencontré le bout ferré de mon biton. Légèrement blessée, considérablement effrayée de sa chute, elle criait comme un putois.
>
> *L'Ouvrier, Journal hebdomadaire illustré* – Volume 4 – 1865

---

1. D'ailleurs, la femelle putois de la famille Bond, dont chacun sait qu'elle maîtrise parfaitement l'anglais, a l'habitude de se présenter en disant : « My name is Bond, Nauséa Bond. »
2. Oui, je sais, c'est lamentable, mais je n'ai pas pu m'en empêcher…

837. UNE VICTOIRE À LA PYRRHUS

Une victoire chèrement acquise, au résultat peu réjouissant.

En 280 av. J.-C., Pyrrhus, roi d'Épire, mit une sévère raclée aux Romains à Héraclée[1].

Il y disposait d'une armée composée de 20 000 à 25 000 hommes[2] et d'une vingtaine d'éléphants venus d'Inde. Au cours de cette bataille, ce sont ces derniers qui furent décisifs car ils semèrent la panique dans les rangs romains.

Une nouvelle bataille victorieuse de Pyrrhus eut lieu en 279 av. J.-C. à Asculum.

Ces deux victoires lui ont coûté très cher, car Pyrrhus y perdit la majeure partie de ses soldats, au point qu'il s'écria : « Encore une autre victoire comme celle-là et je rentrerais seul en Épire ! »

Les enregistrements de l'époque étant de piètre qualité, certains prétendent qu'il aurait dit : « Encore une autre victoire comme celle-là et nous sommes perdus ! »

Quelle que soit la phrase qu'il a réellement prononcée, si Pyrrhus avait effectivement battu les Romains, il ne se retrouvait plus qu'avec des lambeaux de son armée et il n'avait pas de quoi s'en réjouir, comme celui qui, de nos jours, même s'il a vaincu un adversaire, dans quelque domaine que ce soit, se rend compte qu'il y a finalement perdu beaucoup.

> Toutefois, c'était là, plus encore que la veille, une victoire à la Pyrrhus, tant les pertes étaient lourdes, cinq cents tués ou disparus et peut-être un millier de blessés et de soldats hors d'état de combattre, soit près de la moitié des forces que la belle Arya et les siens étaient en mesure d'engager alors.
>
> Marc LEGRAND – *Les Chevaliers et la Walkyrie* – Tome 2 – 2007

---

1. Notez que si le lieu de cette bataille s'était appelé Hépatée, j'aurais écrit « une sévère pâtée ». Avec Hébétée, Hécatombe ou Hémisphère sud (une sévère misphère sud ?), ça l'aurait moins bien fait !
2. Les chiffres divergeant suivant les sources, on dira 20 000 selon la police et 25 000 selon les organisateurs.

838. EN QUARANTAINE

1. Contraint à l'isolement.
2. Exclu d'un groupe.

Je suppose qu'il n'aura échappé à personne que dans *quarantaine*, il y a *quarante*. Partant de là, il sera facile de comprendre la suite.

Au XIIe siècle, *(sainte) quarantaine* s'utilisait pour parler de la période de quarante jours du carême.

On a eu aussi la quarantaine-le-roi (sous Saint Louis et Philippe Auguste) qui interdisait à un seigneur offensé de se venger avant que cette période soit écoulée.

C'est à partir du XVIIe siècle que la locution a été utilisée pour désigner la période d'isolement qui était destinée à empêcher la propagation d'une épidémie (les personnes supposées contaminées étaient gardées à l'écart, empêchées de se déplacer, pendant quarante jours), quarantaine mal appliquée à Marseille en 1721 puisque c'est de cette ville qu'est partie une grande épidémie de peste.

Ainsi, lors d'épidémies ou de soupçons de maladies venues de l'étranger, on trouvait, à proximité des ports, des bateaux mis en quarantaine et signalés par un drapeau particulier interdisant aux autres navires de les approcher.

Si le terme est resté, la durée des quarantaines médicales est rapidement devenue variable, généralement largement inférieure à quarante jours.

Par extension, quelqu'un qui est mis en quarantaine est aussi quelqu'un qui est exclu temporairement d'un groupe.

> Un navire sucrier, venu de la Havane, [...] avait fait quarantaine à la Corogne, une quarantaine de l'espèce de celles que j'ai signalées comme illusoires et n'étant que d'inutiles pertes de temps.
>
> *Gazette hebdomadaire de médecine et de chirurgie* – Volume 10 – 1863

> Nous fûmes tous deux mis en quarantaine. Personne, ni en récréation ni en classe, ne nous adressa plus la

parole. Les groupes s'écartaient sur notre passage ; les bouches se fermaient.

Jacques de Lacretelle – *Silbermann* – 1922

839. S'EN MOQUER COMME DE L'AN QUARANTE

S'en moquer, s'en désintéresser complètement.

L'origine de cette expression n'est pas connue.

Si elle est bien attestée à la fin du XVIIIe siècle, les lexicographes modernes ne sont pas d'accord sur son histoire.

Je vais donc en exposer ici les différentes hypothèses les plus fréquentes.

Certains évoquent l'an 1040, que les gens de l'époque auraient supposé être celui de la fin du monde, parce que étant l'an 1000 auquel on ajoute la durée de vie du Christ (40 ans).

Mais le doute est permis, puisqu'on m'a toujours dit que le Christ avait été crucifié à l'âge de 33 ans. En outre, cette expression ne serait-elle apparue que 7 siècles plus tard, si on avait vraiment dû se moquer de cette date dont tout le monde aurait eu peur pour rien ? Et puis, à part quelques érudits, les gens de cette époque connaissaient-ils la date ?

Pour d'autres, ce serait cette fois l'an 1740 pour lequel de nombreuses calamités avaient été annoncées et, comme rien de particulier ne s'était passé, on s'en serait raillé.

Selon Littré, il s'agirait d'une raillerie, par les royalistes, de l'an 40 de la République, année jamais atteinte par le calendrier républicain, mais sans qu'on sache vraiment pourquoi le chiffre 40 a été retenu alors que ce calendrier a eu une durée de vie bien plus courte.

Il pourrait également s'agir d'une plaisanterie des sans-culottes sur l'âge qu'aurait eu Louis XVI quelques jours après avoir un peu perdu la tête, après avoir été comme le gigot, raccourci, grâce à cet appareil que M. Guillotin, par pure bonté[1], a contribué à remettre au goût du jour.

Elle viendrait enfin de la déformation d'une expression très populaire au XVIIIe siècle, y compris bien avant la Révolution : *s'en moquer comme de l'Alcoran*, ce dernier désignant le Coran à cette époque. Alain Rey la rejette, faute de preuves, mais Claude Duneton la défend.

Il existait en effet, juste avant la Révolution, un très populaire roman d'anticipation de Louis-Sébastien Mercier intitulé *L'An 2440, Rêve s'il en fût jamais* dans lequel un monde idyllique était décrit. Cette société pleine de bonté, de sagesse et d'égalité (utopique, quoi !) d'un futur très lointain aurait provoqué les sarcasmes des sans-culottes supposés mener eux-mêmes une vie bien meilleure que celle sous la royauté.

Et ce serait le mélange de l'indifférence portée à cet an 40 très éloigné et de celle portée à l'Alcoran qui aurait transformé l'expression originale.

> Je suis un vieux libéral, tel que vous me voyez ; je juge les hommes sur leur mérite, et non sur leurs titres ; je me ris des hasards de la naissance ; la noblesse ne m'éblouit pas, et je m'en moque comme de l'an quarante : Je suis bien aise de vous l'apprendre.
>
> Émile AUGIER, Jules SANDEAU – *Le Gendre de M. Poirier* – 1854

840. TOMBER EN QUENOUILLE

1. Être laissé à l'abandon.
2. Perdre de sa valeur, de sa force ; se dégrader.

Regardez comme votre jambe va devenir belle, une fois que je vous aurai dit que le mot *quenouille* nous vient au XIIIe siècle des mots du latin médié-

1. Wikipédia nous dit ceci : « La proposition de Guillotin vise également à supprimer les souffrances inutiles. En effet, les pauvres ne pouvant se payer une exécution de qualité, étaient décapités à l'aide d'une arme émoussée, ce qui entraînait une exécution longue et douloureuse. »

val *conucula* lui-même issu de *colocula*[1] qui, au VIe siècle, désignait un bâton dont une extrémité était garnie de laine destinée à être filée.

Vous vous dites peut-être que cela ne nous éclaire pas beaucoup et que le lien avec notre expression n'est absolument pas flagrant. Certes, mais c'est oublier les chemins tortueux que la pensée humaine peut parfois suivre pour faire évoluer le sens d'un mot ou d'un groupe de mots.

Car le sens initial de la locution, au XVIe siècle, était « passer, par succession, dans la propriété d'une femme ».

Si déjà, la signification première est quelque peu misogyne, son évolution ne l'est pas moins.

En effet, si un domaine tombait en quenouille, expression méprisante, c'est parce qu'il aboutissait dans les mains d'une femme, forcément tout juste bonnes aux travaux ménagers, dont le filage de la quenouille, le mot ayant, par métonymie, désigné ensuite la matière textile qui entourait l'extrémité de la quenouille (le bâton lui-même).

Puis, si le domaine était laissé à l'abandon ou s'il perdait de la valeur (sens actuel depuis le début du XXe siècle), c'est bien parce que la femme qui en avait hérité était incapable de s'en occuper correctement (sous-entendu : comme toute femme qui se respecte).

> Frédéric VII n'ayant pas laissé d'héritier mâle, le trône de Danemark est tombé en quenouille, et notre loi de succession, à nous, est la loi salique.
>
> Louis BLANC – *Lettres sur l'Angleterre* – 1866-1867

> Un de ces chapitres dont il [Balzac] avait le secret pour recréer l'atmosphère qui se dégage d'un vieil hôtel parisien, construit entre cour et jardin, tombé en quenouille.
>
> Blaise CENDRARS – *Bourlinguer* – 1948

---

1. Non, je n'ai pas connu qu'Ulla et ma colocataire ne s'appelle pas non plus Ulla !

841. DES QUERELLES INTESTINES

Des dissensions, des conflits qui se passent à l'intérieur d'un groupe.

Quand on vous parle d'intestin, vous pensez immédiatement à cette longue chose, grosse ou grêle, mais toujours peu ragoûtante (sauf à la mode de Caen) qui déborde du ventre quand on se fait seppuku.

Et quand on évoque les querelles intestines, vous vous dites peut-être que, compte tenu de la foultitude de bactéries diverses qui grouillent là-dedans, il n'est absolument pas possible qu'elles puissent être d'accord sur tout et que, du coup, les bagarres ou de simples querelles bactériennes doivent être fréquentes ; jusqu'à ce qu'un bon antibiotique mette tout ce petit monde d'accord.

Mais c'est oublier que l'adjectif *intestin* vient du latin *intestinus* qui signifiait « intérieur ».

C'est pourquoi il y a longtemps que cet adjectif veut dire « qui se passe à l'intérieur de quelque chose ». Il n'y a qu'à se souvenir de Cicéron, lui qui évoquait déjà la *bellum intestinum* ou la « guerre civile » dont on sait qu'elle se passe à l'intérieur d'un pays et de sa population.

Notre expression, qui date de la fin du XVIIe siècle, évoque les dissensions au sein d'un groupe social tel qu'une entreprise, une association ou un parti politique…

Et c'est vrai que les partis politiques sont des endroits où la soif de pouvoir des uns et des autres, alors qu'il n'y pas de place pour tout le monde au sommet, fait que les querelles intestines y sont monnaie* courante.

> Depuis l'Antiquité jusqu'à nos jours, les peuples libres ou seulement fiers n'ont jamais supporté sans frémir l'intervention des gouvernements étrangers dans leurs querelles intestines.
>
> Madame DE STAËL – *Considérations sur les principaux événements de la Révolution française* – 1817

842. UNE QUERELLE D'ALLEMAND

Une querelle sans sujet sérieux, pour des raisons futiles.

Au cours du temps, on a pu lire différentes explications de la naissance de cette expression : pour les uns, *allemand* viendrait du nom de famille *Alleman*, famille réputée pour se venger avec ardeur de la moindre injure ; pour d'autres *allemand* serait un jeu de mots sur *à la main*.

Mais si ces hypothèses fantaisistes ont pu naître, c'est parce que leurs auteurs n'avaient pas connaissance de la forme du XVIe siècle : *une querelle d'Allemagne* (on la trouve chez Montaigne, entre autres).

Soulagé, vous vous dites donc que, comprenant que nous avons affaire à une simple déformation de l'expression d'origine, il va être facile d'expliquer la provenance de cette dernière.

Eh bien, que nenni !

Car là aussi, on trouve plusieurs hypothèses. Et en voici quelques-unes :

– au Moyen Âge, déjà, on disait des Allemands qu'ils étaient le peuple le plus « ireux » (coléreux), d'où des chamailleries à n'en plus finir ;

– on disait aussi que les soldats allemands, souvent ivres, étaient prompts à chercher querelle (mais n'est-ce pas souvent le cas des personnes ivres, quelles qu'en soient la nationalité et la profession) ;

– les étudiants allemands étaient, paraît-il, d'humeur batailleuse, dans leurs universités ;

– enfin, il se dit aussi que les Allemands, proches de la frontière française, trouvaient toujours de bonnes raisons pour faire des excursions armées chez nous pour y pratiquer quelque pillage.

Mais l'hypothèse la plus communément admise vient du fait que le Saint-Empire romain germanique était constitué d'un ensemble de minuscules États dont les souverains cherchaient toutes les plus ou moins bonnes occasions de batailler avec leurs voisins, histoire de tenter de s'emparer de leurs terres et d'agrandir ainsi leur pouvoir et leur zone d'influence.

> Comme nous l'apprend une note remarquable que viennent de publier les journaux anglais, nous étions dans l'erreur, et, en ce qui concerne la langue en particulier, les populations flamandes de notre libre Belgique seraient bien heureuses de vivre sous le régime que l'oppression danoise avait établi dans le Schleswig. C'est donc bien une vraie querelle d'allemand que le nationalisme d'outre-Rhin a faite au Danemark pour avoir l'occasion de lui voler, sous des apparences honnêtes, deux provinces.
>
> *L'Économiste belge* – 1864

843. À LA QUEUE LEU LEU

Signification.
En file indienne, l'un derrière l'autre.

Après le XIe siècle, en ancien français, la syntaxe était très différente de celle d'aujourd'hui.

On pouvait s'y passer d'article, écrire un complément de nom sans préposition ou rejeter le verbe en fin de proposition.

Ainsi le nom du village de Bourg-la-Reine n'avait rien à voir avec les frasques sexuelles du roi, comme aurait dit Coluche, mais signifiait simplement « (le) bourg (de) la reine ».

À la queue leu leu était un raccourci de *à la queue (du) leu (le) leu* ou, en moins compact encore, *c'est à la queue d'un leu qu'on trouve un autre leu.*

Quand on sait que :

– *leu* est la forme ancienne de *loup* ;

– les petites bandes de loups avaient pour habitude, paraît-il, de se déplacer les uns derrière les autres, donc chaque loup derrière la queue du congénère qui le précédait ;

– le loup, comme le renard, était très présent dans l'imaginaire des gens de l'époque.

On comprend que cette expression soit apparue pour désigner une file* indienne, bien avant que l'Amérique et les Amérindiens ne soient découverts.

> Premier jour : premières présentations. C'est à la queue leu leu que les passionnés se faufilent dans les différentes salles d'exposition pour découvrir le travail des jeunes artistes.
>
> *Le Figaro* – Article du 4 mai 2010

844. AVOIR LA QUEUE ENTRE LES JAMBES

Se sentir honteux.

Une fois n'est pas coutume quand le mot *queue* est utilisé, surtout en relation avec les jambes, cette expression n'a aucune origine grivoise.

C'est bien entendu au chien qu'il faut penser, cet animal ayant l'habitude de revenir la queue basse, voire entre les pattes, lorsqu'il s'est frité[1] avec un congénère et qu'il a eu le dessous.

Cette attitude est sa manière à lui de montrer qu'il est dépité d'avoir essuyé un échec cuisant, et c'est tout simplement de cette image aisément constatable pour qui possède un chien que notre expression est née vers le XVIe siècle.

Toujours par comparaison avec le meilleur ami de l'homme, il existait également deux autres expressions utilisant l'appendice caudal de l'animal, mais trop tendancieuses à notre époque compte tenu du sens qu'a pris le mot *queue* : *s'en aller la queue levée* voulait dire « content et joyeux » et *voir sa queue reluire* signifiait « éprouver de la fierté », en lien avec un beau poil brillant.

Alors imaginez-vous, aujourd'hui, dire à vos amis, en parlant de votre enfant qui vient d'obtenir brillamment son bac : « Je vois ma queue reluire et, du coup, je m'en vais la queue levée. »

> Le prince de Nassau n'est pas le seul mécontent de sa malheureuse expédition de Jersey, d'où il est revenu, disent nos courtisans, la queue entre les jambes.
>
> *Correspondance de Louis XVI*

---

1. Sans qu'il soit obligatoirement belge pour autant…

845. SANS QUEUE NI TÊTE

Incohérent, incompréhensible.

Normalement, toute histoire qui tient la route comprend un début compréhensible (« Il était une fois une méchante sorcière qui préparait une mixture empoisonnée en deux coups de cuillère à crapaud… ») et une fin du même acabit (« …ils vécurent quelques années seulement en concubinage, juste le temps de faire une palanquée de mioches insupportables avant qu'il soit emporté par le tétanos et que, de désespoir, elle s'immole par le feu »).

Le début, qui généralement met en place les personnages et les lieux, c'est l'introduction ou la tête ; et la fin, c'est la conclusion ou la queue. Et avec ce qu'on trouve entre ces deux-là, l'ensemble est supposé faire quelque chose de cohérent et compréhensible.

Enlevez les deux extrémités et l'histoire perd beaucoup de sa cohérence. C'est simplement ce que veut dire l'expression.

Bien sûr, quelques habitués des supplices imposés aux diptères diront que toute histoire, même sans queue ni tête, a forcément un début et une fin ; un peu comme une saucisse dont vous coupez les deux bouts, mais à laquelle il reste toujours deux bouts quand même, que vous pouvez ensuite recouper, et ainsi de suite jusqu'à ce que vous entamiez vos doigts[1].

Oui, mais une saucisse sans ses deux bouts initiaux n'est plus vendable, tout comme une histoire sans sa queue ni sa tête d'origine n'est plus racontable, car plus compréhensible.

D'ailleurs, il y a une expérience très simple à tenter. Ouvrez une boîte de sardines. Vous constatez qu'elles sont là, allongées l'une à côté de l'autre,

1. Reste que, s'il le fait avec une histoire, j'imagine assez mal un enfant, le soir au coucher, demander à sa mère : « Maman, s'il te plaît, raconte-moi une saucisse ! »

sans queue ni tête. Prenez-en une à part et demandez-lui de vous raconter une histoire. Sans surprise, ce qui ne fait que confirmer l'expression, vous ne comprendrez rien à ce qu'elle va vous raconter. Du coup, vexée, elle va se taire définitivement. Voilà pourquoi votre sardine est muette*.

> Voilà comme je suis fait, ce n'est pas être bien fait sans doute, mais que voulez-vous ? La faute en est aux dieux, et non à moi pauvre diable qui n'en peux mais ; je n'ai pas besoin de réclamer ton indulgence, mon cher Silvio, elle m'est acquise d'avance, et tu as la bonté de lire jusqu'au bout mes indéchiffrables barbouillages, mes rêvasseries sans queue ni tête.
>
> Théophile Gautier – *Mademoiselle de Maupin : double amour* – 1837

846. LA QUILLE

1. La fin du service militaire (pour un appelé).
2. La fin d'un emprisonnement.
3. Plus généralement, la fin d'une période considérée comme pénible.

Maintenant que le service militaire obligatoire n'existe plus, les jeunes Français ne peuvent plus connaître la joie des travaux de nettoyage des toilettes, de balayage des couloirs ou de peinture des bordures de trottoirs.

Ils ne peuvent pas non plus goûter aux activités viriles comme le parcours* du combattant ou la course sur vingt kilomètres en treillis et rangers en portant un sac à dos plein de pierres.

Enfin, ils ne peuvent plus apprécier les manifestations de franche et juvénile camaraderie comme le lit en portefeuille ou le seau d'eau pris en pleine poire pendant le sommeil, par exemple.

Du coup, ils ne savent pas non plus ce qu'est le plaisir de décompter laborieusement les jours qui restent avant la fin du service, cette fameuse « quille » que tout appelé normalement constitué fête avec un immense bonheur.

Mais pourquoi appelle-t-on *quille* ce retour tant attendu à la vie civile ? Au risque d'en décevoir quelques-uns, je dois avouer qu'on ne le sait pas.

On dispose bien de quelques hypothèses, émises par d'éminents lexicographes ou d'anonymes individus, dont certaines un peu loufoques, mais il n'y a aucune certitude.

Je vais donc vous proposer deux explications parmi les plus plausibles.

Autrefois, lorsqu'on était prisonnier (parce que pour ces gens-là aussi, la libération c'est *la quille*) ou bidasse, le décompte des jours restant se faisait à l'aide de bâtons tracés sur des supports divers.

Il est alors aisé d'imaginer comparer ces bâtons, droits comme des I et placés côte à côte, à des quilles qui sont éliminées une par une, jusqu'à ce que la dernière, LA quille subisse enfin le même sort.

Voilà pour la première hypothèse.

À l'époque où cette locution est apparue, en 1936, il était courant pour la hiérarchie militaire, paraît-il, de tenter de limiter les ardeurs sexuelles des jeunes et bouillants appelés en mêlant à leur alimentation du bromure de potassium, produit anaphrodisiaque par excellence.

La fin du service militaire était donc, pour les militaires libérés, la promesse du retour d'une véritable et belle érection, une grosse « quille », pour les plus modestes[1].

L'expression *la quille bordel !*, maintes fois proférée, pourrait d'ailleurs être une confirmation de cette hypothèse, cette virilité retrouvée permettant effectivement d'aller fréquenter avec efficacité un tel lieu de débauche.

1. Et même si l'usage du bromure n'est qu'une légende – il paraît qu'une intense activité physique, comme celle qu'on pouvait pratiquer au début de son service militaire, suffit à provoquer une baisse importante des besoins sexuels –, le manque de ce type d'activité en milieu militaire et l'idée de pouvoir pratiquer librement à la libération pouvaient suffire à associer cette dernière à une quille pouvant s'exprimer pleinement.

On peut encore ajouter trois pistes parmi les moins capillotractées :

– vers 1900, le verbe *quiller* signifiait « abandonner », « quitter » ou « partir ». *Quille* pourrait donc être un substantif tiré de ce verbe pour désigner le départ ;

– il pourrait aussi y avoir un lien avec l'argotique *quille* qui désigne aussi une bouteille (*une quille de roteux*), le genre de récipient que le libéré va enfin s'empresser de vider avec joie une fois son paquetage rendu ;

– enfin, au milieu du XIXe siècle, *jouer des quilles* signifiait « s'enfuir », les *quilles* désignant les jambes. Alors y aurait-il un lien avec ces quilles que l'appelé s'empresse d'utiliser pour fuir son lieu de casernement ?

Une légende très répandue dit que *La Quille* était le nom d'un bateau qui ramenait les bagnards libérés de Cayenne ou des forçats d'un éventuel autre endroit, ce qui pouvait suffire à expliquer l'origine réelle de cette fameuse *quille*.

Mais, interrogé, le musée de la Marine à Paris a indiqué après des recherches n'avoir aucune trace d'un bateau ayant eu ce nom et ayant servi à ce type de transport.

Un troufion qui arrosait la quille
Vient lui faire un compliment grotesque
Genre vous êtes belle comme que'que chose qui brille
Elle en tombe amoureuse aussi sec
Elle est quand même déçue d'être triste
D' pas tomber sur un parachutiste.

RENAUD – « Le Retour de la Pépette » – 1985

847. ALLUMER / OUVRIR SES QUINQUETS

Regarder attentivement.

Voilà une expression que l'on n'entend plus guère de nos jours. Elle a pourtant eu son heure de gloire, après sa naissance au milieu du XIXe siècle, à une époque où les quinquets étaient encore très utilisés.

Depuis le début du XIXe les quinquets sont les yeux, en argot. Donc, c'est bien en ouvrant ses quinquets qu'on peut regarder quelque chose. Mais pourquoi utilise-t-on aussi le verbe *allumer* ?

C'est à la fin du XVIIIe siècle que le physicien Argand invente une lampe à huile d'un genre nouveau. Au lieu d'une simple mèche baignant dans un bain d'huile, fournissant une lumière faible et beaucoup de fumée, il imagine une lampe à huile dans laquelle la mèche a une forme de cylindre, le passage de l'air en son centre y attisant la flamme pour procurer une lumière beaucoup plus vive et générant beaucoup moins de fumée.

Là-dessus, l'apothicaire Quinquet copie et améliore un peu l'invention et la commercialise. Pour les consommateurs, elle devient « la lampe à la Quinquet », puis, plus simplement, le quinquet.

Ce n'est que plus tard que l'œil – parce que c'est une autre forme de lumière, à savoir « la lumière de l'âme » pour certains poètes – devient familièrement le *quinquet* qu'on peut aussi bien ouvrir qu'allumer.

> Amusez-vous bien : ouvrez de toutes vos forces vos grands quinquets et pensez à votre vieux.
>
> Gustave FLAUBERT – *Correspondance* – VIe série

848. ÊTRE SUR LE QUI-VIVE

Être vigilant, sur ses gardes.
S'attendre à un danger, une attaque.

Cette expression date de la fin du XVIIe siècle sous cette forme, mais c'est à partir du début du XVe qu'elle est utilisée sous sa forme latine *qui vivat ?* pour demander à une autre personne de quel parti (au sens de « association de personnes ») elle était.

Plus tard, une sentinelle qui entendait un bruit à proximité de son lieu de garde demandait « Qui vive ? » ou sous une forme un peu moins concise « Qui est vivant ici ? Faites-vous connaître ! ».

Mais l'interjection s'employait aussi pour demander à quelqu'un approchant, parfaitement visible, de décliner son identité.

C'est au début du XVIIe siècle qu'elle s'est substantivée en *qui-vive*, mot qu'on ne trouve presque plus maintenant que dans notre expression dont le sens est aisément compréhensible, puisque le rôle de la sentinelle est justement d'être vigilante, de parer à tout danger pouvant survenir.

> La pensée, sans cesse sur le qui vive, est inquiète, tourmentée ; elle ne peut se livrer à aucun calcul, et est écrasée sous le poids d'appréhensions permanentes ; car je vous le répète, il est fort rare que deux tireurs soient d'une telle égalité de force que les dangers soient partagés.
>
> César LECAT DE BAZANCOURT – *Les Secrets de l'épée* – 1862

849. EN RADE

1. Laissé à l'abandon, à l'écart.
2. En panne, dans l'impossibilité de fonctionner.

Voilà une métaphore dont on ne peut ignorer l'origine marine.

Rade est issu d'un mot de vieil anglais qui a donné *road* (« route ») dans cette langue. Et chez nous, si dès le XIVe siècle, *rade* a désigné « un bassin naturel ou artificiel où les bateaux peuvent s'abriter », il a aussi été utilisé au XVIe pour désigner une route.

C'est de cet endroit abrité où les navires peuvent attendre au calme que la tempête passe ou bien mouiller en attendant que l'équipage revienne de sa virée à terre après avoir bu et forniqué plus que de raison, que vient notre expression.

En effet, le bateau « en rade » est à l'écart du port[1], et entre être à l'écart et être (ou paraître) à l'abandon, il n'y a qu'un petit pas que certains se

1. À partir du XIXe siècle, un navire « en petite rade » était au mouillage près du port, tandis qu'un navire « en grande rade » en était éloigné.

sont vite empressés de franchir (à la rame) au début du XIXe siècle.

C'est aussi parce qu'un navire qui est en rade est à l'arrêt que le sens initial a été déformé pour évoquer quelque chose qui ne marche plus, qui est en panne* comme un véhicule également immobilisé.

> Avec nos avions qui dament le pion au soleil, avec nos magnétophones qui se souviennent de « ces voix qui se sont tues », avec nos âmes en rade au milieu des rues, nous sommes au bord du vide, ficelés dans nos paquets de viande, à regarder passer les révolutions.
>
> Léo FERRÉ – « Poète… vos papiers ! » – 1956

> D'autres Toulonnais qui font le décompte de toutes les entreprises financées sur fonds publics ici et qui n'ont jamais rempli le rôle qu'elles étaient censées remplir vous diront, désabusés, que « ce tunnel est un beau symbole pour une ville qui s'effondre sur elle-même ». Toulon, dont le tunnel hélas, n'est pas resté seul en rade.
>
> *Le Nouvel Observateur* – Article du 20 mars 1997

850. FAIRE DU RAMDAM

Faire du vacarme.
Provoquer du désordre.

Le mot *ramdam* est apparu en France à la fin du XIXe siècle. À cette époque, son sens était plus précis, car il désignait un tapage nocturne.

Pourquoi donc ?

Vous n'êtes pas sans savoir que, dans la religion musulmane, il existe la période du ramadan pendant laquelle ceux qui suivent les préceptes du Coran doivent s'abstenir de boire et manger entre le lever et le coucher du soleil.

Une fois couché l'astre qui éclaire nos jours, le repas enfin autorisé est souvent l'occasion de réunions familiales parfois bruyantes dont le voisinage immédiat profite alors pleinement.

Et ce mois de jeûne se termine par l'Aïd-el-Fitr qui est l'occasion de véritables festivités encore plus animées.

Ramdam est en fait une déformation de *ramadan*[1] qui, pour les voisins de musulmans, était le symbole des tapages nocturnes liés à la fin du jeûne quotidien.

Depuis, entré dans le langage courant et déconnecté de ce qui l'a fait naître, le mot désigne plus généralement un vacarme quelconque, qu'il soit nocturne ou diurne, et par extension un désordre.

On peut aussi noter que dans l'argot des prostituées au début du XXe siècle, le ramdam désignait également l'amour physique.

> Traditionnellement, la foire est boueuse […]. L'air sent la poudre, la guimauve, la sueur de fille. Les clowns font du ramdam sur leur estrade.
>
> Jean ANGLADE – *Le Pain de Lamirand* – 2002

851. DEMAIN, ON RASE GRATIS !

Se dit à propos de promesses qui ne seront pas tenues.

« Les promesses n'engagent que ceux qui y croient/les écoutent. » Voilà une phrase qui a été mise dans la bouche de nombreux élus (ou en passe de l'être).

Il faut dire que l'activité favorite de nos hommes politiques de tous bords, c'est de faire des promesses inconsidérées, travail qui leur est facilité parce que l'Homme est faible et qu'il préfère entendre de fausses promesses de bonheur que des promesses de temps difficiles, même s'il sait que leur venue ou réalisation est bien plus probable.

L'avantage pour les politiques, c'est que c'est un sport qui ne fatigue que leur langue et pas trop leurs méninges.

Cette expression viendrait d'un barbier qui aurait mis à l'entrée de son échoppe une grande pancarte proclamant : « Demain, on rase gratis. » Mais notre

1. Afin de lever tout doute, je tiens à préciser que « ramadan ! » n'est absolument pas l'ordre qu'Ève aurait donné à Adam lorsqu'ils ont cherché à rejoindre New York depuis La Rochelle en canoë. D'autant plus qu'Adam n'était pas gay.

artisan, pas totalement idiot et près de ses sous, l'y laissait tous les jours.

Par conséquent, le benêt qui, le lendemain du jour où il avait vu la pancarte, venait se faire raser ou couper les cheveux et qui s'étonnait de devoir tout de même payer s'entendait répondre : « Oui, mais il y a écrit que c'est demain que c'est gratuit. »

Si cette histoire dont la véracité reste à prouver met en scène un barbier, c'est parce que les barbiers, comme les dentistes et les chirurgiens, n'avaient pas bonne réputation au moment où cette expression est apparue.

> Nicolas Sarkozy sonne la mobilisation générale contre Jacques Chirac : « Ceux qui nous ont mis au défi de mener campagne ne vont pas être déçus du voyage » ; il résume le programme chiraquien en quatre mots : « Demain, on rase gratis. »
> Jean Charlot – *Comprendre la présidentielle 1995* – 1995

852. FAIT COMME UN RAT

1. Qui est mis dans l'impossibilité de fuir.
2. Qui est dans une situation sans issue.

La comparaison *comme un rat* existe depuis le milieu du XVIe siècle.

Inutile de dire qu'elle n'est jamais favorable, vu le peu d'estime porté en général à ces êtres-là, sauf dans le cas très particulier où ils sont à la fois petits et de l'Opéra.

Ainsi, on a pu trouver les expressions *pauvre* (ou *gueux*) *comme un rat (d'église*[1]*)* ou bien *pris et cuit comme un rat*, qui est équivalente à la nôtre, puis, plus tard, *crever comme un rat*.

Être fait comme un rat, c'est, avec le sens argotique de *fait*, être comme le rongeur lorsqu'il est coincé dans un piège dont il ne peut plus s'échapper, alors que son sort ne fait plus aucun doute.

---

1. À propos de *rat d'église*, on notera que cette appellation désignait autrefois un bigot, donc probablement le mari d'une grenouille* de bénitier.

Si *être pris (et cuit) comme un rat* date de 1725, la forme actuelle de notre expression serait attestée pour la première fois en 1932.

Certains supposent qu'elle serait née dans les tranchées pendant la guerre de 14-18, alors que, pour les soldats qui y étaient terrés, une des principales occupations était de capturer les rongeurs qui y pullulaient.

> J'allais m'en aller. Mais trop tard ! Ils avaient refermé la porte en douce derrière nous les civils. On était faits, comme des rats.
>
> Louis-Ferdinand CÉLINE – *Voyage au bout de la nuit* – 1932

> S'il ne réagit pas sur-le-champ, il sera fait comme un rat. Elle déchaînera sur lui un ouragan d'invectives, de récriminations si dévastateur qu'il en ressortira démoli. Pour s'extirper de ce piège qui inexorablement se referme sur lui, il n'a plus qu'une issue : se jeter à l'eau et servir à Leslie, au plus vite, une version qui ait les accents les plus naturels de la vérité.
>
> Jean-Baptiste MAUROUX – *Un crime si agréable à Dieu* – 2001

853. MANGER À TOUS LES RÂTELIERS

Profiter de toutes les situations possibles, sans scrupules. Piocher sans hésiter dans tout ce qui peut être bénéfique.

Grâce à votre perspicacité, vous avez deviné que *râtelier* et *râteau* sont des mots de même origine, qui est en l'occurrence le mot latin *rastellum*.

Si le râteau est un instrument de jardinage muni à son extrémité de plusieurs tiges métalliques parallèles (ou dents), le râtelier est un support mural dans lequel on dépose le fourrage destiné à nourrir les chevaux, les vaches, ou les moutons.

C'est parce que le râtelier est également composé d'un ensemble de barreaux en bois ou en métal parallèles, et qu'il a donc une apparence similaire à un grand râteau, qu'il est nommé ainsi.

Et lorsqu'un animal de l'étable, debout à côté d'un collègue, n'hésite pas à piocher dans la partie du râtelier qui est en face de l'autre, on peut dire qu'il ôte sans vergogne le pain de la bouche du voisin.

Le *Dictionnaire de l'Académie française* de 1762 signale la forme « manger à plus d'un râtelier ». C'est une métaphore où le râtelier représente une situation porteuse d'avantages, avec une personne qui, bien que disposant généralement de son propre râtelier, n'hésite pas à profiter sans scrupules de celui de quelqu'un d'autre, à ses dépens.

Mais la métaphore existait déjà un siècle auparavant, dans la forme « je leveray (j'enlèverai) le ratelier à ce gourmand ».

Et comme le profiteur ne va certainement pas s'arrêter à un seul râtelier supplémentaire, l'expression a évolué en incluant un *tous* désignant toutes les situations dont il peut potentiellement profiter.

> Mon cher, soyez mousquetaire ou abbé, soyez l'un ou l'autre, mais pas l'un et l'autre, reprit Porthos. Tenez, Athos vous l'a dit encore l'autre jour : vous mangez à tous les râteliers.
>
> Alexandre Dumas – *Les Trois Mousquetaires* – 1849

> La philosophie, à toutes les époques, reproduit toujours quatre grands systèmes, y compris le scepticisme. Je prends un peu dans tous ces systèmes ; je mange à tous les râteliers, je suis éclectique.
>
> Pierre Leroux – *Réfutation de l'éclectisme* – 1841

854. UN REMÈDE DE BONNE FEMME

1. Un remède simple et populaire.
2. Un remède sans grand intérêt, voire inefficace.

Voilà une expression fort intéressante à la fois par l'évolution de son sens et par ce qui est généralement cru de son origine.

Si, au cours d'une promenade dans un lieu fréquenté, vous abordez quelques personnes présentes et leur demandez quelle est l'origine de cette expression, la plupart de ceux qui seront persuadés d'avoir la réponse vous diront que le *femme* de notre expression est en fait une déformation de l'ancien français *fame* qui voulait dire « renommée ». Autrement dit, on utilisait avant *de bonne fame*, venu du latin *bona fama*, pour dire « de bonne renommée » et, le mot *fame* (qu'on retrouve aujourd'hui dans des mots-dernes comme *fameux* ou *mal famé*) ayant été oublié, il s'est transformé en son homophone *femme* à l'écrit. Par conséquent *remède de bonne femme* devrait s'écrire *remède de bonne fame* pour dire « remède de bonne renommée ».

Et c'est une explication qu'on trouve effectivement dans de très nombreux ouvrages et, par conséquent, sur de nombreux sites Internet. Son seul mais principal inconvénient est qu'elle est fausse, malgré le fait qu'elle semble parfaitement tenir la route.

En effet, il est peu probable que vous trouviez un ouvrage ancien où *remède de bonne fame* existe. Oh, vous trouverez aisément beaucoup de livres parus jusqu'au milieu du XIXe siècle où l'on parlait de *bonne fame (ou famé) et renommée* (preuve que le mot était encore connu tardivement, ne justifiant pas son remplacement par *femme*), généralement en évoquant le besoin de rétablir celle de quelqu'un ayant été injustement accusé de quelque chose, mais point de *bonne fame* dans un contexte type de l'utilisation de notre expression[1].

En revanche, vous trouverez de nombreux *remède de bonne fame* dans des ouvrages publiés à partir de la seconde moitié du XXe siècle, date où la fausse origine a commencé à se répandre.

En fait, aussi stupéfiant que cela puisse paraître, notre *femme* n'est rien d'autre qu'une femme ; et l'évolution de sens du syntagme *bonne femme*

1. Pour enfoncer encore le clou, Furetière au XVIIe siècle (époque de l'apparition de l'expression) indiquait « Fame…, renommée, réputation. Il n'est en usage qu'en cette phrase de pratique : Rétabli en sa bonne fame et renommée. »

explique les deux significations assez opposées proposées pour notre locution.

Bonne femme apparaît au milieu du XVIIe siècle et désigne à la fois une femme bonne et une femme âgée, donc d'expérience, ce qui explique la connaissance par cette dernière de remèdes simples pour soigner de nombreux soucis physiques, *remède* devant bien sûr être compris comme quelque chose qui guérit un mal quelconque.

En 1693, on trouve sous la plume de Valentin Esprit Fléchier, évêque de Nîmes, dans son *Histoire du cardinal Ximenès* la phrase suivante :

> « Qu'elle espéroit pourtant avec l'assistance de Dieu, sous la protection duquel étoit ce grand Homme, que dans huit jours elle le guériroit par le moyen de quelques simples, dont elle connoissoit la vertu ; qu'elle demandoit pour toute grâce qu'on n'en parlât pas aux Médecins, qui se moquent de ces petits remèdes de femmes. »

Et nous voilà déjà dans les remèdes de femmes (et non de « fame »), pas encore bonnes, mais on va rapidement y venir.

En effet, cinq ans plus tard, dans *Pratique spéciale de médecine*, écrit par Michael Ettmüller, on trouvera ceci : « Cette bonne femme n'ignoroit pas que le vin tiède bu après l'enfantement étoit merveilleux pour refaire les accouchées. »

Voilà donc une bonne femme, incontestablement une femme bonne, dont la renommée n'est pas évoquée, et qui connaît un remède pour vite retaper une de ses consœurs qui vient d'accoucher.

Même si elle n'est citée par l'Académie française que dans la version de 1798 de son dictionnaire, notre expression apparaît au début du XVIIIe siècle.

On la trouve par exemple chez Philippe Hecquet dans son *Observations sur la saignée du pied* paru en 1724 : « Mais suivant ce détail, qui est d'après les

Auteurs qui la donnent au public, l'inoculation est une pratique populaire, un remède de bonne femme, ramassé de parmi un peuple ignorant. »

Nous y sommes ! La bonne femme, celle qui a suffisamment d'expérience pour connaître bien des choses de la vie, sans forcément être allée aux écoles, connaît, par transmission orale probablement, nombre de remèdes simples mais utiles pour soigner de nombreux bobos, ce qui explique le premier sens de l'expression, sans avoir besoin d'aller chercher le fameux *bona fama*.

Et parmi ces remèdes, je ne résiste pas au plaisir de vous en livrer un publié en 1768 dans le *Dictionnaire raisonné universel d'histoire naturelle* : « Le bouillon de taupe est un remède de bonne femme pour guérir les enfants de l'incommodité de pisser au lit. » Donc, si votre enfant souffre d'énurésie nocturne, il vous suffit d'attraper et de faire cuire à l'eau quelques taupes et de lui faire boire le bouillon ainsi obtenu.

Malheureusement, au fil du temps, la femme bonne du premier *bonne femme* est devenue une emmerdeuse, une femelle qui se mêle de choses où elle ne devrait pas mettre son trop grand nez, une papoteuse ou bavasseuse qui distribue sans parcimonie son fiel sur le dos des absentes, en bref une pas-grand-chose qui agace. Le syntagme est en effet devenu suffisamment péjoratif[1], et cela dès le XIXe siècle, pour qu'une fois associé au remède, il en désigne un forcément sans intérêt et très probablement inefficace.

> Elle ressemblait à ces malades arrivés à un état désespéré qui essaient de toutes les recettes et se confient même aux remèdes de bonne femme.
>
> Honoré DE BALZAC – *La Maison du chat-qui-pelote* – 1830

1. Quel homme n'a pas, au moins une fois dans sa vie, levé les yeux au ciel en disant quelque chose comme « Ah, ces bonnes femmes ! », phrase pleine de sous-entendus négatifs.

855. UNE RÉPONSE DE NORMAND

Une réponse ambiguë ou évasive.

Y a-t-il des Normands dans la salle ? Si oui, savez-vous que, depuis très longtemps, vous êtes considérés comme des gens rusés (au sens péjoratif du terme) et peu fiables ?

Mais qu'est-ce qui peut bien vous valoir cette sale réputation, presque certainement usurpée[1] ?

D'après l'Allemand Walter Gottschalk, dans son ouvrage sur la langue française publié en 1930, cela viendrait d'une ancienne loi normande qui permettait à quelqu'un ayant signé un marché de le réfuter dans les 24 heures. D'où le proverbe : « Un Normand a son dit et son dédit. »

En clair, cela voulait dire qu'on ne pouvait aucunement se fier à la parole et même à la signature d'un Normand puisque, une fois que vous aviez le dos tourné, il pouvait casser votre accord.

Nous disposons d'une grande quantité de vocabulaire très peu châtié pour désigner ce genre de comportement, et même si ce n'est pas ici le sujet, imaginez simplement que, par exemple, le lendemain de la signature du compromis de vente de votre appartement, l'autre partie vous annonce que vous pouvez vous brosser* pour qu'elle achète votre bien, et le vocabulaire en question vous reviendra vite.

La réputation des Normands étant ainsi faite, à partir du XVIIIe siècle, d'autres locutions et proverbes (aujourd'hui vieillis) voient le jour :

– *c'est un fin Normand* : « c'est un homme rusé auquel il ne faut pas se fier » ;

– *réconciliation normande :* « réconciliation feinte ;

– *adroit comme un prêtre normand :* « maladroit » ;

1. Enfin moi, j'ajoute ça juste pour ne pas me faire mal voir ; mais je ne connais aucun Normand et ne sais donc pas si cette réputation est si fausse que ça…

– garde-toi d'un Gascon ou Normand, l'un hâble, l'autre ment ;
– un Manceau vaut un Normand et demi.
Y a-t-il des Manceaux dans la salle ?

Hilaire – Et vous, monsieur, qu'avez-vous à répondre là-dessus ?
Lisidor – Que cela peut être vrai, et peut être faux.
Hilaire – La réponse est un peu normande.

Noël Lebreton de Hauteroche –
Le Cocher supposé – 1684

856. LE REPOS DU GUERRIER

D'une manière générale, la femme, considérée comme un délassement pour l'homme, après ses activités considérées comme viriles.
Plus précisément, les relations sexuelles.

Il est de notoriété publique que, dans un monde bien fait, la place de la femme est à la maison, à s'occuper du ménage, de la cuisine et des enfants, tandis que celle de l'homme est d'aller refaire le monde au bar avec ses potes, d'assister aux matchs de foot ou bien de retrouver sa maîtresse.

Mais autrefois, en l'absence de bars, de stades et de télévision, l'homme allait guerroyer (du moins celui qui n'était pas un manant et qui devait alors plutôt s'occuper des bêtes ou des cultures, à moins qu'il ne fût enrôlé de force dans les troupes de son seigneur).

Et lorsque ce noble guerrier, après parfois une longue absence, s'en revenait au foyer, il pouvait enfin y trouver le calme et ce fameux repos bien mérité dans les bras de sa bien-aimée, forcément fraîche, pimpante et en pleine forme, immédiatement prête à bénéficier de ses sauvages assauts si longtemps attendus.

Cette dernière image, un rien provocante (n'est-ce pas mesdames ?), fait partie de celles que véhicule aujourd'hui cette expression.

Car depuis bien longtemps et en beaucoup d'endroits, la femme a été considérée comme un être inférieur, tout juste bon à s'occuper des travaux domestiques et à assouvir les besoins de son mari, même si notre locution sous cette forme et avec ce sens semble ne dater que du début du XIXe siècle.

Et si Nietzsche a fait dire à Zarathoustra à la fin de ce même siècle « L'homme doit être élevé pour la guerre et la femme pour le délassement du guerrier : tout le reste est folie », elle n'a été popularisée qu'en 1958 sous la plume de Christiane Rochefort dans son roman au titre éponyme, ouvrage qui sera adapté au cinéma en 1962 par Roger Vadim, avec Brigitte Bardot dans le rôle de l'héroïne.

> Toi, tu es le repos du guerrier, du guerrier lâche, de l'embusqué ; Notre-Dame des Déserteurs, aie pitié de moi. Je veux dormir-mourir, et pour ça, une femme, c'est le meilleur système.
>
> Christiane ROCHEFORT – *Le Repos du guerrier* – 1958

857. AVOIR DE BEAUX RESTES

Garder des restes de beauté.
Avoir encore un certain pouvoir de séduction.

Sachant qu'à l'origine, au XVIIe siècle, cette expression s'appliquait surtout aux personnes de sexe féminin, peut-on décemment dire d'une femme qu'« elle a de beaux restes » lorsqu'on sait que les restes sont aussi les résidus d'une dépouille, souvent dans un état de putréfaction plus qu'avancé ?

Eh bien oui, on le peut ! Car, depuis cette époque, les restes, ce sont également ce qu'il reste de sa beauté chez une femme mûre. Lorsqu'elle a de beaux restes, c'est que la femme en question, qui a été belle dans son jeune temps, est encore capable de séduire un de ces hommes qui échangeraient pourtant bien volontiers leur femme de 50 ans contre deux de 25, les présomptueux.

Cela dit, ce genre de qualificatif s'emploie en général entre hommes un tantinet machistes. Il est en effet peu probable qu'une femme qui s'entendrait dire cela sous cette forme le prenne toujours pour un compliment. Encore qu'une femme préfèrera sûrement qu'on lui dise cela au lieu de s'entendre traiter de *vieille peau.*

Cette expression peut aussi s'utiliser ironiquement pour désigner un défaut persistant. Ainsi, au XVIIIe siècle, on trouvait déjà le dialogue suivant, cité par Jean-François Féraud dans son *Dictionnaire critique de la langue française* :

> « Cela passera : moi, j'étais tout de même (parleuse impitoyable) dans ma jeunesse.
> – Mais vous en avez encore de beaux restes. »

> Il y a deux jeunes filles : Andrée et Catherine, « les Ondines », c'est ainsi qu'on les nomme, parce qu'elles sont dans l'eau toute la journée. La mère, Emma, a de beaux restes, elle est mieux conservée que la plupart des femmes de ce pays, qui s'épaississent très vite.
>
> Michel Mohrt – *La Campagne d'Italie* – 1965

858. TIRER SA RÉVÉRENCE

1. S'en aller.
2. Abandonner, renoncer.
3. Mourir.

Au XIIe siècle, *révérence* désigne d'abord un grand respect, parfois mêlé de crainte (on pouvait s'adresser à quelqu'un de haut placé avec révérence).

Par extension, c'est devenu, au milieu du XIVe siècle, le salut cérémonieux qui était la marque de ce respect, adressé aux personnes de rang supérieur ou aux autorités ecclésiastiques.

C'est ensuite devenu un geste de civilité, principalement réservé aux femmes, pour saluer une autre personne ou pour prendre congé.

Et c'est d'après ce dernier usage que *tirer sa révérence* est apparu au début du XVIIIe siècle pour dire d'une personne qu'elle s'en va, mais sans qu'on se préoccupe de savoir s'il y a eu ou non le salut du même nom.

Sur ce, certains curieux vont se demander : « mais pourquoi avoir utilisé le verbe *tirer* dans cette expression ? »

Simplement parce qu'à l'époque où le salut cérémonieux était pratiqué, à la cour par exemple, *tirer le pied* avait le sens de « porter son pied en arrière pour saluer » ; le tirer vers l'arrière permettait donc d'enclencher la révérence.

On emploie aujourd'hui cette locution de différentes manières, soit avec une certaine ironie, lorsque quelqu'un ayant quelque chose à se reprocher s'est éclipsé, soit avec peine ou respect, lorsqu'une personne connue vient de décéder, par exemple, soit avec regret ou dépit lorsque quelqu'un abandonne ou renonce à quelque chose.

> Puisque vous êtes rassurée, et que désormais vos nuits, comme vous dites, vont devenir charmantes, nous n'avons plus rien à nous raconter. Saluons-nous donc poliment. Pour ma part, je vous tire ma révérence.
>
> Auguste Maquet – *La Belle Gabrielle* – 1854

> La mère était morte d'épuisement. Le père ne s'en était jamais remis. Il a tiré sa révérence un matin d'automne. Gisèle l'avait trouvé dans son lit, elle s'était approchée pour le regarder de près.
>
> Leïla Houari – *Le Chagrin de Marie-Louise* – 2007

859. ÊTRE DE LA REVUE

Être déçu de ne pas avoir ce que l'on attendait.

À l'époque bénie où le service militaire existait encore, de nombreux appelés ont eu l'immense plaisir d'« être de la revue ».

En effet, c'est souvent alors qu'ils se préparaient à partir pour une permission bien méritée de quelques jours, qu'ils étaient désignés pour participer à une cérémonie militaire quelconque comme un défilé ou une inspection de la troupe (la revue).

D'où la double frustration, celle de participer à une manifestation pour laquelle les contraintes sont fortes (nettoyage des armes et des chaussures, repassage de l'uniforme, attente souvent très longue…) et dont l'intérêt, pour celui qui s'y colle, est loin d'être évident, et celle de ne pas pouvoir aller revoir sa famille ou sa dulcinée.

C'est au XIXe siècle que cette expression est apparue, très vite sortie du contexte militaire pour désigner des espérances déçues, comme celle de la permission qui s'envole.

> – On est de la revue.
> – En effet, vous ne vous marierez pas encore, cette fois-ci…
>
> Sacha Guitry – *Ils étaient neuf célibataires* – 1949

860. FAIRE RIPAILLE

Bien manger et bien boire (à une table copieusement garnie).

Le mot *ripaille* date du XVIe siècle et, de nos jours, il ne s'emploie plus que dans notre expression et vient de l'ancien français *riper* qui voulait dire « gratter ».

Faire ripaille s'utilisait alors pour les soldats qui allaient manger et s'approvisionner chez l'habitant, et l'image est probablement celle des repas où les plats étaient raclés (grattés) jusqu'à ne rien laisser du contenu.

Mais il existe une autre origine à cette expression, proposée par quelques sources, mais peut-être sujette à caution.

Nous sommes au XVe siècle. Le duc de Savoie, Amédée VIII qui a même été pape pendant un moment, vient de perdre son épouse, Marie de Bourgogne, et le pauvre homme, on le comprend, ne s'en remet pas. Il décide alors de se retirer en Haute-Savoie au bord du lac Léman (ou lac de Genève, pour nos amis genevois), dans un prieuré d'où les femmes sont exclues et où il va mener une vie de méditation et de chasteté.

Mais, comme Amédée est accompagné de ses proches et qu'il n'a absolument pas fait vœu de frugalité (il ne faut pas exagérer non plus !), l'endroit est le lieu de fréquents banquets copieux et bien arrosés.

Or, il se trouve que le prieuré était celui de Ripaille.

Ce serait donc le souvenir de ces banquets qui aurait donné naissance à l'expression qui a existé en latin sous la forme du proverbe *facere ripaliam hoc est indulgere ventri* (« faire ripaille, c'est soigner son ventre »).

> Il faudrait un demi-volume pour décrire toutes ces fêtes, celles de la Moisson, de la Toussaint, de la Saint-Martin, de la Tonte des agneaux, surtout celle de Noël qui durait douze jours et parfois six semaines. Ils mangent et boivent, font ripaille, remuent leurs membres, embrassent les filles, sonnent les cloches, s'emplissent de bruit : rudes bacchanales où l'homme se débride, et qui sont la consécration de la vie naturelle : les puritains ne s'y sont pas trompés.
>
> Hippolyte TAINE – *Histoire de la littérature anglaise* – 1866

861. UNE VOIX DE ROGOMME / DE MÉLÉCASSE

Une voix rauque ou éraillée, généralement due à une consommation abusive et répétée d'alcool.

Dès qu'on leur demande l'étymologie de *rogomme*, les linguistes s'arrachent les cheveux et se cognent la tête contre les murs de désespoir, incapables qu'ils sont de l'indiquer. Car si on est sûr que le mot désigne une eau-de-vie depuis la fin du XVIIe siècle, on ne sait pas grand-chose de plus.

On trouve la forme *rogum* en 1700 dans une lettre de Mme de Sévigné à Mme de Maintenon où elle désigne la chose comme un alcool qui pourrait avoir un lien avec le rhum. Alors, certains émettent l'hypothèse que le mot serait une combinaison de rhum et de gomme, mais il semble que cela restera définitivement mystère* et verre de rogomme.

Quant à *mélécasse* (ou *mêlécasse* ou *mêlé-casse*), c'est, incontestablement cette fois[1], une abréviation de *mélécassis*, une boisson associant ou mêlant de l'eau-de-vie et de la liqueur de cassis.

Toujours est-il que, quel que soit l'alcool consommé sans modération, rogomme, mélécassis, absinthe ou autre, on sait que cela peut avoir des effets néfastes sur la voix, la rendant souvent éraillée.

C'est de cette constatation que les voix de ce type ont été appelées *voix de rogomme* à partir du début du XIXe siècle, version maintenant tombée en désuétude, ou bien *voix de mélécasse* un demi-siècle plus tard, forme qu'on peut encore entendre ou lire de-ci de-là.

> Cette femme était marchande au Temple, et était constamment exposée aux injures de l'air sous un auvent qui lui servait de boutique, et, à chaque instant, elle était forcée de parler à haute voix, quel que fût d'ailleurs l'état de sa santé. Insensiblement, le timbre de sa voix s'était altéré, et, depuis plusieurs années, madame *** avait ce que, dans un langage trivial, on appelle une voix de rogomme.
>
> *Journal des connaissances médico-chirurgicales* – 1835

> Un gros homme à la voix de mêlé-casse y appelait les clients.
>
> Louis Aragon – *Les Beaux Quartiers* – 1950

862. LE ROI N'EST PAS SON COUSIN

Il est plus heureux / plus fier qu'un roi.

Il est bien connu qu'« être heureux comme un roi », c'est la félicité suprême. On peut donc comprendre la construction de cette expression de deux manières :

– on est si heureux qu'un roi lui-même serait peu digne d'être un parent proche (on suppose alors pouvoir être encore plus heureux qu'un roi) ;

---

1. Et non pas, comme certains auraient pu le croire, une forme condensée d'un trivial *elle me les casse* en parlant d'une voix qui énerverait.

– on est si heureux qu'être un cousin du roi ne suffit pas, il faudrait au moins en être le frère ou la sœur, afin de s'approcher du niveau de bonheur auquel seul un roi peut prétendre.

Cette expression indique une notion de plénitude, de satisfaction, pour avoir obtenu quelque chose que l'on a souhaité très fort et/ou attendu très longtemps.

Mais elle contient aussi parfois une notion de fierté excessive, proche de la prétention.

Elle s'emploie, par exemple, quand on parle d'un père lors de la naissance de son premier enfant, ou un lauréat d'un concours, les deux étant à la fois extrêmement heureux et fiers.

À la fin du XVIe siècle, on disait « le roi n'est pas son ami », preuve que le terme de *cousin* utilisé ici n'est pas lié aux liens sanguins des différentes familles royales européennes et à l'appellation « mon cousin » que s'échangeaient à l'époque les têtes couronnées.

Et Furetière, en 1690, écrit : « On dit de celui qui a obtenu une chose qu'il souhaittoit fort, Maintenant le *Roi* n'est pas son cousin. »

À tous les gens qui passent
Je veux crier mon bonheur.
La plus grande fortune
Ne me ferait pas plus plaisir
Je refuserais la lune
Si l'on venait me l'offrir.
Je ne donnerais pas ma place
Pour celle du voisin
Je ne donnerais pas ma place
Et le roi n'est pas mon cousin.

Danielle DARRIEUX – « Je ne donnerais pas ma place » –
Paroles de Jean Boyer – 1937

863. TRAVAILLER POUR LE ROI DE PRUSSE

Travailler pour rien, sans être rémunéré.

Apparue officiellement dans les textes vers la moitié du XIXe siècle, voilà encore une expression dont l'origine est incertaine.

Les suppositions vont bon train et, comme un train peut en cacher plusieurs autres, au moins quatre explications circulent, selon les auteurs d'ouvrages sur les expressions.

La première serait liée au fait que les soldes payées aux mercenaires du royaume de Prusse au début du XVIIIe siècle étaient dérisoires.

Une deuxième dit que l'expression viendrait d'une chanson de 1757 qui se moquait de la défaite du prince de Soubise à Rossbach et contenant la phrase : « Il a travaillé pour le roi… de Prusse. »

La troisième suppose qu'elle viendrait du roi Frédéric Guillaume Ier (père de Frédéric II, vainqueur de Rossbach) qui était d'une avarice sans limites et qui ne payait que très peu les gens qui travaillaient pour lui.

La quatrième est évoquée par Charles Rozan dans ses *Petites ignorances de la conversation*, ouvrage paru en 1857. Il y indique que notre expression pourrait être de Voltaire.

Sans entrer dans de trop longs détails, Voltaire était ami avec Frédéric le Grand auprès duquel il trouva refuge en 1750 et pour lequel il mena quelques affaires, en échange de promesses de récompenses variées, promesses que Frédéric ne tint pas, ce qui provoqua une brouille entre les deux hommes, Voltaire se plaignant alors d'« avoir travaillé pour le roi de Prusse ».

> Les internautes, pour une grande partie, se contentent de butiner les résumés qu'ils trouvent à portée de clic sur Google. […] Les journalistes du monde entier, sans trop en avoir conscience, travaillent

ainsi, non pour le roi de Prusse, mais pour les actionnaires de Google.

Laurent Joffrin – *Libération* – Article du 2 avril 2010

864. À TOUR DE RÔLE

À chacun son tour.

Aujourd'hui, on connaît surtout le « rôle » que joue un acteur et il paraît difficile de faire le lien avec la signification de l'expression.

C'est pourquoi nous allons remonter au milieu du XVe siècle, époque où *à tour de rolle* (ou *rollet*) apparaît avec le sens qu'on lui connaît encore, c'est-à-dire à chacun son tour, mais « dans l'ordre d'inscription au rôle ».

Car le mot *rôle*, qui date du XIIe siècle, nous vient du latin médiéval *rotulus* qui désignait un parchemin roulé. Et il se trouve que, si ces rouleaux de parchemin conservaient des écrits de toutes sortes, ils servaient aussi à tenir des registres administratifs, des listes de personnes accompagnées d'informations variées, ou d'actes divers. Et même si les rouleaux ont peu à peu laissé la place aux cahiers, carnets et répertoires, on les a appelés des *rôles* jusqu'à la fin du XVIIe siècle.

Si, sur un navire, par exemple, vous prenez le registre ou « rôle » qui contient le nom des marins et que vous faites l'appel, vous citez les noms l'un après l'autre, dans l'ordre où ils se présentent sur le rôle, donc « à tour de rôle ».

Et lorsque vous citez le dernier nom, vous êtes à la fin du *rôle* ou, autrement dit, si on se rappelle les rouleaux de parchemin, au bout du rouleau*.

Et, parce que c'est intéressant, même si c'est un peu hors sujet, voici un petit complément sympathique d'étymologie : il faut savoir qu'à une époque où la falsification des rôles était fréquente (par exemple par un capitaine d'armée pour toucher la solde de soldats morts, voire n'ayant jamais existé) sont apparus les contre-rôles, doubles des listes originales permettant une comparaison ultérieure avec celles-ci. Or le but de ce contre-rôle n'était-il pas de permettre à un contre-rôleur de « contrôler » la justesse du rôle utilisé ? Voilà comment, probablement sans qu'il le sache, l'aimable contrôleur des impôts qui s'occupe de votre contrôle fiscal s'appelle ainsi.

> Depuis une dizaine de jours, ils occupent, nuit et jour, à tour de rôle, une salle de réunion. Leur coup d'éclat s'inscrit dans une « lutte » engagée il y a neuf mois.
>
> *Le Monde* – Article du 8 mars 2010

> Les ententes ? De vieilles connaissances pour les spécialistes de ces problèmes à Bercy. Baptisées tour de rôle dans le jargon des limiers, leur principe est simple : plutôt que de se battre vainement au risque de sacrifier leurs marges, les entreprises se répartissent les marchés à tour de rôle avant les réponses aux appels d'offres.
>
> *L'Expansion* – Article du 13 novembre 1995

865. BON COMME LA ROMAINE

1. Extrêmement bon ou gentil, d'une bienveillance extrême.
2. Être voué à subir une situation désagréable.

Que vient faire une Italienne par ici ? Et de laquelle s'agit-il ? Parce que des Italiennes, il y en a à foison dans les rues de Rome, quel que soit le chemin par lequel on y est allé. Des grandes et des petites, des jeunes et des vieilles, des blanches et des vertes…

Oui, des vertes ! Si vous regardez bien, vous en trouverez facilement une sur un marché, qui s'expose sans retenue, faisant admirer ses charmes à tous les passants et que vous pouvez vous offrir à vil prix pour vous la faire… avec une bonne vinaigrette. Car c'est de la laitue romaine, dont il est ici question.

Cette salade, arrivée en Italie depuis Chypre, a été introduite en France au XVIe siècle par François Rabelais auprès de son protecteur l'évêque Geoffroy d'Estissac.

Mais malgré l'ancienneté de l'existence de la romaine dans nos assiettes, cette expression semble récente puisqu'on n'en trouve des attestations qu'au XXe siècle, sans que son origine soit précise ; peut-être était-elle une parole de chansonnier ou faisait-elle partie d'un dialogue d'une pièce de théâtre.

Toujours est-il que c'est parce que cette salade était considérée comme tellement bonne (au goût) qu'à partir de *vous êtes très bon* (ou *gentil*), l'usage populaire y a ajouté par plaisanterie un élément de comparaison qui est finalement resté, même si le sens de *bon* n'est pas du tout le même.

La bonté dont il est question ici comporte en général un sous-entendu de faiblesse : quelqu'un qui est *bon comme la romaine* est tellement affable et gentil que quelqu'un d'autre est capable d'en abuser facilement.

La seconde signification de l'expression vient du mélange de la locution initiale avec *être bon* au sens de « être fait », « être piégé » ou « être très mal engagé (dans quelque chose) ».

Le lien avec la situation désagréable à laquelle peut mener le fait d'être trop gentil ou faible n'y est pas étranger non plus.

> Je pense à mon premier jour, leur dit-il, et à un vieux couple bon comme la romaine. Leteuil, qu'ils s'appelaient.
>
> Robert AUDIDIER – *Les Sentiers de traverse* – 2006

> L'autorité militaire était d'un tout autre avis. Sans ces études qui m'auraient fait bénéficier d'un sursis, sans « piston » qui aurait pu retarder mon départ sous les drapeaux, j'étais « bon comme la romaine ».
>
> Gabriel DI DOMENICO – *Le têtard vous salue bien !* – 2003

866. ROND COMME…

Complètement soûl.

Dans cette expression, le *comme* peut être suivi du nom de diverses choses aux formes arrondies, variables selon les époques, comme (liste non limitative) *balle, boule, pomme, barrique, bille, disque, boudin, bûche, œuf, soucoupe, zéro, petit pois, queue de pelle…*

Si une comparaison entre l'adjectif *rond* et une chose ronde paraît d'une logique implacable, l'important est maintenant de savoir pourquoi *rond*, en argot, est synonyme de *soûl*.

Le mot *soûl* ou *saoul* est issu du latin *satur* qui voulait dire « rassasié », surtout de nourriture (pensez à *saturer*).

Au début du XIIe siècle, l'adjectif s'utilise pour désigner quelqu'un qui a mangé et bu à satiété (comme on le retrouve encore aujourd'hui dans *manger ou boire tout son soûl*). D'ailleurs, Furetière, au XVIIe, indique que *soûl* veut également dire « qui a mangé autant ou plus qu'il ne faut pour vivre ».

Ce n'est qu'à la fin du même siècle que son usage est restreint au sens de « ivre », pour celui qui a bu plus que de raison.

Quant à l'adjectif *rond*, outre son sens premier, il a aussi désigné une personne ayant le ventre bien rebondi du fait d'avoir l'habitude de manger et boire plus qu'il ne faut. Donc une personne qu'on disait aussi *soûle*.

C'est la similitude de signification qui a fait que *rond* est devenu synonyme de *soûl* dès le XVe siècle et a accompagné jusqu'à nos jours le glissement de ce mot vers le seul sens de « ivre ».

> Comme d'habitude, Marcel est rond comme une queue de pelle. C'est l'ivrogne du quartier. Il n'est connu que sous cette appellation.
>
> Robert PATTE – *Le Gentil Petit Coquin* – 2008

867. UN ROND-DE-CUIR

Un employé de bureau.

Un esprit en pleine possession de ses moyens aura facilement détecté que dans *rond-de-cuir*, il y a *rond* et *cuir*. Et cela s'explique aisément.

En effet, vous savez certainement que lorsqu'on est longtemps assis sur une chaise peu confortable, à l'assise en bois, par exemple, on finit par avoir mal au postérieur.

Alors autrefois, lorsque les sièges étaient loin d'avoir le confort dont on peut aujourd'hui bénéficier, les personnes qui devaient rester longtemps assises sur de telles chaises utilisaient souvent, placé entre leur siège et leurs fesses, un coussin en cuir plus ou moins rembourré et généralement de forme circulaire. Ce *rond de cuir* (sans les traits d'union) leur permettait d'épargner à leur popotin des douleurs vite insupportables.

Et puis en 1893, Georges Courteline, en se basant sur de nombreuses années de souvenirs personnels, a publié le roman *Messieurs les ronds-de-cuir* où il décrit la médiocrité des petits fonctionnaires appliquant avec plus ou moins de délectation des règlements stupides ou étant les victimes de ces mêmes règlements.

C'est très vite, à la suite du succès de ce roman, que le terme de *rond-de-cuir* a désigné de manière péjorative un fonctionnaire peu motivé ou inefficace[1] ou un bureaucrate.

> C'était pour lui l'heure vraiment douce de la journée, où se pouvaient gaver, délecter tout à l'aise, de belle prose administrative, ses instincts de rond-de-cuir endurci.
>
> COURTELINE – *Messieurs les ronds-de-cuir* – 1893

> Par l'entremise d'un « député du Diable », Dieter, un SS, l'auteur brosse le portrait du jeune Adolf, rejeton d'amours incestueuses, fils d'un rond-de-cuir arrogant et violent, adolescent obsédé par la place que lui laissera la postérité.
>
> *Le Figaro* – Critique du 19 août 2007 du roman *Un château en forêt : le fantôme d'Hitler,* de Norman Mailer

---

1. Voilà ce que certaines mauvaises langues qualifieraient de pléonasme. Mais l'expérience montre que les gens compétents et efficaces, comme leur inverse, hélas, se rencontrent tout autant dans la fonction publique que dans le privé.

868. SE MAGNER LA RONDELLE

Se dépêcher.

Ce ne sont pas du tout des articles de quincaillerie que nous allons évoquer cette fois.

La rondelle dont il est question ici est cet orifice corporel que certains diptères ont l'extrême surprise de se voir défoncer lorsqu'ils tombent sur un « pinailleur » (en un seul mot) ou, plus vulgairement, sur un enculeur de mouches*.

Il s'agit en effet d'un mot d'argot qui désigne l'anus et qui date, avec cette signification, de la fin du XIXe siècle. Il est employé comme dans les autres expressions similaires que sont *se magner le train* (où le *train* n'est pas celui qui peut en cacher un autre ou celui qui sifflera trois fois, mais l'arrière-train ou le postérieur) ou bien *se magner le cul*, par exemple. En fait, tous les mots désignant tout ou partie du postérieur peuvent être utilisés ici (comme *popotin*, *derche*...).

À partir du XVIe siècle, *se manier* avait le sens de « se mouvoir » ou « s'activer ». *Se magner* en est une déformation populaire datant du milieu du XVIIIe siècle (d'ailleurs, l'expression existe aussi sous la forme *se manier la rondelle*, mais elle peut prêter à confusion avec le sens actuel du verbe *manier*).

C'est Aristide Bruant, au tout début du XXe siècle, qui lui aurait ajouté les différentes variantes argotiques du derrière.

> À un virage, je saute... Dans ces cas-là, on n'a pas le temps de se faire écrire un discours sur la nécessité de la betterave sucrière dans les colonies polonaises... Il faut improviser et se manier furieusement la rondelle chromée.
>
> SAN-ANTONIO –
> *Au suivant de ces messieurs* – 1991

869. RÔTIR LE BALAI

1. Vivre dans la pauvreté.
2. Mener une vie de débauche.

Que voilà une bien étrange expression ! Parce que je ne sais pas pour vous, mais moi, parmi les quelques utilisations normales que je connais d'un balai (outil pour nettoyer le sol, arme pour frapper un importun, véhicule pour sorcières…), je n'en vois aucun où cet objet doit être rôti.

Heureusement, les lexicographes sont là pour éclairer partiellement notre lanterne.

En effet, c'est grâce à ces fouille-livres qu'on comprend que le sens ancien, celui en vigueur à partir du XVIe siècle, signifie en réalité « être tellement pauvre que, à défaut de bois, on en est réduit à brûler le balai ».

Autrement dit, si on « rôtit » le balai, ce n'est pas dans le but de le savourer (vous préférez votre balai grillé avec de la mayonnaise ou du ketchup ?), mais simplement dans celui de se réchauffer avec le peu de combustible qui reste disponible.

C'est au XVIIIe siècle que le sens change du tout au tout, chez Rousseau.

Et là, malheureusement, il n'y a pas de certitude quant à l'explication de cette nouvelle signification. Mais nombreux sont ceux qui supposent qu'il y a une allusion aux sorcières qui, chevauchant leur balai pour se rendre au sabbat, lieu propice à toutes les débauches, se rapprochent des flammes de l'enfer au contact desquelles leur balai roussit quelque peu.

Cette relation aux sorcières pourrait aussi expliquer le fait que l'expression s'appliquait surtout aux femmes débauchées.

> Notre hôtesse elle-même avait rôti le balai : il n'y avait là que moi seul qui parlât et se comportât décemment.
>
> Jean-Jacques Rousseau – *Les Confessions* – 1770

870. AU BOUT DU ROULEAU

Épuisé.
Qui n'a plus de ressources (physiques ou financières).

En moyen français (du milieu du XIVe siècle au XVIe), on disait *être au bout de son rollet*. L'origine de l'expression remonte donc à loin. À très loin même, si l'on en croit l'explication de Claude Duneton.

Autrefois, les livres étaient constitués de feuilles collées bout à bout, écrites sur une seule face, puis enroulées et entourées avec un parchemin autour du rouleau ainsi obtenu, pour le conserver. Ces rouleaux s'appelaient des *rôles*.

Les rôles ont ainsi été utilisés et conservés jusqu'à la fin du XVIIe siècle. C'est d'ailleurs sous ce nom qu'on appelait les registres administratifs et de ce nom également que vient l'expression à *tour de rôle**.

Contrairement aux textes littéraires, le texte des acteurs médiévaux d'une pièce de théâtre était écrit sur un rôle. Ce qui explique maintenant qu'un acteur « joue un rôle ». Lorsque la feuille était de petite taille ou le rôle de théâtre peu important, on utilisait le nom de *rollet*. Ainsi, celui qui arrivait au bout du rollet n'avait plus rien à lire ou dire.

À la fin du XVIIe siècle, quelqu'un qui était « au bout de son rollet » était quelqu'un qui ne savait plus quoi dire à la fin d'un discours, plus quoi faire dans ce qu'il avait entrepris, plus quoi répondre ou plus trouver de quoi vivre.

Puis le *rollet* a laissé la place au *rouleau* qu'on retrouve d'ailleurs chez Diderot : « Tout est déjà écrit sur le Grand Rouleau » de Jacques le fataliste.

Détachée de son origine théâtrale et avec la signification de « à bout de ressources », l'expression a été conservée au XIXe siècle, et de d'autant plus facilement que les ressources financières étaient alors aussi matérialisées par les rouleaux qu'on faisait avec les pièces (comme les banquiers le font toujours aujourd'hui).

Être au bout de son rouleau, c'était ne plus avoir de pièces, donc de ressources.

Enfin, cette expression aurait été revitalisée à la fin du XIXe siècle par les cylindres (les rouleaux !) des phonographes de l'époque qui produisaient des sons de plus en plus déformés au fur et à mesure que le ressort du mécanisme arrivait en bout de course, donnant l'impression de peiner et de ne plus en pouvoir.

> Voilà où nous en sommes, mademoiselle, c'est la misère, pour appeler la chose de son vrai nom, mais la misère si complète, que je ne saurai bientôt plus comment aller au marché. Toutes les économies que j'avais amassées du temps de madame Krauss ont passé à nourrir mon pauvre maître, mais me voilà arrivée au bout du rouleau.
>
> Constant GUÉROULT – *Le Luthier de Rotterdam* – 1884

871. DE LA ROUPIE DE SANSONNET

Une chose insignifiante, une bagatelle, une quantité presque nulle.

Le sansonnet est un simple petit étourneau. Et, pour beaucoup, la roupie, c'est la monnaie de quelques pays, dont l'Inde.

Qu'ont fait ces deux-là pour être associés dans cette expression ?

Eh bien, rien ! Parce que aucun des deux n'est impliqué dans cette affaire glauque.

Depuis au moins le XIIIe siècle, la *roupie* n'est rien d'autre que ces gouttes plus ou moins gluantes, issues des fosses nasales, qui pendent au nez de ceux qui ne connaissent pas le mouchoir (ou la manche de chemise).

Il est donc normal que cette roupie-là soit considérée comme quelque chose d'insignifiant, sans aucune valeur.

Le plus difficile, c'est d'expliquer ensuite en quoi le sansonnet serait suffisamment morveux pour qu'on l'ait associé à la roupie.

Là seules les conjectures sont de mise.

Il pourrait s'agir d'une déformation de *sans sou* (« sans valeur ») ou de *sans son nez*, désignant la roupie seule, isolée de sa chaîne de fabrication nasale.

On peut en effet facilement imaginer l'insignifiance suprême d'une *roupie*, sur la plage abandonnée, au milieu des coquillages et crustacés…

Pour désigner la même chose, certains préfèrent employer l'expression *pine d'oie* et d'autres *couille de mite*.

> L'état-major et les grands chefs s'attribuaient les plus brillantes représentantes de ces contingents du sexe faible et, une fois installées près de leurs protecteurs, leur snobisme devenait tel que le roi n'était pas leur cousin et les petits sans-grade comme nous n'étions plus que des traîne-patins, ne valant pas roupie de sansonnet.
>
> Henri Merle – *Chirurgien dans la coloniale : la saga d'un cul noir* – 2001

872. FRANCHIR LE RUBICON

Faire un pas décisif et irréversible.
Prendre une décision et en assumer toutes les conséquences.

Vous n'étiez peut-être pas sur place à l'époque, mais il y a quelque temps de cela, vers 49 av. J.-C., Jules César, alors qu'il venait de mater nos ancêtres les Gaulois, s'en retournait à Rome dirigée par Pompée afin d'y trouver un repos bien mérité.

Las, Pompée avait ordonné que tout général d'armée dût impérativement se séparer de ses troupes avant de rentrer dans Rome.

C'est en arrivant au Rubicon, cours d'eau qui séparait la Gaule Cisalpine (que César gouvernait) et l'Empire romain, qu'il aurait dû dissoudre son armée et déposer ses armes.

Mais César n'avait pas bien envie d'obéir à un ordre qu'il considérait comme inepte, alors qu'il souhaitait que ses vaillants soldats puissent également jouir des plaisirs de la capitale, mais, surtout, qu'il envisageait de prendre le pouvoir.

Du coup, selon l'historien Suétone, c'est tout en prononçant son fameux « Alea* jacta est » (le sort en est jeté), qu'il fit franchir l'endroit à ses troupes avec lesquelles il marcha vers Rome alors que Pompée s'enfuyait.

En franchissant le Rubicon, César avait pris une décision irréversible qui risquait de déclencher une guerre civile, mais il l'assumait parfaitement. Et il n'eut pas à la regretter puisqu'il prit ensuite les rênes du pouvoir après avoir mis la pâtée à Pompée à la bataille de Pharsale, en Thessalie.

> Refuser de voter la confiance à Fillon serait un véritable cas de conscience pour un député UMP. D'autant qu'une mesure de rétorsion – être privé de l'investiture du parti aux prochaines législatives et se voir opposé un candidat UMP – n'est pas à exclure pour les rebelles. Rares sont donc les députés de la majorité qui songent à franchir le Rubicon.
>
> *Le Figaro* – Article du 18 février 2009

873. PAYER RUBIS SUR L'ONGLE

Payer comptant (et totalement).

Il ne doit pas être très pratique de chercher à faire tenir un rubis sur son ongle d'une main pendant qu'on sort son portefeuille de l'autre. Sans compter que l'utilité de la chose n'est pas évidente au premier abord, ni même au deuxième !

Alors d'où peut bien venir cette expression ?

Pour ce qui est de la date, cela vient du XVIIe siècle. À cette époque, on disait plutôt *faire rubis sur l'ongle*.

Dans son *Dictionnaire comique* publié en 1718, Philibert-Joseph Le Roux indique qu'au cours des beuveries, lors d'une tournée dédiée à un absent estimé, il était coutumier de garder au fond du verre une toute petite goutte, de la verser sur l'ongle du pouce, puis de la lécher pour marquer l'attachement porté à la personne.

Et si le verre était rempli de vin, une telle mini-goutte pouvait facilement passer pour un rubis.

À la même époque, c'est aussi devenu une métaphore pour dire « payer jusqu'au dernier sou ». Mais cette fois, c'étaient les poches qui étaient complètement vidées.

Le « rubis » liquide ayant été progressivement oublié, c'est le second sens qui a d'abord été maintenu, le verbe *payer* ayant pris le dessus sur *faire* avant qu'on n'associe plus l'expression qu'à un paiement comptant (mais pas forcément content) et intégral.

> À 91 ans, il habite le même appartement, rue Fessart, dans le 19e arrondissement, depuis vingt ans. Avec sa modeste retraite, il a pourtant toujours payé son loyer rubis sur l'ongle.
>
> *L'Expansion* – Article du 23 octobre 1997

874. LES PETITS RUISSEAUX FONT LES GRANDES RIVIÈRES

En amassant de petites choses, on s'enrichit.

Prenez une tirelire ordinaire et, pendant quelque temps, mettez-y sans faute chaque jour une toute petite pièce de 5 centimes.

Si vous vous y tenez avec régularité, au bout de 500 ans, vous serez à la tête de la confortable somme de 9 125 euros[1].

Autrement dit, avec de tout petits ruisseaux (les pièces de 5 centimes), vous avez fait une grande rivière (le pécule contenu dans le cochon repu).

Bien entendu, on comprend que la métaphore vient bien du monde réel où les eaux des petits ruisseaux et torrents se rejoignent pour former une

1. Oui, je sais, je ne suis pas sûr que dans 500 ans, 9 125 euros représentent une somme vraiment intéressante. Mais il vous suffit de tenir compte de l'inflation chaque année (la vraie, pas l'officielle) et, chaque 1er janvier, d'augmenter en conséquence la somme versée (mettre une pièce de 5,1 centimes au bout d'un an, par exemple, s'il y a eu une inflation de 2 % au cours de l'année écoulée).

rivière qui, mélangeant ses eaux avec celles d'autres rivières, alimente un fleuve qui finira par se jeter dans la mer.

Cette expression proverbiale très populaire, qui s'applique le plus souvent aux sommes d'argent[1] (c'est en glanant des petites sommes par-ci par-là qu'on peut finir par disposer d'un montant important), est citée par Furetière en 1690, mais elle est attestée dès 1640.

> Voyez un peu ce que c'est que de savoir l'arithmétique ! Un journal du ministère, chargé de consoler les pauvres gens sur lesquels la main du fisc s'étend pour la première fois, leur fait observer que les petits ruisseaux font les grandes rivières, et qu'une contribution de 5 fr. appliquée à un million de têtes procure à l'État une ressource de 5 millions.
>
> *L'Ami de la religion, Journal ecclésiastique* – 1832

875. LE MARCHAND DE SABLE EST PASSÉ

Il est l'heure de coucher les enfants.

Voilà un homme vraiment très altruiste : comme le père Noël, mais beaucoup plus souvent que lui, il passe dans les foyers y distribuer quelque chose sans même en attendre une compensation quelconque.

Dans quel but ? Quel est son dessein ? Est-il réellement désintéressé ? Ne s'intéresse-t-il pas un peu trop aux enfants ? Peut-on avoir confiance en lui ?

Ce n'est pas en lisant la suite que vous le saurez parce que j'ai une grande révélation à vous faire : contrairement au père Noël, le marchand de sable n'existe pas !

À la fin du XVIIIe siècle, on disait *avoir du sable dans les yeux* pour dire qu'on avait envie de dormir.

Et c'est même dès le XVIIe qu'un personnage fabuleux qui vient jeter du sable dans les yeux des enfants est utilisé pour représenter le sommeil. Furetière, à

1. Mais ça marche aussi avec les fraises tagada : en en accumulant régulièrement, au bout d'un moment, vous pouvez ouvrir une confiserie.

la même période, écrit d'ailleurs : « Le petit homme leur a jeté du sable dans les yeux. »

C'est en 1963 que, grâce à l'imagination de Claude et Christine Laydu, le marchand de sable apparaît pour la première fois sur les écrans de télévision, accompagné sur son nuage blanc d'un gros Nounours qui va s'occuper, pendant de nombreuses soirées, de coucher Nicolas et Pimprenelle.

> Ma mère me disait à l'heure du coucher : « Il est temps d'aller au lit, le marchand de sable va passer. » Celui-ci savait ce qu'il faisait ; je m'étais tellement dépensé pendant la journée qu'il survenait toujours à point nommé pour me permettre de reconstituer mes réserves d'énergie épuisées par mon activité débordante.
>
> Jean-Didier Vincent – *Voyage extraordinaire au centre du cerveau* – 2007

876. AVOIR LES DEUX PIEDS DANS LE MÊME SABOT

1. Être incapable d'agir.
2. Rester inactif par manque d'initiative.

Faites une tentative très simple : prenez une chaussure du double de votre taille normale en largeur – cherchez bien, ça peut se trouver, surtout si vous chaussez petit –, mettez-y vos deux pieds ensemble, puis tentez d'attraper votre chat.

De trois choses l'une : soit vous n'avez pas de chat et vous ne risquez pas grand-chose, soit vous avez à portée de main quelque chose où vous raccrocher avant de prendre une gamelle, soit vous vous étalez superbement par terre.

Car, au cas où vous ne l'auriez pas déjà compris avant même de tenter l'expérience, vous êtes fait pour avancer en déplaçant vos pieds l'un après l'autre, pas les deux en même temps.

Vos pieds accolés ensemble vous embarrassent sérieusement, vous rendent inapte à une action mobile, sauf, peut-être, à un de ces jeux hautement intellectuels comme la course en sac, par exemple.

Il n'en a pas fallu beaucoup plus pour qu'un type qui se croyait perspicace imagine un jour cette expression avec le premier sens indiqué.

Bizarrement, malgré l'ancienneté des sabots, on ne trouve les premières traces écrites de cette expression que vers la fin du XIXe siècle.

Le second sens proposé est une simple extension du premier, celui qui est incapable d'agir pouvant aussi, quand on ne connaît pas la cause de son inaction, être pris pour quelqu'un de passif ou manquant d'initiative.

Souvent employée sous une forme négative (« ce bonhomme-là, monsieur, il est loin d'avoir les deux pieds dans le même sabot »), l'expression désigne alors une personne énergique, dynamique.

> Elle était revenue du périple en mer, avait acheté la plupart des maisons du coin, rebâti puis vendu plusieurs gîtes, car elle n'avait pas les deux pieds dans le même sabot, et tout marchait mieux pour elle, depuis qu'elle était seule.
>
> Marie THENOCENT – *Au-delà du souvenir* – 2008

877. DORMIR COMME UN SABOT

Dormir profondément.

Un simple d'esprit qui taperait dans un sabot et constaterait que celui-ci n'a aucune réaction pourrait en conclure qu'il a le sommeil très profond. Mais une telle conclusion laisserait très dubitatifs ceux qui, comme vous et moi, savent tout de la vie trépidante des sabots. Et à raison, mais pas forcément en sachant pourquoi, car de nos jours l'origine du sabot qui nous intéresse et qui n'a rien à voir avec ce que l'on portait aux pieds, est complètement oubliée. Une fois l'explication donnée, vous allez certainement trouver ~~sabot~~ ça beau.

En effet, si le nom *sabot* désignant une chaussure de bois apparaît à la fin du XVe siècle, le mot, d'abord sous la forme *çabot*, apparaît bien avant, à la fin du XIe, et désigne une « sorte de toupie de forme conique en bas et cylindrique en haut, que font pirouetter les enfants en la frappant avec un fouet ou une lanière[1] » (Littré).

Mais quel lien peut-il bien y avoir entre le sommeil et une toupie ?

L'explication vient du fait que, lorsque le jouet tourne à pleine vitesse, il reste en apparence immobile et peut même produire un léger ronflement, selon la surface sur laquelle il tourne.

C'est de cette « immobilité en ronflant » qu'on a dit « le sabot dort ».

Attestée chez François Villon au XVe siècle, si notre expression s'est perpétuée jusqu'à maintenant, c'est uniquement parce qu'on croit à tort toujours savoir ce qu'est un *sabot*.

Mais, comme souvent pour ces formules toutes faites qu'on utilise sans y penser (et c'est bien pourquoi cet ouvrage existe !), on ne se pose même pas la question de savoir ce qui a bien pu justifier son apparition.

> – Tu ne connaissais pas ton oncle, lui dit son père en lui lançant un de ces regards de tigre affamé qu'il jetait sans doute à ses tas d'or, pourquoi pleures-tu ?
> – Mais, monsieur, dit la servante, qui ne se sentirait pas de pitié pour ce pauvre jeune homme qui dort comme un sabot sans savoir son sort ?
>
> Honoré DE BALZAC – *Eugénie Grandet* – 1839

878. AVOIR PLUS D'UN TOUR DANS SON SAC

Trouver toujours le moyen de résoudre une difficulté.

On sait que la femme transporte tout un tas de choses dans son sac à main.

Si vous avez un besoin soudain d'un hamac, d'une cafetière, d'une tronçonneuse, d'une grue ou même d'une pince à épiler, elle vous retrouve ça aisément au fond de son petit bagage. Elle n'est donc jamais

1. D'ailleurs, lorsqu'un gamin en invitait un autre à jouer au sabot, il lui demandait : « Toupie or not toupie ? »

prise au dépourvu et arrive toujours à se débrouiller. Ce qui serait suffisant pour expliquer l'image de notre expression, à part que la justification de la présence du mot *tour* serait un peu difficile…

Mais le prestidigitateur, l'homme des « tours » de magie, fait encore mieux puisque, de son sac, il vous sort aussi bien un lapin qu'une femme équipée de son sac à main, lui-même contenant…

Et c'est de cet artiste et de son « sac à malices » (dénomination officielle) que nous vient cette expression, toujours par allusion à celui qui est capable, grâce au contenu de son sac, de parer à toute éventualité.

Si ce n'est qu'en 1935 que la forme actuelle de notre expression est apparue, en 1851, on disait « avoir bien des tours dans son sac » et Jean de La Fontaine, en 1678, utilisait déjà « avoir cent ruses au sac » avec le même sens.

> Il faut y voir une ruse nouvelle de l'usurier Faust, qui dans l'origine, vendait à poids d'or ces bibles qu'il faisait passer pour de véritables manuscrits, ainsi qu'il lui arriva à Paris en 1466 ; il fit beaucoup de dupes, par cette friponnerie qui prouve que l'adroit compère avait plus d'un tour dans son sac, et qu'il était, dans toute la force du terme, ce qu'on est convenu d'appeler un homme d'affaires.
>
> Edmond WERDET – *Histoire du livre en France depuis les temps les plus reculés jusqu'en 1789* – 1861

879. HOMMES / GENS DE SAC ET DE CORDE

Personnes condamnables (au sens propre du terme). Malfaiteurs, truands.

Cette expression va chercher son origine dans l'Antiquité à Rome où, lorsque les voleurs et autres assassins condamnés n'étaient pas encore ou plus voués aux gémonies* (chaque méthode d'élimination des truands a eu ses périodes, selon les goûts des empereurs), une joyeuse coutume consistait à les enfermer dans un sac, noué par une corde, avant de les jeter dans le Tibre pour qu'ils s'y noient.

Tout simplement ! Un peu comme le font certains pour se débarrasser d'une portée de chats ou de chiens.

Cette méthode fort sympathique a été utilisée longtemps après, à diverses époques et dans divers pays. Ainsi, chez le sultan de Constantinople, les condamnés étaient noyés de cette manière dans le Bosphore. En France aussi, sous Charles VI, entre autres, avec noyade dans la Seine.

Avec cette expression et une autre acception du mot *sac*, on peut aussi faire le lien avec les brigands qui pillaient et saccageaient (*hommes de sac*) et qui, une fois pris, étaient condamnés à la pendaison (*hommes de corde*).

> Valerio, Eugénie, le duc d'Albuquerque, son épouse et les Françaises, avaient fait leur possible pour empêcher le duc de Medoc de se charger de l'exécution de l'entreprise, et l'avaient supplié de s'en reposer sur le lieutenant, ou un de ses officiers, et de ne se point commettre avec des gens désespérés, de sac et de corde, en un mot, des bandits indignes de sa présence et du péril où il allait se précipiter.
>
> CERVANTES – *Don Quichotte de la Manche* – 1605-1615 – traduction de Florian – 1802

880. L'AFFAIRE EST DANS LE SAC

L'affaire doit ou va réussir.

Aux alentours du XVIIe siècle, à une époque où, au cours des procès, nombre de documents étaient écrits sur les rouleaux de papier (voir *être au bout du rouleau** et *vider son sac**), les avocats et magistrats transportaient ces pièces dans des sacs et non pas dans des attachés-cases[1].

1. Ces sacs étant fermés par des cordes, certaines personnes malicieuses ont appelé les avocats véreux des hommes de sac* et de corde, expression qui désigne normalement des personnes condamnables ou des truands.

Une première explication de l'apparition de notre métaphore vient des avocats.

À la fin du procès, l'avocat certain d'avoir bien défendu son client rangeait ses documents dans son sac en attendant le verdict, en pensant que *l'affaire était dans le sac*, puisqu'il n'aurait plus besoin de les ressortir.

La seconde explication vient tout simplement de l'archivage : toutes les pièces du procès étaient également rangées dans un ou plusieurs sacs pour être archivées. À partir de ce moment, l'affaire (terminée) était « dans le sac ».

> Serpentine : Mais cette petite intrigue veut être traitée délicatement. Il faudrait lui en faire donner la fausse nouvelle par quelque étranger tout à fait inconnu.
> Le Marquis : S'il ne tient qu'à cela, l'affaire est dans le sac. Je viens de rencontrer justement un homme qui a été esclave à Alger.
> Jakob Friedrich von Bielefeld – *Amusements dramatiques de Monsieur de Bielefeld* – 1768

881. METTRE À SAC

Dévaster, piller complètement.

Il y a *sac* et *sac* : sachez que le *sac* de notre expression n'est pas le nom qui désigne ce contenant dans lequel on peut caser diverses choses comme du sable, du courrier, du charbon ou des pommes de terre.

Et pourtant, il y a bien un lien, même s'il est lointain.

En effet, en remontant au moyen allemand avant le XIVe siècle, on trouve le mot *sakman*, littéralement « l'homme au sac », qui désigne un brigand ou un pillard, donc un homme qui met et emporte son butin dans un sac. (Nous y voilà, le lien est établi !)

Récupéré par l'italien, ce mot allemand devient *saccomanno*, avec la même signification, et dont l'abréviation *sacco*, utilisée entre autres dans *mettere a sacco* (« mettre à sac »), va donner notre *sac*, qui signifie « pillage », au XVe siècle.

On ne n'étonnera donc pas de l'origine identique du verbe *saccager*, un presque synonyme de notre *mettre à sac*, locution qui apparaît au XVIe siècle.

> L'opération la plus spectaculaire fut le raid du 2 septembre 1798 contre l'île de Saint-Pierre, au sud-est de la Sardaigne, dont les maisons furent mises à sac et près d'un millier de personnes furent capturées et emmenées en esclavage à Tunis.
>
> Paul SEBAG – *Tunis : histoire d'une ville* – 1998

882. VIDER SON SAC

Dire tout ce qu'on pense, tout ce qu'on a sur le cœur (quitte à blesser).

Lorsqu'une femme retourne son sac à main sur la table, à la recherche de son sèche-cheveux qu'elle n'a pas pu repérer au toucher, gênée qu'elle était par la tronçonneuse et la machine à café qu'elle emporte toujours avec elle (on ne sait jamais, des fois qu'un arbre s'abattrait en travers de sa route, puis que la tronçonneuse tombe en panne et qu'il faille attendre un moment les secours…), peut-on dire qu'elle vide son sac ?

Oui, on peut ! Mais pas dans le sens de notre expression d'aujourd'hui.

Si son apparition est bien toujours située au XVIIe siècle, nos deux principales sources s'affrontent sur l'origine de cette expression.

Alain Rey nous dit qu'autrefois, elle signifiait « déféquer » (« couler un bronze* », quoi !), le sac représentant alors le ventre ou l'estomac.

Cette théorie tient non seulement la route, mais aussi la cuvette de W-C, puisqu'on retrouve ici la notion de soulagement procuré une fois qu'on a « vidé son sac », ou d'extirpation hors de soi d'abord de produits de la digestion puis de paroles, ce qui pourrait parfaitement expliquer l'évolution de son sens.

Claude Duneton nous dit, lui, que cette expression vient d'un terme de tribunal.

En effet, alors que nos documents actuels sont des papiers rangés à plat dans des chemises et classeurs que l'avocat peut à peu près aisément transporter avec lui, il fut un temps où les documents officiels étaient conservés sous forme de rouleaux (voir d'ailleurs l'expression *au bout du rouleau**).

L'avocat, pour transporter tout ce dont il avait besoin pour plaider, n'avait alors d'autre moyen que de mettre ces rouleaux dans un sac. Et, devant les juges et jurés, il « vidait son sac » au fur et à mesure de ses besoins, avec toute la hargne qui doit habiter l'homme de loi qui veut défendre becs* et ongles son client.

Cette expression aurait ensuite quitté la salle du tribunal en emportant avec elle la coloration d'agressivité qu'on y retrouve aujourd'hui.

> Il vide son sac, dit que sa mère est une égoïste, qu'il déteste son beau-père, qu'il a toujours été malheureux, qu'il déteste la maison de sa mère, qu'il aurait voulu rester chez ses grands-parents [...]. Je suis soulagée qu'il dise enfin à une personne véritablement concernée par cette histoire ce qu'il a dans les tripes.
>
> Pauline Schreiner – *L'Inconditionnelle* – 2006

883. À BON ENTENDEUR, SALUT !

Que celui qui comprend bien [ce que je veux dire ou ce que j'ai dit] en tire profit (ou fasse attention) !

Cette expression qui date du XVIIe siècle est souvent une menace, un avertissement plus ou moins voilé.

Qu'est-ce que ce mot entendeur ?

Celui qui mange n'est-il pas un mangeur, celui qui marche un marcheur et celui qui râle un râleur ? Eh bien, un entendeur, mot qui n'est plus maintenant employé que dans cette expression, c'est quelqu'un qui entend.

Mais ici, le verbe *entendre* doit être compris comme il était aussi employé autrefois pour signifier

« comprendre », comme dans les anciennes locutions *entendre à demi-mot* ou *entendre la plaisanterie*.

Quant au salut, il ne s'agit pas du tout d'une salutation, mais du fait d'échapper à un danger ou à une souffrance[1]. Autrement dit, « celui qui a bien compris trouvera son salut* ».

Cette expression pourrait être une allusion à la parole de l'Évangile « Que celui qui a des oreilles pour entendre entende ». (Matthieu, XIII.)

> La loi passera, nous montrerons à tous les pays amis que le 29 juillet nous nettoierons le pays avec le balai de la justice, j'en prends Dieu à témoin, à bon entendeur salut. Aucun enfant du peuple ne doit plus être victime des macoutes.
>
> Christian LIONET – *Haïti : l'année Aristide* – 1992

884. UNE PLANCHE DE SALUT – TROUVER SON SALUT

Un dernier moyen. – Utiliser un moyen qui permet d'échapper à un très grave ennui ou à une catastrophe.

Il paraît évident, en première lecture, que notre *salut* n'a (presque) rien à voir avec celui du gladiateur dans l'arène face à César ou à celui du militaire face à son supérieur.

Si je dis *presque*, c'est parce que le salut ainsi cité dérive tout de même du salut qui nous intéresse. Restez à l'écoute !

En effet, le mot *salut* nous vient du latin *salutem*, accusatif de *salus*, qui désignait quelque chose en bon état, en bonne santé, entier. Il a aussi signifié « vie », par opposition à « mort ».

Le *salut* correspond donc d'abord à ce qui permet de conserver le bon état, l'intégrité de quelque chose ou de quelqu'un, ou, indirectement, de le sauver. Ce qui nous permet de comprendre qu'« une planche de salut », c'est en premier lieu une planche qui permet à quelqu'un de rester en vie.

---

1. L'expression *planche de salut* vous en dira plus là-dessus.

Et des planches comme ça, si ça ne court pas les rues, on les trouve aisément en mer, lorsqu'un naufragé sauve sa vie en s'accrochant à une des planches venues de la structure de son bateau qui vient de couler.

C'est bien de cette image du naufragé que nous vient la première expression, au début du XIXe siècle. Mais au XVIe siècle, le mot *planche* tout seul avait déjà pris le même sens figuré que cette expression.

Par extension, *une planche de salut*, c'est plus généralement un moyen d'échapper à une catastrophe et de rester en vie.

Et quand on n'est pas en mer et qu'on n'a pas de planche à portée de main, il existe des situations où il est tout de même très utile de trouver un moyen d'échapper à la mort, donc de « trouver son salut », que ce soit face à un animal agressif (auquel cas, on peut trouver son salut dans la fuite) ou, acculé à un mur, face à un jeune sauvageon armé d'un couteau (auquel cas on peut tenter de trouver son salut dans l'attaque surprise).

Maintenant que l'origine des deux expressions est limpide, revenons un court moment à notre autre acception du mot *salut*.

Vous ne le saviez peut-être pas, mais, au vu de l'origine du mot, lorsque vous saluez quelqu'un, vous lui souhaitez en fait de rester en vie ou de garder une bonne santé.

Mais ce sens initial étant généralement oublié, le salut est simplement vu comme une marque de politesse, de respect ou de déférence, telle qu'on la retrouve dans le salut militaire.

> Pendant que les diplomates du monde entier continuaient à s'accrocher comme à une ultime planche de salut au plan de paix saoudien pour le Proche-Orient, les combats s'intensifiaient en Cisjordanie où au moins 12 Palestiniens et un Israélien ont été tués hier et plus d'une centaine de Palestiniens blessés.
>
> *Libération* – Article du 1er mars 2002

Ciba trouve son salut dans le giron du numéro un mondial de la chimie, BASF. Le groupe suisse a beaucoup souffert de la hausse des cours des matières premières et du prix de l'énergie au premier semestre 2008. Résultat, il affiche une perte nette de 326 millions d'euros et il a annoncé des mesures de restructuration qui auraient pu éventuellement aboutir à la cession de certaines activités. C'est finalement tout le groupe qui se vend à BASF pour 3,8 milliards d'euros.

Le Figaro – Article du 16 septembre 2008

885. BON SANG ! – PALSAMBLEU !

Juron, interjection.

À l'origine, il y avait le juron *par le sang (de) Dieu !*, cité au XIVe siècle.

Mais vous pensez bien qu'à certaines périodes comme l'Ancien Régime (du XVe au XVIIIe siècle), par exemple, où la noblesse et le clergé étaient tout puissants, un tel juron était blasphématoire.

Palsambleu serait donc une déformation « politiquement correcte » de ce juron[1] dont on trouve déjà en 1402 la version *par le sanc bieu*.

Molière a utilisé *par le sang bleu* et *par la sangbleu*.

Bon sang ! est de la même veine, si j'ose dire.

En effet, *bon sang de bon dieu* est un équivalent plus récent (XIXe siècle) de « par le sang de Dieu ». En version écourtée, il a donné une de nos expressions qui, elle-même rallongée, a donné les variantes *bon sang de bois* ou *bon sang de bonsoir*.

1. Contrairement à ce qu'on pourrait facilement imaginer (« pâle sang bleu »), il n'y a pas de lien avec le « sang bleu » des nobles à propos duquel une des explications viendrait soit de la pureté de leur lignage, soit du fait qu'ils ne travaillaient pas en extérieur, comme les paysans, et ne comportaient donc que des gens au teint très clair, donc aux veines bleues beaucoup plus visibles que sur une peau mate qui serait forcément venue d'un quelconque métissage ou d'un travail à l'air libre. Les autres anciens jurons que sont *ventrebleu, corbleu, sacrebleu* ou *morbleu* confirment que ce suffixe *bleu* est une déformation de *dieu*, comme l'étaient aussi les suffixes *bieu, buy* ou *guié*, entre autres.

Heureux coquin ! Palsambleu, messeigneurs, il me vient une idée !… Si nous allions inviter aussi la lorette à notre représentation ?

George SAND – *Le Diable aux champs* – 1857

– La loi parle cependant de la protection de l'« enfant né ou à naître ? » Cela ne suppose-t-il pas une double personne ?
– Non, on n'est pas une personne avant de naître, bon sang de bois. Certes, quand on s'attaque à une femme enceinte, on est doublement coupable. C'est une circonstance aggravante qui double la peine dans le Code pénal. L'expression « protection de l'enfant à naître » suppose une protection accrue de la femme enceinte, et non pas l'existence juridique du fœtus. La priorité est à la mère. C'est à elle de choisir. C'est un principe absolu pour moi.

Libération – Interview d'Élisabeth Badinter du 21 juillet 1995

886. BON SANG NE PEUT / NE SAURAIT MENTIR

Les enfants héritent des qualités et des défauts de leurs parents.

Ce proverbe, qui est bien loin d'être toujours vérifié, date du XIVe siècle (mais il existait sous une autre forme dès le XIIe, alors que, métaphoriquement, *sang* couvrait déjà la notion de famille).

Dans son acception actuelle, il peut avoir un côté dangereux car il autorise implicitement le jugement d'une personne d'après ce que ses parents sont ou font (ainsi, un fils de délinquant ne peut être lui-même qu'un délinquant, par exemple).

Mais le sens de ce proverbe a évolué avec le temps puisqu'il a eu des significations aujourd'hui perdues. Ainsi Furetière donne les sens suivants :

– « on fait toûjours parroistre ce qu'on est dans le fonds de l'ame », c'est-à-dire qu'on ne peut pas cacher ce qu'on est réellement ;

– « on a de la peine à faire des actions indignes de sa naissance » ;

– « on le dit aussi des enfans qu'on reconnoît par quelque mouvement de la nature. Ces deux frères étoient brouillez, mais quand on en a attaqué un, l'autre l'a deffendu, bon *sang* ne peut mentir ».

On notera que ces différentes significations sont un peu moins sujettes à mauvaises interprétations que celle de notre époque.

Illusion ou espérance, Dieu le sait, mon enfant ; mais, quoi qu'il arrive, rappelons-nous l'héritage que chacune de nous tient de son père. Ils étaient gens de cœur et intrépides, ces deux marins, et nous devons à leur mémoire de justifier pleinement l'ancien adage : « Bon sang ne saurait mentir. »

Journal des demoiselles – Volume 26 – 1858

887. SENTIR LE SAPIN

N'avoir plus longtemps à vivre.

Cette expression date de la fin du XVIIe siècle.

Le sapin ne rappelle pas uniquement les fêtes de fin d'année ou les forêts toujours vertes ; si, de nos jours, on utilise généralement des bois plus nobles (car on *ne résine pas sur les moyens**), en raison de son abondance et de son faible coût, il a longtemps servi à fabriquer des cercueils, au point qu'à la fin du XVIIIe siècle, ce macabre objet s'appelait aussi « une redingote de sapin ».

C'est donc assez naturellement, mais peu charitablement, qu'à la fin du XVIIe siècle, on a dit de celui dont les jours étaient comptés qu'il commençait à sentir le sapin (avec le sous-entendu de « entre les planches duquel il va bientôt se retrouver »).

À l'atelier, on lui disait en plaisantant :
– Faut soigner ça, Père Pochon, ça sent le sapin !
Mais lui, rallumant sa bouffarde, affectait d'être gaillard et disait :
– Ce n'est rien. Ça passera comme ça est venu.

Walter BIOLLEY – *Le Grand Coupable* – 1901

888. BALANCER / ENVOYER LA SAUCE

1. Éjaculer.
2. Envoyer une rafale, décharger une arme.
3. Augmenter la puissance (de quelque chose).

Que, dans l'argot de la première moitié du XXe siècle, le nom *sauce* ait pu désigner le sperme n'a vraiment rien d'étonnant vu la consistance de la chose, d'autant plus que la sauce accompagne souvent la viande, et que, dès le début du XVIIe siècle, on parlait déjà de *sauce d'amour* pour désigner les sécrétions issues du bas-ventre, qu'il soit masculin ou féminin.

Il est donc assez logique qu'envoyer (ou balancer, avec le même sens) cette sauce désigne le fait d'éjaculer. Notez que dans ce cas, on dit aussi *balancer la purée*.

Et comme, toujours dans le langage populaire, *éjaculer* se dit aussi *décharger* (quand on a tiré son coup*, l'arme est déchargée), il est tout aussi naturel que, par analogie, et en liaison avec le symbole phallique que peut représenter un fusil, l'expression ait pris le sens de « décharger son arme » ou « envoyer une rafale » vers le milieu du XXe siècle.

On utilise aussi *mettre / envoyer la sauce* pour dire « lancer le moteur à plein régime ». Cette forme date du tout début du XXe siècle, peut-être par comparaison de la sauce avec le carburant qui permet de monter dans les tours.

On a ici une image d'augmentation de puissance.

Enfin, en lien avec cette dernière sorte de sauce, on trouve parfois *balancer / envoyer la sauce* avec des usages différents, mais où il y a toujours une notion de puissance comme, par exemple, pour « donner un méchant coup » à quelqu'un ou bien, pour un musicien dans un concert, « se donner à fond » ou bien « monter fortement le son ».

Le reste du temps, c'est de la grosse boustifaille, pas même raffinée, juste histoire de se faire péter le bide avant d'envoyer la sauce à ces d'moiselles, souvent presque mineures.

Mikhaïl W. Ramseier – *Pulpa negra* – 2008

Avec l'effet surprise, il n'a plus qu'à sortir le colt et balancer la sauce pour se débarrasser de ces cons de Mexicains.

Thibaut Amant – *Les tueurs ont besoin d'amour* – 2001

Pete, prépare-toi à envoyer la sauce ! Puis il se tourna vers Bill.
– Bill, vas-y, mets la gomme et fonce dans le tas !
Doone poussa le moteur et le bateau sembla trouver un second souffle.

Roger Martin – *Opération chien rouge* – 1989

889. PASSER UN SAVON

Réprimander.

Autrefois, lorsque les femmes se retrouvaient autour du lavoir communal, lieu d'échanges d'informations, de potins et de médisances diverses, elles y faisaient la lessive à l'aide de savon, certes, mais elles s'aidaient aussi souvent d'un battoir, large palette de bois destinée à battre le linge pour en extraire les impuretés.

C'est d'une telle image qu'au XVIIe siècle est venue l'expression *laver la tête (à quelqu'un)* avec d'abord le sens de « battre, donner des coups » puis simplement de « réprimander », action qui précède d'éventuels coups.

Puis dans le prolongement de l'idée, au début du XVIIIe siècle, le mot *savon* a désigné une réprimande, souvent sévère, et a été accompagné non seulement du verbe *passer*, mais aussi de *donner* ou *prendre*, selon la situation.

Mais une vieille dame, dont l'appartement donne dans la cour, dit que tout le quartier entend, quand il se fait passer un savon par la mère, de bonne heure le matin ou assez tard le soir.

Georges Haldas – *L'Air natal* – 1995

890. FAIRE AVANCER LE SCHMILBLICK

Apporter des éléments permettant de progresser dans la recherche d'une solution.

Souvent utilisée ironiquement sous une forme négative à l'adresse de celui qui propose des informations considérées comme inutiles ou farfelues (*ça ne fait pas avancer le schmilblick*), cette expression est récente et nous vient de la télévision.

Mais avant d'en dire un peu plus, il faut savoir que le schmilblick, nom à la consonance germanique et à la graphie volontairement compliquée, est un objet parfaitement indispensable à toute ménagère de moins de cinquante ans, inventé en 1949 par l'humoriste Pierre Dac. Voici un extrait de sa description :

> « Le Schmilblick des frères Fauderche est, il convient de le souligner, rigoureusement intégral, c'est-à-dire qu'il peut à la fois servir de Schmilblick d'intérieur, grâce à la taille réduite de ses gorgomoches, et de Schmilblick de campagne grâce à sa mostoblase et à ses deux glotosifres qui lui permettent ainsi d'urnapouiller les istioplocks même par les plus basses températures. »

Il se trouve que, depuis, il a été prouvé que, malgré les glotosifres, à une température proche du zéro absolu (-273,15 °C), les istioplocks ne sont tout de même plus urpanouillables, pas plus que les caryltores à zigouriles inversées, d'ailleurs. Ce qui est proprement décevant. Mais ne perdons pas espoir et faisons tout de même confiance à la science pour résoudre ce problème.

C'est en 1969 que Jacques Antoine et Guy Lux ont créé un jeu télévisé éponyme où la photo d'un détail d'un objet était présentée, et où les participants devaient, en posant à tour de rôle une question, deviner quel était l'objet ainsi proposé.

Lorsque la question semblait plus ou moins saugrenue au présentateur, il demandait au participant pourquoi il l'avait posée. Et très souvent la personne répondait que c'était simplement pour *faire avancer le schmilblick*, autrement dit pour essayer d'apporter une petite information supplémentaire permettant d'avancer vers la reconnaissance effective de l'objet.

En 1975, Coluche a tourné le jeu du schmilblick en dérision dans un sketch rapidement devenu culte, et cette parodie est pour beaucoup dans le fait que l'expression soit passée dans le langage courant.

> C'est l'objectif de sa mission. Les hypothèses, les « pistes de travail » et les élucubrations de chercheurs de tous poils, cela ne fait pas avancer le schmilblick.
>
> Jacques DUTERTRE – *Notre homme au Texas* – 2006

891. TOUT SCHUSS

À toute vitesse.
Directement, tout droit.

Les expressions métaphoriques venues de la neige, et plus précisément des pistes de ski, sont peu nombreuses et nous en tenons ici une belle.

Tout germanophone nous dira que *Schuss* désigne un tir ou un coup de feu, ce qui fera dire aux autres : mais quel lien peut-il donc y avoir avec le ski, si ce que prétend la phrase précédente est vrai ?

Eh bien, il se trouve qu'en allemand et à skis (les deux n'étant pas incompatibles), *Schussfahrt*[1] est un terme qui désigne une descente directe, en suivant la ligne de plus grande pente.

Alors inévitablement, celui qui, contrairement au débutant, n'hésite pas à descendre les pistes « tout schuss » (par apocope de *Schussfahrt*) va incontestablement à la fois tout droit et très vite, ce qui suffit

1. Où *Fahrt*, qui n'a vraiment rien à voir avec le fart des skis, désigne une marche, un parcours ou un déplacement, et est issu du verbe *fahren* qui veut dire « aller » ou « conduire ».

amplement à justifier les sens de notre expression, qui reste toutefois relativement peu utilisée hors des stations de ski.

> Mais cette ville basse elle-même s'étale autour d'une rue qui descend tout schuss de l'église à la gare, et qui procure une vue « dégagée », mais dépourvue de charme.
>
> Gérard GENETTE – *Bardadrac* – 2006

892. SÉANCE TENANTE

Immédiatement, sans délai.

Si je vous dis céans que *séance* vient du verbe *seoir*, est-ce que cela va vous asseoir sur votre séant ?

Seoir, apparu au XIe siècle, voulait dire « être assis ». Par son étymologie (le latin *sedere*), il est lié au verbe *(s')asseoir* ainsi qu'à *siège* d'où vient le verbe *siéger*. Or, une séance n'est-elle pas une réunion de personnes venues là pour accomplir ou décider quelque chose, une réunion de gens qui, sans surseoir, « siègent » posés sur leur « séant » ?

Quant à *tenante*, c'est simplement l'adjectif issu du participe présent du verbe *tenir* ; il veut donc dire « qui se tient ».

De fait, le sens normal mais ancien de *séance tenante* est « la séance qui est en train de se tenir » ou bien « au cours de la séance ». Cette forme est apparue au tout début du XIXe siècle.

C'est au milieu du même siècle qu'elle a pris le sens moderne, au figuré. Car si la séance est tenante, c'est qu'elle a lieu en ce moment même, immédiatement, tout de suite.

> Le site Internet du quotidien francophone *Le Soir* embrayait en milieu de matinée en annonçant que la joueuse [Justine Henin] « a décidé d'arrêter sa carrière séance tenante ».
>
> *Le Point* – Article du 14 mai 2008

893. EN CINQ SEC

De façon expéditive.

Pourquoi *sec* n'est-il pas au pluriel, me demanderez-vous judicieusement ? Eh bien, simplement parce qu'il s'agit ici d'un adverbe comme on le trouvait dans *payer sec* (pour « comptant »), *boire sec* (« sans couper le vin avec de l'eau ») ou actuellement encore dans *couper sec* ou bien *aussi sec*.

Cette locution vient de l'écarté, qui n'a rien à voir avec le grand écart en gymnastique ou avec l'écartèlement de Ravaillac, mais qui est un jeu de cartes très en vogue au XIXe siècle et où, bizarrement, l'as est situé entre le dix et le valet, et le roi est la carte la plus forte.

Jouer une partie de ce jeu en cinq sec, c'est la jouer en cinq coups sans en perdre un seul, ce qui correspond à la manière la plus rapide de la gagner.

Et cela permet aussi d'expliquer pourquoi la forme *en cinq secs*, avec *sec* au pluriel, existe aussi. Elle est alors considérée comme une ellipse de *en cinq coups secs*.

C'est ce *cinq sec* qui s'est écarté du jeu pour devenir une expression généralisée à tout ce qui se conclut rapidement.

Aujourd'hui, on entend également la variante *en cinq sets* qui est :

– influencée par le terme du tennis alors que l'écarté est maintenant écarté des jeux de société, et donc oublié ;

– utilisée à mauvais escient parce que, au contraire, un match de tennis gagné en cinq sets dure très longtemps.

> Voilà longtemps que pareille chose n'était arrivée. De la neige à Bastia, de la vraie neige, une bonne couche et qui ne fondait pas. Une folle exubérance de jeunes en liesse secouait tout le boulevard. Faites en cinq sec par des doigts engourdis, les boules volaient tant bien que mal d'un trottoir à l'autre. On tentait d'ériger un peu partout à la va comme

je te pousse des bonshommes, satisfaits, si grossiers fussent-ils.

Robert Casanova – *Reliquat : ensemble corse* – 2003

894. SECOUER COMME UN PRUNIER – SECOUER LES PRUNES

1. Secouer fortement.
2. Rabrouer sévèrement, faire de vifs reproches.

Si le sens de « secouer fortement » coule de source, celui de « rabrouer » est un peu moins évident. Mais il s'agit simplement du sens au figuré, considérant qu'une personne qui a eu droit à de sévères remontrances en est toute retournée, comme si on l'avait secouée pour lui enlever la pulpe du fond. Sans oublier qu'au XVe siècle déjà, le verbe avait aussi le sens de « rudoyer », très proche de celui de l'expression.

Et puis pourquoi le prunier au lieu de l'abricotier ou du pêcher, par exemple ?

Il est d'usage et facile de secouer un arbre fruitier pour en faire tomber quelques fruits mûrs (pour certaines cultures, le secouage est même la technique de ramassage de prédilection).

Mais attention quand même ! Si recevoir une pomme sur la tête ne fait pas grand mal (s'il vivait encore, Isaac Newton aurait pu nous le confirmer), il n'en est pas de même pour une noix de coco.

Donc, si nombreux sont les arbres susceptibles de se faire secouer, pourquoi est-ce le prunier qui a eu l'heur d'être choisi pour notre expression apparue à la fin du XIXe siècle ?

Cela vient probablement et tout simplement d'anciens emplois figurés de *prune* qui, depuis le XIVe siècle, désignait un coup ou une blessure.

Secouer les prunes est une autre forme abrégée de l'expression dans laquelle l'arbre est remplacé par ses fruits.

Notez que *se secouer les prunes* peut aussi vouloir dire « sortir de sa léthargie, de son apathie pour s'activer enfin à quelque chose ». Ou, autrement dit, s'auto-secouer.

> Moi aussi, je suis un fils de prolo ! Mon père limait des tubes d'acier dix heures par jour. Il en est mort. Alors, un jour, ma mère m'a secoué comme un prunier et m'a dit : « Tout, sauf ça ! »
>
> Alain Bron – *Le Fruit du doute* – 2009

> Ce fut comme si on l'avait saisi par les épaules et secoué comme un prunier. Il se pencha vers elle, craignant de n'avoir pas bien entendu.
>
> Afnan Qasim – *Itinéraire d'un rêve interdit* – 2004

895. ALLER À LA SELLE

Déféquer.

Si l'expression en elle-même n'est plus trop utilisée à notre époque (on en trouve plein d'autres variantes plus ou moins poétiques ou politiquement correctes[1]), la désignation de ce qu'on y a abandonné, une fois qu'on est sorti du petit coin, est toujours vivante, puisqu'on parle, par exemple, d'analyses de selles.

Mais qu'en pensent le cavalier ou le coureur cycliste qui posent leurs augustes fesses sur une selle ? Eh bien, aussi étrange que cela puisse paraître, le lien entre ces deux *selles* est très fort.

Si l'expression date du XVe siècle, le mot *selle* nous vient du XIIIe, issu du latin *sella* qui désignait un siège, plus précisément le « siège des artisans qui travaillent assis » ou le « siège des professeurs », mais aussi, le siège du cavalier ou, autrement dit, la selle de cheval (à une époque où la bicyclette n'existait pas encore).

Lorsque le mot apparaît en français, il sert aussi à nommer une chaise percée, une de celles sur lesquelles certaines personnes aisées s'asseyaient

1. Comme *caguer, dépoter, balancer son rondin,* couler un bronze*, *poser une pêche, démouler un cake, parachuter un Sénégalais* ou bien *poster une sentinelle*, par exemple (et la liste est très loin d'être complète).

pour y faire leur grosse commission, éventuellement recueillie dans un pot placé dessous, chaise qu'on appellera successivement *selle aisée*, *selle nécessaire* puis *selle percée.*

C'est de cette chaise, l'ancêtre de notre cuvette de W-C, qu'à la fin du XIVe, par métonymie, *selle* (au singulier) désigne les excréments. Et c'est de là, qu'un peu plus tard, naît notre expression.

Certains prétendent que *comment allez-vous ?* était autrefois un raccourci « politiquement correct » de *comment allez-vous à la selle ?*, question alors importante pour s'enquérir de la santé de la personne à qui on pose la question, le constipé ou le diarrhéique étant forcément considéré en moins bonne santé que celui qui produit très régulièrement de magnifiques étrons.

Mais si cette explication est présente sur de nombreux sites web, ou dans certains ouvrages récents, je n'ai pour l'instant trouvé aucune source ancienne digne de foi qui la confirme.

> Depuis quatre ans ce malade a des hémorroïdes qui lui occasionnent de la constipation et des douleurs quand il va à la selle.
> Ces douleurs se prolongent parfois quelques heures après la défécation.
>
> *La Presse médicale belge* – 1850

896. FAIRE SEMBLANT DE – NE FAIRE SEMBLANT DE RIEN

Faire comme si, laisser paraître, feindre de. – Faire comme si de rien n'était, ne manifester volontairement aucune réaction.

Ces deux expressions sont très anciennes puisqu'elles datent de la fin du XIIe siècle.

Semblant est la forme substantivée du participe présent du verbe *sembler* lui-même issu du bas latin *similare*, « être semblable ». Dès le XIe siècle, le verbe signifie de manière générale « présenter une apparence ».

En ancien français, on disait *montrer semblant* pour « simuler ».

Bizarrement au premier abord, si on se rapporte à la simulation, *montrer bel semblant*, voulait dire « faire bon accueil » ; mais si on prend *sembler* pour « paraître », alors on comprend que *bel semblant* puisse signifier quelque chose comme « bon accueil », l'hôte faisant tout pour paraître sympathique.

Même si les deux expressions paraissent s'opposer, les personnes concernées adaptent leur attitude de manière à faire croire quelque chose à leur entourage.

> J'ai été forcée de faire semblant de détester Trenck, de le trouver ridicule, de me moquer de lui, que sais-je ! Et cela dans le temps où je l'adorais, où j'étais sa maîtresse, où j'étouffais d'ivresse et de bonheur comme aujourd'hui !
>
> George SAND – *La Comtesse de Rudolstadt* – 1844

> Quand Huriel nous eut quittés, nous fîmes promenade et conversation avec Joseph ; mais, pensant qu'il était content de m'avoir vu, et le serait encore plus de se trouver seul avec Brulette, je les laissai ensemble, sans faire semblant de rien, et m'en allai rejoindre le père Bastien pour m'occuper à le voir travailler.
>
> George SAND – *Les Maîtres sonneurs* – 1853

897. UN COUP DE SEMONCE

Un avertissement ou une mise en garde, souvent accompagné d'une menace.

S*emonce* est un substantif issu du participe passé du verbe *somondre*, au XIe siècle, devenu *semondre* au XIIe.

Ce verbe a eu plusieurs significations au cours du temps : au XIe, il voulait dire « inviter quelqu'un à faire quelque chose » ou bien « convoquer les vassaux » ; au XIIe, il signifiait « sommer quelqu'un de s'expliquer sur un fait » ; au XIIIe, c'était « convoquer en justice » et au XVe, on l'utilisait pour « avertir en adressant une réprimande » et au XVIIe pour « réprimander ».

Si *semonce* a suivi la plupart de ces significations, c'est à partir du XVIe siècle qu'il équivaut à *avertissement*.

Au début du XVIIIe, dans la marine, la semonce est un ordre donné à un navire de montrer ses couleurs, autrement dit de hisser le drapeau qui permet d'en identifier l'origine.

Le « coup de semonce » est alors le premier coup de canon, tiré à blanc ou loin de la cible, qui intime l'ordre à un autre navire d'affaler les voiles, de s'arrêter et de hisser des couleurs. Avec la menace implicite que si l'ordre n'est pas respecté, les prochains coups de canon serviront à couler le bateau.

Et c'est depuis le début du XIXe siècle que notre *coup de semonce* est, hors du domaine maritime et de manière figurée, devenu un avertissement, souvent assorti d'une menace dans le cas où la sommation ne serait pas respectée.

> Voyant cela, le lieutenant n'avait eu d'autre alternative que de saisir et brandir son mousquet vers le ciel. Il avait fait feu. Coup de semonce pour inciter les citoyens et citoyennes à respecter l'ordre.
>
> Louis G. LAFONTAINE – *La Berceuse de Notre-Dame* – 2011

898. UN TRAIN DE SÉNATEUR

Une démarche lente, grave et majestueuse.

Je me suis laissé dire par un mien cousin cheminot qu'à la SNCF, ils n'ont strictement aucune consigne pour que les trains remplis de sénateurs (lorsque le Sénat décide d'aller siéger ailleurs, par exemple) avancent très lentement.

C'est donc ailleurs qu'il faut chercher l'explication de cette expression.

Le Sénat est une institution qui a été créée dès la République romaine, bien avant que les trains ne sifflent trois fois à travers nos campagnes, observés avec attention par quelques bovins désœuvrés.

On considère généralement le sénateur comme étant un vieux sage et le Sénat comme un conseil des anciens, un rassemblement de gens expérimentés aptes à orienter les lois de manière à préserver les institutions indispensables au bon fonctionnement de la société.

Sénat vient d'ailleurs du latin *senex*, mot qui signifie « vieux » et qui nous a aussi donné *sénile* ; mais duquel vient également le mot *seigneur*.

Compte tenu de leur âge moyen, les sénateurs se déplacent à une allure lente, empreinte de la gravité que leur confère leur sagesse.

Et comme n'importe quel dictionnaire digne de ce nom vous confirmera que le mot *allure* est un synonyme d'une des significations de *train*, nous avons là l'explication de notre *train de sénateur*, locution qui a été popularisée par notre habituel fabuliste Jean de La Fontaine dans « Le Lièvre et la Tortue ».

> Ayant, dis-je, du temps de reste pour brouter,
> Pour dormir et pour écouter
> D'où vient le vent, il [le lièvre] laisse la tortue
> Aller son train de sénateur.
>
> Jean de La Fontaine – *Fables* – Livre VI – 1668

> Le moteur [de la vedette] est bridé, et d'ailleurs le règlement des canaux interdit de dépasser ce train de sénateur. Protection des berges oblige.
>
> *Le Monde loisirs* – Article du 11 août 1984

899. NOURRI DANS LE / FAIRE PARTIE DU SÉRAIL

Se dit d'une personne qui n'ignore rien, qui a une longue expérience d'un certain milieu, d'un corps constitué.

Le mot *sérail* date de la fin du XIVe siècle. Il est issu du turco-persan *serâï* qui signifiait « palais » ou « hôtel[1] ».

---

1. On retrouve ce mot dans *caravansérail* qui, en Orient, désignait un lieu de halte pour les caravanes, une forme d'hôtel, même s'il était loin d'un palais.

Il désignait aussi bien le palais d'un sultan dans l'ancien Empire ottoman qu'un harem.

Cette expression prend Racine dans la tragédie *Bajazet* où le grand vizir Acomat explique à son ami Osmin que le sérail, qui est le palais du grand sultan de Turquie, n'a plus aucun secret pour lui : « Nourri dans le sérail, j'en connais les détours. »

L'image est simple à comprendre : celui qui est né et a longtemps vécu dans un certain lieu ou milieu est supposé le connaître parfaitement.

Cette expression n'a réellement été utilisée qu'à partir du XIXe siècle.

Selon Claude Duneton, cela vient du fait qu'à cette époque, un sérail désignait aussi un bordel, et que l'image de quelqu'un « élevé au bordel » avait dû plaire à ceux qui pratiquaient à la fois les maisons closes et les théâtres, à un moment où les tragédies de Racine bénéficiaient d'un second souffle.

On trouve aussi les formes *né dans le sérail* ou bien *être un enfant du sérail*, parmi quelques autres.

> Georges Lautner a voué sa vie au septième Art ; une carrière iconoclaste qui a forcé, au pied de biche, la porte du patrimoine cinématographique. Nourri dans le sérail du cinéma français, il devient assistant, très jeune.
>
> Georges LAUTNER – *On aura tout vu* (résumé) – 2005

900. CHANTER COMME UNE SERINGUE / UNE CASSEROLE

Chanter faux.

Que ce soit juste ou faux, les seringues chantent-elles ? Peut-être faites-vous partie de ces gens qui croient avoir observé, à la nuit tombant sur la toundra sibérienne au mois de septembre (entre le 11 et le 18, pour être précis), des troupeaux de seringues sauvages tentant d'attirer les marins sous leur aiguille grâce à leur chant envoûtant, quoique faux ?

Mais il faut avoir fumé une moquette* de bien mauvaise qualité pour croire avoir pu observer un tel spectacle rigoureusement impossible[1].

Alors, comment justifier une telle expression ?

Le malheur est qu'il semble qu'aucun lexicographe n'a été capable de trouver une explication au moins probable sur l'origine de cette locution qui date du début du XIXe siècle[2]. Il n'y a que Walter Gottschalk qui signale l'analogie phonique avec *sirène* et *serin* (vouloir chanter comme un serin, mais faire l'effet d'une sirène) et qui sous-entend donc que, par plaisanterie, on aurait glissé vers la seringue.

Il n'est pas impossible aussi qu'il y ait un lien avec la seringue qui, en argot, désignait autrefois une personne très niaise. Peut-être considérait-on qu'une idiote ne pouvait que chanter faux ?

Enfin, on ne peut passer sous silence le fait que *seringue* vient du grec *syrinx*[3] qui signifiait « tube », mais aussi « pipeau de berger ». D'où, peut-être, un son que l'on appréciait différemment selon les capacités dudit berger.

Quant à la casserole, seuls des gens de très mauvaise foi, dont ni vous ni moi ne faisons partie (enfin, pour moi, j'en suis sûr…), pourraient prétendre qu'elle chante mieux qu'une seringue. D'autant plus si on se remémore ce fameux chant

---

1. Car tout le monde sait que les troupeaux de seringues sauvages ne se rencontrent qu'en avril dans le désert de Gobi… où les marins sont d'ailleurs aussi peu présents que dans la toundra.
2. Cela ne vient pas non plus de cette fameuse histoire où, alors qu'elle était perchée là-haut sur sa tour, scrutant l'horizon, et que sa sœur lui criait : « Seringue, Seringue, ne vois-tu rien venir ? », elle lui répondait en chantant lamentablement faux : « je ne vois que l'herbe qui verdoie, la route qui poudroie, le Gers qui foiegrasdoie et l'auteur de ces lignes qui disjonctoie ». Euh… je ne me sens pas bien tout d'un coup ; c'est vrai que ma moquette me laisse un goût bizarre…
3. Dans la mythologie, Syrinx était une nymphe amoureuse de Pan et, d'ailleurs, le mot désigne toujours la flûte de Pan en Roumanie.

des casseroles traditionnellement attachées derrière la voiture des mariées.

Si un chanteur arrivait à imiter cet infâme bruit et à chanter comme une casserole, on ne pourrait que l'en plaindre, ainsi que son auditoire.

> Poisson salua les dames d'un brusque signe de tête et entonna une chanson à boire, Les Vins de France ; mais il chantait comme une seringue.
>
> Émile ZOLA – *L'Assommoir* – 1877

> Il est comme ça, Sylve, quand il fait du vélo, pour se donner du courage, il chante, comme une casserole d'ailleurs, mais je crois vous l'avoir déjà dit.
>
> Maryse SIRVEN-BRUN – *À la recherche du chat perdu Gallinette* – 2007

901. AVOIR DU SEX-APPEAL

Avoir un certain pouvoir d'attraction sexuelle.

Ce n'est pas parce que le mot se prononce à peu près comme « sexe à pile » que nous allons cette fois faire un cours sur le godemiché électrique (ni évoquer la citation latine forcément liée si l'engin doit fonctionner longtemps et, en plus, est lumineux *duracell, led sex*). D'ailleurs, un lecteur attentif aura remarqué qu'il est ici question « du » sex-appeal et non de « un » sex-appeal.

En fait, l'absence de lettre *e* à l'extrémité du *sex* aura mis la puce* à l'oreille des anglicistes confirmés, car le mot nous vient bien d'Angleterre, vers la fin des années 1920.

Si le sens de *sex* ne laisse aucun doute, le mot *appeal*, lui, correspond à « attrait ». Autrement dit, le *sex-appeal* s'utilise en général à propos d'une personne (le plus souvent une femme) qui excite le désir (en 1927, le mot avait pour traduction littérale « appel du sexe »).

Cette appellation a un peu vieilli, au bénéfice, si l'on peut dire, de qualificatifs différents (« être sexy ») ou nettement plus vulgaires (« être baisable »). Surtout, elle a souvent servi de remplacement à la version française plus douce et à la connotation sexuelle moins marquée *avoir du chien*.

> Sauf, dit-il, qu'elle a un petit ami qui s'appelle Rusty Godowski. C'est mon élève en cours de danse. Et je puis vous assurer que ce petit blanc-bec a du sex-appeal à revendre !
>
> Gore VIDAL – *Myra Breckinridge* – 1988

902. COUPER LE SIFFLET

Laisser coi.

Voilà une expression qui, lorsqu'elle est apparue au XVIe siècle, avait un sens autrement plus barbare.

En effet, à cette époque, *sifflet*, au figuré, désignait le gosier, cet endroit où passe la trachée-artère par laquelle on respire et qui peut siffler, pendant certaines maladies. Alors *couper le sifflet* n'avait d'autre signification que « égorger », ce qui était une excellente manière d'empêcher quelqu'un de s'exprimer. Définitivement.

On trouvait aussi *serrer le sifflet* pour étrangler.

C'est au cours du XVIIIe siècle que le sens s'est fortement atténué pour devenir celui d'aujourd'hui, lorsqu'on empêche une personne de s'exprimer en raison de l'étonnement, l'indignation ou la peur qu'on lui inflige.

> Pardieu ! s'écria Sancho, voilà ce qui s'appelle répondre. N'ajoutez plus rien, mon cher maître : vous avez coupé le sifflet à ce beau monsieur qui nous dit qu'il n'y a point de chevaliers errants, point de géants, point de fantômes.
>
> CERVANTES – *Don Quichotte de la Manche* – 1605-1615 – traduction de Florian – 1802

903. VAINCRE LE SIGNE INDIEN

1. Vaincre la malchance.
2. Briser le mauvais sort.
3. Interrompre une série noire.

Le *signe indien* est ici une simple traduction de l'anglais *indian sign*, terme qui nous vient de l'Amérique à la grande époque du Far West.

Dans certaines tribus amérindiennes, les shamans ou sorciers étaient supposés avoir le pouvoir de jeter une malédiction sur leurs ennemis en les marquant mentalement au front d'un dessin représentant le fléau qu'ils souhaitaient voir s'abattre sur leurs victimes. Seuls ceux dont le cœur était pur et dont la bravoure était grande pouvaient espérer échapper aux sorts de ces puissants sorciers. Autant dire qu'ils n'étaient pas nombreux, les bougres !

Il va donc de soi que ceux qui sont victimes d'une telle malédiction n'ont aucunement besoin de passer sous une échelle ou de briser un miroir pour que s'abattent sur eux les plus grandes calamités comme, parmi d'autres beaucoup moins graves, l'obligation de regarder une émission de téléréalité en n'ayant plus de piles dans la télécommande pour pouvoir zapper.

Et parmi ces victimes, celles qui enchaînaient les avanies, les désillusions, les catastrophes diverses et qui, soudain, se mettent à vivre une vie calme, reposante, sans contrariétés et sans aucun souci, accompagnée de succès en veux-tu en voilà, peuvent dire qu'elles ont vaincu le signe indien.

> Enfin, le président du conseil prend la parole et communique la décision : le projet est approuvé. Aussitôt, le soleil brille et réchauffe Joël qui, soudainement, tout en jubilant s'assied.
> Son collègue passe, à son tour, son examen et le réussit brillamment.
> Le soir, dans un restaurant chic du côté du quartier Louis, les deux collègues ont déjà terminé un champagne en apéritif et le deuxième est bien entamé. Ils dégustent, l'un du magret de canard et l'autre du poisson salé aux aubergines. Ils sont joyeux d'avoir vaincu le signe indien.
>
> Sylvie NTSAME – *Malédiction* – 2005

904. CE N'EST PAS UNE SINÉCURE

Ce n'est pas une situation, un emploi, quelque chose de facile ou de tout repos.
Ce n'est pas une mince affaire.

Peut-on réellement considérer cette phrase comme une expression ?

Car on la prononce simplement comme un constat, pour désigner une situation qui n'est pas… une sinécure.

C'est un peu comme si vous disiez, en voyant un vélo : « ce n'est pas une voiture » ou bien, en voyant un poisson rouge : « ce n'est pas un mammouth » ou encore, face à un éléphant rose : « p'têt ben qu'j'aurais pas dû boire cette douzième vodka ».

Sinécure est un mot qui date du début du XIXe siècle.

Selon le *Grand Robert*, il vient du latin *sine cura*, abréviation de *beneficum sine cura* qui signifiait « bénéfice ecclésiastique sans souci, sans travail ».

Il s'emploie à propos d'un travail où on est bien payé sans avoir à fournir beaucoup d'efforts ou plus généralement à propos d'une situation dans laquelle aucun effort n'est attendu. Par extension, il signifie aussi une « chose sans importance ou insignifiante ».

Si on retient l'acception « situation de tout repos », on peut, sans crainte de se tromper, dire que quelqu'un qui va une semaine en thalassothérapie, par exemple, est à la fois curiste et sinécuriste.

De nos jours, on peut fréquemment rencontrer le contresens « Quelle sinécure ! » pour indiquer une situation désagréable, quelque chose de négatif. Peut-être utilisée d'abord comme antiphrase, cette locution est maintenant un véritable contresens, la signification du mot *sinécure* n'étant généralement pas connue.

Tous les restaurateurs vous le diront : ouvrir un restaurant et le faire tourner, ce n'est pas une sinécure. Laurent Caraux a répété l'exercice plus de 75 fois dans sa vie. C'est dire l'énergie et la fibre entrepreneuriale de cet homme de soixante et un ans.

Les Échos – Article du 18 avril 2011

905. LE ROCHER DE SISYPHE

Un travail difficile, toujours recommencé, interminable.

Si nous sommes sûrs que Sisyphe, personnage de la mythologie grecque, a suffisamment déplu aux dieux pour qu'il soit puni d'une manière particulière (vous ne quitterez pas cette page sans tout savoir), les explications varient sur ce qui a causé l'ire des habitants de l'Olympe et de Zeus en particulier.

Sisyphe était le fils d'Éole, dieu du vent, et le fondateur et roi de Corinthe (d'abord créée sous le nom d'Éphyra). Il est souvent présenté comme rusé, ce que va confirmer une des raisons avancées pour son châtiment.

Une des histoires qu'on raconte à son propos était que, alors que son heure était venue et que Thanatos – la mort – venait le chercher, Sisyphe réussit à l'enchaîner. Constatant que plus personne ne mourait, Zeus envoya Arès délivrer le prisonnier et emmener de force en enfer son ravisseur. Voyant qu'il ne pourrait cette fois échapper à son destin, Sisyphe dit à sa femme de ne surtout pas lui organiser des funérailles. Une fois arrivé sur place, il se plaignit de ce que son épouse indigne ne faisait rien en l'honneur de sa disparition. Il demanda et obtint la permission de retourner chez les mortels pour régler la chose. Mais une fois sur place, il refusa de revenir en enfer, ce qui obligea Thanatos à revenir le chercher, pour de bon cette fois.

Mais il existe une autre histoire évoquée pour justifier le courroux de Zeus. On dit en effet que ce dernier, très attiré par les jeunes et belles demoiselles, aurait enlevé la jeune Égine dont le père, le dieu-fleuve Asopos serait venu à Corinthe pour la retrouver. Là, Sisyphe aurait dénoncé Zeus, en échange de la création par Asopos d'une source perpétuelle permettant d'alimenter la ville en eau.

D'autres versions combinent les deux histoires : Thanatos serait venu chercher Sisyphe la première fois sur ordre de Zeus, à la suite de sa dénonciation.

Quoi qu'il en soit, comme les dieux étaient très en colère contre Sisyphe, ils le condamnèrent à rouler un gros rocher rond au sommet d'une montagne. Manque de pot, une fois en haut, en l'absence d'une zone plate où bloquer le rocher, celui-ci s'empressait, gravité oblige, de redescendre en bas dans la plaine.

Et Sisyphe de devoir recommencer sa tâche, encore et encore…

> Anne-France Borgeaud Pierazzi en appelle aussi à une meilleure définition des mesures de soutien aux PME. Bref, « la Suisse doit donc se réinventer année après année », estime l'économiste. En d'autres termes, repousser le rocher de Sisyphe.
>
> *Tribune de Genève* – Article du 17 mai 2011

906. UNE SOLUTION DE CONTINUITÉ

Une interruption de la continuité.
Une séparation, une rupture.

Voilà une de ces expressions bien étranges dont le sens apparent est contraire au sens réel pour ceux qui ne connaissent pas le dictionnaire sur le bout des doigts.

Car, en effet, on peut facilement penser qu'une solution de continuité, c'est une solution, un moyen pour rétablir la continuité de quelque chose qui s'est cassé (comme, par exemple, une bonne soudure sur un tuyau rompu).

Mais, au vu du sens de l'expression, c'est bien de l'inverse qu'il s'agit. Pourquoi cela ?

Si je vous dis *soluble*, à quoi pensez-vous ? Les matheux se pencheront peut-être vers un problème de baignoire et de robinet (s'il est soluble, c'est qu'on peut le résoudre ou le solutionner[1]), mais la plupart penseront plutôt à quelque chose qui fond, qui se dissout dans un liquide (du sucre, un cachet d'aspirine…).

Et c'est effectivement là qu'il faut creuser.

Car *solution* vient du latin classique *solutio* dont une des significations était « dissolution » ou « désagrégation ». Et si la continuité de quelque chose se désagrège, c'est bien qu'il y a rupture de cette chose.

C'est dès le début du XIVe siècle qu'on a commencé à parler de *solution de continuité* en médecine et chirurgie (ou ce qui en tenait lieu) pour désigner des plaies ou des fractures.

Puis, l'usage de cette expression s'est élargi à tout ce qui correspond à une séparation ou une rupture.

> En l'examinant, il [Jean Valjean] vit que cette porte n'était pas une porte. Elle n'avait ni gonds, ni pentures, ni serrure, ni fente au milieu. Les bandes de fer la traversaient de part en part sans solution de continuité.
>
> Victor HUGO – *Les Misérables* – 1862

907. UNE BÊTE DE SOMME

Une personne effectuant des travaux pénibles avec beaucoup d'acharnement.

Une *bête de somme* n'est nullement un animal venu d'un certain département du nord de la France, ni un spécialiste des additions.

Car depuis le XIIe siècle, la somme est la charge que peut porter un cheval ou un mulet. C'est pourquoi, au XVIe siècle, est apparue la locution *bête de somme* pour désigner « une bête de charge qui porte des fardeaux ».

C'est parce que la bête de somme est lourdement chargée et éventuellement exploitée sans vergogne par son propriétaire, que la locution a, à partir du

---

1. Ce verbe, bien que présent dans les dictionnaires, car fréquemment utilisé dans la langue moderne, est fortement critiqué par les puristes.

XVIIIe siècle, été utilisée au figuré pour désigner une personne effectuant des travaux pénibles, que ce soit volontairement ou sous la contrainte.

Au XVIe siècle, on disait aussi *servir à sac et à somme* pour dire « être soumis à des corvées ».

> Si l'agriculture mexicaine avait de grandes richesses végétales, si en cela elle surpassait de beaucoup les ressources qu'avait pu offrir le sol de l'Europe à ses premiers habitants, elle était, quant au bétail au contraire, dans un dénûment extrême. Elle ne possédait aucune bête de somme ; le bœuf, le cheval, l'âne et le chameau lui manquaient. Les anciens Mexicains n'avaient pas même l'alpaca qui, au Pérou, servait à transporter certains fardeaux.
> Michel CHEVALIER – *Le Mexique ancien et moderne* – 1863

908. UNE CHASSE AUX SORCIÈRES

Persécution organisée et généralement injuste (très souvent par un gouvernement contre ses opposants).

Les chasses aux sorcières existent depuis bien longtemps, puisque, pour prendre le cas de la France, la première sorcière à brûler sur le bûcher le fut en 1275 à Toulouse. En effet, de tout temps, mais pas dans toutes les communautés, ceux qui étaient accusés d'avoir des pouvoirs surnaturels ou néfastes ont été pourchassés et éliminés.

Toujours est-il que la métaphore qu'est notre expression date du milieu du XXe siècle et qu'elle nous vient des États-Unis *via* une image utilisée par l'écrivain et dramaturge Arthur Miller au moment du maccarthysme après la Seconde Guerre mondiale.

À cette époque, il y avait en Amérique une volonté d'éliminer tous ceux qui de près ou même de très loin pouvaient passer pour des communistes ou sympathisants. Et c'est en 1952 qu'Arthur Miller fit alors la comparaison avec l'épisode des sorcières de Salem, à l'époque de l'Amérique puritaine du XVIIe siècle.

En 1692, à Salem Village (devenue Danvers aujourd'hui), des jeunes filles se mirent à accuser d'autres villageois d'être des sorciers et de les avoir envoûtées. Les accusations furent prises pour argent comptant et les accusés durent choisir entre avouer ou être pendus. Cette farce tragique fit tache d'huile et s'étendit rapidement à de nombreux villages et villes environnantes, touchant même Boston.

C'est cette persécution injuste (il n'y avait pas plus de sorciers que de poissons faisant de la bicyclette) devenue une page de l'histoire américaine qui fit écrire encore plus tard à Arthur Miller : « Plus je lis des choses sur la panique de Salem, plus j'y trouve des correspondances avec ce qu'il s'est passé dans les années cinquante. »

> Mais les intervenants s'alarment surtout de la « pression médiatique » qui s'abat contre ceux qui expriment un point de vue « anticonformiste ». « Une véritable chasse aux sorcières », s'insurge Christian Vanneste qui analyse longuement les rouages de la « pensée unique ».
>
> *Politis* – Article du 13 mai 2011

909. PAS BESOIN DE SORTIR DE SAINT-CYR / POLYTECHNIQUE POUR…

Pas besoin d'être très intelligent pour…

Cette expression précède en général une action quelconque à la portée de tout un chacun.

L'école militaire de Saint-Cyr est fondée en 1802 par Napoléon Bonaparte. D'abord installée à Fontainebleau, elle émigre à Aix-en-Provence en 1940 avant d'être fermée lorsque les Allemands occupent la zone libre. Elle est rouverte à Coëtquidan, dans le Morbihan, en 1945.

Elle forme les officiers de l'armée de terre. Pétain (403e sur 412 en 1876) et de Gaulle (13e sur 211 en 1911) y sont passés.

Polytechnique est une autre célèbre école de haut niveau, fondée en 1794, au lendemain de la Révolution[1].

Les hommes qui sortent de ces deux écoles étant considérés comme des élites, ils sont supposés être d'une grande intelligence.

L'expression indique que, pour comprendre ou faire certaines choses paraissant simples au commun des mortels, il n'est pas du tout utile de disposer de l'intelligence nécessaire pour sortir (par la grande porte) d'une de ces écoles.

> Et que même s'il ne faut pas « sortir de Saint-Cyr », comme le dit une expression populaire, pour effectuer correctement son travail d'OS – lequel requiert surtout des capacités d'endurance physique et nerveuse –, l'expérience des techniques de production acquise par les OS constituait un capital de savoir-faire.
>
> Renaud SAINSAULIEU, Ahsène ZEHRAOUI – *Ouvriers spécialisés à Billancourt : les derniers témoins* – 1995

> Un soir, sans trop gamberger, il est parti avec eux sur un casse, histoire de leur prouver que, pour délourder une porte, point n'était besoin de sortir de Polytechnique.
>
> Louis SALINAS – *Comme à Gravelotte* – 1968

910. À VOS SOUHAITS !

Formule traditionnelle adressée à une personne qui éternue.

À ceux qui sont un peu naïfs et croient à l'histoire d'Aladin, je précise qu'il ne s'agit pas de la première phrase que pourrait prononcer un djinn, tonique, mais un peu courbatu, lorsqu'il sort de sa lampe magique.

Mais d'où vient donc l'habitude de cette expression équivalente à « Dieu vous bénisse ! » ? Malheureusement, il n'y aucune certitude et vous trouverez ci-après trois des explications que les

---

1. Et ce n'est pas parce qu'on dit d'un étudiant de Polytechnique qu'il fait l'X qu'il s'appelle Félix pour autant.

linguistes proposent, sachant qu'on peut en trouver quelques autres.

Théodore de Jolimont, au début du XIXe siècle, explique que cela remonte à très loin. Dans la mythologie, tout comme dans les croyances chrétiennes et juives, la première réaction du tout premier homme aurait été d'éternuer. Par la suite, ce serait donc « logiquement » devenu le premier réflexe de tout nouveau-né. Or, que souhaiter de mieux à un bébé que d'être béni par Dieu et que tous ses futurs souhaits se réalisent ?

Autre explication : l'éternuement aurait aussi été le tout dernier acte d'un mourant, car Adam serait mort en éternuant, ainsi que tous ses descendants jusqu'à ce que le patriarche Jacob demande à Dieu de faire cesser cette mauvaise habitude, un signe de joie (la naissance) ne pouvant aussi être un signe de deuil.

Mais même si, grâce à Dieu, l'éternuement du mourant a disparu, l'habitude de bénir celui qui va se présenter devant son Créateur est restée.

Enfin, il faut aussi savoir qu'il n'y a encore pas si longtemps, en Angleterre et en Écosse, les nourrices croyaient que, tant que l'enfant n'avait pas éternué, il était habité par les fées et comme ensorcelé. Il fallait donc user de stratagèmes pour que l'enfant éternue trois fois, seul moyen de le débarrasser des mauvais esprits.

On notera que si les explications varient, dans les trois cas cités l'éternuement du nourrisson à la naissance est toujours présent.

> Birotteau fit un geste pour le prier de mettre sa casquette. Je n'en ferai rien, je ne me couvrirai pas que vous ne soyez assis et couvert si vous êtes enrhumé ; ma chambre est un peu froide, la modicité de mes revenus ne me permet pas… À vos souhaits, monsieur l'adjoint.
>
> Birotteau avait éternué en cherchant ses actes, il les présenta, non sans dire, pour éviter tout retard, que

monsieur Roguin, notaire, les avait rédigés à ses frais.

Honoré de Balzac – *César Birotteau* – 1837

911. ÊTRE DANS SES PETITS SOULIERS

Éprouver une sensation d'inconfort due à une situation embarrassante.
Être mal à l'aise.

Contrairement à celui qui est « à l'aise dans ses baskets », celui qui est « dans ses petits souliers » est généralement un peu « gêné aux entournures ».

C'est à la fin du XIe siècle que le mot *soulier* désigne une chaussure. Mais, contrairement à ce qu'on pourrait supposer, au vu de l'usage moderne du mot qui désigne plutôt une chaussure couvrant bien le pied, il a été utilisé aussi bien pour des chaussures ouvertes (*souliers à l'apostolique*, pour des sandales) que pour des plus ou moins fermées (*souliers de bois*, pour des sabots).

Au début du XIXe siècle apparaît *être mal dans ses petits souliers* qui veut dire « être malade ».

Cette métaphore liée au soulier qui blesse parce qu'il est mal ajusté, trop petit, date du siècle précédent où l'on trouvait déjà quelques expressions comme *c'est là que le soulier me blesse* (où *soulier* est aujourd'hui remplacé par *bât*) ou bien *chacun sait où le soulier le blesse* pour « chacun connaît les failles de son caractère ».

L'image du soulier trop petit, donc inconfortable, reste évidente dans notre version de l'expression, qui est attestée en 1830, métaphore qui peut s'utiliser dès que quelqu'un est très mal à l'aise, quelle qu'en soit la raison.

Que se passait-il ? Avait-il bien préparé son allocution ? Il s'excusa, disant qu'il ne pouvait plus continuer, et se retira. Ça commençait bien, je me sentais mal parti et dans mes petits souliers. Craignant de chercher mes mots, j'avais écrit un texte, que je savais presque par cœur, mais je ne le lus pas, considérant qu'il valait mieux parler, même en achoppant parfois sur un mot, plutôt que de lire.

André ROCHEBLAVE – *Les Châtaignes blanches : une famille protestante dans les Cévennes du* XXe *siècle* – 2008

912. CRACHER DANS LA SOUPE

Critiquer en mauvaise part ce dont on tire avantage.

Beurk ! Chacun est libre de cracher dans sa propre assiette de soupe s'il tient vraiment à en rehausser un peu le goût, mais il n'est pas vraiment bienséant de le faire dans celle du voisin. Oui, même s'il a la tête tournée !

La soupe, c'est ce qui nourrit donc, plus largement et au figuré, ce qui permet de vivre. Elle symbolise aussi le profit (notion qu'on retrouve dans *par ici la bonne soupe !* qui veut dire quelque chose comme « à moi les bénéfices / les avantages ! »).

Alors cracher dessus ou dedans, avec toute la connotation de mépris que cette action peut avoir, c'est montrer vraiment peu de considération pour cette « nourriture » pourtant indispensable ou pour les avantages ou bénéfices qu'on peut en tirer.

Cette métaphore est utilisée depuis le début du XIXe siècle.

Tout débute en 1968 avec une virée à la campagne dans une maison de bourgeois laissée à la libre agitation de jeunes filles de bonne famille qui crachent dans la soupe et n'envisagent pas ce week-end sans une partie de jambes en l'air histoire de quitter définitivement cette adolescence qui, décidément, commence à leur peser.

François XAVIER – *Au fil des pages : trois années de chroniques littéraires sur la Toile (2003-2005)* – 2009

913. TREMPÉ COMME UNE SOUPE

Complètement mouillé.

Cette expression nous vient du XVIIIe siècle.

Si on essaye de la comprendre aujourd'hui, on pourrait croire qu'elle veut dire « aussi mouillé qu'une soupe peut l'être », ce qui paraîtrait absurde.

Mais en réalité, autrefois, le mot *soupe* désignait la tranche de pain qu'on trempait dans le bouillon et qui en ressortait forcément « trempée comme une soupe ».

Ce n'est qu'avec le temps que, par métonymie, le terme *soupe* a perdu son sens d'origine pour désigner le bouillon initial.

> Le peloton explose et quelques équipiers de Miguel Indurain se font rincer à l'arrière. Le champion espagnol passe la ligne sans lever les yeux. Il déteste la pluie et ces courses-poursuites un peu dingues. Trempé comme une soupe, il slalome entre les curieux et manque emboutir le seul homme heureux de cette journée, Michael Boogerd, jeune roux ébouriffé à la peau de lait. [...] Michael Boogerd en toute humidité. Le Néerlandais a remporté à Aix-les-Bains une étape diluvienne.
>
> Laurent RIGOULET – *Libération* – Article du 6 juillet 1996

914. UN SOUS-FIFRE

Employé subalterne.

Pour que le mot *sous-fifre* apparaisse, encore fallait-il qu'il y ait un *fifre*, comme quand on évoque un sous-lieutenant, une sous-préfecture, ~~une soupière~~ ou un sous-bois, par exemple.

Or, au cours des quelques décennies passées, avez-vous déjà entendu quelqu'un se faire passer pour un fifre ou se faire appeler fifre ? C'est peu probable !

Et pourtant... En remontant dans le temps, on commence à trouver le *sous-fifre* au tout début du XXe siècle, avec le sens de « novice » ou « apprenti ».

Notre signification actuelle en découle directement, car, quand on a besoin qu'un service soit correctement rendu ou qu'une décision soit prise, on ne va évidemment pas s'adresser à un novice.

C'est vers les années 1880 que le *fifre* désigne entre autres un homme maladroit, comme l'est le novice dans le métier qu'il apprend, ou bien une personne sans énergie. D'où le lien, encore avec notre *sous-fifre*, au sens assez méprisant.

Mais le *fifre,* c'était aussi un liard, une monnaie de très faible valeur (le quart d'un sou) dont le nom était utilisé dans des expressions négatives comme *ne pas avoir un liard* pour « ne pas avoir d'argent ».

On commençait à trouver ici un sens de petitesse qui nous vient en fait de *fiferlin* ou *fifrelin*, dont dérive *fifre*, mot qui désignait une petite chose ou de la monnaie de très faible valeur.

C'est cette valeur ténue qui a dérivé vers la petitesse en compétence ou en pouvoir qu'on retrouve aujourd'hui dans notre sous-fifre.

Enfin, *fifrelin* dériverait de l'allemand *Pfifferling* qui veut dire « girolle » (on se demande quel lien il peut y avoir avec un champignon), mais aussi « fétu » ou « chose sans valeur » (là, l'image de la petite chose est nettement plus compréhensible), employé dans ce dernier sens dès le XVIe siècle dans la locution *das ist keinen Pfifferling wert* qui voulait dire « cela ne vaut rien » et dont la version française est « ça ne vaut pas un fifrelin ».

> Et qui pourrait vous vouloir du mal ?
> – Joseph Conrad.
> – Conrad ? Vous connaissez Joe ? Le sous-fifre du consulat de France à Bangkok ! s'exclama Gilet.
> – Conrad est plus qu'un sous-fifre, Éric. Il manigance tout un tas de choses et m'en veut à mort pour ce que je lui ai fait.
>
> Jean-Luc BERMOND – *Fleur de pavot* – 2004

915. CASSER DU SUCRE SUR LE DOS (DE QUELQU'UN)

Dire du mal (de quelqu'un) en son absence.

Les absents ont toujours tort, c'est bien connu. Et nombreux sont ceux dont les oreilles doivent siffler dès qu'ils ont le dos tourné.

Dans cette expression, on trouve deux parties intéressantes. Il est inutile de s'attarder sur le *sucre*, tout le monde sait ce que c'est. Quant à *sur le dos*, c'est ce qui permet de faire porter le fardeau d'une responsabilité quelconque à quelqu'un. Et comme ce dernier n'est pas là pour se défendre, c'est plus facile.

L'explication de *casser du sucre* pose un problème légèrement plus épineux.

Autrefois, non seulement le sucre était un complément alimentaire de luxe (l'expression ne vient donc pas des quartiers pauvres), mais on n'avait pas de belles boîtes rectangulaires contenant de beaux petits morceaux parfaitement taillés et superbement alignés, attendant avec impatience de fondre de plaisir. On disposait plutôt d'un bloc (un pain) de sucre qu'il fallait casser en petits morceaux, au fur et à mesure des besoins.

Tiens ! C'est donc dans une telle situation qu'on « casse du sucre » ! Mais quel peut bien être le lien avec les méchancetés débitées en l'absence du principal intéressé ? Bien que peu facile à faire, on a tout de même une piste, même si elle n'est pas confirmée par des écrits passés.

Au XIXe siècle, le verbe *casser*, parmi ses nombreux usages argotiques, signifiait aussi « médire » ou, plus exactement, « révéler des choses désagréables sur quelqu'un ». On en retrouve une version dans *casser le morceau* qui, chez les brigands, voulait dire « avouer » ou « dénoncer un complice ». Par ailleurs, et depuis bien plus longtemps, des *paroles sucrées* étaient des « paroles flatteuses », en liaison avec la douceur du sucre. Alors, il n'est pas impossible que, par antiphrase, en mêlant cette signification du verbe *casser*, en lien avec ce pain de sucre qu'il faut briser, et le contraire de paroles flatteuses, on ait abouti à *casser du sucre* qui est apparu au cours de la seconde moitié du XIXe siècle.

C'est à la fin du même siècle que le complément *sur le dos* a été ajouté. On peut y voir un mélange à la fois du poids des médisances qu'on fait porter à l'absent sur son dos, mais aussi le fait que ces méchancetés sont dites *dans son dos*, c'est-à-dire en son absence, soit, au final, à l'image du pain de sucre qu'on casse sur son dos.

> Elles se mettaient à casser du sucre sur le dos des uns et des autres. Elles passaient en revue toutes nos connaissances, et nul ne trouvait grâce à leurs yeux.
>
> Mikhail-E SALTYKOV-CHTCHEDRINE – *Le Bon Vieux Temps* – 1997

916. EN SUISSE

Seul, sans partager avec d'autres.

La Suisse est un très beau pays plein de montagnes, de lacs et de… Suisses, qui ne sont pas forcément petits, contrairement à ce que Yoplait® et Danone® cherchent à nous faire croire avec leur fromage blanc présenté en petits pots.

D'abord, afin de lever le doute que peut laisser germer l'homonymie, quand on dit *en Suisse*, cela ne veut pas dire « dans le pays qui s'appelle la Suisse », mais bien « comme un Suisse ».

Cette expression pourrait donc laisser croire que les Suisses sont profondément solitaires, surtout lorsqu'il s'agit de boire. Pourtant, pour en avoir fréquenté quelques-uns dans une vie antérieure, je peux vous garantir qu'ils peuvent faire d'excellents et chaleureux compagnons de beuverie, et qu'ils ne sont pas les derniers à lever le coude.

Alors d'où vient cette assimilation entre le Suisse et une forme de plaisir solitaire ?

D'abord, on sait que Vidocq, en 1828 dans ses *Mémoires*, utilisait l'expression *boire avec son suisse*. Comme si chacun avait le sien, personnel, rien qu'à lui. Parallèlement, on disait aussi *faire Suisse*.

Ce n'est qu'après 1920 que la forme *en Suisse* apparaît.

Une chose semble souvent admise par les lexicographes, c'est que notre *Suisse* vient du milieu militaire.

Ainsi, en 1833, on lit : « Le soldat a pour point d'honneur de ne jamais manger ou boire seul [...] et on dirait de lui : il boit avec son Suisse. » Puis, plus tard, on lit également : « Un soldat français ne boit jamais seul, ne doit pas faire Suisse. »

Reste à savoir d'où provient ce fameux *Suisse*. Et là, on se perd un peu en conjectures.

Même si le lien avec notre expression n'apparaît pas vraiment, il faut d'abord rappeler que, dès le XVIIe siècle, on disait boire *comme un Suisse* pour « boire beaucoup » (quitte à finir soûl comme un Polonais*).

Selon Gaston Esnault, la locution viendrait des gardes suisses de l'Ancien Régime. D'après lui, le Suisse étant germanique, il ne sait pas ce qu'est la tournée française et, même s'il boit en compagnie, il paye son propre verre et donc, il boit « seul », n'invite pas ses collègues.

Selon Lorédan Larchey, *suisse* ne renvoie pas à l'habitant du pays du même nom, mais au concierge ou au portier, selon l'ancienne dénomination qu'on donnait à cette personne, ce qui expliquerait l'absence de majuscule, comme chez Vidocq.

Mais d'où viendrait alors le fait qu'on ne doit pas *boire avec son suisse* ?

Larchey écrit que c'est une « ironie inventée pour rappeler quelque engagé d'opulente famille aux règles de la fraternité » pour dire que le militaire issu d'une famille riche doit quand même se mêler aux autres et ne pas se contenter de boire avec son suisse, le concierge de la famille.

> Hill vida le sien par petites gorgées. S'il avait été seul, s'il avait bu en Suisse, il aurait aussitôt craché cette infecte mixture.
>
> Maurice DE VLAMINCK – *Le Garde-fou* – 1958

917. LE SUPPLICE DE TANTALE

La frustration d'une personne qui voit ses désirs toujours sur le point d'être réalisés, mais dont les espoirs sont chaque fois déçus.

Le mot *supplice*, apparu au milieu du XVe siècle et issu du latin *supplicium* qui évoque le fait de ployer les genoux et, par extension, la prière, la prosternation ou la supplication, a, dès 1480, pris également le sens de « souffrances que subissent les damnés en enfer » (« eternelz supplices »). Mais au cours des siècles qui se sont écoulés depuis, il n'était plus vraiment besoin de passer par la case « enfer » pour avoir l'immense plaisir de subir des supplices.

Dans la mythologie, Tantale était le fils de Zeus et de la nymphe Plota (ou Ploutô). Dirigeant du royaume de Lydie, il fut expédié aux enfers par son père pour y purger éternellement un châtiment à la mesure du crime qu'il venait de commettre. Les bandes magnétiques de l'époque n'ayant pas résisté aux outrages du temps et l'accès aux archives de cette période étant donc assez difficile, les torts de Tantale sont variables selon les sources. Pour les uns, reçu à la table des dieux, il aurait dérobé du nectar et de l'ambroisie, boissons uniquement réservées aux dieux, pour les faire goûter aux mortels. Pour d'autres, il aurait servi aux dieux son propre fils Pélops en ragoût au cours d'un repas, après l'avoir égorgé. Quoi qu'il en soit, Tantale avait fortement fauté à l'encontre des divinités qui ne pouvaient donc que le punir.

Et Tantale, en partie immergé dans l'eau d'un ruisseau, fut condamné pour toujours à souffrir de soif et faim. Chaque fois qu'il se penchait pour boire l'eau qui l'entourait, celle-ci se dérobait et lorsqu'il tendait les mains pour cueillir les fruits qui garnissaient les branches à sa portée, ces dernières s'éloignaient poussées par le vent[1]. Symbole même de la frustration permanente, Tantale ne pouvait obtenir les choses pourtant à sa portée dont il avait tant envie.

Malgré l'âge de l'histoire qui lui sert de base, ce n'est qu'au milieu du XIXe siècle que cette expression apparaît.

> Mais son équipage ne put prendre de poissons, quoiqu'ils y fussent en abondance ; ils ne se laissaient pas envelopper par la seine et ne mordaient pas à l'hameçon. […] On ne fut pas plus heureux pour les tortues. « Nous étions, s'écrie-t-il, condamnés au supplice de Tantale ; nous avions continuellement sous les yeux les choses que nous désirions avec ardeur, et nous ne pouvions les saisir. »
>
> Jean-François DE LA HARPE – *Abrégé de l'histoire générale des voyages* – 1820

918. FAIRE UN TABAC

Obtenir un franc succès.

L'origine de cette expression qui est attestée à partir de 1970 n'est pas certaine.

Elle est à rapprocher de *avoir le gros tabac* qui, au début du XXe siècle, signifiait « être très applaudi », pour un comédien de théâtre.

Outre celui du tabac à priser ou à fumer, le mot *tabac* a eu de nombreux sens depuis le début du XIXe siècle. On en retrouve une partie dans les locutions passer à tabac* (« rouer de coups ») et un coup de tabac* (un orage soudain qui malmène un bateau en mer).

L'origine de ces deux *tabac* est issue des formes occitanes *tabassa* ou *tabasta* (pour « frapper à grands coups », « cogner », mais aussi « faire du bruit »), formes qu'on retrouve maintenant dans *tabasser*. Et c'est le *tabas* qui, par homonymie, aurait été confondu ensuite avec *tabac*.

---

1. Une autre version explique que les fruits, une fois cueillis, devenaient des pierres.

Si l'étymologie se trouve bien là, alors c'est que le bruit du tonnerre qui roule (celui du *coup de tabac*) a pu être comparé à la salve d'applaudissements que reçoit celui qui fait un tabac (pour ceux qui ont suivi, ne pas oublier que *tabassa* signifiait aussi « faire du bruit »). On peut aussi penser aux coups donnés avec le pied pour accompagner les applaudissements et faire un maximum de bruit pour montrer la haute appréciation qu'on a eue de la pièce.

Cette hypothèse est renforcée par le fait qu'une *claque*, en langage de théâtre, était un ensemble de *claqueurs*, des gens payés pour applaudir. Et les applaudissements sont bien une succession de *claques*, donc de coups, de ceux qu'on peut donner à quelqu'un qu'on passerait à tabac.

Il existe aussi la version *en faire tout un tabac* qui signifie « en faire toute une histoire ». Mais c'est une autre histoire…

> En réalité, l'émission fait un tabac dans le genre esprit helvétique et notre loustic fait mieux que s'y défendre. Il est plein de saillies biscornues à souhait et fait preuve d'un humour tout à fait suisse.
>
> Germain Clavien – *Tant qu'il y aura des jours* – 1998

919. PASSER À TABAC

Rouer de coups.

Molière, dans son *Don Juan*, a écrit : « Il n'est rien d'égal au tabac ; c'est la passion des honnêtes gens ; et qui vit sans tabac n'est pas digne de vivre. »

Autant dire que l'avis sur « l'herbe à Nicot » (car introduite en France en 1560 auprès de Catherine de Médicis par Jean Nicot, ambassadeur de France à Lisbonne, grâce auquel les fumeurs peuvent s'imbiber de nicotine) a quelque peu changé depuis.

Si l'on compare la forme *passer à tabac* avec *passer à la moulinette* ou bien *passer au fil de l'épée* où *passer à* prend bien le même sens, on se demande si le *tabac* de notre expression a bien un lien avec ce qui a d'abord été considéré comme une herbe médicinale.

Et il se trouve que ce n'est pas vraiment le cas.

Si cette expression ne date que du dernier quart du XIXe siècle, son origine remonte au radical *tabb-* qui exprime l'idée de frapper et qu'on trouve dès le XIIIe siècle dans des dialectes du sud de la France en Provence et en Occitanie, ou dès le XVe dans plusieurs verbes dont *tabuster* qui voulait dire « battre » ou « frapper ».

C'est avec ce radical qu'un *tabas* argotique est apparu (il donnera le verbe *tabasser* au début du XXe siècle), vite remplacé par l'homophone *tabac*, par croisement avec le nom de l'herbe à Nicot, mot qui au tout début du XIXe a désigné « une volée de coups ».

Ce qui suffit alors à expliquer l'usage de ce *tabac*-là avec *passer à* au sens de « soumettre à l'action de », rôle qu'aurait eu du mal à remplir le tabac à rouler ou à chiquer.

Même si elle est probablement fausse, il faut savoir qu'il existe une autre explication qui viendrait de l'époque où Vidocq, ancien bagnard devenu chef de la Sûreté de Paris, imposait à ses hommes d'extorquer rapidement les aveux des présumés coupables. Ceux qui réussissaient, donc qui employaient des moyens un peu radicaux, étaient récompensés par un paquet de tabac. D'où la dénomination des interrogatoires musclés.

> Ce gars a été passé à tabac, peut-être battu à mort et poussé dans l'eau après. Ça ne ressemble pas à un accident, crois-en mon instinct.
>
> Sylvain FORGE – *La Ligne des rats* – 2009

920. UN COUP DE TABAC

1. Une tempête en mer, soudaine et violente.
2. Un événement brutal aux conséquences lourdes.

Si on vous dit que quelqu'un s'est fait tabasser, vous comprendrez tout de suite qu'il s'est fait agresser et a reçu quelques méchants coups.

En effet, dès le XIIIe siècle, on trouvait dans le sud de la France des verbes comme *tabassar* ou *tabustar* qui signifiaient « donner une volée de coups » ou « secouer, molester ».

Le mot *tabac*, qui aurait dû être *tabas* mais qui a vite été croisé avec *tabac* (à chiquer ou fumer), est issu de ces verbes pour désigner un ou des coups. D'ailleurs, au XVIIe siècle, *donner du tabac* voulait dire « se battre ».

C'est au début du XIXe que notre expression apparaît chez les marins. L'association de *coup* et *tabac* est un renforcement destiné à insister sur la violence de l'événement redouté.

C'est vers la fin du même siècle qu'apparaîtra, avec la même origine, l'expression *passer à tabac**.

Par extension, le *coup de tabac* utilisé hors de la marine désigne parfois un événement brutal susceptible d'avoir des conséquences importantes.

> Leguen dirige son regard vers le mien, il ne dit rien, observe en bon flic qu'il est, si je me sens capable de tenir le coup face à un nouveau coup de tabac. Je devine ses pensées…
>
> Bernard COAT – *Du sang sur les docks* – 2010

921. FAIRE TABLE RASE

1. Considérer comme nulles et inexistantes des idées de conduite adoptées précédemment, les rejeter en bloc.
2. Reprendre de zéro une procédure de recherche de quelque chose (explication, solution, criminel…).

Le premier sens proposé n'apparaît que dans le *Dictionnaire de l'Académie française* de 1835. Et pourtant, la métaphore de la table rase qui représente une forme de virginité nous vient de bien plus loin.

Pour commencer, on peut noter que *ras*, adjectif datant du XIIe siècle, nous vient du latin *rasus*, issu du verbe *radere* qui signifiait « raboter » ou « raser ». D'abord *res*, il nous en resté *rez* qu'on trouve dans *rez-de-chaussée*.

Il a commencé par qualifier une mesure remplie jusqu'au bord (« remplie à *ras* bord », dit-on aujourd'hui) avant de désigner également au XIVe siècle une surface lisse et unie, celle qui nous intéresse ici.

La notion de « table rase » nous vient du latin *tabula rasa* qui désignait une tablette de cire vierge, sans aucune inscription ; Aristote en a fait une métaphore pour représenter l'âme à sa naissance, vierge de toute connaissance et de toute idée.

On retrouvera cette image du support vierge sur lequel rien n'est encore écrit au XVIIe siècle en philosophie.

L'expression *faire table rase*, elle, date bien du XIXe. Elle reprend l'idée de la virginité, mais volontairement provoquée : on efface, on oublie tout ce qui existe, ce qui a déjà servi et on repart de zéro, sur de nouvelles bases.

On peut aisément imaginer la table de travail encombrée des documents qui ont inutilement servi à avancer dans des directions sans réelle issue, table que, d'un mouvement du bras, on débarrasse de tout ce qui la jonche (la table devient *rase*) pour tenter de repartir avec de nouvelles hypothèses, dans de nouvelles directions.

> À chaque grande époque métaphysique, on fait table rase ; d'autres esprits reprennent les questions fondamentales sur d'autres données ; et tout le travail ancien est perdu, si ce n'est comme exercice et éducation de la raison humaine.
>
> Émile LITTRÉ – *Conservation, révolution et positivisme* – 1852

922. RENDRE SON TABLIER

1. Refuser de poursuivre son service.
2. Quitter son emploi, abandonner.

Il est rare qu'un pont rende son tablier, quoique[1]…

1. Souvenez-vous de ces images impressionnantes du pont de Tacoma, dans l'État de Washington aux États-Unis, dont le tablier,

Mais c'est beaucoup plus fréquent pour un employé de maison, lorsqu'il en a assez d'être exploité par ses employeurs.

Car lorsqu'un domestique porte un tablier, il est assez logique que, pour manifester son intention de s'arrêter de travailler, il l'enlève et le rende à son employeur (ou le jette, s'il est en colère).

Il n'en a pas fallu plus pour que, de son sens initial, notre expression prenne la signification de « démissionner », même pour quelqu'un ne portant pas cette pièce vestimentaire.

Selon Lorédan Larchey, cette expression apparaît à la fin du XIXe siècle (on disait *quitter son tablier* un siècle auparavant), à une époque où le personnel de maison portait effectivement plus facilement le tablier que de nos jours.

> Après l'Allemand Berti Vogts qui a démissionné de son poste de sélectionneur du Nigéria, son compatriote Reinhard Fabisch n'a pas voulu quitter son pays, où il séjourne depuis deux mois, et a rendu son tablier à la Fédération béninoise de football.
>
> *L'Équipe* – Article du 1er mai 2008

923. SANS TAMBOUR NI TROMPETTE

Discrètement, secrètement, sans bruit.

Vous pouvez toujours essayer de jouer du tambour ou de la trompette sans vous faire repérer ou sans déranger vos voisins, vous n'y arriverez pas, sauf si vous êtes dans un colloque de ~~sourds~~ malentendants.

Car, comme tous les instruments de musique (on oublie les modernes et électroniques sur lesquels on peut brancher un casque), ces deux-là sont bruyants.

Subséquemment, et pour peu que vous ne vous éclatiez pas le tibia sur le coin de la table basse (ce qui provoquerait immédiatement une danse du scalp peu discrète) ou ne fassiez pas tomber le vase Ming

---

à la suite d' un vent pourtant pas extrême, est entré en résonance et s'est déformé avec des oscillations de grande amplitude avant de s'écrouler une heure plus tard.

de l'hôte, lorsque vous vous éclipsez d'un endroit, d'une soirée barbante, sans tambour ni trompette, c'est que vous le faites secrètement, de façon à ne pas vous faire remarquer.

Autrefois, les troupes militaires partant à l'assaut de l'adversaire étaient accompagnées de musiciens, tambours et trompettes principalement, chargés de donner du baume au cœur à ceux qui partaient à l'abattoir.

En cas de mauvaise fortune, la retraite pouvait aussi être accompagnée par ce qui restait des musiciens. Mais lorsque la troupe devait décamper le plus discrètement possible, il va de soi qu'il était hors de question d'ajouter du bruit à celui des mouvements. Dans ce cas, les soldats partaient sans tambour ni trompette.

Venue du monde militaire en 1650, mais précédée un peu avant par *sans trompette et sans tambour*, cette expression s'est généralisée à toute action effectuée discrètement ou secrètement.

> Pour Laurence Ferrari, ça ne fait donc aucun doute. La direction de TF1, dont le grand patron Nonce Paolini qui l'a lui-même choisie, ne la lâchera pas. Pour mémoire, Patrick Poivre d'Arvor, qui a été assis à la même place pendant plus de vingt ans, avait déclaré qu'il choisirait lui-même la date de son départ. Le 10 juillet 2008, il avait été débarqué, sans tambour ni trompette.
>
> *France Soir* – Article du 9 mai 2011

924. PRENDRE LA TANGENTE

1. S'échapper, se dérober.
2. Se tirer d'affaire adroitement.

Piqûre de rappel évoquant de plus ou moins bons souvenirs selon les personnes : en géométrie, une droite est dite tangente à un cercle lorsqu'elle ne le touche qu'en un seul point, endroit où elle a un angle nul avec la courbe et où elle est perpendiculaire au rayon (pour une définition plus large et rigoureuse, voir un ouvrage adapté).

Pour l'utilisateur d'une fronde[1], une telle droite matérialise la trajectoire de départ du projectile lorsqu'il est lâché après qu'il a été accéléré sur une trajectoire circulaire.

On peut donc dire que le caillou « prend la tangente » lorsqu'il s'échappe de l'emprise de son lanceur, ce qui permet ainsi de donner une origine liée à la physique des mouvements à notre métaphore.

Et c'est bien le cas pour sa forme ancienne *s'échapper par la tangente* qui date de la fin du XVIIIe siècle (pour exemple, on pouvait lire en 1805 chez Antoine Destutt de Tracy dans le tome 3 de ses *Éléments d'idéologie* : « Un corps qui se meut autour d'un centre est toujours prêt à s'échapper par la tangente »).

Mais, sous sa forme actuelle, c'est une expression classée X puisque, d'après Alfred Delvau dans son *Dictionnaire de la langue verte*, elle nous vient des élèves de l'école Polytechnique pour lesquels, à la fin du XIXe siècle, elle signifiait « s'échapper de l'école » (ou « faire le mur »).

Chez les X, la tangente, c'est aussi l'épée de leur uniforme.

Dans l'*Argot de l'X* d'Albert Levy et Gaston Pinet publié en 1894, « L'épée, dit le Code X, se porte tangente à la bande, touche à terre et fait voler la poussière. De là son nom de *tangente*, elle n'a en effet qu'un point de contact avec le corps, le point Q. »

> Ma demoiselle file comme une lettre à la poste. Je continuais à tenir la portière pour la femme aux pantalons, mais elle ne monte pas. Et même elle n'est plus là. Elle a pris la tangente. Le car parti, je reste une seconde comme un cierge. Je ne sais pas le nom de cette jeune fille. Ni le prénom.
>
> Jean GIONO – *Les Grands Chemins* – 1951

1. « Tout à fait, Thierry ! » aurait pu s'entendre dire un ancien héros télévisuel expert ès frondes.

925. TANT PIS – TANT MIEUX

C'est dommage, la chose est regrettable. – La chose est très appréciable.

Chacun sait que l'expression *au pis aller* ne signifie absolument pas « aller traire la vache ».

De même, *tant pis* n'est pas une ellipse de *(pourquoi) tant (de) pis ?* qu'on pourrait employer face à un ruminant femelle aux mamelles en surnombre, tout comme on emploie traditionnellement *pourquoi tant de « n » ?* face au mot *ennnui*.

Il est ainsi démontré avec une totale rigueur que notre *pis* du jour n'a strictement aucun lien avec un bovin, femelle de surcroît. Tant mieux !

En fait, ce *pis*-là (qui n'a rien à voir avec la dune homophone) date du XIIe siècle et vient du latin *pejus*, neutre du comparatif *pejor* qui a donné *pire*, mot qui dans notre langue actuelle a supplanté *pis* qui était aussi un comparatif de *mal* et qu'on ne retrouve plus que dans quelques expressions.

Mieux est, bien sûr et depuis bien longtemps également, le comparatif de *bien*. La forme *melz* existe depuis 881 ; elle est devenue ensuite *mielz* mais aussi *miels*, *mialz* ou *mieulx*. *Mieux* est attesté dès le début du XIIIe siècle.

Les deux locutions adverbiales, elles, datent du XVIe ou du XVIIe siècle.

On peut maintenant se demander quelle y est la signification de *tant*. Malheureusement, les lexicographes se sont généralement privés de disert sur ce sujet ; mais selon certains, il faudrait y voir une forme raccourcie de « la chose est tellement bien qu'elle est très appréciable », la notion de quantité de *tellement* remplacée par le *tant* (qui désigne aussi souvent une quantité) et, pour en accentuer la force, le *bien* remplacé par le *mieux* (avec l'équivalent du côté pis).

Avec la fatigue et l'émotion, Jules réagira-t-il au traitement ? Sera-t-il à nouveau dans l'obligation de se coucher ici ? Tant pis pour le jardin ! Tant pis pour les asperges et pour le reste ! Il terminera son œuvre si la maladie le lui permet. Ou bien il attendra de l'aide, un jour prochain peut-être !

Christaline OCÉAN – *Les hirondelles sont parties* – 2010

Ouvrir son cœur pour le mettre en étalage sur un comptoir ! S'il a des blessures, tant mieux !

Alfred DE VIGNY – *Chatterton* – 1835

926. ÊTRE AU TAQUET

1. Avoir atteint une limite maximum, infranchissable.
2. Être, se donner à fond.

L'origine de cette expression est facile à comprendre.

Si on met de côté le sens argotique de « coup à la figure », un taquet, c'est, par exemple :

– un morceau de bois servant à tenir une porte fermée (XVe siècle) ;

– un coin de bois qui sert à caler un meuble (XIXe siècle) ;

– en voile, et depuis le XVIIe siècle, un moyen de maintenir un cordage à une certaine position ou une voile plus ou moins tendue (taquet à cornes, taquet coinceur, taquet basculant…) ;

– une butée métallique destinée à limiter les mouvements du chariot d'une machine à écrire.

Dans tous ces cas, donc, et d'autres encore, le taquet sert à bloquer quelque chose.

On comprend donc que, d'un sauvageon qui roule en ville à 90 km/h sur sa mobylette 49 cm^3 trafiquée, la manette de gaz à donf, on puisse dire qu'il est au taquet, la poignée d'accélération étant en butée.

De même, mais dans un sens plus figuré, on peut dire de quelqu'un qui est débordé de travail et qui ne peut vraiment rien prendre d'autre en charge qu'*il est au taquet*.

En escalade, *être taquet* ou *être à/au taquet*, c'est être à la limite de la chute, par épuisement ou pour avoir pris une voie supérieure à ses capacités.

On a toujours la notion de limite, mais qu'on a peut-être un peu dépassée, cette fois.

Le travail est devenu ultra-stressant. On n'a plus de stock, donc on est en flux tendu, faut être toujours au taquet… C'est usant.

Libération – Article du 6 mars 2009

927. ÊTRE PIQUÉ DE LA TARENTULE

1. Être très agité.
2. Éprouver un grand engouement pour quelque chose.

Voilà une expression un peu désuète qui date du XVIIIe siècle et qui s'emploie pour désigner une personne agitée, mais pas dangereuse pour son entourage, ou une personne passionnée.

La tarentule (anciennement *tarente*, nom issu de la ville italienne éponyme de Tarente où elle était commune) est une grosse araignée dont la morsure passait pour provoquer des troubles nerveux et même la mort.

Les troubles se traduisaient entre autres par une agitation extrême, d'où la naissance de l'expression.

Par extension, une excitation pouvant aussi être provoquée par une passion pour quelque chose, la locution évoque aussi l'engouement important pour cette chose.

Le royaliste Chassagnon avait connu Chalier avant 1789 […] ; voici comment il le dépeint : « Je le vis à l'école des Dominicains ; des cantharides le travaillaient jusqu'à la moelle des os ; il avait été piqué de la tarentule ; il se démenait comme un saltimbanque, il bondissait comme une pythie. »

Louis Blanc – *Histoire de la Révolution française* – 1862

928. UNE TARTE À LA CRÈME

Un lieu commun.
Une formule rebattue, vidée de son sens.

Lorsqu'on entend parler de tarte à la crème, on imagine tout de suite les batailles où la tarte fidèlement accompagnée de sa crème vole à travers la pièce (scènes fréquentes dans les anciens films burlesques). Mais reconnaissez que le lien avec un lieu commun n'est pas du tout évident à imaginer. Et c'est normal, car ce n'est pas là qu'il est.

Connaissez-vous le jeu du corbillon ? Certainement pas, car il est complètement passé de mode. Mais à l'époque de Molière, lorsqu'il était en vogue, c'était un jeu où il fallait répondre à une question en citant le plus grand nombre d'objets se terminant par *on*, donc rimant avec *corbillon*.

Un premier élément de l'histoire se trouve dans *L'École des femmes* de Molière où Arnolphe explique que la femme idéale doit être d'une si grande ignorance, qu'au jeu du corbillon, elle doit répondre « tarte à la crème » à la question « qu'y met-on ? ».

On peut parfaitement être ou ne pas être d'accord avec cette vision de la femme idéale, mais il n'y a jusque-là rien qui explique réellement l'origine de l'expression. Sauf qu'ensuite, dans *La Critique de l'École des femmes*, le même Molière, dans un court dialogue entre le Marquis, Dorante, Élise et Uranie, réussit à leur faire prononcer plus de dix fois « tarte à la crème ». Dans cet effet comique de répétition, *tarte à la crème* est une locution dont les interlocuteurs se repaissent de façon stérile, croyant qu'elle donne plus de poids à leur discours. C'est de ces répliques que vient le sens de formule creuse, de lieu commun qu'a notre expression.

Mais pourquoi une tarte à la crème au lieu d'un ornithorynque ou d'un fox à poil dur, me direz-vous ? Eh bien, cela vient probablement de l'habitude qu'avaient les spectateurs de l'époque de lancer des pommes cuites ou des tartes aux pommes (et à la crème) sur les acteurs lorsqu'ils étaient mécontents. Et il faut bien reconnaître que jeter des ornithorynques sur de mauvais acteurs, ça a toujours été beaucoup moins facile à faire.

> Rampe de lancement des Anglais, ce secteur doit être bouclé par les Bleus pour éviter de voir les joueurs d'Andy Robinson monopoliser le ballon, se lancer à l'offensive et épuiser les Français. Le

fameux « french flair », véritable tarte à la crème, pourrait avoir sa raison d'être avec comme credo, l'imagination au pouvoir. Mais l'esprit français passe aujourd'hui par une défense de fer…

L'Équipe – Article de 2006

929. SUR LE TAS

Sur le lieu de travail.

Sur le tas, certes, mais le tas quoi, ou de quoi ? Le tas tamis, le tas race Boulba, le tas l'bonjourdalfred, le tas gliatelle, le tas Barly, le tas de Jmahall… La liste est très longue et je ne vous ferai pas l'injure de tous les mettre, ne serait-ce que parce que j'ai bien d'autres choses autrement plus intéressantes que ça à faire.

Nous savons tous ce qu'est un tas (enfin j'ose le supposer).

Officiellement, c'est un amas, une masse informe de substances généralement lourdes comme des pierres, du sable, de la terre, du bois, posées au sol sans volonté d'arrangement.

Mais notre grand ami Robert nous indique que c'est aussi : « Des matériaux de construction rassemblés sur le lieu même où l'édifice va être bâti. »

Et c'est cette dernière signification qui a un lien avec notre expression qui date de la fin du XIXe siècle. En effet, le lieu de la construction, c'est aussi le lieu du travail.

Ainsi, une grève « sur le tas » est bien une grève sur le lieu de travail. Et c'est bien « sur le tas » qu'on apprend son métier.

Cette notion de tas vient de la maçonnerie où *tas* a d'abord désigné l'endroit où étaient taillées les pierres à bâtir avant qu'il qualifie l'endroit même où les murs étaient construits (*être sur le tas* était synonyme de être à pied d'œuvre*).

Des évolutions argotiques du terme ont également donné des expressions comme *arrêter sur le tas* pour le malfaiteur qui se fait prendre sur les lieux de son crime et non à son domicile, ou bien *mettre une fille sur le tas* pour indiquer qu'on fait faire du racolage à une fille.

> L'apprentissage du métier, en fait, relevait donc de ce que l'on nommerait aujourd'hui une « formation sur le tas », avec des passages obligés, des opportunités inégales, des espoirs et des découragements.
>
> Pascal Plas – *Avocats et barreaux dans le ressort de la cour d'appel de Limoges : 1811-1939* – 2007

> Ainsi, dès le 11 mai, plusieurs centaines d'ouvriers occupent spontanément l'usine et relancent ainsi « la grève sur le tas », une technique révolutionnaire qui était apparue sporadiquement dès 1934.
>
> David Frapet – *Le Socialisme selon Léon Blum* – 2003

930. PARTIR À TATAOUINE

1. Partir très loin, au bout du monde.
2. Partir en enfer.

Avec nos moyens modernes de transport, la Tunisie n'est plus vraiment loin.

Mais au début du XXe siècle, lorsque les soldats déserteurs et les insoumis des « Bat d'Af'[1] », ainsi que les condamnés de droit commun étaient envoyés au bagne de Tataouine, aux portes du désert du sud-est tunisien, ils en avaient pour un moment avant d'arriver, avec le fort risque de ne plus en repartir vu la rigueur du climat et le droit de vie ou de mort des chefs du bagne sur leurs prisonniers.

Vous allez me dire que le bagne de Cayenne était encore plus loin. Certes, mais il faut croire que les conditions de vie étaient nettement plus dures à Tataouine pour que ce soit ce lieu qui ait donné naissance à une telle expression, avec une connotation non seulement d'éloignement très important, mais aussi de lieu insupportable (selon le second sens).

---

1. Les Bataillons d'infanterie légère d'Afrique, dont le surnom était Bat d'Af', étaient des unités appartenant à l'Armée d'Afrique qui dépendait de l'armée de terre française.

Une partie des bâtiments du bagne existe toujours, mais le lieu est maintenant occupé par l'armée tunisienne.

Pour les amateurs de *Star Wars* qui ne le sauraient pas, je rappelle que le nom de la planète Tatooine vient de Tataouine, zone désertique où ont été tournées des scènes des deux trilogies.

> On ne va quand même pas suivre nos usines. Moi je ne me vois pas partir à Tataouine pour être payée une misère.
>
> Stéphane BEAUD, Joseph CONFAVREUX, Jade LINDGAARD – *La France invisible* – 2006

931. PRENDRE LE TAUREAU PAR LES CORNES

Affronter un problème de face et avec détermination, sans chercher à le contourner.

Comme vous le savez certainement, le taureau est un animal qui pèse plusieurs centaines de kilos, généralement nettement plus d'une demi-tonne. Alors, si après avoir été pris d'une soudaine envie de batifoler avec votre moitié dans un pré, vous vous trouvez nez à nez avec un taureau belliqueux qui vous fonce dessus, il ne vous viendrait certainement pas à l'esprit de rester face à lui, d'attendre qu'il arrive juste sous votre nez avec l'intention, d'un gracieux mouvement, de le saisir par les cornes pour l'envoyer valser au loin. Une telle attitude ne serait pas du courage, mais de l'inconscience totale, vu l'infinitésimal pourcentage de chances de réussite de la manœuvre.

Non, dans une telle situation, la seule chose sensée à faire est de dire à votre moitié de courir très vite dans une direction, de jeter votre parka rouge sur son dos juste avant qu'elle s'élance, et de courir tout aussi vite dans une autre direction, de préférence après avoir remonté votre pantalon[1].

---

1. Bon, blague à part, non seulement le taureau ne voit pas les couleurs, mais en plus sa vision n'est pas nette ; alors parka rouge ou

Mais malgré la masse de l'animal, il existe toutefois des formes de combat ou de spectacle où des individus s'amusent, en approchant un tel animal par le côté, à lui saisir les cornes et, en s'y agrippant et en forçant sur sa tête, à le faire se coucher à terre.

Noberto Caimo raconte ainsi son voyage en Espagne en 1755 : « J'y ai surtout admiré certains traits singuliers d'un courage et d'une intrépidité extraordinaires, comme de saisir adroitement le taureau par les cornes et de le renverser par terre. »

Mais qu'on ne s'y trompe pas, une telle action n'est pas donnée à tout le monde et arriver à un tel but sans être blessé, voire éventré et tué, est d'une grande difficulté. C'est elle que métaphorise notre expression, car il faut effectivement beaucoup de détermination pour s'attaquer de front à un tel obstacle.

Si les lexicographes modernes indiquent que l'expression est apparue sous cette forme au milieu du XIXe siècle, avec à la fin du siècle précédent *attaquer le taureau par les cornes*, on trouve pourtant dans un ouvrage de Guillaume de Lamberty écrit en 1727 le texte suivant : « C'étoit d'autant qu'il avoit ouï dire au feu Duc de Schomberg, le Père, que d'attaquer la France dans les Païs-Bas, c'étoit prendre un Taureau par les cornes. »

Or, il ne fait aucun doute que la forme et le sens y sont bien déjà ceux de notre époque.

> À l'énergie méridionale de sa physionomie, on devinait qu'il s'appelait Provence ou Languedoc. Mais il restait à expliquer son sourire de dédain et l'air de supériorité morale que trahissaient ses traits, ce qui me semblait moins facile. Prenant le taureau par les cornes, je fis le premier pas :
> – Vous êtes Français, lui dis-je, et mon compatriote, ou je me trompe fort !

---

noire, peu importe ! C'est le mouvement qui l'attire : il y a autant de chances qu'il se mette à poursuivre l'un que l'autre.

– L'un et l'autre, me répondit-il, et, si l'on peut se fier à l'apparence, voyageur comme vous.

Musée des familles – Tome 21 – 1853

932. LE TÉLÉPHONE ARABE

La transmission très rapide d'une information par le bouche à oreille.

Cette expression est apparue au cours de la première moitié du XXe siècle (on en trouve des traces écrites en 1943, mais elle est probablement antérieure).

Pourquoi *téléphone*, alors qu'il ne s'agit que d'une transmission de personne à personne ?

Simplement parce que l'information circule si étonnamment vite qu'elle peut donner l'impression que les deux personnes placées aux extrémités de la chaîne de transmission ont utilisé un téléphone.

Et aussi, avec un peu d'ironie, pour montrer que même sans moyens de communication évolués, une information peut très rapidement se propager.

Et pourquoi *arabe* ?

Parce que l'expression est née par référence aux pays nord-africains pendant la colonisation, pays où, avant que les technologies modernes ne s'y répandent, les informations importantes circulaient déjà très rapidement par le bouche à oreille, soit *via* des messagers ou des informateurs, soit directement à travers la population.

Mais on a aussi employé la forme *téléphone de brousse*, qui fait cette fois référence à l'Afrique noire où le même genre de transmission orale rapide existe.

Cette appellation peut aussi avoir un côté péjoratif en raison des presque inévitables déformations successives de l'information lorsqu'elle passe d'une personne à une autre, pour obtenir à l'arrivée quelque chose qui peut ne rien à voir avec le message d'origine.

Pour désigner la même chose, on parle également de *téléphone kabyle*, mais ce dernier ne marche que quand la kabyle téléphonique n'a pas été vandalisée.

> La nouvelle tendance publicitaire cherche donc à exploiter un outil de communication vieux comme le monde : le bouche à oreille […]. D'après une étude réalisée par McKinsey en 2001, 67 % des ventes sont en effet influencées par le téléphone arabe. Fini le placard publicitaire ou la pub télé dont tout le monde profite pour aller aux toilettes : c'est désormais votre voisin qui vous conseille une marque de voiture ou votre meilleure amie, un certain rouge à lèvres.
>
> *Le Nouvel Observateur* – Article du 3 juillet 2003

933. UNE TEMPÊTE DANS UN VERRE D'EAU

Beaucoup de bruit ou d'agitation pour pas grand-chose.

Lorsque Météo-France nous signale un avis de tempête, on peut, sauf erreur de prévision (si, si, il lui arrive de se tromper !), se préparer à une nature véritablement agitée, que ce soient des arbres fortement brassés par le vent, des rivières qui débordent alimentées par des pluies diluviennes ou une mer déchaînée avec d'énormes vagues s'écrasant contre les rochers (et déchiquetant de manière atroce les pauvres petits poissons drossés par les flots et écrasés contre les récifs – ah, monde impitoyable !).

Mais quelles sont la taille et la force des vagues qu'une tempête pourrait bien provoquer dans un verre d'eau ?

Ce ne serait qu'une toute petite agitation dérisoire, sans aucun effet dévastateur que ce soit aux limites ou en dehors du verre[1], sauf dans le cas peu probable où celui-ci aurait une taille conséquente comparable au moins à un grand lac ; récipient qui serait difficile à trouver au supermarché du coin et un peu long à remplir.

Donc, en estimant très faibles les chances de tomber un jour sur un verre aussi grand, on ne peut que considérer sans risque de se tromper qu'un avis de tempête dans notre verre d'eau ne serait que beau-

1. À notre échelle à nous, pas à celle d'un acarien, bien sûr !

coup de bruit pour pas grand-chose et ne risquerait pas de semer la panique. CQFD.

C'est depuis 1849, date de la première attestation de cette expression, que l'homme semble avoir renoncé à trouver de très grands verres pouvant contredire la démonstration.

> Tempête dans un verre d'eau ou inquiétude justifiée ? La procédure d'infraction lancée par la Commission européenne samedi contre la France perturbe à la fois les consommateurs et les défenseurs de la langue française. Va-t-on assister à une déferlante de produits étiquetés uniquement en anglais, des chicken wings, hamburgers, crumbles, brownies, et autres milk-shakes, sans même que leur dénomination n'apparaisse en français ?
>
> *Le Parisien* – Article du 30 juillet 2002

934. AU TEMPS / AUTANT POUR MOI

Se dit lorsqu'on admet avoir commis une erreur.

Voilà une expression qui a fait et continuera certainement à faire couler beaucoup d'encre et à briser des ménages.

J'ai volontairement proposé les deux écritures à propos desquelles il y a de féroces batailles dont on peut aisément trouver des traces au sang encore frais sur Internet.

Alors pour commencer, je copie-colle ici (et non pas je co-picole, comme avec un compagnon de beuverie !) un extrait d'une page du site de l'Académie française qui est très affirmative sur l'origine de cette expression :

> « Il est impossible de savoir précisément quand et comment est apparue l'expression familière *au temps pour moi*, issue du langage militaire, où "au temps !" se dit pour commander la reprise d'un mouvement depuis le début (*au temps pour les crosses*[1], etc.). De ce sens de

1. *Au temps pour les crosses !* aurait été employé lorsque le mouvement des armes n'était pas synchrone et lorsque le bruit des

"c'est à reprendre", on a pu glisser à l'emploi figuré. On dit *au temps pour moi* pour admettre son erreur – et concéder que l'on va reprendre ou reconsidérer les choses depuis leur début. L'origine de cette expression n'étant plus comprise, la graphie *autant pour moi* est courante aujourd'hui, mais rien ne la justifie. »

Si l'Académie le dit, c'est que c'est probablement la bonne hypothèse, non ?

Oui, mais voilà ! Outre que la date d'apparition n'est visiblement pas connue du tout de nos vénérables académiciens, on ne trouve pas vraiment, dans la littérature ancienne, de trace écrite de ce *au temps... !* avec le sens de notre expression, sauf à partir du début du XXe siècle seulement (chez Roland Dorgelès en 1923, par exemple).

Peut-être allez-vous me dire que, les militaires étant occupés à s'entraîner ou à combattre, ils avaient peu le temps d'écrire. C'est effectivement possible ! Mais quand même, il ne manquerait pas de rapporteurs de la vie des militaires pour citer cette chose plus amplement, non ?

Alors, nous allons quitter le cercle des académiciens pour passer à l'ellipse.

En effet, si l'on admet la graphie *autant pour moi*, on imagine aisément, vu le genre de situation où elle est utilisée, qu'elle est une forme elliptique de quelque chose comme « tu as commis une erreur et tu mérites des critiques, mais j'en ai autant pour moi, puisque j'ai commis la même ». On pourrait donc le prendre comme une sorte de moquerie, accompagnée d'indulgence, adressée à soi-même à propos d'une chose qu'on n'aurait pas faite complètement comme on aurait dû.

Or, il apparaît qu'on trouve, chez Antoine Oudin en 1656, dans son *Curiositez françoises pour supplément aux dictionnaires* la locution *autant pour le*

---

crosses touchant le sol était irrégulier.

brodeur signifiant « raillerie pour ne pas approuver ce que l'on dit ».

Qui est le brodeur ? Eh bien, c'est probablement celui qui embellit ou déforme une histoire, le verbe *broder* ayant déjà à l'époque ce même sens figuré que maintenant. L'expression serait alors une forme de « tu essayes de me faire croire autant de fariboles que si tu étais un brodeur ». Et ne trouvez-vous pas que cette forme et son sens ressemblent furieusement à notre expression et à sa signification, surtout si l'on se met à remplacer *le brodeur* par *moi* lorsque vous admettez dire des bêtises ou commettre une erreur ?

Du coup, on pourrait jubiler en se disant qu'on a trouvé l'amorce de la vérité. Mais après, comment expliquer pourquoi on a du mal à trouver d'autres traces écrites de ce même *autant pour*... avant le XXe siècle ? Peut-être est-ce en partie parce que, comme le précise Oudin, cette expression était considérée comme vulgaire.

Alors, quelle graphie faut-il retenir ? Je vous laisse faire le choix en votre âme et conscience, car je ne saurais en aucun cas être aussi affirmatif que les tenants de l'une ou l'autre.

Mais que cela ne vous empêche pas, lorsque vous co-picolez dans un bar avec quelqu'un, et que votre collègue redemande une bière, de dire, sans vous tromper, « autant pour moi ! ».

Et, comme vous ne voulez finalement pas un demi, mais un triple Martini-vodka-fraise, de rajouter « autant / au temps (selon votre conviction profonde) pour moi ! » avant de passer votre véritable commande.

> Dans les versions successives de ma thèse, il avait supprimé le *-s* final dans le pluriel : « ils s'étaient emparés ». Quand je lui opposais, enfin, pour l'impression, l'exemple d'une grammaire irréfutable, il éclatait de rire : « Autant pour moi ! »
>
> Yves-Marie Hilaire – *De Renan à Marrou* – 1999

Guy fit alors respectueusement remarquer au Général que l'audience de ce monsieur était prévue, ce qui amena un très militaire :
– Alors au temps pour moi. Mettons que je n'ai rien dit !

Claude MAURIAC – *Le Temps immobile* – 1978

935. QU'À CELA NE TIENNE !

Peu importe !
Que cela ne soit pas un obstacle !

C'est depuis le début du XIIIe siècle que le verbe *tenir* est utilisé dans la locution *tenir à* pour indiquer un rapport de dépendance, d'effet à cause.

Quelques exemples ? En voici : « Il a tenu à peu de chose qu'il ne fût maître de l'Angleterre » (Alexandre Duval, Édouard en Écosse) ou bien « Il ne tiendra qu'à vous que je vous arrache de ce misérable lieu » (Molière, *Don Juan*, Acte II, scène 2).

Dans notre expression, le *cela* désigne une difficulté, un obstacle qui a été cité juste auparavant dans la conversation et qui est ici considéré comme une broutille.

Celui qui la prononce tient le raisonnement selon lequel la difficulté est si petite qu'elle sera très vite résolue ou contournée. Autrement dit, elle importe peu, ce qui explique le premier sens indiqué.

Cette forme impersonnelle est apparue à la fin du XVIIe siècle. À son début, on disait plutôt : « À cela ne tienne ! »

– Mais mon terme est payé, je suis ici pour mon argent comme tout le monde, dit-elle en lançant un regard de vipère sur les pensionnaires.
– Qu'à cela ne tienne ! nous nous cotiserons pour vous le rendre, dit Rastignac.

Honoré DE BALZAC – *Le Père Goriot* – 1835

936. UN TIENS VAUT MIEUX QUE DEUX TU L'AURAS – MIEUX VAUT TENIR QUE COURIR

Une chose obtenue vaut mieux que des choses attendues ou promises.
Un avantage réel, même modique, vaut mieux qu'un profit illusoire bien plus considérable.

Tous ceux qui écrivent le premier proverbe sans *s* à *tiens*, et ils sont très nombreux, supposent qu'il s'agit du possessif et comprennent l'expression comme « ce qui est déjà à toi est préférable à ce qui pourrait l'être et qui ne le sera peut-être jamais ». Ce qui n'est pas faux, puisque ce proverbe peut aussi être compris comme cela sans en dénaturer le sens.

Mais la forme d'origine comporte le *s*, car nous avons là une conjugaison du verbe *tenir* qui fait comprendre la chose comme « ce que tu tiens déjà (fermement dans tes petites mains) est préférable à ce que tu pourrais peut-être tenir plus tard ».

Le second proverbe, de la même façon, indique qu'il vaut mieux tenir quelque chose que courir, peut-être inutilement, après autre chose, même si cette seconde chose peut sembler nettement plus intéressante.

Ces deux locutions proverbiales ne sont jamais que des formalisations d'un simple bon sens dont personne ne devrait se trouver départi.

La première est citée par le *Dictionnaire de l'Académie française* de 1835, la seconde par l'édition de 1935, mais elle daterait de la fin du XVIIe siècle.

> – Commandant, dit Jambe-de-Bois, j'ai plus de foi dans les pièces de cent sous que mon fils va gagner que dans le trésor dont vous parlez !...– Soit, reprit le commandant Kelmère, un tiens vaut mieux que deux tu l'auras ; mais il n'en coûte guère d'essayer...
>
> *Revue des deux mondes* – Tome XLV – 1863

> M. Lecoq reprit d'un ton bonhomme et caressant :
> « Tu es mon ami, et tu sais bien que j'ai toujours eu l'intention de faire ta fortune... Lève-toi.

– Ma fortune ! répéta Mathieu. Hum ! hum ! patron ; avec vous, mieux vaut tenir que courir… On dit ça. »

Paul FÉVAL – *Les Compagnons du silence* – 1861

937. ÊTRE TERRE-À-TERRE

Avoir un esprit peu capable de se détacher des choses communes.

Être prosaïque, matériel, sans ambition.

Cette locution existerait depuis le XVIIe siècle.

Selon plusieurs sources, elle a d'abord signifié « à ras du sol » et s'est d'abord employée au sens propre pour les chevaux lorsqu'ils progressent par petits sauts ou les danseurs qui exécutent leur pas sans sauter, donc dans les deux cas, en restant toujours très près du sol (la « terre »), en ne s'élevant pas (voir plus loin).

Puis, à la fin du même siècle, elle a pris le sens toujours compris aujourd'hui, pour désigner cette fois une personne dont l'esprit n'est pas capable de s'élever ou de faire un peu abstraction des contraintes quotidiennes.

Mais Pol Corvez, dans son *Dictionnaire marin des sentiments et des comportements*, paru en 2009, nous propose une autre origine nettement plus ancienne puisqu'elle daterait de la fin du XIIe siècle où, *aller terre-à-terre* signifiait « naviguer de port en port », ou faire ce qu'on appelle aujourd'hui du cabotage, sans s'éloigner beaucoup de la terre ferme (cet usage maritime est cité par le *Dictionnaire de l'Académie française* de 1694 et par Augustin Jal en 1848 dans son *Glossaire nautique*).

Et ce serait de ce faible éloignement systématique de la terre que le sens figuré serait apparu, par comparaison avec l'esprit qui n'est pas capable de « s'éloigner » des choses communes.

Pour expliquer le *terre-à-terre* des chevaux, voici ce qu'on trouve dans l'ouvrage de François Robichon de La Guérinière, paru en 1769, et intitulé *École de cavalerie, contenant la connaissance, l'instruction et la conservation du cheval – Tome premier* :

> « Suivant la définition de M. le Duc de Newcastle, qui est très juste, le terre-à-terre est un galop en deux temps, de deux pistes, beaucoup plus raccourci et plus rassemblé que le galop ordinaire, et dont la position des pieds est différente, en ce qu'un cheval lève les deux jambes de devant ensemble, et les pose de même à terre, les pieds de derrière accompagnent ceux de devant d'un même mouvement, ce qui forme une cadence tride[1] et basse, dans laquelle il marque tous les temps avec un fredon de hanches, qui part comme d'une espèce de ressort. Pour en avoir une idée encore plus nette, il faut se figurer cet air comme une suite de petits sauts fort bas, près de terre, le cheval allant toujours un peu en avant et de côté, comme les hanches dans cette posture n'avancent pas tant sous le ventre qu'au galop, c'est ce qui en rend l'action plus tride, plus basse et plus déterminée. »

> Dans la foulée de Johan Bruyneel, quatorze des vingt équipes présentes ont signé une pétition pour revenir sur cette décision [la suppression des liaisons radios entre coureurs et directeurs sportifs] qualifiée de « nostalgique ». Et alignent des arguments assez terre-à-terre, à l'image du manager de Saxo Bank Bjarne Riis : « Nos sponsors paient très cher. Il serait inacceptable qu'un leader perde le Tour sur crevaison parce qu'il n'a pas pu prévenir à temps sa voiture d'assistance. »
>
> *L'Équipe* –
> Article du 13 juillet 2009

---

1. Maintenant tombé en désuétude et spécifique du monde équestre, cet adjectif signifie « vif, nerveux ».

938. PAR TÊTE DE PIPE

Par personne.

Cette expression s'utilise familièrement lorsqu'on comptabilise des personnes : « il y aura 1/2 litre de vin par tête de pipe », par exemple, lors d'un repas, ou bien « Levallois-Perret a une dette équivalente à 9 030 euros par tête de pipe ».

Au XIXe siècle, la locution *tête de pipe* seule était péjorative puisqu'elle s'appliquait à un visage aux traits grossiers, par allusion aux têtes assez grossières sculptées sur le fourneau de certaines pipes.

Puis au XXe siècle, c'est le croisement de *par tête*, avec le même sens que notre expression, où la *tête* désigne simplement une personne, et de *tête de pipe* qui a enfanté notre locution.

> La population de la France avale 230 000 tonnes de friandises par an, soit 3,7 kilos par tête de pipe. Aux États-Unis, c'est le double, et même orgie en Finlande, en Suède ou au Danemark.
>
> *Libération* – Article du 3 octobre 2008

939. DÉCROCHER LA TIMBALE / LE COQUETIER / LE COCOTIER

1. Obtenir une chose disputée, un résultat important.
2. S'attirer des ennuis à force de maladresse.

Avant d'entrer dans le vif du sujet, il faut se rappeler qu'il n'y a encore pas si longtemps, il était d'usage, dans certaines familles et lors d'une naissance, d'offrir au nouveau-né (que ça laissait complètement indifférent), outre sa gourmette en or, une timbale et un coquetier gravés à son nom, le coquetier étant un modèle réduit de la timbale.

Venons-en maintenant à une autre tradition quasiment disparue dans nos contrées : le mât de cocagne [1], ce poteau, au sommet duquel on fixait quelque chose

---

1. Nom venu de l'imaginaire pays de Cocagne où la population pouvait disposer de tout en abondance sans avoir à travailler. À ne pas confondre avec un de ces pays d'Amérique du Sud qu'on pourrait appeler pays de cocaïne.

comme une roue de charrette à laquelle on suspendait des objets divers et des victuailles, avant de l'enduire de graisse ou de savon, puis de le planter verticalement.

Le jeu consistait alors pour les volontaires à grimper au mât, atteindre le sommet et décrocher ce qui était à portée de leurs mains. Bien entendu, le fait que le poteau soit très glissant rendait la tâche très difficile, voire impossible.

Celui qui arrivait à décrocher une partie du butin pouvait se féliciter de la chose : il avait obtenu un sacré résultat.

D'où le sens premier de l'expression.

Et parmi les objets qu'on pouvait fréquemment trouver au sommet du mât, il y avait une timbale ou un coquetier.

Ce qui explique l'usage de ces mots dans les deux premières variantes de la locution, la troisième, celle avec le cocotier, n'étant qu'une simple déformation amusante de la deuxième.

Par antiphrase, l'expression a également pris le second sens proposé, la personne concernée ayant réussi à « gagner » des ennuis grâce à sa constance dans la maladresse.

Gagner le coquetier se disait aussi autrefois des aviateurs exécutant des acrobaties dangereuses, le pilote risquant de venir planter son avion droit dans le sol, figurant l'œuf planté dans son coquetier.

> Celui de Tapie devait aller plus vite encore. [...] cinq [ans] pour arriver à Bari, sept enfin pour décrocher la timbale, cette « coupe aux grandes oreilles » qu'aucun autre club français n'a pu enlever à ce jour.
>
> Alain PÉCHERAL – *La Grande Histoire de l'OM* – 2007

> Dans la soirée, des excités ont tiré des rafales de fusil-mitrailleur dans un quartier du bout de la ville mais nous ne sommes pas intervenus car la menace des chars les a calmés tout de suite. S'ils veulent jouer au plus fort, ils vont gagner le coquetier.
>
> Jean NAVARD – *La Libération avec les chars* – 1980

Cette histoire peut me rapporter cent cinquante mille roubles. J'habite ici depuis deux ans pour décrocher le cocotier.

Ostrovski ALEXANDRE –
Les Fiançailles de Balzaminov – 1964

940. À TIRE-LARIGOT

En grande quantité, énormément ou même excessivement.

Cette expression semble apparaître au début du XVIe siècle et n'était associée à l'époque qu'au verbe *boire*. Selon les ouvrages, on trouve plusieurs explications à cette expression. Je vous propose ici les deux plus fréquentes.

Tirer voudrait dire « faire sortir un liquide de son contenant » (donc du vin de sa bouteille ou de son fût, par exemple) et *à tire* voudrait dire « sans arrêt, d'un seul coup ».

Reste à comprendre le pourquoi du *larigot*.

La seule certitude, c'est que le terme a désigné une petite flûte.

L'expression vient-elle du fait que les flûtistes avaient, depuis très longtemps, la réputation d'être de grands absorbeurs de liquides variés ? Vient-elle d'un amalgame avec l'ancienne expression *flûter pour le bourgeois* qui voulait dire « boire comme un trou » ? Ou bien a-t-elle des sous-entendus paillards, très répandus à l'époque, où on imagine bien ce que pouvait désigner *tirer sur une flûte* (d'ailleurs, la *turlute*, une des nombreuses appellations de la fellation, est une abréviation de *turlututu* qui était aussi une flûte) ? À moins qu'on ait simplement comparé à une flûte la bouteille de laquelle le soiffard tire le liquide en quantité ?

Mais cette absence de certitude sur l'usage de ce mot ne permet pas non plus d'expliquer pourquoi c'est le *larigot* qui a été privilégié dans l'expression qui aurait aussi bien pu être *à tire-flûte* ou bien *à tire-pipeau*, par exemple.

Une autre explication est donnée en 1842 par Pierre-Marie Quitard dans son *Dictionnaire étymologique, historique et anecdotique des proverbes*.

Dans la cathédrale de Rouen se trouvait une très lourde cloche nommée *La Rigaud* ou *La Rigaude* (selon certains, parce que offerte à la ville par l'archevêque Eude Rigaud au XIIIe siècle). En raison de ses dix tonnes, elle était extrêmement difficile à mettre en branle et à faire sonner.

Ses sonneurs étant très vite assoiffés par l'effort intense à fournir pour tirer sur les cordes, ils devaient vite boire « à tire la Rigaud », qui se serait ensuite transformé en *à tire-larigot*.

> Bancelin est à table; il boit à tire-larigot ! Tout en buvant, Olivier est toujours à dire : Mon hôte, on vous remercie ! et plus il boit, plus revient le refrain.
>
> Jules Gabriel JANIN – *La Normandie* – 1844

941. UN TRAVAIL DE TITAN

Un travail énorme, colossal, gigantesque.

Selon la mythologie grecque, les Titans, au nombre de douze (ou quatorze dans certaines versions), sont des divinités qui ont précédé les fameux dieux de l'Olympe (parmi lesquels Zeus qui était le fils du Titan Cronos et de sa sœur Rhéa).

Ils étaient six filles et six garçons, tous des géants, enfants de Gaïa, la Terre, et d'Ouranos, le Ciel.

Cronos détrôna son père après l'avoir émasculé et, comme on lui avait prédit qu'il serait à son tour détrôné par un de ses enfants, il les avala tous au fur et à mesure de leur naissance, sauf Zeus qui lui échappa grâce à une ruse de sa mère Rhéa et qui fut élevé par Gaïa.

Une fois Zeus adulte, il réussit à faire régurgiter ses frères à son père et, aidé par eux et les Cyclopes (aînés des Titans, mais rejetés par leur père), il le combattit et prit sa place.

Au cours de cette lutte féroce qui dura dix ans, les Titans voulurent atteindre le ciel où Zeus était réfugié. Pour ce faire, ils entassèrent l'une sur l'autre les trois montagnes les plus hautes de Grèce, l'Olympe, l'Ossa et le Pélion.

Même si c'étaient des géants extrêmement forts, l'ampleur de la tâche fut colossale (on peut aussi dire *titanesque* !).

C'est par comparaison avec cet énorme travail que l'expression est née au milieu du XIXe siècle.

> Mais pas de blocage, afin de prendre justement le temps de convaincre ceux qui ne le sont pas de la justesse du mouvement. Un joli travail de titan : passer dans chaque TD et chaque amphi, pour convaincre, avant que le cours ne commence, les étudiants de se mettre en grève, en pariant sur la force des arguments.
>
> *Le Monde* – Article du 30 novembre 2007

942. À TOMBEAU OUVERT

À une vitesse très dangereuse.
Trop vite.

Cette expression qui date de la fin du XVIIIe siècle s'utilise après des verbes indiquant le déplacement comme *galoper* (à l'époque), *rouler*, *aller*…

Ici, aucun second degré, puisque la métaphore doit être comprise au sens littéral des termes : celui qui roule « à tombeau ouvert » va si vite qu'il risque sa vie et va inexorablement et volontairement terminer sa course directement dans le tombeau qui l'attend grand ouvert.

> Le chef, jaloux de plaire aux spectateurs, finit par commander la charge ; elle s'exécute d'une vitesse folle, ventre à terre, à tombeau ouvert.
>
> De La Gorse – *Souvenirs d'un homme de cour* – 1805

> Décollage sur les chapeaux de roue, atterrissage à tombeau ouvert. Au Palais Garnier, à Paris, le Ballet du Bolchoï de Moscou interprète jusqu'au 15 mai Flammes de Paris, une épatante anomalie chorégraphique. Entre ces deux pics émotionnels, on a eu le temps de desserrer sa ceinture à la fin du premier

acte pour la revisser d'un coup sec au second, mené dans la fièvre et au triple galop.
Sportif Flammes de Paris ? Assurément, mais révolutionnaire d'abord.

Le Monde – Article du 9 mai 2011

943. TOMBER À L'EAU / DANS LE LAC

Échouer, rester sans suite, ne pas aboutir (en parlant d'un projet ou d'une entreprise).

Le symbole de la noyade et de la perte de tout, la vie y compris, semble être une explication toute trouvée pour l'image que cette expression véhicule.

On peut aussi facilement imaginer que le fait de laisser tomber à l'eau, au-dessus de la fosse de Milwaukee[1], un objet indispensable pour effectuer complètement une tâche peut nuire quelque peu à sa bonne exécution.

Mais l'explication, pour une fois, paraît un peu trop simple.

Chronologiquement, vers le XVIIIe siècle, on trouve d'abord l'expression *tomber dans le lac* dont on imagine très bien qu'elle a pu se transformer en *tomber dans l'eau* au XIXe, avant de devenir notre *tomber à l'eau* si familier à ceux qui ont la poisse.

Mais le lac est-il vraiment un lac, à savoir une « grande nappe naturelle d'eau à l'intérieur des terres », comme nous le dit le *Grand Robert* ?

Eh bien non, probablement pas !

En effet, au XIIe siècle, un lacs désignait un nœud coulant destiné à capturer le gibier ou certains animaux nuisibles (*lacs* et *lacet* ayant la même étymologie), et *tomber dans le lacs*, c'était littéralement « tomber dans le piège », puis figurément, mais beaucoup plus tard, « tomber dans l'embarras / dans la misère ».

À cette époque, *lacs* se prononçait *la*.

---

1. La fosse de Milwaukee est la plus profonde de l'Atlantique, elle descend plus de 8 600 mètres sous le niveau de l'eau.

Ensuite, au XVIIIe, alors que l'usage du *lacs* se perdait, sa prononciation s'est transformée en *lac*, ce qui a entraîné la confusion avec le *lac* en même temps que l'évolution du sens.

> D'après ce cancérologue, « pas de gravité importante, bien qu'il faille traiter cela rapidement ». Je suis inquiet pour mon projet, va-t-il tomber à l'eau avant d'être arrivé à terme ? Le médecin me conseille de continuer une vie normale, sans barrière particulière à mes projets.
>
> Étienne Duchon – *D'un opéra à l'autre* – 2007

944. TOMBER ENCEINTE / MALADE / AMOUREUX…

Passer à l'état de personne enceinte / malade / amoureuse.

Je suppose qu'il ne sera pas nécessaire, ici, de s'attarder sur le sens des mots *enceinte*, *malade* ou *amoureux*, dont la liste n'est pas exhaustive dans cette forme de locution.

Non, ce qui étonne en général dans cette expression, et qui en justifie la présence ici, c'est l'usage du verbe *tomber*, généralement associé à quelque chose de brutal, que ce soit une chute ou un choc, par exemple.

Il faut donc simplement se rappeler que, parmi les nombreuses acceptions de ce verbe multi-usages (*tomber la veste**, tomber une femme, tomber un adversaire, tomber sur quelqu'un, tomber en désuétude, tomber de haut*…), il en est une qui signifie « devenir » ou « passer d'un état à un autre » lorsque le verbe est suivi d'un attribut.

Et c'est bien celle en usage ici, la personne passant d'un état « normal » à un autre état où elle est enceinte, malade ou amoureuse, voire les trois en même temps, à la condition expresse qu'il s'agisse d'une femme.

> Un mois ne s'était pas écoulé que Pava tomba enceinte. Au début elle en fut heureuse, mais avec le

temps, elle devint de plus en plus triste et apathique, jusqu'à ce qu'elle finisse par tomber malade.

Milka Bayitch-Podereguine – *Le Point du jour* – 1994

945. TONNERRE DE BREST !

Juron de marin.

Avec *bachi-bouzouk* et *mille sabords*, *tonnerre de Brest* fait partie des jurons préférés du fameux capitaine Haddock, compagnon d'aventures de Tintin.

Brest (qui est située en Bretagne, dans le Finistère, je le rappelle) serait-elle une ville où les orages sont fréquents ? La bruine ou la pluie, certes[1], mais les orages, pas plus qu'ailleurs. Rien qui justifie, en tout cas, que le tonnerre qu'on entend parfois à Brest ait pu marquer les esprits au point d'en faire un juron.

Il existe deux explications sur l'origine de l'expression. Les deux convergent sur le fait que ce tonnerre était un coup de canon et, selon certains, ce serait même le nom du canon lui-même.

Les deux raisons d'entendre ce coup de tonnerre très particulier étaient les suivantes :

– les tirs (effectués à blanc) qui marquaient la vie de l'arsenal brestois, entendus à 6 heures et 19 heures, à chaque ouverture et fermeture des portes ;

– les tirs qui signalaient les évasions du bagne de Brest. Outre l'alerte des forces de police, ils permettaient d'informer les habitants qui recevaient une récompense s'ils capturaient l'évadé (avant de devenir chef de la police, Vidocq a été un de ces célèbres évadés).

On peut d'ailleurs noter que les tirs effectués pour les évasions s'entendaient loin dans la rade de Brest, entre autres jusqu'à Landerneau, et que, selon

1. N'en déplaise aux Bretons, pour fréquenter régulièrement et avec bonheur leur belle région, je confirme que la pluie y est nettement moins rare que dans le sud-est de la France, par exemple, et j'ai également pu vérifier que, malgré ce qu'ils prétendent volontiers, il n'y pleut pas que sur les cons.

certains, ce serait là l'origine de l'expression *cela va faire du bruit* dans Landerneau.*

Reste qu'on ne trouve aucune explication sur ce qui a fait que cette locution est devenue un juron de marins, plus que *Rillettes du Mans !* ou *Bêtise de Cambrai !* par exemple, même s'il est indubitable que la densité de marins est bien plus importante à Brest qu'au Mans ou à Cambrai.

> – Comment fiston !, dit-il s'adressant au sergent, tu n'es pas encore parti pour l'autre monde ? Tonnerre de Brest ! Tu as la vie dure, mon gars.
>
> *L'Écho des feuilletons* – Volume 17 – 1851

946. LE TORCHON BRÛLE

La discorde règne (le plus souvent au sein d'un couple).

Si, dans une cuisine, le mari met par inadvertance le feu au torchon, il est inévitable qu'il va se faire tirer les oreilles par son épouse. Dans ce cas, on peut indubitablement dire que le torchon brûle.

De là, on peut facilement concevoir que le torchon qui brûle est un simple symbole de la dispute, même si aucun véritable torchon ne prend feu et si c'est simplement de la vaisselle ou des couteaux bien pointus et tranchants qui volent au travers de la pièce.

Mais c'est voir cette expression avec nos yeux modernes que d'imaginer cela. En effet, dans cette locution qui date de la fin du XVIIIe siècle, le torchon n'est pas celui du ménage.

Le *Dictionnaire historique de la langue française* nous dit que le premier sens du mot, au XIIe siècle, correspondait à un coup que l'on donne. On peut donc déjà faire un rapprochement avec la bagarre qui s'annonce lorsque le torchon brûle.

Quant au *Dictionnaire de l'Académie française* de 1798, il nous dit ceci : « Torchon, se disoit aussi au sens de Torche. De là le proverbe populaire, Le torchon brûle entre eux, ou simplement, Le torchon brûle, pour dire, Il y a entre eux un sujet de discorde allumé. »

Claude Duneton, lui, nous propose autre chose, indirectement lié au tout premier sens de *torchon* : l'expression serait un double jeu de mots.

D'abord, *torchon* serait une plaisanterie basée sur *torcher* ou *se torcher* au sens de « se battre » (c'est l'histoire du « coup » qui réapparaît). D'ailleurs, un coup de torchon, c'est autant une bagarre que quelque chose qui a fait place nette, et une torchée, c'est une sévère correction.

Ensuite, vous vous rappelez certainement ce jeu où, gamin, vous deviez retrouver quelque chose ou quelqu'un caché et, lorsque vous vous approchiez très près de l'endroit, on vous disait « tu brûles ! ». Dans ce cas, *brûler* indiquait la proximité.

Le torchon brûle voudrait donc simplement dire « les coups sont très proches ».

Limpide, non ?

> Les jours où le torchon brûlait, elle criait qu'on ne le lui rapporterait donc jamais sur une civière. Elle attendait ça, ce serait son bonheur qu'on lui rapporterait. À quoi servait-il, ce soûlard ? À la faire pleurer, à lui manger tout, à la pousser au mal.
>
> Émile Zola – *L'Assommoir* – 1877

947. Y A PAS À TORTILLER DU CUL (POUR CHIER DROIT DANS UNE BOUTEILLE)

1. On ne peut plus hésiter, il faut trancher, il faut prendre une décision.
2. C'est indéniable.

Qui a dit que cette expression est vulgaire ? Je veux les noms ! Et en attendant qu'on me les livre, tentons tout de même une explication.

Vous avez inévitablement déjà vu une personne (souvent un enfant) debout et qui, hésitant à répondre, ayant peur de dire une grosse bourde ou de se faire gronder, se « tortille » un moment sur place avant de finir par s'exprimer. On pourrait facilement croire que l'hésitation et le fait de se tortiller sont reliés par une image de ce type. Mais que nenni !

En effet, c'est au XVIIe siècle qu'on trouve l'expression *tortiller sa pensée* pour désigner de façon imagée des cheminements de pensée compliqués.

Par opposition, pour signifier qu'on allait droit au but, sans hésiter, on pouvait donc dire *il ne faut pas tortiller sa pensée*, assez vite raccourci en un *il ne faut pas tortiller* attesté en 1756 et qu'on trouvera chez Vidocq, par exemple.

Mais avant, à la fin du XVIIe siècle, on trouvait déjà un *tortiller du cul*, appliqué aux femmes qui marchent en se déhanchant tout en sachant l'effet que cela produit sur les mâles en rut qui les observent.

La combinaison des deux a donné, à la fin du XVIIIe siècle, un *il ne faut pas tortiller du cul* avec le même sens que notre expression. Au fil du temps, le *il ne faut pas* s'est transformé en *y a pas à* sans changer le sens, l'ensemble s'étant aussi raccourci en *y a pas à tortiller.*

Quant à la version étendue, qui ne contient pas toujours *dans une bouteille*, elle est citée en 1977 par François Caradec dans son *Dictionnaire du français argotique et populaire*. On ne sait pas si l'ajout des compléments à tiroir avait pour but de faire rire ou de choquer, mais ils ont certainement plu puisque, au moins pour le premier, ils sont restés dans le langage familier.

Dans la vie mon petit gars
Y a pas à tortiller :
Y a rien de plus dangereux
Que de se faire tuer.

RENAUD – « C'est mon dernier bal » – 1979

948. ÊTRE MIS / RESTER SUR LA TOUCHE – BOTTER EN TOUCHE

Être mis / rester à l'écart. – Éluder un problème en déplaçant l'objet du débat.

Ces expressions datent du début du XXe siècle.

Les supporters de foot ou de rugby auront tout de suite compris leur origine.

Dans ces jeux de ballon, la « touche », c'est la zone qui se trouve hors des limites latérales du terrain, celle où on n'a plus le droit de jouer.

Les bancs de touche sont ceux où sont assis les joueurs exclus ou en attente de rentrer sur le terrain.

Être mis sur la touche, c'est donc être exclu de la partie, ne plus avoir le droit d'y participer, qu'il s'agisse d'un jeu, de négociations, d'une direction d'entreprise ou de toute autre chose où il y a plusieurs acteurs ou participants.

Cet espace hors des limites du terrain, c'est aussi la zone où, lors d'un match, un joueur peut avoir intérêt à envoyer le ballon, histoire de suspendre temporairement la partie soit pour permettre à ses équipiers de se replacer sur le terrain, soit pour éloigner un danger de la part des adversaires.

C'est de cette action de dégager ou de « botter en touche » que la deuxième expression a pris un sens figuré pour désigner celui qui réussit habilement à (ou qui tente de) amener le sujet d'une discussion, par exemple, sur un autre terrain que celui initialement évoqué.

> Mis sur la touche par les employeurs pendant les années de crise, les 50-60 ans auraient de nouveau la cote. On les trouvait décalés, trop chers. Aujourd'hui, les entreprises leur trouvent des qualités et commencent à les bichonner.
>
> *Le Français dans le monde* – Numéros 325 à 330 – 2003

> Attribuer les dérapages sécuritaires à de mystérieuses « parties qui ne veulent pas que les élections soient organisées dans les délais fixés » est une manière de botter en touche et d'esquiver une question qui préoccupe au plus haut point les Tunisiens.
>
> *Le Monde* – Article du 10 mai 2011

949. FAIRE UNE TOUCHE

Obtenir un signe d'intérêt de quelqu'un à qui l'on semble plaire.

Les pêcheurs, pas ceux qui vont à confesse (ils n'ont pas le même accent), mais ceux qui trucident sans états d'âme des poissons qui ne demandaient qu'à rester tranquilles dans leur rivière, connaissent parfaitement l'origine de cette expression qui date du début du XXe siècle.

En effet, à la pêche, on a une touche lorsque cette andouille de poisson mord à l'hameçon[1], chose qu'on repère généralement soit parce que la ligne se tend, soit parce que le bouchon s'enfonce.

C'est par analogie avec le monde de la pêche qu'est née notre expression : un individu, considéré comme un prédateur, « fait une touche », lorsqu'une autre personne, considérée comme la proie, « mord » à l'hameçon virtuel qu'on lui tend et commence donc à se laisser prendre.

Mais l'analogie s'arrête là, l'expression n'indiquant pas si la proie ferrée passera à la casserole, comme le poisson, et si les attouchements qu'elle va alors subir la toucheront. Et si l'affaire ne se conclut pas, le prédateur reste sur la touche*.

> Curieuse lettre, où le cardinal, coureur de jupons impénitent, annonce à Suffren qu'il a fait une touche avant d'en venir à des considérations diplomatiques plus attendues dans une correspondance entre deux ambassadeurs.
>
> Rémi Monaque – *Suffren : un destin inachevé* – 2009

950. UNE TOUR D'IVOIRE

Une situation dans laquelle on se retranche pour s'isoler du reste du monde.

À l'origine, l'expression vient du *Cantique des Cantiques* où *collum tuum sicut turris eburnea* voulait dire « ton cou, comme une tour d'ivoire » et

1. Ou du moins, lorsqu'il tire sur l'appât, mais sans être forcément planté sur l'hameçon.

comparait le long cou blanc d'une femme à une tour faite d'ivoire[1].

Mais c'est Charles-Augustin Sainte-Beuve qui, en 1830 dans *Les Consolations,* en a complètement détourné le sens alors que, dans un poème, il parlait d'Alfred de Vigny : « Et Vigny, plus secret, comme en sa tour d'ivoire, avant midi, rentrait. »

Mais pourquoi cette image, vous demandez-vous ? Eh bien, je m'en vais tout vous révéler !

La tour, c'est l'endroit en hauteur d'où, comme sœur Anne, on n'ivoirien venir. Mais pour le poète, c'est le symbole du lieu surélevé où il peut s'isoler du monde, au calme, loin de l'agitation des masses qu'il méprise, afin d'y ciseler tranquillement des vers, de manière aussi fine et minutieuse que l'artiste qui travaille l'ivoire.

Avec la tour d'un côté et le travail de l'ivoire de l'autre, vous tenez là votre tour d'ivoire.

> Dans une conférence prononcée à la fin de 1919, « L'écrivain et l'événement », Georges Duhamel prend acte de l'inévitable engagement des écrivains dans leur temps. À partir d'Aristote, en passant par Juvénal et Dante, Étienne Dolet et Voltaire, pour arriver à Hugo et Tolstoï, l'auteur de la Confession de minuit montre qu'il est impossible d'échapper à l'événement, que la tour d'ivoire est une chimère.
>
> Luc Rasson – *Écrire contre la guerre* – 1997

951. LA TOURNÉE DES GRANDS-DUCS

Une sortie luxueuse, dispendieuse.

Ne faut-il pas impérativement être un ornithologue pour trouver chouette, la nuit, de faire la tournée des grands-ducs ? Eh bien, pas uniquement !

---

1. Pour le plaisir des dames ici présentes, ce cantique disait aussi : « ton sein est une coupe arrondie, où le vin parfumé ne manque pas ; ton corps est un tas de froment, entouré de lis ; tes deux seins sont comme deux faons, comme les jumeaux d'une gazelle… »

Si, aujourd'hui, on entend beaucoup parler de *star* system, à la fin du XIXe siècle, en Russie, ils en étaient encore au *tsar* system.

À cette époque, attirés par l'attrait de Paris, la ville lumière qui venait d'être « refigurée » par le baron Haussmann et rendue propre grâce à l'arrêté du préfet Eugène Poubelle, les princes de la famille impériale – appelés grands-ducs –, désœuvrés, mais riches et voyageurs, venaient régulièrement en goguette dans la capitale où ils allaient de cabaret en cabaret, de spectacle en spectacle, de lieu de plaisir en lieu de plaisir, en dépensant sans compter.

C'est tout simplement de ces longues virées nocturnes et coûteuses qu'est née notre expression.

Cela dit, on ne peut s'empêcher de penser que le choix du terme *grand-duc*, au lieu de *prince* ou *tsar*, par exemple, a pu être influencé par l'oiseau nocturne, en raison à la fois de son port altier (ou noble, comme devrait l'être celui d'un prince russe) et du fait que, pour trouver sa pitance, le grand-duc peut faire de très longues virées.

> Il fraternise avec un quidam et en avant pour la tournée des grands-ducs ! En général, ses escapades se terminent par une bonne gueule de bois avec les compliments bien sentis de Valentine.
>
> Armel JOB – *La Reine des Spagnes* – 1995

952. UN COUP DE TRAFALGAR

Un accident désastreux et généralement inattendu.
Un très mauvais coup.

Nous sommes le 21 octobre 1805, dans l'océan Atlantique, à proximité du cap de Trafalgar, au sud de l'Espagne, entre Cadix[1] et Tarifa.

Une coalition franco-espagnole de 33 navires (18 pour la France et 15 pour l'Espagne) représentant 2 600 canons affronte la flotte anglaise de l'ami-

1. Oui, là où une belle a les yeux de velours.

ral Nelson composée de seulement 27 navires pour 2 200 canons.

Le borgne et manchot Nelson (il a perdu un œil puis un bras dans des batailles précédentes) utilise une tactique inhabituelle pour affronter son ennemi en isolant puis capturant les quelques bateaux de tête et de queue de la file que forme la flotte franco-espagnole.

Cette astuce surprend l'ennemi qui subit un désastre en perdant 21 vaisseaux, dont 13 pour la France, et plus de 4 000 morts et 3 000 blessés, alors que Nelson perd, outre la vie[1], seulement 400 marins et soldats et compte 1 200 blessés.

Cette défaite majeure est la première que subit Napoléon et la diminution importante de sa flotte[2] va ruiner ses projets d'envahir l'Angleterre et l'empêcher de protéger les colonies françaises.

Et si les Anglais ont à Londres un Trafalgar Square qui leur rappelle ce qui est pour eux une victoire, de notre côté de la Manche cette bataille navale a été si désastreuse et de façon si inattendue, qu'elle a donné naissance à notre expression.

> Au début de la décennie des années 1880, l'histoire déjà longue du tunnel fut marquée par un véritable « coup de Trafalgar ». Le gouvernement britannique prit en effet la décision unilatérale de suspendre, puis d'arrêter définitivement les travaux de construction.
>
> Jean-Pierre NAVAILLES – *Le Tunnel sous la Manche : deux siècles pour sauter le pas* – 1987

953. ÊTRE EN TRAIN DE…

Être occupé à…

On peut se déplacer dans un train de voyageurs, dans un train de foire ou de parc d'attractions, voire dans certains endroits un peu reculés, dans un train de

1. Son corps sera rapporté en Angleterre, conservé dans un fût d'eau-de-vie.
2. La flotte française n'a plus alors que 30 navires contre 140 à l'Angleterre.

marchandises. Mais ce train-là, celui qui circule sur des rails, celui avec une locomotive et des wagons, n'est pas celui qui nous intéresse.

Il n'est pas non plus question ici du train de vie, du train d'atterrissage ou du train militaire, pour n'en citer que quelques-uns.

Comme quoi, un train peut en cacher plusieurs autres !

Voilà une locution adverbiale dont la forme nous vient du XVe siècle, mais dont le sens a évolué au fil du temps.

À la fin du XVe, *en train* (sans le *de*) veut dire « en action », « en mouvement » ou encore « en cours d'exécution ». Il fallait donc un certain entrain pour être « en train ».

Au milieu du XVIe, *en train de* marque l'imminence d'une action ; au milieu du XVIIe, elle indique cette fois quelqu'un qui est « disposé à » ; et ce n'est qu'en 1731, chez Marivaux, qu'elle prend le sens actuel, avec une notion de durée, qui rejoint le sens initial car celui qui est en cours d'exécution de quelque chose, n'est-il pas occupé à exécuter cette chose ?

> Le soir, avant d'aller au pont, la Chouette, furieuse de ce que je n'avais pas étrenné la veille, au lieu de me battre comme d'habitude pour me mettre en train de pleurer, me martyrise jusqu'au sang en m'arrachant des cheveux du côté des tempes où c'est le plus sensible.
>
> Eugène SUE – *Les Mystères de Paris* – 1843

954. DORÉ SUR TRANCHE

Très riche.
Luxueux et ostentatoire.

Les amoureux des beaux livres anciens possèdent probablement des livres dorés sur tranche, c'est-à-dire dont les tranches sont de couleur or au lieu de la banale couleur du papier.

Mais que sont les tranches ? Le livre est généralement composé d'une couverture avec un dos et, à l'intérieur, d'un bloc de pages qui ont été « tranchées » ou massicotées pour présenter des surfaces unies. Ce sont ces surfaces inférieure (tranche de pied), latérale (tranche de côté ou de gouttière, opposée au dos) et supérieure (tranche de tête) qui sont les tranches du livre et qui pouvaient être dorées, autrefois, sur les livres luxueux.

Depuis le XIXe siècle, cette notion de luxe associée aux livres dorés sur tranche s'est étendue, au figuré, aux choses luxueuses et aux personnes capables de s'acheter ces choses, donc très riches.

> Une unique chose apparut claire aux yeux des bonnes gens, celle-ci : la goule, dont les suçoirs abolissaient tous les êtres qui l'approchaient, était le pire des fléaux, et ce fléau devait être haï. Que, chez les fainéants dorés sur tranche, en haut, « dans la grande ! », elle fût adulée, courtisée, léchée à cause de son faste et du crédit dont elle jouissait auprès de sa fameuse amie, la Rousse, la maligne Rousse, qui trônait insolemment là-bas, sur les bords de la Seine, à Paris.
>
> Léon CLADEL – *Ompdrailles, le Tombeau-des-Lutteurs* – 1879

955. NE PAS VALOIR TRIPETTE

Ne rien valoir, n'avoir strictement aucun intérêt.

En général, les mots qui commencent par *tri* désignent des choses avec 3 éléments.

Ainsi, un tricycle est un cycle à trois roues, un triangle comporte trois angles et un trimaran fait rire trois fois.

Mais qu'en est-il de *tripette* ?

Ce mot désigne une petite *tripe*, ce boyau animal qu'on prépare souvent soit à la mode de Caen lorsqu'on en a un paquet, soit en paquets lorsqu'on en a en Provence[1].

1. Les pieds paquets sont une savoureuse recette provençale regroupant des pieds d'agneau et des petits paquets de tripes

Le *Dictionnaire de Trévoux* nous signale qu'au XVIIe siècle, le verbe *triper* voulait dire « fouler aux pieds[1] » et, par extension, « mépriser ».

Et comme on accorde peu de valeur à ce que l'on méprise, il est possible que ce soit à partir de ce verbe que le substantif *tripette* ait été utilisé pour désigner des choses sans aucune valeur, sens qui est resté jusqu'à nos jours dans notre expression.

À moins, tout simplement, qu'une trop petite tripe ait été considérée comme inutile à mettre dans la marmite et donc sans valeur.

> Je lui fais comprendre que je souhaite que la visite guidée s'arrête là, car tout ce qu'il me montre ne vaut pas tripette. Le style des grandes fresques modernes à la gloire d'Hidalgo et de Juàrez n'est pas de mon goût.
>
> Pierre Macaire – *Au pays de l'oiseau rampant* – 1998

956. NE PAS AVOIR LES YEUX EN FACE DES TROUS

Ne pas voir quelque chose de bien visible.
Ne pas être bien réveillé.

Quand on émerge du lit, que ce soit après avoir mal dormi ou bien après une soirée bien arrosée, le réveil est souvent difficile, au point qu'on a du mal à distinguer ce qui nous entoure, que l'on bute dans le chien couché au pied du lit, que l'on se cogne dans la porte entrouverte, que l'on vise mal le centre de la cuvette des W-C (pour les hommes) ou que l'on verse le café à côté de la tasse ; comme si on avait beaucoup de mal à bien voir ce qui nous entoure, bien qu'ayant les yeux bien ouverts.

Or, à partir du moment où quelqu'un ne voit pas bien, il est facile d'imaginer, sous une forme plaisante, qu'il « a les yeux de travers », comme on disait déjà au XVIIe siècle, ou bien que ses yeux ne sont pas

---

d'agneau ficelés avec de l'ail, du persil et du petit salé.

1. Ou, pour les chevaux, trépigner.

bien en place dans leurs orbites, donc pas « en face des trous ».

Gaston Esnault indique qu'il faut comprendre « pas les yeux en face des trous du masque (que porte la personne) ».

Certes, cela ne facilite pas non plus une vision claire, mais aucune source ne citant cette précision, faut-il la prendre pour argent comptant, sachant qu'elle n'apporte rien de plus à une image déjà aisément compréhensible attestée en 1925 ?

> Extrême fatigue et insatiable besoin de sommeil – les yeux, comme on dit, pas en face des trous –, impression presque physique d'œillères coupant toute attention à ce qui ne concerne pas l'idée fixe.
>
> Michel Leiris – *Frêle bruit* – 1976

> – J'espère que personne ne verra les seaux. Ça foutrait tout en l'air.
> – Y a pas de risques. On les a bien camouflés. Et puis le matin, y a pas grand monde pour avoir les yeux en face des trous.
>
> Michaël Perruchoud – *Poil au temps* – 2002

957. À TUE-TÊTE

Très fort, en parlant de la voix.

Imaginer qu'on puisse « tuer la tête » d'une personne, donc la personne elle-même, rien qu'en parlant ou en chantant paraît un peu extrême (même si le capitaine Haddock n'est pas loin de trépasser lorsqu'il entend la Castafiore chanter…).

Mais cela vient simplement du fait qu'à notre époque, *tuer* n'a pas tout à fait la même signification qu'au XVIe siècle, date de naissance de notre locution adverbiale.

En effet, le verbe *tuer* a eu autrefois plusieurs significations, parfois en parallèle. Ainsi, vers 1150, si ce verbe signifiait bien « occire quelqu'un », comme maintenant, *soi tuer* voulait simplement dire « s'évanouir ».

Au moment où cette expression est apparue, *tuer* avait aussi le sens de « frapper », la plupart du temps à la tête ; et, par extension, il voulait aussi dire « fatiguer » ou « exténuer ». Et là, on comprend bien qu'une personne qui chante trop fort à proximité fatigue.

Malgré son côté archaïque, cette expression est restée vivace alors que d'autres comme *à tue-chevaux* pour dire « très vite » ont disparu. Mais là, on peut aisément supposer que la disparition des déplacements avec des chevaux a provoqué son oubli. Alors qu'il existe encore des gens qui chantent très fort et de manière désagréable, au point qu'on soit parfois effleuré par l'idée de leur « tuer la tête » avant qu'ils ne tuent la nôtre.

> Nos muletiers, qui étaient en tête, repassèrent à la queue en se courbant pour mettre leur passage à l'abri derrière les mules, et en nous faisant signe du doigt de garder le plus profond silence.
> Ce signe fut, à ce qu'il paraît, mal interprété par Alexandre, qui se mit à crier à tue-tête :
> – Ohé ! les voleurs de Castro de Rio, où sont-ils ?
> Alexandre DUMAS – *De Paris à Cadix* – Volume 3 – 1847

958. UNE TUNIQUE DE NESSUS

1. Un cadeau empoisonné.
2. Une passion dévorante.

Vous connaissez tous Hercule et ses fameux douze travaux[1]. Mais savez-vous comment il est mort ?

Si ce n'est pas le cas, cette lacune de votre culture va être comblée dans quelques secondes et, accessoirement, vous saurez également tout sur l'origine de cette expression.

Nessus est un centaure qui fait le passeur entre les deux rives du fleuve Évenos.

Lorsque Hercule et son épouse Déjanire (écrit aussi Djénaïre) souhaitent traverser le fleuve, Nessus se propose pour transporter l'épouse sur son dos vers l'autre bord. Mais, alors qu'il arrive au milieu

1. Tiens, à ce propos, seriez-vous capable de tous les citer, sans regarder une encyclopédie quelconque ? Interro écrite ce soir !

du fleuve, il commence à la peloter avec visiblement des intentions bien plus avancées.

Hercule décoche alors vers le centaure une flèche dont il avait autrefois trempé la pointe dans le sang de l'Hydre de Lerne et l'atteint à la poitrine, faisant se répandre le poison mortel dans son corps.

Avant de mourir, Nessus dit à Déjanire que son sang contaminé par celui de l'Hydre lui permettra de ramener Hercule vers elle si jamais il devait la tromper ou simplement s'intéresser de trop près à une autre femme.

Les versions de Sophocle et d'Ovide, entre autres, divergent un peu ; pour les uns, il lui remet une tunique tachée du fameux sang juste avant de mourir, pour d'autres elle recueille et conserve une partie de ce sang dont elle se servira plus tard pour teindre une tunique.

Car, effectivement, bien après cette traversée, la malheureuse étant convaincue de l'infidélité de son mari, elle lui donnera la tunique.

À peine l'a-t-il passée qu'il ressent un feu qui le consume de l'intérieur et que la tunique lui brûle également la peau, puis la chair, avant d'attaquer les os. Hurlant de douleur, Hercule essaye de se l'arracher, mais il ne fait qu'emporter de grands morceaux de chair avec les pans du vêtement.

Voyant l'état dans lequel elle a mis son mari en ayant cru naïvement ce que lui avait dit Nessus, Déjanire se suicide.

Hercule, lui, demande qu'on l'immole par le feu pour mettre fin à ses souffrances, ce qui sera effectivement fait.

Le second sens proposé, d'usage nettement moins fréquent, est lié à la fois au feu intérieur qui ronge Hercule une fois qu'il a passé la tunique, et au fait qu'il est impossible de se débarrasser de cette dernière, comme il est extrêmement difficile de s'affranchir de l'obsession que peut être une passion dévorante.

Dans ce livre, reconnaît Juppé, « j'ai essayé de sortir de moi des choses qui pesaient ». Il est vrai que cette période qui court de 1995 à 2009 a été riche en épreuves pour celui qu'en 1993 Jacques Chirac présentait comme « le meilleur d'entre nous ». Une formule qu'il dit avoir portée depuis comme une dévorante « tunique de Nessus ».

Le Figaro – Article du 17 mars 2009

959. LE BOUT DU TUNNEL

La fin d'une période, d'une situation difficile à vivre.

Sur le sentier qui passe au fond des gorges du Verdon, il existe des tunnels sans éclairage, dont un très long et courbe où, lorsqu'on s'y aventure démuni d'une lampe de poche (soit parce qu'on n'était pas prévenu de la nécessité d'en emporter une, soit parce qu'on pensait crânement pouvoir s'en passer), on est vraiment très heureux de finir par voir « le bout du tunnel », au sens propre comme au sens figuré.

Un tunnel sans lumière, c'est forcément très sombre, qualificatif qu'on applique aussi volontiers, au figuré, à une période ou une situation difficile à vivre.

Alors, le parallèle avec un véritable tunnel est facile à faire : on est toujours heureux lorsqu'on passe de l'obscurité à la lumière, que ce soit au sens propre parce qu'on est effectivement à la sortie du tunnel ou bien au sens figuré parce qu'on arrive à la fin d'une période difficile.

En 1897, on trouve *sortir du tunnel*, le *bout* du tunnel datant du début du XXe siècle.

Fin décembre 1993, le pays secoué par le séisme de la violence meurtrière pouvait enfin entrevoir la fin du tunnel, la remise en marche des organes de l'État.

Gaëtan SEBUDANDI, Pierre-Olivier RICHARD –
Le Drame burundais – 1996

960. FORT COMME UN TURC

Très fort (physiquement), vigoureux, robuste.

De nos jours, un Turc n'est jamais qu'un être humain comme un autre. Et même s'il y a des Turcs qui détiennent des records du monde en haltérophilie, rien ne semble justifier qu'on qualifie plus de fort un Turc qu'un Grec, un Monégasque ou un Chinois.

Mais il ne faut pas oublier l'histoire de la Turquie.

Avant que ce pays ne devienne ce qu'il est aujourd'hui, il y a eu l'Empire ottoman bâti par un peuple de guerriers à coups de conquêtes en Europe, en Afrique et en Asie. Ces combattants turcs ou ottomans impressionnaient par leur force, leur courage et aussi leur brutalité, leur cruauté.

C'est ainsi qu'aux XVIIe et XVIIIe siècles, le Turc symbolisait l'incroyant, l'ennemi brutal. On disait d'ailleurs de quelqu'un de rude et de sans pitié qu'il était « un vrai Turc » et traiter quelqu'un « à la turque », c'était le traiter sans ménagement.

L'expression est née au milieu du XVe siècle, un peu après la prise de Constantinople (l'ancienne Byzance et l'Istanbul d'aujourd'hui) par les troupes du sultan Mehmet II en 1453.

> – Quel âge a-t-elle, monsieur, cette future comtesse ?
> – Mais elle approche de quinze ans : déjà cela vous est grand d'une toise, gentil, frais comme une matinée d'avril, leste, découplé, gaillard, et surtout fort comme un Turc.
> – Diable ! voilà de bonnes dispositions pour être comtesse.
> – Oh ! sa mère a beau dire, elle le sera.
>
> CERVANTES – *Don Quichotte de la Manche* – 1605-1615 – traduction de Florian – 1802

961. DONNER UN TUYAU (CREVÉ)

Donner un renseignement plus ou moins confidentiel (faux ou dépassé).

Voilà une expression argotique qui date de la fin du XIXe siècle.

Lorsque vous êtes en groupe et que vous avez une information confidentielle à donner à quelqu'un, comment procédez-vous habituellement ? Vous n'allez certainement pas lui crier le renseignement, histoire de couvrir le bruit des conversations !

Non, vous allez bien plus probablement approcher votre bouche de son oreille et lui murmurer l'info qui va « s'écouler » dans son conduit auditif vers l'oreille interne.

Or, ce conduit auditif où « coule » l'information n'est-il pas assimilable à un tuyau ?

Voilà, vous venez de comprendre comment ce qui véhicule l'information est devenu, par métonymie, le renseignement lui-même.

Quant à la comparaison d'un tuyau crevé avec un renseignement erroné, elle est aisément compréhensible : un véritable tuyau crevé ne sert à rien[1], pas plus que notre tuyau argotique lorsqu'il est faux[2].

> Comment a-t-elle d'emblée décroché un premier rôle féminin alors que je me défonce pour n'obtenir que de petits rôles ? Elle est rentrée tout simplement « au culot » dans le bureau du metteur en scène, a dit qu'elle voulait jouer « à tout prix. » Qui lui a donné le tuyau ? Elle s'agace : « C'est fatigant de répondre toujours aux mêmes questions… »
>
> Gabrielle de Conti – *La Cascadeuse* – 2005

962. UNE FAMILLE TUYAU DE POÊLE

Une famille qui pratique des relations sexuelles entre ses membres.

Nous entrons cette fois dans un monde plein de finesse et de délicatesse (comme bien souvent, les expressions françaises étant ainsi faites).

Cette expression est très familière, pour ne pas dire vulgaire.

Mais l'image qu'elle véhicule est parfaitement compréhensible pour qui a eu l'occasion, au moins une fois dans sa vie, d'installer un poêle à bois ou à charbon avec toute sa tuyauterie d'évacuation. Il

1. On ne parle pas ici des tuyaux savamment percés qui servent à installer un arrosage goutte à goutte dans le jardin.
2. En plus, il est bien connu que celui qui donne un tuyau crevé trompe Eustache.

a en effet pu constater que celle-ci est composée de tronçons qui s'emmanchent les uns dans les autres.

Est-il vraiment nécessaire d'expliquer plus avant la métaphore ?

Cette expression est le titre d'une pièce de théâtre écrite par Jacques Prévert en 1933, dans laquelle des bourgeois, respectables en apparence, pratiquent en réalité adultère, inceste, homosexualité et amours avec le personnel, alors qu'ils se prétendent hypocritement très vertueux.

> Et puis, dans mon milieu, c'est la famille-tuyau-de-poêle ; tout le monde baise avec tout le monde. Et ça se mord la queue.
>
> Ania FRANCOS – *Sauve-toi, Lola* – 1983

963. ALLER (À QUELQU'UN) COMME UN TABLIER À UNE VACHE / COMME DES GUÊTRES À UN LAPIN

Lui aller très mal.

Vous avez certainement remarqué qu'il est très rare qu'on croise dans la rue ou dans les champs un lapin avec des guêtres, une vache avec un tablier, un poisson avec une bicyclette, un ornithorynque avec une Cocotte-Minute ou bien un tamanoir avec un téléphone mobile… Peut-être y a-t-il de bonnes raisons à cela ?

Sous sa forme actuelle, cette expression nous vient du début du XIXe siècle. Mais on peut lire, au milieu du siècle précédent chez Dampierre de La Salle : « convenir comme un tablier à une vache espagnole » (voir les exemples).

Imagineriez-vous le ridicule d'une vache qui, munie d'un beau tablier, chanterait devant une glace : « Ah ! Je ris de me voir si belle en ce miroir » ? Ce serait commettre une faust que d'imaginer telle vision. En effet, raisonnablement, on ne peut envisager qu'un tablier, quel qu'il soit, puisse seoir un tant soit peu à une vache, aussi affriolante serait-elle. Et un pauvre lapin affublé de guêtres serait bien enquiquiné pour se mouvoir, le pauvre !

Ce rapprochement d'une pièce d'habillement et d'un animal est depuis longtemps utilisé pour exprimer non seulement le ridicule de celui qui s'habille très mal (c'est l'image initiale), mais aussi, par extension, l'association de deux objets dont celui qui prononce la phrase estime qu'ils n'ont rien à faire l'un avec l'autre.

D'ailleurs, Charles Nisard, dans son ouvrage *Curiosités de l'étymologie française* paru en 1863, cite « comme des pantoufles à un chat », mais aussi « une chemise à un cochon, un bonnet à une chèvre, une bride à un oison, à une mouche, à un pou, des gants à un chien… ». La liste peut donc être très longue.

> Et encore une fois, charmante Isabelle, à quoi bon me charger de ces ameublements de femmes qui me conviennent comme un tablier à une vache espagnole ?
>
> Dampierre de La Salle – *Le Bonhomme Cassandre aux Indes* – 1756

> Inutile de dire que les vêtements neufs d'Amsel flottaient à la godille autour de son copain ; de même le vernis et les brides, les boutons de nacre et le ridicule petit boléro de singe lui allaient comme des guêtres à un lapin.
>
> Günther Grass – *Les Années de chien* – 1965 – traduction de Jean Amsler

964. LES VACHES MAIGRES – LES VACHES GRASSES

La pénurie. – L'abondance.

Il ne faut pas chercher très loin pour comprendre qu'en période de pénurie, les vaches sont maigres car elles mangent peu, alors qu'elles sont bien grasses en période d'abondance.

L'image est donc très claire.

Mais au lieu des vaches, ont aurait pu avoir la même signification avec les hippopotames, les ornithorynques ou les hamsters, même s'ils broutent un peu moins nos prés et, du coup, sont plus difficiles à glisser dans une conversation.

Alors pourquoi des vaches ?

Eh bien, il nous faut remonter loin dans le temps, puisque, selon le chapitre 41 de la Genèse, c'est lors d'un rêve que Pharaon a vu s'annoncer deux périodes successives, une de sept années d'abondance, symbolisée par sept vaches grasses, puis une autre de sept années de disette, représentée par sept vaches maigres.

Ce sont ces vaches qui sont restées les symboles qu'on retrouve aujourd'hui dans notre expression.

Mais pourquoi ce chiffre sept, me direz-vous ?

Depuis très longtemps, le sept a un côté magique puisque les références à ce chiffre sont légion : depuis la Nationale sept, jusqu'aux sept nains, en passant par les sept ans de malheur, les sept mercenaires, les sept péchés capitaux, les sept ciels entourant la Terre (voir être au septième ciel*), les sept merveilles du monde, le jeu des sept familles, et de nombreuses autres.

> Maintenant, ô Père Spicace, considère que toute société compte ses membres, que votre industrie vise à prévenir les aléas de l'avenir. Ceci est une des clefs de la subversion, pour qui est habile à corrompre, car une société qui se compte répertorie, distribue la récolte, stocke le surplus des années de vaches grasses en prévision des années de vaches maigres.
>
> Bernard Couty – *Vindicare !* – 2009

965. MANGER DE LA VACHE ENRAGÉE

Vivre dans la misère.
Mener une vie de dures privations.

À une période récente, la « vache folle » était devenue un problème préoccupant pour la santé.

Qui sait ? Peut-être que vous ou moi avons déjà une multitude de petits prions vigoureux qui grouillent dans notre cerveau et qui le grignotent lentement mais sûrement ? Mais vu le rythme auquel ils travaillent, nous ne le saurons que dans quelques années, si la grippe aviaire ou le virus Ebola (entre autres) nous épargnent d'ici là[1].

Quoi qu'il en soit, bien avant que l'homme ne joue aux apprentis sorciers avec la nourriture des animaux, il y avait déjà la vache enragée.

Cette expression date en effet du XVIIe siècle sous la forme *manger la vache enragée*.

Les gens très pauvres n'étant pas vraiment regardants sur la nourriture, ils pouvaient être amenés à manger des animaux écartés de la consommation normale pour des raisons d'hygiène ou de maladie.

Ce serait ensuite le mélange de *mener une vie enragée* propre à ceux qui doivent lutter pour arriver à survivre et *manger de la vache malade* qui aurait donné naissance à notre expression.

De nos jours, par méconnaissance de l'origine de l'expression et parce que son sens semble évident, beaucoup de gens croient à tort que cette expression signifie quelque chose comme « être très énervé (ou excité) » ou « être de mauvaise humeur », comme si le fait de manger un animal lui-même excité (par la rage) transférait les symptômes chez le mangeur.

> Aucune de nous ne fait fortune. Il nous faut passer deux ans dans une maternité pour avoir le diplôme, et cela nous coûte mille francs par an. Puis, ce sont les frais d'installation, toute la vache enragée qu'on mange avant de se faire une clientèle, ce qui explique que tant des nôtres tournent mal. Et, même quand on a réussi à créer, Dieu sait au prix de quels efforts !
>
> Émile ZOLA – *Fécondité* – 1899

---

1. Bon, il ne faut pas paniquer non plus ! Entre les chauffards, les tremblements de terre, les attentats ou les artères bouchées, nous avons bien d'autres raisons de passer de l'autre côté. Sans compter le futur changement accéléré du climat qui nous attend et qui va nous amener une cohorte de soucis dont on n'a pas encore idée (dont, peut-être, nous obliger à manger de la vache enragée). N'oubliez pas : *carpe* diem* !

966. PARLER FRANÇAIS COMME UNE VACHE ESPAGNOLE

Parler très mal le français.

Avant tout, il est indispensable de se poser une question très importante : existe-t-il des cours de français spécialement destinés aux vaches espagnoles ? Meuh non, pourraient-elles mugir dans nos campagnes ! Car, croyez-en mon expérience moult fois confirmée, si vous allez demander à une vache, quelle qu'en soit la nationalité, de vous parler de la pluie, du beau temps ou de la cueillette des olives en basse Provence, elle se contentera de vous regarder fixement de son œil bovin brillant d'une intelligence extrême (mais de quel côté, l'extrême ?) avant de recommencer à brouter son herbe, sans piper un seul mot intelligible.

Conclusion immédiate : les vaches sont très mal élevées, quoi que puissent en penser leurs éleveurs.

Question résultante : les bovins des pâturages étant manifestement privés de la parole, les espagnols y compris, comment pourraient-ils très mal parler le français ?

Ce n'est pas écrire une vacherie que de dire qu'il existe plusieurs hypothèses sur l'origine de cette expression qui est attestée dès 1640.

La plus classique, mais pas forcément la bonne, vient d'une altération de *basque* (« parler français comme un Basque espagnol »), car *vasces* ou *vasque*, au XVIIe siècle, désignait un Gascon ou un Basque. Et il va de soi qu'un Basque du côté espagnol de la frontière ne parle pas bien le français, sauf s'il a été aux écoles pour l'y apprendre.

Cette version a une variante, puisqu'on évoque aussi « parler français comme un Basque (parle) l'espagnol ». En effet, les Basques, aussi bien côté espagnol que français étant très attachés à leur culture et à leur langue, ceux au-delà des Pyrénées étaient supposés parler très mal la langue du pays dont ils faisaient partie.

Une autre hypothèse, pas obligatoirement la bonne non plus, bien qu'il y soit question de bonne, viendrait d'une altération du mot *basse* qui désignait une servante. On aura donc vite fait de croire qu'à l'époque, elles étaient plutôt espagnoles que portugaises et que leur maîtrise de notre langue n'était pas parfaite.

Mais ce *basse*-là était tellement peu employé qu'il n'a pas laissé de traces sauf dans des formes régionales comme *bassoteuse* pour « femme de ménage[1] ».

Pourtant, selon Alain Rey, la plus probable des origines viendrait d'une combinaison de choses péjoratives propres à l'époque.

Comme une vache était en général, et est toujours, un terme intensif à connotation fortement négative[2]. Et, à la date d'apparition de l'expression, *espagnol* était également un qualificatif désagréable ; on disait en effet *payer à l'espagnole* pour quelqu'un qui « payait » en donnant des coups ou on désignait une fanfaronnade d'« espagnolade ».

Alors la combinaison de ces deux termes, qu'on trouve dans la littérature dans l'expression *il est sorcier comme une vache espagnole* (« c'est un incapable »), aurait été un moyen de qualifier très négativement la manière de parler un mauvais français.

Et j'en profite pour glisser une petite anecdote amusante : à l'issue de la finale de Roland-Garros de juin 1993 entre Jim Courier, Américain, et Sergi Bruguera, Espagnol, ce dernier, vainqueur du match, a baragouiné quelques paroles dans un français plus qu'approximatif, alors que Courier, dans un très bon

1. D'ailleurs, dorénavant, on ne dira plus « technicienne de surface », mais « bassoteuse ».
2. Si, aujourd'hui, on a encore *gros comme une vache*, dont on ne peut pas dire qu'il soit un qualificatif agréable, on trouvait autrefois des *dormir comme une vache* ou bien *pleurer comme une vache* à propos de quelqu'un qui pleure constamment pour rien.

français, s'est excusé de parler notre langue comme une vache espagnole, en regardant de façon appuyée son adversaire.

> Comme il parlait français comme une vache espagnole, je crus avoir mal compris, mais il me confirma sa décision et sa demande de compensation.
>
> Jacques DE HILLERIN – *Souvenirs d'un coupeur de bois : Gabon-Congo, 1946-1960* – 2005

967. PLEUVOIR COMME VACHE QUI PISSE

Pleuvoir en abondance, à verse.

Que l'homme est parfois petit face aux « merveilles » de la nature ! Il suffit de comparer un jet d'urine humaine à celui produit par un bovin en pleine miction (pas du tout impossible) pour le comprendre.

Si vous êtes déjà allé batifoler dans les prés du côté de Marly-Gomont ou du Monteil-au-Vicomte, vous n'avez pas pu échapper à ce spectacle étonnant.

Alors, en partant d'une petite pluie qui aurait été comparée à une miction humaine, on comprend très bien qu'une très grosse pluie ait pu donner lieu, de la part d'un très fin observateur de la seconde moitié du XIXe siècle (période d'apparition de l'expression), à une comparaison avec un tel déversement de liquide d'origine bovine.

Quelques esprits chagrins diront que l'éléphant bat la vache à plate couture dans ce domaine.

Certes ! Mais, à cette époque, il était tout de même nettement plus rare de rencontrer des éléphants broutant les prés autour de Roupéroux-le-Coquet. Et, en général, on n'ose des comparaisons qu'avec ce qu'on connaît bien.

> Les bons amis ne venaient pas. Car il pleuvait comme vache qui pisse et l'on n'aurait pas mis un chien dehors.
>
> Henri CALET – *La Belle Lurette* – 1935

968. UN COUP DE PIED EN VACHE – MORT AUX VACHES !

Une action faite en traître ou hypocrite, procédé déloyal.
– Mort aux flics ! (insulte grave).

Si les chevaux font plutôt des ruades des deux pieds vers l'arrière, il leur arrive aussi de donner des *coups de pied en vache* (appellation effectivement utilisée dans le milieu équestre), c'est-à-dire un coup de sabot d'une seule patte vers l'avant ou sur le côté, envoyé en général à un moment où l'heureux bénéficiaire ne s'y attend pas du tout, d'où le sens de traîtrise qu'on retrouve dans l'expression.

Car, si la vache est un ruminant qu'on imagine placide, il lui arrive effectivement d'envoyer ce genre de coup qui la fait cataloguer comme sournoise et qui a donné lieu à la naissance des expressions qui nous intéressent.

Pour *un coup de pied en vache*, l'origine est limpide et le sens figuré « d'agir en traître » coule de source. Dans la conversation, elle se réduit parfois en *un coup vache*.

Cette locution existe depuis le milieu du XIXe siècle, mais à la fin du XVIIe, on disait déjà *ruer en vache*, avec exactement le même sens.

Ces qualificatifs de traître et sournois appliqués aux vaches ont fait qu'à partir de 1844, le terme de *vache* a servi, dans l'argot des voleurs, à désigner des policiers ou des gendarmes, puis, plus tard, des délateurs. Ce ne serait qu'en 1879 que *mort aux vaches !* serait apparu.

Sur Internet, vous trouverez en de nombreux endroits l'explication ci-après pour l'origine de *mort aux vaches !* Elle peut paraître plaisante, mais elle ne colle pas avec la date du sens de « forces de l'ordre » pour le mot *vache*. Mais comme l'expression elle-même n'est apparue qu'en 1879, peut-être y a-t-il eu une influence de l'histoire suivante.

Cette expression serait datée de la guerre de 1870. Elle serait liée à l'inscription *Wache* (« garde », en allemand) qu'on trouvait sur les guérites des gardes-frontières allemands.

La prononciation française *vache* de ce mot et le peu d'amour que portaient les Français aux Allemands auraient fait naître ce *mort aux Wache*, devenu *mort aux vaches* appliqué ensuite en France aux autres porteurs d'uniformes que sont les gens de la maréchaussée.

> Voilà donc cette ville, pour laquelle Capone, quoi que l'on puisse penser, a fait beaucoup plus pour la renommée (sulfureuse) que tous les coups de pied en vache de l'irresponsable Daisy.
>
> André MATHIEU – *Capone : Une histoire de brigands* – 2007

> Plus loin, une fille intrépide soulève son T-shirt et promène ses seins nus sous les yeux ahuris des flics en criant : « MORT AUX VACHES ! » Et tous les freaks de la communauté sont là !
>
> Jean-Michel OLIVIER – *L'Amour fantôme* – 1999

969. UNE PEAU DE VACHE – LA VACHE !

Une personne méchante, sévère, sans pitié. – Le méchant, sournois !

La vache est un animal réputé placide, mais il lui arrive parfois de « donner un coup de pied en vache* », c'est-à-dire de faire soudainement une ruade latérale d'une seule patte.

C'est ce geste, forcément très douloureux pour celui qui prend le coup de sabot par surprise, qui a aussi fait considérer l'animal comme sournois ou méchant.

Selon Gaston Esnault, ce sens de *vache*[1] apparaît en 1880.

De là viennent nos deux expressions.

---

1. Il y en a d'autres comme « agent de police » (voir mort aux vaches* !), « traître, délateur » ou bien « paresseux, bon à rien », ce dernier étant justement lié au comportement placide et mou de l'animal.

Dans la première, il y a un renforcement par la valeur péjorative que prend parfois le mot *peau*, comme dans *une vieille peau*.

Aujourd'hui, à la place de *la vache !*, on dirait plutôt *l'enfoiré !* ou un autre terme encore plus vulgaire où il est question de seaux d'eau.

Par antiphrase, *la vache !* peut aussi être une exclamation d'admiration.

> La vérité, c'est que toujours plein de gens vous attendent. Des gars, des filles, des pourris, des peaux de vache, mais aussi quelquefois la future amitié, le truc de rêve inespéré, ou bien la fille de rêve qui va vous en sortir, à moins que ce soit le magot, qui vous tombe par hasard sans effort.
>
> Bertrand Blier – *Les Valseuses* – 1974

> C'est le Môme l'Affreux qui a fait le coup, il est venu s'asseoir à ma table, ah ! la vache ! j'aurais dû me méfier.
>
> Jean Lorrain – *La Maison Philibert* – 1904

970. BRÛLER SES VAISSEAUX

S'engager dans une entreprise, prendre une décision en s'interdisant de revenir en arrière.

À moi lecteur, deux mots. Ôte-moi d'un doute. Connais-tu bien Agathocle de Syracuse ?

Eh bien, si ce n'est pas le cas et que tu veux en savoir rapidement plus, une petite recherche sur Internet devrait te permettre de satisfaire ton envie.

Sache déjà simplement que ce conquérant du IVe siècle av. J.-C., lorsqu'il s'attaqua à Carthage en Afrique du Nord, après y avoir débarqué ses troupes, fit brûler ses navires afin de s'assurer qu'il n'y aurait pas de retour possible en urgence (après une retraite ou une défaite).

Pour lui, les seules options possibles étaient la mort ou la victoire qui donnerait ensuite le temps de rebâtir tranquillement une flotte.

Cette manière de procéder sera également citée, entre autres, chez Hernán Cortés, le conquistador espagnol, lorsqu'il débarqua au Mexique en 1519.

C'est au début du XIXe siècle que la métaphore *brûler ses vaisseaux* apparaît, avec les sens figurés qu'on lui connaît, par référence à ce comportement.

> C'est d'ailleurs pour un homme, dans toutes les circonstances de la vie, le fait d'une conscience droite et en même temps d'une habile politique, que de savoir courageusement brûler ses vaisseaux et couper court, par une profession de foi bien nette, à tous les retours et à toutes les équivoques.
>
> Claude-Alphonse VALSON – *La Vie et les Travaux du baron Cauchy* – 1868

971. ALLER À VAU-L'EAU

Aller à sa perte.

Dès le XIIe siècle, *aller à val* ou *à vau* voulait dire « en descendant le long, en suivant la pente de », le vau n'étant pas le petit de la vache, pour ceux qui ont des soucis d'orthographe, mais une vallée (on retrouve d'ailleurs ce terme dans l'expression *par monts et par vaux* indiquant un déplacement un peu partout, figuré par un mouvement à travers monts et vallées).

Au moins jusqu'au milieu du XVIe, cette locution avait le sens très concret de « suivre le fil de l'eau ».

C'est à partir de cette période que son sens abstrait commence à apparaître. On emploie d'ailleurs *à val de route* pour « en déroute » et *être à vau-l'eau* pour parler d'une entreprise qui fonctionne mal. Et entre le mauvais fonctionnement et la perte ou la faillite, il n'y a qu'un petit pas qui a vite été franchi.

> Victime d'un traumatisme crânien, il plonge dans le coma une semaine. Après cette agression, il « laisse tout partir à vau-l'eau, jusqu'à la faillite ». Sa conjointe le quitte, il abandonne son fils.
>
> Yan GAUCHARD – *Le Monde* – Article du 16 février 2011

972. ADORER LE VEAU D'OR

Aimer l'argent, les biens matériels.

En 1170, on parlait du *veel d'or* devenu le *veau d'or* à la fin du XVe siècle.

Mais quel est donc ce veau d'or ?

Selon l'Exode, il nous faut remonter à Moïse pour le comprendre. Alors que ce dernier était allé au sommet du mont Sinaï, histoire d'attendre que Dieu veuille bien lui donner les Tables de la Loi (il les a tout de même attendues quarante jours !), les Hébreux qu'il avait conduits jusqu'au pied du mont attendaient, s'impatientaient et s'ennuyaient.

Supposant que Moïse ne reviendrait plus, ils demandèrent à Aaron de leur fabriquer un dieu. Celui-ci ordonna alors aux femmes et enfants de donner leurs bijoux avec lesquels, une fois fondus, il coula un jeune taureau en or évoquant les dieux égyptiens Hathor (une vache) et Apis (un taureau).

Lorsque Moïse revint enfin et constata le retour de l'idolâtrie chez son peuple, il se fâcha tout rouge et n'obtint le pardon de Dieu qu'en faisant massacrer trois mille des coupables.

Le « veau d'or » est d'abord devenu le symbole de l'oisiveté. À la fin du XVIIe siècle, il désignait encore un « homme qui n'a pas d'autre mérite que d'être riche » (Littré), sens oublié aujourd'hui.

C'est au même moment qu'est apparue notre expression, oubliant la notion initiale d'oisiveté et ne retenant plus que la notion de richesse en lien avec *or*.

> La société entière adore le veau d'or, les financiers asservissent l'artiste, le culte du quantitatif et du multiple élimine celui du qualitatif et de l'unique.
>
> Daniel GROJNOWSKI – *Le Sujet d'à rebours* – 1996

973. AVOIR UNE VEINE DE COCU / PENDU

Avoir une chance incroyable.

D'abord, avant de décrocher le pendu ou de plaindre le cocu, peut-être faudrait-il se pencher sur la raison pour laquelle *veine* et *chance* sont synonymes, non ? Qu'en pensez-vous ?

Bon, comme je vois que vous êtes nombreux à trouver mon idée excellente, voici ce que l'on sait.

Une *veine*, tout le monde sait ce que c'est, puisqu'il suffit de s'en trancher une grosse pour espérer passer de vie à trépas. Et quand on se rate, *c'est pas de veine*…

Mais *veine* est issu du mot latin *vena* qui, au sens figuré, et sans qu'on sache aujourd'hui vraiment l'expliquer, signifiait aussi « inspiration poétique, artistique » (que l'on retrouve dans une locution comme *être en veine* pour *être inspiré*, par exemple). Et de cette acception nous sont venues deux autres significations, l'une compréhensible datant du XIIe siècle : « bonne disposition » (car le poète qui a de l'inspiration est tout à fait disposé à écrire des vers), l'autre un peu moins : « chance » qui date du milieu du XIVe siècle dans des locutions comme *n'avoir aucune veine* ou *être tombé sur une bonne veine*[1].

Nos locutions, elles, sont plus récentes, puisqu'elles datent du XIXe siècle.

Revenons maintenant à notre cocu et à notre pendu.

Pour le premier, l'idée est simple : elle part d'une tradition qui suppose que celui qui est frappé par le malheur d'être cocu ne peut décemment pas être toujours poursuivi par l'infortune. Alors en guise de compensation, il a le droit d'avoir beaucoup de chance.

Une veine de cocu s'utilise d'ailleurs beaucoup au jeu, et je vous rappelle qu'on dit aussi « heureux au jeu, malheureux en amour ».

Quant au pendu, on peut imaginer qu'il n'a pas eu beaucoup de chance de passer à la potence. Certes, mais autrefois, les restes des condamnés étaient

1. Bien sûr, on peut penser que l'origine vient des chercheurs de minéraux particuliers qui ont eu la chance de tomber sur un bon filon, ou une belle veine du minéral recherché. Mais aucune source ne semble évoquer cette hypothèse.

supposés avoir des pouvoirs importants. Ainsi, la graisse d'un pendu était un baume puissant capable de guérir de nombreuses maladies et ses ossements permettaient d'éloigner le mauvais sort. Quant à la corde qui l'avait tué, elle portait chance au jeu à tous les coups. Le pendu était donc, mais uniquement pour les autres, plus pour lui, non seulement une source de bonheurs divers mais un apporteur de chance.

C'est pourquoi on trouvait aussi l'expression *avoir de la corde de pendu (dans sa poche)* à propos de quelqu'un à qui tout réussit.

> L'astrologie, Raymond, n'est pas une science exacte. Arrête de mettre un joueur ailier parce qu'il est bélier ou arrière parce qu'il est taureau. De placer un sagittaire à l'avant parce qu'ils ont une veine de cocu, surtout quand ils reçoivent le ballon d'un verseau qui couche avec leur femme scorpion.
>
> *Le Point* – Article du 26 juin 2008

> 18 janvier – Jeudi : Toujours la neige. Bourgoin vient jouer au bridge avec nous et a une veine de pendu.
>
> Pierre Grison – *La Grande Guerre d'un lieutenant d'artillerie. Carnets de guerre de 1914 à 1919* – Posthume, 1999

974. AUTANT EN EMPORTE LE VENT

Se dit à propos des promesses que l'on se fait, mais qu'on n'exécute jamais.

Cette expression était déjà employée au XIIIe siècle.

C'est depuis le XVIe siècle qu'elle a un sens proche de celui d'aujourd'hui, inspiré par la vanité, la fugacité des choses et les promesses sans suite, par allusion aux œuvres humaines fragiles que le vent balaye en n'en laissant aucune trace, les faisant tomber dans l'oubli (« … et le vent les emporta sans qu'aucune trace n'en fût trouvée » dans l'Ancien Testament).

On voit que cette expression ne date pas de M'âme Scarlett et de son Rhett Butler détesté/préféré.

Elle pourrait être très utilisée par ceux qui se promettent d'arrêter de fumer, de maigrir un peu ou de se mettre à une activité sportive, et ne le font jamais.

On peut aussi l'associer aux hommes politiques, habitués des promesses qu'ils ne tiennent jamais, surtout ceux qui deviennent présidents…

> Pour comble, il me prit fantaisie
> D'abjurer ce sexe charmant,
> Qui nous inspire la folie,
> Qui nous cause tant de tourment.
> Tout-à-coup je vois Isabelle,
> Qui sur moi braque sa prunelle :
> Adieu, projets, adieu, serment ;
> Autant en emporte le vent.
>
> Lazare Carnot – *Opuscules poétiques* – 1820

975. AVOIR DU VENT DANS LES VOILES

1. Se sentir décidé, après avoir bu.
2. Être ivre, ne pas marcher droit.

Le second sens proposé est le plus commun, et les liens qu'on peut trouver entre le vent qui pousse le bateau et une marche très incertaine due à l'abus d'alcool peuvent venir du fait qu'un voilier dans le vent avance penché comme peut avancer une personne ivre.

Mais on peut aussi comparer l'avancement pédestre du poivrot à celui du bateau, qu'il ait le vent de face ou le vent en poupe. En effet, dans le premier cas, comme le voilier ne peut avancer directement face au vent, il est obligé de « tirer des bords » ou de louvoyer, comme la personne soûle. Dans le second cas, avec le vent arrière, comme ce dernier est rarement parfaitement stable en direction, le marin doit constamment adapter le cap du bateau pour éviter un empannage[1] brutal qui peut être fatal à un équi-

---

1. L'empannage, c'est lorsque la grand-voile passe d'un côté à l'autre du voilier. S'il n'est pas voulu et maîtrisé, la bôme, cette barre horizontale rattachée au mât et qui maintient la grand-voile,

pier ou au mat ; cette correction constante du cap pouvant être comparée à la direction très hésitante du marcheur ivre.

Mais Gaston Esnault affirme que le second sens (qui daterait de 1883) est abusif, alors que le premier, datant de 1835, serait beaucoup plus logique, la personne soudain très décidée – et plus très apte à peser les risques de ce qu'elle entreprend –, étant aussi « gonflée », au sens argotique, que peut l'être une voile un jour de bon vent.

> Aussi ne retournent-ils à leurs navires que bord sur bord, ayant souvent, comme on dit, du vent dans les voiles, mais pas de ce vent qui accélère la marche d'une embarcation.
>
> Félix Lacointa – *Revue de Toulouse et du midi de la France* – Tome XXI – 1858

976. AVOIR LE VENT EN POUPE

Être favorisé par les circonstances, aller droit vers le succès.

Au sens propre, les marins sont contents d'« avoir le vent en poupe ».

En effet, quand on sait que la poupe est, peu* ou prou, l'arrière du bateau, alors que la proue est l'avant, on se doute que, pour avancer facilement, le marin préfère largement avoir le vent en poupe, soufflant depuis l'arrière vers l'avant du bateau, que face à lui.

Donc, quand le vent est dans ce sens souhaité, notre homme de mer peut considérer être favorisé.

C'est ainsi que, par simple extension et au figuré, notre expression a été utilisée, dès le XIVe siècle, pour désigner ceux qui sont aidés par le sort, qui sont favorisés et qui, par conséquent, ont tendance à réussir ce qu'ils entreprennent.

---

traverse brutalement l'arrière du bateau, pouvant faucher un équipier debout et faire des dégâts au mât.

À moins de dix jours du premier tour des régionales, la gauche a toujours le vent en poupe dans les sondages.
Les sondages, dont la publication s'accélère à l'approche du premier tour des régionales, montrent tous une gauche dominante en termes d'intentions de vote.
Vosges Matin – Article du 6 mars 2010

977. BON VENT !

1. S'emploie pour souhaiter bon voyage à quelqu'un qui prend le départ.
2. S'emploie pour signifier que l'on est content que quelqu'un s'en aille.

Étrangement, cette expression a deux sens quasiment opposés selon le ton qu'on lui donne.

À l'attention des mal-pensants, je préviens tout de suite qu'il n'est ici aucunement question de flatulences.

À l'origine, cette locution nous vient de la marine à voile.

C'est une formule parfaitement compréhensible lorsque les marins une fois embarqués et prêts à lever l'ancre, les proches restés à quai leur souhaitent de trouver le « bon vent » nécessaire à une navigation facile et agréable.

Par extension, elle s'est logiquement transformée en une formule d'au revoir.

Et par ironie, lorsqu'elle est prononcée avec un ton plutôt agressif, c'est une antiphrase qui signale à un importun qu'il ferait mieux de s'en aller, donc de vite aller chercher le vent nécessaire à son éloignement rapide.

Alors quand vous dites « bon vent ! » à un collègue de travail, méfiez-vous du ton que vous employez, au risque de vous brouiller avec lui.

Pierre – En tout cas, je te jure que je ne reverrai jamais Paulette.
René – C'est ça. Et il n'y aura que moi pour tenir parole… Bon vent ! Au revoir ! Je ne t'en veux pas… Mais non… (Départ de Pierre. Silence.)
Henri Duvernois – *La Maison des confidences* – 1914

978. CONTRE VENTS ET MARÉES

Malgré tous les obstacles.

Tout bon marin (même un mauvais, d'ailleurs) sait que les vents et les marées peuvent parfois grandement contrarier l'avancée du bateau dans la direction ou vers le but souhaité.

Mais tout bon marin (c'est moins le cas du mauvais, cette fois-ci) sait persévérer et, malgré ces éléments contraires, naviguer quand même vers sa destination.

Cette expression qui date du début du XVIIe siècle est une métaphore qui symbolise la lutte contre les obstacles qui peuvent entraver un projet ou l'obstination de celui qui décide de mener une action à son terme, malgré les bâtons que certains lui glissent dans les roues, les peaux de banane que d'autres jettent sur son trajet ou plus simplement les problèmes qu'il peut rencontrer.

Du XVIe au XIXe siècle, *avoir vent et marée* voulait dire au figuré « avoir toutes choses favorables pour réussir dans ses desseins » (Littré).

On retrouve l'image du marin dont l'avancée est facilitée, cette fois, par un vent ou une marée favorable (on employait d'ailleurs l'expression au sens propre).

> Contre vents et marées, Lady Ashton a pu proclamer au mois de décembre 2010 qu'un « nouveau départ » était donné à la politique étrangère et de sécurité. Elle était, en effet, parvenue à franchir toutes les embûches préalables à la mise en place du service diplomatique.
>
> *Le Monde* – Article du 28 janvier 2011

979. LE VENTRE MOU

Le point vulnérable de quelqu'un, d'une organisation, de quelque chose.

Depuis le milieu du XVe siècle, *ventre* désigne aussi le courage, l'énergie, la volonté (d'où les expressions *avoir quelque chose dans le ventre* et *il n'a rien dans le ventre*).

Par extension, le *mou* de ce ventre, image de quelque chose de flasque, fait au contraire penser à une chose sans énergie, sans résistance.

L'expression apparaît en anglais le 25 novembre 1942 sous la plume de Winston Churchill dans une note à son cabinet de guerre. Le débarquement anglo-américain en Algérie et au Maroc a été couronné de succès, Montgomery vient de gagner la bataille cruciale d'El Alamein contre Rommel, les rives méridionales de la Méditerranée vont sous peu être entre les mains des Alliés. Il faut maintenant, pour soulager les Soviétiques et en attendant d'être prêts pour le débarquement en Normandie, frapper « le bas-ventre de l'Axe » (« the underbelly of the Axis »), c'est-à-dire l'Italie et les Balkans.

En écrivant cela, Churchill ne fait que reprendre un terme de chasse, puisque le bas-ventre est pour la plupart des mammifères un point vulnérable. Et en bon politicien, il ne se privera pas de répéter sa formule à laquelle il ajoutera le terme *soft* (« mou »).

Un peu plus tard, une fois l'Italie envahie, les Alliés ont discuté de l'opportunité de s'attaquer aux Balkans où les Allemands étaient en difficulté, en commençant par la Slovénie.

Mais à cause de l'opposition ferme de Staline et du ralliement de Roosevelt à cette position, cette zone a finalement été « libérée » par les Soviétiques.

> Les Syriens se sont montrés en effet intransigeants. Pour eux, tenir Zahlé, c'est protéger « le ventre mou de la Syrie » contre toute agression israélienne.
>
> *Le Point* – Article du 18 avril 1981

980. SACRIFIER À VÉNUS

Faire l'amour.

Il existe quelques rares formes de sacrifice auxquelles on se soumet bien volontiers, sans aucune appréhension. Et le sacrifice à Vénus en fait incontestablement partie.

Et si, avant d'entrer dans le vif du sujet, je vous parle de maladies vénériennes (même si, en général, c'est après être entré dans le vif du sujet qu'on les attrape), ce n'est pas pour vous convaincre de sortir couvert, mais simplement pour rappeler que *vénérien* est un qualificatif qui nous vient par le latin du nom de cette chère Vénus, la déesse de l'amour ; et rappeler également qu'on appelait aussi ce genre de maladie « un coup de pied de Vénus ». Plutôt très mal placé, le coup de pied !

Le lien entre Vénus et le fait de faire l'amour paraît clair quand on connaît cette attribution de la déesse, mais on peut se demander en quoi s'adonner au plaisir sexuel est un sacrifice.

En fait, *sacrifier* nous vient au XIIe siècle du latin *sacrificare* qui voulait dire « offrir en sacrifice à une divinité », lui-même issu de *sacrum facere* pour « faire une cérémonie sacrée ».

Mais ce n'est qu'au XVIIe siècle que, parmi ses emplois figurés, le verbe construit avec la préposition *à* prend la signification de « faire la volonté de ». Et là, tout s'éclaire : en effet, *sacrifier à Vénus* veut alors dire « faire la volonté de Vénus », l'incitatrice à la fornication, peut-être avec une connotation ironique pour le grand sacrifice que cela implique.

Cette expression, qui semble dater du début du XIXe siècle, avec le sens indiqué (puisqu'on faisait autrefois de véritables sacrifices à Vénus), est un peu tombée dans l'oubli, contrairement à ce qu'elle signifie.

> Il est passé aujourd'hui en oracle divin, ce mot de Luther, qu'il n'est pas plus possible de retenir son envie que sa salive ; ni plus facile à l'homme et à la femme de se passer l'un de l'autre, qu'à l'un ou l'autre de se passer de boire et de manger. Impossible, entendez-vous chanter de tous côtés et sur tous

les tons, de ne pas sacrifier à Vénus dès qu'on est d'âge.

L'Écho des vrais principes – 1829

981. TIRER LES VERS DU NEZ

Réussir adroitement à faire parler quelqu'un sur un sujet qu'il ne voulait pas aborder ou à obtenir des informations qu'il ne voulait pas divulguer.

Que viennent faire des asticots dans les narines ?

À moins que, à la suite d'une faute d'orthographe perpétuée, on évoque ici le gamin qui se triture l'intérieur du nez à grands coups de doigt agile avant ensuite de faire une boulette de « vert » qui est soit promptement avalée, soit collée sous le bureau pour un usage futur en cas de disette, soit glissée dans le cou de son camarade de classe de devant ?

Mais peut-être que les asticots sont une bonne piste.

Vous savez en effet certainement qu'il y a très longtemps, les larves de mouches, entre autres, servaient à guérir les plaies car elles ne se nourrissaient que des tissus morts (on peut en voir un petit rappel dans le film de Ridley Scott *Gladiator*). Eh bien, actuellement, alors que les antibiotiques sont de plus en plus inefficaces, ce traitement revient en grâce et semble soigner efficacement certaines plaies difficiles à guérir autrement.

On pourrait donc imaginer que, après une blessure dans le nez soignée de cette manière, il faudrait bien finir par en retirer les asticots voraces qui y grouillent (ça doit faire de drôles de sensations) avant qu'ils se transforment en insectes volants[1].

Mais on peut légitimement se demander quel serait alors le lien avec les informations qu'on réussit à extirper à quelqu'un, non ?

---

1. Je rassure tout de suite ceux qui imagineraient cela : seules les plaies béantes qu'on peut entourer d'un bandage pour confiner les larves qu'on y a déposées sont soignées ainsi.

En fait, les hypothèses sur l'origine de cette expression qui est attestée depuis le XVe siècle sont multiples.

Certaines personnes évoquent les charlatans de l'époque qui prétendaient guérir les gens en leur retirant par le nez les vers qui étaient forcément la cause de leur(s) maladie(s).

Il y a même eu Littré qui faisait un rapprochement hasardeux avec les comédons (ou points noirs) qu'on extirpe du dessus du nez et qui, s'ils ont bien la pointe noire, ont plutôt l'apparence de plus ou moins mini asticots blancs.

Enfin, même si cela a été suggéré, il est peu probable que l'expression ait un lien quelconque avec un poète auquel on chercherait à faire écrire quelque vers pour un sonnet (son nez ?).

Venons-en maintenant à une explication qui semble séduisante et qui viendrait d'une déformation du latin *verum*, « le vrai ». On tirerait donc la vérité du nez.

Mais pourquoi du nez ? Et pourquoi *les vers* au pluriel ?

Alain Rey réfute cette hypothèse en ajoutant que la version anglaise *to worm a secret out of somebody* évoque bien un ver de terre et non la vérité. Mais est-ce suffisant pour la rejeter, car cette expression anglaise pourrait simplement être une traduction approximative de la française ?

Alors, malgré cette réfutation d'un pourtant éminent linguiste, et pour tenter de confirmer cette dernière origine, il existe une hypothèse qui évoque la langue romane où *li veirs* signifiait « le vrai ». Il serait alors probable que *li veirs* ait été transformé en *les vers*. Quant au nez, il serait là par ellipse d'un « en le menant par le bout du nez » ou, autrement dit, « en le menant à sa guise, grâce à la ruse et la persuasion, jusqu'à l'aveu ».

> À toute heure du jour, du soir ou de la nuit, on pouvait entrer dans les maisons des néophytes,

> interroger les hommes, faire jaser les femmes, tirer les vers du nez ou la vérité du cœur des enfants, et cela sans qu'un alcade-espion, comme à Sarayacu, ne s'enquît aussitôt aux maîtres du logis du motif de cette visite et ne l'allât redire à un gobernador pour que celui-ci en fît son rapport au chef supérieur.
>
> Édouard CHARTON – *Le Tour du monde : nouveau journal des voyages* – 1865

982. TUER LE VER

Boire à jeun un verre d'alcool.

En déambulant dans des rues animées le matin en allant au travail, il n'est pas rare de voir des piliers de bar « tuer le ver » avec ardeur.

Et si pour les gens peu habitués à lever le coude, boire un p'tit calva à jeun, ça peut avoir des résultats fâcheux sur leur perception du réel, cela n'explique pas vraiment le sens de cette expression.

En fait, il semble qu'au moment de l'apparition de cette expression, en 1828, le verre d'alcool à jeun, fréquemment donné à son enfant au moment du départ à l'école, avait pour réputation d'avoir de très bonnes propriétés vermifuges.

Il n'en a pas fallu beaucoup plus pour que les adultes avides d'écluser un petit ballon de blanc tôt le matin se servent du prétexte de se débarrasser d'hôtes indésirables pour justifier l'ouverture de la bouteille ou les retrouvailles avec les compagnons de beuverie au troquet du coin (« Gertrude, je reviens dans une heure, faut que j'aille tuer le ver ! »).

> Chacun sa fantaisie : moi, j'aime mieux une goutte d'eau de coing pour tuer le ver dans la matinée ; chacun ses idées. Les uns aiment le vin rouge, d'autres le blanc, d'autres le muscat.
>
> Jules DE LA MADELÈNE – *Le Marquis des Saffras* – 1859

983. DIRE SES QUATRE VÉRITÉS (À QUELQU'UN)

Dire (à quelqu'un) ce qu'on pense de lui, franchement et parfois brutalement.
Dire (à quelqu'un) des choses désobligeantes ou blessantes, sans ménagement.

Au XVIe siècle, lorsque cette expression apparaît, d'abord sous la forme *dire ses vérités*, les vérités sont des « choses vraies ».

Ainsi lorsqu'on disait ses vérités à quelqu'un, ce n'était pas des compliments : on lui disait des choses vraies ou justifiées sur lui, principalement négatives, sans hypocrisie, qu'il ait envie ou non de les entendre.

Et ce sens n'a pas vraiment changé depuis.

Maintenant, pourquoi avoir greffé en plus ce *quatre* ?

Selon les lexicographes, malgré la faible valeur de ce nombre, il faut le voir comme un intensif, mais sans qu'on ait une explication réelle sur le choix de ce nombre au lieu de *sept* ou *mille*, entre autres.

On peut toutefois noter que ce *quatre* est utilisé dans de nombreuses autres expressions (*couper les cheveux* en quatre, ne pas y aller par quatre chemins*, être tiré à quatre épingles*, *se mettre en quatre*, etc.) et que ce choix est probablement lié à des choses immuables comme les quatre membres de l'homme, les quatre saisons, les quatre points cardinaux…

Et à ceux qui croiraient que ce *quatre* serait un ajout par emprunt aux quatre nobles vérités du bouddhisme, je rappelle que, même si cette doctrine existe depuis le VIe siècle av. J.-C., elle n'a été introduite en Europe qu'à partir du XIXe siècle, soit bien après la date d'apparition de notre expression. Le lien est donc peu probable.

Un matin, à bout de patience, elle balança ses quatre vérités à Florentin : Feignant, parasite, baratineur et boiteux ! Pour toute réaction, Florentin prit les quatre vérités sans les contester et les fourra dans sa poche, sous son mouchoir.

Dominique Lemaire – *Le Trèfle à quat'feuilles* – 1987

984. UNE VÉRITÉ DE LA PALICE – UNE LAPALISSADE

Une évidente vérité qui prête à rire.

« Le vainqueur a remporté la victoire », « Le jour de sa mort a été le dernier jour de sa vie » : voilà deux beaux exemples de ce que l'on pourrait aisément qualifier de vérité de La Palice ou lapalissade, plus proprement appelée « truisme », sauf que ce cher M. de La Palice doit se retourner dans sa tombe à chaque fois qu'on évoque son nom de cette manière, moqueuse tellement l'évidence est flagrante.

Jacques de Chabanne, seigneur de La Palice est né vers 1470.

Il était maréchal de France lorsqu'en 1525, alors qu'il participait en Italie au siège de Pavie en compagnie de François Ier, il trouva la mort[1].

Afin qu'il soit enterré dans son pays, son corps fut transporté en France et ceux de ses soldats qui avaient une âme de poètes lui dédièrent une chanson dont des vers disaient : « Un quart d'heure avant sa mort, il faisait encore envie. »

Mais en l'absence de traces écrites et suite aux déformations liées aux nombreuses transmissions orales, ces vers devinrent : « Un quart d'heure avant sa mort, il était encore en vie. »

Voilà comment M. de La Palice qui, sinon, aurait probablement été oublié, passa malencontreusement à la postérité et comment naquit la toute première

1. « J'aime bien » cette expression. Il est assez rare que quelqu'un cherche la mort et pourtant, lorsqu'elle lui tombe dessus, on dit qu'il l'a trouvée. Étrange, non ?

lapalissade[1], une affirmation d'une évidence telle qu'elle fait au moins sourire.

Le 10 mai, si je suis élu, c'est bien que j'ai la majorité, pardonnez cette vérité de La Palice.

François MITTERRAND – Débat télévisé au second tour de l'élection présidentielle – 1981

Quand on dit beaucoup de lapalissades, on n'est qu'un sot, mais quand on dit un mensonge, on est un malhonnête homme.

Charles PÉGUY – *Œuvres en prose* – 1957

985. VÉRITÉ EN DEÇÀ DES PYRÉNÉES, ERREUR AU-DELÀ

La notion de vérité est subjective.
Ce qui est valable pour l'un ne l'est pas forcément pour l'autre.

Ceci n'est pas vraiment une expression, mais plus une simple citation de Blaise Pascal qui pourrait être le sujet d'un devoir de dissertation.

Fin penseur, l'auteur a simplement voulu affirmer, à juste titre, que la perception de certaines vérités est dépendante de beaucoup de facteurs : la localisation géographique, la culture, la mentalité, l'époque... Autrement dit, ce qui est une vérité pour quelqu'un à un moment ou un lieu donné (en deçà, donc du côté français des Pyrénées, par exemple) ne l'est peut-être pas pour une autre personne d'une autre époque ou d'une autre région (en Espagne, au-delà des Pyrénées, dans le même exemple).

On peut noter qu'avant Pascal, Montaigne avait déjà formalisé quelque chose de similaire : « Quelle vérité que ces montagnes bornent, qui est mensonge au monde qui se tient au-delà. »

Et, toujours avec Montaigne, on peut même élargir le sujet de la confrontation des cultures : « Chacun appelle barbare ce qui n'est pas de son usage. »

1. Le mot *lapalissade* vient de la ville de La Palisse, dans l'Allier, où se trouve le château de Jacques de La Palice dans la nef de la chapelle duquel il fut enterré.

Maintenant, revenons à quelque chose d'un peu moins profond, si j'ose dire ; mais que ceux qui ont moins de 18 ans ou qui ne supportent pas les plaisanteries graveleuses ferment bien les yeux avant de lire ce qui suit.

Une femme qui n'aime pas la sodomie pourra aisément dire, en paraphrasant Pascal, « vérité en deçà du périnée, erreur au-delà ».

C'est bon, vous pouvez les rouvrir !

> Cette Constitution [européenne] consolide une Union qui est depuis un demi-siècle le meilleur garant de paix, de démocratie et de prospérité du continent. Elle en démocratise et rationalise (un peu) les institutions. Elle intègre le social comme un des piliers de l'économie de marché « made in Europe ». Elle est enfin l'occasion de mener, même de manière embryonnaire, un débat politique trans-européen. C'est assez pour vouloir faire mentir le « vérité en deçà des Pyrénées, erreur au-delà » de Pascal. Et qu'au *si* espagnol réponde l'écho d'un *oui* français.
>
> *Libération* – Article du 19 février 2005

986. ÊTRE VERNI

Être chanceux.

Voilà une autre expression dont l'origine n'est pas connue avec certitude.

Ce qui est sûr, c'est que *verni* en argot veut dire « chanceux », le nom masculin *verni* signifiant « chance » ou « bonheur », dès 1906. Mais pourquoi ?

Une explication communément avancée dit que les ennuis glissent sur une surface vernie à peu près aussi bien qu'un pet* sur une toile cirée. Ils ne s'attardent donc pas et seule la chance reste.

Mais d'après Gaston Esnault, en 1901 et en argot, *verni* a d'abord signifié « protégé », sens qui se comprend aisément, un meuble étant protégé par son vernis.

Le glissement rapide vers « chanceux » ou « veinard » qu'on trouve dans notre expression s'expliquerait alors facilement : celui qui est protégé des mauvais coups ou de la malchance est incontestablement *verni* !

Et comme disait Eugène Labiche : « Les chanceux sont ceux qui arrivent à tout ; les malchanceux, ceux à qui tout arrive. »

Choisissez votre camp, si vous en avez le pouvoir !

Un peu plus tard, je reçois sur les reins un caillou projeté par l'éclatement d'une torpille, mais le mal n'est pas grand. Je suis verni de m'en tirer à si bon compte.

Jean-Louis Beaufils – *Journal d'un fantassin* – 2007

987. COMME LA VÉROLE SUR LE BAS CLERGÉ (ESPAGNOL / BRETON)

Brusquement, avec violence.

Qu'est-ce que la vérole ? En fait, il n'y a pas qu'une, mais plusieurs véroles. Du XIIe au XVe siècle, la vérole désignait la variole. Au XVIIe, c'était la varicelle qu'on appelait la « vérole volante ».

Mais, bien sûr, depuis le XVIe siècle, la vérole est en réalité la syphilis, maladie vénérienne grave (si elle n'est pas soignée).

On comprend donc bien que l'expression, qui date probablement de l'Ancien Régime, a été inventée par des gens peu amènes avec les hommes de Dieu.

Elle contient en effet comme un « léger » anticléricalisme, puisqu'elle prétend qu'une épidémie de syphilis pourrait s'abattre brusquement sur les prêtres et se répandre très rapidement, alors que nous savons parfaitement vous et moi que ceux qui portent la robe ont fait vœu de chasteté et ne peuvent donc en aucun cas tremper leur biscuit* et être contaminés par une telle maladie[1].

---

1. Bon, pour être plus exact, contrairement aux moines, les prêtres ne font que vœu de célibat, pas de chasteté. Mais comme l'Église est contre les relations sexuelles hors mariage, en théorie un prêtre devrait également pratiquer la chasteté.

La localisation géographique du bas clergé ainsi visé[1] n'est pas systématiquement précisée dans l'expression. Et rien ne semble indiquer pourquoi l'espagnol ou le breton aurait plus droit à son épidémie infamante que l'auvergnat, l'alsacien ou le provençal. Sauf, peut-être, si la densité de prêtres était plus importante dans ces régions qu'ailleurs.

> Il va nous lâcher ce con ! (Décidément ce qualificatif colle à Lucien comme la pauvreté sur le monde. J'aurais pu dire, « Comme la vérole sur le bas clergé ». Mais je respecte trop la Religion et ses légions.)
>
> Michel MAHON – *Opération Speculum* – 2002

988. AVOIR LA MAIN VERTE

Savoir entretenir les plantes, être en harmonie avec elles.

Ici, nous n'allons pas parler de menace d'amputation pour cause de main devenue pourrie à cause d'une maladie grave (myxomatose, mildiou…), mais d'arbres, de fleurs et de plantes diverses.

Au cas où vous ne vous en seriez pas encore rendu compte, la main est un organe extrêmement utile. C'est grâce à elle que vous pouvez réussir des travaux variés comme faire du crochet, placer des tuiles ou bien retourner une crêpe (et je passe sous silence d'autres occupations solitaires dont les enfants ne doivent pas entendre parler).

L'apparition de la locution *avoir la main* employée à propos de quelqu'un qui est habile dans un domaine particulier ou dans le maniement de quelque chose est donc assez logique, la main se confondant alors avec la capacité à bien l'utiliser.

D'ailleurs, ce quelqu'un aura d'abord dû *se faire la main* pour acquérir son savoir-faire.

---

1. Le bas clergé regroupait les prêtres et vicaires issus du peuple ou de la petite bourgeoisie et affectés aux paroisses urbaines et rurales.

Et quand le domaine où l'habileté s'exerce touche aux plantes qui, vous l'aurez certainement remarqué, sont en majeure partie vertes au printemps et en été, il était tout aussi normal qu'une personne habile dans le jardinage et l'entretien de ce qui pousse en terre soit désignée par un « elle/il a la main verte ».

Il semble que cette expression ne date que de la seconde moitié du XXe siècle ; et on la trouve aussi parfois sous les formes *avoir les doigts verts* ou *avoir les pouces verts*.

> Élisa a toujours aimé la campagne, les fleurs, les plantes vertes. D'ailleurs, comme disent les jardiniers, elle a la main verte. Il n'est donc pas difficile de la persuader de venir s'installer ici.
>
> Christian GILBERT – *Si je meurs, je veux qu'on m'empaille* – 2006

989. DES VERTES ET DES PAS MÛRES

1. Des choses choquantes, grossières, incongrues…
2. Des ennuis, des difficultés…

À votre avis, n'a-t-on pas là une belle périssologie ? Car, en général, et même s'il existe pas mal d'exceptions (kiwi, granny-smith…), un fruit vert est un fruit qui n'est pas mûr. Des fraises vertes ne sont pas mûres, et inversement. D'ailleurs, au XIIIe siècle, si on parlait « du vert et du mûr », c'était bien pour opposer le blé vert au blé mûr.

Mais ici, le vert n'est pas dans le fruit.

En effet, c'est au début du XVe siècle qu'on commence à dire *en bailler de belles, des vertes et des mûres* en voulant dire « raconter des histoires licencieuses ». Car *vert* prend ici le sens argotique qu'on lui connaît encore aujourd'hui pour qualifier des propos osés. Quant à *mûr*, c'est depuis le XIIe siècle qu'il est équivalent à « adulte » comme on le trouve dans *l'âge mûr*. Or, des propos osés ne doivent être prononcés et entendus que par des adultes, bien entendu.

Ce n'est que plus tard que cette expression initiale a été transformée et qu'aux *vertes* ont été accolées des *pas mûres* pour créer ce qui paraît être une répétition plaisante (ou un renforcement), mais qui n'en est pas réellement une pour qui connaît le sens réel de notre *vert*.

Précédée de *en entendre* ou *en raconter*, c'est le premier sens proposé pour l'expression qui est à considérer.

Puis, par extension, des choses choquantes ou incongrues, on est passé aux ennuis ou aux difficultés, et l'expression est alors généralement précédée d'un *en voir* ou *en subir*.

> Au service clientèle de SFR, les appels pour dépannage de mobile vont bon train [...]. On nous en raconte des vertes et des pas mûres comme « Mon chien a mordu mon mobile » ou « Mon mobile est tombé dans la cuvette des W-C. »
>
> *Mobile Magazine* – Juin 2001

> – Et pourtant, tu sais, depuis que je fais ce métier, j'en ai vu des vertes et des pas mûres...
> Oui, bien sûr. Chloé aussi en a vu des vertes et des pas mûres. Même si elle a à peine dix-neuf ans.
>
> Claude Vaillancourt – *Les Années de batailles* – 2008

990. SE METTRE AU VERT

1. Aller se reposer, se refaire à la campagne.
2. S'éloigner d'une situation ou d'un endroit stressant, dangereux, désagréable.

Lorsqu'il l'entend pour la première fois, le poivrot peut croire qu'on l'incite à s'en jeter encore un derrière la cravate* et le poisson qu'on le pousse à s'attaquer goulûment aux asticots qui se tortillent de douleur, plantés qu'ils sont sur l'hameçon du pêcheur.

Mais lorsqu'on voit l'expression écrite, on comprend qu'il s'agit de tout autre chose.

Cette expression nous vient du XIXe siècle, mais c'est déjà dès le XVIe que *vert* désigne les prés, la campagne, la nature qui, pour les citadins (mais certainement pas pour les paysans de l'époque) étaient un endroit où il faisait bon se reposer, s'éloigner des soucis de la vie de tous les jours, souffler les pissenlits, effeuiller les marguerites, copuler dans la paille… toutes activités pleines d'insouciance.

Par extension, le *vert* a aussi désigné un endroit lointain ou discret permettant de s'éloigner, pour quelque raison que ce soit, d'une situation désagréable ou dangereuse. C'est ainsi que, dans le milieu des truands, *se mettre au vert* peut aussi signifier s'éloigner de problèmes potentiels afin de se faire oublier, au moins un temps.

> Nous resterons au Cap quelques jours de plus afin qu'il se refasse à terre. Moi-même j'y vivrai, parce que malgré l'extrême salubrité de la viande salée et des légumes secs, pris en petite quantité, j'ai besoin de me mettre au vert.
>
> Victor JACQUEMONT – *Correspondance* – 1841

991. PRENDRE DES VESSIES POUR DES LANTERNES

Se méprendre de façon absurde et naïve.

Sous sa forme actuelle, cette expression est attestée au XIXe siècle. Mais Rey et Chantreau donnent les formes plus anciennes : *vendre vessie pour lanterne* dès le XIIIe, puis *faire de vessies lanternes*.

Et il existe au moins deux écoles quant à son origine.

La première part de ces vessies de porc (comme de bœuf) qui étaient autrefois gonflées et séchées pour servir de récipient, mais qui, profitant de la transparence de leur paroi, étaient parfois utilisées en lanternes de secours, une fois une bougie allumée placée dedans.

Du coup, il était facile de faire croire au nigaud de passage qu'une telle vessie pendue au plafond était une lanterne, en raison de leur similitude de forme.

La seconde juxtapose le mot *lanterne* utilisé autrefois au pluriel dans le sens « fadaises, absurdités » et *vessie* dans l'expression *vendre vessie* qui voulait dire « vendre du vent », en raison de l'air qui gonfle ladite vessie, enveloppe de très peu de valeur.

Quoi qu'il en soit, Pierre-Marie Quitard, dans son *Dictionnaire étymologique, historique et anecdotique des proverbes*, évoque le calembour suivant : « Un jour qu'on parlait dans une société du chirurgien Daran, inventeur des sondes en gomme élastique dites bougies, qu'on introduit dans le canal de l'urètre, une dame demanda au marquis de Bièvre : "Quel est donc ce Daran dont il est si souvent question ? – Madame, répond-il, c'est un homme qui prend des vessies pour des lanternes." »

> On rit de celui qui prend des vessies pour des lanternes, car il s'agit d'une grossière méprise. On ne doit pas rire de ceux qui prennent l'argent pour le bonheur. Car rien ne ressemble plus au bonheur authentique que l'argent.
>
> Martin Blais – *L'Échelle des valeurs humaines* – 1980

992. PRENDRE UNE VESTE

Subir un échec.

Autrefois, lorsqu'on soulevait le capot d'une voiture, on pouvait avec délectation (ou rage selon les circonstances et son goût pour le cambouis) se pencher sur le delco, le carburateur ou les bougies, pour les démonter et les remettre en état de fonctionner. Aujourd'hui, la sophistication des moteurs et l'omniprésente électronique imposent de laisser sa voiture entre les mains d'un homme de l'art*.

Mais où nous entraîne-t-il, vous dites-vous ? Quel peut bien être le rapport entre le capot et la veste ? Eh bien, il n'est pas aussi lointain qu'on pourrait le penser, pour qui aime les jeux de mots.

En effet, causons d'abord de ce fameux *capot* ; dans une de ses acceptions, ce mot désigne quelque chose qui sert à protéger. Sur la voiture citée plus haut, c'est le moteur qui est protégé. Mais plus anciennement, il a aussi été un manteau à capuchon, sens d'où nous vient l'appellation de ce manteau long qu'on appelait *capote* comme la capote militaire que portaient nos poilus pendant la Première Guerre mondiale.

Mais dans une autre de ses acceptions, *capot* s'utilise dans certains jeux de cartes pour désigner celui qui termine une partie sans avoir fait aucune levée (*il est capot, faire quelqu'un capot*). Ce mot, apparu avec ce sens au début du XVIIe siècle, a assez logiquement évolué vers « humilié » (comme l'est celui qui « est fait capot »). Récupéré par l'allemand, il est devenu le bien connu *kaputt*.

Mais en restant dans le jeu de cartes, la capote, qui n'est pas en glaise, a désigné le coup par lequel l'adversaire est fait capot.

Et c'est là que, au cours de la seconde moitié du XIXe siècle, par un très subtil jeu de mots digne de l'*Almanach Vermot* (et même si on n'a jamais dit « prendre une capote »), la capote du jeu de cartes, symbole de l'échec, s'est transformée en veste, un autre vêtement.

Et si les premières utilisations de notre expression se sont d'abord appliquées à celui qui perd des élections, elle s'est assez vite répandue dans tous les domaines.

> Ainsi, après avoir pris une veste contre les forces européennes coalisées à la tête des débris de la Grande Armée, il décide de retourner la sienne en se ralliant à Louis XVIII en 1814.
>
> François DE NEGRONI, Corinne MONCEL – *Le Suicidologe : dictionnaire des suicidés célèbres* – 1997

993. TOMBER LA VESTE

1. Enlever sa veste.
2. Se préparer à se bagarrer.

Votre fille se marie dans moins d'une heure. Vous êtes en train de conduire le véhicule qui emmène la mariée à l'église. Il va de soi que vous êtes sur votre trente et un, tandis qu'un sourire béat illumine votre visage rayonnant de fierté. Incontestablement, le roi* n'est pas votre cousin !

Las ! Un coup du sort fait qu'un de vos pneus crève. Vous vous arrêtez sur le bord de la route et sortez du véhicule. Comme vous habitez un endroit un peu perdu et que vous êtes encore loin du village, il n'y a pas un chat* pour vous aider. Les loups hurlent dans la forêt toute proche. Les vautours se perchent sur les poteaux environnants. Quelques cobras et crotales commencent à serpenter vers vous sur la route. Des caïmans, sentant la chair fraîche, s'ébrouent dans l'étang d'à côté. Les champs de betteraves se couvrent de corbeaux et corneilles qui attendent avec impatience de participer à une nouvelle version du film d'Hitchcock *Les Oiseaux*. Le temps vire à l'orage et une brusque rafale de vent glacial vous fait frissonner. Le ricanement des hyènes retentit au loin comme un mauvais présage car, avec l'expérience liée à votre âge, vous savez bien qu'où il y a de la hyène, il n'y a pas de plaisir.

Du coup, votre béatitude s'est entièrement dissipée : il est clair que vous allez devoir très vite réparer tout seul cette malheureuse roue, complètement crevée. Bien sûr, vous pouvez toujours laisser votre fille en pâture aux prédateurs, histoire de les occuper le temps de terminer votre réparation, mais comment allez-vous expliquer au futur époux et aux invités qu'elle n'arrive pas avec vous ?

Alors, prenant votre courage à deux mains, et pour limiter le risque de salir votre superbe costume Armani®, mais aussi pour pouvoir opérer plus aisément, vous allez d'abord « tomber votre veste » avant de chercher à sortir le cric (mais où est-il rangé, déjà, celui-là ?) et la roue de secours.

Réussirez-vous à vous sortir indemne de ce moment légèrement désagréable ? Vous le saurez peut-être au prochain épisode[1]...

On voit bien dans cet exemple de littérature de très haute tenue que, *tomber la veste*, c'est simplement l'enlever, l'ôter (et, éventuellement, la faire tomber par terre) afin d'être libre de ses mouvements.

L'utilisation du verbe *tomber* correspond bien à un usage particulier de l'expression où celui qui tombe sa veste l'enlève très rapidement et, sans prendre le temps de chercher un endroit où la poser, la laisse tomber par terre, car il doit être vite à la fois libre de ses mouvements qu'entraverait le vêtement et prêt à combattre celui qui lui cherche des noises*.

Si le mot *veste* existe depuis le XVIe siècle, ce n'est que depuis le début du XIXe qu'il désigne le vêtement que nous connaissons. L'expression elle-même daterait de 1929.

> Un certain Miroton-Navets (Lettres) avait inspecté Monsieur Lacour en Avignon. Il faisait chaud. La leçon était de grammaire. Le Miroton s'installe au fond de la classe, tombe la veste, se retrouve en bretelles et transpirant – le dos tourné à la classe.
>
> Claude D'ESPLAS – *Les Merlufleaux ou La dictée d'Amboise* – 2001

994. UN VIEUX DE LA VIEILLE

1. Un vieux soldat (sous le Ier Empire).
2. Une personne très âgée ayant acquis une sérieuse expérience dans un domaine précis.

Un vieux, on sait ce que c'est, même si l'âge à partir duquel on le devient reste imprécis[2]. Et on peut

1. Qui, après cette très courte introduction totalement indispensable à la compréhension de l'origine, viendra encore me reprocher que mes explications ne sont pas extrêmement concises et purement factuelles, hein ?
2. D'autant plus que, comme l'a dit John Barrymore si justement : « Un homme n'est vieux que lorsque ses regrets prennent la place

assez logiquement supposer qu'un vieux est marié avec une vieille[1]. Mais s'agit-il bien de la vieille du vieux dont il est question dans cette expression ?

Eh bien, s'il n'y a aucun doute sur *vieux*, il est certain que *vieille* ne désigne pas ici sa moitié.

Cette locution, qui date du XIXe siècle, est en effet une version courte de *un vieux de la vieille garde*, car c'est bien de soldats d'une garde qu'il est question ici. Mais quelle garde, me dira à juste titre celui qui a suivi jusqu'ici ? Car la France en a connu de nombreuses.

Il s'agit en fait de la garde impériale créée par Napoléon Ier en 1804. Composée d'environ 100 000 hommes, c'était une troupe d'élite divisée en une vieille, une moyenne et une jeune garde.

Vous souvenez-vous de Waterloo et de son fameux « la garde meurt, mais ne se rend pas », attribué à Cambronne ? Eh bien, c'était à propos de cette garde-là que cette phrase avait été prononcée.

Une fois l'Empereur déchu, les anciens qui racontaient leurs exploits aux plus jeunes étaient appelés « les vieux de la vieille (garde) ». Avec le temps, ces soldats ayant été oubliés, *les vieux de la vieille* a fini par désigner des vétérans ayant beaucoup d'expérience dans leur profession ou un domaine particulier.

> En se retirant, le vieux de la vieille salue militairement le prince, et d'un geste semble dire à l'officier témoin : Quand tu voudras te faire saigner, je te soignerai ça.
>
> Alexandre DEVRED – *La Famille Perlin* – 1855

> Celui-ci [Patrick Pelata] est remplacé par Carlos Tavares, un vieux de la vieille de Renault, patron de

---

de ses rêves. »

1. Sauf, éventuellement, s'il s'agit d'un milliardaire ou d'une personnalité du show-biz (gens qui ont la fâcheuse habitude d'échanger leur femme de 70 ans contre deux de 35, voire contre trois de 23 ans et 4 mois, s'ils sont un peu présomptueux à propos de leur résistance physique).

Nissan aux États-Unis, provisoirement compatible avec Ghosn et sans doute appelé à lui succéder.

France Soir – Article du 31 mai 2011

995. ENTRER DANS LE VIF DU SUJET

Aborder le point le plus important.
Aller directement à l'essentiel.

Lorsque Ravaillac a planté son poignard dans Henri IV, c'est plutôt le sujet qui est entré dans le vif du roi. Qui, subséquemment, a soudainement perdu beaucoup de sa vivacité, hélas.

Mais ici, il n'est pas vraiment question de ce sujet-là, ni de feu son souverain.

Notre *sujet* à nous, c'est celui d'une discussion.

Quant au *vif* (qui vient du latin *vivus* signifiant « vivant » ou « animé »), c'est tout simplement, par métaphore de la « chair vive » de l'être humain, le cœur, le fond ou encore la partie essentielle du sujet.

Pour exemple, je ne citerais que l'explication que vous êtes en train de lire : je ne suis *entré dans le vif du sujet* qu'à compter du deuxième paragraphe. Ce qui précède est une mise en bouche, une introduction, plaisante pour certains, inutile et/ou stupide pour d'autres. Hélas (ou tant mieux), il est bien connu qu'on ne peut pas plaire à tout le monde. Mais là, nous sortons du sujet.

Et, si l'expression ne semble pas être datée avec précision, c'est au moins depuis le XVe siècle que cette métaphore existe.

Petit à petit, les pages s'ajoutent aux pages, et ces détails, ces attrayants souvenirs de famille s'épuisent. Encore quelques paragraphes, et ils seront achevés, et nous entrerons dans le vif du sujet, si ce mot n'est pas exagéré quand il s'agit d'un mort.

Paul LÉAUTAUD – *In memoriam* – 1956

Le round d'observation n'aura pas duré très longtemps, après des coups de pieds tactiques pour occuper le terrain et se jauger, les trente acteurs entrent dans le vif du sujet.

Sud-Ouest – Article du 9 mai 2011

996. VINGT-DEUX (22) !

Attention, danger de se faire prendre en flagrant délit !

Selon Rey et Chantreau, l'origine de cette expression est inconnue.

Mais Claude Duneton en donne une, issue du milieu des typographes pendant la seconde moitié du XIXe siècle.

Ces ouvriers travaillaient dans de grands ateliers où la concentration, donc le silence, était de rigueur afin de diminuer le nombre d'erreurs dans les documents produits. Lorsque leur contremaître (qu'on appelait un prote) s'absentait, le bavardage et d'autres échanges plus ou moins vifs démarraient.

Dès qu'un d'entre eux voyait revenir le prote, il criait « 22 ! » pour avertir ses collègues et faire revenir le silence.

Avant d'expliquer pourquoi ce *22*, il est intéressant de savoir aussi que lorsque c'était le patron qui apparaissait, le signal devenait « 44 ! », en rapport avec l'importance de la personne.

En imprimerie, la taille des lettres, qui s'appelle le corps, est désignée par des chiffres.

Si les corps 9 et 10 sont des tailles ordinaires, le corps 11 commence déjà à être plus grand[1].

Inutile de dire que le corps 22 était d'une dimension largement supérieure et que le 22 était donc tout désigné pour signifier l'importance hiérarchique du chef d'atelier.

Et il pouvait s'utiliser sans trop éveiller l'attention dans un milieu où il était régulièrement nécessaire de le prononcer.

Cela dit, cette origine étant contestable et contestée (on ne trouve pas de référence en 1883 dans *L'Argot des typographes* d'Eugène Boutmy, milieu

1. Le corps 11 était appelé *corps beau* (« Jeu de mots ! », aurait dit Maître Capello). Et le « 11 ! » servait cette fois à désigner l'arrivée du curé, habillé de noir, comme le corbeau.

dont l'auteur était issu), voici quelques autres hypothèses émises mais non vérifiées :

– la plus fréquemment citée : en prenant leur ordre numérique dans l'alphabet, la somme des quatre lettres de *chef* donne vingt-deux. C'était donc un signal pour annoncer l'arrivée du patron. Cela dit, il paraît qu'au XIXe siècle, un chef n'était jamais appelé *chef*, ce qui indiquerait que cette origine n'aurait été inventée qu'a posteriori ;

– la veste des policiers de l'époque comportait vingt-deux boutons (ou, variante, elle en comportait onze, mais comme ils opéraient toujours par deux…). D'où un signal de l'arrivée des policiers ;

– les truands de l'époque utilisaient volontiers un couteau dont la lame faisait vingt-deux centimètres de long. On avait donc là un signal qu'il fallait dégainer les couteaux ;

– l'expression est une simple déformation de *vingt dieux !*

Et on peut certainement en trouver encore d'autres, mais il restera toujours la frustration de ne pas savoir laquelle est la bonne. Et pourquoi pas tout simplement la dernière, l'interjection étant couramment utilisée au XIXe siècle ?

Depuis la fin de ce XIXe, cette expression, utilisée par les gamins de Paris, est souvent suivie de « v'là les flics » ou, plus récemment, « v'là les keufs ». Elle est très utilisée parmi les bandes de « sauvageons » pour signaler l'arrivée inopinée de la police.

Pour en revenir à l'origine proposée par Claude Duneton, on peut alors délirer sur un catalogue d'avertissements divers tels que :

– 11 : la femme (la moitié) du contremaître arrive, femme qui avait le corps beau, cela va de soi ;

– 22 : les femmes des deux contremaîtres arrivent ;

– 33 : le contremaître arrive avec sa moitié (ou avec un curé) ;

– 44 : le chef arrive (ou ses deux contremaîtres, ou un contremaître, sa femme et le curé) ;

– 66 : le chef arrive avec le contremaître (ou le chef arrive avec sa femme, ou trois contremaîtres arrivent, ou six curés arrivent, ou…) ;

– 728 : tout l'état-major arrive ;

– 1 254 : tout l'état-major arrive avec femmes et curés.

> Je croyais que c'était la police. Une voix disait sans cesse : « 22 v'là les flics ! »
>
> Janine CHIRPAZ – *Leur voix ne s'entend pas* – 2010

997. PISSER DANS UN VIOLON

Ne servir à rien.
Faire quelque chose de complètement inutile, inefficace.

Cette expression s'emploie très souvent dans des formes comme *c'est comme si on pissait dans un violon* ou bien *autant pisser dans un violon !* pour indiquer l'inutilité totale de l'action ainsi qualifiée.

Pisser, mot qui vient du bas latin *pissiare* (pour « uriner »), n'est considéré comme vulgaire que depuis le XIXe siècle. Auparavant, son usage était aussi naturel que la fonction elle-même, le mot *uriner* étant réservé au milieu médical.

De nos jours, dans le langage courant, on ne dit ni *uriner*, vu comme trop pédant (« Marie-Chantal, j'arrive dans deux minutes, je m'en vais d'abord uriner quelque peu »), ni *pisser*, trop vulgaire, mais plutôt *faire pipi* considéré comme acceptable et venu du monde des enfants.

Il est certain que, si on veut produire une agréable mélodie, pisser dans un violon ne servira vraiment pas à grand-chose, même en visant les cordes et en y baladant le jet.

Mais pourquoi une telle association ? Pourquoi un violon au lieu d'un banjo, d'une pelle à tarte ou d'une passoire ?

Telle quelle, l'expression date du XIXe siècle, et rien ne l'explique vraiment.

Mais Alain Rey a émis l'hypothèse que le verbe *pisser* n'y est apparu, par plaisanterie, qu'en remplacement d'un verbe comme *souffler* ou *siffler*. La locution d'origine aurait alors été *souffler dans un violon* (dont on trouve effectivement une attestation dans un numéro de la revue *L'Apiculteur* daté de 1901), action dont l'inutilité est flagrante lorsqu'on sait que souffler dans une flûte ou une trompette permet effectivement de produire de la musique, mais qu'avec un violon, le résultat devient tout de suite nettement moins probant.

Sauf que, dans la même revue, mais dans un numéro de 1867, cette fois, on trouve ceci :

> « La mère Chrysostome pisse dans sa casserole, et de la chose elle en asperge la ruche avant d'y introduire l'essaim. Ça n'est pas neuf, on trouve ça dans de vieux livres ; mais ça n'en est pas plus propre, et entre nous, ça ne fait pas plus d'effet qu'à pisser dans un violon. »

Voilà donc une ancienne attestation de notre locution où l'auteur a, par plaisanterie, cité le violon (mais ça aurait pu être la pelle à tarte ou la passoire) par comparaison avec la ruche, le fait de pisser dedans étant, dans les deux cas, d'une inutilité flagrante. Alors, est-ce parce que l'expression existait déjà auparavant ou bien est-ce que l'auteur, sans le savoir, lui a donné naissance ?

> Bob ouvre la porte et passe la tête à l'intérieur.
> – Du café ? demande-t-il
> – Avec deux sucres, dit Galaad. Du roux.
> – Ça ne s'adressait pas à vous, dit Bob, guindé.
> Je dis :
> – Apporte-lui un café, Bob. Montrons un peu de civilité, même si c'est comme pisser dans un violon.
>
> Samuel SELVON, Hélène DEVAUX-MINIÉ – *L'Ascension de Moïse* – 1987

998. EN QUATRIÈME VITESSE

Très vite, le plus vite possible, précipitamment.

Voilà pour une fois une expression dont l'origine est facile à expliquer et qui ne devrait laisser aucun doute.

La vitesse, chacun sait que c'est une chose très particulière puisque lorsqu'elle est trop élevée en voiture, elle permet de récolter des prunes, même lorsque ce n'est pas la saison.

Pour dire également *très vite*, on dit aussi « à toute vitesse » (attestée en 1888) qui est simplement une autre forme de *à toute la vitesse qu'il est possible d'atteindre*.

Mais la vitesse, c'est aussi un cran de ces dispositifs mécaniques qui, dans une voiture, permettent progressivement d'arriver à la vitesse maximale que peut atteindre le véhicule.

Au milieu du siècle dernier, les voitures, après avoir été généralement équipées de boîtes à trois vitesses, ont commencé à recevoir des boîtes à quatre rapports, symboles de la vitesse très élevée (pour l'époque) à laquelle elles pouvaient rouler.

En quatrième vitesse était alors une image indiquant bien quelque chose de très rapide, également parfois confondu avec de la précipitation (vers la tombe, pour certains, d'où l'expression *à tombeau* ouvert*, toutefois plus ancienne, puisque employée même pour ceux qui utilisaient un cheval pour se déplacer).

Et bien que le nombre de rapports des voitures soit maintenant plus généralement de cinq, voire six, l'expression n'est pas en perte de vitesse.

> Aux premiers ronflements de Nefus, je fonce sur l'enveloppe en kraft, je regrimpe l'escalier en quatrième vitesse, je me rue dans ma chambre.
>
> Derri BERKANI –
> *La Kahéna de la courtille* – 2002

999. EN VOITURE, SIMONE !

Allons-y !

Il est temps de commencer une action !

En 1929, une demoiselle de 19 ans qui s'appelait Simone Louise de Pinet de Borde des Forest (je ne crois pas en avoir oublié !) a passé son permis de conduire, ce qui était déjà plutôt rare pour une femme, et, dès l'année suivante, s'est mise à participer avec un certain succès et sans accident à des courses automobiles et des rallyes jusqu'en 1957.

À cette époque, elle a provoqué l'étonnement et l'admiration de très nombreuses personnes, Fangio y compris, paraît-il.

Son nom et son prénom étaient donc très connus et gravés dans de nombreux esprits.

Et voilà qu'en 1962, Guy Lux crée pour l'ORTF la très fameuse émission Intervilles® dans laquelle des équipes de deux villes s'affrontent amicalement.

Il animait cette émission avec son compère Léon Zitrone. Tous les deux rivalisaient de plaisanteries plus ou moins élaborées et débordaient de mauvaise foi, chaque animateur cherchant en douce à favoriser la ville dont il commentait les exploits.

L'indispensable touche féminine était incarnée par une troisième personne, Simone Garnier.

Guy Lux n'a donc pu s'empêcher, par allusion à la pilote célèbre et pour démarrer certaines actions du jeu, de lancer le fameux cri de guerre « En voiture, Simone ! » qui, compte tenu du nombre de téléspectateurs qui suivaient l'émission, est vite passé dans le langage populaire.

En réalité, l'expression complète et de haute tenue était « En voiture, Simone, c'est moi qui conduis, c'est toi qui klaxonnes ! » reprise ensuite par les deux compères dans une chanson inoubliable – mais oubliée – *Le Tango d'Intervilles* dont on peut trouver les paroles sur Internet.

La lumière de la salle est suffisante, donc je pose simplement l'appareil et je tourne en toute discrétion. L'écran de contrôle étant de mon côté, je n'ai plus qu'à cadrer la cible et en voiture Simone. En plus, la cliente se trouve dans l'axe, quant à lui, j'ai sa tête qui se reflète dans le miroir juste en dessus, c'est top !

Michel Vergères – *Le Pisteur 4 (on a volé la bible de Gutenberg)* – 2008

1000. UNE VOLÉE (DE BOIS VERT)

1. Une sévère réprimande ou correction.
2. Des critiques violentes.

Si *volée* désigne d'abord, au XIIe siècle et assez logiquement vu la signification du verbe *voler*, le fait de s'élever en l'air, c'est un siècle plus tard que le mot prend aussi le sens de « mouvement rapide et violent » par allusion à la rapidité de l'envol des oiseaux effarouchés.

Il faudra toutefois attendre le XVIIe pour que, toujours avec la signification de « mouvement vif », mais répété cette fois, apparaisse la locution *une volée de coups* qui, raccourcie, est simplement devenue *une volée*, les coups étant implicites.

C'est à la fin du XVIIIe qu'on y ajoute parfois *de bois vert*, toujours au sens propre, la volée de coups pouvant être assénée avec un bâton de bois vert, histoire de faire bien mal, car ce bois est souple et non cassant comme le serait du bois sec.

Enfin, au XIXe siècle, une forte réprimande ou des critiques violentes pouvant aussi faire moralement très mal, l'expression a pris le sens figuré qu'on lui connaît aujourd'hui.

Analysons cette volée de bois vert que M. Bastiat a eu l'intention de nous donner de si loin, et qui nous est transmise par Le Journal des Économistes (n° d'août).

L'Atelier : organe spécial de la classe laborieuse – 1840-1850

Pourtant, la présence du président dans le Centre a déjà valu au candidat une volée de bois vert de la part de son adversaire, François Bonneau. « Nicolas Sarkozy vient soutenir les uns et les autres sur la pointe des pieds, a affirmé le président PS sortant de la région. Il est regrettable de mélanger ainsi les genres. »

Le Figaro – Article du 10 février 2010

1001. TRIER SUR LE VOLET

Choisir, sélectionner avec soin.

Qu'il s'agisse de candidats à l'embauche, de fruits fraîchement cueillis ou de chevaux de course, notre société applique toujours une sélection impitoyable, pourchassant inexorablement la moindre inacceptable imperfection.

Tout est « trié sur le volet ».

Et, avec les progrès de la génétique, nous n'en sommes certainement qu'au début…

Vous connaissez ces camions-pizza dont l'ouverture se fait grâce à deux panneaux, l'un s'ouvrant vers le bas et servant de comptoir et l'autre vers le haut pour servir de protection, contre la pluie par exemple ? Eh bien, vous avez alors la vision des anciennes échoppes dont l'ouverture se faisait de la même manière.

Certains croient à tort que l'expression vient de ces « volets » sur lesquels les marchands auraient trié leurs produits. Mais ces planches s'appelaient en réalité des « contrevents » et non des « volets », ces derniers n'étant apparus qu'au XVIIe siècle et étant à l'origine placés à l'intérieur des logements.

Au Moyen Âge, un volet était un tissu si fin et léger qu'il pouvait « voleter » au vent. Il était utilisé, entre autres, pour fabriquer des tamis servant à trier les graines, tamis qui, par extension, ont eux-mêmes été appelés volets.

Le mot a perduré et, au XVe siècle, *volet* désignait l'assiette en bois dans laquelle les femmes triaient les pois et les fèves. Un peu plus tard, Rabelais a d'ailleurs écrit : « Élus choisis et triés comme beaux pois sur le volet ».

Depuis, les beaux pois ont été mangés et le *volet* est resté, sans qu'on comprenne maintenant ce qu'il vient faire dans le tri, si on ne connaît pas le fin mot de l'histoire.

> Les joueurs de l'équipe de France ne s'entraîneront pas aujourd'hui. La séance ouverte à un public trié sur le volet et à la presse s'est transformée en un nouveau psychodrame pitoyable.
>
> *Le Progrès* – Article du 20 juin 2010

BIBLIOGRAPHIE

BOLOGNE, Jean-Claude, *Au septième ciel,* Larousse, 2005

BOLOGNE, Jean-Claude, *Qu'importe le flacon...,* Larousse, 2005

CELLARD, Jacques – REY, Alain, *Dictionnaire du français non conventionnel,* Hachette, 1991

COLIN, J.P. – MÉVEL, J.P. – LECLÈRE, C., *Dictionnaire de l'argot français et de ses origines,* Larousse, 2005

Collectif, *Dictionnaire historique de la langue française,* Le Robert, 1999

Collectif, *Dictionnaire de Trévoux,* 1771

Collectif, *Dictionnaire le Grand Robert (sur cédérom),* Le Robert, 2005

Collectif, *Le Trésor de la langue française informatisé,* http://atilf.atilf.fr

DE RUDDER, Orlando, *In vino veritas,* Larousse, 2005

DELVAU, Alfred, *Dictionnaire de la langue verte,* Marpon & Flammarion, 1883

DUNETON, Claude, *La Puce à l'oreille,* Balland, 2002

ESNAULT, Gaston, *Dictionnaire historique des argots français,* Larousse, 1965

FURETIÈRE, Antoine, *Dictionnaire universel,* 1690

GERMA, Pierre, *Minute papillon !,* Hermé, 1987

GUILLEMARD, Colette, *L'affaire est dans le sac,* Bartillat, 2003

GUILLEMARD, Colette, *La Fin des haricots,* Bartillat, 2002

GUIRAUD, Pierre, *Les Locutions françaises,* P.U.F., 1962

HENRY, Gilles, *Petit dictionnaire des expressions nées de l'histoire,* Tallandier, 1993

KLEIN, Bernard, *La Cuisse de Jupiter,* Librio, 2009

KLEIN, Bernard, *Les Expressions qui ont fait l'histoire,* Librio, 2009

LARCHEY, Lorédan, *Dictionnaire historique d'argot,* Dentu, 1881

LITTRÉ, Émile, *Dictionnaire de la langue française,* Gallimard / Hachette, 1972

LOUBENS, Didier, *Les Proverbes et locutions de la langue française,* Delagrave, 1888

LOUIS, Patrice, *Du bruit dans Landerneau,* Arléa, 1995

NISARD, Charles, *Curiosités de l'étymogie française,* Hachette, 1863

OUDIN, Antoine, *Curiosités françaises,* 1661

QUITARD, Pierre-Marie, *Dictionnaire étymologique, historique, et anecdotique des proverbes,* Bertrand, 1842

RAT, Maurice, *Dictionnaire des expressions et locutions traditionnelles,* Larousse, 2000

REY, Alain – CHANTREAU, Sophie, *Dictionnaire des expressions et locutions,* Le Robert, 2001

ROZAN, Charles, *Petites ignorances de la conversation,* Lacroix-Comon, 1857

SCHELER, Auguste, *Dictionnaire d'étymologie française,* Firmin Didot, 1862

TREPS, Marie, *Allons-y, Alonzo !,* Le Seuil, 1994

WEILL, Sylvie – RAMEAU, Louise, *Trésor des expressions françaises,* Belin, 2003

Raccourcis

Claude Duneton : *La Puce à l'oreille*

Alain Rey : *Dictionnaire des expressions et locutions*

TLFi : *Le Trésor de la langue française informatisé*

INDEX

D

H

M

N

P

T

Y

Imprimé en Europe
ISBN : 978-2-36075-301-7
Dépôt légal : à parution